Administração

Dados Internacionais de Catalogação na Publicação (CIP)

D124a Daft, Richard L.
       Administração/Richard L. Daft; revisão
       técnica Veronica Favato Brugugnoli. - 3.
       ed. - São Paulo, SP: Cengage Learning, 2017.
       712 p. : il. ; 28 cm.

Inclui índice.
ISBN 978-85-221-2524-1

1. Administração de empresas. I. Brugugnoli, Veronica Favato. II. Título.

CDU 658   CDD 658

Índice para catálogo sistemático:
1. Administração de empresas   658
(Bibliotecária responsável: Sabrina Leal Araujo - CRB 10/1507)

Administração

Tradução da 12ª edição norte-americana

Richard L. Daft
Vanderbilt University

Tradução
Noveritis do Brasil

Revisão técnica
Veronica Favato Brugugnoli

Graduada em Ciências Econômicas e mestre em Administração de Empresas pela Universidade Federal de Uberlândia (UFU). Doutora em Administração de Empresas pela Fundação Getulio Vargas de São Paulo (FGV-SP). Membro associado da Associação Nacional de Pós-Graduação e Pesquisa em Administração (ANPAD) e da Associação Brasileira de Editores Científicos (ABEC). Professora dos cursos de MBA e pós-graduação na FGV-SP.

Austrália • Brasil • México • Cingapura • Reino Unido • Estados Unidos

Administração – Tradução da 12ª edição norte-americana
3ª edição brasileira
Richard L. Daft

Gerente editorial: Noelma Brocanelli

Editora de desenvolvimento: Viviane Akemi Uemura

Supervisora de produção gráfica: Fabiana Alencar Albuquerque

Título original: Management – 12th edition
(ISBN 13: 978-1-285-86198-2;
ISBN 10: 1-285-86198-1)

Tradução: Noveritis do Brasil

Revisão técnica: Veronica Favato Brugugnoli

Copidesque: Carlos Villarruel

Revisão: Setsuko Araki, Daniela Paula Bertolino Pita e Amélia Kassis Ward

Diagramação: Alfredo Carracedo Castillo

Indexação: Casa Editorial Maluhy

Capa: BuonoDisegno

Imagem da capa: Juergen Priewe/Shutterstock

Especialista em direitos autorais: Jenis Oh

Editora de aquisições: Guacira Simonelli

© 2016, 2014 Cengage Learning

© 2018 Cengage Learning Edições Ltda.

Todos os direitos reservados. Nenhuma parte deste livro poderá ser reproduzida, sejam quais forem os meios empregados, sem a permissão por escrito da Editora. Aos infratores aplicam-se as sanções previstas nos artigos 102, 104, 106, 107 da Lei nº 9.610, de 19 de fevereiro de 1998.

Esta editora empenhou-se em contatar os responsáveis pelos direitos autorais de todas as imagens e de outros materiais utilizados neste livro. Se porventura for constatada a omissão involuntária na identificação de algum deles, dispomo-nos a efetuar, futuramente, os possíveis acertos.

A Editora não se responsabiliza pelo funcionamento dos *links* contidos neste livro que possam estar suspensos.

Para informações sobre nossos produtos, entre em contato pelo telefone
800 11 19 39

Para permissão de uso de material desta obra, envie seu pedido para
direitosautorais@cengage.com

© 2018 Cengage Learning. Todos os direitos reservados.

ISBN 13: 978-85-221-2524-1
ISBN 10: 85-221-2524-4

Cengage Learning
Condomínio E-Business Park
Rua Werner Siemens, 111 – Prédio 11 – Torre A – Conjunto 12
Lapa de Baixo – CEP 05069-900 – São Paulo – SP
Tel.: (11) 3665-9900 Fax: 3665-9901
SAC: 0800 11 19 39
Para suas soluções de curso e aprendizado, visite
www.cengage.com.br

Impresso no Brasil
Printed in Brazil
1ª impressão – 2017

*Aos meus pais, que encaminharam a minha vida
em direção aos resultados que não conseguia entender na época.*

SOBRE O AUTOR

Richard L. Daft, Ph.D., é titular da cadeira Brownlee O. Currey, Jr., professor e diretor palestrante sênior na Owen Graduate School of Management na Universidade de Vanderbilt, especializado no estudo da teoria e liderança organizacional; é membro da Academy of Management e trabalha no conselho editorial da *Academy of Management Journal*, *Administrative Science Quarterly*, e *Journal of Management Education*. Foi editor-chefe associado da *Organization Science* e trabalhou por três anos como editor associado da *Administrative Science Quarterly*.

O professor Daft é autor ou coautor de 14 livros, incluindo *Building Management Skills: An Action-First Approach* (com Dorothy Marcic, South-Western, 2014), *The Executive and the Elephant: A Leader's Guide for Building Inner Excellence* (Jossey-Bass, 2010), *The Leadership Experience* (South-Western, 2015), *Organization Theory and Design* (South-Western, 2013)* e *Fusion Leadership: Unlocking the Subtle Forces That Change People and Organizations* (com Robert Lengel, Berrett-Koehler, 2000). Ele também escreveu dezenas de artigos acadêmicos, trabalhos e capítulos em outros livros. Seu trabalho tem sido publicado na *Administrative Science Quarterly*, *Academy of Management Journal*, *Academy of Management Review*, *Strategic Management Journal*, *Journal of Management*, *Accounting Organizations and Society*, *Management Science*, *MIS Quarterly*, *California Management Review*, e *Organizational Behavior Teaching Review*. Além disso, atualmente, Daft é professor e consultor, ensinando gestão, liderança, mudança organizacional, teoria organizacional e comportamento organizacional.

Atua como reitor associado, financia produções teatrais e ajuda a gerir uma empresa *start-up*. Também está envolvido no desenvolvimento de gestão e consultoria de muitas empresas e organizações governamentais, incluindo a Academia Nacional de Ciências, Oak Ridge National Laboratory, Associação Americana de Bancos, AutoZone, Aegis Tecnology, Bridgestone, Bell Canada, Allstate Insurance, o National Transportation Research Board, a Tennessee Valley Authority (TVA), State Farm Insurance, Tenneco, a Força Aérea dos EUA, Exército Americano, Eli Lilly, Central Parking System, Entergy Sales and Service, Bristol-Myers Squibb, First American National Bank e o Centro Médico da Universidade de Vanderbilt.

---

* Este livro possui edição brasileira publicada pela Cengage Learning (http://www.cengage.com.br/ls/organizacoes-teoria-e-projetos/). (N.E.)

SUMÁRIO

PARTE 1 — Introdução à gestão 2

1 O mundo da gestão inovadora 2
- Conquista do gestor 3
- Competências de gestão para o mundo de hoje 4
- Funções básicas de gestão 7
- Desempenho organizacional 10
- Habilidades de gestão 13
- Tipos de gestão 17
- Como é o trabalho do gestor? 20
- Novo gestor – Autoteste 24
- Gerenciamento de pequenos negócios e empresas sem fins lucrativos 31
- Notas 33

2 Evolução do pensamento administrativo 38
- Conquista do gestor 39
- Luta histórica 41
- Perspectiva clássica 44
- Perspectiva humanista 49
- Novo gestor – Autoteste 52
- Ciência administrativa 55
- Tendências históricas recentes 57
- Pensamento da gestão inovadora sobre o futuro 60
- Notas 66

PARTE 2 — Ambiente de gestão 72

3 Ambiente e cultura corporativa 72
- Você está apto para a incerteza gerencial? 73
- Ambiente externo 74
- Relação organização-ambiente 84
- Ambiente interno: cultura corporativa 88
- Tipos de cultura 93
- Novo gestor – Autoteste 96
- Compartilhando a cultura corporativa para respostas inovadoras 97
- Notas 101

4 Gestão de ambiente global 106
- Você está pronto para trabalhar em outro país? 107
- Mundo sem fronteiras 108
- Mudança do panorama internacional 112
- Corporações multinacionais 116
- Começando a trabalhar em outro país 120
- Ambiente comercial internacional 124
- Ambiente econômico 125
- Ambiente jurídico-político 129
- Ambiente sociocultural 130
- Novo gestor – Autoteste 135
- Alianças comerciais internacionais 136
- Notas 139

5 Gestão da ética e da responsabilidade social 144
- Qual é o seu nível de maturidade ética? 145
- O que é ética gerencial? 146
- Dilemas éticos: o que devo fazer? 150
- Estruturas para a tomada de decisão ética 151
- Gestor individual e escolhas éticas 154
- O que é responsabilidade social corporativa? 157
- Novo gestor – Autoteste 157
- Avaliação da responsabilidade social corporativa 162
- Gestão da ética da empresa e da responsabilidade social 165
- Notas 170

6 Gestão de *start-ups* e novos empreendimentos 176
 Você pensa como empreendedor? 177
 O que é empreendedorismo? 178
 Impacto das empresas empreendedoras 180
 Quem são os empreendedores? 182
 Empreendedorismo social 188
 Lançamento de *start-up* 190
 Novo gestor – Autoteste 195
 Notas 203

PARTE 3 Planejamento 208

7 Planejamento e definição de metas 208
 A definição de metas é ajustada ao seu estilo de gestão? 209
 Definição de metas e visão geral do planejamento 210
 Definição das metas nas empresas 213
 Novo gestor – Autoteste 218
 Planejamento operacional 221
 Benefícios e limitações do planejamento 226
 Planejamento para um ambiente turbulento 227
 Abordagens inovadoras para o planejamento 232
 Notas 236

8 Formulação e execução de estratégias 240
 Qual é o seu potencial estratégico? 241
 Pensar estrategicamente 243
 Novo gestor – Autoteste 243
 O que é gestão estratégica? 244
 Processo de gestão estratégica 249
 Formulação de estratégia corporativa 255
 Formulação de estratégias de negócios 258
 Formulação de estratégias funcionais 263
 Estratégia global 264
 Execução de estratégia 266
 Notas 270

9 Tomada de decisão gerencial 274
 Como você toma as decisões? 275
 Tipos de decisão e problema 276
 Modelos de tomada de decisão 282
 Novo gestor – Autoteste 286
 Etapas para a tomada de decisão 288
 Estrutura de decisão pessoal 293
 Por que os gestores tomam decisões erradas? 295
 Tomada de decisão inovadora 299
 Notas 303

PARTE 4 Organização 308

10 Projetando a estrutura organizacional 308
 Quais são as suas crenças de liderança? 309
 Organização da estrutura vertical 311
 Novo gestor – Autoteste 314
 Departamentalização 321
 Organização para a coordenação horizontal 334
 Fatores que moldam a estrutura 339
 Notas 344

11 Gestão de mudança e inovação 350
 Você é realmente determinado? 351
 Inovação e mudança no local de trabalho 352
 Mudança das coisas: novos produtos e tecnologias 356
 Novo gestor – Autoteste 360
 Mudança de pessoas e cultura 370
 Implementação de mudanças 376
 Notas 380

12 Gestão de recursos humanos 386
 Como escolher as pessoas certas 387
 O papel estratégico da Gestão de Recursos Humanos (GRH) é impulsionar o desempenho organizacional 388
 Impacto da legislação federal na GRH 393
 Natureza mutável das carreiras 395
 Novo gestor – Autoteste 396
 Como encontrar as pessoas certas 399
 Desenvolvimento de talentos 410
 Manutenção da força de trabalho eficaz 415
 Notas 420

13 Gestão da diversidade 426
Você tem algum viés comportamental em relação a gênero e autoridade? 427
Diversidade no local de trabalho 428
Gestão da diversidade 434
Fatores que moldam o viés comportamental 438
Novo gestor – Autoteste 440
Fatores que afetam a carreira das mulheres 443
Iniciativas e programas de diversidade 448
Notas 452

PARTE 5 Liderança 458

14 Compreensão do comportamento individual 458
Você é autoconfiante? 459
Como entender a si e os outros 460
Satisfação e confiança no trabalho 463
Percepção e atribuições 466
Personalidade e comportamento 469
Emoções 478
Novo gestor – Autoteste 481
Autogestão 481
Gestão do estresse 484
Notas 490

15 Liderança 496
Orientação para as pessoas *versus* orientação para as tarefas 497
A natureza da liderança 498
Liderança contemporânea 499
Da gestão à liderança 506
Características da liderança 508
Abordagens comportamentais 509
Abordagens de contingência 512
Liderança carismática e transformacional 518
Subordinação 521
Novo gestor – Autoteste 524
Poder e influência 525
Notas 530

16 Motivação dos funcionários 536
O que motiva você? 537
Necessidades individuais e motivação 538
Recompensas intrínsecas e extrínsecas 538
Perspectivas de conteúdo no estudo da motivação 541
Novo gestor – Autoteste 548
Perspectivas de processo no estudo da motivação 549
Perspectiva do reforço no estudo da motivação 555
Planejamento de cargos para a motivação 558
Ideias inovadoras para a motivação 561
Notas 567

17 Gestão da comunicação 572
Você presta atenção no que os outros dizem? 573
Comunicação é responsabilidade do gestor 574
Comunicação entre pessoas 578
Comunicação no local de trabalho 589
Novo gestor – Autoteste 594
Notas 600

18 Como liderar equipes 606
Como você gostaria de trabalhar? 607
O valor das equipes 608
Dilema pessoal do trabalho em equipe 615
Modelo de eficácia da equipe 617
Equipes virtuais 618
Características da equipe 622
Novo gestor – Autoteste 625
Processos de equipe 625
Gestão do conflito em equipe 630
Notas 635

PARTE 6 Controle 640

19 Gestão de qualidade e desempenho 640
Atitude de melhoria 641
Significado de controle 642
Modelo de controle de *feedback* 643
Mudança na filosofia de controle 649
Novo gestor – Autoteste 652
Gestão da qualidade total (GQT) 655
Controle orçamentário 660
Controle financeiro 663
Tendências no controle de qualidade e finanças 668
Notas 670

Índice remissivo 674

PREFÁCIO

O mundo da gestão inovadora

Os gestores e as empresas de hoje estão sendo fustigados pelas mudanças na grande concorrência massiva, social, tecnológica e econômica. Todos os gerentes que acreditavam no mito da estabilidade foram abalados em sua complacência alguns anos atrás, quando as grandes instituições financeiras e as montadoras dos Estados Unidos, uma após a outra, começaram a decretar falência, o mercado imobiliário entrou em colapso, as economias europeias enfrentaram a devastação financeira e a recessão econômica global. As escolas de negócios, assim como gestores e empresários, ainda estão lutando para lidar com as consequências, acompanhando os eventos de longa data e avaliando o impacto que este período volátil da história terá sobre as empresas no futuro. Esta edição de *Administração* direciona os temas e as questões precisamente relevantes para o ambiente de negócios atual e de rápida transformação.

Revisei *Administração*, 12ª edição, com a meta de ajudar gestores atuais e futuros a encontrar soluções inovadoras para os problemas que possam surgir nas empresas de hoje – se foram desafios diários ou a primeira crise da empresa. O mundo no qual a maioria dos estudantes trabalhará como gestores está passando por uma tremenda reviravolta. A perturbação ética, a necessidade de habilidades para gerenciar a crise, os negócios móveis, a recessão econômica e o desemprego desenfreado, as tecnologias, a terceirização global, o aumento da regulamentação governamental, as mídias sociais, a cadeia de suprimento global, a crise em Wall Street e outros desafios fazem com que os gestores tenham que ir além de técnicas e ideias tradicionalmente ensinadas em cursos de gestão. O gerenciamento de hoje requer uma gama completa de habilidades e capacidades. Este texto proporciona a cobertura abrangente das duas habilidades tradicionais de gestão e das novas competências necessárias no ambiente turbulento caracterizado pela desordem econômica, confusão política e incerteza geral.

No mundo tradicional do trabalho, o exercício de gestão era controlar e limitar as pessoas, cumprir as regras e os regulamentos, buscar estabilidade e eficiência, criar hierarquia de cima para baixo e alcançar resultados de lucro. No entanto, para estimular a inovação e alcançar o alto desempenho, os gestores precisam de diferentes habilidades, particularmente na economia complicada de hoje, o que tem causado sofrimento para muitos funcionários. Os gerentes precisam encontrar maneiras de envolver as mentes e os corações dos funcionários e ter vantagens no trabalho. O novo local de trabalho pede que os gestores foquem na construção da confiança, inspirando compromisso, levando mudança, aproveitando a criatividade e o entusiasmo das pessoas, descobrindo visões e valores comuns, além de compartilhar informação e energia. O trabalho em equipe, colaboração, participação e aprendizagem são princípios orientadores que ajudam os gestores e os funcionários a manobrar uma área difícil do ambiente turbulento de negócios de hoje. Em vez de controlar os funcionários, os gestores focam em treiná-los para se adaptarem às novas tecnologias e mudanças ambientais extraordinárias e, assim, alcançar alto desempenho e eficácia corporativa total.

Minha visão para esta edição de *Administração* é apresentar as ideias de gestão mais recentes para os tempos turbulentos de uma forma que seja interessante e valiosa para os alunos, mantendo o melhor do pensamento de gestão tradicional. Para alcançar esta visão, incluí os conceitos e as pesquisas mais recentes de gestão e apresento a aplicação contemporânea das ideias de gestão nas empresas. Um questionário no início de cada capítulo atrai o estudante para o tema e proporciona alguns *insights* sobre as próprias habilidades de gestão. Uma seção nos capítulos para os novos gerentes, chamada "Novo gestor autoteste", proporciona um *feedback* ao estudante que lhe revelará o seu desempenho como futuro gestor. No final de cada seção principal do capítulo, adicionei um recurso chamado "Lembre-se disto", que fornece uma revisão rápida dos conceitos e dos termos mais importantes que os estudantes devem se lembrar. Em cada capítulo, um recurso chamado "Poder Verde" destaca como várias empresas estão respondendo à crescente demanda por maneiras responsáveis de fazer negócios social e ambientalmente. Pensamentos ou citações inspiradoras de cada capítulo – alguns de líderes empresariais, outros de romancistas, filósofos e pessoas do dia a dia – ajudam os estudantes a expandir os pensamentos sobre gestão. A combinação de bolsa de estudos, novas ideias e aplicações da vida real proporciona aos alunos um sabor de energia, desafio e aventura inerente no campo dinâmico de gestão. A equipe da Cengage e eu trabalhamos juntos para oferecer um livro melhor do que qualquer outro na captura da emoção da gestão organizacional.

Revisei *Administração* para fornecer um livro de extrema qualidade, que criará nos alunos tanto a referência pela mudança do campo de gestão quanto a confiança de que eles podem entender e dominá-la. A parte textual deste livro foi aprimorada pelo estilo de escrita interessante e fácil de entender, além dos muitos novos exemplos no texto, os itens em boxes e os exercícios curtos, que darão vida aos conceitos para os estudantes. O componente gráfico foi aprimorado com diversas peças novas e revisadas e fotos atualizadas que ilustram os conceitos específicos de gestão. As imagens bem escolhidas fornecem ilustrações de modo vivo e reflexos intimistas de cenas, eventos e pessoas de gestão. As imagens são combinadas com textos curtos que explicam a aparência e a sensação de um conceito específico. As partes textual e gráfica do livro ajudam os estudantes a compreender o mundo abstrato e distante da gestão.

Foco na inovação: o que há de novo na 12ª edição

Um dos focos principais da revisão da 12ª edição foi relacionar os conceitos e as teorias de gestão a eventos no ambiente turbulento de hoje, trazendo as questões atuais que os gestores da vida real enfrentam. As seções particularmente relevantes para os eventos atuais de rápida mudança são marcadas com o ícone "Tema recente".

Oportunidades de aprendizagem

A 12ª edição inclui diversas características pedagógicas inovadoras que ajudam os alunos a compreender as próprias capacidades de gestão e aprender como é gerenciar em uma empresa hoje. Cada capítulo começa com um questionário diretamente relacionado ao tema do capítulo e permite que os estudantes vejam como respondem a situações e desafios normalmente enfrentados pelos gestores da vida real. O "Novo gestor autoteste" em cada capítulo, proporciona oportunidades adicionais aos estudantes para compreender as habilidades de gestão. Esses curtos questionários de *feedback*, muitos dos quais são novos para esta edição, proporcionam aos alunos uma visão sobre como estes agiriam no mundo real da gestão. O resumo em boxes "Lembre-se disto" no final de cada seção de capítulo proporciona aos estudantes uma imagem dos pontos e dos principais conceitos abordados na seção. As perguntas de cada capítulo, disponíveis na página do livro, no site da Cengage, foram revisadas cuidadosamente para incentivar os pensamentos críticos e as aplicações de conceitos do capítulo, e os exercícios do boxe da seção "Aplique suas habilidades: pequeno grupo em prática", também disponível no site, proporcionam aos estudantes a oportunidade de aplicar os conceitos enquanto as habilidades de trabalho em equipe são preparadas. Dilemas éticos e casos também estão disponíveis no material on-line e ajudam os alunos a aprimorar as habilidades de diagnóstico para solucionar os problemas de gestão.

Conteúdo do capítulo

Em cada capítulo, muitos tópicos foram adicionados ou expandidos para abordar as questões atuais que os gestores enfrentam. O texto do capítulo foi reforçado e aperfeiçoado para proporcionar mais foco sobre os tópicos principais que mais contam para a gestão de hoje. Os elementos essenciais relativos às operações e à tecnologia da informação, assunto frequentemente abordado em outros cursos, foram combinados em um apêndice, disponível on-line, para estudantes que querem obter mais informações sobre esses tópicos.

Capítulo 1 inclui uma discussão sobre alguns eventos de alto impacto e as mudanças que tornaram uma gestão inovadora tão crucial para o sucesso das empresas hoje e no futuro. Este capítulo introdutório aborda o conceito da empresa *bossless* e também analisa o salto de ser um colaborador individual na empresa para se tornar um novo gestor e apto a coordenar os esforços dos outros. Esta parte da obra trata das habilidades e das competências necessárias para gerir as empresas de forma eficaz, envolvendo questões sobre a gestão do tempo, manter o controle adequado e construir confiança e credibilidade.

Capítulo 2 oferece uma abordagem sólida do desenvolvimento histórico da gestão organizacional. Ele começa com uma visão geral da luta histórica no campo da gestão para equilibrar a produção com máquina e com humanos, e termina com duas novas seções sobre o gerenciamento do local de trabalho guiado pela tecnologia e a gestão do local de trabalho guiado por pessoas. O capítulo abre uma ampla discussão dos aspectos positivos e negativos da burocracia e faz uma abordagem de gestão da ciência nos últimos anos. A seção sobre a gestão do local de trabalho guiada pela tecnologia traz as informações sobre o tema que usa as mídias sociais. Gerenciar locais de trabalho guiados por pessoas inclui a tendência *bossless* e o envolvimento dos funcionários.

Capítulo 3 contém a visão atualizada dos temas relacionados ao ambiente e à cultura corporativa, como uma discussão sobre ecossistemas organizacionais, a crescente importância do ambiente internacional e as tendências no ambiente sociocultural, incluindo a mudança de pontos de vista social para assuntos como o casamento homoafetivo e a legalização da maconha. O capítulo traz novas informações sobre inteligência de negócios e uso de *Big Data*, e também descreve como os gerentes moldam uma cultura de alto desempenho como resposta inovadora ao ambiente de mudança.

Capítulo 4 tem um olhar atualizado do panorama internacional, como a Primavera Árabe e a crescente influência da China, da Índia e do Brasil, bem como o que essas mudanças significam para os gestores de todo o mundo. O capítulo descreve os três componentes da mentalidade global e discute como a mídia social pode ajudar as pessoas a ampliá-la. O capítulo também analisa o conceito de base da pirâmide (BOP), a interdependência econômica e como a cadeia de suprimento global traz novos desafios éticos para gestores de empresas com sede nos Estados Unidos e em outros países ocidentais.

Capítulo 5 traz o estudo de caso que incorpora valores éticos na empresa e observa o papel que os gestores desempenham na criação da empresa ética. O capítulo inclui uma discussão atualizada da gestão ética, as pressões que podem contribuir para o comportamento antiético nas empresas, a diferença entre "doadores" e "tomadores" e os critérios que os gerentes podem usar para resolver dilemas éticos. O capítulo considera também as questões de responsabilidade social corporativa, abrindo novas discussões sobre os desafios na cadeia de suprimento global e o conceito de virtuosidade organizacional.

Capítulo 6 foi totalmente revisto e atualizado para incluir o empreendedorismo e gestão de pequenos negócios. O capítulo descreve o impacto de empresas empreendedoras, tanto nos Estados Unidos quanto internacionalmente, examina a condição de pequenos negócios dirigidos por minorias e por mulheres e observa algumas características típicas dos empresários, incluindo a nova discussão sobre controle interno e o sacrifício de ser um empreendedor. O capítulo também descreve o processo de lançamento de uma *start-up*, trazendo as ferramentas e as técnicas, como, por exemplo, saber quando articular, uso da mídia social, financiamento coletivo e participação de instalações de *coworking*. O capítulo inclui uma seção sobre empreendedorismo social.

Capítulo 7 fornece uma discussão sobre o processo de planejamento geral e de definição de metas, incluindo o uso de mapas estratégicos para alinhá-las. O capítulo analisa a construção social de metas e como os gestores decidem alcançá-las. Ele descreve os critérios para as metas eficazes e fala sobre o valor dos indicadores principais de desempenho. O capítulo aborda alguns benefícios e limitações de planejamento e definição de metas, como a gestão por meios (MBM) e também recebe um olhar mais atento sobre o planejamento de crises e como usar esses cenários. A seção final traz as abordagens inovadoras para o planejamento, como a utilização das equipes de inteligência e painéis de bordo de desempenho de negócios para ajudar os gestores a planejar em um ambiente de rápida mudança.

Capítulo 8 continua o foco na formulação e na implantação da estratégia, incluindo seus elementos e as estratégias competitivas de Michael E. Porter. O capítulo abre uma nova seção sobre os maiores obstáculos para a execução da estratégia. Além disso, neles são explicadas as estratégias globais, a matriz do Boston Consulting Group (BCG) e a estratégia de diversificação, analisando-se como os gerentes usam a diversificação não relacionada, a diversificação relacionada ou a integração vertical como abordagens estratégicas em ambientes em mudança. A seção final do capítulo apresenta uma discussão atualizada de como os gerentes efetivamente executam a estratégia, incluindo a importância do enraizamento e do alinhamento.

Capítulo 9 dá a visão geral da tomada de decisões gerenciais, com modelos de tomada de decisão, estilos de decisões pessoais e discussão atualizada de preconceitos que podem prejudicar o julgamento dos gestores e levar a decisões ruins. O capítulo inclui uma nova seção sobre quase racionalidade e uma breve discussão sobre a técnica dos Cinco Porquês. A seção final enxerga a tomada de decisão em um grupo inovador, incluindo o conceito de tomada de decisão com base em evidências, evitando pensamentos em grupo que suprimem opiniões contrárias e a escalada de compromisso e usando as avaliações de pós-ação.

Capítulo 10 aborda os princípios básicos e detalha as estruturas organizacionais tradicionais e contemporâneas. O capítulo inclui uma discussão sobre os pontos fortes e fracos associados a cada abordagem estrutural e observa os novos cargos como diretor digital (CDO) e diretor de mídia social. Ele também oferece uma discussão de como as empresas estão mudando o espaço físico para melhorar a coordenação relacional e a colaboração horizontal.

Capítulo 11 discute as razões pelas quais muitas pessoas resistem à mudança. Em seguida, o texto enfoca o papel crítico da gestão da mudança e de inovação no ambiente empresarial de hoje e analisa a inovação disruptiva e a abordagem ambidestra. O capítulo inclui as discussões sobre a abordagem de baixo para cima para a inovação e o uso de conteúdo de inovação, bem como uma discussão expandida do modelo de articulação horizontal para o desenvolvimento de novos produtos. Além disso, descreve como algumas empresas estão usando a inovação por estratégia de aquisição e aborda a inovação aberta e o *crowdsourcing*. Este capítulo fornece informações sobre mudanças de produtos e tecnológicas, bem como sobre a mudança de pessoas e cultura, além de discutir técnicas para implementar as mudanças com eficácia.

Capítulo 12 reflete o papel de mudança na gestão de recursos humanos (GRH) no turbulento ambiente econômico de hoje. O capítulo inclui uma nova discussão sobre *acqui-hiring* (a aquisição de *start-ups* para conseguir talento humano), uma discussão atualizada do papel estratégico da GRH na construção de capital humano, uma discussão da marca do empregador e uma seção expandida sobre a tendência de emprego contingente. Há também novas seções sobre o uso de mídias sociais e estágios para recrutamento, a verificação *on-line* dos candidatos ao emprego e uma breve discussão sobre o uso de grandes dados para tomar decisões de contratação ou de compensação. A seção de treinamento e desenvolvimento foi atualizada e inclui uma discussão de aprendizagem social.

Capítulo 13 foi revisado para refletir o pensamento mais recente sobre questões de diversidades organizacionais. O capítulo traz uma discussão atualizada das mudanças demográficas ocorridas na mão de obra dentro e fora dos Estados Unidos e como as organizações estão respondendo a isso. Também contém uma seção expandida sobre a importância da diversidade de perspectivas dentro das empresas, uma seção revisada no teto de vidro e o "teto de bambu" e uma nova seção sobre a "síndrome da abelha-rainha". O capítulo termina estudando a importância dos grupos de mentores e dos grupos de afinidade entre funcionários para apoiar diversos indivíduos.

Capítulo 14 continua com a sólida abordagem básica para compreender o comportamento individual, incluindo personalidade, atitudes, percepção e emoções. Além disso, o capítulo inclui uma seção sobre valores e dificuldades de autoconhecimento, técnicas para melhorar a autoconsciência, reconhecimento de pontos cegos e uma discussão expandida sobre a importância de desenvolver a confiança dentro das empresas. O capítulo também descreve a autogestão e exibe um guia passo a passo para a gestão de tempo. A seção sobre gerenciamento de estresse é reforçada por uma discussão de estresse de desafio *versus* estresse de ameaça e seções revisadas que descrevem como os indivíduos e as empresas podem combater os efeitos nocivos do estresse excessivo.

Capítulo 15 examina abordagens contemporâneas de liderança, como a liderança em cinco níveis, a liderança autêntica e a liderança servidora. O capítulo também discute a liderança carismática e transformacional, o comportamento de liderança de tarefa *versus* o de lideranças de relações, as diferenças de gênero na liderança, a importância de líderes descobrirem e aprimorarem os pontos fortes, bem como o papel de seguidores. A seção de poder de liderança foi revisada para incluir o conceito de poder rígido *versus* o de poder brando.

Capítulo 16 cobre os fundamentos de motivação, em abordagens positivas contra as negativas para motivar os funcionários e o uso de recompensas intrínsecas contra extrínsecas. O capítulo também descreve os métodos motivacionais, como o princípio do progresso, o envolvimento de funcionários e a construção de mão de obra próspera.

Capítulo 17 explora o básico de uma boa comunicação e inclui novas discussões sobre o uso da mídia social para a comunicação, utilizando a comunicação redundante para mensagens importantes e praticando as linguagens corporais poderosas para melhorar a comunicação não verbal. O capítulo também discute a importância de ouvir, fazer perguntas e falar com sinceridade. Inclui uma seção sobre a criação de clima de comunicação aberta e a discussão expandida e enriquecida de comunicação para influenciar e persuadir.

Capítulo 18 tem um novo olhar sobre as contribuições que as equipes fazem nas empresas. Também reconhece que as equipes de trabalho são, às vezes, ineficazes e exploram as razões para isso, incluindo problemas como aproveitadores e falta de confiança. O capítulo mostra a diferença entre montar uma equipe e um trabalho em equipe, aborda os tipos de equipes e analisa o uso da tecnologia de forma eficaz em equipes virtuais. Também observa fatores, como diversidade da equipe, papel dos membros, normas e coesão da equipe, que influenciam na eficácia. Há também uma seção sobre negociação e gestão de conflitos, incluindo explicação da tarefa *versus* conflito de relacionamento.

Capítulo 19 fornece uma visão geral do controle financeiro e de qualidade, como o modelo de controle de *feedback*, Seis Sigma, a certificação da Organização Internacional de Normalização (ISO) e o uso do *balanced scorecard*. O capítulo traz uma discussão de orçamento zero, uma explicação de parcerias de qualidade e um processo passo a passo de *benchmarking*. Também aborda as atuais preocupações sobre governança corporativa, incluindo os novos regulamentos e exigências do governo.

Além dos tópicos listados anteriormente, esta obra integra a cobertura da internet, de mídia social e de novas tecnologias em diversos tópicos abordados em cada capítulo.

ORGANIZAÇÃO

A sequência dos capítulos em *Administração* é organizada com base nas funções de gestão, de planejamento, de liderança e de controle. Essas quatro funções abrangem eficazmente a pesquisa e as características de gestão do trabalho do gestor.

Parte 1 introduz o mundo da gestão, incluindo a natureza da gestão, questões relacionadas ao ambiente caótico de hoje, perspectivas históricas sobre a gestão e o local de trabalho guiado pela tecnologia.

Parte 2 examina os ambientes de gestão e as empresas. Esta seção contém o material sobre o ambiente de negócios e a cultura corporativa, o ambiente global, a ética e a responsabilidade social e o ambiente das pequenas empresas e empreendedorismo.

Parte 3 apresenta três capítulos sobre planejamento, incluindo fixação de meta organizacional e planejamento, formulação de estratégia e execução e o processo de tomada de decisão.

Parte 4 enfoca os processos organizacionais. Seus capítulos descrevem as dimensões do projeto estrutural, as alternativas que os gestores podem usar para atingir os objetivos estratégicos, os projetos estruturais para promover a inovação e a mudança, o projeto e o uso da função de recursos humanos e como a abordagem para gerenciar diversos funcionários é significativa para a organização.

Parte 5 é dedicada à liderança. Inicia-se um capítulo sobre a compreensão do comportamento individual, incluindo a autoconsciência e a autocompreensão. Esta Parte abre o caminho para discussões posteriores de liderança, motivação dos colaboradores, comunicação e gestão de equipe.

Parte 6 descreve a função de controle de gestão, trazendo os princípios básicos de gestão da qualidade total (TQM), o projeto de sistemas de controle e a diferença entre controle hierárquico e controle descentralizado.

CARACTERÍSTICAS TEXTUAIS INOVADORAS

Um dos principais objetivos do autor é oferecer as melhores formas de utilizar um livro para transmitir conhecimentos de gestão para o leitor. Para isso, a obra inclui diversas características inovadoras que atraem estudantes e os ajuda a contemplar, a absorver e a compreender os conceitos de gestão. A South-Western trouxe uma equipe de especialistas para criar e coordenar as fotografias coloridas, a bela arte-final e materiais complementares para o melhor livro de gestão no mercado.

Visão geral do capítulo e objetivos. Cada capítulo começa com uma exposição clara dos objetivos de aprendizagem e um esboço do conteúdo. Esses itens proporcionam uma visão geral do que está por vir e também podem ser usados por estudantes para guiar o estudo e testar a compreensão e a retenção de pontos importantes.

Questionário de abertura. O texto chama a atenção dos estudantes imediatamente, dando-lhes a oportunidade de participar ativamente do conteúdo do capítulo preenchendo um pequeno questionário relacionado ao tema.

Faça uma pausa. Em locais estratégicos no capítulo, os alunos são convidados a "fazer uma pausa" para preencher um "Novo gestor autoteste" ou uma atividade do material complementar que está relacionada aos conceitos em discussão.

Novo gestor autoteste. Em cada capítulo, o "Novo gestor autoteste" oferece a oportunidade de autoavaliação para que os estudantes experimentem problemas de gerenciamento de uma maneira pessoal. A mudança do executor individual para o novo gestor é drástica, e esses autotestes, vários dos quais são novos para a 12ª edição, fornecem informações sobre o que esperar dos estudantes no mundo do novo gestor.

Poder verde. O boxe "Poder verde" em cada capítulo destaca como os gestores de determinada empresa estão direcionando de forma inovadora as questões de sustentabilidade e responsabilidade ambiental. Os exemplos de empresas destacadas nesses boxes incluem Deutsche Post DHL Group, Burt's Bees, Acciona, Abtech Industries, Nike, Waste Management, Inc., HSBC, Bean and Body, PepsiCo, Fujitsu, The Honest Company, SAP e Royal DSM.

Conexão de conceito com ensaios fotográficos. Uma característica fundamental do livro é o uso de fotografias acompanhadas de legendas detalhadas que melhoram a aprendizagem. Cada legenda destaca e ilustra pelo menos um conceito específico do texto para reforçar a compreensão dos estudantes sobre o assunto. As fotos não são apenas lindas visualmente, elas também transmitem a vivacidade, o imediatismo e a concretude dos eventos de gestão no mundo empresarial de hoje.

Exemplos contemporâneos. Cada capítulo deste livro contém diversos exemplos de incidentes de gestão. Eles são colocados em pontos estratégicos no capítulo e são projetados para ilustrar a aplicação dos conceitos a empresas específicas. Esses exemplos em textos – indicados pelo título "Forma inovadora" – incluem empresas americanas e internacionais bem conhecidas, incluindo HCL Technologies, Instagram, Toyota, Met Life, Lenovo, FedEx, Amazon, Tupperware Nordic, Olympus, Maker's Mark, Prudential UK, General Motors (GM), Priceline e Unilever, bem como empresas menos conhecidas e instituições sem fins lucrativos, como Elkay Manufacturing, Godrej & Boyce, Sum All, Nasty Gal, os serviços de postagem dos Estados Unidos, Hilcorp Energy, StudentsFirst e Menlo Innovations. Esta 12ª edição inclui 36 exemplos novos e seis atualizados do item "Forma inovadora", que colocam os estudantes em contato com o mundo real das empresas para que possam apreciar o valor dos conceitos de gestão. Além disso, 18 dos 19 exemplos de empresas abertas são novos.

Conversa com gestores. O boxe "Conversa com gestores" em cada capítulo aborda um tema específico direto do campo da gestão que é de especial interesse para os alunos. Nesta edição, vários desses boxes descrevem exemplos de empresas *bossless*, enquanto outros descrevem um tema contemporâneo ou problema relevante para o conteúdo do capítulo ou trazem um questionário de diagnóstico ou um exemplo especial de como os gerentes lidam com um problema. Os boxes aumentam o interesse do aluno no assunto e proporcionam uma visão auxiliar de questões de gestão que normalmente não são abordadas em livros didáticos.

Figuras. Diversas figuras foram adicionadas ou revistas nesta edição para melhorar a compreensão do aluno. Muitos aspectos da gestão são baseados em pesquisas e alguns conceitos tendem a ser abstratos e teóricos. As muitas exposições ao longo deste livro aumentam a consciência e a compreensão dos alunos para esses conceitos. Essas representações consolidam os pontos-chave, indicam as relações entre os conceitos e os ilustram visualmente.

Lembre-se disto. No final de cada seção principal de um capítulo, um resumo no boxe "Lembre-se disto" é apresentado com conceitos principais, ideias e termos discutidos naquela seção. A característica do "Lembre-se disto" proporciona aos estudantes uma forma fácil de avaliar os pontos mais importantes abordados no capítulo.

Glossário. Aprender o vocabulário de gestão é essencial para compreender a gestão contemporânea. Esse processo é facilitado de três formas. Em primeiro lugar, os conceitos-chave estão em negrito e totalmente definidos quando aparecem pela primeira vez no texto. Em segundo lugar, as breves definições são estabelecidas no final de cada seção principal no boxe "Lembre-se disto" para fácil avaliação e acompanhamento. Em terceiro lugar, um glossário que resume todos os termos-chave e as definições está disponível no material complementar para referência manual.

Questões para discussão. Cada capítulo possui perguntas para discussão que capacitarão os alunos a verificar a compreensão das questões-chave, pensar além dos conceitos básicos e determinar as áreas que requerem mais estudo. Disponível no material on-line.

Aplique suas habilidades. Os exercícios da seção "Aplique suas habilidades: exercício vivencial" e "Aplique suas habilidades: dilema ético" proporcionam autotestes para estudantes e oportunidades para experimentar as questões de gestão de maneira pessoal. Esses exercícios têm a forma de questionários, cenários e atividades. Os exercícios são atrelados ao capítulo pelo boxe "Faça uma pausa", que está disponível no material complementar para os estudantes nos pontos apropriados no conteúdo do capítulo.

Pequeno grupo em prática. "Pequeno grupo em prática", no material complementar, proporciona aos estudantes a oportunidade de desenvolver as habilidades analíticas e de equipe. A finalização das atividades em pequenos grupos ajudará os estudantes a aprender a usar os recursos fornecidos por outras pessoas no grupo, coletar informações e desenvolver um resultado de sucesso juntos. "Pequeno grupo em prática" proporciona a aprendizagem experimental que leva à compreensão mais profunda e à aplicação dos conceitos de capítulo.

Caso para análise crítica. Também aparecerá no material on-line um caso breve, mas substancial, que oferece a oportunidade para a análise e discussão em sala de aula. Os casos têm como base os problemas de gestão e os dilemas reais, mas as identidades das empresas e dos gestores foram alteradas. Os casos, vários dos quais são novos para a 12ª edição, permitem que os alunos agucem as habilidades de diagnóstico para solução de problema de gestão.

Casos integrados. Localizados no material complementar, os seis Casos Integrados, um para cada parte, fornecem *insights* reais adicionais sobre como os gestores lidam com planejamento, liderança, organização, controle e outras questões gerenciais. Os seis casos inter-relacionados também reforçam o tema "poder verde", já que todos eles se referem aos aspectos da indústria emergente de combustível de gás natural.

Material complementar

Material complementar para alunos. Este livro oferece aos alunos material para facilitar o estudo e a fixação do conteúdo, sendo composto por um Apêndice sobre a gestão da cadeia de suprimentos, Exercícios, Glossário e Casos Integrados, todos em português. O material está disponível na página do livro no site da Cengage.

Material complementar para professores. Além do material disponibilizado aos alunos, este livro possui material complementar para professores composto por arquivos PowerPoint® em português, para auxílio em sala de aula, e Manual do Professor (conteúdo em inglês). Este conteúdo também se encontra disponível na página do livro no site da Cengage.

PREFÁCIO

Agradecimentos

Uma experiência gratificante para mim foi trabalhar com a equipe de profissionais dedicados da Cengage, sendo que todos estavam comprometidos com a visão de fazer os melhores produtos educacionais de gestão. Sou grato a Scott Person, gerente sênior de produto, cujo interesse, ideias criativas e assistência mantiveram vivo o espírito deste título. A Jennifer King, gestora de desenvolvimento de conteúdo; Josh Wells, desenvolvedor de conteúdo; Sally Nieman, desenvolvedor sênior de mídia; e Carol Moore, *designer* de conteúdo digital, por todo o incentivo fornecido, a excelente coordenação do projeto e excelentes ideias que ajudaram a equipe a cumprir um cronograma exigente e, às vezes, árduo. A Kim Kusnerak, gerente de projetos sênior de conteúdo, que habilmente geriu a fase de produção de texto e garantiu que todos os que trabalhavam no processo de produção seguissem os padrões elevados de qualidade; e, da mesma forma, a Nidhi Mehrotra, gerente de desenvolvimento de *software*, que assegurou a conclusão bem-sucedida dos novos componentes digitais. A Stacy Jenkins Shirley, diretora de arte, que contribuiu com a visão de *design*, e Joe Devine merece agradecimento especial pela experiência em *layout* e compromisso de produzir um livro-texto de alta qualidade e atraente. Além disso, a BJ Parker, Copyshop, EUA, que contribuíram com os Casos Integrados reais e bem pesquisados. Agradeço também ao assistente de produto, Brian Pierce, à gerente de *marketing*, Emily Horowitz, ao planejador de produção, Ron Montgomery, à analista de PI, Diane Garrity, e à gerente do projeto de PI, Sarah Shainwald.

Aqui em Vanderbilt, quero estender apreço especial à minha assistente, Barbara Haselton. A Barbara ofereceu excelente apoio e assistência a diversos projetos que me deram tempo para escrever. Também quero reconhecer uma dívida intelectual para com os meus colegas Bruce Barry, Rich Oliver, David Owens, Ty Park, Ranga Ramanujam, Bart Victor e Tim Vogus. Graças também ao Dean Eric Johnson e Associate Dean Sal March, que apoiaram meus projetos de redação e mantiveram uma atmosfera acadêmica positiva na escola.

Outro grupo de pessoas que contribuíram de modo importante para este livro são os especialistas em gestão que sugeriram atualizações de conteúdo para esta edição:

David Cooper
Limestone College

Carol Decker
Tennessee Wesleyan College

Angie Davis
Drury University

Lynn Guhde
Oglethorpe University

Stephen R. Hiatt
Catawba College

Keith Keppley
Limestone College

Kelly Mollica
University of Memphis

Behnam Nakhai
Millersville University

Michael Scharff
Limestone College

Michael Shaner
Saint Louis University

Ted Teweles
California State University Long Beach

Jerrold Van Winter
Hood College

Mike Wade
Moraine Valley College

Yingchun Wang
University of Houston Downtown

Kim Whitney
Pasco-Hernando Community College

Também gostaria de continuar reconhecendo os colaboradores que contribuíram com comentários, sugestões e *feedback* sobre as edições anteriores:

David C. Adams
Manhattanville College

David Alexander
Christian Brothers University

Erin M. Alexander
University of Houston – Clear Lake

David Arseneau
Eastern Illinois University

Reginald L Audibert
California State University – Long Beach

Hal Babson
Columbus State Community College

Reuel Barksdale
Columbus State Community College

Gloria Bemben
Finger Lakes Community College

Pat Bernson
County College of Morris

Andy Bertsch
Minot State University

Art Bethke
Northeast Louisiana University

Frank Bosco
Marshall University

Burrell A. Brown
California University of Pennsylvania

Paula Buchanan
Jacksonville State University

Deb Buerkley
Southwest Minnesota State University

Thomas Butte
Humboldt State University

Peter Bycio
Xavier University, Ohio

Diane Caggiano
Fitchburg State College

Douglas E. Cathon
St. Augustine's College

Peggy Cerrito
Augsburg College

Bruce Charnov
Hofstra University

Camille Chapman
Greenville Technical College

Jim Ciminskie
Bay de Noc Community College

Gloria Cockerell
Collin College

Dan Connaughton
University of Florida

Bruce Conwers
Kaskaskia College

Jack Cox
Amberton University

Byron L. David
City College of New York

V. J. Daviero
Pasco Hernando Community College

H. Kristl Davison
University of Mississippi

Richard De Luca
William Paterson University

Robert DeDominic
Montana Tech

Mark DeHainaut
California University of Pennsylvania

Joe J. Eassa, Jr.
Palm Beach Atlantic University

John C. Edwards
East Carolina University

Mary Ann Edwards
College of Mount St. Joseph

Paul Ewell
Bridgewater College

Mary M. Fanning
College of Notre Dame of Maryland

Janice M. Feldbauer
Austin Community College

Merideth Ferguson
Baylor University

Daryl Fortin
Upper Iowa University

Karen Fritz
Bridgewater College

Michael P. Gagnon
New Hampshire Community Technical College

Richard H. Gayor
Antelope Valley College

Dan Geeding
Xavier University, Ohio

James Genseal
Joliet Junior College

Peter Gibson
Becker College

Alexandra Giesler
Augsburg College

Yezdi H. Godiwalla
University of Wisconsin – Whitewater

Carol R. Graham
Western Kentucky University

Gary Greene
Manatee Community College

James Halloran
Wesleyan College

Ken Harris
Indiana University Southeast

Kathy Hastings
Greenville Technical College

Paul Hayes
Coastal Carolina Community College

Dennis Heaton
Maharishi University of Management, Iowa

Stephen R. Hiatt
Catawba College

Jeffrey D. Hines
Davenport College

Bob Hoerber
Westminster College

Betty Hoge
Bridgewater College

James N. Holly
University of Wisconsin – Green Bay

Genelle Jacobson
Ridgewater College

Jody Jones
Oklahoma Christian University

C. Joy Jones
Ohio Valley College

Kathleen Jones
University of North Dakota

Sheryl Kae
Lynchburg College

Jordan J. Kaplan
Long Island University

J. Michael Keenan
Western Michigan University

Jerry Kinard
Western Carolina University

Renee Nelms King
Eastern Illinois University

Gloria Komer
Stark State College

Paula C. Kougl
Western Oregon University

Cynthia Krom
Mount St. Mary College

Sal Kukalis
California State University – Long Beach

Mukta Kulkarni
University of Texas – San Antonio

Donna LaGanga
Tunxis Community College

William B. Lamb
Millsaps College

Ruth D. Lapsley
Lewis-Clark State College

Robert E. Ledman
Morehouse College

George Lehma
Bluffton College

Joyce LeMay
Bethel University

Cynthia Lengnick-Hall
University of Texas – San Antonio

Janet C. Luke
Georgia Baptist College of Nursing

Jenna Lundburg
Ithaca College

Walter J. MacMillan
Oral Roberts University

Iraj Mahdavi
National University

Myrna P. Mandell
California State University, Northridge

Daniel B. Marin
Louisiana State University

Michael Market
Jacksonville State University

Joan McBee
Southern Oregon University

Wade McCutcheon
East Texas Baptist College

James C. McElroy
Iowa State University

Tom D. McFarland
Tusculum College

Dennis W. Meyers
Texas State Technical College

Alan N. Miller
University of Nevada – Las Vegas

Irene A. Miller
Southern Illinois University

Tom Miller
Concordia University

W J Mitchell
Bladen Community College

James L. Moseley
Wayne State University

Micah Mukabi
Essex County College

David W. Murphy
Madisonville Community College

Nora Nurre
Upper Iowa University

Ross O'Brien
Dallas Baptist University

Tomas J. Ogazon
St. Thomas University

Allen Oghenejbo
Mills College

John Okpara
Bloomsburg University

Linda Overstreet
Hillsborough Community College

Ken Peterson
Metropolitan State University

Lori A. Peterson
Augsburg College

Clifton D. Petty
Drury College

James I. Phillips
Northeastern State University

Michael Provitera
Barry University

Linda Putchinski
University of Central Florida

Abe Qastin
Lakeland College

Kenneth Radig
Medaille College

Gerald D. Ramsey
Indiana University Southeast

Holly Caldwell Ratwani
Bridgewater College

Barbara Redmond
Briar Cliff College

William Reisel
St. John's University – New York

Terry L. Riddle
Central Virginia Community College

Walter F. Rohrs
Wagner College

Meir Russ
University of Wisconsin – Green Bay

Marcy Satterwhite
Lake Land College

Don Schreiber
Baylor University

Kilmon Shin
Ferris State University

Daniel G. Spencer
University of Kansas

Gary Spokes
Pace University

M. Sprencz
David N. Meyers College

Shanths Srinivas
California State Polytechnic University, Pomona

Barbara Stasek
Pasco Hernando Community College

Jeffrey Stauffer
Ventura College

William A. Stower
Seton Hall University

Mary Studer
Southwestern Michigan College

James Swenson
Moorhead State University, Minnesota

Thomas Sy
California State University – Long Beach

Irwin Talbot
St. Peter's College

Andrew Timothy
Lourdes College

Frank G. Titlow
St. Petersburg Junior College

John Todd
University of Arkansas

Kevin A. Van Dewark
Humphreys College

Linn Van Dyne
Michigan State University

Philip Varca
University of Wyoming

Dennis L. Varin
Southern Oregon University

Gina Vega
Merrimack College

George S. Vozikis
University of Tulsa

Noemy Wachtel
Kean University

Peter Wachtel
Kean University

Bruce C. Walker
Northeast Louisiana University

Kevin Wayne
Rivier College

Mark Weber
University of Minnesota

Emilia S. Westney
Texas Tech University

Stan Williamson
Northeast Louisiana University

Alla L. Wilson
University of Wisconsin – Green Bay

Ignatius Yacomb
Loma Linda University

Imad Jim Zbib
Ramapo College of New Jersey

Vic Zimmerman
Pima Community College

Gostaria de prestar homenagem especial à minha associada editorial de longa data, Pat Lane. Não posso imaginar como completaria uma revisão tão abrangente sozinho. Pat forneceu ajuda verdadeiramente notável ao longo de cada etapa desta edição de *Administração*. Ela habilmente esboçou materiais para diversos tópicos de capítulo, boxes e casos, tópicos pesquisados quando novas fontes estavam faltando e fez um trabalho absolutamente soberbo editando o texto manuscrito e diagramado. Seu compromisso com este texto nos permitiu alcançar o nosso sonho por sua excelência. Também quero expressar minha gratidão a DeeGee Lester pelo material de rascunho para os boxes "Poder verde" e para os casos novos desta edição. DeeGee viabilizou meu sonho com informações úteis e concisas para compartilhar com os estudantes sobre o que os gestores em empresas com visão do futuro estão fazendo na área de sustentabilidade. Da mesma forma, agradeço a Chris O'Connell, instrutor na Granite State College e gerente de recursos humanos da GMO GlobalSign pelo excelente trabalho, pesquisando e escrevendo as características em "Conversa com o gestor" das empresas sem chefe em vários capítulos.

Finalmente, quero reconhecer o amor e o apoio de minhas filhas – Danielle, Amy, Roxanne, Solange e Elizabeth –, que tornam a minha vida especial durante o nosso precioso tempo juntos. Agradeço também a B.J., Kaitlyn, Kaci e Matthew pelo calor e sorrisos que iluminam minha vida, especialmente durante nosso tempo juntos visitando lugares interessantes.

Richard L. Daft
Nashville, Tennessee

PARTE 1 Capítulo 1

O mundo da gestão inovadora

Visão geral do capítulo

Conquista do gestor

Competências de gestão para o mundo de hoje

Funções básicas de gestão
- Planejamento
- Liderança
- Organização
- Controle

Desempenho organizacional

Habilidades de gestão
- Habilidades técnicas
- Habilidades conceituais
- Habilidades humanas
- Quando a habilidade falha

Tipos de gestão
- Diferenças verticais
- Diferenças horizontais

Como é o trabalho do gestor?
- Salto na carreira: tornar-se um novo gestor
- Atividades gerenciais
- Funções do gestor

Novo gestor autoteste: administração do tempo

Gerenciamento de pequenos negócios e empresas sem fins lucrativos

Resultados de aprendizagem

Após a leitura deste capítulo, você será capaz de:

1. Descrever as cinco competências de gestão consideradas cruciais no mundo atual, em que as mudanças ocorrem de forma muito rápida.

2. Definir as quatro funções de gestão e o tipo de atividade de gestão associada a cada uma.

3. Explicar a diferença entre eficiência e eficácia, e sinalizar e a importância delas para o desempenho organizacional.

4. Descrever as habilidades técnicas, humanas e conceituais, além da relevância delas para os gestores.

5. Descrever os tipos de gestão e as diferenças horizontais e verticais entre elas.

6. Resumir os desafios pessoais inerentes a um novo gestor.

7. Definir as dez funções que os gestores executam nas empresas.

8. Explicar as características exclusivas da função do gestor em pequenas empresas e naquelas sem fins lucrativos.

Conquista do gestor

Bem-vindo ao mundo da gestão. Você está pronto para enfrentá-lo? O teste apresentado a seguir ajudará você a verificar se as suas prioridades estão alinhadas às demandas propostas para os gestores de hoje.

INSTRUÇÕES: Avalie cada um dos seguintes itens com base nas orientações para alcançar a realização pessoal. Leia-os atentamente e, em seguida, assinale "Normalmente verdadeiro" ou "Normalmente falso". É importante que você considere como se sente no momento.

	Normalmente verdadeiro	Normalmente falso
1. Gosto da sensação que tenho de dominar uma nova habilidade.		
2. Normalmente, é melhor trabalhar sozinho do que em grupo.		
3. Gosto da sensação de conquista.		
4. Gostaria de desenvolver minhas habilidades em nível elevado.		
5. Raramente dependo de alguém para fazer as coisas.		
6. Habitualmente, sou o contribuinte mais importante para uma equipe.		
7. Gosto de situações competitivas.		
8. Para chegar à frente, é importante ser visto como um vencedor.		

PONTUAÇÃO E INTERPRETAÇÃO: Marque um ponto para cada item assinalado com "Normalmente verdadeiro". Nesse caso, uma baixa pontuação é melhor. Uma alta pontuação significa um foco na realização pessoal separado dos outros, o que é ideal para um especialista ou contribuinte individual. No entanto, um gestor é um generalista que faz as coisas acontecerem por intermédio de outras pessoas. É fundamental investir na construção de relacionamentos. O desejo de ser um vencedor individual pode levar você a querer competir com outras pessoas, em vez de desenvolver as próprias habilidades. Você não teria sucesso como um empreendedor isolado que não facilita nem coordena os outros, que é a principal tarefa de um gestor. Se marcou três ou menos itens em "Normalmente verdadeiro", a orientação básica é boa. Se assinalou seis ou mais itens, o foco pode estar em ser um vencedor individual. Nesse caso, é bem provável que você queira mudar a perspectiva para se tornar um excelente gestor.

A maioria das pessoas pensa que Jon Bon Jovi é uma estrela envelhecida do *rock*. Entretanto, muitos não sabem que o grupo Bon Jovi ainda é uma das bandas que mais vendem no mundo (em termos de vendas de CDs e turnês), porque o vocalista é também um gestor consumado. De acordo com um historiador de música, "No final de 1980, parecia inimaginável que [o grupo] duraria cinco anos". Em 2011, Jon Bon Jovi foi classificado como n. 2 na lista dos músicos mais bem pagos da Forbes.[1] Em fevereiro de 2013, enquanto o grupo se preparava para o lançamento de mais uma turnê, Jon Bon Jovi ficou escondido na arena do cassino Mohegan Sun em Uncasville, em Connecticut, por dias, supervisionando cerca de 100 pessoas em diversas equipes, como iluminação, som e vídeo. Trata-se de uma atividade que ele realiza sempre que a banda está em turnê: gerenciar uma operação rigorosamente coordenada semelhante à configuração ou ao reajuste de uma linha de produção de fábrica. No entanto, Bon Jovi também realiza outras atividades de gestão durante todo o ano: planeja e estabelece metas para o futuro, organiza tarefas e delega responsabilidades, influencia e motiva os membros da banda e outras pessoas e monitora operações e finanças, além do *networking* dentro e fora da empresa (eis um exemplo de muito prestígio: em 2010, o presidente norte-americano Barack Obama nomeou o músico como membro de um conselho da Casa Branca dedicado a soluções comunitárias). Eficiência e eficácia são palavras-chave no vocabulário de Jon Bon Jovi. O ex-cogestor David Munns afirmou certa vez: "Jon é um homem de negócios. Além de produzir *shows* de alta qualidade, ele é eficiente com o dinheiro".[2]

Jon Bon Jovi foi inteligente o suficiente para contratar pessoas capazes de lidar simultaneamente com as atividades de produção, as minúcias do dia a dia e um negócio de música global. No entanto, foram necessários muitos anos para que ele pudesse desenvolver e aprimorar as habilidades de gestão. Jovi assumiu as responsabilidades de alta gestão da banda em 1992, cerca de dez anos depois de fundá-la, porque, para ele, os gestores profissionais não o estavam apoiando: "A maioria dos meus colegas queria estar na capa da *Circus* [revista publicada de 1966 a 2006 e dedicada ao *rock*], no entanto o meu objetivo era a capa da *Time*".[3]

Quando dão o primeiro passo no papel de gestão, muitas pessoas se surpreendem com o fato de que não terão total controle das situações. A natureza da gestão é motivar as outras pessoas a lidar com diversos e grandes desafios, além, é claro, de coordenar todo o processo. Eis as expectativas de muitos novos gestores: ter poder, estar no controle e ser pessoalmente responsável pelos resultados departamentais. No entanto, os gestores dependem dos subordinados, mais do que o contrário, e são avaliados pelo trabalho de outras pessoas, não necessariamente pelas próprias realizações. Os gestores ajustam os sistemas e as condições que ajudam outras pessoas a executar bem uma tarefa.

No passado, os gestores exerciam, em geral, um controle rigoroso sobre os funcionários, no entanto esse cenário está passando por uma revolução. Hoje, os gestores devem fazer mais com menos e incentivar os funcionários a agir de corpo e alma, com energia física, para que possam ver as mudanças, e não a estabilidade, como um fator natural. Além disso, os gestores devem inspirar uma visão de valores culturais que incentivem as pessoas a ser criativas em um local de trabalho verdadeiramente colaborativo e produtivo. Este livro apresenta e explica o processo de gestão e as mudanças de pensamento sobre o mundo que são fundamentais para os gestores. Ao analisar as ações de alguns gestores bem-sucedidos e outros nem tanto, você aprenderá os fundamentos da gestão. Até o fim deste capítulo, você reconhecerá algumas das habilidades que os gestores usam para manter as empresas no caminho certo e começará a entender como os gestores podem alcançar resultados surpreendentes com as pessoas. Até o final deste livro, você entenderá as habilidades fundamentais de gestão para planejamento, organização, liderança e controle de um departamento ou de toda a empresa.

Competências de gestão para o mundo de hoje

> "Eu era uma pessoa controladora que dava comandos, mas os ambientes de hoje são diferentes. Acho que, agora, é uma questão de fazer as pessoas sentirem que estão contribuindo."
>
> — JOSEPH J. PLUMERI, PRESIDENTE E CEO DA WILLIS GROUP HOLDINGS

Gestão é a realização, de forma eficaz e eficiente, das metas organizacionais com planejamento, organização, liderança e controle de recursos organizacionais, como Jon Bon Jovi faz com a banda de *rock* e como fez como coproprietário da equipe de futebol de salão Philadelphia Soul, no Arena Football League. Mais adiante, ainda neste capítulo, você aprenderá mais sobre essas quatro funções básicas de gestão.

Há determinados elementos de gestão que são atemporais, mas as mudanças ambientais também influenciam na prática da gestão. Nos últimos anos, as mudanças ambientais rápidas causaram uma transformação fundamental sobre o que é exigido de gerentes eficazes. Os avanços tecnológicos, como mídias sociais e aplicativos móveis, o aumento do trabalho virtual, as forças do mercado global, a crescente ameaça do crime cibernético, o deslocamento de funcionários e as expectativas dos clientes levaram ao declínio das hierarquias organizacionais e dos trabalhadores mais capacitados, e esse contexto exige uma nova abordagem de gestão que pode ser bastante diferente daquela praticada no passado.[4] A Figura 1.1 mostra a mudança

Capítulo 1 O mundo da gestão inovadora

FIGURA 1.1 Competências de gestão de ponta para o mundo de hoje

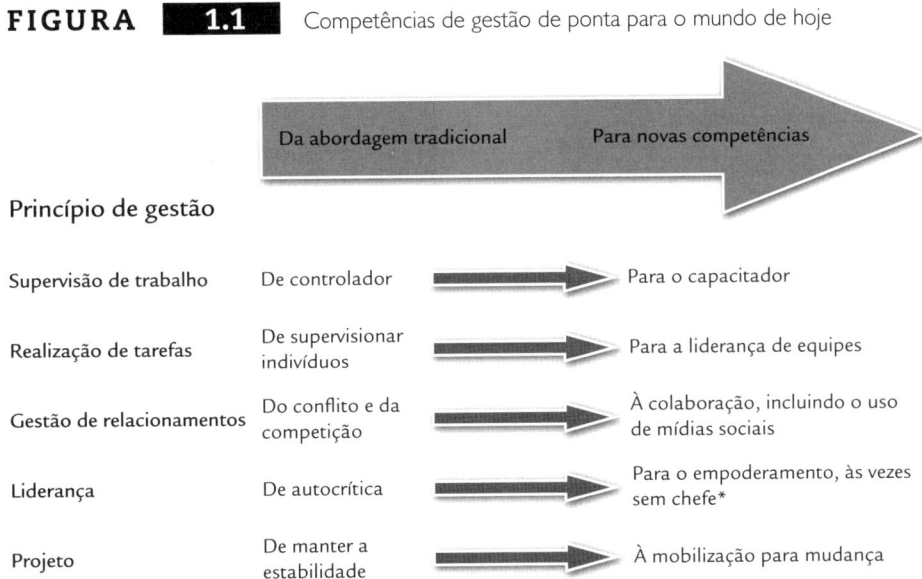

* O termo "*bossless*" ou "sem chefe" sugere uma estrutura organizacional menos burocrática e verticalizada, com maior autonomia para os funcionários.

da abordagem de gestão tradicional para as novas competências de gestão essenciais no ambiente de hoje.

Em vez de ser um controlador, o gestor eficaz de hoje é um facilitador que fornece os subsídios necessários para que as pessoas possam fazer o trabalho e tornar-se melhores. Cabe aos gestores ajudar as pessoas a conseguir o que precisam, remover obstáculos, propiciar oportunidades de aprendizagem, além de oferecer *feedback*, *coaching* e orientação profissional. Em vez de "gestão para manter o controle", eles utilizam um estilo de liderança de autorização. Muito trabalho é feito em equipe, não individualmente; por isso, as habilidades de liderança de equipe são cruciais. Pessoas de muitas empresas trabalham em locais isolados para que os gerentes não possam monitorar o comportamento continuamente. Algumas empresas estão funcionando sem chefe e direcionam a autoridade e a responsabilidade de gestão totalmente para os funcionários. As relações de gestão têm como base a conversa autêntica, e a colaboração é essencial para resultados bem-sucedidos. A mídia social é uma ferramenta muito utilizada atualmente pelos gestores para melhorar a comunicação e a colaboração em apoio aos ambientes de trabalho autorizados ou sem chefe. Além disso, os gestores, às vezes, coordenam o trabalho de pessoas que não estão sob o controle direto, como as empresas parceiras, e às vezes até trabalham com os concorrentes. Eles precisam encontrar algo em comum entre as pessoas com pontos de vista e agendas diferentes e alinhá-las para que possam seguir na mesma direção.

Além disso, conforme mostra a Figura 1.1, os melhores gestores de hoje "encaram o futuro", ou seja, projetam a empresa e a cultura para antecipar as ameaças e oportunidades do ambiente, desafiam o *status quo* e promovem a criatividade, aprendizagem, adaptação e inovação. Indústrias, tecnologias, economias, governos e sociedades estão em fluxo constante, e os gerentes são responsáveis por ajudar as empresas a navegar pelo imprevisível com flexibilidade e inovação.[5] O mundo moderno muda constantemente, mas "quanto mais imprevisível for o ambiente, maior será a oportunidade – se [os gestores] tiverem as habilidades [...] para lucrar com ela".[6]

Um gestor que exemplifica as novas habilidades e competências de gestão é Vineet Nayar, da HCL Technologies (HCL), da Índia, com 80 mil funcionários e que opera em mais de 25 países.

Faça uma pausa

Leia o "Aplique suas habilidades: dilema ético", do material complementar, que aborda a gestão no novo local de trabalho. Para que possa começar a entender como resolveria os difíceis problemas de gestão, pense no que faria na situação apresentada e por quê.

Forma inovadora
Vineet Nayar, HCL Technologies LLC

Líder mundial em tecnologia da informação (TI), a HCL Technologies é uma empresa de desenvolvimento de *softwares* e a quarta maior exportadora de serviços de TI da Índia. Quando Vineet Nayar (atual vice-presidente e diretor de *Joint Ventures*) assumiu, em 2005, o posto de CEO, a HCL era uma empresa tradicional, cujo processo hierárquico estava baseado em comando e controle. Hoje a empresa trata os funcionários como clientes. Nayar está sempre atualizando as competências de gestão com o propósito de atender às demandas dos funcionários e ajudá-los a realizar o trabalho da melhor maneira possível. Quando a HCL precisou cortar os gastos em $ 100 milhões por causa da recessão global, os gestores solicitaram aos funcionários que propusessem ideias para resolver essa questão e evitar uma demissão em massa.

Para reorganizar toda a empresa, Nayar adotou o seguinte princípio: "funcionários em primeiro lugar, clientes em segundo" ("employees first, customers second" – EFCS). Como, nesse processo, a confiança era um fator primordial, o CEO decidiu compartilhar as informações financeiras com todos os integrantes da empresa. Nayar optou então pela ousadia: criou um fórum *on-line* aberto, em que os funcionários poderiam postar perguntas destinadas aos líderes. Esse recurso certamente resultaria na exposição de fraquezas e problemas aos quais ninguém deveria ter acesso, incluindo clientes e concorrentes externos. E foi o que aconteceu. De acordo com Nayar, "Havia muitas queixas, e isso doeu". Apesar desse resultado, o cenário que parecia tão desolador deu lugar a muitas reações positivas. As pessoas ficaram muito felizes pelo fato de os líderes estarem dispostos a reconhecer os problemas delas. Alguns funcionários entenderam que se tratava de uma iniciativa importante da empresa e se sentiram motivados a oferecer soluções. Basicamente, esse processo consistia em transferir poder e responsabilidade para resolver problemas de altos executivos aos próprios trabalhadores. Na nova HCL, o papel dos gestores era oferecer aos funcionários os recursos necessários para que estes pudessem realizar um bom trabalho.[7]

A lição aprendida por Nayar era clara: a aplicação de novas competências de gestão pode realmente valer a pena. Depois da implantação da filosofia EFCS, as receitas da HCL cresceram 3,6 vezes, e o lucro líquido (*net income*) aumentou 91% desde 2005. Entretanto, essa mudança não foi fácil para os gestores tradicionais, que, em geral, estavam habituados a centralizar todas as responsabilidades, tomar todas as decisões e saber onde os subordinados estavam e o que faziam a cada momento. Mais mudanças e desafios logo acontecerão para as empresas e os gestores. Este é um momento emocionante e desafiador para entrar no campo da gestão. Ao longo deste livro, você aprenderá muito mais sobre o novo local de trabalho e sobre os novos e dinâmicos papéis que os gestores estão desempenhando no século XXI. Verá ainda como é possível ser um gerente eficaz em um mundo complexo e em constante mudança.

Lembre-se disto

- As tarefas serão devidamente cumpridas se os gestores forem capazes de coordenar e motivar outras pessoas.
- Muitas vezes, a gestão é uma experiência diferente do que as pessoas esperam.
- Gestão é definida como a realização, de forma eficaz e eficiente, das metas da empresa. Para tanto, os seguintes itens são imprescindíveis: planejamento, organização, liderança e controle de recursos organizacionais.
- Forças ambientais turbulentas causam mudança significativa nas competências necessárias para gestores eficazes.
- Nas competências tradicionais de gestão, havia um estilo de liderança baseado em comando e controle, foco em tarefas individuais e padronização de procedimentos para manter a estabilidade.
- As novas competências de gestão incluem os seguintes aspectos: capacidade de ser facilitador em vez de controlador, estilo capacitador de liderança, incentivo à colaboração, liderança de equipes e mobilização para mudança e inovação.
- Vineet Nayar, CEO da HCL na Índia, ilustra muitas das novas competências de gestão.

Funções básicas de gestão

Diariamente, os gestores resolvem problemas difíceis, viram as empresas de cabeça para baixo e atingem desempenhos surpreendentes. Para ser bem-sucedida, uma empresa precisa de bons gestores. Peter Drucker (1909-2005), famoso teórico de administração, apontado, muitas vezes, como o criador do estudo moderno de gestão, resumiu o trabalho do gestor a cinco tarefas, conforme mostra a Figura 1.2.[8] Em essência, os gestores definem metas, organizam atividades, motivam, comunicam, medem o desempenho e desenvolvem pessoas. Essas cinco atividades gerenciais se aplicam não apenas aos altos executivos, como Mark Zuckerberg, do Facebook, Alan Mulally, da Ford Motor Company e Ursula Burns, da Xerox, mas também a um gestor de um restaurante de uma pequena cidade, a um líder de uma equipe de segurança do aeroporto, a um supervisor de serviços de hospedagem da internet ou a um diretor de vendas e *marketing* de um negócio local.

> "Uma boa gestão é a arte de tornar os problemas tão interessantes e as soluções tão construtivas que todo mundo quer começar a trabalhar e lidar com eles."
>
> — PAUL HAWKEN, AMBIENTALISTA, EMPREENDEDOR E UM DOS AUTORES DO LIVRO *CAPITALISMO NATURAL*

As atividades descritas na Figura 1.2 se encaixam nas quatro funções fundamentais de gestão: planejamento (definição de metas e atividades de decisão), organização (de atividades e pessoas), liderança (motivação, comunicação e desenvolvimento de pessoas) e controle (que estabelece metas e mede o desempenho). Dependendo da situação de trabalho, os gestores realizam numerosas e variadas tarefas, mas todos podem ser classificados com base nessas quatro funções principais.

FIGURA 1.2 O que os gestores fazem?

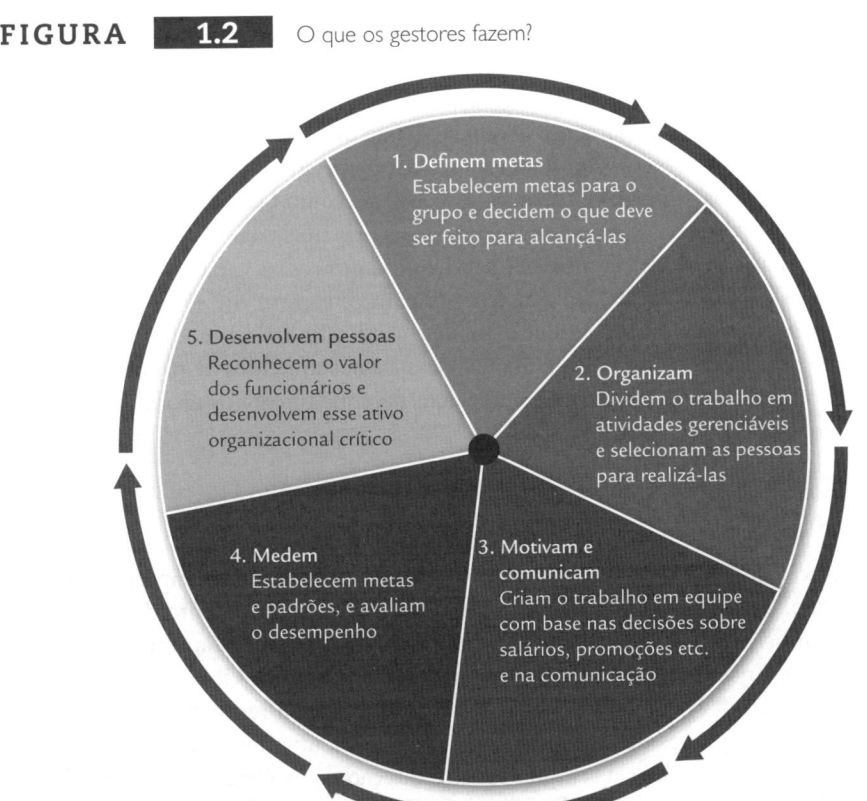

FONTE: Com base em "What do managers do?", *The Wall Street Journal Online*. Disponível em: <http://guides.wsj.com/management/developing-a-leadership-style/what-do-managers-do/>. Acesso em: 11 ago. 2010. Adaptado por Alan Murray, *The Wall Street Journal essential guide to management* (New York: Harper Business, 2010).

FIGURA 1.3 Processo de gestão

A Figura 1.3 mostra como os gerentes utilizam recursos para alcançar as metas organizacionais por meio das funções de planejamento, organização, liderança e controle. Os capítulos deste livro são dedicados às diversas atividades e habilidades associadas a cada função, bem como ao ambiente, à competitividade global e à ética que influenciam o modo de os gestores executarem tais funções.

PLANEJAMENTO

Planejamento significa identificar metas para o futuro desempenho organizacional e decidir sobre as tarefas e o uso de recursos necessários para alcançar tais objetivos. Em outras palavras, o planejamento gerencial define onde a organização quer estar no futuro e como quer chegar lá. Um bom exemplo de planejamento vem da General Electric (GE), em que os gestores vendem as divisões, tais como plásticos, seguros e mídia, para focar os recursos da empresa em quatro áreas principais de negócio: energia, motores de aeronaves, assistência médica e serviços financeiros. A GE costumava realocar os executivos seniores de tempos em tempos para diferentes divisões, para que eles pudessem desenvolver uma experiência ampla e geral. Alinhada à recente reconcentração estratégica, agora a empresa mantém as pessoas nas unidades de negócio por mais tempo, de modo que elas possam conhecer mais profundamente os produtos e clientes de cada um dos quatro negócios principais.[9]

ORGANIZAÇÃO

Geralmente, a organização segue um planejamento e reflete como a empresa tenta realizar o plano. **Organização** envolve atribuição de tarefas, agrupamento das tarefas em departamentos, delegação de autoridade e alocação dos recursos pela empresa. Nos últimos anos, as organizações tão diversas como a IBM, Catholic Church, Estee Lauder e Federal Bureau of Investigation (FBI) foram submetidas à reorganização estrutural para acomodar os planos de mudança. Organização era uma tarefa fundamental para Oprah Winfrey assim que ela tentou mudar a direção da própria rede, o canal de TV Oprah Winfrey Network (OWN). Ela assumiu o cargo de CEO da empresa, reposicionou alguns executivos e contratou novos, cortou empregos para reduzir os custos e simplificar a empresa, realizou ajustes na programação e passou a produzir as séries *Tyler Perry for better or worse* e *The haves and the have nots*. Essas mudanças estruturais proporcionaram uma abordagem definida e empresarial que ajudou a OWN a se consolidar. Ao referir-se ao *talk show* que apresentava em outra emissora, Winfrey afirmou: "Orgulhava-me do enxuto, mas agora faço exatamente o oposto".[10]

LIDERANÇA

Liderança refere-se ao uso de influência para motivar os funcionários a atingir as metas organizacionais. Liderança significa criar cultura e valores compartilhados, comunicar as metas da empresa aos funcionários e convencê-los da importância de desempenhar as atividades em um nível elevado. Como CEO da Chrysler Group, Sergio Marchionne passa quase duas semanas por mês em Michigan, em reuniões com as equipes de executivos de vendas, *marketing* e operações industriais. Nesses encontros, trata dos planos para a empresa e busca subsídios para incentivar as pessoas a atingir metas ambiciosas. A fim de exercer uma liderança mais prática, Marchionne, que passa a metade do tempo na Fiat da Itália, rejeitou a suíte executiva localizada no 15º andar da sede da Chrysler e ocupou um escritório perto do centro da engenharia.[11] Não é necessário ser o gerente principal de uma grande empresa para ser um líder excepcional. No mundo todo, há muitos gestores de grandes e pequenas empresas que exercem, sem nenhum alarde, uma forte liderança em departamentos e equipes.

▶▶▶ **Conexão de conceito**

De acordo com John Stonecipher, presidente e CEO da Guidance Aviation, uma escola de voo de alta altitude localizada em Prescott, no Arizona, o trabalho envolve todas as quatro funções de gestão. Uma vez que o curso para a operação foi planejado (**planejamento**) e depois de as políticas, os procedimentos e os mecanismos estruturais necessários serem disponibilizados no local (**organização**), ele apoia e incentiva os mais de 50 funcionários (**liderança**) e garante que nada desmorone (**controle**). Graças aos pontos fortes em todas essas áreas, a U. S. Small Business Administration nomeou, em 2013, Stonecipher como a Pessoa de Pequenos Negócios do Ano.

CONTROLE

Controle é a quarta função no processo de gestão. **Controle** significa monitorar as atividades dos funcionários e verificar se a empresa está caminhando em direção às metas e fazendo as correções necessárias. Nos últimos anos, as empresas têm enfatizado menos o controle de cima para baixo e priorizado o treinamento de funcionários com o propósito de monitorá-los e corrigir possíveis falhas. No entanto, a responsabilidade final pelo controle ainda recai sobre os gestores. Michael Corbat, o novo CEO do Citigroup, por exemplo, está adotando uma nova abordagem para controlar essa empresa gigante que, durante a crise financeira, conseguiu manter-se ativa graças a uma ajuda de $ 45 bilhões do governo norte-americano. Para Corbat, "Você é o que mede". O CEO do Citigroup está implantando novas ferramentas para acompanhar o desempenho individual dos gestores como uma maneira de trazer mais responsabilidade e disciplina.[12]

TEMA RECENTE

Recentemente, o Serviço Secreto dos Estados Unidos foi protagonista de um imbróglio de relações públicas provocado, em parte, por uma avaria do controle gerencial. Quando surgiram notícias de que, em Cartagena, na Colômbia, os homens da equipe responsável pela segurança do presidente Obama no país se envolveram em uma noite de bebedeira, visitaram boates e levaram prostitutas para os quartos do hotel em que eles estavam hospedados, houve um alvoroço público e legislativo. Demitiram-se muitos agentes, e o diretor Mark Sullivan e outros gestores foram chamados antes por um subcomitê do Senado para explicar a falha no controle. A ampla investigação também trouxe à tona outras alegações de má conduta dos agentes e "comportamento moralmente repugnante". Segundo os gestores, regras mais restritas de conduta devem ser criadas e aplicadas mesmo quando os agentes estão fora de serviço.[13]

Lembre-se disto

- Gestores executam uma ampla variedade de atividades que se enquadram nas quatro funções principais de gerenciamento.
- Planejamento refere-se à definição de metas para o desempenho futuro e aos mecanismos utilizados para alcançá-las.
- Organização envolve atribuição de tarefas, agrupamento das tarefas em departamentos e alocação de recursos.
- Liderança significa usar a influência para motivar os funcionários a alcançar as metas da empresa.
- Controle está relacionado ao monitoramento das atividades dos trabalhadores, de modo que a organização possa se manter no caminho certo para atingir as metas e fazer as correções necessárias.
- O escândalo que envolveu prostitutas e os agentes do Serviço Secreto dos Estados Unidos pode ser, em parte, uma referência de quebra de controle de gestão.

Desempenho organizacional

A definição de gestão também abrange a ideia de atingir as metas organizacionais de forma eficiente e eficaz. Gestão é tão importante quanto as empresas. Em uma sociedade industrializada, em que predominam tecnologias complexas, as empresas reúnem conhecimentos, pessoas e matérias-primas para executar as tarefas que nenhum indivíduo faria sozinho. Sem as empresas, como a tecnologia permitiria o compartilhamento das informações pelo mundo? A eletricidade seria produzida a partir de enormes represas e usinas nucleares? E milhões de músicas, vídeos e jogos estariam disponíveis para o nosso entretenimento a qualquer hora e lugar? As empresas impregnam nossa sociedade, e os gestores são responsáveis pelo uso sábio dos recursos para atingir as metas organizacionais.

Em termos formais, uma **Organização** é uma entidade social direcionada a metas e deliberadamente estruturada. Toda entidade social é composta de, pelo menos, duas pessoas. A expressão "meta direcionada" refere-se à obtenção de algum resultado, como obter lucro (*Target Stores*), ganhar aumento salarial para os membros de uma instituição (United Food & Commercial Workers), antender às necessidades espirituais (Igreja Luterana) ou fornecer satisfação social (república universitária Alpha Delta Pi). Deliberadamente estruturada significa que as tarefas são divididas e a responsabilidade pelo desempenho é atribuída aos membros da empresa. Essa definição aplica-se a todas as empresas, incluindo aquelas sem fins lucrativos. As empresas pequenas, excêntricas e sem fins lucrativos são mais numerosas do que as grandes e visíveis – e muito importantes para a sociedade.

Com base em nossa definição de gestão, a responsabilidade do gerente é coordenar, de modo eficaz e eficiente, os recursos necessários para alcançar as metas da organização. A **eficácia** organizacional é o grau em que a empresa atinge uma meta declarada ou consegue realizar o que tenta fazer. Eficácia organizacional significa proporcionar um produto ou serviço que os clientes valorizam. **Eficiência** organizacional refere-se a uma quantidade dos recursos utilizados para alcançar uma meta organizacional, como matéria-prima, dinheiro e pessoas necessárias para a produção de determinado volume de saída. Eficiência pode ser definida como a quantidade de recursos utilizados para a produção de um produto ou serviço. Eficiência e eficácia podem ser altas na mesma empresa.

Muitos gestores têm usado aplicativos móveis para aumentar a eficiência, os quais, em alguns casos, podem também aumentar a eficácia.[14] A atual vencedora dessa categoria é a Square, criada pelo fundador do Twitter, Jack Dorsey, em 2010. A Square está

Impacto local

O Deutsche Post DHL Group, líder mundial em logística, tem 38 escritórios na Tailândia, onde os ensinamentos budistas sobre a importância de zelarmos pelo bem-estar de nosso semelhante são parte fundamental da cultura local. O Deutsche Post DHL Group planeja a responsabilidade social corporativa com a sustentabilidade no nível local. Ao identificar as necessidades e questões locais, o grupo planejou estratégias específicas, tais como iluminação eficiente e redução da demanda de ar-condicionado no clima quente da Tailândia, além da instalação dos sistemas de satélite de posicionamento global (*global positioning satellite* – GPS) para minimizar o consumo de combustível.

O compromisso do Deutsche Post DHL Group com a responsabilidade social baseia-se em três pilares: "*Go green*" (proteção do clima), "*Go help*" (ajuda em caso de catástrofe) e "*Go teach*" (educação). Nesse plano corporativo, cada pilar é um indicativo de amplas metas – como a redução de 30% das emissões de CO_2 até 2020 – e personalizado para atender às necessidades e culturas locais. Por exemplo, a filial da Tailândia solicita aos potenciais parceiros de negócio que incorporem a filosofia "*Go green*" da empresa. A fim de convencê-los a aderir, a empresa argumenta que essa filosofia representa uma significativa contribuição para sustentabilidade local.

Fonte: Com base em David Ferguson, "CSR in Asian logistics: operationalisation within DHL (Thailand)," *Journal of Management Development*, 30, 10 (2011): 985-999.

revolucionando as empresas de pequeno porte ao permitir que qualquer *smartphone* torne-se um terminal de ponto de venda (PDV), no qual os pagamentos podem ser feitos com cartão de crédito. Há algum tempo, milhões de empresários dos Estados Unidos e do Canadá tiveram que abrir mão de clientes porque não conseguiam pagar as taxas cobradas pelas empresas de cartão de crédito. Agora, podem usar a Square para processar as compras feitas com cartão. Os clientes querem que a necessidade de pagar com cartão seja atendida, e as empresas podem conseguir uma venda que, antes desse recurso, estaria fadada ao fracasso.[15]

Todos os gestores têm que prestar atenção nos custos, mas, às vezes, um corte severo destes para melhorar a eficiência – seja pela utilização de tecnologia de ponta, seja por frugalidade antiquada – pode prejudicar a eficácia organizacional. A responsabilidade final dos gestores é alcançar o alto **desempenho**, que é a realização das metas organizacionais por meio da utilização eficiente e eficaz de recursos. Considere o exemplo da Illumination Entertainment, empresa que produziu o filme de animação *O Lorax: em busca da trúfula perdida*, uma adaptação do conto clássico do Dr. Seuss. Os gerentes da Illumination Entertainment buscam continuamente maneiras de aumentar a eficiência e, ao mesmo tempo, atender às metas de produção criativa e de sucesso dos filmes de animação da empresa.

Forma inovadora
Illumination Entertainment

Você não consegue fazer um grande filme com apenas um centavo, mas Christopher Meledandri está aí para provar que os rígidos controles de custos e os filmes de animação de sucesso não são mutuamente excludentes. A maioria dos filmes de animação gerados por computador custa pelo menos $ 100 milhões, com alguns orçamentos alcançando $ 150 milhões. Em contraste, a Illumination Entertainment fez o filme de sucesso *Meu malvado favorito* com apenas $ 69 milhões. O orçamento para *Hop – rebelde sem Páscoa* foi de apenas $ 63 milhões. E a empresa produziu seu terceiro sucesso de público, *O Lorax: em busca da trúfula perdida*, com $ 70 milhões – menos do que o filme que arrecadou na semana de estreia.

Os gestores da Illumination usam muitas abordagens para aumentar a eficiência. Por exemplo, na produção de *Meu malvado favorito*, eles decidiram eliminar detalhes, como peles de animais, que o público não conseguia ver na tela. Outros detalhes extremamente caros para processar em computação gráfica, mas que não eram o centro da história, também foram cortados, economizando o trabalho de detalhe para os conjuntos utilizados repetidamente. A empresa pagou muito dinheiro para ter a voz do ator Steve Carell, mas contratou outras vozes talentosas menos conhecidas pelo público, uma prática que os gestores usam para todos os filmes. Eles também procuram diretores de primeira viagem e jovens entusiasmados, animadores menos experientes, que muitas vezes custam menos da metade que um artista mais experiente. Detalhes organizacionais também contribuem para a eficiência – Meledandri mantém minimamente as camadas hierárquicas para que as decisões possam ser tomadas de forma rápida e os filmes não se definhem durante os anos de desenvolvimento, o que, em geral, consome mais dinheiro. Em vez de ambientes luxuosos, os escritórios da empresa estão localizados em uma área de baixa renda, atrás de uma fábrica de cimento.

Geralmente, ir ao cinema não é tão legal, mas os filmes animados para curtir com a família são muito melhores. E a Illumination produziu alguns dos melhores filmes. Sobre Peter Chernin, ex-presidente da News Corporation, Meledandri fez o seguinte comentário: "É raro encontrar pessoas cujo senso para negócios seja tão forte quanto o senso criativo". Meledandri e equipe têm usado o senso comercial para executar uma operação eficiente e o instinto criativo para colocar dinheiro nos lugares certos para produzir filmes populares, muitas vezes aclamados pela crítica.[16]

Até agora, a Illumination Entertainment gerencia para aderir ao modelo eficiente e de baixo custo, enquanto é altamente eficaz para atender às metas. Compare isso com o que aconteceu na gravadora EMI. Vendas fracas levaram os gestores a focar a eficiência financeira, o que resultou na redução de desperdício com sucesso e no estímulo da renda operacional. No entanto, as tais eficiências da EMI prejudicaram a capacidade da empresa de recrutar novos artistas, que são vitais para as gravadoras, e provocaram tumulto

Lembre-se disto

- Uma **organização** é uma entidade social direcionada a metas e deliberadamente estruturada.
- Uma boa gestão é importante porque as empresas contribuem muito para a sociedade.
- **Eficiência** refere-se à quantidade de recursos – matérias-primas, dinheiro e pessoas – usados para produzir o volume desejado de saída.
- **Eficácia** refere-se ao grau em que a empresa alcança uma meta.
- Alguns gestores têm usado aplicativos móveis para aumentar a eficiência; um exemplo é a Square, utilizada para processar pagamentos feitos com cartões de crédito e débito por meio do smartphone.
- **Desempenho** é a capacidade da empresa de atingir as metas utilizando recursos de forma eficiente e eficaz.
- Os gestores da Illumination Entertainment estão preocupados tanto em manter os custos baixos (eficiência) quanto em produzir filmes de animação (como *O Lorax*), que são sucesso de crítica e lucrativos (eficácia).

interno e algumas atitudes de longo prazo, como a saída da banda *Rolling Stones*. Assim, o desempenho global da empresa sofreu. Para resgatar os tempos áureos da EMI, os gestores estão se empenhando para encontrar o equilíbrio entre a eficiência e a eficácia.[17]

Habilidades de gestão

O trabalho de um gestor exige uma série de habilidades. Embora alguns teóricos de administração proponham uma longa lista de habilidades, as necessárias para gerenciar um departamento ou uma empresa podem ser colocadas em três categorias: conceitual, humana e técnica.[18] Conforme mostra a Figura 1.4, a aplicação dessas habilidades muda drasticamente quando uma pessoa é promovida a gestor. Apesar da variação do grau de cada habilidade necessária em diferentes níveis de uma empresa, todos os gestores devem possuir alguma habilidade em cada uma dessas áreas importantes para executar de forma eficaz uma tarefa.

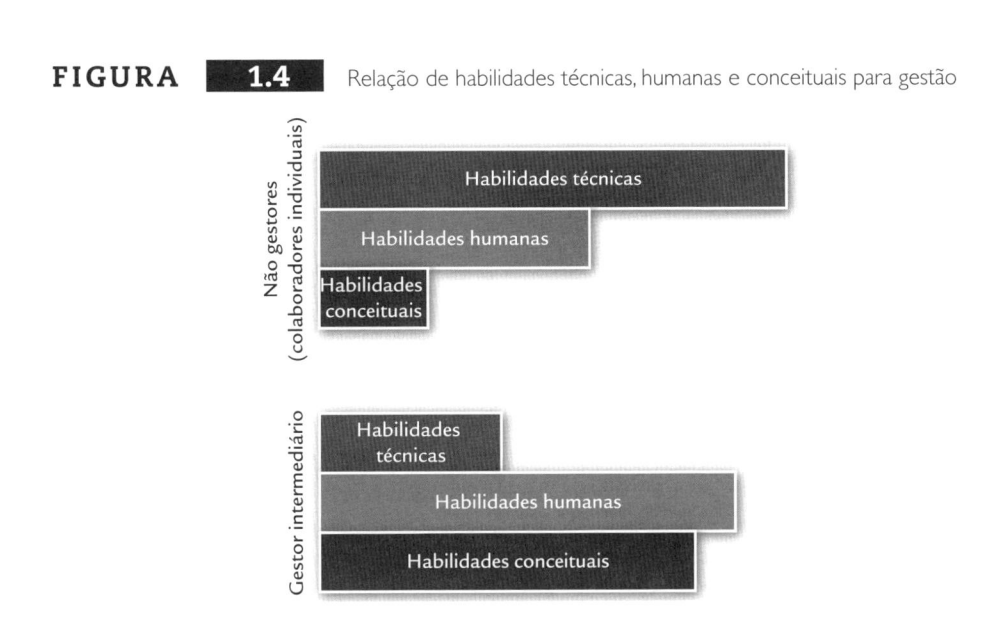

FIGURA 1.4 Relação de habilidades técnicas, humanas e conceituais para gestão

Habilidades técnicas

Muitos gestores são promovidos nos primeiros trabalhos de gestão porque demonstram entendimento de tarefas específicas e proficiência no desempenho delas, referidas como habilidades técnicas. Faz parte desse tipo de habilidade o domínio de métodos, técnicas e equipamentos envolvidos em funções específicas, como engenharia, fabricação ou finanças. As **habilidades técnicas** exigem conhecimento especializado, capacidade analítica e uso competente de ferramentas e técnicas para resolver problemas de uma disciplina específica. Essas habilidades são particularmente importantes em níveis organizacionais mais baixos. No entanto, elas se tornam menos importantes do que as habilidades humanas e conceituais à medida que os gestores sobem de cargo. Às vezes, os gestores superiores com fortes habilidades técnicas precisam aprender a dar um passo para trás, a fim de que os outros possam trabalhar de forma eficaz. David Sacks, fundador e CEO da Yammer, projetou a primeira versão do próprio produto, mas agora a empresa tem 200 funcionários e quase uma dúzia de gestores de produto e equipes de projeto. Sacks costumava "caminhar e dar uma olhada nos *designers* para ver o que estavam fazendo", entretanto esse hábito impedia que algumas pessoas dessem o melhor de si no trabalho.[19]

Conexão de conceito ◀◀◀

Por ser um profundo conhecedor de física e economia, o empresário Elon Musk certamente possui uma parcela significativa de **habilidades técnicas**. Ele projetou e criou o primeiro carro elétrico viável – o Tesla, um carro de dois lugares –, assim como o serviço de pagamento pela internet PayPal e uma espaçonave que permitirá aos cidadãos viajar para o espaço. Todavia, caberá às **habilidades conceituais** estelares a possibilidade de as empresas inovadoras que viabilizam esses produtos e serviços estarem disponíveis para as pessoas em todo o mundo.

HABILIDADES HUMANAS

As **habilidades humanas** envolvem a capacidade do gestor de trabalhar com e por outras pessoas e de atuar de maneira eficaz como um membro do grupo. Verificam-se essas habilidades na maneira como um gestor se relaciona com outras pessoas, o que inclui capacidade de motivar, facilitar, coordenar, liderar, comunicar e resolver conflitos. As habilidades humanas são essenciais para gerentes de linha de frente que trabalham direta e diariamente com os funcionários. Um estudo recente constatou que a habilidade motivacional do gerente de linha de frente é o fator mais importante para que as pessoas se sintam engajadas no trabalho e comprometidas com a empresa.[20]

As habilidades humanas são cada vez mais importantes para os gestores em todos os níveis e em todos os tipos de empresa.[21] Mesmo em uma empresa como o Google, que depende de perícia técnica, as habilidades humanas são consideradas essenciais para os gestores. O Google analisou avaliações de desempenho e realizou pesquisas com o intuito de descobrir que características deve ter um bom gestor de pessoas da área técnica. A empresa constatou que conhecimentos técnicos ficaram em último lugar, em uma lista de oito qualidades desejadas. A Figura 1.5 apresenta oito comportamentos eficazes de bons gestores. Observe que a maioria relatou as habilidades humanas, como comunicação, treinamento e trabalho em equipe. As pessoas querem gestores que as ouçam, construam relacionamentos positivos e se interessem pela vida e carreira delas.[22] Outro estudo apontou que as habilidades humanas são significativamente mais importantes do que as habilidades técnicas para prever a eficácia do gestor.[23] Gentry et al. compararam a importância das habilidades gerenciais de hoje com as do final da década de 1980 e perceberam que houve um determinado aumento no papel de habilidades para a construção de relacionamentos com os outros.[24]

FIGURA 1.5
Regras do Google: oito comportamentos considerados bons para gestores

Com o propósito de identificar as qualidades que um bom gestor precisa ter, os executivos do Google estudaram avaliações de desempenho, realizaram pesquisas e consultaram listas de candidatos a prêmios concedidos aos melhores administrados. A seguir, apresentam-se, em ordem de importância, os "oito comportamentos considerados bons":

1. Seja um bom treinador.
2. Capacite a equipe e não microgerencie.
3. Manifeste interesse pelo sucesso e bem-estar pessoal dos membros da equipe.
4. Seja produtivo e orientado para resultados.
5. Seja um bom comunicador e ouça a equipe.
6. Ajude os funcionários a desenvolver a carreira deles.
7. Tenha uma visão clara e uma estratégia para a equipe.
8. Tenha habilidades técnicas fundamentais para que possa aconselhar a equipe.

FONTE: Adam Bryant, "Google's Quest to Build a Better Boss", *The New York Times*, 12 Mar. 2011. Cortesia do Google.

Habilidades conceituais

A principal característica das **habilidades conceituais** refere-se à capacidade cognitiva de considerar a empresa como um todo e perceber as relações entre as partes. Esse tipo de habilidade envolve o conhecimento do lugar que uma equipe deve ocupar na empresa e como esta se encaixa na indústria, na comunidade, nos negócios mais amplos e no ambiente social. Isso mostra a capacidade de pensar estrategicamente – para ter visão ampla e de longo prazo – para identificar, avaliar e resolver problemas complexos.[25]

As habilidades conceituais são necessárias para todos os gestores, mas especialmente para os que estão no topo. Muitas das responsabilidades dos gestores superiores, como tomada de decisão, alocação de recursos e inovação, requerem uma visão ampla. Por exemplo, Ursula Burns, que em 2009 se tornou a primeira afro-americana a liderar uma grande empresa norte-americana, precisa de ótimas habilidades conceituais para guiar a Xerox com uma economia resistente e pela indústria de tecnologia em rápida mudança. As vendas de copiadoras e impressoras permaneceram estáveis, os preços caíram e a Xerox está lutando contra os concorrentes mais fortes em uma indústria em consolidação. Para manter a empresa próspera, Burns precisa ter uma compreensão bem clara não apenas da empresa, mas também das mudanças que ocorrem na indústria e em um ambiente mais amplo.[26]

> **Faça uma pausa**
>
> No material complementar, complete o "Aplique suas habilidades: exercício vivencial" que se refere a competências de gestão. Reflita sobre uma possível resistência a um dos três tipos de habilidade e as implicações para você como gestor.

Quando as habilidades falham

Boas capacidades de gestão não são automáticas. Particularmente em períodos turbulentos, os gestores devem redobrar a atenção e aplicar todas as habilidades e competências de forma que elas beneficiem a empresa e os parceiros – funcionários, clientes, investidores, a comunidade e assim por diante. Nos últimos anos, diversos exemplos altamente divulgados têm mostrado o que acontece quando os gestores não conseguem aplicar as habilidades de forma eficaz para atender às demandas de um acontecimento aleatório em rápida mudança global.

TEMA RECENTE

Todo mundo tem falhas e fraquezas, e essas deficiências tornam-se mais aparentes em condições de rápida mudança, incerteza ou crise.[27] Considere o tumulto ocorrido em 2013 por causa da decisão dos gestores do Internal Revenue Service (IRS), (Serviço da Receita Federal nos Estados Unidos) de aplicar rastreio adicional em aplicações isentas de tributação de grupos conservadores do movimento Tea Party*. Quando um gestor que trabalha em um dos escritórios do IRS, mais especificamente no "Grupo 7822" – um escritório do IRS que seleciona e processa anualmente centenas de aplicações de empresas que pleiteiam isenção de tributos – observou um número crescente de aplicações para grupos que se identificavam como integrantes do Tea Party, o gestor aconselhou os trabalhadores a identificar os integrantes do grupo e os grupos semelhantes para ver se a proposta deles estava em conformidade com as regras de isenção tributária. Tem sido uma prática proporcionar observação adicional a certos tipos de grupo que apresentam potencial para utilização fraudulenta do estatuto de isenção tributária, mas, de acordo com os críticos, a agência foi longe demais na forma como aplicou a prática de organizações políticas conservadoras, em alguns casos atrasando as aplicações por anos. O Congresso está investigando se as agências adotam práticas discriminatórias contra grupos conservadores. Além disso, o Congresso tem se empenhado em conhecer a história completa do que aconteceu e entender por que

---

* Tea Party: movimento político norte-americano conhecido por suas posições conservadoras, sendo parte do Partido Republicano. Defende a redução da dívida nacional e do déficit no orçamento federal através da redução dos gastos governamentais e dos impostos. (N.R.T.)

o caso ainda é emergente.[28] Tudo indica que os gestores do IRS envolvidos na decisão precisam de habilidades conceituais mais fortes a fim de evitar uma possível crise; para resolver o dilema e recuperar a confiança do público, os executivos de alto nível tiveram que recorrer a todas as habilidades conceituais e humanas.

Os numerosos escândalos éticos e financeiros dos últimos anos deixaram as pessoas pessimistas em relação aos gestores empresariais e governamentais, além de menos dispostas a ignorar os erros. As crises e os exemplos de fraude e ganância ocuparam as manchetes, mas muito mais empresas vacilaram ou falharam menos espetacularmente. Os gerentes falham na hora de ouvir os clientes, são incapazes de motivar os funcionários ou não conseguem construir uma equipe coesa. Por exemplo, a reputação da Zynga, fabricante de jogos como o Farmville, que foram onipresentes no Facebook por um tempo, despencou junto com o preço das ações em 2012. Embora houvesse vários problemas na Zynga, um deles ganhou destaque: Mark Pincus, fundador e ex-CEO da empresa, tinha um estilo agressivo que dificultou a construção de uma equipe coesa. O êxodo dos principais executivos deixou a empresa em dificuldades, e as ações da empresa caíram 70%. Pincus deixou o cargo de CEO em julho de 2013, e o ex-executivo da Xbox, Don Mattrick, assumiu o posto para tentar reerguer a importante fabricante de jogos.[29] A Figura 1.6 mostra os dez principais fatores que impedem os gestores de alcançar os resultados desejados. Obtiveram-se esses fatores em uma pesquisa realizada com gestores de organizações norte-americanas que operam em ambientes de negócios de rápida mudança.[30] Observe que muitos desses fatores ocorrem em razão das fracas habilidades humanas, como incapacidade de desenvolver boas relações de trabalho, falha em deixar a direção e as expectativas de desempenho claras ou incapacidade para criar cooperação e trabalho em equipe. A razão número um para o fracasso do gestor está relacionada a práticas ineficazes de comunicação, citadas por 81% dos gestores pesquisados. Especialmente em tempos de incerteza ou de crise, se os gestores não se comunicarem de forma eficaz, o que significa também ouvir funcionários e clientes e demonstrar cuidado e preocupação genuínos, o desempenho organizacional e a reputação cairão.

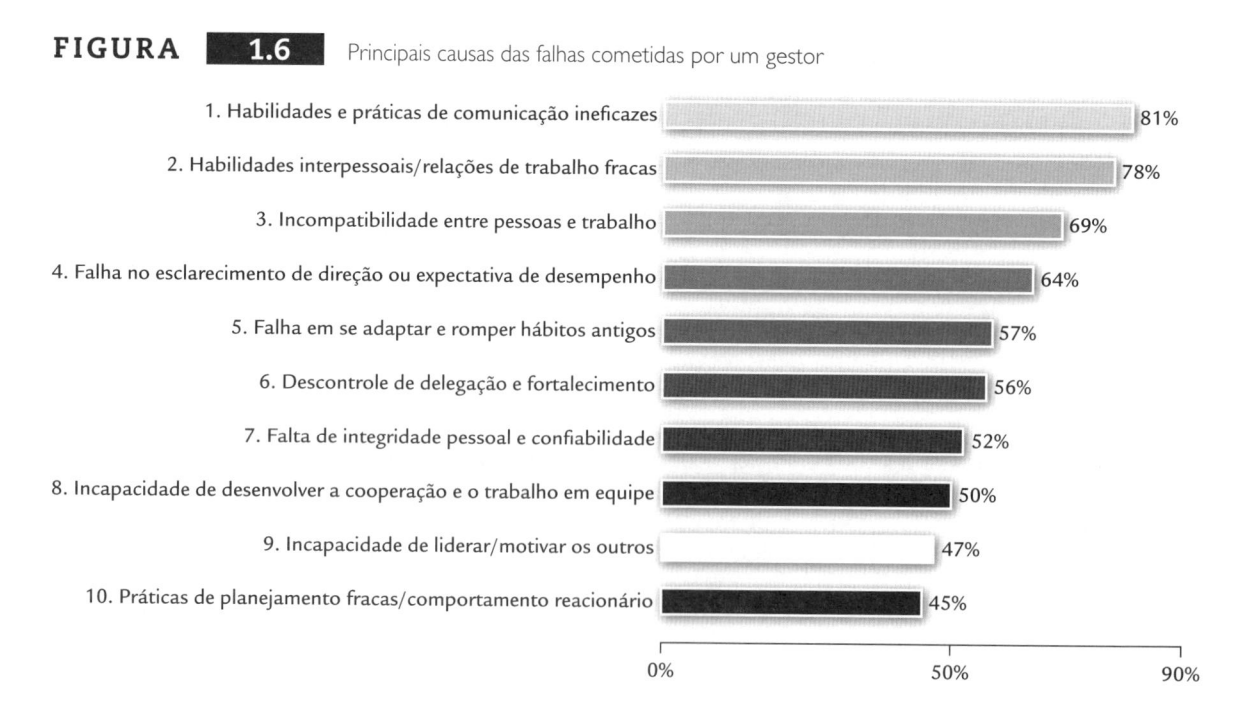

FIGURA 1.6 Principais causas das falhas cometidas por um gestor

Causa	%
1. Habilidades e práticas de comunicação ineficazes	81%
2. Habilidades interpessoais/relações de trabalho fracas	78%
3. Incompatibilidade entre pessoas e trabalho	69%
4. Falha no esclarecimento de direção ou expectativa de desempenho	64%
5. Falha em se adaptar e romper hábitos antigos	57%
6. Descontrole de delegação e fortalecimento	56%
7. Falta de integridade pessoal e confiabilidade	52%
8. Incapacidade de desenvolver a cooperação e o trabalho em equipe	50%
9. Incapacidade de liderar/motivar os outros	47%
10. Práticas de planejamento fracas/comportamento reacionário	45%

FONTE: Adaptada de Clinton O. Longenecker, Mitchell J. Neubert, Laurence S. Fink, "Causes and consequences of managerial failure in rapidly changing organizations", *Business Horizons* 50 (2007): 145-155, Table 1. Com a permissão da Editora Elsevier.

CAPÍTULO 1 O MUNDO DA GESTÃO INOVADORA

> ### Lembre-se disto
>
> - Os gestores têm trabalhos complexos que exigem uma gama de habilidades e competências.
> - **Habilidades técnicas** incluem compreensão do desempenho de tarefas específicas e proficiência na execução delas.
> - **Habilidades humanas** referem-se à capacidade do gerente de trabalhar com e por outras pessoas e de atuar efetivamente como parte de um grupo.
> - **Habilidades conceituais** se relacionam às habilidades cognitivas: capacidade de ver a empresa como um todo e estabelecer a relação entre as partes.
> - As duas principais razões pelas quais os gestores falham são má comunicação e habilidades interpessoais fracas.
> - Os pontos fracos de um gerente se tornam mais aparentes durante períodos estressantes de incerteza, mudança ou crise.

Tipos de gestão

Os gestores usam as habilidades conceituais, humanas e técnicas para realizar as quatro funções da gestão – planejamento, organização, liderança e controle – em todas as empresas: de grande e pequeno portes, fabricação e serviços, com e sem fins lucrativos, tradicionais e com base na internet. Mas nem todos os postos de trabalho dos gestores são idênticos. Os gestores são responsáveis por departamentos distintos, trabalham em diferentes níveis na hierarquia e atendem a requisitos variados para alcançar um alto desempenho. Com 25 anos de idade, Daniel Wheeler é um supervisor de primeira linha no primeiro trabalho de gestão dele em Del Monte Foods, onde está diretamente envolvido na promoção de produtos, aprovando embalagens e organizando as pessoas para os eventos mais importantes.[31] Kevin Kurtz é um gerente intermediário na Lucasfilm, onde trabalha com os funcionários para desenvolver campanhas de *marketing* para alguns dos filmes mais importantes da empresa de entretenimento.[32] E Denise Morrison é a CEO da Campbell Soup Company, empresa que também faz produtos assados da Pepperidge Farm.[33] Todos os três são gestores e devem contribuir para o planejamento, a organização, a liderança e o controle das empresas, mas em quantidades e formas diferentes.

Diferenças verticais

Um determinante importante do trabalho do gestor é o nível hierárquico. A Figura 1.7 ilustra os três níveis na hierarquia. Um estudo com mais de 1.400 gestores analisou como o trabalho do gestor se difere entre esses três níveis hierárquicos e constatou que o foco principal muda em diferentes níveis.[34] Para os gestores de primeiro nível, a preocupação principal é facilitar o desempenho individual do funcionário. Por sua vez, os gestores de nível médio se preocupam menos com o desempenho individual, pois estão mais interessados em ligar os grupos de pessoas em processos como alocação de recursos, coordenação de equipes ou colocação dos planos de gestão superior em ação por toda a organização. No caso dos gestores de nível superior, o foco principal é monitorar o ambiente externo e determinar a melhor estratégia para ser competitivo.

Analisemos com mais detalhes as diferenças entre os níveis hierárquicos. Os **gestores superiores** estão no topo da hierarquia e são responsáveis por toda a organização. Ocupam os cargos de presidente, dirigente, diretor executivo, CEO e vice-presidente executivo. Definem as metas organizacionais e as estratégias para alcançá-las, monitoram e interpretam o ambiente externo e são responsáveis por decisões que afetam toda a empresa. Fazem prospecções de longo prazo e se preocupam com as tendências ambientais gerais e com o

FIGURA 1.7 Níveis de gestão na hierarquia organizacional

```
                            CEO                    Gestores superiores
                    Diretor    Vice-
                    corpora-   -presidente
                    tivo (Group de adminis-
                    head)      tração

                    Unidade de negócios
                    Gestor-geral | Administrador    Gestores intermediários

                    Gerente de departamento
                    Linha de produtos | Gestor de serviços
                    ou gestor de serviços | de informação

                    Gestor funcional
                    Produção, vendas,      | TI, gestão de recursos        Gestores de
                    supervisor de pesquisa e | humanos (RH), supervisor    primeira linha
                    desenvolvimento (P&D)  | de contabilidade

                    Líderes de equipe e
                    colaboradores não gerenciais
                    Linha de empregos | Trabalho da equipe
```

As pessoas com estes níveis também podem ter a responsabilidade horizontal de gestor de projeto

FONTE: Adaptada de Thomas V. Bonoma; Joseph C. Lawler, "Chutes and ladders: growing the general manager", Sloan Management Review (Spring 1989): 27-37.

sucesso global da empresa. Os gestores superiores também são responsáveis por comunicar uma visão compartilhada para a empresa, modelar a cultura corporativa e nutrir o espírito empreendedor que pode ajudar a empresa a inovar e manter o ritmo com a mudança rápida.[35]

Conexão de conceito ◄◄◄

Billy Beane, um dos líderes mais conhecidos do beisebol norte-americano, é **gerente-geral** e proprietário minoritário do Oakland A's. Beane é famoso por descobrir e desenvolver jovens jogadores talentosos menos caros para contratar do que os grandes nomes, o que lhe permite manter a folha de pagamento baixa enquanto ainda ganha os quatro títulos da divisão. Beane foi tema do best-seller *Moneyball: o homem que mudou o jogo*, de Michael Lewis, e inspirou o filme homônimo estrelado por Brad Pitt.

Os **gestores intermediários** trabalham em níveis intermediários da empresa e são responsáveis pelas unidades de negócios e pelos principais departamentos. Eis alguns dos cargos ocupados por esse tipo de gestor: chefe de departamento, chefe de divisão, gerente de controle de qualidade e diretor de laboratório de pesquisa. Geralmente, os gestores intermediários têm pelo menos dois níveis de gerência abaixo deles. Eles são responsáveis pela implantação das estratégias globais e políticas definidas pelos gestores superiores. Como estão preocupados, em geral, com o futuro próximo, não fazem planejamento de longo prazo.

O trabalho desse tipo de gestor mudou drasticamente ao longo das últimas duas décadas. Com o objetivo de melhorar a eficiência, muitas empresas demitiram gerentes intermediários e reduziram os níveis de gestão intermédia. Os organogramas tradicionais em pirâmides foram achatados para permitir que as informações fluam rapidamente de cima para baixo e as decisões sejam tomadas com mais velocidade. Além disso, a tecnologia assumiu muitas tarefas antes executadas por gestores intermediários, como monitoramento de desempenho e criação de relatórios.[36] A Figura 1.7 ilustra o encolhimento da gestão intermediária.

Apesar da redução dos níveis de gestão intermédia, o trabalho do gestor desse nível tem assumido uma nova vitalidade. De acordo com pesquisas realizadas, os gestores intermediários desempenham um papel crucial na condução da inovação e permitem que as empresas respondam às rápidas mudanças que ocorrem no ambiente.[37] Segundo Andrew Clay, gestor de uma empresa de aparelhos médicos, "Cabe a esses gestores a função de descobrir 'o que' e 'como' fazer".[38] O sucesso de uma empresa depende parcialmente dos gestores intermediários que implantam a estratégia da empresa de forma eficaz, o que pode tornar o trabalho deles muito estressante. Para o gestor intermediário Ruby Charles, "Não há glória nem fama. Toda a glória vai para os subordinados, e toda a fama, para o chefe. Entretanto, nada acontece sem a participação efetiva de um gestor intermediário".[39]

Um estudo realizado por Nicholas Bloom e John Van Reenen apoia a ideia de que os bons gestores intermediários são importantes para o sucesso organizacional. Em um experimento realizado em fábricas têxteis da Índia, as práticas melhoradas de gestão intermediária foram introduzidas em 20 fábricas e os resultados comparados com as fábricas que não melhoraram os procedimentos de gestão. Depois de apenas quatro meses de treinamento com métodos de gestão melhores, as 20 fábricas reduziram os defeitos em 50% e impulsionaram a produtividade e a produção com melhoria de lucro em torno de $ 200 mil por ano.[40]

O *status* dos gerentes intermediários foi aumentado por conta do uso crescente de equipes e projetos. Um **gestor de projeto** é responsável por um projeto de trabalho temporário que envolve a participação de pessoas em várias funções e níveis da empresa, e talvez de fora da empresa também. Muitos gerentes intermediários de hoje trabalham com uma variedade de projetos e equipes ao mesmo tempo, alguns dos quais atravessam fronteiras geográficas e culturais, bem como as funcionais.

Os **gestores de primeira linha** são diretamente responsáveis pela produção de bens e serviços. Eles são o primeiro ou segundo nível de gestão e têm cargos como supervisor, gestor de linha, chefe de seção e gerente do escritório. São responsáveis por equipes e funcionários não administradores. A principal preocupação é a aplicação de regras e procedimentos para atingir uma produção eficiente, prestar assistência técnica e motivar os subordinados. O horizonte de tempo nesse nível é curto, com ênfase na realização das metas do dia a dia. Considere o trabalho de Alistair Boot, que gerencia o departamento de moda masculina da loja John Lewis localizada em Cheadle, na Inglaterra.[41] Além de outras tantas responsabilidades, Boot monitora e supervisiona os funcionários de chão de fábrica para se certificar de que os procedimentos de venda, as regras de segurança e as políticas de atendimento ao cliente são seguidos. Esse tipo de trabalho gerencial também pode envolver jovens trabalhadores, muitas vezes inexperientes, com motivação e direção, proporcionando assistência conforme necessário e garantindo a adesão às políticas da empresa.

Diferenças horizontais

A outra grande diferença em trabalhos de gestão ocorre horizontalmente em toda a empresa. Os **gestores funcionais** são responsáveis por departamentos que executam uma tarefa funcional única e têm funcionários com treinamento e habilidades semelhantes. As principais atribuições dos departamentos funcionais são publicidade, vendas, finanças, recursos humanos, fabricação e contabilidade. Os gestores de linha são responsáveis pelos departamentos de fabricação e *marketing*, que fazem ou vendem o produto ou o serviço. Os gerentes de *staff** estão no controle de departamentos, como finanças e recursos humanos, que apoiam os departamentos de linha.

---

* Na organização linha-*staff* coexistem órgãos de execução (linha) e de consultoria e serviços especializados (*staff*). (N.R.T.)

Os **gerentes-gerais** são responsáveis por diversos departamentos que executam funções diferentes. O gerente-geral é responsável por uma divisão independente, como a loja de departamentos Nordstrom ou a fábrica de montagem Honda, e por todos os departamentos funcionais dentro dela. Os gerentes de projeto também têm a responsabilidade geral de gestão, porque eles coordenam pessoas por diversos departamentos para realizar um projeto específico.

Lembre-se disto

- Existem muitos tipos de gestor, com base na finalidade e na localização em uma empresa.
- O **gestor superior** está no ápice da hierarquia organizacional e é responsável por toda a empresa.
- Os **gestores intermediários** trabalham no nível intermediário da empresa e são responsáveis por grandes divisões ou departamentos.
- O **gerente de projeto** é responsável por um projeto de trabalho temporário que envolve pessoas de diversos níveis e funções da empresa.
- A maioria dos novos gestores é de **primeira linha**. Eles estão no primeiro ou no segundo nível da hierarquia e são diretamente responsáveis por supervisionar os grupos de funcionários de produção.
- O **gerente funcional** é responsável por um departamento que executa uma tarefa funcional única, como finança ou *marketing*.
- Os **gerentes-gerais** são responsáveis por diversos departamentos que executam funções diferentes, como o gerente da loja de departamentos Macy ou a fábrica de automóveis da Ford.

Como é o trabalho do gestor?

"Apesar da proliferação de gurus da administração, dos consultores de gestão e das escolas de gestão, ainda permanece obscuro para muitos de nós o que os gerentes realmente fazem e por que precisamos deles em primeiro lugar", escreveu Ray Fisman, professor da Columbia Business School.[42] A menos que alguém tenha realmente realizado um trabalho gerencial, é difícil entender exatamente o que os gerentes fazem no cotidiano profissional. Com o propósito de compreender mais profundamente as funções de planejamento, organização, liderança e controle, Henry Mintzberg acompanhou o dia a dia de alguns gestores e gravou todas as atividades realizadas por eles.[43] Mintzberg desenvolveu uma descrição de trabalho gerencial que incluiu três características gerais e dez papéis. Essas características e funções, abordadas com detalhes posteriormente nesta seção, foram apoiadas por outras pesquisas.[44]

Uma pesquisa realizada por Konrad et al. teve como objetivo identificar o que os gerentes gostam de fazer. De acordo com os autores, gerentes de ambos os sexos e de cinco países diferentes relataram que preferem orientar outras pessoas, fazer *networking* e liderar com inovação. Entre as atividades menos apreciadas, destacaram-se as seguintes: controlar subordinados, lidar com papeladas e gerenciar as pressões de tempo.[45] Segundo muitos gestores recém-promovidos, à medida que se ajustam às novas funções e responsabilidades, os fatores mais estressantes são: as intensas pressões de tempo, a burocracia administrativa e o desafio de direcionar outras pessoas. De fato, o salto inicial em gestão pode ser um dos momentos mais assustadores na carreira de uma pessoa.

Salto na carreira: tornar-se um novo gestor

Quando promovidas ao cargo de gestor, as pessoas não têm muitas informações sobre o trabalho a ser realizado e recebem pouco treinamento acerca do novo papel. Não é à toa que, entre os gestores, os supervisores de primeira linha tendem a vivenciar o trabalho com mais exaustão e rotatividade.[46]

Geralmente, a transição de colaborador individual a gestor é um processo complicado. Tomemos como exemplo Mark Zuckerberg, cuja empresa, o Facebook, abriu seu capital uma semana antes de o empresário completar 28 anos. Em certo sentido, o público consegue acompanhar o "crescimento" de Zuckerberg como gestor. Ele era um forte trabalhador individual na criação da plataforma de mídia social e na formação da empresa, mas se descuidou da gestão do dia a dia, como interações com os funcionários e a comunicação com as pessoas dentro e fora do Facebook. Zuckerberg foi inteligente o suficiente para contratar gestores experientes, como Sheryl Sandberg (ex-executivo do Google), e cultivar conselheiros e mentores que o treinaram em áreas nas quais ele não tinha experiência. Durante quatro dias, também acompanhou as atividades de David Graham nos escritórios da The Post Company (o editor do *The Washington Post* que antes foi comprado por Jeff Bezos), com o propósito de aprender a gerenciar uma grande empresa. Agora que o Facebook é uma empresa de capital aberto, Zuckerberg é vigiado muito mais de perto. Na verdade, todos querem saber se ele tem condições de ser gestor de uma grande empresa de capital aberto.[47]

Ao acompanhar um grupo de 19 gestores no primeiro ano de carreira, Linda Hill, professora da Universidade de Harvard, constatou que uma das chaves para o sucesso é reconhecer que ser gerente envolve mais do que aprender um novo conjunto de habilidades. Ao assumir o cargo de gerente, o indivíduo deverá operar uma profunda transformação acerca de si mesmo, ou seja, da identidade pessoal, o que inclui abandonar atitudes e hábitos arraigados e aprender novas maneiras de pensar.[48] A Figura 1.8 descreve a transformação do trabalhador individual para um gestor. O trabalhador

Faça uma pausa

Pode-se realizar uma transição pessoal de trabalhador individual a gestor por meio de um trabalho que envolva o empenho e a coordenação de outras pessoas? Retome os resultados do questionário no início deste capítulo e verifique como as prioridades se alinham com as demandas atribuídas ao gestor.

FIGURA 1.8 Saltando de um trabalhador individual para um gestor

De trabalhador individual	Para a identidade de um gestor
Especialista; executa tarefas específicas	Generalista; coordena diversas tarefas
Obtém as conquistas pelos próprios esforços	Realiza as tarefas por intermédio de outros
É um trabalhador individual	É um construtor de redes
Trabalha de forma relativamente independente	Trabalha de maneira altamente interdependente

FONTE: Baseada na Figura 1.1. "Transformation of Identity" in Linda A. Hill, *Becoming a manager: mastery of a new identity*, 2. ed. (Boston, MA: Harvard Business School Press, 2003), p. 6.

individual é um especialista e um "empreendedor". A mente está condicionada para pensar em termos de realizar tarefas e atividades específicas mais habilmente possível.

Por sua vez, o gestor tem de ser um generalista e aprender a coordenar uma ampla gama de atividades. Considerando que o trabalhador individual identifica-se fortemente com as tarefas específicas, o gestor deve ter uma visão mais ampla da organização e indústria.

Além disso, o trabalhador individual realiza as atividades normalmente com o próprio esforço e desenvolve o hábito de confiar em si mesmo, e não nos outros. Já o gestor realiza as tarefas por intermédio de outras pessoas. Em geral, os novos gestores, em vez de delegarem tarefas e desenvolverem as habilidades de outras pessoas, preferem atribuir a si mesmos todo o trabalho, o que é um grave erro.[49] De acordo com Hill, o gestor deve "ser um instrumento capaz de viabilizar as tarefas na empresa e trabalhar com os outros e por intermédio deles, em vez de ser o único a fazer o trabalho".[50]

Outro problema para muitos novos gerentes é que eles esperam ter mais liberdade para fazer aquilo que consideram melhor para a empresa. Porém, na realidade, os gestores se veem cercados por interdependências. Ser um gestor de sucesso significa pensar em termos de construção de equipes e redes e tornar-se um motivador e organizador dentro de um sistema altamente interdependente de pessoas e trabalho.[51] Embora, na teoria, as distinções possam parecer simples, as coisas são bem mais complexas na prática. Em essência, ser um gerente significa tornar-se um novo indivíduo e ver a si mesmo de forma completamente nova.

Como em uma espécie de "prova de fogo", muitos novos gestores precisam se transformar e adquirir conhecimento sobre o trabalho à medida que o executam. Com base nisso, as empresas já começam a considerar a necessidade premente de treinamento para os novos gestores. Para as empresas, perder bons funcionários que não conseguem realizar a transição é mais dispendioso do que fornecer treinamento para ajudá-los a lidar com as atribuições do cargo, aprender o trabalho e crescer na organização. Além disso, a fim de garantirem que o conhecimento dos candidatos sobre gestão é suficiente para que possam se tornar gestores eficientes, algumas empresas têm sido muito cuidadosas no processo seletivo.

ATIVIDADES DO GESTOR

A maioria dos novos gestores não está preparada para a variedade de atividades que deverá executar no cotidiano da empresa. No contexto das atividades gerenciais, os gestores, cuja jornada de trabalho é bem agitada, estão sempre muito ocupados.

Aventuras em multitarefas

A atividade gerencial é caracterizada por variedade, fragmentação e brevidade.[52] A natureza difundida e volumosa das tarefas de um gestor deixa pouco tempo para uma reflexão silenciosa. De acordo com um estudo recente realizado por uma equipe da London School of Economics e da Harvard Business School, os CEOs trabalham sozinhos, em média, seis horas por semana. No tempo restante, frequentam reuniões, fazem contatos telefônicos, viajam a trabalho e falam com outras pessoas de dentro e fora da empresa.[53]

Os gestores trocam de marcha rapidamente. Segundo Mintzberg, o tempo médio que um alto executivo gasta em qualquer atividade é menos de nove minutos, enquanto outra pesquisa indica que alguns supervisores de primeira linha gastam, em média, 48 segundos em uma atividade![54] Crises significativas são intercaladas com eventos triviais sem sequência previsível. Cada atividade de um gestor é semelhante, na diversidade e fragmentação, às etapas que o periódico *Workforce Management* descreve como um dia típico na vida de Kathy Davis, gerente de recursos humanos (RH):[55]

Faça uma pausa

Como realizar a transição para um novo cargo de gestor e administrar eficazmente o tempo para acompanhar o ritmo frenético? A fim de certificar-se de que você é um bom administrador de tempo, complete o "Autoteste do novo gestor".

Capítulo 1 O mundo da gestão inovadora

- 6h55 – Davis chega ao trabalho cedo para começar a investigar uma queixa de assédio sexual em uma das fábricas. Entretanto, à medida que ela caminha para o escritório, esbarra em alguém que carrega um cartaz, no qual consta o seguinte protesto: "Contratação injusta! Quem precisa de RH?". Por alguns minutos, a gerente de RH conversa com o jovem manifestante, um ex-temporário que ela havia demitido em razão do trabalho desleixado.

- 7h10 – Na frente da sala de Davis, estão o supervisor de turno da fábrica e um membro da equipe de segurança que a esperam para discutir a denúncia de assédio sexual.

- 7h55 – Sue, integrante da equipe de Davis que acaba de chegar e não tem conhecimento da reunião, interrompe a conversa para informar a gerente de que algumas pessoas estão protestando no corredor. Sue acrescenta que o CEO quer saber o que está acontecendo.

- 8 horas – Enfim sozinha, Kathy Davis chama o CEO, explica os motivos do protesto e começa a rotina matinal. Ao checar a secretária eletrônica, constata que há três mensagens que devem ser respondidas imediatamente e as repassa para quatro integrantes da equipe. Ela começa a verificar os *e-mails*, mas é interrompida novamente por Sue, que a lembra de que precisa avaliar a recente auditoria de RH para que a empresa possa responder prontamente e evitar penalidades.

- 9h15 – Enquanto revê a auditoria, Davis recebe um telefonema do gerente Pete Channing perguntando se ela enviou a carta de oferta para uma contratação prospectiva. "Não a envie", diz Pete, "Mudei de ideia". Semanas de entrevistas e vendo históricos, e agora Pete quer começar de novo!

- 11h20 – Quando está quase acabando de verificar a lista de *e-mails* críticos, Kathy Davis ouve uma discussão entre Linda e Sue. "Este relatório feito pelo pessoal da TI está cheio de erros", diz Linda, "mas Sue diz que devemos ignorá-los". A gerente concorda em dar uma olhada no relatório do departamento de TI e constata que há apenas alguns erros, mas com implicações críticas muito sérias.

- 12h25 – Enquanto avalia o relatório do departamento de TI, Davis recebe um *e-mail* "urgente" de um supervisor, informando-a de que um dos funcionários dele se ausentará do trabalho por algumas semanas, "enquanto uma acusação moral é resolvida". Este é o primeiro caso de que ela ouviu falar, então ligou para o supervisor.

- 13h20 – Horário de almoço – finalmente. Ela compra um sanduíche no supermercado local e o leva para o manifestante, que agradece e continua o protesto.

- 14 horas – Davis se reúne com o CEO Henry Luker para avaliar a auditoria e os relatórios do departamento de TI, discute as alterações do plano 401(k) da empresa e fala sobre ideias para reduzir a rotatividade.

- 15 horas – Davis retorna à sala dela e pega as chaves do carro para ir à reunião com o gerente de instalações da fábrica. A gerente de RH deveria "seguir" o gerente e compartilhar com ele ideias sobre como desenvolver treinamentos e habilidades.

- 15h15 – Ao sair do carro para entrar na instalação, Kathy Davis se encontra com um homem que compareceu a um treinamento de supervisão alguns meses antes. O homem diz a Davis que o treinamento o ajudou muito – agora há poucos mal-entendidos e a equipe parece respeitá-lo mais.

- 15h30 – Chega pontualmente à reunião e passa as próximas horas observando, fazendo perguntas e conversando com os funcionários para ter conhecimento sobre os problemas e os obstáculos enfrentados.

- 17h40 – No departamento de RH, tudo está tranquilo. Entretanto, uma mensagem de Sue deixou Davis um tanto apreensiva: no dia seguinte pela manhã, ela teria um encontro com duas mulheres que haviam brigado no elevador. Suspirando, Kathy Davis volta à investigação da queixa de assédio sexual que havia começado às 7 horas.

NOVO GESTOR — Autoteste

Administração do tempo

Instruções: Pense em como você normalmente lida com as tarefas durante um dia típico no trabalho ou na escola. Leia cada item e verifique se para você é "Normalmente verdadeiro" ou "Normalmente falso".

	Normalmente verdadeiro	Normalmente falso
1. Assumo muitas tarefas com frequência.	_____	_____
2. Passo muito tempo em atividades agradáveis, mas sem importância.	_____	_____
3. Sinto que tenho excelente controle do meu tempo.	_____	_____
4. Durante o dia, muitas vezes não sei o que fazer depois.	_____	_____
5. Há pouco espaço para melhorias da forma como gerencio o meu tempo.	_____	_____
6. Tenho uma agenda para eventos, reuniões e prazos.	_____	_____
7. Meu espaço de trabalho e a papelada são bem organizadas.	_____	_____
8. Sou bom em acompanhamento de relatórios.	_____	_____
9. Uso bem o tempo de espera.	_____	_____
10. Estou sempre procurando maneiras de aumentar a eficiência das tarefas.	_____	_____

Pontuação e interpretação: Para os itens 3 e 5 a 10, marque um ponto para cada afirmação "Normalmente verdadeiro". Para os itens 1, 2 e 4, marque um ponto para cada afirmação "Normalmente falso". A pontuação total refere-se à maneira como você usa o tempo. Os itens de 1 a 5 referem-se a ter controle mental sobre como você gasta seu tempo. Já os itens 6 a 10 referem-se a algumas mecânicas de boa gestão do tempo. Bons hábitos mentais e físicos facilitam a gestão de tempo de forma mais eficaz. Gestores ocupados têm que aprender a controlar o tempo. Se você marcou 8 pontos ou mais, a sua capacidade de gestão de tempo é boa. Entretanto, se a sua pontuação for 4 ou menos, você talvez precise reavaliar as práticas de gestão de tempo caso aspire a ser um gestor. Qual é a importância da boa administração de tempo para você? Leia o boxe "Conversa com gestores" para obter ideias sobre como melhorar as habilidades de gestão de tempo.

Vida na discagem rápida

O gestor executa grande quantidade de trabalho em um ritmo constante.[56] O trabalho dos gestores é rápido e requer muita energia. A maioria dos executivos superiores rotineiramente trabalha pelo menos 12 horas por dia e passa pelo menos 50% do tempo viajando.[57] Muitas vezes, os eventos são reservados com meses de antecedência, mas imprevistos podem aparecer todos os dias. De acordo com Mintzberg, a maioria das reuniões dos executivos e outros contatos são *ad hoc*, e mesmo as reuniões programadas ainda são normalmente cercadas de outros eventos, tais como chamadas telefônicas rápidas, escaneamento de *e-mail* ou encontros espontâneos. Durante o tempo que permanecem fora do escritório, os executivos recuperam o atraso de leituras relacionadas ao trabalho e verificam papelada, ligações e *e-mails*. A tecnologia, como *e-mail*, mensagens de texto, telefones celulares e *laptops*, intensificou o ritmo. Geralmente, Brett Yormark, o CEO mais jovem da National Basketball Association (NBA) (ele lidera o Brooklyn Nets), responde a cerca de 60 mensagens antes mesmo de fazer a barba e vestir a roupa do dia, e os funcionários estão acostumados a receber mensagens dele nas primeiras horas da manhã.[58]

O ritmo acelerado do trabalho do gestor é ilustrado por Michelle Davis, diretora analítica da Fair Isaac Corporation (Fico). Como gerente intermediária nessa empresa, mais conhecida por calcular análises de crédito* ao consumidor, Davis supervisiona três relatórios diretos e outros três subordinados designados para a equipe. Em um dia típico, ela chega ao trabalho às 6 horas, para que possa pegar os filhos no início da tarde, e usa a primeira hora e meia de silêncio para recuperar o atraso em mensagens e responder a pedidos urgentes de dados. Às 7h30, Davis tem a primeira reunião; muitas vezes, uma conferência com o conselho de administração analítica. Então, Davis lidera um treinamento de uma hora para algumas dezenas de funcionários sobre os novos produtos analíticos, ficando mais tempo para responder às perguntas, e fala sobre como os clientes podem usar os dados. Às 10h30, reúne-se com os membros seniores das equipes de desenvolvimento de produtos e de gestão de produto e classifica os diversos problemas. O almoço é uma parada rápida na lanchonete da empresa para, em seguida, apresentar alguns *slides* na sessão mensal de "aprenda durante o almoço". Davis põe a mão na massa por aproximadamente uma hora antes de voltar a participar de mais reuniões. Reuniões à tarde, muitas vezes longas, significam que ela precisa driblar algumas situações para pegar os três filhos. Enquanto os filhos comem petiscos e brincam no quintal, Davis responde a *e-mails* e às ligações. Após o jantar com o marido, ela tenta ficar longe do trabalho, mas admite que fica de olho nas mensagens de texto até dormir.[59]

Conexão de conceito

Entre as longas horas de trabalho e o alto nível de responsabilidade e estresse que é típico de altos cargos, pode ser um desafio para os gestores manter um equilíbrio saudável entre a vida profissional e a pessoal. Segundo o *blog* de Oliver Bussmann, diretor de informações da UBS, algumas regras são fundamentais para encontrar o equilíbrio: priorizar ao máximo a família, prestar atenção na saúde e no *fitness* e caminhar pela comunidade a fim de conhecê-la. Para Bussmann, o sucesso em qualquer carreira depende muito disso.

Onde o gestor encontra tempo?

Com tantas responsabilidades e tantas demandas competindo com o tempo, como os gestores lidam com isso? Um gestor que já estava trabalhando 18 horas por dia, cinco dias por semana, foi designado para outro projeto. Quando informado do problema, o CEO comentou, sem esboçar emoção, que, pelo cálculo dele, o gestor ainda teria "30 horas a mais de segunda a sexta, mais 48 horas no fim de semana". Claro que esse é um exemplo extremo, mas a maioria dos gestores, muitas vezes, sente-se muito pressionada e não tem tempo para fazer as tarefas.[60] Em uma série de vídeos denominada "Lições de liderança" e produzida por *The Wall Street Journal*, CEOs de grandes empresas foram questionados sobre como gerenciavam o tempo. Constatou-se, então, que muitos deles passavam o tempo apenas pensando em uma forma de administrá-lo de modo mais eficaz.[61] O tempo é o recurso mais valioso de um gestor, e uma característica que identifica os gestores de sucesso é que eles sabem como usar o tempo de forma eficaz para realizar primeiro as tarefas importantes e depois as menos importantes.[62] **Gerenciamento de tempo** refere-se à utilização de técnicas que permitem ao gestor fazer mais em menos tempo e com melhores resultados, ficar mais tranquilo e ter mais tempo para apreciar o trabalho e a vida. Muitas vezes, sobretudo os novos gestores lutam contra o aumento da carga de trabalho, a burocracia sem fim,

---

* Análises de crédito (*credit scores*): uma pontuação de crédito usada pelas instituições financeiras para medir o grau de risco que correm por conceder crédito a uma pessoa. (N.R.T.)

Conversa com GESTORES

Dicas de gestão de tempo para novos gestores

Tornar-se um gestor é considerado, pela maioria das pessoas, um avanço positivo na carreira, e, de fato, a vida como gestor oferece aspectos atraentes. No entanto, ele também tem muitos desafios, não menos do que o aumento da carga de trabalho e a dificuldade de encontrar tempo para realizar tudo em uma lista expandida de deveres e responsabilidades. As seguintes técnicas clássicas de gestão de tempo podem ajudar a eliminar os maiores desperdiçadores de tempo nas rotinas diárias.

- **Mantenha uma lista de tarefas a fazer.** Caso não queira usar outro sistema para manter o controle das responsabilidades e compromissos, você deve ter, no mínimo, uma lista de tarefas que identifique tudo o que precisa fazer durante o dia. Embora a natureza da gestão signifique que as novas responsabilidades e prioridades de deslocamento ocorram com frequência, é fato que as pessoas fazem mais com uma lista do que sem ela.

- **Lembre-se dos ABCs.** Trata-se de um sistema altamente eficaz para priorizar tarefas ou atividades na lista de tarefas a fazer:

  - "A" é algo muito importante. Deve ser feito ou você enfrentará sérias consequências.
  - "B" é algo que precisa fazer, mas as consequências serão menores se não o fizer.
  - "C" refere-se a situações que seriam boas de ser resolvidas, mas que não haverá consequências se não o fizer.
  - "D" relaciona-se a tarefas que você pode delegar para outra pessoa.

- **Programe seu dia de trabalho.** Alguns especialistas propõem que cada minuto gasto no planejamento economiza 10 minutos na execução. Vá além da lista de tarefas a fazer e planeje como vai cumprir cada tarefa ou projeto com o qual precisa lidar. O planejamento para enfrentar primeiro as grandes tarefas é uma boa ideia, porque a maioria das pessoas estará com desempenho máximo no início do dia. Deixe os *e-mails* e as ligações para um período menos produtivo.

- **Faça uma tarefa de cada vez.** Multitarefa se tornou o lema do início do século XXI, mas multitarefa em excesso é perda de tempo. Segundo uma pesquisa, a multitarefa reduz a produtividade, em vez de melhorá-la. Os autores de um estudo sugerem que a incapacidade de se concentrar em uma situação de cada vez reduziria a eficiência de 20% a 40%. Mesmo para aqueles cujo trabalho exige inúmeras atividades curtas, a capacidade de se concentrar totalmente em cada uma delas (às vezes, chamada de *spotlighting*) economiza tempo. Dê toda atenção a cada tarefa e você fará mais e melhor.

Fontes: Pamela Dodd; Doug Sundheim, *The 25 best time management tools & techniques* (Ann Arbor MI: Peak Performance Press, Inc., 2005); Brian Tracy, *Eat that frog: 21 great ways to stop procrastinating and get more done in less time* (San Francisco: Berrett-Koehler 2002); Joshua S. Rubinstein; David E. Meyer; Jeffrey E. Evans, "Executive control of cognitive processes in task switching", *Journal of Experimental Psychology: Human Perception and Performance* 27, n. 4 (August 2001): 763-797; Sue Shellenbarger, "Multitasking makes you stupid: studies show pitfalls of doing too much at once", *The Wall Street Journal* (February 27, 2003): D1; Ilya Pozin, "Quit working late: 8 tips", *Inc.* (June 26, 2013), disponível em: <http://wwwinc.com/ilya-pozin/8-ways-to-leave-work-at-work.html>, acesso em: 19 ago. 2013. Working Late: 8 Tips," *Inc.* (June 26, 2013), http://www.inc.com/ilya-pozin/8-ways-to-leave-work-at-work.html (accessed August 19, 2013).

---

as reuniões incessantes e as interrupções constantes inerentes ao cargo que ocupam. Aprender a gerir o tempo de forma eficaz é um dos maiores desafios enfrentados pelos novos gestores. O boxe "Conversa com gestores" oferece algumas dicas relacionadas à administração do tempo.

PAPÉIS DO GESTOR

As observações de Mintzberg e as pesquisas subsequentes indicam que diversas atividades de gerenciamento podem ser organizadas em dez papéis.[63] Um **papel** é um conjunto de expectativas para o comportamento de um gestor. A Figura 1.9 descreve as atividades associadas a cada um dos papéis. Esses papéis são divididos em três categorias conceituais: informacional (gestão por informação), interpessoal (gestão por pessoas) e decisional (gestão por ação). Cada papel representa as atividades com as quais os gestores se comprometem a realizar, basicamente, as funções de planejamento, organização, liderança e controle. Embora seja necessário separar os componentes do trabalho do gestor para entender os diferentes papéis e atividades dele, é importante lembrar que o verdadeiro trabalho de gestão não é praticado como um conjunto de partes independentes; todas as funções interagem no mundo real de gestão.

Papéis informacionais

Papéis informacionais descrevem as atividades utilizadas para manter e desenvolver uma rede de informação. Os gerentes-gerais passam quase 75% do tempo comunicando-se com outras pessoas. O papel do monitor envolve a busca de informações atuais a partir de muitas fontes. O gestor adquire informações de outras pessoas e digitaliza os materiais escritos para ficar bem informado. Já o disseminador e porta-voz fazem exatamente o oposto: o gestor transmite as informações atuais para os outros, tanto dentro como fora da empresa, que podem usá-las.

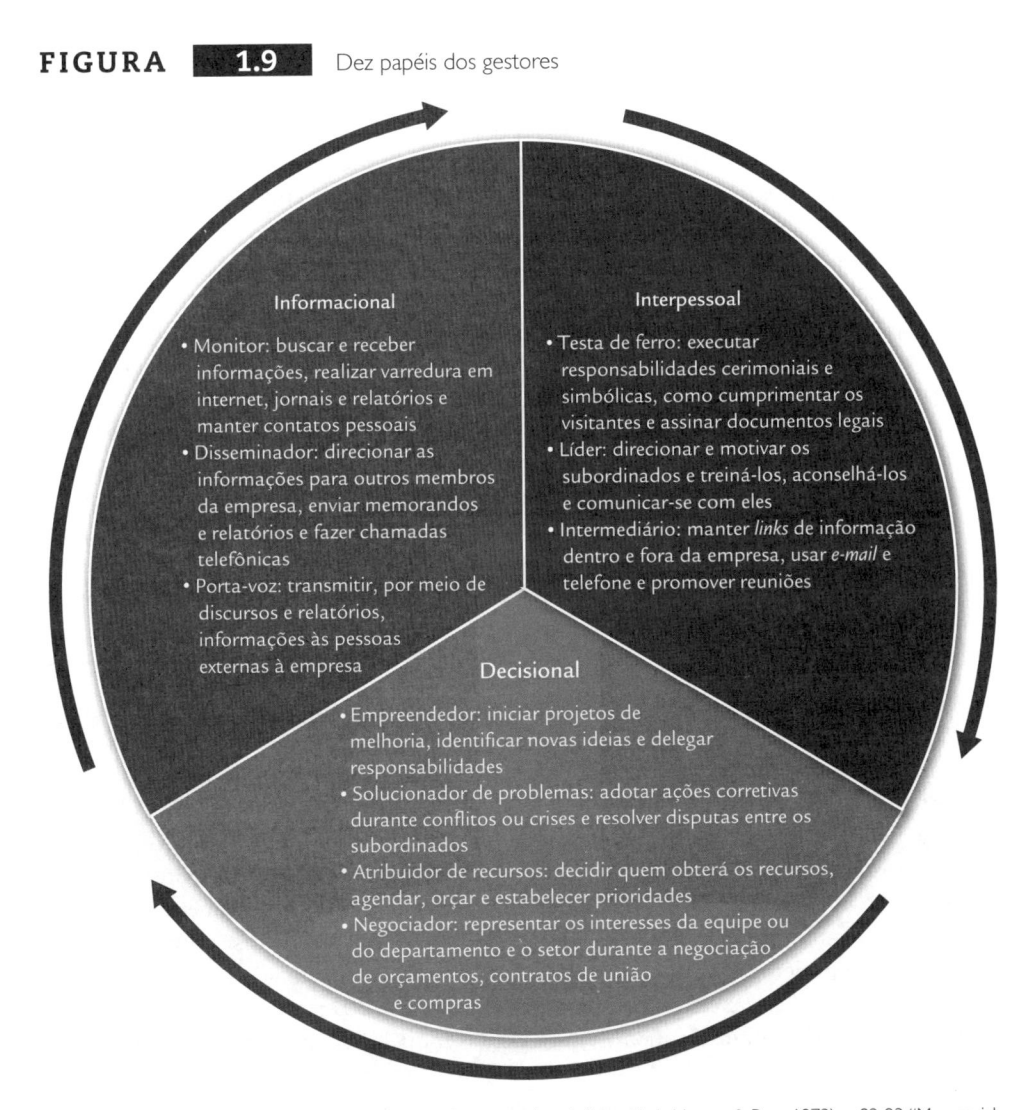

FIGURA 1.9 Dez papéis dos gestores

Informacional
- Monitor: buscar e receber informações, realizar varredura em internet, jornais e relatórios e manter contatos pessoais
- Disseminador: direcionar as informações para outros membros da empresa, enviar memorandos e relatórios e fazer chamadas telefônicas
- Porta-voz: transmitir, por meio de discursos e relatórios, informações às pessoas externas à empresa

Interpessoal
- Testa de ferro: executar responsabilidades cerimoniais e simbólicas, como cumprimentar os visitantes e assinar documentos legais
- Líder: direcionar e motivar os subordinados e treiná-los, aconselhá-los e comunicar-se com eles
- Intermediário: manter *links* de informação dentro e fora da empresa, usar *e-mail* e telefone e promover reuniões

Decisional
- Empreendedor: iniciar projetos de melhoria, identificar novas ideias e delegar responsabilidades
- Solucionador de problemas: adotar ações corretivas durante conflitos ou crises e resolver disputas entre os subordinados
- Atribuidor de recursos: decidir quem obterá os recursos, agendar, orçar e estabelecer prioridades
- Negociador: representar os interesses da equipe ou do departamento e o setor durante a negociação de orçamentos, contratos de união e compras

FONTE: Adaptada de Henry Mintzberg, *The nature of managerial work* (New York: Harper & Row, 1973), p. 92-93; "Managerial work: analysis from observation", *Management Science* 18 (1971), B97-B110.

TEMA RECENTE

O CEO Jim McNerney lutou contra o porta-voz após o avião 787 Dreamliner ter pousado, no início de 2013, em razão de problemas com o sistema elétrico que incendiou a bateria. Logo que se tornou evidente que o primeiro incêndio não foi um incidente isolado, McNerney organizou uma intensa investigação interna, mas delegou a outros executivos, incluindo o engenheiro-chefe Mike Sinnett, o trabalho de informar os investidores, os analistas, a mídia e o público em geral. Algumas semanas depois do primeiro incêndio, durante uma teleconferência para abordar os resultados financeiros do quarto trimestre, McNerney desviou-se das perguntas dos investidores e analistas: "Não posso prever o resultado e não farei isso. Estamos no meio de uma investigação". Embora McNerney tenha sido duramente criticado por não ser mais aberto com investidores e analistas, alguns clientes têm elogiado a Boeing pela estratégia global de comunicações durante a crise. Ao justificar a decisão de ficar nos bastidores, McNerney afirmou: "Sou o único que precisa ter absoluta confiança quando a Boeing propõe uma solução. [...] E a única maneira de eu saber como é mergulhar profundamente com as pessoas que fazem os trabalhos científicos e técnicos".[64]

Papéis interpessoais

Os papéis interpessoais referem-se às relações com os outros e concernem às habilidades humanas descritas anteriormente. Cabe ao testa de ferro a manipulação das atividades cerimoniais e simbólicas para o departamento ou a empresa. O gerente representa a empresa na capacidade gerencial formal como o chefe da unidade. A apresentação dos prêmios do funcionário por um gerente de filial para o Commerce Bank é um exemplo do papel de testa de ferro. O intermediário engloba as relações com os subordinados, incluindo motivação, comunicação e influência. O intermediário pertence ao desenvolvimento das fontes de informação tanto dentro como fora da empresa.

TEMA RECENTE

Considere o desafio dos líderes e intermediários para os gerentes na National Foods, maior fabricante de temperos e picles do Paquistão. Os gerentes de empresas de todo o Paquistão lutam contra a crescente instabilidade política, as interrupções frequentes de energia, a corrupção e a ineficiência governamental e as crescentes ameaças de terrorismo, e isso torna o papel do líder ainda mais desafiador. "Na parte da manhã, avalio os meus trabalhadores", diz Sajjad Farooqi, supervisor da National Foods. Se encontra pessoas muito estressadas ou que não dormiram na noite anterior, Farooqi muda o turno delas ou designa um trabalho mais fácil. Farooqi também presta muita atenção aos incentivos, porque as pessoas estão sob muita pressão. Quanto ao papel do intermediário, os gestores precisam desenvolver fontes de informação que não estejam relacionadas apenas ao negócio, mas também às questões de segurança.[65]

Papéis decisionais

Os papéis decisionais referem-se aos eventos sobre os quais o gestor deve fazer uma escolha e tomar medidas. Essas funções sempre exigem habilidades conceituais e humanas. Ao *empreendedor* cabe o início da mudança. Os gestores estão pensando constantemente sobre o futuro e as mudanças necessárias para alcançar um objetivo ou uma visão de futuro. O papel do solucionador de problemas é buscar soluções para os conflitos entre os subordinados ou entre o departamento do gestor e outros setores. A função do alocador *de recursos* é designar pessoas, tempo, equipamento, dinheiro e outros recursos para alcançar os resultados desejados. Nesse caso, o gerente deve decidir que projetos receberão alocação orçamental, que reclamações de clientes serão priorizadas e até como ele gastará o próprio tempo. Em 2013, a taxa de homicídios em Nova York caiu significativamente em razão das tomadas de decisões de gestores sobre a alocação de recursos.

As decisões de Kelly, como a rede de vigilância e as práticas de pesquisa revisadas, têm sido alvo de críticas relacionadas às violações dos direitos civis. Entretanto, muitas

Forma inovadora

Departamento de Polícia de Nova York

Nos primeiros 178 dias de 2013, a cidade de Nova York teve uma média de menos de um homicídio por dia. A queda de 202 assassinatos no primeiro semestre de 2012 para 154 durante o primeiro semestre de 2013 surpreendeu até mesmo os administradores da polícia.

Ao analisar os resultados, o comissário de polícia Raymond W. Kelly atribuiu, em parte, essa redução às mudanças na alocação de recursos. Por exemplo, Kelly aumentou o número de policiais designados para bairros com alto índice de criminalidade e injetou recursos em uma nova estratégia antigangue para prevenir a violência retaliatória entre as gangues de bairro. A estratégia baseia-se no monitoramento intensivo das atividades de gangues e tenta evitar tiroteios antes que aconteçam. De acordo com o comissário, essa iniciativa resultou em uma queda de 52% de tiroteios em um distrito policial. Outro programa que recebe recursos adicionais pretende identificar e monitorar os maridos abusivos cujo comportamento pode ser letal.

A decisão sobre a alocação de tais recursos na maior força policial do país é semelhante ao trabalho realizado por um CEO em uma empresa de médio porte do *ranking* da revista *Fortune* – salvo o fato de que a participação é muito maior, pois as métricas pelas quais o desempenho é medido precisam ter ligação com a vida e a morte. Além de lutar contra a criminalidade todos os dias, o Departamento de Polícia de Nova York tem que combater o terrorismo. Kelly contratou pessoas de várias nacionalidades – persas, árabes, urdus, pachtos e híndis – e montou uma divisão de inteligência de combate ao terrorismo que implanta policiais do Departamento de Polícia de Nova York em cidades estrangeiras. Ele também já investiu $ 100 milhões em uma rede de vigilância que supervisiona grandes grupos de Manhattan e os bairros mais afastados.[66]

pessoas atribuem ao comissário o fato de Nova York ter se tornado mais segura e o restabelecimento da confiança dos investidores estrangeiros que voltaram a investir centenas de milhões de dólares na cidade.

A ênfase relativa que um gestor coloca nos dez papéis exibidos na Figura 1.9 depende de uma série de fatores, como a posição dele na hierarquia, as competências e as habilidades naturais, o tipo de organização ou os objetivos departamentais a serem alcançados. A Figura 1.10 ilustra a importância diversificada do líder e do intermediário conforme uma pesquisa realizada com gerentes superiores, intermediários e inferiores. Observe que a importância do líder habitualmente cai, enquanto a importância do intermediário aumenta à medida que um gestor sobe na hierarquia organizacional.

Outros fatores, como mudanças das condições ambientais, também podem determinar quais funções são mais importantes para um gestor em determinado momento. Robert Dudley, que assumiu o cargo de CEO da gigante do petróleo com problemas, a BP, depois de Tony Hayward ter sido forçado a sair em razão de um manuseio incorreto da crise na Deepwater Horizon, em 2010, encontrou papéis informacionais e decisionais no topo da lista à medida que ele trabalhava pessoalmente para reparar as relações com os funcionários do governo norte-americano, fazer as pazes com as comunidades locais, trilhar um caminho para restaurar a reputação da empresa e tomar medidas para evitar que um evento tão desastroso voltasse a acontecer.[67]

Conexão de conceito

Como vice-presidente executiva de *marketing* da Microsoft, Tami Reller desempenha vários papéis interpessoais muito relevantes. Ela é a principal **líder** do grupo de negociantes da empresa em diversas funções, tais como publicidade, uso de mídia e distribuição. Muitas vezes, Reller trata do **relacionamento** da Microsoft com o público, fornecendo informações sobre o Windows e outros produtos.

FIGURA 1.10
Níveis hierárquicos e a importância do líder e do intermediário

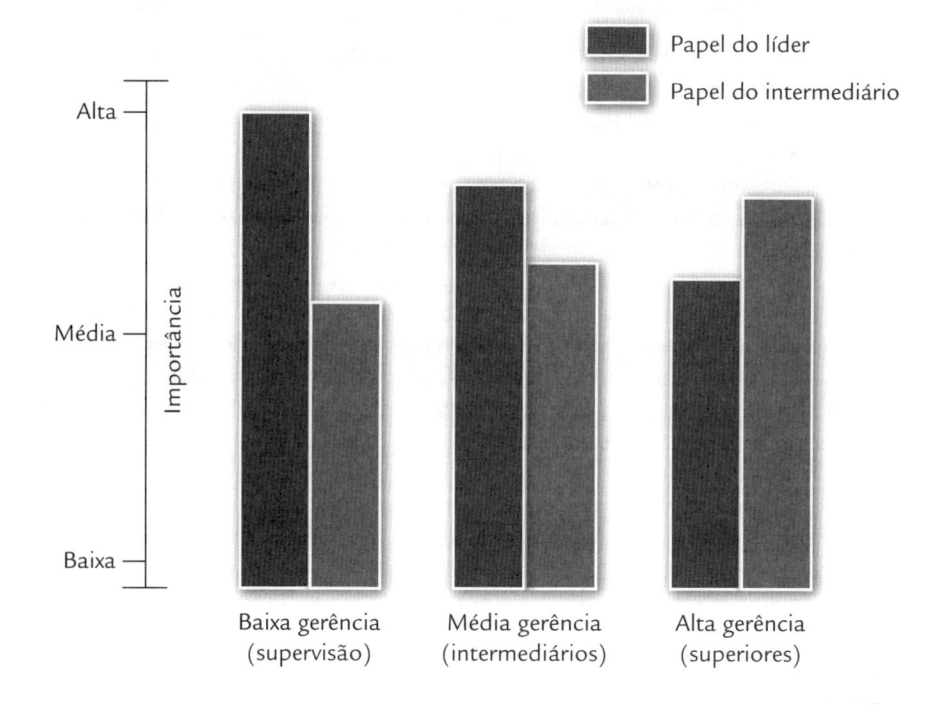

- Papel do líder
- Papel do intermediário

Importância: Alta / Média / Baixa

Baixa gerência (supervisão) — Média gerência (intermediários) — Alta gerência (superiores)

FONTE: Com base nas informações de A. I. Kraut; P. R. Pedigo; D. D. McKenna; M. D. Dunnette, "The role of the manager: what's really important in different management jobs", *Academy of Management Executive* 3 (1989), 286-293.

Os gestores ficam atentos às necessidades, tanto de dentro como fora da empresa, para determinar quais funções são mais críticas em diversos momentos. Um gestor superior pode regularmente colocar mais ênfase nos papéis de porta-voz, testa de ferro e negociador, mas a emergência dos novos concorrentes pode exigir mais atenção ao papel do monitor ou um grave declínio na moral dos funcionários e da direção pode significar que o CEO tem de colocar mais ênfase no papel de líder. Um gerente de *marketing* pode concentrar-se nos papéis interpessoais em razão da importância dos contatos pessoais no processo de *marketing*, enquanto o gerente financeiro pode ser mais propenso a focar os papéis decisionais, como atribuidor de recursos e negociador. Apesar dessas diferenças, todos os gerentes desempenham papéis informacionais, interpessoais e decisionais para atender às necessidades da empresa.

Lembre-se disto

- Para tornar-se um gestor, o indivíduo deverá promover uma mudança no modo de agir: deixar de ser um trabalhador individual para desempenhar um papel interdependente de coordenação e desenvolvimento de outras pessoas.
- Em razão da natureza interdependente de gestão, os novos gestores, muitas vezes, têm menos liberdade e controle do que esperam ter.
- Como o trabalho de um gestor é altamente diversificado e em ritmo acelerado, os gestores precisam de boas habilidades de gerenciamento de tempo.
- Um papel é um conjunto de expectativas sobre o comportamento de um indivíduo.
- Em todos os níveis, os gestores assumem dez papéis que estão agrupados em três grupos: informacional, interpessoal e decisional.
- Como um dos aspectos do papel decisional, o comissário de polícia da cidade de Nova York aloca recursos, como dinheiro, tecnologia e tempo dos policiais de rua e dos investigadores.

Gerenciamento de pequenos negócios e empresas sem fins lucrativos

As pequenas empresas estão crescendo de modo importante. Centenas de pequenas empresas são abertas todos os meses, mas o ambiente para pequenos negócios hoje é altamente complicado. O Capítulo 6 fornece informações detalhadas sobre o gerenciamento de pequenas empresas e *startups*.

Uma descoberta interessante é que gestores de pequenas empresas tendem a enfatizar papéis diferentes dos gestores de grandes empresas. Muitas vezes, os gestores de pequenas empresas veem o papel do porta-voz como o mais importante porque ele tem que promover uma empresa pequena e em crescimento para o mundo afora. O papel do empreendedor também é crítico em pequenas empresas, porque os gestores precisam ser inovadores e ajudar a empresa a desenvolver novas ideias para se manter competitiva. No LivingSocial, por exemplo, o fundador e CEO Tim O'Shaughnessy passa muito tempo promovendo diariamente o local de negócio com rápido crescimento e conversando com os chefes de departamentos sobre novos produtos e serviços potenciais.[68] Os gestores de pequenos negócios tendem a avaliar os papéis do líder e do processamento de informações com notas mais baixas se comparadas aos correspondentes em grandes empresas.

As empresas sem fins lucrativos também representam uma importante aplicação de gestão de talentos.[69] Empresas como Exército da Salvação, Nature Conservancy, Greater Chicago Food Depository, Girl Scouts e Cleveland Orchestra exigem excelente gestão. As funções de planejamento, organização, liderança e controle aplicam-se tanto às empresas sem fins lucrativos como às demais, e gerentes em empresas sem fins lucrativos usam habilidades semelhantes e realizam atividades similares. A principal diferença é que os gestores de empresas direcionam as atividades para ganhar dinheiro para a empresa e os proprietários, enquanto os gestores de instituições sem fins lucrativos direcionam os esforços para gerar algum tipo de impacto social. As características e necessidades de instituições sem fins lucrativos criadas por essa diferenciação apresentam desafios únicos para os gestores.[70]

Os recursos financeiros para o governo e as instituições de caridade e sem fins lucrativos normalmente vêm de impostos, apropriações, bolsas e doações, não de vendas de produtos ou serviços aos clientes. Nas empresas, os gestores concentram-se em melhorar os produtos e os serviços da empresa para aumentar as receitas de vendas. No entanto, em instituições sem fins lucrativos, geralmente os serviços são prestados a clientes inadimplentes, e um grande problema para muitas empresas é assegurar um fluxo constante de fundos para continuar operando. Os gestores sem fins lucrativos, empenhados em servir clientes com recursos limitados, devem concentrar-se em manter os custos organizacionais o mais baixos possível.[71] Comumente, os doadores querem que o dinheiro ajude diretamente os clientes, em vez de ir para custos gerais. Se os gestores sem fins

Conexão de conceito

Apesar de ter lançado e vendido diversos *startups* de sucesso, Loïc Le Meur, proprietário de **pequenos negócios** localizados em São Francisco, ainda é um tipo de gerente que coloca a "mão na massa". O *blog* diário dele sobre blogosfera e internet é lido por centenas de milhares de pessoas do mundo todo. Além disso, Loïc Le Meur é o organizador-chefe por trás da maior conferência tecnológica anual da Europa, a LeWeb.

lucrativos não puderem demonstrar um uso altamente eficiente de recursos, eles terão dificuldades em assegurar as doações adicionais ou governamentais. Embora a Lei Sarbanes-Oxley* (lei de reforma da governança corporativa de 2002) não se aplique às instituições sem fins lucrativos, por exemplo, muitas têm adotado as diretrizes contidas nessa norma, com a intenção de buscar mais transparência e responsabilidade para aumentar a credibilidade dos eleitores e para que possam ser mais competitivas quando procuram captar recursos.[72]

Além disso, alguns tipos de instituição sem fins lucrativos, como hospitais e universidades privadas que obtêm as receitas com a venda de serviços aos clientes, precisam lutar pelas vendas no sentido de gerar receitas suficientes para cobrir as despesas; então, os gestores, muitas vezes, lutam com a questão do que constitui resultados e eficácia. É fácil medir as receitas em comparação aos gastos, mas as métricas de sucesso em instituições sem fins lucrativos são geralmente muito mais ambíguas. Os gestores precisam medir os intangíveis, como "melhorar a saúde pública", "melhorar a qualidade da educação" ou "aumentar a apreciação pelas artes". Essa natureza intangível também dificulta a avaliação de desempenho dos funcionários e gestores. Uma complicação adicional é que os gestores de alguns tipos de entidade sem fins lucrativos dependem de voluntários e doadores que não podem ser supervisionados e controlados da mesma forma que um gestor de negócios com os empregados. Muitas pessoas que se deslocam do mundo corporativo para uma instituição sem fins lucrativos são surpreendidas ao descobrirem que as horas de trabalho são, muitas vezes, mais longas, e o estresse, maior do que nos trabalhos anteriores de gestão.[73]

Os papéis definidos por Mintzberg também se aplicam aos gestores sem fins lucrativos, mas podem ser um pouco diferentes. Há a expectativa de que os gestores de instituições sem fins lucrativos enfatizem os papéis de porta-voz (para "vender" a empresa aos doadores e ao público), líder (para construir uma comunidade de funcionários e voluntários dirigida por missões) e alocador de recursos (para distribuir os recursos governamentais ou fundos de subvenção frequentemente atribuídos de modo descendente).

Os gestores de todas as empresas – grandes, pequenas e sem fins lucrativos – cuidadosamente integram e ajustam as funções e os papéis de gestão para enfrentar os desafios dentro das próprias circunstâncias, a fim de manter as empresas saudáveis.

Lembre-se disto

- Uma boa gestão é tão importante para as pequenas empresas e instituições sem fins lucrativos quanto para as grandes.
- Os gestores dessas empresas ajustam e integram as diversas funções de gestão, de atividades e de funções para atender aos desafios específicos que enfrentam.
- Para os negócios, os gestores de pequenas empresas muitas vezes consideram mais importantes os papéis de porta-voz e empreendedor.
- Os gestores de instituições sem fins lucrativos direcionam os esforços para gerar algum tipo de impacto social, em vez de ganharem dinheiro para a instituição.
- Os gestores de instituições sem fins lucrativos muitas vezes lutam com o que constitui a eficácia.

---

* Lei Sarbanex-Oxley: tem como objetivo garantir mecanismos de auditoria, segurança e transparência das informações divulgadas pelas empresas, bem como reduzir riscos de negócios, evitando a ocorrência de fraudes. (N.R.T.)

Cap. 1 Notas

1. Steven Hyden, "The winners' history of rock and roll, Part 3: Bon Jovi", *Grantland* (January 21, 2013), disponível em: <http://www.grantland.com/story/_/id/8860424/the-winners-history-rock-roll-part-3-bon-jovi>, acesso em: 15 ago. 2013; Zack O'Malley Greenburg, "The World's Highest-Paid Musicians 2011", *Forbes* (June 15, 2011), disponível em: <http://www.forbes.com/sites/zackomalleygreenburg/2011/06/15/the-worlds-highest-paid-musicians/>, acesso em: 14 ago., 2013.
2. Apud Zach O'Malley Greenburg, "Jon Bon Jovi: Still Rockin, and Making a Killing", *Forbes.com* (May 18, 2011). Disponível em: <http://www.forbes.com/2011/05/17/celebrity-100-11-jon-bon-jovi-kanye-west-bieber-still-rocking.html>. Acesso em: 13 ago. 2013.
3. Exemplo baseado em John Jurgensen, "A rocker tunes up", *Wall Street Journal Online* (February 7, 2013), disponível em: <http://online.wsj.com/article/SB10001424127887323951904578288213834313862.html>, acesso em: 14 ago. 2013); Greenburg, "Jon Bon Jovi: Still Rockin, and Making a Killing"; Hyden, "The Winners' History of Rock and Roll, Part 3: Bon Jovi". (A citação de Bon Jovi foi extraída do artigo de Greenburg.)
4. Essa abordagem baseia-se nas ideias de Paul J. H. Schoemaker; Steve Krupp; Samantha Howland, "Strategic leadership: the essential skills", *Harvard Business Review* (January-February 2013): 131-134; Stephen Denning, "Masterclass: the reinvention of management", *Strategy & Leadership* 39, n. 2 (2011): 9-17; Julian Birkinshaw; Jules Goddard, "What is your management model?", *MIT Sloan Management Review* (Winter 2009): 81-90; Paul McDonald, "It's time for management version 2.0: six forces redefining the future of modern management", *Futures* (October 2011): 797ff; Jeanne C. Meister; Karie Willyerd, "Leadership 2020: start preparing people now", *Leadership Excellence* (July 2010): 5.
5. Veja Joshua Cooper Ramo, *The age of the unthinkable: why the new world disorder constantly surprises us and what we can do about it* (New York: Little Brown, 2009); Richard Florida, *The great reset: how new ways of living and working drive post-crash prosperity* (New York: Harper Collins, 2010).
6. Schoemaker; Krupp; Howland, "Strategic leadership: the essential skills".
7. J. P. Donlon, "What, put your customers second? Are you kidding?" (CEO Chronicles), *Chief Executive* (November-December 2010): 14-16; "HCL Technologies CEO, Vineet Nayar, Gets 'Leader in the Digital Age' Award at CeBIT 2011", *Entertainment Close-Up* (March 11, 2011); Birkinshaw and Goddard, "What is your management model?"; Denning, "Masterclass: the reinvention of management"; Traci L. Fenton, "Inspiring democracy in the workplace: from fear-based to freedom-centered organizations", *Leader to Leader* (Spring 2012): 57-63.
8. "What do managers do?" *The Wall Street Journal Online*, disponível em: <http://guides.wsj.com/management/developing-a-leadership-style/what-do-managers-do/>, acesso em: 11 ago. 2010; artigo adaptado por Alan Murray, *The Wall Street Journal Essential Guide to Management* (New York: Harper Business, 2010).
9. Kate Linebaugh, "The New GE Way: go deep, not wide", *The Wall Street Journal* (March 7, 2012), B1.
10. Christopher S. Stewart, "Oprah struggles to build her network", *The Wall Street Journal* (May 7, 2012), A1; "Oprah strikes exclusive multi-year partnership with Tyler Perry", press release, October 2, 2012, disponível em: <http://www.oprah.com/pressroom/Oprah-Strikes-Partnership-with-Tyler-Perry>, acesso em: 11 maio 2014.
11. Jeff Bennett; Neal E. Boudette, "Boss sweats details of Chrysler revival", *The Wall Street Journal* (January 31, 2011), A1.
12. Suzanne Kapner, "Citi's CEO is keeping score", *The Wall Street Journal* (March 5, 2013), C1.
13. Ed O'Keefe, "Lieberman calls for wider inquiry into secret service scandal", *The Washington Post* (April 23, 2012), A3; Laurie Kellman; Alicia A. Caldwell, "Inquiry Hears of Wider Secret Service Misbehavior", *The Salt Lake Tribune* (May 25, 2012); "Secret service toughens agent conduct rules after prostitution scandal: political notebook", *The Boston Globe* (April 28, 2012), A8.
14. Anton Troianovski, "Apps: The New Corporate Cost-Cutting Tool", *The Wall Street Journal Online* (March 5, 2013). Disponível em: <http://online.wsj.com/article/SB10001424127887324678604578342690461080894.html>. Acesso em: 14 ago. 2013.
15. Ellen McGirt, "05: square, for making magic out of the mercantile", *Fast Company* (March 2012), 82-85, 146-147 (part of the section "The World's 50 Most Innovative Companies").
16. Com base em Lauren A. E. Schuker, "Movie Budget Lesson #1: Skip the Fur", *The Wall Street Journal* (July 15, 2010), B1; Brooks Barnes, "Animation meets economic reality", *The New York Times* (April 4, 2011), B1; Allison Corneau, "The Lorax tops weekend box office", *US Weekly* (March 4,

17. Aaron O. Patrick, "EMI deal hits a sour note", *The Wall Street Journal*, August 15, 2009.
18. Robert L. Katz, "Skills of an effective administrator", *Harvard Business Review* 52 (September-October 1974): 90-102.
19. David Sacks, "The Way I Work: Yammer", *Inc.* (November 2011): 122-124.
20. Sue Shellenbarger, "From our readers: the bosses that drove me to quit my job," *The Wall Street Journal*, February 7, 2000; Re-engaging with engagement: views from the boardroom on employee engagement, Study by the Economist Intelligence Unit (2010), as reported in Thomas O. Davenport and Stephen D. Harding, "The New Manager Manifesto", *People & Strategy* 35, n. 1 (2012): 24-31.
21. Linda A. Hill; Kent Lineback, "Being the leader: observe three imperatives", Leadership Excellence (November 2012): 15-16; Boris Groysberg; L. Kevin Kelly; Bryan MacDonald, "The New Path to the C-Suite", *Harvard Business Review* (March 2011): 60-68; Jeanne C. Meister; Karie Willyerd, "Leadership 2020: start preparing people now", Leadership Excellence (July 2010): 5; Neena Sinha; N. K. Kakkar; Vikas Gupta, "Uncovering the secrets of the twenty-first-century organization", *Global Business and Organizational Excellence* (January-February 2012): 49-63; Rowena Crosbie, "Learning the soft skills of leadership", *Industrial and Commercial Training*, 37, n. 1 (2005).
22. Adam Bryant, "The quest to build a better boss", *The New York Times* (March 13, 2011), BU1.
23. Scott Tonidandel; Phillip W. Braddy; John W. Fleenor, "Relative importance of managerial skills for predicting effectiveness", *Journal of Managerial Psychology* 27, n. 6 (2012): 636-655.
24. William A. Gentry; Lauren S. Harris; Becca A. Baker; Jean Brittain Leslie, "Managerial skills: what has changed since the late 1980s?", *Leadership and Organization Development Journal* 29, n. 2 (2008): 167-181.
25. Troy V. Mumford; Michael A. Campion; Frederick P. Morgeson, "The leadership skills strataplex: leadership skills requirements across organizational levels", *The Leadership Quarterly* 18 (2007): 154-166.
26. Nanette Byrnes; Roger O. Crockett, "An historic succession at Xerox", *Business Week* (June 8, 2009): 18-22.
27. Clinton O. Longenecker; Mitchell J. Neubert; Laurence S. Fink, "Causes and consequences of managerial failure in rapidly changing organizations", *Business Horizons* 50 (2007): 145-155.
28. Damian Paletta; Dionne Searcey, "Inside IRS Unit Under Fire", *The Wall Street Journal* (May 25, 2013), A1; Nicholas Confessore; David Kocieniewski; Michael Luo, "Confusion and Staff Troubles Rife at I.R.S. Office in Ohio", *The New York Times* (May 18, 2013), disponível em: <http://www.nytimes.com/2013/05/19/us/politics/at-irs-unprepared-office-seemed-unclear-about-the-rules.html?pagewanted=all&_r=0>, acesso em: 15 ago. 2013.
29. Sydney Finkelstein, "The Five Worst CEOs of 2012", *The Washington Post*, December 18, 2012, disponível em: <http://articles.washingtonpost.com/2012-12-18/national/35907884_1_bankia-spanish-banks-rodrigo-rato>, acesso em: 20 dez. 2012); Josh Williams, "Why Ex-Xbox Boss Don Mattrick Maio Be Zynga's Savior", *VentureBeat.com*, July 10, 2013, disponível em: <http://venturebeat.com/2013/07/10/why-ex-xbox-boss-don-mattrick-Maio-be-zyngas-savior/>, acesso em: 11 set. 2013.
30. Longenecker; Neubert; Fink, "Causes and consequences of managerial failure in rapidly changing organizations".
31. Eileen Sheridan, "Rise: best day, worst day", *The Guardian*, September 14, 2002.
32. Heath Row, "Force Play" (Company of Friends column), *Fast Company* (March 2001): 46.
33. Rani Molla, "Meet the Women CEOs of the Fortune 500", *The Wall Street Journal*, March 7, 2014. Disponível em: <http://blogs.wsj.com/atwork/2014/03/07/meet-the-women-ceos-of-the-fortune-500/>. Acesso em: 11 maio 2014.
34. A. I. Kraut; P. R. Pedigo; D. D. McKenna; M. D. Dunnette, "The role of the manager: what's really important in different management jobs", *Academy of Management Executive* 19, n. 4 (2005): 122-129.
35. Christopher A. Bartlett; Sumantra Ghoshal, "Changing the role of top management: beyond systems to people", *Harvard Business Review* (May-June 1995): 132-142; Sumantra Ghoshal; Christopher A. Bartlett, "Changing the role of top management: beyond structure to processes", *Harvard Business Review* (January-February 1995): 86-96.
36. Lynda Gratton, "The end of the middle manager", *Harvard Business Review* (January-February 2011): 36.
37. Melissa Korn, "What it's like being a middle manager today; pushed to do more with less, today's midlevel managers try to get by", *The Wall Street Journal* (August 6, 2013), B1; Paul Osterman, "Recognizing the value of middle management", *Ivey Business Journal* (November-December 2009), disponível em: <http://www.iveybusinessjournal.com/article.asp?intArticle_id=866>; Lisa Haneberg, "Reinventing middle management", *Leader to Leader* (Fall 2005): 13-18; Quy Nguyen

Huy, "In praise of middle managers", *Harvard Business Review* (September 2003): 72-79; Rosabeth Moss Kanter, *On the frontiers of management* (Boston: Harvard Business School Press, 2003).
38. "Using their own words, middle managers describe the nature of their jobs", *The Wall Street Journal* (August 7, 2013), B9.
39. Ibidem.
40. Veja Ray Fisman, "In defense of middle management", *The Washington Post*, October 16, 2010. Disponível em: <www.washingtonpost.com/wp-dyn/content/article/2010/10/16/AR2010101604266_pf.html>. Acesso em: 13 jun. 2012.
41. Miles Brignall, "Rise; Launch Pad: The Retailer; Alistair Boot, an Assistant Manager at the John Lewis Store in Cheadle, Talks to Miles Brignall", *The Guardian*, October 4, 2003.
42. Fisman, "In defense of middle management".
43. Henry Mintzberg, *Managing* (San Francisco: Berrett-Kohler Publishers, 2009); *The nature of managerial work* (New York: Harper & Row, 1973); "Rounding out the managers job", *Sloan Management Review* (Fall 1994): 11-26.
44. Robert E. Kaplan, "Trade routes: the manager's network of relationships", *Organizational Dynamics* (Spring 1984): 37-52; Rosemary Stewart, "The nature of management: a problem for management education", *Journal of Management Studies* 21 (1984): 323-330; John P. Kotter, "What effective general managers really do", *Harvard Business Review* (November-December 1982): 156-167; Morgan W. McCall, Jr.; Ann M. Morrison; Robert L. Hannan, "Studies of managerial work: results and methods", *Technical Report* n. 9, Center for Creative Leadership, Greensboro, NC, 1978.
45. Alison M. Konrad; Roger Kashlak; Izumi Yoshioka; Robert Waryszak; Nina Toren, "What do managers like to do? A five-country study", *Group and Organizational Management* 26, n. 4 (December 2001): 401-433.
46. Para uma revisão dos problemas enfrentados pelos gestores de primeira linha, veja Linda A. Hill; Kent Lineback, "Being the leader: observe three imperatives", *Leadership Excellence* (November 2012): 15-16; Linda A. Hill, "Becoming the boss", *Harvard Business Review* (January 2007): 49-56; Loren B. Belker; Gary S. Topchik, *The first-time manager: a practical guide to the management of people*, 5. ed. (New York: Amacom, 2005); J. W. Lorsch; P. F. Mathias, "When professionals have to manage", *Harvard Business Review* (July-August 1987): 78-83; R. A. Webber, *Becoming a courageous manager: overcoming career problems of new managers* (Englewood Cliffs, NJ: Prentice Hall, 1991); D. E. Dougherty, *From technical professional to corporate manager: a guide to career transition* (New York: Wiley, 1984); J. Falvey, "The making of a manager", *Sales and Marketing Management* (March 1989): 42-83; M. K. Badawy, *Developing managerial skills in engineers and scientists: succeeding as a technical manager* (New York: Van Nostrand Reinhold, 1982); M. London, *Developing managers: a guide to motivating and preparing people for successful managerial careers* (San Francisco, CA: Jossey-Bass, 1985).
47. Com base em Evelyn Rusli; Nicole Perlroth; Nick Bilton, "The Hoodie amid the Pinstripes: As Facebook IPO Nears, Is Its Chief up to Running a Public Company?", *International Herald Tribune*, May 14, 2012, 17.
48. Essa abordagem se baseia em Linda A. Hill, *Becoming a manager: how new managers master the challenges of leadership*, 2. ed. (Boston: Harvard Business School Press, 2003), 6-8; "Becoming the boss".
49. Veja também "Boss's first steps", boxe em Erin White, "Learning to be the boss", *The Wall Street Journal*, November 21, 2005, disponível em: <http://online.wsj.com/news/articles/SB113252950779302595>, acesso em: 11 maio 2014; Belker; Topchik, *The First-Time Manager*.
50. Apud Eileen Zimmerman, "Are you cut out for management?" (Career Couch column), *The New York Times*, January 15, 2011. Disponível em: <www.nytimes.com/2011/01/16/jobs/16career.html>. Acesso em: 14 jun. 2012.
51. Hill; Lineback, "Being the leader".
52. Mintzberg, *Managing*, p. 17-41.
53. Estudo mencionado em Rachel Emma Silverman, "Where's the boss? Trapped in a meeting", *The Wall Street Journal*, February 14, 2012. Disponível em: <http://online.wsj.com/article/SB10001424052970204642604577215013504567548.html>. Acesso em: 14 jun. 2012.
54. Mintzberg, *Managing*, p. 17-41.
55. Com base em Allan Halcrow, "A day in the life of Kathy Davis: just another day in HR", *Workforce Management* 77, n. 6 (June 1998): 56-62.
56. Mintzberg, *Managing*, p. 17-41.
57. Carol Hymowitz, "Packed calendars rule", *The Asian Wall Street Journal*, June 16, 2009; "The 18-hour day", *The Conference Board Review* (March-April 2008): 20.
58. Adam Shell, "CEO profile: casting a giant (New Jersey) net", *USA Today*, August 25, 2008; Matthew Boyle; Jia Lynn Yang, "All in a day's work", *Fortune* (March 20, 2006): 97-104.
59. Korn, "What it's like being a middle manager today".
60. Frankki Bevins; Aaron De Smet, "Making time management the organization's priority", *McKinsey Quarterly* (January 2013). Disponível em: <http://www.mckinsey.com/insights/organization/making_

time_management_the_organizations_priority>. Acesso em: 19 ago 2013.
61. "Four CEOs' tips on managing your time", *The Wall Street Journal*, February 14, 2012. Disponível em: <http://online.wsj.com/article/SB10001424052970204883304577221551714492724.html>. Acesso em: 14 jun. 2012.
62. Bevins; De Smet, "Making time management the organization's priority"; A. Garrett, "Buying time to do the things that really matter", *Management Today* (July 2000): 75; Robert S. Kaplan, "What to ask the person in the mirror", *Harvard Business Review* (January 2007): 86-95.
63. Mintzberg, *Managing*; Lance B. Kurke; Howard E. Aldrich, "Mintzberg was right! A replication and extension of *The Nature of Managerial Work*", *Management Science* 29 (1983): 975-984; Cynthia M. Pavett; Alan W. Lau, "Managerial work: the influence of hierarchical level and functional speciality", *Academy of Management Journal* 26 (1983): 170-177; Colin P. Hales, "What do managers do? A critical review of the evidence", *Journal of Management Studies* 23 (1986): 88-115.
64. Monica Langley, "Chief of Embattled Boeing Steers Clear of the Spotlight", *The Wall Street Journal* (February 22, 2013): A1; Daniel Michaels; Andy Pasztor, "Large Boeing Buyer Praises Communication", *The Wall Street Journal* (January 22, 2013), disponível em: <http://online.wsj.com/article/SB10001424127887324624404578257120942399436.html>, acesso em: 19 ago. 2013.
65. Naween Mangi, "Convoys and Patdowns: A Day at the Office in Pakistan", *Bloomberg Businessweek* (July 25-July 31, 2011): 11-13.
66. Joseph Goldstein, "City homicides drop sharply, again; police cite new antigang strategy", *The New York Times* (June 28, 2013), disponível em: <http://www.nytimes.com/2013/06/29/nyregion/city-homicides-drop-sharply-again-police-cite-new-antigang-strategy.html?_r=0>, acesso em: 19 ago. 2013); David Whitford, "Does Ray Kelly have the world's toughest job?", *Fortune* (October 29, 2012): 152-160.
67. Guy Chazan; Monica Langley, "Dudley faces daunting to-do list", *The Wall Street Journal Europe*, July 27, 2010.
68. Tim O'Shaughnessy, "The way I work: LivingSocial", *Inc.* (March 2012): 104-108.
69. Jean Crawford, "Profiling the non-profit leader of tomorrow", *Ivey Business Journal* (May-June 2010). Disponível em: <www.iveybusinessjournal.com/topics/leadership/profiling-the-non-profit-leader-of-tomorrow>. Acesso em: 14 jun. 2012.
70. A abordagem seguinte se baseia em Peter F. Drucker, Managing the non-profit organization: principles and practices (New York: HarperBusiness, 1992); Thomas Wolf, *Managing a nonprofit organization* (New York: Fireside/Simon & Schuster, 1990).
71. Christine W. Letts; William P. Ryan; Allen Grossman, *High performance nonprofit organizations* (New York: Wiley & Sons, 1999), p. 30-35.
72. Carol Hymowitz, "In Sarbanes-Oxley Era, Running a Nonprofit Is Only Getting Harder", *The Wall Street Journal*, June 21, 2005; Bill Birchard, "Nonprofits by the numbers", *CFO* (June 2005): 50-55.
73. Eilene Zimmerman, "Your true calling could suit a nonprofit" (interview, Career Couch column), *The New York Times*, April 6, 2008. Disponível em: <http://www.nytimes.com/2008/04/06/jobs/06career.html?_r=0>. Acesso em: 11 maio 2014.

PARTE 1

Capítulo 2

Evolução do pensamento administrativo

© Thienthongthai/Shutterstock.com

Visão geral do capítulo

Como administrador, você adota o novo ou o antigo estilo?

Luta histórica
Coisas da produção *versus* humanidade da produção
O negócio social é a resposta?

Perspectiva clássica
Administração científica
Organizações burocráticas
Princípios administrativos

Perspectiva humanista
Primeiros defensores
Movimento das relações humanas

Novo gestor autoteste: evolução do estilo
Perspectiva dos recursos humanos
Abordagem das ciências comportamentais

Ciência administrativa

Tendências históricas recentes
Pensamento sistêmico   Abordagem contingencial

Pensamento da gestão inovadora sobre o futuro
Ferramentas da administração contemporânea
Administração do local de trabalho orientada pela tecnologia
Administração do local de trabalho orientada pelas pessoas

Resultados de aprendizagem

Após a leitura deste capítulo, você será capaz de:

1. Resumir como as forças históricas influenciam a prática da administração.

2. Explicar como o negócio social está abrindo caminho pela luta histórica entre gerenciar as "coisas da produção" e a "humanidade da produção".

3. Descrever os principais componentes das perspectivas da administração clássica e humanista.

4. Discutir a abordagem da ciência administrativa e o uso atual nas organizações.

5. Explicar os principais conceitos do pensamento sistêmico e a teoria da contingência.

6. Fornecer exemplos de ferramentas de administração contemporânea e explicar por que essas tendências mudam com o tempo.

7. Descrever as mudanças na administração provocadas pelo local de trabalho orientado pela tecnologia, incluindo o papel de grandes análises de dados e da gestão da cadeia de suprimentos.

8. Explicar como as organizações estão implantando as ideias de locais de trabalho sem patrões e o envolvimento dos funcionários para facilitar o local de trabalho orientado por pessoas.

Conquista do gestor[1]

INSTRUÇÕES: A seguir, apresentam-se diversos comportamentos que são inerentes ao relacionamento do gestor com os subordinados. Leia atentamente cada item e, depois, assinale "Normalmente verdadeiro" ou "Normalmente falso". É importante que você considere o seu comportamento.

	Normalmente verdadeiro	Normalmente falso
1. Superviso os subordinados de perto para obter o melhor trabalho deles.		
2. Primeiro, defino as metas e os objetivos para os subordinados e, depois, vendo-os como méritos de meus planos.		
3. Crio mecanismos de controle para garantir que os subordinados estejam fazendo o trabalho.		
4. Certifico-me de que o trabalho dos subordinados é planejado para eles.		
5. Consulto os subordinados todos os dias para verificar se eles precisam de ajuda.		
6. Assumo o controle quando os relatórios indicam que há algum problema no progresso de um trabalho.		
7. Se necessário, pressiono os subordinados para que os prazos sejam cumpridos.		
8. Faço reuniões frequentes para saber dos outros sobre o que está acontecendo.		

PONTUAÇÃO E INTERPRETAÇÃO: Na escala apresentada a seguir, indique o total de itens assinalados em "Normalmente verdadeiro". A teoria X refere-se ao "estilo antigo" de administração, e a teoria Y, ao "novo". É importante destacar que os estilos têm como base suposições diferentes sobre as pessoas. Para obter mais informações sobre as suposições relacionadas às teorias X e Y, consulte a Figura 2.4. Em geral, as fortes premissas da teoria X são consideradas inadequadas para os atuais locais de trabalho. Em que ponto você se encaixa na escala X-Y? A sua pontuação reflete a percepção de si mesmo como administrador atual ou futuro?

Escala X-Y

Teoria X ⟵ 10 .... 5 .... 0 ⟶ Teoria Y

Q uando os membros da equipe de atendimento ao cliente de Sonya Green da Git-Hub, uma empresa de *software* de colaboração* em São Francisco, querem mudar um procedimento, eles o fazem. Não há necessidade de verificar com Green, que é ostensivamente uma líder de equipe. Green é o que a Git-Hub chama de "principal responsável" (*primarily responsible person* – PRP). A empresa evita o termo gerente porque os altos executivos esperam e assumem que as pessoas podem gerenciar a si mesmas.[2] Trata-se de uma abordagem extrema da teoria Y frequentemente adotada por empresas menos hierarquizadas ou até mesmo sem patrões (essa teoria será explicada em detalhes mais adiante neste capítulo). Pelo menos 18 organizações em todo o mundo, como a fabricante francesa de componentes automotivos Favi, a processadora de tomates Morning Star, com sede em Woodland, na Califórnia, e a

---

* *Softwares* colaborativos: *softwares* que apoiam e incentivam o trabalho em grupo, tais como *e-mail*, agenda corporativa compartilhada, bate-papo e *wikis*. (N.R.T.)

diversificada Mondragon Corporation da Espanha, são operadas como locais de trabalho essencialmente sem patrões.³ Embora alguns profissionais e estudiosos de administração e recursos humanos (RH) questionem se a tendência "sem patrão" vai durar por muito tempo,⁴ é interessante notar que algumas dessas empresas têm operado sem patrões tradicionais há décadas. Quando Jean-François Zobrist assumiu o cargo de CEO da Favi em 1983, ele eliminou duas coisas: o departamento pessoal e os patrões. "Não tenho ideia do que as pessoas estão fazendo", disse Zobrist para a revista *Fast Company*. De acordo com Jean-François Zobrist, uma vez que as pessoas na linha de frente são aquelas com os conhecimentos necessários para fazer o trabalho, são também capazes de trabalhar sem alguém para supervisioná-las.⁵

Algumas organizações continuarão a operar com pouca ou nenhuma hierarquia, e outras seguirão em direção a uma estrutura mais hierárquica. Os gerentes estão sempre à procura de novas ideias, abordagens administrativas inovadoras e novas ferramentas e técnicas. As filosofias administrativas e as formas organizacionais mudam com o tempo para atender às novas necessidades e responder aos desafios atuais. O local de trabalho de hoje é diferente do que era há 50 anos – na verdade, até mesmo do que era há dez anos –, ainda que conceitos históricos formem a espinha dorsal da educação administrativa.⁶ Além disso, algumas práticas administrativas que parecem modernas existem há bastante tempo. As técnicas podem ganhar e perder popularidade em decorrência das mudanças das forças históricas e da necessidade persistente para equilibrar as necessidades humanas com as das atividades de produção.⁷

Este capítulo fornece uma visão histórica das ideias, teorias e filosofias administrativas que contribuíram para tornar o local de trabalho o que é hoje. A seção final do capítulo analisa algumas tendências recentes e as abordagens atuais que constroem essa base de compreensão administrativa. Segundo essa base, o valor de estudar administração não está apenas no aprendizado de fatos e pesquisas atuais, mas também no desenvolvimento de uma perspectiva que facilitará a visão ampla e de longo prazo necessária para o sucesso administrativo.

Faça uma pausa

No item "Aplique suas habilidades: pequeno grupo em prática", no material complementar, há uma atividade interessante sobre os acontecimentos e as forças históricas que moldam a vida dos indivíduos. Mãos à obra!

Poder Verde

Afastar-se para chutar

O produto inovador de Glenn Rink – esponjas com um formato semelhante ao de pipocas para absorver derramamentos de óleo – não foi bem recebido na década de 1990. Segundo alguns céticos corporativos, a escumação tradicional para retirar o óleo da água continuava sendo a escolha preferida para a limpeza do desastre. Bloqueado pela resistência ao produto, Rink, fundador da Abtech Industries, seguiu a tradição histórica e consagrada dos times de futebol norte-americanos, que às vezes precisam afastar-se para chutar antes que possam atacar novamente.

Por isso, Rink decidiu concentrar-se em desastres de escala menor. Por mais de uma década, a Abtech Industries construiu a reputação de oferecer alternativas de baixo custo para atender às necessidades de limpeza das cidades que tentam combater diversos problemas de poluição da água. A estratégia deu certo. Em 2011, uma Abtech revitalizada, fabricante da Smart Sponge Plus, fez parceria com a enorme empresa Waste Management Inc. como a distribuidora exclusiva da América do Norte para as cidades, e os pedidos para limpeza de óleo começaram a chegar. Até o momento, a Smart Sponge Plus é utilizada em mais de 15 mil locais de derramamentos em todo o mundo.

Fonte: "Innovation #71: Glenn Rink, founder of Abtech Industries", *Fast Company* (June 2012): 136 (trecho de "The 100 most creative people in business 2012", p. 78-156).

Luta histórica

Estudar história não significa apenas organizar eventos em ordem cronológica, mas também desenvolver a compreensão do impacto das forças sociais nas organizações. Estudar história é uma maneira de alcançar o pensamento estratégico, enxergar um amplo cenário e melhorar as habilidades conceituais. Na sociedade, as forças sociais, políticas e econômicas influenciam as organizações e a prática da administração ao longo do tempo.[8] **Forças sociais** referem-se aos aspectos de uma cultura que orientam e influenciam as relações entre as pessoas. O que as pessoas valorizam? Quais são os padrões de comportamento entre elas? Essas forças moldam o que é conhecido como contrato social, que está relacionado às regras e percepções comuns não escritas sobre as relações entre as pessoas e entre os funcionários e a administração. **Forças políticas** estão associadas à influência das instituições políticas e jurídicas sobre as pessoas e organizações. Alguns gerentes esperam o aumento da regulamentação governamental nos próximos anos, por exemplo, o que afetará intensamente as organizações.[9] **Forças econômicas** referem-se à disponibilidade, produção e distribuição de recursos em uma sociedade. Governos, agências militares, igrejas, escolas e organizações empresariais em todas as sociedades precisam de recursos para alcançar as metas, e as forças econômicas influenciam a alocação de recursos escassos.

As práticas e perspectivas administrativas variam em resposta às forças sociais, políticas e econômicas na sociedade em geral. A Figura 2.1 ilustra a evolução de perspectivas administrativas significativas ao longo do tempo. A linha do tempo reflete o período dominante para cada abordagem, mas os elementos de cada perspectiva ainda são usados nas organizações de hoje.[10]

COISAS DA PRODUÇÃO *VERSUS* A HUMANIDADE DA PRODUÇÃO

Uma observação sobre a linha do tempo apresentada na Figura 2.1 é que há muito tempo tem havido uma luta dentro da administração para equilibrar "as coisas da produção" e "a humanidade da produção".[11] Quando as forças internas ou externas à organização

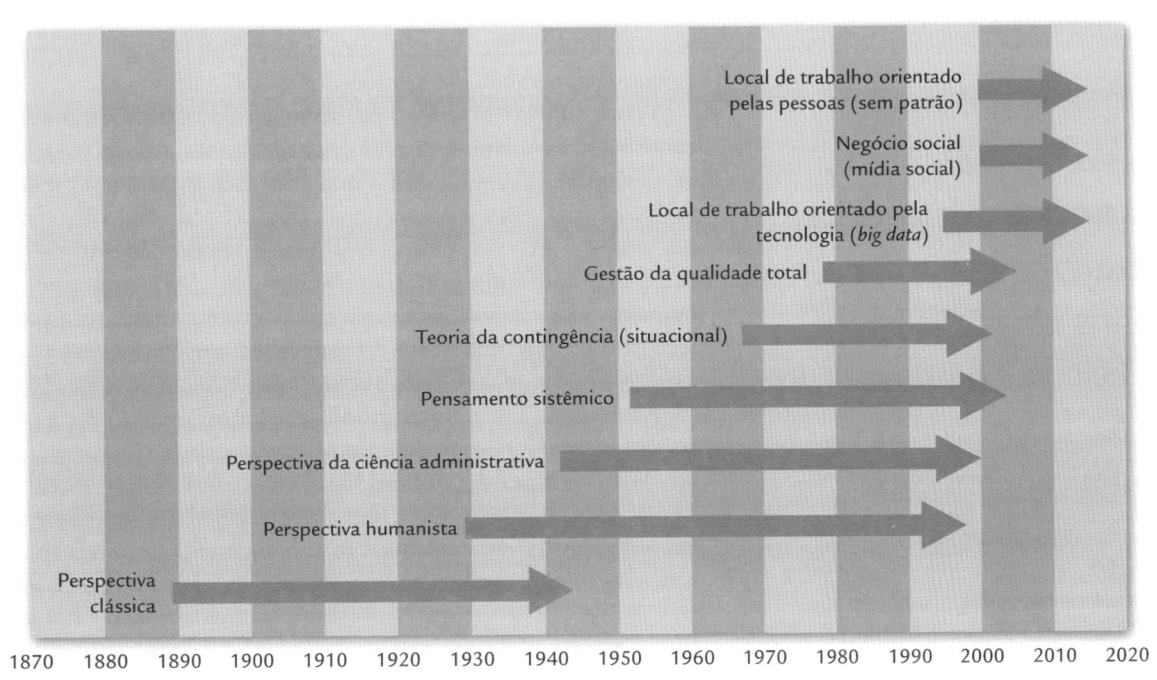

FIGURA 2.1 Perspectivas administrativas ao longo do tempo

Conexão de conceito ◂◂◂

As iniciativas das **mídias sociais**, como a criação de uma página no Facebook ou de uma conta no Twitter, tornaram-se comuns entre as grandes e pequenas empresas. Contudo, todas as empresas precisam se manter a par de como essas etapas afetarão os negócios. Alguns resultados – como o sentimento e a boa vontade do cliente – são difíceis de medir, enquanto outros resultados – como o aumento nas vendas na sequência de determinada campanha de publicidade nas mídias sociais – podem ser usados para quantificar os ganhos financeiros realizados a partir de iniciativas das mídias sociais.

indicavam a necessidade de mudança para melhorar a eficiência ou a eficácia, os gerentes geralmente respondiam com tecnologia ou solução orientada por números que tornariam as pessoas semelhantes à engrenagem de uma grande máquina. Por exemplo, à medida que os Estados Unidos passaram de um território de pequenas cidades e pequenas empresas para uma rede industrializada de cidades e fábricas no final do século XIX, as pessoas começaram a olhar para a administração como um conjunto de práticas científicas que poderiam ser medidas, estudadas e melhoradas com a precisão de uma máquina (a perspectiva clássica). Frederick Taylor escreveu que "a melhor gestão é uma verdadeira ciência, que reside sob leis, regras e princípios claramente definidos". Por volta de 1920, houve uma pequena rebelião contra essa ênfase no quantificável com o apelo por mais atenção às necessidades humanas e sociais (a perspectiva humanística). Na primeira edição da Harvard Business Review (1922), Dean Wallace B. Donham escreveu o seguinte: "o problema central do negócio está intimamente relacionado ao desenvolvimento, ao fortalecimento e à multiplicação de homens de negócios com mentalidade social".[12] Este dilema – o impulso orientado por números científicos para mais produtividade e lucratividade e o apelo para a gestão mais humanista, orientada pelas pessoas – continua até os dias de hoje.

O NEGÓCIO SOCIAL É A RESPOSTA?

O **negócio social**, que se refere ao uso de tecnologias de mídia social para interagir com funcionários, clientes e outras partes interessadas, e facilitar a comunicação e a colaboração entre eles, é uma resposta atual para a luta histórica. Os **programas de mídia social** incluem páginas *on-line* da comunidade da empresa, *wikis* para colaboração virtual, *sites* de mídia social como o Facebook ou LinkedIn, canais de vídeo como o YouTube, plataformas de *microblog* como o Twitter e fóruns *on-line* da empresa.

Pela primeira vez, uma nova tecnologia (coisa da produção) contribui diretamente com a humanidade da produção. A tecnologia de mídia social pode melhorar a eficiência, aumentar a produtividade e facilitar as operações mais rápidas e tranquilas, de modo a aperfeiçoar a comunicação e colaboração dentro das empresas e entre elas.[13] As mídias sociais também podem melhorar o aspecto humano das organizações ao facilitarem a comunicação, a colaboração e o compartilhamento do conhecimento para aproveitar as capacidades dos funcionários e criar vantagem competitiva.

Além disso, a tecnologia de mídia social está sendo usada pelas empresas para construir relações de confiança com os clientes.[14] Uma antiga líder desse reino era a Morgan Stanley Wealth Management. Como diretora de estratégia digital, Lauren Boyman trabalhou em estreita colaboração com o gerente de vendas e os consultores de investimento da empresa para usar o Twitter e outras mídias sociais para se comunicar com os clientes.[15] A Dell lançou uma sala de comando de mídia social para monitorar o

> "A mídia social não é mais a onda do futuro. Já é uma ferramenta de liderança que ultrapassa muitas abordagens tradicionais para ouvir as partes interessadas e se comunicar com elas."
>
> – LESLIE GAINES-ROSS, DIRETORA DE ESTRATÉGIA NA WEBER SHANDWICK E AUTORA DE *CEO CAPITAL: A GUIDE TO BUILDING CEO REPUTATION AND COMPANY SUCCESS*

que está sendo dito sobre a empresa em plataformas de mídia social.[16] Gerentes de outras empresas configuram alertas no Google ou Bing que os avisa quando algo foi dito nas mídias sociais sobre eles, a empresa, os produtos e assim por diante.[17]

TEMA RECENTE

Com a mesma importância, as mídias sociais podem construir relações mais fortes, mais autênticas, entre gerentes e funcionários. Mark Reuss deixou a filial australiana da General Motors (GM) para gerir as operações da América do Norte logo após a empresa ter aberto falência em 2009. Na época, a GM estava implantando planos para eliminar mais de duas mil concessionárias norte-americanas. Para se comunicar com a rede de concessionárias, preferiu uma seção de mensagens do Facebook a *e-mails* ou outras comunicações corporativas. A estratégia ajudou a construir confiança e credibilidade, porque Reuss fez-se acessível e estava disposto a abordar outras pessoas autenticamente. Para Mark Reuss, "Não importa o que aconteceu, eles sabiam que eu estava ouvindo e que tinham... alguém para conversar na empresa e que poderiam fazê-lo a qualquer momento. E se você observar como passamos por aquele período, vir as concessionárias de que dispomos e a confiança que construí... tudo se deve a conversas no Facebook".[18] Outros gerentes também estão descobrindo que a mídia social é uma ótima maneira de construir confiança e credibilidade rapidamente. Pouco depois de assumir o cargo de CEO da MassMutual, Roger Crandall participou da maior conferência de vendas da empresa e foi abordado por uma funcionária com uma câmera Flip, que perguntou se poderia gravá-lo na conferência e postar o vídeo na página da comunidade, na intranet da empresa. O vídeo foi disponibilizado para toda a empresa, que pôde assistir a ele em tempo real. De acordo com Crandall, "foi uma ótima maneira de criar uma ligação pessoal".[19] Alguns gerentes começaram a incorporar fluxos de vídeo nos *blogs* porque lhes permitiam interagir com as pessoas em tempo real, em nível muito pessoal.[20]

O negócio social é uma das abordagens mais recentes na evolução do pensamento e da prática administrativa, como mostrado na Figura 2.1. Nas seções seguintes, descrevemos algumas das outras grandes perspectivas de gestão listadas nessa figura que refletem a luta histórica.

Lembre-se disto

- Os gerentes sempre estão à procura de novas técnicas e abordagens para atender às mudanças nas necessidades organizacionais.
- Conhecer a história da administração fornece aos gestores uma perspectiva mais ampla para interpretar as oportunidades e solucionar os problemas atuais
- A administração e as organizações são moldadas por forças existentes na sociedade em geral.
- As **forças sociais** são aspectos da sociedade que orientam e influenciam relações entre as pessoas, como valores, necessidades e padrões de comportamento.
- As **forças políticas** referem-se à influência que as instituições políticas e jurídicas exercem sobre as pessoas e organizações.
- O aumento do papel do governo nos negócios é um exemplo de força política.
- As **forças econômicas** afetam a disponibilidade, produção e distribuição de recursos da sociedade.
- A luta para equilibrar "as coisas da produção" com a "humanidade da produção" vem desde o século XIX.
- O **negócio social**, que se refere ao uso de tecnologias de mídia social para interagir com funcionários, clientes e outras partes interessadas, e facilitar a comunicação e colaboração entre eles, é uma resposta atual para a luta histórica.
- **Programas de mídia social** incluem páginas da comunidade *on-line* da empresa, *wikis* para colaboração virtual, *sites* de mídia social, como o Facebook ou LinkedIn, canais de vídeo, como o YouTube, plataformas de *microblog*, como o Twitter, e fóruns *on-line* da empresa.

Perspectiva clássica

A administração é praticada desde 3000 a.C., com as primeiras organizações governamentais desenvolvidas pelos sumérios e egípcios, porém o estudo formal dessa ciência é relativamente recente.[21] O estudo inicial da administração como a conhecemos hoje começou com o que agora é chamado de **perspectiva clássica**.

A perspectiva clássica sobre a gestão surgiu durante o século XIX e início do XX. O sistema de fábrica que começou a aparecer em 1800 colocou desafios que as organizações anteriores não haviam enfrentado. Os problemas surgiram em equipar as fábricas com ferramentas, organizar a estrutura administrativa, treinar os funcionários (muitos deles eram imigrantes que não falavam inglês), programar complexas operações de fabricação e lidar com o aumento da insatisfação nos trabalhos e das greves resultantes.

O acúmulo de novos problemas e o desenvolvimento de grandes e complexas organizações exigiram uma nova abordagem para a coordenação e o controle, e uma "nova subespécie de homem econômico – o gerente assalariado"[22] – nasceu. Entre 1880 e 1920, o número de gerentes profissionais nos Estados Unidos cresceu de 161 mil para mais de um milhão.[23] Esses gerentes profissionais começaram a desenvolver e testar soluções para os crescentes desafios de organizar, coordenar e controlar grande número de pessoas, e aumentar a produtividade do trabalhador. Assim começou a evolução da administração moderna com a perspectiva clássica.

Essa perspectiva contém três subcampos, cada um com ênfase um pouco diferente: administração científica, organizações burocráticas e princípios administrativos.[24]

ADMINISTRAÇÃO CIENTÍFICA

A **administração científica** enfatiza os trabalhos cientificamente determinados e as práticas de gestão como forma de melhorar a eficiência e a produtividade do trabalho. No final dos anos 1800, um jovem engenheiro, Frederick Winslow Taylor (1856-1915), propôs que os trabalhadores fossem reequipados como máquinas, ou seja, suas engrenagens físicas e mentais seriam recalibradas para que houvesse melhora na produtividade".[25] Segundo Taylor, essa melhora só ocorreria se a própria gestão também mudasse, o que poderia ser determinado apenas pelo estudo científico. Por isso, surgiu a expressão "administração científica". Taylor sugeriu que as decisões com base nas regras de ouro e na tradição fossem substituídas por procedimentos precisos desenvolvidos após um estudo cuidadoso das situações individuais.[26]

A abordagem de administração científica é ilustrada pela descarga de ferro de vagões e recarga de aço acabado para a fábrica Bethlehem Steel em 1898. Taylor calculou que, com os movimentos, as ferramentas e o sequenciamento adequados, cada homem era capaz de carregar 47,5 toneladas por dia, em vez das típicas 12,5 toneladas. Ele também trabalhou em um sistema de incentivos que pagava a cada homem $ 1,85 por dia para atender ao novo padrão, um aumento em relação à taxa anterior de $ 1,15. Na Bethlehem Steel, a produtividade subiu durante a noite.

Embora conhecido como o pai da administração científica, Taylor não estava sozinho nessa área. Henry Gantt, sócio de Taylor, desenvolveu o diagrama de Gantt, um gráfico de barras que mede o trabalho planejado e

Conexão de conceito ◀◀◀

A montadora Henry Ford fez uso extensivo das técnicas de **administração científica** de Frederick Taylor, como ilustrado por essa linha de montagem de automóveis na fábrica da Ford, por volta de 1930. A Ford substituiu trabalhadores por máquinas para o trabalho pesado e o deslocamento de automóveis de um trabalhador para o outro. Isso reduziu horas de trabalho e melhorou a eficiência e a produtividade. Sob esse sistema, um carro Ford saía da linha de montagem a cada dez segundos.

concluído ao longo de cada estágio de produção pelo tempo decorrido. Frank B. Gilbreth e a esposa Lillian M. Gilbreth foram também pioneiros importantes nessa área. Frank B. Gilbreth (1868-1924) foi o precursor do estudo sobre tempos e movimentos e chegou, independentemente de Taylor, a muitas técnicas de administração. Por privilegiar a eficiência, ele se empenhava em buscar a melhor maneira de fazer o trabalho. Embora Gilbreth seja conhecido pelo trabalho inicial com pedreiros, a obra dele teve grande impacto na cirurgia médica, por reduzir drasticamente o tempo que os pacientes passavam na mesa de operação. Os cirurgiões foram capazes de salvar inúmeras vidas por meio da aplicação do estudo sobre os tempos e movimentos. Lillian M. Gilbreth (1878-1972) estava mais interessada no aspecto humano do trabalho. Quando o marido morreu aos 56 anos, ela tinha 12 filhos entre 2 e 19 anos de idade. A destemida "primeira-dama da administração" deu continuidade ao trabalho. Publicou um estudo baseado nas pesquisas do falecido marido, ministrou seminários e palestras, atuou como consultora e, finalmente, tornou-se professora da Universidade de Purdue.[27] Foi pioneira no campo da psicologia industrial e fez importantes contribuições para a administração de recursos humanos.

A Figura 2.2 mostra as ideias básicas da administração científica. A fim de que possam colocar essa abordagem em prática, os gestores devem desenvolver métodos padronizados para cada trabalho, selecionar as pessoas com as habilidades adequadas, treiná-las nesses métodos, apoiá-las, eliminar as interrupções e fornecer incentivos salariais.

As ideias da administração científica que começaram com Taylor aumentaram de forma drástica a produtividade em todos os setores e ainda são atualmente muito importantes. Na verdade, a ideia do trabalho de engenharia para mais produtividade tem desfrutado um renascimento no setor de varejo.

Redes de supermercados, como Meijer Inc. e Hannaford, utilizam sistemas informatizados de eliminação de resíduos de trabalho com base nos princípios da administração científica. O sistema divide as tarefas, como cumprimentar um cliente, trabalhar no registro e digitalizar itens, em unidades quantificáveis e os períodos padrão para concluir cada tarefa. De acordo com os executivos, este sistema informatizado permitiu a contratação mais eficiente de mais pessoas para as lojas. Como elas serão rotineiramente monitoradas por computador, há a expectativa de que cumpram de forma rigorosa todas as normas.[28]

Publicado na *Harvard Business Review*, um artigo sobre as inovações que moldaram a administração moderna coloca a administração científica no topo da lista de 12 inovações influentes. Na verdade, as ideias da criação de um sistema para a máxima eficiência

FIGURA 2.2 Características da administração científica

Abordagem geral
- Um método padrão é desenvolvido para a execução de cada trabalho.
- Os trabalhadores são selecionados com habilidades apropriadas para cada trabalho.
- Os trabalhadores são treinados nos métodos padrão.
- Os trabalhadores são apoiados pelo planejamento do trabalho e pela eliminação de interrupções.
- Os incentivos salariais estão à disposição dos trabalhadores para o aumento da produção.

Contribuições
- Demonstrou a importância da compensação pelo desempenho.
- Foi precursora do estudo cuidadoso das tarefas e dos trabalhos.
- Demonstrou a importância da seleção e do treinamento de pessoal.

Críticas
- Não considerou o contexto social do trabalho e as maiores necessidades dos trabalhadores.
- Não reconheceu as variações entre os indivíduos.
- Como partia do pressuposto de que os trabalhadores eram desinformados, ignorou as ideias e sugestões deles.

e organização do trabalho para a produtividade máxima estão profundamente enraizadas em nossas organizações.[29] No entanto, como a administração científica ignora o contexto social e as necessidades dos trabalhadores, pode levar ao aumento de conflitos e confrontos entre gerentes e funcionários. O sindicato dos trabalhadores do comércio e do setor de alimentos, a United Food and Commercial Workers, por exemplo, apresentou queixa contra o Meijer na conexão com o sistema de desempenho dos caixas. Sob tais sistemas de administração do desempenho, os trabalhadores muitas vezes se sentem explorados – um nítido contraste entre harmonia e cooperação que Taylor e seus seguidores haviam imaginado.

ORGANIZAÇÕES BUROCRÁTICAS

A abordagem sistemática desenvolvida na Europa, que considerava a organização como um todo, é a **abordagem das organizações burocráticas**, um subcampo da perspectiva clássica. Max Weber (1864-1920), um teórico alemão, introduziu a maioria dos conceitos sobre organizações burocráticas.[30]

Durante o final dos anos 1800, muitas organizações europeias foram administradas em uma base pessoal do tipo familiar. Os funcionários eram leais a um único indivíduo, e não a uma organização ou à missão. A consequência disfuncional dessa prática de administração era que os recursos foram utilizados para realizar desejos individuais, e não metas organizacionais. Na verdade, os funcionários, em vez de se ocuparem dos clientes, controlavam a organização e os recursos utilizados para o próprio ganho. Weber

FIGURA 2.3 Características da burocracia weberiana

- Divisão do trabalho, com definições claras de autoridade e responsabilidade
- Pessoal selecionado e promovido com base em qualificações técnicas
- Cargos organizados em hierarquia de autoridade
- Atos e decisões administrativos registrados por escrito
- Gerentes sujeitos a regras e procedimentos que garantirão um comportamento confiável e previsível
- Administração separada da propriedade da organização

A BUROCRACIA IDEAL

FONTE: Adaptada de Max Weber, *The theory of social and economic organizations*, ed. and trans. A. M. Henderson and Talcott Parsons (New York: Free Press, 1947), p. 328-337.

previu que as organizações seriam administradas em uma base impessoal e racional. Essa forma de organização foi chamada de burocracia. A Figura 2.3 resume as seis características da burocracia segundo a especificação proposta por Weber.

Weber acreditava que uma organização com base na autoridade racional seria mais eficiente e adaptável às mudanças, porque a continuidade está relacionada a estrutura e posições formais, e não a determinada pessoa, que pode sair ou morrer. Para o sociólogo alemão, a racionalidade nas organizações significava a seleção de funcionários e o avanço com base não em quem você conhece, mas em competências e qualificações técnicas, avaliadas por meio de testes ou de acordo com treinamento e experiência específicos. A organização fundamenta-se em regras e registros escritos para a continuidade. Além disso, regras e procedimentos são impessoais e aplicados uniformemente a todos os funcionários. A clara divisão de trabalho surge de definições distintas de autoridade e responsabilidade, legitimadas como deveres oficiais. Os cargos são organizados em hierarquia, com cada um sob a autoridade de um superior. O gerente dá ordens com êxito não com base na personalidade, mas no poder legal investido no cargo administrativo.

O termo "burocracia" assumiu um significado negativo nas organizações atuais e está associado às regras e formalidades intermináveis. Todos nós ficamos frustrados por esperar em longas filas ou seguir procedimentos aparentemente tolos. No entanto, o valor de princípios burocráticos ainda é evidente em muitas organizações, como a United Parcel Service (UPS), por vezes apelidada de *Big Brown*.

> "Os alunos seriam mais propensos a ter um impacto positivo no futuro se fossem mais envolvidos com a história e as tradições da administração – sobretudo com as ideias de um sociólogo alemão [Weber] que morreu há quase 100 anos."
>
> – STEPHEN CUMMINGS E TODD BRIDGMAN, VICTORIA UNIVERSITY OF WELLINGTON, NOVA ZELÂNDIA

Forma inovadora
UPS

A UPS é a maior empresa de entrega de encomendas do mundo e líder global no fornecimento de serviços especializados de transporte e logística. A empresa opera em mais de 200 países e territórios em todo o mundo.

Por que a UPS tem sido tão bem-sucedida? Um fator importante é o conceito de burocracia que a UPS opera de acordo com regras e regulamentos rigorosos. A empresa ensina aos motoristas espantosas 340 etapas sobre como entregar a encomenda corretamente, qual a forma de carregar o caminhão, como afivelar os cintos de segurança, como caminhar e como carregar as chaves. As regras de segurança específicas aplicam-se a motoristas, carregadores, balconistas e gerentes. Há ainda rigorosos códigos relacionados à aparência: os uniformes (chamados de marrons) devem estar sempre limpos, os sapatos pretos ou marrons com solas antiderrapantes devem ser engraxados todos os dias, é terminantemente proibido usar barba e cabelos compridos, as tatuagens não podem ficar à mostra durante as entregas e assim por diante. Antes de cada turno, os motoristas realizam a "varredura Z", uma inspeção em forma de Z nas laterais e na frente dos veículos. Os funcionários devem limpar as próprias mesas ao final de cada expediente para que possam começar novamente na manhã seguinte. Os gerentes recebem cópias de livros de políticas com a expectativa de que irão usá-los regularmente e muitos memorandos diários sobre várias políticas e regras de circulação.

A UPS tem uma divisão de trabalho bem definida: cada instalação é composta por motoristas, carregadores, balconistas, lavadores, separadores e pessoal da manutenção especializados. A UPS prospera nos registros escritos e tem sido líder no uso de novas tecnologias para aprimorar a confiabilidade e eficiência. Todos os motoristas têm planilhas diárias que especificam metas de desempenho e rendimento do trabalho. A qualificação técnica é o critério para contratação e promoção. Segundo o livro de políticas da UPS, o líder deve ter o conhecimento e a capacidade para justificar a posição de liderança. O favoritismo é proibido. O modelo burocrático funciona muito bem na UPS, "a melhor forma de envio no negócio de encomendas".[31]

Faça uma pausa

No material complementar, leia o texto do item "Aplique suas habilidades: dilema ético", que se refere a problemas com a burocracia.

Faça uma pausa

Como seria para você ser gerente em uma organização burocrática? Complete o "Aplique suas habilidades: exercício vivencial", no material complementar, para descobrir se você prosperaria nesse tipo de ambiente.

Como esse exemplo mostra, existem aspectos positivos e negativos associados aos princípios burocráticos. Weber também lutou com os lados bons e ruins da burocracia.[32] Apesar de ter percebido a burocracia como ameaça às liberdades pessoais básicas, ele a reconheceu como a forma mais eficiente e racional de organização. As regras e os outros procedimentos burocráticos fornecem a maneira padrão de lidar com os funcionários. Todos recebem tratamento igual e todos sabem quais são as regras. Quase todas as organizações precisam ter algumas regras, e as regras se multiplicam à medida que as organizações ficam maiores e mais complexas. Alguns exemplos de regras que regem o comportamento do funcionário na empresa de fabricação de móveis, por exemplo, podem incluir:[33]

- Os funcionários devem usar óculos de proteção e equipamentos auditivos ao operarem as máquinas.
- Os funcionários devem realizar qualquer dever razoável que lhes foi atribuído, incluindo a manutenção da loja.
- Os funcionários devem manter um cronograma exato, mostrando o trabalho e as atividades.
- Eis as causas que deverão ser consideradas em demissões: atraso ou absentismo excessivos; dano intencional aos equipamentos; descuidos contínuos ou comportamentos arriscados; roubo; estar sob a influência de álcool ou drogas ilegais durante o trabalho.

Princípios administrativos

Outro grande subcampo da perspectiva clássica é conhecido como abordagem dos *princípios administrativos*. Enquanto a administração científica é voltada para a produtividade do trabalhador individual, a **abordagem dos princípios administrativos** se concentra na organização total. O maior contribuinte para essa abordagem foi Henri Fayol (1841-1925), um engenheiro de minas francês que trabalhou duro para se tornar

Lembre-se disto

- O estudo da administração moderna começou no final do século XIX, com a **perspectiva clássica**, que assumiu a abordagem racional e científica para a administração, e procurou transformar as organizações em máquinas operacionais eficientes.
- A **administração científica** é um subcampo da perspectiva clássica que enfatiza mudanças cientificamente determinadas nas práticas da administração como solução para melhorar a produtividade do trabalho.
- Frederick Taylor é conhecido como "o pai da administração científica".
- A administração científica é considerada uma das inovações que ainda influencia a administração moderna.
- Algumas cadeias de supermercados estão usando sistemas informatizados com base nos princípios da administração científica para programar os funcionários para a máxima eficiência.

- Outro subcampo da perspectiva clássica é a **abordagem das organizações burocráticas**, que enfatiza a administração em base impessoal e racional por meio de elementos como autoridade e responsabilidade claramente definidas, manutenção de registros formais e separação entre a administração e a propriedade.
- Max Weber introduziu a maioria dos conceitos sobre organizações burocráticas.
- A **abordagem dos princípios administrativos** é um subcampo da perspectiva clássica que se concentra na organização total, e não no trabalhador individual, e delineia as funções administrativas de planejamento, organização, comando, coordenação e controle.
- Henri Fayol, um dos principais contribuidores para a abordagem dos princípios administrativos, destacou 14 princípios gerais da administração, dos quais vários fazem parte da filosofia da administração atual.

Capítulo 2 Evolução do pensamento administrativo

líder de um grande grupo de mineração conhecido como Comambault. Fragmentos da Comambault sobrevivem hoje como parte da ArcelorMittal, a maior empresa siderúrgica e de mineração do mundo. Em seus últimos anos, Fayol escreveu conceitos sobre administração, fundamentados, em grande parte, na própria experiência.[34]

No trabalho mais significativo, *Administração industrial e geral*, Fayol abordou 14 princípios gerais da administração, dos quais vários fazem parte da filosofia da administração atual. Eis alguns exemplos:

- *Unidade de comando.* Cada subordinado recebe ordens de um – e de apenas um – superior.
- *Divisão do trabalho.* O trabalho administrativo e o técnico são passíveis de especialização para produzir mais e funcionar melhor com a mesma quantidade de esforço.
- *Unidade de direção.* As atividades semelhantes na organização devem ser agrupadas sob um único gerente.
- *Cadeia escalar.* A cadeia de autoridade se estende do topo até a base da organização e deve incluir todos os funcionários.

Segundo Fayol, esses princípios poderiam ser aplicados em qualquer ambiente organizacional. Ele identificou cinco funções básicas ou elementos de administração: planejamento, organização, comando, coordenação e controle. Essas funções destacam a grande parte da abordagem geral da teoria da administração atual.

A perspectiva clássica geral como abordagem para a administração era muito poderosa e deu às empresas novas competências fundamentais para o estabelecimento da alta produtividade e tratamento eficaz dos funcionários. De fato, os Estados Unidos deram um passo à frente do mundo no que diz respeito às técnicas de administração, e os outros países, sobretudo o Japão, pegaram emprestadas as ideias norte-americanas.

Perspectiva humanista

A **perspectiva humanista** sobre a administração enfatiza a importância da compreensão dos comportamentos, das necessidades e atitudes humanos no local de trabalho, assim como as interações sociais e os processos em grupo.[35] Há três subcampos primários com base na perspectiva humanista: o movimento das relações humanas, a perspectiva dos recursos humanos e a abordagem das ciências comportamentais.

Primeiros defensores

Os dois defensores iniciais da abordagem mais humanista foram Mary Parker Follett e Chester I. Barnard. Formada em filosofia e ciência política e com vasto conhecimento em psicologia e administração social, Mary Parker Follett (1868-1933) escreveu sobre a importância de metas superiores comuns para reduzir os conflitos nas organizações.[36] O trabalho de Follett era popular entre os empresários da época, mas foi muitas vezes ignorado pelos estudiosos de administração.[37]

Conexão de conceito

Essa fotografia de 1914 mostra a chegada de um novo trabalhador à plantação no Nebraska. A iniciação não fazia parte das regras formais e ilustra a importância da **organização informal** descrita por Barnard. Os valores e os comportamentos sociais eram forças poderosas que podiam ajudar ou prejudicar a organização do plantio, dependendo de como eram administrados.

Suas ideias serviram como contraste para a administração científica e têm sido utilizadas atualmente pelos administradores modernos que lidam com as rápidas mudanças que ocorrem no ambiente global. Na abordagem sobre liderança, Follett salientou a importância das pessoas, e não das técnicas de engenharia. Depois de analisar a dinâmica das interações entre administração e organização, ela advertiu: "Não abrace os projetos técnicos". Follett abordou questões que são oportunas atualmente, tais como a ética, o poder e a liderança, de modo a incentivar os funcionários a dar o melhor de si. Os conceitos de empoderamento (*empowerment*), para facilitar em vez de controlar os funcionários e permitir que eles ajam de acordo com a autoridade da situação, abriu novas áreas para o estudo teórico de Chester Barnard e outros.[38]

Chester I. Barnard (1886-1961) estudou economia na Universidade de Harvard, mas não conseguiu receber o diploma porque não fez o curso de ciência de laboratório. Ele foi trabalhar no departamento de estatística da AT&T e, em 1927, tornou-se presidente da New Jersey Bell. Uma das contribuições significativas de Barnard foi o conceito da organização informal. A *organização informal* ocorre em todas as organizações formais e inclui grupos, redes informais e agrupamentos sociais que acontecem naturalmente. Barnard defendeu que as empresas não são máquinas e salientou que as relações informais são forças poderosas que podem, se bem administradas, ajudar a organização. Outra contribuição significativa foi a *teoria da aceitação da autoridade*, segundo a qual as pessoas têm livre-arbítrio e podem escolher seguir ou não as ordens administrativas. Em geral, as pessoas seguem as ordens porque percebem em si mesmas os benefícios, mas elas têm total liberdade para decidir se querem ou não obedecer àquilo que lhes é imposto. Os administradores devem tratar os funcionários corretamente, pois a aceitação da autoridade pode ser fundamental para o sucesso da organização em situações importantes.[39]

Conexão de conceito ◀◀◀

Essa é a sala dos relés da fábrica Western Electric Hawthorne, localizada em Illinois, em 1927. Seis mulheres trabalhavam nessa sala de teste de montagem de relés durante os experimentos controversos sobre a produtividade dos funcionários. Os professores Mayo e Roethlisberger avaliavam condições como pausas para descanso e duração da jornada de trabalho, saúde física, tempo de sono e dieta. Mudanças experimentais foram amplamente discutidas com as mulheres e eram abandonadas se elas reprovassem. Aos poucos, os pesquisadores começaram a perceber que haviam provocado uma mudança no estilo de supervisão e nas **relações humanas**, o que, segundo eles, resultou no aumento da produtividade.

MOVIMENTO DAS RELAÇÕES HUMANAS

O **movimento das relações humanas** foi fundamentado na ideia de que o controle realmente eficaz vem de dentro do trabalhador individual, e não do rigoroso controle autoritário.[40] Essa escola de pensamento reconheceu as pressões sociais para o tratamento esclarecido dos funcionários e respondeu diretamente a elas. Os primeiros trabalhos sobre psicologia e seleção de pessoal receberam pouca atenção por causa da proeminência da administração científica. Em seguida, uma série de estudos, denominada **Estudos de Hawthorne**, realizados em uma companhia elétrica de Chicago, mudou esse cenário.

Por volta de 1895, houve, entre os fabricantes de equipamentos de iluminação elétrica e a gás, uma disputa sobre o controle dos mercados residencial e industrial.[41] Em 1909, o setor de iluminação elétrica começou a ganhar a peleja, mas, nas instalações cada vez mais eficientes, utilizava-se menos energia total, o que era menos rentável para as empresas. As empresas de energia elétrica começaram uma campanha para convencer os usuários industriais de que precisavam de mais luz para obter mais produtividade. Como a campanha não funcionou, a indústria passou a fazer testes experimentais para demonstrar o argumento. Os gerentes estavam céticos quanto aos resultados, e, por isso, criou-se o Committee on Industrial Lighting (CIL) para realizar os testes. Para adicionar ainda mais credibilidade aos testes, Thomas Edison foi nomeado presidente honorário do CIL. Em um único local de teste – a fábrica Hawthorne da Western Electric Company –, ocorreram alguns eventos interessantes.

A maior parte desse trabalho envolveu quatro grupos experimentais e três grupos de controle. Ao todo, realizaram-se cinco testes diferentes que apontaram para a importância de *outros* fatores da iluminação que afetam a produtividade. Para examinar esses fatores com mais cuidado, foram realizados inúmeros outros experimentos.[42] Os resultados do mais famoso estudo, o primeiro experimento da sala de teste de montagem de relés (*relay assembly test room* – RATR), foram extremamente controversos. Sob a orientação de dois professores de Harvard, Elton Mayo e Fritz Roethlisberger, os estudos referentes à RATR duraram quase seis anos (de 10 de maio de 1927 a 4 de maio de 1933) e envolveram 24 períodos experimentais separados. Como, nesse experimento, muitos fatores foram alterados e não foi possível controlar os não previstos, os estudiosos ainda não chegaram a um consenso sobre os fatores que realmente contribuíram para o aumento geral no desempenho do experimento ao longo desse período. A maioria das interpretações iniciais, no entanto, concordou em um ponto: o dinheiro não era a causa do aumento da produção.[43] Acredita-se que o fator que melhor explicou o aumento da produção foi as relações humanas. O desempenho dos funcionários foi melhor quando os gerentes os trataram de maneira positiva. Novas análises recentes dos experimentos revelaram que inúmeros fatores foram diferentes para os trabalhadores envolvidos, e algumas sugerem que o dinheiro pode muito bem ter sido o único fator mais importante.[44] Uma entrevista com um dos participantes originais revelou que apenas entrar no grupo experimental significou enorme aumento da receita.[45]

> **Faça uma pausa**
>
> Antes de prosseguir a leitura, faça o "Autoteste do novo gestor", que lhe dará um *feedback* sobre como o seu quadro de referência pessoal está relacionado às perspectivas descritas neste capítulo.

Esses novos dados mostram claramente que o dinheiro importava muito em Hawthorne. Além disso, a produtividade dos trabalhadores aumentou, em parte, como resultado da sensação de importância e do orgulho que os funcionários sentiam por terem sido escolhidos para esse importante projeto; é preciso considerar ainda a camaradagem que se desenvolveu entre os membros do grupo.[46] Uma contribuição involuntária dos experimentos foi a sinalização de que era necessário rever as práticas de pesquisa de campo. Pesquisadores e estudiosos perceberam que o pesquisador pode influenciar o resultado de um experimento por estar muito envolvido com os sujeitos da pesquisa. Esse fenômeno passou a ser conhecido como experiência de Hawthorne na metodologia das pesquisas. Os sujeitos comportavam-se de maneira diferente em decorrência da participação ativa dos pesquisadores nos experimentos de Hawthorne.[47]

Os estudos baseados em uma perspectiva histórica, independentemente da validade acadêmica, levaram as empresas a perceber os funcionários não mais como extensões das máquinas de produção. A constatação de que a produtividade dos funcionários aumenta quando são tratados de maneira positiva pelos gerentes revolucionou os mecanismos para melhorar a produtividade organizacional. Apesar da metodologia inadequada ou de conclusões imprecisas, os resultados forneceram o impulso para o movimento das relações humanas. Essa abordagem moldou a teoria e a prática da administração para mais de um quarto de século, e a crença de que as relações humanas são fundamentais para o aumento da produtividade persiste até hoje.

Perspectiva dos recursos humanos

Inicialmente, o movimento das relações humanas defendia a visão do administrador da fazenda de gado leiteiro – assim como vacas contentes produzem mais leite, trabalhadores satisfeitos serão mais produtivos. Aos poucos, começaram a surgir os pontos de vista com conteúdo mais profundo que elevaram a "humanidade da produção". A **perspectiva dos recursos humanos** manteve interesse na participação dos trabalhadores e na

NOVO GESTOR — Autoteste

Evolução do estilo

Instruções: A proposta deste teste é levar você a se autodescrever. Em cada item, assinale "4" na opção que melhor descreve você, "3" na opção que mais se aproxima de suas características e "1" na opção que menos se assemelha ao seu perfil.

1. Considero que as minhas habilidades mais fortes estão relacionadas a:
   - _____ a. questões analíticas.
   - _____ b. questões interpessoais.
   - _____ c. questões políticas.
   - _____ d. talento para o drama.

2. Sou mais bem descrito como:
   - _____ a. perito técnico.
   - _____ b. bom ouvinte.
   - _____ c. negociador hábil.
   - _____ d. líder inspirador.

3. O que mais me ajudou a ser bem-sucedido é a minha capacidade de:
   - _____ a. tomar boas decisões.
   - _____ b. treinar e desenvolver pessoas.
   - _____ c. construir alianças fortes e uma base de poder.
   - _____ d. inspirar e motivar os outros.

4. O que as pessoas mais percebem em mim é:
   - _____ a. minha atenção aos detalhes.
   - _____ b. minha preocupação com as pessoas.
   - _____ c. minha habilidade de obter sucesso em face de conflitos e oposição.
   - _____ d. meu carisma.

5. Minha característica de liderança mais importante é:
   - _____ a. pensamento claro e lógico.
   - _____ b. carinho pela pessoas e apoio a elas.
   - _____ c. tenacidade e agressividade.
   - _____ d. imaginação e criatividade.

6. Sou mais bem descrito como:
   - _____ a. analista.
   - _____ b. humanista.
   - _____ c. político.
   - _____ d. visionário.

Pontuação e interpretação: Em geral, os gestores veem o mundo por meio de um ou mais quadros mentais de referência. (1) O quadro estrutural de referência vê a organização como uma máquina que pode ser economicamente eficiente e que dá ao gestor autoridade formal para alcançar metas. Esse quadro se tornou forte durante a era da administração científica e da administração burocrática. (2) O quadro de recursos humanos vê a organização como pessoas, com ênfase do gestor no apoio, no empoderamento e na participação. Esse quadro ganhou importância com o aumento da perspectiva humanista. (3) O quadro político vê a organização como uma competição por recursos para atingir as metas, com a ênfase do gestor na negociação e na formação de alianças. Esse quadro reflete a necessidade dentro da teoria sistêmica em ter todas as partes trabalhando juntas. (4) O quadro simbólico de referência vê a organização como um teatro – um lugar para realizar os sonhos –, em que o gestor enfatiza símbolos, visão, cultura e inspiração. Esse quadro é importante para as organizações adaptáveis de hoje.

Que quadro reflete sua maneira de ver o mundo? Os dois primeiros quadros de referência – estrutural e de recursos humanos – são mais importantes para os novos gestores, pois, em geral, são dominados primeiro. À medida que novos gestores ganham experiência e ascendem na organização, eles devem adquirir habilidades políticas e também aprender a utilizar símbolos para a comunicação. É importante que os novos gestores não se restrinjam, por muito tempo, a uma maneira de ver a organização, porque o progresso pode ser limitado. Muitos novos gestores evoluem por meio de cada um dos quatro quadros e passam a dominá-los conforme se tornam mais qualificados e experientes.

Calcule a sua pontuação da seguinte maneira:

ST = 1a + 2a + 3a + 4a + 5a + 6a = _____

HR = 1b + 2b + 3b + 4b + 5b + 6b = _____

PL = 1c + 2c + 3c + 4c + 5c + 6c = _____

SY = 1d + 2d + 3d + 4d + 5d + 6d = _____

A maior pontuação representa a sua maneira de ver a organização e influenciará o seu estilo de gestão.

Fonte: © 1988, Leadership Frameworks, 440 Boylston Street, Brookline, MA 02146. Todos os direitos reservados. Utilizado com permissão.

liderança atenciosa, mas mudou a ênfase para considerar as tarefas diárias executadas pelas pessoas. Essa perspectiva combina prescrições para a concepção de tarefas de trabalho com teorias de motivação.[48] De acordo com os recursos humanos, os trabalhos devem ser concebidos de modo que as tarefas não sejam percebidas como desumanas ou degradantes, mas que permitam que os trabalhadores utilizem todo o potencial. Dois dos colaboradores mais conhecidos para a perspectiva dos recursos humanos foram Abraham Maslow e Douglas McGregor.

Abraham Maslow (1908-1970), um psicólogo atuante, observou que os problemas dos pacientes geralmente resultavam da incapacidade de satisfazer as próprias necessidades. Assim, ele generalizou o trabalho e sugeriu uma hierarquia de necessidades. A hierarquia de Maslow começou com necessidades fisiológicas e avançou para a segurança, pertencimento, estima e, por fim, necessidades de autorrealização. O Capítulo 16 aborda essas ideias mais detalhadamente.

Douglas McGregor (1906-1964) frustrou-se com as primeiras noções simplistas das relações humanas quando era presidente do Antioch College, em Ohio. Ele desafiou tanto a perspectiva clássica quanto o início das suposições das relações humanas sobre o comportamento humano. Com base em suas experiências como administrador, consultor e psicólogo, e no trabalho de Maslow, McGregor formulou as Teorias X e Y, que são explicadas na Figura 2.4.[49] O professor norte-americano acreditava que a perspectiva clássica era fundamentada em pressupostos da Teoria X sobre os trabalhadores. Também percebeu que a versão ligeiramente modificada da Teoria X se adequava às primeiras ideias de relações humanas. Em outras palavras, as ideias de relações humanas não foram muito longe. McGregor propôs a Teoria Y como uma visão mais realista dos trabalhadores para orientar o pensamento administrativo.

Segundo a Teoria Y, as empresas podem aproveitar a imaginação e o intelecto de todos os funcionários, que exercerão o autodirecionamento e o autocontrole para contribuir com os objetivos organizacionais quando a oportunidade lhes for apresentada. Algumas empresas atuais ainda usam a administração da Teoria X, mas a maioria já adota as técnicas da Teoria Y. Considere como a Semco aplica os pressupostos da Teoria Y para explorar a criatividade e o poder da mente dos funcionários.

FIGURA 2.4 Teoria X e Teoria Y

Pressupostos da Teoria X
- Em geral, quando tem aversão a um tipo de trabalho, o homem se esforça para evitá-lo, se isso for possível.
- Por causa dessa aversão ao trabalho, a maioria das pessoas deve ser coagida, controlada, orientada ou ameaçada de punição para que possam fazer o esforço necessário em prol da realização dos objetivos organizacionais.
- Em geral, o ser humano prefere ser orientado, evita a responsabilidade, tem relativamente pouca ambição e deseja segurança acima de tudo.

Pressupostos da Teoria Y
- No trabalho, esforçar-se física e mentalmente é tão natural quanto jogar ou descansar. Em geral, o ser humano gosta de trabalhar.
- O controle externo e a ameaça de punição não são os únicos meios para trazer o esforço em prol dos objetivos organizacionais. A pessoa exercerá o autodirecionamento e o autocontrole a serviço dos objetivos com os quais está comprometida.
- O ser humano, em geral, aprende, sob condições adequadas, não apenas a aceitar, mas também a buscar responsabilidades.
- A capacidade de exercer um grau relativamente elevado de imaginação, engenhosidade e criatividade na solução de problemas organizacionais não é amplamente difundida.
- Sob as condições da vida industrial moderna, as potencialidades intelectuais do ser humano são apenas parcialmente utilizadas.

FONTE: Douglas McGregor, *The human side of enterprise* (New York: McGraw-Hill, 1960), p. 33-48. © McGraw-Hill Companies, Inc. Reimpressa com permissão.

Forma inovadora
Semco

O princípio de funcionamento fundamental da Semco, empresa com sede no Brasil, é aproveitar a sabedoria de todos os funcionários. Na empresa, as pessoas controlam o horário de trabalho, o local e até as remunerações. Além disso, participam de todas as decisões organizacionais, incluindo os propósitos dos negócios da Semco.

Os líderes da Semco acreditam que o sucesso econômico requer a criação de uma atmosfera que coloca o poder e o controle diretamente nas mãos dos funcionários. As pessoas podem vetar qualquer nova ideia de produto ou empreendimento comercial. Elas escolhem os próprios líderes e administram-se para cumprir as metas. As informações são aberta e amplamente compartilhadas para que todos saibam a posição que ocupam e a da empresa. Em vez de ditarem a identidade e a estratégia da Semco, os líderes permitem que elas sejam moldadas por interesses e esforços individuais. As pessoas são incentivadas a buscar desafios, explorar novas ideias e oportunidades de negócios e questionar as ideias de alguém da empresa.

Esse alto nível de confiança nos funcionários ajudou a Semco a atingir décadas de alta rentabilidade e crescimento, apesar das flutuações na economia e dos mercados inconstantes. De acordo com Ricardo Semler, "Na Semco, não jogamos pelas regras". Semler, cujo pai fundou a empresa na década de 1950, não se incomoda de "dar um passo para trás e não ver nada no horizonte da empresa". Ele tem prazer de ver a empresa e os funcionários "divagarem pelos dias, seguindo o instinto e a oportunidade [...]".[50]

Faça uma pausa

Reveja a sua pontuação no teste relacionado às Teorias X e Y, proposto no início deste capítulo. Como seus pressupostos de administração sobre as pessoas se encaixam em uma organização nos dias de hoje?

Para administradores como Ricardo Semler, comando e controle são coisas do passado, e o futuro pertence às empresas que constroem a liderança em toda a organização. A abordagem da Teoria Y ajudou Semco a ter sucesso em um ambiente difícil. Conforme descrito no início deste capítulo, inúmeras empresas estão usando menos sistemas de administração hierárquica que dependem dos princípios da Teoria Y, que estão mais alinhados com a ênfase atual sobre o envolvimento e a participação dos funcionários.

ABORDAGEM DAS CIÊNCIAS COMPORTAMENTAIS

A **abordagem das ciências comportamentais** usa métodos científicos e elementos da sociologia, psicologia, antropologia, economia e de outras disciplinas para desenvolver teorias sobre o comportamento humano e a

Lembre-se disto

- A **perspectiva humanista** enfatiza a compreensão do comportamento humano, as necessidades e as atitudes no local de trabalho.
- Mary Parker Follett e Chester I. Barnard foram os primeiros defensores de uma abordagem mais humanista para a administração.
- Follett enfatizou a participação e o empoderamento dos trabalhadores, metas compartilhadas e facilitação, em vez de controle dos funcionários. As contribuições de Barnard incluem a teoria de aceitação da autoridade.
- O **movimento das relações humanas** salienta a satisfação das necessidades básicas dos funcionários como a chave para o aumento da produtividade.
- Os **estudos de Hawthorne** foram importantes na formação de ideias a respeito de como os administradores devem tratar os trabalhadores.
- A **perspectiva dos recursos humanos** sugere que os empregos sejam projetados para atender às necessidades de mais alto nível das pessoas, permitindo que os funcionários utilizem todo o potencial.
- A **abordagem das ciências comportamentais** utiliza a psicologia, a sociologia e outras ciências sociais para desenvolver teorias sobre o comportamento humano e a interação no ambiente organizacional.
- Muitas ideias e práticas de administração atuais podem ser indícios da abordagem das ciências do comportamento.

interação no ambiente organizacional. Essa abordagem pode ser vista em praticamente todas as organizações. Ao realizar pesquisas com o objetivo de determinar o melhor conjunto de testes, entrevistas e perfis de funcionários para aplicar na seleção de novos funcionários, a Zappos.com adota técnicas de ciências do comportamento. Quando as lojas de eletrônicos Best Buy treina novos administradores sobre as técnicas de motivação dos funcionários, a maioria das teorias e descobertas está enraizada na pesquisa da ciência do comportamento.

Um conjunto específico de técnicas de administração com base na abordagem das ciências do comportamento é o desenvolvimento organizacional (DO). Na década de 1970, o DO evoluiu como um campo separado que aplicou as ciências do comportamento para melhorar a saúde e a eficácia da organização por meio da capacidade de lidar com a mudança, melhorar as relações internas e aumentar as capacidades de resolução de problemas.[51] Desde então, por causa da crescente complexidade das organizações e do ambiente, ampliaram-se e expandiram-se as técnicas e os conceitos do DO, que ainda é uma abordagem vital para os administradores. O DO será abordado em detalhes no Capítulo 11. Outros conceitos que cresceram a partir da abordagem das ciências do comportamento incluem organizações matriciais, equipes autogeridas, ideias sobre a cultura corporativa e administração por locomoção. Na verdade, a abordagem das ciências do comportamento influenciou a maioria das ferramentas, técnicas e abordagens que os administradores aplicam nas organizações desde os anos 1970.

Todos os capítulos restantes deste livro contêm achados de pesquisas e aplicações administrativas que podem ser atribuídos à abordagem das ciências do comportamento.

Ciência administrativa

A Segunda Guerra Mundial provocou muitas mudanças na administração. Para lidar com grandes e complicados problemas associados à guerra mundial moderna, os tomadores de decisões administrativas precisavam de ferramentas mais sofisticadas. A **ciência administrativa**, também chamada de perspectiva quantitativa, forneceu uma maneira de abordar esses problemas. Essa visão se distingue pela aplicação de matemática, estatística e outras técnicas quantitativas para a tomada de decisões administrativas e resolução de problemas. Durante a Segunda Guerra Mundial, foram formados grupos de matemáticos, físicos e outros cientistas com o propósito de resolver problemas militares que frequentemente envolviam mover, de forma rápida e eficiente, grandes quantidades de materiais e grande número de pessoas. Os administradores logo perceberam que as técnicas quantitativas poderiam ser aplicadas em empresas comerciais de grande escala.[52]

Com base em técnicas desenvolvidas para os militares, os estudiosos começaram a produzir inúmeras ferramentas matemáticas para os administradores corporativos, como a aplicação da programação linear para otimizar as operações, o controle do processo estatístico para a administração da qualidade e o modelo de precificação de ativos de capital* (CAPM).[53]

Esses trabalhos foram reforçados com o desenvolvimento e o aperfeiçoamento do computador. Com o crescente conjunto de técnicas estatísticas, os computadores tornaram possível que os administradores coletassem, armazenassem e processassem grandes volumes de dados para a tomada de decisão quantitativa, e a abordagem quantitativa é amplamente utilizada hoje pelos administradores em vários setores. A Walt Disney Company utilizou as **técnicas quantitativas** para desenvolver o FastPass, um sistema informatizado sofisticado que poupa as pessoas de longas filas para as atrações

---

* *Capital Asset Pricing Model*: modelo utilizado em finanças que seleciona os investimentos considerando os riscos e os retornos esperados dos ativos. (N.R.T.)

Conexão de conceito ◄◄◄

No Catholic Health Partners, um hospital, hospício e centro de bem-estar sem fins lucrativos que atende a inúmeros Estados do centro-oeste, a **tecnologia da informação (TI)** é uma prioridade. A TI é fundamental para o bom funcionamento de todos os aspectos do sistema de saúde, bem como para a manutenção de registros atualizados e completamente precisos sobre os pacientes.

mais populares. Os parques temáticos da Disney têm máquinas que emitem cupons com um tempo de retorno calculado com base no número de pessoas na fila real, no número dos que já obtiveram os ingressos e na capacidade de cada atração. A próxima geração da tecnologia, o FastPass+, permite que os visitantes agendem o horário para as atrações antes mesmo de saírem de casa para as férias na Disney.[54] A seguir, aprsentam-se três subconjuntos da ciência administrativa.

A *pesquisa operacional* surgiu diretamente dos grupos militares da Segunda Guerra Mundial (chamados, na Grã-Bretanha e nos Estados Unidos, de equipes de pesquisa operacional).[55] Esse tipo de pesquisa é composta pela construção do modelo matemático e de outras aplicações de técnicas quantitativas para os problemas administrativos.

A *administração da produção* refere-se ao campo da administração que se especializa na produção física de bens ou serviços. Especialistas em administração da produção utilizam a ciência administrativa para resolver problemas de fabricação. Alguns métodos muito utilizados são: previsão, modelagem do inventário, programação linear e não linear, teoria das filas, agendamento, simulação e análise do ponto de equilíbrio.

A **tecnologia da informação (TI)** é o subcampo mais recente da ciência administrativa, que muitas vezes é refletido em sistemas de informação administrativos destinados a fornecer informações relevantes aos administradores de maneira oportuna e econômica. A TI evoluiu para incluir *intranets* e *extranets*, assim como diversos programas de *software* que ajudam os administradores a estimar os custos, planejar e acompanhar a produção, gerenciar projetos, alocar recursos ou programar os funcionários. A maioria das organizações de hoje tem especialistas de TI que utilizam técnicas quantitativas para resolver problemas organizacionais complexos.

TEMA RECENTE

No entanto, como os eventos nos setores de hipoteca e de finanças mostram, depender demais das técnicas quantitativas pode causar problemas para os administradores. As empresas de hipoteca usaram modelos quantitativos que mostraram que os investimentos em hipotecas *subprime* eram bons, mesmo quando as taxas de inadimplência atingiam proporções historicamente elevadas. Entretanto, esses modelos consideraram que poderia dar $ 500 mil em empréstimos a pessoas que ganhavam um salário mínimo![56] Os *"quants"* também passaram a dominar as decisões organizacionais em outras empresas financeiras. O termo *quants* refere-se a administradores financeiros e outros que baseiam as decisões na análise quantitativa complexa, sob o pressuposto de que o uso de matemática avançada e da tecnologia computacional sofisticada pode prever com precisão como funciona o mercado e ajudá-los a colher enormes lucros. O uso praticamente exclusivo desses modelos quantitativos levou os comerciantes e administradores agressivos a assumir riscos enormes. Quando o mercado começou a sair do controle à medida que as dúvidas sobre as hipotecas *subprime* cresceram, os modelos também ficaram confusos. As ações eram previstas para subir e descer, e vice-versa. Os eventos previstos para acontecer apenas uma vez a cada dez mil anos ocorreram durante três dias seguidos na loucura do mercado. Scott Patterson, repórter do *Wall Street*

CAPÍTULO 2 EVOLUÇÃO DO PENSAMENTO ADMINISTRATIVO

Journal e autor de *The quants: how a new breed of Math whizzes conquered Wall Street and nearly destroyed it*, sugere que a crise financeira que começou em 2008 é, em parte, decorrente do fracasso dos *quants* ao observar os princípios básicos do mercado, prestar atenção aos fatores humanos e ouvir a própria intuição.[57]

Lembre-se disto

- A ciência administrativa tornou-se popular com base na aplicação bem-sucedida de mecanismos destinados à resolução de problemas militares durante a Segunda Guerra Mundial.
- A **ciência administrativa**, também chamada de perspectiva quantitativa, usa matemática, técnicas estatísticas e tecnologia computacional para facilitar a tomada de decisão administrativa, sobretudo para problemas complexos.
- A Walt Disney Company utiliza a ciência administrativa para resolver o problema das longas filas para brinquedos e atrações populares nos parques temáticos.
- Os três subconjuntos de ciência administrativa são: investigação operacional, administração de produção e tecnologia da informação (TI).
- Os *quants* passaram a dominar a tomada de decisões nas empresas financeiras, e o colapso de Wall Street em 2007-2008 mostra o perigo de depender demais da abordagem quantitativa.

Tendências históricas recentes

Apesar do alto uso das técnicas da ciência administrativa, o período pós-Segunda Guerra Mundial também viu o retorno para o lado humanista de administração. Os livros *Concept of the corporation* (1946) e *The practice of management* (1954), de Peter Drucker, enfatizaram a corporação como uma instituição social e humana. Drucker reavivou o interesse pela obra de Mary Parker Follet da década de 1920, no que concerne ao apelo para que os administradores envolvessem e respeitassem os funcionários.[58] Assim, embora muitos administradores tenham continuado a usar técnicas da ciência administrativa entre as abordagens que temos discutido até agora, a perspectiva humanista manteve-se mais prevalente a partir da década de 1950 e dura até hoje. No período pós--Segunda Guerra Mundial, surgiram novos conceitos, juntamente com o forte interesse contínuo pelo aspecto humano da administração, como equipe e dinâmica de grupo, e outras ideias que se relacionam com a perspectiva humanista. Entre os novos conceitos, destacam-se o pensamento sistêmico e a teoria da contingência.

Pensamento sistêmico

O **pensamento sistêmico** é a capacidade de ver os elementos distintos do sistema ou da situação e a interação complexa e mutável entre esses elementos. **Sistema** é um conjunto de partes inter-relacionadas que funcionam como um todo para alcançar um objetivo comum.[59] Subsistemas referem-se às partes interdependentes de um sistema, como uma organização. As mudanças promovidas em uma parte do sistema (a organização) afetam as outras partes. Os administradores precisam entender a sinergia de toda a organização, e não apenas os elementos separados, e aprender a reforçar ou alterar os padrões de todo o sistema.[60] **Sinergia** significa que o todo é maior que a soma das partes. A organização deve ser administrada como um todo coordenado. Os administradores que compreendem a interdependência e a sinergia do subsistema são relutantes em fazer mudanças que não reconhecem o impacto dos subsistemas na organização como um todo.

Muitas pessoas foram treinadas para resolver problemas da seguinte maneira: deve-se quebrar um sistema complexo, como uma organização, em partes discretas e trabalhar para fazer cada parte ter o melhor desempenho possível. No entanto, o sucesso de cada peça não é somado ao sucesso do todo. Às vezes, mudar uma parte para torná-la melhor pode levar todo o sistema a funcionar de forma menos eficaz. Por exemplo, uma pequena cidade embarcou em um programa de construção de estradas para resolver o congestionamento do tráfego sem pensar em sistemas inteiros. Com novas estradas disponíveis, mais pessoas começaram a se mudar para os subúrbios. Em vez de reduzir o congestionamento, a solução, na verdade, aumentou o congestionamento do tráfego, os atrasos e a poluição, o que resultou na expansão suburbana.[61]

Nesse contexto, o aspecto mais importante é relação entre as partes que formam um sistema inteiro – seja uma comunidade, um automóvel, uma agência sem fins lucrativos, um ser humano ou uma organização comercial. O pensamento sistêmico permite que os administradores olhem para os padrões de movimento ao longo do tempo e se concentrem nas qualidades de ritmo, fluxo, direção, formato e redes de relações que realizam o desempenho do todo. Quando os administradores conseguem ver as estruturas que sustentam situações complexas, eles podem facilitar a melhoria. Mas fazer isso requer concentração no quadro geral.

Um elemento importante do pensamento sistêmico é discernir os círculos de causalidade. De acordo com Peter Senge, autor de *The fifth discipline**, a realidade é feita de círculos e não de linhas retas. Por exemplo, a Figura 2.5 mostra os círculos de influência para aumentar os lucros de uma empresa de varejo. Os eventos ilustrados no círculo da esquerda são causados pela decisão de aumentar a publicidade; logo, a empresa varejista contribui para o orçamento de publicidade a fim de promover agressivamente os produtos. As promoções publicitárias aumentam as vendas, que aumentam os lucros, que fornecem dinheiro para aumentar ainda mais o orçamento de publicidade.

Mas outro círculo de causalidade também está sendo influenciado. A decisão dos gerentes de *marketing* terá consequências para o departamento de operações. Como as vendas e os lucros aumentam, as operações serão obrigadas a abastecer-se com estoque maior. O estoque adicional criará a necessidade de espaço de armazenamento adicional. A construção de um novo depósito causará atraso na estocagem. Depois que o depósito for construído, novas pessoas serão contratadas, as quais aumentarão os custos da empresa, o que terá impacto negativo sobre os lucros. Portanto, a compreensão de todas as consequências das decisões por meio dos círculos de causalidade permite que os líderes da empresa planejem e aloquem os recursos para armazenagem, assim como para a publicidade a fim de garantir aumentos estáveis nas vendas e nos lucros. Se os gerentes-gerais não souberem o que representa a causalidade do sistema, não entenderão por que o reforço dos orçamentos de publicidade pode causar atrasos de estoque e reduzir temporariamente os lucros.

Teoria da contingência

A segunda extensão recente ao pensamento administrativo é a **teoria da contingência** (ou situacional). A perspectiva clássica assumiu o ponto de vista universalista. Os conceitos da administração foram pensados para serem universais, ou seja, tudo o que funcionasse em uma organização em termos do estilo de administração, estrutura burocrática e assim por diante funcionaria em qualquer outra. No ensino administrativo, no entanto, há uma alternativa: o ponto de vista do caso, segundo o qual cada situação é única. Os princípios não são universais, e a administração é aprendida por meio da experiência com grande número de situações de problemas de caso. Os

---

* Título em português: *A quinta disciplina: a arte e a prática da organização que aprende*. 29. ed. (Best Seller, 2013). (N.E.)

CAPÍTULO 2 EVOLUÇÃO DO PENSAMENTO ADMINISTRATIVO

FIGURA 2.5 Pensamento sistêmico e círculos de causalidade

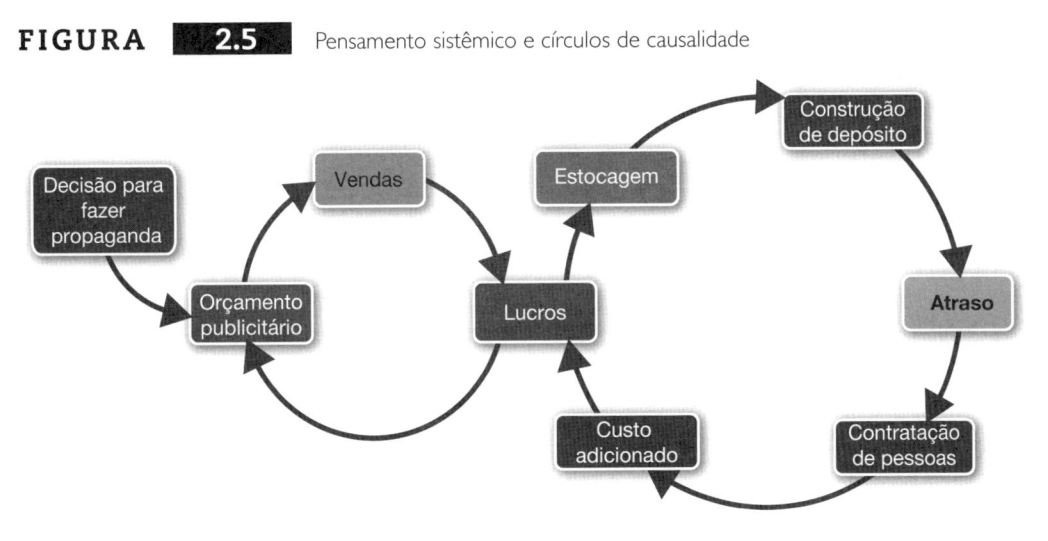

FONTE: Com base nos conceitos apresentados no livro de Peter M. Senge, *The fifth discipline: the art and practice of the learning organization* (New York: Doubleday/Currency 1990).

administradores enfrentam a tarefa de determinar quais métodos funcionarão em cada nova situação.

Para integrar esses pontos de vista, a teoria da contingência surgiu, como ilustra a Figura 2.6.[62] Aqui, nenhum dos outros pontos de vista é tido como totalmente correto. Em vez disso, certas contingências – ou variáveis – existem para ajudar os administradores a identificar e compreender as situações. Segundo a teoria da contingência, o que funciona em uma configuração pode não funcionar em outra. Contingência significa que uma coisa depende de outras coisas, e a resposta de um administrador para uma situação depende da identificação das principais contingências na situação organizacional.

Uma contingência importante, por exemplo, é o setor em que a organização opera. A estrutura organizacional eficaz para uma empresa *on-line*, como os serviços de *microblog* do Twitter e da China Sina Weibo, não seria bem-sucedida para um grande fabricante de automóveis, como a Toyota ou Ford. Um sistema de administração por objetivos (APO) que funciona bem em uma empresa de manufatura pode não ser bom para um sistema escolar. Quando os administradores aprendem a identificar padrões e características importantes das organizações, eles podem ajustar as soluções a essas características.

FIGURA 2.6 Teoria da contingência da administração

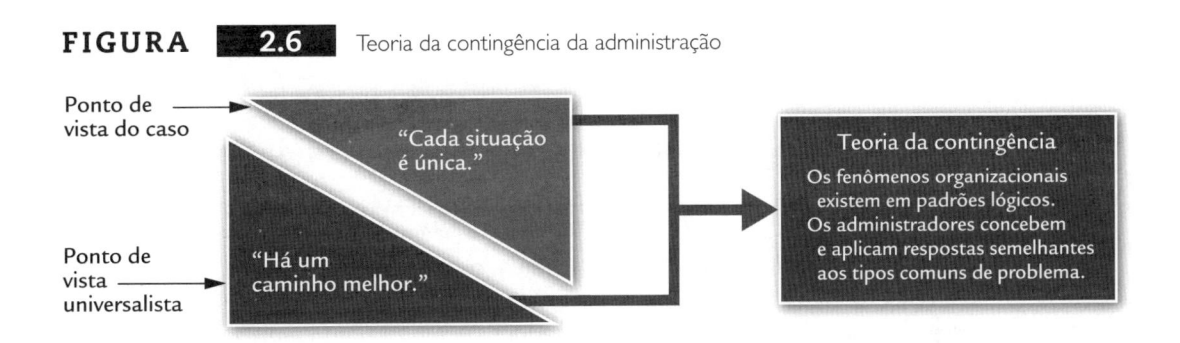

Ponto de vista do caso → "Cada situação é única."

Ponto de vista universalista → "Há um caminho melhor."

Teoria da contingência
Os fenômenos organizacionais existem em padrões lógicos. Os administradores concebem e aplicam respostas semelhantes aos tipos comuns de problema.

> **Lembre-se disto**
>
> - **Sistema** é um conjunto de partes inter-relacionadas que funcionam como um todo para alcançar um objetivo comum. Uma organização é um sistema.
> - **Pensamento sistêmico** significa olhar não apenas para as partes discretas da situação organizacional, mas também para as interações em constante mudança entre as partes. Quando os administradores pensam de modo sistêmico e compreendem a interdependência e sinergia do subsistema, eles podem obter melhor controle sobre o gerenciamento em ambiente complexo.
> - Os **subsistemas** são partes que atuam de forma interdependente para que o sistema possa funcionar.
> - Segundo o conceito de **sinergia**, o todo é maior do que a soma das partes. A organização deve ser administrada como um todo.
> - De acordo com a **teoria da contingência**, aquilo que funciona em uma situação organizacional pode não funcionar em outras. Os administradores podem identificar contingências importantes que ajudam a orientar as decisões sobre a organização.

Pensamento da gestão inovadora sobre o futuro

Todas as ideias e abordagens estudadas até aqui fazem parte da mistura que compõe a administração moderna. Dezenas de ideias e técnicas em uso atual podem traçar raízes para essas perspectivas históricas.[63] Além disso, conceitos inovadores continuam a surgir para enfrentar novos desafios administrativos. Os administradores inteligentes compreendem o passado, mas sabem que eles e as organizações têm que mudar ao longo do tempo. Lembre-se do exemplo da UPS abordado anteriormente neste capítulo. A empresa ainda enfatiza a eficiência, mas, quando os serviços terceirizados de logística tornaram-se parte crescente dos negócios, os administradores sabiam que tinham de expandir a mentalidade dos trabalhadores e incentivá-los a ser mais inovadores e flexíveis. Para que pudessem promover essa expansão, os gestores resgataram muitos momentos de inovação e transformação na longa história da UPS, como a substituição de bicicletas por caminhões nos serviços de entrega e a utilização de frete aéreo com a introdução da própria linha de cargas da empresa. Os funcionários começaram a perceber que a UPS havia sido eficiente e inovadora o tempo todo, e que esses dois componentes não são incompatíveis.[64] Compare a abordagem dos administradores da UPS à da General Motors (GM). A GM foi o modelo organizacional "ideal" no ambiente pós-Segunda Guerra Mundial, mas, em 2009, faliu. Nesse momento, a empresa teve que recorrer ao governo para obter um financiamento de bilhões de dólares, pois os administradores não foram capazes de perceber as mudanças por que passava o mundo.[65] Os administradores da GM assumiram que a preeminência da empresa impediria que essas transformações a atingissem e, por isso, interromperam todos os processos relacionados à estratégia, cultura e abordagem de administração que não estavam em sintonia com o ambiente em mudança.

FERRAMENTAS DA ADMINISTRAÇÃO CONTEMPORÂNEA

Os administradores estão sempre à procura de novas técnicas e abordagens que respondam de forma mais adequada às necessidades dos clientes e às demandas do ambiente. Uma pesquisa realizada recentemente com administradores europeus constatou que eles estão sempre atentos aos novos conceitos de administração. A tabela apresentada a seguir lista o percentual de administradores que relataram conhecer as tendências administrativas selecionadas que foram populares na década passada.[66]

Conceito	Nível de conhecimento (%)
E-business	99,41
Descentralização	99,12
Gestão de relacionamento com o cliente (CRM)	97,50
Organização virtual	91,19
Empoderamento	83,41
Reengenharia	76,65

Os administradores tendem a buscar novas ideias que possam ajudá-los em tempos difíceis. O boxe "Conversa com gestores" lista diversas ideias e técnicas utilizadas pelos administradores de hoje, conforme revelado pelo levantamento de 2013: "Ferramentas e Tendências da Administração", feito pela Bain & Company.

Na pesquisa realizada pela Bain & Company, os executivos se mostraram preocupados com a lenta recuperação econômica, de modo que estão procurando novas e criativas abordagens que possam ajudá-los tanto a cortar custos quanto a ter mais dinheiro para investir em inovação para o futuro. Outras principais preocupações dos administradores, conforme revelado no levantamento, incluem aumento dos custos da saúde, redução da fidelidade do cliente, crescente potencial para ataques cibernéticos contra organizações e demanda de funcionários mais jovens para mudanças nas culturas e práticas no local de trabalho.[67] Respondendo a essas e outras preocupações, as ferramentas mais utilizadas pelos administradores de hoje tendem a cair nas duas categorias de administração do local de trabalho orientada pela tecnologia e administração do local de trabalho orientada pelas pessoas.

Administração do local de trabalho orientada pela tecnologia

De acordo com os administradores, a TI apresenta tanto oportunidades como ameaças para as organizações. Para 65% dos gerentes entrevistados, os gastos da empresa em TI devem aumentar ao longo dos próximos três anos para manter o ritmo com as necessidades e tecnologia em evolução. Dois novos usos populares dessa tecnologia são a análise de *big data* e a administração da cadeia de suprimentos.

Análise de *big data*

A mais nova tecnologia comercial é a **análise de *big data***, que se refere a tecnologias, habilidades e processos para pesquisar e examinar enormes e complexos conjuntos de dados que as aplicações de processamento de dados tradicionais não conseguem manusear para descobrir padrões e correlações ocultas.[68] O Facebook, por exemplo, utiliza os dados pessoais que você coloca em sua página e rastreia e monitora seu comportamento *on-line*, e, em seguida, faz buscas em todos esses dados para identificar e sugerir possíveis "amigos".[69] A Amazon.com recolhe toneladas de dados sobre os clientes, incluindo os livros que compram, o que mais procuram, como navegam pelo *site*, o quanto são influenciados por promoções e comentários e assim por diante. A empresa utiliza algoritmos que preveem e sugerem quais livros um cliente pode estar interessado em ler. Além disso, as previsões melhoram a cada vez que um cliente responde a uma recomendação ou a ignora.[70] Outro exemplo do poder da análise de *big data* vem da diversidade de *sites* de namoro *on-line*, como o eHarmony e Match.com, que filtram grandes quantidades de dados para comparar milhões de pessoas em centenas de variáveis diferentes e fazem combinações para os usuários em questão de minutos, enviando novas compatibilidades todos os dias. O *site* de relacionamento profissional LinkedIn anunciou recentemente uma ideia similar com o recurso de recrutamento "Pessoas que você pode querer contratar". Primeiro, a empresa sondará as profundezas das enormes minas de dados e, em seguida, fornecerá uma lista de candidatos perfeitos para as vagas de emprego de uma empresa.[71]

CONVERSA COM GESTORES

Utilização atual das ferramentas e tendências da administração

Ao longo da história da administração, surgiram diversas modas e tendências. Os críticos argumentam que as novas técnicas podem não representar soluções permanentes. Outros sugerem que os administradores devem adotar novas técnicas para a melhoria contínua em um mundo em constante mudança. Em 1993, a Bain & Company iniciou um grande projeto de pesquisa sobre as 25 ferramentas e técnicas mais populares da administração adotadas por milhares de executivos corporativos.

As dez principais. A lista das dez principais ferramentas para 2012-2013 é mostrada aqui. Com quantas você está familiarizado? Para obter mais informações sobre ferramentas específicas, ver "Management tools 2013: an executive's guide". Disponível em: <http://www.bain.com/Images/MANAGEMENT_TOOLS_2013_An_Executives_guide.pdf>.

Ferramenta ou técnica	Porcentagem dos que planejam usá-la em 2013
CRM	83
Planejamento estratégico	81
Benchmarking	80
Declaração de missão e visão	79
Principais competências	78
Programas de administração de mudança	77
Administração da cadeia de suprimentos	74
Levantamentos sobre o envolvimento dos funcionários	73
Balanced scorecard	73
Terceirização	71

Popularidade. No levantamento mais recente, o planejamento estratégico e a gestão de relacionamento com o cliente (customer relationship management – CRM) passaram a ocupar o topo da lista. Em todas as áreas geográficas e indústrias, a CRM surgiu como a prioridade de investimento mais importante dos administradores, o que reflete a preocupação com o declínio da lealdade do cliente. Os administradores também colocam uma prioridade no investimento do envolvimento dos funcionários com base em evidências da ligação entre funcionários altamente motivados e na fidelização de clientes. A terceirização obteve uma redução significativa no levantamento do ano anterior, à medida que os administradores diminuíram a forte ênfase no corte de custos e na eficiência. Três ferramentas bem classificadas tanto no uso quanto na satisfação foram: planejamento estratégico, declaração de missão e visão e CRM, que podem orientar o pensamento dos administradores em questões estratégicas durante períodos de mudanças rápidas.

Tendências globais. As empresas da Ásia-Pacífico e América do Norte reportaram o uso do maior número de ferramentas. Entre as empresas da América Latina e Europa, Oriente Médio e África (Europe, Middle East and Africa – EMEA), o uso de ferramentas caiu substancialmente em relação à pesquisa do ano anterior. Na América do Norte, a ferramenta mais utilizada foi levantamentos sobre o envolvimento dos funcionários, cujo propósito é medir e melhorar a motivação destes e pela produtividade de extensão. Na região EMEA, a ferramenta de Balanced Scorecard, que ajuda as empresas a medir e melhorar o desempenho do administrador, alcançou o topo da lista em termos de utilização. As empresas da região Ásia-Pacífico utilizam a CRM mais do que qualquer outra ferramenta, enquanto os administradores na América Latina favorecem a reengenharia de processos comerciais, que nem sequer faz parte da lista das dez melhores para o uso entre as empresas em geral.

Fonte: Darrell Rigby, Barbara Bilodeau, "Management tools and trends 2013," Copyright © 2013, Bain & Company Inc.. Disponível em: <http://www.bain.com/publications/articles/management-tools-and-trends-2013.aspx>. Reimpresso com permissão.

Capítulo 2 Evolução do pensamento administrativo

No entanto, a análise de *big data* não se destina apenas às empresas *on-line*. Ela pode ser pensada como descendente direto da administração científica de Frederick Winslow Taylor e da mais recente iteração da abordagem quantitativa para a administração.[72] A cada hora de transações de clientes, o Walmart recolhe mais de 2,5 *petabytes* de dados (um *petabyte* é cerca de um milhão de *gigabytes* ou o equivalente a cerca de 20 milhões de arquivos de dados escritos) e os utiliza para tomar as melhores decisões.[73] A corporação de jogos Caesars Entertainment analisa os dados dos clientes para ajustá-los em segmentos e criar programas de fidelização eficazes para seus cassinos e *resorts*. Os pesquisadores da Johns Hopkins School of Medicine descobriram que poderiam usar os dados do Google Flu Trends (ferramenta utilizada pelo Google para coletar e agregar termos de pesquisa relacionados à gripe) para prever – uma semana antes de os Centros de Controle de Doenças (CDC) emitirem qualquer alerta – surtos de gripe nas regiões a serem visitadas pela equipes médicas.[74]

Administração da cadeia de suprimentos

A **administração da cadeia de suprimentos** refere-se a administrar uma sequência de fornecedores e compradores, abrangendo todos os estágios do processamento de obtenção de matérias-primas para a distribuição de produtos acabados para os consumidores.[75] A Figura 2.7 ilustra um modelo básico de cadeia de suprimentos. Cadeia de suprimentos é uma rede de várias empresas e indivíduos conectados por meio do fluxo de produtos ou serviços.[76] Muitas organizações administram a cadeia de suprimentos com tecnologia eletrônica sofisticada. Na Índia, por exemplo, os administradores do Walmart têm investido em uma cadeia de suprimentos eficiente que liga eletronicamente os agricultores e pequenos fabricantes diretamente às lojas, maximizando o valor para ambas as partes.[77] Entretanto, as cadeias globais de suprimentos de hoje podem criar muitos desafios para os administradores. Diversos incêndios de fábricas de vestuário em Bangladesh em 2012 e o colapso de outra fábrica de roupas em 2013, que matou 1.100 trabalhadores, colocam os holofotes sobre as más condições de trabalho nesse país. O problema para varejistas como Walmart, H&M, Target e outras grandes empresas é que condições semelhantes de trabalho também são frequentes em outros países, como Paquistão, Camboja, Indonésia e Vietnã, que pagam baixíssimos salários aos trabalhadores e produzem a maioria das roupas do mundo. Os varejistas europeus e norte-americanos anunciaram planos destinados à melhoria da segurança em fábricas no exterior, mas o desafio de monitorar as contratadas e subcontratadas em países de

TEMA RECENTE

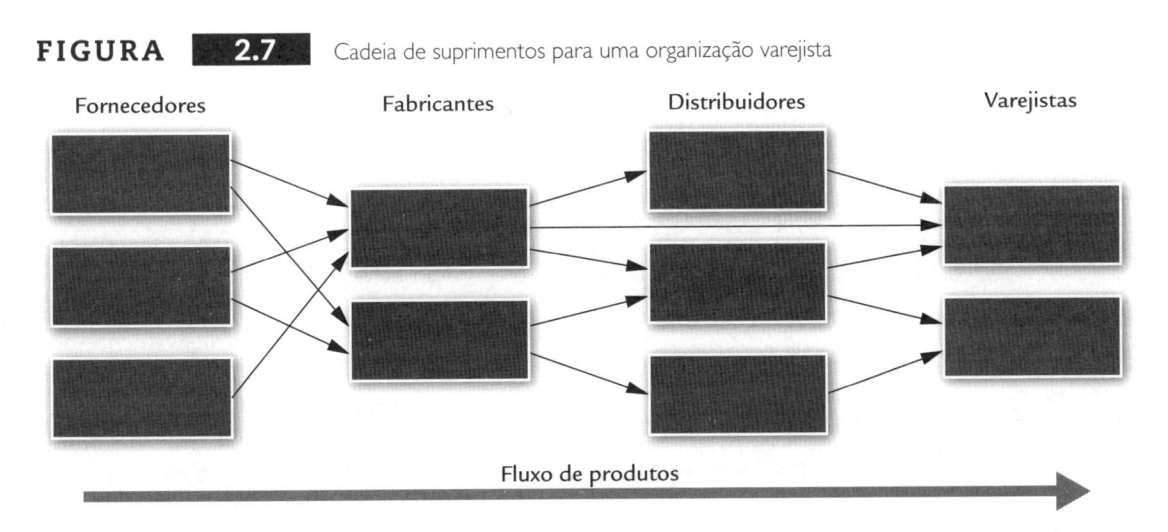

FIGURA 2.7 Cadeia de suprimentos para uma organização varejista

Fornecedores → Fabricantes → Distribuidores → Varejistas

Fluxo de produtos →

FONTE: Adaptada de uma figura do Global Supply Chain Games Project, Delft University and the University of Maryland, R. H. Smith School of Business. Disponível em: <wwwgscg.org:8080/opencms/export/sites/default/gscg/images/supplychain_simple.gif>. Acesso em: 6 fev. 2008.

baixos salários é enorme. Mesmo quando uma organização como a H&M pensa que está contratando um fornecedor responsável, este pode subcontratar ou obter materiais de empresas menos responsáveis.[78] A administração da cadeia de suprimentos será abordada com mais detalhes no Apêndice.

ADMINISTRAÇÃO DO LOCAL DE TRABALHO ORIENTADA PELAS PESSOAS

As organizações estão passando por grandes mudanças: algumas relacionadas à nova tecnologia e outras provocadas principalmente pelas constantes alterações referentes às necessidades das pessoas. Lembre-se de que uma das preocupações dos executivos no levantamento de 2013 da Bain & Company estava relacionada às demandas dos trabalhadores mais jovens para mudanças nas culturas e práticas no local de trabalho. Para a solução desses problemas, há duas opções: local de trabalho sem patrão e ênfase renovada no envolvimento dos funcionários.

Local de trabalho sem patrão

Como descrito no início deste capítulo, alguns ambientes de trabalho sem patrão já existem há décadas, mas isso se tornou tendência real nos últimos anos. Houve uma mudança significativa em relação a como e onde o trabalho é feito. Atualmente, muitas pessoas podem trabalhar com facilidade em casa ou em outros locais fora do escritório normal. Na Symantec, por exemplo, a maioria dos funcionários costumava trabalhar em cubículos, mas agora muitos deles trabalham em casa ou em outros locais remotos espalhados por todo o mundo.[79] Quando todos têm acesso às informações de que precisam e ao treinamento para tomar decisões corretas, ter camadas de gerentes só aumenta os custos e diminui o tempo de resposta.[80]

Muitas empresas sem patrão, como Valve Software (plataforma da *web* para *videogames*), Netflix (*streaming* e aluguéis de vídeos) e Atlassian (*software* empresarial), operam em indústrias relacionadas à tecnologia, porém empresas tão diversas como GE Aviation (fabricação de aviação), WL Gore & Associates (mais conhecido pelos tecidos Gore-Tex), Whole Foods Market (supermercados) e Semco (fabricação diversificada, descrita anteriormente) tiveram sucesso há anos com estruturas sem patrão. Um dos exemplos mais interessantes de ambiente de trabalho sem patrão é uma processadora de tomates.

No ambiente de trabalho sem patrão, como na Morning Star, ninguém dá ordens e ninguém as aceita. A responsabilidade está voltada exclusivamente aos clientes e à equipe, e não a um gerente. Pode haver muitas vantagens para o ambiente de trabalho sem patrão, incluindo mais flexibilidade, mais iniciativa e compromisso do funcionário e tomadas de decisões melhores e mais rápidas.[81] No entanto, os ambientes de trabalho sem

Conexão de conceito ◄◄◄

Uma pesquisa mostrou que as organizações podem criar deliberadamente uma cultura que envolve os funcionários e incentivar a crescente satisfação no trabalho. A empresa de transporte internacional Deutsche Post DHL Group (DHL), por exemplo, sempre envia aos funcionários bilhetes de agradecimento pelas contribuições, além de recompensá-los financeiramente. Outras táticas de **envolvimento** incluem comunicação honesta com os funcionários, de modo a apoiá-los no desenvolvimento da carreira e permitir-lhes que sejam úteis às comunidades.

Forma inovadora
Morning Star

Chris Rufer, fundador da Morning Star, a maior processadora de tomates do mundo com três fábricas que produzem produtos para empresas como a Heinz e a Campbell Soup Company, acredita que, se as pessoas podem administrar as complexidades da própria vida sem chefe, não há razão para que não administrem a si próprias no local de trabalho. Rufer organizou a Morning Star, onde cerca de 400 funcionários produzem mais de $ 700 milhões ao ano em receita, com base nos seguintes princípios de autogestão:

- Ninguém tem chefe.
- Os funcionários negociam as responsabilidades com os colegas.
- Todos podem gastar o dinheiro da empresa.
- Não há títulos nem promoções.
- A compensação é decidida pelos colegas.

Como esse sistema funciona? Quando a empresa cresceu e teve que ampliar a equipe de trabalho – de 24 colegas originais (como os funcionários são chamados) para quase 400 –, ocorreram problemas. Algumas pessoas tiveram dificuldade em trabalhar no ambiente sem patrões e sem hierarquia. Desse modo, Rufer criou o Instituto de Autogestão Morning Star para fornecer treinamento para as pessoas nos princípios e sistemas da autogestão. Cada colega agora passa por treinamento, em pequenos grupos de dez a 15 pessoas, para aprender a trabalhar efetivamente como parte de uma equipe, a lidar com as responsabilidades de "planejamento, organização, liderança e controle" que são normalmente realizadas por administradores, a equilibrar a liberdade e a responsabilidade, a entender e comunicar-se de maneira eficaz com os outros e a gerenciar os conflitos.

Hoje, cada associado escreve uma declaração de missão pessoal e é responsável por realizá-la, incluindo obter quaisquer ferramentas e recursos necessários. Isso significa que qualquer pessoa pode solicitar suprimentos e equipamentos, e os colegas são responsáveis por iniciar o processo de contratação quando precisam de mais ajuda. Todos os anos, cada pessoa negocia uma Carta de Entendimento entre Colegas (Colleague Letter of Understanding – CLOU) com os associados mais influenciados pelo seu trabalho. Cada carta tem um conjunto claramente definido de métricas que permite às pessoas acompanhar o progresso na consecução dos objetivos e no atendimento das necessidades dos colegas. Segundo um associado, "Por aqui, ninguém é chefe, e todo mundo é chefe".[82]

patrão também apresentam novos desafios. Os custos podem ser menores em razão da redução da sobrecarga, mas o dinheiro tem que ser investido em treinamento e desenvolvimento dos funcionários para que eles possam trabalhar de forma eficaz no sistema sem patrão. A cultura também deve envolver os funcionários e apoiar o ambiente não hierárquico. O envolvimento dos funcionários é essencial para que um local de trabalho sem patrão seja bem-sucedido.

Envolvimento do funcionário

Envolvimento do funcionário significa que as pessoas estão emocionalmente envolvidas nos trabalhos e satisfeitas com as condições oferecidas a elas, contribuem com entusiasmo para atender às metas organizacionais e da equipe e têm sentimento de pertencimento e compromisso com a organização e a missão.[83] Para envolver os funcionários, os administradores unem as pessoas em torno de um objetivo convincente que os encoraja a dar o melhor de si. Os jovens funcionários da geração Y (às vezes chamados de geração do milênio), a geração mais educada da história dos Estados Unidos, cresceram tecnologicamente adeptos e globalmente conscientes. Ao contrário de muitos trabalhadores do passado, os jovens da geração Y não hesitam em questionar os superiores e desafiar o *status quo*. Eles querem um ambiente de trabalho flexível e colaborativo que seja desafiador e encorajador, com acesso à tecnologia de ponta, oportunidades de aprender e impulsionar as carreiras e objetivos pessoais e o poder de tomar decisões mais substanciais no ambiente de trabalho. Atender às necessidades de mudança dessa geração é uma das razões que levaram as organizações a colocar os levantamentos sobre o envolvimento dos funcionários perto do topo da lista de ferramentas e técnicas que estão usando (a técnica chegou ao número um na América do Norte).[84]

Nesse ínterim, os administradores inteligentes estão buscando a próxima geração, chamada de geração pluralista, geração Z ou nova geração. A geração Z, nascida por volta de 1995, em breve invadirá o mercado de trabalho, trazendo as próprias mudanças e desafios para a prática e a evolução da administração. Alguns observadores preveem que um sentido ou significado e o compromisso, sobretudo com a responsabilidade ambiental, estarão no topo da lista de prioridades dessa geração.[85]

Lembre-se disto

- A administração moderna é a mistura de ideias e técnicas de perspectivas históricas variadas, mas novos conceitos continuam a surgir.
- Os administradores tendem a procurar ideias e abordagens inovadoras especialmente em períodos turbulentos.
- Duas tendências recentes são a transição para um ambiente de trabalho orientado pela tecnologia e a ênfase correspondente em um local de trabalho orientado pelas pessoas.
- **Administração da cadeia de suprimentos** refere-se à administração da sequência de fornecedores e compradores, abrangendo todos os estágios do processo de obtenção de matérias-primas para a distribuição de produtos acabados para os consumidores.
- Duas ideias relacionadas a um local de trabalho orientado pelas pessoas são o ambiente de trabalho sem patrão e o envolvimento dos funcionários.
- **Envolvimento** significa que as pessoas estão envolvidas nos trabalhos e satisfeitas com as condições oferecidas a elas, contribuem com entusiasmo para atender às metas organizacionais e da equipe e têm sentimento de pertencimento e compromisso com a organização e a missão.
- Os administradores estão buscando a próxima geração de funcionários, às vezes chamada de nova geração, para tentar prever que mudanças e desafios eles poderão trazer para a evolução do pensamento administrativo.

Cap. 2 Notas

1. Teste adaptado de William Pfeiffer; John E. Jones, eds., "Supervisory attitudes: the X-Y scale", in *The 1972 Annual Handbook for Group Facilitators* (New York: John Wiley & Sons, 1972), p. 65-68. Material utilizado com permissão de John Wiley & Sons, Inc. A X-Y escala foi adaptada de um instrumento desenvolvido por Robert N. Ford da AT&T para treinamento de gestores.

2. Rachel Emma Silverman, "Some tech firms ask: who needs managers?", *The Wall Street Journal* (August 6, 2013). Disponível em: <http://online.wsj.com/article/SB10001424127 8873234206045786520514663 14748.html>. Acesso em: 20 ago. 2013.

3. Lisa Thorell, "How many bossless companies exist today?", *Innovatini* (April 1 2013). Disponível em: <http://www.innovatini.com/how-many-bossless-companies-are-there>. Acesso em: 20 ago. 2013.

4. Veja John Hollon, "The bossless office trend: don't be surprised if it doesn't last long", HR Management, *TLNT.com* (July 2, 2012). Disponível em: <http://www.tlnt.com/2012/07/02/the-bossless-office-trend-dont-be-surprised-if-it-doesnt-last-long/>. Acesso em: 20 ago. 2013.

5. Matthew E. Maio, "Mastering the art of bosslessness", *Fast Company* (September 26, 2012). Disponível em: <http://www.fastcompany.com/3001574/mastering-art-bosslessness>. Acesso em: 20 ago. 2013.

6. M. S. S. el Namaki, "Does the thinking of yesterday's management gurus imperil today's companies?", *Ivey Business Journal* (March-April 2012). Disponível em: <www.iveybusinessjournal.com/topics/strategy/

does-the-thinking-of-yesterdays-management-gurus-imperil-todays-companies>. Acesso em: 19 jun. 2012.
7. Walter Kiechel III, "The management century", *Harvard Business Review* (November 2012): 62-75; Eric Abrahamson, "Management fashion", *Academy of Management Review* 21, n. 1 (January 1996): 254-285.
8. Daniel A. Wren, *The evolution of management thought*, 4th ed. (New York: Wiley, 1994).
9. Jena McGregor, "There is no more normal", *BusinessWeek* (March 23 and 30, 2009): 30-34.
10. Robert Tell; Brian Kleiner, "Organizational change can rescue industry", *Industrial Management* (March-April 2009): 20-24.
11. Abordagem baseada em Walter Kiechel III, "The management century", *Harvard Business Review* (November 2012): 62-75.
12. Veja Kiechel, "The management century".
13. Jacques Bughin; Michael Chui; James Manyika, "Capturing business value with social technologies", *McKinsey Quarterly* (November 2012). Disponível em: <http://www.mckinsey.com/insights/high_tech_telecoms_internet /capturing_business_value_with_social_technologies>. Acesso em: 27 set. 2013.
14. Roland Deiser; Sylvain Newton, "Six social-media skills every leader needs", *McKinsey Quarterly*, Issue 1 (February 2013). Disponível em: <http://www.mckinsey.com/insights /high_tech_telecoms_internet/six_social-media_skills _every_leader_needs>. Acesso em: 21 ago. 2013.
15. David Kiron; Douglas Palmer; Robert Berkman, "The Executives role in social business", *MIT Sloan Management Review* (Summer 2013): 83-89.
16. Ibidem.
17. Leslie Gaines-Ross, "Get social: a mandate for new CEOs", *MIT Sloan Management Review* (March 7,2013). Disponível em: <http://sloanreview.mit.edu/article/get-social-a-mandate-for-new-ceos/>. Acesso em: 21 ago. 2013.
18. Ibidem.
19. Ibidem.
20. Deiser; Newton, "Six social media skills every leader needs".
21. Daniel A. Wren, "Management history: issues and ideas for teaching and research", *Journal of Management* 13 (1987): 339-350.
22. Alfred D. Chandler Jr. apud Jerry Useem, "Entrepreneur of the century," *Inc.* (20th Anniversary Issue, 1999): 159-174.
23. Useem, "Entrepreneur of the century".
24. Sequência de subcampos baseada em Wren, *Evolution of management thought*, cap. 4 e 5; e Claude S. George, Jr., *The History of Management Thought* (Englewood Cliffs, NJ: Prentice-Hall, 1968), cap. 4.
25. Cynthia Crossen, "Early industry expert soon realized a staff has its own efficiency", *The Wall Street Journal*, November 6, 2006.
26. Alan Farnham, "The man who changed work forever", *Fortune* (July 21,1997): 114; Charles D. Wrege; Ann Marie Stoka, "Cooke creates a classic: the story Behind F. W. Taylors principles of scientific management", *Academy of Management Review* (October 1978): 736-749; Robert Kanigel, *The one best way: Frederick Winslow Taylor and the enigma of efficiency* (New York: Viking, 1997); "The X and Y factors: what goes around comes around", special section in "The new organisation: a survey of the company", *The Economist* (January 21-27, 2006): 17-18.
27. Wren, *Evolution of management thought*, 171; George, *History of management thought*, 103-104.
28. Vanessa O'Connell, "Stores Count Seconds to Trim Labor Costs", *The Wall Street Journal*, November 17, 2008; Vanessa O'Connell, "Retailers reprogram workers in efficiency push", *The Wall Street Journal*, September 10, 2008.
29. Gary Hamel, "The why, what, and how of management innovation", *Harvard Business Review* (February 2006): 72-84; Peter Coy, "Cog or coworker?", *BusinessWeek* (August 20 and 27, 2007): 58-60.
30. Max Weber, *General economic history*, trans. Frank H. Knight (London: Allen & Unwin, 1927); Max Weber, *The protestant ethic and the spirit of capitalism*, trans. Talcott Parsons (New York: Scribner, 1930); Max Weber, *The theory of social and economic organizations*, ed. and trans. A. M. Henderson and Talcott-Parsons (New York: Free Press, 1947).
31. Nadira A. Hira, "The making of a UPS driver", *Fortune* (November 12, 2007): 118-129; David J. Lynch, "Thanks to its CEO, UPS doesn't just deliver", *USA Today*, July 24, 2006, disponível em: <www.usatoday.com/money/companies/management/2006-07-23-ups_x .htm ?tab1=t2>, acesso em: 24 jul. 2006); Kelly Barron, "Logistics in Brown", *Forbes* (January 10, 2000): 78-83; Scott Kirsner, "Venture verite: United Parcel Service", *Wired* (September 1999): 83-96; "UPS", *The Atlanta Journal and Constitution*, April 26, 1992; Kathy Goode; Betty Hahn; Cindy Seibert, "United Parcel Service: The Brown Giant" (unpublished manuscript, Texas A&M University, 1981); "About UPS", UPS corporate Web site, disponível em: <www.ups.com/content/us/en/about/index.html>, acesso em: 19 jun. 2012.
32. Stephen Cummings; Todd Bridgman, "The relevant past: why the history of management should be critical to our future", *Academy of Management Learning & Education* 10, n. 1 (2011): 77-93.
33. Exemplos baseados em Paul Downs, "How I fire people", You're the Boss blog, *The New York Times*, June 4, 2012. Disponível em: <http://boss.blogs.

nytimes.com/2012/06/04/how-i-fire-people/>. Acesso em: 20 jun. 2012.
34. Henri Fayol, *Industrial and general administration*, trans. J. A. Coubrough (Geneva: International Management Institute, 1930); Henri Fayol, *General and industrial management*, trans. Constance Storrs (London: Pitman and Sons, 1949); W. J. Arnold et al., *Business-week, milestones in management* (New York: McGraw-Hill, v. I, 1965; v. II, 1966).
35. Gregory M. Bounds; Gregory H. Dobbins; Oscar S. Fowler, *Management: a total quality perspective* (Cincinnati, OH: South-Western Publishing, 1995), p. 52-53.
36. Mary Parker Follett, *The new state: group organization: the solution of popular government* (London: Longmans, Green, 1918); Mary Parker Follett, *Creative experience* (London: Longmans, Green, 1924).
37. Henry C. Metcalf; Lyndall Urwick, eds., *Dynamic administration: the collected papers of Mary Parker Follett* (New York: Harper & Row, 1940); Arnold, *Business-week, milestones in management*.
38. Follett, *The new state*; Metcalf; Urwick, *Dynamic administration* (London: Sir Isaac Pitman, 1941).
39. William B. Wolf, How to understand management: an introduction to Chester I. Barnard (Los Angeles: Lucas Brothers, 1968); David D. Van Fleet, "The need- hierarchy and theories of authority", *Human Relations* 9 (Spring 1982): 111-118.
40. Curt Tausky, *Work organizations: major theoretical perspectives* (Itasca, IL: F. E. Peacock, 1978), p. 42.
41. Charles D. Wrege, "Solving Mayo's mystery: the first complete account of the origin of the Hawthorne Studies– the forgotten contributions of Charles E. Snow and Homer Hibarger", paper presented to the Management History Division of the Academy of Management (August 1976).
42. Ronald G. Greenwood; Alfred A. Bolton; Regina A. Greenwood, "Hawthorne a Half Century Later: Relay Assembly Participants Remember", *Journal of Management* 9 (Fall/Winter 1983): 217-231.
43. F. J. Roethlisberger; W. J. Dickson, *Management and the worker* (Cambridge, MA: Harvard University Press, 1939).
44. H. M. Parson, "What happened at Hawthorne?", *Science* 183 (1974): 922-932; John G. Adair, "The Hawthorne effect: a reconsideration of the methodological artifact", *Journal of Applied Psychology* 69, n. 2 (1984): 334-345; Gordon Diaper, "The Hawthorne effect: a fresh examination", *Educational Studies* 16, n. 3 (1990): 261-268.
45. R. G. Greenwood; A. A. Bolton; R. A. Greenwood, "Hawthorne a Half Century Later", 219-221.
46. F. J. Roethlisberger; W. J. Dickson, *Management and the worker*; Kiechel, "The management century."
47. Ramon J. Aldag; Timothy M. Stearns, *Management*, 2nd ed. (Cincinnati, OH: South-Western Publishing, 1991), p. 47-48.
48. Tausky, *Work organizations: major theoretical perspectives*, p. 55.
49. Douglas McGregor, *The human side of enterprise* (New York: McGraw-Hill, 1960), p. 16-18; Robert A. Cunningham, "Douglas McGregor: a lasting impression", *Ivey Business Journal* (October 2011): 5-7.
50. Ricardo Semler, "Out of this world: doing things the Semco way", *Global Business and Organizational Excellence* (July-August 2007): 13-21.
51. Wendell L. French; Cecil H. Bell Jr., "A history of organizational development", in Wendell L. French; Cecil H. Bell Jr.; Robert A. Zawacki, *Organization development and transformation: managing effective change* (Burr Ridge, IL: Irwin McGraw-Hill, 2000), p. 20-42.
52. Mansel G. Blackford; K. Austin Kerr, *Business enterprise in American history* (Boston: Houghton Mifflin, 1986), cap. 10 e 11; Alex Groner and the editors of *American Heritage* and *Business Week*, *The American Heritage History of American Business and Industry* (New York: American Heritage Publishing, 1972), cap. 9.
53. Geoffrey Colvin, "How Alfred P. Sloan, Michael Porter, and Peter Drucker taught us all the art of management", *Fortune* (March 21, 2005): 83-86.
54. Brooks Barnes, "Disney Technology Tackles a Theme-Park Headache: Lines", *The New York Times*, December 28, 2010, B1; "Disney Cracks Down on FastPass Enforcement", *Tampa Bay Times*, March 9, 2012, B2.
55. Larry M. Austin; James R. Burns, *Management science* (New York: Macmillan, 1985).
56. Dan Heath; Chip Heath, "In defense of feelings: why your gut is more ethical than your brain", *Fast Company* (July-August 2009): 58-59.
57. Scott Patterson, *The quants: how a new breed of math whizzes conquered Wall Street and nearly destroyed it* (New York: Crown Business, 2010); Harry Hurt III, "In practice, stock formulas weren't perfect", *The New York Times*, February 21, 2010.
58. Veja Kiechel, "The management century".
59. Ludwig von Bertalanffy et al., "General systems theory: a new approach to unity of science", *Human Biology* 23 (December 1951): 302-361; Kenneth E. Boulding, "General systems theory – the skeleton of science", *Management Science* 2 (April 1956): 197-208.
60. Seção baseada em Peter M. Senge, *The fifth discipline: the art and practice of the learning organization* (New York: Doubleday, 1990); John D. Sterman, "Systems dynamics modeling: tools for learning in a complex world", *California Management Review* 43, n. 4 (Summer 2001):

8-25; Andrea Gabor, "Seeing your company as a system", *Strategy + Business* (Summer 2010), disponível em: <www.strategy-business.com/article /10210?gko=20cca>, acesso em: 20 jun. 2012); Ron Zemke, "Systems thinking", *Training* (February 2001): 40-46.
61. Esse exemplo é citado em Sterman, "Systems dynamics modeling".
62. Fred Luthans, "The contingency theory of management: a path out of the jungle", *Business Horizons* 16 (June 1973): 62-72; Fremont E. Kast; James E. Rosenzweig, *Contingency views of organization and management* (Chicago: Science Research Associates, 1973).
63. Thomas H. Davenport; Laurence Prusak, with Jim Wilson, *What's the big idea? Creating and capitalizing on the best management thinking* (Boston, MA: Harvard Business School Press, 2003); Theodore Kinni, "Have we run out of big ideas?" *Across the Board* (March-April 2003): 16-21; Hamel, "The why, what, and how of management innovation"; Joyce Thompson Heames; Michael Harvey, "The evolution of the concept of the executive from the 20th-century manager to the 21st-century global leader", *Journal of Leadership and Organizational Studies* 13, n. 2 (2006): 29-41.
64. John T. Seaman Jr.; George David Smith, "Your company's history as a leadership tool: take your organization forward by drawing on the past", *Harvard Business Review* (December 2012): 45-52.
65. David Hurst, "The new ecology of leadership: revisiting the foundations of management", *Ivey Business Journal* (May-June 2012): 1-5; Michael Murphy, "The race to failure" (a review of Crash Course by Paul Ingrassia, Random House 2010), *The Wall Street Journal*, January 29, 2010, A13.
66. Annick Van Rossem; Kees Van Veen, "Managers' awareness of fashionable management concepts: an empirical study", *European Management Journal* 29 (2011): 206-216.
67. Darrell Rigby; Barbara Bilodeau, *Management tools and trends 2013* (Bain & Company, 2013). Disponível em: <http://www.bain.com/Images/BAIN_BRIEF_Management_Tools_%26_Trends_2013.pdf>. Acesso em: 21 ago. 2013.
68. Darrell K. Rigby, *Management tools 2013: an executive's guide* (Bain & Company 2013), disponível em: <http://www.bain.com/Images/MANAGEMENT_TOOLS_2013_An_Executives_guide.pdf>, acesso em: 27 ago. 2013; Margaret Rouse, "Big data analytics", *TechTarget.com* (January 10, 2012), disponível em: <http://searchbusinessanalytics.techtarget.com/definition/big-data-analytics>. Acesso em: 27 ago. 2013); David Kiron; Renee Boucher Ferguson; Pamela Kirk Prentice, "From value to vision: reimagining the possible with data analytics", *MIT Sloan Management Review Special Report* (March 5, 2013), disponível em: <http://sloanreview.mit.edu/reports/analytics-innovation/>, acesso em: 27 ago. 2013.
69. Steve Lohr, "Sure, big data is great. but so is intuition", *The New York Times*, December 29, 2012.
70. Andrew McAfee; Erik Brynjolfsson, "Big data: the management revolution", *Harvard Business Review* (October 2012): 61-68.
71. Spandas Lui, "eHarmony translates big data into love and cash", ZDNet.com (November 6, 2012), disponível em: <http://www.zdnet.com/eharmony-translates-big-data-into-love-and-cash-7000006884/>, acesso em: 27 ago. 2013; Jeff Russell, "LinkedIn's eHarmony-style recruiting: big data meets HR", *HR.com* (April 16, 2013), disponível em: <http://www.hr.com/en/app/blog/2013/04 /linkedin%E2%80%99s-eharmony-style-recruiting-big-data-meet_hfl6zpzd.html>, acesso em: 27 ago. 2013.
72. Lohr, "Sure, big data is great".
73. McAfee; Brynjolfsson, "Big data: the management revolution".
74. Exemplos citados em Thomas H. Davenport; Jeanne G. Harris, *Competing on analytics: the new science of winning* (Boston, MA: Harvard Business School Press, 2007); McAfee; Brynjolfsson, "Big data: the management revolution".
75. Definição baseada em Steven A. Melnyk; David R. Denzler, *Operations management: a value-driven approach* (Burr Ridge, IL: Richard D. Irwin, 1996): p. 613.
76. The Global Supply Chain Games project. Disponível em: <www.gscg.org>. Acesso em: 16 jul. 2008.
77. Eric Bellman; Cecilie Rohwedder, "Western grocer modernizes passage to India's markets", *The Wall Street Journal*, November 28, 2007.
78. Steven Greenhouse; Stephanie Clifford, "U. S. Retailers Offer Safety Plan for Bangladeshi Factories", *The New York Times* (July 10, 2013), disponível em: <http://www.nytimes.com/2013/07/11/business/global/us-retailers-offer-safety-plan-for-bangladeshi-factories.html?pagewanted=all&_r=0>, acesso em: 21 ago. 2013; Kate O'Keeffe; Sun Narin, "H&M clothes made in collapsed Cambodian factory", *The Wall Street Journal* (May 21, 2013), disponível em: <http://online.wsj .com/article/SB10001424127887324787004578497091806922254.html>. Acesso em: 21 ago. 2013.
79. Roxane Divol; Thomas Fleming, "The evolution of work: one company's story", *McKinsey Quarterly*, Issue 4 (2012): 111-115.

80. Tom Ashbrook, "The bossless office", *On Point with Tom Ashbrook* (June 20, 2013). Disponível em: <http://onpoint.wbur.org>.
81. Hamel, "First, let's fire all the managers".
82. Doug Kirkpatrick, "Self-management's success at Morning Star", *T+D* (October 2012): 25-27; Gary Hamel, "First, let's fire all the managers", *Harvard Business Review* (December 2011): 48-60.
83. Definição baseada em Mercer Human Resource Consulting's Employee Engagement Model, como consta em Paul Sanchez; Dan McCauley, "Measuring and managing engagement in a cross-cultural workforce: new insights for global companies", *Global Business and Organizational Excellence* (November-December 2006): 41-50.
84. Rigby; Bilodeau, "Management tools and trends 2013".
85. Max Mihelich, "Another generation rises: looking beyond the millennials," *Workforce* (April 12, 2013). Disponível em: <http://www.workforce.com/articles/108-another-generation-rises-looking-beyond-the-millennials>. Acesso em: 22 ago. 2013.

PARTE 2

Capítulo 3

Ambiente e cultura corporativa

Visão geral do capítulo

Você está apto para a incerteza gerencial?

Ambiente externo
Ambiente de tarefas
Ambiente geral

Relação organização-ambiente
Incerteza ambiental
Adaptação ao ambiente

Ambiente interno: cultura corporativa
Símbolos   Histórias
Heróis   *Slogans*
Cerimônias

Tipos de cultura
Cultura da adaptabilidade
Cultura da realização
Cultura da consistência
Cultura do envolvimento

Novo gestor autoteste: preferência cultural

Compartilhando a cultura corporativa para respostas inovadoras
Gestão da cultura de alto desempenho
Liderança cultural

Resultados de aprendizagem

Após a leitura deste capítulo, você será capaz de:

1. Definir um ecossistema organizacional e entender como os ambientes geral e de tarefas afetam a capacidade de a organização prosperar.

2. Explicar as estratégias usadas por gestores para ajudar na adaptação de organizações a ambientes incertos ou turbulentos.

3. Definir o que é cultura corporativa.

4. Fornecer exemplos organizacionais de símbolos, histórias, heróis, *slogans* e cerimônias e explicar como se relacionam com a cultura corporativa.

5. Descrever quatro tipos de cultura corporativa.

6. Examinar a relação entre cultura, valores corporativos e desempenho.

7. Definir um líder cultural e explicar as ferramentas que ele utiliza para criar uma cultura de alto desempenho.

Você está apto para a incerteza gerencial?[1]

INSTRUÇÕES: Você mantém a mente aberta ao abordar incertezas? Lembre-se de como pensou ou agiu durante um momento de incerteza enquanto ocupava uma posição formal ou informal de liderança. Por favor, indique se cada um dos seguintes itens foi, em cada uma das situações e em maior parte "verdadeiro" ou "falso".

	Normalmente verdadeiro	Normalmente falso
1. Gostava de ouvir novas ideias mesmo quando tentava cumprir um prazo.	_____	_____
2. Apreciava pontos de vista incomuns mesmo se estivéssemos trabalhando sob pressão.	_____	_____
3. Empenhava-me em participar de feiras do setor e eventos da empresa.	_____	_____
4. Encorajava claramente as pessoas a expressar ideias e argumentos opostos.	_____	_____
5. Fazia perguntas "bobas".	_____	_____
6. Sempre fazia comentários sobre o significado de dados ou problemas.	_____	_____
7. Expressava uma opinião controversa para chefes e colegas.	_____	_____
8. Sugeria formas de melhorar o modo como trabalhávamos.	_____	_____

PONTUAÇÃO E INTERPRETAÇÃO: Atribua um ponto a cada item assinalado em "Normalmente verdadeiro". Se sua pontuação foi menor que 5, você poderá iniciar a carreira de gerente em um ambiente estável, em vez de instável. A pontuação de 5 ou mais sugere um nível mais alto de consciência e mais capacidade de adaptação para um novo gerente em uma organização com ambiente inconstante.

Nas organizações com ambiente altamente inconstante, tudo parece estar mudando. Nesse caso, uma qualidade importante para novos gestores é "consciência", que inclui a capacidade de ter a mente aberta e pensar de forma independente. Em um ambiente estável, um gestor com a mente fechada pode fazer tudo certo porque muita coisa pode ser feita da mesma forma de sempre. Em um ambiente inconstante, até mesmo um novo gestor precisa facilitar novas formas de pensar, novas ideias e novas formas de trabalhar. A alta pontuação nos itens anteriores sugere mais consciência e adaptação a um ambiente inconstante.

TEMA RECENTE

À s vezes, você se sente como se estivesse "perseguindo gatos",* afirmou certa vez Scott Fleming, vice-presidente associado da Georgetown University. Fleming referia-se à dificuldade de monitorar a origem de camisetas, moletons e outros itens de vestuário vendidos pela livraria da universidade. Como resultado da pressão de ativistas estudantis e da indignação pública com os recentes acidentes e mortes de trabalhadores em fábricas têxteis no exterior, a livraria da Georgetown remodelou o *display* para que roupas feitas por Alta Gracia tivessem lugar de destaque à frente da Nike, Adidas e de outras grandes marcas. Por quê? Alta Gracia é o selo de uma empresa da Carolina do Sul que está criando um nicho ao pagar salários acima da média e promover condições de trabalho humanas e seguras na fábrica da República Dominicana. Georgetown pertence a uma associação nacional de vestuário que inclui 180 escolas que têm pressionado a indústria a assumir o compromisso de fazer negócios com empresas que adotam práticas éticas e socialmente responsáveis. O resultado é

---
* A expressão original *"chasing cats"* significa tentar rastrear coisas que se dispersam rapidamente. (N.R.T.)

pequeno, mas perceptível. A ameaça de perder um mercado de $ 4 bilhões para vestuários patrocinados por universidades chamou a atenção dos gestores de grandes multinacionais. De acordo com Natalie Margolis, recém-formada pela Georgetown, "O público-alvo da publicidade são os jovens, mas eles não nos respeitaram o suficiente para perceber que não vamos consumir seus produtos de forma inconsciente".[2]

As crescentes preocupações com as condições de trabalho nas fábricas estrangeiras que pagam baixos salários é atualmente uma questão ambiental importante para os gestores de organizações de varejo, bem como para empresas como Nike e Apple, que utilizam fornecedores estrangeiros. No entanto, os gerentes enfrentam muitos desafios, tanto de ambientes externos como internos. Este capítulo explora com detalhes os componentes do ambiente externo e como eles afetam a organização. Examina também uma parte importante do ambiente interno da organização: a cultura corporativa. Esse tipo de cultura é moldado pelo ambiente externo e, ao mesmo tempo, forma a maneira como gestores respondem às mudanças no ambiente externo.

Ambiente externo

O **ambiente organizacional** externo inclui todos os elementos existentes fora do limite da organização que podem afetá-la,[3] tais como concorrentes, recursos, tecnologia e condições econômicas. Não inclui impactos imperceptíveis de eventos, por estarem muito distantes da organização.

O ambiente externo da organização é composto ainda por dois componentes: ambiente geral e ambiente de tarefas, conforme ilustra a Figura 3.1.[4] O **ambiente de tarefas** está mais perto da organização e inclui os setores que realizam operações de rotina na organização e influenciam diretamente as operações básicas e o desempenho. Em geral, inclui concorrentes, fornecedores, clientes e o mercado de trabalho. Estudantes e fornecedores são os elementos principais do ambiente de tarefas para livrarias universitárias, por exemplo. O **ambiente geral** afeta as organizações de forma indireta. Ele inclui fatores sociais, econômicos, jurídico-políticos, internacionais, naturais e tecnológicos que influenciam todas as organizações de forma relativamente semelhante. Mudanças nos regulamentos federais ou a recessão econômica fazem parte do ambiente geral da organização, já que estão mudando as atitudes sociais diante de questões sobre como e onde são feitos os produtos que usamos. Esses acontecimentos não alteram diretamente as operações do dia a dia, mas afetam eventualmente todas as organizações.

Segundo uma nova concepção de ambiente, as organizações têm evoluído para ecossistemas de negócios. Um **ecossistema organizacional** é um sistema formado pela interação entre organizações localizadas no ambiente. Um ecossistema inclui organizações em todos os setores dos ambientes geral e de tarefas que fornecem as transações de recursos e informações, fluxos e articulações necessárias para que uma empresa prospere.[5] Por exemplo, no ecossistema da Apple, há centenas de fornecedores e milhares de clientes para os produtos que a empresa fabrica em diversas indústrias, como produtos eletrônicos de consumo, serviços de internet, telefones celulares, computadores pessoais e entretenimento.[6]

A organização também tem um **ambiente interno** constituído por elementos dentro de seus limites.

O ambiente interno é composto por funcionários, gestão e, especialmente, cultura empresarial, a qual define o comportamento dos funcionários no ambiente interno, assim como quão bem a organização se adaptará ao ambiente externo.

> "Não é a espécie mais forte que sobrevive, nem a mais inteligente, mas aquela que se adapta melhor às mudanças."
>
> – CHARLES DARWIN (1809-1882), NATURALISTA

FIGURA 3.1

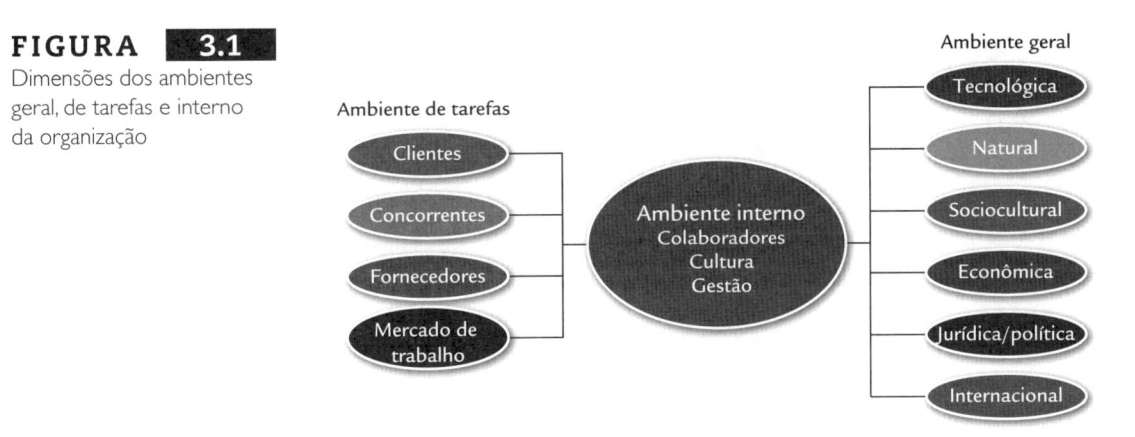

Dimensões dos ambientes geral, de tarefas e interno da organização

Ambiente de tarefas:
- Clientes
- Concorrentes
- Fornecedores
- Mercado de trabalho

Ambiente interno:
- Colaboradores
- Cultura
- Gestão

Ambiente geral:
- Tecnológica
- Natural
- Sociocultural
- Econômica
- Jurídica/política
- Internacional

A Figura 3.1 mostra a relação entre os ambientes de tarefas, geral e interno. Como um sistema aberto, a organização extrai recursos do ambiente externo e devolve a ele produtos e serviços. Primeiro, abordaremos em detalhes os dois componentes do ambiente externo. Mais adiante, examinaremos a cultura corporativa, o elemento mais importante no ambiente interno. Outros aspectos do ambiente interno, como estrutura e tecnologia, serão tratados nos próximos capítulos.

AMBIENTE DE TAREFAS

Fazem parte do ambiente de tarefas os setores que têm relação direta de trabalho com a organização, entre os quais estão os clientes, concorrentes e fornecedores, além do mercado de trabalho.

Clientes

No ambiente externo, os **clientes** são as pessoas e empresas que adquirem bens e serviços da organização. Como beneficiários da produção, os clientes são importantes porque determinam o sucesso da empresa. As organizações devem responder às mudanças do mercado. Considere a Enciclopédia Britânica, cujas vendas do conjunto de 32 volumes encadernados sofreram uma significativa queda: de 100 mil em 1990 para apenas três mil em 1996. Os clientes não tinham mais tempo para os vendedores do tipo porta a porta e não queriam mais um conjunto com aproximadamente 60 quilos de livros. Como sabiam que precisavam fazer alguma coisa, os gestores adotaram uma transição estratégica cuidadosamente planejada para transformar a Enciclopédia Britânica em uma organização diferente até 2012, quando os últimos volumes encadernados foram impressos, e a estratégia digital da empresa, totalmente implantada. Os gestores colocaram grande ênfase nos clientes K-12, entre os quais a alta qualidade editorial da Britânica sempre foi valorizada. O conteúdo é atualizado a cada 20 minutos por equipes de estudiosos do mundo todo. Hoje, mais da metade dos alunos e professores norte-americanos têm acesso ao conteúdo *on-line* da Britânica, e o serviço está crescendo ainda mais rápido no exterior. A empresa também tem cerca de 500 mil assinantes domésticos, que preferem a qualidade e a credibilidade à quantidade e ao acesso gratuito que oferece a Wikipédia.[7]

Concorrentes

As organizações do mesmo setor ou tipo de negócio que fornecem bens ou serviços para o mesmo conjunto de clientes são chamadas de **concorrentes**. Os concorrentes estão constantemente lutando pela lealdade do mesmo grupo de clientes. Por exemplo, no início de 2013, a Samsung tornou-se líder mundial em vendas de *smartphones*,

Conexão de conceito ◀◀◀

Na Hyundai Motor Company do Alabama, as autopeças são adquiridas de cerca de 20 fornecedores localizados nesse Estado. Enquanto algumas peças são adquiridas no mercado local, outras vêm de áreas distantes, e a Hyundai procura deliberadamente negociar com empresas de propriedade de mulheres e minorias em todo o mundo. A empresa está comprometida em manter a diversificação da cadeia de suprimentos.

superando a Apple em vários países, e a competição ficou ainda mais intensa quando a Samsung reforçou o desafio no mercado norte-americano. A empresa realizou o primeiro evento promocional para seu principal *smartphone*, o Galaxy S4, em um evento lotado no Radio City Music Hall, em Nova York. O iPhone da Apple ainda conta com forte fidelidade à marca, mas, no momento, o furor está do lado da Samsung. Uma pesquisa constatou que os compradores do primeiro *smartphone* preferiam a Samsung com uma margem de aproximadamente 3 para 1. Segundo Gene Munster, analista da Piper Jaffray, "Agora é o momento da Samsung".[8]

Fornecedores

Os **fornecedores** oferecem as matérias-primas que a organização utiliza para produzir. Um fabricante de doces, por exemplo, pode recorrer a fornecedores de todo o mundo para adquirir ingredientes como grãos de cacau, açúcar e nata. **Cadeia de suprimentos** é uma rede de várias empresas e indivíduos ligados por meio do fluxo de produtos ou serviços. Para a Toyota, a cadeia de suprimentos conta com mais de 500 fornecedores de peças globais organizados por uma estratégia de produção chamada *just-in-time* (JIT).[9] A estratégia JIT melhora o retorno sobre o investimento, a qualidade e a eficiência de uma organização porque muito menos dinheiro é investido em estoques ociosos. Na década de 1970, os japoneses ensinaram as empresas dos Estados Unidos a aumentar o lucro e manter estoques enxutos por meio da estratégia JIT. De acordo com Jim Lawton, chefe de soluções para gestão de suprimentos da consultoria Dun & Bradstreet, "Em vez de um inventário de meses, agora há dias e até mesmo horas de inventário". Lawton, no entanto, ressalta que há um lado negativo – que ficou dramaticamente claro após o terremoto de março de 2011, no Japão: "Se o fornecimento é interrompido, como no presente caso, não há onde conseguir o produto".[10]

TEMA RECENTE

O terremoto que provocou ondas de *tsunami* maciças e causou o segundo pior desastre nuclear da história, na usina de Fukushima na costa do Pacífico, revelou a fragilidade das cadeias atuais de fornecimento JIT. Fornecedores de peças japonesas para a indústria automotiva mundial foram fechados, interrompendo a produção em fábricas de automóveis no mundo inteiro. Para um representante do Morgan Stanley, "Mesmo a falta de uma peça de $ 5 pode parar uma linha de montagem". Em decorrência dessa catástrofe natural, a produção da Toyota caiu em 800 mil veículos – 10% da sua produção anual. Apesar da possibilidade de tais incidentes, a maioria das empresas não está disposta a aumentar os estoques para amortecer o impacto. Até mesmo um ligeiro aumento no inventário pode custar milhões de dólares às empresas.[11]

Mercado de trabalho

O **mercado de trabalho** é representado por pessoas disponíveis no ambiente que podem ser contratadas pela organização. Toda organização precisa de pessoal treinado e qualificado. Sindicatos, associações de trabalhadores e a disponibilidade de certas classes de trabalhadores podem influenciar o mercado de trabalho da organização. As forças do mercado de trabalho que hoje afetam as organizações são: (1) a necessidade crescente de trabalhadores com conhecimentos de informática; (2) a necessidade de investimento contínuo em recursos humanos por meio de recrutamento, educação e treinamento que atendam às demandas competitivas de um mundo sem fronteiras; e (3) os efeitos de blocos comerciais internacionais, da automação, terceirização e transferência de instalações em deslocamentos de mão de obra, criando um excedente de trabalhadores não utilizados em algumas áreas e escassez de mão de obra em outras.

Mudanças nos vários setores dos ambientes geral e de tarefas podem apresentar enormes desafios, especialmente para organizações que operam em indústrias complexas em rápida transformação. A Costco Wholesale Corporation, com depósitos em todo o mundo, é um exemplo de organização que opera em ambiente altamente complexo.

Forma inovadora
Costco Wholesale Corporation

O Costco Wholesale Corporation, um clube de compras *self-service* de baixo custo, opera uma cadeia internacional de lojas de filiação que oferecem uma seleção limitada de produtos a preços reduzidos. O ambiente complexo do Costco é ilustrado na Figura 3.2.

O modelo de negócios do Costco se concentra na manutenção da imagem como uma autoridade na fixação de preços, oferecendo os preços mais competitivos de forma consistente. Segundo Jim Sinegal, cofundador e CEO recém-aposentado, "Tudo o que fazemos é fornecer bens e serviços ao cliente por um preço menor". O novo CEO, Craig Jelinek, prometeu que a filosofia de preço baixo continuará a orientar a empresa. As lojas do Costco são projetadas para operar de forma eficiente e comunicar o valor aos membros. A decoração das lojas — pés-direitos altos, telhados de metal e treliças expostas — mantém os custos baixos e contribui para a percepção de que a Costco é para compradores sérios que procuram as melhores ofertas. Outras estratégias para manter os preços baixos incluem a oferta de apenas cerca de quatro mil produtos exclusivos de cada vez (o Walmart, em comparação, oferece mais de 100 mil) e negociar preços baixos com os fornecedores. Apenas 28% das vendas vêm de fora dos Estados Unidos, mas as vendas nos mercados internacionais têm crescido quase quatro vezes mais rápido do que as vendas nas lojas do país. A parte mais importante do plano de Jelinek é aumentar a presença internacional do Costco. Em uma entrevista de 2013, ele afirmou que a empresa abrirá os primeiros estabelecimentos na França e Espanha nos próximos dois anos, e que dois terços da expansão do Costco ao longo dos próximos cinco anos ocorrerão em âmbito internacional, com foco no Japão, em Taiwan e na Coreia do Sul.

A maior vantagem competitiva do Costco é a lealdade da força de trabalho. De acordo com R. J. Hottovey, analista de varejo da Morningstar, "O Costco remunera os funcionários muito bem — muito acima da indústria em termos de salários e benefícios". Quando a recessão econômica agravou-se no final de 2009 e muitos varejistas cortaram salários e demitiram funcionários, o Costco aumentou os salários. A felicidade e o moral dos funcionários são frequentemente negligenciados no setor varejista, mas não no Costco. Graças ao bom tratamento dos funcionários, a empresa tem uma das menores taxas de rotatividade no setor de varejo (em torno de 5%), e desde 2009 as vendas cresceram 39% e o preço das ações dobrou.[12]

Lembre-se disto

- O **ambiente organizacional**, composto pelos ambientes geral e de tarefas, inclui todos os elementos existentes do lado de fora dos limites da organização com potencial de afetá-la.

- Fazem parte de um **ecossistema organizacional** as empresas de todos os setores dos ambientes geral e de tarefas que promovem as transações de recursos e informações, fluxos e conexões necessários para que a organização prospere.

- O **ambiente geral** influencia de forma indireta todas as organizações dentro de uma indústria e inclui cinco dimensões.
- No **ambiente de tarefas**, há os setores que realizam operações diárias com a organização e influenciam diretamente nas operações e no desempenho básicos.
- O **ambiente interno** é composto de elementos que atuam nos limites da organização, como funcionários, gestão e cultura corporativa.
- Os **clientes** fazem parte do ambiente de tarefas e incluem as pessoas e empresas que adquirem bens ou serviços da organização.
- **Concorrentes** são organizações que atuam no mesmo setor ou tipo de negócio e disputam o mesmo conjunto de clientes.
- Os **fornecedores** oferecem as matérias-primas que a organização utiliza para produzir.
- O **mercado de trabalho** representa as pessoas disponíveis para trabalhar na organização.

Ambiente geral

O ambiente geral engloba as dimensões internacional, tecnológica, sociocultural, econômica, jurídico-política e natural.

Internacional

No livro *O mundo é plano*, Thomas Friedman desafia os gestores a ver os mercados globais como ambientes com condições iguais para todos, em que as divisões geográficas são irrelevantes.[13] Um mundo plano, de acordo com Friedman, cria oportunidades para que empresas expandam os negócios para mercados globais e criem uma cadeia de fornecimento global. À medida que expandem os negócios para mercados globais, os gestores devem considerar a **dimensão internacional** do ambiente externo, que envolve eventos originários de países estrangeiros e novas oportunidades para as empresas norte-americanas em outros países. Além de proporcionar novos concorrentes, clientes e fornecedores, o ambiente internacional influencia as tendências sociais, tecnológicas e econômicas.

Considere os resultados diversos que a rede Starbucks experimentou quando se expandiu para os mercados europeus. Fãs da Starbucks lotaram as lojas na Alemanha e no Reino Unido, por exemplo, mas as vendas e os lucros nas lojas francesas da empresa foram decepcionantes. Na verdade, após oito anos operando 63 lojas, a Starbucks nunca conseguiu lucro na França. Que fatores internacionais poderiam estar impedindo o sucesso da empresa na França? Uma economia instável e a crise da dívida europeia prejudicaram as vendas. Além disso, a Starbucks enfrentou altos aluguéis e custos trabalhistas na França, o que corroía os lucros. A empresa também foi lenta para adaptar a experiência Starbucks à cultura francesa do café. Enquanto o nova-iorquino pode pegar um copo descartável de café para viagem, os franceses preferem saborear uma grande caneca de cerâmica de café com amigos em um ambiente com estilo. Para responder a esses desafios, a Starbucks lançou uma campanha multimilionária na França, que incluiu a remodelagem de alto padrão das lojas com mais assentos e bebidas personalizadas, além de criações que apelam ao paladar local.[14] O ambiente internacional será abordado detalhadamente no próximo capítulo.

Tecnológica

A **dimensão tecnológica** do ambiente geral envolve avanços científicos e tecnológicos em setores específicos e também na sociedade como um todo. Avanços tecnológicos estimulam a competição e ajudam empresas inovadoras a ganhar fatias do mercado. No entanto, algumas indústrias não conseguiram se adaptar às mudanças tecnológicas

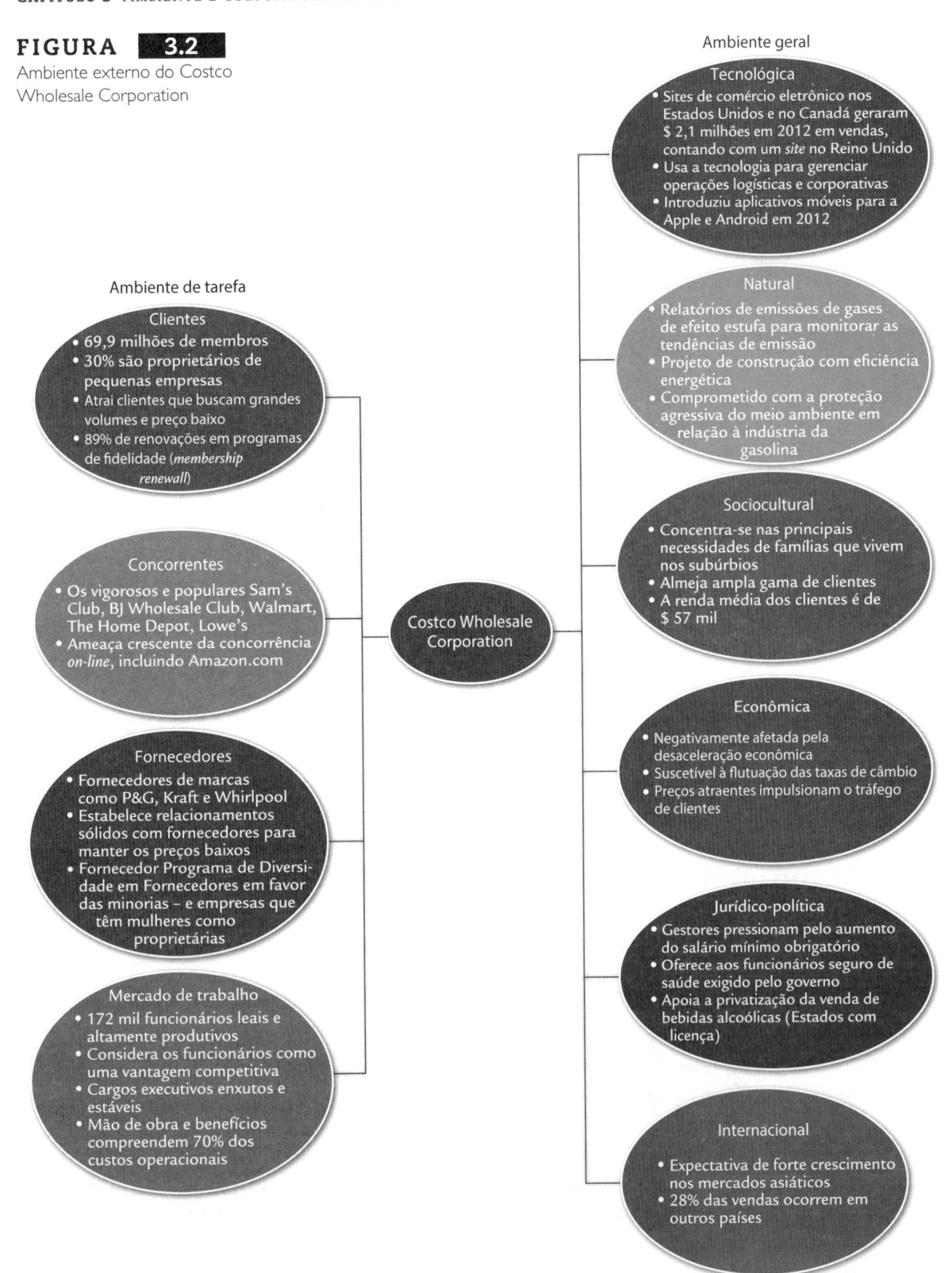

CAPÍTULO 3 AMBIENTE E CULTURA CORPORATIVA

FIGURA 3.2
Ambiente externo do Costco Wholesale Corporation

Ambiente geral

Tecnológica
- Sites de comércio eletrônico nos Estados Unidos e no Canadá geraram $ 2,1 milhões em 2012 em vendas, contando com um *site* no Reino Unido
- Usa a tecnologia para gerenciar operações logísticas e corporativas
- Introduziu aplicativos móveis para a Apple e Android em 2012

Ambiente de tarefa

Clientes
- 69,9 milhões de membros
- 30% são proprietários de pequenas empresas
- Atrai clientes que buscam grandes volumes e preço baixo
- 89% de renovações em programas de fidelidade (*membership renewal*)

Natural
- Relatórios de emissões de gases de efeito estufa para monitorar as tendências de emissão
- Projeto de construção com eficiência energética
- Comprometido com a proteção agressiva do meio ambiente em relação à indústria da gasolina

Sociocultural
- Concentra-se nas principais necessidades de famílias que vivem nos subúrbios
- Almeja ampla gama de clientes
- A renda média dos clientes é de $ 57 mil

Concorrentes
- Os vigorosos e populares Sam's Club, BJ Wholesale Club, Walmart, The Home Depot, Lowe's
- Ameaça crescente da concorrência *on-line*, incluindo Amazon.com

Costco Wholesale Corporation

Econômica
- Negativamente afetada pela desaceleração econômica
- Suscetível à flutuação das taxas de câmbio
- Preços atraentes impulsionam o tráfego de clientes

Fornecedores
- Fornecedores de marcas como P&G, Kraft e Whirlpool
- Estabelece relacionamentos sólidos com fornecedores para manter os preços baixos
- Fornecedor Programa de Diversidade em Fornecedores em favor das minorias – e empresas que têm mulheres como proprietárias

Jurídico-política
- Gestores pressionam pelo aumento do salário mínimo obrigatório
- Oferece aos funcionários seguro de saúde exigido pelo governo
- Apoia a privatização da venda de bebidas alcoólicas (Estados com licença)

Mercado de trabalho
- 172 mil funcionários leais e altamente produtivos
- Considera os funcionários como uma vantagem competitiva
- Cargos executivos enxutos e estáveis
- Mão de obra e benefícios compreendem 70% dos custos operacionais

Internacional
- Expectativa de forte crescimento nos mercados asiáticos
- 28% das vendas ocorrem em outros países

FONTES: *Costco Wholesale Annual Report* 2012, website de Relações com Investidores do Costco Wholesale Corporation, disponível em: <http://phx.corporate-irnet/phoenix.zhtml?c=83830&p=irol-reportsannual>, acesso em: 26 ago 2013; Brad Stone, "Costco CEO Craig Jelinek leads the cheapest, happiest company in the world", *Bloomberg Businessweek* (June 6, 2013), disponível em: <http://www.businessweek.com/articles/2013-06-06/costco-ceo-craig-jelinek-leads-the-cheapest-happiest-company-in-the-world>, acesso em: 26 ago. 2013); "Costco Wholesale Corporation", *Marketline* (April 30, 2012): 3-9; Alaric DeArment, "Costco's Lobbying Changes Wa's liquor laws: who is next?", *Drug Store News*, (December 12, 2011): 12; Sharon Edelson, "Costco keeps formula as it expands", *Women's Wear Daily* (January 30, 2012): 1.

e, por isso, estão enfrentando prejuízos. Gestores na Fuji obtiveram bons resultados por perceberem a tendência das câmeras digitais e responderem mais rapidamente que a Kodak, mas até eles não se anteciparam à revolução *wireless* nem se prepararam para ela. Adicionar a tecnologia *Wi-Fi* para conectividade à internet é comum em muitos eletrônicos consumíveis, mas, na maior parte, as câmeras digitais continuam sendo dispositivos autossuficientes. É um descuido que está prejudicando não só a Fuji, mas também a Panasonic, Olympus, Canon e outros fabricantes de câmeras. O número de fotografias tiradas está subindo, mas a maioria das pessoas está usando os *smartphones* para que possam compartilhar fotos facilmente no Facebook, Instagram e em outras mídias sociais. Os embarques de câmeras digitais compactas despencaram 42% nos primeiros cinco meses de 2013. Segundo Christopher Chute, analista de imagem digital da empresa de pesquisa IDC, "É o caso clássico de uma indústria que é incapaz de se adaptar".[15]

Sociocultural

A **dimensão sociocultural** do ambiente geral representa as características demográficas, as normas, os costumes e os valores da população geral. Características socioculturais importantes são distribuição geográfica, densidade populacional, idade e níveis de educação. Os perfis demográficos atuais são a base da força de trabalho e dos consumidores do futuro. Ao compreenderem esses perfis e enfrentá-los nos planos de negócio da organização, os gestores preparam as organizações para o sucesso de longo prazo. Gestores inteligentes devem levar em conta como as seguintes tendências socioculturais estão mudando o espectro de consumidores e empresas:

1. Uma nova geração de consumidores tecnologicamente experientes, diversamente chamada Gen Z, ReGens, Connected Generation ou simplesmente Post-Millennials, tem entrelaçado intimamente a tecnologia em todos os aspectos das vidas deles. Os dispositivos móveis influenciam a forma como se comunicam, fazem compras, viajam e ganham créditos na faculdade. Essa geração representará 40% da população nos Estados Unidos e na Europa em 2020 e constituirão o maior grupo de consumidores em todo o mundo. Previsões de que produtos eles valorizarão como consumidores incluem marcas de confiança e produtos e empresas que demonstrem compromisso com a responsabilidade ambiental, social e fiscal.[16]

2. Os jovens também estão liderando a tendência em direção à igualdade social generalizada. Pesquisas mostram que os pontos de vista sobre costumes sociais e estilos de vida estão mudando. A porcentagem declarada da sociedade que diz incentivar mais tolerância com pessoas que adotam estilos de vida e origens diferentes aumentou de 29% em 1999 para 44% em 2013. O apoio ao casamento *gay* aumentou de 30% para 53% em 2004, e diversos Estados norte-americanos já aprovaram leis que permitem o casamento entre pessoas do mesmo sexo.[17] Outra pesquisa mostra que 57% das pessoas apoiam um caminho para a cidadania de imigrantes ilegais e 48%, a legalização da maconha.[18]

Conexão de conceito ◀◀◀

Sagazes construtores estão respondendo às mudanças na **dimensão sociocultural**. Os *baby boomers* que agora estão envelhecendo têm sido um pilar do mercado imobiliário durante a crise econômica, e o que eles querem são pequenas casas projetadas com recursos específicos para ajudá-los a ficar em casa mais tempo possível. Por exemplo, a premiada Green Lake Residence, em Seattle, Washington, projetada por Emory Baldwin da ZAI, Inc., oferece um projeto eficiente e adaptável, que inclui entradas sem escadas e cômodos construídos uns sobre os outros que podem ser convertidos em um espaço para o elevador, se necessário.

Jay Clendenin/Aurora Photos

3. Os dados mais recentes do censo norte-americano mostram que mais da metade de todos os bebês nascidos em 2011 eram membros de grupos minoritários, a primeira vez que isso aconteceu na história do país. Hispânicos, afro-americanos, asiáticos e outras minorias representaram 50,4% dos nascimentos em 2011. A diversidade crescente das nações traz enormes consequências para os negócios.[19]

Econômica

A **dimensão econômica** representa a saúde econômica geral do país ou da região em que a organização opera. O poder de compra do consumidor, a taxa de desemprego e as taxas de juros são parte do ambiente econômico da organização. Como as organizações de hoje estão operando em um ambiente global, essa dimensão tornou-se extremamente complexa e gera muita incerteza para os gestores.

Nos Estados Unidos, muitas indústrias, como a dos bancos, estão encontrando dificuldades para voltar ao normal, apesar da lenta recuperação da economia. Segundo a KeyCorp, uma das maiores organizações de serviços financeiros, houve uma reviravolta desigual, com mistura de boas e más notícias. Embora a KeyCorp tenha enfrentado redução no total de ativos, queda na receita e declínio da margem de lucro nos empréstimos, a empresa constatou que houve um número menor de empréstimos inadimplentes e forte demanda de clientes corporativos por novos empréstimos. Com bancos que vão desde o Alasca até o Maine, a KeyCorp se beneficiou da diversidade geográfica porque algumas regiões dos Estados Unidos se recuperaram mais rapidamente que outras. Para Beth Mooney, presidente da KeyCorp, "Como estamos passando por uma recuperação econômica [...] o nosso modelo de negócios, nosso tamanho e a diversidade geográfica são vantagens. Há cinco anos, a sabedoria convencional teria dito outra coisa".[20]

Jurídico-política

A **dimensão jurídico-política** engloba regulamentações governamentais local, estadual e federal, bem como as atividades políticas desenvolvidas para influenciar o comportamento das empresas. O sistema político norte-americano incentiva o capitalismo, e o governo tenta não regulamentar excessivamente os negócios. No entanto, as leis governamentais definem as regras do jogo. O governo federal influencia organizações

Poder Verde

Ganhando proporções míticas

Na mitologia grega, Nike era a deusa alada da vitória. Com sede em Portland, no Oregon – considerada uma das cidades "mais verdes" –, a Nike, Inc. tem a cultura corporativa centrada em torno do compromisso com a vitória, tanto no campo do atletismo quanto como uma das 100 empresas mais sustentáveis do mundo. Algumas empresas dão sinal de sustentabilidade por meio da redução de toxinas, mas a Nike foi além. A ferramenta de previsões da empresa, o Considered Design Index, monitora todo o impacto ambiental do ciclo de produção do tênis de corrida, pontuando tudo, do tecido à redução do desperdício.

A vitória na sustentabilidade também significa influenciar outras empresas. A equipe CSR da Nike liderou o GreenXchange, evento que reuniu empresas para explorar oportunidades, compartilhar informações e debater tendências e questões. À medida que a influência sustentável da Nike cresce, o mantra cultural reflete a divindade alada: "Não há linha de chegada para os esforços ambientais – sempre podemos ir mais longe".

Fontes: Marc J. Epstein; Adriana Rejc Buhovac; Kristi Yuthas, "Why Nike kicks butt in sustainability", *Organizational Dynamics* 39 (2010): 353-356; "Sustainable business at Nike, Inc.", *website* corporativo da Nike, disponível em: <http://nikeinc.com/pages/responsibility>, acesso em: 24 jul. 2012.

Conexão de conceito

Motivadas pelo desejo de preservar os recursos naturais para impressionar os clientes com a responsabilidade social ou cumprir a nova legislação, muitas empresas estão procurando maneiras de tratar melhor o ambiente natural: algumas têm adotado fontes de energia renováveis, e outras estão tentando reduzir a poluição. A promoção do uso de sacolas de pano como essa é apenas um exemplo de como os varejistas podem ajudar a minimizar a quantidade de lixo despejada em aterros sanitários pelo mundo.

Ariel Skelley/Blend Images/Getty Images

por meio da Administração de Segurança e Saúde Ocupacional (Occupational Safety and Health Administration – Osha), da Agência de Proteção Ambiental (EPA), de práticas de comércio justo, estatutos de difamação que permitem ações judiciais contra empresas, defesa do consumidor e legislação sobre privacidade, além de requisitos de segurança de produtos, restrições de importação e exportação, e requisitos de informação e rotulagem. Um dos mais recentes desafios na dimensão jurídico-política é o Ato para a Proteção de Pacientes e Atendimento Acessível, às vezes chamado Obamacare (aprovado em 2010 e confirmado pelo Supremo Tribunal como ato constitucional em 2012). A lei exige que as empresas forneçam seguro de saúde para os funcionários ou paguem multas.[21]

Em muitas empresas, os gestores trabalham em estreita colaboração com legisladores nacionais, educando-os sobre os produtos e serviços, e o impacto da legislação sobre as estratégias de negócios. Por exemplo, muito antes da estreia na Nasdaq, em maio de 2012, o Facebook já havia se aproximado dos principais legisladores da nação. Os gestores contrataram ex-assessores políticos com acesso aos principais líderes dos partidos Republicano e Democrata e os levaram a liderar sessões de treinamento sobre como usar o Facebook para se comunicar com eleitores. Além disso, o Facebook intensificou os esforços de *lobby* e estabeleceu um comitê de ação política. Segundo Rey Ramsey, CEO da Tech-Net, um grupo da indústria que inclui o Facebook, "É a defesa inteligente 101. O que você quer finalmente é que um legislador entenda as consequências das ações".[22]

Natural

Em resposta à pressão dos defensores do meio ambiente, as organizações tornaram-se cada vez mais sensíveis com relação aos recursos naturais em diminuição na Terra e ao impacto ambiental dos produtos e das práticas empresariais. Como resultado, a dimensão natural do ambiente externo está se tornando mais importante. A **dimensão natural** envolve todos os elementos que existem naturalmente na Terra: plantas, animais, pedras e recursos, como ar, água e clima. A proteção do ambiente natural está surgindo como um foco crítico de políticas em todo o mundo. Os governos estão enfrentando crescentes pressões para explicar os desempenhos no controle da poluição e na gestão de recursos naturais. A Figura 3.3 lista os países com melhor desempenho ambiental. Observe que o melhor desempenho é da Suíça, que recebe a maior parte da eletricidade de fontes renováveis de energia – hidrelétrica e geotérmica.

A dimensão natural é diferente de outros setores do ambiente geral porque não tem voz própria. A influência sobre gestores para atender às necessidades do meio ambiente natural pode vir de outros setores, como regulamentações do governo, preocupações dos consumidores, a mídia, ações dos concorrentes ou até mesmo dos funcionários.[23] Por exemplo, grupos ambientalistas defendem várias metas de ações e políticas que incluem redução e limpeza da poluição, desenvolvimento dos recursos energéticos renováveis, redução de gases de efeito estufa, como dióxido de carbono, e uso sustentável de recursos escassos como água, terra e ar. Em 2010, o derramamento de petróleo no Golfo do México trouxe as questões ambientais à tona. Meses após um equipamento BP-Transocean no poço de petróleo Deepwater Horizon ter explodido, centenas de milhares de litros de petróleo ainda estavam vazando para o mar aberto todos os dias,

TEMA RECENTE

CAPÍTULO 3 AMBIENTE E CULTURA CORPORATIVA

FIGURA 3.3 Índice de desempenho ambiental[2] de 2012

Classificação	País	Pontuação
1	Suíça	76,69
2	Letônia	70,37
3	Noruega	69,92
4	Luxemburgo	69,2
5	Costa Rica	69,03
6	França	69
7	Áustria	68,92
8	Itália	68,9
9	Suécia	68,82
10	Reino Unido	68,82
11	Alemanha	66,91
12	Eslováquia	66,62
13	Islândia	66,28
14	Nova Zelândia	66,05
15	Albânia	65,85
37	Canadá	58,41
49	Estados Unidos	56,59
116	China	42,24
125	Índia	36,23
132	Iraque	25,32

FONTE: 2012 *Environmental Performance Index*, Yale Center for Environmental Law and Policy Yale University, disponível em: <http://epi.yale.edu/epi2012/rankings>; Center for International Earth Science Information Network, Columbia University.

Observação: As pontuações para cada país são baseadas em 25 indicadores de desempenho, abrangendo tanto a saúde pública ambiental quanto a vitalidade do ecossistema, como a poluição do ar e as emissões de gases de efeito estufa.

somando-se aos milhões de litros que já contaminaram a água e as praias ao longo da costa de Louisiana, Mississippi, Alabama e Flórida, ameaçando peixes, aves, tartarugas e a vegetação da região. Segundo Felicia Coleman, que dirige o Laboratório de Vida Marinha e Costeira da Florida State University, "Um dos últimos hábitats costeiros virgens e mais diversos biologicamente do país está prestes a ser exterminado". E não há muito que possamos fazer quanto a isso".[24]

Lembre-se disto

- A **dimensão internacional** do ambiente externo representa eventos originários de países estrangeiros, bem como oportunidades para empresas norte-americanas em outros países.
- A **dimensão tecnológica** do ambiente geral engloba os avanços científicos e tecnológicos da sociedade.
- A **dimensão sociocultural** inclui características demográficas, normas, costumes e valores da população para a qual a organização opera.
- A **dimensão econômica** representa a saúde econômica geral do país ou da região em que a organização opera.
- A **dimensão jurídico-política** envolve regulamentações governamentais locais, estadual e federal, bem como as atividades políticas desenvolvidas para influenciar o comportamento das empresas.
- Fazem parte da **dimensão natural** todos os elementos que existem naturalmente na Terra: plantas, animais, pedras e recursos, como ar, água e clima.

Relação organização-ambiente

Por que as organizações se importam tanto com os fatores do ambiente externo? Porque o ambiente gera incerteza para os gestores, que devem criar estratégias para que a organização possa se adaptar a ele.

INCERTEZA AMBIENTAL

Incerteza significa que gestores não têm informações suficientes sobre os fatores ambientais para compreender e prever as necessidades e mudanças ambientais.[25] Como mostra a Figura 3.4, as características ambientais que influenciam a incerteza estão relacionadas aos inúmeros fatores que afetam a organização e às suas alterações.

Em uma grande multinacional como o Costco, os gestores precisam lidar com milhares de fatores do ambiente externo que geram incerteza. Quando os fatores externos mudam rapidamente, a organização experimenta incerteza elevada; exemplos de empresas que normalmente enfrentam tais problemas são as de telecomunicações e aeroespaciais, de informática e eletrônica e organizações de internet. Considere a incerteza que os gerentes da Nintendo estão enfrentando com a imensa quantidade de jogos baratos para *download* em *smartphones* e *tablets*. Os fabricantes tradicionais de jogos de console, como a Nintendo, estão enfrentando um mar de mudanças tanto em tecnologias quanto nas preferências dos consumidores. Em 2012, a Nintendo registrou o primeiro prejuízo da sua história como empresa de *videogames*.[26]

Quando uma organização lida com apenas alguns fatores externos e estes são relativamente estáveis, como os que afetam empresas engarrafadoras de refrigerantes ou processadoras de alimentos, os gestores experimentam baixa incerteza e podem dedicar menos atenção a questões externas.

> **Faça uma pausa**
>
> Consulte a sua pontuação no teste de abertura para ver o quão bem você pode se adaptar como novo gestor em um ambiente inconstante.

ADAPTAÇÃO AO AMBIENTE

As mudanças ambientais podem evoluir de forma inesperada, como a mudança nas preferências dos clientes para vídeos e jogos de computador ou *sites* de mídia social,

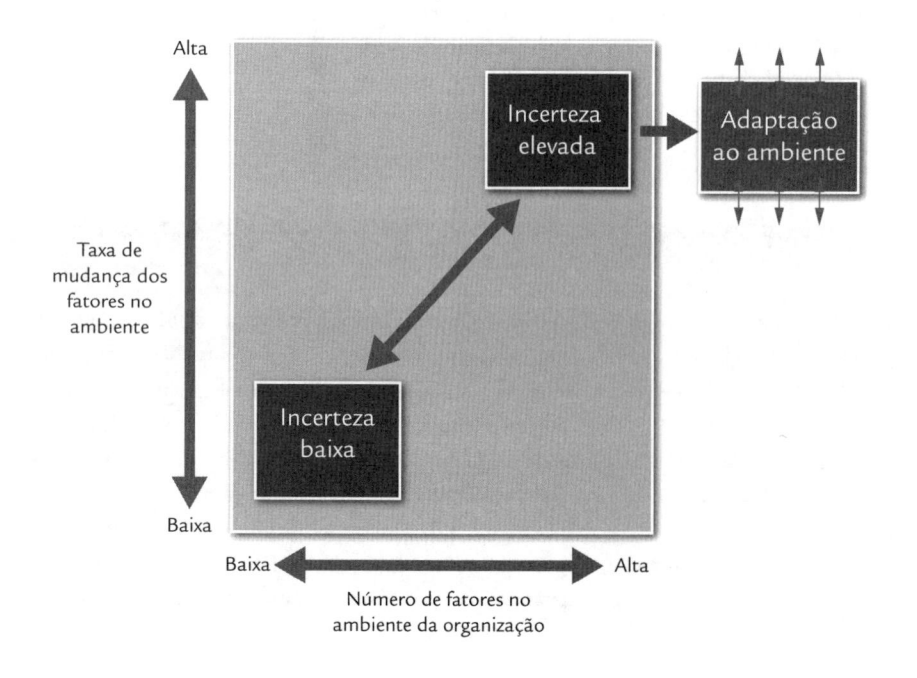

FIGURA 3.4
Ambiente externo e incerteza

ou podem ocorrer violentamente, como o terremoto japonês e o *tsunami* de 2011. O nível de turbulência criado por uma mudança ambiental determinará o tipo de resposta que os gestores devem dar para que a organização sobreviva. Os gestores examinam continuamente o horizonte de negócios para identificar tanto as mudanças ambientais sutis quanto as dramáticas, também chamadas de questões estratégicas, e selecionar as que exigem respostas estratégicas. **Questões estratégicas** são "eventos ou forças, dentro ou fora da organização, que podem alterar a capacidade de a empresa atingir os objetivos". Com o aumento da turbulência ambiental, questões estratégicas surgem com mais frequência.[27] Os gestores usam várias estratégias para se adaptar a essas questões estratégicas, como aplicativos de *business intelligence*, tentativas de influenciar o ambiente, criação de parcerias interorganizacionais e fusões ou *joint ventures*.

Inteligência empresarial

As organizações dependem de informações, e aquelas que conseguirem adquirir, interpretar, difundir e utilizar esses dados com mais eficiência serão as vencedoras. Os gestores já entenderam a importância de estarem cientes não apenas do que acontece dentro da organização, mas também no ambiente externo. O **boundary spanning** promove a conexão e integra a organização com elementos essenciais no ambiente externo.[28]

Uma área do *boundary spanning* refere-se à utilização da inteligência de negócios, que resulta da aplicação de *software* sofisticado para avaliar dados internos e externos que permitam detectar padrões, tendências e relações que possam ser significativos. O segmento que cresce mais rápido na inteligência de negócios é a análise de *big data*. Conforme descrito no Capítulo 2, a análise de *big data* refere-se à pesquisa e avaliação de enormes e complexos conjuntos de dados para descobrir padrões e correlações ocultos e identificar as melhores decisões.[29]

A análise de *big data* tem se tornado uma força motriz em muitas organizações, com 85% das 500 empresas listadas na revista *Fortune* de 2012 apresentando o lançamento de iniciativas em *big data*.[30] Um dos exemplos mais conhecidos pela população do uso da análise de *big data* é o mundo dos esportes. O famoso livro Moneyball: a arte de ganhar um jogo injusto, de Michael Lewis – adaptado para o cinema com título em português O homem que mudou o jogo e estrelado por Brad Pitt –, conta como o gestor geral do Oakland Athletics, Billy Beane, construiu uma equipe vencedora ao analisar as estatísticas dos jogadores que eram anteriormente ignoradas.[31] Hoje, a maioria das equipes esportivas utiliza programas sofisticados de análise de dados para avaliar as estatísticas dos jogadores. Da mesma forma, as empresas usam a análise de *big data* para ter *insights* que possam melhorar o desempenho. Algumas companhias aéreas usam um serviço chamado RightETA, da PASSUR Aerospace, um fornecedor de tecnologias de apoio à decisão para a indústria aeronáutica, para eliminar as diferenças entre os tempos estimados e os tempos reais das chegadas de voos. A PASSUR armazena ampla gama de dados multidimensionais e pode analisar os padrões que ocorrem há mais de uma década para entender o que acontece em condições específicas. Segundo a empresa, ao permitir que companhias aéreas saibam quando os aviões pousarão e possam se planejar de acordo com as informações obtidas, milhões de dólares podem ser economizados por ano.[32] Bancos como o Capital One analisam os clientes com base no risco e uso de crédito e em vários outros critérios para combinar as características deles com ofertas de produtos adequados. A Kaiser Permanente capta *petabytes* de dados sobre a saúde dos oito milhões de membros. Alguns desses dados foram utilizados em um estudo patrocinado pela Food and Drug Administration (FDA) dos Estados Unidos, que identificou um risco mais elevado de ataques cardíacos entre usuários do analgésico Vioxx.[33]

A inteligência de negócios e a análise de *big data* também estão relacionadas com a ascensão de um setor dentro do *boundary spanning* conhecido como inteligência competitiva (IC), que se refere a atividades desempenhadas para que se obtenha o máximo de informações sobre os rivais.[34]

> **Faça uma pausa**
>
> No material complementar, leia a seção "Aplique suas habilidades: dilema ético" que se refere à *startup* CI. Você teria coragem de denunciar o seu chefe por uso inadequado de informação confidencial? Enfim, você colocaria o seu emprego em jogo por isso?

Influenciar o ambiente

O *boundary spanning* é uma tarefa cada vez mais importante nas organizações, pois mudanças ambientais podem ocorrer rapidamente no mundo de hoje. Os gestores precisam de boas informações sobre os clientes, concorrentes e outros elementos para que possam tomar boas decisões. O *boundary spanning* também engloba atividades que representam o interesse da organização pelo ambiente e procuram influenciar os elementos do ambiente externo.[35] A General Electric (GE) gasta mais de $ 39 milhões em *lobby* político para influenciar funcionários do governo a adotar medidas que afetam positivamente o desempenho da empresa. Os lobistas políticos da GE encurtam a distância entre a organização e o governo, o que é considerado um aspecto crítico do ambiente externo.[36]

TEMA RECENTE

Atualmente, no Congresso norte-americano, há um intenso *lobbying* cujo propósito é aprovar um projeto de lei que visa cobrar imposto das vendas *on-line*. Vários Estados já aprovaram leis que obrigam os consumidores a pagar os chamados impostos sobre *e-sales*, e, em maio de 2013, o Senado aprovou a Lei de Equidade de Mercado (Marketplace Fairness Act – MFA), que dá aos Estados a autoridade legal para obrigar varejistas de departamentos e da internet a recolher esse imposto sobre as compras *on-line*, onde quer que estejam. Os lobistas de grandes varejistas com presença física, como Walmart e Target, apoiam abertamente o projeto de lei, que continua na subcomissão da Câmara dos Deputados, ao passo que uma associação comercial da *web*, que inclui eBay, Overstock.com e Facebook, é contra. Quase 83% dos proprietários das pequenas empresas questionadas também se opõem à legislação, a qual, segundo eles, representa um entrave na competição com as grandes empresas, pois são forçados a aumentar os preços nas vendas *on-line* ou bancar o imposto. Enquanto isso, a principal líder do comércio *on-line*, a Amazon, apoia esse imposto. Isso sugere uma mudança na direção estratégica da empresa, o que inclui mais presença física em mais Estados. Ambos os lados têm reforçado o empenho em *lobbying*.[37]

Parcerias interorganizacionais

Frequentemente, as organizações se unem para adaptar ou influenciar o ambiente. Em face da forte concorrência global, da tecnologia em constante mutação e das novas regulamentações governamentais, poucas empresas podem competir de forma eficaz, a menos que se unam a outras para formar várias parcerias. Em todo o mundo, as organizações

FIGURA 3.5 Mudança para um paradigma de parceria

Da orientação competitiva →	À orientação de parceria
• Suspeita, competição, plena concorrência	• Confiança, valor agregado para ambos os lados
• Preço, eficiência, lucros próprios	• Patrimônio, negociação justa, todos lucram
• Informações e *feedback* limitados	• *Links* de *e-business* para compartilhar informações e realizar transações digitais
• Ações judiciais para resolver conflitos	• Estreita coordenação; equipes virtuais e pessoas no local
• Envolvimento e investimento inicial mínimos	• Envolvimento no *design* e fabricação do produto dos parceiros
• Contratos de curto prazo	• Contratos de longo prazo
• Contratos limitam o relacionamento	• A assistência empresarial vai além do contrato

são incorporadas a redes complexas de relações confusas – atuam como parceiras em alguns mercados e competem ferozmente em outros. O número de alianças corporativas tem aumentado a uma taxa de 25% ao ano, e muitas delas são formadas entre concorrentes.[38] Por exemplo, na indústria automobilística, a General Motors (GM) e Honda competem ferozmente, mas elas se uniram para desenvolver uma célula de combustível de hidrogênio que seria compartilhada por ambas, para automóveis a serem produzidos próximos do fim da década. A Hyundai, Chrysler e Mitsubishi fecharam juntas a Global Engine Manufacturing Alliance para construir motores de quatro cilindros. A Volvo é agora propriedade de Zhejiang Geely Holding Group, da China, mas mantém aliança com o proprietário anterior, a Ford, para fornecer motores e alguns outros componentes.[39] Em uma parceria, cada organização apoia outras empresas e depende destas para prosperar e, talvez, sobreviver, mas isso não as impede de competir ferozmente em outras áreas.[40]

Os gestores de organizações parceiras passam de orientação competitiva para orientação de parceria. O novo paradigma, apresentado na Figura 3.5, baseia-se na confiança e na capacidade dos parceiros de encontrar soluções justas para os conflitos, de modo que todos possam lucrar com o relacionamento. Os gestores trabalham para reduzir custos e agregar valor para ambos os lados, e não para direcionar todos os benefícios para as próprias empresas. O novo modelo também se caracteriza pelo alto nível de compartilhamento de informações, incluindo *links* de *e-business* para pedidos automáticos, pagamentos e outras transações. Além disso, a interação social fornece *feedbacks* construtivos e resolve problemas. Os parceiros de outras empresas podem estar no local ou participar de equipes virtuais para promover uma coordenação eficiente. Os parceiros estão frequentemente envolvidos no *design* e na fabricação do produto dos outros e estão comprometidos em longo prazo. Comumente, os parceiros comerciais se ajudam mutuamente e, às vezes, extrapolam o que foi especificado em contrato.[41]

Fusões e *joint ventures*

Um passo além das parcerias estratégicas é o envolvimento de empresas em operações de fusão ou *joint ventures* com o objetivo de reduzir a incerteza ambiental. Uma onda de fusões e aquisições ocorridas nos últimos anos, tanto nos Estados Unidos quanto internacionalmente, é uma tentativa de as organizações lidarem com a enorme volatilidade do ambiente.[42] Na indústria da saúde, por exemplo, uma abrangente tendência nacional de acordos operacionais conjuntos e fusões reflete a enorme incerteza que paira sobre o setor. Mais de 100 transações envolvendo hospitais ocorreram em 2012, o dobro dos negócios fechados apenas três anos antes. Além disso, Gary Ahlquist, sócio sênior da Booz & Company, previu, em 2013, que, dos 5.724 hospitais norte-americanos, cerca de mil terão novos proprietários nos próximos sete anos.[43]

Uma **fusão** ocorre quando duas ou mais organizações se combinam para tornar-se uma só. Por exemplo, o conglomerado de aluguéis de automóveis, o Avis Budget Group, comprou recentemente a Zipcar, uma empresa popular de compartilhamento de carros com sede em Cambridge, no Estado norte-americano de Massachusetts.[44] Uma **joint venture** envolve uma aliança ou um plano estratégico entre duas ou mais organizações. Em geral, uma *joint venture* ocorre quando um projeto é muito complexo, caro ou incerto para uma empresa lidar com ele sozinha. As empresas Sikorsky Aircraft e Lockheed Martin, por exemplo, uniram-se para fechar um

Conexão de conceito

A maior rede de drogarias dos Estados Unidos, Walgreens, decidiu expandir os negócios por meio de uma grande aquisição. A empresa pagou quase $ 400 milhões para comprar a rede varejista *on-line* de produtos de saúde e beleza, a Drugstore.com. **Fusões e aquisições** são uma maneira de as organizações se adaptarem ao ambiente incerto.

novo contrato para a frota de helicópteros Marine One. Nessa *joint venture*, cabe à Sikorsky construir os helicópteros, e a Lockheed Martin se responsabiliza pelo fornecimento da vasta gama de sistemas especializados que cada uma utiliza. Embora as duas já tenham competido para construir helicópteros presidenciais, elas se uniram para desbancar as empresas concorrentes, como Boeing, Bell Helicopters e Finmeccanica SpA's Agusta Westland.[45] As *joint ventures* ganham mais espaço à medida que as empresas se esforçam para acompanhar a rápida transformação tecnológica e competir na economia global.

Lembre-se disto

- Quando fatores externos mudam rapidamente, a organização experimenta incerteza elevada.
- **Questões estratégicas** são eventos e forças que alteram a capacidade da organização de atingir os objetivos. Com o aumento da turbulência ambiental, questões estratégicas surgem com mais frequência.
- O *boundary spanning* promove a conexão e integra a organização com elementos essenciais no ambiente externo.
- A **análise de** *big data* utiliza uma poderosa tecnologia de informática para pesquisar e analisar volumosos e complexos conjuntos de dados, com o propósito de descobrir padrões e correlações ocultos que permitam aos gestores tomar decisões melhores.
- As **parcerias interorganizacionais** reduzem fronteiras e aumentam a colaboração com outras organizações.
- Uma **fusão** ocorre quando duas ou mais organizações se combinam para tornar-se uma só.
- *Joint venture* é uma aliança estratégica ou um programa entre duas ou mais organizações.
- A Sikorsky Aircraft e Lockheed Martin uniram-se para cumprir um novo contrato de fornecimento de helicópteros Marine One.

Ambiente interno: cultura corporativa

O ambiente interno em que os gestores trabalham envolve cultura corporativa, tecnologia de produção, estrutura organizacional e instalações físicas. Nesse cenário, a cultura corporativa é extremamente importante para a vantagem competitiva. A cultura interna deve atender às necessidades do ambiente externo e da estratégia da empresa. Quando esse ajuste ocorre, os funcionários altamente comprometidos criam uma organização de alto desempenho difícil de ser superada.[46]

A maioria das pessoas não leva em conta a cultura; é simplesmente "como fazemos as coisas por aqui" ou "a forma como as coisas são aqui". No entanto, os gestores devem pensar seriamente na cultura, pois é ela que fornece as diretrizes sobre a interação entre as pessoas da organização e entre esta e o ambiente externo, desempenhando assim um papel significativo no sucesso organizacional. A cultura organizacional foi definida e estudada em inúmeras e variadas formas. Para efeitos do presente capítulo, definimos **cultura** como o conjunto de valores, crenças, entendimentos e normas principais compartilhados por membros de uma organização.[47] O conceito de cultura ajuda os gerentes a compreender os aspectos ocultos e complexos da vida organizacional. A cultura é um padrão de valores e pressupostos compartilhados sobre como as coisas são feitas dentro da organização. Esse padrão é aprendido pelos membros à medida que eles lidam com problemas externos e ensinado aos novos membros como a forma correta de perceber, pensar e sentir.

Apesar da importância de culturas corporativas fortes, elas também podem ocasionalmente promover valores e comportamentos negativos. Quando as ações dos principais líderes são antiéticas, por exemplo, toda a cultura pode ser contaminada. Considere o que aconteceu na News Corporation, um gigante corporativo com uma gama lucrativa de empresas de mídia em todo o mundo. Rupert Murdoch, presidente e CEO da empresa, foi acusado de utilizar, com frequência, táticas antiéticas e às vezes ultrapassadas nas transações comerciais. Além disso, Murdoch supostamente abusou dos gastos para silenciar os críticos com o pagamento de milhares de dólares. "Enterre seus erros", Murdoch gostava de dizer.[48] Mas ele não podia enterrar o escândalo que abalou a organização depois que os jornalistas da News Corporation supostamente hackearam mensagens privadas de correio de voz e subornaram policiais em busca de informações quentes. Como relatado no *The New York Times*, os jornalistas chegaram ao ponto de hackear o correio de voz de uma menina assassinada de 13 anos, Milly Dowler, enquanto ela ainda era listada como desaparecida.[49] Como esse exemplo ilustra, os valores e comportamentos dos líderes no topo têm o potencial de moldar significativamente as decisões tomadas pelos funcionários em toda a organização. Mark Lewis, o advogado da família da menina assassinada, salientou: "Não se trata apenas de um indivíduo, mas da cultura da organização".[50]

A cultura pode ser analisada em dois níveis, como ilustra a Figura 3.6.[51] Na superfície, estão os artefatos visíveis, que incluem maneira de vestir, padrões de comportamento, símbolos físicos, cerimônias de organização e *layout* de escritório. Artefatos visíveis referem-se a todas as coisas que podem ser vistas, ouvidas e observadas quando se analisam os membros da organização. Em um nível mais profundo e menos óbvio, estão os valores e as crenças não observáveis, mas que podem ser percebidos por meio da forma como as pessoas explicam e justificam o que fazem. Os membros da organização mantêm alguns valores em um nível consciente. Esses valores podem ser interpretados a partir das histórias, do idioma e dos símbolos que os membros da organização usam para representá-los.

Alguns valores tornam-se tão profundamente arraigados em uma cultura que os membros não têm mais consciência deles. Essas suposições e crenças básicas subjacentes são a essência da cultura e orientam de forma inconsciente o comportamento e as decisões. Em algumas organizações, um pressuposto básico pode ser que as pessoas são essencialmente preguiçosas e fugirão das funções sempre que possível; assim, os funcionários são supervisionados de perto e têm pouca liberdade, e os colegas estão sempre suspeitando uns dos outros. Organizações mais bem informadas operam com base na suposição básica de que as pessoas querem fazer um bom trabalho; nessas organizações, os funcionários recebem mais liberdade e responsabilidade, e os

TEMA RECENTE

Faça uma pausa

Realize a atividade proposta na seção "Aplique suas habilidades: pequeno grupo em prática", no material complementar, que trata da identificação de normas culturais.

FIGURA 3.6
Níveis de cultura corporativa

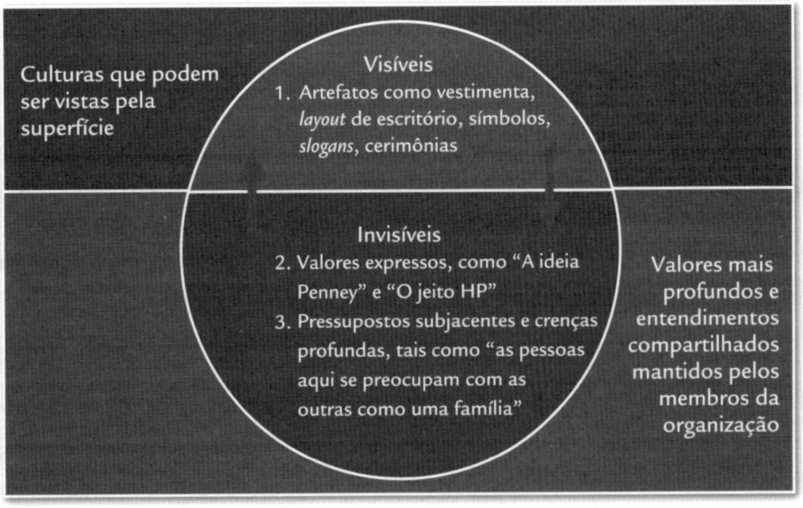

Culturas que podem ser vistas pela superfície

Visíveis
1. Artefatos como vestimenta, *layout* de escritório, símbolos, *slogans*, cerimônias

Invisíveis
2. Valores expressos, como "A ideia Penney" e "O jeito HP"
3. Pressupostos subjacentes e crenças profundas, tais como "as pessoas aqui se preocupam com as outras como uma família"

Valores mais profundos e entendimentos compartilhados mantidos pelos membros da organização

Forma inovadora
Menlo Innovations

Richard Sheridan, James Goebel, Robert Simms e Thomas Meloche fundaram a Menlo Innovations para criar *software* personalizado para as organizações, mas um dos principais objetivos era criar uma cultura que fosse única e englobasse os valores do trabalho em equipe, igualdade, confiança, aprendizagem e diversão. A Menlo traz alegria ao trabalho normalmente árduo e solitário por trás do desenvolvimento de *software*, tornando-o coletivo.

Em muitas empresas de *software*, os desenvolvedores trabalham sozinhos e são pressionados para atender às metas de desempenho rigorosas, mas, na Menlo, a colaboração é valorizada acima de qualquer outra coisa. Todos trabalham em uma sala grande e aberta, sem barreiras de qualquer tipo para limitar a comunicação e a troca de informações. Os funcionários trabalham em pares, compartilham um único computador e passam o *mouse* de um para o outro enquanto debatem ideias e solucionam problemas. Os pares ficam juntos por uma semana, e, em seguida, todos se juntam a novos parceiros. A variedade de parceiros e tarefas ajuda a manter a energia, além de trazer novas perspectivas para os projetos em evolução.

Curiosidade, vontade de aprender e capacidade de "lidar bem com os outros" são as qualidades que a Menlo busca nos funcionários. Para manter a cultura forte, a empresa usa uma abordagem inusitada para entrevistar os candidatos ao emprego: primeiro, em pares, eles fazem três exercícios, e, em seguida, são avaliados quanto à capacidade de fazer o outro candidato se sair bem. Trata-se de uma atividade difícil para algumas pessoas – tentar garantir que um concorrente pareça ser bom o suficiente para conseguir o emprego que deseja. No entanto, na Menlo, se você não puder fazer isso, não se ajustará à cultura – e adaptação à cultura é essencial. Qualquer um que diga "Estou certo, então vamos fazer desta maneira" não vai durar muito.[52]

colegas confiam uns nos outros e trabalham de forma cooperativa. Na Menlo Innovations, por exemplo, que faz parte da tendência de organizações sem chefe (*bossless*) que abordamos no Capítulo 2, a cultura promove confiança e colaboração. O boxe "Conversa com gestores" deste capítulo descreve melhor a tendência *bossless*.

Na Menlo, o objetivo não é ter a resposta certa, fazer a conexão correta, ser o mais inteligente ou saber mais, mas sim estimular o que há de melhor no colega. Os valores culturais encorajam e reforçam a sensação de que todos estão colaborando. Os valores fundamentais de uma organização são demonstrados por símbolos, histórias, heróis, *slogans* e cerimônias.

SÍMBOLOS

Um **símbolo** é um objeto, ato ou evento que transmite um significado para as pessoas. Os símbolos podem ser considerados uma linguagem rica e não verbal que transmite de forma vibrante os valores importantes da organização a respeito de como as pessoas se relacionam e interagem com o ambiente.[53] Na Menlo Innovations, o local de trabalho aberto é um símbolo físico. Mindy Grossman, CEO da HSN Inc., descobriu que, às vezes, até mesmo as coisas mundanas podem ser bastante simbólicas. Quando se tornou CEO, Grossman encontrou um negócio que estava fundamentalmente falido e funcionários que estavam desmotivados e sem inspiração. Para corrigir isso, ela precisava mudar a cultura. Usou símbolos físicos para dar esperança e motivação às pessoas. Um dia, Grossman levou lixeiras para a sede e pediu aos funcionários que jogassem fora todos os móveis quebrados e o lixo. Em seguida, mandou lavar e pintar os edifícios e comprou uma cadeira nova modelo Herman Miller Aeron para cada funcionário.[54] Para eles, esses atos simbolizaram um novo valor da empresa: cuidar dos funcionários.

Conversa com GESTORES

Local de trabalho sem chefe

A hierarquia organizacional com chefes formais funcionou bem no passado. Mas alguns líderes começaram a perceber que todos os chefes estavam na verdade desacelerando a produtividade e inibindo a criatividade dos funcionários, o que levou aos experimentos com o local de trabalho sem chefia (*bossless*).

Quais são os fatores fundamentais para o sucesso de uma empresa sem chefe?

- **Reduzir hierarquias de cima para baixo**. Dov Seidman, presidente da LRN (anteriormente Legal Research Network), apresentou-se diante de 300 funcionários, rasgou o organograma da empresa e anunciou: "Nenhum de nós se submeterá novamente a um chefe". Para Seidman, "Isso tem que começar no topo de qualquer organização". Agora, todos estão submetidos à missão da empresa, e não a outras pessoas. O único controle são os valores compartilhados. Vinte equipes de todo o mundo passaram seis meses imaginando como seria a LRN autônoma. Conselhos formados por funcionários cuidam das questões de recrutamento, gestão de desempenho, alocação de recursos e resolução de conflitos. As pessoas podem tirar o tempo de férias que quiserem, desde que isso não interfira no trabalho.

- **Desenvolver um ambiente sem chefia que "se encaixe" na organização**. A 37signals, uma empresa de *software* de Chicago, teve início em 1999 e nomeou um gerente em 2013. Jason Zimdars, o relutante gerente nomeado, disse que preferia escrever códigos e construir coisas. O desprezo pela gestão é um fato em muitas empresas novas com funcionários jovens que precisam ser criativos. "Não queremos as pessoas que fazem o trabalho gerenciando o trabalho", disse Zimdars. Os funcionários poderão rejeitar as ordens do novo chefe se sentirem confiança em aprovar um projeto criativo.

- **Recrutar e contratar funcionários que podem se adaptar à cultura sem chefe**. A Menlo Innovations, fundada em 2001, tornou-se uma das 500 empresas de capital fechado que crescem mais rápido nos Estados Unidos. O processo de contratação sem chefe da Menlo é chamado de "entrevista extrema" e é muito semelhante ao "encontro às pressas". Os candidatos, às vezes até cinco para cada vaga, são levados ao escritório para uma série de entrevistas rápidas com vários funcionários da empresa. A ênfase está em "habilidades do jardim da infância": genialidade, curiosidade, generosidade. A capacidade técnica é menos importante do que a habilidade do candidato "de fazer o colega se destacar". (Amostra de pergunta da entrevista: "Qual foi o erro mais desafiador que você ajudou alguém a consertar?".)

- **Esperar por obstáculos no caminho com estrutura organizacional plana**. Para reter funcionários altamente motivados, é fundamental fazer o sistema sem chefe funcionar. A maioria dos funcionários leva de seis meses a um ano para se adaptar, e alguns desistem e partem para ambientes mais tradicionais. De acordo com Terri Kelly, executivo-chefe da W. L. Gore, fabricante de Gore-Tex e outros materiais: "É certamente menos eficiente à primeira vista. [Mas] quando você tem a organização por trás de tudo... a aceitação e execução acontecem rapidamente". Um estudo constatou que as equipes de trabalhadores de fábrica aprenderam a "incentivar e apoiar uns aos outros. [...] Eles fazem o papel de um bom gerente de forma coletiva".

Fontes: Matthew Shaer, "The boss stops here", *New York Magazine* (June 24-July 1, 2013): 26-34; Rachel Emma Silverman, "Who's the boss? There isn't one", *The Wall Street Journal Online*, June 19, 2012, disponível em: <http://online.wsj.com/article/SB10001424052702303379204577474953586383604.html>, acesso em: 26 set. 2013; John Southerst, "First we dump the bosses", *Canadian Business* (April 1992): 46-51; Rachel Emma Silverman, "Some tech firms ask: who needs managers?", *The Wall Street Journal Online*, August 6, 2013, disponível em: <http://online.wsj.com/article/SB10001424127887323420604578652051466314748.html>, acesso em: 6 ago. 2013); Dov Seidman, "Letting the mission govern a company", *The New York Times*, June 23, 2012, disponível em: <http://www.nytimes.com/2012/06/24/jobs/a-company-lrn-adopts-collaborative-management.html>, acesso em: 23 jun. 2012.

HISTÓRIAS

Uma **história** é uma narrativa baseada em fatos reais, que se repete com frequência e é compartilhada entre os funcionários da organização. As histórias criam imagens que ajudam a simbolizar a visão e os valores da empresa e auxiliam os funcionários a personalizá-los e absorvê-los.⁵⁵ Uma história frequentemente contada na UPS diz respeito a um funcionário que, sem autorização, pediu um Boeing 737 extra para assegurar a entrega de uma carga de pacotes de Natal que havia sido deixada para trás na correria do feriado. De acordo com a história, em vez de punir o trabalhador, a UPS recompensou a iniciativa. Ao contarem essa história, os funcionários da UPS comunicam que a empresa mantém o compromisso com a autonomia do trabalhador e o atendimento ao cliente.⁵⁶

HERÓIS

Um **herói** é uma figura que exemplifica as ações, o caráter e as características da cultura forte. Os heróis são modelos que devem ser seguidos pelos funcionários. Heróis com fortes legados podem continuar a influenciar a cultura mesmo depois de afastados. Muitas pessoas se perguntam se a cultura que Steve Jobs criou na Apple seria mantida depois da morte dele em 2011. Jobs foi um exemplo de criatividade, inovação, enfrentamento de riscos e pensamento sem fronteiras, e, por tudo isso, a empresa tornou-se famosa.⁵⁷ Quando a saúde de Jobs começou a se deteriorar, o conselho da Apple passou a considerar substituições que poderiam sustentar a cultura fértil criada pelo fundador da Apple. Escolheu-se Tim Cook, que foi o segundo homem em comando por muito tempo. Cook está tentando fomentar uma cultura que reflete os valores e comportamentos do maior herói da Apple, Steve Jobs. Para Cook, "A Apple tem uma cultura de excelência, penso eu, tão única e especial. Não vou testemunhar nem permitir nenhum tipo de mudança".⁵⁸

SLOGANS

Slogan é uma frase ou sentença que expressa sucintamente o valor corporativo fundamental. Muitas empresas usam *slogans* ou frases para transmitir um significado especial aos funcionários. Por exemplo, a Disney usa o *slogan*: "O lugar mais feliz da Terra". O Ritz-Carlton adotou o *slogan*: "Senhoras e senhores cuidando de senhoras e senhores", para demonstrar o compromisso cultural em cuidar tanto dos funcionários quanto dos clientes. "Estamos no negócio de serviços, e serviços só podem vir de pessoas. Nossa promessa é cuidar deles e fornecer um lugar feliz onde possam trabalhar", disse o gerente-geral Mark DeCocinis, que administra o Portman Hotel, em Xangai, ganhador do prêmio "Melhor funcionário da Ásia" por três anos consecutivos.⁵⁹ Os valores culturais também podem ser definidos em declarações públicas escritas, como a missão corporativa ou outras declarações formais que expressam os valores fundamentais da organização. No Dream Host, uma empresa de hospedagem na *web*, em que a cultura reflete um sério compromisso com a democracia, o CEO (eleito pelos funcionários) pediu a uma equipe de funcionários que redigisse a missão corporativa e a constituição para orientar o modo como a empresa toma decisões.⁶⁰

Conexão de conceito ◀◀◀

Nos escritórios da Tradesy, um *site* de *e-commerce* de consignação em alta-costura que se tornou um negócio de $ 10 milhões em apenas três anos, os funcionários gostam de contar a história de como Tracy DiNunzio começou o negócio. Desesperada por capital inicial, ela vendeu muitos dos próprios pertences, mas, quando ainda não tinha o suficiente para pagar os desenvolvedores da *web* com quem estava trabalhando, DiNunzio começou a alugar um quarto pelo *site* Airbnb, enquanto dormia no próprio sofá. A história é importante para a Tradesy porque demonstra a paixão e o compromisso que fazem parte da **cultura** corporativa.

CERIMÔNIAS

Cerimônia é uma atividade planejada em um evento especial e conduzida para o benefício do público. Os gestores realizam cerimônias para dar exemplos contundentes dos valores da empresa. Cerimônias são ocasiões especiais que incentivam as conquistas valorizadas pela empresa, criando um vínculo entre as pessoas ao permitir-lhes partilhar um evento importante e conhecer e celebrar os heróis.[61] Na cerimônia para marcar o 20º aniversário, a Southwest Airlines lançou um avião especial chamado "Lone Star One", que tinha a bandeira do Texas pintada para significar o início da empresa nesse Estado. Mais tarde, quando a National Basketball Association (NBA) escolheu a Southwest Airlines como companhia aérea oficial da liga, a empresa lançou outro avião especial, o "Slam Dunk One", pintado de azul e laranja, e com uma grande bola de basquete desenhada na ponta. Hoje, dez aviões especiais celebram marcos importantes na história da Southwest e mostram os valores culturais fundamentais da empresa.[62]

Lembre-se disto

- **Cultura** organizacional é o conjunto de valores, crenças, entendimentos e normas fundamentais compartilhados por membros da empresa.
- Um **símbolo** é um objeto, ato ou evento que transmite um significado para as pessoas.
- **História** é uma narrativa baseada em fatos reais que é repetida com frequência e compartilhada entre os funcionários da organização.
- **Herói** é uma figura que exemplifica as ações, o caráter e as características da cultura forte.
- Steve Jobs é um herói na Apple, pois representa a criatividade, o enfrentamento dos riscos e a busca por excelência que definem a cultura da empresa.
- Um *slogan*, como "O lugar mais feliz na Terra", da Disney, expressa de forma sucinta um valor corporativo fundamental.
- Os gestores realizam **cerimônias**, atividades planejadas em eventos especiais, para reforçar os valores da empresa.

Tipos de cultura

Um fator de grande influência na cultura corporativa interna é o ambiente externo. As culturas podem variar muito entre as organizações, no entanto empresas de um mesmo setor muitas vezes revelam características culturais semelhantes por estarem operando em ambientes similares.[63] A cultura interna deve incorporar tudo que é preciso para ter sucesso no ambiente. Se o ambiente externo exige atendimento ao cliente extraordinário, a cultura deve incentivar um bom serviço; se exige cuidadosa tomada de decisão técnica, os valores culturais devem reforçar a tomada de decisões gerenciais.

Ao avaliarem quais valores culturais são importantes para a organização, os gestores consideram o ambiente externo, bem como a estratégia e os objetivos da empresa. Estudos sugerem que a combinação certa entre cultura, estratégia e ambiente está associada a quatro categorias ou tipos de cultura, como ilustra a Figura 3.7. Essas categorias estão baseadas em duas dimensões: (1) em que medida o ambiente externo exige flexibilidade ou estabilidade; e (2) em que medida o foco estratégico da empresa é interno ou externo. As quatro categorias associadas a essas diferenças são: adaptabilidade, realização, envolvimento e consistência.[64]

FIGURA 3.7
Quatro tipos de cultura corporativa

Necessidades do ambiente

	Flexibilidade	Estabilidade
Externo	Cultura da adaptabilidade	Cultura da realização
Interno	Cultura do envolvimento	Cultura da consistência

Foco estratégico

FONTES: Baseada em D. R. Denison; A. K. Mishra, "Toward a theory of organizational culture and effectiveness", *Organization Science* 6, n. 2 (March-April 1995): 204-223; R. Hooijberg; F. Petrock, "On cultural change: using the competing values framework to help leaders execute a transformational strategy", *Human Resource Management* 32, n. 1 (1993): 29-50; R. E. Quinn, *Beyond rational management mastering the paradoxes and competing demands of high performance* (San Francisco: Jossey-Bass, 1988).

CULTURA DA ADAPTABILIDADE

A **cultura da adaptabilidade** surge em um ambiente que exige respostas rápidas e decisões de alto risco. Os gestores incentivam valores que sustentam a capacidade da empresa de detectar rapidamente, interpretar e traduzir os sinais do ambiente em novos comportamentos. Os funcionários têm autonomia para tomar decisões e agir livremente para satisfazer novas necessidades, e a atenção dada aos clientes é extremamente

---

Forma inovadora

Box

Aaron Levie, o jovem presidente da Box, com sede em Los Altos, na Califórnia, está constantemente dizendo que as pessoas podem fazer coisas "dez vezes maiores, dez vezes melhores e dez vezes mais rápido" – um valor fundamental que ele chama de "dez vezes". Outros valores fundamentais da Box são "Fazer" e "Assumir riscos. Falhar por pouco tempo".

Para Levie, os principais objetivos são "inovar e perturbar". E acrescenta: "Além disso, não quero ser perturbado". Essas metas se refletem na cultura da empresa, que enfatiza a velocidade, a flexibilidade e a capacidade de ultrapassar limites. Correr riscos é essencial para que a empresa se mantenha competitiva, mas falhar por pouco tempo significa que as pessoas podem corrigir os erros rapidamente. Para uma empresa de 600 pessoas competir com empresas que têm dezenas de milhares de funcionários, velocidade é fundamental. A cultura se concentra em quanto trabalho pode ser feito no menor tempo possível. Os padrões de exigência são elevados, e a cultura valoriza a resolução em conjunto de qualquer problema. Ninguém na Box tem um escritório privado, incluindo Levie, e o piso plano e aberto permite que as pessoas interajam e colaborem continuamente. As 44 salas que poderiam ser escritórios servem como salas de conferência, onde as pessoas debatem e compartilham ideias. As paredes de vidro são feitas para serem rabiscadas. As pessoas são encorajadas a "jogar as ideias na parede". Muitas das salas de conferência são nomeadas em homenagem a ícones da internet.

O ritmo acelerado e as metas agressivas podem causar grande pressão, mas a Box também incentiva a diversão. Segundo Levie, "Temos um dos melhores malabaristas do mundo e um dos melhores balizadores do país. Habilidades do circo são qualidades bem importantes por aqui".[65]

valorizada. Os gestores também criam ativamente mudanças ao incentivarem e recompensarem a criatividade, experimentação e tomada de risco. Quando tinha 20 anos, Aaron Levie cofundou a Box, uma empresa que fornece armazenamento de arquivos *on-line* para empresas, com base nos valores da cultura da adaptabilidade.

A cultura divertida, acelerada e que assume riscos da Box ajudou a empresa a se adaptar em uma indústria turbulenta e a crescer rápido, mais que dobrando as vendas todos os anos desde a fundação, em 2005. Muitas empresas de tecnologia e internet, como a Box, usam a cultura da adaptabilidade, assim como fazem muitas dos setores de *marketing*, eletrônicos e cosméticos, porque elas devem agir com rapidez para responder às constantes mudanças no ambiente.

Cultura da realização

A **cultura da realização** é adequada para organizações interessadas em atender clientes específicos no ambiente externo, mas sem extrema necessidade de flexibilidade e rápidas mudanças. Essa cultura, direcionada aos resultados, valoriza a competitividade, agressividade, iniciativa pessoal, redução de custos e vontade de trabalhar muito para alcançar resultados. A ênfase em vencer e atingir metas ambiciosas específicas é o principal fator de união dentro da organização.[66] Tanto a Oracle quanto a EMC têm sido criticadas por adotarem culturas agressivas e violentas, mas os líderes das empresas não se intimidam. Para Jack Mollen, vice-presidente executivo de recursos humanos da EMC, "Alguns podem achar agressivo, mas o nosso pessoal quer ter empregos em que possam trabalhar duro, assumir riscos e ser reconhecidos". Quanto aos críticos, ele acrescenta: "Quando peço às empresas de pesquisa que mencionem as três empresas mais difíceis de recrutar [gestão de talentos] alguém, eles citam 'Intel, Oracle e EMC'".[67]

Cultura do envolvimento

A **cultura do envolvimento** enfatiza o foco interno na participação dos funcionários para se adaptar rapidamente às novas necessidades do ambiente. Essa cultura coloca grande valor em atender às necessidades dos trabalhadores, e a organização pode se caracterizar pela atmosfera carinhosa e familiar. Os gestores enfatizam valores como cooperação, igual atenção a funcionários e clientes, e igualdade de *status*. O Four Seasons Hotels and Resorts, por exemplo, foi nomeado uma das "100 Melhores Empresas para se Trabalhar" pela revista *Fortune* todos os anos desde o início da pesquisa, em 1998. Com 86 propriedades de luxo em 35 países, os gestores do Four Seasons construíram uma cultura corporativa que valoriza os funcionários acima de todos os outros ativos. Cada unidade tem uma comissão constituída por representantes de todos os departamentos que se reúnem com o gerente-geral todos os meses para discutir as preocupações do local de trabalho. O compromisso incansável dos funcionários tem sustentado o Four Seasons durante a recessão econômica que prejudicou muitas empresas na indústria da hospitalidade. O Four Seasons ampliou a visão corporativa para incluir as metas de ser a primeira escolha dos hóspedes e o melhor empregador.[68]

Faça uma pausa

Você prefere trabalhar em uma organização com cultura de adaptação, realização, envolvimento ou consistência? Complete o "Autoteste do novo gestor" para ter uma ideia do tipo de cultura com o qual você se sentiria mais confortável no ambiente de trabalho.

Cultura da consistência

A última categoria de cultura, a **cultura da consistência**, utiliza o foco interno e a orientação à consistência para manter o ambiente estável. Obediência às regras e parcimônia são qualidades valorizadas, e a cultura apoia e reconhece a forma metódica, racional e ordenada de fazer as coisas. Em um mundo de rápida transformação, algumas empresas operam em um ambiente estável, e a maioria dos gestores está migrando para culturas mais flexíveis, que estejam em sintonia com as mudanças no ambiente. No entanto, a Pacific Edge Software (agora parte da Serena Software) implementou com sucesso os elementos da cultura da consistência para garantir que todos os projetos fossem concluídos no tempo certo e dentro do orçamento. A equipe formada pelo casal Lisa Hjorten e Scott Fuller implantou a cultura de ordem, disciplina e controle, desde o momento em que fundou a empresa. A ênfase em ordem e foco significava que os funcionários poderiam ir para casa às 18 horas, em vez de trabalhar a noite toda para terminar um projeto importante. Embora, às vezes, ser cuidadoso signifique ser lento, a Pacific Edge conseguiu acompanhar as demandas do ambiente externo.[69]

Cada uma dessas quatro categorias de cultura pode ser bem-sucedida. Além disso, as organizações têm valores que se encaixam em mais de uma categoria. A ênfase relativa em vários valores culturais depende das necessidades do ambiente e do foco da organização. Os gestores são responsáveis pela disseminação dos valores culturais que a organização precisa para ser bem-sucedida no ambiente.

NOVO GESTOR Autoteste

Preferência cultural

Instruções: O ajuste entre um novo gestor e a cultura organizacional pode garantir sucesso e satisfação. Para entender sua preferência cultural, ordene os itens apresentados a seguir de 1 a 8 com base na força de sua preferência (1 = mais forte).

1. A organização é muito pessoal, muito parecida com uma grande família.

2. A organização é dinâmica e mutável, e as pessoas assumem riscos.

3. A organização é direcionada para a realização, com foco na concorrência e no desempenho do trabalho.

4. A organização é estável e estruturada, com procedimentos claros e estabelecidos.

5. O estilo de gestão caracteriza-se por trabalho em equipe e participação.

6. O estilo de gestão é caracterizado por inovação e risco.

7. O estilo de gestão é caracterizado por exigentes demandas de desempenho e realização.

8. O estilo de gestão se caracteriza pela segurança e previsibilidade.

Pontuação e interpretação: Cada item está relacionado a um dos quatro tipos de cultura mostrados na Figura 3.7. Para medir a sua preferência para cada tipo de cultura, some os pontos atribuídos a duas questões da seguinte forma:

Cultura do envolvimento – total dos itens 1, 5: ____

Cultura da adaptabilidade – total dos itens 2, 6: ____

Cultura da realização – total dos itens 3, 7: ____

Cultura da consistência – total dos itens 4, 8: ____

A pontuação mais baixa significa preferência por cultura mais forte. Você se sentirá mais confortável e mais eficaz como um novo gestor na cultura corporativa compatível com suas preferências pessoais. A pontuação mais alta significa que a cultura não atende às suas expectativas, e você terá que mudar de estilo e preferência para se sentir confortável. Releia o texto sobre os quatro tipos de cultura. A sua pontuação sobre preferência cultural parece correta para você? Você se lembra de alguma empresa que se encaixa na sua preferência cultural?

Fonte: Adaptado de Kim S. Cameron; Robert D. Quinn, *Diagnosing and changing organizational culture* (Reading, MA: Addison-Wesley, 1999).

Lembre-se disto

- Para uma organização ser eficaz, a cultura corporativa deve estar alinhada com a estratégia organizacional e as necessidades do ambiente externo.
- As organizações do mesmo setor muitas vezes revelam características culturais semelhantes porque estão operando em ambientes similares.
- A **cultura da adaptabilidade** se caracteriza por valores que sustentam a capacidade da empresa de interpretar e traduzir os sinais do ambiente em novas respostas comportamentais.
- A **cultura da realização** é orientada para resultados que valorizam a competitividade, iniciativa pessoal e realização.
- Uma cultura que valoriza a satisfação das necessidades dos funcionários e os valores de cooperação e igualdade é a **cultura do envolvimento**.
- A **cultura da consistência** valoriza e premia a forma racional, metódica e ordenada de fazer as coisas.

Compartilhando a cultura corporativa para respostas inovadoras

De acordo com a pesquisa realizada por Jeffrey Pfeffer, professor da Universidade de Stanford, um fator que aumenta o valor da empresa está relacionado às pessoas e ao modo como são tratadas.[70] Além disso, muitos líderes citam a cultura organizacional como mecanismo mais importante para atrair, motivar e reter funcionários talentosos, recurso considerado como o mais importante para a excelência organizacional.[71] Em uma pesquisa realizada com as 500 maiores empresas do Canadá, 82% dos líderes disseram que a cultura tem forte impacto sobre o desempenho das empresas.[72] Considere como uma cultura "funcionários em primeiro lugar" impulsiona um desempenho financeiro magnífico na Southwest Airlines. Rentável todos os anos desde 1972 e empresa com o menor índice de reclamações por passageiros na indústria, a Southwest oferece os melhores salários e benefícios do setor, programas intensos de desenvolvimento de carreira e um compromisso com a diversidade entre os funcionários. Além disso, promove uma forte cultura de colaboração e incentiva o bom relacionamento com trabalho organizado.[73] Na Southwest, uma cultura positiva que reflete intenso compromisso com os funcionários resulta em vantagem competitiva.

A cultura corporativa desempenha papel fundamental na criação do clima organizacional que permite a aprendizagem e dá respostas inovadoras às ameaças do ambiente externo, desafiando novas oportunidades ou crises organizacionais. No entanto, os gestores sabem que não podem concentrar todos os esforços em valores; eles também precisam de um compromisso com o sólido desempenho comercial.

GESTÃO DA CULTURA DE ALTO DESEMPENHO

As empresas que tiveram sucesso em um mundo turbulento são aquelas em que os gestores são avaliados e recompensados por darem atenção especial aos valores culturais quanto ao desempenho. A Figura 3.8 ilustra quatro resultados organizacionais com base na atenção que os gestores dedicam aos valores culturais e aos resultados nos negócios.[74] Por exemplo, uma empresa no quadrante C presta pouca atenção aos valores ou resultados nos negócios e é improvável que sobreviva por muito tempo. Os gestores de organizações no quadrante D são altamente focados na criação da cultura forte e coesa, mas não relacionam diretamente os valores organizacionais às metas e aos resultados desejados.

Quando os valores culturais não estão ligados ao desempenho do negócio, dificilmente poderão beneficiar a organização em tempos difíceis. A cultura corporativa do Grupo LEGO, com sede em Billund, na Dinamarca, quase levou à ruína a fabricante de brinquedos na década de 1990, quando as vendas despencaram à medida que as crianças passaram a trocar os brinquedos tradicionais por *videogames*. Naquela época, a LEGO refletia as características encontradas no quadrante D da Figura 3.8. Imaginação e criatividade, não o desempenho do negócio, nortearam a empresa. A atitude entre os funcionários era: "Estamos fazendo grandes coisas para as crianças – não nos incomodem com objetivos financeiros". Quando se tornou CEO em 2004, Jorgen Vig Knudstorp virou a cultura corporativa de cabeça para baixo com um novo lema para os funcionários: "Estou aqui para ganhar dinheiro para a empresa". A mudança para o foco nos resultados financeiros teve impacto profundo, e a LEGO tornou-se uma das empresas mais bem-sucedidas na indústria de brinquedos.[75]

O quadrante A representa as organizações que focam principalmente os resultados financeiros e dão pouca atenção aos valores organizacionais. Essa abordagem pode ser rentável em curto prazo, mas o sucesso é difícil de sustentar no longo prazo, porque o principal fator que mantém a organização unida, isto é, os valores culturais compartilhados, está ausente. Considere como o foco em resultados da Zynga, a maior empresa de jogos sociais da *web*, está prejudicando a organização. A Zynga, fundada em julho de 2007 e liderada até recentemente pelo CEO Mark Pincus, alcançou metas ambiciosas de rentabilidade e lucratividade (o que é raro entre empresas iniciantes de internet), mas o foco implacável em desempenho financeiro custou caro à empresa. As equipes de cada jogo, como FarmVille e CityVille, trabalham com prazos agressivos e são continuamente desafiadas a cumprir metas mais altas. Os gestores enfatizam relatórios de desempenho, agregando dados incansavelmente, e utilizam esses dados para rebaixar

FIGURA 3.8
Combinando cultura e desempenho

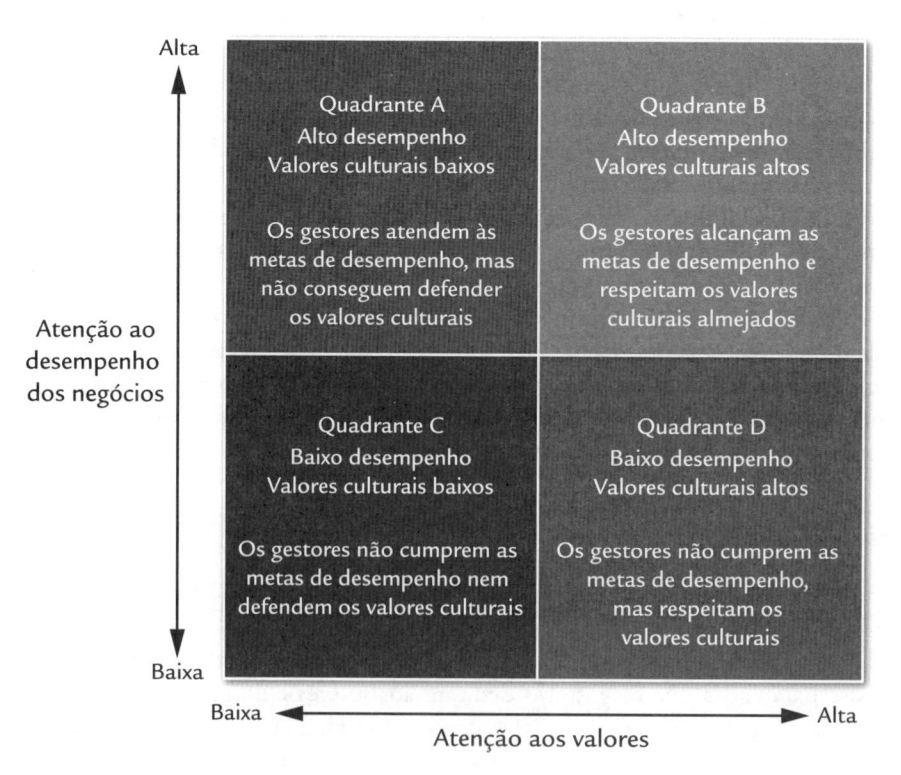

	Atenção aos valores Baixa	Atenção aos valores Alta
Atenção ao desempenho dos negócios Alta	**Quadrante A** Alto desempenho Valores culturais baixos — Os gestores atendem às metas de desempenho, mas não conseguem defender os valores culturais	**Quadrante B** Alto desempenho Valores culturais altos — Os gestores alcançam as metas de desempenho e respeitam os valores culturais almejados
Atenção ao desempenho dos negócios Baixa	**Quadrante C** Baixo desempenho Valores culturais baixos — Os gestores não cumprem as metas de desempenho nem defendem os valores culturais	**Quadrante D** Baixo desempenho Valores culturais altos — Os gestores não cumprem as metas de desempenho, mas respeitam os valores culturais

FONTES: Adaptada de Jeff Rosenthal; Mary Ann Masarech, "High-performance cultures: how values can drive business results", *Journal of Organizational Excellence* (Spring 2003): 3-18; Dave Ulrich; Steve Kerr; Ron Ashkenas, Figure II-2, GE Leadership Decision Matrix, *The GE work-out how to implement GE's revolutionary method for busting bureaucracy and attacking organizational problems-fast!* (New York: McGraw-Hill, 2002), p. 230.

CAPÍTULO 3 AMBIENTE E CULTURA CORPORATIVA

ou demitir funcionários considerados fracos. Pouca atenção é dada aos valores culturais que unem as pessoas em torno de algo maior. Os funcionários começaram a expressar a frustração, queixando-se das longas horas e dos prazos agressivos. Os ex-funcionários descrevem encontros emocionalmente carregados, incluindo explosões barulhentas do CEO, ameaças de gerentes e momentos em que os colegas chegavam às lágrimas. O sucesso da empresa provavelmente não pode ser mantido sem um enfoque mais claro na construção de uma cultura mais positiva. Muitos funcionários importantes foram atraídos pelos concorrentes em uma indústria em que o talento é escasso.[76]

Finalmente, as empresas no quadrante B colocaram grande ênfase na cultura e no sólido desempenho do negócio como motivadores do sucesso organizacional. Os gestores dessas organizações alinham os valores às práticas do dia a dia da empresa – operações de contratação, gestão de desempenho, plano de orçamento, critérios para promoções e recompensas, e assim por diante. Considere a abordagem que a GE adotou quanto à prestação de contas e ao gerenciamento de desempenho. Quando foi CEO, Jack Welch ajudou a GE a se tornar uma das empresas mais bem-sucedidas e admiradas do mundo. Ele conseguiu isso por meio da criação de uma cultura em que o risco foi recompensado e a prestação de contas e os objetivos mensuráveis foram fundamentais para o sucesso individual e a lucratividade da empresa.[77] A abordagem tradicional da empresa havia alcançado resultados financeiros impressionantes, mas os gestores motivavam as pessoas principalmente por controle, intimidação e dependência de uma pequena equipe. Welch estava interessado em mais do que apenas resultados financeiros – ele queria gestores com os seguintes valores culturais e que não perdessem de vista "os números":[78]

- Apaixonados pela excelência e avessos à burocracia.
- Abertos a todas as ideias.
- Capazes de "viver" a qualidade, administrar os custos e serem rápidos para obter vantagens competitivas.

Conexão de conceito

A Johnson & Johnson, fabricante de ampla gama de produtos de saúde, consumo e medicamentos, é considerada a empresa com ambiente de trabalho de alto desempenho. A empresa conta com um rico patrimônio de valores corporativos compartilhados, e os funcionários concentram-se em vencer por meio do serviço prestado aos clientes. A cultura corporativa encoraja os funcionários a trabalhar em equipe, pensar como proprietários e permanecer abertos para agir e mudar.

Welch sabia que, para a empresa obter sucesso em um mundo em constante transformação, os gestores precisariam dar muita atenção tanto aos valores culturais quanto ao desempenho dos negócios. Organizações no quadrante D representam a **cultura de alto desempenho**, uma cultura que (1) é baseada na missão organizacional ou finalidade sólida, (2) incorpora valores compartilhados que orientam as decisões e práticas comerciais, e (3) incentiva a responsabilidade individual do funcionário tanto pelos resultados financeiros quanto pela espinha dorsal cultural da organização.[79]

Uma das coisas mais importantes que gestores fazem é criar e influenciar a cultura organizacional para satisfazer objetivos estratégicos, uma vez que a cultura tem um impacto significativo no desempenho. No livro *A cultura corporativa e o desempenho empresarial*, John P. Kotter e James L. Heskett mostraram evidências de que as empresas que intencionalmente administraram valores culturais superaram empresas semelhantes que não o fizeram. Uma pesquisa recente confirma que os elementos da cultura corporativa estão positivamente relacionados ao maior desempenho financeiro.[80]

> "Em geral, os líderes tratam a cultura como um acidente feliz – algo que se desenvolve organicamente, impulsionado por personalidades. O que é um erro. Cultura é um bloco de construção crítico para o sucesso."
>
> – HIROSHI MIKITANI, FUNDADOR E CEO DA RAKUTEN

LIDERANÇA CULTURAL

A principal forma usada por gestores para moldar normas e valores culturais para construir a cultura de alto desempenho é a liderança cultural. Os gestores devem se comunicar excessivamente para garantir que os funcionários entendam os novos valores da cultura e os transmitam nas ações e palavras.

Um **líder cultural** define a cultura corporativa e usa sinais e símbolos para influenciá-la. O líder esclarece como a nova cultura deve ser e constrói uma história que inspira as pessoas a mudar. Um líder cultural é o "diretor de *marketing*" dos valores culturais.[81] Os líderes culturais influenciam a cultura em duas áreas fundamentais:

1. *O líder cultural articula a visão para a cultura organizacional na qual os funcionários podem acreditar.* Ele define e comunica os valores centrais nos quais os funcionários acreditam e aos quais podem aderir. Os valores estão vinculados a uma missão clara e convincente ou a um propósito central.
2. *O líder cultural está sempre atento às atividades do dia a dia que reforçam a visão cultural.* Ele se empenha para garantir que os procedimentos de trabalho e os sistemas de recompensa correspondam aos valores e fortaleçam-nos. Como as ações falam mais alto que as palavras, os líderes culturais "agem mais e falam menos".[82]

Quando a cultura precisa mudar, os líderes culturais certificam-se de que as pessoas entendem que a velha forma de fazer as coisas não é mais aceitável. Por exemplo, quando foi *ombudsman* corporativo da KeySpan Corporation (agora parte da National Grid), Kenny Moore promoveu um "funeral" para que todos pudessem dizer adeus à antiga empresa.[83] Em seguida, os gestores comunicaram amplamente os novos valores culturais por meio de palavras e ações. Valores que não são reforçados pelo comportamento dos gestores não têm sentido e podem até ser prejudiciais aos funcionários e à organização. O fundador e CEO da Whole Foods, John Mackey, quer que os gerentes deem mais valor à criação de "uma pessoa, empresa e mundo melhores" do que ao ganho financeiro pessoal. Para demonstrar o compromisso com essa ideia, ele pediu ao conselho administrativo que doasse todas as futuras opções de ações para duas fundações de propriedade da empresa: Animal Compassion e Whole Planet.[84]

Os líderes culturais também defendem o compromisso com os valores nos momentos difíceis ou de crise. A defesa dos valores culturais permite que organizações enfrentem crises e saiam delas mais fortes. Criar e manter a cultura de alto desempenho não é fácil no ambiente turbulento dos novos locais de trabalho, mas, por meio das palavras – e mais ainda das ações – os líderes culturais garantem que todos na organização saibam o que realmente importa.

Lembre-se disto

- Os gestores enfatizam tanto os valores quanto os resultados para criar a **cultura de alto desempenho**.
- A cultura permite um desempenho sólido por meio do alinhamento de funcionários motivados com a missão e os objetivos da empresa.
- Os gestores criam e sustentam culturas adaptáveis de alto desempenho por meio da liderança cultural.
- Os **líderes culturais** definem e articulam valores importantes relacionados à missão clara e convincente, que é amplamente comunicada e defendida por meio das ações.

Cap. 3 Notas

1. Teste baseado em R. L. Daf; R. M. Lengel, *Fusion leadership* (San Francisco: Berrett Koehler, 2000), chapter 4; B. Bass; B. Avolio, *Multifactor leadership questionnaire*, 2nd ed. (Menlo Park, CA: Mind Garden, Inc., 2004); Karl E. Weick; Kathleen M. Sutcliffe, *Managing the unexpected: assuring high performance in an age of complexity* (San Francisco: Jossey-Bass, 2001).
2. Howard Schneider, "University logos become weapons in debate over textile factory working conditions", *The Washington Post* (May 27, 2013), disponível em: <http://articles.washingtonpost.com/2013-05-27/business/39558590_1_university-logos-nike-adidas>, acesso em: 26 ago. 2013); Steven Greenhouse, "A factory defies stereotypes, but can it thrive?", *The New York Times*, July 18, 2010, BU1.
3. Seção baseada em Richard L. Daft, *Organization theory and design*, 10th ed. (Mason, OH: SouthWestern, 2010), p. 140-143.
4. L. J. Bourgeois, "Strategy and environment: a conceptual integration", *Academy of Management Review* 5 (1980): 25-39.
5. James Moore, *The death of competition: leadership and strategy in the age of business ecosystems* (New York: HarperCollins, 1996).
6. David J. Teece, "Dynamic capabilities: a guide for managers", *Ivey Business Journal* (March/April, 2011). Disponível em: <www.iveybusinessjournal.com/topics/strategy/dynamic-capabilities-a-guide-for-managers>. Acesso em: 12 jun. 2012.
7. Jorge Cauz, "How I did it ... Encyclœdia Britannica's President on Killing Off a 244-Year-Old Product" *Harvard Business Review* (March 2013): 39-42.
8. Chuck Jones, "Apple vs. Samsung: who could win the smartphone war?", *Forbes* (August 20, 2013), disponível em: <http://www.forbes.com/sites/chuckjones/2013/08/20/apple-and-samsung-who-could-win-the-smartphone-war/>, acesso em: 26 ago. 2013); Brian X. Chen; Nick Wingfield, "Samsung Introduces New Galaxy Phone", *The New York Times* (March 14, 2013), disponível em: <http://www.nytimes.com/2013/03/15/technology/samsung-introduces-new-galaxy-phone.html?pagewanted=all&_r=0>, acesso em: 26 ago. 2013.
9. Geoff Colvin, "Toyota's Comeback Kid", *Fortune* (February 2, 2012): 73.
10. "Downsides of just-in-time inventory", *Bloomberg Businessweek* (March 28-April 3, 2011): 17-18.
11. Peter Valdes-Dapena, "Japan Earthquake Impact Hits U. S. Auto Plants", *CNNMoney* (March 30, 2011), disponível em: <http://money.cnn.com/2011/03/28/autos/japan_earthquake_autos_outlook/index.htm#>, acesso em: 13 jun. 2012); Maxwell Murphy, "Reinforcing the supply chain", *The Wall Street Journal*, January 11, 2012, B6.
12. Brad Stone, "Costco CEO Craig Jelinek Leads the Cheapest, Happiest Company in the World", *Bloomberg Businessweek* (June 6, 2013), disponível em: <http://www.businessweek.com/articles/2013-06-06/costco-ceo-craig-jelinek-leads-the-cheapest-happiest-company-in-the-world>, acesso em: 26 ago. 2013); Sharon Edelson, "Costco keeps formula as it expands", *Women's Wear Daily*, Issue 19 (January 30, 2012): 1; Andria Cheng, "Costco Cracks Taiwan Market", *The Wall Street Journal*, April 2, 2010, B5; *Costco Wholesale Annual Report* 2012, Costco Wholesale Corporation Investor Relations Web site, disponível em: <http://phx.corporate-ir.net/phoenix.zhtml?c=83830&p=irol-reportsannual>, acesso em: 26 ago. 2013.
13. Thomas L. Friedman, *The world is flat: a brief history of the twenty-first century* (New York: Farrar, Straus, and Giroux, 2005), p. 3-23.
14. Liz Alderman, "In Europe, Starbucks Adjusts to a Cafe Culture", *The New York Times*, March 30, 2012.
15. Daisuke Wakabayashi, "The point-and-shoot camera faces its existential moment", *The Wall Street Journal*, July 30, 2013. Disponível em: <http://online.wsj.com/article/SB10001424127887324251504785802637194 32252.html>. Acesso em: 26 ago. 2013.
16. "Naming the next generation 1 Speaker Q&A; Tyrus Cukavac", *YPulse* (May 28, 2013), disponível em: <http://www.ypulse.com/post/view/naming-the-next-generation-qa-tyrus-cukavac>, acesso em: 27 ago. 2013); Roman Friedrich; Michael Peterson; Alex Koster, "The rise of generation C", *Strategy + Business*, Issue 62 (Spring 2011), disponível em: <www.strategy-business.com/article/11110?gko=64e54>, acesso em: 25 jun. 2012; Max Mihelich, "Another generation rises: looking beyond the millennials", *Workforce* (April 12, 2013), disponível em: <http://www.workforce.com/articles/108-another-generation-rises-looking-beyond-the-millennials>, acesso em: 22 ago. 2013.
17. *Wall Street Journal* poll, reported in Colleen McCain Nelson, "Poll: most women see bias in the workplace", *The Wall Street Journal* (April 12, 2013), A4.
18. Peyton M. Craighill; Scott Clement, "Legalize it! The stark generational divide on pot, gay marriage, and illegal immigration", *The Washington Post* (November 14, 2012). Disponível em: <http://www.washingtonpost.com/blogs/the-fix/wp/2012/11/14/stark-generational-divide-on-gay-marriage-immigration-and-yes-marijuana/>. Acesso em: 27 ago. 2013.
19. Dennis Cauchon; Paul Overberg, "Census Data Shows Minorities Now a Majority of U.S. Births", *USA TODAY* (May 17, 2012). Disponível em: <www.usatoday.com/news/nation/story/2012-05-17/minority-births-census/55029100/1>. Acesso em: 12 jun. 2012.

20. Matthias Rieker, "Uneven economy hits banks", *The Wall Street Journal Online* (January 25, 2012). Disponível em: <http://online.wsj.com/article/SB10001424052970203718504577180672516174122.html>. Acesso em: 22 jun. 2012.
21. Richard Wolf; Brad Heath; Chuck Raasch, "How health care law survived, and what's next", *USA TODAY* (June 29,2012). Disponível em: <http://www.usatoday.com/NEWS/usaedition/2012-06-29-still2_CV_U.htm>. Acesso em: 21 ago. 2012.
22. Somini Sengupta, "Facebook Builds Network of Friends in Washington", *The New York Times* (May 18, 2012). Disponível em: <www.nytimes.com/2012/05/19/technology/facebook-builds-network-of-friends-in-washington.html?_r=1&emc=eta1>. Acesso em: 12 jun. 2012.
23. Dror Etzion, "Research on organizations and the natural environment", *Journal of Management* 33 (August 2007): 637-654.
24. Elizabeth Weise; Doyle Rice, "Even the 'best' outcome won't be good; the oil spill's potential toll is becoming clear", *USA TODAY*, June 9, 2010.
25. Robert B. Duncan, "Characteristics of organizational environment and perceived environmental uncertainty", *Administrative Science Quarterly* 17 (1972): 313-327; Daft, *Organization theory and design*, p. 144-148.
26. Nick Wingfield, "Nintendo confronts a changed video game world", *The New York Times* (November 24, 2012). Disponível em: <http://www.nytimes.com/2012/11/25/technology/nintendos-wii-u-takes-aim-at-a-changed-video-game-world.html?pagewanted=all&_r=0>. Acesso em: 25 nov. 2012.
27. Bruce E. Perrott, "Strategic issue management as change catalyst", *Strategy & Leadership* 39, n. 5 (2011): 20-29.
28. Patricia M. Buhler, "Business intelligence: an opportunity for competitive advantage", *Supervision* 74, n. 3 (March 2013): 8-11; David B. Jemison, "The importance of boundary spanning roles in strategic decision-making", *Journal of Management Studies* 21 (1984): 131-152; Marc J. Dollinger, "Environmental boundary spanning and information processing effects on organizational performance", *Academy of Management Journal* 27 (1984): 351-368.
29. Darrell K. Rigby, *Management tools 2013: an executive's guide* (Bain & Company 2013), disponível em: <http://www.bain.com/Images/MANAGEMENT_TOOLS_2013_An_Executives_guide.pdf>, acesso em: 27 ago. 2013; Margaret Rouse, "Big Data Analytics", *TechTarget.com* (January 10, 2012), disponível em: <http://searchbusinessanalytics.techtarget.com/definition/big-data-analytics>, acesso em: 27 ago. 2013; David Kiron; Renee Boucher Ferguson; Pamela Kirk Prentice, "From value to vision: reimagining the possible with data analytics", *MIT Sloan Management Review Special Report* (March 5, 2013), disponível em: <http://sloanreview.mit.edu/reports/analytics-innovation/>, acesso em: 27 ago. 2013.
30. R. Bean; D. Kiron, "Organizational alignment is key to big data success", *MIT Sloan Management Review* (January 28,2013). Disponível em: <http://sloanreview.mit.edu/article/organizational-alignment-is-key-to-big-data-success/>. Acesso em: 27 ago. 2013.
31. Michael Lewis, *Moneyball: the art of winning an unfair game* (New York: W. W. Norton, 2003).
32. Exemplo descrito em Andrew McAfee; Erik Brynjolfsson, "Big Data: the management revolution", *Harvard Business Review* (October 2012): 61-68.
33. Exemplos mencionados em Thomas H. Davenport; Jeanne G. Harris, *Competing on analytics: the new science of winning* (Boston: Harvard Business School Press, 2007); Kiron et al., "From value to vision: reimagining the possible".
34. Alexander Garrett, "Crash course in competitive intelligence", *Management Today* (May 1, 2011): 18.
35. Jemison, "The importance of boundary spanning roles in strategic decision-making"; Dollinger, "Environmental boundary spanning and information processing effects on organizational performance".
36. Sean Lux; T. Russell Crook; Terry Leap, "Corporate political activity: the good, the bad, and the ugly", *Business Horizons* 55, n. 3 (May-June 2012): 307-312.
37. Lisa Wirthman, "Online sales tax: what it could mean for entrepreneurs and small biz", *Forbes* (August 6, 2013), disponível em: <http://www.forbes.com/sites/northwesternmutual/2013/08/06/online-sales-tax-what-it-could-mean-for-entrepreneurs-and-small-biz-2/print/>, acesso em: 27 ago. 2013); Sarah Hurtubise, "Colorado Court Ruling Reignites Online Sales Tax Debate", *The Daily Caller* (August 26, 2013), disponível em: <http://dailycaller.com/2013/08/26/colorado-court-ruling-reignites-online-sales-tax-debate/>, acesso em: 27 ago. 2013); Amrita Jayakumar, "States, Congress Rallying for an e-Sales Tax", *The Washington Post* (July 8, 2012), disponível em: <http://articles.washingtonpost.com/2012-07-08/business/35487298_1_traditional-retailers-sales-tax-online-retailers>, acesso em: 27 ago. 2013.
38. Jonathan Hughes; Jeff Weiss, "Simple rules for making alliances work", *Harvard Business Review* (November 2007): 122-131; Howard Muson, "Friend? Foe? Both? The confusing world of corporate alliances", *Across the Board* (March-April 2002): 19-25; Devi R. Gnyawali; Ravindranath Madhavan, "Cooperative networks and competitive dynamics: a structural embeddedness perspective", *Academy of Management Review* 26, n. 3 (2001): 431-445.
39. Leo Wilkinson, "GM and Honda to collaborate on fuel-cell technology", *The Telegraph* (July 2, 2013), disponível em: <http://www.telegraph.co.uk/motoring/green-motoring/10155793/GM-and-Honda-to-collaborate-on-fuel-cell-technology.html>, acesso em: 27 ago. 2013); Katie Merx, "Automakers interconnected around world", *Edmonton Journal* (April 6, 2007), H14; Keith Bradsher, "Ford Agrees to Sell Volvo to a Fast-Rising Chinese Company", *The New York Times Online* (March 28, 2010), disponível em: <www.nytimes.

40. Thomas Petzinger, Jr., *The new pioneers: the men and women who are transforming the workplace and marketplace* (New York: Simon & Schuster, 1999), p. 53-54.
41. Stephan M. Wagner; Roman Boutellier, "Capabilities for managing a portfolio of supplier relationships", *Business Horizons* (November-December 2002): 79-88; Peter Smith Ring; Andrew H. Van de Ven, "Developmental processes of corporate interorganiza- tional relationships", Academy of Management Review 19 (1994): 90-118; Myron Magnet, "The new golden rule of business", *Fortune* (February 21, 1994): 60-64; Peter Grittner, "Four elements of successful sourcing strategies", *Management Review* (October 1996): 41-45.
42. Richard L. Daft, "After the deal: the art of fusing diverse corporate cultures into one", paper presented at the Conference on International Corporate Restructuring, Institute of Business Research and Education, Korea University, Seoul, Korea (June 16, 1998).
43. Marsha Mercer, "Merger Mania", *AARP Bulletin* (June 2013): 10-14.
44. Andrew Martin, "Car Sharing Catches on as Zipcar Sells to Avis", *The New York Times* (January 2, 2013).
45. Peter Sanders, "Sikorsky's business heads up", *The Wall Street Journal Online* (April 19, 2010). Disponível em: <http://online.wsj.com/article/SB10001424052702304180804575188821353177134.html>. Acesso em: 19 abr. 2010.
46. Yoash Wiener, "Forms of value systems: a focus on organizational effectiveness and culture change and maintenance", *Academy of Management Review* 13 (1988): 534-545; V. Lynne Meek, "Organizational culture: origins and weaknesses", *Organization Studies* 9 (1988): 453-473; John J. Sherwood, "Creating work cultures with competitive advantage", *Organizational Dynamics* (winter 1988): 5-27; Andrew D. Brown; Ken Starkey, "The effect of organizational culture on communication and information", *Journal of Management Studies* 31, n. 6 (November 1994): 807-828.
47. Joanne Martin, *Organizational culture: mapping the terrain* (Thousand Oaks, CA: Sage Publications, 2002); Ralph H. Kilmann; Mary J. Saxton; Roy Serpa, "Issues in understanding and changing culture", *California Management Review* 28 (Winter 1986): 87-94; Linda Smircich, "Concepts of culture and organizational analysis", *Administrative Science Quarterly* 28 (1983): 339-358.
48. David Carr, "Troubles that money can't dispel", *The New York Times Online* (July 17, 2011). Disponível em: <www.nytimes.com/2011/07/18/business/media/for-news-corporation-troubles-that-money-cant-dispel.html?pagewanted=all>. Acesso em: 13 jun. 2012.
49. John F. Burns; Jeremy W. Peters, "Two Top Deputies Resign as Crisis Isolates Murdoch", *The New York Times Online* (July 16, 2011). Disponível em: <www.hongkong-mart.com/forum/viewtopic.php?f=2&t=367>. Acesso em: 13 jun. 2012.
50. Carr, "Troubles that money can't dispel".
51. Com base em Edgar H. Schein, *Organizational culture and leadership*, 2nd ed. (San Francisco: Jossey-Bass, 1992), p. 3-27.
52. "Core value: teamwork", segmento em Leigh Buchanan, "2011 Top Small Company Workplaces: Core Values", *Inc.* (June 2011): 60-74; "Our story", Menlo Innovations Web site, disponível em: <http://www.menloinnovations.com/our-story/history> e <http://www.menloinnovations.com/our-story/culture>, acesso em: 12 set. 2011); Leigh Buchanan, "Taking Teamwork to the Extreme" in "Culture" segment of "The Audacious 25: Meet the Scrappiest, Smartest, Most Disruptive Companies of the Year", *Inc.* (May 2013): 54-76 (O arquivo Menlo está na página 76).
53. Michael G. Pratt; Anat Rafaeli, "Symbols as a language of organizational relationships", *Research in Organizational Behavior* 23 (2001): 93-132.
54. Mindy Grossman, "HSN's CEO on fixing the shopping network's culture", *Harvard Business Review* (December 2011): 43-46.
55. Chip Jarnagin; John W. Slocum, Jr., "Creating corporate cultures through mythopoetic leadership", *Organizational Dynamics* 36, n. 3 (2007): 288-302.
56. Robert E. Quinn; Gretchen M. Spreitzer, "The road to empowerment: seven questions every leader should consider", *Organizational Dynamics* (Autumn 1997): 37-49.
57. Yukari Iwatani Kane; Jessica E. Vascellaro, "Successor Faces Tough Job at Apple," *The Wall Street Journal Online* (August 26, 2011)> Disponível em: <http://allthingsd.com/20110826/successor-faces-tough-job-at-apple/>. Acesso em: 13 jun. 2012.
58. Com base em uma entrevista com Tim Cook concedida a Walt Mossberg e Kara Swisher do *The Wall Street Journal* (4 de junho de 2012). Disponível em: <http://online.wsj.com/article/SB10001424052702303552104577436952829794614.html?KEYWORDS=steve+jobs+apple+culture>. Acesso em: 16 jun. 2012.
59. Arthur Yeung, "Setting people up for success: how the Portman Ritz-Carlton Hotel gets the best from its people", *Human Resource Management* 45, n. 2 (Summer 2006): 267-275.
60. Leigh Buchanan, "Reelect the boss! Or not", in "Culture", segmento de "The Audacious 25: Meet the Scrappiest, Smartest, Most Disruptive Companies of the Year", *Inc.* (May 2013): 54-76 (O arquivo DreamHost está na página 76).
61. Harrison M. Trice and Janice M. Beyer, "Studying Organizational Cultures Through Rites and Ceremonials," *Academy of Management Review* 9 (1984): 653-669.
62. PRWeb, "Southwest Airlines Launches New NBA-Themed Specialty Airplane; Slam Dunk One Marks First Southwest Specialty Plane with a Partner in 17 Years", November 3, 2005. Disponível em: <www.prweb.com/releases/2005/11/prweb306461.php>. Acesso em: 7 fev. 2008.

63. Jennifer A. Chatman; Karen A. Jehn, "Assessing the relationship between industry characteristics and organizational culture: how different can you be?", *Academy of Management Journal* 37, n. 3 (1994): 522-553.
64. Com base em Paul McDonald; Jeffrey Gandz, "Getting value from shared values", *Organizational Dynamics* 21, n. 3 (Winter 1992): 64-76; Daniel R. Denison; Aneil K. Mishra, "Toward a theory of organizational culture and effectiveness", *Organization Science* 6, n. 2 (March-April 1995): 204-223.
65. Aaron Levie, conforme relatado para Memon Yaqub, "I'm Obsessed with Speed", *Inc.* (November 2012): 100-103.
66. Robert Hooijberg; Frank Petrock, "On cultural change: using the competing values framework to help leaders execute a transformational strategy", *Human Resource Management* 32, n. 1 (1993): 29-50.
67. Dean Foust, "Where headhunters fear to tread", *BusinessWeek* (September 4, 2009): 42-44.
68. Com base nos resultados de pesquisa realizada pela revista *Fortune*, "100 Best Companies to Work For", disponível em: <http://money.cnn.com/magazines/fortune/best-companies/2013/list/>, acesso em: 28 ago. 2013; Douglas A. Ready; Emily Truelove, "The power of collective ambition", *Harvard Business Review* (December 2011): 94-102.
69. Rekha Balu, "Pacific edge projects itself", *Fast Company* (October 2000): 371-381.
70. Jeffrey Pfeffer, *The human equation: building profits by putting people first* (Boston: Harvard Business School Press, 1998).
71. Sanam Islam, "Execs see link to bottom line; gap is closing; more firms keen to be seen as best corporate culture", *National Post* (November 19, 2008): FP.16; Jeremy Kahn, "What makes a company great?", *Fortune* (October 26, 1998): 218; James C. Collins; Jerry I. Porras, *Built to last: successful habits of visionary companies* (New York: HarperBusiness, 1994); James C. Collins, "Change is good – but first know what should never change", *Fortune* (May 29, 1995): 141.
72. Islam, "Execs see link to bottom line".
73. Com base em Alison Beard; Richard Hornik, "It's hard to be good", *Harvard Business Review* (November 2011): 88-96.
74. Essa seção é based em Jeff Rosenthal; Mary Ann Masarech, "High-performance cultures: how values can drive business results", *Journal of Organizational Excellence* (Spring 2003): 3-18.
75. Nelson D. Schwartz, "One brick at a time", *Fortune* (June 12, 2006): 45-46; Nelson D. Schwartz, "Lego's Rebuilds Legacy", *International Herald Tribune* (September 5, 2009).
76. Evelyn M. Ruslie, "Zynga's Tough Culture Risks a Talent Drain", *The New York Times Online* (November 27, 2011). Disponível em: <http://dealbook.nytimes.com/2011/11/27/zyngas-tough-culture-risks-a-talent-drain/>. Acesso em: 18 jun. 2012.
77. Exemplo baseado em Dave Ulrich; Steve Kerr; Ron Ashkenas, *The GE Work-Out* (New York: McGraw-Hill, 2002), p. 238-230.
78. Ver Ulrich; Kerr; Ashkenas, "GE values" in *The GE Work-Out*, figura 11-2.
79. Rosenthal; Masarech, "High-performance cultures".
80. John P. Kotter; James L. Heskett, *Corporate culture and performance* (New York: The Free Press, 1992); Eric Flamholtz; Rangapriya Kannan Narasimhan, "Differential impact of cultural elements on financial performance", *European Management Journal* 23, n. 1 (2005): 50-64. Ver também J. M. Kouzes; B. Z. Posner, *The leadership challenge: how to keep getting extraordinary things done in organizations*, 3rd ed. (San Francisco: Jossey-Bass, 2002).
81. Susanne Biro, "Change the culture", *Leadership Excellence* (April 2013): 4.
82. Rosenthal; Masarech, "High-performance cultures"; Patrick Lencioni, "Make your values mean something", *Harvard Business Review* (July 2002): 113-117; Thomas J. Peters; Robert H. Waterman, Jr., *In search of excellence* (New York: Warner, 1988).
83. Biro, "Change the culture"; Linda Tischler, "Kenny Moore Held a Funeral and Everyone Came", *Fast Company* (February 2004), disponível em: <http://www.fastcompany.com/48491/kenny-moore-held-funeral-and-everyone-came>, acesso em: 28 ago. 2013.
84. Jarnagin; Slocum, "Creating corporate cultures through mythopoetic leadership".

PARTE 2

Capítulo 4
Gestão de ambiente global

© EUROPHOTOS/Shutterstock.com

Visão geral do capítulo

Você está pronto para trabalhar em outro país?

Mundo sem fronteiras
Globalização
Desenvolvendo a mentalidade global

Mudança do panorama internacional
China, Inc.
Índia, a gigante de serviços
A crescente influência do Brasil

Corporações multinacionais
Repercussão na globalização
Servindo a base da pirâmide

Começando a trabalhar em outro país
Exportação   Terceirização
Licenciamento   Investimento direto

Ambiente comercial internacional
Ambiente econômico
Desenvolvimento econômico
Interdependência econômica

Ambiente jurídico-político
Ambiente sociocultural
Valores sociais
Diferenças na comunicação

Novo gestor autoteste:
Você é culturalmente inteligente?

Alianças comerciais internacionais
Gatt e OMC   União Europeia
Tratado Norte-Americano
de Livre-Comércio (Nafta)

Resultados de aprendizagem

Após a leitura deste capítulo, você será capaz de:

1. Definir globalização e explicar como ela está criando um mundo sem fronteiras para os gestores de hoje.

2. Descrever a mentalidade global e por que isso se tornou indispensável para as empresas que operam internacionalmente.

3. Discutir como o cenário internacional está mudando, incluindo o crescente poder da China, da Índia e do Brasil.

4. Descrever as características de uma empresa multinacional.

5. Explicar o conceito da base da pirâmide.

6. Definir a terceirização e as três estratégias comuns de entrada no mercado: exportação, licenciamento e investimento direto.

7. Indicar como as diferenças nos ambientes econômico, sociocultural e jurídico-político de todo o mundo podem afetar as operações comerciais.

8. Explicar a importância de os gestores desenvolverem a inteligência cultural.

Você está pronto para trabalhar em outro país?[1]

INSTRUÇÕES: Você está pronto para negociar um contrato de venda com alguém de outro país? Grandes e pequenas empresas lidam com isso em base global. Até que ponto você é responsável pelos comportamentos listados a seguir? Assinale "Normalmente verdadeiro" ou "Normalmente falso" em cada questão proposta.

	Normalmente verdadeiro	Normalmente falso
1. É impaciente? Presta pouca atenção nos assuntos abordados? Você quer ficar mudando para o próximo assunto?	_____	_____
2. Um mau ouvinte? Você fica desconfortável com o silêncio? Sua mente pensa sobre o que você quer dizer em seguida?	_____	_____
3. É crítico? Você gosta de discutir para seu próprio bem?	_____	_____
4. Está familiarizado com especificidades culturais de outros países? Você tem experiência limitada em outros países?	_____	_____
5. Prefere o curto prazo? Você coloca mais ênfase no curto prazo do que no longo prazo em seu pensamento e planejamento?	_____	_____
6. "Só pensa em negócios"? Você acha que é uma perda de tempo conhecer alguém pessoalmente antes de discutir negócios?	_____	_____
7. É legalista para ganhar seu ponto de vista? Você prende os outros a um acordo, independentemente da evolução das circunstâncias?	_____	_____
8. Pensa em "ganhar/perder" ao negociar? Você costuma tentar ganhar uma negociação à custa dos outros?	_____	_____

PONTUAÇÃO E INTERPRETAÇÃO: Os gestores norte-americanos muitas vezes exibem ignorância cultural durante as negociações comerciais quando comparados aos colegas de outros países. Os hábitos norte-americanos podem ser perturbadores, como enfatizar as áreas de desacordo em vez das de acordo, gastar pouco tempo para compreender os pontos de vista e interesses do outro lado e adotar atitude contraditória. Os norte-americanos geralmente gostam de sair de uma negociação pensando que ganharam o que pode ser constrangedor para o outro lado. Para esse teste, uma pontuação baixa mostra mais presença internacional. Se você assinalou "Normalmente verdadeiro" em pelo menos três perguntas, então se considere pronto para ajudar em uma negociação internacional. Se você marcou seis ou mais respostas em "Normalmente falso", você deve aprender mais sobre outras culturas nacionais antes de participar de negócios internacionais. Tente focar mais as necessidades das outras pessoas e a apreciação por diferentes pontos de vista. Esteja aberto a se comprometer e a desenvolver empatia com as pessoas diferentes de você.

Recentemente, os executivos da Apple, depois de muita resistência, consideraram que o melhor caminho era ceder: apresentaram um pedido de desculpas ao governo e aos clientes chineses. A Apple tem crescido de forma expressiva na China, que é responsável por um percentual crescente das vendas e dos lucros da empresa, porém a multinacional norte-americana também tem sido muito criticada pela mídia controlada pelo governo chinês e por grupos de defesa dos consumidores. Quando um programa de televisão chinês do horário nobre acusou a Apple de ter falsificado os períodos de garantia e adotado políticas de atendimento ao cliente mais fracas na China, os gestores emitiram uma declaração na qual afirmavam que as práticas de pós-venda oferecidas no país e no resto do mundo são idênticas e que a empresa fornece "experiência incomparável ao usuário". A declaração provocou um duro ataque, incluindo referências à "arrogância" da Apple e promessas vazias. Os gestores da Apple perceberam um pouco tarde que o que as autoridades e os clientes chineses queriam era um pedido de desculpas. A empresa disse que iria alterar as políticas de atendimento ao cliente, substituindo *iPhones* defeituosos por aparelhos inteiramente novos, em vez de repará-los ou substituir os componentes, e oferecer garantia de um ano em qualquer telefone que tinha sido trocado. Em contrapartida, no Estados Unidos, a empresa fornece apenas uma garantia de 90 dias no caso de reparo de telefones ou troca. De acordo com a agência oficial de notícias Xinhua, o pedido de desculpas "deveria ter vindo mais cedo", mas não é tarde demais para [a Apple] reconstruir a confiança dos clientes chineses".[2]

Os gestores da Apple certamente esperam que não. A China é o segundo maior mercado da empresa, depois dos Estados Unidos. A comercialização e a venda de bens em território internacional representam um desafio, e os gestores da maioria das empresas acreditam que a vitória na China é uma nova conquista. O país já é um mercado crucial para muitas indústrias, e o potencial de crescimento é enorme. Em 2012, a China foi responsável por 30% de todos os veículos vendidos pela General Motors (GM) e 28% dos vendidos pela Volkswagen.[3] Brasil, Rússia, Índia e China (muitas vezes chamados de Bric), assim como outras economias emergentes, estão se tornando os principais mercados para os produtos e serviços de empresas norte-americanas. Ao mesmo tempo, esses países estão crescendo rapidamente como prestadoras de produtos e serviços para os Estados Unidos, Canadá, Europa e outros países desenvolvidos. Encontrar gestores com a mentalidade necessária para ter sucesso nesses países está sendo difícil para as empresas multinacionais. Há uma expectativa de que a China, a Índia e o Brasil terão, nos próximos anos, a maior escassez de talentos executivos.[4]

Cada gestor de hoje precisa pensar globalmente, porque o mundo inteiro é fonte de ameaças e oportunidades comerciais. Mesmo os gestores que passam toda a carreira trabalhando nas cidades natais devem estar cientes do ambiente internacional e interagir com pessoas de outras culturas. A dimensão internacional é parte cada vez mais importante do ambiente externo, o qual é abordado no Capítulo 3. Esse capítulo apresenta conceitos básicos sobre o ambiente global e a administração internacional. Primeiramente, forneceremos a visão geral do mundo sem fronteiras de hoje e a mentalidade global necessária para ser eficaz. Em seguida, estudaremos o cenário internacional em mutação e a crescente importância da China, Índia e Brasil. O capítulo ainda tratará das corporações multinacionais (*multinational corporations* – MNCs), da reação à globalização e de aspectos relacionados ao conceito da "base da pirâmide" (*bottom of the pyramid* – BOP). Quando alcançam várias estratégias e técnicas para entrar na arena global e vislumbram os desafios econômicos, jurídico-políticos e socioculturais, essas empresas estão dentro do ambiente comercial global. O capítulo também descreve como os acordos comerciais regionais estão remodelando o cenário dos negócios internacionais.

Mundo sem fronteiras

A realidade que a maioria dos gestores enfrenta é que o isolamento das forças internacionais não é mais possível. Organizações em todas as áreas estão sendo reordenadas em torno do objetivo de atender às necessidades e aos desejos que transcendem as fronteiras nacionais. Considere que o Federal Bureau of Investigation (FBI) agora classifica o cibercrime internacional como uma das principais prioridades, porque as fronteiras eletrônicas entre os países são praticamente inexistentes.[5] Segundo John Hering, presidente executivo da Lookout, Inc., uma empresa de segurança móvel com clientes em 170 países que utiliza 400 redes móveis em todo o mundo, "O conceito de fronteiras foi totalmente destruído. Para muitas pessoas, um dispositivo móvel como o celular é o único computador que elas têm, e a possibilidade de que algo ruim possa acontecer com ele é insustentável".[6]

Conversa com GESTORES

Conceito de *bossless* surge no mundo

Experiências com menos hierarquia e sem patrões não se limitam aos Estados Unidos. Diferentes culturas nacionais criam desafios diferentes, mas uma organização *bossless* pode ter sucesso em qualquer lugar.

- **A organização deve ter uma forte cultura orientada pelos valores.** A Semco S.A., localizada em São Paulo, Brasil, é uma fabricante de equipamentos industriais com 3 mil funcionários. Ricardo Semler decidiu estabelecer uma cultura construída sobre a participação e o envolvimento extremos dos trabalhadores. Os funcionários comandam o show. A Semco não tem nenhuma estrutura oficial, não há recursos humanos nem departamento de TI, nem mesmo um CEO fixo (o cargo é rotativo). Os salários são de conhecimento público. Os funcionários elegem os gerentes por voto. Nenhuma promoção é concedida sem que os colegas de trabalho deem opinião. Os subordinados avaliam anonimamente os gestores e podem votar para que eles saiam do escritório. Não há código de vestimenta. Os funcionários podem mudar as áreas de trabalho a qualquer momento de acordo com os gostos e desejos.

- **Os ambientes *bossless* são especialmente eficazes onde a criatividade é essencial.** A Yoplait, de propriedade conjunta da cooperativa de laticínios francesa Sodiaal e da General Mills com sede nos Estados Unidos, tem franquias em todo o mundo e uma história de confiança na autogestão de equipes para criar e lançar novos sabores e produtos. Nos Estados Unidos, um grupo de funcionários chamado de Comunidade da Prática Culinária traduz sabores e cozinhas étnicas emergentes em alimentos inovadores disponibilizados nas lojas.

- **Os ambientes *bossless* aumentam a satisfação do cliente.** Quando o CEO Jean-François Zobrist assumiu a FAVI, uma empresa francesa de 600 pessoas que projeta e fabrica componentes automotivos, ele eliminou a hierarquia tradicional. Não há departamento pessoal, gerência média, relógios de ponto, nem manuais de funcionários. "Eu disse a eles: 'amanhã, quando vocês vierem trabalhar, não trabalharão para mim ou para um patrão. Vocês trabalharão para o seu cliente. Não pago vocês. Eles pagam'." A FAVI não atrasa o pedido de um cliente há dez anos. Nos Estados Unidos, a Southwest Airlines dá liberdade aos agentes de aeroporto para decidir a maneira de resolver a queixa de um cliente no local, sem ter que dizer: "Espere enquanto consulto meu chefe".

- **Os projetos *bossless* podem refletir a cultura nacional.** Na Espanha, a Mondragon Corporation utiliza uma forma cooperativa do conceito *bossless*. Composta como um coletivo de muitas empresas menores, os 85 mil funcionários realmente possuem e dirigem os respectivos negócios. Os trabalhadores escolhem um diretor administrativo e detêm o poder de tomar todas as decisões sobre o que produzir e o que fazer com os lucros. Os principais membros podem ganhar não mais do que 6,5 vezes o valor do membro com o salário mais baixo, em comparação a cerca de 350 vezes em grandes empresas norte-americanas. Quando os tempos são difíceis, as pessoas do topo da Mondragon também recebem as maiores reduções salariais.

Fontes: Fiona Smith, "Could your office go Lord of the Flies?", *Business Review Weekly*, April 10, 2013, disponível em: <http://www.brw.com.au/p/blogs/fiona_smith/could_your_office_go_lord_of_the_N7PteNIJpXzO8ithUQAjQK>, acesso em: 10 abr. 2013; "Going boss-free: utopia or 'Lord of the Flies'?" Knowledge@Wharton, August 1, 2012, disponível em: <http://knowledge.wharton.upenn.edu/article/going-boss-free-utopia-or-lord-of-the-flies/>, acesso em: 30 set. 2013; Peter A. Maresco; Christopher C. York, "Ricardo Semler: creating organizational change through employee-empowered leadership", Sacred Heart University, disponível em: <http://www.newunionism.net/library/case%20studies/SEMCO%20-%20Employee-Powered%20Leadership%20-%20Brazil%20-%202005.pdf>, acesso em: 30 set. 2013; Polly LaBarre, "What does fulfillment at work really look like?", *Fortune*, May 1, 2012, disponível em: <http://management.fortune.cnn.com/2012/05/01/happiness-at-work-fulfillment/>, acesso em: 30 set. 2013; Richard Wolff, "Yes, there is an alternative to capitalism: Mondragon shows the way", *The Guardian*, June 24, 2012, disponível em: <http://www.theguardian.com/commentisfree/2012/jun/24/alternative-capitalism-mondragon>; Giles Tremlett, "Mondragon: Spain's giant cooperative where times are hard but few go bust", *The Guardian*, March 7, 2013, disponível em: <http://www.theguardian.com/world/2013/mar/07/mondragon-spains-giant-cooperative>, acesso em: 30 set. 2013.

GLOBALIZAÇÃO

Os negócios, assim como o crime, tornaram-se um campo global unificado. Eventos, ideias e tendências que influenciam as organizações em um país podem também repercutir em outros. O boxe "Conversa com gestores", acima, descreve como experimentos do tipo *bossless* estão ocorrendo nas empresas em vários países.

Globalização refere-se ao modo como o comércio e os investimentos, as informações, as ideias sociais e culturais, e o fluxo de cooperação política fluem entre os países. O resultado é que países, empresas e pessoas se tornam cada vez mais interdependentes. A montadora japonesa Nissan tem sede em Yokohama, mas o escritório do executivo-chefe da divisão de luxo Infiniti fica em Hong Kong. A empresa de cuidados com a pele, cosméticos e higiene pessoal Procter & Gamble (P&G) fica em Cingapura.[7] Os Estados Unidos são o maior mercado para a Tata Consultancy Services (TCS) com base na Índia e outras empresas de tecnologia da informação (TI) indianas, enquanto a empresa norte-americana IBM obtém a maior parte da receita de serviços de tecnologia do exterior, com as vendas na Índia crescendo 41% em um trimestre recente.[8] E enquanto a Honda do Japão recebe 65% das peças para o modelo Accord dos Estados Unidos ou do Canadá e monta o veículo em Ohio, a GM, com sede nos Estados Unidos, fabrica o Chevrolet HHR no México com peças que vêm de todo o mundo.[9]

A globalização tem aumentado desde 1970, e as nações mais industrializadas mostram atualmente alto grau de globalização.[10] O KOF Swiss Economic Institute mede aspectos econômicos, políticos e sociais da globalização e classifica os países em um índice de globalização. Como era esperado, o ritmo da globalização econômica desacelerou no levantamento mais recente, refletindo o impacto da crise financeira e econômica global, porém a globalização política e social manteve a tendência ascendente. A Figura 4.1 mostra como os países selecionados foram classificados no índice de globalização do KOF de 2013 (com base no ano de 2010) em relação ao grau de globalização em meados da década de 1970. Observe que os Estados Unidos são um dos países menos globalizados mostrados na figura. Entre os 187 países considerados pelo índice do KOF, os Estados Unidos ocupam o número 34, subindo para o número 27 no índice de 2011. Os dez países mais globalizados, de acordo com o índice do KOF, são: Bélgica, Irlanda, Holanda, Áustria, Cingapura, Suécia, Dinamarca, Portugal, Hungria e Suíça.[11]

FIGURA 4.1
Classificação dos seis países no índice de globalização

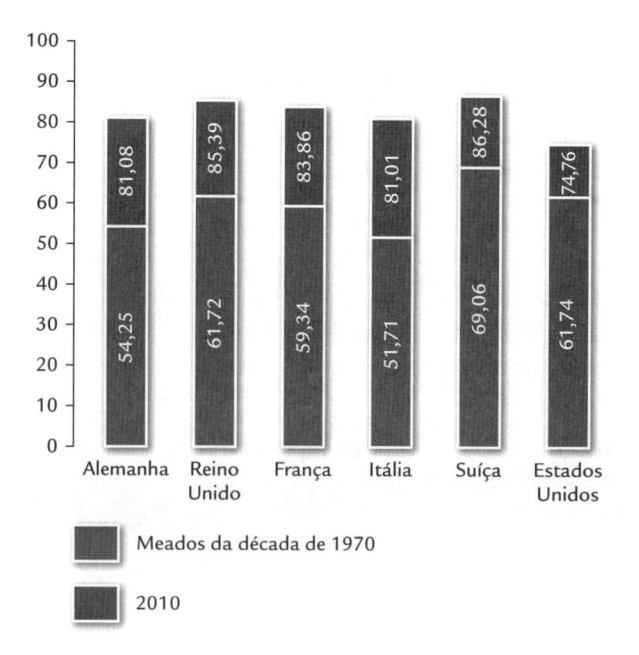

País	Meados da década de 1970	2010
Alemanha	54,25	81,08
Reino Unido	61,72	85,39
França	59,34	83,86
Itália	51,71	81,01
Suíça	69,06	86,28
Estados Unidos	61,74	74,76

FONTE: Baseada no "2013 KOF Index of Globalization" KOF Swiss Economic Institute, disponível em: <http://globalization.koffethz.ch/media/filer_public/2013/03/25/rankings_2013.pdf>, acesso em: 29 ago. 2013; e comunicado de imprensa do "KOF Index of Globalization 2013" (March 2013), disponível em: <http://globalization.kof.ethz.ch/media/filer_public/2013/03/25/press_release_2013_en.pdf>, acesso em: 29 ago. 2013. Observação: A análise do KOF de 2013 sobre as dimensões da globalização tem como base os dados brutos de 2010.

DESENVOLVENDO A MENTALIDADE GLOBAL

Suceder um nível global exige mais do que o desejo de ser global e um novo conjunto de habilidades e técnicas; exige que os gestores e as organizações desenvolvam a mentalidade global. Os gestores que podem ajudar as empresas a desenvolver a perspectiva global, como Carlos Ghosn, CEO brasileiro-libanês-francês da Nissan, ou o CEO Omar Ishrak da Medtronic, um nativo de Bangladesh que foi educado no Reino Unido e trabalhou nos Estados Unidos por quase duas décadas, estão em alta demanda.[12] Os gestores que trabalham em países estrangeiros ou com empresas estrangeiras no próprio país, precisam de uma mentalidade que lhes permita navegar pelas ambiguidades e complexidades que muito excedem em qualquer coisa que encontram dentro das responsabilidades de gestão tradicionais.[13] A **mentalidade global** pode ser definida como a capacidade dos gestores de apreciar e influenciar indivíduos, grupos, organizações e sistemas que representam diferentes características sociais, culturais, políticas, institucionais, intelectuais e psicológicas.[14]

Um gestor com mentalidade global pode perceber muitas perspectivas diferentes ao mesmo tempo e responder a elas, em vez de ficar preso na mentalidade nacional que vê tudo a partir da própria perspectiva cultural. A Reliance Industries, a maior empresa do setor privado na Índia, lista especificamente a "mentalidade global" como uma das competências essenciais para os gestores.[15] Como ilustrado na Figura 4.2, a mentalidade global requer habilidades, compreensão e competências em três dimensões. A *dimensão cognitiva* significa saber sobre o ambiente global e os negócios globais, compreender mentalmente como as culturas são diferentes e ter a capacidade de interpretar as mudanças globais complexas. A *dimensão psicológica* é o aspecto emocional e afetivo, o que engloba o gosto por diversas formas de pensar e agir, a vontade de assumir riscos e a energia e autoconfiança para lidar com o imprevisível e o incerto. A *dimensão social* refere-se à capacidade dos indivíduos de adotar comportamentos que estabeleçam relações de confiança com pessoas diferentes.[16]

As pessoas que conhecem diferentes culturas e falam vários idiomas desenvolvem a mentalidade global com mais facilidade. Os líderes globais muitas vezes falam vários idiomas e têm vasta experiência de interagir com pessoas diferentes de si mesmos. Nos Estados Unidos, as pessoas que cresceram sem diversidade cultural e outros idiomas normalmente têm mais dificuldades com atribuições estrangeiras, porém os gestores dispostos de qualquer país podem cultivar a mentalidade global.

Como as pessoas podem expandir a mentalidade global? Há duas maneiras de fazer isso: pensar e fazer.[17] Aprender pelo pensamento exige uma verdadeira curiosidade sobre

> **Faça uma pausa**
>
> Realize a atividade proposta na seção "Aplique suas habilidades: pequeno grupo em prática", no material complementar, que trata da exposição a diferentes culturas e ideias.

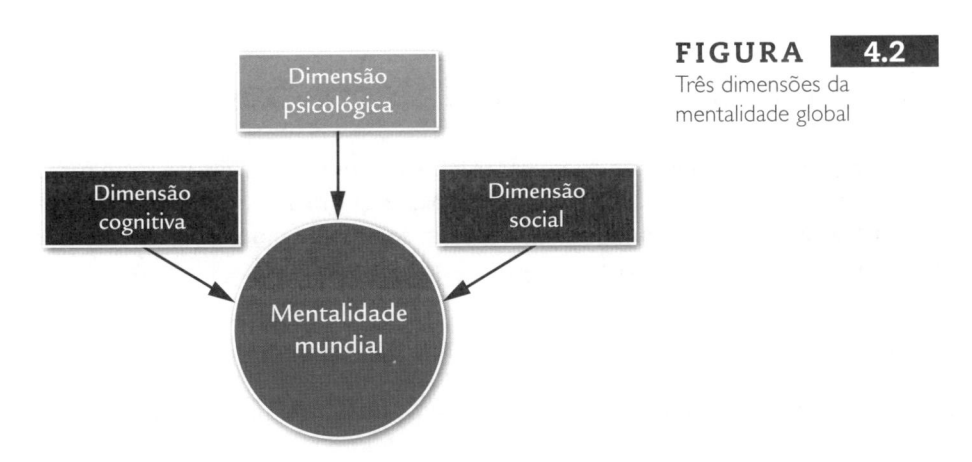

FIGURA 4.2
Três dimensões da mentalidade global

FONTE: Com base em Mansour Javidan; Jennie L. Walker, "A whole new global mindset for leadership", *People & Strategy* 35, n. 2 (2012): 36-41.

> "O fato de você morar fora dos Estados Unidos o torna mais inteligente em relações às questões globais, pois lhe permite ver o mundo por uma lente diferente."
>
> – JOHN RICE, VICE-PRESIDENTE DA GENERAL ELECTRIC (GE) E PRESIDENTE E CEO DA GE GLOBAL GROWTH AND OPERATIONS

outras pessoas e culturas, um interesse e estudo dos assuntos do mundo e negócios internacionais, assim como a capacidade de abrir a mente e apreciar diferentes pontos de vista. Aprender fazendo significa cultivar relacionamentos com as pessoas através das fronteiras culturais e nacionais. A ascensão das mídias sociais abriu novas oportunidades para alunos e gestores criarem redes de relações que cruzem divisões culturais. Além disso, as viagens internacionais, o estudo no exterior e o aprendizado de um idioma estrangeiro são atividades fundamentais para o desenvolvimento da mentalidade global. Por exemplo, Lalit Ahuja, que ajudou a varejista norte-americana Target a abrir a segunda sede na Índia, cresceu nesse país, mas viajou para os Estados Unidos para estudar a cultura norte-americana. Alan Boechkmann cresceu nos Estados Unidos, mas ansiosamente tomou atribuições de trabalho no exterior, na África do Sul e na Venezuela.[18] O segredo de Boechkmann consistiu em mergulhar nesses ambientes diferentes. No passado, muitos gestores enviados em missões no exterior viveram um estilo de vida insular, que os impedia de realmente mergulhar na cultura estrangeira. De acordo com Siegfried Russwurm, ex-chefe de recursos humanos da Siemens (agora no comando do setor industrial da empresa), "Você pode ter um estilo de vida verdadeiramente alemão na China e pode viver em um condomínio fechado com vizinhos alemães. Eles vão lhe dizer onde encontrar uma padaria e um açougue alemães".[19] Hoje, porém, a meta para os gestores que querem ter sucesso é globalizar o pensamento.

Lembre-se disto

- As empresas e os gestores atuais operam em um mundo sem fronteiras que oferece riscos e oportunidades.
- **Globalização** refere-se ao modo como o comércio e os investimentos, as informações, as ideias sociais e culturais, e o fluxo de cooperação política fluem entre países.
- Os países mais globalizados, de acordo com o índice do KOF, são: Bélgica, Irlanda, Holanda, Áustria e Cingapura.
- Para que possam ter sucesso em nível global, é necessário que os gestores de todos os níveis tenham a **mentalidade global**, que é a capacidade de apreciar e influenciar indivíduos, grupos, organizações e sistemas que representam diferentes características sociais, culturais, políticas, institucionais, intelectuais e psicológicas.

Mudança do panorama internacional

Muitas empresas hoje estão indo direto para a China ou Índia como um primeiro passo no negócio internacional, pois trata-se dos dois países que mais cresceram economicamente nos últimos anos. Além disso, o Brasil tem se tornado um importante jogador no cenário dos negócios internacionais.

CHINA, INC.

Nos últimos anos, as empresas estrangeiras têm investido mais em negócios na China do que elas gastaram em qualquer outro lugar do mundo. Um mercado que despertava pouco interesse há uma década tornou-se o único lugar em que quase todos os gestores estão pensando. A China é o maior mercado da fabricante de automóveis alemã BMW para os maiores e mais rentáveis sedãs.[20] Isso pode ser uma das razões pelas quais Alay Mulally, CEO da Ford Motor Company norte-americana, gasta um terço do tempo em assuntos relacionados à China. A Ford chegou à China depois e, em 2013, detinha apenas quase 3% do mercado chinês de automóveis. Mulally planeja construir cinco fábricas adicionais nesse país, duplicar o número de concessionárias, levar 15 novos veículos para a China e lançar a marca Lincoln por lá em 2014*. Para o CEO, "É evidente que essa vai continuar a ser a taxa mais alta de crescimento para nós". A mudança no sentido de colocar a China no centro da tomada de decisões se reflete na mudança nos horários das reuniões na sede dos Estados Unidos. "Levantamos muito cedo e ficamos até muito tarde", revelou Mark Fields, diretor de operações da Ford, referindo-se à prática de realizar reuniões no início da manhã ou tarde da noite para acomodar os gestores da China, cuja diferença de fuso horário em relação aos Estados Unidos é de 12 horas.[21]

A China, com o crescimento mais rápido da classe média na história, é o maior ou o segundo maior mercado para uma variedade de produtos e serviços, incluindo telefones celulares, automóveis, eletroeletrônicos, bens de luxo e utilização da internet.[22] O CEO da Coca-Cola, Muhtar Kent, prevê que a empresa na China dobrará as vendas de produtos da Coca-Cola, ajudando a atender à meta de Kent de duplicar os negócios gerais da empresa em 2020. "A China será o maior mercado da Coca-Cola", Kent promete. "Não posso dar uma data, mas isso vai acontecer."[23]

No entanto, como ilustrado no exemplo de abertura do capítulo, fazer negócios na China nunca foi tranquilo e parece estar ficando ainda mais difícil. Novos regulamentos e políticas governamentais estão dificultando a vida das empresas estrangeiras em todos os setores. A Coca-Cola Company está treinando gestores nas 40 fábricas de engarrafamento para que possam funcionar como embaixadores de relações públicas. Na China, os gestores são incentivados a construir relações com os reguladores de segurança alimentar local e outras autoridades locais. O Walmart está acrescentando uma equipe de mídia social para detectar a formação de controvérsias *on-line* nos negócios na China.[24] Para as empresas da internet, como Facebook, Twitter, eBay e Google, a China, por vezes, pareceu ser mais uma fonte de problemas e frustrações do que os novos clientes.[25] No início de 2010, o Google fechou seu *site* chinês, Google.cn, por causa das restrições e da censura do governo, apesar de a empresa ter renovado depois a licença para fornecer serviços limitados no país. Algumas empresas multinacionais que fazem negócios com organizações chinesas, sobretudo grandes empresas estatais, também tiveram problemas relacionados aos pagamentos estabelecidos nos contratos. Segundo Jingzhou Tao, advogado com base em Pequim, "Um contrato não é uma bíblia imutável para as empresas chinesas". Os gestores chineses frequentemente retêm os pagamentos como uma tática de negociação de preços. Isso ocorre porque as organizações chinesas não são apenas empresas, mas também entidades políticas. Além disso, há as diferenças culturais. De acordo com Arthur Bowring, diretor da Hong Kong Shipowners Association, "Antes do contrato, a cultura chinesa parte do princípio que é necessário estabelecer um relacionamento, algo que pode ser sempre falado. O contrato é apenas um conjunto de papéis que você guarda na gaveta".[26]

TEMA RECENTE

Apesar dos problemas, a China é um mercado que os gestores estrangeiros não podem, em hipótese alguma, ignorar. Para os executivos da fabricante de equipamentos de construção pesada Caterpillar, a menos que a empresa possa vencer na China, corre o risco de perder o *status* de maior jogadora do setor. No entanto, as fabricantes de máquinas da China em rápido crescimento já começaram a roubar essa fatia de mercado.[27] A concorrência das empresas nacionais em outros setores também está crescendo rapidamente. Em alguns setores, as empresas locais já se tornaram líderes de mercado, como a Midea em aparelhos domésticos e a 7 Days Inn em hotéis econômicos.[28] Uma empresa chinesa que se tornou rapidamente líder global foi a Lenovo.

---

* Só no ano de 2015 a Ford vendeu 11.630 unidades do modelo Lincoln, o que fez sua receita total aumentar em 3%, para um recorde de US$ 1,12 milhões. (N.R.T.)

Poder Verde

Quando Bentonville conheceu Pequim

Ao estabelecer, em 1962, um negócio em Bentonville, em Arkansas, o empresário norte-americano Sam Walton não poderia imaginar que haveria uma expansão para mais de 350 lojas e 20 mil fornecedores na China. Em 2008, o CEO Lee Scott, do Walmart, abordou publicamente preocupações ambientais na China e colocou os vastos recursos da empresa por trás da promessa de tornar a sustentabilidade uma prioridade no mercado chinês. Para lidar com o desperdício e a poluição, o Walmart treinou e monitorou os trabalhadores em toda a cadeia de fornecimento chinesa, da fábrica e do transporte às lojas de varejo, e, em seguida, estabeleceu normas ambientais como uma exigência para que outras empresas pudessem fazer negócios com o Walmart. A empresa também uniu forças com o Instituto de Assuntos Públicos e Ambientais da China para mapear a poluição da água e administração das águas residuais. Os esforços resultaram em quedas significativas no uso da água em muitas fábricas fornecedoras. Para abordar as crescentes preocupações com a segurança alimentar entre os chineses, o Walmart criou o Programa de Fazenda Direta, que oferece aos agricultores locais rendimentos mais elevados para o fornecimento de suprimentos seguros de alimentos frescos aos consumidores por meio da gigante varejista.

Fonte: Orville Schell, "How Walmart is changing China – and vice versa", *The Atlantic* (December 2011): 80-98.

Forma inovadora

Lenovo

A Lenovo é a empresa que mais cresce na indústria de computadores, embora a maioria das pessoas fora da China nunca tenha ouvido falar dele, mesmo depois de ter comprado a marca ThinkPad da IBM em 2005.

A Lenovo é a maior fabricante mundial de PC, mas agora vende mais *smartphones* e *tablets* do que computadores. O presidente e CEO da Lenovo, Yang Yuanqing, que começou como vendedor e uma vez entregou computadores de bicicleta, é agora o executivo mais bem pago da China. Em uma teleconferência com analistas, ele disse que as vendas de *smartphones* da empresa mais do que duplicaram nos três meses que terminaram em 30 de junho de 2013. Ele se recusou a comentar a especulação de que a Lenovo compraria a BlackBerry após a empresa colocar-se à venda, mas, em uma entrevista para o *The Wall Street Journal*, Yang deixou claro que "a Lenovo está definitivamente em uma boa posição para se tornar uma jogadora importante [em um setor de consolidação]. Se um alvo ou negócio for consistente com a estratégia da Lenovo, aproveitaremos a oportunidade". A empresa também mostrou que não tem medo de parcerias. A Lenovo começou calmamente a se mover para o mercado lucrativo de servidores empresariais por meio de uma parceria estratégica com a EMC. "Isso faz parte de nossa estratégia PC-Plus", afirmou Yang.

Com ênfase em qualidade (os PCs e *laptops* estão entre os melhores quanto à confiabilidade), a Lenovo está redefinindo a percepção da expressão "feito na China".

Além disso, está redefinindo o significado de uma empresa chinesa que mistura o melhor da filosofia e da cultura oriental com o melhor das empresas ocidentais e do pensamento administrativo. A empresa tem sede em Pequim, mas Yang gasta um terço do tempo no escritório da Lenovo em Raleigh, na Carolina do Norte. Os gestores executivos da empresa, uma vez que quase todos são chineses sem experiência internacional, vêm agora de 14 nacionalidades diferentes. A maioria dos membros da equipe de liderança executiva fala dois idiomas ou mais. Eles vivem e trabalham em seis cidades diferentes, em três continentes. Dan Stone, que nasceu em Israel, tem escritório nos Estados Unidos, enquanto Gerry Smith, nascido nos Estados Unidos, trabalha em Cingapura.

Os principais executivos da Lenovo sabem que apreciar e fundir as perspectivas chinesas e não chinesas é crucial para o sucesso. É uma ideia em que os gestores norte-americanos precisam prestar atenção. "O povo chinês conhece os norte-americanos ou os Estados Unidos mais do que o contrário", afirma o fundador da empresa, Liu Chuanzhi, que serve como presidente da empresa-mãe da Lenovo. "Bem mais."[29]

Índia, a gigante de serviços

A Índia, que perde apenas para a China em população, tem tomado um caminho diferente para o desenvolvimento econômico. Considerando que a China é forte na fabricação, a Índia é uma potência em ascensão no *design* de *softwares*, serviços e engenharia de precisão. Inúmeras empresas veem a Índia como uma importante fonte de inteligência tecnológica e científica. Além disso, como grande parte da população do país fala inglês, a Índia se tornou um alvo natural para as empresas norte-americanas que desejam terceirizar serviços. O índice lista mais de 900 empresas de serviços comerciais na Índia, que empregam quase 575 mil pessoas.[30]

Alguns dos setores que mais crescem na Índia são produtos farmacêuticos, instrumentos médicos e diagnósticos. O país tem grande número de cientistas altamente treinados, médicos e pesquisadores, e as empresas norte-americanas Abbott Laboratories e Covidien abriram centros de pesquisa e desenvolvimento por lá. A Índia também é uma fabricante em crescimento de produtos farmacêuticos e é a maior exportadora mundial de medicamentos genéricos. Em 2020, a indústria farmacêutica da Índia provavelmente será líder global, de acordo com o relatório da PricewaterhouseCoopers (PwC).[31]

A crescente influência do Brasil

O Brasil é outro país que está ganhando cada vez mais atenção dos gestores. Embora o crescimento econômico do Brasil tenha desacelerado nos últimos anos, assim como todos os países do Bric, ainda é uma das economias emergentes do mundo que mais crescem, com grandes e crescentes setores agrícola, de mineração, manufatura e serviços.[32] A economia do país, que já é a sétima maior do mundo, está projetada para ficar em quarto lugar em 2050. A escolha do Rio de Janeiro para sediar os Jogos Olímpicos de 2016 também é uma indicação da crescente influência do Brasil no cenário internacional.

O Brasil tem uma população jovem e vibrante, a maior da América Latina, e uma classe média em rápido crescimento, ansiosa para experimentar as coisas boas da vida. Os gastos dos consumidores representam cerca de 60% da economia do Brasil, mas a grande quantidade de dívidas começou a reduzi-los. O governo brasileiro tem investido no desenvolvimento de infraestruturas como estradas, portos e projetos de eletricidade, que são a criação de empregos, assim como tem estimulado o desenvolvimento de outros negócios. Além disso, em 2010, o Brasil anunciou um investimento de $ 22 bilhões em ciência e inovação tecnológica*.

Conexão de conceito

Empresas como a Bug Agentes Biológicos, localizada em Piracicaba, no Brasil, refletem o **cenário internacional em mudança**. Como uma das 50 melhores empresas mais inovadoras do mundo listadas pela revista *Forbes*, a Bug Agentes Biológicos abastece o setor da agricultura com ovos de insetos predadores e parasitoides, que são uma alternativa natural aos pesticidas agrícolas prejudiciais. A Bug vende os produtos em todos os três maiores produtores agrícolas – Estados Unidos, União Europeia (UE) e Brasil – e muito além.

---

* Em 2015, o Brasil ficou em 70º lugar no *ranking* do Índice Global de Inovação da INSEAD. (Para mais informações, consulte: <https://www.globalinnovationindex.org/content/page/gii-full-report-2015#pdfopener>.) Ainda, em 2015, o Brasil investiu 1,6% do PIB em P&D. Nos EUA, investem-se 16 vezes mais capital. (Dados do Ministério da Ciência e Tecnologia.) (N.R.T.)

> **Lembre-se disto**
>
> - Muitas empresas estão indo direto para a China ou Índia como a primeira etapa no negócio internacional.
> - A China é forte na fabricação, enquanto a Índia é uma importante prestadora de serviços.
> - A empresa chinesa Lenovo surgiu como a primeira corporação global do país, com os gestores provenientes de 14 países diferentes, vivendo e trabalhando em seis cidades, em três continentes.
> - O Brasil, com o crescente mercado consumidor, está se tornando um grande jogador no cenário internacional em mudança.
> - Os gestores também consideram a China, a Índia e o Brasil fontes de baixo custo de inteligência tecnológica e científica.

Corporações multinacionais

O tamanho e o volume de negócios internacionais são grandes, o que torna difícil sua compreensão. Por exemplo, se as receitas forem avaliadas no equivalente do produto interno bruto (PIB) de um país, a receita da ExxonMobil será comparável em tamanho ao PIB do Egito. A receita do Walmart é comparável ao PIB da Grécia, a da Toyota ao PIB da Argélia e a da GE ao PIB do Cazaquistão.[33]

Um grande volume internacional de negócios está sendo realizado por grandes empresas internacionais que podem ser consideradas como *corporações globais*, *corporações apátridas* ou *corporações transnacionais*. No mundo dos negócios, essas grandes empresas internacionais normalmente são denominadas *corporações multinacionais (multinational corporations – MNCs)* e têm chamado muita atenção. Nos últimos 40 anos, tanto o número quanto a influência das empresas multinacionais têm crescido drasticamente. Estima-se que, entre 1990 e 2003, o número de multinacionais tenha aumentado de 3 mil para 63 mil![34] As multinacionais podem mover uma riqueza de ativos de país para país e influenciar as economias, políticas e culturas nacionais.

Embora a expressão não tenha definição precisa, uma **corporação multinacional (MNC)** normalmente recebe mais de 25% das receitas das vendas totais de operações de fora do país de origem. Durante a recente crise econômica, o percentual da receita de operações no exterior aumentou para muitas multinacionais por causa das vendas mais fortes nos mercados em desenvolvimento, como China e Índia. No terceiro trimestre de 2010, as receitas para a Yum! Brands (incluindo restaurantes como KFC e Pizza Hut) na China superaram as dos Estados Unidos pela primeira vez, e, até 2012, os negócios da empresa na China foram responsáveis por mais de metade dos $ 13,6 bilhões da empresa na receita total, acima dos 36% em 2010.[35] Uma multinacional também tem as seguintes características gerenciais distintas:

1. Uma multinacional é gerenciada como um sistema comercial mundial integrado cujas filiais estrangeiras atuam em estreita aliança e cooperação entre si. Capital, tecnologia e pessoas são transferidos entre os países afiliados. A multinacional pode adquirir materiais e peças de fabricação em qualquer lugar do mundo, o que é mais vantajoso.
2. Uma multinacional é controlada, em última instância, por uma única autoridade administrativa que toma decisões estratégicas fundamentais relacionadas à empresa-mãe e a todas as filiais. Embora algumas sedes sejam binacionais, como o Grupo Royal Dutch/Shell, é necessária alguma centralização da administração para manter a integração no mundo inteiro e maximização do lucro para a empresa como um todo.

3. Presume-se que os gestores executivos das multinacionais exerçam a perspectiva global. Eles consideram o mundo inteiro como um mercado para decisões estratégicas, aquisição de recursos e localização da produção, publicidade e eficiência de *marketing*.

Em alguns casos, a filosofia administrativa das multinacionais pode ser diferente das que acabamos de descrever. Por exemplo, alguns estudiosos têm estabelecido distinção entre *empresas etnocêntricas*, que enfatizam os países de origem, *policêntricas*, que são orientadas pelos mercados dos países de acolhimento estrangeiro individual, e *geocêntricas*, que são verdadeiramente orientadas pelo mundo e não favorecem nenhum país específico.[36] As empresas genuinamente globais, que transcendem as fronteiras nacionais estão crescendo em número. Elas já não se veem como norte-americanas, chinesas ou alemãs, pois operam mundialmente e servem ao mercado global. A Nestlé S.A. é um bom exemplo. A empresa obtém a maior parte das vendas fora do "país-casa", a Suíça, e os 280 mil funcionários estão espalhados por todo o mundo. O CEO Paul Bulcke é belga, o presidente Peter Brabeck-Letmathe nasceu na Áustria, e mais da metade dos gestores da empresa não são da Suíça. A Nestlé tem centenas de marcas e instalações de produção ou outras operações em quase todos os países do mundo.[37]

Repercussão na globalização

O tamanho e o poder das multinacionais, combinados com o crescimento dos acordos de livre-comércio, que abordaremos mais adiante neste capítulo, provocaram repercussão na globalização. Em uma pesquisa feita pela revista *Fortune*, 68% dos norte-americanos afirmaram que outros países são os mais beneficiados com o livre-comércio, e um levantamento de 2010 realizado pelo *The Wall Street Journal* e pela *NBC News* descobriu que, para 53% dos norte-americanos entrevistados, o livre-comércio tem realmente prejudicado os Estados Unidos. Esse número está acima dos 46% em 2007 e dos 32% em 1999. O sentimento é refletido em outros países, como na Alemanha, na França e até mesmo na Índia. Segundo Mickey Kantor, ex-representante comercial dos Estados Unidos, "Por alguma razão, todos acham que eles são os perdedores".[38]

Nos Estados Unidos, a principal preocupação tem sido a perda de cargos de trabalho na medida em que as empresas expandiram as atividades de *offshoring*, exportando cada vez mais trabalho para o exterior. A transferência de cargos de trabalho, como fabricação de calçados, roupas e brinquedos, começou décadas atrás, e, nos últimos anos, o serviço e o trabalho de conhecimento também foram terceirizados para os países em desenvolvimento. Muitos compradores norte-americanos afirmam que estariam dispostos a pagar preços mais elevados para os produtos feitos nos Estados Unidos para evitar que os empregos sejam transferidos para o exterior.[39]

Os líderes de negócios, entretanto, insistem que os benefícios econômicos da globalização fluem de volta para a economia dos Estados Unidos sob a forma de preços mais baixos, mercados expandidos e aumento de lucros que podem financiar a inovação.[40] Contudo, outro problema crescente para os gestores é como os empreiteiros e fornecedores do exterior tratam os funcionários. A globalização aumenta a complexidade, porque os gestores, muitas vezes, têm dificuldade em saber com quais empresas estão realmente fazendo negócios. Por exemplo, a Amazon tem centros de distribuição na

Conexão de conceito

O Maharaja Mac e o Hambúrguer de Vegetais servidos no McDonald's em Nova Delhi, na Índia, representam a forma como essa **MNC** mudou o modelo de negócio, descentralizando as operações. Quando o McDonald's abriu as unidades internacionais, copiou o que fazia e vendia nos Estados Unidos. Hoje, porém, a gigante do *fast-food* procura gestores locais que entendem a cultura e as leis de cada país. Os gestores do país têm a liberdade de usar mobílias diferentes e desenvolver novos produtos para atender aos gostos locais.

TEMA RECENTE

Alemanha e, em decorrência dos custos elevados nesse país, trabalha, muitas vezes, com terceiros para contratar e gerenciar milhares de trabalhadores imigrantes temporários da Polônia, Espanha, Romênia e de outros países europeus, o que permite à empresa ajustar as necessidades sazonais. A empresa envolveu-se em um lamaçal ético depois que a televisão pública alemã exibiu um documentário em que os trabalhadores afirmavam que os seguranças da Hensel European Security Services (H.E.S.S.) os intimidaram, questionaram-nos sobre alimentos roubados e fizeram uma fiscalização-surpresa em seus aposentos sem aviso prévio. O programa mostrou alguns seguranças vestindo roupas de Thor Steinar, uma marca de moda alemã popular na comunidade neonazista do país. A Amazon imediatamente parou de fazer negócios com a H.E.S.S., cujos executivos negaram as acusações e disseram: "Nós nos distanciamos explicitamente de qualquer forma de radicalismo político". O Ministério do Trabalho da Alemanha também está investigando. Na Alemanha, um afrouxamento das leis trabalhistas realizado há muitos anos para permitir mais trabalhadores temporários está sendo criticado por contribuir para o problema dos trabalhadores malremunerados e por vezes maltratados, porém a crítica mais forte dos grupos trabalhistas é direcionada às empresas norte-americanas. Segundo eles, essas empresas tiram proveito das políticas de trabalho mais frouxas e fogem da responsabilidade ao terceirizá-las.[41]

Por causa dos problemas relacionados aos empregos e às práticas trabalhistas, o fervor antiglobalização está apenas ficando mais quente – e aparentemente não se dissipará tão cedo. No fim das contas, não se trata apenas de avaliar se a globalização é boa ou ruim, o que está em questão é como os gestores empresariais e governamentais podem trabalhar em conjunto para garantir que as vantagens do mundo global sejam plena e justamente compartilhadas.

SERVINDO A BASE DA PIRÂMIDE

Embora as grandes organizações multinacionais sejam acusadas de muitas contribuições negativas para a sociedade, elas também têm os recursos necessários para fazer coisas boas no mundo. Uma abordagem que combina negócios com responsabilidade social é chamada de "servindo a base da pirâmide".

Conexão de conceito ◀◀◀

Depois de dominar quase todos os mercados do mundo, a Coca-Cola voltou a atenção para a África nos últimos anos. O gigante das bebidas vê enorme potencial em países de todo o continente, cuja imensa população seria considerada parte da **BOP**. A empresa está trabalhando em estreita colaboração com os distribuidores e proprietários de pequenas empresas para promover os produtos, oferecendo uma abundância de incentivos e recompensas, assim como apoio na comercialização.

O **conceito da base da pirâmide** (*bottom of the pyramid* – BOP) propõe que as empresas possam aliviar a pobreza e outros males sociais, assim como fazer lucros significativos, vendendo para as pessoas mais pobres do mundo. A expressão "base da pirâmide" refere-se aos mais de quatro bilhões de pessoas que compõem o nível mais baixo da "pirâmide" do mundo econômico, conforme definido pela renda *per capita*. Essas pessoas ganham menos de $ 1.500 por ano, com um quarto delas ganhando menos de um dólar por dia.[42] Tradicionalmente, essas pessoas não foram servidas pela maioria das grandes empresas, porque os produtos e serviços são muito caros, inacessíveis e inadequados às necessidades delas; portanto, em muitos países, os pobres acabam pagando muito mais do que os mais ricos por algumas necessidades básicas.

Inúmeras empresas líderes estão mudando isso por meio da adoção de modelos de negócios BOP voltados para servir os consumidores mais pobres do mundo. Considere este exemplo da Godrej & Boyce da Índia.

Forma inovadora
Godrej & Boyce

Segundo uma estimativa, um terço da comida da Índia é perdido para a deterioração, mas, em 2007, a penetração no mercado de refrigeradores foi de apenas 18%. Muitas pessoas de baixa renda não podiam pagar até mesmo por uma geladeira básica. Outro problema, sobretudo nas áreas rurais, era que o serviço elétrico não costumava ser muito confiável. Os gestores da Godrej & Boyce decidiram que era hora de fazer algo sobre isso.

Segundo G. Sunderraman, vice-presidente de desenvolvimento corporativo, "Como uma empresa que fabrica geladeiras há mais de 50 anos, nós nos perguntamos por que a penetração dos refrigeradores era de apenas 18%". A primeira grande visão foi que muitas pessoas não só não podiam pagar por uma geladeira, como também não precisavam de uma geladeira grande que ocupava muito espaço em uma casa pequena e que usava grande quantidade de eletricidade. O que elas precisavam era de um chotuKool (um tipo de caixa térmica), um aparelho inovador introduzido pela Godrej & Boyce em 2010. O chotuKool, uma minigeladeira projetada para resfriar cinco ou seis garrafas de água e armazenar alguns quilos de comida, era portátil, funcionava com pilhas e era vendido por cerca de 3.250 rúpias (US$ 69), quase 35% menos do que a geladeira mais barata no mercado.

Para vender o novo produto, a Godrej & Boyce treinou moradores rurais como vendedores. Os camponeses ganhavam uma comissão de aproximadamente US$ 3 para cada produto vendido, e o sistema reduzia os custos de distribuição da Godrej. Quando questionado sobre quantos chotuKools a empresa esperava vender, George Menezes, diretor de operações da Godrej Appliances, respondeu: "Em três anos, provavelmente milhões". Os gestores da Godrej & Boyce gastam muito tempo trabalhando diretamente com os consumidores e agora estão testando ideias para outros produtos de baixo custo voltados para os mercados rurais. Para Menezes, "Atualmente o mercado rural representa apenas 10%, mas está tudo pronto para expandir enormemente".[43]

As empresas norte-americanas também estão começando a pensar na BOP. Os pesquisadores da P&G estão visitando casas na China, no Brasil, na Índia e em outros países em desenvolvimento para ver como a empresa pode criar produtos e serviços inteiramente novos para os consumidores que vivem na BOP. Contudo, a P&G está atrasada na comercialização para os pobres. A rival Unilever, por exemplo, introduziu o sabonete Lifebuoy na Índia há mais de um século, promovendo-o como o inimigo da

Lembre-se disto

- Uma **corporação multinacional (MNC)** é uma organização que recebe mais de 25% das receitas de vendas totais das operações fora do país de origem da empresa-mãe e tem uma série de características administrativas distintas.
- A Nestlé S.A. é um bom exemplo de MNC.
- Alguns pesquisadores estabelecem distinção entre empresas etnocêntricas, que enfatizam os países de origem, policêntricas, orientadas para os mercados dos países de acolhimento individual, e geocêntricas, verdadeiramente orientadas pelo mundo. O aumento no tamanho e poder das multinacionais provocou repercussão na globalização.
- As MNCs têm os recursos para alcançar e servir as pessoas mais pobres do mundo que não podem pagar por produtos e serviços típicos oferecidos pelas grandes empresas.
- O conceito da **base da pirâmide (BOP)** propõe que as empresas podem aliviar a pobreza e outros males sociais, assim como fazer lucros significativos vendendo para os pobres do mundo.
- A Godrej & Boyce criou uma geladeira inovadora que funciona com pilhas, chamada chotuKool, para os mercados rurais na Índia.

sujeira e das doenças.[44] A Unilever recebe mais de 55% das vendas nos mercados em desenvolvimento, contra apenas 20% em 1990.[45] "A P&G ainda está muito centrada nos Estados Unidos", afirma o CEO da Unilever, Paul Polman, um holandês que é veterano da P&G. "Os mercados emergentes estão no DNA da nossa empresa." Para tentar recuperar o atraso, o CEO da P&G está concentrando os funcionários na missão de "tocar e melhorar mais vidas, em mais partes do mundo, de uma maneira mais completa". Quando as pessoas sentem que estão mudando vidas, "é quase como se você não tivesse que nos pagar para fazer isso", disse um cientista de pesquisa e desenvolvimento.[46] Os defensores do pensamento da BOP acreditam que as empresas multinacionais podem promover uma mudança positiva e duradoura quando a motivação do lucro caminha lado a lado com o desejo de contribuir para a humanidade.

Começando a trabalhar em outro país

As organizações têm duas maneiras de se envolver internacionalmente. Uma delas consiste em buscar recursos mais baratos, como materiais ou mão de obra no exterior, o que é chamado de *offshoring* ou terceirização global. A outra refere-se ao desenvolvimento de mercados para os produtos acabados ou serviços fora dos países de origem, o que pode incluir exportação, licenciamento e investimento direto, denominados **estratégias de entrada no mercado** porque representam formas alternativas para vender produtos e serviços em mercados estrangeiros. A Figura 4.3 mostra as estratégias que as empresas podem usar para se envolver no cenário internacional, seja para adquirir recursos ou entrar em novos mercados.

EXPORTAÇÃO

Ao longo das últimas três décadas, o valor das exportações aumentou de $ 2 trilhões para $ 18 trilhões, com mais da metade deles agora vindo d economias emergentes.[47] Com a exportação, a empresa mantém as instalações da produção no país de origem e transfere os produtos para venda em países estrangeiros. A **exportação** permite que a

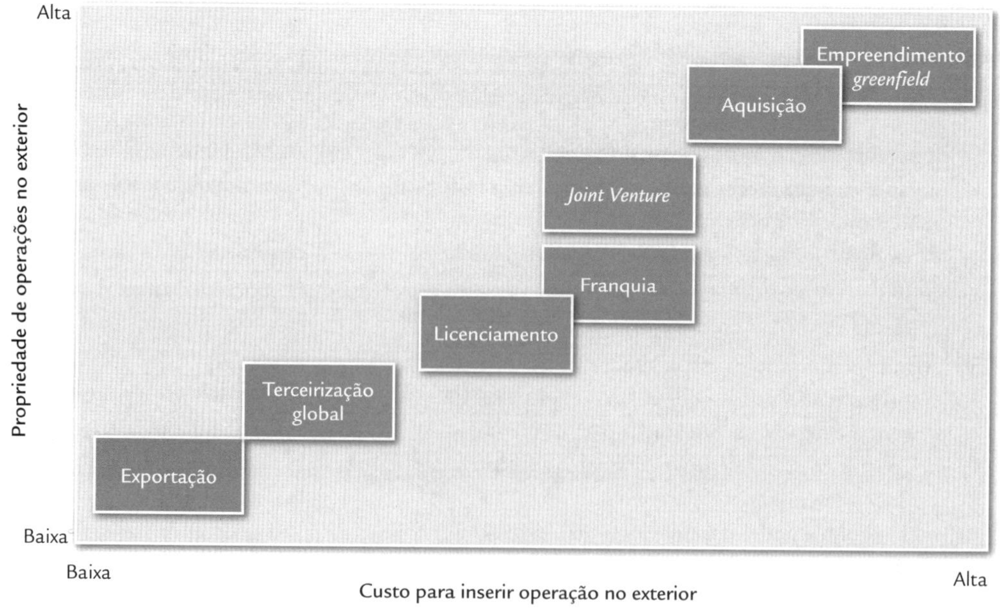

FIGURA 4.3 Estratégias para entrar no cenário internacional

empresa comercialize os produtos em outros países ao custo de recursos modestos e com risco limitado. A exportação implica inúmeros problemas com base em distâncias físicas, regulações governamentais, moedas estrangeiras e diferenças culturais, mas é menos dispendiosa do que utilizar o capital próprio da empresa para construir fábricas nos países de acolhimento. Por exemplo, a Skooba Designs, fabricante de capas para *laptops*, *iPads* e outras ferramentas de Rochester, Nova York, exporta para mais de 30 países. As empresas de serviços também podem exportar. A Netflix está exportando o serviço de *streaming* de filmes para clientes na América Latina, no Reino Unido e no Irlanda, além de incentivar outros países a fazer o mesmo.[48] Os estúdios de cinema de Hollywood há muito tempo exportam filmes para países estrangeiros, mas atualmente têm adotado uma abordagem diferente.

Terceirização

Terceirização global, também chamada de *offshoring*, significa o envolvimento na divisão internacional do trabalho para que as atividades possam ser feitas em países com as fontes mais baratas de trabalho e suprimentos. Milhões de empregos de baixo nível de salários, como na indústria têxtil, em operações de *call center* e no processamento de

---

Forma inovadora
Hollywood Studios

Os filmes de Hollywood têm sido essencialmente produtos norte-americanos, e, anos atrás, os públicos do Japão, do Brasil ou da Coreia do Sul assistiam fielmente a filmes escritos e comercializados principalmente para o público norte-americano. Isso acabou. Os filmes locais estão fazendo Hollywood correr atrás do dinheiro. Ao mesmo tempo, as audiências estão em declínio nos Estados Unidos e no Canadá, mas crescentes no exterior. Os filmes de Hollywood agora obtêm cerca de 70% das receitas no exterior, e as vendas de ingressos nos países estrangeiros têm sido a única fonte de crescimento desde 2010. O filme de 2011 *Os Smurfs* obteve 74,7% das vendas de bilheteria nos mercados estrangeiros. *Carros 2* não ficou muito atrás, com 65,8% das receitas de bilheteira do exterior. Alguns estúdios de Hollywood chegaram a fazer filmes especificamente para determinados mercados estrangeiros, e quase todos estão reformulando os filmes para todos os gostos estrangeiros. Eis alguns exemplos das táticas utilizadas:

- **Uso de atores estrangeiros.** Em *G. I. Joe: a origem de Cobra* e *G. I. Joe: retaliação*, da Paramount, Byung-hun Lee, grande astro do cinema coreano, e o ator sul-africano Arnold Vosloo foram colocados em papéis de destaque.
- **Filmar em um local de mercado em crescimento.** Diversos filmes recentes, como *Rio* e *Velozes e furiosos 5: Operação Rio*, foram filmados no Brasil, um mercado em grande crescimento para filmes de Hollywood. Em *A saga Twilight: amanhecer – Parte I*, Bella Swan e Edward Cullen passam a lua de mel em uma ilha privada brasileira.
- **Usar marcas estrangeiras.** Na recente versão do filme *Transformers*, a DreamWorks Studios mostrou um personagem tomando leite com baixo teor de lactose da marca Shuhua, da empresa de laticínios chinesa Yili.
- **Filmar em cidades estrangeiras.** Como alguns dos filmes de animação da série *Carros* não obtiveram sucesso no exterior, a Pixar decidiu inserir, nas produções mais recentes, sequências ocorridas em Paris, Londres, Tóquio e na Riviera italiana.

Essas e outras técnicas representam uma abordagem totalmente nova para fazer filmes. Em vez de tentar atrair público para os filmes, os estúdios estão direcionando os filmes para os públicos. Além disso, os gestores procuram cada vez mais filmes com apelo global. Segundo Mark Zoradi, ex-presidente da Motion Pictures Group, da Walt Disney Company, "Nenhum estúdio produzirá um filme grande cujos custos podem variar de $ 150 milhões a $ 200 milhões, a menos que tenha apelo mundial".[49]

Conexão de conceito ◄◄◄

Durante as décadas de 1970 e 1980, a Kentucky Fried Chicken (agora KFC) expandiu-se agressivamente em todo o globo. Na Ásia, por exemplo, os restaurantes KFC podem ser encontrados em vários países, como China, Japão, Camboja, Cingapura, Taiwan, Malásia, Vietnã, Tailândia, entre outros. Na maioria dos casos, trata-se de **franquias**, mas alguns restaurantes também são **joint ventures** com empresa-mãe da KFC, Yum! Internacional.

cartões de crédito, foram terceirizados para países de baixos salários nos últimos anos. A queda nos custos da internet e das telecomunicações possibilitou que as empresas terceirizassem mais e também melhorassem o nível do trabalho, como desenvolvimento de *softwares*, contabilidade ou serviços médicos. Um paciente pode fazer exame de ressonância magnética (RM) em Minneapolis e enviá-lo a médicos localizados na Índia. Após a Lei Sarbanes-Oxley, que exigia extensos novos procedimentos de relatórios financeiros e fiscalização aprimorada, ter entrado em vigor, a Unisys teve dificuldades para encontrar o número suficiente de auditores internos nos Estados Unidos, os gestores terceirizaram a principal prática da China. Grandes empresas farmacêuticas contratam boa parte das pesquisas químicas de estágio inicial de laboratórios mais baratos na China e Índia.[50]

LICENCIAMENTO

Com o **licenciamento**, a corporação (a licenciadora) de um país disponibiliza certos recursos para as empresas em outro país (as licenciadas). Esses recursos incluem tecnologia, habilidades administrativas e patentes ou direitos de marca registrada. Eles permitem que a licenciada produza e comercialize um produto ou serviço semelhante ao que a licenciadora está produzindo. A Heineken, que foi chamada de a primeira marca de cerveja do mundo verdadeiramente global, começa, em geral, com a exportação para ajudar a aumentar a familiaridade com os produtos; se o mercado for atraente o suficiente, a Heineken poderá licenciar as marcas para um cervejeiro local. O licenciamento oferece a uma empresa acesso relativamente fácil aos mercados internacionais a baixo custo, porém limita a participação e o controle da empresa sobre o desenvolvimento desses mercados.

Uma forma especial de licenciamento é a franquia, que ocorre quando um franqueado compra um pacote completo de materiais e serviços, incluindo equipamentos, produtos, ingredientes de produtos, marcas registradas e direitos de marca registrada, aconselhamento administrativo e um sistema operacional padronizado. Enquanto no licenciamento o licenciado geralmente mantém o próprio nome da empresa, a autonomia e os sistemas operacionais, uma franquia leva o nome e os sistemas da franqueadora. As cadeias de *fast-food* são algumas das franqueadoras mais conhecidas. Uma história muito conhecida é a da criança japonesa que, ao visitar Los Angeles, diz animadamente para os pais: "Eles têm McDonald's nos Estados Unidos!".

INVESTIMENTO DIRETO

Um nível mais alto de envolvimento no comércio internacional refere-se ao investimento direto nas instalações de um país estrangeiro. **Investimento direto** significa que a empresa está envolvida na gestão dos bens produtivos, o que o distingue das outras estratégias de entrada que permitem um controle menos administrativo.

Atualmente, o tipo mais popular de investimento direto é o envolvimento em alianças e parcerias estratégicas. Em uma **joint venture**, uma empresa compartilha os custos e os riscos com outra empresa, normalmente no país de acolhimento, para desenvolver novos produtos, construir uma fábrica ou configurar uma rede de vendas e distribuição.[51] A parceria, muitas vezes, é a maneira mais rápida, mais barata e menos arriscada para entrar no jogo global. Por exemplo, a Abbott Laboratories uniu-se com uma empresa farmacêutica indiana, a Biocon Ltd., para desenvolver suplementos nutricionais e medicamentos genéricos adaptados ao mercado local.[52] Além de *joint ventures*, a complexidade do ambiente comercial global de hoje tem levado os gestores de muitas empresas a desenvolver redes de aliança, que são parcerias com diversas outras empresas, muitas vezes por meio de fronteiras internacionais.[53]

A outra opção é ter uma **filial estrangeira de propriedade integral**, sobre a qual a empresa tem controle completo. A aquisição direta de uma filial pode proporcionar economias de custo sobre exportação, encurtando os canais de distribuição e reduzindo os custos de armazenamento e transporte. Os gestores locais também têm melhor compreensão das condições econômicas, culturais e políticas. As empresas chinesas têm optado cada vez mais pela aquisição direta. Em 2012, o Dalian Wanda Group da China comprou a AMC Entertainment, com seus 346 cinemas multiplex, na maior aquisição da história feita por uma empresa do país. Uma empresa chinesa comprou recentemente os ativos vitamínicos da Inverness Medical para formar a International Vitamin Corporation. Segundo Steven Dai, a compra da empresa norte-americana fazia sentido porque os Estados Unidos têm um mercado de vitaminas altamente desenvolvido que "cresce constantemente a cada ano", e os gestores chineses conhecem muito bem os interesses e as necessidades locais. A Kraft Foods comprou a Cadbury PLC, em grande parte porque a empresa havia estabelecido contatos locais e redes de distribuição em mercados emergentes. Os empreendimentos internacionais mais bem-sucedidos do Walmart fundamentam-se na aquisição de empresas locais bem estabelecidas.[54]

O investimento direto mais caro e arriscado é chamado de empreendimento *greenfield*. Nesse caso, a empresa constrói uma subsidiária do zero em um país estrangeiro. A vantagem é que a filial é exatamente o que a empresa quer e tem o potencial para ser altamente rentável. Por exemplo, em 2012, a Airbus anunciou planos para construir aviões na primeira fábrica de montagem da empresa nos Estados Unidos. Ao construírem uma fábrica enorme no Alabama e empregarem trabalhadores norte-americanos, os gestores da Airbus esperam tornar-se parte da cultura dos Estados Unidos, reduzindo, assim, a oposição política à compra de aviões da empresa.[55] A desvantagem dessa estratégia é que a empresa deve adquirir todo o conhecimento do mercado, materiais, pessoas e *know-how* em uma cultura diferente, e erros são possíveis. Outro exemplo de um empreendimento *greenfield* é a fábrica da Nissan em Canton, no Mississippi. Ela representa a primeira fábrica de automóveis já construída no Mississippi, onde a empresa japonesa teve que contar com uma força de trabalho não testada e, em sua maioria, inexperiente. As dificuldades logísticas e culturais eram tão grandes e os riscos tão altos que um executivo da Nissan afirmou: "Fizemos o que ninguém pensou que era possível".[56]

Lembre-se disto

- Duas grandes alternativas para o envolvimento no cenário internacional são: buscar recursos mais baratos por meio da terceirização e desenvolver mercados fora do país de origem.
- **Terceirização global**, às vezes chamada de *offshoring*, significa o envolvimento na divisão internacional do trabalho, de modo a obter fontes mais baratas de trabalho e material, independentemente do país.
- **Estratégias de entrada no mercado** são as várias táticas que os gestores usam para penetrar nos mercados estrangeiros.
- **Exportação** é uma estratégia de entrada no mercado em que a empresa mantém as instalações de produção no país de origem e transfere os produtos para venda em países estrangeiros.
- Com uma estratégia de entrada no mercado de **licenciamento**, uma empresa de um país faz que certos

- recursos disponíveis para empresas de outros países participem da produção e venda de seus produtos no exterior.
- **Franquia** é uma forma de licenciamento na qual a empresa disponibiliza aos franqueados do exterior um pacote completo de materiais e serviços.
- O McDonald's e outras empresas de *fast-food* dos Estados Unidos têm franquias em todo o mundo.
- **Investimento direto** é uma estratégia de entrada no mercado em que a organização está diretamente envolvida na administração das instalações de produção no país estrangeiro.
- As alternativas para o investimento direto incluem envolver-se em *joint ventures*, adquirir filiais estrangeiras e iniciar um **empreendimento** *greenfield*.
- Com uma *joint venture*, uma organização compartilha os custos e os riscos com outra empresa em um país estrangeiro para construir a instalação, desenvolver novos produtos ou configurar a rede de vendas e distribuição.
- Uma **filial estrangeira de propriedade integral** é uma subsidiária estrangeira sobre a qual a organização tem controle completo.
- O Dalian Wanda Group da China comprou a empresa norte-americana AMC Entertainment como filial estrangeira integral.
- O tipo mais arriscado de investimento direto é o **empreendimento** *greenfield*, em que a empresa constrói a subsidiária do zero em um país estrangeiro.

Ambiente comercial internacional

Administração internacional é a administração das operações comerciais realizadas em mais de um país. As tarefas fundamentais da administração comercial – incluindo financiamento, produção e distribuição de produtos e serviços – não mudam de maneira substantiva quando a empresa faz negócios por fronteiras internacionais. As funções administrativas básicas de planejamento, organização, liderança e controle são as mesmas quando a empresa opera no mercado interno ou internacional. No entanto, os gestores terão mais dificuldades e riscos ao executarem essas funções administrativas em escala internacional. Considere os seguintes erros:

- Demorou mais de um ano para o McDonald's descobrir que os hindus, na Índia, não comem carne porque consideram a vaca sagrada. As vendas da empresa decolaram somente depois que o McDonald's começou a vender na Índia hambúrgueres de carne de cordeiro.[57]
- Quando a IKEA lançou a superloja em Bangcoc, os gestores descobriram que, em tailandês, alguns dos nomes dos produtos suecos soavam como termos sexuais chulos.[58]
- Na África, os rótulos das garrafas mostram imagens do conteúdo, assim os consumidores analfabetos podem saber o que estão comprando. Quando uma empresa de alimentos para bebês mostrou uma foto de uma criança no rótulo, o produto não vendeu muito bem.[59]
- A United Airlines constatou que até mesmo as cores podem condenar um produto. A companhia aérea distribuiu cravos brancos quando começou a voar de Hong Kong, apenas para descobrir que, para muitos asiáticos, essas flores representam morte e má sorte.[60]

Alguns desses exemplos podem parecer bem-humorados, mas não para os gestores que tentam operar no ambiente global altamente competitivo. O que os gestores de empresas globais emergentes devem fazer para evitar erros internacionais óbvios? Quando

Capítulo 4 Gestão de ambiente global

se comparam os países, os setores econômicos, jurídico-políticos e socioculturais apresentam as maiores dificuldades. Os principais fatores para a compreensão do ambiente internacional estão resumidos na Figura 4.4.[61]

> ### Lembre-se disto
>
> - As funções administrativas básicas são as mesmas em qualquer subsidiária doméstica ou internacional, porém os gestores terão mais dificuldades e riscos ao executarem-nas em âmbito internacional.
> - **Administração internacional** significa administrar operações comerciais em mais de um país.
> - Ao operarem em base internacional, é importante que os gestores considerem os fatores econômicos, jurídico-políticos e socioculturais.

Ambiente econômico

O ambiente econômico representa as condições econômicas do país em que a organização internacional opera. Essa parte do ambiente inclui fatores como desenvolvimento econômico e de recursos, e mercados de produtos. Além disso, fatores como inflação, taxas de juros e crescimento econômico também fazem parte do ambiente econômico internacional.

Desenvolvimento econômico

O **desenvolvimento econômico** difere amplamente entre os países e regiões do mundo. Os países podem ser categorizados como *em desenvolvimento* ou

> **Faça uma pausa**
>
> No material complementar, leia o caso da empresa AH Biotech apresentado na seção "Aplique suas habilidades: dilema ético", que se refere à realização de negócios em países menos desenvolvidos.

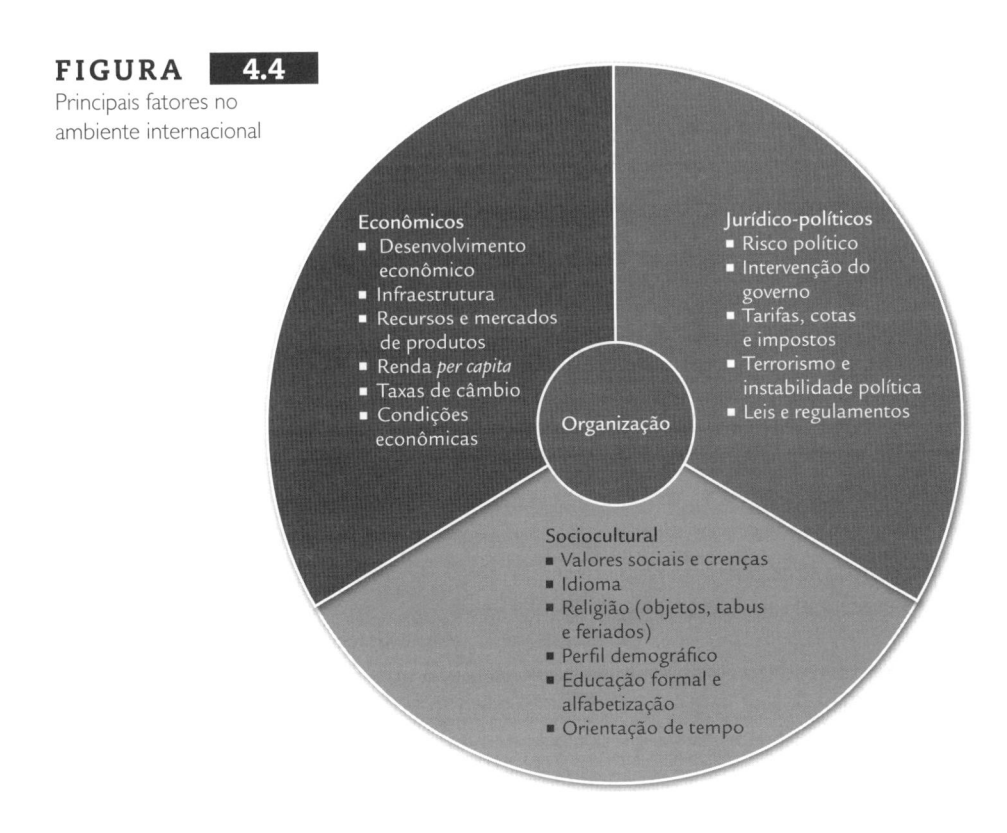

FIGURA 4.4
Principais fatores no ambiente internacional

- **Econômicos**
  - Desenvolvimento econômico
  - Infraestrutura
  - Recursos e mercados de produtos
  - Renda *per capita*
  - Taxas de câmbio
  - Condições econômicas
- **Jurídico-políticos**
  - Risco político
  - Intervenção do governo
  - Tarifas, cotas e impostos
  - Terrorismo e instabilidade política
  - Leis e regulamentos
- **Sociocultural**
  - Valores sociais e crenças
  - Idioma
  - Religião (objetos, tabus e feriados)
  - Perfil demográfico
  - Educação formal e alfabetização
  - Orientação de tempo

(Organização no centro)

Conexão de conceito

Enquanto trabalhava como banqueiro de investimentos em Nova York, o nativo de Bangladesh, Iqbal Quadir, percebeu que a conectividade é igual à produtividade. Ele também sabia que a terra natal empobrecida era um dos lugares menos conectados na Terra. Isso o levou a colaborar com o compatriota Muhammad Yunus, fundador do Grameen Bank e vencedor do Prêmio Nobel da Paz de 2006, para criar o Village Phone, um programa em que os empresários (principalmente as mulheres) usam microcrédito do Grameen Bank para comprar telefones celulares. "As mulheres do telefone", como Monwara Begum (na foto acima), em seguida, recebem o dinheiro necessário para pagar a dívida ao fornecerem o serviço de telefone aos residentes da vila. O Village Phone resultou em milhares de novas pequenas empresas, assim como na **infraestrutura** de comunicação melhorada, que torna o **desenvolvimento econômico** possível.

desenvolvidos. Os países em desenvolvimento são chamados de países menos desenvolvidos (*less-developed countries* – LDCs). O critério tradicionalmente utilizado para classificar os países desenvolvidos ou em desenvolvimento é a renda *per capita*, que é o rendimento gerado pela produção nacional de produtos e serviços dividido pela população total. Os países em desenvolvimento têm baixos rendimentos *per capita*. Em geral, os LDCs estão localizados na Ásia, África e América do Sul, e os países desenvolvidos, na América do Norte e Europa, além do Japão. A maioria das empresas internacionais está sediada nos países mais ricos e economicamente avançados, porém os gestores inteligentes têm investido de forma intensa em mercados emergentes menos desenvolvidos. Essas empresas enfrentam riscos e desafios hoje em dia, mas permanecem firmes para colher grandes benefícios no futuro.

Todos os anos, o Fórum Econômico Mundial analisa dados para avaliar como as empresas estão se saindo na corrida do desenvolvimento econômico e libera o Relatório de Competitividade Global, que registra inúmeros fatores que contribuem para a competitividade de uma economia.[62] O relatório considera dados e percepções concretos de líderes empresariais de todo o mundo, além de políticas governamentais, instituições, tamanho do mercado, sofisticação dos mercados financeiros e outros fatores que impulsionam a produtividade e, assim, permitem o crescimento econômico sustentado. A Figura 4.5 mostra os dez melhores países do *ranking* geral para 2011-2012, com vários outros países para comparação. De 2008 a 2009, os Estados Unidos ocuparam o primeiro lugar do *ranking*, mas caíram para quinto lugar até 2011. Desde então, o país desceu ainda mais: de 2012 a 2013, ocupou a sétima posição.[63]

Observe que os países altamente desenvolvidos têm, em geral, a classificação mais elevada no índice de competitividade. Um fator importante na aferição da competitividade é a **infraestrutura** do país, ou seja, as instalações físicas, como rodovias, aeroportos, serviços públicos e linhas telefônicas, que dão suporte às atividades econômicas.

Interdependência econômica

Algo que a recente crise financeira global tornou bastante claro é o quão economicamente interligado o mundo é. Embora a recente crise possa parecer atípica, os gestores internacionais experientes percebem que as empresas provavelmente serão golpeadas por crises semelhantes com bastante regularidade.

Por exemplo, a maioria dos estudantes provavelmente está familiarizada com o estouro da bolha "ponto com" no início deste século, o que causou severa queda no mercado de ações e afetou empresas do mundo todo. A crise financeira asiática de 1997 a 1998 também afetou empresas de forma semelhante na América do Norte, na Europa e em outras partes do mundo. Mais recentemente, a incapacidade de países como Grécia,

CAPÍTULO 4 GESTÃO DE AMBIENTE GLOBAL

FIGURA 4.5 Comparação da competitividade entre os países, 2011

País	Ranking de competitividade do Fórum Econômico Mundial	PIB	Número de pessoas na força de trabalho
Suíça	1	$ 344.200.000.000	4.899.000
Cingapura	2	$ 318.900.000.000	3.237.000
Suécia	3	$ 386.600.000.000	5.018.000
Finlândia	4	$ 198.200.000.000	2.682.000
Estados Unidos	5	$ 15.290.000.000.000	153.600.000
Alemanha	6	$ 3.139.000.000.000	43.670.000
Holanda	7	$ 713.100.000.000	7.809.000
Dinamarca	8	$ 209.200.000.000	2.851.000
Japão	9	$ 4.497.000.000.000	65.910.000
Reino Unido	10	$ 2.290.000.000.000	31.720.000
Canadá	12	$ 1.414.000.000.000	18.700.000
Arábia Saudita	17	$ 691.500.000.000	7.630.000
China	26	$ 11.440.000.000.000	795.500.000
Kuwait	34	$ 155.500.000.000	2.227.000
África do Sul	50	$ 562.200.000.000	17.660.000
Brasil	53	$ 2.324.000.000.000	104.700.000
Índia	56	$ 4.515.000.000.000	487.600.000

FONTE: Com base em "The Global Competitiveness Report 2011-2012", World Economic Forum, disponível em: <www3.weforum.org/docs/WEF_GCR_Report_2011-12.pdf>, acesso em: 27 jun. 2012; CIA World Factbook 2011, disponível em: <www.cia.gov/library/publications/the-world-factbook>, acesso em: 15 nov. 2012.

FIGURA 4.6
Como os países estão suportando a crise econômica: índice de miséria de 2010 em comparação a 2000

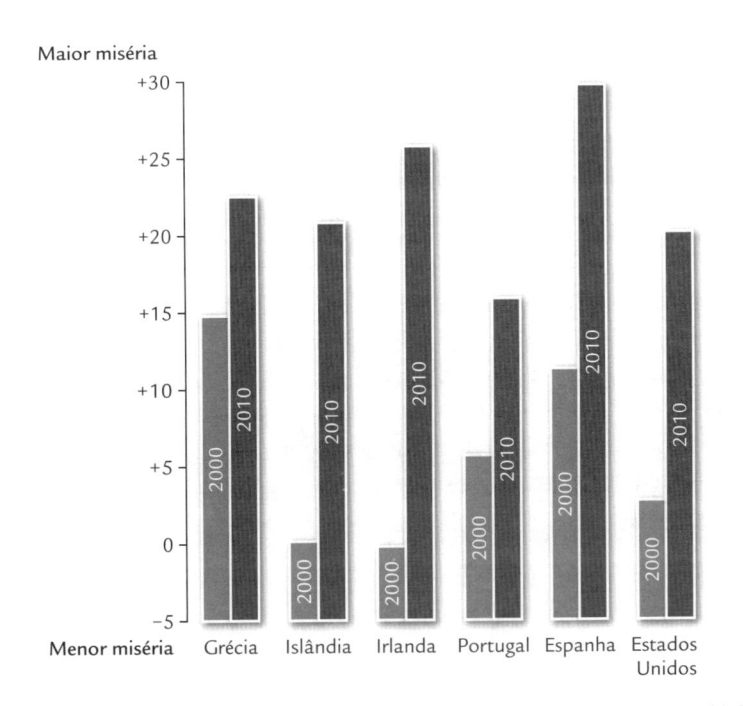

FONTE: Com base em "A new definition of misery", The New York Times (December 18, 2009), e nos dados da Moody's. Disponível em: <www.nytimes.com/imagepages/2009/12/18/business/economy/20091219_CHARTS_GRAPHIC.html>. Acesso em: 19 dez. 2009.

Espanha, Irlanda e Itália de realizar os pagamentos das dívidas provocou um pânico que desvalorizou o euro e ameaçou a estabilidade dos mercados financeiros em todo o mundo.[64]

Os problemas financeiros recentes deixaram inúmeros países titubeando, como reflete o "índice de miséria" criado pelo economista da Moody's e ilustrado na Figura 4.6. O índice de miséria une a taxa de desemprego de um país e o déficit orçamental como um percentual do PIB. Os números de 2010 sugerem significativamente mais miséria para quase todos os países em relação ao início deste século. A Islândia e Irlanda, dois países particularmente atingidos pela recente crise econômica, tiveram um índice de miséria negativo em 2000, mas registraram altas pontuações para a miséria em 2010. Os Estados Unidos passaram de uma pontuação de miséria de menos de 5 em 2000 para cerca de 21 em 2010.[65]

TEMA RECENTE

Outro reflexo da interdependência econômica é o fato de que as peças, os suprimentos e a mão de obra para muitas empresas vêm de todo o mundo, o que apresenta novos desafios para os gestores. Por exemplo, no final de 2011, a Honda, a Toyota e outras fábricas de automóveis dos Estados Unidos, do Canadá e da Ásia tiveram dificuldade em obter produtos eletrônicos e outras peças que precisavam de fornecedores da Tailândia, onde inundações históricas assolaram enormes setores industriais do país.[66] Muitas empresas estão sob crescente crítica em função do tratamento inseguro ou desumano dos trabalhadores nas fábricas contratadas na China, em Bangladesh e em outros países de baixos salários. Nos primeiros meses de 2010, dez funcionários da Foxconn Technologies, uma fabricante contratada chinesa que fabrica produtos eletrônicos para a Apple, Hewlett-Packard (HP) e outras empresas norte-americanas, cometeram suicídio. Alguns anos depois, a Foxconn, Apple e HP foram novamente alvos de ataque quando os alunos de algumas escolas de formação profissional na China denunciaram que foram forçados a trabalhar nas linhas de montagem. De acordo com Debby Chan Sze Wan, que representa os Estudantes e Acadêmicos contra o Mau Comportamento Corporativo, "Eles disseram que não podiam sair, que deveriam trabalhar ou seriam expulsos da escola". A Apple solicitou informações detalhadas sobre os trabalhadores estudantes das empresas contratadas para que pudesse acompanhar a questão com mais cuidado. A HP, no entanto, foi mais longe: emitiu regras específicas aos fornecedores chineses sobre como os estudantes e outros trabalhadores temporários deveriam ser tratados.[67]

Lembre-se disto

- Os países variam muito em termos de **desenvolvimento econômico** e são classificados como países desenvolvidos ou menos desenvolvidos (LDCs).
- **Infraestrutura** refere-se às instalações físicas de um país, como estradas, utilitários e aeroportos, que dão suporte às atividades econômicas.
- Os Estados Unidos caíram do primeiro para o sétimo lugar no *ranking* de competitividade global.
- Como mostram as recentes crises financeiras nos Estados Unidos e na Europa, os países estão economicamente interligados, e os problemas financeiros em uma área do mundo podem se espalhar rapidamente para todo o mundo.
- Os gestores de negócios internacionais podem esperar que as empresas sejam afetadas periodicamente por problemas econômicos que atravessam fronteiras geográficas.

Ambiente jurídico-político

Leis e regulamentos diferentes tornam o ato de fazer negócios um desafio para as empresas internacionais. Os governos anfitriões têm uma série de leis relacionadas a questões como difamação, defesa do consumidor, informações e rotulagem, emprego, segurança e salários. Os gestores internacionais devem aprender essas regras e regulamentos e cumpri-los. Além disso, quando passam a trabalhar em âmbito internacional, devem saber lidar com sistemas políticos desconhecidos e mais supervisão e regulação governamental. Os funcionários do governo e o público em geral muitas vezes veem as empresas estrangeiras como elementos estranhos (ou até mesmo intrusos) e desconfiam do impacto delas na independência econômica e na soberania política.

O **risco político** é definido como possibilidade de perda de bens, poder aquisitivo ou controle gerencial decorrente de eventos ou ações por parte dos governos de acolhimento. Embora muitos países em desenvolvimento hoje recebam e apoiem as empresas estrangeiras, o risco político é uma grande preocupação para as empresas internacionais, que enfrentam um conjunto mais amplo e complexo de ameaças do que nunca.[68] O afrouxamento das leis de investimento estrangeiro na Índia abriu o caminho para o Walmart instalar as primeiras lojas no país, mas ainda há forte resistência política ao gigante varejista dos Estados Unidos. Para complicar ainda mais o desafio, os pequenos agricultores são obrigados a ceder a colheita aos varejistas comandados pelo governo. Os alimentos na Índia devem passar por múltiplos canais governamentais e intermediários antes que possam ser vendidos aos consumidores em lojas de varejo. O país tem mais de 7 mil mercados aprovados pelo governo, com 413 mil comerciantes licenciados e 214 mil agentes de comissão licenciados. Por causa do nível de burocracia, da infraestrutura ruim e de outros problemas, o Walmart e outros varejistas estrangeiros "precisam estar preparados para suportar perdas na Índia nos próximos anos", afirmou um consultor de varejo.[69]

Outro problema frequentemente citado para empresas internacionais é a **instabilidade política**, que inclui revoltas, revoluções, desordens civis e constantes mudanças no governo. Por exemplo, a turbulência política na Síria (ex-colônia da França), que havia se dissipado, pelo menos aparentemente, desde a independência do país em 1946, reacendeu em meados de 2011 como parte da Primavera Árabe, uma onda revolucionária de protestos no mundo árabe que começou no final de 2010. Em 2013, a Síria foi envolvida em uma sangrenta guerra civil, com os Estados Unidos ameaçando uma ação militar após alegações de que o regime do presidente Bashar al-Assad usou armas químicas contra civis, matando cerca de 1.500 pessoas, incluindo 426 crianças. A onda de protestos na região árabe, que afetam não só a Síria, mas também Tunísia, Egito, Líbia, Iêmen e Bahrein, criou um ambiente tumultuado para as empresas que operam na região. Segundo Jalilia Mezni, proprietária da Societe d'Articles Hygieniques da Tunísia, "Nenhum presidente, nenhum governo, nenhuma política. Apenas completa desordem".[70] O risco político e a instabilidade política permanecem altos em todo o mundo árabe, causando problemas tanto para as organizações locais quanto para as estrangeiras. Em agosto de 2013, por exemplo, o Exército Eletrônico Sírio (Syrian Electronic Army – SEA),

TEMA RECENTE

Conexão de conceito

A Amway, uma empresa de *marketing* de rede com base nos Estados Unidos, passou anos negociando pacientemente com o **ambiente jurídico-político** da China. Em 1998, o governo chinês fechou as operações da Amway na China porque suspeitava que a empresa era um esquema de pirâmide ilegal ou um culto sinistro. A Amway sobreviveu porque cultivou relacionamentos com funcionários do governo e afastou-se do modelo de negócio. Por exemplo, ela abriu mais de 200 lojas de varejo como a da foto para demonstrar o compromisso. Em 2006, o governo chinês mais uma vez permitiu que a Amway vendesse diretamente para os consumidores, e a empresa agora ganha bilhões de dólares em receita anual na China.

um grupo de *hackers* pró-governo, invadiu vários *sites* ocidentais, incluindo o Twitter, *The Washington Post* e *The New York Times*, que foram derrubados duas vezes em um período de duas semanas.[71] Zaid Qadoumi, CEO da BroadGrain do Canadá, que entrega mercadorias agrícolas para os mercados emergentes e lugares de intensos conflitos políticos desde que a companhia foi fundada, ofereceu pagamento adicional a uma equipe para entregar uma carga de trigo para a Líbia, mas aconselhou os trabalhadores a "cortar as cordas e sair" se achassem que a situação era muito perigosa.[72]

Lembre-se disto

- Forças jurídicas e políticas complicadas podem criar enormes riscos para os gestores e as organizações internacionais.
- **Risco político** refere-se à possibilidade de perda de ativos, poder aquisitivo ou controle gerencial decorrente de eventos ou ações dos governos de acolhimento.
- **Instabilidade política** envolve eventos como motins, revoluções ou confusões governamentais que podem afetar as operações de uma empresa internacional.
- A onda revolucionária de protestos no mundo árabe, que começou no final de 2010, conhecida como a Primavera Árabe, criou um ambiente tumultuado para as empresas que operam na região.
- Os gestores devem compreender e seguir as leis e os regulamentos dos países onde fazem negócios.

Ambiente sociocultural

Fazem parte da cultura de uma nação os conhecimentos, as crenças e os valores comuns, assim como os modos comuns de comportamento e formas de pensar entre os membros de uma sociedade. Os fatores culturais, por vezes, podem ser mais desconcertantes do que os fatores políticos e econômicos quando se trabalha ou reside em um país estrangeiro.

VALORES SOCIAIS

Muitos gestores não conseguem perceber que os valores e comportamentos que normalmente regem a forma como os negócios são feitos no próprio país nem sempre se traduzem para o resto do mundo. Por considerarem que são superiores culturalmente, os gestores norte-americanos, em especial, são comumente acusados de atitude etnocêntrica. **Etnocentrismo** refere-se à tendência natural das pessoas a considerar a própria cultura como superior e rebaixar ou dispensar outros valores culturais. O etnocentrismo pode ser encontrado em todos os países, e fortes atitudes etnocêntricas dentro de um país dificultam as operações de empresas estrangeiras nesses locais.

Para que os gestores possam combater as próprias tendências etnocêntricas, devem compreender e apreciar as diferenças nos valores sociais.

Dimensões de valor de Hofstede

Em uma pesquisa realizada com 116 mil funcionários da IBM em 40 países, o cientista holandês Geert Hofstede identificou quatro dimensões de sistemas de valores nacionais que influenciam as relações de trabalho entre a organização e os funcionários.[73] Exemplos de como os países estão classificados nas quatro dimensões são mostrados na Figura 4.7.

1. Distância do poder. Alta **distância do poder** significa que os indivíduos aceitam a desigualdade do poder entre instituições, organizações e pessoas. A baixa distância do poder significa que as pessoas esperam igualdade no poder. Os países que valorizam a alta distância do poder são: Malásia, Índia e Filipinas. Os países que valorizam a baixa distância do poder são: Dinamarca, Israel e Nova Zelândia.

2. Aversão à incerteza. Alta **aversão à incerteza** significa que os membros da sociedade se sentem desconfortáveis com a incerteza e a ambiguidade, e, assim, apoiam as crenças que prometem segurança e conformidade. A baixa aversão à incerteza significa que as pessoas têm grande tolerância para o não estruturado, o incerto e o imprevisível. Os países com alta aversão à incerteza são: Grécia, Portugal e Uruguai. Os países com valores de baixa aversão à incerteza são: Suécia, Cingapura e Jamaica.

3. Individualismo e coletivismo. O **individualismo** reflete um valor para uma estrutura social vagamente unida, em que se espera que os indivíduos cuidem de si mesmos. **Coletivismo** significa a preferência por uma estrutura social bastante unida, em que os indivíduos cuidam uns dos outros e as organizações protegem os interesses dos membros. Os países com valores individualistas são: Estados Unidos, Canadá e Grã-Bretanha. Os países com valores coletivistas são: China, México e Brasil.

4. Masculinidade/feminilidade. **Masculinidade** significa preferência por realização, heroísmo, assertividade, centralidade do trabalho (com alto estresse resultante) e sucesso material. **Feminilidade** reflete os valores de relações, cooperação, tomada de decisão em grupo e qualidade de vida. As sociedades com valores masculinos fortes são: Japão, Alemanha, Itália e México. Os países com valores femininos são: Suécia, Costa Rica, Noruega e França. Tanto homens como mulheres aderem ao valor dominante nas culturas masculinas e femininas.

Hofstede e seus colegas posteriormente identificaram uma quinta dimensão: orientação de longo prazo *versus* orientação de curto prazo. A **orientação de longo prazo**, encontrada na China e em outros países asiáticos, envolve mais preocupação com o

FIGURA 4.7 Ordem de classificação de dez países nas quatro dimensões dos sistemas de valores nacionais

País	Distância do poder[a]	Aversão à incerteza[b]	Individualismo[c]	Masculinidade[d]
Austrália	7	7	2	5
Costa Rica	8 (empate)	2 (empate)	10	9
França	3	2 (empate)	4	7
Alemanha Ocidental	8 (empate)	5	5	3
Índia	2	9	6	6
Japão	5	1	7	1
México	1	4	8	2
Suécia	10	10	3	10
Tailândia	4	6	9	8
Estados Unidos	6	8	1	4

[a] 1 = Distância do poder mais alta
10 = Distância do poder mais baixa
[c] 1 = Individualismo mais alto
10 = Individualismo mais baixo
[b] 1 = Aversão à incerteza mais alta
10 = Aversão à incerteza mais baixa
[d] 1 = Masculinidade mais alta
10 = Masculinidade mais baixa

FONTES: Dorothy Marcic, *Organizational behavior and cases*, 4th ed. (St. Paul, MN: West, 1995). Com base em dois livros de Geert Hofstede: *Culture's consequences* (London: Sage, Publications, 1984) e *Cultures and organizations: software of the mind* (New York: McGraw-Hill, 1991).

> **Faça uma pausa**
>
> Na seção "Aplique suas habilidades: exercício vivencial", há um teste cujo propósito é verificar em quais das dimensões de valores descritos por Hofstede e pelo Projeto Globe você se enquadra. O teste está no material complementar. Mãos à obra.

futuro e valoriza muito a economia e a perseverança. Uma **orientação de curto prazo**, encontrada na Rússia e na África Ocidental, está mais preocupada com o passado e o presente, e valoriza a tradição e o cumprimento das obrigações sociais.[74] Os pesquisadores continuam a explorar e expandir os achados de Hofstede.[75] Por exemplo, nos últimos 30 anos, foram publicados mais de 1.400 artigos e vários livros apenas sobre individualismo e coletivismo.[76]

Dimensões de valores do Projeto Globe

Uma recente pesquisa do Projeto Global Leadership and Organizational Behavior Effectiveness (Globe) estende a avaliação de Hofstede e oferece uma compreensão mais ampla para os gestores de hoje. O Projeto Globe usou dados coletados de 18 mil gestores em 62 países para identificar nove dimensões que explicam as diferenças culturais. Além daquelas identificadas por Hofstede, o Projeto Globe aponta as seguintes características:[77]

1. Assertividade. Um alto valor em assertividade significa que a sociedade incentiva dureza, assertividade e competitividade. Baixa assertividade significa que as pessoas valorizam ternura e preocupação com os outros em relação à competitividade.
2. Orientação para o futuro. Semelhante à orientação temporal de Hofstede, essa dimensão refere-se ao grau em que a sociedade incentiva e premia o planejamento para o futuro sobre os resultados de curto prazo e a gratificação rápida.
3. Diferenciação de gênero. Essa dimensão refere-se ao grau em que a sociedade maximiza diferenças de papéis de gênero. Em países com baixa diferenciação de gênero, como a Dinamarca, as mulheres normalmente têm um estatuto mais elevado e desempenham papel mais importante na tomada de decisão. Os países com alta diferenciação de gênero concedem aos homens o maior *status* social, político e econômico.
4. Orientação para o desempenho. Uma sociedade com alta orientação para o desempenho coloca grande ênfase no desempenho e recompensa as pessoas pelas melhorias de desempenho e excelência. Baixa orientação para o desempenho significa que as pessoas prestam menos atenção ao desempenho e mais atenção à lealdade, pertencimento e histórico.
5. Orientação humana. A última dimensão refere-se ao grau em que a sociedade estimula e recompensa as pessoas por serem justas, altruístas, generosas e solidárias. Um país com alta orientação humana coloca grande valor em ajudar os outros e ser gentil. Um país com baixa orientação humana espera que as pessoas cuidem de si mesmas. O autoaperfeiçoamento e a gratificação têm grande importância.

A Figura 4.8 apresenta exemplos de como alguns países se classificam nessas dimensões do Globe. Essas dimensões fornecem aos gestores uma ferramenta adicional para que possam identificar e gerenciar as diferenças culturais. Os valores sociais influenciam de forma significativa os estilos de funcionamento e administração organizacional. Considere a dificuldade que os gestores da Emerson Electric tinham quando a empresa abriu uma nova fábrica em Suzhou, na China. Os norte-americanos e os chineses divergiam em um aspecto: a orientação temporal. Os gestores norte-americanos priorizavam o horizonte de curto prazo e resultados rápidos, e visualizavam as atribuições como

> *"Como a administração lida com a integração de pessoas em um empreendimento comum, ela está profundamente enraizada na cultura. O que os gestores fazem na Alemanha, no Reino Unido, nos Estados Unidos, no Japão ou no Brasil é exatamente o mesmo. Como eles fazem isso pode ser bem diferente."*
>
> — PETER DRUCKER, ESPECIALISTA EM ADMINISTRAÇÃO

trampolins para a futura progressão na carreira. Os gestores chineses, por sua vez, favoreciam a abordagem de longo prazo, a construção de um sistema e a definição de um curso de ação para possibilitar o sucesso de longo prazo.[78] Outras empresas encontraram diferenças culturais semelhantes. Considere o conceito norte-americano de equipes autogeridas que enfatiza o poder e a autoridade compartilhados com os membros da equipe que trabalham em diversos problemas sem diretrizes, regras e estruturas formais. Os gestores que tentaram implantar as equipes tiveram problemas em locais onde os valores culturais apoiam a alta distância do poder e a baixa tolerância para a incerteza, como o México. Muitos trabalhadores no México, assim como na França e nos países do Mediterrâneo, esperam que as organizações sejam hierárquicas. Na Rússia, as pessoas são boas em trabalhar em grupos e competir em equipe, mas têm dificuldade de lidar com atividades individuais. Na Alemanha e em outros países da Europa Central, as organizações se esforçam para ser máquinas impessoais, bem lubrificadas. Os estilos administrativos eficazes diferem em cada país, dependendo das características culturais.[79]

FIGURA 4.8 Exemplos das classificações dos países nas dimensões de valores selecionadas pelo Globe

Dimensão	Baixa	Média	Alta
Assertividade	Suécia Suíça Japão	Egito Islândia França	Espanha Estados Unidos Alemanha
Orientação para o futuro	Rússia Itália Kuwait	Eslovênia Austrália Índia	Dinamarca Canadá Cingapura
Diferenciação de gênero	Suécia Dinamarca Polônia	Itália Brasil Holanda	Coreia do Sul Egito China
Orientação para o desempenho	Rússia Grécia Venezuela	Israel Inglaterra Japão	Estados Unidos Taiwan Hong Kong
Orientação humana	Alemanha França Cingapura	Nova Zelândia Suécia Estados Unidos	Indonésia Egito Islândia

FONTE: Mansour Javidan; Robert J. House, "Cultural acumen for the global manager: lessons from Project Globe", *Organizational Dynamics* 29, n. 4 (2001): 289-305, com permissão da Editora Elsevier.

Lembre-se disto

- Os gestores que trabalham em âmbito internacional devem precaver-se contra o **etnocentrismo**, que é a tendência natural entre as pessoas de considerar a própria cultura como superior às outras.
- As dimensões de valores socioculturais de Hofstede medem distância do poder, aversão à incerteza, individualismo-coletivismo e masculinidade-feminilidade.
- **Distância do poder** é o grau em que as pessoas aceitam a desigualdade do poder entre instituições, organizações e pessoas.
- **Aversão à incerteza** é caracterizada pela intolerância das pessoas à incerteza e à ambiguidade, e, por isso, elas apoiam as crenças que prometem segurança e conformidade.
- **Individualismo** refere-se à preferência pela estrutura social vagamente unida, em que há a expectativa de que os indivíduos cuidem de si mesmos.

- **Coletivismo** significa a preferência pela estrutura social bastante unida, em que os indivíduos cuidam uns dos outros e as organizações protegem os interesses dos membros.
- **Masculinidade** é a preferência cultural por realização, heroísmo, assertividade, centralidade do trabalho e sucesso material.
- **Feminilidade** é a preferência cultural por relações, cooperação, tomada de decisão em grupo e qualidade de vida.
- Hofstede posteriormente indicou outra dimensão: **orientação de longo prazo**, que reflete mais preocupação com o futuro e alto valor na economia e na perseverança, *versus* **orientação de curto prazo**, que reflete a preocupação com o passado e o presente e alto valor no cumprimento de obrigações atuais.
- As dimensões de valores adicionais recém-identificadas pelo Projeto Globe são: assertividade, orientação para o futuro, diferenciação de gênero, orientação para o desempenho e orientação humana.

Diferenças na comunicação

Pessoas de algumas culturas tendem a prestar mais atenção ao contexto social (âmbito social, comportamento não verbal, *status* social etc.) da comunicação verbal em relação aos norte-americanos. Por exemplo, os gestores norte-americanos que trabalham na China descobriram que o contexto social é consideravelmente mais importante naquela cultura e que precisam aprender a suprimir a impaciência e dedicar o tempo necessário para estabelecer relações pessoais e sociais.

A Figura 4.9 indica como a ênfase no contexto social varia entre os países. Na **cultura de alto contexto**, as pessoas são sensíveis às circunstâncias que envolvem trocas sociais. Elas usam a comunicação principalmente para construir relações sociais pessoais; o significado é derivado do contexto – âmbito, *status* e comportamento não verbal – mais do que de palavras explícitas; as relações e a confiança são mais importantes do que os negócios; e o bem-estar e a harmonia do grupo são valorizados. Na **cultura de baixo contexto**, as pessoas usam a comunicação principalmente para a troca de fatos e informações; o significado é derivado principalmente de palavras; as transações comerciais são mais importantes do que a construção de relações e confiança; e o bem-estar e a realização individual são mais importantes do que o grupo.[80]

> **Faça uma pausa**
>
> Para saber se você está mais apto a adotar comunicações de baixo ou alto contexto, consulte a sua pontuação no teste proposto no início deste capítulo.
> A pontuação mais alta indica um comportamento de baixo contexto, que seria dissonante ao tentar fazer negócios em uma cultura de alto contexto.

Para entender como as diferenças do contexto cultural afetam as comunicações, considere a expressão: "Quem não chora não mama". Isso significa que a pessoa que fizer mais barulho terá mais atenção, e a atenção é considerada favorável. Provérbios equivalentes na China e no Japão são: "Patos que grasnam levam tiro" e "O prego que se destaca é martelado", respectivamente. Nessas duas últimas culturas, destacar-se como indivíduo recebe atenção desfavorável. Considere a diferença de cultura quando o Lenovo Group da China adquiriu o negócio de PCs da IBM. Em reuniões e teleconferências, os executivos ocidentais ficavam frustrados com a relutância em falar dos colegas chineses, enquanto os gestores chineses ficavam irritados com a propensão para "apenas falar" dos norte-americanos, como um vice-presidente de recursos humanos observou.[81]

As culturas de alto contexto incluem países asiáticos e árabes. As culturas de baixo contexto tendem a incluir os Estados Unidos e países do Norte da Europa. Mesmo na América do Norte, os subgrupos culturais variam de acordo com o contexto, o que explica por que as diferenças entre os grupos podem dificultar a comunicação bem-sucedida. Mulheres brancas, nativos americanos e afro-americanos tendem a preferir a comunicação em maior contexto em relação aos homens brancos. A interação de alto contexto exige mais tempo porque um relacionamento tem que ser desenvolvido e a

FIGURA 4.9
Culturas de alto e baixo contextos

Alto contexto ↕ Baixo contexto

Chinesa
Coreana
Japonesa
Vietnamita
Árabe
Grega
Espanhola
Italiana
Inglesa
Norte-americana
Escandinava
Suíça
Alemã

FONTES: Edward T. Hall, *Beyond culture* (Garden City, NY: Anchor Press/Doubleday 1976); J. Kennedy; A. Everest, "Put diversity in context", *Personnel Journal* (September 1991): 50-54.

NOVO GESTOR — Autoteste

Você é culturalmente inteligente?

Instruções: O trabalho do gestor exige muito, e, em pouco tempo, as atividades incluirão situações que testarão o seu conhecimento e a capacidade para lidar com pessoas de outras culturas nacionais. Você está pronto? Para descobrir, pense sobre suas experiências em outros países ou com pessoas de outros países. Até que ponto cada uma das afirmações apresentadas a seguir caracterizam o seu comportamento? Em cada item, assinale "Normalmente verdadeiro" ou "Normalmente falso".

	Normalmente verdadeiro	Normalmente falso
1. Planejo como vou me relacionar com pessoas de cultura diferente antes de conhecê-las.		
2. Entendo as crenças religiosas de outras culturas.		
3. Entendo as regras do comportamento não verbal de outras culturas.		
4. Busco oportunidades para interagir com pessoas de culturas diferentes.		
5. Posso lidar com o estresse de viver em uma cultura diferente com certa facilidade.		
6. Estou confiante de que posso fazer amizade com os moradores locais em uma cultura que não é familiar para mim.		
7. Mudo meu estilo de fala (por exemplo, sotaque e tom de voz) quando exige interação transcultural.		
8. Altero minhas expressões faciais e gestos para facilitar a interação cultural.		
9. Mudo rapidamente a maneira que me comporto quando um encontro intercultural assim exige.		

Pontuação e interpretação: Cada afirmação refere-se a um dos três aspectos da CQ. As afirmações 1 a 3 referem-se à cabeça (subescala da CQ cognitiva); as afirmações 4 a 6, ao coração (subescala da CQ emocional), e as afirmações 7 a 9, ao comportamento (subescala da CQ física). Se você tem experiência internacional e CQ suficiente, e assinalou "Normalmente verdadeiro" em duas das três afirmações para cada subescala ou seis de nove em todas as afirmações, então se considere um novo gestor com alto nível de CQ. Se assinalou uma ou menos afirmações em "Normalmente verdadeiro" para cada subescala ou três ou menos nas nove afirmações, é hora de aprender mais sobre outras culturas. Aprimore suas habilidades de observação e aprenda a perceber as pistas sobre como as pessoas de um país diferente respondem a diversas situações.

Fontes: Com base em P. Christopher Earley; Elaine Mosakowski, "Cultural intelligence", *Harvard Business Review* (October 2004): 139-146; Soon Ang et al., "Cultural intelligence: its measurement and effects on cultural judgment and decision making, cultural adaptation and task performance", *Management and Organization Review* 3 (2007): 335-371.

Faça uma pausa

Antes de continuar a leitura, descubra o seu nível de CQ preenchendo o "Autoteste do novo gestor". Será que o seu nível de CQ reflete uma mentalidade global, conforme descrito anteriormente neste capítulo?

confiança e amizade devem ser estabelecidas. Além disso, a maioria dos gestores do sexo masculino e a maioria das pessoas que fazem a contratação nas organizações são de culturas de baixo contexto, o que entra em conflito com os indivíduos que entram na organização com histórico de cultura de maior contexto.

Entender as diferenças contextuais sutis entre as culturas exige **inteligência cultural (CQ)**, a capacidade da pessoa de usar o raciocínio e as habilidades de observação para interpretar gestos e situações desconhecidos e desenvolver respostas comportamentais adequadas.[82] Descubra os três aspectos da inteligência cultural no "Autoteste do novo gestor".

Lembre-se disto

- A **cultura de alto contexto** é aquela em que as pessoas usam a comunicação para construir relações pessoais.
- Na **cultura de baixo contexto**, as pessoas usam a comunicação principalmente para a troca de fatos e informações.
- Os Estados Unidos têm uma cultura de baixo contexto. A China é um exemplo de cultura de alto contexto.
- Os gestores que desenvolvem a inteligência cultural têm mais sucesso em missões internacionais.
- **Inteligência cultural (CQ)** refere-se à capacidade da pessoa para usar o raciocínio e a observação a fim de interpretar situações culturalmente estranhas e saber como responder a elas de maneira apropriada. Os três aspectos da CQ são: CQ cognitiva, CQ emocional e CQ física.

Alianças comerciais internacionais

Nos últimos anos, outra mudança altamente visível no ambiente comercial internacional tem sido o desenvolvimento de alianças comerciais regionais e acordos comerciais internacionais.

Gatt e OMC

O Acordo Geral de Tarifas e Comércio (Gatt), assinado por 23 nações em 1947, começou como um conjunto de regras para garantir a não discriminação, procedimentos claros, a negociação de conflitos e a participação dos países menos desenvolvidos no comércio internacional.[83] O Gatt patrocinou oito rodadas de negociações comerciais internacionais destinadas a reduzir as restrições ao comércio. De 1986 a 1994, a Rodada do Uruguay (o primeiro a ser nomeado para um país em desenvolvimento) envolveu 125 países e cortou mais tarifas do que nunca. Além de diminuir as tarifas em 30% em relação ao nível anterior, ele corajosamente aproximou mais o mundo do livre-comércio global convocando para a criação da Organização Mundial do Comércio (OMC) em 1995.

A OMC representa o amadurecimento do Gatt em uma instituição global permanente que pode monitorar o comércio internacional e tem autoridade legal para arbitrar litígios sobre cerca de 400 questões comerciais. Em março de 2013, 159 países, incluindo China, Vietnã e Ucrânia, eram membros da organização. Como membro permanente da organização, a OMC tem adotado as seguintes estratégias: mais liberalização do comércio de bens, informações, desenvolvimentos tecnológicos e serviços; aplicação mais rigorosa das regras e regulamentos; e mais poder para resolver disputas entre parceiros comerciais.

União Europeia

Uma aliança iniciada em 1957 para melhorar as condições econômicas e sociais entre os membros, a Comunidade Econômica Europeia evoluiu para os 28 países da União Europeia (UE) ilustrados na Figura 4.10. A maior expansão ocorreu em 2004, quando a UE recebeu dez novos membros das Europas Central e Oriental.[84]

O objetivo da UE é criar um poderoso sistema de mercado único para os milhões de consumidores da Europa, permitindo que pessoas, bens e serviços circulem livremente. O aumento da concorrência e as economias de escala na Europa possibilitam que as empresas tenham crescimento substancial e eficiente, tornando-as mais competitivas nos Estados Unidos e em outros mercados mundiais. Outro aspecto da unificação europeia é a introdução do euro. Diversos Estados-membros da UE adotaram o **euro**, uma moeda única europeia, que substituiu as moedas nacionais da Áustria, Bélgica, Chipre, Finlândia, França, Alemanha, Grécia, Irlanda, Itália, Luxemburgo, Malta, Holanda, Portugal, Eslováquia, Eslovênia e Espanha.[85]

No entanto, nem tudo correu bem com a integração, especialmente desde que a recessão global começou. Facções pequenas, porém significativas em vários países, incluindo o Reino Unido, estão argumentando que as empresas e os cidadãos estariam melhor se estivessem fora da zona do euro. Uma pesquisa de janeiro de 2013 constatou que 40% dos britânicos (um percentual surpreendente) são favoráveis à retirada.[86] Como a estabilidade econômica variou de país para país, colocando vencedores contra perdedores, a crise econômica reviveu lealdades nacionais e ressentimentos além das fronteiras, retardando o movimento em direção à unificada e solidária "identidade europeia". Espanha, Irlanda, Portugal e, principalmente, Grécia tiveram problemas para

TEMA RECENTE

FIGURA 4.10
Nações da União Europeia

pagar as dívidas, colocando toda a zona do euro em risco e levando ao possível colapso do sistema. Mesmo que o governo e as indústrias na maioria desses países já tenham revertido a tendência de queda e renovado a competitividade por meio de redução de gastos, aumento de impostos e demissão de milhares de funcionários, as incertezas econômicas continuam, com alguma sugestão de que a Grécia pode precisar de outro resgate. Além disso, mesmo que a dívida esteja diminuindo em muitos países, o número de desempregados está subindo. Há ainda outro fato a ser considerado: os cidadãos têm questionado se a extensão da crise propalada pelos líderes governamentais é, de fato, verdadeira.[87] Alguns analistas acreditam que um amplo colapso da zona do euro é improvável, mas as economias dessa área estão em uma encruzilhada. Alguns gestores já começam a articular novas estratégias caso ocorra o retorno às moedas nacionais, desde como expandir as operações até como escolher fornecedores e remunerar os funcionários.[88]

Tratado Norte-Americano de Livre-Comércio (Nafta)

O Tratado Norte-Americano de Livre-Comércio (*North American Free Trade Agreement* –Nafta), que entrou em vigor em 1º de janeiro de 1994, fundiu os Estados Unidos, o Canadá e o México em um mercado único. Destinado a estimular o crescimento e o investimento, aumentar as exportações e expandir os empregos em todas as três nações, o Nafta quebrou tarifas e restrições comerciais ao longo de um período de 15 anos em diversas áreas-chave. Desse modo, até 2008, praticamente todas as exportações de produtos industriais dos Estados Unidos para o Canadá e México tiveram isenção de impostos.

Ao longo da primeira década do Nafta, o comércio dos Estados Unidos com o México aumentou mais de três vezes, enquanto o comércio com o Canadá também subiu drasticamente.[89] Significativamente, o Nafta estimulou a entrada de pequenas empresas para o cenário global. Jeff Victor, gerente-geral da Treatment Products, Ltd., que fabrica produtos de limpeza e ceras para carros, credita ao Nafta o grande volume de exportação. Antes do pacto, as tarifas mexicanas que chegavam a 20% tornavam impossível para a empresa sediada em Chicago expandir a presença ao sul da fronteira.[90]

No entanto, as opiniões sobre os benefícios do Nafta parecem estar tão divididas quanto estavam quando as negociações começaram, com algumas pessoas chamando-o de sucesso espetacular e outras referindo-se a ele como fracasso. Um levantamento em 2003 mostrou que 74% dos gestores norte-americanos consideravam a redução das barreiras comerciais e o aumento do livre-comércio como mudanças positivas. Em 2011, apenas 53% dos entrevistados tinham a mesma opinião.[91] Embora o Nafta não tenha atingido as grandes expectativas, os especialistas salientam que o aumento do comércio, do investimento e da renda continua a permitir que as empresas em todos os três países possam competir de maneira mais eficaz com as empresas asiáticas e europeias rivais.[92]

Lembre-se disto

- As alianças comerciais regionais e os acordos comerciais internacionais estão remodelando o negócio global.
- A Organização Mundial do Comércio (OMC) é uma organização permanente que monitora o comércio e tem autoridade para arbitrar litígios entre os 159 países-membros.
- Duas alianças regionais importantes, ainda que às vezes controversas, são a União Europeia (UE) e o Tratado Norte-Americano de Livre-Comércio (Nafta).
- O euro é uma moeda europeia única que substituiu as moedas dos 16 países-membros da UE.

Cap. 4 Notas

1. Teste adaptado de Cynthia Barnum; Natasha Wolniansky, "Why Americans fail at overseas negotiations", *Management Review* (October 1989): 54-57.
2. Laurie Burkitt; Paul Mozur, "China Squeezes Western Firms", *The Wall Street Journal*, April 5, 2013, B1.
3. Ibidem.
4. Joann S. Lublin, "Hunt is on for fresh executive talent – cultural flexibility in demand", *The Wall Street Journal*, April 11, 2011, B1.
5. Lolita C. Baldor, "FBI sends more agents abroad to shield U.S. from cybercrime; foreign hackers stepping up their attacks", *South Florida Sun-Sentinel*, December 10, 2009; Cassell Bryan-Low, "Criminal network: to catch crooks in cyberspace, FBI Goes Global", *The Wall Street Journal*, November 21, 2006.
6. Apud Ryan Underwood, "Going global", *Inc.* (March 2011): 96-98.
7. Bettina Wassener, "Living in Asia appeals to more company leaders", *The New York Times*, June 21, 2012, B3; Emily Glazer, "P&G Unit Bids Goodbye to Cincinnati, Hello to Asia", *The Wall Street Journal*, May 10, 2012, B1.
8. "TCS can become India's first company to reach $ 100 billion in market cap: CLSA", *The Economic Times*, August 31, 2013, disponível em: <http://articles.economictimes.indiatimes.com/2013-08-31/news/41619991_1_tcs-market-capitalisation-lakh-crore>, acesso em: 2 set. 2013; Steve Hamm, "IBM vs. Tata: which is more American?", *Business Week* (May 5, 2008): 28.
9. Chris Woodyard, "The American Car", *USA TODAY*, February 17, 2009.
10. "KOF Index of Globalization 2013", press release, KOF Swiss Economic Institute (March 2013).
11. "2013 KOF Index of Globalization", KOF Swiss Economic Institute. Disponível em: <http://globalization.kof.ethz.ch/media/filer_public/2013/03/25/rankings_2013.pdf>. Acesso em: 13 maio 2014. Nota: A análise de dimensões globais da KOF, de 2013, é baseada no ano de 2010.
12. Gregory C. Unruh; Angel Cabrera, "Join the Global Elite", *Harvard Business Review* (May 2013): 135-139.
13. Essa seção é baseada em Unruh; Cabrera, "Join the Global Elite"; Schon Beechler; Dennis Baltzley, "Creating a global mindset", *Chief Learning Officer* (May 29, 2008), disponível em: <http://clomedia.com/articles/view/creating_a_global_mindset/1/>, acesso em: 26 jun. 2012; Joana S. P. Story; John E. Barbuto, Jr., "Global mindset: a construct clarification and framework", *Journal of Leadership and Organizational Studies* 18, n. 3 (2011): 377-384; Stephen L. Cohen, "Effective global leadership requires a global mindset", *Industrial and Commercial Training* 42, n. 1 (2010): 3-10.
14. Definição baseada em Mansour Javidan; Jennie L. Walker, "A whole new global mindset for leadership", *People & Strategy* 35, n. 2 (2012): 36-41; Mansour Javidan; Mary B. Teagarden, "Conceptualizing and measuring global mindset", *Advances in Global Leadership* 6 (2011): 13-39; Beechler; Baltzley, "Creating a global mindset".
15. Amol Titus, "Competency of intercultural management", *The Jakarta Post*, March 11, 2009. Disponível em: <www.thejakartapost.com/news/2009/03/11/competency-intercultural-management.html>. Acesso em: 30 jun. 2012.
16. Com base em Mansour Javidan; Jennie L. Walker, "A whole new global mindset for leadership", *People & Strategy* 35, n. 2 (2012): 36-41.
17. Com base em Unruh; Cabrera, "Join the Global Elite".
18. Ibidem.
19. Siegfried Russwurm et al., "Developing your global know-how", *Harvard Business Review* (March 2011): 70-75.
20. Bob Davis, "As global economy shifts, companies rethink, retool", *The Wall Street Journal*, November 7, 2010. Disponível em: <http://online.wsj.com/article/SB10001424052748704049904575554290932153112.html>. Acesso em: 29 jun. 2012.
21. Mike Ramsey, "Ford's CEO Revs up Auto Maker's China Role", *The Wall Street Journal*, April 16, 2013, B7.
22. George Stalk; David Michael, "What the West doesn't get about China", *Harvard Business Review* (June 2011): 25-27; Zoe McKay, "Consumer spending in China: to buy or not to buy", *Forbes.com*, June 15, 2012, disponível em: <www.forbes.com/sites/insead/2012/06/15/consumer-spending-in-china-to-buy-or-not-to-buy/>, acesso em: 29 jun. 2012; Adam Davidson, "Come on, China, buy our stuff!", *The New York Times*, January 25, 2012, disponível em: <www.nytimes.com/2012/01/29/magazine/come-on-china-buy-our-stuff.html?pagewanted=all>, acesso em: 29 jun. 2012.
23. Patricia Sellers, "The new Coke", *Fortune* (May 21, 2012): 140.
24. Laurie Burkitt; Paul Mozur, "Foreign firms brace for more pressure in China", *The Wall Street Journal Online*, April 4, 2013. Disponível em: <http://online.wsj.com/news/articles/SB10001424127887323916304578400463208890042>. Acesso em: 30 jul. 2014.

25. David Barboza; Brad Stone, "A nation that trips up many", *The New York Times*, January 16, 2010.
26. Andrew Galbraith; Jason Dean, "In China, some firms defy business norms", *The Wall Street Journal Online*, September 6, 2011. Disponível em: <http://online.wsj.com/article/SB10001424053111903895904576546381512015722.html>. Acesso em: 29 jun. 2012.
27. Colum Murphy; James T. Areddy; James R. Hagerty, "Deal gone wrong adds to Caterpillar's troubles in China", *The Wall Street Journal*, January 21, 2013. Disponível em: <http://online.wsj.com/article/SB10001424127887323301104578255740261180404.html>. Acesso em: 29 ago. 2013.
28. Stalk; Michael, "What the West doesn't get about China."
29. Eric Pfanner, "Mobile devices overtake PC sales at Lenovo", *The New York Times*, August 15, 2013, disponível em: <http://www.nytimes.com/2013/08/16/business/global/smartphones-and-tablets-outsell-pcs-at-lenovo.html?_r=0>, acesso em: 29 ago. 2013; Juro Osawa, "Q&A: Lenovo CEO on Smartphones and BlackBerry", *The Wall Street Journal Online*, August 15, 2013, disponível em: <http://blogs.wsj.com/digits/2013/08/15/qalenovo-ceo-on-smartphones-and-blackberry/>, acesso em: 29 ago. 2013; Bien Perez, "Lenovo making moves on enterprise server market", *South China Morning Post*, August 29, 2013, disponível em: <http://www.scmp.com/business/china-business/article/1300212/lenovo-making-moves-enterprise-server-market>, acesso em: 29 ago. 2013; Chuck Salter, "Lenovo: protect and attack", *Fast Company* (December 2011-January 2012): 116-121, 154-155.
30. W. Michael Cox; Richard Alm, "China and India: two paths to economic power", *Economic Letter*, Federal Reserve Bank of Dallas, August 2008. Disponível em: <www.dallasfed.org/research/eclett/2008/el0808.html>. Acesso em: 14 jul. 2010.
31. "Pharmaceuticals", India Brand Equity Foundation, IBEF.org, May 2012, disponível em: <www.ibef.org/industry/pharmaceuticals.aspx>, acesso em: 29 jun. 2012; Sushmi Dey, "Indian Pharma Eyes US Generic Gold Rush", *Business Standard*, June 27, 2012, disponível em: <www.business-standard.com/india/news/indian-pharma-eyes-us-generic-gold-rush/478593/>, acesso em: 29 jun. 2012.
32. Seção baseada em "Brazil economy grew 0.9% in 2012", *BBC*, March 1, 2013, disponível em: <http://www.bbc.co.uk/news/business-21630930>, acesso em: 29 ago. 2013; "Brazil GDP growth rate", Trading Economics Web site, disponível em: <www.tradingeconomics.com/brazil/gdp-growth>, acesso em: 29 jun. 2012; "Brazil", The World Factbook, Central Intelligence Agency Web site, disponível em: <https://www.cia.gov/library/publications/the-world-factbook/geos/br.html#top>, acesso em: 29 jun. 2012; Paulo Prada, "For Brazil, it's finally tomorrow", *The Wall Street Journal*, March 29, 2010; Melanie Eversley, "Brazils Olympian Growth", *USA TODAY*, October 5, 2009; Liam Denning, "Are cracks forming in the Brics?", *The Wall Street Journal*, February 16, 2010.
33. "Count: really big business", *Fast Company* (December 2008-January 2009): 46.
34. Medard Gabel; Henry Bruner, *Global Inc.: An Atlas of the Multinational Corporation* (New York: The New Press, 2003).
35. David E. Bell; Mary L. Shelman, "KFC's radical approach to China", *Harvard Business Review* (November 2011): 137-142; Burkitt; Mozur, "Foreign firms brace for more pressure in China".
36. Howard V. Perlmutter, "The tortuous evolution of the multinational corporation", *Columbia Journal of World Business* (January-February 1969): 9-18; Youram Wind; Susan P. Douglas; Howard V. Perlmutter, "Guidelines for developing international marketing strategies", *Journal of Marketing* (April 1973): 14-23.
37. Deborah Ball, "Boss talk: Nestlé focuses on long term", *The Wall Street Journal*, November 2, 2009; Transnationale Web site, disponível em: <www.transnationale.org/companies/nestle.php>, acesso em: 17 mar. 2010; Company Analytics Web site, disponível em: <www.company-analytics.org/company/nestle.php>, acesso em: 17 mar. 2010); Nestle SA Web site, disponível em: <www.nestle.com>, acesso em: 17 mar. 2010.
38. Sara Murray; Douglas Belkin, "Americans Sour on Trade: Majority Say Free-Trade Pacts Have Hurt U.S.", *The Wall Street Journal*, October 4, 2010; Nina Easton, "Make the world go away", *Fortune* (February 4, 2008): 105-108.
39. Easton, "Make the world go away".
40. Michael Schroeder; Timothy Aeppel, "Skilled workers sway politicians with fervor against free trade", *The Wall Street Journal*, December 10, 2003.
41. Vanessa Fuhrmans, "Amazon Acts on German Controversy; Online Retailer Cuts Ties with Security Firm After a Television Documentary on Working Conditions", *The Wall Street Journal*, February 19, 2013, B3.
42. Discussão baseada em C. K. Prahalad, "The fortune at the bottom of the pyramid", *Fast Company* (April 13, 2011), disponível em: <www.fastcompany.com/1746818/fortune-at-the-bottom-of-the-pyramid-ck-prahalad>, acesso em: 30 jun. 2012; C. K. Prahalad; S. L. Hart, "The fortune at the bottom of the pyramid", *Strategy + Business* 26 (2002): 54-67; Jakki Mohr; Sanjit Sengupta; Stanley F. Slater,

"Serving base-of-the-pyramid markets: meeting real needs through a customized approach", *Journal of Business Strategy* 33, n. 6 (2012): 4-14; Scott Johnson, "SC Johnson builds business at the base of the pyramid", *Global Business and Organizational Excellence* (September-October, 2007): 6-17.

43. Bala Chakravarthy; Sophie Coughlan, "Emerging market strategy: innovating both products and delivery systems", *Strategy & Leadership* 40, 1 (2012): 27-32; T. V. Mahalingam, "Godrej's Rediscovery of India: they say they touch more consumers than any other Indian company", *Business Today* (July 25, 2010): 58-64; "Godrej eyes youth to expand portfolio", *Mail Today*, July 12, 2009.
44. Rob Walker, "Cleaning up", *New York Times Magazine* (June 10, 2007): 20.
45. Matthew Boyle, "Unilever: taking on the world, one stall at a time", *Bloomberg Businessweek* (January 7-January 13, 2013): 18-20.
46. Boyle, "Unilever: taking on the world one stall at a time"; Jennifer Reingold, "Can P&G make money in places where people earn $ 2 a day?", *Fortune* (January 17, 2011): 86-91.
47. Ver Unruh; Cabrera, "Join the global elite".
48. Kate Milani, "Three best ways to export", *The Wall Street Journal Online*, Mach 15, 2010, disponível em: <http://online.wsj.com/news/articles/SB10001424052748703909804575123783077762888>, acesso em: 2 jul. 2014; Mark Sweney, "Netflix non-US losses hit $100m but subscribers increase", *The Guardian*, April 24, 2012, disponível em: <www.guardian.co.uk/media/2012/apr/24/netflix-losses-100m-subscribers-increase>, acesso em: 27 jun. 2012.
49. Lauren A. E. Schuker, "Plot change: foreign forces transform Hollywood films", *The Wall Street Journal*, July 31, 2010, A1; Nicole Allan, "How to make a Hollywood hit", *The Atlantic* (May 2012); 70-71; Miriam Gottfried, "Cinemark's riveting screenplay", *The Wall Street Journal*, July 28-29, 2012, B14; "Made in (but not for) the U.S.A.", *Fast Company* (July-August 2013): 24.
50. Alison Stein Wellner, "Turning the tables", *Inc.* (May 2006): 55-59.
51. Kathryn Rudie Harrigan, "Managing joint ventures", *Management Review* (February 1987): 24-41; Therese R. Revesz; Mimi Cauley de La Sierra, "Competitive alliances: forging ties abroad", *Management Review* (March 1987): 57-59.
52. Christopher Weaver, "Abbott looks to consumer for growth", *The Wall Street Journal*, May 2, 2012. Disponível em: <http://online.wsj.com/article/SB10001424052702303990604577367760661436198.html>. Acesso em: 28 jun. 2012.
53. Anthony Goerzen, "Managing alliance networks: emerging practices of multinational corporations", *Academy of Management Executive* 19, n. 2 (2005): 94-107.
54. Isabel Zhong, "Chinas Zealous but Bumpy U.S. Acquisition Spree", *Medill Reports*, Northwestern University, June 14, 2013, disponível em: <http://news.medill.northwestern.edu/chicago/news.aspx?id=223155>, acesso em: 30 set. 2013; Michelle Caruso-Cabrera, "China Boosts U.S. Investment to All-Time High; Seeks More", *NBCNews.com*, May 22, 2013, disponível em: <http://www.nbcnews.com/business/china-boosts-us-investment-all-time-high-seeks-more-6C10018475>, acesso em: 30 set. 2013); Anjali Cordeiro, "Tang in India and other kraft synergies", *The Wall Street Journal Online*, April 19, 2010, disponível em: <http://online.wsj.com/article/SB10001424052702303348504575184103106388686.html>, acesso em: 28 jun. 2012; Tiisetso Motsoeneng; Wendell Roelf, "Wal-Mart Wins Final Go-Ahead for Massmart Deal", Reuters.com, March 9, 2012, disponível em: <www.reuters.com/article/2012/03/09/us-massmart-walmart-idUSBRE8280KH20120309>, acesso em: 27 jun. 2012.
55. Daniel Michaels; Jon Ostrower; David Pearson, "Airbus's New Push: made in the U.S.A.", *The Wall Street Journal*, July 2, 2012.
56. G. Pascal Zachary, "Dream factory", *Business 2.0* (June 2005): 96-102.
57. Jim Holt, "Gone global?", *Management Review* (March 2000): 13.
58. James Hookway, "IKEA's products make shoppers blush in Thailand", *The Wall Street Journal*, June 5, 2012, A1.
59. Holt, "Gone global?".
60. "Slogans often lose something in translation", *The New Mexican*, July 3, 1994.
61. Para uma visão geral dos fatores ambientais que influenciam empresas internacionais, veja David Conklin, "The global environment of business: new paradigms for international management", *Ivey Business Journal* (July-August 2011). Disponível em: <www.iveybusinessjournal.com/topics/global-business/the-global-environment-of-business-new-paradigms-for-international-management>. Acesso em: 27 jun. 2012.
62. "The Global Competitiveness Report 2011-2012", *World Economic Forum*. Disponível em: <www3.weforum.org/docs/WEF_GCR_Report_2011-12.pdf>. Acesso em: 27 jun. 2012.
63. "The Global Competitiveness Index 2012-2013". Disponível em: <http://www3.weforum.org/docs/CSI/2012-13/GCR _Rankings_2012-13.pdf>. Acesso em: 30 ago. 2013.

64. "European debt crisis fast facts", *CNN.com*, July 27, 2013. Disponível em: <http://www.cnn.com/2013/07/27/world/europe/european-debt-crisis-fast-facts>. Acesso em: 30 ago. 2013.
65. "A new definition of misery", *The New York Times*, December 18, 2009 (based on data from Moody's). Disponível em: <www.nytimes.com/imagepages/2009/12/18/business/economy/20091219_CHARTS_GRAPHIC.html>. Acesso em: 27 set. 2012.
66. Mike Ramsey; Yoshio Takahashi, "Car Wreck: Honda and Toyota", *The Wall Street Journal Online*, November 1, 2011. Disponível em: <http://online.wsj.com/article/SB10001424052970204528204577009044170787650.html>. Acesso em: 29 jun. 2012.
67. Stephanie Wong; John Liu; Tim Culpan, "Life and death at the iPad factory", *Bloomberg Businessweek* (June 7-June 13, 2010): 35-36; Charles Duhigg; Steven Greenhouse, "Apple supplier in China pledges big labor changes", *The New York Times*, March 29, 2012, disponível em: <www.nytimes.com/2012/03/30/business/apple-supplier-in-china-pledges-changes-in-working-conditions.html?pagewanted=all>, acesso em: 30 jun. 2012; David Barboza; Charles Duhigg, "China plant again faces labor issue on iPhones", *The New York Times*, September 10, 2012, disponível em: <http://www.nytimes.com/2012/09/11/technology/foxconn-said-to-use-forced-student-labor-to-make-iphones.html?pagewanted=all&_r=0>, acesso em: 30 ago. 2013; Keith Bradsher; David Barboza, "Hewlett directs its suppliers in China to limit student labor", *The New York Times*, February 7, 2013, disponível em: <http://www.nytimes.com/2013/02/08/business/global/hewlett-packard-joins-push-to-limit-use-of-student-labor-in-china.html>, acesso em: 30 ago. 2013.
68. Ian Bremmer, "Managing risk in an unstable world", *Harvard Business Review* (June 2005): 51-60; Mark Fitzpatrick, "The definition and assessment of political risk in international business: a review of the literature", *Academy of Management Review* 8 (1983): 249-254; Jo Jakobsen, "Old problems remain, new ones crop up: political risk in the 21st century", *Business Horizons* 53 (2010): 481-490.
69. Amol Sharma; Biman Mukherji, "Bad Roads, Red Tape, Burly Thugs Slow Wal-Mart's Passage in India", *The Wall Street Journal*, January 12, 2013. Disponível em: <http://online.wsj.com/article/SB10001424127887323622904578129294224588914.html>. Acesso em: 18 jan. 2013.
70. Alisa Wiersema, "Everything you need to know about the Syrian civil war", *ABC News*, August 31, 2013, disponível em: <http://abcnews.go.com/Politics/syrian-civil-war/story?id=20112311>, acesso em: 2 set. 2013; apud Peter Wonacott, "An entrepreneur weathers a tumultuous Arab Spring", *The Wall Street Journal*, January 17, 2012, disponível em: <http://online.wsj.com/article/SB10001424052970203436904577150690233235850.html>, acesso em: 27 jun. 2012.
71. Suzanne Choney, "New York Times Hacked, Syrian Electronic Army Suspected", *NBC News*, August 28, 2013. Disponível em: <http://www.nbcnews.com/technology/new-york-times-hacked-syrian-electronic-army-suspected-8C11016739>. Acesso em: 2 set. 2013.
72. Mary Gooderham, "Companies that go where others fear to tread", *The Globe and Mail*, June 21, 2012, B7.
73. Geert Hofstede, *Culture's consequences: international differences in work-related values* (Beverly Hills, CA: Sage, 1980); G. Hofstede, "The interaction between national and organizational value systems", *Journal of Management Studies* 22 (1985): 347-357; G. Hofstede, *Cultures and organizations: software of the mind* (revised and expanded 2nd ed.) (New York: McGraw-Hill, 2005).
74. Geert Hofstede, "Cultural constraints in management theory", *Academy of Management Executive* 7 (1993): 81-94; G. Hofstede; M. H. Bond, "The Confucian connection: from cultural roots to economic growth", *Organizational Dynamics* 16 (1988): 4-21.
75. Vas Taras; Piers Steel; Bradley L. Kirkman, "Three decades of research on national culture in the workplace: do the differences still make a difference?", *Organizational Dynamics* 40 (2011): 189-198.
76. Para uma visão geral da pesquisa e das publicações relacionadas às dimensões Hofstedes, veja "Retrospective: culture's consequences", uma coletânea de artigos com foco no trabalho de Hofstede, in *The Academy of Management Executive* 18, n. 1 (February 2004): 72-93. Veja também Michele J. Gelfand et al., "Individualism and collectivism", in *Culture, leadership, and organizations: the Globe study of 62 societies*, ed. R. J. House et al. (Thousand Oaks, CA: Sage, 2004).
77. Mansour Javidan et al., "In the eye of the beholder: cross-cultural lessons from Project Globe", *Academy of Management Perspectives* (February 2006): 67-90; Robert J. House et al., eds., *Culture, leadership, and organizations: the globe study of 62 societies* (Thousand Oaks, CA: Sage Publications, 2004); M. Javidan; R. J. House, "Cultural Acumen for the Global Manager: Lessons from Project Globe", *Organizational Dynamics* 29, n. 4 (2001): 289-305; R. J. House et al., "Understanding cultures and implicit leadership theories across the globe: an introduction to Project Globe", *Journal of World Business* 37 (2002): 3-10.
78. Carlos Sanchez-Runde et al., "Looking beyond

western leadership models: implications for global managers", *Organizational Dynamics* 40 (2011): 207-213.

79. Chantell E. Nicholls; Henry W. Lane; Mauricio Brehm Brechu, "Taking self-managed teams to Mexico", *Academy of Management Executive* 13, n. 2 (1999): 15-27; Carl F. Fey; Daniel R. Denison, "Organizational culture and effectiveness: can american theory be applied in Russia?", *Organization Science* 14, n. 6 (November-December 2003): 686-706; Ellen F. Jackofsky; John W. Slocum, Jr.; Sara J. McQuaid, "Cultural values and the CEO: alluring companions?", *Academy of Management Executive* 2 (1988): 39-49.

80. J. Kennedy; A. Everest, "Put diversity in context", *Personnel Journal* (September 1991): 50-54.

81. Jane Spencer, "Lenovo goes global, but not without strife", *The Wall Street Journal*, November 4, 2008.

82. P. Christopher Earley; Elaine Mosakowski, "Cultural intelligence", *Harvard Business Review* (October 2004): 139.

83. Discussão baseada em "For richer, for poorer", *The Economist* (December 1993): 66; Richard Harmsen, "The Uruguay Round: a boon for the world economy", *Finance & Development* (March 1995): 24-26; Salil S. Pitroda, "From Gatt to WTO: the institutionalization of world trade", *Harvard International Review* (Spring 1995): 46-47, 66-67; World Trade Organization Web site, disponível em: <http://www.wto.org/english/thewto_e/whatis_e/tif_e/org6_e.htm>, acesso em: 31 mar. 2013.

84. EUROPA Web site, "The history of the European Union". Disponível em: <http://europa.eu/about-eu/eu-history/index _en.htm>. Acesso em: 14 jul. 2010.

85. European Commission Economic and Financial Affairs Web site. Disponível em: <http://ec.europa.eu/economy_finance/euro/index_en.htm>. Acesso em: 18 mar. 2010.

86. Ver Landon Thomas Jr., "In Europe, a risk-filled choice for Britain", *The New York Times*, February 1, 2013. Disponível em: <http://www.nytimes.com/2013/02/13/business/global/britains-risk-filled-choice.html?pagewanted=all&_r=0>. Acesso em: 2 set. 2013.

87. Jonathan Buck, "Europe's economy will rebound", *Barron's*, July 22, 2013, disponível em: <http://online.barrons.com/article/SB50001424052742870409340457861386310084 2212.html#articleTabs_article%3D1>, acesso em: 2 set. 2013; Clive Crook, "Opening remarks: who lost the euro?" part of a "Special euro crisis" section, *Bloomberg Business Week* (May 28-June 3, 2012): 10-12; Dalibor Rohac, "The never-ending Greek tragedy", *U.S. News and World Report* (August 30, 2013), disponível em: <http://www.usnews.com/opinion/articles/2013/08/30/greece-shows-the-eurozone-crisis-is-far-from-over>, acesso em: 2 set. 2013; Rebecca Clancy, "Rehn: too early to say Eurozone crisis is over", *The Telegraph*, August 29, 2013, disponível em: <http://www.telegraph.co.uk/finance/economics/10273514/Rehn-Too-early-to-say-eurozone-crisis-is-over.html>, acesso em: 2 set. 2013; Thomas, "In Europe, a risk-filled choice for Britain"; Todd Buell, "Germans believe politicians are lying about crisis, says study", *The Wall Street Journal*, August 15, 2013, disponível em: <http://blogs.wsj.com/eurocrisis/2013/08/15/germans-believe-politicians-are-lying-about-crisis-says-study/>, acesso em: 2 set. 2013.

88. Vanessa Fuhrmans; Dana Cimilluca, "Business Braces for Europe's Worst —Multinationals Scramble to Protect Cash, Revise Contracts, Tighten Payment Terms", *The Wall Street Journal*, June 1, 2012, B1.

89. Tapan Munroe, "Nafta still a work in progress", *Knight Ridder/Tribune News Service*, January 9, 2004; J. S. McClenahan, "Nafta works", *IW* (January 10, 2000): 5-6.

90. Amy Barrett, "It's a small (business) world", *Business Week* (April 17, 1995): 96-101.

91. Darrell Rigby; Barbara Bilodeau, "Management Tools and Trends 2011", Bain & Company, Inc. Disponível em: <www.bain.com/publications/articles/Management-tools-trends-2011.aspx>. Acesso em: 22 jun. 2012.

92. Jeffrey Sparshott, "Nafta gets mixed reviews", *The Washington Times*, December 18, 2003; Munroe, "Nafta still a work in progress"; Amy Borrus, "A free-trade milestone, with many more miles to go", *Business Week* (August 24, 1992): 30-31.

PARTE 2

Capítulo 5

© EUROPHOTOS/Shutterstock.com

Gestão da ética e da responsabilidade social

Visão geral do capítulo

Qual é o seu nível de maturidade ética?

O que é ética gerencial?
Gestão ética de hoje
Caso dos negócios para responsabilidade ética e social

Dilemas éticos: o que devo fazer?

Estruturas para a tomada de decisão ética

Gestor individual e escolhas éticas
Estágios do desenvolvimento moral
Doadores *versus* tomadores

Novo gestor autoteste: você é doador ou tomador?

O que é responsabilidade social corporativa?
Stakeholders organizacionais
Movimento verde
Sustentabilidade e tripé da sustentabilidade

Avaliação da responsabilidade social corporativa

Gestão da ética da empresa e da responsabilidade social
Código de ética
Estruturas éticas
Delação

Resultados de aprendizagem

Após a leitura deste capítulo, você será capaz de:

1. Definir o conceito de ética e explicar como ela se relaciona ao comportamento definido pela lei e liberdade de escolha.

2. Reconhecer a importância da ética para os gestores e identificar os acontecimentos recentes que exigem compromisso renovado com a gestão ética.

3. Explicar as abordagens utilitaristas, do individualismo, dos direitos morais, da justiça e práticas para a tomada de decisões éticas.

4. Descrever os fatores que moldam a tomada de decisão ética do gestor, incluindo níveis de desenvolvimento moral.

5. Identificar os *stakeholders* que são importantes para a organização e abordar os mecanismos utilizados pelos gestores para equilibrar os interesses das diversas partes envolvidas.

6. Explicar o que é a filosofia da sustentabilidade, o tripé da sustentabilidade, e por que as organizações têm adotado esse conceito.

7. Definir a responsabilidade social das empresas e avaliá-la ao longo de critérios econômicos, legais, éticos e discricionários.

8. Identificar como as organizações éticas são criadas através da liderança, das estruturas e dos sistemas organizacionais.

Qual é o seu nível de maturidade ética?

INSTRUÇÕES: Provavelmente não acontecerá imediatamente, mas, em breve, nos deveres como novo gestor, você será confrontado com uma situação que testará a força de suas crenças morais ou de seu senso de justiça. Você está pronto? Para descobrir, considere o período em que fazia parte de um grupo de estudantes ou de trabalho. Até que ponto cada uma das seguintes afirmações caracterizam o seu comportamento quando você trabalha em grupo? Para cada um dos seguintes itens, assinale "Normalmente verdadeiro" ou "Normalmente falso".

	Normalmente verdadeiro	Normalmente falso
1. Posso afirmar claramente os princípios e valores que orientam as minhas ações.		
2. Reconheço meus erros rapidamente e assumo a responsabilidade por eles.		
3. Sou capaz de "perdoar e esquecer" rapidamente quando alguém comete um erro grave que me afetou.		
4. Ao tomar uma decisão difícil, pondero para avaliar os meus princípios e valores.		
5. Tenho uma reputação entre os meus amigos e colegas de trabalho por manter a minha palavra.		
6. Sou completamente honesto e posso ser confiável para dizer a verdade.		
7. Quando alguém me pede para guardar um segredo, sempre cumpro minha palavra.		
8. Responsabilizo os outros para usar as práticas éticas no trabalho.		
9. Insisto em fazer o que é justo e ético, mesmo quando não é fácil.		
10. Os meus colegas diriam que meu comportamento é muito consistente com meus valores.		

PONTUAÇÃO E INTERPRETAÇÃO: Cada uma dessas afirmações diz respeito a algum aspecto da maturidade ética em uma situação de grupo, o que também reflete o nível de desenvolvimento moral de uma pessoa. Contabilize o total de marcações em "Normalmente verdadeiro". Se você assinalou 7 ou mais, parabéns! Esse comportamento sugere que você está perto do nível 3 mostrado pela Figura 5.3 sobre os níveis de desenvolvimento moral. O nível pós-convencional de desenvolvimento significa que você considera princípios e valores, assume a responsabilidade pessoal e não culpa os outros. Você pode ter um senso ético altamente desenvolvido. A menor pontuação sugere que você pode estar no nível convencional ou até mesmo pré-convencional. Uma pontuação abaixo de 5 indica que você pode evitar questões difíceis ou que não tenha estado em situações que desafiaram os seus valores éticos.

Avalie atentamente os itens em que você assinalou "Normalmente verdadeiro" e "Normalmente falso" para saber mais sobre seus pontos fortes e pontos fracos específicos. Pense sobre o que influencia o seu comportamento ético e suas decisões, como uma necessidade para o sucesso ou aprovação.

TEMA RECENTE

Um professor de direito contou ao jornal *The New York Times* que ficou "chocado e consternado" com a decisão dos gestores da Universidade de Harvard de vasculhar os *e-mails* dos reitores. Segundo um aluno, foi "um dos pontos mais baixos da história de Harvard". Algumas pessoas, tanto do *campus* quanto fora dele, consideraram o incidente descabido. Os gestores da Universidade de Harvard decidiram vasculhar as contas de *e-mail* dos reitores residentes com o propósito de identificar possíveis vazamentos para a mídia sobre um escândalo de trapaça acontecido no *campus*. Nesse escândalo, foram investigados mais de 100 estudantes, e muitos deles foram punidos por plágio ou pelo fato de terem copiado as respostas uns dos outros em um teste que deveria ser feito em casa. De acordo com os gestores, a leitura das contas de *e-mail* dos reitores residentes, que se limitava a uma busca de linhas do assunto, foi tratada para proteger os alunos e também os reitores. Conforme um comunicado emitido, "Nenhum *e-mail* foi aberto nem pesquisado por humanos ou máquina". Os gestores iniciaram a busca porque o vazamento de um memorando confidencial sobre o escândalo da trapaça levou a preocupações com outros materiais, incluindo informações confidenciais dos alunos, que poderiam estar em risco. O episódio tem levantado questões relacionadas à privacidade, pois houve a violação da confiança frágil que existe entre gestores, professores e funcionários. Parece que nenhuma política foi quebrada, mas as críticas motivaram os gestores a criar uma força-tarefa para desenvolver recomendações sobre como lidar com questões de privacidade de *e-mail*.[1]

O que você acha? Os gestores de Harvard não fizeram nada de errado? A maioria das organizações permite o monitoramento dos *e-mails* comerciais dos funcionários. Um membro do corpo docente afirmou que a busca parecia fora de contexto para Harvard, mas que não foi realmente surpreendente: "Parto do princípio de nunca colocar qualquer coisa no *e-mail* que eu não gostaria que fosse publicado no *Harvard Crimson*".[2] A reitora que autorizou a busca em Harvard disse que, embora nenhuma política tenha sido quebrada, a forma como ela lidou com o incidente foi um erro. Ela se referiu ao seu filho de 10 anos de idade ao destacar "a importância de se responsabilizar por seus erros, pedir desculpas e consertar a situação. Tenho que dar o exemplo de comportamento para ele".[3]

Este capítulo expande as ideias sobre o meio ambiente, a cultura corporativa e o ambiente internacional abordados nos capítulos 3 e 4 para explorar as questões do comportamento ético e da responsabilidade social corporativa. Primeiramente, tratamos do tema dos valores éticos, que tem como base a ideia da cultura corporativa. Analisamos o clima ético atual na América corporativa, consideramos o caso de negócio para a ética e responsabilidade social, e examinamos as abordagens fundamentais que podem ajudar os gestores a pensar em problemas éticos difíceis. Entender essas ideias irá ajudá-lo a construir uma base sólida sobre a qual fundamentar suas futuras tomadas de decisão. Também examinamos as relações organizacionais para o ambiente externo como refletido na responsabilidade social corporativa. A seção final do capítulo descreve como os gestores criam uma ética usando códigos de ética da organização e outras políticas organizacionais, estruturas e sistemas.

O que é ética gerencial?

É difícil definir ética de forma precisa. De modo geral, **ética** é o código de princípios e valores morais que rege o comportamento de uma pessoa ou grupo em relação ao que é certo ou errado. A ética define as normas quanto ao que é bom ou mau na conduta e na tomada de decisão.[4] Uma questão ética está presente em uma situação em que as ações da pessoa ou organização podem prejudicar ou beneficiar os outros.[5]

A ética pode ser mais bem entendida quando comparada aos comportamentos regidos pela lei e livre escolha. A Figura 5.1 ilustra que o comportamento humano se divide em três categorias. O primeiro é a lei codificada, em que os valores e padrões são escritos para o sistema legal e aplicáveis nos tribunais. Nessa área, os legisladores definem as regras que as pessoas e empresas devem seguir, como a obtenção de licenças para carros e o pagamento de impostos corporativos. Nesse contexto, devem-se considerar ainda as leis de âmbitos local, estadual e nacional. Por exemplo, os promotores federais dos Estados Unidos descobriram recentemente um esquema em que professores contratavam outras pessoas para fazer os exames de certificação; nesse caso, os contratados utilizavam identificação falsa. Indiciaram-se várias pessoas sob a acusação de conspiração de fraude eletrônica, via correspondências e Seguro Social, e algumas já foram presas por terem participado do esquema que durou 15 anos em três Estados.[6] Comportamentos como fraude e evasão fiscal são claramente contra a lei. O domínio da livre escolha fica na extremidade oposta da escala e se refere ao comportamento sobre o qual a lei não tem voz e para o qual um indivíduo ou uma organização goza de total liberdade. Um exemplo é a escolha de um gestor sobre onde comprar um terno novo ou a escolha de uma organização sobre quais dos dois candidatos bem qualificados contratar para uma vaga aberta.

Entre esses domínios está a área da ética. Esse domínio não tem leis específicas, mas tem padrões de conduta fundamentados em princípios e valores sobre a conduta moral compartilhados

> **Conexão de conceito**
>
> Todos os anos, a empresa de pesquisa suíça Covalence observa o comportamento ético de centenas de corporações multinacionais e libera uma lista dos piores criminosos. Em todo o mundo, operações de mineração como essa muitas vezes estão no índice, porque as ações podem prejudicar o meio ambiente e colocar em risco os funcionários e outras partes interessadas. Muitos questionam a **ética gerencial** daqueles que decidem colocar o lucro à frente da segurança.

que orientam o indivíduo ou a empresa. Por exemplo, não é ilegal para um gestor como Harry Stonecipher, ex-CEO da Boeing, ter um caso extraconjugal consensual com uma executiva, mas o comportamento violou o código de conduta ética da empresa e ele foi substituído.[7] Muitos gestores entraram em conflito com a visão simplificada de que as decisões são sempre regidas, seja por qualquer lei, seja pela livre escolha. Essa visão leva as pessoas a assumir erroneamente que, se não é ilegal, deve ser ético, como se não houvesse um terceiro domínio.[8] A melhor opção é reconhecer o domínio da ética e aceitar os valores morais como uma força poderosa para o bem que pode regular comportamentos dentro e fora das organizações.

FIGURA 5.1
Três domínios da ação humana

Domínio da lei codificada (padrão legal) — Domínio da ética (padrão social) — Domínio da livre escolha (padrão pessoal)

Quantidade de controle explícito: Alta ← → Baixa

GESTÃO ÉTICA DE HOJE

Cada década parece ter a sua parcela de canalhas, mas a difusão de lapsos éticos durante o início do século XXI tem sido surpreendente. Na recente pesquisa da Gallup sobre a percepção dos líderes comerciais, apenas 15% dos entrevistados classificaram a honestidade e os padrões éticos dos líderes como "altos" ou "muito altos".[9] Mais de 75% dos entrevistados concordam com a afirmação de que a bússola moral da América corporativa está "apontando na direção errada"; 69% afirmam que os executivos raramente consideram o bem público na tomada de decisões; e uma maioria de 94% destaca que os executivos tomam decisões fundamentadas principalmente no avanço das próprias carreiras.[10]

> "A questão é a seguinte: quando o acionista valoriza o capitalismo como primordial, todos são atingidos. Os CEOs prontamente enganam os clientes, demitem os funcionários e danificam o ambiente para atender às expectativas do acionista."
>
> – ROGER MARTIN, REITOR E PROFESSOR DA ROTMAN SCHOOL OF MANAGEMENT, EM TORONTO

Outra pesquisa recente sobre trabalhadores da Wall Street feita pelo escritório de advocacia Labaton Sucharow mostra que essas opiniões podem não estar longe da marca. Quase 25% dos profissionais de finanças dizem que trapaceariam para ganhar $ 10 milhões se pudessem escapar com essa quantia. Além disso, 52% acreditam que é provável que os concorrentes tenham se envolvido em atividades ilegais ou antiéticas.[11]

Os gestores e as organizações se envolvem em um comportamento antiético por qualquer razão, como ego pessoal, ganância ou pressões que lhes permitam aumentar os lucros ou parecer bem-sucedidos. No entanto, os gestores têm enorme responsabilidade de definir o clima ético da organização e podem agir como modelos para o comportamento ético.[12] A Figura 5.2 detalha os achados de um estudo que condensou a variedade de comportamentos éticos para quatro maneiras principais em que os gestores podem agir para promover um clima em que todo mundo se comporta de forma ética e socialmente responsável. Os gestores éticos exibem honestidade e integridade, comunicam-se e fazem cumprir as normas éticas por meio do comportamento, são justos nas decisões e na distribuição de recompensas, e mostram bondade e preocupação com os outros.[13]

Infelizmente, no ambiente de hoje, a ênfase excessiva em agradar aos acionistas pode levar alguns gestores a se comportar de forma antiética em relação aos clientes, aos funcionários e à sociedade em geral. Os gestores estão sob enorme pressão para cumprir metas de ganhos de curto prazo, e alguns até mesmo utilizam artifícios contábeis ou outras técnicas

FIGURA 5.2
Quatro tipos de comportamento ético do gestor

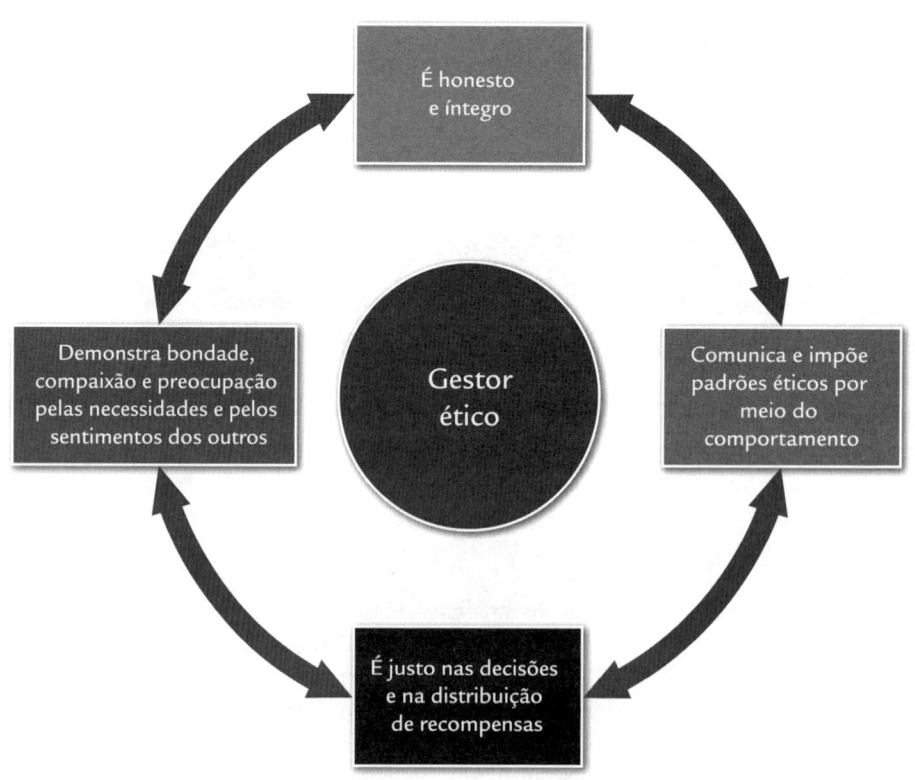

- É honesto e íntegro
- Comunica e impõe padrões éticos por meio do comportamento
- É justo nas decisões e na distribuição de recompensas
- Demonstra bondade, compaixão e preocupação pelas necessidades e pelos sentimentos dos outros

(Gestor ético)

FONTE: Com base em Gary Yukl et al., "An improved measure of ethical leadership", *Journal of Leadership and Organizational Studies* 20, n. 1 (2013): 38-48.

para mostrar retornos que atendam às expectativas do mercado, em vez daqueles que refletem o verdadeiro desempenho. Além disso, a maioria dos planos de remuneração de executivos inclui incentivos com base em ações pesadas, uma prática que, por vezes, incentiva os gestores a fazer qualquer coisa que aumente o preço das ações, mesmo que prejudique a empresa em longo prazo. Quando os gestores "viram vítimas do valor do acionista", todas as outras partes interessadas podem sofrer.[14]

TEMA RECENTE

A remuneração dos executivos tornou-se um assunto polêmico nos Estados Unidos. Em 2012, a remuneração média dos CEOs em grandes corporações norte-americanas foi 354 vezes maior que a média do que foi pago aos trabalhadores, de acordo com uma estimativa.[15] Em contrapartida, em 1980, o salário do CEO era aproximadamente 42 vezes maior do que a remuneração do trabalhador médio. Como parte das reformas financeiras realizadas há vários anos, o Congresso dirigiu-se à Securities and Exchange Commission (SEC)* para exigir que as empresas públicas divulguem a relação de pagamento dos CEOs em comparação aos funcionários, porém a regra ainda não foi finalizada e executada, em parte por causa do *lobby* pesado das corporações.[16] Saber se é ético e socialmente responsável o fato de os gestores arrecadarem enormes somas de dinheiro em comparação aos outros funcionários é uma preocupação crescente, e, em geral, os lapsos éticos generalizados da última década colocaram os gestores sob crescente observação.

CASO DOS NEGÓCIOS PARA RESPONSABILIDADE ÉTICA E SOCIAL

Naturalmente, a relação entre ética e responsabilidade social com o desempenho financeiro da organização diz respeito aos gestores e aos estudiosos de administração, e tem gerado um debate animado.[17] Centenas de estudos têm sido realizados para determinar se a capacidade de resposta ética e social intensificada aumenta ou diminui o desempenho financeiro de uma empresa. Os estudos têm fornecido resultados variados, mas geralmente encontraram relação positiva entre o comportamento ético e socialmente responsável e o desempenho financeiro da empresa.[18] Por exemplo, um recente estudo feito com as 100 principais corporações globais que fizeram um compromisso com a *sustentabilidade*, tecendo preocupações ambientais e sociais em todas as decisões, constatou que elas tiveram um crescimento significativamente mais alto das vendas, retorno sobre os ativos, lucros e fluxo de caixa das operações em, pelo menos, algumas áreas do negócio.[19] A filosofia de sustentabilidade será abordada mais adiante neste capítulo. Outra avaliação do desempenho financeiro das grandes empresas norte-americanas consideradas as "melhores cidadãs corporativas" descobriu que elas gostam tanto das reputações superiores quanto do desempenho financeiro superior.[20] Embora os resultados desses estudos não

Conexão de conceito

Conhecida pelo **compromisso com a sustentabilidade**, a Adidas, uma fabricante alemã de roupas esportivas, ocupa o décimo sétimo lugar na lista recente das 100 Empresas Mais Sustentáveis do Mundo. Os esforços de sustentabilidade da empresa são elogiáveis, o que pode dar à Adidas uma vantagem competitiva sobre rivais como Nike e Puma, atraindo novos clientes e bons funcionários.

---

* A SEC é um órgão criado pelo congresso norte-americano para regular os mercados e proteger os investidores, monitorar as atividades de fusão e aquisição, verificar se as leis e regulamentos estão sendo seguidos e analisar a veracidade das informações divulgadas pelas empresas. (N.R.T.)

tenham sido comprovados, eles fornecem a indicação de que a utilização dos recursos para a ética e responsabilidade social não prejudica as empresas.[21]

As empresas também estão fazendo um esforço para medir os fatores não financeiros que criam valor. Por exemplo, de acordo com os pesquisadores, as pessoas preferem trabalhar para empresas que demonstram alto nível de ética e responsabilidade social. Desse modo, essas organizações podem atrair e reter funcionários de alta qualidade.[22] E é sempre bom ressaltar que os clientes também estão atentos a este aspecto. De acordo com um estudo realizado pela Walker Research, preço e qualidade são iguais. Além disso, dois terços dos clientes entrevistados afirmaram que mudariam de marca para fazer negócios com uma empresa ética e socialmente responsável.[23] Outra série de pesquisas de Remi Trudel e June Cotte da Ivey School of Business da University of Western Ontario constatou que os clientes estavam dispostos a pagar um pouco mais por produtos oriundos de empresas que adotassem altos padrões éticos.[24]

Lembre-se disto

- Os gestores enfrentam muitas pressões que, às vezes, podem levá-los a se envolver em um comportamento antiético.
- **Ética** é o código de princípios e valores morais que rege os comportamentos de uma pessoa ou grupo em relação ao que é certo ou errado.
- O fato de os gestores não violarem a lei não significa necessariamente que estão sendo éticos.
- Os gestores éticos são honestos e íntegros, comunicam e impõem padrões éticos, são justos nas decisões e na distribuição de recompensas, e mostram bondade e preocupação com os outros.
- Os gestores antiéticos procuram servir as próprias necessidades e interesses em detrimento das partes envolvidas.
- Em todas as esferas da vida, a confiança em gestores e líderes empresariais está cada vez mais em baixa.
- Uma polêmica questão ética diz respeito à compensação executiva excessiva.
- O desempenho das empresas éticas e socialmente responsáveis é tão bom quanto – muitas vezes até melhor do que – o desempenho daquelas que não são socialmente responsáveis.

Dilemas éticos: o que devo fazer?

As questões éticas estão sempre relacionadas ao processo de tomada de decisões. Um **dilema ético** surge em uma situação sobre o certo ou o errado quando os valores estão em conflito.[25] O certo e o errado não podem ser claramente identificados. As questões éticas são, por vezes, extremamente complexas, e as pessoas podem ter opiniões muito divergentes sobre as ações mais eticamente adequadas ou inadequadas relacionadas a uma situação.[26] Considere a questão da inteligência competitiva (IC). As empresas têm usado cada vez mais a mídia social para obter informações precisas dos concorrentes. Algumas empresas chegam a ter clientes ou funcionários de rivais como "amigos" e postam perguntas aparentemente inócuas para reunir informações que podem lhes proporcionar vantagem competitiva.[27] As leis sobre a coleta de informações, assim como as opiniões sobre a ética de tais táticas, não são claras. Para algumas pessoas, qualquer forma de espionagem corporativa é errada, entretanto outras entendem que se trata de uma tática aceitável para obter dados mais consistentes sobre a concorrência.[28]

Em uma organização, cabe ao *agente moral* fazer uma escolha ética.[29] A seguir, apresentamos alguns dilemas enfrentados por um gestor. Como você lidaria com eles?

1. Você trabalha em uma grande empresa que exige a triagem de todos os clientes novos comparando-os em uma lista de vigilância de terroristas, o que leva aproximadamente 24 horas a partir do momento em que o pedido foi feito. Você pode fechar um negócio lucrativo de longo prazo com um possível cliente se concordar em enviar os produtos durante a noite, mesmo que isso signifique que a triagem da lista de vigilância de terroristas obrigatória terá que ser feita após o fato.[30]

2. Como gerente de vendas de uma grande empresa de produtos farmacêuticos, você foi convidado para promover um novo medicamento que custa $ 2.500 a dose. Nos relatórios, você constatou que o medicamento é apenas 1% mais eficaz do que o medicamento alternativo que custa menos de $ 625 a dose. O vice-presidente de vendas quer que você promova o medicamento de $ 2.500 a dose de forma agressiva. Ele lembra que, se você não fizer isso, as pessoas que poderiam ter sido salvas por aquele 1% de aumento na eficácia do medicamento morrerão.

3. Na viagem de trem de sua casa, em Ipswich, até o escritório em Londres, sua rotina matinal pacífica é perturbada por passageiros que realizam uma reunião de negócios móvel bem barulhenta. Em minutos, você percebe que eles estão discutindo com um cliente que sua empresa pretende conquistar. Além disso, você saberá, em breve, a hora, o número de telefone e o código de acesso para uma teleconferência que os consultores farão com o cliente mais tarde naquele dia. Você não tem nada a ver com o fato de eles divulgarem essas informações em um lugar público. A culpa é deles, mas você já pensa no que pode fazer com tudo o que acabou de ouvir.[31]

Esses tipos de dilema e questão caem diretamente no domínio da ética. Como você lidaria com cada uma dessas situações?

Lembre-se disto

- A ética está sempre relacionada ao processo de fazer escolhas.
- A maioria dos gestores enfrenta dilemas éticos difíceis de resolver.
- **Dilema ético** é uma situação em que todas as escolhas e comportamentos alternativos têm consequências potencialmente negativas. O certo e o errado não podem ser claramente distinguidos.

Estruturas para a tomada de decisão ética

A maioria dos dilemas éticos envolve um conflito entre as necessidades da parte e as do todo – o indivíduo *versus* a organização ou a organização *versus* a sociedade como um todo. Por exemplo, uma empresa deveria examinar as postagens em mídias sociais de candidatos a uma vaga ou de funcionários, o que pode beneficiar a organização como um todo, mas reduzir a liberdade individual? Os produtos que não cumprem as normas rígidas da Food and Drug Administration (FDA) deveriam ser exportados para outros países onde as normas governamentais são mais flexíveis, o que beneficiaria a empresa, mas potencialmente prejudicaria os cidadãos do mundo? Às vezes, as decisões éticas implicam um conflito entre dois grupos. Por exemplo, os problemas de saúde de uma cidade, resultantes dos efluentes de uma empresa, teriam precedência sobre os trabalhos que esta cria como a principal empregadora local?

Os gestores confrontados com esses difíceis tipos de escolha ética muitas vezes beneficiam-se da estratégia normativa – baseada em normas e valores – para orientar a tomada de decisão. A ética normativa usa diversas abordagens para descrever valores com o propósito de orientar a tomada de decisão ética. Há cinco abordagens relevantes para os gestores: utilitarista, do individualismo, dos direitos morais, da justiça e prática.[32]

Conexão de conceito

Há bastante tempo, quando os sindicatos começaram a surgir, os proponentes adotaram a **abordagem de direitos morais** para a ética no trabalho. Eles acreditavam que os trabalhadores tinham direito de ganhar um salário digno e ter algum tempo fora do trabalho toda semana. Algumas empresas tentaram impedir as pessoas de formar sindicatos, de modo que o apoio aos direitos morais da liberdade de expressão também se tornou parte importante do movimento. Os membros dos sindicatos de hoje ainda compartilham esse mesmo ponto de vista.

Abordagem utilitarista
A **abordagem utilitarista**, defendida pelos filósofos do século XIX Jeremy Bentham e John Stuart Mill, sustenta que o comportamento moral produz o maior bem para o maior número de pessoas. Sob essa abordagem, espera-se que um tomador de decisão considere o efeito de cada decisão alternativa sobre todas as partes e selecione aquela que otimiza os benefícios para o maior número de pessoas. A ética utilitarista é citada como a base para a tendência recente entre as empresas em monitorar o uso da internet pelo funcionário e policiar os hábitos pessoais, como álcool e consumo de tabaco, porque tais comportamentos afetam todo o local de trabalho.[33]

Abordagem do individualismo
De acordo com a **abordagem do individualismo**, os atos são morais quando promovem melhores interesses do indivíduo em longo prazo.[34] Em teoria, com todo mundo buscando a autogestão, o bem maior é servido, em última análise, porque as pessoas aprendem a acomodar-se no próprio interesse de longo prazo. Acredita-se que o individualismo leve à honestidade e integridade porque isso funciona melhor em longo prazo. Mentir e enganar por interesse próprio imediato apenas faz as empresas associadas retribuírem com a mesma moeda. Assim, segundo os proponentes dessa abordagem, o individualismo leva a um comportamento para com os outros que se encaixa nos padrões de comportamento que as pessoas querem para si mesmas.[35] No entanto, como o individualismo é facilmente mal interpretado por apoiar o ganho próprio imediato, não é popular na sociedade altamente organizada de hoje e orientada pelo grupo.

Abordagem dos direitos morais
Segundo a **abordagem dos direitos morais**, os seres humanos têm direitos e liberdades que não podem ser tirados por decisão de um indivíduo. Assim, uma decisão eticamente correta é aquele que melhor mantém os direitos daqueles afetados por ela. Para tomar decisões éticas, os gestores não devem interferir nos direitos fundamentais dos outros, como o direito à privacidade, ao consentimento livre ou à liberdade de expressão. Realizar tratamentos experimentais em pacientes com trauma inconsciente, por exemplo, pode ser interpretado de forma a violar o direito ao consentimento livre. A decisão de monitorar as atividades não relacionadas ao trabalho dos funcionários viola o direito à privacidade. O direito à liberdade de expressão apoiaria os delatores que chamam a atenção para as ações ilegais ou impróprias dentro da empresa.

Abordagem da justiça
A **abordagem da justiça** sustenta que as decisões morais devem ser fundamentadas em padrões de equidade, justiça e imparcialidade. Três tipos de justiça são motivo de preocupação para os gestores. A **justiça distributiva** exige que o tratamento diferente

entre pessoas não se baseie em características arbitrárias. Por exemplo, os homens e as mulheres não deveriam receber salários diferentes se eles têm as mesmas qualificações e estão realizando o mesmo trabalho. A **justiça processual** exige que as normas sejam administradas de forma justa. As regras devem ser claramente definidas e aplicadas de forma consistente e imparcial. A **justiça compensatória** argumenta que os indivíduos devem ser compensados pelo custo das lesões causadas pela parte responsável. A abordagem da justiça está mais próxima do pensamento subjacente ao domínio da lei mostrado na Figura 5.1 porque assume que a justiça é aplicada por meio de regras e regulamentos. Espera-se que os gestores definam os atributos em que o tratamento diferente entre os funcionários seja aceitável.

Abordagem prática

As abordagens discutidas até agora pretendem determinar o que é "certo" ou bom no sentido moral. No entanto, como já mencionado, as questões éticas não são frequentemente claras, e há divergências sobre qual é a escolha ética. A **abordagem prática** propõe um debate sobre o que é certo, bom ou justo e as decisões básicas sobre as normas prevalecentes da profissão e da sociedade em geral, levando em consideração os interesses de todas as partes interessadas.[36] A ação de Paula Reid, gestora que movimentou o escândalo de prostituição do Serviço Secreto dos Estados Unidos, ao relatar a má conduta dos agentes em Cartagena, na Colômbia, foi fundamentada em grande parte na abordagem prática.

De acordo com a abordagem prática, uma decisão é ética quando é considerada aceitável pela comunidade profissional, quando o gestor não hesita em publicar no noticiário da noite e quando uma pessoa se sente confortável ao justificá-la para familiares e amigos. Por meio da abordagem prática, os gestores podem combinar elementos das abordagens utilitaristas, dos direitos morais e da justiça no pensamento e na tomada de decisão. Por exemplo, um especialista em ética de negócios sugere que os gestores podem fazer para si as seguintes cinco perguntas para ajudar a resolver dilemas éticos.[37]

TEMA RECENTE

Forma inovadora

Paula Reid, Serviço Secreto dos Estados Unidos

Esqueça a questão de ser ou não moralmente errado contratar uma prostituta, sobretudo em um país onde a prostituição é legal em determinadas áreas. A questão para Paula Reid é que as visitas a clubes de *strip*, muita bebida e pagamentos para prostitutas não são comportamentos aceitáveis para agentes do Serviço Secreto encarregados de proteger o presidente dos Estados Unidos.

"Se todos os patrões fossem Paula Reid", disse um ex-agente, "o Serviço Secreto nunca teria problema. Seria muito mais chato, mas nunca um problema". Reid, a nova gerente de supervisão para o escritório de Miami, uma divisão de prestígio que supervisiona a região sul-americana, agiu rapidamente quando recebeu um relatório de perturbação no hotel em que estavam hospedados os agentes que preparavam a visita do presidente Barack Obama a Cartagena. Com base em informações do gerente do hotel, Reid rapidamente capturou uma dúzia de agentes, tirou-os do país e notificou aos superiores que havia encontrado evidências de "má conduta flagrante". Ela agiu apesar de uma possível reação interna, porque acreditava que as ações dos agentes tinham manchado a reputação da agência e danificado a capacidade para cumprir as missões de proteção e de investigação.

O escândalo resultante tumultuou o Serviço Secreto e colocou o diretor Mark Sullivan e outros gestores na berlinda. Quatro dos agentes dispensados por se envolverem em conduta inadequada afirmam que são os bodes expiatórios de um comportamento que a agência há muito tolera, desde que não haja nenhuma violação de segurança operacional. No entanto, para Reid e outros, a mentalidade "garotos serão garotos" não é aceitável no mundo de hoje. Segundo o ex-diretor Ralph Basham, há muitos agentes antigos e atuais que estão "profundamente envergonhados com o que os ex-colegas fizeram".[38]

Observe que essas questões cobrem diversas abordagens discutidas anteriormente.

1. O que há aqui para mim?
2. Qual decisão levaria a um bem maior para o maior número de pessoas?
3. Que regras, políticas ou normas sociais se aplicam?
4. Quais são as minhas obrigações para com os outros?
5. Qual será o impacto em longo prazo para mim e para os *stakeholders*?

Lembre-se disto

- A maioria dos dilemas éticos envolve um conflito entre os interesses dos diferentes grupos ou entre as necessidades do indivíduo em relação às necessidades da organização.
- Os gestores podem utilizar várias abordagens com base em normas e valores para ajudá-los a tomar decisões éticas.
- De acordo com **abordagem utilitarista** para a tomada de decisão ética, a escolha ética é a que produz o maior bem para o maior número de pessoas.
- A **abordagem do individualismo** sugere que as ações são éticas quando promovem melhores interesses do indivíduo em longo prazo, porque, com todo mundo buscando o interesse próprio, o bem maior é finalmente servido. Esse conceito não é considerado adequado hoje em dia porque é facilmente utilizado para apoiar o ganho pessoal de um em detrimento de outros.
- Alguns gestores dependem da **abordagem dos direitos morais**, que sustenta que as decisões éticas são aquelas que mais mantêm os direitos básicos das pessoas afetadas por eles.
- Segundo a **abordagem da justiça**, as decisões éticas devem ser fundamentadas em padrões de equidade, justiça e imparcialidade.
- Para a **justiça distributiva**, o tratamento diferente entre pessoas não deve se basear em características arbitrárias.
- A **justiça processual** sustenta que as regras devem ser claramente declaradas e aplicadas de forma consistente e imparcial.
- De acordo com a **justiça compensatória**, os indivíduos devem ser compensados pelo custo das lesões causadas pela parte responsável e não devem ser responsabilizados por questões sobre as quais não têm controle.
- Muitos gestores também usam a **abordagem prática**, propõem um debate sobre o que é certo, bom ou justo e as decisões básicas sobre as normas prevalecentes da profissão e da sociedade em geral, levando em consideração os interesses de todas as partes interessadas.

Faça uma pausa

Para obter algumas dicas sobre o seu nível de maturidade ética, reveja os itens assinalados no teste proposto no início deste capítulo. O alto nível de maturidade ética pode ajudar os gestores a fazer escolhas éticas ante a oposição ou pressão dos outros.

Gestor individual e escolhas éticas

Um estudo recente constatou que fatores organizacionais como cultura corporativa antiética e pressão de superiores e colegas podem induzir os funcionários a se comportar de forma antiética. Além disso, quando experimentam pressão organizacional para ir contra o próprio senso do que é certo, as pessoas ficam, em geral, frustradas e emocionalmente esgotadas.[39] No entanto, há também fatores pessoais que influenciam a capacidade de um gestor para tomar decisões éticas. Os indivíduos levam para o trabalho uma personalidade e traços comportamentais bem específicos. As necessidades pessoais, a influência da família e o histórico religioso formam o sistema de valores de um gestor. Características específicas da personalidade, como a força do ego, a autoconfiança e o forte senso de independência, podem permitir que os gestores façam escolhas mais éticas, apesar das pressões externas e dos riscos pessoais.

Estágios do desenvolvimento moral

Um fator pessoal importante é o estágio do desenvolvimento moral.[40] A versão simplificada de um modelo de desenvolvimento moral pessoal é mostrada na Figura 5.3.

No *nível pré-convencional*, os indivíduos estão preocupados com recompensas e punições externas e obedecem à autoridade para evitar consequências pessoais prejudiciais. Em um contexto organizacional, esse nível pode ser associado aos gestores que adotam um estilo de liderança autocrático ou coercitivo com funcionários orientados para a realização segura de tarefas específicas.

No nível dois, denominado *nível convencional*, as pessoas aprendem a estar em conformidade com as expectativas de bom comportamento, como definido por colegas, família, amigos e sociedade. O cumprimento das obrigações sociais e interpessoais é importante. A colaboração no trabalho do grupo é a maneira preferida de realizar as metas organizacionais, e os gestores adotam um estilo de liderança que incentiva as relações interpessoais e a cooperação.

No *nível pós-convencional* ou *de princípios*, os indivíduos são guiados por um conjunto interno de valores com base em princípios universais de justiça e até mesmo desobedecem às regras ou leis que os violam. Os valores internos tornam-se mais importantes do que as

Conexão de conceito

Ahmed Rahim, CEO da Numi Teas de Oakland, na Califórnia, funciona no **nível pós-convencional** de desenvolvimento moral. Rahim está comprometido com as práticas do comércio justo e com a redução de emissão de carbono no planeta na organização em que trabalha. Mas esse líder tem levado as coisas um passo adiante. Ao formar parceria com a SCS Global Services e outras empresas terceirizadas em sustentabilidade, a Numi Teas criou um programa de treinamento prioritário que ensina outros líderes empresariais a adotar e verificar práticas trabalhistas justas em escala global.

FIGURA 5.3 Três níveis de desenvolvimento moral pessoal

Nível 1 Pré-convencional	Nível 2 Convencional	Nível 3 Pós-convencional
Segue as regras para evitar punição. Age pelo próprio interesse. Obedece para o seu próprio bem.	Faz jus às expectativas dos outros. Cumpre deveres e obrigações do sistema social. Defende leis.	Segue os próprios princípios de justiça e retidão. Está consciente de que as pessoas têm valores diferentes e buscam soluções criativas para dilemas éticos. Equilibra a preocupação com o indivíduo e a preocupação com o bem comum.
Interesse pessoal	Expectativas sociais	Valores internos

Estilo do líder:	Autocrático/coercitivo	Orientador/encorajador, orientando para a equipe	Liderança transformadora ou servidora
Comportamento do funcionário:	Realização da tarefa	Colaboração com o trabalho em grupo	Funcionários com *empowerment*, plena participação

FONTES: Com base em L. Kohlberg, "Moral stages and moralization: the cognitive-developmental approach", in *Moral development and behavior: theory, research, and social issues*, ed. T. Lickona (New York: Holt, Rinehart e Winston, 1976), p. 31-53; Jill W. Graham, "Leadership, moral development, and citizenship behavior", *Business Ethics Quarterly* 5, n. 1 (January 1995): 43-54.

> **Faça uma pausa**
>
> Complete o "Autoteste do novo gestor", deste capítulo, para ver se você tem as características pessoais de um doador ou de um tomador. O que você pensa sobre seus padrões para obter sucesso e eficácia como gestor?

expectativas dos outros envolvidos. Um exemplo recente da abordagem pós-convencional ocorreu com um salva-vidas de Hallandale Beach, na Flórida, que foi demitido por deixar a zona destinada a ele para ajudar um homem que se afogava, apesar da orientação do supervisor para que não saísse do posto e ligasse para a emergência. "O que ele fez foi tomar a própria decisão", disse um gestor da empresa. "Ele conhecia as regras."[41]

A maioria dos gestores opera no nível dois, o que significa que o pensamento e comportamento ético são muito influenciados pelos superiores e colegas na organização ou no setor. Apenas cerca de 20% dos adultos norte-americanos chegam ao estágio pós-convencional do desenvolvimento moral. As pessoas no nível três são capazes de agir de forma livre e ética, independentemente das expectativas de outras pessoas de dentro ou fora da organização.

Doadores *versus* tomadores

Quando os gestores operam a partir de um nível mais elevado de desenvolvimento, eles podem usar uma forma de liderança servidora, com foco nas necessidades dos seguidores e incentivando os outros a pensar por si mesmos. Uma pesquisa mostrou que as pessoas trabalharão mais e de forma mais eficaz para pessoas que colocam os interesses e as necessidades dos outros acima dos próprios.[42]

Adam Grant, psicólogo organizacional da Wharton School of the University of Pennsylvania, tem observado e estudado as diferenças entre "doadores" e "tomadores" desde que era estudante de graduação. Para ele, as mudanças na sociedade e nas organizações tornam o sacrifício próprio em prol do objetivo maior uma característica cada vez mais benéfica. Em um estudo, Grant constatou que o maior medidor da eficácia de uma equipe refere-se à quantidade de ajuda e apoio entre os membros de um grupo. Segundo o psicólogo, no passado, os tomadores (pessoas que colocam os próprios interesses em primeiro lugar) alcançavam o topo apoiados nos doadores, mas esse cenário já não é o mesmo, pois a natureza do trabalho mudou. Por exemplo, Howard Lee, que estava a caminho do escritório da Groupon no sul da China, recebeu uma enxurrada de pedidos de empregos de vendas. Ao pesquisar as mídias sociais, ele pôde identificar que alguns candidatos tinham um padrão de comportamento de autosserviço. Rapidamente eliminou esses candidatos e concentrou-se naqueles que demonstravam um histórico como doadores.[43]

A mudança em direção à admiração e recompensa de doadores, em vez de tomadores, pode promover mudanças positivas significativas nas organizações. As categorias simples de *doador* e *tomador* ajudam as pessoas a entender como eles podem contribuir ou prejudicar a cultura ética da organização.

Lembre-se disto

- As pressões organizacionais podem influenciar as pessoas a ir contra o próprio senso de certo ou errado, e a tensão resultante pode levar à exaustão e ao esgotamento mental.
- Características de personalidade, influência familiar, histórico religioso e outros fatores influenciam a capacidade do gestor de fazer escolhas éticas.
- Um fator importante é saber se o gestor está no nível pré-convencional, convencional ou pós-convencional de desenvolvimento moral.
- A maioria dos gestores opera pelo *nível convencional*, em conformidade com os padrões de comportamento esperados pela sociedade.
- Apenas cerca de 20% dos adultos alcançam o *nível pós-convencional* e são capazes de agir de forma livre e ética, independentemente das expectativas dos outros.
- Estudos mostram que as pessoas trabalham mais e de forma mais eficaz quando os gestores colocam os interesses dos outros acima dos próprios.

O que é responsabilidade social corporativa?

Nos últimos anos, houve uma explosão de interesse no conceito de responsabilidade social corporativa.[44] Em certo sentido, o conceito de responsabilidade social, como a ética, é fácil de entender: significa distinguir o certo do errado e fazer o certo. Significa ser um bom cidadão corporativo. A definição formal de responsabilidade social corporativa (RSC)* é a obrigação da gestão de fazer escolhas e tomar medidas que contribuirão para o bem-estar e os interesses da sociedade, e não apenas da organização.[45]

NOVO GESTOR — Autoteste

Você é doador ou tomador?

Os gestores têm visões diferentes sobre as pessoas e as táticas que usam para fazer as coisas. Faça o teste com base na visão que você tem sobre si mesmo e sobre os outros. Em cada item, assinale "Normalmente verdadeiro" ou "Normalmente falso".

	Normalmente verdadeiro	Normalmente falso
1. Minhas ações satisfazem as necessidades dos outros antes das minhas.	___	___
2. Estou sempre oferecendo uma mão amiga para aqueles que estão à minha volta.	___	___
3. Dou crédito e reconhecimento aos outros.	___	___
4. Tendo a me sentir competitivo com os colegas de trabalho.	___	___
5. Muitas vezes interrompo alguém para apresentar o meu ponto de vista.	___	___
6. Incentivo o crescimento de outros, sem esperar nada em troca.	___	___
7. Gosto de estar a serviço dos outros.	___	___
8. Dar me faz mais feliz do que receber.	___	___
9. Gosto de orientar as pessoas novas mesmo que isso não seja necessário.	___	___

Pontuação e interpretação: Atribua um ponto aos itens 1 a 3 e 6 a 9 assinalados com "Normalmente verdadeiro" e um ponto aos itens 4 a 5 assinalados com "Normalmente falso". Some os pontos. Sua pontuação refere-se ao conceito introduzido por Robert Greenleaf no livro *Servant leadership* (*Liderança servidora*). No caso da liderança servidora, os gestores são "doadores" e tentam se colocar a serviço dos outros antes do interesse próprio, ouvem atentamente os outros e se empenham em ajudá-los para que se tornem um todo. Essa abordagem para a administração tem como base as crenças Quaker de Greenleaf. Uma pontuação de 7 a 9 seria considerada alta em liderança servidora ou "doadora", de 0 a 3 seria considerado baixa, o que representa um estilo "tomador" de liderança, e de 4 a 6 ficaria na faixa intermediária. Como você se sente com a sua pontuação? Você é atraído pelas qualidades de liderança servidora ou doadora, ou prefere uma abordagem diferente para gerenciar os outros?

Fonte: Com base em Robert Greenleaf, *Servant leadership: a journey into the nature of legitimate power and greatness*, 25th anniversary ed. (New York: Paulist Press, 2002).

---

* Ou também Responsabilidade Social Empresarial (RSE). (N.R.T.)

Tão simples como essa definição parece, a RSC pode ser um conceito difícil de entender porque pessoas diferentes têm crenças diferentes a respeito de quais ações melhoram o bem-estar da sociedade.[46] Para piorar a situação, a responsabilidade social abrange uma série de questões, muitas das quais são ambíguas com relação aos conceitos de certo e errado. Se um banco depositar o dinheiro do fundo fiduciário na conta de juros baixos por 90 dias, a partir do qual obtém um lucro substancial, deverá ser considerado um cidadão corporativo responsável? E quando duas empresas se envolvem em intensa concorrência? É socialmente responsável para a corporação mais forte tirar a fraca do negócio ou colocá-la na fusão forçada? Ou considere a General Motors (GM), Lehman Brothers, Hostess Brands e inúmeras outras empresas que tenham declarado falência nos últimos anos – o que é perfeitamente legal – e, assim, evitaram ter de cumprir com as enormes obrigações financeiras para com fornecedores, sindicatos ou concorrentes. Esses exemplos contêm complexidades morais, legais e econômicas que tornam um comportamento socialmente responsável difícil de definir.

STAKEHOLDERS ORGANIZACIONAIS

Uma das razões para a dificuldade de entender e aplicar a RSC é que os gestores devem enfrentar a seguinte questão: "A responsabilidade é de quem?". Lembre-se do Capítulo 3, em que o ambiente da organização consiste em vários setores, tanto nas tarefas quanto

Forma inovadora
Gap Inc.

Quando surgiram, no outono de 2009, relatos de que uma contratada em Lesoto, na África, estava, no processo de fabricação de roupas para Gap Inc. e outras empresas norte-americanas, despejando materiais tóxicos em aterros locais e descarregando produtos químicos no Rio Caledon, os gestores da Gap entraram em ação. Uma crise semelhante relacionada ao trabalho infantil e a condições inseguras ocorrida dez anos antes resultou em protestos globais que se alastraram por meses, mancharam a reputação da Gap, danificaram o moral dos funcionários e devastaram o desempenho da empresa. Em contrapartida, a mais recente história de Lesoto se dissipou rapidamente, e a Gap saiu mais forte do outro lado.

O que aconteceu nesses dez anos para fazer a diferença? Certamente, o público não ficou menos indignado com as histórias de crianças pobres sendo prejudicadas por substâncias químicas perigosas enquanto brincavam perto do rio ou reviravam o lixo em busca de alimentos. O resultado foi diferente dessa vez porque os gestores da Gap haviam cuidadosamente cultivado relações abertas com grupos trabalhistas, organizações de direitos humanos, sindicatos, organizações não governamentais e outras partes interessadas, o que lhes permitiu entrar em ação imediatamente e tomar medidas específicas para resolver o problema. No passado, a abordagem dos gestores teria sido a de negar a responsabilidade e culpar a subcontratada. Com o incidente de Lesoto, no entanto, os principais líderes da Gap imediatamente deram um passo adiante para declarar o compromisso da empresa com condições justas e seguras, e definir as medidas necessárias. Como a Gap desenvolveu relações com numerosos grupos de interessados, a empresa contou com o apoio de organizações trabalhistas e de direitos humanos, que elogiaram o compromisso e as ações dos gestores.

A Gap embarcou no processo de envolvimento com as principais partes interessadas porque, embora a empresa tenha estabelecido um forte compromisso com a responsabilidade social e ambiental desde 1992, as abordagens anteriores não estavam funcionando. Os esforços de milhões de dólares na resolução de problemas éticos na cadeia de abastecimento haviam falhado. Assim, os gestores começaram a desenhar um mapa de *stakeholders* que listou o máximo de partes interessadas possível, classificando-as em seguida pela importância. Começar a mapear possibilitou aos gestores uma maneira de concentrar os esforços e juntar-se com as partes interessadas mais influentes para melhorar as práticas de trabalho. Foi uma viagem longa e difícil, mas os resultados têm valido a pena. A empresa recebeu prêmios e reconhecimento público como líder em ética e responsabilidade social.[47]

no ambiente em geral. Da perspectiva da responsabilidade social, as organizações esclarecidas veem os ambientes interno e externo como uma variedade de *stakeholders*.

Um **stakeholder** é qualquer grupo ou pessoa de dentro ou fora da organização que tem algum tipo de investimento ou interesse no desempenho da organização e é afetado por ações da organização (funcionários, clientes, acionistas e assim por diante). Cada *stakeholder* tem um critério diferente de capacidade de resposta, porque ele tem interesse diferente na organização.[48] Há um interesse crescente na técnica chamada de **mapeamento de stakeholders**, que fornece uma maneira sistemática para identificar as expectativas, as necessidades, a importância e o poder relativo dos diversos *stakeholders*, o que pode mudar com o tempo.[49] Esse mapeamento ajuda os gestores a identificar ou priorizar os principais *stakeholders* relacionados uma determinada questão ou a um projeto específico. Por exemplo, a Gap Inc., na tentativa de lidar com a turbulência criada depois que a empresa foi alvo de manifestantes por usar contratadas que poluíram o ambiente e se envolveram em práticas de trabalho infantil, decidiu usar o mapeamento para identificar os principais *stakeholders* com os quais poderia desenvolver relações mais profundas e transparentes.

A cadeia de suprimentos global é uma fonte de desafios em curso para os gestores. De acordo com Dan Rees, ex-diretor da Iniciativa Ética Comercial (IEC), "Não é crime encontrar trabalho infantil na cadeia de suprimentos. O mais importante é o que você faz sobre isso quando descobre".[50] Muitas empresas retraem as ordens e param de fazer negócios com empresas quando descobrem que estas adotam práticas inseguras ou antiéticas. Uma abordagem muito utilizada recentemente refere-se a trabalhar em estreita colaboração com fábricas no exterior para melhorar as condições, o que, segundo os gestores, beneficia ambos os lados da equação.[51] Com o uso do mapeamento de *stakeholders* e o cultivo de relacionamentos abertos e de confiança com as principais partes interessadas, a Gap está tentando garantir que os gestores sejam capazes de fazer a coisa certa rapidamente e, às vezes, até mesmo transformar crises em oportunidades.

TEMA RECENTE

A Figura 5.4 ilustra as partes interessadas importantes para uma grande organização como a Gap. A maioria das organizações é influenciada por uma variedade semelhante de grupos de partes interessadas. Investidores e acionistas, funcionários, clientes e fornecedores são considerados como principais partes interessadas, sem os quais a organização não pode sobreviver. Os investidores, acionistas e interesses dos fornecedores são servidos por eficiência gerencial, isto é, o uso de recursos para obter lucros. Os funcionários esperam satisfação no trabalho, salário e uma boa supervisão. Os clientes estão preocupados com as decisões sobre a qualidade, segurança e disponibilidade de bens e serviços. Quando qualquer grupo de partes interessadas principais torna-se seriamente insatisfeito, a viabilidade da organização fica ameaçada.[52]

Outras partes interessadas importantes são o governo e a comunidade, que têm se tornado fundamentais nos últimos anos. A maioria das corporações existe apenas sob a carta patente e licenças adequadas, e opera dentro dos limites de leis de segurança, requisitos de proteção ambiental, regulamentações antitruste, legislação antissuborno e outras leis e regulamentos do setor do governo. As regulamentações governamentais que afetam os negócios estão aumentando em decorrência dos eventos recentes. A comunidade envolve os governos locais, o ambiente natural e a qualidade de vida proporcionada à população. Para muitas empresas como a Gap, os sindicatos e as organizações de direitos humanos são partes interessadas muito importantes. Os grupos de interesses podem incluir associações comerciais, comitês de ação política, associações profissionais e consumeristas*. Um grupo de interesse especial de particular importância hoje é o movimento verde.

---

* Consumerismo: atitude de consumo racional e responsável, que considera as consequências econômicas, sociais, culturais e ambientais do ato de consumir. (N.R.T.)

Movimento verde

Quando Jeffrey Immelt, CEO da General Electric (GE), apresentou pela primeira vez um plano para a iniciativa de um negócio "verde" aos 35 principais executivos da empresa em 2004, eles votaram contra. Mas Immelt, em um movimento raro, anulou a decisão deles, e o Ecomagination nasceu. Hoje, o Ecomagination da GE é um dos programas verdes corporativos mais amplamente reconhecidos do mundo. Ele não só cortou as emissões de gases de efeito estufa da GE em 30%, mas também acrescentou produtos inovadores que estão gerando bilhões de dólares em receita anual.[53]

Tornar-se verde virou um novo imperativo de negócios, impulsionado por mudança de atitudes sociais, novas políticas governamentais, mudanças climáticas e tecnologia da informação (TI), que espalha rapidamente qualquer notícia de impacto negativo de uma empresa no meio ambiente. Um estudo recente constatou que 90% dos norte-americanos concordam que há importantes questões e problemas "verdes", e, para 82%, as empresas devem implantar práticas ecologicamente corretas.[54] Cada capítulo deste livro contém um boxe denominado "Poder verde", que destaca o que as empresas estão fazendo para melhorar o desempenho ambiental.

FIGURA 5.4 Principais partes interessadas relevantes para a Gap Inc.

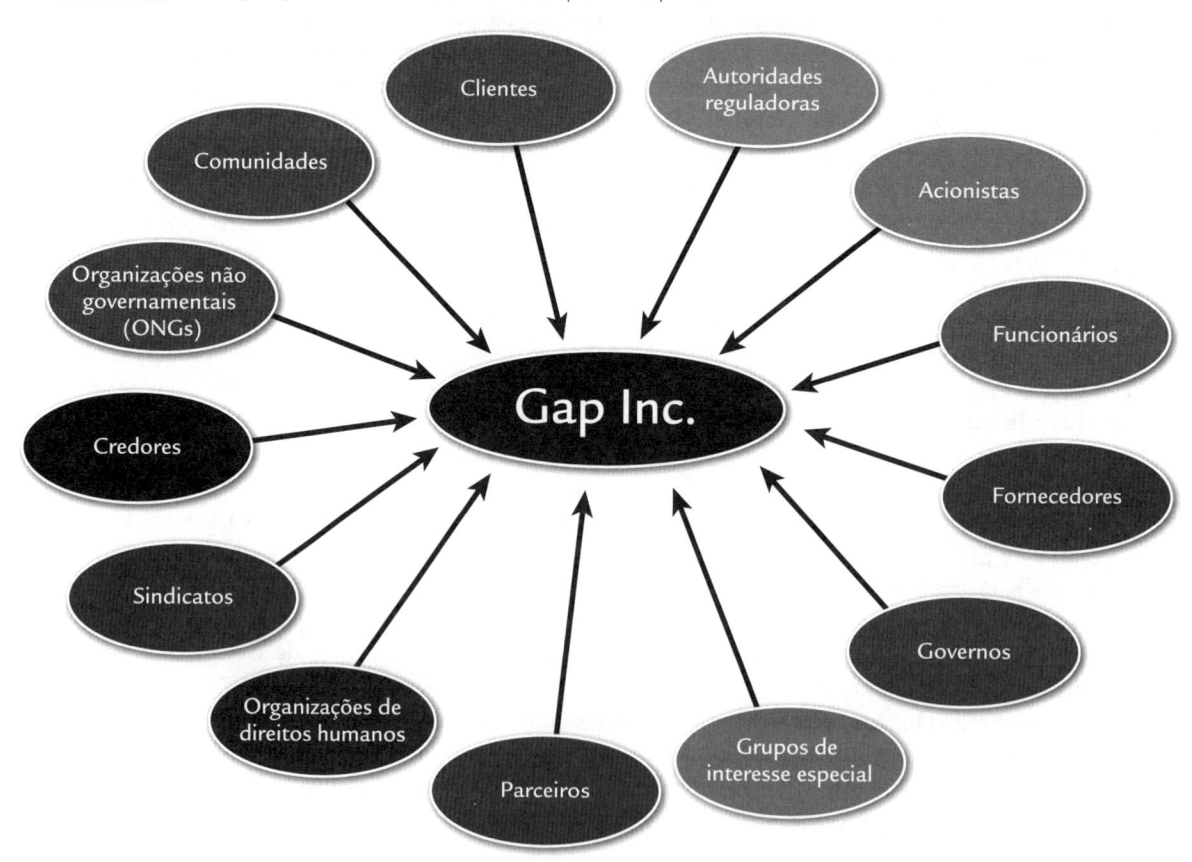

FONTES: Com base em D. Wheeler; B. Colbert; R. E. Freeman, "Focusing on value: reconciling corporate social responsibility sustainability and a stakeholder approach in a networked world", *Journal of General Management* 28, n. 3 (Spring 2003): 1-28; J. E. Post; L. E. Preston; S. Sachs, "Managing the extended enterprise: the new stakeholder view", *California Management Review* 45, n. 1 (Fall 2002): 6-28; N. Craig Smith; Sean Ansett; Lior Erex, "How Gap Inc. engaged with its stakeholders", *MIT Sloan Management Review* 52, n. 4 (Summer 2011): 69-76.

CAPÍTULO 5 GESTÃO DA ÉTICA E DA RESPONSABILIDADE SOCIAL

A energia é uma área de crescente preocupação para o movimento verde, como refletido na controvérsia associada à construção proposta do oleoduto Keystone XL, que tinha a intenção de acrescentar uma conexão que funciona a partir das areias betuminosas de Alberta, no Canadá, para as refinarias na costa do Texas no Golfo do México. De cada dez norte-americanos entrevistados, seis são favoráveis ao projeto desenvolvido pelo governo, pois acreditam que isso criará empregos sem causar danos ambientais significativos. Porém, os grupos ambientalistas estão em pé de guerra, tendo como alvo o Keystone e toda a indústria de areias betuminosas, que libera 30 milhões de toneladas de dióxido de carbono por ano na atmosfera e vai liberar mais à medida que a indústria crescer. Os opositores apontam que as emissões "do poço para o tanque de gás" das areias betuminosas canadenses são aproximadamente duas vezes maiores que a média dos barris de petróleo bruto importados dos Estados Unidos. Os defensores insistem que é melhor aproveitar as areias betuminosas do Canadá do que continuar a ajudar os países ricos em petróleo que podem abusar tanto das pessoas quanto do meio ambiente.[55]

TEMA RECENTE

AMBIENTE 2

Poder Verde

Ecomagination

A questão que paira no horizonte para CEOs esclarecidos como Jeff Immelt da GE é a seguinte: "*Como aplicaremos a tecnologia e a sustentabilidade para abordar a economia da escassez?*". Immelt tinha apenas aproveitado o precedente histórico de inovação e imaginação definido pelo gênio criativo do fundador da GE, Thomas Edison. O resultado foi um grande compromisso da GE com a responsabilidade social por meio de um movimento de tecnologia verde.

Immelt duplicou o financiamento de P&D para estabelecer novos laboratórios e carregá-los com Ph.Ds. trabalhando com pesquisas de sustentabilidade inovadora. A empresa também criou um Conselho Consultivo Ecomagination alimentado por "sessões de sonho" que permitiram que clientes e partes interessadas vislumbrassem o futuro e os produtos e serviços que possam melhorar esses futuros, proporcionando a oportunidade de um negócio inovador para a GE. O fundador Edison deve estar sorrindo.

Fonte: Philip Mirvis; Bradley Googins; Sylvia Kinnicutt, "Vision, mission, values: guideposts to sustainability", *Organizational Dynamics* 39 (2010): 316-324.

SUSTENTABILIDADE E TRIPÉ DA SUSTENTABILIDADE

Algumas empresas estão adotando uma ideia chamada de sustentabilidade ou desenvolvimento sustentável. **Sustentabilidade** refere-se ao desenvolvimento econômico que gera riqueza e satisfaz as necessidades da geração atual, preservando o meio ambiente e a sociedade, para que as gerações futuras também possam satisfazer as próprias necessidades.[56] Com uma filosofia de sustentabilidade, os gestores tecem preocupações ambientais e sociais em toda decisão estratégica para que sejam alcançados os objetivos financeiros de forma social e ambientalmente responsável. Os gestores de organizações que adotam a sustentabilidade medem o sucesso em termos de um tripé da sustentabilidade. A expressão **tripé da sustentabilidade** refere-se à medição do desempenho social da organização, do desempenho ambiental e do desempenho financeiro. Isso às vezes é chamado de três Ps: pessoas, planeta e prosperidade.[57]

A parte "pessoas" do tripé da sustentabilidade analisa a forma como a organização é socialmente responsável em termos de práticas trabalhistas justas, diversidade, relacionamento com fornecedores, tratamento dos funcionários, contribuições para a comunidade e assim por diante. O aspecto "planeta" mede o compromisso da organização com a sustentabilidade ambiental. O terceiro P, é claro, analisa o lucro da organização, a questão financeira. Com base no princípio de que o que você mede é o que você se esforça para conseguir e consegue, usar a abordagem do tripé da sustentabilidade para medir o desempenho garante que os gestores levem os fatores sociais e ambientais em conta, em vez de perseguirem o lucro cegamente, não importando o custo para a sociedade e o ambiente natural.

Lembre-se disto

- **Responsabilidade social corporativa (RSC)** refere-se à obrigação de os gestores organizacionais fazerem escolhas e adotarem medidas voltadas à melhoria do bem-estar e dos interesses da sociedade e da organização.
- Partes interessadas diferentes têm interesses diferentes na organização e, desse modo, critérios diferentes para a capacidade de resposta social.
- O termo *stakeholder* refere-se a qualquer grupo ou pessoa de dentro ou fora da organização que tem algum tipo de investimento ou interesse no desempenho da empresa.
- Acionistas, funcionários, clientes e fornecedores são considerados as principais partes interessadas, sem as quais a organização não consegue sobreviver.
- Governo, comunidade e grupos de interesses especiais são também partes interessadas importantes.
- O mapeamento de *stakeholders* fornece uma maneira sistemática para identificar as expectativas, as necessidades, a importância e o poder relativo de diversas partes interessadas.
- O *movimento verde* é um grupo de interesse especial de particular importância hoje.
- **Sustentabilidade** refere-se ao desenvolvimento econômico que gera riqueza e atende às necessidades da população atual, preservando a sociedade e o ambiente para as necessidades das gerações futuras.
- As empresas que abraçam a sustentabilidade medem o desempenho em termos de desempenho financeiro, desempenho social e desempenho ambiental, o que é chamado de **tripé da sustentabilidade**.
- Um levantamento constatou que 90% dos norte-americanos concordam que há importantes questões e problemas "verdes", e, para 82%, as empresas devem implantar práticas ecologicamente corretas.

> "Durante muito tempo, as pessoas acreditaram que a única finalidade da indústria era obter lucro. Não é verdade. A finalidade é promover o bem-estar geral."
>
> – HENRY FORD (1863-1947), INDUSTRIAL NORTE-AMERICANO

Avaliação da responsabilidade social corporativa

A Figura 5.5 apresenta um modelo de avaliação do desempenho social das empresas. De acordo com esse modelo, a responsabilidade social corporativa total pode ser dividida em quatro critérios principais: responsabilidades econômicas, jurídicas, éticas e discricionárias.[58] Esses quatro critérios se encaixam para formar a totalidade da capacidade de resposta social da empresa.

O primeiro critério da responsabilidade social é a responsabilidade econômica. A instituição empresarial é, acima de tudo, a unidade econômica básica da sociedade. A responsabilidade é produzir os bens e serviços que a sociedade quer e maximizar os lucros para os proprietários e acionistas. A responsabilidade econômica, levada ao extremo, é chamada de ponto de vista da maximização do lucro, defendido pelo economista vencedor do Nobel Milton Friedman. Esse ponto de vista sustenta que a corporação deve ser operada em uma base orientada para o lucro, com a única missão de aumentar os lucros,

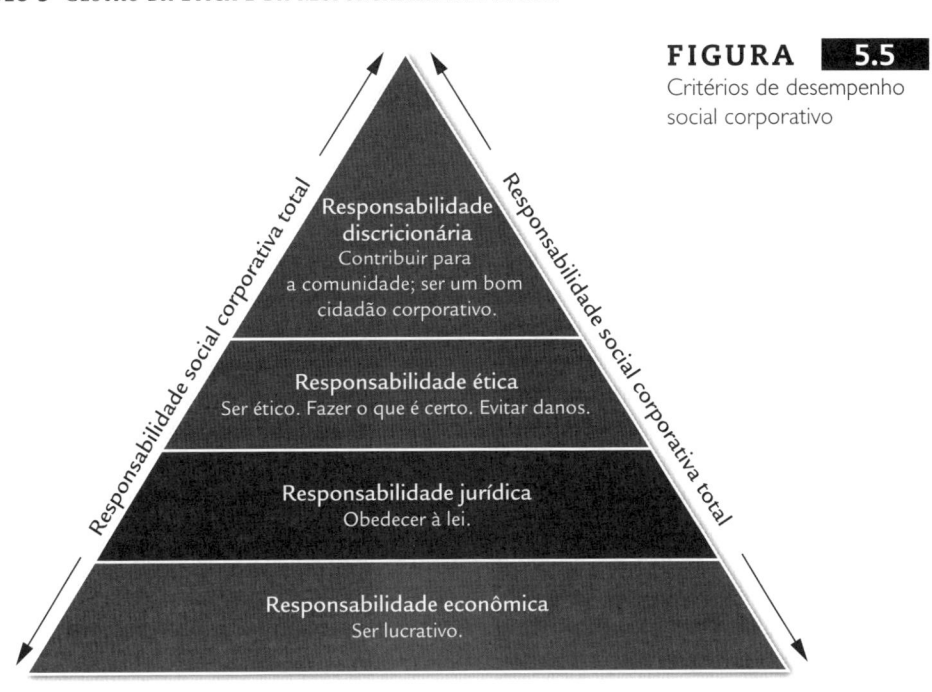

FIGURA 5.5
Critérios de desempenho social corporativo

Pirâmide (do topo para a base):
- **Responsabilidade discricionária** — Contribuir para a comunidade; ser um bom cidadão corporativo.
- **Responsabilidade ética** — Ser ético. Fazer o que é certo. Evitar danos.
- **Responsabilidade jurídica** — Obedecer à lei.
- **Responsabilidade econômica** — Ser lucrativo.

Setas laterais: Responsabilidade social corporativa total.

FONTES: Com base em Archie B. Carroll, "A three-dimensional conceptual model of corporate performance", *Academy of Management Review* 4 (1979): 499; "The pyramid of corporate social responsibility: toward the moral management of corporate stakeholders", *Business Horizons* 34 (July-August 1991): 42; Mark S. Schwartz; Archie B. Carroll, "Corporate social responsibility: a three-domain approach", *Business Ethics Quarterly* 13, n. 4 (2003): 503-530.

contanto que permaneça dentro das regras do jogo.[59] O ponto de vista de puramente maximizar os lucros não é mais considerado um critério adequado de desempenho social no Canadá, nos Estados Unidos e na Europa. De acordo com essa abordagem, o ganho econômico é o único responsável, e isso pode levar as empresas a passar por dificuldades, como têm mostrado claramente os recentes acontecimentos nas indústrias de hipotecas e finanças.

A **responsabilidade jurídica** define o que a sociedade considera como importante com relação ao comportamento corporativo apropriado.[60] Ou seja, espera-se que as empresas cumpram os objetivos econômicos no âmbito das exigências legais impostas pelos conselhos locais da cidade, pelos legisladores estaduais e pelas agências reguladoras federais. Exemplos de atos ilegais por parte das empresas incluem fraudar a empresa, vender intencionalmente produtos defeituosos, realizar reparos ou procedimentos desnecessários, enganar deliberadamente os consumidores e cobrar dos clientes um trabalho não realizado. As organizações que conscientemente violam a lei têm um péssimo desempenho nessa categoria. Tanto a Tyson Foods quanto o Walmart, por exemplo, envolveram-se em escândalos de suborno relacionados às operações no México. Os executivos do Walmart do México supostamente pagaram subornos a funcionários locais e encobriram os delitos para que os varejistas pudessem monopolizar cada margem do mercado naquele país. A Tyson foi acusada de pagar propina às esposas dos veterinários que trabalhavam nas fábricas para evitar quaisquer problemas de

Conexão de conceito

Nos Estados Unidos, os funcionários têm a responsabilidade legal de cumprir as leis destinadas a protegê-los, como aquelas relacionadas à saúde e à segurança impostas pela Occupational Safety and Health Administration (Osha). Por exemplo, as empresas que gerenciam fábricas como essa são obrigadas a fornecer aos funcionários óculos de segurança, protetores auriculares, capacetes e outros equipamentos de proteção, de acordo com as exigências de cada tarefa.

certificação em sustentabilidade dos produtos destinados à exportação.[61] Os gestores dessas empresas não estão de maneira nenhuma sozinhos. Um levantamento global de 2013 feito pela Transparency International constatou que mais de 25% dos inquiridos admitiram pagar suborno nos últimos 12 meses.[62]

A *responsabilidade ética* envolve comportamentos que não são necessariamente codificados em lei e não podem servir aos interesses econômicos diretos da corporação. Conforme descrito anteriormente neste capítulo, para serem tomadoras de decisões éticas, as organizações devem agir com equidade, justiça e imparcialidade, respeitar os direitos dos indivíduos e fornecer-lhes tratamento diferente apenas quando isso for relevante para os objetivos e as tarefas da organização.[63] O comportamento antiético ocorre quando as decisões permitem que um indivíduo ou uma empresa ganhe à custa de outras pessoas ou da sociedade como um todo. Várias empresas bem conhecidas, incluindo McDonald's, Nickelodeon, General Mills e Subway, foram acusadas de comportamento antiético por não respeitarem a Lei de Proteção da Privacidade *On-line* das Crianças. Segundo os críticos, como é ilegal coletar endereços de *e-mail* e enviar materiais de *marketing* diretamente para crianças, essas e outras empresas adotam algumas táticas, como induzir os usuários do *site* a usufruir dos jogos disponíveis e compartilhar com os amigos. Por meio dessa estratégia, o *site* pode direcionar mensagens de *marketing* para os amigos dos usuários.[64]

A **responsabilidade discricionária** é puramente voluntária e guiada pelo desejo da empresa de fazer contribuições sociais não obrigadas pela economia, lei ou ética. As atividades discricionárias incluem generosas contribuições filantrópicas que não oferecem nenhum retorno para a empresa e não são esperadas. Por exemplo, a Procter & Gamble (P&G) fornece embalagens de PUR (um purificador de água) que tratam as águas contaminadas, deixando-as seguras para o consumo, para as vítimas de catástrofes naturais, como no *tsunami* na Ásia, em 2004. A empresa farmacêutica Merck descobriu um fármaco (chamado Mectizan) que previne a cegueira do rio, uma terrível doença que atinge os mais pobres, principalmente nos países africanos. Em 1987, ao perceber que as pessoas que precisam do fármaco nunca poderiam comprá-lo, a Merck se comprometeu a fornecê-lo gratuitamente e de forma vitalícia para qualquer cidadão que precisasse do medicamento.[65] A responsabilidade discricionária é o mais elevado critério de responsabilidade social, pois vai além das expectativas da sociedade para contribuir para o bem-estar da comunidade.

A responsabilidade discricionária está relacionada à **virtuosidade organizacional**, com base na qual uma organização exerce impacto humano positivo, adota a bondade

Faça uma pausa

No material complementar, leia o caso apresentado na seção "Aplique suas habilidades: dilema ético", que diz respeito às responsabilidades legais e éticas.

Lembre-se disto

- O modelo de avaliação de desempenho social de uma empresa utiliza quatro critérios: econômicos, legais, éticos e discricionários.
- As empresas podem ter problemas quando usam os critérios econômicos como única medida de responsabilidade, que às vezes é chamada de ponto de vista de maximização de lucros.
- A **responsabilidade discricionária** é puramente voluntária e guiada pelo desejo da organização de fazer contribuições sociais não obrigadas pela economia, pela lei ou pela ética.
- As empresas que enviaram doações generosas para o Japão após o terremoto devastador e do *tsunami* em 2011 estavam praticando responsabilidade discricionária.
- A responsabilidade discricionária está relacionada à **virtuosidade organizacional**, na qual a organização exerce impacto humano positivo, adota a bondade moral e promove a melhoria incondicional da sociedade para o seu próprio bem.

moral e promove melhoria incondicional da sociedade para o seu próprio bem.[66] Por exemplo, a MAS Holdings, uma fabricante de roupas para a família localizada no Sri Lanka, assumiu o compromisso de contribuir para o desenvolvimento econômico e, ao mesmo tempo, melhorar a vida dos trabalhadores, das famílias e da comunidade. Em uma época em que os fabricantes de roupas estão no noticiário todas as semanas por outras relações éticas e trabalhistas ou por violação à segurança, a MAS Holdings ganha destaque na mídia por causa da crença dos proprietários de que as empresas têm o poder de fazer a diferença positiva na vida dos funcionários e da comunidade. A MAS, a maior fornecedora da Victoria's Secret, proporciona transporte para o trabalho, refeições gratuitas e assistência médica a todos os 45 mil funcionários em 28 fábricas. Como mais de 90% dos funcionários são compostos de mulheres, a MAS constrói fábricas em zonas rurais com fácil acesso para que as trabalhadoras possam permanecer perto das próprias casas e famílias.[67]

Gestão da ética da empresa e da responsabilidade social

De acordo com um especialista em ética: "A administração é responsável por criar e manter condições em que as pessoas provavelmente terão bom comportamento".[68] A Figura 5.6 ilustra as formas utilizadas pelos gestores para que possam criar e apoiar a organização ética. Uma das etapas mais importantes que os gestores podem assumir é a prática da liderança ética.[69] Liderança ética significa que os gestores são honestos e dignos de confiança, justos nas relações com funcionários e clientes e comportam-se de maneira ética tanto na vida pessoal quanto na profissional.

Os gestores e supervisores de primeira linha são modelos importantes para o comportamento ético e influenciam muito o clima ético na organização, aderindo a altos padrões éticos no próprio comportamento e decisões. Além disso, os gestores são proativos para influenciar os funcionários a incorporar e refletir os valores éticos.[70] O boxe "Conversa com gestores", apresentado a seguir, descreve uma abordagem que algumas empresas líderes estão assumindo para reforçar a sustentação ética e socialmente responsável dos gestores.

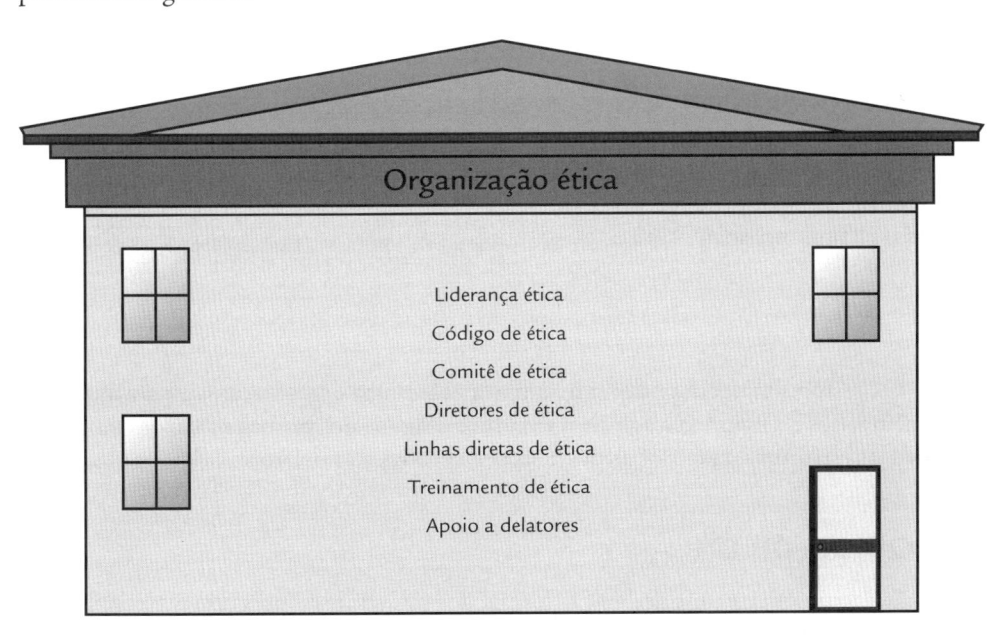

FIGURA 5.6
Como construir a organização ética

Organização ética

- Liderança ética
- Código de ética
- Comitê de ética
- Diretores de ética
- Linhas diretas de ética
- Treinamento de ética
- Apoio a delatores

FONTE: Adaptada de Linda Klebe Trevino; Laura Pincus Hartman; Michael Brown, "Moral person and moral manager", *California Management Review* 42, n. 4 (Summer 2000): 128-142.

CONVERSA COM GESTORES

Cultivando a mentalidade de serviço

Com o propósito de investir no desenvolvimento dos gestores, algumas das melhores empresas de hoje têm adotado uma nova abordagem – programas de serviços globais, em que os funcionários passam a prestar serviços a organizações sem fins lucrativos ou pequenas empresas, muitas vezes em países em desenvolvimento, para fornecer assistência técnica e gerencial gratuita ou de baixo custo. Alinhadas com a crescente ênfase na sustentabilidade e no tripé da sustentabilidade, as organizações querem que os gestores tenham a mentalidade de serviços e sustentabilidade, e não uma atitude de conseguir tudo o que puderem para si mesmos. Em uma pesquisa, 88% dos altos executivos ressaltaram a importância de os futuros gestores terem a mentalidade e as habilidades para lidar com as questões de sustentabilidade.

- **Os programas de serviços globais beneficiam todas as pessoas.** Os programas de serviços globais têm sido descritos como vantajosos para todos. Pode parecer óbvio que as organizações sem fins lucrativos servidas por esses programas se beneficiem, mas as empresas que investem nelas e os funcionários participantes ganham da mesma forma. A IBM credita ao seu programa a geração de aproximadamente $ 5 bilhões em novos negócios. As empresas ganham mais conhecimento dos mercados emergentes, desenvolvem capital social e fundo de negócio e obtêm gestores mais íntegros com a mentalidade de serviços e sustentabilidade necessária no mundo de hoje. Os participantes beneficiam-se de inúmeras formas, incluindo mais autoconscientização, novas habilidades e compreensão intercultural.

- **Muitos gestores veem essas oportunidades como o suprassumo.** Laura Benetti, da Dow Corning, passou quatro semanas trabalhando nove horas por dia com as mulheres rurais da Índia, ajudando-as a aprender como precificar e comercializar as roupas que elas faziam. Ela e nove colegas dormiam em um alojamento com acesso limitado à água quente e eletricidade. "Isso dá mais sentido à carreira", disse Benetti. Os participantes no serviço global também apreciam a oportunidade de expandir a compreensão de questões globais. "Todos nós sabemos algo sobre a pobreza na África, a corrupção e o suborno [...]", afirmou um participante da IBM que passou um tempo na Nigéria. "Esse tipo de experiência realmente traz [...] coisas para a nossa vida, você realmente sente."

- **Quão generalizada é a tendência?** Em 2012, pelo menos 27 empresas da *Fortune* 500, incluindo PepsiCo, IBM, FedEx, Dow Corning e Pfizer, apresentaram algum tipo de programa de serviço global, contra apenas seis em 2006. Desde 2008, a IBM já enviou mais de 1.400 funcionários para trabalhar com projetos, como a reforma do sistema postal do Quênia ou o desenvolvimento do ecoturismo na Tanzânia. O programa da Pfizer empresta funcionários para organizações não governamentais (ONGs) para atender às necessidades de cuidados de saúde na Ásia e África. O Desenvolvimento de Parcerias da Accenture se envolveu em mais de 200 projetos em 55 países, onde os profissionais da empresa trabalham com 50% da remuneração por até seis meses com organizações como o Fundo das Nações Unidas para a Infância (Unicef) e Freedom from Hunger.

Fontes: Com base em Philip Mirvis; Kevin Thompson; John Gohring, "Toward next-generation leadership: global service", *Leader to Leader* (Spring 2012): 20-26; Matthew Gitsham, "Experiential learning for leadership and sustainability at IBM and HSBC", *Journal of Management Development* 31, n. 3 (2012): 298-307; Anne Tergesen, "Doing good to do well", *The Wall Street Journal*, January 9, 2012, B7.

Os gestores também podem implantar mecanismos organizacionais para ajudar os funcionários e a empresa a agir de forma ética. Alguns dos primeiros são os códigos de ética, as estruturas da ética e as medidas para proteger os delatores.

CÓDIGO DE ÉTICA

O **código de ética** é uma declaração formal dos valores da empresa em matéria de ética e questões sociais; ele comunica aos funcionários o que a empresa representa. Em geral, há dois tipos de código de ética: um baseado em princípios e outro, em políticas. As declarações com base em princípios são projetadas para afetar a cultura corporativa, definem os valores fundamentais e contêm a linguagem geral sobre responsabilidades da empresa, qualidade dos produtos e tratamento dos funcionários. As declarações com base em políticas geralmente descrevem os procedimentos a serem utilizados em situações éticas específicas, como práticas de *marketing*, conflitos de interesse, observância das leis, informações proprietárias, presentes políticos e igualdade de oportunidades.

As declarações gerais de princípio são frequentemente chamadas de *credos corporativos*. Um bom exemplo é "O credo" da Johnson & Johnson. Disponível em 36 idiomas, esse credo tem orientado os gestores da Johnson & Johnson há mais de 60 anos na tomada de decisões que honram as responsabilidades da empresa para com funcionários, clientes, comunidade e acionistas. Outro exemplo é o *Código de Conduta* do Google. Trechos desse código são mostrados no exemplo a seguir.

Forma inovadora
Google

O Google é uma das empresas mais conhecidas no mundo, e os gestores levam a sério a reputação para a superioridade tecnológica e o compromisso com a ética e a responsabilidade social. O Código de Conduta do Google começa com estas palavras: "Não seja mau. Os googlers geralmente aplicam essas palavras à forma como servimos nossos usuários. Mas 'Não seja mau' é muito mais do que isso". O Google usa um Código de Conduta bem projetado para colocar o lema em prática. O código está dividido em sete seções, e cada uma é subdividida em seções que descrevem valores específicos, políticas e expectativas. O código também afirma claramente que os funcionários serão protegidos se notarem violações éticas ou má conduta. A seguir, apresentam-se alguns trechos do código do Google:

Servir nossos usuários

Os nossos usuários valorizam o Google não só porque fornecemos excelentes produtos e serviços, mas também porque mantemos um padrão mais elevado na forma como tratamos os usuários e operamos de maneira mais geral

Respeitar uns aos outros

Estamos comprometidos com um ambiente de trabalho favorável, onde os funcionários têm a oportunidade de alcançar o potencial máximo. Espera-se que cada googler dê o melhor de si para criar uma cultura local de trabalho respeitoso que seja livre de assédio, intimidação, preconceito e discriminação ilegal de qualquer tipo.

Preservar a confidencialidade

Recebemos muita atenção da imprensa em torno de nossas inovações e nossa cultura, e isso geralmente é bom. No entanto, as informações da empresa que vazam prematuramente para a imprensa ou para os concorrentes podem prejudicar os lançamentos de nossos produtos, eliminar a nossa vantagem competitiva e custar caro de outras maneiras.

Garantir a integridade financeira e a responsabilidade

A integridade financeira e a responsabilidade fiscal são aspectos centrais do profissionalismo da empresa. [...] O dinheiro que gastamos em nome do Google não é nosso, é da empresa e, por fim, de nossos acionistas.

Obedecer à lei

O Google leva as responsabilidades para o cumprimento das leis e dos regulamentos muito a sério, e cada um de nós deve cumprir com os requisitos e verificar as proibições legais aplicáveis.

Conclusão

O Google aspira a ser um tipo diferente de empresa. É impossível enunciar todos os cenários de ética possíveis que podemos enfrentar. Em vez disso, contamos com o bom senso mútuo de manter um alto padrão de integridade para nós e para a nossa empresa.

E lembre-se [...] não seja mau, e, se você vir algo que não considere como correto, avise-nos![71]

> **Faça uma pausa**
>
> No material complementar, complete o teste proposto na seção "Aplique suas habilidades: exercício vivencial" sobre os ambientes de trabalho éticos.

Ter um forte código de conduta ou de ética não garante que as empresas não terão problemas éticos nem serão contestadas pelas partes interessadas sobre questões éticas. Os códigos de ética em si fazem pouco para influenciar e garantir o comportamento ético entre funcionários e gestores.[72] Entretanto, eles são o elemento-chave da estrutura ética da organização. Os códigos de ética indicam os valores ou comportamentos esperados e aqueles que não serão tolerados. Quando os altos executivos apoiam e reforçam esses códigos, incluindo as recompensas pelo cumprimento e a disciplina pela violação, os códigos de ética podem impulsionar o clima ético de uma empresa.[73]

Estruturas éticas

As estruturas éticas representam os vários sistemas, posições e programas com que uma empresa pode se comprometer para incentivar e apoiar o comportamento ético. **Comitê de ética** é um grupo de executivos (e às vezes também de funcionários de nível mais baixo) nomeado para supervisionar a ética da empresa. A comissão fornece decisões sobre questões éticas questionáveis e assume a responsabilidade para disciplinar os transgressores.

Muitas empresas criam departamentos de ética com funcionários em período integral para garantir que os padrões éticos sejam parte integrante das operações da empresa. Esses escritórios são chefiados por um executivo de ética, às vezes chamado de **chefe de ética** e conformidade, que supervisiona todos os aspectos da ética e da conformidade legal, incluindo estabelecimento e comunicação ampla das normas, treinamento em ética, formas de lidar com exceções ou problemas e aconselhamentos dos gestores seniores nos aspectos éticos e de conformidade das decisões.[74] Mudanças nas regulamentações governamentais à luz das irregularidades contábeis exigem que as grandes empresas públicas tenham um indivíduo responsável pela ética e pelo programa de conformidade, e muitos especialistas têm aconselhado que, para ser eficaz, essa pessoa deve ter acesso direto ao conselho executivo.[75] A maioria dos departamentos de ética também funciona como centros de aconselhamento para ajudar os funcionários a resolver questões éticas difíceis. A linha direta de ética confidencial e gratuita permite que os funcionários relatem o comportamento questionável e busquem orientação sobre dilemas éticos.

Delação

A divulgação de práticas ilegais, antiéticas ou ilegítimas por parte do funcionário é chamada de **delação**.[76] Nenhuma organização pode confiar exclusivamente em códigos de conduta e estruturas éticas para evitar todos os comportamentos antiéticos. Responsabilizar as organizações depende, em certa medida, dos indivíduos que estão dispostos a falar se detectarem atividades ilegais, perigosas ou antiéticas. Os delatores frequentemente relatam as transgressões para pessoas de fora, como agências reguladoras, senadores ou repórteres de jornais. Algumas empresas criaram programas inovadores e linhas diretas confidenciais para incentivar e apoiar a denúncia interna. No entanto, para essa prática ser eficaz, as empresas devem considerar a denúncia como um benefício, incentivá-las e proteger os delatores.[77] Michael Woodford, ex-presidente e CEO da Olympus, descreve o que pode acontecer quando não é esse o caso.

A maioria dos delatores, como Michael Woodford, percebe que podem sofrer financeira e emocionalmente, mas agem com coragem para fazer o que consideram certo.

TEMA RECENTE

Para que todas as pessoas da organização possam estar dispostas a "delatar" um comportamento antiético ou ilegal, os gestores devem reverenciar a delação e tornar heróis aqueles que se apresentam. Infelizmente, muitas vezes acontece o oposto. Considere a situação na Pennsylvania State University. Depois que o coordenador de futebol

Forma inovadora
Michael Woodford, Olympus

Michael Woodford esteve com a fabricante de câmeras Olympus há 30 anos, sendo nomeado como presidente e CEO no início de 2011. A nomeação foi o início da ruína da carreira dele com a empresa.

Woodford logo descobriu que pagamentos não autorizados haviam sido feitos a terceiros em um esforço para esconder perdas significativas. Ele procurou o conselho, que ignorou seus achados: "Implorei para que os membros do conselho fizessem o que era certo. Eu era o presidente e estava tentando expor uma fraude".

Depois de tornar público o caso de fraude, o conselho decidiu que Woodford deveria deixar o cargo. Ele descreve o que aconteceu em seguida: "Eu estava petrificado. Você sente que a sua carreira está indo embora. Você teme por sua segurança [...] houve implicações de 'forças antissociais', o que significa a *yakuza* [máfia japonesa]". Para Woodford, apesar de essa experiência ter sido muito dolorosa, foi um enorme aprendizado, e ele não se arrepende de ter feito a coisa certa. Toda a diretoria da Olympus finalmente renunciou, e três executivos seniores se declararam culpados de fraude.[78]

norte-americano Jerry Sandusky foi condenado com 45 acusações de abuso sexual de crianças, os tribunais e o público ficaram surpresos ao saberem que muitas pessoas supostamente conheciam o comportamento de Sandusky e aparentemente não fizeram nada além de falar com ele e pedir-lhe que buscasse ajuda profissional. O fato é que a maioria dos gestores tem inclinação natural para proteger os colegas e a organização.[79] Vicky Triponey, vice-presidente de assuntos estudantis na Penn State de 2003 a 2007, diz que foi demitida depois de tentar punir jogadores de futebol norte-americano por atos de injustiça que vão desde lutas brutais até violência sexual. De acordo com Triponey, o presidente da Penn State, Graham Spanier, afirmou que ela não se encaixava no "estilo da Penn State". Segundo Triponey, houve um "senso de lealdade cega – não apenas no topo, mas também em todos os níveis. Acho que as pessoas, com o objetivo de manter os empregos, tiveram que fechar os olhos".[80] Na verdade, os gestores querem a lealdade do funcionário na organização, e pode ser difícil ficar de lado quando as atividades antiéticas são descobertas.

Os gestores da Penn State não estão sozinhos na tentativa de proteger a organização, mesmo correndo o risco de permitir que o comportamento antiético continue. O Office of Special Counsel dos Estados Unidos recentemente encontrou três oficiais da Força Aérea culpados de retaliação contra funcionários civis que relataram o mau uso dos restos mortais de soldados mortos na Base da Força Aérea de Dover, por exemplo. De acordo com um ex-executivo da Countrywide Financial Corporation, ele foi intimidado e, finalmente, demitido depois de ter questionado a empresa sobre a utilização dos chamados "empréstimos ninja" (sem renda, sem emprego, sem ativos) no auge da loucura das hipotecas *subprime*. E Matthew Lee, ex-vice-presidente sênior da divisão de contabilidade da Lehman Brothers, perdeu o emprego apenas algumas semanas depois de ter levantado preocupações sobre como a empresa estava mascarando os riscos ao "estacionar" temporariamente $ 50 bilhões em ativos de crédito de risco do balanço.[81]

Infelizmente, muitos gestores ainda olham para os delatores como funcionários descontentes que não são bons membros da equipe. No entanto, para que possam manter os elevados padrões éticos, as organizações precisam de pessoas dispostas a apontar as irregularidades. Os gestores podem ser treinados para ver a denúncia como benefício e não ameaça, e os sistemas podem ser configurados para proteger os funcionários que denunciem atividades ilegais ou antiéticas.

Lembre-se disto

- Os gestores são modelos. Uma das maneiras mais importantes para eles criarem organizações éticas e socialmente responsáveis é praticando a liderança ética.
- **Código de ética** é uma declaração formal de valores da organização em relação à ética e às questões sociais.
- **Comitê de ética** é um grupo de executivos (e às vezes também de funcionários de nível mais baixo), encarregado de supervisionar a ética da empresa por se pronunciar sobre questões discutíveis e disciplinar os infratores.
- Algumas organizações têm departamentos de ética liderados pelo **executivo de ética**, que supervisiona todos os aspectos da ética e da conformidade legal.
- Os gestores que querem organizações éticas apoiam os **delatores** e a divulgação de práticas antiéticas, ilegítimas ou ilegais adotadas pelos funcionários.

Cap. 5 Notas

1. Jennifer Levitz, "Harvard explains secret email search", *The Wall Street Journal*, March 12, 2013, A3; Jena McGregor, "The Harvard email controversy", *The Washington Post*, March 12, 2013, disponível em: <http://articles.washingtonpost.com/2013-03-11/national/37615752_1_emails-deans-search>, acesso em: 12 mar. 2013); Rande Iaboni; Dana Ford, "Harvard College dean steps down after e-mail scandal", *CNN.com*, May 29, 2013, disponível em: <http://www.cnn.com/2013/05/28/us/massachusetts-harvard-dean>, acesso em: 3 set. 2013; Mary Carmichael; Peter Schworm, "Harvard e-mail searches broader than first described", *The Boston Globe*, April 2, 2013, disponível em: <http://www.bostonglobe.com/metro/2013/04/02/secret-mail-searches-harvard-cheating-scandal-broader-than-initially-described/uRRdtrde29hWtSSH5wujbO/story.html>, acesso em: 3 set. 2013.
2. Levitz, "Harvard explains secret email search".
3. Carmichael; Schworm, "Harvard e-mail searches broader than first described".
4. Gordon F. Shea, *Practical ethics* (New York: American Management Association, 1988); Linda K. Treviño, "Ethical decision making in organizations: a person-situation interactionist model", *Academy of Management Review* 11 (1986): 601-617.
5. Thomas M. Jones, "Ethical decision making by individuals in organizations: an issue-contingent model", *Academy of Management Review* 16 (1991): 366-395.
6. Motoko Rich, "2 more educators in the south are charged in test cheating", *The New York Times*, June 21, 2013. Disponível em: <http://www.nytimes.com/2013/06/22/us/2-more-educators-in-the-south-are-charged-in-test-cheating.html?_r=0>. Acesso em: 29 jun. 2013.
7. Ashby Jones; Nathan Koppel, "Ethical lapses felled long list of company executives", *The Wall Street Journal*, August 7, 2010. Disponível em: <http://online.wsj.com/article/SB10001424052748703309704575413842089375632.html>. Acesso em: 2 jul. 2012.
8. Rushworth M. Kidder, "The three great domains of human action", *Christian Science Monitor*, January 30, 1990.
9. Resultados da pesquisa em Gallup Survey in Roger Martin, "The CEO's ethical dilemma in the era of earnings management", *Strategy & Leadership* 39, n. 6 (2011): 43-47.
10. Instituto Marist College para a Opinião Pública e pesquisa Knights of Columbus survey, resultados em Kevin Turner, "Corporate execs: nobody trusts us; U.S. lacks confidence in business ethics, Poll says", *Florida Times Union*, February 27, 2009.
11. Veja Dan Kadlec, "Gordon Gekko Lives: new evidence that greed is Rampant on Wall Street", *Time*, July 17, 2013. Disponível em: <http://business.time.com/2013/07/17/gordon-gekko-lives-new-evidence-that-greed-is-rampant-on-wall-street/>. Acesso em: 19 jul. 2013.
12. Gary R. Weaver; Linda Klebe Treviño; Bradley Agle, "'Somebody I look up to:' ethical role models

12. in organizations", *Organizational Dynamics* 34, n. 4 (2005): 313-330.
13. Gary Yukl et al., "An improved measure of ethical leadership", *Journal of Leadership and Organizational Studies* 20, n. 1 (2013): 38-48.
14. Martin, "The CEO's Ethical Dilemma in the Era of Earnings Management."
15. Veja Jennifer Liberto, "CEOs earn 354 times more than average worker", *CNNMoney.com*, April 15, 2013. Disponível em: <http://money.cnn.com/2013/04/15/news/economy/ceo-pay-worker/index.html>. Acesso em: 4 set. 2013.
16. Ibidem.
17. Homer H. Johnson, "Does it pay to be good? Social responsibility and financial performance", *Business Horizons* (November-December 2003): 34-40; Jennifer J. Griffin; John F. Mahon, "The corporate social performance and corporate financial performance debate: twenty-five years of incomparable research", *Business and Society* 36, n. 1 (March 1997): 5-31; Bernadette M. Ruf et al., "An empirical investigation of the relationship between change in corporate social performance and financial performance: a stakeholder theory perspective", *Journal of Business Ethics* 32, n. 2 (July 2001): 143ff; Philip L. Cochran; Robert A. Wood, "Corporate social responsibility and financial performance", *Academy of Management Journal* 27 (1984): 42-56.
18. Heli Wang; Jaepil Choi; Jiatao Li, "Too little or too much? Untangling the relationship between corporate philanthropy and firm financial performance", *Organization Science* 19, n. 1 (January-February 2008): 143-159; Philip L. Cochran, "The evolution of corporate social responsibility", *Business Horizons* 50 (2007): 449-454; Paul C. Godfrey, "The relationship between corporate philanthropy and shareholder wealth: a risk management perspective", *Academy of Management Review* 30, n. 4 (2005): 777-798; Oliver Falck; Stephan Heblich, "Corporate social responsibility: doing well by doing good", *Business Horizons* 50 (2007): 247-254; J. A. Pearce II; J. P. Doh, "The high impact of collaborative social initiatives", *MIT Sloan Management Review* (Spring 2005): 31-39; Curtis C. Verschoor; Elizabeth A. Murphy, "The financial performance of large U.S. firms and those with global prominence: how do the best corporate citizens rate?", *Business and Society Review* 107, n. 3 (Fall 2002): 371-381; Johnson, "Does it pay to be good?"; Dale Kurschner, "5 ways ethical business creates fatter profits", *Business Ethics* (March-April 1996): 20-23.
19. Rashid Ameer; Radiah Othman, "Sustainability practices and corporate financial performance: a study based on the top global corporations", *Journal of Business Ethics* 108, n. 1 (June 2012): 61-79.
20. Verschoor; Murphy, "The financial performance of large U.S. firms".
21. Richard McGill Murphy, "Why doing good is good for business", Fortune (February 8, 2010): 90-95; Jean B. McGuire; Alison Sundgren; Thomas Schneeweis, "Corporate social responsibility and firm financial performance", *Academy of Management Journal* 31 (1988): 854-872; Falck; Heblich, "Corporate social responsibility: doing well by doing good".
22. Daniel W. Greening; Daniel B. Turban, "Corporate social performance as a competitive advantage in attracting a quality workforce", *Business and Society* 39, n. 3 (September 2000): 254-280; Kate O'Sullivan, "Virtue rewarded", *CFO* (October 2006): 47-52.
23. "The socially correct corporate business", in Leslie Holstrom; Simon Brady, "The changing face of global business", uma seção especial de propaganda, *Fortune* (July 24, 2000): S1-S38.
24. Remi Trudel; June Cotte, "Does being ethical pay?", *The Wall Street Journal*, May 12, 2008.
25. Linda K. Treviño; Katherine A. Nelson, *Managing business ethics: straight talk about how to do it right* (New York: John Wiley & Sons, Inc. 1995), p. 4.
26. Shelby D. Hunt; Jared M. Hansen, "Understanding ethical diversity in organizations", *Organizational Dynamics* 36, n. 2 (2007): 202-216.
27. "Socialising for intelligence", *Computer News Middle East*, November 2, 2011.
28. Justin Scheck, "Accusations of Snooping in Ink-Cartridge Dispute", *The Wall Street Journal Online*, August 11, 2009. Disponível em: <http://online.wsj.com/article/SB124995836273921661.html?KEYWORDS=%22Accusations+of+Snooping+in+Ink-Cartridge+Dispute%22>. Acesso em: 14 ago. 2009.
29. Thomas M. Jones, "Ethical decision making by individuals in organizations: an issue-contingent model", *Academy of Management Review* 16 (1991): 366-395.
30. Baseado em uma questão do Guia de Ética da General Electric (GE), divulgado em Kathryn Kranhold, "U.S. firms raise ethics focus", *The Wall Street Journal*, November 28, 2005.
31. D. Wallis, "Loose lips can sink trips", *The New York Times*, May 3, 2012, F1.
32. Discussão baseada em Gerald F. Cavanagh; Dennis J. Moberg; Manuel Velasquez, "The ethics of organizational politics", *Academy of Management*

Review 6 (1981): 363-374; Justin G. Longenecker; Joseph A. McKinney; Carlos W. Moore, "Egoism and independence: entrepreneurial ethics", *Organizational Dynamics* (Inverno 1988): 64-72; Carolyn Wiley, "The ABCs of business ethics: definitions, philosophies, and implementation", *IM* (February 1995): 22-27; Mark Mallinger, "Decisive decision making: an exercise using ethical frameworks", *Journal of Management Education* (August 1997): 411-417.

33. Michael J. McCarthy, "Now the boss knows where you're clicking" and "Virtual morality: a new workplace quandary", *The Wall Street Journal*, October 21, 1999, B1; Jeffrey L. Seglin, "Who's snooping on you?", *Business 2.0* (August 8, 2000): 202-203.

34. John Kekes, "Self-direction: the core of ethical individualism" in *Organizations and ethical individualism*, ed. Konstanian Kolenda (New York: Praeger, 1988), p. 1-18.

35. Tad Tulega, *Beyond the bottom line* (New york: Penguin Books, 1987).

36. Bill Lynn, "Ethics", Practical Ethics Web site, disponível em: <www.practicalethics.net/ethics.html>, acesso em: 23 mar. 2010; Richard E. Thompson, "So, greed's not good after all", *Trustee* (January 2003): 28; Dennis F. Thompson, "What is practical ethics?" Harvard University Edmond J. Safra Foundation Center for Ethics Web site, disponível em: <www.ethics.harvard.edu/the-center/what-is-practical-ethics>, acesso em: 23 mar. 2010.

37. Gerard L. Rossy, "Five questions for addressing ethical dilemmas", *Strategy & Leadership* 39, n. 6 (2011): 35-42.

38. Carol D. Leonnig; David Nakamura, "Official Quickly Corralled Agents", *The Washington Post*, April 22, 2012, A1; David Nakamura, "Out of public eye, a disgusted secret service director", *The Washington Post*, April 26, 2012, A1; Carol D. Leonnig; David Nakamura, "Four in secret service fight back", *The Washington Post*, May 23, 2012, A1.

39. John D. Kammeyer-Mueller; Lauren S. Simon; Bruce L. Rich, "The psychic cost of doing wrong: ethical conflict, divestiture socialization, and emotional exhaustion", *Journal of Management* 38, n. 3 (May 2012): 784: 808.

40. L. Kohlberg, "Moral stages and moralization: the cognitive-developmental approach" in *Moral development and behavior: theory, research, and social issues*, ed. T. Lickona (New York: Holt, Rinehart and Winston, 1976), p. 31-83; L. Kohlberg, "Stage and sequence: the cognitive-developmental approach to socialization" in *Handbook of socialization theory and research*, ed. D. A. Goslin (Chicago: Rand McNally, 1969); Linda K. Treviño; Gary R. Weaver; Scott J. Reynolds, "Behavioral ethics in organizations: a review", *Journal of Management* 32, n. 6 (December 2006): 951-990; Jill W. Graham, "Leadership, moral development, and citizenship behavior", *Business Ethics Quarterly* 5, n. 1 (January 1995): 43-54.

41. Ihosvani Rodriguez, "Hallandale Beach Lifeguard Fired After Participating in Beach Rescue", *Sun Sentinel*, July 3, 2012, disponível em: <http://articles.sun-sentinel.com/2012-07-03/news/fl-hallandale-beach-lifeguards-20120703_1_lifeguard-services-jeff-ellis-beach-rescue>, acesso em: 9 jul. 2012; Gilma Avalos; Ari Odzer, "Hallandale beach lifeguard fired for leaving his zone to rescue drowning man", *NBCMiami.com*, July 5, 2012, disponível em: <www.nbcmiami.com/news/local/Hallandale-Beach-Lifeguard-Fired-For-Leaving-His-Zone-For-Rescue-161372785.html>, acesso em: 9 jul. 2012.

42. Estudos citados em Adam Grant, "Turning the tables on success", *Strategy + Business* (Verão 2013).

43. Adam Grant, "Givers take all: the hidden dimension of corporate culture," *McKinsey Quarterly*, Issue 2 (2013): 52-65; Grant, "Turning the tables on success".

44. Veja Herman Aguinis; Ante Glavas, "What we know and don't know about corporate social responsibility: a review and research agenda", *Journal of Management* 38, n. 4 (July 2012): 932-968; Archie B. Carroll; Kareem M. Shabana, "The business case for corporate social responsibility: a review of concepts, research, and practice", *International Journal of Management Reviews* 12, n. 1 (March 2010): 85-105.

45. Carroll; Shabana, "The business case for corporate social responsibility"; Eugene W. Szwajkowski, "The myths and realities of research on organizational misconduct", in *Research in corporate social performance and policy*, ed. James E. Post (Greenwich, CT: JAI Press, 1986), 9: 103-122; Keith Davis; William C. Frederick; Robert L. Blostrom, *Business and society: concepts and policy issues* (New York: McGraw-Hill, 1979).

46. Douglas S. Sherwin, "The ethical roots of the business system", *Harvard Business Review* 61 (November-December 1983): 183-192.

47. N. Craig Smith; Sean Ansett; Lior Erex, "How Gap Inc. engaged with its stakeholders", *MIT Sloan Management Review* 52, n. 4 (Verão 2011): 69-76.

48. Nancy C. Roberts; Paula J. King, "The stakeholder audit goes public", *Organizational Dynamics* (Inverno 1989): 63-79; Thomas Donaldson; Lee E. Preston, "The stakeholder theory of the corporation: concepts, evidence, and implications", *Academy of Management Review* 20, n. 1 (1995): 65-91; Jeffrey S. Harrison; Caron H. St. John, "Managing and partnering with external stakeholders", *Academy of Management Executive* 10, n. 2 (1996): 46-60.
49. R. Mitchell; B. Agle; D. J. Wood, "Toward a theory of stakeholder identification and salience: defining the principle of who or what really counts", *Academy of Management Review* 22 (1997): 853-886; Virginie Vial, "Taking a stakeholders' approach to corporate social responsibility", *Global Business and Organizational Excellence* (September-October 2011): 37-47; Martijn Poel; Linda Kool; Annelieke van der Giessen, "How to decide on the priorities and coordination of information society policy? Analytical framework and three case studies", *Info: The Journal of Policy, Regulation and Strategy for Telecommunications, Information, and Media* 12, n. 6 (2010): 21-39.
50. Ibidem.
51. Jens Hansegard; Tripti Lahiri; Chritina Passariello, "Retailers' dilemma: To Ax or Help Fix Bad Factories", *The Wall Street Journal*, May 28, 2011. Disponível em: <http://online.wsj.com/article/SB10001424127887323336104578501143973731324.html>. Acesso em: 5 set. 2013.
52. Max B. E. Clarkson, "A stakeholder framework for analyzing and evaluating corporate social performance", *Academy of Management Review* 20, n. 1 (1995): 92-117.
53. Rich Kauffeld; Abhishek Malhotra; Susan Higgins, "Green is a strategy", *Strategy + Business* (December 21, 2009).
54. Em Dung K. Nguyen; Stanley F. Slater, "Hitting the sustainability sweet spot: having it all", *Journal of Business Strategy* 31, n. 3 (2010): 5-11.
55. Steven Mufson, "Keystone XL Pipeline Expansion Driven by Oil-Rich Tar Sands in Alberta", *The Washington Post*, June 30, 2012. Disponível em: <www.washingtonpost.com/business/economy/keystone-xl-pipeline-expansion-driven-by-oil-rich-tar-sands-in-alberta/2012/06/30/gJQAVe4ZEW_story.html?wpisrc>. Acesso em: 4 jul. 2012.
56. Definição baseada em Marc J. Epstein; Marie-Josee Roy, "Improving sustainability performance: specifying, implementing, and measuring key principles", *Journal of General Management* 29, n. 1 (Autumn 2003): 15-31; World Commission on Economic Development, *Our common future* (Oxford, UK: Oxford University Press, 1987); A. W. Savitz; K. Weber, *The triple bottom line: how today's best-run companies are achieving economic, social, and environmental success* (San Francisco: Jossey-Bass, 2006).
57. Abordagem baseada em Nguyen: Slater, "Hitting the sustainability sweet spot"; Savitz; Weber, *The triple bottom line*; "Triple bottom line", artigo adaptado de Tim Hindle, *The economist guide to management ideas and gurus* (London: Profile Books, 2008), *The Economist* (November 17, 2009), disponível em: <www.economist.com/node/14301663>, acesso em: 5 jul. 2012. A frase "pessoas, planeta, lucro" foi formada em 1994 por John Elkington, fundador de uma firma de consultoria britância chamada SustainAbility.
58. Mark S. Schwartz; Archie B. Carroll, "Corporate social responsibility: a three-domain approach", *Business Ethics Quarterly* 13, n. 4 (2003): 503-530; Archie B. Carroll, "A three-dimensional conceptual model of corporate performance", *Academy of Management Review* 4 (1979): 497-505. Para uma discussão sobre vários modelos de avaliação do desempenho social corporativo, veja também Diane L. Swanson, "Addressing a theoretical problem by reorienting the corporate social performance model", *Academy of Management Review* 20, n. 1 (1995): 43-64.
59. Milton Friedman, *Capitalism and freedom* (Chicago: University of Chicago Press, 1962), p. 133; Milton Friedman; Rose Friedman, *Free to choose* (New York: Harcourt Brace Jovanovich, 1979).
60. Eugene W. Szwajkowski, "Organizational illegality: theoretical integration and illustrative application", *Academy of Management Review* 10 (1985): 558-567.
61. David Barstow, "Vast Mexico Bribery Case Hushed up by Walmart after Top-Level Struggle", *The New York Times*, April 21, 2012, disponível em: <www.nytimes.com/2012/04/22/business/at-walmart-in-mexico-a-bribe-inquiry-silenced.html?pagewanted=all>, acesso em: 6 jul. 2012; James B. Stewart, "Bribery, but nobody was charged", *The New York Times*, June 24, 2011.
62. Samuel Rubenfeld, "Survey finds 25% of people paid bribes in last year", *The Wall Street Journal*, July 9, 2013. Disponível em: <http://blogs.wsj.com/riskandcompliance/2013/07/09/survey-finds-one-fourth-of-people-paid-bribes-in-last-year/>. Acesso em: 16 jul. 2013.

63. David J. Fritzsche; Helmut Becker, "Linking management behavior to ethical philosophy – an empirical investigation", *Academy of Management Journal* 27 (1984): 165-175.
64. Natasha Singer, "Web sites accused of collecting data on children", *The New York Times*, August 22, 2012. Disponível em: <http://www.nytimes.com/2012/08/22/business/media/web-sites-accused-of-collecting-data-on-children.html?_r=0>. Acesso em: 22 ago. 2012.
65. Exemplos citados em Jakki Mohr; Sanjit Sengupta; Stanley F. Slater, "Serving base-of-the- pyramid markets: meeting real needs through a customized approach", *Journal of Business Strategy* 33, n. 6 (2012): 4-14.
66. D. Bright; K. Cameron; A. Caza, "The amplifying and buffering effects of virtuousness in downsized organizations", *Journal of Business Ethics* 64 (2006): 249-269; Mario Fernando; Shamika Almeida, "The organizational virtuousness of strategic corporate social responsibility: a case study of the Sri Lankan family-owned enterprise MAS Holdings", *European Management Journal* 30 (2012): 564-576.
67. Fernando; Almeida, "The organizational virtuousness of strategic corporate responsibility".
68. Saul W. Gellerman, "Managing ethics from the top down", *Sloan Management Review* (Inverno 1989): 73-79.
69. Abordagem baseada em Linda Klebe Treviño; Laura Pincus Hartman; Michael Brown, "Moral person and moral manager", *California Management Review* 42, n. 4 (Verão 2000): 128-142; Mark S. Schwartz, "Developing and sustaining an ethical corporate culture: the core elements", *Business Horizons* 56 (2013): 39-50.
70. Michael E. Brown; Linda K. Treviño, "Ethical leadership: a review and future directions", *The Leadership Quarterly* 17 (2006): 595-616; Weaver; Treviño; Agle, "'Somebody I look up to'"; L. K. Treviño et al., "Managing ethics and legal compliance: what works and what hurts?", *California Management Review* 41, n. 2 (Inverno 1999): 131-151.
71. "Code of conduct", Google Investor Relations, April 25, 2012. Disponível em: <http://investor.google.com/corporate/code-of-conduct.html>. Acesso em: 28 set. 2012.
72. M. A. Cleek; S. L. Leonard, "Can corporate codes of ethics influence behavior?", *Journal of Business Ethics* 17, n. 6 (1998): 619-630.
73. K. Matthew Gilley; Chris Robertson; Tim Mazur, "The bottom-line benefits of ethics code commitment", *Business Horizons* 53 (January-February 2010): 31-37; Joseph L. Badaracco; Allen P. Webb, "Business ethics: a view from the trenches", *California Management Review* 37, n. 2 (Inverno 1995): 8-28; Ronald B. Morgan, "Self- and co-worker perceptions of ethics and their relationships to leadership and salary", *Academy of Management Journal* 36, n. 1 (February 1993): 200-214.
74. Alan Yuspeh, "Do the right thing", *CIO* (August 1, 2000): 56-58.
75. Mark S. Schwartz, "Developing and sustaining an ethical corporate culture: the core elements", *Business Horizons* 56 (2013): 39-50.
76. Marcia P. Miceli; Janet P. Near, "The relationship among beliefs, organizational positions, and whistle-blowing status: a discriminant analysis", *Academy of Management Journal* 27 (1984): 687-705; Michael T. Rehg et al., "Antecedents and outcomes of retaliation against whistleblowers: gender differences and power relationships", *Organization Science* 19, n. 2 (March-April 2008): 221-240.
77. Eugene Garaventa, "An enemy of the people by Henrik Ibsen: the politics of whistle-blowing", *Journal of Management Inquiry* 3, n. 4 (December 1994): 369-374; Marcia P. Miceli; Janet P. Near, "Whistleblowing: reaping the benefits", *Academy of Management Executive* 8, n. 3 (1994): 65-74.
78. Robert Jeffery, "Whistleblowers: 'Suddenly I Was the Lead in a John Grisham Novel': How Michael Woodford, The CEO Who Exposed the Olympus Fraud, Gambled His Career on Doing the Right Thing", *People Management* (November 2012): 28-29.
79. Alina Tugent, "Doing the ethical thing may be right, but it isn't automatic", *The New York Times*, November 18, 2011.
80. Jessica Bennett, "Meet Penn State's New Whistleblower, Vicky Triponey", *The Daily Beast*, November 23, 2011. Disponível em: <www.thedailybeast.com/articles/2011/11/23/meet-penn-state-s-new-whistleblower-vicky-triponey.html>. Acesso em: 9 jul. 2012.
81. Nicole Gaudiano, "Report: air force whistle-blowers targeted", *USA Today*, February 1, 2012, 3A; Gretchen Morgenson, "How a whistle-blower conquered countrywide", *The New York Times*, February 20, 2011, BU1; Christine Seib; Alexandra Frean, "Lehman whistleblower lost job a month after speaking out", *The Times*, March 17, 2010, 43.

PARTE 2

Capítulo 6

Gestão de *start-ups* e novos empreendimentos

© EUROPHOTOS/Shutterstock.com

Visão geral do capítulo

Você pensa como empreendedor?
O que é empreendedorismo?
Impacto das empresas empreendedoras
  Empreendedorismo internacional
  Empreendedorismo nos Estados Unidos
Quem são os empreendedores?
  Empresas de propriedade de minorias
  Empresas de propriedade de mulheres
  Características dos empresários
Empreendedorismo social
Lançamento de *start-up*
  Começando com uma ideia
  Escrevendo o plano de negócios
  Escolhendo a estrutura legal
  Providenciando financiamento
Novo gestor autoteste: Paixão consciente
  Estratégias para tornar-se empresário
  Começar um negócio *on-line* ou aplicativo móvel

Resultados de aprendizagem

Após a leitura deste capítulo, você será capaz de:

1. Definir empreendedorismo e as quatro classificações de empreendedores.
2. Descrever a importância do empreendedorismo para as economias global e norte-americana.
3. Resumir o impacto das empresas abertas por minorias e mulheres.
4. Definir as características da personalidade do empreendedor típico.
5. Explicar como o empreendedorismo social é hoje uma parte vital do ambiente das pequenas empresas.
6. Delinear o planejamento necessário para lançar uma *start-up* empreendedora.
7. Descrever táticas para tornar-se proprietário de uma empresa, incluindo a compra de franquia e o lançamento de negócio *on-line*.

Você pensa como empreendedor?[1]

INSTRUÇÕES: Um empreendedor enfrenta muitas demandas. Você tem inclinação para abrir e construir o próprio negócio? Para descobrir isso, considere em que medida cada uma das seguintes afirmações caracteriza seu comportamento. Em cada item, assinale "Normalmente verdadeiro" ou "Normalmente falso".

	Normalmente verdadeiro	Normalmente falso
1. Se você me der alguma informação, posso ter várias ideias.	___	___
2. Gosto de pressão para concentrar-me.	___	___
3. Não fico frustrado facilmente quando as coisas não saem como planejei.	___	___
4. Identifico-me com a forma como os recursos podem ser recombinados para produzir novos resultados.	___	___
5. Gosto de competir contra o relógio para cumprir prazos.	___	___
6. As pessoas de minha vida têm que aceitar que nada é mais importante do que minha realização na escola, no esporte ou nos meus objetivos profissionais.	___	___
7. Sou um modelo de criatividade.	___	___
8. Penso rápido enquanto realizo tarefas.	___	___
9. Estou determinado e orientado para a ação.	___	___

PONTUAÇÃO E INTERPRETAÇÃO: Cada afirmação trata de um aspecto da improvisação, que está relacionado às intenções empreendedoras. A improvisação empresarial consiste em três elementos. Os itens 1, 4 e 7 se referem à criatividade e engenhosidade, à capacidade de produzir soluções novas em condições difíceis. Os itens 2, 5 e 8 se referem a situações de pressão e estresse, à capacidade de destacar-se em circunstâncias de muita pressão. Os itens 3, 6 e 9 correspondem à capacidade de ação e persistência, à determinação para alcançar metas e resolver problemas quando necessário. Se você assinalou "Normalmente verdadeiro" em pelo menos duas das três afirmações para cada subescala ou seis das nove afirmações, então se considere um empresário em formação, com potencial para gerenciar o próprio negócio. Se você assinalou "Normalmente verdadeiro" em um item ou menos em cada subescala ou três ou menos para todos os nove itens, pode considerar a possibilidade de tornar-se um gestor que trabalha para outra pessoa.

Nick D'Aloisio não tinha nem nascido quando Jerry Yang e David Filo fundaram o Yahoo, mas um aplicativo para leitura de notícias que ele criou é parte importante da nova estratégia móvel da empresa. Quando tinha apenas 15 anos, D'Aloisio conseguiu capital de investidores para alugar um espaço comercial e contratar funcionários com o objetivo de criar e comercializar o Summly, um programa algorítmico que encurta histórias longas para leitores que usam *smartphones*. Ele vendeu o Summly para o Yahoo em 2013, pouco antes de completar 18 anos, por um valor aproximado de dezenas de milhões. Hoje, D'Aloisio é um dos estudantes do ensino médio mais ricos da Grã-Bretanha e, depois de concluir os estudos, planeja trabalhar no escritório da empresa em Londres. O Yahoo, sob a direção da nova CEO Marissa Mayer, está se reinventando como uma empresa que prioriza a tecnologia móvel, e o Summly se encaixa perfeitamente em diversas outras *start-ups* de aplicativos móveis que o Yahoo comprou, como On the Air, Stamped, Snip.it e Alike. Tal como acontece com essas entidades, o Summly deixará de existir como uma empresa separada, e sua tecnologia será incorporada às experiências móveis globais que o Yahoo oferece. D'Aloisio não gosta de falar sobre o enorme cheque que recebeu pela Summly, preferindo se concentrar na tecnologia. Mas quando perguntado sobre o que pretende fazer com o dinheiro, afirmou que "ser um investidor anjo poderia ser muito divertido", que significa ajudar outros jovens empresários a começar o próprio negócio.[2]

Os pais de Nick D'Aloisio não tinham nenhum conhecimento especial sobre tecnologia, mas encorajaram o fascínio do filho por ela desde cedo. D'Aloisio começou a escrever códigos com 12 anos e, algum tempo depois, decidiu resolver um problema que é, em geral, resumido com a abreviatura tl; dr (que significa, em inglês, "muito longo; não li").[3]

Fazer o próprio negócio crescer com sucesso requer a combinação de muitas habilidades. A qualidade essencial é a paixão por uma ideia, como a que D'Aloisio tinha pela codificação e resolução de problemas tecnológicos. Sua paixão é a mesma de muitos outros autoempreendedores corajosos que dão o salto e abrem uma microempresa individual, um dos segmentos de pequenas empresas que mais crescem tanto nos Estados Unidos quanto no Canadá. O setor de pequenas empresas tem crescido rapidamente, com um expressivo aumento da taxa de *start-ups* e uma significativa redução do número de falhas.[4]

O que é empreendedorismo?

Empreendedorismo é o processo de iniciar um negócio, organizar os recursos necessários, assumir os riscos associados e desfrutar das recompensas.[5] Um **empreendedor** é alguém que se envolve em uma atividade empreendedora. O empreendedor reconhece uma ideia viável para um produto comercial ou serviço e segue em frente para encontrar e reunir os recursos necessários – dinheiro, pessoas, máquinas, local etc. – para concretizar o empreendimento. Os empresários também assumem os riscos e colhem os frutos do negócio, estimando os riscos financeiros e legais do direito de propriedade e recebendo os lucros do negócio. Chris Willis é um bom exemplo de empreendedor. Enquanto trabalhava na loja de impressão de um amigo, Willis percebeu que o vinil adesivo, que não deixa resíduo pegajoso, era ideal para usar nos adesivos dos capacetes de futebol dos seus times favoritos. Willis abriu uma loja de adesivos que hoje tem dez funcionários, vende o produto para a maioria dos times da NFL e consegue fazer um milhão em negócios.[6] Ele assumiu os riscos e agora está colhendo os frutos de seu empreendedorismo.

Empreendedores bem-sucedidos têm muitas motivações distintas e medem as recompensas de formas diferentes. Um estudo classificou os proprietários de pequenas empresas em cinco categorias diferentes, conforme mostra a Figura 6.1. Algumas pessoas são *idealistas* e gostam da ideia de trabalhar em algo novo, criativo ou pessoalmente significativo. Os *otimizadores* se sentem recompensados pela satisfação pessoal de serem donos de empresas. Os empresários considerados *sustentadores* gostam da oportunidade de equilibrar o trabalho e a vida pessoal, e, em geral, não querem que o negócio cresça muito, ao passo que os *trabalhadores* preferem trabalhar por longas horas e

Conexão de conceito ◀◀◀

Não é necessário diploma universitário nem muito dinheiro para abrir o próprio negócio. Basta perguntar ao **empreendedor** Moziah Pontes, fundador da Mo's Bows. Depois de notar a falta de gravatas-borboletas elegantes no mercado – sim, ele se descreve como um "jovem asseado" –, Bridges pediu à avó que lhe ensinasse a costurar para que ele pudesse criar as próprias gravatas. Depois de abrir a loja Etsy e lucrar mais de $ 30 mil, Bridges afirma que a operação está indo bem, embora precise de ajuda de produção da família para responder à demanda. Afinal, esse **trabalhador** precisa ir à escola em algum momento. Trata-se da escola primária, já que ele tem apenas 12 anos de idade.

dedicar-se para construir um negócio maior e mais rentável. Na categoria *malabarista* estão os empresários que gostam de lidar com tudo sozinhos. Essas pessoas são motivadas e conseguem se destacar mesmo diante da pressão de pagar as contas, cumprir os prazos e administrar a folha de pagamento.[7]

Compare a motivação de Susan Polis Schutz, proprietária da Blue Mountain Arts, com a de Jeff Bezos, fundador da Amazon.com. Schutz sempre escreveu poesias sobre o amor e a natureza. Por um simples capricho, o marido dela ilustrou um dos poemas e criou 12 cartazes para serem vendidos em uma livraria local. Os cartazes foram vendidos rapidamente, e a livraria fez outro pedido. Foi assim que começou a Blue Mountain Arts. Com o marido trabalhando como ilustrador e a mãe como gerente de vendas, Schutz estava feliz com uma vida que equilibrava trabalho e família. Quando a empresa explodiu para mais de 300 colaboradores, esse equilíbrio perfeito foi comprometido. Para dedicar mais tempo à família, Schutz contratou um gerente de negócios para assumir as operações diárias. Segundo ela, "Ainda amo me conectar com as emoções das pessoas sobre amor, natureza, amizade e família no meu trabalho, mas a minha maior paixão hoje é o meu neto, que tem 5 anos de idade".[8] Ao contrário, Jeff Bezos lançou a Amazon em 1994 com uma visão: construir "uma empresa importante e duradoura". Bezos venceu o desafio de construir uma empresa maior e mais diversificada e expandiu seu negócio da simples venda de livros para a venda de todos os tipos de produtos, bem como a criação de *hardware*, como o Kindle Fire, que pode ser usado para comprar o material da Amazon. Bezos entrou recentemente no mercado de jornalismo com a compra do *The Washington Post*, e, para ele, a abordagem principal para a construção de "uma nova era de ouro" no *Post* será muito próxima da filosofia que ajudou a levar a Amazon de uma *start-up* a um gigante da internet com $ 61 bilhões em vendas.[9] Bezos reflete a motivação de um *trabalhador*, considerando que a motivação de Schutz é mais a de um *sustentador*.

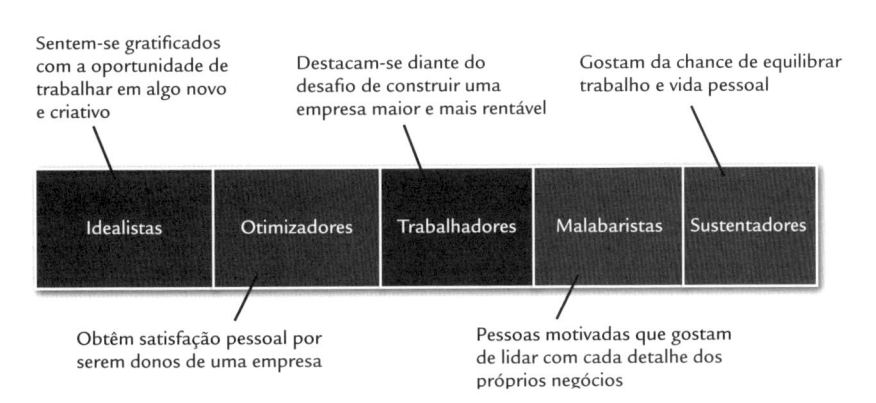

FIGURA 6.1
Cinco tipos de pequenos empresários

- Idealistas — Sentem-se gratificados com a oportunidade de trabalhar em algo novo e criativo
- Otimizadores — Obtêm satisfação pessoal por serem donos de uma empresa
- Trabalhadores — Destacam-se diante do desafio de construir uma empresa maior e mais rentável
- Malabaristas — Pessoas motivadas que gostam de lidar com cada detalhe dos próprios negócios
- Sustentadores — Gostam da chance de equilibrar trabalho e vida pessoal

FONTE: Baseada em um estudo realizado pela Yankelovich Partners para Pitney Bowes, descrito em Marcos Henricks, "Type-Cast", *Entrepreneur* (March 2000): 14-16.

Lembre-se disto

- **Empreendedorismo** é o processo de abrir um negócio, organizar os recursos necessários, assumir os riscos associados e desfrutar das recompensas.
- Um dos segmentos que mais crescem entre as pequenas empresas é o de empresas comandadas por uma única pessoa, chamado de *empresas individuais*.
- Um **empreendedor** reconhece uma ideia viável para um novo produto ou serviço e a executa encontrando e reunindo os recursos necessários para começar o negócio.
- Nick D'Aloisio criou a empresa de aplicativos móveis Summly quando tinha apenas 15 anos e a vendeu para o Yahoo quando tinha 17.
- Empresários podem ser classificados como *idealistas*, *otimizadores*, *sustentadores*, *trabalhadores* ou *malabaristas*.

Impacto das empresas empreendedoras

As pequenas empresas também têm sido duramente afetadas pela crise econômica mundial, mas elas e os empreendedores são o motor por trás da recuperação que está ocorrendo em muitos mercados.

EMPREENDEDORISMO INTERNACIONAL

Com relação ao mercado global, o empreendedorismo tem experimentado um grande impulso em razão dos enormes avanços tecnológicos e da rápida expansão da classe média em países como a China e a Índia. Considere um dos empresários mais bem-sucedidos da Índia, Narayana Murthy. Ele e vários cofundadores lançaram a Infosys e provocaram uma revolução na terceirização que levou bilhões de dólares para a economia indiana. A Infosys oferece consultoria de negócios, tecnologia, engenharia e serviços de *outsourcing* e tem sido classificada todos os anos, desde 2000, como a número um na lista das empresas mais admiradas da Índia no *ranking* do *Wall Street Journal Asia 200*. Murthy começou a empresa do zero e, assim como ocorre na maioria das *start-ups*, enfrentou anos de dificuldades. "É sacrifício, trabalho duro, muita frustração, estar longe da família, na esperança de que um dia você obterá retornos satisfatórios disso", explica ele.[10]

Em outros países, o empreendedorismo também está crescendo, como reflete o Relatório Global de 2012 do Global Entrepreneurship Monitor (GEM).[11] De acordo com essa pesquisa, que mede a atividade empreendedora todos os anos, aproximadamente 41% dos adultos de 18 a 64 anos da Zâmbia estão abrindo ou gerenciado novos empreendimentos. A porcentagem no Equador é de 27%, 19% na Tailândia e 13% na China. Um aspecto intrigante do relatório de 2012 é a ascensão de mulheres empreendedoras. A Figura 6.2 mostra a taxa de atividade empreendedora para as mulheres com relação aos homens em sete regiões geográficas.[12] Historicamente, as mulheres têm aberto menos empresas do que os homens, mas a diferença está diminuindo. A taxa de atividade empreendedora entre as mulheres ultrapassou a taxa entre os homens no Panamá e na Tailândia e foi aproximadamente a mesma em Gana, Equador, Nigéria, México e Uganda.[13] No entanto, as oportunidades para as mulheres são desiguais em todas as regiões. De acordo com a nova análise dos dados obtidos pela Dell, os nove países onde as mulheres têm oportunidades melhores de abrir os próprios negócios são, em ordem decrescente: Estados Unidos, Austrália, Alemanha, França, México, Reino Unido, África do Sul, China e Malásia.[14]

EMPREENDEDORISMO NOS ESTADOS UNIDOS

O impacto de empresas empreendedoras na economia dos Estados Unidos é surpreendente. No país, as pequenas empresas representam cerca de metade da economia do setor privado e 99% de todas as empresas. Os 27,9 milhões de pequenas empresas do Estados Unidos são responsáveis por mais da metade de todas as vendas norte-americanas e 55% de todos os empregos.[15] Além disso, as pequenas empresas representam 98% dos exportadores norte-americanos e produzem 33% de todo o valor exportado.[16]

Não é nenhuma surpresa que as empresas *on-line* estejam surgindo em uma velocidade recorde. Tecnologias poderosas, como o motor do aplicativo Google, os serviços *web* da Amazon e a tecnologia de autenticação do Facebook, estão prontamente disponíveis a preços acessíveis. Esses blocos de tecnologia* facilitam a criação de produtos e

---

* *Building blocks*: blocos de tecnologia, nos quais a tecnologia da informação se baseia para expandir sobre o que já foi realizado, obtendo rapidez, eficiência e estabilidade. É a reutilização de uma solução configurada anteriormente, usando parte de uma solução para criar outras. (N.R.T.)

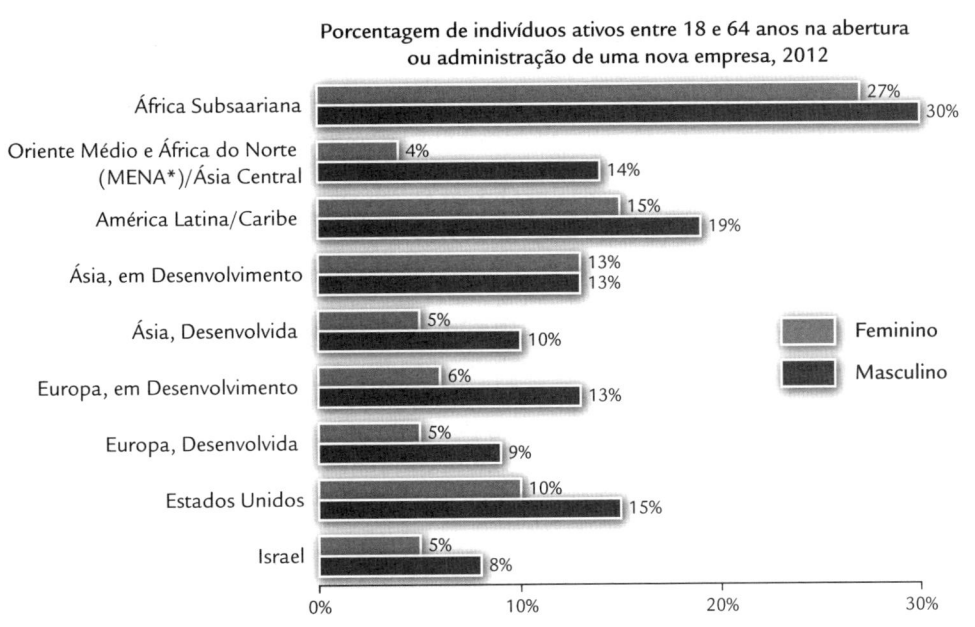

FIGURA 6.2
Atividade empreendedora global por gênero

Porcentagem de indivíduos ativos entre 18 e 64 anos na abertura ou administração de uma nova empresa, 2012

Região	Feminino	Masculino
África Subsaariana	27%	30%
Oriente Médio e África do Norte (MENA*)/Ásia Central	4%	14%
América Latina/Caribe	15%	19%
Ásia, em Desenvolvimento	13%	13%
Ásia, Desenvolvida	5%	10%
Europa, em Desenvolvimento	6%	13%
Europa, Desenvolvida	5%	9%
Estados Unidos	10%	15%
Israel	5%	8%

Observação: Total de atividade empreendedora (*total entrepreneurial activity* – TEA) em estágio inicial: porcentagem dos cidadãos entre 18 e 64 anos que são "novos empreendedores" ou proprietários-gerentes de um "novo negócio". O "novo empreendedor" é definido como alguém envolvido ativamente na criação de uma empresa da qual será proprietário ou sócio; essa empresa não paga salários, vencimentos ou quaisquer outros benefícios aos proprietários por mais de três meses. Um "novo negócio" é definido como um negócio em execução que paga salários, vencimentos ou quaisquer outros benefícios aos proprietários por um tempo superior a três meses e inferior a três anos e meio.

FONTE: Women's Report 2012 do Global Entrepreneurship Monitor, Figura 4. O GEM é um consórcio internacional, e esse relatório foi elaborado a partir de dados coletados e recebidos de 67 países no ano de 2012. Nossos agradecimentos aos autores, às equipes nacionais de pesquisadores, às agências financiadoras e a outros contribuintes que ajudaram a viabilizar este livro.

serviços nas *start-ups* de tecnologia com apenas um ano de vida. Há cerca de uma década, era muito oneroso fundar uma empresa. Nos últimos anos, com cada novo avanço em *internet* e tecnologia móvel, os empresários "podem abrir uma empresa com pouco dinheiro e operá-la praticamente de qualquer lugar", segundo Joe Beninato, CEO do Tello, um aplicativo gratuito para avaliação do atendimento ao cliente disponível no *iPhone* e no *iPad*. Ainda de acordo com Beninato, "Antes, eram necessários $ 5 milhões para montar a infraestrutura. Agora você pode pegar seu cartão de crédito e gastar $ 5 mil nos serviços *web* da Amazon".[17]

Nos Estados Unidos, o empreendedorismo e as pequenas empresas são os motores por trás da geração de empregos e da inovação:

+ **Geração de emprego.** Os postos de trabalho criados pelas pequenas empresas nos Estados Unidos dão ao país uma vitalidade econômica que nenhum outro país possui. A Small Business Administration dos Estados Unidos relata que as pequenas empresas foram responsáveis pela criação de 64% de novos empregos entre 1993 e 2011, além de 67% dos postos de trabalho gerados durante a última recessão (de meados de 2009 a 2011).[18] No entanto, há discordância entre os pesquisadores sobre qual a verdadeira porcentagem de novos postos de trabalho criados por pequenas empresas. A pesquisa indica que a idade de uma empresa, mais do que o tamanho, determina o número de empregos que ela gera. Ao longo das duas últimas décadas, a maioria dos novos postos de trabalho estava nas novas empresas, que incluem não apenas as pequenas, mas também as filiais de enormes organizações multinacionais. A taxa de emprego total de um grupo de *start-ups* é mais alta no

início e diminui ao longo do tempo, à medida que algumas empresas declinam e acabam fechando.[19]
- **Inovação.** Geralmente, os proprietários de pequenas empresas demonstram um entendimento íntimo de seus clientes, o que cria o ambiente ideal para a inovação. Considere o novo sistema de comunicação *headset-to-helmet*, usado por treinadores de futebol da NFL e projetado por Gubser & Schnakenberg, uma pequena empresa de Lincoln, no Estado norte-americano de Nebraska, que emprega três funcionários em tempo integral e cerca de 100 técnicos de áudio em período parcial. O novo sistema utiliza uma tecnologia digital que proporciona um som cristalino.[20] Muitas grandes empresas como a PepsiCo e a fabricante de salgadinhos Mondelez International têm enviado equipes para trabalhos avulsos em *start-ups* de tecnologia para que possam aprender como estas estão inovando rapidamente o mercado móvel.[21] O especialista em empreendedorismo David Birch rastreou os registros de empregabilidade e vendas de cerca de nove milhões de empresas e descobriu que as novas e pequenas empresas foram responsáveis por 55% das inovações em 362 indústrias e 95% de todas as inovações radicais.[22]

Lembre-se disto

- O empreendedorismo e as pequenas empresas são aspectos cruciais da economia dos Estados Unidos, que representam 99% de todas as empresas e empregam 55% de todos os trabalhadores do setor privado.
- A atividade empresarial está crescendo em outros países, com a taxa de empreendedorismo feminino se igualando à do empreendedorismo masculino em alguns lugares do mundo.
- Nos Estados Unidos, o empreendedorismo e as pequenas empresas são o motor da geração de emprego e inovação.

Quem são os empreendedores?

Os heróis do mundo dos negócios norte-americano – Henry Ford, Mary Kay Ash, Sam Walton, Oprah Winfrey, Steve Jobs – são quase sempre empresários. Empreendedores começam com uma visão. Em geral, são pessoas insatisfeitas com os empregos atuais e que encontram uma oportunidade de reunir os recursos necessários para começar um novo empreendimento. No entanto, a imagem dos empresários como pioneiros corajosos é provavelmente um exagero romântico. Uma pesquisa com os CEOs das empresas que crescem mais rapidamente nos Estados Unidos descobriu que esses empreendedores poderiam ser mais bem caracterizados como trabalhadores e práticos, com grande familiaridade com o mercado e a indústria em que atuam.[23]

EMPRESAS DE PROPRIEDADE DE MINORIAS

Da mesma forma que o número de minorias cresceu entre a população dos Estados Unidos, o número de empresas de propriedade de minorias também aumentou. Considere o ex-veterinário Salvador Guzman, que se mudou do México para se tornar ajudante de garçom no restaurante mexicano de um amigo em Nashville, no Tennessee. Estimulado pela oportunidade de ter sucesso nos Estados Unidos como empreendedor, Guzman abriu o próprio restaurante com três parceiros e uma economia de $ 18 mil, assim como mais de 2,4 milhões de imigrantes que trabalham por conta própria no país. Agora, ele é dono de 14 restaurantes e duas estações de rádio em língua espanhola no Tennessee.[24]

O número de empresas de propriedade de minorias aumentou 45,6% entre 2002 e 2007, somando 5,8 milhões de empresas, de acordo com os dados mais recentes do Censo. Isso é mais que o dobro da taxa nacional de crescimento de todas as empresas norte-americanas. Essas novas empresas geraram um trilhão em receita e empregaram 5,9 milhões de pessoas. Aumentos no número de empresas de propriedade de minorias variam de 60,5% para as empresas de propriedade de negros a 17,9% para nativos norte-americanos e empresas de propriedade de nativos do Alasca. Os negócios que pertencem aos hispânicos aumentaram 43,6%.[25] A Figura 6.3 ilustra a composição racial e étnica dos donos de empresas nos Estados Unidos.

Os tipos de empresas lançadas pelas minorias empreendedoras também são cada vez mais sofisticados. As tradicionais lojas de varejo do tipo "para a mamãe e o papai" ou restaurantes de propriedade de minorias estão sendo substituídas por empresas nos setores de serviços financeiros, seguros e empresas *on-line*. Várias empresas famosas do Vale do Silício foram fundadas ou cofundadas por empresários que fazem parte de minorias, incluindo a *start-up* de aluguel de livros Chegg, o serviço de namoro *on-line* Zoosk e o bazar *on-line* de artesanato Etsy.

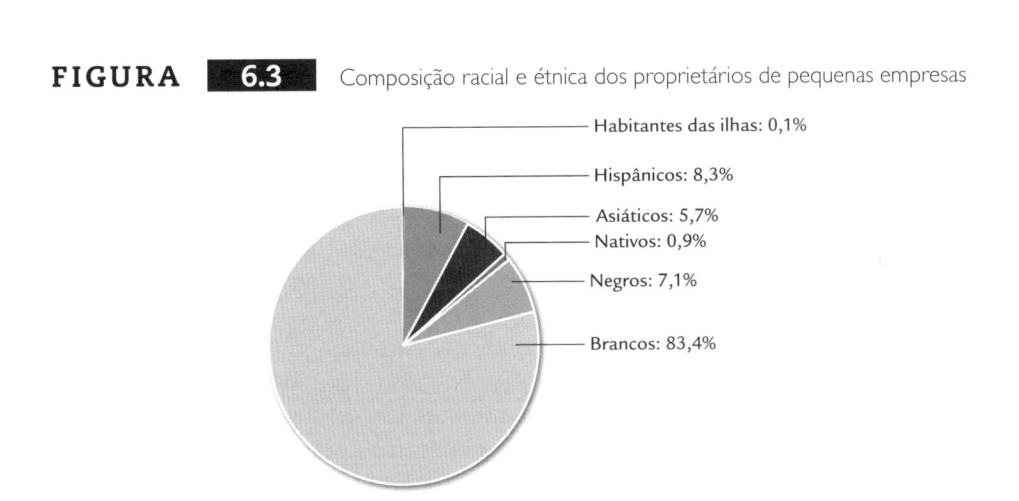

FIGURA 6.3 Composição racial e étnica dos proprietários de pequenas empresas

- Habitantes das ilhas: 0,1%
- Hispânicos: 8,3%
- Asiáticos: 5,7%
- Nativos: 0,9%
- Negros: 7,1%
- Brancos: 83,4%

Observação: A pesquisa permitiu múltiplas contagens (por exemplo, um proprietário pode ser contado como latino-americano e negro ao mesmo tempo), por isso os números chegam a mais de 100%.

FONTE: Table A, Comparison of All U.S. Firms and All Respondent Firms by Gender Ethnicity Race, and Veteran Status: 2007, Survey of Business Owners (SBO) Summaries of Findings, U.S. Census Bureau. Disponível em: <http://www.census.gov/econ/sbo/getsof.html?07cb>. Acesso em: 9 set. 2013.

Empresas de propriedade de mulheres

Nas últimas três décadas, as mulheres empresárias têm lançado novas empresas com o dobro da velocidade dos homens. Mais de dez milhões de empresas, ou 29% de todas as empresas, eram majoritariamente de propriedade de mulheres em 2008 (dados mais recentes disponíveis), de acordo com o Center for Women's Business Research. As vendas desses negócios geraram $ 1,9 milhão e criaram 16% de todos os empregos em várias indústrias, como serviços profissionais e técnicos, saúde, varejo, construção, imóveis e serviços administrativos.[26] Embora esses números sejam impressionantes, os resultados poderiam ser muito melhores. Apenas 20% das empresas pertencentes a mulheres têm empregados, uma área com grande crescimento e oportunidade. De acordo com Nell Merlino, que criou a campanha "Leve Nossas Filhas para o Trabalho",

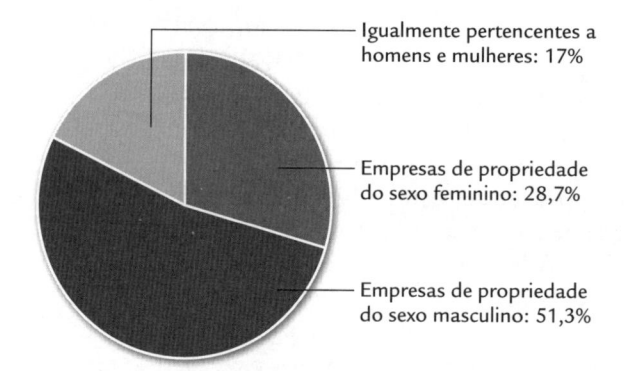

FIGURA 6.4
Composição de gênero dos proprietários de pequenas empresas

- Igualmente pertencentes a homens e mulheres: 17%
- Empresas de propriedade do sexo feminino: 28,7%
- Empresas de propriedade do sexo masculino: 51,3%

FONTE: 2007 Survey of Business Owners Summaries of Findings Survey of Business Owners-Women-Owned Firms: 2007, U.S. Census Bureau. Disponível em: <http://www.census.gov/econ/sbo/getsofhtmF07women>. Acesso em: 9 set. 2013.

"A razão pela qual a maioria das empresas não cresce é [que as mulheres] tentam fazer tudo sozinhas. A coisa mais importante a fazer é contratar pessoas. Com dez milhões de desempregados, há mão de obra extraordinária disponível".[27] As mulheres também tendem a ser mais cautelosas do que os homens quanto aos empréstimos, o que limita as oportunidades de crescimento, particularmente no setor de alta tecnologia.[28] A Figura 6.4 apresenta a composição de gênero entre os donos de empresas nos Estados Unidos.

À medida que diminui o custo relacionado com o lançamento de empresas de tecnologia, mais mulheres apostam nesse mercado competitivo. O mercado de aplicativos móveis, por exemplo, disparou; por isso, Reg Stettinius decidiu investir $ 100 mil do próprio dinheiro e desenvolver um novo aplicativo para resolver um problema comum. Stettinius estava frustrada porque não conseguia encontrar um restaurante rapidamente em Washington para entreter hóspedes de outras cidades. Então, ela começou a construir o Venga, um aplicativo criado para restaurantes e bares para alertar os clientes sobre ofertas de *happy-hour*, música ao vivo e pratos especiais. Um dos desafios que Stettinius e seus cofundadores enfrentaram foi encontrar um equilíbrio entre o que os restaurantes queriam e o que os consumidores de fato usariam. Segundo Elana Fine, diretora de investimentos de risco do Centro Dingman de Empreendedorismo da Universidade de Maryland, "Agora eles precisam não só atrair os restaurantes, mas também atender os usuários. E é aí que eles têm que competir com todo o barulho por perto".[29]

CARACTERÍSTICAS DOS EMPRESÁRIOS

Inúmeros estudos investigaram as características comuns dos empreendedores e como eles se diferenciam de gestores bem-sucedidos em organizações já estabelecidas. Alguns sugerem que, em geral, os empreendedores querem algo diferente da vida dos gestores tradicionais. Os empreendedores parecem dar grande importância à liberdade de atingir e maximizar seu potencial. Cerca de 40 traços foram associados à capacidade empreendedora, mas seis têm relevância especial.[30] Essas características são ilustradas na Figura 6.5.

Autonomia

Em uma pesquisa com dois mil empresários, o desejo de autonomia foi o principal motivador para a escolha de uma vida empreendedora. Empreendedores movidos pelo desejo de autonomia valorizam a liberdade de tomar as próprias decisões sobre sua empresa. Por causa desse anseio por planejamento e tomada de decisão independentes, esses empreendedores podem considerar a carreira solo, sem parceiros ou investidores

FIGURA 6.5
Características dos Empreendedores

[Figura: diagrama com "Personalidade empreendedora" ao centro, conectada a: Autonomia, Sacrifício empreendedor, Energia alta, Necessidade de alcançar, Autoconfiança, Lócus de controle]

FONTES: Adaptada de Leigh Buchanan, "The motivation matrix", *Inc.*, March 2012, disponível em: <www.inc.com/magazine/201203/motivation-matrix.html>, acesso em: 20 ago. 2012; R. P. Vecchio, "Entrepreneurship and leadership: common trends and common threads", *Human Resource Management Review* 13 (2003): 303-327; Charles R. Kuehl; Peggy A. Lambing, *Small business: planning and management* (Ft. Worth, TX: Dryden Press, 1994), p. 45.

significativos. Mas voar sozinho tem suas desvantagens. Pode limitar o crescimento da empresa e resultar em um negócio de escala menor.[31] Para que *start-ups* tenham sucesso no longo prazo, um dos fundadores pode ter que abrir mão da autonomia e permitir que alguém com um conjunto diferente de habilidades gerenciais leve a empresa para a próxima fase de crescimento. De acordo com Noam Wasserman, autor de *The founder's dilemmas: anticipating and avoiding the pitfalls that can sink a startup*, "Quando você se vê diante dessa troca, é preciso encontrar um equilíbrio gritante. Você terá que desistir de algo que considera importante para obter algo que é ainda mais importante".[32] Às vezes, isso significa renunciar à própria autonomia que motivou o empreendedor a abrir um negócio.

Sacrifício empreendedor

Outro traço comum entre os empreendedores é a capacidade de persistir e continuar confiantes após longos períodos de sacrifício ou esforço. A maioria dos empresários está disposta a desistir de aspectos que valorizam a vida deles, como tempo e dinheiro, para abrir o próprio negócio. Aqueles que têm sucesso também são capazes de seguir em frente e permanecer otimistas diante dos sacrifícios contínuos. Segundo o empreendedor Andy Hayes, "Eu gostaria de poder dizer quantos aniversários dos seus filhos você vai perder. Quem dera eu pudesse avisá-lo sobre quanta cafeína você consumirá e quantas noites não vai dormir porque estará preocupado com o pagamento da hipoteca. [...] O que posso dizer é que não importa quanto sacrifício é necessário, sinto que sempre vale a pena".[33] Kurt Varner, que foi encontrado por um repórter da revista *Inc.* morando no próprio carro em Palo Alto, na Califórnia, sabe o que Hayes está dizendo. Varner tinha que estar no Vale do Silício para tentar vender sua ideia para um aplicativo móvel que ele chama de Daily Toaster, encontrar um possível cofundador e talvez até mesmo

▶▶▶ Conexão de conceito

Muitas pessoas são motivadas a abrir os próprios negócios pelo desejo de **autonomia** – o que significa liberdade para trabalhar da maneira que quiser, nas condições que escolher – ou pelo desejo de **poder**. Entretanto, para alcançar o sucesso, o empreendedor precisa ter uma série de outras características pessoais importantes, como entusiasmo incansável, compromisso e **autoconfiança**. Além disso, os empreendedores também se sentem confortáveis com o risco e a ambiguidade.

conseguir algum capital. No entanto, a esposa dele não poderia deixar o emprego de professora da terceira série até o final do ano letivo. Varner sente muita falta da esposa, mas o esforço vale a pena para realizar o seu sonho.[34] Em outro exemplo de sacrifício empreendedor, dois amigos de surfe suportaram anos de luta financeira enquanto construíam uma nova microcervejaria.

Forma inovadora
Strand Brewing Company

Joel Elliott e Rich Marcello aproveitaram a ideia de começar uma microcervejaria chamada Strand Brewing Company no sul da Califórnia, onde a crescente demanda por cervejas artesanais estava criando novas oportunidades. Sem dinheiro ou experiência, os dois amigos surfistas emprestaram dinheiro de parentes e amigos e estouraram o limite dos próprios cartões de crédito. Construíram a cervejaria em um pequeno armazém de mil pés e usaram os únicos fermentadores que podiam comprar – pequenos, com capacidade para produzir sete barris de 31 galões. Marcello trabalhava em outro emprego das 5 às 13 horas, o que deixava suas tardes, noites e fins de semana livres para a Strand. O dinheiro era tão escasso que eles entregavam os barris na van Chrysler 1998 de Marcello para evitar despesas com engarrafamento ou enlatamento. Quando o dinheiro acabou, o tio de Elliott deu a eles o próprio fundo de aposentadoria. Os dois amigos trabalhavam longas horas: semanas de 100 horas de trabalho durante três anos, sem férias ou salário.

Elliott e Marcello perseveraram sob pressão e, finalmente, colheram os frutos desses anos de sacrifício. Como a base de clientes cresceu, os pequenos fermentadores de cerveja não eram capazes de produzi-la o suficiente para que a empresa sobrevivesse. Em 2010, eles procuraram os amigos e parentes outra vez e pediram mais dinheiro para expandir. Com isso, compraram três fermentadores com capacidade para 15 barris por cerca de $ 12 mil cada. Foi uma compra inteligente: em meados de 2011, o número de contas passava de 100 e a cervejaria foi novamente se aproximando de capacidade. A Strand levantou outros $ 300 mil para a segunda expansão. Hoje os sócios estão ganhando salários e, segundo Elliott, serão capazes de pagar todos os empréstimos em um prazo de 14 meses. Esses empreendedores dedicaram muitas horas de seu tempo e se endividaram quando a Strand Brewing Company ainda era uma *start-up*, mas agora eles estão desfrutando do sucesso.[35]

> *"Quando encontrar um obstáculo, transforme-o em oportunidade. Você faz a escolha. Você pode superá-lo e ser um vencedor ou pode deixar que ele o supere e ser um perdedor. A escolha é sua e somente sua."*
>
> – MARY KAY ASH, EMPRESÁRIA NORTE-AMERICANA E FUNDADORA DA MARY KAY COSMETICS

Energia alta

Uma empresa *start-up* exige grande esforço. Uma pesquisa com proprietários de pequenas empresas feita pela Staples constatou que 43% dos proprietários de pequenas empresas trabalham mais do que uma semana regular de 40 horas, 31% relataram trabalhar durante as férias e 13% afirmaram que trabalham regularmente mais do que 80 horas por semana.[36] Um elevado grau de paixão também ajuda os empreendedores a superar obstáculos inevitáveis e traumas.[37] Você pode reconhecer a paixão empreendedora nas pessoas pela fé inabalável em um sonho, além do foco intenso e da capacidade de correr riscos de forma não convencional. Kurt Varner, citado anteriormente, está disposto a viver em seu carro para realizar os sonhos para o Daily Toaster, um aplicativo móvel para dorminhocos crônicos que incorpora despertador saudação de voz que informa data, temperatura, condições de trânsito, compromissos diários, entre outros. Varner saiu de um emprego que lhe pagava bem como engenheiro de *test-flight* na Base da Força Aérea de Edwards porque, segundo ele, "eu queria fazer algo pelo qual estava apaixonado".[38]

Necessidade de alcançar

A maioria dos empreendedores tem uma forte **necessidade de alcançar**, o que significa que essas pessoas são motivadas para o sucesso e, por isso, escolhem situações nas quais o sucesso é provável.[39] As pessoas com grandes necessidades de realização gostam de definir os próprios objetivos, que são moderadamente difíceis. Metas fáceis não apresentam nenhum desafio; metas utopicamente difíceis não podem ser alcançadas. Metas intermediárias são desafiadoras e geram muita satisfação quando atingidas. Grandes empreendedores também gostam de perseguir objetivos pelos quais podem obter *feedback* sobre o próprio sucesso. "Eu estava muito deprimido e tinha que conquistar alguma coisa", lembra a criadora e autora bilionária de Harry Potter, J. K. Rowling, ao descrever como e por que ela continuou tentando depois de várias rejeições.[40]

Autoconfiança

As pessoas que abrem e gerenciam uma empresa devem agir de forma decidida. Elas precisam confiar na própria capacidade de dominar as tarefas rotineiras do negócio. Devem estar seguras sobre a capacidade de conquistar clientes, lidar com os detalhes técnicos e manter o negócio em movimento. Os empreendedores também têm um sentimento geral de confiança na habilidade para lidar com qualquer coisa no futuro; problemas complexos e inesperados podem ser resolvidos à medida que forem surgindo.

Lócus de controle interno

Poucas situações trazem mais incerteza que abrir um novo negócio. Os empreendedores devem ser altamente motivados e acreditar que são "donos do próprio destino". O **lócus de controle** de uma pessoa define se ela coloca a responsabilidade principal em si mesma ou em forças externas.[41] A maioria dos empreendedores bem-sucedidos acredita que suas ações determinam o que acontece com eles, o que significa que estes têm um lócus de controle *interno* elevado. As pessoas que acreditam que forças externas determinam o que acontece com elas têm um alto lócus de controle *externo*. Um empreendedor que mostra um forte lócus de controle interno é Chris Hughes, cofundador do Facebook e criador do MyBarackObama.com. Com base na experiência, Hughes não parecia o tipo de estudante que iria para uma escola do tipo Ivy League, mas decidiu fazer exatamente isso enquanto ainda cursava o ensino médio. Sem dizer nada aos pais, começou a pesquisar e a se candidatar a várias universidades. Um dia, recebeu a oferta de um generoso pacote de financiamento da Phillips Academy, em Andover, em Massachusetts. Alguns anos mais tarde, ele deixou a Phillips Academy com uma bolsa de estudos em Harvard.[42]

Essas características fornecem um retrato interessante mas impreciso do empreendedor. Os empreendedores bem-sucedidos podem ser de todas as idades e de todas as origens e apresentar combinações diferentes de traços de personalidade e outras características. Ninguém deve ser desencorajado a abrir um negócio porque não se encaixa em um perfil específico. Uma avaliação das pequenas empresas sugere que as três características mais importantes dos empreendedores bem-sucedidos, especialmente em um ambiente turbulento, são: realismo, flexibilidade e paixão. Até mesmo os empreendedores mais realistas tendem a subestimar as dificuldades em construir um negócio, por isso precisam de flexibilidade e paixão para que sua ideia possa sobreviver aos obstáculos.[43]

> **Faça uma pausa**
>
> Você é um empresário em formação? É capaz de tolerar contratempos e decepções? Reveja o teste feito na abertura deste capítulo e avalie o seu potencial para abrir e gerenciar o próprio negócio.

> **Lembre-se disto**
>
> - Os empreendedores muitas vezes têm origens, características demográficas e personalidades que os distinguem dos gestores de organizações já estabelecidas.
> - Uma pesquisa sugere que o desejo de autonomia é o principal motivador para pessoas que perseguem o empreendedorismo.
> - Características comuns aos empreendedores incluem a capacidade de perseverar em momentos de sacrifício e esforço, alto grau de energia, autoconfiança, necessidade de alcançar e um forte lócus de controle interno.
> - **Necessidade de alcançar** significa que os empreendedores estão motivados para conseguir o que querem e escolhem situações em que o sucesso é provável.
> - O **lócus de controle** define se uma pessoa coloca a principal responsabilidade pelo que acontece com ela em si própria (lócus de controle interno) ou nas forças externas (lócus de controle externo).
> - Chris Hughes, cofundador do Facebook e criador do MyBarackObama.com, demonstra ter um elevado lócus de controle interno.

Empreendedorismo social

Como vimos no Capítulo 5, os consumidores de hoje têm uma expectativa crescente de que as organizações operem de maneira socialmente responsável. Como resposta, um novo tipo de negócio está surgindo, motivado para ajudar a sociedade a resolver todos os tipos de problema social, incluindo a poluição ambiental, a fome global e as mortes por doenças tratáveis. Em muitos aspectos, elas funcionam como empresas tradicionais, mas o foco principal é a oferta de benefícios sociais, e não a maximização dos lucros financeiros. O **empreendedorismo social** se concentra principalmente na criação de valor social por meio da oferta de soluções para os problemas sociais, com o objetivo secundário de gerar lucros e rendimentos.[44] Um empresário social conhecido é Muhammad Yunus, fundador do Grameen Bank. Yunus foi pioneiro do conceito de emprestar pequenas quantias de dinheiro, o *microcrédito*, para pequenas empresas em aldeias pobres da Índia. Por volta de 2006, quando Yunus ganhou o Prêmio Nobel da Paz, o Banco Grameen tinha empréstimos em aberto para quase sete milhões de pessoas em 73 mil aldeias de Bangladesh. O modelo Grameen tem se expandido em mais de 100 países e já ajudou milhões de pessoas a sair da pobreza.[45]

Outro bom exemplo de empreendedorismo social é a Solar Electric Light Company (Selco), que vende serviços e sistemas de energia solar em áreas da Índia onde não há acesso a fontes seguras de eletricidade. A Selco monta *kits* domésticos de energia solar com componentes fa-

Conexão de conceito ◄◄◄

Os **empreendedores sociais** Eric Schwartz e Ned Rimer criaram as Escolas Citizen para conquistar alunos do ensino médio, exibidos aqui, com programas extracurriculares que incluíam estágios práticos ministrados por profissionais voluntários. Os aprendizes criam produtos reais, que vão desde carros solares até carteiras de ações bem administradas. O objetivo é oferecer aos alunos as habilidades e a motivação necessárias para que possam ter sucesso na vida acadêmica e pessoal. Uma razão pela qual a organização é tão próspera é que ela é administrada com base em sólidos princípios empresariais, com um plano de estratégia e crescimento bem elaborado, que inclui objetivos concretos e expectativas de desempenho específicas.

bricados exclusivamente para a empresa por empresários indianos e utiliza uma rede local de vendas e centros de serviços. A empresa ajuda as pessoas a financiar a compra de um sistema por meio de parceria com bancos rurais, empresas de *leasing* e organizações de microfinanciamento. A estratégia permite que a Selco forneça iluminação limpa, confiável e de qualidade, e eletricidade a um preço mensal próximo das fontes tradicionais, que são menos eficazes.[46]

Muitos Estados norte-americanos têm ajustado as leis com o propósito de criar uma nova estrutura corporativa conhecida como "corporação benéfica" para empreendedores que desejam incorporar um forte componente social ou ambiental nas suas empresas com fins lucrativos. O novo modelo oferece proteção legal para que empreendedores considerem a comunidade local, e não apenas os acionistas, ao tomarem decisões corporativas. Mais de 200 empresas com fins lucrativos, de microcervejarias à fabricante de roupas esportivas Patagonia, transformaram-se em corporações benéficas nos últimos anos.[47]

Poder Verde

Poder de estrela

Jessica Alba não é a primeira beldade do cinema atraída pelo desejo de encontrar soluções para os problemas sociais, mas pode ser a primeira a abrir uma empresa focada em um problema que preocupa muitas mães: *como ter produtos saudáveis para bebês e que também garantam um ambiente saudável.*

Ao pesquisar questões relacionadas à saúde do bebê durante a própria gravidez, Alba leu o livro de Christopher Gavigan, *Healthy child, healthy world*. Preocupada com os relatos de Gavigan sobre os teores de toxinas nos produtos para bebês, Alba (em suas próprias palavras) perseguiu o autor, insistindo para que eles unissem forças para criar produtos ecológicos destinados aos cuidados de recém-nascidos. A dupla lançou **The Honest Company** com um produto necessário para toda mãe de primeira viagem – a fralda descartável. Testes independentes demonstraram um aumento de 33% na absorção da fralda por meio da combinação natural de trigo, milho e pó de madeira proveniente de florestas sustentáveis, apelando para os consumidores preocupados com o meio ambiente. As novas fraldas também são 85% biodegradáveis, até mesmo com a adição de prendedores "verdes". Hoje, The Honest Company oferece uma variedade de produtos que têm como objetivo ajudar as crianças a crescer em um mundo livre de toxinas e substâncias cancerígenas.

Fonte: "The 100 most creative people in business 2012: #17 Jessica Alba", *Fast Company* (June 2012): 96-97; "About us: health and sustainability standards", site da empresa The Honest Compay, disponível em: <https://www.honest.com/about-us/health-and-sustainability>, acesso em: 2 out. 2012.

Lembre-se disto

+ Um **empreendedor social** é um líder que está comprometido com o negócio e ao mesmo tempo com um mundo melhor.
+ Os empreendedores sociais estão criando novos modelos de negócios que atendem às necessidades humanas mais críticas e solucionam problemas importantes que são preteridos pelas instituições econômicas e sociais.
+ O empreendedorismo social alia criatividade, inteligência de negócios, paixão e atitude empreendedora a uma missão social.

Lançamento de *start-up*

Quando alguém abre uma organização sem fins lucrativos, uma empresa socialmente orientada ou uma pequena empresa tradicional com fins lucrativos, o primeiro passo na busca do sonho empreendedor é ter uma ideia viável e, em seguida, planejar até enlouquecer. Se alguém tem uma ideia nova em mente, deve elaborar um plano de negócios e tomar decisões sobre a estrutura jurídica, o financiamento e as estratégias básicas, como a possibilidade de começar o negócio a partir do zero ou de buscar oportunidades internacionais desde o início.

COMEÇANDO COM UMA IDEIA

Para alguns, ter uma ideia para um negócio é a parte mais fácil. Eles nem sequer consideram o empreendedorismo até que sejam inspirados por uma ideia emocionante. Outras pessoas decidem que querem ter o próprio negócio e, a partir daí, começam a procurar por uma ideia ou oportunidade. A Figura 6.6 mostra as razões mais importantes que impulsionam as pessoas a abrir um negócio e as fontes de novas ideias de negócios. Observe que 37% dos fundadores de empresas tiveram ideias a partir da compreensão profunda da indústria, principalmente por causa das experiências anteriores de trabalho. Curiosamente, quase o mesmo número – 36% – identificou um nicho de mercado que não estava sendo explorado.[48] Um exemplo é a fundadora da Spanx, Sara Blakely, que estava ansiosamente à procura de uma nova ideia de negócio, enquanto trabalhava em tempo integral na venda de equipamentos de escritório: "Estava pensando em um produto que eu pudesse criar sozinha. Gostava de vender e era boa nisso. Mas eu [queria] vender algo pelo qual estivesse realmente apaixonada". Enquanto tentava encontrar alguma *lingerie* que valorizasse as formas para usar sob calças brancas, Blakely teve a ideia para um novo negócio. Ela criou a Spanx, uma meia-calça sem pés que modela o corpo, que disparou em vendas depois que Oprah Winfrey selecionou o produto para ser destaque no popular episódio "coisas favoritas" de seu programa de TV. Hoje, a Spanx tem mais de 100 funcionários e produtos que incluem moda praia, calças, saias e roupas íntimas.[49]

A proeza dos empreendedores é combinar as próprias habilidades e experiências com a necessidade do mercado. Agir estritamente com base nas próprias competências pode produzir algo que ninguém quer comprar. Entretanto, procurar um nicho de mercado que ninguém tem a capacidade de preencher também não funciona. Em geral, tanto a habilidade pessoal quanto a necessidade do mercado são fundamentais.

FIGURA 6.6 Fontes de motivação empreendedora e novas ideias de negócio

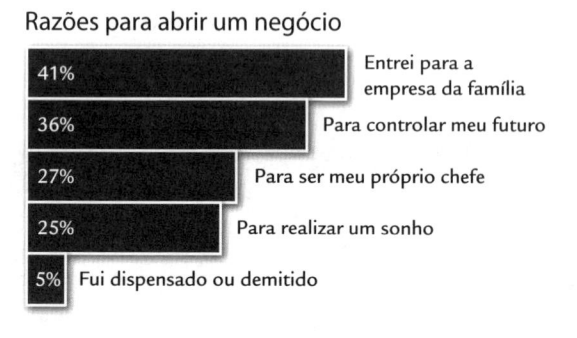

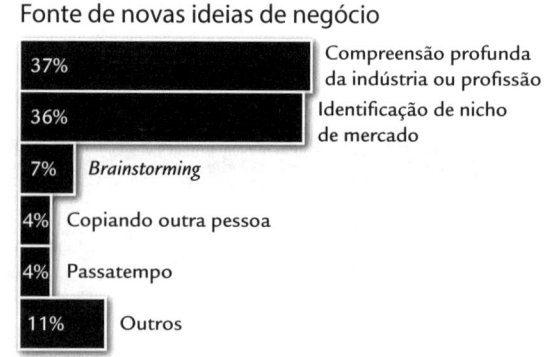

Razões para abrir um negócio
- 41% Entrei para a empresa da família
- 36% Para controlar meu futuro
- 27% Para ser meu próprio chefe
- 25% Para realizar um sonho
- 5% Fui dispensado ou demitido

Fonte de novas ideias de negócio
- 37% Compreensão profunda da indústria ou profissão
- 36% Identificação de nicho de mercado
- 7% *Brainstorming*
- 4% Copiando outra pessoa
- 4% Passatempo
- 11% Outros

FONTE: John Case, "The rewards", *Inc.* (May 15, 2001): 50-51; Leslie Brokaw, "How to start an Inc. 500 Company", *Inc.* (October 15, 1994): 51-65. Copyright 1994 e 2001 por Mansueto Ventures LLC. Reproduzida com permissão de Mansueto Ventures LLC.

Escrevendo o plano de negócios

Depois de ser inspirado pela ideia do novo negócio, é fundamental que o empreendedor elabore um planejamento cuidadoso. Um **plano de negócios** é um documento que especifica os detalhes do futuro empreendimento. O planejamento obriga o empreendedor a pensar cuidadosamente sobre as questões e os problemas associados à criação e ao desenvolvimento do negócio. A maioria dos empresários precisa pedir dinheiro emprestado, e um plano de negócios é absolutamente crítico para persuadir os credores e investidores a participar do empreendimento. Estudos mostram que as pequenas empresas com um plano de negócios cuidadosamente pensado e escrito têm muito mais chances de prosperar do que aquelas que não têm.[50] Para atrair o interesse de capitalistas de risco ou de outros investidores em potencial, o empreendedor deve manter o plano de negócios nítido e atraente.

Os detalhes de um plano de negócios podem variar, mas planejamentos bem-sucedidos em geral compartilham várias características, como as apresentadas a seguir:[51]

- Demonstram uma visão clara e convincente que gera entusiasmo.
- Fornecem projeções financeiras claras e realistas.
- Caracterizam os potenciais clientes e o mercado-alvo.
- Incluem informações detalhadas sobre a indústria e os concorrentes.
- Fornecem provas de uma equipe eficiente de gestão empresarial.
- Atentam para a boa formatação e a clareza.
- Mantêm o plano curto – com, no máximo, 50 páginas.
- Realçam os principais riscos que podem ameaçar o sucesso do negócio.
- Detalham as fontes e os fins dos investimentos iniciais e operacionais.
- Capturam o interesse do leitor com um resumo de arrepiar.

Abrir um negócio é um processo gratificante e complexo que começa com bom planejamento, preparação e *insight*. Um plano bem-elaborado apresenta o roteiro para o sucesso do negócio. No entanto, à medida que o negócio começa a crescer, o empresário precisa estar preparado para lidar com obstáculos comuns, como descreve o boxe "Conversa com gestores", apresentado na próxima página.

> *"Em um plano de negócios, o primeiro passo é você se convencer de que pretende, de fato, realizar a sua ideia. Se não estiver convencido disso, nunca será capaz de convencer ninguém."*
>
> — MAXINE CLARK, FUNDADOR E CEO DA BUILD-A-BEAR WORKSHOP

Escolhendo a estrutura legal

Antes de abrir um negócio, e talvez novamente quando ele se expandir, os empreendedores devem escolher a estrutura jurídica adequada para a empresa. As três opções básicas são microempresa individual, parceria ou corporação.

Microempresa individual

A **microempresa individual** é definida como uma empresa com fins lucrativos sem personalidade jurídica, de propriedade de um indivíduo. Microempresas compõem a maioria das empresas nos Estados Unidos. Esse modelo é popular por ser fácil de iniciar e ter poucas exigências legais. Um microempresário tem a propriedade total e o controle da empresa e pode tomar todas as decisões sem consultar ninguém. No entanto, esse tipo de organização também tem desvantagens. O proprietário tem responsabilidade ilimitada sobre o negócio, o que significa que, se alguém abre um processo, os bens pessoais do proprietário, assim como do negócio, estão em risco. Além disso, obter financiamento pode ser mais difícil, já que o sucesso do negócio depende apenas de uma pessoa.

Conversa com GESTORES

Por que as *start-ups* fracassam?

As pequenas empresas enfrentam muitos desafios, na medida em que navegam pela economia atual em lenta recuperação e deparam com questões que colocam em risco o próprio sucesso, como a confiança enfraquecida dos consumidores e a dificuldade de acesso ao crédito. Não foi por acaso que as taxas de falência entre pequenas empresas aumentaram em 40% de 2007 a 2010. Para ser bem-sucedido em um pequeno negócio, um empreendedor deve saber como evitar os potenciais perigos que podem levá-lo à falência. Embora seja impossível evitar todos os riscos, um empreendedor habilidoso está alerta quanto às causas mais frequentes do fracasso de pequenas empresas.

- **Má administração.** Muitos proprietários de pequenas empresas não possuem as habilidades empresariais necessárias para gerenciar todas as áreas do negócio, como finanças, compras, inventário, vendas, produção e contratação. Quando Jay Bean fundou a sunglassesonly.com, ele não tinha experiência com gestão de inventário. Segundo Bean, "Ter um inventário exige que você lide com um conjunto diferente de questões complexas, inclusive controle de furto". As vendas de Bean despencaram durante a recessão econômica, e ele fechou o negócio em novembro de 2010, vendendo os ativos com prejuízo.

- **Contabilidade inconsistente.** As demonstrações financeiras são a espinha dorsal de uma pequena empresa, e os proprietários precisam entender os números para controlar o negócio. A demonstração de resultados e o balanço patrimonial ajudam a diagnosticar possíveis problemas antes que estes se tornem fatais. É importante também compreender a proporção entre as vendas e as despesas que resultará em lucratividade. Gerenciar o fluxo de caixa é outro papel importante do pequeno empresário. Empresas passam por ciclos, e gerentes inteligentes têm uma reserva de capital que os ajuda a se recuperar dos obstáculos inevitáveis.

- **Nenhum *website*.** Hoje, toda empresa precisa de um *website* profissional e bem concebido. De acordo com o Departamento de Comércio dos Estados Unidos, as vendas *on-line* totalizaram $ 225 bilhões em 2012. A chave para um *website* bem-sucedido é a facilidade de navegação que proporciona aos usuários. O Wesabe, um *site* de finanças pessoais, ajudou os consumidores a controlar o próprio dinheiro e tomar decisões de consumo inteligentes. Com 150 mil membros no primeiro ano de vida, os cofundadores ficaram eufóricos. Um novo concorrente, o Mint.com, lançou um *website* com um *design* melhor e um nome mais fácil de lembrar. Em três meses, o Mint já tinha 300 mil usuários e $ 17 milhões em financiamento de risco. O Wesabe não conseguiu competir e fechou logo depois. De acordo com Marc Hedlund, cofundador do Wesabe, "Queríamos ajudar as pessoas, mas [nosso *website*] criou muitas dificuldades para que isso acontecesse".

- **Mediocridade operacional.** Uma importante função do empreendedor é definir padrões elevados em áreas essenciais, como controle de qualidade, serviço ao cliente e imagem pública da empresa. Como a maioria das empresas depende da retenção e recomendação de clientes, é importante criar uma primeira impressão positiva nos consumidores. Os franqueadores muitas vezes ajudam no fornecimento de produtos e serviços de alta qualidade, reduzindo parte do estresse que empreendedores poderiam enfrentar. A imigrante Lyudmila Khonomov foi atrás do sonho americano ao abrir um restaurante da rede Subway no Brooklyn. Segundo ela, "Você não tem que preparar os alimentos do zero". O Subway facilita a preparação de sanduíches de alta qualidade de forma consistente, o que elimina a preocupação com a criação.

- **Medo de demitir.** Demitir um empregado é desconfortável e difícil, mas, se os donos de empresas pretendem superar os concorrentes, é importante construir e manter uma equipe excelente. Infelizmente, é muito fácil manter funcionários medíocres, especialmente os que são agradáveis e leais. No entanto, isso pode prejudicar o negócio no longo prazo. Pergunte a si mesmo: "Eu ficaria aliviado se alguém da minha equipe se demitisse amanhã?". Se a resposta for sim, você pode ter um problema.

Fontes: Patricia Schaefer, "The seven pitfalls of business failures and how to avoid them", *BusinessKnow-How.com*, April 2011, disponível em: <www.businessknowhow.com /startup/business-failure.htm>, acesso em: 14 ago. 2012; Jay Goltz, "You're the boss: the art of running a small business", *The New York Times*, January 5, 2011, disponível em: <http://boss.blogs.nytimes.com/2011/01/05/top-10-reasons-small-businesses-fail/>, acesso em: 14 ago. 2012; Eilene Zimmerman, "How six companies failed to survive 2010", *The New York Times*, January 5 2011, disponível em: <www.nytimes.com/2011/01/06/business/smallbusiness/06sbiz.html>, acesso em: 14 ago. 2012; "The state of small businesses post great recession: an analysis of small businesses between 2007 and 2011", *Dun & Bradstreet*, May 2011, disponível em: <www.dnbgov.com/pdf/DNB_SMB_Report_May2011.pdf>, acesso em: 14 ago. 2012); Adriana Gardella, "Advice from a sticky web site on how to make yours the same", *The New York Times*, April 13, 2011, disponível em: <www.nytimes.com/2011/04/14 /business/smallbusiness/14sbiz.html>, acesso em: 14 ago. 2012.

Parceria

A **parceria*** é uma empresa sem personalidade jurídica de propriedade de duas ou mais pessoas. Parcerias, assim como microempresas, são relativamente fáceis de abrir. Dois amigos podem chegar a um acordo para abrir juntos uma empresa de artes gráficas. Para evitar mal-entendidos e garantir que o negócio seja bem planejado, recomenda-se elaborar e assinar um acordo de parceria formal com a ajuda de um advogado. O acordo especifica como os parceiros dividirão a responsabilidade e os recursos, e como o conhecimento de cada um irá contribuir para o desenvolvimento da empresa. As desvantagens das parcerias estão na responsabilidade ilimitada dos sócios e nas divergências que quase sempre ocorrem entre pessoas de personalidade forte. Uma pesquisa feita pela revista *Inc.* ilustrou a volatilidade das parcerias. De acordo com o levantamento, 59% das pessoas questionadas consideraram as parcerias uma jogada ruim e justificaram esse posicionamento com base nos constantes problemas e conflitos entre os parceiros. As parcerias frequentemente se dissolvem em cinco anos. Os entrevistados que aprovavam as parcerias apontaram para a igualdade entre os parceiros (divisão da carga de trabalho e das cargas emocional e financeira) como a chave para uma parceria de sucesso.[52]

Corporação

Uma **corporação**** é uma entidade artificial criada pelo Estado que existe separadamente de seus proprietários. Como uma entidade legal independente, a empresa é responsável por suas ações e deve pagar impostos sobre os rendimentos. Ao contrário de outras formas de propriedade, a corporação tem vida jurídica própria; ela continua a existir independentemente de os proprietários estarem vivos ou mortos. E a corporação é responsabilizada nos casos de processo, não os proprietários. Assim, continuidade e limites nas responsabilidades dos proprietários são duas das principais vantagens da formação de uma corporação. Por exemplo, um médico pode formar uma corporação para evitar que a responsabilidade, em caso de negligência, afete seus bens pessoais. A principal desvantagem da corporação é que a documentação necessária para incorporar o negócio é cara e complexa, assim como a manutenção dos registros exigidos por lei. Quando microempresas e parcerias prosperam e ficam grandes, elas geralmente se incorporam para limitar as responsabilidades e levantar fundos por meio da venda de ações para investidores.

PROVIDENCIANDO FINANCIAMENTO

A maioria dos empreendedores está especialmente preocupada com o financiamento do negócio. Alguns tipos de negócio ainda podem ser abertos com poucos milhares de dólares, mas começar um requer o levantamento de uma quantia significativa de financiamento inicial. É necessário um investimento para adquirir mão de obra e matérias-primas, e, talvez, também um espaço físico e equipamentos.

Muitos empreendedores confiam em seus próprios recursos para o financiamento inicial. De acordo com a Fundação Ewing Marion Kauffman, 70% dos empreendedores usaram as próprias economias como a principal fonte de financiamento inicial.[53] Além disso, muitos empreendedores hipotecam as próprias casas, dependem de cartões de crédito, pedem dinheiro emprestado a bancos ou dão parte do negócio a um investidor de risco. A Figura 6.7 resume as fontes mais comuns de capital de arranque para empreendedores. A decisão sobre o financiamento envolve, inicialmente, duas opções: obtenção de empréstimos que devem ser reembolsados (financiamento de dívida) ou propriedade compartilhada (financiamento de capital acionário).

---

* No Brasil, corresponde à empresa limitada. (N.R.T.)
** Corporação é uma empresa de capital aberto. Há uma separação entre propriedade e gestão. Nem sempre os proprietários da empresa são seus administradores. (N.R.T.)

FIGURA 6.7
Fontes de capital inicial para empreendedores

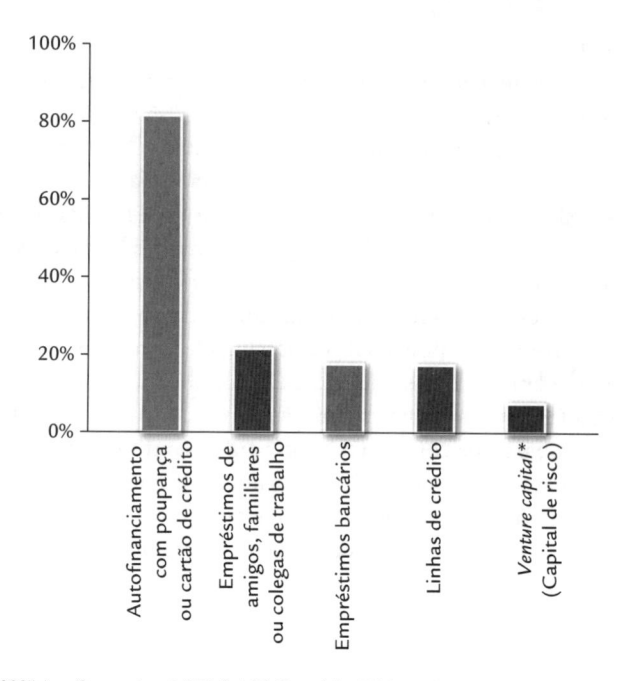

[Gráfico de barras mostrando aproximadamente:
- Autofinanciamento com poupança ou cartão de crédito: ~80%
- Empréstimos de amigos, familiares ou colegas de trabalho: ~20%
- Empréstimos bancários: ~17%
- Linhas de crédito: ~17%
- *Venture capital* (Capital de risco): ~5%]

FONTE: Jim Melloan, "The Inc. 5000", *Inc.* (September 1, 2006): 187. Copyright 2006 por Mansueto Ventures LLC. Reproduzida com permissão de Mansueto Ventures LLC.

Conexão de conceito ◄◄◄

O fundador, presidente e CEO do Chipotle Mexican Grill, Steve Ells, usou tanto o **financiamento de dívida** (capital de terceiros) quanto o **financiamento de capital acionário** (capital próprio) quando lançou a sua cadeia de restaurantes *quick gourmet*. Um empréstimo de $ 85 mil do pai fez o primeiro restaurante se tornar realidade, na cidade de Denver. Mais tarde, Ells emprestou mais dinheiro do pai, pegou um empréstimo da SBA e levantou $ 1,8 milhão de amigos e investidores privados. Enfim, a cadeia recebeu financiamento de capital acionário: primeiro, do McDonald's e, depois, das ações que o Chipotle emitiu quando se tornou público. Ironicamente, a principal motivação de Ells para abrir o Chipotle foi gerar capital para financiar um restaurante requintado. Com o sucesso do Chipotle, ele não tem mais planos de abrir esse restaurante sofisticado.

Financiamento de dívida

O empréstimo de dinheiro, que deve ser reembolsado em uma data posterior, para abrir um negócio é chamado de **financiamento de dívida**. Uma fonte comum de financiamento de dívida para uma *start-up* é a ajuda de familiares e amigos. Empreendedores também têm usado cartões de crédito com mais frequência como forma de financiamento de dívida. Outra fonte comum é o empréstimo bancário. Os bancos são responsáveis por quase 25% de todos os financiamentos para pequenas empresas. Ocasionalmente, os empreendedores podem obter empréstimos de uma empresa de financiamento, de investidores ricos ou até de potenciais clientes.

Outra forma de financiamento por empréstimo é a fornecida pelo Small Business Administration (SBA) dos Estados Unidos. A Staples, que começou em 1986 como uma loja de materiais de escritório em Brighton, no Estado norte-americano de Massachusetts, cresceu rapidamente com o apoio financeiro da SBA. Hoje, a Staples é a maior empresa de materiais para escritório do mundo, com 90 mil empregados,

---

* *Venture capital* (capital de risco): dinheiro provido por investidores para pequenos negócios ou *start-ups* com perfil ou potencial de crescimento no longo prazo. É uma importante fonte de recursos para empresas que ainda não têm acesso ao mercado de capitais. O risco e o retorno esperados para o investidor são altos. (N.R.T.)

$ 29 bilhões em vendas e presença em 26 países.[54] O financiamento da SBA é especialmente útil para pessoas sem patrimônio consistente, proporcionando oportunidades para famílias monoparentais, membros de grupos minoritários e outros com uma boa ideia, mas que pode ser considerada de alto risco por um banco tradicional. A porcentagem dos empréstimos oferecidos pela SBA para mulheres, hispânicos, afro-americanos e ásio-americanos tem aumentado de forma significativa nos últimos anos.[55]

Financiamento de Capital acionário

Todo o dinheiro investido pelos proprietários ou por quem compra ações de uma empresa é o fundo de ações. O **financiamento de capital acionário** consiste em fundos investidos em troca de propriedade da empresa.

NOVO GESTOR — Autoteste

Paixão consciente

Instruções: Para abrir um negócio, um empreendedor precisa, às vezes, fazer apresentações para investidores a fim de arrecadar dinheiro. Leia as afirmações indicadas a seguir e, em cada uma, assinale "Normalmente verdadeiro" ou "Normalmente falso", sempre com base na apresentação que faria para os potenciais investidores da empresa que você está começando.

Ao fazer uma apresentação formal:

	Normalmente verdadeiro	Normalmente falso
1. Usaria movimentos corporais enérgicos para representar minha ideia.		
2. Mostraria expressões faciais vivas.		
3. Usaria grande quantidade de gestos.		
4. Conversaria usando tons e timbres variados.		
5. Dramatizaria meu entusiasmo.		
6. Apontaria explicitamente a relação entre o tema e um contexto mais amplo.		
7. Asseguraria a real relevância do conteúdo apresentado.		
8. Verificaria se a apresentação é coerente e lógica.		
9. Certificar-me-ia de que a apresentação foi bem planejada e detalhada.		
10. Citaria fatos e exemplos para embasar meus argumentos e objetivos.		

Pontuação e interpretação: Esse teste foi desenvolvido para medir a capacidade de persuasão das apresentações feitas a investidores de risco por empreendedores com o objetivo de obter o investimento desejado. Dois aspectos da apresentação são avaliados aqui: paixão e preparação. Marque um ponto para cada afirmação assinalada com "Normalmente verdadeiro":

Paixão: Pontuação dos itens 1 a 5 _____.

Preparação: Pontuação dos itens 6 a 10 _____.

Uma pesquisa mostrou consistentemente que a preparação, e não a paixão, teve o impacto mais positivo sobre as decisões dos investidores diante das propostas apresentadas pelos empreendedores. Assim, uma pontuação mais elevada para preparação é mais importante na apresentação eficaz para investidores do que uma pontuação elevada para paixão. Compare sua pontuação com a de outros estudantes. Por que a preparação tem mais impacto do que a paixão para potenciais investidores?

Fonte: Baseado em Xiao-Ping Chen; Xin Yao; Suresh Kotha, "Entrepreneur passion and preparedness in business plan presentations: a persuasion analysis of venture capitalists' funding decisions", *Academy of Management Journal* 52, n. 1 (2009): 199-214.

> **Faça uma pausa**
>
> Quão eficaz você seria ao apresentar uma nova ideia de negócio para potenciais investidores? Para responder a essa questão, faça o "Autoteste do novo gestor".

Uma fonte comum de financiamento de capital para empresas com grande potencial é o **investidor-anjo**. Os anjos são pessoas ricas, geralmente com experiência em negócios e muitos contatos, que acreditam na ideia para uma *start-up* e estão dispostos a investir seus fundos pessoais para ajudar a empresa a começar. Vale notar que muitos anjos também prestam assessoria e assistência enquanto o empreendedor está desenvolvendo a empresa. Uma tendência crescente são os serviços de investimento anjo na internet, como AngelList, SecondMarket, FundersClub e MicroVentures. Os investidores podem clicar em um botão para consignar certa quantidade de fundos para um novo empreendimento diretamente de suas contas bancárias, sem nunca se encontrar ou até mesmo falar com qualquer um dos empreendedores. "É quase tão fácil quanto o *check-out* de um clique da Amazon", afirma Adam Winter, que recentemente usou a AngelList para transferir $ 10 mil para uma *start-up* do Vale do Silício que desenvolveu um robô para teleconferências itinerantes.[56]

Uma **sociedade de capital de risco** é um grupo de empresas ou indivíduos que investe dinheiro em negócios novos ou em expansão visando a propriedade e lucros potenciais. Os investidores de risco estão especialmente interessados em empresas de alta tecnologia, como biotecnologia, empreendimentos *on-line* inovadores ou telecomunicações, pois eles têm potencial para gerar altas taxas de retorno sobre o investimento.[57] Mesmo os varejistas *on-line* podem ser atraentes para os investidores de risco, o que Sophia Amoruso aprendeu com seu empreendimento de risco, a Nasty Gal.

Ao contrário de Sophia Amoruso, que teve os capitalistas de risco cortejando seu negócio, a maioria dos empreendedores precisa comprar sua ideia e, então, tentar atrair financiamento. Uma opção popular hoje é chamada de **financiamento colaborativo** (*crowdfunding*), que é uma maneira de levantar capital por meio do recebimento de pequenas quantias de dinheiro de vários investidores, geralmente pelas mídias sociais e pela internet.[58] Praticamente qualquer pessoa com uma ideia ou projeto pode usar o *desktop*, *laptop* ou *smartphone* a fim de solicitar recursos financeiros para custear o desenvolvimento ou a expansão de uma ideia ou projeto.

Forma inovadora
Nasty Gal

Soa como um *site* pornográfico o que poderia ser uma das razões pelas quais estilistas e marcas sofisticadas ignoraram Sophia Amoruso até que seu império de moda Nasty Gal começasse a render montanhas de dinheiro. Amoruso começou a Nasty Gal em 2006, com 22 anos, como uma página no eBay que vendia roupas *vintage* para mulheres. Seis anos depois, a NastyGal.com estava vendendo $ 100 milhões em roupas e acessórios incomuns.

Amoruso logo aprendeu que vender pelo eBay não iria ajudá-la a realizar seu sonho. Ela recrutou um amigo do ensino médio para construir uma página na web e configurar páginas nas mídias sociais para chegar aos fãs de marcas, como faz a revista de música e moda Nylon, que apela para o ambiente estético agressivo. Amoruso desafiou os usuários de mídias sociais a sugerir títulos para os produtos e deu cartões de presente para os vencedores. Logo as pessoas estavam postando fotos de si mesmas nas melhores descobertas da Nasty Gal. A comunicação constante com os clientes criou um público fiel.

Em 2010, as sociedades de capital de risco já ouviam falar da Nasty Gal, que vinha fazendo dinheiro desde o primeiro dia. Em 2012, Amoruso se dispôs a conhecer alguns pretendentes e, em 2013, concordou em dar à sociedade de capital de risco Index Ventures uma parte de seu patrimônio em troca de $ 49 milhões. A NastyGal.com atrai mais de seis milhões de visitantes por mês e tem alta taxa de conversão (conversão de navegadores em compradores). De acordo com Sucharita Mulpuru, analista da Forrester, "O *site* fala com um público envolvido. Na verdade, descobriu-se a ferramenta de *marketing*".[59]

O Decreto Jumpstart Our Business Startups (Jobs), transformado em lei pelo presidente Barack Obama em abril de 2012, abriu as portas para esse tipo de *fundraising* baseado em ampla gama de pequenos investidores que não são sobrecarregados de restrições. A lei permite que as empresas arrecadem dinheiro de investidores em troca de participação acionária na empresa e permite que os investidores não credenciados (como parentes) doem seu próprio dinheiro para as *start-ups*.[60] Plataformas de financiamento colaborativo como Kickstarter, SeedInvest e CircleUp estão surgindo por toda a internet para facilitar esse processo. Ao contrário dos *sites* de investidor anjo, que geralmente exigem um investimento de pelo menos $ 1.000, qualquer pessoa pode lançar mão de alguns dólares e obter um pequeno pedaço de uma *start-up* por meio do financiamento colaborativo. Uma das plataformas de financiamento colaborativo de mais sucesso é a Kickstarter, que começou como uma ferramenta para que as pessoas arrecadassem dinheiro para projetos peculiares, como documentários pouco comuns e capelas itinerantes de casamento. Recentemente, o diretor de cinema Rob Thomas usou a Kickstarter para levantar mais de $ 5 milhões para fazer um filme inspirado no famoso livro e série de televisão *Veronica Mars*.[61] Hoje, a Kickstarter expandiu para incluir produção de computadores e *videogames* e novos *gadgets* inovadores. Alex Thomas, Arnie Jorgensen e John Watson, cofundadores do estúdio para jogos de computador Stoic, que pretendiam levantar $ 100 mil para um novo jogo com tema Viking chamado *A saga Banner*, acabaram recebendo promessas de mais de $ 700 mil de entusiastas de jogos em todo o mundo, durante a sua campanha na Kickstarter. Além disso, ao permitirem o acesso dos interessados às primeiras versões do jogo, eles receberam conselhos e informações valiosos sobre como melhorar o produto.[62]

TEMA RECENTE

Lembre-se disto

- As duas fontes mais comuns de novas ideias de negócios vêm da compreensão profunda de determinada indústria, em geral derivada de experiências de trabalho anteriores, e da identificação de um nicho de mercado.
- Antes de abrirem um negócio, os empreendedores devem preparar um **plano de negócios**, que é o documento que especifica os detalhes do negócio.
- As empresas com planos de negócios cuidadosamente escritos têm mais chances de sucesso do que as que não prepararam planos.
- Uma empresa sem personalidade jurídica com fins lucrativos de um indivíduo é chamada de **microempresa individual**.
- Uma **parceria** é formada quando duas ou mais pessoas optam por abrir uma empresa sem personalidade jurídica.
- Uma **corporação** é uma entidade artificial criada pelo Estado que existe separadamente de seus proprietários.

- O **financiamento de dívida** envolve dinheiro emprestado de amigos, família ou de um banco com o objetivo de começar um negócio e deve ser reembolsado em uma data posterior.
- O **financiamento de capital acionário** consiste em fundos investidos em troca de propriedade da empresa.
- O **investidor-anjo** é um indivíduo rico que acredita na ideia de uma *start-up* e fornece fundos pessoais e recomendações para ajudar uma empresa a sair do papel.
- Uma **sociedade de capital de risco** é um grupo de empresas ou indivíduos que investe dinheiro em negócios novos ou expansão visando a propriedade e lucros potenciais.
- O **financiamento colaborativo** é uma maneira de levantar capital que envolve a obtenção de pequenas quantias de dinheiro de grande número de investidores. Em geral, esse tipo de financiamento é feito por meio das mídias sociais ou da internet.

Estratégias para tornar-se empresário

Aspirantes a empreendedor podem se tornar empresários de várias formas diferentes. Podem começar um novo negócio do zero, comprar uma empresa já existente ou abrir uma franquia. Outra estratégia empreendedora comum é participar de uma incubadora de empresas.

Começar um novo negócio

Uma das formas mais comuns de se tornar um empreendedor é começar um novo negócio do zero. Essa abordagem é motivadora porque o empreendedor vê primeiro a necessidade de um produto ou serviço que não está sendo preenchida e, depois, a ideia ou o sonho se tornar realidade. Sara e Warren Wilson, cofundadores da Snack Factory, construíram um negócio de $ 42 milhões com a criação de versões do tamanho de "salgadinhos" para alimentos tradicionais. Juntos, imaginaram o conceito de *bagel chips*, que são *chips* chatos e crocantes, feitos de *bagels*. "Não sonhávamos de olhos abertos apenas, mas descobrimos uma maneira de concretizar nossas ideias", conta Warren Wilson. Depois de vender a Bagel Chips para a Nabisco em 1992, o sonho continuou, e eles criaram os *chips* de pão pita e *pretzel*. De acordo com Warren Wilson, "Tal como ocorreu com nossas duas empresas anteriores, construímos a Pretzel Chips pouco a pouco, com muito cuidado e atenção aos detalhes".[63]

> **Faça uma pausa**
>
> Quão motivado você está para continuar trabalhando por uma meta, apesar dos contratempos? A resposta pode revelar o seu potencial empreendedor. Para uma avaliação mais detalhada, complete o teste proposto na seção "Aplique suas habilidades: exercício vivencial", no material complementar.

A vantagem de abrir um negócio é a capacidade de desenvolver e projetar a empresa como o empreendedor quiser. O empreendedor é o único responsável pelo sucesso. Uma desvantagem potencial é o tempo que pode levar para começar o negócio e torná-lo rentável. A fase mais difícil é enfrentar a falta de clientela estabelecida e os inúmeros erros cometidos por alguém sem experiência no assunto. Além disso, não importa quanto planejamento foi feito, a *start-up* é um risco, sem garantia de que sua ideia funcionará. Alguns empresários, especialmente em indústrias de alto risco, desenvolvem parcerias com empresas consagradas que podem ajudar o novo negócio a se estabelecer e crescer. Outros usam a técnica da terceirização – ter algumas atividades executadas por fornecedores externos – para minimizar os custos e os riscos de se fazer tudo internamente.[64]

Comprar uma empresa existente

Por causa do tempo prolongado de uma *start-up* e dos erros inevitáveis, alguns empreendedores preferem reduzir o risco comprando uma empresa já existente. Essa escolha tem a vantagem de um tempo mais curto para que o negócio comece a funcionar, além de um histórico da empresa. O empreendedor pode conseguir um bom preço se o proprietário pretende se aposentar ou tem outras preocupações familiares. Além disso, um novo negócio pode sobrecarregar um empreendedor com o volume de trabalho e todos os procedimentos a serem concluídos. A empresa estabelecida já possui sistemas de arquivamento, sistema de folha de pagamento e outros procedimentos operacionais. Algumas das potenciais desvantagens são a necessidade de pagar pela clientela que o proprietário acredita que existe e a possível existência de alguma hostilidade com relação ao negócio anterior. Além disso, a empresa pode ter maus hábitos e procedimentos ou fazer uso de tecnologia ultrapassada, o que pode ter levado a empresa à venda.

Comprar uma franquia

Franchising é um acordo de negócios em que uma empresa (franqueador) recolhe taxas iniciais e contínuas em troca da possibilidade de que outros indivíduos ou empresas (franqueados) ofereçam produtos e serviços de sua marca utilizando seus processos.[65] O franqueado investe o próprio dinheiro e é dono do negócio, mas não tem de desenvolver um novo produto, criar uma nova empresa ou testar o mercado. A Figura 6.8 lista algumas das franquias de crescimento mais rápido, incluindo o tipo de negócio, o número de pontos de venda em todo o mundo e os custos iniciais estimados.

A grande vantagem de uma franquia é que a ajuda administrativa é fornecida pelo proprietário. Os franqueadores oferecem um nome conhecido, além de publicidade nacional para estimular a demanda local pelo produto ou serviço. Por exemplo, a rede Dunkin' Donuts apoia os franqueados com receitas, treinamento de funcionários e suporte de *marketing* contínuo, em troca de uma taxa de franquia que varia de $ 40 mil a

$ 80 mil e uma taxa regular de *royalties* de 5,9%.[66] A potencial desvantagem refere-se à falta de controle que ocorre quando os franqueadores querem que todos os negócios sejam geridos exatamente da mesma maneira. Em alguns casos, os franqueadores ditam os preços dos produtos ou exigem que os franqueados comprem equipamentos caros para atender às novas ofertas de produtos. Vince Eupierre, um imigrante cubano de 71 anos, é dono de 34 franquias da rede Burger King no sul da Califórnia e emprega 2.500 trabalhadores. Como parte do acordo de *franchising* com o Burger King, ele foi obrigado a comprar $ 1,3 milhão em estações de *smoothie* e novos *freezers* quando o Burger King introduziu os *smoothies* e frapês no cardápio. Diante da queda nas vendas provocada pela crise econômica, a despesa extra foi difícil de engolir.[67] Além disso, as franquias podem ser caras, e os elevados custos de arranque são acompanhados de pagamentos mensais para o franqueador que podem variar de 2% a 15% das vendas brutas.[68]

Participar de uma incubadora de empresas

Uma opção atraente para empreendedores que desejam abrir um negócio começando do zero é participar de uma **incubadora de empresas**, que costumam oferecer espaço de escritório compartilhado, serviços de apoio à gestão e assessoria jurídica aos empreendedores. As incubadoras também oferecem aos empreendedores a oportunidade de compartilhar informações sobre negócio locais, apoio financeiro e oportunidades de mercado. Uma inovação recente é a *incubadora virtual*, que não exige que as pessoas se estabeleçam em um local. Essas organizações virtuais conectam os empreendedores a uma vasta gama de especialistas e mentores, além de proporcionarem menos sobrecarga e reduzirem os custos para os proprietários de pequenas empresas com pouca liquidez. Christie Stone, cofundadora da Ticobeans, uma distribuidora de café em Nova Orleans,

FIGURA 6.8
Algumas das franquias que crescem mais rápido hoje

Franquia	Tipo de negócio	Número de localizações	Custo total inicial
Subway	Sanduíches Submarine	39.767	$85,7K*–262,85K
Jan-Pro Franchising Int'l. Inc.	Limpeza comercial	11.146	$3,15K–50,91K
7-Eleven Inc.	Loja de conveniência	47.298	$30,8K–1,5M**
Vanguard Cleaning Systems	Limpeza comercial	2.696	$9,85K–35,83K
Liberty Tax Service	Preparação de declaração de imposto de renda	4.520	$56,8K–69,9K
Chester's	Restaurante *fast-food* de frango	1.117	$4,63K–348,12K
Jazzercise Inc.	Aulas, roupas e acessórios de dança	8.543	$4,28K–76,5K
Jimmy John's Gourmet Sandwich Shops	Sanduíches *gourmet*	1.682	$300,5K–489,5K
Dunkin' Donuts	Café, *donuts* e produtos de panificação	10.464	$310,25K–1,77M
Anago Cleaning Systems	Limpeza comercial	2.445	$11,19K–66,85K

FONTE: "2013 Fastest-growing franchise rankings", Entrepreneur. Disponível em: <http://www.entrepreneur.com/franchises/rankings/fastestgrowing-115162/2013,-1.html>. Acesso em: 25 set. 2013.

* K representa a unidade de milhar (1K = 1.000). Também pode ser utilizado para preços. (N.R.T.)

** M significa milhão e, portanto, 1M = 1.000.000. (N.R.T.)

gosta da abordagem virtual porque lhe dá acesso à assessoria de qualidade enquanto permite que mantenha o escritório perto de seu inventário.[69]

No entanto, o aspecto comunitário das incubadoras é importante para muitos empreendedores. As incubadoras de empresas tornaram-se um segmento importante do setor de pequenas empresas, com cerca de 1.250 incubadoras em operação nos Estados Unidos e aproximadamente sete mil em todo o mundo.[70] O grande valor de uma incubadora está na experiência de um mentor, que atua como conselheiro, modelo e torcedor, além do pronto acesso a uma equipe de advogados, contadores e outros consultores. As incubadoras também dão aos empreendedores a oportunidade de aprender uns com os outros.

Uma alternativa recente para a incubadora de empresas é o espaço de *co-working*, um ambiente de escritório aberto, compartilhado por vários empreendedores independentes, bem como funcionários corporativos remotos ou outros profissionais que não têm um escritório (algumas empresas também criam os próprios espaços de *co-working* para os funcionários). Roam Atlanta é um espaço de *co-working* que tem muitas dezenas de membros que podem usar as mesas de trabalho, reservar salas de conferências, ter acesso a equipamentos e serviços de escritório de alta qualidade e até mesmo comprar comida no refeitório da empresa.[71] Espaços de *co-working* representam a nova tendência com grande probabilidade de crescer. Eles não oferecem o serviço de assessoria de uma incubadora tradicional, mas dão aos profissionais uma ótima oportunidade de fazer contatos e aprender com outros usuários. Espaços de *co-working* costumam atrair jovens profissionais que gostam do modelo de trabalho aberto e das oportunidade de aprender com outras pessoas enfrentando desafios semelhantes.

Começar um negócio *on-line* ou aplicativo móvel

Muitos empreendedores estão se voltando para a internet a fim de expandir os pequenos negócios ou começar um novo empreendimento. Qualquer pessoa com uma ideia, acesso à internet e ferramentas para criar um *website* pode abrir um negócio *on-line*. Esses fatores certamente alimentaram o espírito empreendedor de Matt Maloney e Mike Evans, fundadores do GrubHub. Em uma noite de neve em Chicago, enquanto procuravam um restaurante que entregasse comida em seu escritório no centro, os dois ficaram intrigados com a ideia de uma solução *on-line* para o dilema. Assim nasceu o GrubHub, que começou como um *website* simples que listava todos os restaurantes que fariam entregas em áreas específicas. Logo, os fundadores adicionaram capacidades de pedido e recursos como aplicativos móveis, cupons e características de classificação. O GrubHub mudou e evoluiu com base no *feedback* dos clientes (cerca de 15 mil restaurantes que pagam uma taxa pelos pedidos feitos pelo *site*). Os empresários também usaram esse *feedback* para desenvolver o OrderHub, um *tablet* especializado que oferece aos restaurantes uma forma eficiente de administrar pedidos digitais. Segundo Maloney, como um empreendedor, "os sensores devem estar sempre alertas. Você tem que escutar, responder e crescer, sempre fazendo seu produto evoluir".[72]

Como ilustra o GrubHub, um incentivo para abrir uma empresa *on-line* é o fato de que o empreendedor pode ter uma ideia simples e transformá-la em um negócio lucrativo. Uma área que cresce ainda mais rapidamente no universo dos novos negócios é o *boom* de aplicativos. Assim como a *internet* desencadeou um *boom* de *websites* há mais ou menos 15 anos, os dispositivos móveis têm inspirado a nova geração de empreendedores.[73] Considere o sucesso do Instagram.

No entanto, para cada sucesso do Instagram, há milhares de empresários que criam aplicativos que não dão nenhum retorno financeiro. Ethan Nicholas ganhou mais de $ 1 milhão com o aplicativo de jogo de artilharia, mas os esforços de Shawn e Stephanie Grimes custaram cerca de $ 200 mil em receita perdida e renderam menos de $ 5 mil no ano passado. Qualquer empreendimento de risco é perigoso, mas

CAPÍTULO 6 GESTÃO DE *START-UPS* E NOVOS EMPREENDIMENTOS

> ### *Forma inovadora*
> #### Instagram
>
> Amontoados em um pequeno escritório térreo no bairro de South Park, em São Francisco, Kevin Systrom e Mike Krieger trabalharam incansavelmente para desenvolver um aplicativo móvel que criasse uma rede social em torno da fotografia. Inicialmente, eles lançaram o Burbn, que permite aos usuários postar fotos e fazer outras atualizações. O Burbn só atraiu algumas centenas de usuários, mas eles carregaram milhares de fotos. Então, Systrom e Krieger voltaram ao trabalho e lançaram uma versão mais elegante para o *iPhone*, que chamaram de "Instagram". Em setembro de 2012, o Facebook comprou o Instagram por aproximadamente $ 750 milhões em dinheiro e ações. Comprar o Instagram ajudou o Facebook com uma das suas necessidades mais urgentes – tornar o seu serviço mais atraente para *smartphones*. Para Rebecca Lieb, do Altimeter Group, "Se você estiver na rua, é mais fácil atualizar o Facebook com uma foto instantânea do que com texto".
>
> O Instagram permite que as pessoas adicionem efeitos exóticos às *snapshots* de *smartphones* e compartilhem-nas com amigos no Facebook e Twitter. Tornou-se "do nada" um sucesso instantâneo na internet. Os primeiros usuários postaram as fotos no Twitter, o que depois motivou grande interesse quando as pessoas viam *links* para as fotos em seus *feeds*.
>
> Hoje, o Instagram tem 150 milhões de usuários ativos, com cerca de 60% deles em outros países. Segundo Melissa Parrish, analista da Forrester Research, "É o conto de fadas da *web* com que toda *start-up* sonha. "Os criadores do Instagram consideraram um simples comportamento – o compartilhamento de fotos com amigos – e o transformaram em um produto que as pessoas querem adquirir".[74]

empresas de tecnologias dinâmicas, onde "mudanças tectônicas" podem acontecer do dia para a noite, são ainda mais.[75]

Empreendedores que aspiram abrir um negócio *on-line* ou móvel seguem os passos comuns necessários para começar uma empresa tradicional: identificar um nicho de mercado rentável, desenvolver um plano de negócios inspirador, escolher uma estrutura legal e conseguir apoio financeiro. Além disso, eles precisam ser extraordinariamente ágeis, persistentes nas ações de *marketing*, antenados em tecnologia e habilidosos na construção de relacionamentos *on-line*. A seguir, apresentamos alguns dos passos necessários para abrir um negócio *on-line*:

- **Encontrar um nicho de mercado.** Para ter sucesso no competitivo mercado *on-line*, o empreendedor precisa identificar um nicho de mercado que não está sendo atendido por outras empresas. Os negócios *on-line* prosperam quando vendem produtos ou serviços exclusivos, personalizados ou com foco limitado em um público-alvo bem definido.
- **Criar um *website* profissional.** Como os compradores *on-line* têm intervalos de atenção curtos, um *website* deve ser capaz de seduzi-los a ficar. Além disso, os *websites* devem ser fáceis de navegar e intuitivos, e oferecer menus fáceis de ler e compreender. Mesmo *sites* "pequenos" precisam de "grandes" *designs* e devem evitar erros comuns, como erros de digitação, arquivos excessivamente grandes e lentos para carregar, informação em excesso e sobrecarga sensorial.[76]
A FragranceNet.com compete com concorrentes poderosos com um *website* que comunica claramente a

▶▶▶ **Conexão de conceito**

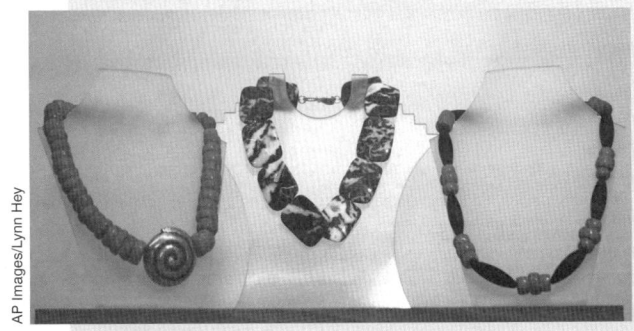

A Etsy.com é o exemplo clássico de como abrir uma empresa *on-line*. O cofundador e CEO Rob Kalin identificou um claro **nicho de mercado**: criar uma loja *on-line* em que artistas e artesãos podem vender produtos feitos à mão como os da imagem. Ele construiu um **site profissional** envolvente e de fácil navegação que inclui uma seção comunitária que estimula os **relacionamentos** *on-line*. Finalmente, o **nome do domínio** Etsy é intrigante. Kalin disse certa vez que criou o nome depois de notar que os personagens dos filmes de Fellini sempre diziam *et si*, mas outros insistem que Etsy significa "fácil de vender você mesmo".

proposta de valor (produtos de grife a preços de desconto), com fácil navegação e excelência no atendimento ao cliente.[77]

- **Escolher o nome de domínio.** O nome de domínio dá à empresa um endereço na *web* e uma identidade única. Os nomes de domínio precisam ser cuidadosamente escolhidos e devem ser fáceis de lembrar, pronunciar e soletrar. Como é selecionado um nome de domínio? Opções para criar um nome de domínio incluem: (1) usar o nome da empresa (Amazon.com); (2) criar um nome que descreva o seu produto ou serviço (1-800-Flowers.com); ou (3) escolher um que não tenha um significado específico e permita a expansão (Etsy.com).

- **Saber quando pivotar.** Um dos erros mais graves que novos empreendedores cometem é não saber quando **pivotar**, que significa mudar a direção estratégica do negócio.[78] Por exemplo, os empreendedores do setor de tecnologia podem se envolver com várias ideias para um novo negócio antes de finalmente encontrarem aquela que irá decolar. Lembre-se de como o Instagram começou como a rede geossocial Burbn. Mesmo depois do sucesso inicial, haverá momentos em que a empresa terá que mudar de rumo. De acordo com Tony Conrad, parceiro de fundação da sociedade de capital de risco True Ventures, "*Pivotar* para mim não é uma palavra de sete letras. Ela representa a melhor metodologia que o Vale do Silício já inventou. Começar algo, determinar que não está funcionando e, em seguida, aproveitar os aspectos de determinada tecnologia é extremamente consistente".[79]

- **Usar as mídias sociais.** *Sites* de mídia social, como Facebook, Twitter e YouTube, podem ser ferramentas poderosas para os donos de pequenas empresas. Os benefícios do uso das mídias sociais incluem o valioso *feedback* sobre os produtos e serviços, a construção de comunidades de seguidores leais e a promoção de eventos e preços especiais. Na melhor das circunstâncias, os clientes leais veem o negócio como uma atividade social por si só, em que fazem recomendações que serão retransmitidas pelos *feeds* de notícias de todos os seus amigos no Facebook. O Facebook não revela quantas empresas combinam os seus recursos principais com o comércio, mas sabe-se que mais de sete milhões de aplicativos e *websites* estão integrados a essa popular rede social.[80]

Lembre-se disto

- A maneira mais comum de se tornar empreendedor é criar um novo negócio baseado em uma ideia comercializável.
- A vantagem de começar um negócio do zero é que o empreendedor é o único responsável pelo sucesso; o potencial inconveniente é o tempo necessário para que o negócio se torne rentável.
- O empreendedor também pode optar por comprar uma empresa já existente, encurtando o tempo necessário para que o negócio comece a funcionar.
- *Franchising* é um acordo por meio do qual o proprietário de um produto ou serviço permite que outras pessoas adquiram o direito de distribuir o produto ou serviço com a ajuda dele.
- As **incubadoras de empresas** ajudam as empresas *start-up* a se conectar com uma gama de especialistas e mentores que as apoiam, aumentando assim a chance de sucesso.
- Os passos para abrir um negócio *on-line* incluem encontrar um nicho de mercado, criar um *site* profissional, escolher o nome de domínio, saber quando pivotar e usar as mídias sociais.
- **Pivotar** significa mudar a direção estratégica do negócio, o que é particularmente importante nas indústrias que evoluem muito rápido.

Cap. 6 Notas

1. Com base em Keith M. Hmieleski; Andrew C. Corbett, "Proclivity for improvisation as a predictor of entrepreneurial intentions", *Journal of Small Business Management* 44, n. 1 (January 2006): 45-63; "Do you have an entrepreneurial mind?", Inc.com, October 19, 2005, disponível em: <www.inc.com., acesso em: 19 out. 2005.
2. Brian Stelter, "He has millions and a new job at Yahoo. Soon, He'll Be 18", *The New York Times*, March 25, 2013, disponível em: <http://www.nytimes.com/2013/03/26/business/media/nick-daloisio-17-sells-summly-app-to-yahoo.html?_r=0>, acesso em: 26 mar. 2013; Sarah Kessler, "Exposing Yahoo's strategy", *Fast Company* (April 2013): 40, 45.
3. Stelter, "He has millions and a new job at Yahoo".
4. "Small business trends", U.S. Small Business Administration. Disponível em: <http://www.sba.gov/content/small-business-trends>. Acesso em: 6 set. 2013.
5. Donald F. Kuratko; Richard M. Hodgetts, *Entrepreneurship: a contemporary approach*, 4th ed. (Fort Worth, TX: Dryden Press, 1998), p. 30.
6. Nancy Averett, "The small businesses behind the big game", *Inc.* (February 2013): 14-16.
7. Estudo dirigido por Yankelovich Partners, citado em Mark Henricks, "Type-cast", *Entrepreneur* (March 2000): 14-16.
8. Susan Polis Schutz, "Poetry and a Pickup Truck", *The New York Times*, March 3, 2012. Disponível em: <www.nytimes.com/2012/03/04/jobs/blue-mountain-arts-chief-on-how-the-business-began.html?_r=1&pagewanted=print>. Acesso em: 6 ago. 2012.
9. Paul Farhi, "Jeffrey Bezos, Washington Post's New Owner, Aims for a New 'Golden Era' at the Newspaper", *The Washington Post*, September 3, 2013. Disponível em: <http://articles.washingtonpost.com/2013-09-03/lifestyle/41698103_1_washington-post-co-katharine-graham-jeffrey-bezos>. Acesso em: 6 set. 2013.
10. John A. Byrne, "The 12 greatest entrepreneurs of our time", *Fortune* (April 9, 2012): 67-86; "Asia 200: Infosys tops India's most admired companies", *The Wall Street Journal Asia Online*, November 2, 2010, disponível em: <http://online.wsj.com/article/SB10001424052702304173704575577683613256368.html>, acesso em: 2 out. 2012; "Asia 200 Interactive", *The Wall Street Journal Online*, disponível em: <http://online.wsj.com/article/SB10001424052702304410504575559363431123480.html>, acesso em: 2 out. 2012.
11. Siri Roland Xavier; Donna Kelley; Jacqui Kew; Mike Herrington; Arne Vorderwulbecke, "Global Entrepreneurship Monitor 2012 Global Report", January 17, 2013. Disponível em: <http://www.gemconsortium.org/docs/2645/gem-2012-global-report>. Acesso em: 7 set. 2013.
12. Donna J. Kelley; Slavica Singer; Mike Herrington, "Global Entrepreneurship Monitor 2011 Executive Report", July 26, 2012. Disponível em: <http://www.gemconsortium.org/docs/2409/gem-2011-global-report>. Acesso em: 9 out. 2012.
13. Donna J. Kelley; Candida G. Brush; Patricia G. Greene; Yana Litovsky, "Global Entrepreneurship Monitor 2012 Women's Report", July 31, 2013. Disponível em: <http://www.gemconsortium.org/docs/2825/gem-2012-womens-report>. Acesso em: 7 set. 2013.
14. Veja J. D. Harrison, "New rankings: the world's top nations for female entrepreneurs", *The Washington Post*, June 17, 2013. Disponível em: <http://articles.washingtonpost.com/2013-06-17/business/40035405_1_female-entrepreneurs-three-nations-fewer-businesses>. Acesso em: 29 jun. 2013.
15. Winslow Sargeant, "Small Business Economy 2012," SBA Office of Advocacy, http://www.sba.gov/sites/default/files/files/Small_Business_Economy_2012(2).pdf (acessado em 6 de Setembro de 2013); and "Small Business Trends," Small Business Administration, http://www.sba.gov/content/small-business-trends (acessado em 6 set. 2013).
16. U.S. Small Business Administration Office of Advocacy, September 2012. Disponível em: <http://www.sba.gov/sites/default/files/FAQ_Sept_2012.pdf>. Acesso em: 6 set. 2013.
17. Jon Swartz, "Google, Amazon, Facebook put start-ups on fast track", *USA Today*, February 22, 2011. Disponível em: <www.google.com/search?sourceid=navclient&aq=4&oq=google+amazon&ie=UTF-8&rlz=1T4ADRA_enUS426US427&q=google+amazon+facebook+put+startups+on+fast+track&gs_upl=0l0l0l5065lllllllllll0&aqi=g4s1&pbx=1>. Acesso em: 7 ago. 2012.
18. Dados do Bureau of Labor Statistics mencionados pelo U.S. Small Business Administration Office of Advocacy, September 2012. Disponível em: <http://www.sba.gov/sites/default/files/FAQ_Sept_2012.pdf>. Acesso em: 6 set. 2013.
19. Ibidem.
20. Averett, "The small businesses behind the big game".
21. Rachel Emma Silverman, "Field trip: learning from startups", *The Wall Street Journal*, March 27, 2013, B8.
22. Ian Mount, "The return of the lone inventor", *Fortune Small Business* (March 2005): 18; Magnus Aronsson,

"Education matters – but does entrepreneurship education? An interview with David Birch", *Academy of Management Learning and Education* 3, n. 3 (2004): 289-292.
23. John Case, "The origins of entrepreneurship", *Inc.* (June 1989): 51-53.
24. "Small business Ambassador", *Fortune Small Business* (February 2007): 28; "Salvador Guzman buys second AM Radio Station", July 8, 2009, disponível em: <http://www.hispanicnashville.com/2009/07/salvador-guzman-buys-second-am-radio.html>, acesso em: 9 out. 2012.
25. Statistics for All U.S. Firms by Industry, Gender, Ethnicity, and Race for the U.S., States, Metro Areas, Counties, and Places: 2007, 2007 Survey of Business Owners. Disponível em: <http://factfinder2.census.gov/faces/tableservices/jsf/pages/productview.xhtml?pid=SBO_2007_00CSA01&prodType=table>. Acesso em: 9 set. 2013.
26. Center for Women's Business Research apud Sharon G. Hadary, "What's holding back women entrepreneurs?", *The Wall Street Journal*, May 17, 2010, R1, R3.
27. Mickey Meece, "One in four businesses calls the owner 'Ma'am'", *The New York Times*, November 5, 2009. Disponível em: <www.nytimes.com/2009/11/05/business/smallbusiness/05sbiz.html?scp=1&sq=one%20in%20 four%20 businesses%20calls%20the%20owner%20maam&st=Search>. Acesso em: 4 nov. 2009.
28. Hadary, "What's holding back women entrepreneurs?".
29. Steven Overly; Thomas Heath, "Venga Betting on an App Dream", *The Washington Post*, April 29, 2011. Disponível em: <www.washingtonpost.com/business/venga-betting-on-an-app-dream/2011/04/26/AFL0nHFF_story.html>. Acesso em: 9 ago. 2012.
30. Com base em Charles R. Kuehl; Peggy A. Lambing, *Small business: planning and management*, 3rd ed. (Ft. Worth, TX: Dryden Press, 1994); R. P. Vecchio, "Entrepreneurship and leadership: common trends and common threads", *Human Resource Management Review* 13 (2003): 303-327; Eyal Yaniv; David Brock, "Reluctant entrepreneurs: why they do it and how they do it", *Ivey Business Journal*, November-December 2012, disponível em: <http://iveybusinessjournal.com/topics/entrepreneurship/reluctant-entrepreneurs-why-they-do-it-and-how-they-do-it#.Ui3hfSbD91s>, acesso em: 9 set. 2013.
31. Leigh Buchanan, "The motivation matrix", *Inc.*, March 2012. Disponível em: <www.inc.com/magazine/201203/motivation-matrix.html>. Acesso em: 20 ago. 2012.
32. Apud Jessica Bruder, "A Harvard professor analyzes why start-ups fail", *The New York Times*, May 25, 2012. Disponível em: <http://boss.blogs.nytimes.com/2012/05/25/a-harvard-professor-analyzes-why-start-ups-fail/>. Acesso em: 9 ago. 2012.
33. Alan Hall, "Starting a business requires sacrifice", *Forbes*, June 12, 2012, disponível em: <http://www.forbes.com/sites/alanhall/2012/06/12/starting-a-business-requires-sacrifice/>, acesso em: 9 set. 2013; Andy Hayes, "How much sacrifice does it take to start a business", *Dumb Little Man* Web site, June 20, 2011, disponível em: <http://www.dumblittleman.com/2011/06/how-much-sacrifice-does-it-take-to.html>, acesso em: 27 jun. 2011.
34. Leigh Buchanan, "The leanest start-up", *Inc.* (July-August 2012): 72-75.
35. Drex Heikes, "Strand brewing is tasting success after years of struggle", *Los Angeles Times*, Juy 1, 2012. Disponível em: <http://articles.latimes.com/2012/jul/01/business/la-fi-made-in-california-brewers-20120701>. Acesso em: 1º ago. 2012.
36. Citado em "Crunching the numbers: work-life balance", *Inc.* (July-August 2011): 30.
37. Melissa S. Cardon et al., "The nature and experience of entrepreneurial passion", *Academy of Management Review* 34, n. 3 (2009): 511-532.
38. Buchanan, "The leanest start-up".
39. David C. McClelland, *The achieving society* (New York: Van Nostrand, 1961).
40. Extraído de www.evancarmichael.com.
41. "Theories of Emeritus Professor Julian Rotter Still Relevant to Field of Clinical Psychology", U.S. Fed News Service, Including US State News, August 12, 2012, disponível em: <http://search.proquest.com.proxy.library.vanderbilt.edu/docview/1032581459?accountid=14816>; P. E. Spector, "Behavior in organizations as a function of employee's locus of control", *Psychological Bulletin* (May 1982): 482-497; H. M. Lefcourt, "Durability and impact of the locus of control construct", *Psychological Bulletin* 112 (1992): 411-414.
42. Ellen McGirt, "Boy wonder", *Fast Company* (April 2009): 58-65, 96-97.
43. Paulette Thomas, "Entrepreneurs' biggest problems – and how they solve them", *The Wall Street Journal*, March 17, 2003.
44. Com base em M. Tina Dacin; Peter A. Dacin; Paul Tracey, "Social entrepreneurship: a critique and future directions", *Organization Science* 22, n. 5 (September-October 2011): 1203-1213; David Bornstein, "The rise of the social entrepreneur", *The New York Times*, November 13, 2012, disponível em: <http://opinionator.blogs.nytimes.com/2012/11/13/the-rise-of-social-entrepreneur/?_r=0>. Acesso em: 14 nov. 2012.
45. Byrne, "The 12 greatest entrepreneurs of our time".
46. Veja Jakki J. Mohr; Sanjit Sengupta; Stanley F. Slater, "serving base-of-the-pyramid markets: meeting

real needs through a customized approach", *Journal of Business Strategy* 33, n. 6 (2012): 4-14.
47. Angus Loten, "Can firms aim to do good if it hurts profit?", *The Wall Street Journal*, April 11, 2013, B6.
48. Leslie Brokaw, "How to start an Inc. 500 Company", *Inc. 500* (1994): 51-65.
49. Lottie L. Joiner, "How to work full-time while launching a business, Spanx", *USA Today*, June 25, 2011. Disponível em: <www.usatoday.com/money/smallbusiness/2011-07-22-work-full-time-and-launch-small-business_n.htm>. Acesso em: 13 ago. 2012.
50. Paul Reynolds, "The truth about start-ups", *Inc.* (February 1995): 23; Brian O'Reilly, "The new face of small businesses", *Fortune* (May 2, 1994): 82-88.
51. Com base em Ellyn E. Spragins, "Venture capital express: how to write a business plan that will get you in the door", *Small Business Success*, November 1, 1990, disponível em: <www.inc.com/magazine/19901101/5472.html>, acesso em: 18 ago. 2010; Linda Elkins, "Tips for preparing a business plan", *Nation's Business* (June 1996): 60R-61R; Carolyn M. Brown, "The do's and don'ts of writing a winning business plan", *Black Enterprise* (April 1996): 114-116; Kuratko; Hodgetts, *Entrepreneurship*, p. 295-397. Para um passo a passo claro e completo para escrever um plano de negócios eficaz, consulte Linda Pinson; Jerry Jinnett, *Anatomy of a business plan*, 5th ed. (Virginia Beach, VA: Dearborn, 2001).
52. The INC. FAXPOLL, *Inc.* (February 1992): 24.
53. Veja "By the numbers: taking the measure of entrepreneurs", *The Wall Street Journal*, November 12, 2012, R6.
54. "Staples makes big business from helping small businesses", *SBA Success Stories*, disponível em: <www.sba.gov/successstories.html>, acesso em: 12 mar. 2004; Staples Web site, disponível em: <www.staples.com/sbd/cre/marketing/about_us/index.html>, acesso em: 24 ago. 2012.
55. Elizabeth Olson, "From one business to 23 million", *The New York Times*, March 7, 2004. Disponível em: <http://query.nytimes.com/gst/fullpage.html?res=-9C03E6D6113FF 934A35750C0A9629C8B63>. Acesso em: 16 jul. 2008.
56. Sarah E. Needleman; Lora Kolodny, "Site Unseen: more 'angels' invest via internet", *The Wall Street Journal*, January 23, 2012, B1.
57. "Where the venture money is going", *Business 2.0* (January-Febraury 2004): 98.
58. Meir Kahtan, "Crowdfunding: the disruptor's disruptor", *Ivey Business Journal* (July-August 2013), disponível em: <http://iveybusinessjournal.com/topics/strategy/crowdfunding-the-disruptors-disruptor#.Ui8IdibD91s>, acesso em: 10 set. 2013; Jenna Wortham, "Startups look to the crowd", *The New York Times*, April 29, 2012, disponível em: <www.nytimes.com/2012/04/30/technology/kickstarter-sets-off-financing-rush-for-a-watch-not-yet-made.html?pagewanted=all>, acesso em: 14 ago. 2012.
59. Nicole Perlroth, "Naughty in name only", *The New York Times*, March 24, 2013. Disponível em: <http://www.nytimes.com/2013/03/25/technology/nasty-gal-an-online-start-up-is-a-fast-growing-retailer.html?pagewanted =all&_r=0>. Acesso em: 25 mar. 2013.
60. Catherine Clifford, "Want to raise money with crowdfunding? Consider these tips", *Entrepreneur*, April 4, 2012. Disponível em: <www.entrepreneur.com/article/223270>. Acesso em: 14 ago. 2012.
61. Rob Thomas, "The Veronica Mars Movie Project", *Kickstarter*. Disponível em: <https://www.kickstarter.com/projects/559914737/the-veronica-mars-movie-project>. Acesso em: 13 maio 2014.
62. Jeremy Quittner, "Hands on: marketing; the wisdom of crowds", *Inc.* (December 2012-January 2013): 99-100.
63. Aviva Yael, "How we did it", *Inc.* (September 2008): 143.
64. Wendy Lea, "Dancing with a partner", *Fast Company* (March 2000): 159-161.
65. James G. Combs et al., "Antecedents and consequences of franchising: past accomplishments and future challenges", *Journal of Management* 37, n. 1 (January 2011): 99-126.
66. Mais informações estão disponíveis em: <www.entrepreneur.com/franchises/dunkindonuts/282304-0.html>.
67. Sarah E. Needleman; Angus Loten, "Fast-food franchises bulking up", *The Wall Street Journal*, April 12, 2012. Disponível em: <http://online.wsj.com/article/SB10001424052702304587704577333443052487330.html>. Acesso em: 15 ago. 2012.
68. Para uma discussão sobre os riscos e as desvantagens de possuir uma franquia, consulte Anne Fisher, "Risk reward", *Fortune Small Business* (December 2005-January 2006): 44.
69. "Crowdfunding Startup CrowdIt Joins National Business Incubation Association as a Virtual Incubator", *PR Newswire*, May 16, 2013, disponível em: <http://www.prnewswire.com/news-releases/crowdfunding-startup-crowdit-joins-national-business-incubation-association-as-a-virtual-incubator-207694711.html>, acesso em: 10 set. 2013; Darren Dahl, "Getting started: percolating profits", *Inc.* (February 2005): 38.
70. National Business Incubator Association. Disponível em: <http://www.nbia.org/resource_library/faq/#3>. Acesso em: 10 set. 2013.
71. Andrew Jones, "The promise of the cloud workplace", *Strategy + Business* (Summer 2013). Disponível em: <http://www.strategy-business.com/

article/10214?gko=676b5>. Acesso em: 10 set. 2013.
72. Matt Maloney, "What GrubHub's CEO took from the strategy", *The Wall Street Journal*, August 23, 2012, B5; Megan Shank, "GrubHub has a full menu", *The Washington Post*, February 26, 2011, disponível em: <www.washingtonpost.com/wp-dyn/content/article/2011/02/26/AR2011022603117.html>, acesso em: 6 ago. 2012.
73. David Streitfeld, "As boom lures app creators, tough part is making a living", *The New York Times*, November 18, 2012, A1.
74. Robert Hof, "So much for Facebook ruining Instagram – it hit 150 million monthly active users", *Forbes*, September 8, 2013, disponível em: <http://www.forbes.com/sites/roberthof/2013/09/08/so-much-for-facebook-ruining-instagram-it-just-hit-150-million-monthly-active-users/>, acesso em: 10 set. 2013; Jenna Wortham, "Facebook to buy photo-sharing service Instagram for $ 1 billion", *The New York Times*, April 9, 2012, disponível em: <http://bits.blogs.nytimes.com/2012/04/09/facebook-acquires-photo-sharing-service-instagram/?pagewanted=print>, acesso em: 17 ago. 2012; Benny Evangelista, "Facebook's Instagram Purchase Final", *The San Francisco Chronicle*, September 6, 2012, disponível em: <www.sfgate.com/technology/article/Facebook-s-Instagram-purchase-final-3845127.php>, acesso em: 8 set. 2012.
75. Streitfeld, "As boom lures app creators, tough part is making a living".
76. Jason R. Rich, *Unofficial guide to starting a business online*, 2nd ed. (New York: Wiley Publishing, 2006), p. 116.
77. Ellen Reid Smith, *E-loyalty: how to keep customers coming back to your website* (New York: HarperBusiness, 2000), p. 19.
78. Ilya Pozin, "9 biggest mistakes new entrepreneurs make", *Inc.*, July 11, 2013. Disponível em: <http://www.inc.com/ilya-pozin/9-biggest-mistakes-you-will-make-as-a-new-entrepreneur.html>. Acesso em: 10 set. 2013.
79. Lizette Chapman, "'Pivoting' pays off for tech entrepreneurs", *The Wall Street Journal*, April 26, 2012. Disponível em: <http://online.wsj.com/article/SB10001424052702303592404577364171598999252.html>. Acesso em: 17 ago. 2012.
80. Dennis Nishi, "Click 'like' if this tactic makes sense at start-ups", *The Wall Street Journal*, November 14, 2011, R6.

PARTE 3

Capítulo 7

Planejamento e definição de metas

© Paul D Smith/Shutterstock.com

Visão geral do capítulo

A definição de metas é ajustada ao seu estilo de gestão?

Definição de metas e visão geral do planejamento
Níveis de metas e planos
Processo do planejamento organizacional

Definição de metas nas empresas
Missão organizacional
Metas e planos
Alinhamento das metas por meio do mapa estratégico

Novo gestor autoteste: sua abordagem para estudar

Planejamento operacional
Critérios para metas eficazes
Gestão por objetivos (MBO)
Planos de uso único e permanentes

Benefícios e limitações do planejamento

Planejamento para um ambiente turbulento
Planejamento de contingência
Criação de cenários
Planejamento de crise

Abordagens inovadoras para o planejamento
Definição de metas ambiciosas para a excelência
Utilização de painéis de desempenho
Implantação de equipes de inteligência

Resultados de aprendizagem

Após a leitura deste capítulo, você será capaz de:

1. Definir as metas e os planos e explicar a relação entre eles.
2. Explicar o conceito de missão organizacional e como ele influencia a definição de metas e o planejamento.
3. Categorizar os tipos de meta que uma organização deve ter.
4. Explicar como os gestores usam mapas estratégicos para alinhar as metas.
5. Definir as características das metas eficazes.
6. Delinear as quatro etapas essenciais no processo de gestão por objetivos (MBO).
7. Comparar e contrastar os planos de uso único e os permanentes.
8. Apontar os benefícios e as limitações do planejamento.
9. Descrever o planejamento de contingência, a criação de cenários e o planejamento de crise e explicar a importância de cada um para os gestores de hoje.
10. Identificar abordagens inovadoras de planejamento que os gestores usam no ambiente em rápida mutação.

A definição de metas é ajustada ao seu estilo de gestão?

INSTRUÇÕES: Você é um bom planejador? Define metas e identifica maneiras de realizá-las? Este teste ajudará você a entender como seus hábitos de trabalho se ajustam ao planejamento e à definição de metas. As afirmações apresentadas a seguir se aplicam a seus hábitos de trabalho ou de estudo. Em cada item, assinale "Normalmente verdadeiro" ou "Normalmente falso".

	Normalmente verdadeiro	Normalmente falso
1. Tenho metas claras e específicas em diversas áreas da minha vida.		
2. Tenho muita clareza dos objetivos que pretendo alcançar.		
3. Prefiro metas gerais a específicas.		
4. Trabalho melhor sem prazos específicos.		
5. Diariamente ou toda semana, reservo um tempo para planejar meu trabalho.		
6. Sou claro sobre as medidas que indicam quando atingi uma meta.		
7. Trabalho melhor quando defino metas mais desafiadoras para mim mesmo.		
8. Ajudo outras pessoas a esclarecer e definir metas.		

PONTUAÇÃO E INTERPRETAÇÃO: Atribua um ponto a cada item assinalado como "Normalmente verdadeiro", exceto aos itens 3 e 4. Para as afirmações 3 e 4, atribua um ponto a cada item assinalado como "Normalmente falso". Uma pontuação de 5 ou mais sugere um nível positivo de comportamento de definição de metas e uma boa preparação para a nova função de gestor na organização. Se você marcou 4 ou menos, talvez queira avaliar e começar a mudar o seu comportamento de definição de metas. Uma parte importante do trabalho de um novo gestor é definir metas, medir os resultados e rever o progresso para o departamento e os subordinados.

Essas afirmações indicam a extensão em que você já adotou o uso disciplinado das metas em sua vida e no trabalho. No entanto, se você obteve poucos pontos, não se desespere. A definição de metas pode ser aprendida. A maioria das organizações tem sistemas de definição de metas e avaliação que devem ser utilizados pelos gestores. Nem todo mundo vive sob um sistema de definição disciplinada de metas, mas, como um novo gestor, a definição de metas e a avaliação dos resultados são ferramentas que melhorarão a sua influência. Uma pesquisa indica que a definição de metas claras, específicas e desafiadoras em áreas-chave produzirá melhor desempenho.

A japonesa Uniqlo é a maior cadeia de vestuário da Ásia, mas atingir essa meta não é suficiente para os gestores da Fast Retailing Company. A próxima meta é fazer da Uniqlo a número um nos Estados Unidos também. A empresa, conhecida pelas roupas simples, modernas e baratas, tem um longo caminho a percorrer, com apenas sete lojas nos Estados Unidos, em meados de 2013. A Fast Retailing anunciou as datas de abertura de dez novas lojas em outubro e novembro daquele ano e planeja abrir mais de 20 lojas por ano, ao longo dos próximos oito anos. É tudo parte do plano do CEO Tadashi Yanai para atingir seu objetivo de ultrapassar o Grupo Inditex (controlador da rede Zara) como a maior cadeia de vestuário do mundo até 2020. O ritmo alucinante do crescimento na Ásia, onde a Uniqlo ainda está abrindo uma média de duas novas lojas por semana, deu aos gestores a confiança de que a meta ambiciosa de Yanai pode ser alcançada.[1]

Uma das principais responsabilidades dos gestores é definir metas sobre quais rumos a organização ou o departamento deverá tomar no futuro e planejar como atingir seus objetivos. Em todas as organizações, os gestores trabalham duro para decidir quais são as metas a buscar e como alcançá-las. O mau

TEMA RECENTE

planejamento ou a falta de um pode prejudicar seriamente uma organização. Por exemplo, o acidente nuclear na usina nuclear de Fukushima Daiichi após o terremoto e *tsunami* no Japão, em 2011, foi provocado, em parte, por mau planejamento. No outono de 2013, a água radioativa do reator danificado ainda estava vazando para o Oceano Pacífico, o que gerou novas críticas da Tokyo Electric Power Company (Tepco). No momento do acidente, Kiyoshi Kurokawa, presidente da Comissão de Investigação Independente do Acidente Nuclear de Fukushima, afirmou: "[Isso] foi uma catástrofe profundamente feita pelo homem – que poderia e deveria ter sido prevista e impedida. E o efeito poderia ter sido mitigado por uma resposta humana mais eficaz".[2] Os gestores não podem prever o futuro nem evitar desastres naturais, como os terremotos, mas o planejamento adequado pode permitir-lhes responder com rapidez e eficácia a esses eventos inesperados. Em Fukushima, o quase caos reinou assim que as comunicações falharam, a cadeia de comando ficou confusa e ninguém parecia saber o que fazer para manter a segurança ou seguir em frente, uma vez que o acidente já ocorrera.

Das quatro funções administrativas – planejamento, organização, liderança e controle – descritas no Capítulo 1, o planejamento é considerado a mais fundamental. Todo o resto decorre de planejamento. No entanto, o planejamento também é a função administrativa mais controversa. Como os gestores planejam o futuro em um ambiente em constante mudança? A crise econômica, política e social dos últimos anos provocou um interesse renovado no planejamento organizacional, especialmente no planejamento de crises e acontecimentos inesperados, ainda que alguns gestores também questionem se o planejamento é válido em um mundo que está em constante fluxo. O planejamento não pode ler o futuro incerto nem domar um ambiente turbulento. A declaração do general Colin Powell, ex-secretário de Estado dos Estados Unidos, faz uma advertência aos gestores: "Nenhum plano de batalha sobrevive ao contato com o inimigo".[3] Isso significa que o planejamento é inútil para os gestores? Claro que não. Nenhum plano pode ser perfeito, mas, sem planos e metas, as organizações e os funcionários tropeçam. No entanto, os bons gestores entendem que os planos devem crescer e mudar para atender às mudanças de condições.

Neste capítulo, exploramos, primeiro, o processo de planejamento e consideramos como os gestores desenvolvem planos eficazes. É dada atenção especial à definição de metas, pois é exatamente nesse ponto que o planejamento começa. Em seguida, abordamos os vários tipos de plano utilizados pelos gestores que ajudam a organização a alcançar essas metas. Dê uma olhada também nas abordagens de planejamento que ajudam os gestores a lidar com a incerteza, como o planejamento de contingência, a criação de cenários e o planejamento de crise. Por fim, examinamos novas abordagens para o planejamento que enfatizam o envolvimento dos funcionários (e, por vezes, outras partes interessadas) no pensamento estratégico e na execução. O Capítulo 8 tratará do planejamento estratégico em profundidade e examinará uma série de opções estratégicas que os gestores podem adotar em um ambiente competitivo. No Capítulo 9, estudaremos a tomada de decisão administrativa. As técnicas adequadas da tomada de decisão são cruciais para selecionar as metas, os planos e as opções estratégicas da organização.

Definição de metas e visão geral do planejamento

Uma **meta** é a circunstância ou condição desejada do futuro que a organização tenta perceber.[4] As metas são importantes porque as organizações existem para um propósito, e as metas definem e afirmam esse propósito. Um **plano** é o modelo para a realização da meta e especifica as alocações de recursos, cronogramas, tarefas e outras ações necessárias. As metas especificam as finalidades futuras; os planos, os meios atuais para alcançá-las. O conceito de **planejamento** geralmente incorpora ambas as ideias, ou seja, determinar as metas da organização e definir os meios para atingi-las.

Níveis de metas e planos

A Figura 7.1 ilustra os níveis das metas e dos planos na organização. O processo de planejamento começa com a missão formal que define o objetivo básico da organização, sobretudo para o público externo. A missão é a base para o nível estratégico (empresarial) das metas e dos planos. Estes, por sua vez, moldam os níveis tático (divisional) e operacional (departamental).[5] Ou seja, a ampla missão de alto nível, como "melhorar a vida das famílias fornecendo os produtos de papel preferidos pelos consumidores para a cozinha e o banheiro", fornece a estrutura para o estabelecimento de metas mais específicas para os gestores superiores (*top manager*), como "melhorar os lucros da empresa em 5% no próximo ano". Isso pode traduzir-se em "aumentar as vendas em 10% no próximo ano" para o gerente da divisão de vendas do noroeste, e um vendedor individual pode ter a meta de aumentar o número de clientes em 10%.[6] Em geral, os gestores superiores são responsáveis pelo estabelecimento das metas e dos planos *estratégicos* que refletem o compromisso com a eficiência e eficácia organizacional, conforme descrito no Capítulo 1. As metas e os planos *táticos* são de responsabilidade dos gerentes intermediários, como os líderes das principais divisões ou unidades funcionais. O gerente de divisão formulará planos táticos que incidem

▶▶▶ Conexão de conceito

Desde o início como uma fazenda de sete vacas na Nova Inglaterra até o *status* atual como empresa de iogurte orgânico de $ 350 milhões, a Stonyfield Farm incorporou a responsabilidade ambiental em seu **planejamento organizacional**. Hoje, cada plano operacional engloba a **meta** das operações neutras em carbono da Stonyfield.

FIGURA 7.1 Níveis de metas e planos

- Declaração de missão
- Metas/planos estratégicos de gestão sênior (Organização como um todo)
- Metas/planos táticos de gestão intermediária (Principais divisões, funções)
- Metas/planos operacionais de gestão inferior (Departamentos, indivíduos)

sobre as principais ações que a divisão deve tomar para cumprir a sua parte no plano estratégico definido pela gerência geral.

Os planos *operacionais* identificam os procedimentos ou processos específicos necessários nos níveis inferiores da organização, como os departamentos individuais e os funcionários. Os gerentes e os supervisores da linha de frente desenvolvem planos operacionais que se concentram em tarefas e processos específicos e que ajudam a atender às metas táticas e estratégicas. O planejamento em cada nível é compatível com os outros níveis.

Processo do planejamento organizacional

O processo do planejamento geral, ilustrado na Figura 7.2, impede que os gestores pensem apenas em termos de atividades cotidianas. Em primeiro lugar, os gestores desenvolvem o plano geral para a organização por meio da definição clara da missão e das metas estratégicas (no nível da empresa). Em segundo lugar, traduzem o plano em ação, o que inclui a definição de metas e planos táticos, o desenvolvimento do mapa estratégico para alinhar as metas, a formulação de planos de contingência e de cenários e a identificação de equipes de inteligência para analisar as principais questões competitivas. Em terceiro lugar, expõem os fatores operacionais necessários para atingir as metas. Isso envolve a elaboração de metas e planos operacionais, a seleção de medidas e objetivos que serão utilizados para determinar se as coisas estão no caminho e a identificação de objetivos desafiadores e planos de crise a serem colocados em ação quando

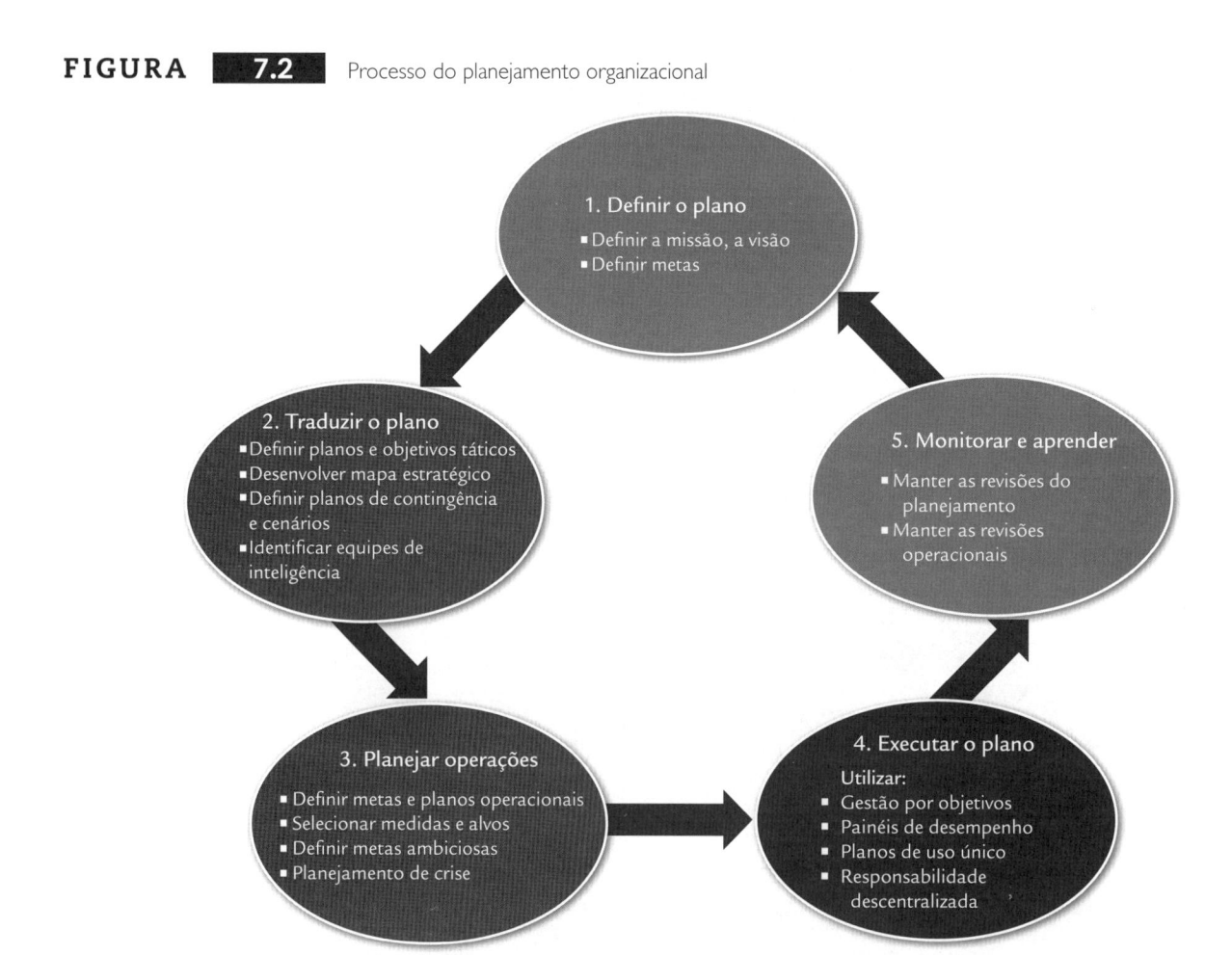

FIGURA 7.2 Processo do planejamento organizacional

1. Definir o plano
- Definir a missão, a visão
- Definir metas

2. Traduzir o plano
- Definir planos e objetivos táticos
- Desenvolver mapa estratégico
- Definir planos de contingência e cenários
- Identificar equipes de inteligência

3. Planejar operações
- Definir metas e planos operacionais
- Selecionar medidas e alvos
- Definir metas ambiciosas
- Planejamento de crise

4. Executar o plano
Utilizar:
- Gestão por objetivos
- Painéis de desempenho
- Planos de uso único
- Responsabilidade descentralizada

5. Monitorar e aprender
- Manter as revisões do planejamento
- Manter as revisões operacionais

FONTE: Com base em Robert S. Kaplan; David P. Norton, "Mastering the management system", *Harvard Business Review* (January 2008): 63-77.

forem necessários. As ferramentas para executar o plano incluem a gestão por objetivos (*management-by-objectives* – MBO), painéis de desempenho, planos de uso único e responsabilidade descentralizada. Por fim, os gestores revisam periodicamente os planos para que possam aprender com os resultados e a mudança de planos, conforme necessário, iniciando um novo ciclo de planejamento.

> **Lembre-se disto**
>
> - O planejamento é a mais fundamental das quatro funções administrativas.
> - **Meta** é uma circunstância ou condição futura desejada que a organização quer alcançar.
> - **Planejamento** é o ato de determinar as metas e definir os meios de alcançá-las.
> - **Plano** é um modelo que especifica as alocações de recursos, os cronogramas e outras ações necessárias para atingir as metas.
> - O planejamento ajuda os gestores a pensar no futuro, e não apenas nas atividades cotidianas.

Definição de metas nas empresas

O processo de planejamento geral começa com a declaração de missão e de metas para a organização como um todo. As metas não aparecem sozinhas nas organizações. As metas são *socialmente construídas*, o que significa que são definidas por um indivíduo ou grupo. Os gestores costumam ter ideias diferentes sobre o que as metas devem ser. Segundo A. G. Lafley, CEO da Procter & Gamble, "Todo mundo seleciona e interpreta os dados sobre o mundo e chega a uma conclusão única sobre o melhor curso de ação. Cada pessoa tende a abraçar uma única escolha estratégica como a resposta certa". Assim, o papel do alto executivo é levar as pessoas a pensar como equipe e negociar sobre quais metas são as mais importantes.[7] O boxe "Conversa com gestores" descreve o processo da formação de coalizões que, muitas vezes, ocorre durante a definição de metas.

Missão organizacional

No topo da hierarquia de metas, está a **missão** – razão de existência da organização. A missão descreve os valores, as aspirações e a razão de ser da organização. Uma missão bem definida é a base para o desenvolvimento de todas as metas e planos subsequentes. Sem uma missão clara, as metas e os planos podem ser desenvolvidos a esmo e não levar a organização na direção que ela precisa ir. Um dos atributos definidores de empresas de sucesso é que elas têm uma missão clara que orienta as decisões e ações. A missão da Johnson & Johnson, por exemplo, é encapsulada em "O credo" da empresa, que tem orientado a empresa desde que o general Robert Wood Johnson o escreveu em 1943: "Cremos que nossa primeira responsabilidade é para com os médicos, enfermeiras e pacientes, para com as mães, pais e todos os demais que usam nossos produtos e serviços". Esse credo orientou os gestores a lidar com a crise do Tylenol em 1982, quando a Johnson & Johnson fez o *recall* de 31 milhões de frascos e ofereceu reposições gratuitas, visando colocar a segurança dos clientes em primeiro lugar.[8] Quando as ações e decisões administrativas vão contra a missão, as organizações podem ter problemas.

> *"Um propósito real não pode ser apenas palavras no papel. [...] Se você fizer direito, as pessoas se sentirão bem com o que estão fazendo, terão as metas esclarecidas e ficarão animadas para ir trabalhar todas as manhãs."*
>
> — ROY M. SPENCE JR., AUTOR DE IT'S NOT WHAT YOU SELL, IT'S WHAT YOU STAND FOR

A **declaração de missão** formal é uma definição ampla da finalidade que distingue uma organização de outras semelhantes. Os fundadores da Holstee, uma empresa sediada no Brooklyn, em Nova York, que vende roupas e acessórios ecologicamente corretos, criaram uma declaração de missão para a empresa que tem inspirado as pessoas em todo o mundo. A declaração de missão inovadora da Holstee é mostrada na Figura 7.3.

Conversa com GESTORES

Quem define as metas? Gestor *versus* coalizão

Para que possam realizar uma missão geral, as organizações desempenham muitas atividades e buscam muitas metas ao mesmo tempo. Mas quem decide a missão e as metas pelas quais as empresas devem lutar? Buscar algumas metas significa que as outras precisam ser adiadas ou anuladas, e, muitas vezes, os gestores não conseguem chegar a um consenso sobre as prioridades. Depois que o Zhejiang Geely Holding Group da China comprou a Volvo Car Corporation, por exemplo, os gestores chineses e europeus passaram a discordar intensamente. Os gestores europeus queriam continuar buscando as metas de oferecer veículos seguros, confiáveis e adequados para as famílias, para um mercado estável. Os novos proprietários e gestores chineses, por sua vez, queriam se expandir agressivamente no mercado de carros de luxo. Como as metas de ambos os lados eram mutuamente excludentes, os gestores tiveram que negociar e chegar a um acordo sobre qual direção a empresa tomaria.

Metas poderosas e motivadoras que unem as pessoas não são estabelecidas por um único gestor, mas por uma coalizão. A gestão de coalizão envolve a construção de uma aliança de pessoas que apoiam as metas de um gestor e pode influenciar outras pessoas a aceitar e trabalhar em prol delas. Ser um gestor de coalizão eficaz envolve três etapas principais:

- **Falar com os clientes e outros gestores.** Construir uma coalizão exige falar com muitas pessoas de dentro e fora da organização. Os gestores de coalizão solicitam as opiniões dos funcionários e dos principais clientes. Falam com outros gestores da organização para conhecer as principais preocupações das pessoas e identificar os desafios e as oportunidades que elas enfrentam. Nesse processo, o gestor pode saber quem acredita em determinada direção e nas metas estabelecidas, quem as apoia e quem se opõe a elas e as razões para a oposição.

- **Abordar os conflitos.** Bons gestores não deixam que os conflitos sobre objetivos aumentem e dificultem a realização da meta ou prejudiquem a organização. Na Toyota, por exemplo, a manifestação de *recalls* recentes expôs um conflito interno de longa data entre os gestores que queriam buscar metas de crescimento mais rápido e mais margens de lucro e aqueles que acreditavam que o crescimento rápido afetaria a capacidade da empresa em garantir qualidade e confiabilidade. Cada lado está culpando o outro pelos problemas recentes, mas o fracasso dos gestores em se unir por uma meta comum é o principal responsável pelo conflito.

- **Romper barreiras e promover a cooperação entre as funções.** A etapa final é romper fronteiras e levar as pessoas a cooperar e colaborar em todos os departamentos, divisões e níveis. Quando Colin Powell foi presidente do U.S. Joint Chiefs of Staff, regularmente reunia os líderes do Exército, da Força Aérea, da Marinha e dos Fuzileiros Navais para que eles pudessem entender os pontos de vista uns dos outros e se unir pelas principais metas. A compreensão e a cooperação entre as empresas são essenciais para que toda a organização esteja alinhada para realizar as metas desejadas.

Como gestor, lembre-se de que você conseguirá mais e será mais eficaz como parte de uma coalizão do que como um ator individual. Quando há metas altamente importantes para você, tome medidas para construir uma coalizão para apoiá-las. Jogue seu apoio para outros gestores, quando apropriado. Lembre-se ainda de que a construção de relações positivas, a discussão e a negociação são competências fundamentais para uma boa gestão.

Fontes: Stephen Friedman; James K. Sebenius, "Organization transformation: the quiet role of coalitional leadership", *Ivey Business Journal* (January-February 2009), disponível em: <www.iveybusinessjournal.com/topics/leadership/organizational-transformation-the-quiet-role-of-coalitional-leadership>, acesso em: 27 jan. 2012; Gerald R. Ferris et al., "Political skill in organizations", *Journal of Management* (June 2007): 290-320; Norihiko Shirouzu, "Chinese begin Volvo overhaul", *The Wall Street Journal*, June 7, 2011, B1; Norihiko Shirouzu, "Inside Toyota, executives trade blame over debacle", *The Wall Street Journal*, April 14, 2010, A1.

A missão da Holstee foi escrita para lembrar aos fundadores e funcionários que não há nada mais importante do que buscar a paixão.

Embora a maioria das declarações de missão corporativa não seja tão ampla ou inspiradora quanto a da Holstee, uma declaração bem projetada pode aumentar a motivação dos funcionários e o desempenho organizacional.[9] O conteúdo de uma declaração de missão muitas vezes descreve as atividades comerciais básicas e o propósito da empresa, assim como os valores que a orientam. Algumas também descrevem as características da empresa, como os mercados e os clientes desejados, a qualidade do produto, a localização das instalações e a atitude para com os funcionários. Um exemplo de declaração de missão curta e simples vem da State Farm Insurance:

> A missão da State Farm é ajudar as pessoas a gerir os riscos da vida cotidiana, recuperar-se do inesperado e realizar os sonhos delas.
>
> Privilegiamos a política da boa vizinhança, construímos uma empresa importante por meio das vendas, cumprimos as promessas por meio de nossa parceria de *marketing* e nos empenhamos em recrutar diversos talentos e experiências para sempre atender às necessidades e aos desejos de nosso cliente.
>
> Nosso sucesso é construído sobre uma base de valores compartilhados – serviço de qualidade e relacionamentos, confiança mútua, integridade e solidez financeira.
>
> A nossa visão para o futuro é ser a primeira e a melhor escolha dos clientes nos produtos e serviços que oferecemos. Continuaremos a ser o líder no setor de seguros e nos tornaremos líder no setor de serviços financeiros. As necessidades dos nossos clientes determinarão o nosso caminho. Os nossos valores nos guiarão.[10]

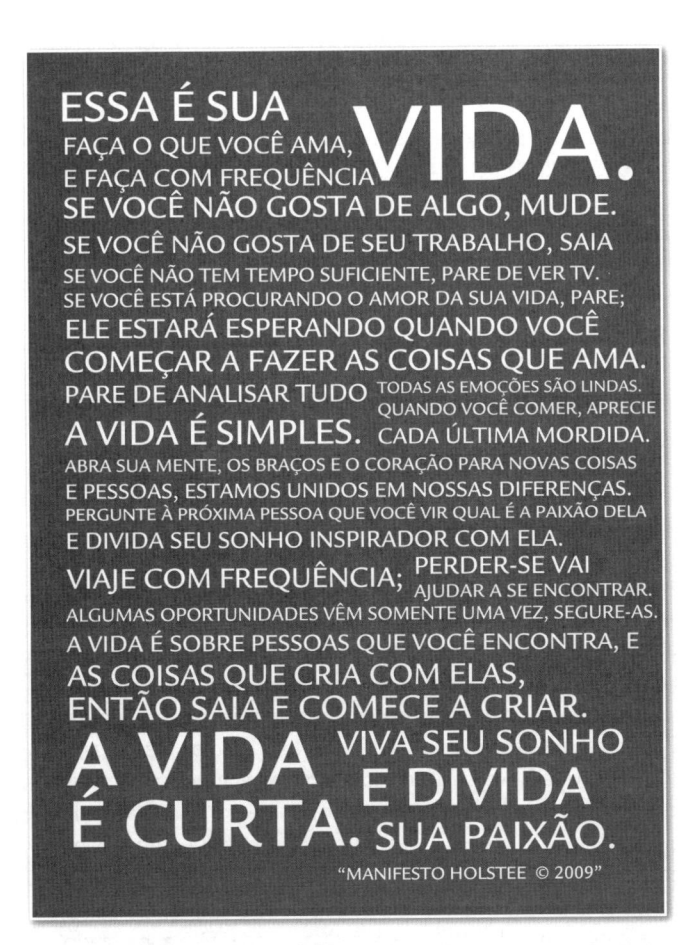

FIGURA 7.3
Declaração de missão inovadora: manifesto da Holstee

FONTE: *Site* da Holstee. Disponível em <http://press.holstee.com/holstee-manifesto-poster>. © Acesso em: 3 ago. 2012.

Em função de declarações de missão como a da State Farm, os funcionários, clientes, fornecedores e acionistas conhecem o propósito e os valores declarados da empresa.

METAS E PLANOS

Metas estratégicas, às vezes chamadas de metas oficiais, são afirmações gerais que descrevem em que lugar a organização quer estar no futuro. Essas metas dizem respeito à organização como um todo, em vez de divisões ou departamentos específicos. A Samsung, por exemplo, definiu uma nova meta estratégica para tornar-se uma empresa "com base na qualidade", e não "na quantidade". A mudança na direção estratégica, com foco na criatividade e inovação, e não na fabricação de produtos baratos, levou a empresa a resultados surpreendentes. A Samsung agora é líder na indústria de eletrônicos, inclusive ameaçando a Apple no mercado de *smartphones*.[11]

Os **planos estratégicos** definem as etapas da ação pelas quais a empresa pretende alcançar as metas estratégicas. O plano estratégico é o modelo que define as atividades organizacionais e as alocações de recursos – sob a forma de dinheiro, pessoal, espaço e instalações – exigidos para atender a esses objetivos. Esse tipo de planejamento tende a ser de longo prazo e pode definir etapas da ação organizacional de dois a cinco anos no futuro. A finalidade desses planos é transformar as metas organizacionais em realidades dentro desse período de tempo. Na Unilever, o CEO Paul Polman definiu uma meta estratégica para duplicar o faturamento da empresa até 2020.

Forma inovadora
Unilever

"Nosso negócio não é nenhum bicho de sete cabeças", afirmou Paul Polman, a primeira pessoa de fora da empresa a liderar a Unilever. "É sobre ser um pouco melhor a cada dia." O plano estratégico de Polman para atingir o objetivo fixado para 2020 – duplicar as receitas de 80 bilhões de euros – reflete essa filosofia de ser um pouco melhor a cada dia.

Um dos maiores sucessos foi a TRESemmé, que a Unilever adquiriu quando comprou a Alberto Culver em 2010. O lançamento representa uma abordagem estratégica da Unilever. A meta dos gestores era introduzir rapidamente o produto no crescente mercado brasileiro, mas antes tiveram que implantar metas para uma grande campanha de *marketing* que envolvia alcançar 40 grandes varejistas, cortejar blogueiros de moda e distribuir dez milhões de amostras grátis. As metas para uma grande *blitz* de publicidade *on-line* atraiu um milhão de fãs para a página brasileira do Facebook da TRESemmé em apenas seis meses. As vendas do produto passaram de zero para 150 milhões de euros no período de um ano.

Outra parte do plano estratégico de Polman era mover a Unilever no mercado de cuidados pessoais de qualidade. O objetivo inicial era enviar para o campo 80% dos funcionários de desenvolvimento de produtos para ver o que os clientes de elite querem e trabalhar diretamente com os fornecedores, que Polman diz que agora contribuem com sete a dez ideias de novos produtos. Ele alocou 500 milhões de euros para um fundo de *venture* com o objetivo de investir em produtos da próxima geração. Um exemplo é um *spa* do Ponds Institute, em Jacarta, na Indonésia, onde as mulheres desembolsam 228.900 rúpias (o equivalente a 20 dólares, que é uma boa quantia de dinheiro naquele país) a cada duas semanas para um tratamento facial chamado "Esplendor dourado" ou em outros procedimentos. Além disso, a empresa deu continuidade às metas para a "base da pirâmide (BOP)", conforme descrito no Capítulo 5. Nos últimos três anos, a Unilever acelerou as vendas de pequenas embalagens do creme hidratante Fair & Lovely, do xampu Sunsilk e de outros produtos que custam aproximadamente 35 centavos de dólar cada. "É momento de glória da Unilever", afirmou o analista do Deutsche Bank Harold Thompson, ressaltando que a empresa tem captado as duas extremidades do mercado. Enquanto muitos de seus rivais ainda lutam em uma economia lenta, a Unilever prospera. Graças às metas eficazes em cada nível da empresa, as vendas têm aumentado constantemente, mesmo na Europa fragilizada pela recessão.[12]

Como a Unilever opera em países em desenvolvimento há muitas décadas (está na Índia desde 1888 e na Indonésia desde 1933, por exemplo), os gestores têm conhecimento profundo desses mercados. Há dois outros componentes para a nova meta estratégica de Polman: reduzir a pegada de carbono da empresa pela metade e melhorar os hábitos de higiene de mais de um bilhão de pessoas nos países em desenvolvimento.

Depois que as metas estratégicas são formuladas, o próximo passo é definir as **metas táticas**, que são os resultados que as principais divisões e departamentos da organização pretendem atingir. Essas metas se aplicam à gerência intermediária e descrevem o que as grandes subunidades devem fazer para a organização alcançar os objetivos gerais.

Os **planos táticos** são projetados para ajudar a executar os principais planos estratégicos e atingir uma parte específica da estratégia da empresa.[13] Planos táticos geralmente têm um espaço de tempo mais curto do que os estratégicos – ou seja, ao longo do próximo ano ou algo assim. A palavra tático tem origem militar. Em uma organização comercial ou sem fins lucrativos, os planos táticos definem o que os principais departamentos e as subunidades organizacionais farão para implantar o plano estratégico da organização. Por exemplo, uma meta tática da divisão para os produtos de beleza da Unilever é desenvolver tratamentos de cuidados da pele personalizados para o mercado de luxo. As metas e os planos táticos ajudam os altos executivos a implantar um plano estratégico global. Em geral, é trabalho do gestor intermediário assumir o amplo plano estratégico e identificar os planos táticos específicos.

Os resultados esperados dos departamentos, grupos de trabalho e indivíduos são as **metas operacionais**, que são precisas e mensuráveis. "Processar 150 aplicações de vendas por semana", "fazer 90% das entregas no prazo", "reduzir as horas extras em 10% no próximo mês" e "desenvolver dois novos cursos *on-line* em contabilidade" são exemplos de metas operacionais. Uma meta operacional para os gestores de distribuição da Unilever poderia melhorar a disponibilidade dos produtos nas prateleiras em 5 pontos percentuais nos próximos dois anos. Ao manter produtos em estoque, a Unilever recebe mais vendas e também consolida as relações fortes com os comerciantes. O Walmart e a Tesco recentemente nomearam a Unilever como o fornecedor do ano.[14] No departamento de recursos humanos, um objetivo operacional pode ser manter a rotatividade do pessoal de desenvolvimento de produtos para menos de 5% ao ano, de modo que haja funcionários antigos que têm relações estreitas com fornecedores que contribuem com ideias para novos produtos.

Os **planos operacionais** são desenvolvidos nos níveis mais baixos da organização para especificar as etapas da ação, a fim de atingir as metas operacionais e apoiar os planos táticos. O plano operacional é a ferramenta do gerente do departamento para as operações diárias e semanais. As metas são expressas em termos quantitativos, e o plano do departamento descreve como os objetivos serão alcançados. O planejamento operacional especifica os planos para gerentes de departamento, supervisores

Faça uma pausa

Desenvolva o plano de ação proposto na seção "Aplique suas habilidades: exercício vivencial", no material complementar.

▶▶▶ Conexão de conceito

A sustentabilidade tem sido uma **meta estratégica** constante para a NorthTec, uma faculdade localizada no oeste da Nova Zelândia. Recentemente, os gestores da instituição e alunos voluntários trabalharam em conjunto para definir novas metas táticas destinadas a alcançar mais sustentabilidade. O grupo estudou diversas áreas específicas no funcionamento da escola, incluindo o uso de eletricidade e reciclagem, e descobriu um desperdício surpreendente na quantidade de fotocópias realizadas nas dependências da faculdade. A equipe estabeleceu uma meta para reduzir o consumo de papel em 15%.

> **Faça uma pausa**
>
> Como novo gestor, que abordagem você assumirá para a definição de metas e planejamento? Para obter algumas ideias sobre sua abordagem de planejamento, faça o "Autoteste do novo gestor" apresentado a seguir.

e funcionários individuais. Os cronogramas são um componente importante do planejamento operacional. Os cronogramas definem os prazos precisos para a conclusão de cada meta operacional necessária para as metas táticas e estratégicas da organização. O planejamento operacional também deve ser coordenado com o orçamento, porque os recursos devem ser alocados para as atividades desejadas.

NOVO GESTOR — Autoteste

Sua abordagem para estudar

Instruções: A abordagem que você adota para estudar pode ser um indicativo importante de como realizará um planejamento quando se tornar um gestor. Nos itens apresentados a seguir, assinale "Normalmente verdadeiro" ou "Normalmente falso", com base no seu comportamento como estudante.

	Normalmente verdadeiro	Normalmente falso
1. Antes de enfrentar uma tarefa, tento elaborar o raciocínio sobre a sua consecução.	___	___
2. Quando estou lendo, paro de vez em quando para refletir sobre o que estou tentando extrair do texto.	___	___
3. Quando termino meu trabalho, verifico-o completamente para certificar-me de que ele atende à tarefa proposta.	___	___
4. De vez em quando, paro meu estudo para pensar, no geral, se ele está sendo produtivo.	___	___
5. Frequentemente me concentro nos fatos e detalhes, porque não considero o contexto geral.	___	___
6. Escrevo o máximo possível durante as aulas, porque muitas vezes não sei o que é realmente importante.	___	___
7. Sempre que possível, tento relacionar as ideias a outros tópicos ou cursos.	___	___
8. Quando estou trabalhando em um tópico, tento imaginar como todas as ideias se encaixam.	___	___
9. É importante para mim ver o contexto geral dentro do qual um novo conceito se encaixa.	___	___

Pontuação e interpretação: Atribua um ponto a cada item assinalado como "Normalmente verdadeiro", exceto aos itens 5 e 6. Para os itens 5 e 6, atribua um ponto a cada item assinalado como "Normalmente falso". Uma parte importante do trabalho de um novo gestor é planejar com antecedência, o que envolve visualizar o contexto geral. Esses itens medem a consciência metacognitiva, o que significa dar um passo atrás e ver o contexto geral das próprias atividades de aprendizagem. Essa mesma abordagem permite que um gestor dê um passo para trás e veja o contexto geral necessário para planejamento, monitoramento e avaliação eficazes de uma organização. Se você marcou 3 pontos ou menos, pode ficar preso nos detalhes das atividades normais. Uma pontuação de 7 ou mais sugere que você se vê em um contexto geral, o que é uma abordagem de estudo que pode muito bem refletir a aptidão para o planejamento bem-sucedido.

Fontes: Adaptado de Kristin Backhaus; Joshua P. Liff, "Cognitive styles and approaches to studying in management education", *Journal of Management Education* 31 (August 2007): 445-466; A. Duff, "Learning styles measurement: the revised approaches to studying inventory", *Bristol Business School Teaching and Research Review* 3 (2000).

Alinhamento das metas por meio do mapa estratégico

Metas organizacionais eficazmente concebidas estão alinhadas, ou seja, são consistentes e se apoiam mutuamente, de modo que a realização de metas de níveis baixos permite a realização de metas de alto nível. O desempenho organizacional é o resultado da forma como esses elementos interdependentes estão alinhados, de modo que indivíduos, equipes e departamentos estão trabalhando em conjunto para alcançar metas específicas que ajudarão a organização a atingir o alto desempenho e a cumprir sua missão.[15]

Uma técnica cada vez mais popular para o alinhamento de metas em uma hierarquia é o **mapa estratégico**, que representa visualmente os principais fatores de sucesso da organização e mostra como as metas e os planos específicos estão ligados em cada área. Esse mapa fornece uma maneira poderosa para que os gestores vejam as relações de causa e efeito entre as metas e os planos.[16] O mapa estratégico simplificado da Figura 7.4 apresenta as quatro áreas principais que contribuem para o sucesso da empresa em longo prazo – a aprendizagem e o crescimento, os processos internos, o atendimento ao cliente

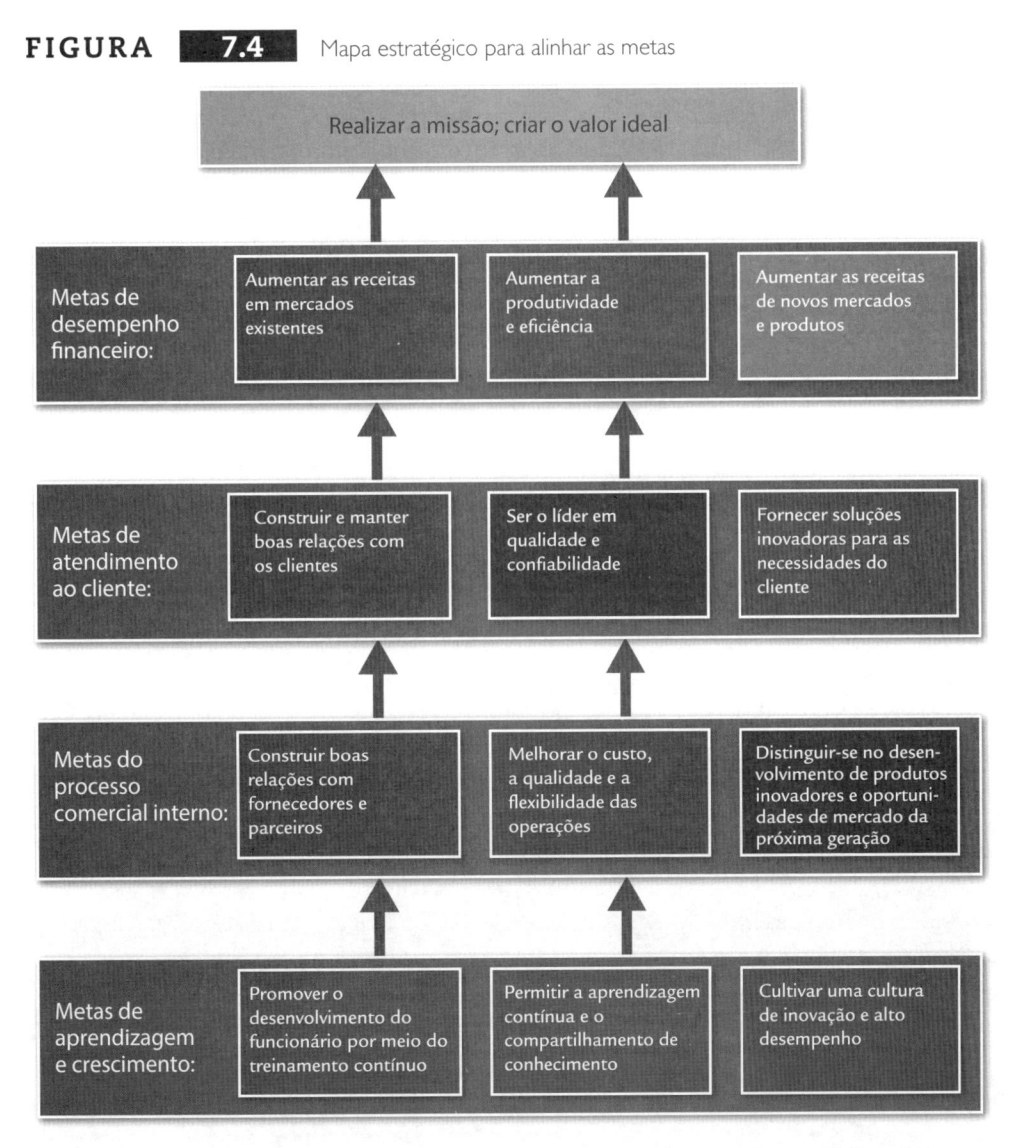

FIGURA 7.4 Mapa estratégico para alinhar as metas

Realizar a missão; criar o valor ideal

Metas de desempenho financeiro:
- Aumentar as receitas em mercados existentes
- Aumentar a produtividade e eficiência
- Aumentar as receitas de novos mercados e produtos

Metas de atendimento ao cliente:
- Construir e manter boas relações com os clientes
- Ser o líder em qualidade e confiabilidade
- Fornecer soluções inovadoras para as necessidades do cliente

Metas do processo comercial interno:
- Construir boas relações com fornecedores e parceiros
- Melhorar o custo, a qualidade e a flexibilidade das operações
- Distinguir-se no desenvolvimento de produtos inovadores e oportunidades de mercado da próxima geração

Metas de aprendizagem e crescimento:
- Promover o desenvolvimento do funcionário por meio do treinamento contínuo
- Permitir a aprendizagem contínua e o compartilhamento de conhecimento
- Cultivar uma cultura de inovação e alto desempenho

FONTES: Com base em Robert S. Kaplan; David P. Norton, "Mastering the management system", *Harvard Business Review* (January 2008): 63-77; R. S. Kaplan; D. P. Norton, "Having trouble with your strategy? Then map it", *Harvard Business Review* (September-October 2000): 167-176.

e o desempenho financeiro – e mostra como as várias metas e planos em cada área estão conectados às outras áreas. A ideia é que as metas de aprendizagem e crescimento sirvam como base para ajudar a alcançar as metas para excelentes processos comerciais internos. O cumprimento das metas de processos comerciais, por sua vez, permite que a organização cumpra as metas de atendimento e satisfação do cliente, o que ajuda a organização a alcançar os objetivos financeiros e otimizar seu valor para todos os *stakeholders*.

No mapa estratégico mostrado na Figura 7.4, a organização tem objetivos de aprendizagem e crescimento que incluem o desenvolvimento de funcionários, permitindo a aprendizagem contínua e o compartilhamento de conhecimento e a construção de uma cultura de inovação. Alcançá-los ajudará a organização a configurar processos comerciais internos que sejam capazes de promover boas relações com os fornecedores e parceiros, melhorar a qualidade e a flexibilidade das operações e se distinguir no desenvolvimento de produtos e serviços inovadores. Realizar as metas dos processos internos, por sua vez, permite que a organização mantenha relações fortes com os clientes, seja uma líder em qualidade e confiabilidade e forneça soluções inovadoras para as necessidades dos clientes emergentes. No topo do mapa estratégico, a realização dessas metas de nível mais baixo ajuda a organização a aumentar as receitas em mercados existentes, ampliar a produtividade e eficiência e crescer por meio da venda de novos produtos e serviços, de modo que possa servir a novos segmentos de mercado.

Em uma organização da vida real, o mapa estratégico seria mais complexo e afirmaria metas concretas e específicas relevantes a determinado negócio. No entanto, o mapa genérico da Figura 7.4 dá uma ideia de como os gestores podem mapear as metas e os planos para que eles se apoiem mutuamente. O mapa estratégico também é uma boa maneira de comunicar as metas, porque todos os funcionários podem saber como ajudar a organização a cumprir a missão.

Lembre-se disto

- O planejamento começa com o propósito da organização ou a razão de sua existência, que é chamada de **missão**.
- **Declaração de missão** é a definição amplamente declarada do escopo comercial básico da organização e das operações que a distingue de outros tipos similares de organização.
- As metas começam com amplas metas estratégicas, seguidas por metas táticas mais específicas e, depois, metas operacionais.
- Os planos são definidos de forma semelhante, com os planos estratégicos, táticos e operacionais utilizados para atingir as metas desejadas.
- As **metas estratégicas** são grandes declarações de onde a organização quer estar no futuro e dizem respeito à empresa como um todo, e não a divisões ou departamentos específicos.
- Os **planos estratégicos** são as etapas da ação pelas quais uma organização pretende alcançar os objetivos estratégicos.
- Os resultados que as grandes divisões e departamentos devem atingir para a organização alcançar suas metas gerais são chamados de **metas táticas**.
- Os **planos táticos** são projetados para ajudar a executar os principais planos estratégicos e atingir uma parte específica da estratégia da empresa.
- As **metas operacionais** são os resultados específicos e mensuráveis esperados dos departamentos, grupos de trabalho e indivíduos.
- Os **planos operacionais** especificam as etapas da ação para atingir as metas operacionais e apoiar as atividades táticas.
- Os gestores da Unilever estabeleceram uma meta estratégica para dobrar as receitas para € 80 bilhões, em 2020.
- As metas e os planos precisam estar alinhados para que sejam consistentes e se apoiem mutuamente.
- Um mapa estratégico é a representação visual dos principais fatores de sucesso da organização, mostrando a relação de causa e efeito entre as metas e os planos.

Planejamento operacional

Os gestores usam as metas operacionais para direcionar os funcionários e os recursos para alcançar resultados específicos que permitem à organização ter um desempenho eficiente e eficaz. Uma consideração é como estabelecer metas eficazes. Os gestores adotam uma série de abordagens de planejamento, como MBO e planos de uso único e permanentes.

CRITÉRIOS PARA METAS EFICAZES

Uma pesquisa identificou alguns fatores, mostrados na Figura 7.5, que caracterizam as metas eficazes. Em primeiro lugar, as metas precisam ser *específicas e mensuráveis*.[17] Quando possível, as metas operacionais devem ser expressas em termos quantitativos, como o aumento dos lucros em 2%, a inexistência de formulários de pedidos de vendas incompletos, ou o aumento das classificações médias de eficácia de professores de 3,5 para 3,7. Nem todas as metas podem ser expressas em termos numéricos, mas metas vagas têm pouco poder motivador para os funcionários. Por necessidade, as metas são qualitativas, assim como quantitativas. O ponto importante é as metas serem precisamente definidas de modo a permitir o progresso mensurável. Metas eficazes também têm um *período de tempo definido* que especifica a data em que a realização de objetivo será medida. Por exemplo, os gestores de uma escola podem fixar um prazo para melhorar as classificações de eficácia de professores até o final do ano letivo corrente. Quando uma meta envolve um período de dois a três anos, definir datas específicas para alcançar partes dela é uma boa maneira de manter as pessoas no caminho certo em direção à meta.

Os gestores devem criar metas para que possam ser traduzidas para a medição das *principais áreas de resultados*. As metas não podem ser definidas para cada aspecto do

Poder Verde

Zumbido das abelhas

Ir além dos "jargões do momento" referentes à sustentabilidade é um foco da Burt's Bees – fabricante de produtos de cuidados pessoais feitos de substâncias naturais (como a cera de abelha) – com sede na Carolina do Norte. Os funcionários da Burt's Bees sujam as mãos com a triagem de lixo no Dumpster Dive (ato popular de reciclagem de lixo) anual da empresa, vasculhando o lixo acumulado que chegou a totais mensais de até 40 toneladas em um ano recente. Os funcionários comprometeram-se com a meta zero desperdício, que a empresa atingiu em 2009. Com 100% de engajamento dos funcionários, a Burt's Bees agora está concentrada em alcançar uma meta mais alta de "zero desperdício, zero emissão de carbono" até 2020.

O planejamento da sustentabilidade e a definição de metas na Burt's Bees envolvem os funcionários em atividades como reduzir o consumo de água com recipientes "de limpeza a vapor" (resultando na redução de 90%) ou estender as etiquetas de papel nas embalagens dos protetores labiais para eliminar o uso de películas retráteis (eliminando mais de mil quilômetros de película). As metas administrativas também se estendem à educação do consumidor por meio da campanha "Natural versus" (que visa esclarecer os termos da indústria, como natural). Com todos os esforços, a Burt's Bees trabalha em prol da meta para ajudar a "ferrar" os problemas ambientais e mandá-los para bem longe.

Fonte: Christopher Marquis; Bobbi Thomason, "Leadership and the first and last mile of sustainability", *Ivey Business Journal*, September-October 2010. Disponível em: <www.iveybusinessjournal.com/topics/leadership/leadership-and-the-first-and-last-mile-of-sustainability>. Acesso em: 2 ago. 2012.

FIGURA 7.5 — Características das metas eficazes

- São específicas e mensuráveis
- Têm um período de tempo definido
- Cobrem as principais áreas de resultados
- São desafiadoras mas realistas
- Estão ligadas a recompensas

→ Metas eficazes

comportamento do funcionário ou do desempenho organizacional; se fossem, seu grande número as tornaria sem sentido. Em vez disso, os gestores estabelecem metas com base na ideia de *medição* e *clareza*. Algumas metas cuidadosamente escolhidas com medidas claras de sucesso podem concentrar atenção organizacional, energia e recursos com mais força.[18] As medições são muitas vezes referidas como *indicadores-chave de desempenho*. Os **indicadores-chave de desempenho (key performance indicators – KPIs)** avaliam o que é importante para a organização e quão bem a organização está progredindo para atingir a meta estratégica, de modo que os gestores podem estabelecer metas para os níveis hierárquicos inferiores que impulsionem o desempenho para alcançar a meta estratégica global.[19] Os gestores devem definir *metas desafiadoras, mas realistas*. Quando as metas não são realistas, levam os funcionários ao fracasso e diminuem o moral deles. No entanto, se as metas forem muito fáceis, os funcionários poderão não se sentir motivados. As metas devem também ser *ligadas a recompensas*. O impacto final das metas depende da medida em que os aumentos salariais, promoções e prêmios são baseados no alcance de metas. Os funcionários prestam atenção ao que é observado e recompensado na organização.[20]

GESTÃO POR OBJETIVOS (MBO)

Descrita pelo famoso estudioso de administração Peter Drucker em seu livro de 1954, *The practice of management**, a gestão por objetivos permaneceu como um método popular e atraente para estabelecer metas e monitorar o progresso para alcançá-las. A **MBO**** é um sistema pelo qual os gestores e funcionários definem as metas para cada departamento, projeto e pessoa, e as utilizam para monitorar o desempenho subsequente.[21] Um modelo das etapas essenciais do sistema de MBO é apresentado na Figura 7.6. Eis as quatro principais atividades que tornam a MBO bem-sucedida:[22]

1. **Definir metas.** A definição de metas envolve os funcionários em todos os níveis e vai além das atividades do dia a dia para responder à seguinte questão: "O que estamos tentando realizar?". Os gestores atendem aos critérios das metas eficazes descritos na seção anterior e certificam-se de atribuir a responsabilidade

---

* Em português, *Prática da administração de empresas* (Cengage Learning, 1998). (N.E.)
** Ou APO – Administração por objetivos. (N.R.T.)

pela realização da meta. Entretanto, as metas devem ser derivadas em conjunto. O acordo mútuo entre o funcionário e o supervisor cria um compromisso mais forte para atingir as metas. No caso de equipes, todos os membros podem participar na definição das metas.

2. **Desenvolver planos de ação.** Um *plano de ação* define o curso da ação necessária para alcançar as metas estabelecidas. Os planos de ação são feitos para os indivíduos e os departamentos.
3. **Analisar o progresso.** A análise periódica do progresso é importante para garantir que os planos de ação estejam funcionando. Os KPIs muitas vezes fornecem os dados para a avaliação. Essas análises podem ocorrer informalmente entre os gestores e os subordinados, e a organização pode querer realizar análises de três, seis ou nove meses durante o ano. Essa verificação periódica permite aos gestores e funcionários verificar se estão no alvo ou se são necessárias medidas corretivas. Os gestores e os funcionários não devem ficar presos em um comportamento predefinido e devem estar dispostos a tomar todas as medidas necessárias para produzir resultados significativos. O intuito da MBO é alcançar as metas. O plano de ação pode ser alterado sempre que as metas não estão sendo atendidas.
4. **Avaliar o desempenho geral.** O passo final na MBO é avaliar se as metas anuais foram alcançadas tanto para os indivíduos quanto para os departamentos. O sucesso ou o fracasso para atingir as metas pode tornar-se parte do sistema de avaliação de desempenho e da designação de aumentos salariais e outras recompensas. A avaliação do desempenho dos departamentos e do desempenho corporativo geral molda metas para o próximo ano. O ciclo da MBO repete-se anualmente.

Muitas empresas utilizam a MBO, e a maioria dos gestores a considera uma ferramenta de gestão eficaz. Tim O'Shaughnessy, fundador e CEO do LivingSocial, um *site* de opções diárias de negócios com mais de cinco mil funcionários e 46 milhões de membros em 25 países, utiliza os princípios da MBO para manter o negócio em crescimento rápido na linha. O'Shaughnessy se reúne periodicamente com os líderes de todos os departamentos a fim de definir as metas de crescimento e desenvolvimento de planos de ação para itens como vendas e associações, e estabelecer os meios para alcançá-las. Ele é obsessivo com o acompanhamento de métricas para ver se as coisas estão em direção ao cumprimento dos números. Toda semana, O'Shaughnessy reúne-se com os líderes de departamento para falar sobre as principais métricas e avaliar o progresso.

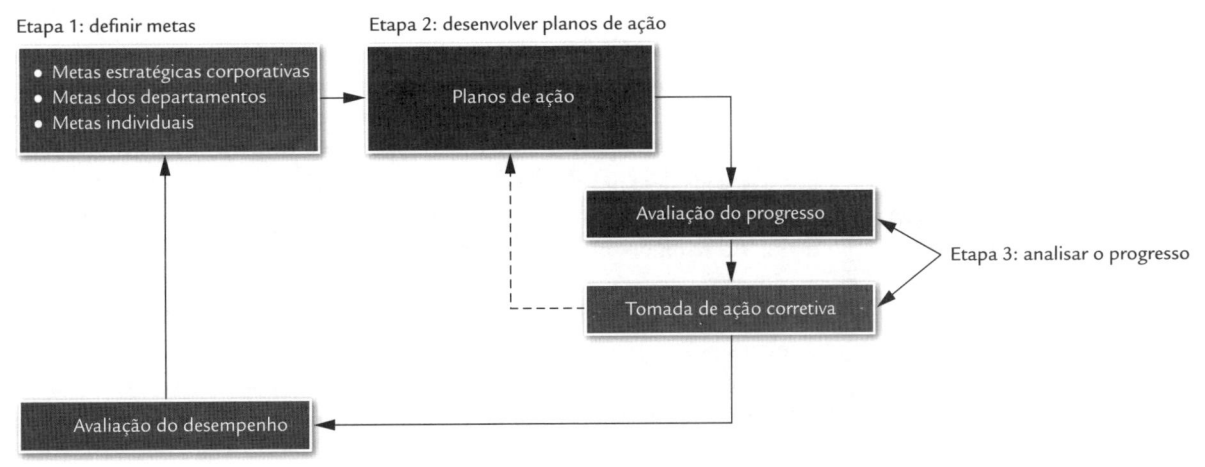

FIGURA 7.6 Modelo do processo da MBO

Etapa 1: definir metas
- Metas estratégicas corporativas
- Metas dos departamentos
- Metas individuais

Etapa 2: desenvolver planos de ação
- Planos de ação

- Avaliação do progresso
- Tomada de ação corretiva

Etapa 3: analisar o progresso

- Avaliação do desempenho

Etapa 4: avaliar o desempenho geral

FIGURA 7.7 Benefícios da MBO

MBO
- Concentra os esforços do gestor e do funcionário nas atividades que levarão à realização das metas.
- Pode melhorar o desempenho em todos os níveis da empresa.
- Melhora a motivação dos funcionários.
- Alinha as metas individuais e dos departamentos com os objetivos da empresa.

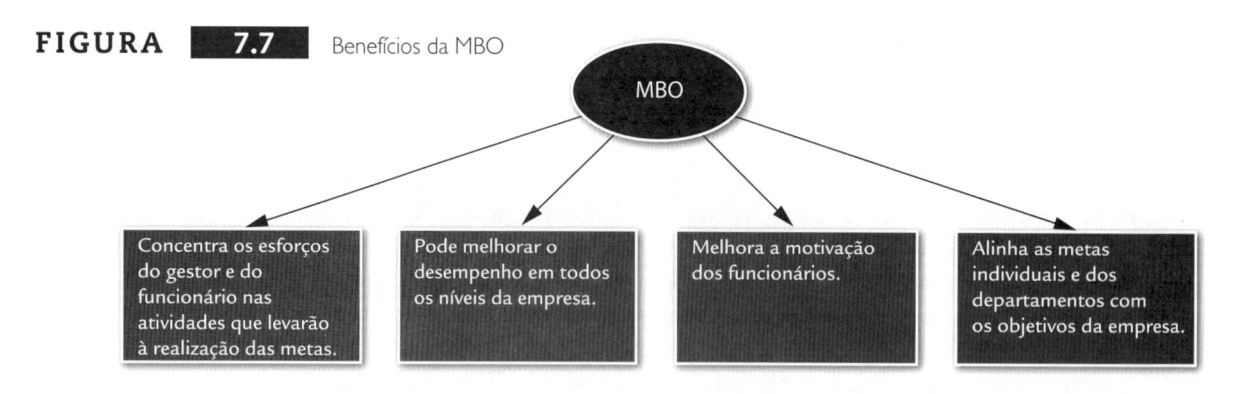

"Quanto mais dados vocês reunirem, mais provavelmente obterão sucesso de longo prazo", afirma.[23] A maioria dos gestores, como O'Shaughnessy, acredita que estão mais bem orientados para a realização da meta quando a MBO é usada.

A MBO pode fornecer uma série de benefícios, que estão resumidos na Figura 7.7. As metas corporativas são mais prováveis de ser alcançadas quando os esforços de gestores e funcionários estão concentrados nelas. Usar um sistema de medição de desempenho como a MBO ajuda os funcionários a perceber como seus cargos e atuação contribuem para o desempenho dos negócios, dando-lhes a sensação de propriedade e compromisso.[24] O desempenho é melhorado quando os funcionários estão empenhados em atingir a meta, são motivados porque ajudam a decidir o que se espera e são livres para criar. As metas em níveis mais baixos estão alinhadas à conquista das metas e permitem esse feito nos níveis da alta gerência.

No entanto, como qualquer sistema, a MBO pode causar problemas quando usada de forma inadequada. Por exemplo, a ênfase excessiva em "cumprir metas" pode obscurecer os meios que as pessoas usam para chegar lá. As pessoas podem pegar atalhos, ignorar os possíveis problemas ou comportar-se sem ética apenas para cumprir as metas. Além disso, a MBO não pode existir sozinha; ela é apenas uma parte da gestão eficaz que as pessoas usam para alcançar as metas. A MBO é "como as rodinhas da bicicleta".[25] Ela ajuda você a começar, mas não é tudo de que você precisa. Nos Estados Unidos, por exemplo, a implantação de rigorosos sistemas do tipo da MBO nos departamentos de polícia urbana e nos sistemas escolares resultou em trapaças nos resultados, com as pessoas mentindo sobre o próprio desempenho no trabalho para que pudessem pontuar bem nas métricas. Os meios para atingir as metas são tão importantes quanto os resultados. A nova abordagem sistemática surgida recentemente é chamada de **gestão por meios (*management by means* – MBM)**, que concentra a atenção nos métodos e processos utilizados para alcançar metas. Expressão cunhada por H. Thomas Johnson e coautores no livro *Profit beyond measures*, a MBM é fundamentada na ideia de que, quando os gestores exercem as atividades corretamente, os resultados positivos surgem. A MBM, ao se concentrar em pessoas, considera os meios, e não apenas a conquista das metas.[26]

TEMA RECENTE

Na Toyota, o recente problema do "acelerador pegajoso" que levou a montadora a realizar o *recall* de milhões de veículos ocorreu, em parte, por causa de uma discriminação entre as metas e os métodos utilizados para alcançá-las. Anos de crescimento de metas agressivas eventualmente desgastaram a capacidade dos gestores em controlar os meios pelos quais as metas foram alcançadas. As pessoas tinham que ser contratadas rapidamente, com pouco tempo para o treinamento e desenvolvimento adequados. Portanto, o número limitado de gestores e engenheiros altamente treinados tinha que fazer mais para manter o ritmo em direção às metas. Desde a crise, a Toyota tem mudado a orientação a fim de melhorar as habilidades dos gestores e funcionários, de modo que eles possam adotar os meios adequados para alcançar metas ambiciosas.[27]

Planos de uso único e permanentes

Os **planos de uso** único são desenvolvidos para atingir um conjunto de metas que provavelmente não serão repetidas no futuro. Os **planos permanentes** são planos em curso que fornecem orientação para tarefas ou situações que ocorrem repetidamente dentro da organização. A Figura 7.8 destaca os principais tipos de planos de uso único e permanentes. Os planos de uso único geralmente incluem programas e projetos. Os planos permanentes primários referem-se às políticas organizacionais, às regras e aos procedimentos. Em geral, os planos permanentes dizem respeito a questões como enfermidade do funcionário, ausências, tabagismo, disciplina, contratação e demissão. Muitas empresas estão desenvolvendo planos permanentes sobre o uso de mídias sociais, por exemplo.[28] Marisa Mayer, a nova CEO do Yahoo, provocou muita controvérsia quando aboliu a política da empresa de trabalho em casa, em favor de uma nova política que exige que as pessoas trabalhem no escritório.[29] As empresas também têm políticas para orientar o relacionamento com clientes, fornecedores ou outras pessoas fora da organização. Depois que foram encontrados restos carbonizados de roupas feitas para o Walmart em uma fábrica de Bangladesh, onde um incêndio, em 2012, matou 112 pessoas, a empresa emitiu uma nova "política de tolerância zero" destinada aos fornecedores. De acordo com os gestores, essa fábrica havia sido subcontratada por um fornecedor. A política estabelece que o gigante varejista cortará imediatamente os laços com qualquer um que subcontrate o trabalho para fábricas sem o conhecimento e a autorização do Walmart. Antes, a empresa tinha uma política mais frouxa que dava aos fornecedores três chances para corrigir quaisquer problemas antes de encerrar o contrato com eles. De acordo com Rajan Kamalanathan, vice-presidente de suprimento ético do Walmart, "Obviamente, a nossa política de três chances não estava funcionando tão bem como deveria".[30]

> **Faça uma pausa**
>
> Para praticar o estabelecimento de metas e desenvolver planos de ação, faça o exercício proposto na seção "Aplique suas habilidades: pequeno grupo em prática", no material complementar.

TEMA RECENTE 3

FIGURA 7.8
Principais tipos de planos de uso único e permanentes

Planos de uso único	Planos permanentes
Programa • Planos para atingir a meta organizacional única • Grande empreitada que pode levar muitos anos para ser concluída • Escopo grande que pode ser associado a diversos projetos **Exemplo:** Construção da nova sede	**Política** • Escopo amplo – guia geral para ação • Fundamentada em metas gerais/plano estratégico da organização • Define os limites das tomadas de decisão **Exemplos:** Políticas de assédio sexual Políticas da *internet* e das mídias sociais
Projeto • Refere-se também a um conjunto de planos para atingir uma meta única • Escopo e complexidade menores que um programa; horizonte menor • Muitas vezes, parte de um programa maior **Exemplos:** Reforma do escritório Configuração de uma *intranet* da empresa	**Regra** • Escopo limitado • Descreve como uma ação específica que deve ser executada • Pode ser aplicada a um âmbito específico **Exemplo:** Regra de não comer em áreas da empresa onde os funcionários ficam visíveis para o público
	Procedimento • Às vezes denominado *procedimento operacional padrão* • Define uma série de etapas precisas para atingir determinadas metas **Exemplos:** Procedimentos para emitir reembolsos Procedimentos para o tratamento das queixas de funcionários

Lembre-se disto

- Os gestores formulam metas que são específicas e mensuráveis, cobrem as principais áreas de resultados, são desafiadoras mas realistas, têm um período de tempo definido e estão ligadas a recompensas.
- Os **indicadores-chave de desempenho (KPIs)** são medidas que refletem o quão bem as metas direcionadas aos níveis hierárquicos inferiores estão ajudando o progresso da organização para a conquista de sua meta estratégica.
- Os tipos de planejamento operacional incluem gestão por objetivos e planos de uso único e permanentes.
- A **gestão por objetivos (MBO)** é um método pelo qual os gestores e funcionários definem as metas para cada departamento, projeto e pessoa, e as utilizam para monitorar o desempenho subsequente. A MBO envolve as etapas de definição de metas, o desenvolvimento de planos de ação, a análise dos progressos e a avaliação do desempenho.
- Uma abordagem recente que se concentra nos métodos e processos utilizados para atingir resultados, e não nos resultados, é chamada de **gestão por meios (MBM)**.
- Os **planos de uso único** são os planos desenvolvidos para atingir um conjunto de metas não suscetíveis de ser repetidas no futuro.
- Os **planos permanentes** são planos em curso usados para fornecer orientação para tarefas que ocorrem repetidamente na organização.
- Um exemplo de plano permanente é uma política de mídias sociais.

Benefícios e limitações do planejamento

Alguns gestores acreditam que é necessário planejar com antecedência para realizar qualquer coisa, enquanto outros partem do princípio de que o planejamento limita o desempenho pessoal e organizacional. Ambas as opiniões têm mérito porque o planejamento pode ter vantagens e desvantagens.

De acordo com uma pesquisa realizada, o planejamento geralmente afeta de forma positiva o desempenho da empresa.[31] A seguir, apresentamos algumas razões que justificam a importância do planejamento:[32]

- *Metas e planos fornecem uma fonte de motivação e comprometimento.* O planejamento pode reduzir a incerteza para os funcionários e esclarecer o que eles devem realizar. A falta de um objetivo claro dificulta a motivação, porque as pessoas não sabem com o que estão trabalhando.
- *Metas e planos orientam a alocação de recursos.* O planejamento ajuda os gestores a decidir onde precisam alocar recursos, como funcionários, dinheiro e equipamentos. Na Netflix, por exemplo, o objetivo de ter mais ofertas de vídeo *on-line* e não em formato DVD significa alocar mais fundos para os direitos cinematográficos para a internet e usar mais o tempo dos gestores no desenvolvimento de alianças com outras empresas.[33]
- *Metas e planos são um guia para ação.* O planejamento concentra a atenção em metas específicas e direciona os esforços empregados para resultados importantes. Ele ajuda os gestores e outros funcionários a saber quais ações precisam tomar para alcançar as metas.
- *Metas e planos estabelecem um padrão de desempenho.* Além de definirem os resultados desejados, o planejamento e as metas estabelecem critérios de desempenho para que os gestores possam medir se as coisas estão no caminho certo ou não. Metas e planos fornecem um padrão de avaliação.

Apesar desses benefícios, alguns pesquisadores também consideram que o planejamento pode prejudicar o desempenho organizacional em alguns aspectos.[34] Assim, os gestores devem entender as limitações para o planejamento, sobretudo quando a organização está operando em um ambiente turbulento:

- *Metas e planos podem criar a falsa sensação de certeza.* Ter um plano pode dar aos gestores a falsa sensação de que eles sabem como o futuro será. No entanto, todo o planejamento é fundamentado em suposições, e os gestores não podem saber o que o futuro reserva para sua indústria ou para os concorrentes, fornecedores e clientes.
- *Metas e planos podem causar rigidez em um ambiente turbulento.* Um problema relacionado é que o planejamento pode bloquear a organização em metas, planos e prazos específicos, que podem não ser mais apropriados. Administrar sob condições de mudança e de incerteza exige certo grau de flexibilidade. Os gestores que acreditam em "manter o rumo", muitas vezes, insistem em um plano problemático, mesmo quando as condições mudam drasticamente.
- *Metas e planos podem ficar no caminho da intuição e da criatividade.* O sucesso, muitas vezes, vem da criatividade e intuição, que podem ser prejudicadas pelo excesso de planejamento de rotina. Por exemplo, durante o processo de definição de metas na MBO descrito anteriormente, por não quererem se arriscar para alcançar os objetivos, os funcionários não oferecem ideias criativas. Da mesma forma, os gestores, às vezes, silenciam as ideias criativas dos funcionários que não se adaptam aos planos de ação predeterminados.[35]

> "Na preparação para a batalha, sempre considerei os planos inúteis, entretanto o planejamento é indispensável."
>
> – DWIGHT D. EISENHOWER (1890-1969), EX-PRESIDENTE DOS ESTADOS UNIDOS

Lembre-se disto

- O planejamento e as metas servem como fonte de motivação, determinam a alocação de recursos, fornecem um guia para a ação e estabelecem um padrão para medição do desempenho.
- As limitações do planejamento e da definição de metas podem gerar a falsa sensação de certeza, uma rigidez capaz de impedir uma resposta ao ambiente turbulento e o bloqueio da criatividade e intuição.

Planejamento para um ambiente turbulento

Considerando as limitações para o planejamento, o que os gestores devem fazer? Uma maneira de eles obterem benefícios do planejamento e do controle das limitações é adotar abordagens inovadoras que estejam em sintonia com o ambiente turbulento de hoje. Três abordagens que ajudam a preparar a organização para eventos inesperados – até mesmo inimagináveis – são: planejamento de contingência, criação de cenários e planejamento de crise.

Planejamento de contingência

Quando as organizações operam em um ambiente altamente incerto ou lidam com horizontes de longo prazo, o planejamento pode, por vezes, parecer um desperdício de tempo. Na verdade, os planos inflexíveis podem atrapalhar em vez de ajudar o desempenho da organização, em face da rápida mudança tecnológica, social, econômica ou ambiental. Nesses casos, os gestores podem desenvolver inúmeras alternativas futuras para ajudá-los a formar planos mais adaptáveis.

Os **planos de contingência** definem as respostas que as empresas adotam em casos de emergência, contratempos ou condições inesperadas. Para que possam desenvolver planos de contingência, os gestores identificam os fatores importantes no ambiente, como possíveis crises econômicas, mercados em declínio, aumentos no custo de suprimentos, novos desenvolvimentos tecnológicos ou acidentes de segurança. Então, preveem um conjunto de respostas alternativas para as contingências de alto impacto mais prováveis, com foco no pior caso.[36] Por exemplo, se as vendas caem 20% e os preços 8%, o que a empresa faz? Os gestores podem desenvolver planos de contingência, como demissões, orçamentos de emergência, novos esforços de vendas ou novos mercados. Um exemplo da vida real vem das companhias aéreas, que tiveram de lutar para desenvolver planos de contingência após toda a frota do novo 787 ter encalhado por problemas no sistema elétrico. Algumas rotas que haviam sido projetadas com base no 787, que ofereciam eficiência de combustível, capacidade de longo alcance e menos lugares para preencher em relação aos outros jatos de longo alcance, tiveram que ser fechadas ou reprojetadas quando a Administração Federal de Aviação (Federal Aviation Administration – FAA) dos Estados Unidos impediu a operação da nova aeronave. Como permanecia a incerteza sobre quando o 787 voltaria aos céus, os gestores da companhia aérea começaram a criar planos de contingência para o que fazer se o 787 estivesse fora da comissão durante meses por causa desse ou de outros problemas. Deveriam alugar aeronaves temporárias? Ou seria o caso de substituir os aviões maiores e vender mais assentos com um desconto para manter o movimento de tráfego ou ainda encerrar as rotas completamente? Que tipos alternativos de plano de *marketing* foram necessários para tranquilizar os passageiros sobre a segurança do avião assim que ele voltasse ao serviço?[37]

CRIAÇÃO DE CENÁRIOS

A técnica de previsão denominada *criação de cenários* é uma extensão do planejamento de contingência.[38] A **criação de cenários** envolve olhar para as tendências e descontinuidades atuais e visualizar possibilidades futuras. Em vez de olhar apenas para a história e pensar no que tem ocorrido, os gestores pensam naquilo que poderia ser. Os eventos que causam mais dano para as empresas são aqueles que ninguém sequer concebeu. Para Stephen Millett, autor de *Managing the future*, "Os cenários são feitos para expandir a gama de possibilidades futuras que os gestores devem considerar e para as quais devem se preparar".[39] No mundo tumultuado de hoje, o planejamento tradicional não é capaz de ajudar os gestores a lidar com as muitas variáveis complexas que podem afetar as organizações. Lyndon Bird, diretor de desenvolvimento técnico do Business Continuity Institute, sublinha que os planos amplos são a resposta. Segundo Bird, em um mundo turbulento e interligado, as empresas "sofrerão alguma intempérie e provavelmente não poderão prever o que acontecerá, entretanto deverão ser capazes de lidar com as consequências".[40]

Os gestores não têm a capacidade de prever o futuro, mas é possível ensaiar uma estrutura na qual os eventos futuros possam ser administrados. As organizações podem ser perturbadas por qualquer número de eventos. Uma pesquisa recente realizada pelo Chartered Management Institute e Business Continuity Institute constatou que alguns dos principais eventos para os quais os gestores podem precisar de planos de cenários incluem condições meteorológicas extremas, perda de sistemas de TI, perda de funcionários importantes, perda de acesso aos escritórios ou às instalações, falha nos sistemas de comunicações e interrupções na cadeia de suprimentos.[41] Alguns gestores usam cenários globais, como problemas de dívida na Europa, desaceleração na Ásia ou aquecimento global, a fim de analisar os padrões e as forças motrizes que podem afetar sua indústria como ponto de partida para a criação de cenários. Esse *pensamento sobre o cenário abreviado* pode dar aos gestores uma vantagem inicial ao se perguntarem "E se...?" e levar a um maior entendimento, mesmo antes de quaisquer cenários serem escritos.[42] Depois disso, um significativo número de gestores ensaia mentalmente diferentes cenários com base na antecipação das variadas mudanças que poderiam afetar a organização. Os cenários são como histórias que oferecem imagens alternativas vívidas de como o futuro será e de como os gestores responderão. Em geral, são desenvolvidos dois a cinco cenários para cada conjunto de fatores, variando das visões mais otimistas às mais pessimistas. Por exemplo, quando os Estados Unidos se envolveram em uma operação militar na Síria, seus líderes criaram quatro grandes cenários, assim como o fizeram para a Líbia há alguns anos – dois que foram positivos para o país e dois que poderiam ter tido consequências altamente problemáticas –, e desenvolveram planos de resposta.[43] Da mesma forma, nas empresas e em outras organizações, a criação de cenários força os gestores a ensaiar mentalmente o que eles fariam se os melhores planos falhassem.

▶▶▶ Conexão de conceito

Depois que diversos surtos da gripe H1N1 revelaram os perigos das doenças generalizadas, o superintendente da gestão de emergências da companhia de seguros State Farm Mike Claver supervisionou o desenvolvimento de um completo **plano de contingência** concebido para proteger os funcionários da State Farm durante quaisquer eventuais surtos no futuro. Além de coordenar as agências da área e incentivar os funcionários a obter as vacinas, Claver testou a capacidade da empresa para a função caso os gestores tivessem que pedir para os funcionários trabalharem em casa durante um surto. Mais de mil pessoas, cerca de 10% da força de trabalho em Bloomington, em Illinois, onde fica a sede, conectaram-se, apenas em um dia de agosto, à rede de computador da empresa. Os gestores usaram os resultados do ensaio completo para ajustar os planos de contingência.

PLANEJAMENTO DE CRISE

Muitas empresas também se envolvem em planejamento de *crise para capacitá-las* a lidar com eventos inesperados tão repentinos e devastadores que poderão destruir a organização se os gestores não tiverem uma resposta rápida e apropriada. Em outubro de 2012, após o furacão Sandy ter causado o primeiro desligamento de vários dias do mercado de ações dos Estados Unidos em mais de 120 anos, os gestores da Nyse Euronext elaboraram um planejamento de crise, no qual constavam possíveis "cenários extremos" e medidas emergenciais se a bolsa não fosse capaz de abrir ou fechar. Nesse planejamento, consideraram como opção a troca de todos os aparelhos eletrônicos que poderiam funcionar sem operadores humanos.[44] Empresas de toda a Costa Leste, especialmente em Nova York e Nova Jersey, ainda estão se recuperando do furacão Sandy. Eventos climáticos desencadeiam situações de crise para as organizações em todo o mundo. Por exemplo, duas das fábricas da Western Digital, na Tailândia, que produzem cerca de um quarto dos discos rígidos do mundo, ficaram totalmente paralisadas no segundo semestre de 2011 após as inundações históricas que irromperam dos diques que protegem a propriedade industrial de Bang Pa-In.

Faça uma pausa

Como um novo gestor, busque mais informações sobre o planejamento de cenários. Anualmente, a Shell Oil publica o exercício de planejamento de cenários praticado pela empresa, disponível em http://www.shell.com/global/future-energy/scenarios.html. Na internet, digite "cenários das agências de inteligência nacionais" para encontrar *links* que o levem a relatórios de tendências globais e planejamento de cenários feitos por várias organizações.

Forma inovadora
Western Digital da Tailândia

Como a maioria das grandes empresas, a Western Digital tem planos de gestão de emergência, porém as inundações históricas que ocorreram nas áreas industriais da Tailândia foram muito além do que qualquer um esperava. Contudo, as decisões e ações dos gestores, tanto antes quanto depois da inundação, ajudaram a Western Digital a se levantar e voltar a funcionar em apenas 46 dias após as fábricas terem sido devastadas, muito antes do que a maioria das outras empresas.

Apesar das garantias do governo de que os diques que protegem as propriedades industriais resistiriam, os gestores da Western Digital haviam antecipado o que aconteceria se eles falhassem. Poucos dias antes do desastre, eles pegaram alguns inventários do processo *just-in-time* (JIT) em armazéns nas proximidades e os transferiram para um local mais seguro. A empresa também colocou um processo no lugar para acelerar a qualificação de fornecedores, no caso de novos serem necessários em alguma emergência. O orçamento da crise incluiu o financiamento de pequenos fornecedores que poderiam precisar de ajuda para reconstruir ou realocar as linhas de produção. Em última análise, o que mais ajudou a empresa foram as fortes relações com funcionários, clientes, fornecedores e outras partes interessadas.

Apesar de as casas das pessoas terem sido inundadas e não haver energia, mais de 500 funcionários da Western Digital, incluindo todos os gestores seniores, voltaram a trabalhar durante o período de pico da inundação. Em uma semana, as operações para recuperar e restaurar os equipamentos estavam a caminho. Os líderes da empresa trabalharam ao lado de engenheiros e funcionários da linha de frente, mesmo correndo riscos pessoais por se envolverem em operações de mergulho. O bom relacionamento com os clientes levou alguns deles a concordar com disposições especiais que não estavam previstas nos acordos contratuais normais. As relações positivas com o governo tailandês permitiram que a Western Digital conseguisse rapidamente que mergulhadores da Marinha tailandesa fossem enviados para ajudar na recuperação e que soldados do Exército Real da Tailândia atuassem como guardas e ajudassem no transporte de equipamentos pesados.

A comunicação com as partes interessadas também foi prioridade. As mídias sociais foram úteis para a troca de informações entre os funcionários e a equipe de recuperação. Os gestores locais foram mantidos atualizados com as informações mais recentes sobre as condições de inundação e os esforços de recuperação, mas foram orientados a não falar com os repórteres. Para limitar o potencial de reações exageradas e confusão entre os clientes, fornecedores e acionistas, todas as comunicações formais foram manipuladas pela sede nos Estados Unidos.[45]

TEMA RECENTE

Tempestades severas como o furacão Sandy ou as inundações na Tailândia são apenas um tipo de crise que as organizações podem enfrentar. As crises tornaram-se características integrantes do ambiente organizacional. Algumas das outras crises recentes incluem o tiroteio em massa na escola primária Sandy Hook de Newtown, em Connecticut, que matou 20 crianças e seis adultos; o terremoto, *tsunami* e desastre nuclear no Japão; a queda do palco na Feira Estadual de Indiana, que matou sete pessoas e deixou dezenas de feridos; a admissão bastante adiada de Lance Armstrong sobre o uso de drogas que melhoram o desempenho, que enganou não apenas Armstrong, mas também inúmeras empresas patrocinadoras; o vídeo do YouTube da "gosma rosa" que levou ao fechamento de três fábricas pertencentes a Beef Products, Inc.; o torrencial derramamento de óleo da British Petroleum (BP) no Golfo do México; e uma série de infortúnios para a assediada Carnival Cruise Lines, incluindo um incêndio no motor do *Triunfo* que manteve os passageiros encalhados por quase uma semana sem ar-condicionado, comida e água limitadas, e alguns poucos banheiros funcionando.

Embora as crises possam variar, um plano cuidadosamente pensado e coordenado pode ser usado para responder a qualquer desastre. Além disso, o planejamento de crise reduz a incidência de problemas, assim como colocar uma boa fechadura na porta reduz assaltos.⁴⁶ Os funcionários da Feira Estadual de Indiana, por exemplo, foram duramente criticados pela falta de planejamento que provavelmente contribuiu para o desastre da queda do palco em 2011. Como os planos eram muito aleatórios, ninguém parecia saber quem tinha autoridade para atrasar ou cancelar o *show* ou quais procedências deveriam ser tomadas em caso de mau tempo. O Departamento do Trabalho de Indiana multou a comissão estadual da feira, a Mid-America Sound (que construiu o palco) e um sindicato de *roadies* pelo planejamento falho, pela insuficiência nas inspeções e pelas práticas de construção desleixadas.⁴⁷

A Figura 7.9 apresenta duas fases essenciais do planejamento de crise.⁴⁸

- ♦ *Prevenção de crises.* A fase de prevenção de crises envolve atividades em que os gestores se comprometem a tentar evitar que ocorram crises e detectar sinais de alerta de possíveis crises. Uma parte crítica da fase de prevenção é a criação de relacionamentos abertos e de confiança com as principais partes interessadas, como funcionários, clientes, fornecedores, governos, sindicatos e comunidade. Ao desenvolverem relações favoráveis, os gestores muitas vezes podem evitar que as crises aconteçam e responder de forma mais eficaz àquelas que não podem ser evitadas.⁴⁹

    Por exemplo, as organizações que têm relações abertas e de confiança com os funcionários e os sindicatos podem evitar greves paralisantes. Na empresa de *software* 37signals, os gestores impediram uma crise ao responderem rápida e abertamente quando o Campfire, uma ferramenta de *chat* em tempo real para as pequenas empresas, ficava ligando e desligando de forma inesperada. Os clientes ficaram furiosos porque usavam o Campfire para gerir as próprias organizações. Os gestores imediatamente começaram a tuitar com os clientes e a postar atualizações regulares sobre o *site* da empresa para que as pessoas soubessem o que estava acontecendo. O objetivo era mostrar que a empresa estava trabalhando para solucionar o problema. "Respondemos a todas as queixas e assumimos a

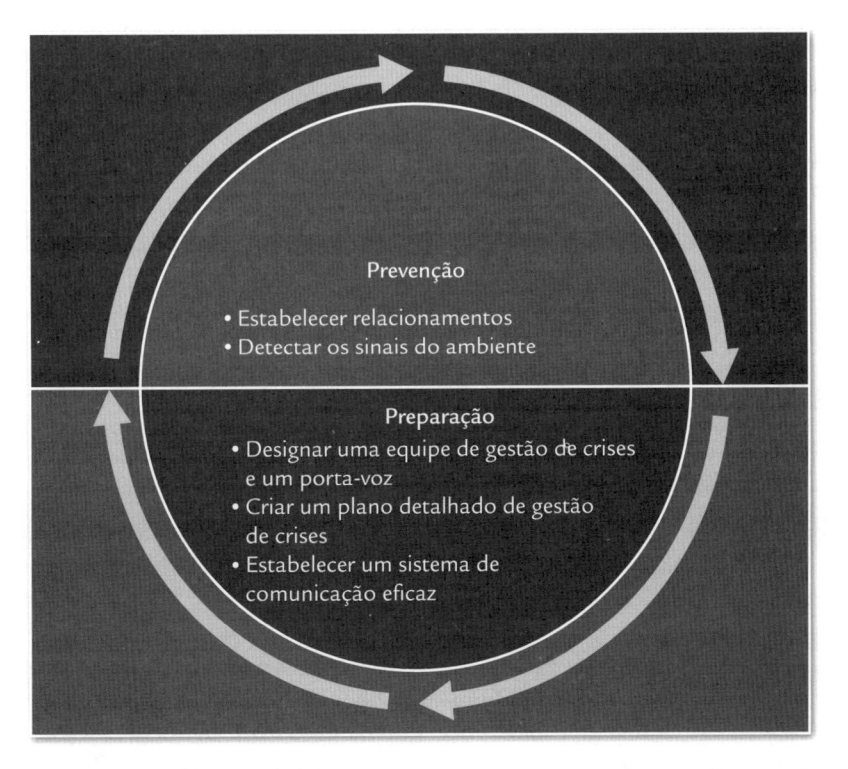

TEMA RECENTE

FIGURA 7.9
Fases essenciais do planejamento de crise

Prevenção
- Estabelecer relacionamentos
- Detectar os sinais do ambiente

Preparação
- Designar uma equipe de gestão de crises e um porta-voz
- Criar um plano detalhado de gestão de crises
- Estabelecer um sistema de comunicação eficaz

FONTE: Com base nas informações de W. Timothy Coombs, *Ongoing crisis communication: planning, managing, and responding* (Thousand Oaks, CA: Sage Publications, 1999).

culpa o tempo todo, mesmo quando as pessoas passavam dos limites e liberavam ataques pessoais", comentou Jason Fried da 37signals. Depois de corrigir a falha, a empresa forneceu gratuitamente a todos os clientes um mês de serviços. Graças a uma ação rápida, a 37signals saiu do episódio com a lealdade e a boa vontade dos clientes mais fortes do que nunca.[50]

- *Preparação para a crise.* A fase de preparação para a crise envolve todo o planejamento detalhado para lidar com a crise quando ela ocorre. Essa fase é composta de três etapas: (1) designação de uma equipe de gestão de crises e um porta-voz; (2) criação de um plano detalhado de gestão de crises; e (3) estabelecimento de um sistema de comunicação eficaz. A equipe de gestão de crises, por exemplo, é um grupo multifuncional de pessoas designadas para entrar em ação caso ocorra uma crise. A organização também deve designar um porta-voz para ser o correspondente da empresa durante a crise.[51] O plano de gestão de crises (*crisis management plan* – CMP) é um plano detalhado que especifica quais as medidas a serem tomadas e quem as providenciará se uma crise ocorrer. O CMP deve incluir as etapas para lidar com vários tipos de crise, como desastres naturais, de incêndios e terremotos; acidentes normais, como crises econômicas, acidentes de trabalho ou falhas de produtos e serviços; e situações anormais, como adulteração de produto ou atos de terrorismo.[52] Um ponto importante é que o CMP deve ser um documento vivo e mutável regularmente revisado, praticado e atualizado conforme necessário.

Lembre-se disto

- Os gestores usam abordagens de planejamento inovadoras para lidar com o ambiente turbulento de hoje.
- O **planejamento de contingência** identifica fatores importantes no ambiente e define uma gama de respostas alternativas a serem tomadas em casos de emergência, contratempos ou condições inesperadas.
- Com a **construção de cenários**, os gestores olham para as tendências e descontinuidades e imaginam futuras alternativas para construir uma estrutura, na qual futuros eventos inesperados podem ser administrados.
- Os cenários são imagens alternativas vívidas de como o futuro pode ser.
- Muitas empresas aumentaram o uso do planejamento de contingência e de cenários em decorrência da crise financeira global e das condições econômicas voláteis.
- O planejamento de crise envolve as duas principais fases de prevenção e preparação.

Abordagens inovadoras para o planejamento

O processo de planejamento de mudanças ao longo do tempo, assim como outros aspectos da gestão, tornou-se fundamental para que a empresa possa se antecipar às alterações no meio ambiente e nas atitudes dos funcionários. Uma nova abordagem para o planejamento é envolver não só os membros da organização, mas também os *stakeholders*, no processo de planejamento. A evolução para uma nova abordagem começa com a mudança para o **planejamento descentralizado**, em que os especialistas em planejamento trabalham com os gestores nas principais divisões ou departamentos para desenvolver as próprias metas e planos. Os gestores de toda a empresa apresentam as próprias soluções criativas para os problemas e tornam-se mais comprometidos com

Capítulo 7 Planejamento e definição de metas

o seguimento dos planos. À medida que o ambiente torna-se mais volátil, os altos executivos ampliam o planejamento descentralizado e podem ter especialistas nessa área trabalhando diretamente com os gestores e funcionários da linha de frente para desenvolver planos que atendam às necessidades de mudança rápida.

Em um ambiente comercial complexo e competitivo, o pensamento estratégico e a execução estratégica tornam-se a expectativa de todos os funcionários.[53] O planejamento ganha vida quando os funcionários estão envolvidos no estabelecimento de metas e na determinação dos meios para alcançá-las. As seções a seguir apresentam algumas orientações para o planejamento inovador.

> **Faça uma pausa**
>
> Leia atentamente o caso apresentado na seção "Aplique suas habilidades: dilema ético", no material complementar, que se refere aos possíveis problemas com abordagens inovadoras de planejamento. O que você faria no lugar de Marge Brygay?

Definição de metas ambiciosas para a excelência

As **metas ambiciosas** são metas atingíveis, mas altamente ambiciosas e tão claras, convincentes e criativas que estimulam os funcionários e geram excelência. Em geral, as metas de crescimento estão muito além dos níveis atuais; assim, as pessoas devem ser inovadoras para encontrar formas de alcançá-las. Considere o seguinte exemplo da Amazon.com.

Quando Jeff Bezos, CEO da Amazon, pediu pela primeira vez, em 2004, para os engenheiros criarem um *e-reader* leve e simples com acesso integrado ao celular, o engenheiro de sistemas Jateen Parekh disse: "Achei que era loucura. Realmente achei". Na época, nada igual havia sido tentado. Mas Bezos acreditou que a configuração de dispositivos para redes *Wi-Fi* seria complicada para muitos usuários e não queria que as pessoas tivessem que se conectar a um computador pessoal. Essencialmente, ele não queria que as pessoas sequer pensassem em uma conexão sem fio. O desafio acabou empolgando Parekh e outros.

O grupo de desenvolvimento demorou vários anos, mas, em 2007, o Kindle nasceu. Foi um sucesso tão grande que o primeiro lote acabou em apenas algumas horas. A Amazon se empenhou muito para encontrar no mercado uma peça-chave que não era mais produzida por um de seus fornecedores.. "A história do Kindle é fascinante. A equipe desenvolveu algumas habilidades reais em torno da criação desse produto e ganhou muita experiência", afirmou Brian Blair, analista da Wedge Partners.

Desenvolver o próprio *hardware* – sobretudo algo que não havia sido feito antes – foi uma aposta alta e audaciosa para a Amazon na época, mas valeu a pena. Além disso, fazer quatro gerações sucessivas do *e-reader* Kindle levou até ao Kindle Fire, que hoje é o único concorrente sério ao *iPad* da Apple.[54]

Forma inovadora

Amazon

Pedir a um grupo de engenheiros que criasse o primeiro *e-reader* Kindle foi considerado por James Collins e Jerry Porras como a grande meta difícil e audaciosa (*big hairy audacious goal* – BHAG). Essa expressão foi proposta, pela primeira vez, por Collins e Porras no artigo "Building your company's vision" ("Construindo a visão da sua empresa", de 1996.[55] Desde então, essa expressão passou a descrever qualquer meta grandiosa, inspiradora, fora do paradigma dominante e capaz de atingir o âmago e mudar o pensamento das pessoas. Ao mesmo tempo, no entanto, as metas devem ser vistas como viáveis ou os funcionários ficarão desencorajados e desmotivados, e alguns podem recorrer a medidas extremas ou antiéticas para alcançá-las.[56]

As metas ambiciosas e as BHAGs tornaram-se extremamente importantes porque as coisas se movem rápido. Uma empresa que se concentra em melhorias gradativas e adicionais em produtos, processos ou sistemas será deixada para trás.

▶▶▶ **Conexão de conceito**

Em 2005, o CEO da Netflix, Reed Hastings, anunciou uma **meta ambiciosa** de quadruplicar a base de assinantes da empresa para 20 milhões até 2012. "Isso é um pouco agressivo", ele afirmou na época, "mas é teoricamente possível". Avançando para 2012, a Netflix não só havia atingido essa meta, como também a superou, para um total de 30 milhões de assinantes! Com um sucesso como esse, não é nenhuma surpresa que Hastings tenha definido uma nova meta ambiciosa de 60 milhões para 90 milhões de assinantes no futuro.

Os gestores podem usar essas metas para obrigar os funcionários a pensar em novas formas que podem resultar em avanços ousados e inovadores.[57]

UTILIZAÇÃO DE PAINÉIS DE DESEMPENHO

As pessoas precisam de uma forma de ver como os planos estão progredindo e avaliar os progressos para alcançar as metas. As empresas começaram a usar *painéis empresariais de desempenho* como uma maneira de os executivos manterem o controle das principais métricas de desempenho, como vendas em relação aos alvos, número de produtos no pedido de retorno ou a porcentagem das chamadas de atendimento ao cliente solucionadas nos prazos especificados. Os painéis evoluíram para sistemas do tamanho das organizações que ajudam a alinhar e acompanhar as metas em toda a empresa. A Figura 7.10 mostra

FIGURA 7.10 Painel de desempenho para planejamento

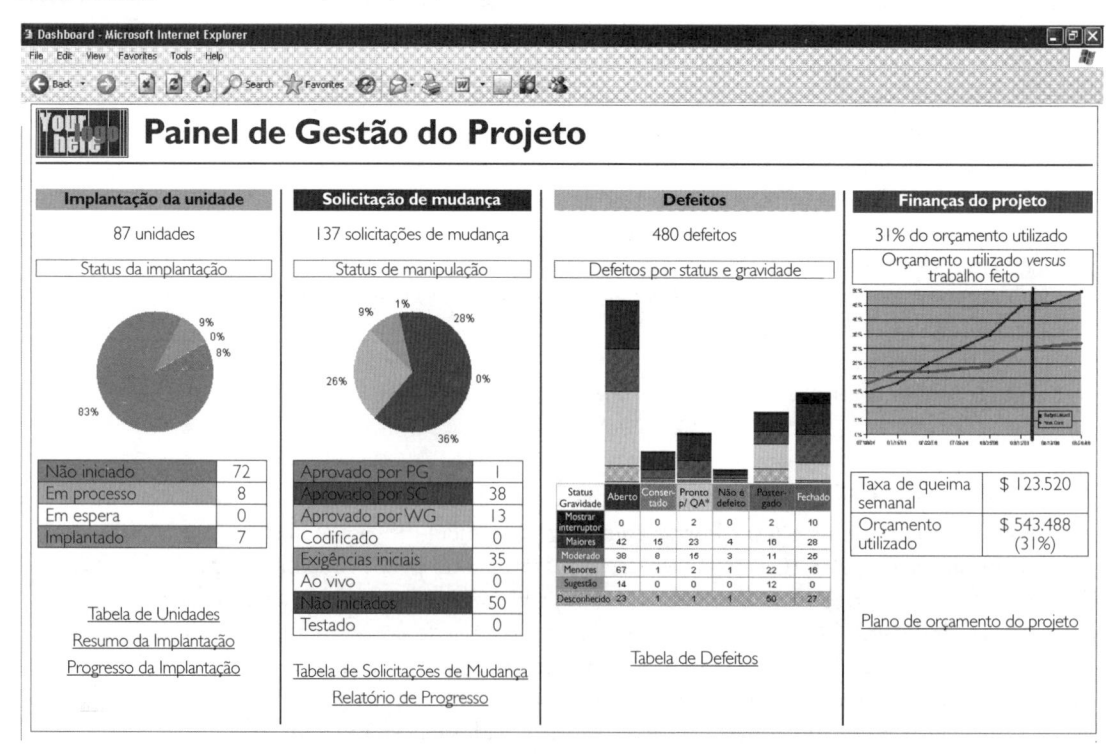

FONTE: Amostra de um painel da Conflair, "Management Dashboards", Conflair.com. Disponível em: <wwwconflaircom/ConflairServices/4l_ManagementDashboards.asp>. Acesso em: 23 jul. 2012.

---

* QA significa Quality Assurance, ou Controle de Qualidade. (N.R.T.)

um exemplo de painel empresarial de desempenho que pode fornecer as principais métricas de desempenho em tempo real. O verdadeiro poder dos painéis vem da aplicação em toda a empresa, mesmo na fábrica ou na loja, de modo que todos os funcionários possam acompanhar o progresso em direção às metas, ver quando as coisas não estão muito bem e encontrar formas inovadoras para retomar o curso para alcançar as metas especificadas. Na Emergency Medical Associates, um grupo médico que gerencia salas de emergência para hospitais em Nova York e Nova Jersey, os painéis permitem que a equipe veja quando os limites de desempenho relacionados aos tempos de espera do paciente, por exemplo, não estão sendo atendidos em vários hospitais.[58] Alguns sistemas de painel também incorporam *softwares* que permitem aos usuários executar cenários hipotéticos para avaliar o impacto das diversas alternativas para atingir as metas.

IMPLANTAÇÃO DE EQUIPES DE INTELIGÊNCIA

Antecipar e administrar a incerteza e a turbulência no ambiente é parte crucial do planejamento, o que significa que os gestores precisam de uma boa inteligência para fazer as escolhas informadas sobre as metas e os planos. Um número crescente de empresas líderes está usando equipes de inteligência para administrar esse desafio. Uma **equipe de inteligência** é um grupo funcional de gestores e funcionários, geralmente liderado por um profissional de inteligência competitiva, que trabalha em conjunto para obter a compreensão profunda de determinado problema empresarial, com o objetivo de apresentar ideias, possibilidades e recomendações sobre os objetivos e planos relacionados a esse problema.[59] Equipes de inteligência são úteis quando a organização enfrenta um grande desafio de inteligência. Por exemplo, considere uma grande empresa de serviços financeiros que descobre que um rival ainda maior está potencialmente partindo para competir diretamente com uma de suas principais empresas de geração de lucros. Os altos gestores podem formar uma equipe de inteligência para identificar quando e como isso poderia acontecer e como tal fato pode afetar a organização. As equipes de inteligência podem fornecer informações que permitem aos gestores tomar decisões mais conscientes sobre as metas, assim como elaborar planos de contingência e cenários relacionados às grandes questões estratégicas.

Lembre-se disto

- As abordagens de planejamento mudam com o tempo. Atualmente, muitas empresas adotam o planejamento descentralizado.
- No **planejamento descentralizado**, os altos executivos ou especialistas em planejamento trabalham com os gestores nas principais divisões ou departamentos para desenvolver as próprias metas e planos.
- **Metas ambiciosas** são metas atingíveis, além de muito ambiciosas e convincentes, que estimulam as pessoas e inspiram excelência.
- Na Amazon, a meta ambiciosa era construir o primeiro *e-reader* Kindle com acesso ao celular para que as pessoas não tivessem que se conectar a um PC.
- Os painéis de desempenho empresarial podem ajudar os gestores a supervisionar os planos e medir o progresso em direção às metas.
- Uma **equipe de inteligência** é um grupo multifuncional de pessoas que trabalham em conjunto para obter a compreensão profunda de uma questão competitiva específica e oferecer uma visão e recomendações para o planejamento.

Cap. 7 Notas

1. Mayumi Negishi; Dana Mattiol; Ryan Dezember, "Japan's Uniqlo sets goal: n. 1 in the U.S.", *The Wall Street Journal*, April 12, 2013, B7; Stephanie Clifford, "As U.S. Retailers Retreat, a Japanese Chain Sees an Opening", *The New York Times*, May 22, 2012, disponível em: <http://www.nytimes.com/2012/05/23/business/uniqlo-sees-room-for-growth-in-the-us.html?pagewanted=all&_r=0>, acesso em: 12 set. 2013; "Uniqlo announces opening dates for ten new stores this Fall", Uniqlo press release, September 4, 2013, disponível em: <http://www.uniqlo.com/us/uniqlo-news/2013/uniqlo-announces-opening-dates-for-ten-new-stores-this-fall/>, acesso em: 12 set. 2013.
2. Hiroko Tabuchi, "Inquiry declares Fukushima crisis a man-made disaster", *The New York Times*, July 5, 2012, disponível em: <www.nytimes.com/2012/07/06/world/asia/fukushima-nuclear-crisis-a-man-made-disaster-report-says.html>, acesso em: 19 jul. 2012; Patrick Kiger, "Fukushima's radioactive water leak: what you should know", *National Geographic Daily News*, August 7, 2013, disponível em: <http://news.nationalgeographic.com/news/energy/2013/08/130807-fukushima-radioactive-water-leak/>, acesso em: 12 set. 2013.
3. Apud Oren Harari, "Good/bad news about strategy", *Management Review* (July 1995): 29-31.
4. Amitai Etzioni, *Modern organizations* (Englewood Cliffs, NJ: Prentice Hall, 1984), p. 6.
5. Max D. Richards, *Setting strategic goals and objectives*, 2nd ed. (St. Paul, MN: West, 1986).
6. Com base em A. G. Lafley; Roger Martin, "Instituting a company-wide strategic conversation at Procter & Gamble", *Strategy & Leadership* 41, n. 4 (2013): 4-9.
7. Lafley; Martin, "Instituting a company-wide strategic conversation at Procter & Gamble".
8. Paul Alofs, "Beliefs creed: it guides and inspires", *Leadership Excellence* (August 2012): 20.
9. Mary Klemm; Stuart Sanderson; George Luffman, "Mission statements: selling corporate values to employees", *Long-Range Planning* 24, n. 3 (1991): 73-78; John A. Pearce II; Fred David, "Corporate mission statements: the bottom line", *Academy of Management Executive* (1987): 109-116; Jerome H. Want, "Corporate mission: the intangible contributor to performance", *Management Review* (August 1986): 46-50; Forest R. David; Fred R. David, "It's time to redraft your mission statement", *Journal of Business Strategy* (January-February 2003): 11-14.
10. "Tennessee News and Notes from State Farm", State Farm Mutual Automobile Insurance Company, 2004; "Our mission, our vision, our shared values", State Farm Web site, disponível em: <http://www.statefarm.com/aboutus/company/profile/mission.asp>, acesso em: 12 set. 2013.
11. Dongwook Chung, "A management 180°", *T+ D* (July 2013): 56-59.
12. Matthew Boyle, "Unilever: taking on the world, one stall at a time", *Bloomberg Businessweek* (January 7-13, 2013): 18-20.
13. Paul Meising; Joseph Wolfe, "The art and science of planning at the business unit level", *Management Science* 31 (1985): 773-781.
14. Boyle, "Unilever: taking on the world, one stall at a time".
15. Geary A. Rummler; Kimberly Morrill, "The results chain", *TD* (February 2005): 27-35; John C. Crotts; Duncan R. Dickson; Robert C. Ford, "Aligning organizational processes with mission: the case of service excellence", *Academy of Management Executive* 19, n. 3 (August 2005): 54-68.
16. Discussão baseada em Robert S. Kaplan; David P. Norton, "Mastering the management system", *Harvard Business Review* (January 2008): 63-77; Robert S. Kaplan; David P. Norton, "Having trouble with your strategy? Then map it", *Harvard Business Review* (September-October 2000): 167-176.
17. Graham Kenny, "From the stakeholder viewpoint: designing measurable objectives", *Journal of Business Strategy* 33, n. 6 (2012): 40-46.
18. Sayan Chatterjee, "Core objectives: clarity in designing strategy", *California Management Review* 47, n. 2 (Winter 2005): 33-49.
19. Jason Piatt, "5 rules for selecting the best KPIs to drive operational improvement", *Industry Week* (November 2012): 30.
20. Edwin A. Locke; Gary P. Latham; Miriam Erez, "The determinants of goal commitment", *Academy of Management Review* 13 (1988): 23-39.
21. Peter F. Drucker, *The practice of management* (New York: Harper & Row, 1954); George S. Odiorne, "MBO: a backward glance", *Business Horizons* 21 (October 1978): 14-24; William F. Roth, "Is management by objectives obsolete?", *Global Business and Organizational Excellence* (May-June 2009): 36-43.
22. Jan P. Muczyk; Bernard C. Reimann, "MBO as a complement to effective leadership", *The Academy of Management Executive* 3 (1989): 131-138; W. Giegold, *Objective setting and the MBO process*, v. 2 (New York: McGraw-Hill, 1978).
23. Tim O'Shaughnessy, em entrevista para Liz Welch, "The way I work: Tim O'Shaughnessy, LivingSocial", *Inc.* (March 2012): 104-108.

24. Eileen M. Van Aken; Garry D. Coleman, "Building better measurement", *Industrial Management* (July-August 2002): 28-33.
25. Analogia de Jeffrey K. Liker; Timothy N. Ogden, "The Toyota recall: missing the forest for the trees", *Ivey Business Journal* (November-December 2011). Disponível em: <www.iveybusinessjournal.com/topics/marketing/the-toyota-recall-missing-the-forest-for-the-trees>. Acesso em: 19 jul. 2012.
26. Reylito A. H. Elbo, "MBM: management by means, not results", *Manila Times*, June 11, 2012, disponível em: <www.manilatimes.net/index.php/business/business-columnist/24633-mbm-management-by-means-not-results>, acesso em: 8 ago. 2012; Liker; Ogden, "The Toyota recall".
27. Liker; Ogden, "The Toyota recall".
28. Sarah Fister Gale, "Big brother is watching: why social media policies make good business sense", *Workforce*, June 21, 2012. Disponível em: <www.workforce.com/article/20120621/NEWS02/120629994/big-brother-is-watching-why-social-media-policies-make-good-business-sense#>. Acesso em: 18 jul. 2012.
29. Claire Cain Miller; Nicole Perlroth, "Yahoo says new policy is meant to raise morale", *The New York Times*, March 5, 2013. Disponível em: <http://www.nytimes.com/2013/03/06/technology/yahoos-in-office-policy-aims-to-bolster-morale.html?pagewanted=all&_r=0>. Acesso em: 13 set. 2013.
30. Shelly Banjo, "Wal-Mart toughens supplier policies", *The Wall Street Journal*, January 21, 2013. Disponível em: <http://online.wsj.com/article/SB10001424127887323301104578256183164905720.html>. Acesso em: 28 jan. 2013.
31. C. Chet Miller; Laura B. Cardinal, "Strategic planning and firm performance: a synthesis of more than two decades of research", *Academy of Management Journal* 37, n. 6 (1994): 1649-1685.
32. Com base em E. A. Locke; G. P. Latham, *A theory of goal setting & task performance* (Englewood Cliffs, NJ: Prentice Hall, 1990); Richard L. Daft; Richard M. Steers, *Organizations: a micro/macro approach* (Glenview, IL: Scott, Foresman, 1986), p. 319-321; Herbert A. Simon, "On the concept of organizational goals", *Administrative Science Quarterly* 9 (1964): 1-22; Charles B. Saunders; Francis D. Tuggel, "Corporate goals", *Journal of General Management* 5 (1980): 3-13.
33. Nick Wingfield, "Netflix boss plots life after the DVD", *The Wall Street Journal*, June 23, 2009.
34. Com base em Henry Mintzberg, *The rise and fall of strategic planning* (New York: Free Press, 1994); H. Mintzberg, "Rethinking strategic planning, part I: pitfalls and fallacies", *Long-Range Planning* 27 (1994): 12-21; H. Mintzberg, "The pitfalls of strategic planning", *California Management Review* 36 (1993): 32-47.
35. Roth, "Is management by objectives obsolete?".
36. Curtis W. Roney, "Planning for strategic contingencies", *Business Horizons* (March-April 2003): 35-42; "Corporate planning: drafting a blueprint for success", *Small Business Report* (August 1987): 40-44.
37. Doug Cameron; Jeffrey Ng; Jack Nicas, "Post Jet Grounding, Airlines Scramble to Develop Plan Bs", *The Wall Street Journal*, January 18, 2013, B4; Gustav Sandstrom, "Norwegian Airlines encounter additional dreamliner tech issues", *The Wall Street Journal Online*, September 9, 2013, disponível em: <http://online.wsj.com/article/BT-CO-20130909-701299.html>, acesso em: 12 set. 2013.
38. Seção baseada em Steven Schnaars; Paschalina Ziamou, "The essentials of scenario writing", *Business Horizons* (July-August 2001): 25-31; Peter Cornelius; Alexander Van de Putte; Mattia Romani, "Three decades of scenario planning in Shell", *California Management Review* 48, n. 1 (Fall 2005): 92-109; Audrey Schriefer; Michael Sales, "Creating strategic advantage with dynamic scenarios", *Strategy & Leadership* 34, n. 3 (2006): 31-42; William J. Worthington; Jamie D. Collins; Michael A. Hitt, "Beyond risk mitigation: enhancing corporate innovation with scenario planning", *Business Horizons* 52 (2009): 441-450; Gill Ringland, "Innovation: scenarios of alternative futures can discover new opportunities for creativity", *Strategy & Leadership* 36, n. 5 (2008): 22-27; Stephen M. Millett, "Four decades of business scenarios: what can experience teach?", *Strategy & Leadership* 41, n. 1 (1013): 29-33.
39. Millett, "Four decades of business scenarios".
40. Apud Claire Churchard, "Tales of the unexpected", *People Management* (February 2012).
41. Veja Churchard, "Tales of the unexpected".
42. Kathleen Wilburn; Ralph Wilburn, "Abbreviated scenario thinking", *Business Horizons* 54 (2011): 541-550.
43. Gerald F. Seib, "Four scenarios for Libya – some good and some bad", *The Wall Street Journal*, March 29, 2011. Disponível em: <http://online.wsj.com/article/SB10001424052748703739204576228620384027448.html>. Acesso em: 20 jul. 2012.
44. Jacob Bunge, "NYSE Revamps Disaster Plan", *The Wall Street Journal*, March 9, 2013, B1.
45. Lau Chee Wai; Winai Wongsurawat, "Crisis management: Western Digital's 46-Day Recovery from the 2011 Flood Disaster in Thailand", *Strategy & Leadership* 41, n. 1 (2013): 34-38.
46. Ian Mitroff with Gus Anagnos, *Managing crises before they happen* (New York: AMACOM, 2001);

Ian Mitroff; Murat C. Alpaslan, "Preparing for Evil", *Harvard Business Review* (April 2003): 109-115.

47. Jack Nicas, "Faulty planning, stage cited in fair collapse", *The Wall Street Journal*, April 12, 2012. Disponível em: <http://online.wsj.com/article/SB20001424052702304356604577339923897959492.html>. Acesso em: 20 jul. 2012.

48. Discussão baseada em W. Timothy Coombs, *Ongoing crisis communication: planning, managing, and responding* (Thousand Oaks, CA: Sage Publications, 1999).

49. Ian I. Mitroff, "Crisis leadership", *Executive Excellence* (August 2001): 19; Andy Bowen, "Crisis procedures that stand the test of time", *Public Relations Tactics* (August 2001): 16.

50. Jason Fried, "How to ride a storm", *Inc.* (February 2011): 37-39.

51. Christine Pearson, "A blueprint for crisis management", *Ivey Business Journal* (January-February 2002): 69-73.

52. Veja Mitroff e Alpaslan, "Preparing for Evil," para uma discussão do "ciclo de crises" delimitando os diferentes tipos de crises que as organizações podem enfrentar.

53. Harari, "Good/bad news about strategy".

54. Brad Stone, "The Omnivore", *Bloomberg Businessweek* (October 3-9, 2011): 58-65.

55. James C. Collins; Jerry I. Porras, "Building your company's vision", *Harvard Business Review* (September-October 1996): 65-77.

56. Steven Kerr; Steffan Landauer, "Using stretch goals to promote organizational effectiveness and personal growth: General Electric and Goldman Sachs", *Academy of Management Executive* 18, n. 4 (November 2004): 134-138; Lisa D. Ordóñez et al., "Goals gone wild: the systematic side effects of overprescribing goal setting", *Academy of Management Perspectives* (February 2009): 6-16.

57. Veja Kenneth R. Thompson; Wayne A. Hockwarter; Nicholas J. Mathys, "Stretch targets: what makes them effective?", *Academy of Management Executive* 11, n. 3 (August 1997): 48.

58. Doug Bartholomew, "Gauging success", *CFO-IT* (Summer 2005): 17-19.

59. Seção baseada em Liam Fahey; Jan Herring, "Intelligence teams", *Strategy & Leadership* 35, n. 1 (2007): 13-20.

PARTE 3 | Capítulo 8

Formulação e execução de estratégias

Visão geral do capítulo

Qual é o seu potencial estratégico?
Pensar estrategicamente
Novo gestor autoteste: sua abordagem para estudar, parte 2
O que é gestão estratégica?
  Objetivo da estratégia
  Níveis de estratégia
Processo de gestão estratégica
  Formulação *versus* execução de estratégia
  Análise Swot
Formulação de estratégia corporativa
  Estratégia de carteira
  Matriz BCG
  Estratégia de diversificação
Formulação de estratégias de negócios
  As cinco forças competitivas de Porter
  Estratégias competitivas de Porter
Formulação de estratégias funcionais
Estratégia global
  Estratégia de globalização
  Estratégia multidoméstica
  Estratégia transnacional
Execução de estratégia

Resultados de aprendizagem

Após a leitura deste capítulo, você será capaz de:

1. Definir os componentes da gestão estratégica e abordar os três níveis de estratégia.
2. Explicar o processo de gestão estratégica.
3. Explicar, de forma sucinta, como a análise Swot pode ser usada para avaliar os pontos fortes e fracos da empresa, suas oportunidades e ameaças
4. Explicar as três abordagens para a estratégia corporativa: carteira, matriz do Boston Consulting Group (BCG) e diversificação.
5. Descrever as forças e estratégias competitivas de Michael Porter.
6. Comparar e contrastar as estratégias de globalização, multidoméstica e transnacional para negócios globais.
7. Descrever as dimensões organizacionais que os gestores usam para executar estratégias.

Qual é o seu potencial estratégico?[1]

INSTRUÇÕES: Como novo gestor, quais são os seus pontos fortes em matéria de formulação e implementação de estratégias? Como você lida com os desafios e problemas que surgem na escola ou no trabalho? Nos itens apresentados a seguir, assinale a opção – (a) ou (b) – que melhor descreve o seu comportamento. Não há uma opção certa ou errada. No teste, considere a descrição que mais se aplica ao seu modo de reagir a situações de trabalho.

1. Ao fazer registros, costumo:
   _____ a. Ser cuidadoso com a documentação.
   _____ b. Ser desorganizado com a documentação.

2. Ao comandar um grupo ou projeto:
   _____ a. Tenho a ideia geral e deixo que os outros descubram como realizar as tarefas.
   _____ b. Tento descobrir metas específicas, prazos e resultados esperados.

3. Meu estilo de pensamento poderia ser descrito mais precisamente como:
   _____ a. Pensador linear, passando de A para B e para C.
   _____ b. Penso como um gafanhoto, pulando de uma ideia para outra.

4. No escritório ou em casa, as coisas são:
   _____ a. Aqui e ali, amontoadas em várias pilhas.
   _____ b. Bem organizadas ou, pelo menos, ordenadas de forma razoável.

5. Orgulho-me em desenvolver:
   _____ a. Formas de superar um obstáculo para uma solução.
   _____ b. Novas hipóteses sobre a verdadeira causa de um problema.

6. Posso ajudar melhor a estratégia ao incentivar:
   _____ a. A abertura para uma ampla gama de hipóteses e ideias.
   _____ b. O rigor na implementação de novas ideias.

7. Um dos meus pontos fortes é:
   _____ a. Compromisso de fazer as coisas funcionarem.
   _____ b. Compromisso com um sonho para o futuro.

8. Sou mais eficaz quando enfatizo:
   _____ a. A invenção de soluções originais.
   _____ b. A realização de melhorias práticas.

PONTUAÇÃO E INTERPRETAÇÃO: Os gestores têm potenciais e capacidades diferentes quando se trata da formulação e implementação de estratégias. Se você marcou a letra "a" nas questões 2, 4, 6 e 8 e "b" nas questões 1, 3, 5 e 7, somando 1 ponto a cada alternativa, seu perfil é de formulador de estratégias. Caso contrário, terá o perfil de implementador de estratégias. A pontuação mais elevada indica o seu potencial estratégico.

Os novos gestores agregam valor à gestão estratégica como formuladores, implementadores ou ambos. Os implementadores tendem a trabalhar com a situação e melhorá-la, tornando-a mais eficiente e segura. Já os formuladores incentivam as estratégias inovadoras e gostam de buscar avanços significativos. Ambos os estilos são essenciais para a gestão estratégica. Em geral, os formuladores estratégicos usam as habilidades para criar novas estratégias integrais, e os implementadores estratégicos trabalham com a melhoria e implementação de estratégias.

Se a diferença entre os dois resultados for de 2 pontos ou menos, você tem um estilo equilibrado entre formulador e implementador e trabalha bem em ambas as situações. Se a diferença for de 4 ou 5 pontos, você tem um estilo moderadamente mais forte, e é bem possível que trabalhe melhor na área de seu potencial. Se a diferença for de 7 ou 8 pontos, você tem um potencial bem distinto e certamente gostaria de trabalhar na área que já domina.

O negócio de aluguel de filmes certamente não é mais o que costumava ser. Você se lembra das locadoras de vídeo? Provavelmente não. Embora existam ainda algumas, as cadeias nacionais, como a Blockbuster, expulsaram, anos atrás, a maioria das locadoras do mercado. No seu auge, a Blockbuster tinha nove mil lojas de vídeo e cerca de 60 mil funcionários. Então, veio a Netflix. No outono de 2013, a Blockbuster tinha apenas cerca de 350 lojas. Porém, isso não significa que tudo é um mar de rosas para a Netflix. Outras empresas, incluindo a Amazon, reconheceram as oportunidades existentes no *streaming* de vídeos e começaram a roubar clientes. Uma resposta da Netflix tem sido a criação da própria programação original, como as séries *Arrested development* e *House of cards* que recentemente ganharam vários prêmios Emmy. A estratégia ambiciosa de não ser mais um simples fornecedor, mas um produtor de entretenimento, está repleta de oportunidades e também de riscos. No entanto, Reed Hastings, CEO da Netflix, sabe que a estratégia de sua empresa precisa continuar evoluindo para atender às mudanças tecnológicas, à concorrência crescente e às novas necessidades de entretenimento dos clientes.[2]

Quão importante é a gestão estratégica? Ela determina, em grande parte, quais organizações terão sucesso e quais enfrentarão obstáculos. As diferenças nas estratégias que os gestores escolhem e como efetivamente as executam ajudam a explicar por que a Netflix está prosperando e a Blockbuster tropeçando, por que o Facebook praticamente acabou com o MySpace nas redes sociais e por que a Apple está batendo a Microsoft no mundo da computação móvel.

Toda empresa está preocupada com estratégia. Na indústria de *fast-food*, os gestores reinventaram a Domino ao formularem e divulgarem agressivamente uma nova receita de *pizza* que respondeu à evolução das preferências dos consumidores. O McDonald's obteve sucesso com uma estratégia de melhoria ao criar a linha McCafé de bebidas quentes e frias à base de café, oferecer lanches e pequenas sobremesas ao longo do dia e ampliar a linha de produtos para consumidores preocupados com a saúde. A cadeia de *fast-food* KFC, da marca Yum!, está prosperando com uma estratégia global ambiciosa, com rápida expansão internacional, especialmente na China.[3]

Erros estratégicos podem prejudicar uma empresa. Por exemplo, a Kodak ainda não se recuperou da falha dos gestores que não se prepararam para a rápida ascensão da fotografia digital. Um artigo recente, ao divulgar o sucesso de uma empresa inovadora e adaptável, referiu-se a ela como "*anti-Kodak*". E poucos se lembram do tempo em que Liz Claiborne era uma das linhas de roupas mais conhecidas do mundo. A empresa, pioneira na criação de roupas profissionais para mulheres, tem decaído há anos por causa da falha dos gestores em abraçar uma estratégia que poderia manter a linha relevante, mesmo depois que as *baby boomers* se aposentaram e passaram a gastar menos com esse tipo de vestimenta.[4]

Os gestores de empresas como Liz Claiborne, McDonald's, Kodak, Facebook e Netflix estão envolvidos com gestão estratégica. Eles buscam maneiras de responder aos concorrentes, lidar com desafios ambientais difíceis, atender às mudanças nas demandas dos clientes e utilizar os recursos disponíveis de forma eficaz. A gestão estratégica assumiu ainda mais importância no ambiente atual porque os gestores são responsáveis pelo direcionamento das organizações para o sucesso, em um mundo em constante transformação.

O Capítulo 7 mostrou uma visão geral dos tipos de meta e plano usados pelas organizações. Neste capítulo, exploramos a gestão estratégica, que é um tipo específico de planejamento. Primeiramente, definiremos os componentes da gestão estratégica e abordaremos aspectos relacionados aos objetivos e níveis de estratégia. Em seguida, examinaremos vários modelos de formulação de estratégia nos níveis corporativo, empresarial e funcional. Finalmente, trataremos das ferramentas utilizadas por gestores para executar os planos estratégicos.

> "*Fica difícil ganhar do futuro se você não o vê chegando.*"
>
> – GARY HAMEL, ESTUDIOSO DE GESTÃO E ESCRITOR

Capítulo 8 Formulação e execução de estratégias

Pensar estrategicamente

O que significa pensar estrategicamente? Esse tipo de pensamento está relacionado aos seguintes fatores: ter uma visão de longo prazo, perceber o contexto geral, como a organização e o ambiente competitivo, e considerar o modo como tudo isso se encaixa. O pensamento estratégico é importante tanto para as empresas como para as organizações sem fins lucrativos. Nas empresas com fins lucrativos, o planejamento estratégico diz respeito, em geral, a ações competitivas no mercado. Em organizações sem fins lucrativos, como a Cruz Vermelha Americana ou o Exército da Salvação, o planejamento estratégico se refere a eventos no ambiente externo.

> **Faça uma pausa**
>
> Para ter ideia de sua capacidade de pensamento estratégico, faça o "Autoteste do novo gestor".

NOVO GESTOR — Autoteste

Sua abordagem para estudar, parte 2

Instruções: A abordagem que você adota para estudar pode ser um indicativo importante da sua capacidade de pensar de forma estratégica. Nos itens apresentados a seguir, assinale "Normalmente verdadeiro" ou "Normalmente falso", sempre com base em como cada afirmação se aplica ao seu comportamento de estudo.

	Normalmente verdadeiro	Normalmente falso
1. De uma forma ou de outra, consigo obter quaisquer livros e materiais de que preciso para estudar.	_____	_____
2. Procuro encontrar condições de estudo que me permitam fazer o trabalho com facilidade.	_____	_____
3. Esforcei-me para ter certeza de que tenho os detalhes mais importantes na ponta da língua.	_____	_____
4. Quando leio um artigo ou livro, tento entender por mim mesmo o que está sendo abordado.	_____	_____
5. Sei qual é o meu objetivo com este curso e estou determinado a alcançá-lo.	_____	_____
6. Quando estou trabalhando em um tópico novo, tento imaginar como todas as ideias se encaixam.	_____	_____
7. É importante que eu siga o argumento e veja o raciocínio por trás de alguma coisa.	_____	_____
8. Analiso as provas com cuidado e, em seguida, tento chegar às minhas próprias conclusões sobre o que estou estudando.	_____	_____
9. Quando estou lendo, penso em como as ideias se encaixam com o material anterior.	_____	_____

Pontuação e interpretação: Os itens aqui representam a abordagem estratégica do estudo. Estratégia significa conhecer os resultados desejados e a forma como adquirir conhecimento real, pensar claramente sobre táticas e relacionamentos de causa e efeito e implementar comportamentos que permitam alcançar os resultados desejados. Atribua um ponto a cada item assinalado em "Normalmente verdadeiro". Se você marcou 3 pontos ou menos, provavelmente não está usando a abordagem estratégica para estudar. Uma pontuação de 6 ou mais sugere uma abordagem estratégica do estudo que possivelmente vai se traduzir na capacidade de gestão estratégica para o novo gestor.

Fontes: Adaptado de Kristin Backhaus; Joshua P. Liff, "Cognitive styles and approaches to studying in management education", *Journal of Management Education* 31 (August 2007): 445-466; A. Duff, "Learning styles measurement: the revised approaches to studying inventory", *Bristol Business School Teaching and Research Review* 3 (2000).

PLANEJAMENTO 3

Segundo uma pesquisa de Miller e Cardinal (1994), o pensamento estratégico e o planejamento afetam positivamente o desempenho e o sucesso financeiro da empresa.[5] A maioria dos gestores tem consciência da importância do planejamento estratégico, como evidencia a pesquisa do *McKinsey Quarterly*. Dos executivos que participaram da pesquisa, cujas empresas não tinham um processo formal de planejamento estratégico, 51% afirmaram que estavam insatisfeitos com o desenvolvimento de estratégias na empresa, em comparação com apenas 20% de executivos que trabalhavam em empresas que tinham um processo de planejamento formal.[6] Os CEOs de empresas bem-sucedidas fazem do pensamento estratégico e do planejamento prioridades absolutas da gestão. Para que uma organização prospere, o CEO deve estar ativamente envolvido nas difíceis decisões e nos *trade-offs* que definem e sustentam a estratégia.[7] No entanto, os executivos seniores das empresas líderes de hoje querem que os gestores de níveis médio e básico também pensem de forma estratégica. Compreender o conceito de estratégia e quais os níveis de estratégia é um passo importante para pensar de forma estratégica.

Lembre-se disto

- Pensar estrategicamente significa ter uma visão de longo prazo e perceber todo o contexto.
- Em empresas com e sem fins lucrativos e agências governamentais, os gestores precisam pensar sobre como a organização se encaixa no ambiente externo.

O que é gestão estratégica?

Gestão estratégica é o conjunto de decisões e ações usadas para formular e executar estratégias que proporcionarão um ajuste competitivamente superior entre a organização e o ambiente, para que as metas organizacionais possam ser atingidas.[8] Os gestores costumam fazer as seguintes perguntas: "Que mudanças e tendências estão ocorrendo no ambiente competitivo?", "Quem são nossos concorrentes, e quais são os pontos fortes e fracos deles?", "Quem são nossos clientes?", "Que produtos ou serviços devemos oferecer e como podemos oferecê-los com mais eficiência?" e "O que o futuro reserva para nossa indústria, e como podemos mudar as regras do jogo?". As respostas a essas questões podem ajudar os gestores a fazer escolhas sobre como posicionar as organizações no ambiente externo com relação às empresas rivais.[9] Desempenho organizacional excelente não é questão de sorte. Ele depende das escolhas que os gestores fazem.

Faça uma pausa

Os gestores desenvolvem a habilidade de pensar estrategicamente por meio de experiências de trabalho e do estudo formal. Para saber se suas experiências estão relacionadas ao pensamento estratégico, faça o teste proposto na seção "Aplique suas habilidades: exercício vivencial", no material complementar.

OBJETIVO DA ESTRATÉGIA

Na gestão estratégica, o primeiro passo é definir uma **estratégia** explícita, que se refere a um plano de ação capaz de descrever a atribuição de recursos e as atividades necessárias para que a empresa possa lidar com o ambiente externo, obter vantagem competitiva e conquistar seus objetivos. **Vantagem competitiva** refere-se ao que diferencia uma organização das outras, proporcionando uma superioridade distinta para atender às necessidades dos clientes ou consumidores. A essência da formulação da estratégia é decidir como a organização será diferente.[10] Cabe aos gestores definir se as atividades da empresa serão totalmente distintas daquelas existentes no mercado

FIGURA 8.1
Elementos da vantagem competitiva

- Foco nos clientes
- Exploração da competência central
- Vantagem competitiva
- Criação de sinergia
- Criação de valor

ou similares. A estratégia muda necessariamente ao longo do tempo para se ajustar às condições ambientais, mas, para que possam garantir uma vantagem competitiva, as empresas desenvolvem estratégias que incorporam os elementos ilustrados na Figura 8.1: foco em clientes específicos e nas competências centrais e criação de sinergia e de valor.[11]

Foco nos clientes

A estratégia eficiente define quem são os clientes da empresa e a que necessidades ela atenderá. No processo de definição do mercado-alvo, os gestores podem, por exemplo, concentrar-se na população de determinada região do país (abordagem geográfica), em consumidores de uma faixa específica de renda ou em garotas pré-adolescentes (abordagem demográfica). É importante ressaltar que há vários outros meios. Algumas empresas direcionam a estratégia para pessoas que compram principalmente pela internet, enquanto outras têm como objetivo atender os consumidores que gostam de comprar em pequenas lojas com seleções limitadas de mercadorias de alta qualidade. Para os gestores da Zipcar, o cliente-alvo é qualquer pessoa que precisa alugar, de vez em quando, um carro por hora. Por sua vez, a Hertz identificou o cliente-alvo como o visitante a trabalho ou de férias que precisa alugar um carro por um dia ou uma semana, enquanto está longe de casa.[12] Os novos proprietários e gestores da Volvo estão mudando a estratégia da empresa em direção a um novo cliente-alvo. Em vez de procurar pessoas que apreciem a reputação da marca de veículos familiares seguros e confiáveis, Li Shufu, novo proprietário chinês da empresa, pretende expandir agressivamente a marca para o mercado de carros de luxo. A Volvo está especialmente interessada na classe emergente de consumidores ricos na China e em outros mercados no exterior. Shufu quer que a Volvo ofereça *designs* inovadores e eletrizantes que parem o trânsito e conquistem os clientes que gostam de luxo e produtos extravagantes.[13]

Exploração da competência central

Competência central* (*core competence*) é algo que a organização faz particularmente bem em comparação com os concorrentes. Esse tipo de competência representa uma vantagem competitiva porque a empresa adquire conhecimentos específicos que os

---

* *Core competence*: atividade principal da empresa, ou atividade-núcleo, que não deve ser terceirizada por representar uma vantagem competitiva. (N. R. T.)

Conexão de conceito ◀◀◀

Quando precisaram de motocicletas robustas, os oficiais da Marinha norte-americana procuraram os fabricantes de motos tanto para trilhas quanto para asfalto. Porém, a maioria das motocicletas é movida a gasolina, que não é o combustível usado para fins militares. A Hayes Diversified Technologies tinha a vantagem competitiva. Após 20 anos de experiência na construção de motocicletas adaptadas para a Marinha e as Forças Especiais do Exército, a Hayes desenvolveu uma **competência central** em tecnologia que atende às limitações de combustível enfrentadas pelos militares. A maioria dos equipamentos militares funciona com combustível JB8, uma combinação de óleo diesel e querosene. Como a motocicleta HDT M1030M1 da Hayes Diversified é projetada para diesel, a empresa ganhou o contrato com facilidade.

Cortesia de Hayes Diversified Technologies

concorrentes não têm. A competência central pode estar na área de pesquisa e desenvolvimento (P&D), no conhecimento tecnológico especializado, na eficiência do processo ou no serviço excepcional prestado ao cliente.[14] Os gestores da Family Dollar e Southwest Airlines, por exemplo, mantêm o foco na eficiência operacional como competência central, o que lhes permite manter os custos baixos. A rede Gaylord Hotels, que tem grandes centros de hospedagem e eventos em diversos Estados norte-americanos, e o complexo Opryland, próximo a Nashville, no Tennessee, prosperam com base na estratégia de oferecer serviços de qualidade excepcional para grandes conferências. A Robinson Helicopter prospera por meio da capacidade tecnológica diferenciada para a construção de helicópteros pequenos de dois lugares, usados para inúmeros fins, de patrulhas policiais em Los Angeles a atividades pecuárias na Austrália.[15] Em cada caso, os líderes identificaram o que a empresa fazia especialmente bem e construíram a estratégia com base nisso.

Criação de sinergia

A **sinergia** ocorre quando partes organizacionais interagem para produzir um efeito comum, que é maior do que a soma das partes atuando de forma isolada. A organização pode obter vantagem especial no que diz respeito a custo, poder de mercado, tecnologia ou capacidade de gestão. Com a gestão adequada, a sinergia pode criar valor adicional com os recursos já existentes, dando um grande impulso aos rendimentos.[16] A sinergia foi a motivação para a empresa de alimentos Kraft comprar a Cadbury e para o Yahoo adquirir várias *start-ups* de aplicativos móveis, como Summly, Stamped e Snip.it, conforme descreve o Capítulo 6. A Kraft pode usar a rede de distribuição estabelecida pela Cadbury em mercados emergentes para compartilhar caminhões e armazenar contatos, e, com isso, vender mais produtos. No Yahoo, a compra de *start-ups* de aplicativos móveis proporcionou à empresa não apenas a oferta de novos produtos, mas também os talentos de engenharia, o que foi fundamental para a CEO Marissa Mayer avançar a estratégia de transformar a empresa em uma indústria de tecnologia móvel.[17] Outra forma de criar sinergia é formar alianças e parcerias entre empresas. Os líderes da Coinstar, a empresa por trás da rede de aluguel de filmes Redbox, adotam essa abordagem. Como o aluguel de filmes físicos diminuiu, a divisão Redbox formou uma parceria com a Verizon Communications para oferecer um serviço que combina aluguel de DVDs e *streaming* de vídeos, o que beneficia as duas empresas.[18]

Agregando valor

Agregar valor para o cliente é o principal objetivo da estratégia. *Valor* pode ser definido como a combinação de benefícios recebidos e custos pagos. Os gestores ajudam as empresas a criar valor por meio da elaboração de estratégias que exploram as competências centrais e que geram sinergia. A rede Starbucks introduziu o Cartão Starbucks que funciona como um típico cartão de presente, mas oferece benefícios aos usuários como pontos que podem ser trocados por cafés gratuitos. Empresas de TV a cabo, como Time Warner Cable e Comcast, oferecem *pacotes de valor* que fornecem a combinação de serviço básico de TV a cabo, canais digitais *premium*, *video-on-demand*, internet de alta velocidade e serviço de telefone digital com custo reduzido. Alguns cinemas estão tentando agregar valor ao oferecerem "jantar e um filme". Jantar no cinema é a forma mais vantajosa para algumas pessoas passarem a noite fora, e os custos são razoáveis, quando comparados ao preço de ir a restaurantes antes ou depois do filme.[19]

A Amazon está prosperando com a estratégia baseada na segmentação de clientes, ao explorar competências centrais, criar sinergia e fornecer valor.

Forma inovadora
Amazon

É difícil acreditar que a Amazon já foi uma pequena livraria *on-line*. Hoje, é "uma ameaça existencial" para todo varejista, segundo Fiona Dias, vice-presidente executiva da GSI Commerce. A Amazon tem como alvo os clientes que desejam fazer bons negócios e comprar produtos de forma conveniente pela internet. Os clientes podem encontrar praticamente qualquer coisa que quiserem na Amazon.com. Em geral, eles pagam menos do que em qualquer outro lugar pelo que querem. E se participarem do Amazon Prime, ganham o frete gratuito de dois dias.

A Amazon quer oferecer "produtos *premium* a preços não *premium*". Para fazer isso, a empresa desenvolveu uma extensa rede de comerciantes terceirizados — parceiros com os quais mantém relações estreitas e mutuamente benéficas — e está constantemente aprimorando a eficiência operacional, além de ter criado um dos sistemas de distribuição mais afinados do mercado. Como se tudo isso não bastasse, veio o Prime. Por 79 dólares anuais, os clientes têm dois dias de frete grátis, assim como o *streaming* gratuito de vídeos e outras regalias (desde então, a Amazon aumentou o preço para 99 dólares). O Prime permite à Amazon capitalizar sobre as competências centrais: grande variedade, eficiência de custo e distribuição suave. Quando questionado sobre como a empresa chegou ao preço original de 79 dólares, um membro da equipe do Prime afirmou o seguinte: "o principal nunca foram os 79 dólares. O nosso objetivo era convencer as pessoas a não comprar em outro lugar".

O Prime foi concebido como uma forma de fortalecer a lealdade dos melhores clientes da Amazon e tem tido mais sucesso do que o próprio CEO Jeff Bezos esperava. O Amazon Prime, conforme um recente artigo sobre negócios, "transforma os compradores casuais [...] em viciados na Amazon". Ele não oferece apenas valor aos clientes, mas também aumenta as vendas para a Amazon. De acordo com algumas estimativas, os clientes aumentaram as compras no *site* em aproximadamente 150% depois de aderirem ao Prime. Ele é responsável por elevar em 30% as vendas da Amazon durante a recente crise econômica, enquanto outros varejistas lutam para atrair clientes.[20]

Níveis de estratégia

Outro aspecto da gestão estratégica está ligado ao nível organizacional ao qual as questões estratégicas se aplicam. Em geral, os gestores estratégicos pensam em três níveis, como ilustra a Figura 8.2.[21]

Faça uma pausa

Leia atentamente o caso apresentado na seção "Aplique suas habilidades: dilema ético", no material complementar, que aborda aspectos relacionados às estratégias comercial e funcional. O que você faria?

- *Em que negócio estamos?* Os gestores fazem essa pergunta quando consideram a **estratégia corporativa**, que se refere à organização como um todo e à combinação de unidades de negócio e linhas de produtos que compõem a entidade corporativa. Nesse nível, as ações estratégicas frequentemente referem-se à aquisição de novos negócios, a adições ou privações de unidades de negócio, plantas ou linhas de produtos e a *joint ventures* com outras empresas em áreas novas. Um exemplo de estratégia corporativa vem da General Motors (GM). A GM saiu do negócio de serviços financeiros em 2006, com a venda de sua unidade de financiamento

FIGURA 8.2 Três níveis de estratégia em organizações

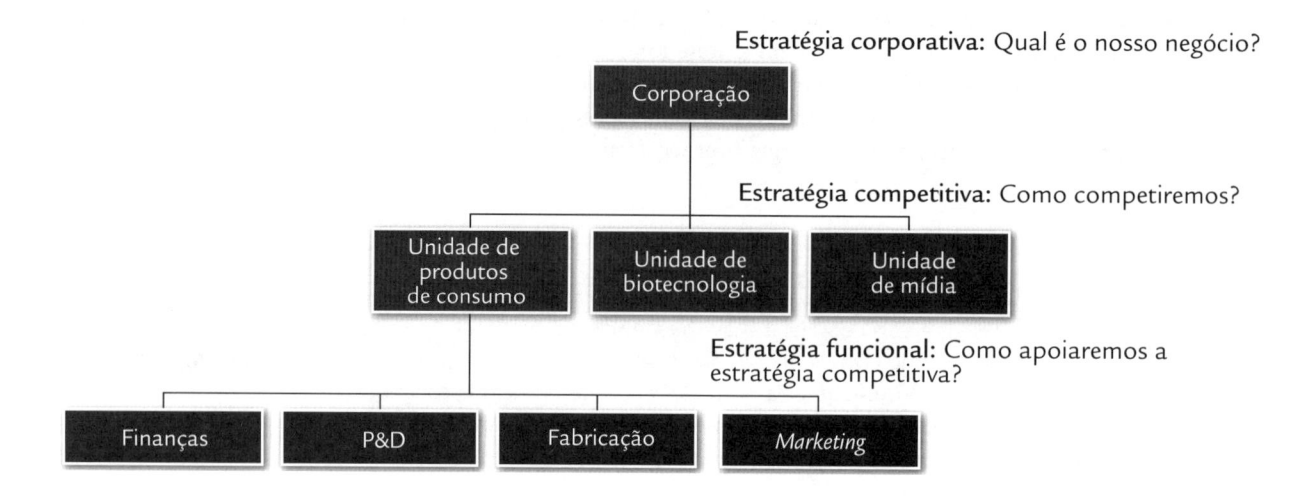

Estratégia corporativa: Qual é o nosso negócio?
- Corporação

Estratégia competitiva: Como competiremos?
- Unidade de produtos de consumo
- Unidade de biotecnologia
- Unidade de mídia

Estratégia funcional: Como apoiaremos a estratégia competitiva?
- Finanças
- P&D
- Fabricação
- *Marketing*

de empresas. No entanto, os gestores recentemente decidiram trazer a divisão de volta para a empresa. A GM comprou a empresa norte-americana de financiamento de automóveis AmeriCredit, bem como as operações europeias e latino-americanas da Ally Financial Inc., com o objetivo de dar uma divisão financeira à empresa e aumentar a competitividade diante das rivais Ford e Volkswagen, que alavancaram as unidades de crédito para aumentar as vendas de veículos novos.[22]

- *Como competiremos?* **Estratégia competitiva** se refere a cada unidade de negócio ou linha de produto. Nesse nível, as decisões estratégicas dizem respeito à quantidade de publicidade, direção e extensão da P&D, às mudanças nos produtos, ao desenvolvimento de novos produtos, a equipamentos e instalações e à expansão ou contração de linhas de produtos e serviços. Na Garmin, empresa que ficou conhecida pela venda de dispositivos autônomos para sistema de posicionamento global por satélite (*global positioning satellite* – GPS), as vendas sofreram porque a maioria das pessoas usa os *smartphones* para checar rotas ou mapas. Por isso, a divisão de produtos de consumo da Garmin decidiu criar seu próprio telefone. A empresa formou uma parceria com o fabricante de computadores Asus para desenvolver um *smartphone* da marca Garmin com GPS instalado. Além disso, a divisão de consumo da Garmin criou o próprio aplicativo para *iPhone*, que permite aos usuários fazer de tudo, desde obter informações sobre o trânsito até checar seus destinos na Wikipedia.[23]

- *Como apoiaremos a estratégia competitiva?* A **estratégia funcional** lida com os principais departamentos funcionais da unidade de negócios. Estratégias funcionais envolvem todas as principais funções, incluindo finanças, P&D, *marketing* e produção. Um elemento da estratégia funcional do departamento de *marketing* da Gap é usar a tecnologia móvel para oferecer promoções direcionadas aos clientes. A empresa criou um aplicativo móvel que utiliza a tecnologia de GPS. Quando um cliente abre o aplicativo perto de uma loja Gap, ele fornece ofertas especiais exclusivas da unidade.[24]

Lembre-se disto

- **Gestão estratégica** é o conjunto de decisões e ações usadas para formular e executar estratégias que proporcionarão um ajuste competitivamente superior entre a organização e o ambiente, para que as metas organizacionais sejam atingidas.
- Uma **estratégia** é o plano de ação que descreve a atribuição de recursos e as atividades para lidar com o ambiente, proporcionar a vantagem competitiva e alcançar os objetivos.
- **Vantagem competitiva** se refere ao que diferencia uma organização das outras, de modo que ela possa alcançar uma posição distinta no mercado.
- Os quatro elementos da vantagem competitiva são: clientes-alvo da empresa, competências centrais, sinergia e valor.
- Uma **competência central** é algo que a organização faz particularmente bem em comparação com outras.
- A Amazon tem como competências centrais a eficiência operacional e o excelente sistema de distribuição.
- **Sinergia** existe quando as partes da organização interagem para produzir um efeito comum, que é maior do que a soma das partes atuando sozinhas.
- A Kraft comprou a Cadbury para ganhar sinergia por meio da venda de produtos na rede de distribuição estabelecida pela Cadbury em mercados emergentes.
- O objetivo central da estratégia é agregar valor aos clientes.
- **Estratégia corporativa** se refere à organização como um todo e à combinação das unidades de negócios e dos produtos que a compõem.
- **Estratégia competitiva** se refere a cada unidade de negócios ou linha de produtos da organização.
- A **estratégia funcional** lida com os principais departamentos funcionais de cada unidade de negócios, tais como fabricação, *marketing* e P&D.

Processo de gestão estratégica

O processo global de gestão estratégica (ver Figura 8.3) começa quando os executivos avaliam a posição atual da empresa em relação à missão, às metas e às estratégias. Eles, então, verificam os ambientes internos e externos da organização e identificam as questões estratégicas que precisam ser alteradas. Às vezes, questões estratégicas surgem para acordar os gestores, como aconteceu na Carnival Cruise Lines, quando uma série de incidentes levou alguns clientes a jurar que nunca mais viajariam pela empresa. No pior episódio, um incêndio na sala de máquinas deixou o navio Triunfo encalhado e sem energia no Golfo do México, com 4.200 pessoas a bordo. Como a duração do cruzeiro de quatro dias dobrou, a comida e a água eram escassas, os passageiros sufocavam sem ar-condicionado, e os meios de comunicação falavam de banheiros transbordando e descreviam a cena como "infernal". Embora muitos relatos posteriores tenham indicado que a Carnival tomou, na maioria dos casos, as decisões operacionais certas, uma estratégia fraca de comunicação e relações públicas danificou gravemente a reputação da empresa. Considerando que a Carnival usava o *marketing* de mídia de massa altamente visível como a estratégia central por trás do crescimento acentuado da empresa, os gestores poderiam ter se preparado para responder ao poder da publicidade negativa. Quase três dias após o acidente, ainda não havia sido realizada uma entrevista coletiva. A incapacidade de responder rapidamente com comunicados públicos sobre a crise deixou os passageiros e os meios de comunicação livres para serem o quão negativos quisessem. "As pessoas geralmente aceitam que partes complexas de equipamentos possam falhar", afirmou o especialista em comunicação de crises Tom Donahue. Mas elas "são muito menos compreensivas [quando] as comunicações sobre os acontecimentos parecem escassas". Além disso, para o planejamento estratégico de longo prazo, os gestores da Carnival pretendem reavaliar a estratégia de construir navios cada vez maiores, quase complexos demais para lidar com emergências. Os maiores navios de hoje têm quase cinco vezes o tamanho que tinham em 1985. Como a maior operadora de cruzeiros do

TEMA RECENTE

mundo, a Carnival está prestando atenção à legislação proposta para fortalecer a supervisão federal dos procedimentos de segurança e a proteção dos consumidores das linhas de cruzeiro. A recente série de acidentes na indústria de cruzeiros tem levado especialistas em segurança e reguladores a pressionar por mais responsabilidade, pois a estratégia de construir navios gigantes está repleta de riscos. De acordo com Michael Bruno, reitor da escola de engenharia do Stevens Institute of Technology, "Por causa do tamanho dos navios de hoje, qualquer problema ganha imediatamente proporções enormes".[25]

Conexão de conceito

Quando a chanceler da State University of New York (Suny), Nancy L. Zimpher – na imagem, no *campus* do Herkimer County Community College –, avaliou o ambiente externo alguns anos atrás, reconheceu que há a necessidade de colocar mais estudantes estrangeiros em escolas norte-americanas e que atrair mais desses estudantes ajudaria o sistema universitário a alcançar muitos de seus objetivos. Ela começou então a **formular uma estratégia** que simplifica a coordenação de estudantes estrangeiros visitantes em todos os *campi*, o que gera mais receita na forma de taxas. Essa receita extra é usada para apoiar mais pesquisas e financiar bolsas de estudo para os estudantes.

Para todas as organizações, os eventos internos ou externos ocasionalmente indicam a necessidade de redefinir a missão ou os objetivos, ou formular uma nova estratégia, quer corporativa, comercial ou funcional. O boxe "Conversa com gestores" apresentado na página seguinte trata da tendência recente que expande o processo de formulação de estratégias para uma gama maior de pessoas em toda a organização. Os fatores que alteram a capacidade da empresa para alcançar os objetivos são chamados de *questões estratégicas*, como descreve o Capítulo 3. Em ambientes turbulentos e indústrias em rápida transformação, os gestores precisam ficar atentos às questões estratégicas que exijam mudança de estratégia para que possam estar alinhadas com as mudanças internas e externas.[26] A fase final do processo de gestão estratégica delineada na Figura 8.3 é a execução da nova estratégia.

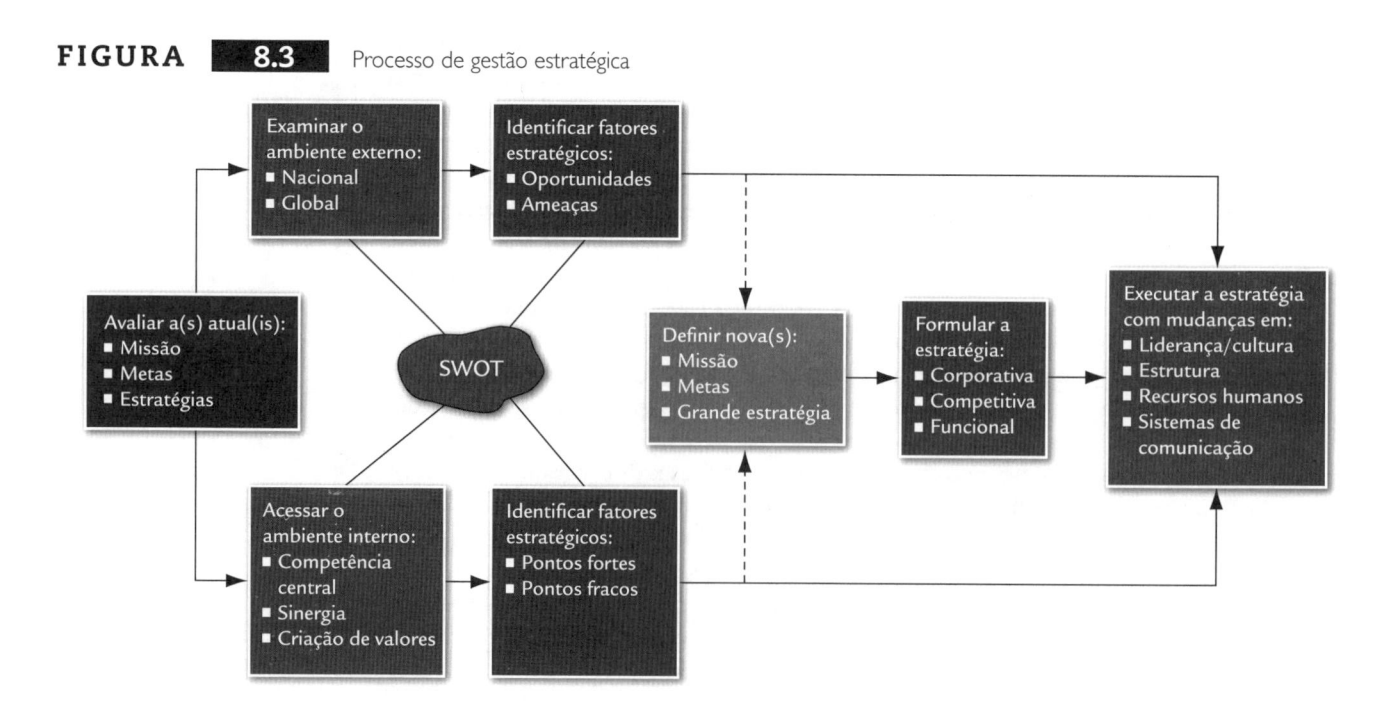

FIGURA 8.3 Processo de gestão estratégica

Conversa com GESTORES

Você deveria ter uma estratégia de *crowdsourcing*?

"A estratégia, como a conhecíamos, está morta", afirmou Walt Shill, diretor de consultoria de gestão da North America for Accenture Ltd. Isso pode ser um exagero, mas muitos gestores descobriram que precisam de novas abordagens para a estratégia. Por um lado, as estratégias desenvolvidas por líderes executivos com pouca informação das pessoas na linha de frente podem ser tendenciosas e falhar na adesão daqueles que precisam realizá-las. Uma nova abordagem que algumas empresas pioneiras estão adotando é a de ter uma estratégia de *crowdsourcing*. Ao abrir o processo de formulação da estratégia para todos os funcionários, o *crowdsourcing* traz diversidade de pensamento, leva os executivos a compreender as implicações das escolhas e ajuda a evitar preconceitos que limitam a perspectiva da alta gerência. Eis alguns exemplos de como as empresas estão fazendo isso:

- **My Blueprint, da HCL Technologies**. A alta gerência da HCL Technologies, na Índia, transformou o processo existente de planejamento estratégico, uma reunião ao vivo chamada *my Blueprint*, que envolvia algumas centenas de altos executivos, em uma plataforma *on-line* aberta a oito mil funcionários. De acordo com o presidente e ex-CEO Vineet Nayar, os gestores fizeram uma análise mais aprofundada e um planejamento melhorado porque eles sabiam que os planos seriam revistos e comentados pelos funcionários. Um gestor responsabilizou o *crowdsourcing* pelo aumento de cinco vezes nas vendas para um cliente importante ao longo do período de dois anos. Comentários e *insights* destacaram a necessidade de reformular o plano para além do suporte de aplicações comoditizadas e em direção a novos serviços, em que a HCL tinha a vantagem sobre os concorrentes maiores.

- **Estratégia *open-source* da Red Hat**. Como provedor líder de *software open-source*, a Red Hat queria tentar uma abordagem aberta à estratégia. A alta gerência definiu um conjunto inicial de prioridades para explorar e formar equipes para investigar cada uma. As equipes usaram *wikis* e outras ferramentas *on-line* para gerar e organizar ideias e deram a todos os funcionários a oportunidade de comentar e dar sugestões para possíveis mudanças. Segundo os líderes, as novas perspectivas estimularam "mudanças de direção capazes de criar valor", incluindo a mudança na forma como a empresa oferecia serviços de virtualização para centros de dados empresariais que levou à aquisição do provedor externo de tecnologia.

- **"Inovação ao vivo", da 3M**. A 3M Company tem usado o processo "mercados do futuro" há muito tempo como aspecto crucial do planejamento estratégico. No passado, isso envolvia um pequeno grupo de analistas e gestores que pesquisavam megatendências e, com base nelas, identificavam os mercados do futuro. Em 2009, a empresa revigorou o processo ao convidar todo o pessoal de vendas, *marketing* e P&D para participar de um fórum na *web* chamado "Inovação ao vivo". O fórum atraiu 1.200 participantes de 40 países e gerou mais de 700 ideias. "O resultado final foi a identificação de nove novos mercados futuros com potencial de receita agregada de dezenas de bilhões de dólares." A 3M continua a promover esse fórum.

A estratégia de *crowdsourcing* ou "ambiente de estratégia social", como às vezes é chamada, é uma tendência recente e cria oportunidades para a participação mais significativa dos trabalhadores na formulação e execução da estratégia.

Fontes: Walt Shill apud Joann S. Lublin; Dana Mattioli, "Theory & practice: strategic plans lose favor", *The Wall Street Journal*, January 25, 2010, B7; Arne Gast; Michele Zanini, "The social side of strategy", *McKinsey Quarterly*, Issue 2 (2012): 82-93.

FORMULAÇÃO *VERSUS* EXECUÇÃO DE ESTRATÉGIA

A **formulação da estratégia** envolve planejamento e tomada de decisão que levem ao estabelecimento das metas da empresa e ao desenvolvimento de um plano estratégico específico.[27] Esse tipo de formulação inclui a avaliação do ambiente externo e dos problemas internos para identificar questões estratégicas e, em seguida, integrar os resultados com objetivos e estratégia. Esse processo contrasta com a **execução da estratégia**, que é o uso de ferramentas de gestão e organização para direcionar os recursos para atingir resultados estratégicos.[28] A execução da estratégia é a administração e implementação do plano estratégico. Os gestores podem utilizar a persuasão, novos equipamentos, mudanças na estrutura da organização ou um sistema de recompensa revisado para garantir que os funcionários e os recursos sejam usados para transformar a estratégia formulada em realidade.

ANÁLISE SWOT

A formulação de uma estratégia começa com a compreensão de circunstâncias, forças, eventos e questões que compõem a situação competitiva da organização, o que exige que os gestores façam a auditoria dos fatores internos e externos que afetam a capacidade da empresa de competir.[29] A **análise Swot** (acrônimo de *strengths* (forças), *weaknesses* (fraquezas), *opportunities* (oportunidades) e *threats* (ameaças) envolve a avaliação cuidadosa de pontos fortes e fracos, oportunidades e ameaças que afetam o desempenho organizacional. Os gestores recebem informações externas sobre oportunidades e ameaças de uma variedade de fontes, incluindo clientes, relatórios do governo, publicações profissionais, fornecedores, banqueiros, amigos em outras organizações, consultores ou associações. Muitas empresas contratam serviços de digitalização para fornecer a elas *clippings* de jornais*, pesquisas da internet e análises de tendências nacionais e globais que sejam relevantes. Outras contratam profissionais de inteligência competitiva (IC) para descobrir concorrentes, como estudamos no Capítulo 3, e usam equipes de inteligência, como descreve o Capítulo 7.

Os executivos adquirem informações sobre pontos fortes e fracos em diversos relatórios, incluindo orçamentos, índices financeiros, declarações de lucros e perdas, e pesquisas de atitude e satisfação do funcionário. Além disso, os gestores passam a compreender mais claramente as forças e as fraquezas internas da empresa quando conversam com pessoas em todos os níveis de hierarquia, nas frequentes discussões presenciais e nas reuniões.

> **Faça uma pausa**
>
> Para entender como funciona a análise Swot, faça o exercício proposto na seção "Aplique suas habilidades: pequeno grupo em prática", no material complementar. Antes de continuar, você também pode pensar em avaliar seu potencial estratégico, com base no resultado obtido no teste no início deste capítulo.

Pontos fortes e fracos internos

Pontos fortes são características internas positivas que a organização pode explorar para atingir os objetivos estratégicos de desempenho. O ponto forte para a produtora de *videogames* interativos Activision Blizzard Inc., por exemplo, é uma equipe altamente criativa que produz de forma consistente franquias inovadoras e poderosas de *videogames*. Um dos jogos mais recentes, Skylanders, criou um novo gênero que combina jogos e brinquedos que funcionam juntos. Os usuários colocam um brinquedo verdadeiro colecionável em um pequeno dispositivo do tipo pedestal e criam o personagem do jogo. O Skylanders gerou 1,5 bilhão de dólares em vendas para a Activision em menos de dois anos.[30] *Pontos fracos* são características internas que podem inibir ou restringir o desempenho da organização. Alguns exemplos do que os gestores avaliam para interpretar os pontos fortes e fracos são exibidos no *checklist* de auditoria da Figura 8.4. Os gestores promovem uma auditoria interna de funções específicas, tais como *marketing*, finanças, produção e P&D. A análise interna também avalia a estrutura global da organização, a competência e qualidade da gestão e as características dos recursos humanos (RH). Com base na compreensão dessas áreas, os gestores são capazes de determinar os pontos fortes ou fracos em comparação com outras empresas.

---

* O *"clipping" jornalístico* consiste no monitoramento de matérias publicadas, para que sejam coletadas aquelas que mencionam determinada empresa. Com base nisso, a empresa elabora relatórios para disseminar as informações de forma mais bem planejada. (N.R.T.)

Oportunidades e ameaças externas

Ameaças são características do ambiente externo que podem impedir a organização de atingir as metas estratégicas. Uma ameaça à Activision Blizzard está relacionada às crescentes críticas aos *videogames* violentos, especialmente depois dos assassinatos em massa praticados, nos Estados Unidos, por criminosos que supostamente os jogavam. Um evento recente desse tipo ocorreu em um quartel da Marinha em Washington, em setembro de 2013, quando Aaron Alexis, ex-reservista da Marinha, matou 12 pessoas em uma instalação militar protegida.[31] Além da versão infantil do *Skylanders*, a Activision publica a série *Call of Duty* de jogos de tiro em ambiente de guerra. Alexis supostamente jogava os *videogames* (incluindo *Call of Duty*) por até 16 horas seguidas. Embora as evidências sugiram que não haja ligação entre *videogames* violentos e a violência na vida real, a atenção da mídia renova o debate a cada nova tragédia.[32] Como outro exemplo de ameaça externa, a Intel, cujos microprocessadores carregam a maioria dos PCs, está sendo prejudicada pelo declínio na demanda por computadores pessoais na medida em que mais pessoas optam por *tablets* e *smartphones*.[33]

TEMA RECENTE

Oportunidades são características do ambiente externo com potencial para ajudar a organização a alcançar ou exceder as metas estratégicas. Por exemplo, os fabricantes de automóveis dos Estados Unidos têm tido a oportunidade sem precedentes para arrebatar clientes da Toyota por causa dos problemas de qualidade, segurança e relações públicas pelos quais essa empresa tem passado nos últimos anos.[34] A varejista alemã Aldi encontrou uma oportunidade para se expandir nos Estados Unidos por causa da oposição acirrada ao Walmart em áreas urbanas. A Aldi tem discretamente instalado pequenas lojas do tamanho de drogarias em cidades dos Estados Unidos, como Nova York. De acordo com Craig Johnson, presidente da empresa de consultoria Customer Growth Partners, "O Walmart como que se tornou o vilão contra o qual há um esforço combinado. Não há nenhuma razão para se opor a uma Aldi". Como a Aldi tem um formato menor e abriu apenas um número limitado de lojas por ano, ela foi capaz de passar despercebida, adquirindo espaços de pequenos proprietários, enquanto as pessoas se concentravam na luta contra o Walmart.[35]

Os gestores avaliam o ambiente externo com base nos dez setores descritos no Capítulo 3. Os setores do ambiente de tarefas são os mais relevantes para o comportamento estratégico e envolvem o comportamento de concorrentes, clientes e fornecedores, e a oferta de trabalho. O ambiente geral é composto por setores que influenciam indiretamente a organização, no entanto deve ser compreendido e incorporado ao comportamento estratégico. O ambiente geral envolve desenvolvimentos tecnológicos, economia,

Gestão e Organização	Marketing	Recursos humanos
Qualidade de gestão	Canais de distribuição	Experiência do funcionário e educação
Qualidade pessoal	Fatia de mercado	
Grau de centralização	Eficiência publicitária	Situação sindical
Organogramas	Satisfação do cliente	Rotatividade e ociosidade
Planejamento, informação e sistemas de controle	Qualidade do produto	Satisfação no emprego
	Reputação de serviço	Reclamações
	Rotatividade da equipe de vendas	
Finança	**Produção**	**P&D**
Margem de lucro	Localização e recursos	Pesquisa básica aplicada
Relação dívida/capital	Obsolescência do maquinário	Capacidade dos laboratórios
Relação de estoques	Sistema de aquisição	Programas de pesquisa
Retorno sobre investimento	Controle de qualidade	Inovações em produtos
Rating de crédito	Produtividade/eficiência	Inovações tecnológicas

FIGURA 8.4

Checklist de auditoria para analisar os pontos fortes e fracos da organização

eventos jurídico-políticos e internacionais, ambiente natural e mudanças socioculturais. Outras áreas que podem revelar oportunidades ou ameaças estão relacionadas aos grupos de pressão, tais como os que se opõem à expansão do Walmart em áreas urbanas, grupos de interesse, credores e indústrias potencialmente competitivas.

Um bom exemplo de análise *Swot* e de como ela leva a escolhas estratégicas vem da FedEx Corporation.

Forma inovadora
FedEx Corporation

Em 1973, a FedEx inventou os serviços de correio expresso e ainda é líder nesta área. Além disso, a empresa oferece serviços de frete e entregas terrestres, soluções de logística e serviços de apoio às empresas.

O ponto forte da FedEx é a sólida imagem de marca. O nome da empresa é um dos mais reconhecidos no mundo e tem sido classificado todos os anos entre os *top* 20 na lista das empresas mais admiradas da revista *Fortune* desde 2001 (foi classificada como número 8 em 2014). Outros pontos fortes incluem o sólido desempenho financeiro, com receitas que cresceram 8,6% no ano fiscal de 2012, e lucros líquidos e operacionais que aumentam substancialmente. Uma das causas são as boas decisões tomadas pela equipe de executivos experientes, que é outro ponto forte da empresa. Um ponto fraco importante é que a FedEx é atormentada por uma série de processos judiciais, incluindo várias ações coletivas que alegam que os funcionários eram obrigados a trabalhar "sem bater ponto" e não tinham direito a intervalos ou pagamento de horas extras. A empresa também tem obrigações substanciais com pensões não financiadas, e estas tendem a crescer em razão da volatilidade dos mercados financeiros.

Uma das maiores ameaças externas para a empresa é a economia fraca e a consequente queda na demanda por serviços FedEx com preços elevados. Internamente, muitos clientes estão migrando para serviços de entrega mais baratos, e as lucrativas rotas internacionais foram prejudicadas pelos clientes que optam por serviços de entrega "econômicos", em vez de "prioritários". O volume de pacotes também tem diminuído, com uma redução de 5% no negócio de entregas domésticas expressas no primeiro trimestre de 2012, por exemplo, e esse parece ser um padrão contínuo. Outras ameaças incluem a forte concorrência de empresas como United Parcel Service (UPS), Deutsche Post DHL Group, Nippon Express, Grupo Royal Mail, TNT e Japan Post, especialmente no ramo de frete LTL (*less-than-truckload*, sistema de carga parcial ou fracionada); o aumento dos preços dos combustíveis; e a possível adoção de requisitos de segurança mais rigorosos que poderiam levar ao aumento substancial nos custos. Ao mesmo tempo, porém, a FedEx vê oportunidades no setor de carga norte-americano, que se recupera rapidamente, já que o FedEx Ground e o FedEx Freight são serviços líderes da empresa nesse negócio. Da mesma forma, a empresa está bem posicionada para lucrar com o crescente mercado de varejo *on-line*. A empresa é uma das principais facilitadoras do comércio *on-line*.

O que a análise *Swot* sugere para a FedEx? A empresa apresentou um plano de reestruturação no final de 2012 que prevê 1,7 bilhão de dólares em rentabilidade até o final do ano fiscal de 2016. A FedEx tem feito ajustes na frota de aviões, aposentado permanentemente 24 aeronaves da FedEx Express e atrasado a entrega de dois cargueiros Boeing 777. Também tem considerado opções como o redirecionamento de parte do tráfego econômico para meios de transporte mais lentos ou a consolidação de rotas para aumentar os lucros. Ao mesmo tempo visa ao crescimento ao adquirir inúmeras empresas em todo o mundo para aumentar as receitas e a presença geográfica. Essas aquisições estratégicas proporcionam à FedEx a oportunidade de expandir os serviços tanto nos mercados desenvolvidos quanto nos emergentes.[36]

Lembre-se disto

- **Formulação de estratégia** é a fase de gestão estratégica que inclui o planejamento e a tomada de decisão que levem ao estabelecimento das metas da organização e um plano estratégico específico.
- Em geral, os gestores começam com a **análise Swot**, uma auditoria ou exame cuidadoso dos pontos fortes e fracos, das oportunidades e ameaças que afetam o desempenho organizacional.
- O declínio na demanda por PCs é uma ameaça para a Intel. A oposição à expansão do Walmart ofereceu à varejista alemã Aldi a oportunidade para ganhar posição em áreas urbanas.
- **Execução da estratégia** é a fase de gestão estratégica que envolve a utilização de ferramentas gerenciais e organizacionais para direcionar recursos com o objetivo de alcançar resultados estratégicos.

Formulação de estratégia corporativa

Três abordagens são fundamentais para que possamos entender a estratégia corporativa: a estratégia de carteira, a matriz do Boston Consulting Group (BCG) e a de diversificação.

Estratégia de carteira

Em geral, os investidores individuais querem diversificar suas carteiras de investimentos com ações de alto risco, de baixo risco, em valorização e talvez alguns títulos. Quase sempre da mesma forma, as empresas gostam de ter a mistura equilibrada de divisões de negócios chamadas de **unidades estratégicas de negócios** (*strategic business units* – SBUs). Uma SBU tem uma única missão de negócios, linha de produtos, competidores e mercados próprios, com relação a outras unidades da corporação.[37] Os executivos responsáveis por toda a corporação geralmente definem uma estratégia global e, em seguida, reúnem uma carteira de SBUs para realizá-la. Os gestores não gostam de ficar muito dependentes de um só negócio. A **estratégia de carteira** trata da mistura de unidades de negócios e linhas de produtos que se encaixam de maneira lógica para criar sinergia e vantagens competitivas para a corporação.

Poder Verde

David Steiner, CEO da **Waste Management Inc.** sediada em Houston, está liderando a nova estratégia "Pense verde", cujo propósito é atingir consumidores e funcionários. Essa nova abordagem começou com consultores contratados para analisar os pontos fortes e fracos da sustentabilidade na gestão de resíduos e avaliar futuras oportunidades. O que surgiu foi uma estratégia para levar a empresa para além da coleta de lixo – além do depósito. Em alinhamento com o *slogan* "Pense verde" da empresa, os gestores se concentram em extrair "valor" dos resíduos, permitindo que os consumidores coloquem todos os materiais recicláveis em um recipiente, com os vários itens separados no local por meio de ar forçado, ímãs e digitalização óptica. A Waste Management também respondeu à necessidade de enormes esforços de limpeza em decorrência dos frequentes desastres naturais. Um novo produto muito conhecido é o Bagster Dumpstere in a Bag, com capacidade para armazenar até 3.300 libras de detritos e lixo.

Fonte: Marc Gunther, "Waste Management's new direction", *Fortune* (December 6, 2010): 103-108.

Matriz BCG

Uma forma coerente de pensar sobre estratégia de carteira é a matriz BCG – assim denominada em homenagem ao Boston Consulting Group que a desenvolveu (ver Figura 8.5). A **matriz BCG** organiza as empresas com base em duas dimensões – taxa de crescimento do negócio e participação de mercado (*market share*).[38] A *taxa de crescimento do negócio* se refere à rapidez com que toda a indústria está aumentando. A *participação de mercado* define se a unidade de negócios tem participação maior ou menor do que os concorrentes. As combinações de participações altas e baixas de mercado e alto e baixo crescimento do negócio fornecem quatro categorias para a carteira da corporação.

A *estrela* tem grande participação de mercado na indústria que cresce rápido. Ela é importante porque tem potencial de crescimento adicional, e os lucros devem ser jogados nesse negócio como um investimento rumo ao crescimento e aos lucros futuros. A estrela é visível e atraente, e gerará lucros e fluxo de caixa positivo, mesmo que a indústria amadureça e o crescimento do mercado diminua.

A *vaca leiteira* existe na indústria madura, de crescimento lento, mas é uma empresa dominante na indústria, com grande participação de mercado. Como os pesados investimentos em publicidade e a expansão da fábrica não são mais necessários, a empresa ganha fluxo de caixa positivo. Ela pode ordenhar a vaca leiteira para investir em outras empresas, de maior risco.

O *ponto de interrogação* existe na indústria nova, que cresce rapidamente, mas tem apenas uma pequena participação do mercado. O negócio do tipo ponto de interrogação é arriscado: pode se tornar uma estrela ou falhar. A empresa pode investir o dinheiro ganho de vacas leiteiras em pontos de interrogação com o objetivo de transformá-los em futuras estrelas.

O *cachorro* é um artista pobre. Ele tem apenas a pequena parte do mercado com crescimento lento. O cachorro gera pouco lucro para a empresa e pode ser alvo de desinvestimento ou liquidação, se não for possível uma reviravolta.

Na Figura 8.5, os círculos representam a carteira de negócios da empresa hipotética. O tamanho do círculo representa o tamanho relativo de cada negócio na carteira da empresa. A maioria das grandes organizações, como a IBM, tem negócios em mais de um quadrante, representando, assim, diferentes participações de mercado e taxas de crescimento.

FIGURA 8.5 A Matriz BCG

	Participação de mercado Alta	Participação de mercado Baixa
Taxa de crescimento do negócio Alta	**Estrelas** — Rápido crescimento e expansão.	**Pontos de interrogação** — Novos empreendimentos. Risco – poucos se tornam estrelas, outros são ignorados.
Taxa de crescimento do negócio Baixa	**Vacas leiteiras** — Leite para financiar pontos de interrogação e estrelas.	**Cachorros** — Nenhum investimento. Manter se há algum lucro. Considerar o desinvestimento.

A IBM era basicamente uma empresa de *hardware*, mas agora sua estratégia está focada em *software* e serviços. O *software* da empresa para servidores e redes em operação é a maior vaca leiteira na carteira de *software* da IBM. Como essas ofertas de *software* têm grande participação do mercado estável, a IBM está alcançando muitas vendas e altos lucros com elas.

Os programas de banco de dados que permitem às empresas armazenar informações, fazer prospecções, analisar dados e utilizá-los têm *status* de estrela. A IBM reforçou esses programas com a incorporação de novas tecnologias que permitem a prospecção de mídias sociais para obter *feedback* dos clientes e gestão de campanhas de mídia digital.

O *social business software* da empresa, um grupo de programas chamados coletivamente de "Connections", é um ponto de interrogação. Entre outras coisas, o *software* Connections permite que as empresas criem versões corporativas do Facebook com perfis de usuário, *blogs* e *streaming* de notícias. A IBM espera que o *social business software* se torne uma vaca leiteira de um bilhão de dólares, mas a receita é atualmente minúscula, quando comparada a outras ofertas.

Por enquanto, a IBM está usando os lucros de suas vacas leiteiras atuais para tentar construir pontos de interrogação e estrelas. Uma vaca leiteira, o Lotus Notes, programa que muitas pessoas nem sequer percebem que ainda existe, trouxe cerca de 1,2 bilhão de dólares em receita para a IBM há pouco tempo. O problema é que, enquanto o Lotus Notes é lucrativo, ele está em declínio, em vez de crescer. Os gestores estão considerando maneiras de ressuscitar o Lotus, mas, se o negócio se transformar em um cachorro, a IBM terá que sacrificá-lo.[39]

Forma inovadora

IBM

ESTRATÉGIA DE DIVERSIFICAÇÃO

A estratégia de perambular por novas linhas de negócios, como fez o UnitedHealth Group com a compra de grupos médicos ou o líder de buscas Google ao adquirir o YouTube, é conhecida como **diversificação**. Outros exemplos de diversificação incluem a mudança da Amazon para o mercado de eletrônicos de consumo com o leitor eletrônico Kindle, a entrada da Nestlé no setor de alimentos para animais domésticos com a compra da Ralston Foods e a recente entrada da Microsoft no negócio de telefonia móvel com a compra de equipamentos e unidades de serviço da Nokia. Os gestores da Microsoft acreditam que ter um negócio de telefonia celular "em casa" lhes permitirá inovar e avançar mais rapidamente nessa indústria em rápida evolução.[40]

O objetivo da diversificação é expandir as operações de negócios da empresa para a produção de novos tipos de produto e serviço de valor. Quando o novo negócio está relacionado com atividades de negócios já existentes, a organização está implementando uma estratégia de **diversificação relacionada**. Por exemplo, os movimentos da UnitedHealth para serviços médicos e da Nestlé para alimentos de animais estão ligados aos negócios de saúde e nutrição existentes nessas empresas. A **diversificação não relacionada** ocorre quando a organização se expande como uma linha de negócio totalmente nova, tal como a General Electric (GE), que entrou para a indústria de mídia, ou a empresa de alimentos Sara Lee Corporation, que entrou no ramo de roupas íntimas. Com diversificação não relacionada, como as linhas de negócios da empresa não estão logicamente associadas umas às outras, pode ser difícil fazer a estratégia prosperar. A maioria das empresas está desistindo de estratégias de diversificação não relacionada. Por isso, elas estão vendendo negócios não relacionados para que possam se concentrar em áreas essenciais. Por exemplo, a Sara Lee vendeu o negócio de roupas íntimas em 2006. Desde então, ela já vendeu ou desmembrou muitas das unidades e foi renomeada Hillshire Brands.[41]

Os gestores de uma empresa também podem buscar oportunidades de diversificação para criar valor por meio da estratégia de integração vertical. A **integração vertical** significa que a empresa se expande com as empresas que fabricam os suprimentos necessários para fazer produtos e serviços ou que distribuem e vendem esses produtos e serviços aos clientes. Nos últimos anos, tem havido uma mudança notável em direção à integração vertical, com as grandes corporações entrando em negócios que podem oferecer a elas mais controle sobre materiais, fabricação e distribuição.[42] Para obter mais controle sobre matérias-primas, por exemplo, a siderúrgica Nucor adquiriu um grande processador de sucata de metal, e a rival ArcelorMittal comprou minas no Brasil, na Rússia e nos Estados Unidos. Um exemplo de diversificação para distribuir produtos vem da PepsiCo, que começou a recomprar empresas de engarrafamento desmembradas no final de 1990. A PepsiCo controla o *marketing*, a fabricação e distribuição em 80% da América do Norte, e há a expectativa de que compre os engarrafadores independentes que restam ao longo dos próximos anos. As empresas de serviços também podem buscar a integração vertical. A Ticketmaster, por exemplo, fundiu-se com a Live Nation Entertainment que produz e promove espetáculos.[43]

Lembre-se disto

- Abordagens para a estratégia corporativa incluem a estratégia de carteira, a matriz BCG e a estratégia de diversificação.
- A **estratégia de carteira** diz respeito à mistura de SBUs e linhas de produtos que se encaixam de forma lógica para gerar sinergia e vantagem competitiva.
- A **unidade estratégica de negócios (SBU)** é uma divisão da organização que tem um negócio, missão, produto ou serviço, concorrentes e mercados únicos com relação às outras unidades da mesma organização.
- A **matriz BCG** é um conceito desenvolvido pelo Boston Consulting Group, que avalia SBUs com relação a duas dimensões – taxa de crescimento e participação de mercado – e as classifica como vacas leiteiras, estrelas, pontos de interrogação ou cachorros.
- A estratégia de mover-se por novas linhas de negócios é denominada **diversificação**.
- A Microsoft diversificou quando adquiriu a divisão de celulares da Nokia, e a Nestlé diversificou com a compra da Ralston, empresa de alimentos para animais de estimação.
- **Diversificação relacionada** significa explorar um novo negócio relacionado com atividades de negócio já existente na corporação.
- **Diversificação não relacionada** se refere à expansão para linhas de negócios totalmente novas.
- Alguns gestores buscam a diversificação por meio de uma estratégia de **integração vertical**, o que significa expansão por meio de empresas que fornecem os materiais necessários para fabricar produtos ou distribuem e vendem os produtos da empresa.

Formulação de estratégias de negócios

Agora trataremos da formulação da estratégia dentro da unidade estratégica de negócios, na qual a preocupação é como competir. Um modelo popular e eficaz para a formulação de estratégias são as estratégias competitivas de Porter. Michael E. Porter estudou inúmeras organizações empresariais e propôs que as estratégias comerciais são o resultado da compreensão das forças competitivas no ambiente da empresa.[44]

AS CINCO FORÇAS COMPETITIVAS DE PORTER

A Figura 8.6 ilustra as cinco forças competitivas que existem no ambiente e indica como a tecnologia da internet está afetando cada área. Essas cinco forças ajudam a determinar a posição da empresa diante dos concorrentes no ambiente da indústria. Embora tal modelo possa ser usado de modo corporativo, a maioria das grandes empresas tem linhas de negócios distintas e faz a análise da indústria para cada linha de negócios ou SBU. A Mars, Inc., por exemplo, opera em seis segmentos de negócios: chocolate (Snickers), *pet care* (Pedigree), chiclete e confeitos (Juicy Fruit), alimentos (Uncle Ben's), bebidas (FLAVIA) e simbiociência (o *kit* Wilson Panel para DNA animal, usado para a identificação de raças). Como as forças da concorrência para a divisão de chocolate são diferentes daquelas para a divisão de simbiociência, os gestores analisam competitivamente cada segmento de negócio por meio das cinco forças de Porter.

1. *Novos operadores potenciais.* Necessidades de capital e economias de escala são exemplos de duas potenciais barreiras à entrada que podem manter longe os novos concorrentes. É muito mais caro entrar na indústria automobilística, por exemplo, do que abrir um negócio especializado de venda por correspondência. Em geral, a tecnologia da internet facilitou a entrada de novas empresas na indústria quando reduziu a necessidade de alguns elementos organizacionais, como a força de vendas estabelecida, ativos físicos, como edifícios e máquinas, ou acesso aos canais existentes de fornecedores e vendas.

2. *Poder de barganha dos compradores.* Clientes informados se tornam clientes capacitados. A internet oferece acesso fácil a uma ampla gama de informações sobre produtos, serviços e concorrentes, aumentando assim o poder de negociação dos consumidores. Por exemplo, o cliente que procura um carro pode reunir informações abrangentes sobre várias opções, como os preços no atacado para carros novos ou o valor médio para veículos usados, especificações detalhadas, registros de reparos e até mesmo se o carro usado nunca esteve envolvido em acidente.

3. *Poder de barganha dos fornecedores.* A concentração de fornecedores e a disponibilidade de fornecedores substitutos são fatores importantes na determinação do poder do fornecedor. O único fornecedor de motores para um fabricante de aviões de pequeno porte terá grande poder, por exemplo. O impacto da internet nessa área pode ser tanto positivo quanto negativo. Ou seja, os contratos pela *web* tendem a dar à empresa mais poder sobre os fornecedores, mas a *web* também oferece aos fornecedores acesso a mais clientes, assim como a capacidade de chegar aos usuários. Em geral, a internet tende a aumentar o poder de negociação dos fornecedores.

4. *Ameaça de produtos substitutos.* O poder das alternativas e dos substitutos para o produto podem causar mudanças de custo ou tendências, como o aumento da consciência sobre a saúde, que poderá desviar a lealdade do comprador. Empresas do setor de açúcar sofreram com o crescimento de seus substitutos; fabricantes de latas de *spray* aerossol perderam negócios à medida que os consumidores ambientalmente conscientes passaram a escolher outros produtos. A internet criou uma ameaça maior de novos substitutos, permitindo novas abordagens para satisfazer as necessidades dos clientes. Por exemplo, ofertas de passagens aéreas baratas na internet afetaram negativamente as agências de viagens tradicionais.

5. *Rivalidade entre os concorrentes.* Como mostra a Figura 8.6, a rivalidade entre os concorrentes é influenciada pelas quatro forças anteriores, assim como pelo custo e pela diferenciação dos produtos. Com a força niveladora da TI e da internet, muitas empresas têm enfrentado dificuldades para encontrar formas de se diferenciar dos concorrentes, o que intensifica a rivalidade. Porter referiu-se à *"slugfest publicity"** ao descrever a disputa por posições que ocorrem entre rivais ferozes de uma mesma indústria. Sony e Microsoft estão lutando atualmente pelo controle da indústria do console de *videogames*, e Pepsi e Coca-Cola ainda brigam nas guerras das colas.

---

* *Slugfest*: uma disputa difícil e desafiadora entre rivais. O termo é muito utilizado em esportes como boxe e beisebol. (N. R. T.)

FIGURA 8.6 As cinco forças de Porter que afetam a concorrência na indústria

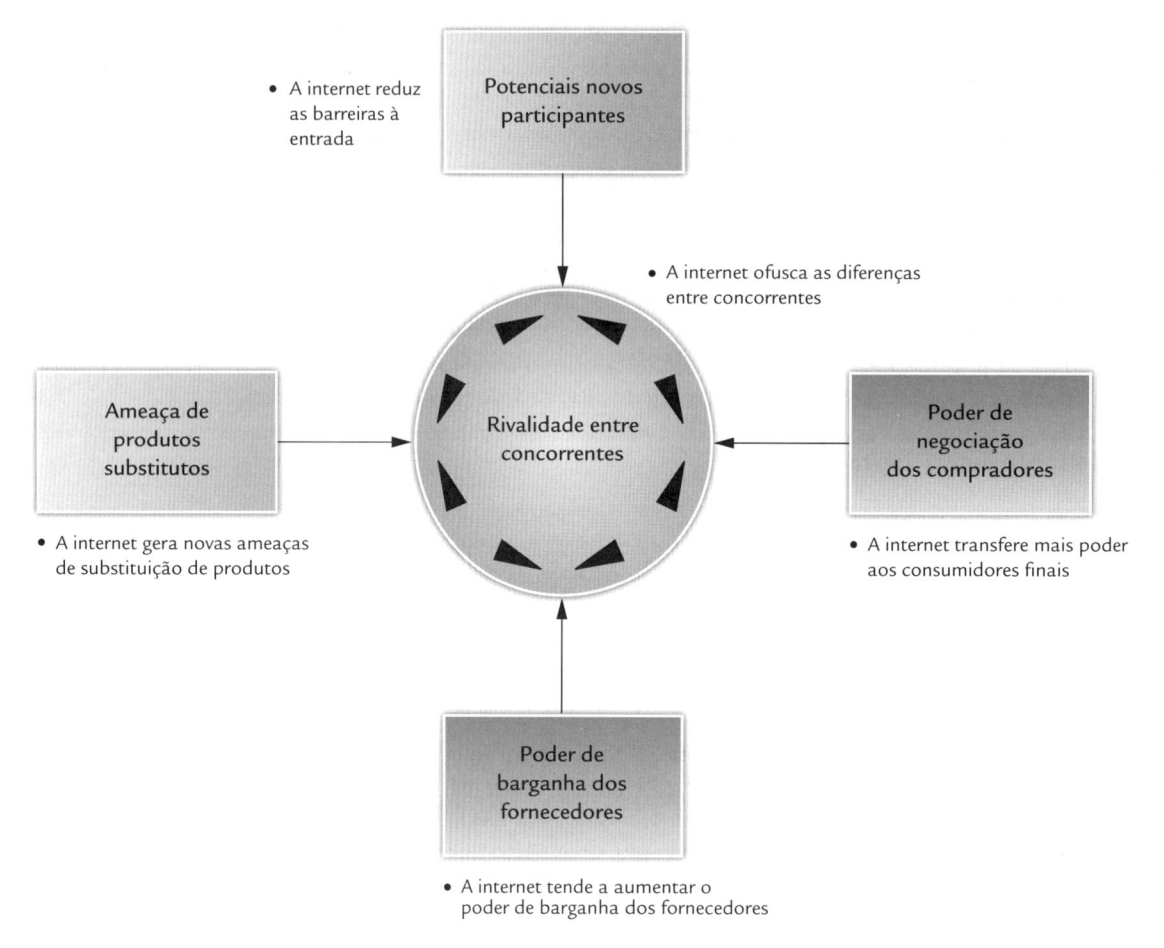

- A internet reduz as barreiras à entrada

Potenciais novos participantes

- A internet ofusca as diferenças entre concorrentes

Ameaça de produtos substitutos

Rivalidade entre concorrentes

Poder de negociação dos compradores

- A internet gera novas ameaças de substituição de produtos

- A internet transfere mais poder aos consumidores finais

Poder de barganha dos fornecedores

- A internet tende a aumentar o poder de barganha dos fornecedores

FONTES: Baseadas em Michael E. Porter, *Competitive strategy: techniques for analyzing industries and competitors* (New York: Free Press, 1980); Michael E. Porter, "Strategy and the internet", *Harvard Business Review* (March 2001): 63-78.

ESTRATÉGIAS COMPETITIVAS DE PORTER

Para que possam encontrar vantagem competitiva em um ambiente específico de negócios, Porter sugere que as empresas adotem uma destas três estratégias: diferenciação, liderança em custos ou foco. A Figura 8.7 resume as características organizacionais normalmente associadas a cada estratégia.

+ *Diferenciação.* No quadrante 1, a **estratégia de diferenciação** envolve a tentativa de distinguir os produtos ou serviços de cada empresa. A organização pode usar a publicidade criativa, as características distintas do produto, o atendimento excepcional ou uma tecnologia nova para desenvolver um produto que seja visto como único. Exemplos de produtos que têm se beneficiado da estratégia de diferenciação incluem as motocicletas Harley-Davidson, os *smartphones* e *tablets* da Apple e os tecidos Gore-Tex, todos percebidos como distintos em seus mercados. O *iPhone* e *iPad* da Apple, por exemplo, podem determinar preços significativamente mais elevados em razão da sua singularidade. A Apple nunca tentou competir em preço e gosta de ser percebida como marca "elitista". Da mesma forma, as Harleys, há muito tempo, controlam o setor "macho" do mercado de motocicletas e impõem um preço

FIGURA 8.7
Características organizacionais das estratégias competitivas de Porter

Alvo estratégico: Abrangente / Estreito
Fonte de vantagem: Peculiaridade / Custos baixos

1 Diferenciação
- Agir de forma flexível, solta; forte coordenação entre os departamentos
- Forte competência em pesquisa básica
- Faro criativo, pensar "fora da caixa"
- Fortes competências de *marketing*
- Recompensar as inovações dos funcionários
- Reputação corporativa de qualidade ou liderança tecnológica

2 Liderança de custos
- Forte autoridade central; controle rígido dos custos
- Manter procedimentos operacionais padronizados
- Tecnologias de produção simplificadas
- Sistemas de aquisição e distribuição altamente eficientes
- Supervisão intensa; capacitação finita dos funcionários

3 Diferenciação focada
- Usar as características da estratégia de diferenciação direcionadas a um cliente-alvo específico
- Flexibilidade de valores e intimidade com o cliente
- Incentivar o empoderamento dos funcionários no contato com os clientes

4 Liderança de custos focada
- Usar as características da estratégia de liderança de custos direcionadas a um cliente-alvo específico
- Frequentes relatórios de controle detalhados
- Medir o custo de fornecimento do produto ou serviço, mantendo a fidelidade dos clientes

FONTES: Baseadas em Michael E. Porter, *Competitive strategy: techniques for analyzing industries and competitors* (New York: Free Press, 1980); Michael Treacy; Fred Wiersema, "How market leaders keep their edge", *Fortune* (February 6, 1995): 88-98; Michael A. Hitt; R. Duane Ireland; Robert E. Hoskisson, *Strategic management* (St. Paul, MN: West, 1995), p. 100-113.

---

elevado por causa de sua singularidade. As empresas de serviços, como Starbucks, Whole Foods Market e Ikea, também usam estratégias de diferenciação.

A estratégia de diferenciação pode reduzir a rivalidade com os concorrentes e combater a ameaça dos produtos substitutos, porque os clientes são leais à marca da empresa. No entanto, uma estratégia de diferenciação requer uma série de atividades custosas, como pesquisa e desenvolvimento de produtos, e extensa publicidade. As empresas precisam de um departamento de *marketing* robusto e de funcionários criativos que tenham tempo e os recursos necessários para buscar a inovação.

Liderança de custos. Com uma **estratégia de liderança de custos** (ver quadro 2 da Figura 8.7), a organização busca por instalações eficientes de forma agressiva, persegue a redução de custos e usa o controle rígido dos custos para fabricar produtos com mais eficiência que os concorrentes. Embora a liderança de custos nem sempre signifique preços baixos, a maioria das empresas líderes de custo mantém os custos internos baixos para que possam fornecer produtos e serviços aos clientes a preços

▶▶▶ Conexão de conceito

Enquanto norte-americanos e europeus desfrutam dos mais recentes e mais caros *smartphones* que contêm todos os tipos de recursos sonoros, muitos usuários de telefones celulares em todo o mundo estão procurando telefones celulares simples e confiáveis, e a preços acessíveis. E a ZTE da China está no mercado para atender a essas necessidades. A ZTE tem empregado uma **estratégia de liderança de custos**, confiando em uma produção eficiente para manter os preços baixos em muitos de seus modelos. A abordagem tornou a empresa uma das maiores fabricantes de celulares do mundo.

mais baixos e ainda lucrar com isso. A posição de liderança de custos significa que a empresa pode derrotar os preços dos concorrentes e, mesmo assim, oferecer uma qualidade comparável e ter um lucro razoável. Por exemplo, as lojas Family Dollar podem oferecer preços 20% a 40% mais baixos em grandes marcas como Tide ou Colgate do que os preços praticados nos principais supermercados. A empresa instala lojas em imóveis baratos e sem *glamour*, como *strip malls*, para ajudar a manter os custos baixos.[45]

A estratégia de liderança de custos está preocupada com a manutenção da estabilidade, em vez de perseguir a inovação e o crescimento. No entanto, a liderança de custos pode certamente levar ao crescimento, como mostra o Walmart, que se tornou o maior varejista do mundo com a estratégia de liderança de custos.

- *Foco*. Com a **estratégia de foco**, a organização se concentra no mercado regional ou grupo de compradores específicos. A empresa vai usar a abordagem de diferenciação (quadrante 3) ou liderança de custos (quadrante 4), mas somente para um mercado-alvo restrito. O Proamérica Bank teve êxito com uma estratégia de diferenciação focada. A cidadã mexicana Maria Contreras-Sweet fundou o banco para se concentrar em servir as empresas majoritariamente administradas por famílias na comunidade hispânica de Los Angeles. Ela acredita que um banco de propriedade de um latino pode se diferenciar dos concorrentes maiores, como o Bank of America, estabelecendo relações pessoais estreitas com os clientes.[46] Um exemplo de estratégia de liderança de custos focada é a Allegiant Travel Company.

Forma inovadora
Allegiant Travel Company

De acordo com Andrew Levy, presidente da Allegiant Travel Company, "Queremos ser vistos como a companhia aérea local de todas as pequenas cidades do país". A Allegiant voa com apenas 64 jatos e se especializou em levar pessoas de 75 cidades pequenas e carentes de serviços para 14 destinos turísticos atraentes, como Orlando, Las Vegas e Honolulu.

A Allegiant conseguiu os custos mais baixos, os aviões mais cheios e as melhores margens da indústria, e tem se mantido rentável em 39 dos 41 últimos trimestres, sempre atendendo às cidades pequenas que não são contempladas com os serviços das empresas concorrentes. A estratégia de liderança de custos focada significa que a Allegiant enfrenta concorrência em apenas 17 das 203 rotas. Para os gestores da empresa, o importante é "atacar os nichos de mercado". Por exemplo, a Allegiant chegou quando outras companhias aéreas deixavam as cidades que encolhiam no cinturão da ferrugem (*rust belt*)* norte-americano e convenceu os passageiros canadenses do outro lado da fronteira a voar de pequenos aeroportos localizados nos Estados Unidos. A Allegiant agora está de olho no México, esperando voar com mexicanos de classe média a partir de cidades como Zacatecas ou Culiacan para destinos turísticos como Las Vegas, nos Estados Unidos.

A Allegiant depende em grande parte da publicidade boca a boca, em vez de pagar agentes de viagens ou outras taxas a terceiros, e explora o potencial de compra do cliente com extras, como quartos de hotel com desconto, passeios de helicóptero e ingressos para *shows*, levando uma boa comissão como intermediária. A empresa oferece uma tarifa de base sem frescuras e encargos para quase tudo, desde a bagagem de mão até a água. Os gestores também afirmam que "só voam quando se pode ganhar dinheiro". Como os aviões mais velhos e usados da empresa consomem muita gasolina, eles só voam em dias de pico, quando o voo está quase cheio. Segundo Levy, "Às terças-feiras, parecemos uma companhia aérea à beira da falência", mas "quem quer começar as férias em uma terça-feira?".[47]

---

* *Rust Belt*: região que abrange o nordeste, os Grandes Lagos e o interior do oeste norte-americano, caracterizada pelo declínio econômico, perda de população e encolhimento do setor industrial. Por estes fatores, é chamada de região do cinturão de ferrugem. (N.R.T.)

Os gestores devem pensar cuidadosamente sobre qual estratégia produzirá vantagem competitiva para a empresa. A Gibson Guitar Corporation, famosa no mundo da música pelos produtos inovadores e de alta qualidade, descobriu que mudar para uma estratégia de liderança de custos para competir contra as rivais japonesas, como Yamaha e Ibanez, poderia realmente prejudicar a empresa. Quando os gestores perceberam que as pessoas queriam os produtos Gibson pela reputação, e não pelo preço, eles voltaram para a estratégia de diferenciação e investiram em novas tecnologias e *marketing*.[48]

Em seus estudos, Porter constatou que as empresas que não adotam nenhuma dessas três estratégias não conseguem obter vantagem alguma. Sem vantagem estratégica, as empresas tiveram lucros abaixo da média, em comparação com as que usavam a diferenciação, a liderança de custos ou a estratégia de foco. Da mesma forma, um estudo de cinco anos de práticas de gestão realizado em centenas de empresas, conhecido como o "Projeto Evergreen", descobriu que a orientação estratégica clara é fator essencial para diferenciar os vencedores dos perdedores.[49]

Formulação de estratégias funcionais

Estratégias funcionais são os planos de ação utilizados pelos principais departamentos para apoiar a execução da estratégia comercial. As principais funções organizacionais incluem *marketing*, produção, finanças, RH e P&D. Os gestores nesses e em outros departamentos adotam estratégias coordenadas com a estratégia comercial para atingir os objetivos estratégicos da organização.

Por exemplo, considere uma empresa que, após ter adotado a estratégia de diferenciação, está introduzindo novos produtos com a expectativa de que eles promovam um crescimento rápido dos negócios. O departamento de RH deve adotar a estratégia adequada para esse crescimento, o que significa recrutar pessoal adicional e treinar os gestores de níveis básico e médio para novos cargos. O departamento de *marketing* deve realizar *marketing* de teste, campanhas publicitárias agressivas e testes de produtos com o consumidor. O departamento de finanças deve adotar planos para emprestar dinheiro, lidar com grandes investimentos à vista e autorizar a construção de novas instalações.

Uma empresa com produtos maduros ou estratégia de liderança de custos terá diferentes estratégias funcionais. O departamento de RH terá que desenvolver estratégias para reter e formar uma equipe estável. O *marketing* deve enfatizar a lealdade à marca e o desenvolvimento de canais de distribuição confiáveis e oficiais. A produção deve adotar a estratégia de longos períodos de produção, procedimentos padronizados e redução de custos. O departamento financeiro deve se concentrar em fluxos de caixa líquidos e saldos positivos.

Lembre-se disto

- Um modelo popular para a formulação da estratégia comercial está nas estratégias competitivas de Porter.
- Os gestores analisam o ambiente competitivo e adotam um dos três tipos de estratégia: diferenciação, liderança de custos ou foco.
- Por meio da **estratégia de diferenciação**, os gestores procuram distinguir os produtos e serviços da organização dos produtos e serviços de outras empresas do setor.
- A **estratégia de liderança de custos** é adotada por gestores para buscar instalações eficientes de forma agressiva, reduzir custos e usar um controle rígido de custos para ser mais eficiente do que os outros na indústria.
- Com a **estratégia de foco**, os gestores usam a abordagem de diferenciação ou liderança de custos, mas concentram-se no mercado regional específico ou grupo de compradores.
- Os gestores da Allegiant Travel Company, que adotam a estratégia de liderança de custos focada, utilizam aviões mais antigos e oferecem serviços básicos para levar passageiros até os destinos turísticos, partindo de pequenas cidades ou de locais que nunca foram servidos por outras empresas.
- Depois da formulação das estratégias competitivas, os gestores de departamentos funcionais elaboram estratégias funcionais para apoiá-las.

Estratégia global

Muitas organizações operam em âmbito mundial e buscam uma estratégia distinta como o foco global. Executivos seniores tentam formular estratégias coerentes para criar sinergia entre as operações internacionais, com o objetivo de cumprir as metas comuns.

Um ponto importante a ser considerado pelos gestores é o dilema estratégico entre a necessidade de padronização global e a capacidade de resposta nacional. As diversas estratégias globais são apresentadas na Figura 8.8. O primeiro passo em direção à presença internacional mais significativa é a decisão de exportar produtos produzidos internamente para países selecionados. A *estratégia de exportação* é exibida no canto inferior esquerdo da figura. Como a organização mantém foco interno, com apenas algumas exportações, os gestores não têm necessidade de prestar atenção às questões tanto de resposta local quanto de padronização global. As organizações que buscam expansão internacional maior devem decidir se querem que cada filial global atue de forma autônoma ou se as atividades devem ser padronizadas e centralizadas para todos os países. Essa escolha leva os gestores a selecionar a alternativa estratégica básica, como a globalização ou a estratégia multidoméstica. Algumas empresas procuram atingir um grau de padronização global e simultaneamente manter a capacidade de resposta nacional, utilizando a estratégia transnacional.

ESTRATÉGIA DE GLOBALIZAÇÃO

Quando a organização opta pela **estratégia de globalização**, o *design* de produtos e as estratégias de publicidade são padronizados em todo o mundo. Essa abordagem se baseia no pressuposto de que existe um mercado global único para muitos produtos

FIGURA 8.8
Estratégias corporativas globais

Eixo Y: Necessidade de interação global (Baixa / Alta)
Eixo X: Necessidade de resposta nacional (Baixa / Alta)

- **Estratégia de globalização** (interação global Alta, resposta nacional Baixa)
  - Vê o mundo como um único mercado global.
  - Padroniza estratégias globais para produtos/publicidade.

- **Estratégia transnacional** (interação global Alta, resposta nacional Alta)
  - Procura equilibrar a eficiência global e capacidade de resposta local.
  - Combina padronização e personalização para criar estratégias de produto/publicidade.

- **Estratégia de exportação** (interação global Baixa, resposta nacional Baixa)
  - Foca o ambiente interno.
  - Exporta alguns produtos produzidos internamente para países selecionados.

- **Estratégia multidoméstica** (interação global Baixa, resposta nacional Alta)
  - Lida com os mercados de cada país de forma independente.
  - Adapta o produto/publicidade às preferências e necessidades locais.

FONTES: Baseadas em Michael A. Hitt; R. Duane Ireland; Robert E. Hoskisson, *Strategic management: competitiveness and globalization* (St. Paul, MN: West, 1995), p. 239; Thomas M. Begley; David P. Boyd, "The need for a corporate global mindset", *MIT Sloan Management Review* (Wintero 2003): 25-32.

industriais e de consumo. A teoria é que as pessoas em todos os países querem comprar os mesmos produtos e viver da mesma maneira.[50] A ideia é que as pessoas de todos os lugares querem comer hambúrgeres do McDonald's e usar *iPhones*. A estratégia de globalização pode ajudar a organização a obter ganhos de eficiência com a padronização do *design* de produtos e da fabricação, utilizar fornecedores comuns, introduzir produtos no mundo todo com mais rapidez, coordenar os preços e eliminar instalações desnecessárias. Por exemplo, a Gillette tem grandes instalações de produção que utilizam fornecedores e processos comuns para a fabricação de lâminas de barbear e outros produtos cujas especificações técnicas são padronizadas em todo o mundo.[51]

A globalização permite que os departamentos de *marketing* economizem sozinhos milhões de dólares. Uma empresa de produtos de consumo informa que, para cada país onde o mesmo comercial é usado, a empresa economiza de um a dois milhões de dólares em custos de produção. Mais milhões foram economizados por meio da padronização da aparência e das embalagens de diversas marcas.[52] A Domino's Pizza tem adotado a estratégia de globalização, uma vez que está se expandindo para mercados emergentes como Índia, China, Rússia e Brasil. Embora os franqueados locais possam modificar os ingredientes para se adaptar às preferências locais, os gestores da Domino's afirmam que a estratégia em mercados emergentes é "chegar lá com um modelo de negócio testado e aprovado de entrega de *pizzas* implantado em todo o mundo". As instalações, embalagens e materiais de *marketing* da Domino's parecem os mesmos na Rússia, na Índia ou nos Estados Unidos.[53]

ESTRATÉGIA MULTIDOMÉSTICA

Quando a organização opta pela **estratégia multidoméstica**, cada concorrência é tratada de forma independente em um determinado país. Assim, uma empresa multinacional está presente em muitos países, mas incentiva que o *marketing*, a publicidade e *design* de produtos sejam modificados e adaptados às necessidades específicas de cada país.[54] Muitas empresas rejeitam a ideia de um único mercado global. Elas descobriram que os franceses não bebem suco de laranja no café da manhã, que detergente para roupas é usado para lavar pratos em algumas partes do México e que as pessoas do Oriente Médio preferem creme dental com sabor picante. A Kraft Foods Inc. introduziu, em vários países, novos produtos, receitas reformuladas e embalagens redesenhadas para adequar-se ao gosto local. Na China, por exemplo, os sabores dos *cookies* da Kraft incluem chá-verde, bolo de aniversário branco, manga e tangerina; os biscoitos do Ritz são oferecidos em sabores como "guisado de carne fantástica" e "frango muito picante", e vendidos em pacotes portáteis com formato de copo que parecem os recipientes usados para macarrão instantâneo.[55] As empresas de serviços também devem considerar a estratégia global com cuidado. A cadeia de lojas de conveniência 7-Eleven utiliza a estratégia multidoméstica, porque o *mix* de produtos, a abordagem publicitária e os métodos de pagamento precisam ser adaptados às preferências, aos valores e às regulamentações governamentais de diferentes partes do mundo. Por exemplo, no

▶▶▶ Conexão de conceito

Desde a primeira expansão internacional em 1971, a Mary Kay Inc. de Dallas tem se expandido para mais de 30 mercados em cinco continentes. A empresa utiliza a **estratégia multidoméstica**, que lida com a competição de forma independente em cada país. Na China, por exemplo, a Mary Kay desenvolveu produtos que apelam aos gostos e às preferências das mulheres chinesas. Sob a direção do presidente da Mary Kay da China, Paul Mak (centro), a empresa está construindo um centro de distribuição de 25 milhões de dólares em Hangzhou, o primeiro local dessa natureza fora dos Estados Unidos. Nos próximos anos, a China estará pronta para se tornar o maior mercado da Mary Kay, superando todos os outros, incluindo o mercado doméstico.

Japão, os consumidores gostam de usar lojas de conveniência para pagar contas de luz e outros tipos de conta. Além de oferecer essa facilidade como um serviço, a 7-Eleven criou um sistema que permite pagar e retirar as compras feitas pela internet na loja local.[56]

Estratégia transnacional

O propósito da **estratégia transnacional** é alcançar tanto a padronização global quanto a capacidade de resposta nacional.[57] No entanto, a estratégia transnacional verdadeira não é fácil de alcançar, porque exige uma meta de estreita coordenação global, enquanto a outra requer flexibilidade local. Muitas indústrias, porém, estão descobrindo que, embora o aumento da concorrência signifique que elas devem alcançar a eficiência global, a crescente pressão para atender às necessidades locais exige a capacidade de resposta nacional.[58] Uma empresa que alcança efetivamente ambos os aspectos da estratégia transnacional é a Coca-Cola. A gigante dos refrigerantes pode alcançar eficiências com a fabricação, publicidade e distribuição de marcas bem conhecidas, como Coca-Cola, Fanta e Sprite, em escala global. No entanto, o CEO Muhtar Kent fez a empresa expandir para além das marcas conhecidas e abraçar as preferências locais. A empresa vende mais de 400 bebidas diferentes pelo mundo. Na Rússia, por exemplo, a versão da Coca-Cola do tradicional *kvas* é o refrigerante que mais cresce.[59]

Embora a maioria das empresas multinacionais queira alcançar algum grau de padronização global para manter os custos baixos, mesmo os produtos globais podem exigir alguma personalização para cumprir as regulamentações do governo de diferentes países ou outras adaptações para atender às preferências dos consumidores. Além disso, aumento da concorrência significa que muitas organizações precisam aproveitar as oportunidades globais e responder à heterogeneidade do mercado internacional.

Lembre-se disto

- Ao formularem uma estratégia como foco para operações globais, os gestores enfrentam um dilema entre a necessidade de padronização global e a necessidade de responder à demanda local.
- Com a **estratégia de globalização**, o *design* de produtos e a publicidade são padronizados em todo o mundo.
- **Estratégia multidoméstica** significa que a concorrência em cada país é tratada de forma independente; o *design* de produtos e a publicidade são modificados para atender às necessidades específicas de cada país.
- A Kraft reformulou as receitas de biscoitos e redesenhou a embalagem para satisfazer os gostos dos chineses.
- A **estratégia transnacional** é uma estratégia que combina a coordenação global para atingir eficiência com a flexibilidade local, a fim de atender às necessidades de diferentes países.
- A maioria das grandes empresas usa a combinação de estratégias globais para obter normalização global e eficiência, bem como responder às necessidades e preferências locais em diferentes países.

Execução de estratégia

No processo de gestão estratégica, o passo final é a execução da estratégia – como ela será implementada ou colocada em prática. Muitas empresas têm gavetas de arquivo cheias de estratégias vencedoras, mas elas ainda lutam para ter sucesso. Por quê? Gestores em exercício nos lembram que "a estratégia é fácil, mas a execução é difícil".[60] De fato, muitos especialistas em estratégia concordam que a execução é a parte mais importante, e também a mais difícil, da gestão estratégica.[61] O Conference Board informou recentemente que 40% de todos os projetos de desenvolvimento de TI são cancelados antes de serem concluídos, a um custo significativo para as organizações, e um fator essencial que explica os fracassos é a execução ineficaz da estratégia.⁶² Com base em estudos e pesquisas promovidos pela McKinsey & Company, quase 70% de todos os programas de mudança e os esforços de transformação não conseguem atingir os resultados desejados.⁶³ A Figura 8.9 ilustra os fatores que tornam a execução da estratégia muito difícil. Observe que as maiores barreiras estão relacionadas com a incapacidade das pessoas em adotar comportamentos novos, em vez da falta de recursos ou planejamento.

Não importa quão brilhante seja a estratégia formulada, a organização não se beneficiará se ela não for habilmente executada. A chave para a execução eficaz da estratégia é o **enraizamento**, o que está relacionado ao fato de haver uma profunda compreensão e aceitação da direção e um propósito organizacional em toda a empresa.⁶⁴ Quando a estratégia é incorporada, as decisões e ações diárias de todos ajudam a mover a empresa na direção certa para alcançar as metas importantes. Isto é, tudo está *em alinhamento*, de modo que todos os aspectos da organização são congruentes com a estratégia, e todos os departamentos e os esforços individuais são coordenados para a realização de objetivos estratégicos. Grandes metas têm que ser traduzidas em um plano claro para execução, a fim de que as ações de todos estejam em linha com as intenções estratégicas dos gestores.⁶⁵ Lembre-se da nossa abordagem sobre os mapas estratégicos feita no capítulo anterior. Assim como os gestores garantem que os objetivos estejam alinhados, os mapas verificam se todos os aspectos da organização são coordenados para que sejam reafirmadores das estratégias desenvolvidas para que as metas sejam alcançadas.

A Figura 8.10 mostra as principais ferramentas utilizadas pelos gestores para implementar a estratégia de forma eficaz: liderança visível, papéis claros e responsabilização, comunicação franca e práticas adequadas de RH.⁶⁶

> "Se você quer construir um navio, não peça às pessoas que consigam madeira, não lhes dê tarefas e trabalho. Fale antes a elas, longamente, sobre a grandeza e a imensidão do mar."
>
> – ANTOINE DE SAINT-EXUPÉRY (1900-1944), *A SABEDORIA DAS AREIAS*

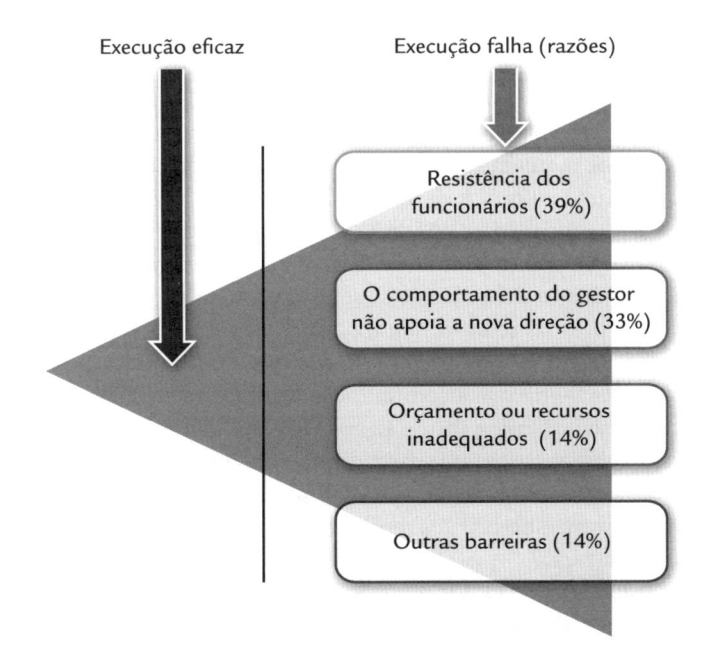

FIGURA 8.9
Fatores que contribuem para o fracasso na execução da estratégia

Execução eficaz | Execução falha (razões)
- Resistência dos funcionários (39%)
- O comportamento do gestor não apoia a nova direção (33%)
- Orçamento ou recursos inadequados (14%)
- Outras barreiras (14%)

FONTES: Baseadas em Scott Keller; Colin Price, *Performance and health: an evidence-based approach to transforming your organization* (New York: Wiley 2011); Homayoun Hatami; Sara Prince; Maria Valdivieso de Uster, "Sales growth through strategic leadership", *Leader to Leader* (Spring 2013): 57-62.

+ *Liderança visível*. A chave para a execução eficaz da estratégia é a boa liderança. *Liderança* é a capacidade de influenciar as pessoas a adotar os novos comportamentos necessários para colocar a estratégia em prática. Os líderes usam ativamente persuasão, técnicas de motivação e valores culturais que sustentam a nova estratégia. Eles podem fazer discursos para os funcionários, construir coalizões de pessoas que apoiam a nova direção estratégica e persuadir os gestores de nível médio a aderir à visão para a empresa. E mais importante, eles dão o exemplo.[67] A Pixar, estúdio de animação, tem uma regra sobre liderança que sustenta a estratégia de produzir filmes de animação altamente criativos: nenhum executivo no estúdio. Na Pixar, os líderes são os artistas criativos, abordagem que mantém a cultura de "escola de cinema sem professores" que dá às pessoas o máximo de liberdade para desenvolver e buscar ideias originais e inovadoras. Na Pixar, todos, desde os porteiros até os auditores, são convidados a apresentar ideias para novos filmes.[68]

+ *Papéis claros e responsabilização (accountability*)*. As pessoas precisam entender como as ações individuais podem contribuir para a concretização da estratégia. A tentativa de executar uma estratégia que está em conflito com o projeto estrutural, particularmente com relação aos papéis, à autoridade e à responsabilidade dos gestores, é um obstáculo para a implantação efetiva da estratégia.[69] Para executar a estratégia com eficácia, os altos executivos definem claramente os papéis e delegam autoridade aos indivíduos e às equipes responsáveis pelos resultados. A falta de papéis e responsabilidade claros é parcialmente responsável pelo desastre denominado London Whale no JPMorgan Chase, que anunciou a perda de bilhões de dólares em maio de 2012. Por que a implementação da estratégia de negociação cuidadosa e de baixo risco falhou? Ina Drew, banqueiro experiente responsabilizado pelos problemas, havia conquistado a completa confiança da CEO Jamie Dimon depois que ela conduziu a empresa durante a crise financeira de 2008. No entanto, Drew estava fora do escritório grande parte do tempo por causa de problemas de saúde a partir de 2010, e os antigos conflitos e as divisões sobre papéis e responsabilidades emergiram. O vice de Drew em Nova York, Althea Duersten, não concordava com as apostas arriscadas e exageradas feitas por Aquiles Macris, o representante de Drew em Londres, mas este usou a personalidade forte para calar as objeções de Duersten e ganhar mais poder. "Parecia que havia uma apropriação de poder sem rejeições, porque Althea e Achilles queriam mais responsabilidade", contou um ex-negociante. Outro negociante ressaltou a falta de papéis claros a afirmar que "não sabia a quem ouvir".[70]

+ *Comunicação franca*. Os gestores promovem as ideias estratégicas de forma aberta e motivada, mas também escutam os outros e incentivam o desacordo e o debate. Eles criam uma cultura baseada na abertura e na honestidade, o que incentiva o trabalho em equipe e a colaboração além das barreiras hierárquicas e setoriais. A comunicação franca sustenta a *propagação* da estratégia do topo para a base da organização. Quando todo mundo se sente à vontade para ser honesto e falar francamente, mais pessoas se envolvem na discussão da estratégia, então as ideias são debatidas, adaptadas e colocadas em prática com mais rapidez.[71] A execução eficaz da estratégia também exige a comunicação franca com acionistas, clientes e outras partes interessadas. Sergey Brin e Larry Page, fundadores do Google, revezam-se todos os anos para escrever uma carta direta e aberta aos acionistas. A carta original escrita para a oferta pública inicial (*initial public offering* – IPO) deixa claro que o Google não tentaria "suavizar" os resultados trimestrais, como algumas empresas de capital aberto fazem.[72]

+ *Práticas adequadas de RH*. Os *recursos humanos* da organização são seus funcionários. A função do RH é recrutar, selecionar, treinar, compensar, transferir, promover

---

* *Accountability*: termo que menciona a responsabilidade de todos com a estratégia. Cada integrante conta e faz a diferença em um determinado ambiente. (N.R.T.)

FIGURA 8.10 Ferramentas para colocar a estratégia em prática

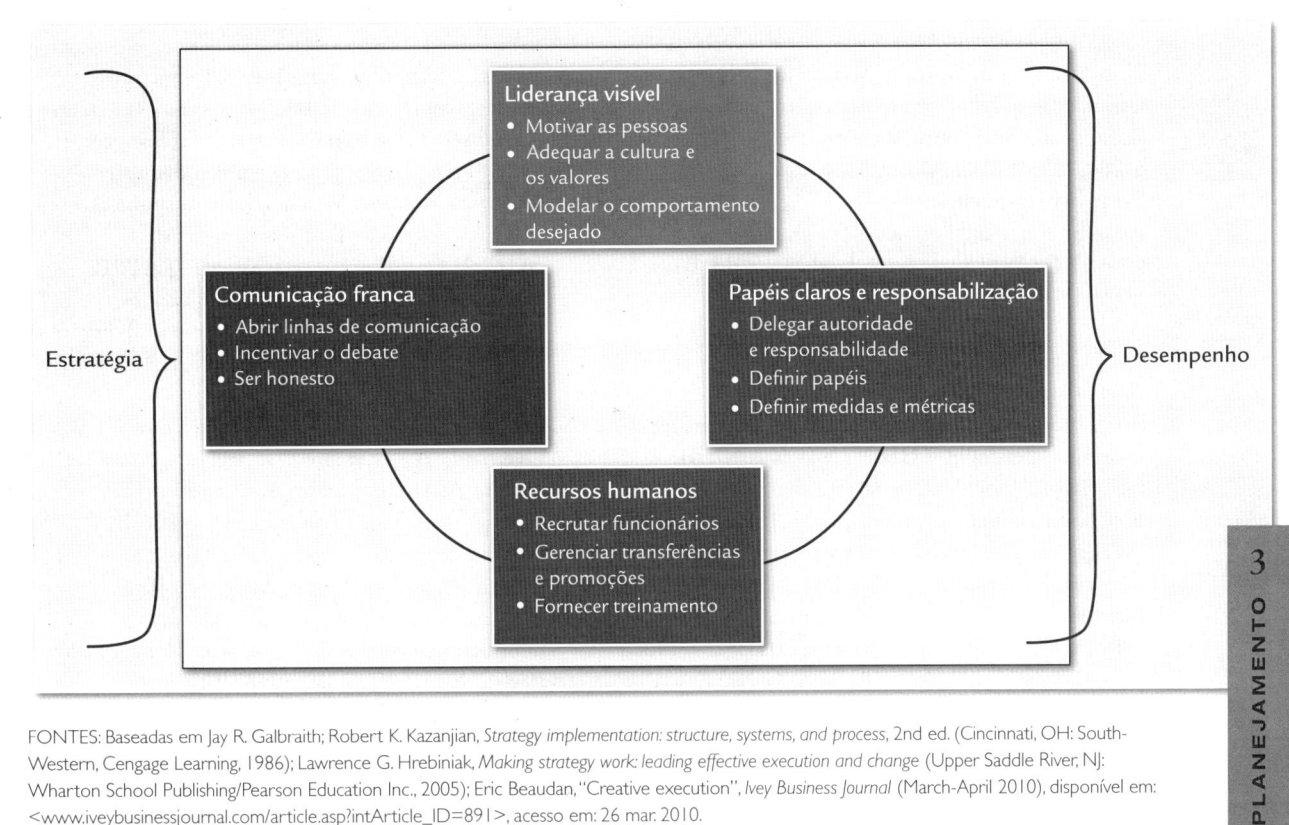

Estratégia →

Liderança visível
- Motivar as pessoas
- Adequar a cultura e os valores
- Modelar o comportamento desejado

Comunicação franca
- Abrir linhas de comunicação
- Incentivar o debate
- Ser honesto

Papéis claros e responsabilização
- Delegar autoridade e responsabilidade
- Definir papéis
- Definir medidas e métricas

Recursos humanos
- Recrutar funcionários
- Gerenciar transferências e promoções
- Fornecer treinamento

→ Desempenho

FONTES: Baseadas em Jay R. Galbraith; Robert K. Kazanjian, *Strategy implementation: structure, systems, and process*, 2nd ed. (Cincinnati, OH: South-Western, Cengage Learning, 1986); Lawrence G. Hrebiniak, *Making strategy work: leading effective execution and change* (Upper Saddle River, NJ: Wharton School Publishing/Pearson Education Inc., 2005); Eric Beaudan, "Creative execution", *Ivey Business Journal* (March-April 2010), disponível em: <www.iveybusinessjournal.com/article.asp?intArticle_ID=891>, acesso em: 26 mar. 2010.

e demitir funcionários para atingir os objetivos estratégicos. Os gestores garantem que as práticas de RH estão alinhadas com a estratégia. As mudanças nas práticas de RH são essenciais para a execução da nova estratégia da Microsoft de vender diretamente aos consumidores enquanto reformula o *software* para a era dos dispositivos móveis. A empresa está mais que dobrando o número dos próprios pontos de varejo, em geral instalados em *shopping centers* próximos das lojas da rival Apple. A Microsoft e a parceira Intel têm treinado centenas de milhares de funcionários da Microsoft, bem como os funcionários da Best Buy e de outros varejistas, para que saibam como os computadores e outros dispositivos devem ser expostos, promovidos e explicados para os compradores.[73]

Lembre-se disto

- Mesmo as estratégias mais criativas não têm nenhum valor se não podem ser traduzidas em ação.
- A execução é a parte mais importante da estratégia, e também a mais difícil.
- A chave para a execução eficaz da estratégia é o **enraizamento**, uma profunda compreensão e aceitação da direção e do propósito organizacional em toda a empresa.
- Com o enraizamento, todos os aspectos da organização estão em alinhamento e se movendo na mesma direção para sustentar o objetivo estratégico.
- A fim de que possam executar a estratégia com eficácia, os gestores usam liderança visível, papéis claros e responsabilização, comunicação franca e práticas de RH adequadas.
- A Microsoft está treinando centenas de milhares de funcionários para trabalhar em lojas de varejo e mostrar e explicar os produtos que apresentam o novo *software* da empresa.

Cap. 8 Notas

1. Teste adaptado de Dorothy Marcic; Joe Seltzer, *Organizational behavior: experiences and cases* (Cincinnati, OH: South-Western, 1998), p. 284-287; William Miller, *Innovation styles* (Global Creativity Corporation, 1997).
2. Amol Sharma, "Netflix subscriber growth comes up shy", *The Wall Street Journal*, July 23, 2013, B1; Harold Kruger, "Last area Blockbuster closing", *Appeal Democrat*, September 13, 2013, disponível em: <http://www.appeal-democrat.com/articles/blockbuster-127611-store-video.html>.
3. Bruce Horovitz, "New pizza recipe did wonders for Dominos sales", *USA TODAY*, May 5, 2010, B1; Julie Jargon, "How McDonalds hit the spot", *The Wall Street Journal*, December 13, 2011; Paul Lilley, "Weight watchers reveals new partner: McDonalds", *Virginian-Pilot*, March 4, 2010; David E. Bell; Mary Shelman, "KFC's radical approach to China", *Harvard Business Review* (November 2011): 137-142.
4. John Bussey, "The business: the anti-Kodak: how a U.S. firm innovates", *The Wall Street Journal*, January 13, 2012, B1; Rachel Dodes, "Targeting younger buyers, Liz Claiborne hits a snag", *The Wall Street Journal*, August 16, 2010, A1.
5. Chet Miller; Laura B. Cardinal, "Strategic planning and firm performance: a synthesis of more than two decades of research", *Academy of Management Journal* 37, n. 6 (1994): 1649-1665.
6. Renee Dye; Olivier Sibony, "How to improve strategic planning", *McKinsey Quarterly*, n. 3 (2007).
7. Keith H. Hammonds, "Michael Porters big ideas", *Fast Company* (March 2001): 150-156.
8. Cynthia A. Montgomery, "Strategist-in-chief", *Leadership Excellence* (July 2012): 12; John E. Prescott, "Environments as moderators of the relationship between strategy and performance", *Academy of Management Journal* 29 (1986): 329-346; John A. Pearce II; Richard B. Robinson, Jr., *Strategic management: strategy, formulation, and implementation*, 2nd ed. (Homewood, IL: Irwin, 1985); David J. Teece, "Economic analysis and strategic management", *California Management Review* 26 (Spring 1984): 87-110.
9. Jack Welch, "It's all in the Sauce", trecho do livro, *Winning*, publicado em *Fortune* (April 18, 2005): 138-144; Constantinos Markides, "Strategic innovation", *Sloan Management Review* (Spring 1997): 9-23.
10. Michael E. Porter, "What is strategy?", *Harvard Business Review* (November-December 1996): 61-78.
11. Esta discussão origina-se de Ken Favaro, "The two levels of strategy", *Strategy + Business*, April 27, 2012, disponível em: <http://www.strategy-business.com/article/cs00004?gko=8d72a>, acesso em: 16 set. 2013; Ken Favaro; Kasturi Rangan; Evan Hirsh, "Strategy: an executives definition", *Strategy + Business*, March 5, 2012, disponível em: <www.strategy-business.com/article/cs00002?gko=d59c2>, acesso em: 24 jul. 2012.
12. Brian Leavy, "Updating a classic formula for strategic success: focus, alignment, repeatability, and leadership", *Strategy & Leadership* 41, n. 1 (2013): 18-28.
13. Norihiko Shirouzu, "Chinese begin Volvo Overhaul", *The Wall Street Journal*, June 7, 2011, B1.
14. Arthur A. Thompson, Jr.; A. J. Strickland III, *Strategic management: concepts and cases*, 6th ed. (Homewood, IL: Irwin, 1992); Briance Mascarenhas; Alok Baveja; Mamnoon Jamil, "Dynamics of core competencies in leading multinational companies", *California Management Review* 40, n. 4 (Summer 1998): 117-132.
15. "Gaylord says hotels prosper by becoming destinations", *The Tennessean*, July 24, 2005; Chris Woodyard, "Big dreams for small choppers paid off", *USA TODAY*, September 11, 2005.
16. Michael Goold; Andrew Campbell, "Desperately seeking synergy", *Harvard Business Review* (September-October 1998): 131-143.
17. Anjali Cordeiro, "Boss talk: Tang in India and other kraft synergies", *The Wall Street Journal Online*, April 19, 2010, disponível em: <http://online.wsj.com/article/SB10001424052702303348504575184103106388686.html>, acesso em: 8 out. 2012; Sarah Kessler, "Exposing Yahoos strategy", *Fast Company* (April 2013), p. 40, 45.
18. Nick Wingfield, "Thinking outside the Redbox", *The New York Times*, February 18, 2012, B1.
19. Lauren A. E. Schuker, "Double feature: dinner and a movie – to upgrade from dirty carpets and tubs of popcorn, theater chains try full menus, seat-side service", *The Wall Street Journal*, January 5, 2011, D1.
20. Brad Stone, "What's in the box? Instant gratification", *Bloomberg Businessweek* (November 29-December 5, 2010): 39-40; S. Levy, "CEO of the internet: Jeff Bezos owns the web in more ways than you think", *Wired*, December 2011, disponível em: <www.wired.com/magazine/2011/11/ff_bezos/>, acesso em: 24 jul. 2012.
21. Milton Leontiades, *Strategies for diversification and change* (Boston: Little, Brown, 1980), p. 63; Dan E. Schendel; Charles W. Hofer, eds., *Strategic management: a new view of business policy and planning* (Boston: Little, Brown, 1979), p. 11-14.
22. Sharon Terlep, "What's old is new again at GM", *The*

Wall Street Journal, November 22, 2012. Disponível em: <http://online.wsj.com/article/SB10001424127887324712504578135251615098968.html>. Acesso em: 16 set. 2013.
23. Erik Rhey, "A GPS maker shifts gears", *Fortune* (March 19, 2012): 62.
24. Exemplo citado em Armen Ovanessoff; Mark Purdy, "Global competition 2021: key capabilities for emerging opportunities", *Strategy & Leadership* 39, n. 5 (2011): 46-55.
25. Dov Gardin, "Carnival cruise lines: what they should have done", *Risk Management Monitor*, February 22, 2013, disponível em: <http://www.riskmanagementmonitor.com/carnival-cruise-lines-what-they-should-have-done/>, acesso em: 25 out. 2013; Lateef Mungin; Mark Morgenstein, "Carnival cruise line in more troubled waters", *CNN*, March 16, 2013, disponível em: <http://www.cnn.com/2013/03/15/travel/carnival-problems>, acesso em: 25 out. 2013; Jad Mouawad, "Too big to sail?", *The New York Times*, October 28, 2013, B1.
26. Bruce E. Perrott, "Strategic issue management as change catalyst", *Strategy & Leadership* 39, n. 5 (2011): 20-29.
27. Milton Leontiades, "The confusing words of business policy", *Academy of Management Review* 7 (1982): 45-48.
28. Lawrence G. Hrebiniak; William F. Joyce, *Implementing strategy* (New York: Macmillan, 1984).
29. Christopher B. Bingham; Kathleen M. Eisenhardt; Nathan R. Furr, "Which strategy when?", *MIT Sloan Management Review* (Fall 2011): 71-78.
30. John Kell, "Originality helps build hit toy brands", *The Wall Street Journal*, February 10, 2013, disponível em: <http://online.wsj.com/article/SB10001424127887323696404578296301873193788.html>, acesso em: 16 set. 2013; Jason Hall, "'Disney Infinity' versus 'Skylanders': can activision meet this challenge?", *The Motley Fool*, September 9, 2013, disponível em: <http://www.fool.com/investing/general/2013/09/09/disney-infinity-versus-skylanders-can-activision-m.aspx>, acesso em: 16 set. 2013.
31. Nick Allen, "Aaron Alexis: Washington navy yard gunman 'obsessed with violent video games'", *The Telegraph*, September 18, 2013. Disponível em: <http://www.telegraph.co.uk/news/worldnews/northamerica/usa/10314585/Aaron-Alexis-Washington-navy-yard-gunman-obsessed-with-violent-video-games.html>. Acesso em: 19 set. 2013.
32. Jon M. Chang, "How violent video games fit in with violent behavior", *ABC News*, September 18, 2013, disponível em: <http://abcnews.go.com/Technology/navy-yard-shooter-played-military-style-videogames-relevant/story?id=20285169>, acesso em: 18 set. 2013; Allen, "Aaron Alexis: Washington Navy Yard Gunman 'obsessed with violent video games'".
33. Don Clark, "Intel hurt by PC shift", *The Wall Street Journal*, January 18, 2013, B3.
34. David Welch; Keith Naughton; Burt Helm, "Detroit's big chance", *Bloomberg Businessweek* (February 22, 2010): 38-44.
35. Stephanie Clifford, "Where Wal-Mart failed, Aldi succeeds", *The New York Times*, March 29, 2011. Disponível em: <www.nytimes.com/2011/03/30/business/30aldi.html?pagewanted=all>. Acesso em: 26 jul. 2012.
36. Betsy Morris, "FedEx's path gets riskier", *The Wall Street Journal*, December 18, 2012, B1; "FedEx Corporation SWOT Analysis", *MarketLine*, February 2013, disponível em: <http://advantage.marketline.com.proxy.library.vanderbilt.edu/Product?pid=3FB515C6-44D5-4A30-BC7E=556271B4A308&view=SWOTAnalysis>, acesso em: 16 set. 2013.
37. Frederick W. Gluck, "A fresh look at strategic management", *Journal of Business Strategy* 6 (Fall 1985): 4-19.
38. Thompson; Strickland, *Strategic management*; William L. Shanklin; John K. Ryans, Jr., "Is the International Cash Cow Really a Prize Heifer?", *Business Horizons* 24 (1981): 10-16.
39. Spencer E. Ante, "Lotus notes? It is still a $ 1 billion IBM business", *The Wall Street Journal*, January 22, 2013, B1.
40. Nick Wingfield, "Microsoft gets Nokia units, and leader", *The New York Times*, September 3, 2013. Disponível em: <http://www.nytimes.com/2013/09/03/technology/microsoft-gets-nokia-units-and-leader.html?pagewanted=all&_r=0>. Acesso em: 18 set. 2013.
41. "Hillshire Brands Company", *The New York Times*, disponível em: <http://topics.nytimes.com/top/news/business/companies/sara_lee_corporation/index.html>, acesso em: 18 set. 2013; and "Breaking up is the thing to do", *The New York Times*, August 4, 2011, disponível em: <http://dealbook.nytimes.com/2011/08/04/breaking-up-is-the-thing-to-do/?ref=saraleecorporation>, acesso em: 18 set. 2013.
42. Essa abordagem e os exemplos seguintes foram extraídos de Ben Worthen; Cari Tuna; Justin Scheck, "Companies more prone to go vertical", *The Wall Street Journal*, November 30, 2009; Jacqueline Doherty, "At Pepsi, the glass is half full", *Barron's* (November 30, 2009): 24-25.
43. O exemplo da empresa de serviços é de Thomas Catan; Brent Kendall, "The new antitrust era", *The Wall Street Journal*, December 21, 2011, B1.
44. A discussão é baseada em Michael E. Porter, "The five competitive forces that shape strategy", *Harvard*

Business Review (January 2008): 79-93; Michael E. Porter, Competitive strategy (New York: Free Press, 1980), p. 36-46; Danny Miller, "Relating Porters business strategies to environment and structure: analysis and performance implementations", Academy of Management Journal 31 (1988): 280-308; Michael E. Porter, "From competitive advantage to corporate strategy", Harvard Business Review (May-June 1987): 43-59.

45. Suzanne Kapner, "The mighty dollar", Fortune (April 27, 2009): 65-66.

46. "Building wealth", Proamérica Bank Web site. Disponível em: <https://www.proamericabank.com/en/index.asp>. Acesso em: 31 jul. 2012.

47. Jack Nicas, "Allegiant air: the tardy, gas-guzzling, most profitable airline in America", The Wall Street Journal, June 4, 2013. Disponível em: <http://online.wsj.com/article/SB10001424127887324423904578525310460541592.html>. Acesso em: 16 set. 2013.

48. Joshua Rosenbaum, "Guitar maker looks for a new key", The Wall Street Journal, February 11, 1998.

49. Nitin Nohria; William Joyce; Bruce Roberson, "What really works", Harvard Business Review (July 2003): 43-52.

50. Kenichi Ohmae, "Managing in a borderless world", Harvard Business Review (May-June 1990): 152-161; Theodore Levitt, "The globalization of markets", Harvard Business Review (May-June 1983): 92-102.

51. Cesare Mainardi; Martin Salva; Muir Sanderson, "Label of origin: made on Earth", Strategy + Business, Issue 15, Second Quarter, 1999. Disponível em: <www.strategy-business.com/article/16620>. Acesso em: 10 ago. 2010.

52. Joanne Lipman, "Marketers turn sour on global sales pitch Harvard guru makes", The Wall Street Journal, May 12, 1988.

53. Annie Gasparro, "Domino's sticks to its ways abroad", The Wall Street Journal, April 17, 2012, B10.

54. Michael E. Porter, "Changing patterns of international competition", California Management Review 28 (Winter 1986): 40.

55. Laurie Burkitt, "Kraft craves more of China's snacks market", The Wall Street Journal, May 30, 2012, B6.

56. Mohanbir Sawhney; Sumant Mandal, "What kind of global organization should you build?", Business 2.0 (May 2000): 213.

57. Com base em Michael A. Hitt; R. Duane Ireland; Robert E. Hoskisson, Strategic management: competitiveness and globalization (St. Paul, MN: West, 1995), p. 238.

58. Anil K. Gupta; Vijay Govindarajan, "Converting global presence into global competitive advantage", Academy of Management Executive 15, n. 2 (2001): 45-56.

59. Betsy McKay, "Coke Bets on Russia for Sales Even as Economy Falls Flat", The Wall Street Journal, January 28, 2009.

60. Apud Gary Getz; Chris Jones; Pierre Loewe, "Migration management: an approach for improving strategy implementation", Strategy & Leadership 37, n. 6 (2009): 18-24.

61. Lawrence G. Hrebiniak, "Obstacles to effective strategy implementation", Organizational Dynamics 35, n. 1 (2006): 12-31; Eric M. Olson; Stanley F. Slater; G. Tomas M. Hult, "the importance of structure and process to strategy implementation", Business Horizons 48 (2005): 47-54; L. J. Bourgeois III; David R. Brodwin, "Strategic implementation: five approaches to an elusive phenomenon", Strategic Management Journal 5 (1984): 241-264; Anil K. Gupta; V. Govindarajan, "Business unit strategy, managerial characteristics, and business unit effectiveness at strategy implementation", Academy of Management Journal (1984): 25-41; Jeffrey G. Covin; Dennis P. Slevin; Randall L. Schultz, "Implementing strategic missions: effective strategic, structural, and tactical choices", Journal of Management Studies 31, n. 4 (1994): 481-505.

62. Estudo em conferência de conselho, reportado em John J. Sosik; Don I. Jung; Yair Berson; Shelley D. Dionne; Kimberly S. Jaussi, "Making all the right connections: the strategic leadership of top executives in high-tech organizations", Organizational Dynamics 34, n. 1 (2005), p. 47-61.

63. Reportado em Homayoun Hatami; Sara Prince; Maria Valdivieso de Uster, "Sales growth through strategic leadership", Leader to Leader (Spring 2013): 57-62.

64. Charles Galunic; Immanuel Hermreck, "How to help employees 'get' strategy", Harvard Business Review (December 2012): 24.

65. Riaz Khadem, "Alignment and follow-up: steps to strategy execution", Journal of Business Strategy 29, n. 6 (2008): 29-35; Stephen Bungay, "How to make the most of your company's strategy", Harvard Business Review (January-February 2011): 132-140; Olson; Slater; Hult, "The importance of structure and process to strategy implementation".

66. Discussão baseada em Eric Beaudan, "Creative execution", Ivey Business Journal, March-April 2010, disponível em: <www.iveybusinessjournal.com/article.asp?intArticle_ID=891>, acesso em: 26 mar. 2010; Jay R. Galbraith; Robert K. Kazanjian, Strategy implementation: structure, systems and process, 2nd ed. (St. Paul, MN: West, 1986); Victoria L. Crittenden; William F. Crittenden, "Building a capable organization: the eight levels of strategy implementation", Business Horizons 51 (2008): 301-309; Paul C. Nutt, "Selecting tactics to implement strategic plans", Strategic Management

Journal 10 (1989): 145-161; Lawrence G. Hrebiniak, *Making strategy work: leading effective execution and change* (Upper Saddle River, NJ: Wharton School Publishing/Pearson Education Inc., 2005).
67. Crittenden; Crittenden, "Building a capable organization".
68. Exemplo extraído de Bingham; Eisenhardt; Furr, "Which strategy when?".
69. Baseado em pesquisa de Hrebiniak, "Obstacles to effective strategy implementation".
70. Jessica Silver-Greenberg; Nelson D. Schwartz, "Discord at Key JPMorgan Unit Is Blamed in Bank's Huge Loss", *The New York Times*, May 20, 2012, A1.
71. Baseado em Jack Welch; Suzy Welch, *Winning* (New York: HarperBusiness, 2005), Chapter 2.
72. Beaudan, "Creative execution".
73. Shira Ovide; Ann Zimmerman, "Microsoft dives into the retail store", *The Wall Street Journal*, November 22, 2012, B6.

PARTE 3

Capítulo 9

Tomada de decisão gerencial

Visão geral do capítulo

Como você toma as decisões?

Tipos de decisão e problema
- Decisões programadas e não programadas
- Como enfrentar a incerteza e ambiguidade

Modelos de tomada de decisão
- Modelo ideal e racional
- Como os gestores realmente tomam decisões
- Modelo político

Novo gestor autoteste: como tomar decisões importantes

Etapas para a tomada de decisão
- Reconhecimento da exigência de decisão
- Diagnóstico e análise das causas
- Desenvolvimento de alternativas
- Seleção da alternativa desejada
- Implantação da alternativa escolhida
- Avaliação e *feedback*

Estrutura de decisão pessoal

Por que os gestores tomam decisões erradas?

Tomada de decisão inovadora
- Comece com o *brainstorming*
- Utilize provas concretas
- Envolva-se em um debate rigoroso
- Evite o pensamento em grupo
- Saiba quando desistir
- Analise seus resultados

Resultados de aprendizagem

Após a leitura deste capítulo, você será capaz de:

1. Explicar por que a tomada de decisão é um componente importante da boa gestão.

2. Comparar e contrastar as decisões programadas e não programadas e descrever as características da decisão com base na certeza e incerteza.

3. Comparar os modelos ideal e racional e político da tomada de decisão.

4. Explicar o processo pelo qual os gestores realmente tomam decisões no mundo real.

5. Resumir as seis etapas utilizadas na tomada de decisão gerencial.

6. Descrever os quatro estilos pessoais de decisão adotados pelos gestores.

7. Identificar as tendências que muitas vezes levam os gestores a tomar decisões erradas.

8. Explicar as técnicas inovadoras para a tomada de decisão, como *brainstorming*, gestão com base em evidências e análises pós-ação.

Como você toma as decisões?

INSTRUÇÕES: Como, em geral, tomamos decisões de forma automática, não consideramos a variedade de comportamentos que as pessoas adotam quando assumem cargos de gestão.[1] Pense em como você toma decisões na vida pessoal, profissional e de estudante, especialmente quando outras pessoas estão envolvidas. Assinale "Normalmente verdadeiro" ou "Normalmente falso" nos itens apresentados a seguir.

	Normalmente verdadeiro	Normalmente falso
1. Gosto de decidir rapidamente e passar para a próxima tarefa.		
2. Usaria minha autoridade para tomar uma decisão se eu tivesse certeza de que tenho razão.		
3. Aprecio determinação.		
4. Normalmente há a solução correta para o problema.		
5. Identifico todos que precisam estar envolvidos na decisão.		
6. Explicitamente busco perspectivas conflitantes.		
7. Utilizo estratégias de discussão para chegar a uma solução.		
8. Procuro significados diferentes quando sou confrontado com grande quantidade de informação.		
9. Levo um tempo para raciocinar sobre as coisas e uso a lógica sistemática.		

PONTUAÇÃO E INTERPRETAÇÃO: Todos os nove itens refletem o comportamento de tomada de decisão apropriado, porém os itens 1 a 4 são mais comuns no caso de novos gestores. Os itens 5 a 8 são comuns na tomada de decisão de um gestor sênior bem-sucedido. O 9 é considerado parte de uma boa tomada de decisão em todos os níveis. Se você marcou "Normalmente verdadeiro" em três ou quatro dos itens 1 a 4 e 9, considere-se um novo gestor. Se assinalou "Normalmente verdadeiro" em três ou quatro dos itens 5 a 8 e 9, você está usando um comportamento consistente dos gestores de topo. Se marcou um número semelhante em ambos os grupos de itens, o seu comportamento provavelmente é flexível e equilibrado.

Em geral, os novos gestores adotam um comportamento de decisão diferente dos executivos experientes. O comportamento de decisão de um CEO bem-sucedido pode ser quase o oposto de um supervisor de primeiro nível. A diferença se deve, em parte, aos tipos de decisão e ao aprendizado que funciona em cada nível. Os novos gestores, muitas vezes, começam com um comportamento mais diretivo, decisivo, orientado para o comando, a fim de que possam estabelecer sua posição e poder de decisão, e mover-se gradualmente em direção à maior acessibilidade, diversidade de pontos de vista e interações com os outros à medida que são promovidos pela hierarquia.

TEMA RECENTE

"Isso foi uma pilha de más decisões, umas sobre as outras", afirmou Gary Brown, presidente interino do Conselho Municipal de Detroit em março de 2013, poucos meses antes de Detroit se tornar a maior cidade norte-americana a pedir falência. Os verdadeiros gestores da cidade não tiveram muito controle sobre a perda de empregos na indústria automobilística, que já havia feito de Detroit um dos maiores e mais vibrantes centros urbanos do país. No entanto, uma análise aprofundada da bagunça em Detroit revela um padrão de más decisões que se estendem por décadas. Por exemplo, quando a população e os valores de propriedade de Detroit declinaram na década de 1960, os líderes da cidade decidiram continuar a acrescentar trabalhadores à folha de pagamento. A cidade não tomou a decisão de começar a seriamente reduzir e cortar despesas até a última década antes da falência. Além disso, quando a prosperidade temporária voltou após o declínio na década de 1960, os líderes não conseguiram tirar proveito dela, investindo em novas tecnologias que poderiam melhorar a eficiência e a produtividade. Por exemplo, a equipe que analisou os problemas da cidade constatou que, em alguns departamentos, os registros eram "basicamente material escrito em fichas catalográficas". Ninguém podia dizer à equipe como muitos policiais estavam patrulhando as ruas ou quais eram os detalhes do orçamento do departamento. A crise em Detroit ocorreu em razão de anos de tomada de más decisões, e não haverá soluções fáceis. No entanto, os líderes e moradores desmoralizados esperam que a falência e administração de emergência finalmente levem a decisões capazes de promover a reforma dos sistemas e serviços descontrolados da cidade, pagar as dívidas esmagadoras e dar a Detroit um novo começo.[2]

Bem-vindo ao mundo da tomada de decisão gerencial. Toda organização, seja a General Motors (GM), Apple, Cruz Vermelha ou Detroit, cresce, prospera ou falha como resultado das decisões tomadas pelos gestores. No entanto, a tomada de decisão, particularmente em relação a problemas complexos, nem sempre é fácil. É possível olhar para trás e identificar decisões falhas, como fez uma equipe do *Detroit Free Press* que examinou dez mil páginas de documentos que abrangem um período de 50 anos e entrevistou líderes e funcionários atuais e antigos da cidade. No entanto, os gestores frequentemente tomam decisões em meio a fatores em constante mudança, informações incertas e pontos de vista conflitantes. Os gestores, às vezes, podem tomar a decisão errada mesmo quando há boas intenções.

O mundo dos negócios está cheio de histórias comprovadas de decisões boas e más. O YouTube já foi chamado de "insensatez do Google", mas as decisões tomadas pelos gestores da plataforma de vídeo devem justificar 1,65 bilhão de dólares que o Google pagou por ela, para transformá-la em uma empresa altamente admirada que está redefinindo a indústria do entretenimento.[3] Todavia, a decisão da Caterpillar de comprar a ERA Mining Machinery Ltd. da China não funcionou tão bem. Após pagarem 700 milhões de dólares pelo negócio, os gestores da Caterpillar disseram, menos de um ano depois, que reduziriam o baixo o valor da ERA para 580 milhões de dólares. A empresa culpou a má conduta deliberada da contabilidade projetada para exagerar os lucros da unidade de equipamentos de segurança das minas da empresa.[4]

A boa tomada de decisão é parte vital da boa gestão porque as decisões determinam como a organização resolve os problemas, aloca os recursos e cumpre os objetivos. Este capítulo descreve a tomada de decisões em detalhes. Primeiro, examinaremos as características de decisão. Depois, apontaremos os modelos de tomada de decisão e as etapas que os executivos devem adotar no caso de decisões importantes. O capítulo também explorará alguns vieses que podem levar os gestores a tomar decisões erradas. Por fim, abordaremos algumas técnicas específicas para a tomada de decisão inovadora em um ambiente em rápida mudança.

> **Faça uma pausa**
>
> Leia atentamente o caso apresentado na seção "Aplique suas habilidades: dilema ético", no material complementar, que trata de tomada de decisões não programadas. O que você faria?

Tipos de decisão e problema

Uma **decisão** é uma escolha feita com base em alternativas disponíveis. Por exemplo, a seleção do gerente de contabilidade entre Colin, Tasha e Carlos para o cargo de auditor júnior é uma decisão. Para muitas pessoas, fazer uma escolha é a principal etapa da tomada de decisão. Entretanto, trata-se apenas de uma das etapas.

A **tomada de decisão** é o processo de identificação de problemas e oportunidades de resolução. A tomada de decisão envolve o esforço antes e depois da escolha real. Assim, a decisão de selecionar Colin, Tasha ou Carlos exige que o gerente de contabilidade verifique se é necessário um novo auditor júnior, determine a disponibilidade dos possíveis candidatos ao cargo, entreviste os candidatos para adquirir as informações necessárias, selecione um candidato e faça o acompanhamento da socialização do novo funcionário na organização para garantir o sucesso da decisão.

Decisões programadas e não programadas

Em geral, as decisões administrativas se enquadram em uma das seguintes categorias: programadas e não programadas. **Decisões programadas** envolvem situações que ocorreram com frequência suficiente para permitir que regras de decisão sejam desenvolvidas e aplicadas no futuro.[5] Esse tipo de decisão é adotado como resposta aos problemas organizacionais recorrentes. A decisão de reorganizar a papelada e outros materiais de escritório quando os estoques caem para determinado nível é uma decisão programada. Outras decisões programadas se referem aos tipos de habilidade necessária para preencher determinados cargos de trabalho, ao ponto de reabastecimento para o estoque de fabricação e à seleção de rotas de frete para as entregas de produtos. Depois que os gestores formulam as regras de decisão, os subordinados e outros membros da empresa podem executá-la de forma recorrente, o que liberará os gestores para outras tarefas. Por exemplo, quando se trata de banquetes, muitos hotéis adotam uma regra específica: um funcionário se encarregará de servir 30 convidados em uma refeição à mesa e outro funcionário se encarregará de atender 20 convidados em um bufê.[6]

Decisões não programadas são tomadas em resposta a situações únicas, mal definidas e, em grande parte, não estruturadas, e que têm consequências importantes para a organização. Talvez uma das maiores decisões não programadas de todos os tempos tenha sido a construção do 707 da Boeing. Durante a Segunda Guerra Mundial, o bombardeiro B52 havia mostrado que a Boeing tinha "direito material" para a construção de aviões a jato, mas ninguém havia considerado que as companhias aéreas se interessariam em comprar jatos. Adotar a tecnologia de jato seria extremamente caro para as companhias aéreas. Bill Allen, CEO da Boeing, teve que decidir se ficaria com os

Poder Verde

Revitalização de pequenas fazendas

Os executivos da **PepsiCo** descobriram sozinhos que as decisões de sustentabilidade podem ser observadas e medidas na vida dos indivíduos. A decisão da gestão de lançar um projeto piloto, que consistia em cortar o intermediário da cadeia de suprimentos para Sabritas, sua linha mexicana de *snacks*, e comprar o milho diretamente de 300 pequenos agricultores do México, resultou em benefícios inimagináveis.

A decisão teve como consequência resultados mensuráveis e visíveis, como menor custo de transporte e uma relação mais forte com os pequenos agricultores, que foram capazes de desenvolver orgulho e uma abordagem empresarial para a agricultura. O acordo com a PepsiCo deu aos agricultores uma vantagem financeira na obtenção de crédito muito necessário para os equipamentos, fertilizantes e outras necessidades, resultando em mais produtividade das culturas. Os novos níveis de segurança financeira também reduziram o número de mexicanos dispostos a cruzar a fronteira dos Estados Unidos, com o propósito de buscar formas de sustentar as famílias. Em três anos, o programa piloto da PepsiCo foi ampliado para 850 agricultores.

Fonte: Stephanie Strom, "For Pepsi, a business decision with social benefits", *The New York Times*, February 21, 2011. Disponível em: <www.nytimes.com/2011/02/22/business/global/22pepsi.html?pagewanted=all>. Acesso em: 2 ago. 2012.

Conexão de conceito ◂◂◂

Por ter substituído Steve Jobs durante três licenças médicas, o *chief operating officer* (COO) Tim Cook estava pronto para assumir o comando da Apple quando o cofundador da empresa precisou se afastar pouco antes de morrer, em 2011. A escolha de Cook como novo CEO era uma **decisão não programada** que havia sido feita com antecedência, o que lhe permitiu preparar-se para uma transição tranquila para o novo cargo. Desde então, os investidores, funcionários e clientes parecem impressionados com as habilidades de Cook e, no geral, estão felizes com o desempenho dele.

produtos de defesa que a empresa já conhecia ou seguiria a convicção de que o crescimento real seria no setor civil. Em 1952, ele pediu para o conselho da Boeing investir 16 milhões de dólares na construção do primeiro jato comercial transatlântico do mundo. No momento em que o 707 saiu da linha de produção, a Boeing havia investido 185 milhões de dólares nesse avião – 36 milhões de dólares a mais do que o patrimônio líquido da empresa no ano anterior. Essencialmente, Allen estava apostando o futuro da empresa, e valeu a pena. O 707 mudou o rumo da história para a Boeing e alterou o rumo de toda a indústria.[7]

Outro bom exemplo de decisão não programada é da Priceline.

Muitas decisões não programadas, como as da Priceline e Boeing, estão relacionadas ao planejamento estratégico, porque a incerteza é grande, e as decisões, complexas. As decisões para desenvolver um novo produto ou serviço, comprar uma empresa, construir nova fábrica, entrar em novo mercado geográfico ou realocar a sede para outra cidade são todas não programadas.

Forma inovadora
Priceline

Qualquer um que ligou a televisão nos últimos anos provavelmente já viu William Shatner como o "Negociador da Priceline", o anunciante encantador, mas, por vezes, irritante para a agência de viagens on-line independente e líder mundial. No entanto, o cérebro por trás do excelente desempenho da empresa é o CEO discreto Jeffery Boyd que levou a empresa de uma perda de 19 milhões de dólares em 2002 para um lucro de 1,1 bilhão de dólares em 2011.

A reviravolta da Priceline de Boyd envolveu uma série de decisões não programadas. A decisão inicial era encerrar todos os negócios não relacionados a viagens que o fundador da Priceline havia expandido ("Dê o seu preço" abastecimento de combustível, seguros, hipotecas e assim por diante). Boyd decidiu transferir os recursos de tarifas para concentrar-se principalmente em reservas de hotéis. A decisão estratégica de adquirir dois *sites* europeus de reserva de hotéis, o Active Hotels do Reino Unido e o Booking.com com sede em Amsterdã, elevou o crescimento da Priceline. De acordo com Thomas White, analista da Macquarie Securities, sobre aquisição da Booking.com, "Seria difícil argumentar que houve uma melhor aquisição na história da internet". Hoje, 60% das receitas da Priceline vêm do exterior, onde os europeus geralmente têm o dobro de dias de férias e também tiram inúmeras "folgas" mais curtas.

Os gestores estão se concentrando agora em oportunidades de crescimento na Ásia e na América do Sul, de modo que mais aquisições podem estar no futuro da empresa. O "Negociador da Priceline" caiu da ponte em um ônibus de viagem condenado no comercial de televisão, mas foi encontrado vivo e bem, dando às pessoas novas maneiras de economizar dinheiro nos negócios e nas viagens de férias.[8]

COMO ENFRENTAR A INCERTEZA E AMBIGUIDADE

Uma grande diferença entre as decisões programadas e as não programadas relaciona-se ao grau de incerteza, risco ou ambiguidade enfrentado pelos gestores na tomada de decisão. Em um mundo perfeito, os gestores teriam todas as informações necessárias para as tomadas de decisões. Na realidade, porém, algumas coisas não são conhecidas; desse modo, algumas decisões não solucionarão o problema nem atingirão o resultado desejado. Os gestores tentam obter informações sobre alternativas de decisão que reduzirão a incerteza da decisão. Cada situação de decisão pode ser organizada em uma escala de acordo com a disponibilidade de informações e a possibilidade de fracasso. As quatro posições na escala são certeza, risco, incerteza e ambiguidade, como mostra a Figura 9.1. Considerando que as decisões programadas podem ser feitas em casos que envolvem segurança, muitas situações enfrentadas diariamente pelos gestores estão relacionadas a pelo menos algum grau de incerteza e exigem a tomada de decisão não programada.

Certeza
Certeza significa que todas as informações do tomador de decisão precisam estar completamente disponíveis.[9] Os gestores têm informações sobre as condições de funcionamento, os custos de recursos ou restrições e cada curso de ação e resultado possível. Por exemplo, se uma empresa considera o investimento de dez mil dólares em novos equipamentos que, segundo ela, renderá quatro mil dólares em economias de custo ao ano, durante os próximos cinco anos, os gestores poderão calcular a taxa de retorno antes dos impostos de cerca de 40%. Se os gestores compararem esse investimento a um que produzirá apenas três mil dólares ao ano em economia de custos, eles poderão selecionar com confiança o retorno de 40%. No entanto, poucas decisões são exatas no mundo real. A maioria contém risco ou incerteza.

Risco
Risco significa que uma decisão tem metas claras e que há boas informações, mas os resultados futuros associados a cada alternativa estão sujeitos a alguma chance de perda ou fracasso. Entretanto, há informações suficientes para estimar a probabilidade de bom resultado contra a falha.[10] Alguns gerentes de serviços financeiros tornaram-se altamente avessos ao risco em função das perdas que as carteiras de clientes sofreram durante a recessão. O CEO de uma empresa de serviços financeiros começou a chamar os gestores de suas carteiras de clientes de "feridos ambulantes", porque eles tinham muito medo de assumir até mesmo riscos comuns nos investimentos. Os altos executivos contrataram consultores da Decision Strategies International, uma empresa que ajuda os gestores e funcionários a se sentir mais à vontade assumindo riscos equilibrados.

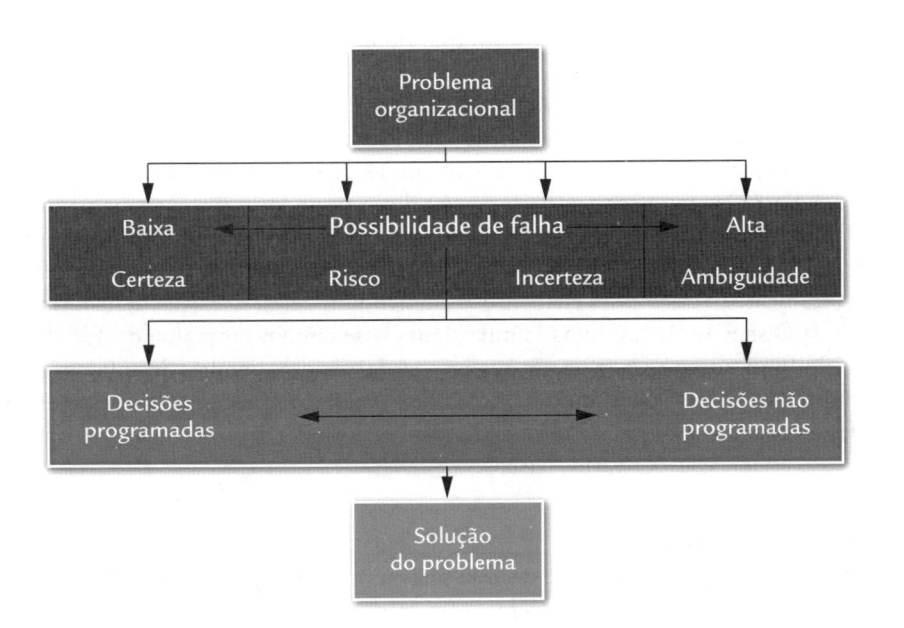

FIGURA 9.1
Condições que podem comprometer a decisão

Conexão de conceito

Incerteza é um recurso padrão na vida de qualquer agricultor. A mudança nos padrões climáticos e eventos inesperados, como secas ou tempestades fora de época, podem ter efeitos devastadores nas culturas que nenhuma quantidade de planejamento pode evitar. No entanto, apesar dessas situações imprevisíveis, os agricultores devem tomar decisões e continuar a operar com base em hipóteses e expectativas.

Segundo Steve Krupp, CEO da Decision Strategies, "Você não pode simplesmente evitar qualquer risco, porque ele vai levar à entropia".[11] Para decisões específicas, os gestores às vezes usam a análise estatística informatizada para calcular as probabilidades de sucesso ou fracasso para cada alternativa. Por exemplo, os executivos de cadeias de *fast-food*, como Subway, Wendy's ou McDonald's, podem analisar os dados demográficos dos possíveis clientes, os padrões de tráfego, a logística de suprimentos e a concorrência, e ter a uma boa ideia de quão bem-sucedido um restaurante seria em cada local considerado.[12]

Incerteza

Incerteza significa que os gestores sabem quais metas desejam alcançar, mas as informações sobre alternativas e eventos futuros são incompletas. Os fatores que podem afetar uma decisão, como preço, custos de produção, volume ou taxas de juros futuros, são difíceis de analisar e prever. Independentemente desses fatores, os gestores têm que fazer suposições para que possam chegar a uma decisão, mesmo que depois constatem que elas foram equivocadas. Robert Rubin, ex-secretário do Tesouro dos Estados Unidos, definiu *incerteza* como uma situação em que mesmo uma boa decisão pode produzir resultado ruim.[13] Os gestores enfrentam incertezas todos os dias. Muitos problemas não têm solução clara, mas os gestores dependem da criatividade, do julgamento, da intuição e experiência para elaborar uma resposta.

Considere a incerteza enfrentada pelos gestores na indústria do cinema. O filme *Oz: mágico e poderoso* da Disney custou quase 325 milhões de dólares para ser produzido e comercializado, mas a aposta em lançar uma versão prévia para o amado musical de 1939, *O mágico de Oz*, valeu a pena: 150 milhões de dólares em receitas na semana de estreia e bilheteria de 495 milhões de dólares. Mesmo que os gestores da Disney tenham feito a análise de custo-benefício, houve enorme incerteza sobre como os espectadores se sentiriam sobre a nova abordagem de um material tão conhecido.[14] Muitos filmes produzidos hoje nem sequer alcançam o equilíbrio, o que reflete a tremenda incerteza da indústria. O que as pessoas querem assistir neste verão? Será que os heróis dos quadrinhos, vampiros ou alienígenas são populares? Será que os filmes de animação, os épicos de desastres, os clássicos ou as comédias românticas atrairão um público maior? Os interesses e as preferências dos espectadores são extremamente difíceis de prever. Além disso, os gestores nem sempre conseguem entender o que pode transformar determinado filme em sucesso. O enredo, os atores principais, o diretor, a época de lançamento? Todos esses elementos? Ou nenhum deles? *O cavaleiro solitário*, outro filme da Disney sobre um tema familiar (com base em um programa de TV da década de 1950), encabeçou a lista de um analista das 50 maiores bombas de bilheteria, mesmo com Johnny Depp estrelando como Tonto. Apesar da incerteza, os gestores dos grandes estúdios de Hollywood tomam decisões relativamente boas em geral, e um grande sucesso pode pagar por vários fiascos.[15]

Ambiguidade e conflito

Ambiguidade é de longe a situação de decisão mais difícil. Ambiguidade significa que as metas a serem alcançadas ou o problema a ser resolvido são incertos, as alternativas são difíceis de definir, e as informações sobre os resultados estão indisponíveis.[16] Eis um exemplo de ambiguidade: um instrutor forma grupos de alunos e solicita que cada um elabore um projeto, entretanto não menciona o assunto nem fornece direção ou orientações. Em algumas situações, os gestores envolvidos em uma decisão criam ambiguidade porque eles veem as coisas de forma diferente e discordam sobre o que querem. Os gestores de departamentos distintos muitas vezes têm diferentes prioridades e metas para a decisão, o que pode levar a conflitos sobre as alternativas de decisão.

Uma situação altamente ambígua pode criar o que às vezes é chamado de *problema de decisão contraditória*. As decisões contraditórias estão associadas a conflitos sobre as metas e as alternativas de decisão, circunstâncias que mudam rapidamente, informações distorcidas, ligações pouco claras entre os elementos de decisão e incapacidade de avaliar se a solução proposta funcionará. Para os problemas contraditórios, muitas vezes não há uma resposta "certa".[17] Os gestores têm dificuldade em se confrontar com as questões e devem evocar cenários razoáveis na ausência de informações claras. Varejistas como a H&M e o Walmart enfrentaram um problema de decisão após uma série de incêndios mortais e um colapso na fábrica em Bangladesh que matou mais de 1.100 trabalhadores que produziam roupas para as suas lojas. Os incidentes incitaram a indignação pública, exigindo a resposta dos varejistas. Os gestores do Walmart finalmente decidiram barrar publicamente cerca de 250 fornecedores de Bangladesh que tinham problemas de segurança, enquanto os gestores da H&M decidiram que iriam ficar com os fornecedores e ajudá-los a melhorar as condições. Nenhuma das decisões resolveria o problema contraditório mais profundo. Quase todas as roupas e muitos outros bens de consumo são fabricados em fábricas no exterior, em lugares como Bangladesh, Camboja e Tailândia, e as preocupações de segurança e más condições de trabalho existem em muitas delas. Além do mais, a cadeia de suprimentos global é tão ampla e difusa que um único produto pode envolver suprimentos e mão de obra de vários países. Os gestores têm dificuldade até mesmo para determinar quais fábricas e fornecedores eles realmente estão usando, e mesmo quando sabem, é difícil policiar todos os aspectos das operações dos fornecedores.[18]

TEMA RECENTE

Lembre-se disto

- A tomada de decisão é uma parte vital da boa gestão, mas não se trata de uma tarefa fácil.
- **Tomada de decisão** refere-se ao processo de identificação de problemas e oportunidades e e sua resolução.
- **Decisão** é uma escolha feita a partir de alternativas disponíveis.
- Uma **decisão programada** é a feita em resposta a uma situação que ocorre com frequência suficiente para permitir que os gestores desenvolvam regras de decisão que possam ser aplicadas no futuro.
- Uma **decisão não programada** é adotada em resposta a uma situação única, não é bem definida e, em grande parte, não estruturada, e tem consequências importantes para a organização.
- As decisões diferem de acordo com a quantidade de segurança, risco, incerteza ou ambiguidade da situação.
- **Certeza** é uma situação em que todas as informações do tomador de decisão precisam estar completamente disponíveis.
- **Risco** significa que uma decisão tem metas claras e que há boas informações, mas os resultados futuros associados a cada alternativa estão sujeitos a alguma chance de perda ou fracasso.
- **Incerteza** ocorre quando os gestores têm total clareza dos objetivos que querem alcançar, mas as informações sobre alternativas e eventos futuros são incompletas.
- **Ambiguidade** é uma condição na qual as metas a serem alcançadas ou o problema a ser resolvido são incertos, as alternativas são difíceis de definir e as informações sobre os resultados não estão disponíveis.
- Circunstâncias altamente ambíguas podem criar um problema de decisão contraditória, a situação de decisão mais difícil que os gestores enfrentam.

Modelos de tomada de decisão

A abordagem que os gestores adotam para tomar decisões está relacionada geralmente a um destes modelos: clássico, administrativo ou político. A escolha do modelo depende da preferência pessoal do gestor, do tipo de decisão – programada ou não programada – e do grau de incerteza associado à decisão.

MODELO IDEAL E RACIONAL

O **modelo clássico** de tomada de decisão baseia-se em pressupostos econômicos racionais e nas crenças do gestor sobre como a tomada de decisão ideal deve ser. Esse modelo surgiu na literatura de gestão porque havia a expectativa de que os gestores tomassem decisões economicamente sensatas e de acordo com os interesses econômicos da organização. Os quatro pressupostos subjacentes a esse modelo são os seguintes:

- O tomador de decisão opera para alcançar as metas conhecidas e acordadas. Os problemas são precisamente formulados e definidos.
- O tomador de decisão esforça-se para obter condições de certeza, reunindo informações completas. Todas as alternativas e possíveis resultados de cada decisão são calculados.
- Os critérios para avaliar as alternativas são conhecidos. O tomador de decisão escolhe a alternativa que irá maximizar o retorno econômico para a organização.
- O tomador de decisão é racional e usa a lógica para atribuir valores, ordenar as preferências, avaliar as alternativas e tomar a decisão que maximizará o alcance dos objetivos organizacionais.

O modelo clássico de tomada de decisão é considerado **normativo**, o que significa que ele define como um tomador de decisão *deve* tomar as decisões. Esse modelo não descreve como os gestores realmente tomam as decisões nem fornece orientações sobre como chegar ao resultado ideal para a organização. A abordagem ideal e racional do modelo clássico muitas vezes é inatingível por pessoas reais em organizações reais, mas o modelo tem valor porque ajuda os tomadores de decisão a ser mais racionais e não confiar inteiramente nas preferências pessoais. Uma pesquisa global da McKinsey & Company descobriu que, quando os gestores incorporam a análise considerada na tomada de decisão, eles obtêm melhores resultados. Ao estudar as respostas de mais de dois mil executivos sobre como suas empresas tomaram uma decisão específica, a McKinsey concluiu que técnicas como análise detalhada, avaliação de riscos e modelos financeiros, além de situações normalmente comparáveis, contribuem para melhores resultados financeiros e operacionais.[19]

O modelo clássico é mais útil quando aplicado a decisões programadas e decisões caracterizadas por certeza ou risco, porque as informações relevantes estão disponíveis e as probabilidades podem ser calculadas. Por exemplo, novos programas de *software* de análise automatizam muitas decisões programadas, como o congelamento da conta de um cliente que não conseguiu efetuar pagamentos, a determinação do plano de serviço de telefone celular mais adequado para determinado cliente ou a classificação de créditos de seguros para que os casos sejam tratados de maneira mais eficiente.[20]

O crescimento das técnicas de megadados, como descrito no Capítulo 2, expandiu o uso da abordagem clássica. O Departamento de Polícia de Nova York usa o mapeamento computadorizado e a análise de padrões de prisão, datas de pagamento, eventos desportivos, concertos, chuvas, feriados e outras variáveis para prever prováveis "locais" de crime e decidir onde alocar seus oficiais. Varejistas como a Target e a Kohl's tomam decisões sobre o que estocar e como precificar com base na análise de vendas, dados econômicos e demográficos, e assim por diante.[21] As companhias aéreas utilizam sistemas automatizados para otimizar preços de assentos, programar voos e definir as atribuições da tripulação.

Como os gestores realmente tomam decisões

Outra abordagem para a tomada de decisões, o chamado **modelo administrativo**, é considerado **descritivo**, pois descreve como os gestores realmente tomam decisões em situações complexas, em vez de ditar como eles *devem* tomar as decisões de acordo com um ideal teórico. O modelo administrativo reconhece as limitações humanas e ambientais que afetam o grau em que os gestores podem buscar um processo de tomada de decisão racional. Em situações difíceis, como as caracterizadas por decisões não programadas, incerteza e ambiguidade, os gestores são, em geral, incapazes de tomar decisões economicamente racionais, mesmo que queiram.[22]

Racionalidade limitada e *satisficing*

Herbert A. Simon propôs dois conceitos que foram determinantes na definição do modelo administrativo: racionalidade limitada e *satisficing*. **Racionalidade limitada** significa que as pessoas têm limites ou fronteiras sobre quão racionais elas podem ser. As organizações são incrivelmente complexas, e os gestores têm tempo e capacidade para processar apenas uma quantidade limitada de informações com as quais tomam as decisões.[23] Como os gestores não têm tempo nem capacidade cognitiva de processar as informações completas sobre decisões complexas, eles devem estar satisfeitos com os dados disponíveis. **Satisficing** significa que os tomadores de decisão escolhem a primeira solução alternativa que satisfaça os critérios mínimos de decisão. Em vez de buscarem todas as alternativas para identificar a solução única que maximizará o retorno econômico, os gestores optam pela primeira solução que aparece para resolver o problema, mesmo que haja melhores soluções. O tomador de decisão não pode justificar o tempo e as despesas com obtenção de informações completas.[24]

Os gestores, por vezes, geram alternativas para problemas complexos até que possam encontrar uma que de fato funcionará. Por exemplo, os gestores da Liz Claiborne contrataram o estilista Isaac Mizrahi e miraram nos consumidores mais jovens no esforço para revitalizar a sinalização da marca, mas as vendas e os lucros continuaram a declinar. Confrontado com o fracasso da nova linha voltada para os jovens, uma redução de 90% nos pedidos da Macy's, a alta taxa de desemprego, a economia fraca e outros problemas complexos e multifacetados, os gestores não sabiam ao certo como deter a maré de muitos anos de perdas e colocar a empresa de volta nos trilhos. Eles ficaram "suficientemente satisfeitos" com a decisão rápida para firmar um acordo de licenciamento que terá as roupas da Liz Claiborne vendidas exclusivamente na JC Penney, que vai lidar com toda a fabricação e comercialização para a marca.[25]

O modelo administrativo depende de pressupostos que diferem do modelo clássico e se concentra em fatores organizacionais que influenciam as decisões individuais. De acordo com o modelo administrativo:

+ As metas de decisão muitas vezes são vagas e conflitantes, além de haver consenso entre os gestores, os quais, às vezes, não têm conhecimento dos problemas ou das oportunidades existentes na organização.

▶▶▶ Conexão de conceito

James Leynse/Corbis

Para Russel Simmons, "Muitas pessoas sabem o que estou fazendo e pensam: 'Essa ideia é maluca!'". O empreendedor bem-sucedido, que dirige a empresa de mídia Rush Communications sediada em Nova York, tem contado com a **intuição** para construir um império de meio bilhão de dólares com uma "ideia maluca" rentável após a outra. Tudo começou com a crença de que ele poderia ser *mainstream* com a música *rap* vibrante ouvida nos bairros afro-americanos. Em 1983, Simmons criou a gravadora pioneira em *hip-hop* Def Jam, lançando as carreiras de Beastie Boys, LL Cool J, Run-DMC, entre outros. Desde então, passou a trabalhar em empreendimentos de sucesso relacionados à moda, mídia, a produtos de consumo e finanças.

- Nem sempre se utilizam os procedimentos racionais. Entretanto, quando utilizados, são confinados à visão simplista do problema que não capta a complexidade de eventos organizacionais reais.
- As buscas dos gestores por alternativas são limitadas em decorrência das limitações de pessoal, informações e recursos.
- A maioria dos gestores se contenta com o *satisficing*, uma solução satisfatória, e não com a solução maximizadora. Isso ocorre porque eles têm informações limitadas e critérios vagos para formular uma solução maximizadora.

Intuição e racionalidade limitada

Outro aspecto da tomada de decisões administrativas é a **intuição**, que representa a apreensão rápida da situação de decisão com base na experiência do passado, mas sem o pensamento consciente.[26] A tomada de decisão intuitiva não é arbitrária nem irracional porque é fundamentada em anos de prática e experiência. Alguma vez você já se perguntou como o logotipo "Intel Inside" veio a ser estampado em praticamente todos os computadores pessoais? Os computadores são compostos por diversos componentes, mas, antes de 1991, os usuários não tinham ideia de quem fornecia o microprocessador o disco rígido ou outros componentes. Nessa época, fazia parte da equipe de Andy Grove, CEO da Intel, um jovem assistente técnico chamado Dennis Carter, que tinha dois bacharelados em Engenharia e um MBA. Carter acreditava que o anonimato da Intel poderia e deveria mudar. O CEO não estava certo se um microprocessador, apesar de ser o cérebro do computador, poderia ter um lançamento bem-sucedido como marca. Mas como Carter acreditava tanto nisso, Grove, por fim, concordou em fazer um teste e deu ao jovem assistente 500 mil dólares para comprar *outdoors*. Num deles, o Intel 286 (antigo *chip* da empresa) estava dentro de um círculo com um grande X pintado de vermelho. Uma semana mais tarde, outro *outdoor* foi exposto com um Intel 386 (o mais novo e poderoso *chip* da empresa que ninguém estava comprando) em negrito inserido em um círculo. Os anúncios funcionaram. Em pouco tempo, as vendas de PCs com o *chip* 386 dispararam. A intuição de Carter de que o *chip* da empresa – anteriormente um componente anônimo – poderia alcançar a própria identidade de marca levou, de forma vigorosa, a indústria dos fabricantes de PCs a obter componentes de um fornecedor principal, a Intel.[27]

Os psicólogos e neurocientistas estudaram como as pessoas tomam boas decisões usando a intuição sob extrema pressão de tempo e incerteza.[28] A boa tomada de decisão intuitiva é fundamentada na habilidade de reconhecer padrões na velocidade da luz. Quando as pessoas têm muita experiência e conhecimento em determinada área, a decisão certa muitas vezes vem rapidamente e sem esforço, como o reconhecimento da informação que foi em grande parte esquecida pela mente consciente. Essa habilidade também pode ser vista entre os soldados no Iraque, que interromperam muitos ataques de bomba com base na intuição. Equipamentos de alta tecnologia projetados para detectar dispositivos explosivos improvisados (*improvised explosive devices* – IEDs) foram um complemento e não um substituto para a capacidade do cérebro humano em sentir o perigo e agir sobre ele. No Iraque, os soldados com experiência inconscientemente reconheciam quando algo não parecia certo. Podia ser uma rocha que não estava lá ontem, um pedaço de concreto que parecia muito simétrico, padrões estranhos de comportamento ou apenas a sensação de tensão diferente no ar.[29] Da mesma forma, no mundo dos negócios, os gestores percebem e processam continuamente informações das quais eles podem não estar totalmente cientes, e a base de conhecimento e experiência os ajuda a tomar decisões que podem ser caracterizadas pela incerteza e ambiguidade.

No ambiente comercial atual em rápida mudança, a intuição desempenha um papel cada vez mais importante na tomada de decisão. Inúmeros estudos constataram que os gestores eficazes usam a combinação de análise racional e intuição na tomada de decisões complexas sob pressão de tempo.[30] Uma nova tendência na tomada de decisão é

Faça uma pausa

Você tende a analisar as coisas ou confiar na intuição quando se trata de tomar uma decisão importante? Faça o "Autoteste do novo gestor" para descobrir a sua abordagem predominante.

chamada de **quase racionalidade**, que basicamente significa combinar o pensamento intuitivo e o analítico.[31] Em muitas situações, nem a análise nem a intuição são suficientes para tomar uma boa decisão. No entanto, os gestores geralmente caminham por uma linha estreita entre dois extremos: por um lado, a tomada de decisões arbitrárias sem um estudo cuidadoso e, por outro, dependendo obsessivamente da análise racional. Uma não é melhor que a outra, e os gestores precisam adotar uma abordagem equilibrada, considerando tanto a racionalidade quanto a intuição como componentes importantes da tomada de decisão eficaz.[32]

MODELO POLÍTICO

O terceiro modelo de tomada de decisão é útil para a tomada de decisões não programadas quando as condições são incertas, as informações são limitadas e há conflitos do gestor sobre quais metas buscar ou qual curso de ação tomar. A maioria das decisões organizacionais envolve muitos gestores que estão buscando metas diferentes, e eles têm de falar uns com os outros para compartilhar informações e chegar a um acordo. Os gestores muitas vezes se envolvem na formação de coalizões para a tomada de decisões organizacionais complexas.[33] A **coalizão** é uma aliança informal entre os gestores que apoiam uma meta específica. A *formação de coalizões* é o processo de formação de alianças entre os gestores. Em outras palavras, o gestor que apoia uma alternativa específica, como o aumento do crescimento da corporação por meio da aquisição de outra empresa, fala informalmente para outros executivos e tenta convencê-los a apoiar a decisão. Sem uma coalizão, um indivíduo ou grupo poderoso pode comprometer o processo de tomada de decisão. A formação de coalizões dá a diversos gestores a oportunidade de contribuir para a tomada de decisão, aumentando o compromisso com a alternativa finalmente aprovada. Os resultados da pesquisa global da McKinsey & Company mencionada anteriormente sugerem que a formação de coalizões é associada à implantação mais rápida de decisões porque os gestores desenvolveram um consenso sobre qual ação buscar.[34] Por exemplo, uma empresa aeroespacial que perdeu o fornecimento de peças cruciais por causa do fechamento inesperado de um fornecedor importante precisava de uma ação rápida para evitar a paralisação completa. Para garantir que todos apoiariam quaisquer decisões feitas e implantá-las de forma rápida, os altos gestores montaram uma equipe multifuncional para que os membros de várias partes da organização pudessem identificar, avaliar e debater várias opções para garantir que a produção pudesse continuar. A equipe finalmente recebeu o prêmio de Excelência em Equipe Internacional nível prata da American Society for Quality.[35]

Deixar de formar uma coalizão pode permitir que conflitos e divergências inviabilizem uma decisão, sobretudo se a oposição gerar uma poderosa coalizão para si própria. Considere a incapacidade dos gestores do Serviço Postal norte-americano de formar uma coalizão efetiva entre os legisladores dos Estados Unidos para permitir que a organização se mude para novas linhas de negócios.

Como agência governamental, o Serviço Postal dos Estados Unidos está em um beco sem saída. As empresas privadas estão sempre pressionando o Congresso para adotar uma legislação que seja favorável aos seus interesses. Por exemplo, os gestores da BAE Systems e dezenas de seus fornecedores lançaram uma campanha de *lobby* para tentar formar uma coalizão entre os legisladores norte-americanos para desfazer os cortes de gastos militares que reduzem a produção da linha de veículos de combate Bradley da BAE. Defensores no Congresso, como o senador Bob Corker, do Tennessee, estão ajudando a BAE a formar uma coalizão com base na ideia de salvar os empregos locais da indústria da defesa, embora o Pentágono tenha sugerido suspender a frota de Bradley como um dos melhores lugares para cortar gastos.[36]

O modelo político se assemelha ao ambiente real em que a maioria dos gestores e tomadores de decisão opera. Entrevistas com CEOs em indústrias de alta tecnologia revelaram o esforço deles para usar algum tipo de processo de tomada de decisão

NOVO GESTOR — Autoteste

Como tomar decisões importantes

Instruções: Como você toma decisões pessoais importantes? Para descobrir, pense em um momento em que você tomou uma importante decisão para a carreira ou fez uma grande compra ou investimento. Até que ponto cada um dos termos apresentados a seguir descreve como você chegou à decisão final? Assinale os cinco termos que melhor descrevem como você fez sua escolha final.

1. Lógica _____
2. Conhecimento interior _____
3. Informações _____
4. Sensopercepção _____
5. Fatos _____
6. Instintos _____
7. Conceitos _____
8. Palpite _____
9. Motivo _____
10. Sentimentos _____

Pontuação e interpretação: Os itens de número ímpar referem-se ao estilo de decisão linear, e os itens de número par, à abordagem de decisão não linear. Linear significa usar a racionalidade lógica para tomar decisões; não linear, usar principalmente a intuição para tomar decisões. Dos cinco termos que você escolheu, quantos representam racionalidade *versus* intuição? Se todos os cinco forem lineares ou não lineares, então essa é claramente a sua abordagem de decisão dominante. Se quatro termos forem lineares ou não lineares, então essa abordagem seria considerada sua preferência. Se os termos que você escolheu forem mistos (isto é, três de uma abordagem e dois de outra), você pode usar uma abordagem quase racional para a tomada de decisão. As abordagens racional, intuitiva e de quase racionalidade para a tomada de decisões são descritas no capítulo.

Fontes: Com base em Charles M. Vance; Kevin S. Groves; Yongsun Paik; Herb Kindler, "Understanding and measuring linear-nonlinear thinking style for enhanced management education and professional practice", *Academy of Management Learning & Education* 6, n. 2 (2007): 167-185; Mandeep K. Dhami; Mary E. Thomson, "On the relevance of cognitive continuum theory and quasirationality for understanding management judgment and decision making", *European Management Journal* 30 (2012): 316-326.

Forma inovadora

Serviço Postal dos Estados Unidos

Pobre Serviço Postal. Com o volume do correio tradicional em queda, a agência está ficando sem dinheiro e lutando para permanecer no negócio. Há muitas razões para os problemas no Serviço Postal norte-americano, mas os gestores certamente tentaram, ao longo da última década ou mais, encontrar novas maneiras de manter a agência de 239 anos relevante para a nova era.

Por exemplo, em 2000 (muito antes do pagamento de contas on-line se tornar popular), o Serviço Postal começou a operar um sistema seguro que se tornou o principal modo de a maioria dos norte-americanos pagar as contas mensais. A indústria da internet, no entanto, formou uma coalizão para se opor ao serviço, e o Congresso dos Estados Unidos decidiu encerrá-lo. É um padrão que se repete cada vez mais com os gestores do Serviço Postal que idealizam um novo plano para lidar com o declínio no correio tradicional, somente para ter poderosas empresas privadas fazendo lobby contra ele. Em outros países, as agências de correios duplicaram como bancos, venda de seguros ou telefones celulares. De acordo com um relatório de 2010 do inspetor-geral do Serviço Postal, a introdução de novos produtos, como pagamento eletrônico seguro de faturas, poderia acrescentar 9,7 bilhões de dólares ao ano à receita da agência. Entretanto, as empresas de serviços financeiros, assim como a United Parcel Service (UPS) e FedEx, opuseram-se ao fato de a agência entrar em atividades não postais e convenceram o Congresso a concordar. Sem a formação de uma coalizão política no Congresso, o Serviço Postal vai continuar a lutar.[37]

racional, mas as coisas foram decididas por meio da complexa interação com outros gestores, subordinados, fatores ambientais e eventos organizacionais.[38] As decisões são complexas e envolvem muitas pessoas, a informação é frequentemente ambígua e a discordância e o conflito sobre problemas e soluções são normais. O modelo político começa com quatro pressupostos básicos:

- As organizações são compostas por grupos com interesses, metas e valores diversos. Os gestores discordam sobre as prioridades do problema e podem não compreender ou compartilhar as metas e os interesses de outros gestores.
- As informações são ambíguas e incompletas. A tentativa de ser racional é limitada pela complexidade dos muitos problemas, assim como pelas restrições pessoais e organizacionais.
- Os gestores não têm tempo, recursos ou capacidade mental para identificar todas as dimensões do problema e processar todas as informações relevantes. Eles conversam entre si, trocam pontos de vista, recolhem informações e reduzem a ambiguidade.
- Os gestores envolvem-se em debates para decidir metas e discutir alternativas. As decisões são o resultado de negociação e discussão entre os membros da coalizão.

As principais dimensões dos modelos clássico, administrativo e político estão listadas na Figura 9.2. Uma pesquisa sobre os processos decisórios constatou que os procedimentos racionais e clássicos estão associados ao alto desempenho para as organizações em ambientes estáveis. No entanto, os procedimentos de tomada de decisões administrativas e políticas e a intuição têm sido associados ao alto desempenho em ambientes instáveis, em que as decisões precisam ser tomadas rapidamente e em condições mais difíceis.[39]

FIGURA 9.2 Características dos modelos clássico, administrativo e político

Modelo clássico	Modelo administrativo	Modelo político
Problema e metas claros	Problema e metas vagos	Metas pluralistas e conflitantes
Condição de certeza	Condição de incerteza	Condição de incerteza ou ambiguidade
Informações completas sobre alternativas e resultados	Informações limitadas sobre alternativas e resultados	Pontos de vista inconsistentes e informações ambíguas
Escolha racional pelo indivíduo para maximizar os resultados	Escolha a solução satisfatória (*satisficing*) para resolver os problemas usando a intuição	Negociação e discussão entre os membros da coalizão

Lembre-se disto

- A abordagem ideal e racional para a tomada de decisões, chamada de **modelo clássico**, é fundamentada no pressuposto de que os gestores devem tomar decisões lógicas economicamente sensatas e voltadas ao melhor interesse econômico da organização.
- O modelo clássico é **normativo**, pois define como um gestor deve tomar decisões lógicas e fornecer orientações para chegar ao resultado ideal.
- Programas de *software* com base no modelo clássico estão sendo aplicados às decisões programadas, como programar as equipes da companhia aérea ou processar as reivindicações de seguros de maneira mais eficiente.

- O **modelo administrativo** inclui os conceitos de racionalidade limitada e *satisficing* e descreve como os gestores tomam decisões em situações caracterizadas pela incerteza e ambiguidade.
- O modelo administrativo é **descritivo**, pois descreve como os gestores realmente tomam decisões, e não como devem agir com base em um modelo teórico.
- **Racionalidade limitada** significa que as pessoas têm tempo e capacidade cognitiva para processar apenas uma quantidade limitada de informações em que podem fundamentar as decisões.
- *Satisficing* significa escolher a primeira alternativa que satisfaça os critérios mínimos de decisão, independentemente da existência de soluções melhores.
- **Intuição** é um aspecto da tomada de decisão administrativa que se refere à compreensão rápida da situação de decisão com base na experiência do passado, mas sem um pensamento consciente.
- No Iraque, os soldados frequentemente detectam bombas usando a intuição.
- A **quase racionalidade**, uma nova tendência na tomada de decisões, combina o pensamento intuitivo e o analítico.
- O modelo político considera que muitas decisões exigem debate, discussão e formação de coalizões.
- A **coalizão** é uma aliança informal entre os gestores que apoiam uma meta específica.

Etapas para a tomada de decisão

Independentemente de uma decisão ser programada ou não e da escolha dos gestores quanto ao modelo de tomada de decisões a ser utilizado (clássico, administrativo ou político), seis etapas estão, em geral, associadas aos processos de decisão eficazes. Essas etapas estão resumidas na Figura 9.3.

Reconhecimento da exigência de decisão

Os gestores enfrentam a exigência de decisão sob a forma de um problema ou oportunidade. Um **problema** ocorre quando a realização organizacional é menor que as metas estabelecidas. Alguns aspectos do desempenho não são satisfatórios. Uma **oportunidade** ocorre quando os gestores vislumbram uma realização que ultrapassa as metas atuais especificadas. Eles veem a possibilidade de melhorar o desempenho além dos níveis atuais.

A consciência de um problema ou oportunidade é a primeira etapa na sequência da tomada de decisão e exige vigilância dos ambientes interno e externo para as questões que merecem atenção executiva.[40] Algumas informações vêm de relatórios periódicos financeiros, relatórios de desempenho e outras fontes projetadas para descobrir problemas antes de eles se tornarem demasiado graves. Os gestores também tiram proveito de fontes informais. Eles conversam com outros gestores, recolhem opiniões sobre a forma como as coisas estão indo e obtêm orientação sobre quais problemas devem ser abordados ou quais oportunidades abraçar.[41] Por exemplo, no Google, alguns gestores perceberam que os funcionários exageravam ao consumirem os M&Ms gratuitos espalhados em caixas pela empresa. De acordo com o gestores, esse excesso poderia entrar em conflito com a meta da empresa de manter os funcionários não apenas felizes, mas também saudáveis.[42] Após analisar o problema, a empresa

> "A questão não está no fato de eles não conseguirem ver a solução, mas em não enxergarem o problema."
>
> – G. K. CHESTERTON, NOVELISTA INGLÊS

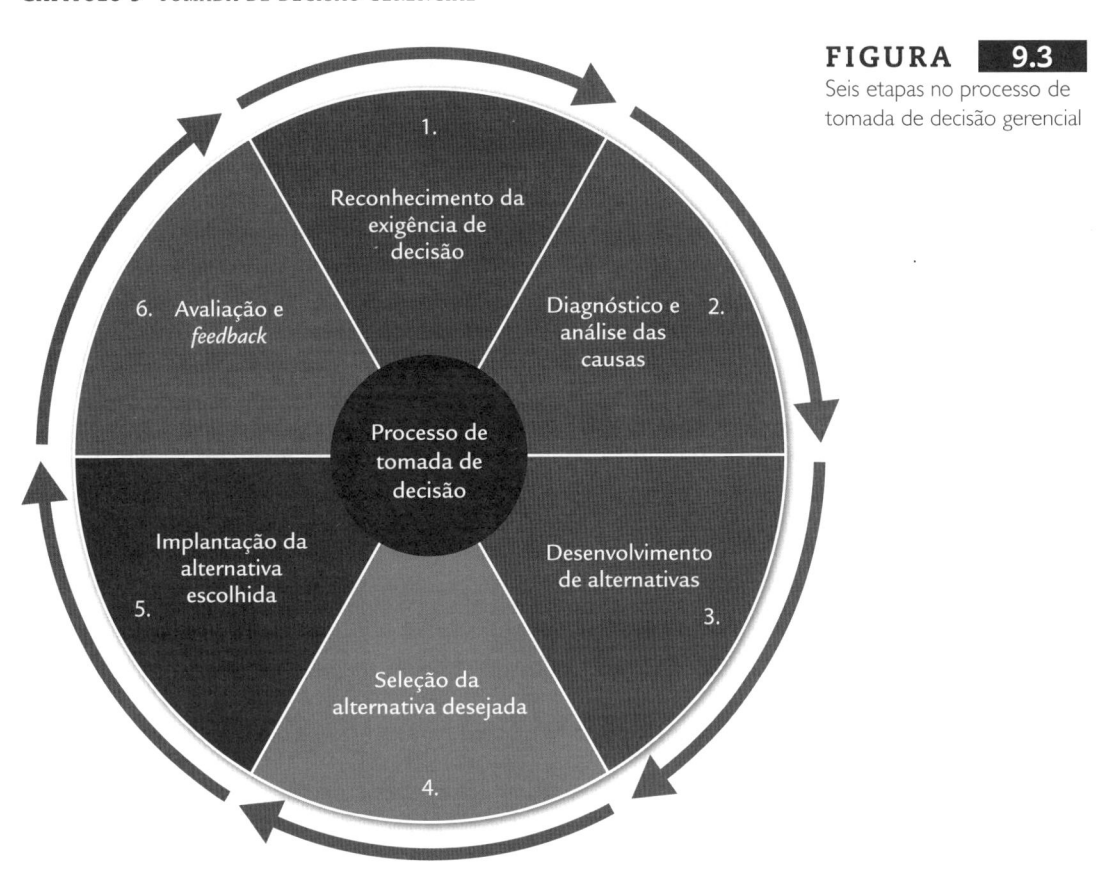

FIGURA 9.3
Seis etapas no processo de tomada de decisão gerencial

1. Reconhecimento da exigência de decisão
2. Diagnóstico e análise das causas
3. Desenvolvimento de alternativas
4. Seleção da alternativa desejada
5. Implantação da alternativa escolhida
6. Avaliação e *feedback*

Processo de tomada de decisão

decidiu realizar experiências que estimulassem os funcionários a comer lanches saudáveis, a beber mais água e a consumir adequadamente o doce grátis. Às vezes, reconhecer as exigências de decisão é difícil, pois isso significa novas formas de integrar as informações.

Diagnóstico e análise das causas

Uma vez que um problema ou uma oportunidade chama a atenção do gestor, a compreensão da situação deve ser refinada. No processo de tomada de decisões, **diagnóstico** é a etapa em que os gestores analisam os fatores causais subjacentes associados à situação de decisão.

Muitas vezes, o problema real está escondido atrás do problema que os gestores *pensam* que existe. Ao analisarem uma situação a partir de ângulos diferentes, os gestores podem identificar o verdadeiro problema. Além disso, eles muitas vezes descobrem oportunidades que não haviam percebido antes.[43] Charles Kepner e Benjamin Tregoe, que realizaram extensos estudos de tomada de decisão de gestores, recomendam que eles façam uma série de perguntas para especificar as causas subjacentes:

- Que estado de desequilíbrio nos afeta?
- Quando isso ocorre?
- Onde ocorre?
- Como isso ocorre?
- Com quem isso ocorre?
- Qual é a urgência do problema?
- Qual é a interconexão dos eventos?
- O resultado pode vir de qual atividade?[44]

Faça uma pausa

Na seção "Aplique suas habilidades: pequeno grupo em prática", no material complementar, você poderá praticar uma nova abordagem para a tomada de decisões que se concentra nos resultados desejados, e não na causa dos problemas.

Essas questões ajudam a especificar o que realmente aconteceu e por quê. Diagnosticar um problema pode ser pensado como descascar uma cebola camada por camada. Os gestores não poderão resolver os problemas se não tiverem informações precisas sobre eles ou se estiverem abordando as questões erradas. Alguns especialistas sempre recomendam perguntar "por quê?" para chegar à raiz de um problema, uma técnica às vezes chamada de "os cinco porquês". Os **cinco porquês** é um método de pergunta e resposta usado para explorar a causa subjacente de determinado problema. O primeiro *porquê* geralmente produz uma explicação superficial para o problema, e cada um dos *porquês* seguintes soam mais profundos sobre as causas do problema e possíveis soluções. Por exemplo, em uma reunião com o CEO de uma grande empresa de serviços profissionais de contabilidade, um consultor ouviu desse executivo que o maior problema da empresa era que ela não dispunha de pessoas qualificadas o suficiente para atender todos os clientes. O consultor perguntou *por quê*. O CEO disse que os membros da equipe levavam muito tempo passando as informações sobre clientes entre si. *Por quê?* Porque as pessoas devem trabalhar em conjunto para oferecer um portfólio completo de serviços, disse o CEO. *Por quê?* Após mais alguns *porquês*, os dois constataram que o problema real não era a falta de pessoal, mas a ineficiência na colaboração e comunicação internas. O CEO descobriu que ele realmente podia ser capaz de *reduzir* a equipe com sistemas mais eficazes e eficientes.[45]

DESENVOLVIMENTO DE ALTERNATIVAS

A próxima fase é gerar possíveis soluções alternativas que respondam às necessidades da situação e corrigir as causas subjacentes.

Para uma decisão programada, as alternativas viáveis são fáceis de identificar; na verdade, elas geralmente já estão disponíveis nas regras e nos procedimentos da organização. As decisões não programadas, no entanto, exigem o desenvolvimento de novos cursos de ação que atenderão às necessidades da empresa. Para as decisões tomadas sob condições de alta incerteza, os gestores podem desenvolver apenas uma ou duas soluções personalizadas que serão suficientemente satisfatórias para lidar com o problema. Entretanto, segundo alguns estudos, limitar a busca por alternativas é a principal causa do fracasso de decisão nas organizações.[46]

As alternativas de decisão podem ser pensadas como ferramentas para reduzir a diferença entre o desempenho atual e o desejado da organização. Gestores inteligentes aproveitam o conhecimento das pessoas de toda a organização e, às vezes, até mesmo fora dela para as alternativas de decisão. Rob McEwen, presidente e CEO da mineradora canadense Goldcorp, sabia que o *site* Red Lake da empresa poderia ser uma enorme máquina de fazer dinheiro. Uma mina próxima estava prosperando. O problema era que ninguém podia identificar onde encontrar o minério de alta qualidade em Red Lake. McEwen criou o Desafio Goldcorp que liberava dados topográficos bem guardados da Red Lake *on-line* e oferecia prêmios em dinheiro – a empresa havia disponibilizado 575 mil dólares – a quem conseguisse identificar os ricos locais de perfuração. Mais de 1.400 especialistas técnicos de 50 países ofereceram alternativas para o problema, e duas equipes que trabalhavam juntas na Austrália identificaram locais que fizeram da Red Lake uma das minas de ouro mais ricas do mundo.[47]

Conexão de conceito ◂◂◂

Reid Carr, fundador e CEO da Red Door Interactive, Inc., uma empresa com sede em San Diego que administra a presença *on-line* dos clientes, envolveu a equipe durante todo o processo de tomada de decisão. Carr acredita que, no processo de **desenvolvimento, seleção e implantação de alternativas**, os gestores devem "decidir de maneira lenta e colaborativa para que possam ter o melhor plano produzido por aqueles que irão executá-lo. Então, deixe-os trabalhar". O levantamento anual "Comece, pare e mantenha" da Red Door é uma maneira de Carr reunir o *feedback*. Ele pede que os funcionários sugiram quais processos e práticas internos devem ser introduzidos, continuados ou descontinuados.

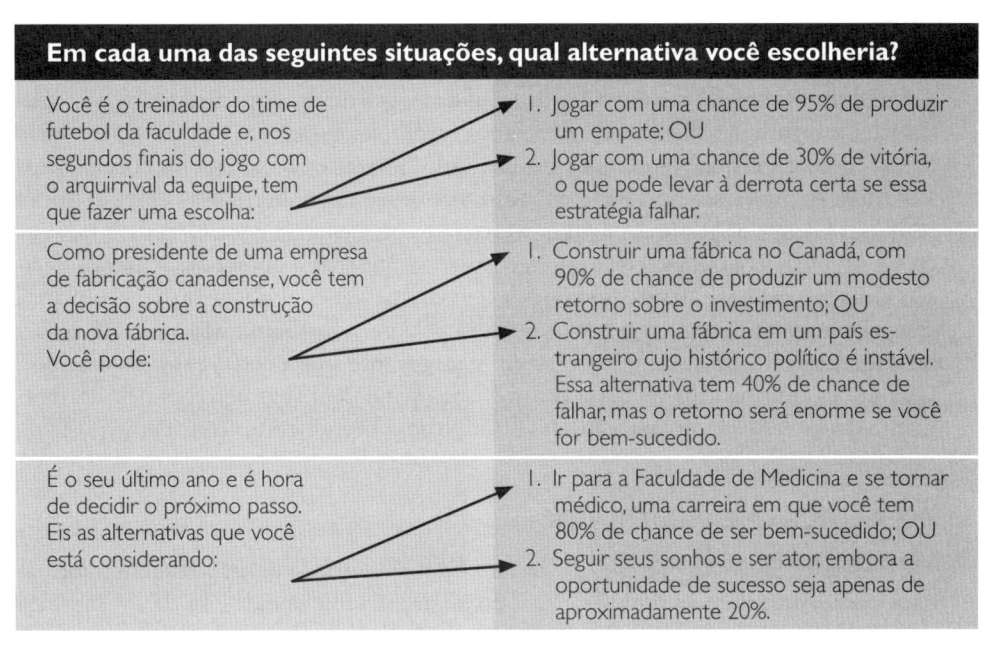

FIGURA 9.4
Decisões alternativas com diferentes níveis de risco

Em cada uma das seguintes situações, qual alternativa você escolheria?

Você é o treinador do time de futebol da faculdade e, nos segundos finais do jogo com o arquirrival da equipe, tem que fazer uma escolha:	1. Jogar com uma chance de 95% de produzir um empate; OU 2. Jogar com uma chance de 30% de vitória, o que pode levar à derrota certa se essa estratégia falhar.
Como presidente de uma empresa de fabricação canadense, você tem a decisão sobre a construção da nova fábrica. Você pode:	1. Construir uma fábrica no Canadá, com 90% de chance de produzir um modesto retorno sobre o investimento; OU 2. Construir uma fábrica em um país estrangeiro cujo histórico político é instável. Essa alternativa tem 40% de chance de falhar, mas o retorno será enorme se você for bem-sucedido.
É o seu último ano e é hora de decidir o próximo passo. Eis as alternativas que você está considerando:	1. Ir para a Faculdade de Medicina e se tornar médico, uma carreira em que você tem 80% de chance de ser bem-sucedido; OU 2. Seguir seus sonhos e ser ator, embora a oportunidade de sucesso seja apenas de aproximadamente 20%.

SELEÇÃO DA ALTERNATIVA DESEJADA

Depois de as alternativas viáveis serem desenvolvidas, deve-se selecionar uma delas. Nessa fase, os gestores tentam selecionar os cursos de ação alternativos mais promissores. A melhor solução alternativa deve se ajustar às etapas e aos valores gerais da organização e atingir os resultados desejados utilizando menos recursos.[48] Os gestores querem selecionar a opção com a menor quantidade de risco e incerteza. Como algum risco é inerente para a maioria das decisões não programadas, alguns gestores avaliam as perspectivas de sucesso. Eles podem confiar na intuição e experiência para estimar se determinado curso de ação tem probabilidade de obter sucesso. Fundamentar as escolhas em metas e valores globais também pode orientar a seleção de alternativas.

A escolha entre as alternativas também depende de fatores de personalidade dos gestores e da disposição para aceitar o risco e a incerteza. **Propensão ao risco** é a disposição de correr riscos com a oportunidade de ganhar mais retorno. Por exemplo, o Facebook nunca teria alcançado mais de um bilhão de usuários sem a mentalidade de "mova-se rapidamente, quebre as coisas" de Mark Zuckerberg. Cartazes motivacionais com esse *slogan* estão espalhados por toda a empresa, para evitar o atraso da análise demasiada de alternativas. Em vez de executar versões beta controladas de novas tecnologias para identificar a melhor alternativa, o Facebook executa uma série interminável de experiências improvisadas com usuários reais. Mesmo os funcionários que não terminaram o programa de treinamento de seis semanas são incentivados a trabalhar no *site* ao vivo. Essa abordagem arriscada significa que todo o *site* trava ocasionalmente, mas, para Zuckerberg: "Quanto mais rápido aprendermos, mais aptos estaremos para chegar ao modelo em que deveríamos estar".[49] O nível de risco que um gestor está disposto a aceitar influenciará a análise dos custos e benefícios a serem obtidos a partir de qualquer decisão. Considere as situações apresentadas na Figura 9.4. Em cada situação, qual alternativa você escolheria? Uma pessoa com baixa propensão ao risco tenderia a assumir retornos moderados garantidos para chegar ao empate, construiria uma fábrica no próprio país ou seguiria a carreira de médico. Uma pessoa que corre riscos se encaminharia para a vitória, construiria uma fábrica em um país estrangeiro ou embarcaria na carreira de ator.

IMPLANTAÇÃO DA ALTERNATIVA ESCOLHIDA

A fase de **implantação** envolve o uso de habilidades gerenciais, administrativas e persuasivas para assegurar a realização da alternativa escolhida. Essa etapa é semelhante à ideia da execução da estratégia descrita no Capítulo 8. A alternativa escolhida será bem-sucedida se puder ser traduzida em ação. Às vezes, uma alternativa nunca se torna realidade porque os gestores não têm os recursos ou a energia necessária para fazer as coisas acontecerem ou não conseguem envolver as pessoas e obter adesão para a decisão. A implantação bem-sucedida pode exigir discussão, estabelecimento de confiança e engajamento ativo com as pessoas afetadas pela decisão. Comunicação, motivação e habilidades de liderança devem ser usadas para garantir que a decisão seja executada.[50] Quando os funcionários veem os gestores acompanharem suas decisões pelo rastreamento do sucesso da implantação, eles ficam mais comprometidos com a ação positiva.

AVALIAÇÃO E *FEEDBACK*

Na fase de avaliação do processo de decisão, os tomadores de decisão reúnem informações que lhes dizem qual o nível de sucesso da decisão implantada e se ela foi eficaz na realização das metas. A abordagem de "mover-se rapidamente, quebrar as coisas" prospera no Facebook por causa do *feedback* rápido. O *feedback* é importante porque a tomada de decisão é um processo contínuo. A tomada de decisão não é concluída quando um gestor ou o conselho administrativo vota sim ou não. O *feedback* fornece aos tomadores de decisão informações que podem precipitar um novo ciclo de decisão. A decisão pode

---

Forma inovadora
Maker's Mark

Não mexa com os amantes de uísque. Essa é uma lição que os gestores da Beam Inc., a produtora da Maker's Mark, e da destilaria em Loretto, Kentucky, aprenderam da maneira mais difícil. Como a Maker's é uma mistura que tem quase seis anos de idade, os gestores tinham que tomar decisões em 2007 sobre a excelência do uísque que eles disponibilizariam para venda em 2013.

Eles não previram o crescimento da demanda mundial pelo produto, que mais do que dobrou ao longo de sete anos. O crescimento da demanda pelo produto é um bom problema para se ter, mas os gestores da Maker's Mark tinham que decidir o que fazer. Alguns queriam simplesmente aumentar o preço até que o mercado se acalmasse. Outros sugeriram não fazer nada e deixar que a escassez surgisse. Havia outras alternativas: cortar o processo de envelhecimento para aumentar o abastecimento do mercado ou comprar o uísque excedente de outras destilarias para adicionar à mistura. Outros ainda propuseram outra opção: reduzir o teor alcoólico do histórico de 45% para 42%, de modo a estender cada gota do famoso bourbon Kentucky.

Os gestores avaliaram as alternativas e, após uma série de testes de sabor, decidiram seguir com a ligeira redução no álcool. Bill Samuels e Rob Samuels, filho e neto do fundador, estavam preocupados com o fato de que o aumento do preço ou a permissão da escassez do produto prejudicasse as relações com os distribuidores e tornasse mais difícil colocar a Beam's e outras marcas "em ascensão" nos bares e nas prateleiras das lojas. Para evitar a perda de clientes, os gestores decidiram "com muito cuidado [...] reduzir ligeiramente o volume de álcool". Eles sabiam que haveria uma reação inicial, mas acreditavam que as vendas não sofreriam porque os padrões de paladar permaneciam os mesmos.

No entanto, a implantação da decisão não foi muito longe porque, assim que a ideia do plano vazou, recebeu rapidamente *feedback* de uma enxurrada de tuítes, e-*mails* e postagens do Facebook irritados. Talvez o sabor fosse exatamente o mesmo, mas os gestores não previram a reação emocional de consumidores leais à decisão de mexer com receita histórica da empresa. Em um comunicado, os Samuels afirmaram "Vocês falaram. Nós ouvimos. E lamentamos sinceramente por termos desapontado vocês".[51]

falhar, gerando, assim, uma nova análise do problema, avaliação das alternativas e seleção de nova alternativa. Muitos grandes problemas são resolvidos quando se tentam diversas alternativas em sequência, cada uma provando uma modesta melhoria. O *feedback* é a parte do monitoramento que avalia se a nova decisão precisa ser tomada.

Para ilustrar o processo de tomada de decisão geral, incluindo avaliação e *feedback*, considere a decisão da Maker's Mark para reduzir o teor alcoólico do famoso uísque Kentucky.

A decisão de reduzir o teor alcoólico da Maker's Mark ilustra todas as etapas de decisão, e a avaliação e o *feedback* ainda estão em curso. Como o problema de não ter Maker's Mark suficiente para atender à demanda ainda persiste, os gestores estão atualmente avaliando se permitem a escassez temporária do produto, elevam o preço, desenvolvem uma maneira menos ostensiva para estender o produto ou saem em busca de outras alternativas. As decisões estratégicas sempre contêm algum risco, mas o *feedback* e acompanhamento podem ajudar a manter as empresas no caminho certo. Quando as decisões não funcionam tão bem, os gestores podem aprender com os erros – e, às vezes, transformar problemas em oportunidades.

Lembre-se disto

- Os gestores enfrentam a necessidade de tomar decisão quando confrontam um problema ou vislumbram uma oportunidade.
- **Problema** é uma situação em que as realizações da organização não conseguiram atingir as metas estabelecidas.
- **Oportunidade** é uma situação em que os gestores vislumbram possíveis realizações organizacionais que excedem as metas atuais.
- O processo de tomada de decisão geralmente envolve seis etapas: reconhecimento da necessidade da decisão, diagnóstico das causas, desenvolvimento de alternativas, seleção de uma alternativa, implantação da alternativa e avaliação da eficácia das decisões.
- **Diagnóstico** é a etapa em que os gestores analisam os fatores causais subjacentes associados à situação da decisão.
- A seleção de uma alternativa depende, em parte, da **propensão ao risco** dos gestores ou da vontade de correr riscos com a oportunidade de ganhar mais retorno.
- A etapa de **implantação** envolve o uso das habilidades gerenciais, administrativas e persuasivas para traduzir a alternativa escolhida em ação.

Estrutura de decisão pessoal

Suponha que você seja gestor do Google, do jornal norte-americano *The New York Times*, de um cinema da rede AMC ou da biblioteca pública local. O que faria sobre a tomada de decisões importantes que poderiam moldar o futuro de seu departamento ou empresa? Até agora, neste capítulo, abordamos uma série de fatores que afetam o modo como os gestores tomam decisões. Por exemplo, as decisões podem ser programadas ou não programadas, as situações são caracterizadas por diferentes níveis de incerteza, e os gestores podem utilizar os modelos clássico, administrativo ou político de tomada de decisão. Além disso, o processo de tomada de decisão segue seis etapas reconhecidas.

No entanto, nem todos os gestores tomam decisões da mesma forma. Na verdade, as diferenças significativas distinguem as formas utilizadas pelos gestores individuais para abordar problemas e tomar decisões que lhes dizem respeito. Essas diferenças podem ser explicadas pelo conceito de **estilos pessoais de decisão**. A Figura 9.5 ilustra o papel de estilos pessoais no processo da tomada de decisão. Os estilos pessoais de decisão referem-se a distinções entre as pessoas quanto à forma como avaliam os problemas, geram alternativas e fazem escolhas. Uma pesquisa identificou quatro estilos principais de decisão: diretivo, analítico, conceitual e comportamental.[52]

1. O *estilo diretivo* é usado por pessoas que preferem soluções simples e claras para os problemas. Os gestores que adotam esse estilo muitas vezes tomam decisões rapidamente, pois não gostam de lidar com grande quantidade de informações e podem considerar apenas uma ou duas alternativas. Pessoas que optam pelo estilo diretivo geralmente são eficientes e racionais, e preferem confiar em regras ou procedimentos existentes para a tomada de decisões.
2. Os gestores com *estilo analítico* gostam de considerar soluções complexas com base no máximo de dados que podem reunir. Esses indivíduos consideram cuidadosamente as alternativas e muitas vezes baseiam as decisões em critérios objetivos, dados racionais, sistemas de controle administrativo e outras fontes. Eles procuram a melhor decisão possível com base nas informações disponíveis.
3. As pessoas que tendem para o *estilo conceitual* também gostam de considerar uma ampla quantidade de informações. No entanto, são mais socialmente orientadas do que as com o estilo analítico e gostam de conversar com outras pessoas sobre o problema e as possíveis alternativas para resolvê-lo. Os gestores que adotam o estilo conceitual consideram muitas alternativas amplas, dependem de informação de pessoas e de sistemas, e gostam de resolver os problemas de forma criativa.
4. O *estilo comportamental* muitas vezes é o adotado pelos gestores que têm profunda preocupação com os outros como indivíduos. Os gestores que adotam esse estilo gostam de conversar com as pessoas individualmente, entender os sentimentos delas sobre o problema e considerar o efeito de determinada decisão sobre elas. As pessoas com estilo comportamental geralmente estão preocupadas com o desenvolvimento pessoal dos outros e podem tomar decisões que os ajudem a alcançar os objetivos deles.

FIGURA 9.5
Estrutura da decisão pessoal

Situação
- Decisão programada/não programada
- Modelos clássico, administrativo e político
- Etapas da decisão

+ →

Escolha da decisão
- Melhor solução para o problema

Estilo pessoal de decisão
- Diretivo
- Analítico
- Conceitual
- Comportamental

FONTES: Com base em A. J. Rowe; J. D. Boulgaides; M. R. McGrath, *Managerial decision making* (Chicago: Science Research Associates, 1984); Alan J. Rowe; Richard O. Mason, *Managing with style: a guide to understanding, assessing, and improving your decision making* (San Francisco: Jossey-Bass, 1987).

Muitos gestores têm o estilo de decisão dominante. Por exemplo, Reed Hastings, fundador e CEO da Netflix, parece preferir o estilo diretivo, que quase destruiu a empresa quando ele decidiu, de forma muita rápida, aumentar os preços e dividir os pedidos por *e-mail* e os negócios de *streaming* da empresa ao mesmo tempo, o que levou os usuários a administrar as contas em dois lugares. Hastings afirmou mais tarde que ele "escorregou na arrogância fundamentada no sucesso do passado". Embora ainda utilize o estilo diretivo, Hastings tem tentado desde então envolver mais pessoas e usar o estilo mais conceitual na tomada de decisões não programadas altamente importantes.[53]

Os gestores frequentemente adotam vários estilos diferentes ou a combinação de estilos na tomada de decisões variadas que eles enfrentam diariamente. Um gestor pode adotar o estilo diretivo para determinar que empresa fornecerá os materiais de escritório, mas mudar para o estilo mais conceitual ao lidar com um conflito entre departamentos ou considerar um novo produto ou serviço. Os gestores mais eficazes são capazes de alternar entre os estilos conforme necessário para atender à situação. Estar ciente do estilo de decisão dominante pode ajudar o gestor a não cometer erros críticos quando o estilo comum pode ser inapropriado para o problema em mãos.

> **Faça uma pausa**
>
> Para saber mais sobre como você toma decisões, faça o teste proposto na seção "Aplique suas habilidades: exercício vivencial", no material complementar, que avalia o seu estilo de decisão.

Lembre-se disto

- O estilo de decisão do gestor influencia a forma como ele toma decisões.
- **Estilos de decisão** são as diferenças do modo de perceber e resolver os problemas entre as pessoas.
- Os quatro estilos de decisão importantes são: diretivo, analítico, conceitual e comportamental.
- A maioria dos gestores experientes adota uma variedade de estilos, dependendo da situação de decisão.

Por que os gestores tomam decisões erradas?

Os gestores são confrontados com a demanda incessante de decisões, desde a resolução de problemas menores até a implementação de grandes mudanças estratégicas. Mesmo o melhor gestor cometerá erros, mas os gestores podem aumentar o percentual de boas decisões ao compreenderem alguns dos fatores que levam as pessoas a tomar más decisões. A maioria das decisões ruins refere-se a erros de julgamento que se originam na capacidade limitada da mente humana e nos vieses naturais que os gestores demonstram durante a tomada de decisão. Responda às questões propostas no boxe "Conversa com gestores" apresentado a seguir para saber como os preconceitos podem afetar as decisões e as escolhas. Você está ciente dos vieses que obscurecem seu julgamento quando toma decisões e resolve problemas? A consciência dos seis vieses apresentados a seguir pode ajudar os gestores a fazer escolhas mais sábias.[54]

1. ***Ser influenciado por impressões iniciais***. Ao levar em conta as decisões, a mente muitas vezes considera em demasia a primeira informação que recebe. Essas impressões, estatísticas e estimativas iniciais agem como uma âncora para nossos pensamentos e julgamentos posteriores. As âncoras podem ser tão simples quanto um comentário aleatório de um colega ou uma estatística lida no jornal. Eventos

Conexão de conceito ◀◀◀

Apesar do sucesso fenomenal, o Facebook foi muito criticado por uma série de erros cometidos pelos líderes da organização, incluindo o fundador Mark Zuckerberg. Muitos críticos atribuem os lapsos de Zuckerberg ao **excesso de confiança** e ao fato de ele estar cercado por um conselho que nem sempre questiona suas decisões como deveriam.

e tendências passados também atuam como âncoras. Por exemplo, nos negócios, os gestores frequentemente se baseiam nas vendas do ano anterior quando fazem a estimativa para o próximo ano. Considerar excessivamente o passado pode levar a previsões ruins e decisões equivocadas.

2. *Justificar as decisões do passado*. Muitos gestores caem na armadilha de fazer escolhas que justificam as decisões passadas, mesmo que elas não pareçam mais válidas. Um exemplo comum é quando o gestor continua a despejar dinheiro em um projeto falho, na esperança de mudar as coisas. Isso, às vezes, é chamado de *efeito do custo irrecuperável*. Os gestores muitas vezes persistem em uma decisão porque investiram grande quantidade de recursos nela, ainda que o melhor seja cortar as perdas e seguir em frente.[55] Um estudo sobre desenvolvimento de produto constatou que os gestores que desenvolvem um novo produto são muito mais propensos a continuar a financiá-lo, apesar das evidências de que ele vai falhar.[56] A pesquisa de ciência comportamental de Daniel Kahneman e outros mostra que as pessoas respondem, em geral, mais intensamente à possível perda, conhecida como *aversão à perda*, do que ao ganho esperado. Como as pessoas odeiam perder, continuam apoiando a decisão falha no esforço para justificar ou corrigir o passado.

3. *Ver o que você quer ver*. As pessoas frequentemente procuram informações que apoiem o instinto ou ponto de vista existente e evitam aquelas que contradizem esses aspectos. Esse viés afeta onde os gestores procuram informações, assim como a forma como interpretam as informações que encontram. As pessoas tendem a considerar muito as informações de apoio e considerar pouco as informações conflitantes com os pontos de vista estabelecidos. Por exemplo, os gestores da Tokyo Electric Power Company (Tepco) foram acusados de atrasar por muito tempo a decisão de usar a água do mar para resfriar os reatores nucleares em Fukushima Daiichi, após o terremoto e *tsunami* do Japão em 2011. Como os gestores da Tepco sabiam que a água do mar destruiria os reatores, apoiaram a decisão de adiar sua utilização, pois, segundo eles, estavam "considerando a segurança da instalação". Infelizmente, foi necessária uma explosão na fábrica para convencer os gestores de que o uso de água do mar era essencial para controlar o superaquecimento dos reatores.[57]

TEMA RECENTE

4. *Perpetuar o "status quo"*. Os gestores podem fundamentar as decisões naquilo que funcionou no passado e deixar de explorar novas opções, cavar informações adicionais ou investigar novas tecnologias. Por exemplo, a GM ficou presa na decisão estratégica de oferecer uma infinidade de marcas muito tempo depois de haver a clara evidência de que tentar cobrir toda a gama do mercado de automóveis era abrir caminho para o desastre. Na década de 1970, a estratégia começou a desgastar-se com o aumento da concorrência das montadoras japonesas e os picos dos preços do petróleo. No entanto, posteriormente, em fevereiro de 2008, os gestores já mencionavam que eliminar marcas "não era uma discussão considerável". Apenas a falência e a reestruturação forçada levaram os gestores a reduzir as marcas da GM de oito para quatro.[58]

5. *Ser influenciado por emoções*. Se você já tomou uma decisão quando estava irritado, chateado ou mesmo em êxtase, então deve saber o perigo de ser influenciado

pelas emoções. Um estudo recente realizado em bancos de investimento de Londres descobriu que o controle eficaz das emoções era uma característica dos operadores com maior desempenho. Os operadores com menor desempenho foram menos eficazes na gestão e modulação das respostas emocionais.[59] Outra constatação é que os médicos tomam decisões menos eficazes quando sentem emoções de agrado ou desagrado em relação ao paciente. Se gostam de um paciente, são menos propensos a prescrever um procedimento doloroso. Se sentem aversão, podem culpar o paciente pela condição e fornecer menos tratamento.[60] Infelizmente, alguns gestores deixam as emoções influenciar as decisões com regularidade. Há evidências de que, quando as pessoas tomam decisões ruins sob a influência de emoções fortes (como enviar um *e-mail* furioso), elas tendem a manter esse comportamento porque isso se torna parte do padrão mental de comportamento.[61] Os gestores tomam decisões melhores quando – na medida do possível – eliminam as emoções.

6. *Ter excesso de confiança*. A maioria das pessoas superestima a própria capacidade de prever resultados incertos. Os gestores de uma cadeia de *fast-food* tinham certeza de que a baixa rotatividade de funcionários foi um dos principais impulsionadores da satisfação do cliente e rentabilidade da loja, e, por isso, decidiram investir em programas para manter os funcionários felizes. No entanto, quando analisaram os dados da loja, descobriram que alguns locais com alta rotatividade foram altamente rentáveis, enquanto outros com baixo volume de negócios estavam com dificuldades.[62] O excesso de confiança pode ser particularmente perigoso quando se tomam decisões arriscadas. Considere como o excesso de confiança contribuiu para as decisões do principal escritório de investimento do JPMorgan Chase, feitas pela chamada Baleia de Londres* que levaram a uma perda de bilhões de dólares. Todos os bancos assumem riscos, mas o JPMorgan foi elogiado por não tomar para si os tipos mais exagerados que muitos bancos assumiram durante o *boom* das hipotecas – que contribuiu para o colapso da economia dos Estados Unidos. Após a crise de Wall Street, Jamie Dimon, CEO do JPMorgan, foi chamado de o "banqueiro mais importante do mundo", e os principais executivos foram saudados como uma equipe administrativa que, aparentemente, não poderia fazer nada errado. O principal escritório de investimentos da empresa em Londres, criado para proteger o banco da volatilidade causada por operações financeiras globais complexas, ganhou reputação pelas proezas de negociação. A unidade era uma estrela e tornou-se centro de lucros para o JPMorgan no momento em que os lucros da indústria estavam sob pressão. Porém, os gestores, por conta do excesso de confiança, acreditavam que eram capazes de detectar e administrar todos os riscos. Começaram então a fazer apostas cada vez maiores, incluindo a participação na estratégia de negociação altamente complicada envolvendo derivados – semelhante, em alguns aspectos, aos riscos que provocaram a crise de Wall Street. A estratégia teve efeito negativo, pois causou a perda de quase seis bilhões de dólares, resultou na demissão de vários executivos importantes e prejudicou a reputação do banco e do CEO. Ademais, agentes federais passaram a investigar uma possível fraude, pois havia a suspeita de que alguns *traders* marcaram indevidamente seus negócios para obscurecer a grandeza das perdas.[63]

---

* Baleia de Londres: Bruno Iksil, um dos grandes *traders* da divisão Chief Investment Office na JPMorgan. O apelido foi devido ao grande volume de investimentos realizados. (N.R.T.)

Conversa com GESTORES

Os vieses influenciam sua tomada de decisão?

Todos nós temos decisões viesadas, mas a maioria tem dificuldade em ver a própria. Quais vieses influenciam suas decisões e soluções para os problemas? Responda às seguintes questões para ter uma ideia das dificuldades e dos erros que provavelmente esperam por você como novo gestor.

1. Um pedaço de papel é dobrado ao meio, mais uma vez ao meio etc. Após 100 dobras, qual será a espessura dele? Dê seu melhor palpite: _____. Tenho 90% de certeza de que a resposta correta está entre _____ e _____.

2. Qual figura abaixo é a mais diferente das outras?

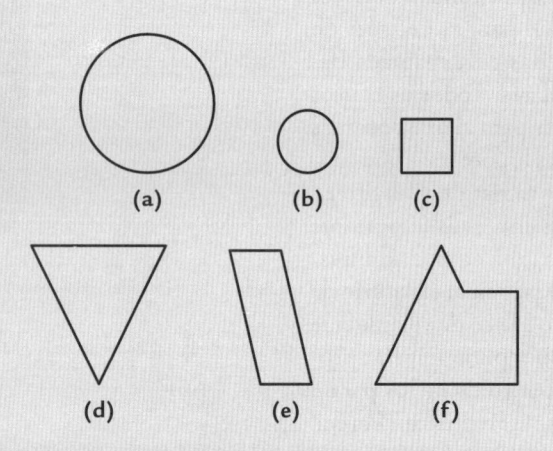

   (a) (b) (c) (d) (e) (f)

3. Como proprietário e CEO de sua empresa, você decidiu investir 100 milhões de dólares na construção de drones que não podem ser detectados pelo radar inimigo. Quando o seu projeto está quase concluído (90%), uma empresa concorrente passa a comercializar um drone que também não pode ser detectado pelo radar. Além disso, esse drone é muito mais rápido, menor, mais barato e mais sofisticado do que aquele que a sua empresa está desenvolvendo. A pergunta é: "Você deve investir os últimos 10% dos fundos de pesquisa para terminar o seu drone?". Assinale uma das seguintes respostas.

   _____ Não; não há nenhuma razão para continuar a gastar dinheiro no projeto.

   _____ Sim; depois de investir 90 milhões de dólares, bem que poderíamos terminar o projeto.

4. Dê uma estimativa rápida (cinco segundos) do seguinte produto sem calculá-lo realmente: $8 \times 7 \times 6 \times 5 \times 4 \times 3 \times 2 \times 1 =$ _____.

5. Robert é invejoso, teimoso, crítico, impulsivo, zeloso e inteligente. Em geral, quão emotivo você acha que Robert é? (Circule um número.)

   Nada emotivo   Extremamente emotivo
   1 2 3 4 5 6 7 8 9

6. Das alternativas indicadas a seguir, qual você escolheria?

   _____ Alternativa A: Uma chance de 50% de ganhar mil dólares.

   _____ Alternativa B: Um ganho certo de 500 dólares.

   Das alternativas indicadas a seguir, qual você escolheria?

   _____ Alternativa C: Uma chance de 50% de perder mil dólares.

   _____ Alternativa D: Uma perda certa de 500 dólares.

Depois de ter especificado uma resposta para cada problema, você encontrará as respostas e a descrição dos possíveis vieses de comportamento na seção "Respostas às questões do boxe 'Conversa com gestores'".

Fontes: As questões 1 e 3 a 6 são de estudos de pesquisa analisados por Scott Plous, *The psychology of judgment and decision making* (Philadelphia: Temple University Press, 1993); a questão 2 tem como base um item de *Creativity in action newsletter*, conforme reportado por Arthur B. Van Gundy, *Idea power: techniques & resources to unleash the creativity in your organization* (New York: Amacom, 1992).

> **Lembre-se disto**
>
> - Estar ciente de que os vieses obscurecem o julgamento ajuda os gestores a evitar armadilhas de decisão e tomar melhores decisões.
> - Os vieses que precisam ser observados são: ser influenciado por impressões pessoais, justificar as decisões do passado, ver o que você quer ver, perpetuar o *status quo*, ser influenciado por emoções e ter excesso de confiança.

Tomada de decisão inovadora

A capacidade de tomar decisões rápidas, amplamente apoiadas, de alta qualidade e em uma base frequente é uma habilidade fundamental nas organizações que hoje estão em acelarado movimento.[64] Considerando que os gestores estão sob pressão para decidir rapidamente e que as inclinações existem e obscurecem o julgamento, como eles sempre tomam boas decisões? Algumas técnicas inovadoras podem ajudar os gestores a prestar atenção aos erros causados por vieses cognitivos e evitá-los. É difícil para a maioria dos gestores ver os próprios vieses, mas eles podem construir mecanismos que neutralizam ou reduzem os erros de decisão relacionados à polarização no nível organizacional.[65]

COMECE COM O *BRAINSTORMING*

O **brainstorming** usa um grupo interativo presencial para sugerir espontaneamente o máximo de ideias para resolver um problema. Descobriu-se que o *brainstorming* é altamente eficaz para gerar rapidamente ampla variedade de alternativas, porém apresenta alguns inconvenientes.[66] As pessoas em um grupo muitas vezes querem estar em conformidade com o que os outros estão dizendo. Outras podem estar preocupadas em agradar ao chefe ou impressionar os colegas. Além disso, muitas pessoas criativas simplesmente têm inibições sociais que limitam a participação ou dificultam a manifestação de ideias no ambiente de grupo. Um estudo constatou que, quando quatro pessoas são convidadas a fazer um *brainstorming* individualmente, elas, em geral, têm o dobro de ideias que um grupo de quatro pessoas fazendo o *brainstorming* juntas.

Uma abordagem recente de *brainstorming* eletrônico aproveita a abordagem do grupo ao mesmo tempo que supera algumas desvantagens. O **brainstorming eletrônico** une as pessoas em um grupo interativo através de uma rede de computador.[67] Um membro escreve uma ideia, outro a lê e adiciona outras ideias, e assim por diante. Estudos mostram que o *brainstorming* eletrônico gera cerca de 40% mais ideias do que o *brainstorming* individual e de 25% a 200% mais ideias do que grupos de *brainstorming* regulares, dependendo do tamanho do grupo.[68] Como a abordagem é anônima, esse processo evita possíveis inibições sociais e também permite que as pessoas escrevam as ideias imediatamente, o que impede que uma boa ideia escape enquanto a pessoa espera pela chance de falar no grupo presencial. Outra vantagem é que o *brainstorming* eletrônico pode ser potencialmente feito com grupos constituídos por funcionários de todo o mundo, aumentando ainda mais a diversidade de alternativas.

UTILIZE PROVAS CONCRETAS

Utilizar provas concretas pode ajudar a tirar a emoção do processo de tomada de decisão, evitar que as pessoas confiem em hipóteses problemáticas e impedir que os gestores

Conexão de conceito ◀◀◀

O **brainstorming** tem recebido muitas críticas. Para alguns especialistas em gestão, ele impede que pessoas tranquilas participem. Esses críticos apontam ainda que um grupo pode ser muito facilmente influenciado pelas emoções de alguns dos participantes dominantes. Em resposta, inúmeras alternativas de *brainstorming* foram desenvolvidas. De fato, algumas empresas contratam treinadores certificados para ensinar os funcionários a usar os novos métodos, como os Seis Chapéus do Pensamento, Pensamento Lateral, Técnica do Grupo Nominal, Geração de Ideias e muito mais.

"vejam o que eles querem ver", como descrito anteriormente. Na **tomada de decisões com base em evidências**, há o compromisso de tomar decisões mais criteriosas e inteligentes sempre fundamentadas nos melhores fatos e evidências. Os gestores devem estar atentos a possíveis vieses e analisar as evidências rigorosamente. Para evitar que a emoção obscureça o julgamento com relação ao atendimento ao paciente, por exemplo, os médicos do Partners Health Care System incorporam o uso de sistemas de apoio à decisão clínica com base em grandes quantidades de dados sobre o que funciona e o que não funciona.[69] Os gestores praticam a tomada de decisão com base em evidência ao serem cuidadosos e atenciosos, em vez de negligentemente confiarem em suposições, experiências passadas, regras de ouro ou intuição.[70] Na indústria da aviação, após erros catastróficos cometidos por pilotos que se baseavam unicamente na experiência pessoal, muitas companhias aéreas passaram a adotar um processo chamado gestão dos recursos da tripulação (*crew resource management* – CRM) que revolucionou as práticas de segurança. A CRM ensina cada membro da tripulação a realizar breves sessões, em que eles trocam informações sobre o estado do voo, o ambiente atual, todos os desafios iminentes ou questões de segurança. Os pilotos são treinados para agir de forma adequada sobre as questões levantadas por qualquer membro da tripulação.[71]

Um estudo recente realizado por Erik Brynjolfsson, economista da Sloan School of Management do Massachusetts Institute of Technology (MIT), apoia a ideia de que as decisões organizacionais podem ser melhoradas com o uso de tomada de decisão com base em evidências. Brynjolfsson e seus colegas estudaram 179 grandes empresas e descobriram que as que adotaram a tomada de decisões orientada por dados alcançaram uma produtividade de 5% a 6% maior do que poderia ser explicado por quaisquer outros fatores.[72]

Envolva-se em um debate rigoroso

Bons gestores reconhecem que o conflito construtivo com base em pontos de vista divergentes pode trazer foco para um problema, esclarecer as ideias das pessoas, estimular o pensamento criativo, limitar o papel do viés comportamental, criar uma compreensão mais ampla dos problemas e das alternativas, e melhorar a qualidade da decisão.[73] Como descrito anteriormente, Reed Hastings, CEO da Netflix, está tentando criar um debate rigoroso no processo de tomada de decisões para evitar outra calamidade como a que a empresa experimentou após a decisão de aumentar o preço do serviço e dividir a Netflix em duas empresas separadas. Por meio do debate rigoroso sobre as principais decisões, Hastings colocou o Netflix de volta no caminho certo – ganhar em vez de perder clientes.[74]

Há várias formas de fomentar o debate rigoroso. Uma delas é garantir que o grupo seja diversificado em termos de idade e sexo, área funcional de especialização, nível hierárquico e experiência com o negócio. Alguns grupos designam um **advogado do diabo** para desafiar as suposições e afirmações feitas por eles.[75] O advogado do diabo pode forçar o grupo a repensar a abordagem para o problema e evitar chegar a conclusões prematuras. Jeffrey McKeever, CEO da MicroAge, muitas vezes é o advogado do diabo, mudando sua posição no meio de um debate para garantir que outros executivos não aceitem simplesmente as opiniões.[76] Outra forma de incentivar o conflito construtivo é usar a técnica chamada **ponto e contraponto**, que divide um grupo de tomada de decisão em dois subgrupos e atribui a eles responsabilidades diferentes, muitas vezes concorrentes.[77] Os grupos, em seguida, desenvolvem e trocam propostas e debatem as várias opções até que possam chegar a um conjunto comum de entendimentos e recomendações.

Evite o pensamento em grupo

É importante que os gestores se lembrem de que certa quantidade de desacordo e conflito é muito mais saudável do que o acordo cego. As pressões para a conformidade existem em quase todo o grupo e especialmente quando as pessoas, tanto em um grupo como no outro, tendem a evitar qualquer coisa que possa criar desarmonia. **Pensamento em grupo** refere-se à tendência das pessoas em grupos em suprimir opiniões contrárias. Quando as pessoas escorregam no pensamento em grupo, o desejo de harmonia supera as preocupações com a qualidade da decisão. Os membros do grupo enfatizam a manutenção da unidade, em vez de desafiarem de forma realista os problemas e as alternativas. As pessoas censuram suas opiniões pessoais e são relutantes em criticar as opiniões dos outros.[78]

O escritor e estudioso Jerry Harvey cunhou a expressão *paradoxo de Abilene* com o propósito de ilustrar as pressões ocultas para a conformidade que pode existir em grupos.[79] Harvey criou essa expressão com base numa história vivida pelos membros de sua extensa família. Um dia, todos estavam sentados na varanda, sob o calor sufocante de 40 graus, em uma pequena cidade cerca de 50 milhas de Abilene, no Texas. Num dado momento, alguém sugeriu um passeio até um café localizado em Abilene. Apesar de o carro não ter ar-condicionado, todos concordaram com a ideia. No retorno da pequena viagem, todo mundo estava exausto e irritado. Mais tarde, os familiares de Harvey admitiram que não queriam fazer a viagem e que consideraram a ideia ridícula. Eles apenas aceitaram ir porque achavam que os outros também queriam fazer o mesmo. Como o pensamento de grupo é um desafio tão natural e penetrante para a tomada de decisão em grupo, alguns especialistas recomendam usar um especialista *treinador de decisão* para fornecer ajuda e *feedback* práticos para que as pessoas possam aprender e praticar novos comportamentos, em vez de adotarem um comportamento padrão de suprimir opiniões contrárias ao grupo.[80]

Saiba quando desistir

Em um ambiente de ritmo acelerado, os bons gestores incentivam as pessoas a correr riscos e aprender com os erros, mas também não hesitam em descontinuar algo que não está funcionando. Uma pesquisa constatou que os gestores e as organizações muitas vezes continuam a investir tempo e dinheiro em uma solução, mesmo quando há fortes evidências de que ela não é apropriada. Essa tendência é chamada de **escalada de compromisso**. Os gestores podem bloquear ou distorcer informações negativas porque não querem ser responsáveis por uma decisão ruim ou simplesmente se recusam a aceitar que solução deles é equivocada.[81] Um estudo feito na Europa verificou que até mesmo os gestores altamente bem-sucedidos muitas vezes perdem ou ignoram os sinais de alerta, porque se comprometem com uma decisão e acreditam que, se ela for mantida, valerá a pena.[82] À medida que as empresas enfrentam o aumento da concorrência, da complexidade e da mudança, é importante que os gestores não fiquem tão apegados às próprias ideias a ponto de não querer seguir em frente. De acordo Robert Sutton, professor da Universidade de Stanford, a chave para a tomada de decisão criativa de sucesso é "falhar cedo, falhar muitas vezes e interromper o processo no começo".[83]

> *"Não há nada mais perigoso do que ser bem-sucedido, pois você acreditará sempre que todas as suas decisões são as melhores."*
>
> – WONG WAI MING, CFO DA LENOVO

ANALISE SEUS RESULTADOS

Para melhorar a tomada de decisão, os gestores precisam refletir e aprender com cada decisão que tomam. Quando as pessoas reveem os resultados de suas decisões, aprendem lições valiosas de como fazer coisas melhores no futuro. Muitas empresas têm adotado uma técnica utilizada pelo Exército norte-americano para incentivar a observação das evidências e a aprendizagem contínua. Trata-se da **análise pós-ação**, um procedimento disciplinado pelo qual os gestores investem seu tempo para analisar regularmente os resultados das decisões e aprender com eles.[84] Após a implantação de qualquer decisão importante, os gestores se reúnem para avaliar o que funcionou, o que não funcionou e como fazer melhor as coisas. Muitos dos problemas são resolvidos por tentativa e erro. Por exemplo, comentários detalhados das decisões a respeito dos ataques de bombas no Iraque levou os soldados a sugerir a implantação de uma estratégia global contrainsurgência, em vez de confiarem tanto na tecnologia.[85] Inúmeras organizações empresariais adotaram alguma forma de revisão pós-ação. Uma técnica semelhante enfatizada por Liu Chuanzhi, fundador da Lenovo, é chamada de *fu pan*, que significa "repetir o tabuleiro de xadrez". A ideia é analisar cada movimento para melhorar o próximo. Os gestores da Lenovo são treinados para aplicar o *fu pan* para tudo, desde uma pequena análise rápida de um incidente de jornada de trabalho até a análise completa, em profundidade, de uma decisão importante.[86] Quando os gestores obtêm *feedback* imediato sobre as decisões por meio de análises pós-ação, eles têm a oportunidade de incorporar novas informações e compreensder melhor o pensamento e a tomada de decisão.

Lembre-se disto

- Nas organizações, a maioria das decisões é feita como parte de um grupo, e enquanto os gestores não podem sempre ver os próprios vieses, eles podem construir mecanismos para evitar que eles influenciem as principais decisões organizacionais.
- *Brainstorming* é uma técnica que utiliza um grupo presencial para sugerir espontaneamente uma ampla variedade de alternativas para a tomada de decisão.
- O *brainstorming* eletrônico une as pessoas em um grupo interativo por meio de uma rede de computadores, sem a necessidade de uma reunião presencial.
- Na **tomada de decisões com base em evidências**, há o compromisso de tomar decisões mais criteriosas e inteligentes sempre fundamentadas nos melhores fatos e nas evidências disponíveis. Os gestores devem estar atentos a possíveis vieses comportamentais e analisar as evidências rigorosamente.
- O **advogado do diabo** é uma pessoa que recebe a função de desafiar os pressupostos e as afirmações feitos pelo grupo para impedir o consenso prematuro.
- A técnica de tomada de decisão em grupo que divide as pessoas em subgrupos e lhes permite expressar pontos de vista concorrentes sobre a decisão é chamada de **ponto e contraponto**.
- **Pensamento em grupo** refere-se à tendência das pessoas em grupos em suprimir opiniões contrárias.
- **Escalada de compromisso** refere-se a continuar a investir tempo e dinheiro em uma decisão, apesar das evidências de que ela falhará.
- **Análise pós-ação** é a técnica originada no Exército norte-americano. Trata-se de um procedimento disciplinado pelo qual os gestores reveem os resultados das decisões para avaliar o que funcionou, o que não funcionou e como fazer melhor as coisas.
- Os gestores da Lenovo aplicam uma técnica denominada *fu pan*, que significa "repetir o tabuleiro de xadrez", revendo cada movimento para melhorar o próximo.

Cap. 9 Notas

1. Para uma discussão sobre como as decisões são tomadas à medida que os gestores avançam em suas carreiras, ver Stephen J. Sauer, "Why bossy is better for rookie managers", *Harvard Business Review* (May 2012): 30; Kenneth R. Brousseau et al., "The seasoned executive's decision-making style", *Harvard Business Review* (February 2006): 110-121.

2. Monica Davey; Mary Williams Walsh, "Billions in debt, Detroit tumbles into insolvency", *The New York Times*, July 18, 2013, disponível em: <http://www.nytimes.com/2013/07/19/us/detroit-files-for-bankruptcy.html?pagewanted=all>, acesso em: 19 set. 2013); Nathan Bomey; John Gallagher, "How Detroit went broke: the answers may surprise you – and don't blame Coleman young", *Detroit Free Press*, September 18, 2013, disponível em: <http://www.freep.com/interactive/article/20130915/NEWS01/130801004/DetroitBankruptcy-history-1950-debt-pension-revenue>, acesso em: 19 set. 2013; Monica Davey; Mary Williams Walsh, "For Detroit, a crisis born of bad decisions and crossed fingers", *The New York Times*, March 12, 2013, A1.

3. Danielle Sacks, "Blown away", *Fast Company* (Fbruary 2011): 58-65, 104.

4. Colum Murphy; James T. Areddy; James R. Hagerty, "Deal gone wrong adds to Caterpillar's troubles in China", *The Wall Street Journal*, June 21, 2013. Disponível em: <http://online.wsj.com/article/SB10001424127887323301104578255740261180404.html>. Acesso em: 29 ago. 2013.

5. Herbert A. Simon, *The new science of management decision* (Englewood Cliffs, NJ: Prentice Hall, 1977), p. 47.

6. Paul J. H. Schoemaker; J. Edward Russo, "A pyramid of decision approaches", *California Management Review* (Fall 1993): 9-31.

7. Adam Lashinsky, "Boeing Bets Big on the 707", segmento do "The greatest business decisions of all time" trecho do livro, *Fortune* (October 8, 2012): 178-184.

8. Jon Birger, "How This Man Took Priceline from Dot-Bomb to Highflier," *Fortune* (24 de Setembro de 2012): 128-134.

9. Samuel Eilon, "Structuring unstructured decisions", *Omega* 13 (1985): 369-377; Max H. Bazerman, *Judgment in managerial decision making* (New York: Wiley, 1986).

10. James G. March; Zur Shapira, "Managerial perspectives on risk and risk taking", *Management Science* 33 (1987): 1404-1418; Inga Skromme Baird; Howard Thomas, "Toward a contingency model of strategic risk taking", *Academy of Management Review* 10 (1985): 230-243.

11. Exemplo mencionado em Leslie Kwoh, "Memo to staff: take more risks" (Theory & Practice column), *The Wall Street Journal*, March 20, 2013, B8.

12. Hugh Courtney, "Decision-driven scenarios for assessing four levels of uncertainty", *Strategy & Leadership* 31, n. 1 (2003): 14-22.

13. *Apud* David Leonhardt, "This fed chief may yet get a honeymoon", *The New York Times*, August 23, 2006.

14. Brooks Barnes, "'Oz the great and powerful' has big opening", *The New York Times*, March 10, 2013, disponível em: <http://artsbeat.blogs.nytimes.com/2013/03/10/oz-the-great-and-powerful-has-big-opening/>, acesso em: 20 set. 2013; Brooks Barnes, "One more trip to land of Oz", *The New York Times*, March 3, 2013, disponível em: <http://www.nytimes.com/2013/03/04/business/media/disney-gambles-on-box-office-wizardry-of-oz.html?pagewanted=all>, acesso em: 4 mar. 201).

15. Angie Han, "Four of the 50 biggest box office bombs are in theaters right now", *Film* Web site, August 22, 2013, disponível em: <http://www.slashfilm.com/four-of-the-fifty-biggest-box-office-bombs-are-in-theaters-right-now/>, acesso em: 20 set. 2013; Adam Davidson, "When you wish upon 'Ishtar': how does the film industry actually make money?", *The New York Times Magazine* (July 1, 2012): 16-17.

16. Michael Masuch; Perry LaPotin, "Beyond garbage cans: an ai model of organizational choice", *Administrative Science Quarterly* 34 (1989): 38-67; Richard L. Daft; Robert H. Lengel, "Organizational information requirements, media richness and structural design", *Management Science* 32 (1986): 554-571.

17. Peter C. Cairo; David L. Dotlich; Stephen H. Rhinesmith, "Embracing ambiguity", *The Conference Board Review* (Summer 2009): 56-61; John C. Camillus, "Strategy as a wicked problem", *Harvard Business Review* (May 2008): 98-106; Richard O. Mason; Ian I. Mitroff, *Challenging strategic planning assumptions* (New York: Wiley Interscience, 1981).

18. Howard Schneider, "University logos become weapons in debate over textile factory working conditions", *The Washington Post*, May 27, 2013, disponível em: <http://articles.washingtonpost.com/2013-05-27/business/39558590_1_university-logos-nike-adidas>, acesso em: 26 ago. 2013; Jens Hansegard; Tripti Lahiri; Christina Passariello, "Retailers' dilemma: to ax or help fix bad factories", *The Wall Street Journal*, May 28, 2013, disponível em: <http://online.wsj.com/article/SB10001424127887323336104578501143973731324.html>, acesso em: 30 maio 2013.

19. "How companies make good decisions: McKinsey global survey results", *The McKinsey Quarterly*, January 2009. Disponível em: <www.mckinseyquarterly.com>. Acesso em: 3 fev. 2009.
20. Thomas H. Davenport; Jeanne G. Harris, "Automated decision making comes of age", *MIT Sloan Management Review* (Summer 2005): 83-89; Stacie McCullough, "On the front lines", *CIO* (October 15, 1999): 78-81.
21. Exemplos de Steve Lohr, "The age of big data", *The New York Times*, February 12, 2012, SR1.
22. Herbert A. Simon, *The new science of management decision* (New York: Harper & Row, 1960), p. 5-6; Amitai Etzioni, "Humble decision making", *Harvard Business Review* (July-August 1989): 122-126.
23. James G. March; Herbert A. Simon, *Organizations* (New York: Wiley, 1958).
24. Herbert A. Simon, *Models of man* (New York: Wiley, 1957), p. 196-205; Herbert A. Simon, *Administrative behavior*, 2nd ed. (New York: Free Press, 1957).
25. Rachel Dodes, "Targeting Younger Buyers, Liz Claiborne Hits a Snag", *The Wall Street Journal*, August 16, 2010, A1.
26. Weston H. Agor, "The logic of intuition: how top executives make important decisions", *Organizational Dynamics* 14 (Winter 1986): 5-18; Herbert A. Simon, "Making management decisions: the role of intuition and emotion", *Academy of Management Executive* 1 (1987): 57-64. Para uma revisão atual da pesquisa, ver Erik Dane; Michael G. Pratt, "Exploring intuition and its role in managerial decision making", *Academy of Management Review* 32, n. 1 (2007): 33-54.
27. David A. Kaplan, "How Intel got consumers to love its chips", segmento de "The greatest business decisions of all time", trecho do livro *Fortune* (October 8, 2012): 178-184.
28. Ver Gary Klein, *Intuition at work: why developing your gut instincts will make you better at what you do* (New York: Doubleday, 2002); Kurt Matzler; Franz Bailom; Todd A. Mooradian, "Intuitive decision making", *MIT Sloan Management Review* 49, n. 1 (Fall 2007): 13-15; Malcolm Gladwell, *Blink: the power of thinking without thinking* (New York: Little Brown, 2005); Sharon Begley, "Follow your intuition: the unconscious you may be the wiser half", *The Wall Street Journal*, August 30, 2002.
29. Benedict Carey, "Hunches prove to be valuable assets in battle", *The New York Times*, July 28, 2009.
30. Jaana Woiceshyn, "Lessons from 'good minds': how CEOs use intuition, analysis, and guiding principles to make strategic decisions", *Long-Range Planning* 42 (2009): 298-319; Ann Hensman; Eugene Sadler-Smith, "Intuitive decision making in banking and finance", *European Management Journal* 29 (2011): 51-66; Eugene Sadler-Smith; Erella Shefy, "The intuitive executive: understanding and applying 'gut feel' in decision-making", *Academy of Management Executive* 18, n. 4 (November 2004): 76-91.
31. Mandeep K. Dhami; Mary E. Thomson, "On the relevance of cognitive continuum theory and quasirationality for understanding management judgment and decision making", *European Management Journal* 30 (2012): 316-326.
32. Dhami; Thomson, "On the relevance of cognitive continuum theory"; C. Chet Miller; R. Duane Ireland, "Intuition in strategic decision making: friend or foe in the fast-paced 21st century?", *Academy of Management Executive* 19, n. 1 (2005): 19-30; Eric Bonabeau, "Don't trust your gut", *Harvard Business Review* (May 2003): 116ff; Sadler-Smith; Shefy, "The intuitive executive"; Simon, "Making management decisions"; Ann Langley, "Between 'paralysis by analysis' and 'extinction by instinct'", *Sloan Management Review* (Spring 1995): 63-76.
33. Abordagem baseada em Stephen Friedman; James K. Sebenius, "Organizational transformation: the quiet role of coalitional leadership", *Ivey Business Journal* (January-February 2009): 1ff; Gerald R. Ferris et al., "Political skill in organizations", *Journal of Management* (June 2007): 290-320; William B. Stevenson; Jon L. Pierce; Lyman W. Porter, "The concept of 'coalition' in organization theory and research", *Academy of Management Review* 10 (1985): 256-268.
34. "How companies make good decisions".
35. Ronald A. Gill, "Quality-oriented teamwork resolves aerospace manufacturer's critical path tooling crisis", *Global Business and Organizational Excellence* (September-October 2012): 34-41.
36. Dion Nissenbaum, "Cut defense? A fight begins", *The Wall Street Journal*, April 23, 2013, B1.
37. Ron Nixon, "Post office faces hurdles in efforts to diversify", *The New York Times*, April 21, 2012, A11.
38. George T. Doran; Jack Gunn, "Decision making in high-tech firms: perspectives of three executives", *Business Horizons* (November-December 2002): 7-16.
39. James W. Fredrickson, "Effects of decision motive and organizational performance level on strategic decision processes", *Academy of Management Journal* 28 (1985): 821-843; James W. Fredrickson, "The comprehensiveness of strategic decision processes: extension, observations, future directions", *Academy of Management Journal* 27 (1984): 445-466; James W. Dean, Jr.; Mark P. Sharfman, "Procedural rationality in the strategic decision-making process", *Journal of Management Studies* 30, n. 4 (July 1993): 587-610; Nandini Rajagopalan; Abdul M. A. Rasheed; Deepak K. Datta, "Strategic decision

processes: critical review and future directions", *Journal of Management* 19, n. 2 (1993): 349-384; Paul J. H. Schoemaker, "Strategic decisions in organizations: rational and behavioral views", *Journal of Management Studies* 30, n. 1 (January 1993): 107-129.

40. Marjorie A. Lyles; Howard Thomas, "Strategic problem formulation: biases and assumptions embedded in alternative decision-making models", *Journal of Management Studies* 25 (1988): 131-145; Susan E. Jackson; Jane E. Dutton, "Discerning threats and opportunities", *Administrative Science Quarterly* 33 (1988): 370-387.

41. Richard L. Daft; Juhani Sormumen; Don Parks, "Chief executive scanning, environmental characteristics, and company performance: an empirical study", (manuscrito não publicado, Texas A&M University, 1988).

42. Cecilia Kang, "Google crunches data on munching in office", *The Washington Post*, September 1, 2013. Disponível em: <http://articles.washingtonpost.com/2013-09-01/business/41670762_1_laszlo-bock-last-year-google-data>. Acesso em: 21 set. 2013.

43. Daniel Burrus; John David Mann, "Whatever your problem ... that's not likely to be your real problem", *Leadership Excellence* (February 2011): 7-8.

44. Charles H. Kepner; Benjamin B. Tregoe, *The rational manager* (New York: McGraw-Hill, 1965).

45. Com base em Burrus; Mann, "Whatever your problem ..."; Jonathan Taplin, "How to ... turn a bad idea into a good idea", *Fast Company* (February 2013): 20.

46. Paul C. Nutt, "Expanding the search for alternatives during strategic decision making", *Academy of Management Executive* 18, n. 4 (2004): 13-28; P. C. Nutt, "Surprising but true: half the decisions in organizations fail", *Academy of Management Executive* 13, n. 4 (1999): 75-90.

47. Olivier Leclerc; Mihnea Moldoveanu, "Five routes to more innovative problem solving", *McKinsey Quarterly* (April 2013). Disponível em: <http://www.mckinsey.com/insights/strategy/five_routes_to_more_innovative_problem_solving>. Acesso em: 14 maio 2013.

48. Peter Mayer, "A surprisingly simple way to make better decisions", *Executive Female* (March-April 1995): 13-14; Ralph L. Keeney, "Creativity in decision making with value-focused thinking", *Sloan Management Review* (Summer 1994): 33-41.

49. Ashlee Vance, "The making of 1 billion users", *Bloomberg Businessweek* (October 4, 2012). Disponível em: <http://www.businessweek.com/articles/2012-10-04/facebook-the-making-of-1-billion-users>. Acesso em: 21 set. 2013.

50. Paul J. H. Schoemaker; Steve Krupp; Samantha Howland, "Strategic leadership: the essential skills", *Harvard Business Review* (January-February 2013): 131-134; Mark McNeilly, "Gathering information for strategic decisions, routinely", *Strategy & Leadership* 30, n. 5 (2002): 29-34.

51. "Maker's mark reducing alcohol volume to stretch supplies of its Bourbon Amid strong demand", história da imprensa associada, citada em Fox News Network Web site, February 11, 2013, disponível em: <http://www.foxnews.com/leisure/2013/02/12/maker-mark-reducingalcohol-volume-to-stretch-supplies-its-bourbon-amid -strong/>, acesso em: 18 fev. 2013; Neil Irwin, "Bourbonomics 101: what the maker's mark dilution debacle says about corporate strategy", *The Washington Post*, February 17, 2013, disponível em: <http://www.washingtonpost.com/blogs/wonkblog/wp/2013/02/17/bourbonomics-101-what-the-makers-mark-dilution-debacle-says-about-corporate-strategy/>, acesso em: 18 fev. 2013; Jonathan Salem Baskin, "Whether sinisterly smart or disturbingly dumb, maker's mark missed the mark", *Forbes*, February 25, 2013, dsiponível em: <http://www.forbes.com/sites/jonathansalembaskin/2013/02/25/whether-sinisterly-smart-or-disturbingly-dumb-makers-mark-missed-the-mark/>, acesso em: 23 set. 2013.

52. Com base em A. J. Rowe; J. D. Boulgaides; M. R. McGrath, *Managerial decision making* (Chicago: Science Research Associates, 1984); Alan J. Rowe; Richard O. Mason, *Managing with style: a guide to understanding, assessing, and improving your decision making* (San Francisco: Jossey-Bass, 1987).

53. James B. Stewart, "Netflix looks back on its near death spiral", *The New York Times*, April 26, 2013. Disponível em: <http://www.nytimes.com/2013/04/27/business/netflix-looks-back-on-its-near-death-spiral.html?pagewanted=all&_r=0>. Acesso em: 27 abr. 2013.

54. Seção baseada em John S. Hammond; Ralph L. Keeney; Howard Raiffa, *Smart choices: a practical guide to making better decisions* (Boston: Harvard Business School Press, 1999); Max H. Bazerman; Dolly Chugh, "Decisions without blinders", *Harvard Business Review* (January 2006): 88-97; J. S. Hammond; R. L. Keeney; H. Raiffa, "The hidden traps in decision making", *Harvard Business Review* (September-October 1998): 47-58; Oren Harari, "The Thomas Lawson Syndrome", *Management Review* (February 1994): 58-61; Dan Ariely, "Q&A: why good CIOs make bad decisions", *CIO* (May 1, 2003): 83-87; Leigh Buchanan, "How to take risks in a time of anxiety", *Inc.* (May 2003): 76-81; Max H. Bazerman, *Judgment in managerial decision making*, 5th ed. (New York: John Wiley & Sons, 2002).

55. James Surowiecki, "The financial page: that sunk-cost feeling", *The New Yorker* (January 21, 2013): 24; Dustin J. Sleesman et al., "Cleaning up the big

muddy: a meta-analytic review of the determinants of escalation of commitment", *Academy of Management Journal* 55, n. 3 (2012): 541-562.
56. J. B. Schmidt; R. J. Calantone, "Escalation of commitment during new product development", *Journal of the Academy of Marketing Science* 30, n. 2 (2002): 103-118.
57. Norihiko Shirouzu; Phred Dvorak; Yuka Hayashi; Andrew Morse, "Bid to 'protect assets' slowed reactor fight", *The Wall Street Journal*, March 19, 2011. Disponível em: <http://online.wsj.com/article/SB10001424052748704608504576207912642629904.html>. Acesso em: 6 ago. 2012.
58. John D. Stoll; Kevin Helliker; Neil E. Boudette, "A saga of decline and denial", *The Wall Street Journal*, June 2, 2009.
59. Mark Fenton-O'Creevy et al., "Thinking, feeling, and deciding: the influence of emotions on the decision making and performance of traders", *Journal of Organizational Behavior* 32 (2011): 1044-1061.
60. Exemplo de Jerome Groopman, *How doctors think* (New York: Houghton Mifflin, 2007).
61. Dan Ariely, "The long-term effects of short-term emotions", *Harvard Business Review* (January-February 2010): 38.
62. David Larcker; Brian Tayan apud Michael J. Mauboussin, "The true measures of success", *Harvard Business Review* (October 2012): 46-56.
63. Jessica Silver-Greenberg, "New fraud inquiry as JPMorgan's loss mounts", *The New York Times*, July 13, 2012, disponível em: <http://dealbook.nytimes.com/2012/07/13/jpmorgan-says-traders-obscured-losses-in-first-quarter/>, acesso em: 7 ago. 2012; Ben Protess et al., "In JPMorgan chase trading bet, its confidence yields to loss", *The New York Times*, May 11, 2012, disponível em: <http://dealbook.nytimes.com/2012/05/11/in-jpmorgan-chase-trading-bet-its-confidence-yields-to-loss/>, acesso em: 15 maio 2012; Peter Eavis; Susanne Craig, "The bet that blew up for JPMorgan Chase", *The New York Times*, May 11, 2012, disponível em: <http://dealbook.nytimes.com/2012/05/11/the-bet-that-blew-up-for-jpmorgan-chase/>, acesso em: 15 maio 2012); Jessica Silver-Greenberg; Nelson D. Schwartz, "Red flags said to go unheeded by bosses at JPMorgan", *The New York Times*, May 14, 2012, disponível em: <http://dealbook.nytimes.com/2012/05/14/warnings-said-to-go-unheeded-by-chase-bosses/>, acesso em: 15 maio 2012.
64. Kathleen M. Eisenhardt, "Strategy as strategic decision making", *Sloan Management Review* (Spring 1999): 65-72.
65. Daniel Kahneman; Dan Lovallo; Olivier Sibony, "Before you make that big decision", *Harvard Business Review* (June 2011): 50-60.
66. Josh Hyatt, "Where the best – and Worst – ideas come from" (uma breve sinopse de "Idea generation and the quality of the best idea", by Karen Girotra, Christian Terwiesch, and Karl T. Ulrich), *MIT Sloan Management Review* (Summer 2008): 11-12; Robert B. Litchfield, "Brainstorming Reconsidered: A goal-based view", *Academy of Management Review* 33, n. 3 (2008): 649-668.
67. R. B. Gallupe et al., "Blocking electronic brainstorms", *Journal of Applied Psychology* 79 (1994): 77-86; R. B. Gallupe; W. H. Cooper, "Brainstorming electronically", *Sloan Management Review* (Fall 1993): 27-36; Alison Stein Wellner, "A perfect brainstorm", *Inc.* (October 2003): 31-35.
68. Wellner, "A perfect brainstorm"; Gallupe; Cooper, "Brainstorming electronically",
69. Exemplo de Thomas H. Davenport; Brook Manville, "From the judgment of leadership to the leadership of judgment: the fallacy of heroic decision making", *Leader to Leader* (Fall 2012): 26-31.
70. Seção baseada em Jeffrey Pfeffer; Robert I. Sutton, "Evidence-based management", *Harvard Business Review* (January 2006), 62-74; Rosemary Stewart, *Evidence-based decision making* (Radcliffe Publishing, 2002); Joshua Klayman; Richard P. Larrick; Chip Heath, "Organizational repairs", *Across the Board* (February 2000), 26-31.
71. Stephen H. Courtright; Greg L. Stewart; Marcia M. Ward, "Applying research to save lives: learning from team training approaches in aviation and health care", *Organizational Dynamics* 41 (2012): 291-301.
72. Estudo de Erik Brynjolfsson, Lorin Hitt e Heekyung Kim; resultados mencionados em Steve Lohr, "The age of big data", *The New York Times*, February 12, 2012, SR1.
73. Sydney Finkelstein, "Think again: good leaders, bad decisions", *Leadership Excellence* (June 2009): 7; "Flaws in strategic decision making: McKinsey global survey results", *The McKinsey Quarterly*, January 2009, disponível em: <www.mckinsey.com>; Michael A. Roberto, "Making difficult decisions in turbulent times", *Ivey Business Journal* (May-June 2003): 1-7; Eisenhardt, "Strategy as strategic decision making"; David A. Garvin; Michael A. Roberto, "What you don't know about making decisions", *Harvard Business Review* (September 2001): 108-116.
74. Nick Wingfield; Brian Stelter, "A juggernaut stumbles", *The New York Times*, October 25, 2011, B1; Stewart, "Netflix looks back on its near-death spiral".
75. David M. Schweiger; William R. Sandberg, "The utilization of individual capabilities in group approaches to strategic decision making", *Strategic Management Journal* 10 (1989): 31-43; "Avoiding disasters", encontrado em Paul B. Carroll; Chunka Mui, "7 ways to fail big", *Harvard Business Review*

(September 2008): 82-91; "The devil's advocate", *Small Business Report* (December 1987): 38-41.
76. Doran; Gunn, "Decision making in high-tech firms".
77. Garvin; Roberto, "What you don't know about making decisions".
78. Irving L. Janis, *Groupthink: psychological studies of policy decisions and fiascoes*, 2nd ed. (Boston: Houghton Mifflin, 1982); Shlomo Ben-Hur; Nikolas Kinley; Karsten Jonsen, "Coaching executive teams to better decisions", *Journal of Management Development* 31, n. 7 (2012): 711-723.
79. Jerry B. Harvey, "The Abilene paradox: the management of agreement", *Organizational Dynamics* (Summer 1988): 17-43.
80. Ben-Hur et al., "Coaching executive teams to better decisions".
81. S. Trevis Certo; Brian L. Connelly; Laszlo Tihanyi, "Managers and their not-so-rational decisions", *Business Horizons* 51 (2008): 113-119; Sleesman et al., "Cleaning up the big muddy".
82. Hans Wissema, "Driving through red lights; how warning signals are missed or ignored", *Long Range Planning* 35 (2002): 521-539.
83. Ibidem.
84. Thomas E. Ricks, "Army devises system to decide what does, does not work", *The Wall Street Journal*, May 23, 1997, A1; David W. Cannon; Jeffrey McCollum, "Army Medical Department Lessons Learned Program Marks 25th Anniversary", *Military Medicine* (November 2011): 1212-1214.
85. Peter Eisler; Blake Morrison; Tom Vanden Brook, "Strategy that's making Iraq safer was snubbed for years", *USA TODAY*, December 19, 2007.
86. Chuck Salter, "Lenovo: protect and attack", *Fast Company* (December 2011-January 2012): 116-121, 154-155.

PARTE 4

Capítulo 10

Projetando a estrutura organizacional

© Jenny Lilly/Shutterstock.com

Visão geral do capítulo

Quais são as suas crenças de liderança?

Organização da estrutura vertical
Especialização do trabalho
Cadeia de comando

Novo gestor autoteste: modelos de autoridade
Amplitude administrativa
Centralização e descentralização

Departamentalização
Abordagem funcional vertical
Abordagem divisional
Abordagem matricial
Abordagem de equipe
Abordagem de rede virtual

Organização para a coordenação horizontal
Necessidade de coordenação
Forças-tarefa, equipes e gestão de projetos
Coordenação relacional

Fatores que moldam a estrutura
A estrutura segue a estratégia
A estrutura se encaixa na tecnologia

Resultados de aprendizagem

Após a leitura deste capítulo, você será capaz de:

1. Abordar aspectos relacionados às características fundamentais da organização e explicar itens como especialização do trabalho, cadeia de comando, amplitude administrativa e centralização *versus* descentralização.

2. Descrever as abordagens funcionais e divisionais para a estrutura.

3. Explicar a abordagem matricial para a estrutura e a aplicação para as organizações nacionais e internacionais.

4. Descrever a equipe contemporânea e as estruturas de rede virtual e explicar por que elas estão sendo adotadas pelas organizações.

5. Explicar por que as organizações precisam de coordenação entre os departamentos e os níveis hierárquicos e descrever os mecanismos para alcançar a coordenação.

6. Identificar como a estrutura pode ser usada para alcançar as metas estratégicas da organização.

7. Definir a tecnologia de produção e explicar como ela influencia a estrutura da organização.

Quais são as suas crenças de liderança?[1]

INSTRUÇÕES: O ajuste entre um novo gestor e a organização muitas vezes é fundamentado em crenças pessoais sobre o papel dos líderes. As coisas funcionam melhor quando o projeto da organização corresponde às crenças do novo gestor sobre o papel de liderança.

Leia atentamente as afirmações apresentadas a seguir e pense em como cada uma reflete suas crenças sobre o papel do líder na organização.

	Normalmente verdadeiro	Normalmente falso
1. Um líder deve assumir o comando do grupo ou da organização.		
2. As principais tarefas do líder são tomar e comunicar decisões.		
3. Os membros do grupo e da organização devem ser leais aos líderes designados.		
4. A responsabilidade por correr riscos cabe aos líderes.		
5. Os líderes devem promover discussões entre os membros sobre o futuro.		
6. Os líderes bem-sucedidos fazem com que todos aprendam sua maior prioridade.		
7. Uma organização precisa estar sempre mudando a maneira como faz as coisas para se adaptar ao mundo em mudança.		
8. Todos na organização devem ser responsáveis por alcançar as metas organizacionais.		

PONTUAÇÃO E INTERPRETAÇÃO: Cada questão refere-se a uma das duas subescalas de crenças de liderança. As afirmações 1 a 4 refletem as *crenças de liderança* com base no cargo. De acordo com essa crença, as pessoas mais competentes e leais são colocadas em cargos de liderança, quando elas assumem a responsabilidade e a autoridade para o grupo ou organização. As afirmações 5 a 8 refletem as crenças de lideranças *não hierárquicas* mais consistentes com a estrutura plana ou até mesmo *bossless*. Segundo essa crença, o grupo ou a organização enfrenta um complexo sistema de desafios adaptativos, e os líderes veem seu trabalho como uma facilitação do fluxo de informações entre os membros e seu pleno compromisso para responder conjuntamente a esses desafios. A subescala em que você assinalou mais itens como "Normalmente verdadeiros" pode revelar suas crenças pessoais sobre a liderança com base no cargo *versus* a não hierárquica.

As crenças com base no cargo geralmente funcionam para os gestores na hierarquia vertical tradicional ou em uma organização mecanicista. As crenças não hierárquicas geralmente funcionam para os gestores envolvidos com a organização horizontal, como gestão de equipes, projetos e redes, ou com organizações *bossless* de ponta.

A Valve Software Corporation é líder na indústria de *videogames* com *Counter-Strike, Half-Life 2, Left 4 Dead, Portal* e a plataforma de distribuição digital popular *Steam*. Em setembro de 2013, a revista *on-line WhatCulture* (sediada no Reino Unido) inseriu Gabe Newell, cofundador da Valve, na lista dos "cinco bilionários de tecnologia que abandonaram a universidade". De acordo com o *site* da Valve, Newell atua como CEO, mas a empresa tem sido "*bossless* desde 1996": "As pessoas tornam-se muito mais criativas quando não há ninguém para lhes dizer o que fazer". A estrutura organizacional única da Valve provocou uma campanha de mídia menor depois que alguém postou o manual do funcionário na internet, na primavera de 2012, mas a Valve tem trabalhado tranquilamente sem chefes desde que foi fundada. Newell e o cofundador Mike Harrington, ambos ex-funcionários da Microsoft, queriam criar uma organização plana e rápida que permitisse mais flexibilidade aos funcionários. Soa como um sonho para os funcionários; entretanto, muitas pessoas não se adaptam à "estrutura sem estrutura" e preferem trabalhos mais tradicionais.[2]

Você poderia trabalhar em uma empresa *bossless*, sem escritórios permanentes e nenhuma estrutura claramente definida? A Valve é incomum; contudo, como vimos nos exemplos apresentados em capítulos anteriores, muitas empresas estão achatando as hierarquias e cortando camadas da gestão para melhorar a eficiência e ser mais flexíveis. Algumas pessoas prosperam em organizações menos hierarquizadas, mesmo *bossless*, enquanto outras têm dificuldade quando não há uma estrutura vertical claramente definida. Em geral, os novos gestores se sentem mais confortáveis e são mais eficazes quando trabalham em um sistema de organização compatível com suas crenças de liderança.

Em sua carreira como gestor, você terá que entender uma variedade de configurações estruturais e aprender a trabalhar nesse contexto. Todas as organizações lutam com a questão da concepção estrutural, e muitas vezes é necessária uma reorganização para refletir a nova estratégia, as mudanças nas condições de mercado ou a tecnologia inovadora.

TEMA RECENTE

Nos últimos anos, muitas empresas têm realinhado os agrupamentos de departamentos, as cadeias de comando e os mecanismos de coordenação horizontal para alcançar novas metas estratégicas ou lidar com um ambiente turbulento. Como a rede de farmácias Walgreens atingiu a meta de "7 até 10" (o que significa ter sete mil lojas até 2010), os gestores passaram da estratégia de expansão para a de fornecimento de uma experiência excepcional ao cliente. Para apoiar essa nova estratégia, eles acrescentaram dois novos cargos à hierarquia. Em cada um dos seus 30 mercados nos Estados Unidos, a rede Walgreens colocou um vice-presidente para deixar a liderança corporativa mais perto do cliente. O segundo novo cargo, líder da comunidade, atua como um mentor para os gerentes de loja menos experientes para ajudá-los a fornecer um serviço excepcional.[3] Após a desastrosa explosão e o derramamento de óleo de 2010 no Golfo do México, a BP embarcou em uma grande reestruturação das operações de exploração, desenvolvimento e produção (processo denominado *upstream*) para tentar se certificar de que eventos semelhantes não voltassem a acontecer. Para melhorar a gestão de riscos, o CEO Robert W. Dudley foi nomeado executivo-chefe de todas as operações de *upstream* realizadas no mundo. No final de 2012, após a nomeação de H. Lamar McKay para supervisionar as operações, Dudley afirmou: "Durante os últimos dois anos, temos introduzido com sucesso uma organização mais centralizada para nosso *upstream*, a maior mudança organizacional da BP em duas décadas".[4] Michael Dell criou uma divisão separada em sua empresa para concentrar-se especificamente nos produtos, como telefones celulares e outros dispositivos portáteis, a parte em crescimento mais rápido da indústria de computadores.[5] Cada uma dessas organizações está usando conceitos fundamentais da organização.

Organização é a implantação de recursos da empresa para alcançar as metas estratégicas. A implantação de recursos é refletida na divisão do trabalho da empresa em departamentos e cargos específicos, linhas formais de autoridade e mecanismos de coordenação para diversas tarefas de organização.

A organização é importante porque segue a estratégia – tema da Parte 3 deste livro. A estratégia define *o que* fazer; a organização, *como* fazê-lo. A estrutura é uma ferramenta poderosa para alcançar as metas estratégicas, e o sucesso de uma estratégia muitas vezes é determinado pelo modo como ela se encaixa na estrutura organizacional. A Parte 4 deste livro explica a variedade de princípios e conceitos organizacionais utilizados pelos gestores. Este capítulo aborda os conceitos fundamentais que se aplicam a todas as organizações e departamentos, incluindo a organização da estrutura vertical e a utilização dos mecanismos para a coordenação horizontal. O Capítulo 11 mostra como as organizações podem ser estruturadas para facilitar a inovação e a mudança. Os capítulos 12 e 13 explicam como utilizar os recursos humanos para o melhor proveito dentro da estrutura da organização.

Organização da estrutura vertical

O processo de organização leva à criação da estrutura de organização, que define como se dividem as tarefas e se implantam os recursos. A **estrutura organizacional** é definida como (1) o conjunto de tarefas formais atribuídas aos indivíduos e departamentos; (2) relações de subordinação formal, incluindo linhas de autoridade, responsabilidade de decisão, número de níveis hierárquicos e extensão do controle dos administradores; e (3) o projeto dos sistemas para garantir a coordenação eficaz dos funcionários em todos os departamentos.[6] Assegurar a coordenação entre os departamentos é tão essencial quanto a definição deles. Sem sistemas de coordenação eficazes, nenhuma estrutura está completa.

Formalmente, o conjunto de tarefas e as relações de subordinação fornecem uma estrutura para o controle vertical da organização. As características da estrutura vertical são retratadas no **organograma**, que é a representação visual da estrutura da organização.

Um organograma para uma fábrica de engarrafamento de água nos Estados Unidos é ilustrado na Figura 10.1. As fábricas têm quatro grandes departamentos: contábil, RH, produção e *marketing*. O organograma delineia a cadeia de comando, indica as tarefas departamentais e como elas se encaixam e proporciona ordem e lógica para a organização. Cada funcionário tem uma tarefa designada, linha de autoridade e responsabilidade de decisão. As próximas seções abordam detalhadamente diversos aspectos importantes da estrutura vertical.

ESPECIALIZAÇÃO DO TRABALHO

As organizações executam uma ampla variedade de tarefas. Um princípio fundamental refere-se ao fato de que o trabalho poderá ser realizado de forma mais eficiente se os funcionários estiverem autorizados para se especializar.[7] **Especialização do trabalho**,

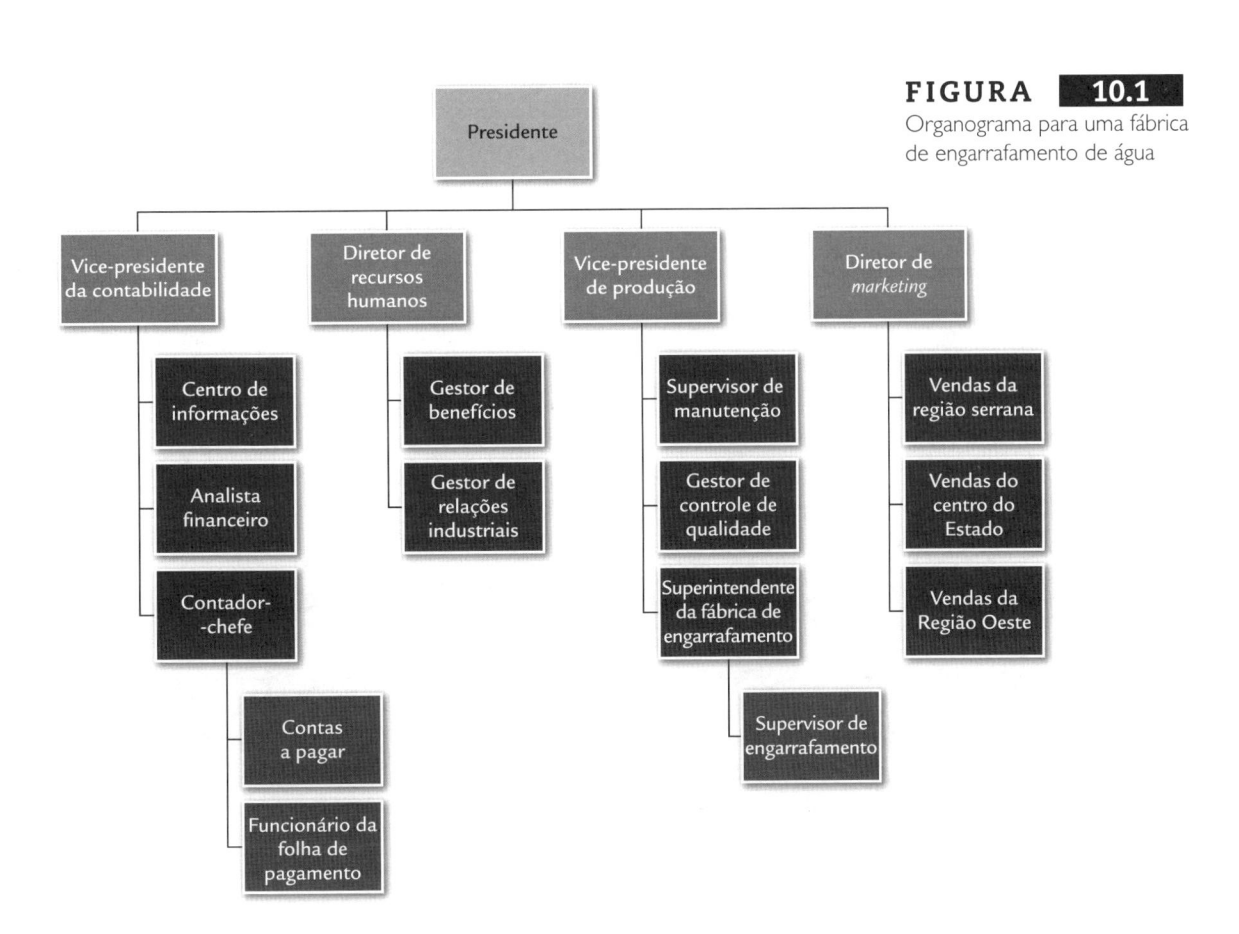

FIGURA 10.1 Organograma para uma fábrica de engarrafamento de água

às vezes chamada de *divisão do trabalho*, é o grau em que as tarefas organizacionais são subdivididas em trabalhos separados. Na Figura 10.1, a especialização do trabalho é ilustrada pela separação das tarefas de produção no engarrafamento, controle de qualidade e manutenção. Os funcionários de cada departamento executam apenas as tarefas relevantes à função especializada. Quando as organizações enfrentam novos problemas estratégicos, os gestores muitas vezes criam novos cargos ou departamentos para lidar com eles. A Sony adicionou um novo cargo de diretor-chefe de segurança da informação (*chief information security officer* – Ciso) para a hierarquia após *hackers* acessarem milhões de arquivos de clientes na rede supostamente segura da empresa. Muitas organizações, como Gannett, NBC, Simon & Schuster, Columbia University e Starbucks, criaram cargos de diretor digital (*chief digital officer* – CDO) para fornecer ampla liderança para as iniciativas digitais, incluindo iniciativas de negócios sociais (como descrito no Capítulo 2). A cidade de Nova York contratou seu primeiro CDO em 2011, antes mesmo de muitas empresas terem pensado na contratação de tais executivos. Na época, no Brasil, a única cidade com CDO era São Paulo.[8] Muitas empresas não tinham sequer um diretor de informática (*chief information officer* – CIO) há uma década ou mais, mas quase todos os órgãos do governo, organizações sem fins lucrativos e empresas comerciais têm um CIO hoje em dia, e os CDOs provavelmente também se tornarão onipresentes. Em 2009, o presidente Barack Obama nomeou Vivek Kundra como o primeiro CIO do governo norte-americano.[9]

Quando a especialização do trabalho é extensa, os funcionários especializam-se em uma única tarefa. Os trabalhos tendem a ser pequenos, mas podem ser realizados de forma eficiente. A especialização do trabalho é facilmente visível na linha de montagem de automóveis, em que cada funcionário executa sempre a mesma tarefa. Não seria eficiente fazer um único funcionário construir o automóvel inteiro ou até mesmo executar um grande número de trabalhos não relacionados.

Apesar das aparentes vantagens de especialização, muitas organizações estão se afastando desse princípio. Com o excesso de especialização, os funcionários são isolados e fazem apenas um único trabalho chato. Além disso, o excesso de especialização cria separação e impede a coordenação, que é essencial para as organizações serem eficazes. Muitas empresas estão implantando equipes e outros mecanismos que aumentam a coordenação e proporcionam mais desafios para os funcionários.

Lembre-se disto

- Os gestores de todas as organizações enfrentam a questão sobre como se organizar para a máxima eficiência e eficácia.
- **Organização** refere-se à implantação de recursos empresariais para alcançar as metas estratégicas.
- Empresas como Simon & Schuster, Starbucks e a cidade de Nova York criaram os cargos de CDO para atender às necessidades que estão em constante mudança.
- Por meio da **estrutura da organização**, a empresa estabelece a divisão das tarefas, define como os recursos serão mobilizados e providencia os mecanismos necessários à coordenação dos departamentos.
- Um **organograma** é a representação visual da estrutura de uma empresa.
- As características fundamentais da estrutura de organização vertical são: especialização do trabalho, cadeia de comando, amplitude administrativa e centralização e descentralização.
- **Especialização do trabalho**, às vezes denominada divisão do trabalho, é o grau em que as tarefas organizacionais são subdivididas em tarefas individuais.

Cadeia de comando

A **cadeia de comando** é uma linha ininterrupta de autoridade que vincula todos os funcionários em uma organização e mostra quem se reporta a quem. Ela está associada a dois princípios subjacentes. *Unidade de comando* significa que cada funcionário se reporta a apenas um supervisor. *Princípio escalar* refere-se à linha claramente definida de autoridade na organização que inclui todos os funcionários. Autoridade e responsabilidade para diferentes tarefas devem ser distintas. Todos os indivíduos da empresa devem saber a quem se reportar e conhecer os níveis sucessivos de gestão até o topo. Por exemplo, na Sony, o novo Ciso se reporta ao CIO, que se reporta ao diretor de transformação, que, por sua vez, reporta-se ao CEO.[10] Na Figura 10.1, o funcionário da folha de pagamentos se reporta ao chefe da contabilidade, que se reporta ao vice-presidente, que, por sua vez, reporta-se ao presidente da empresa.

▶▶▶ Conexão de conceito

A Cognizant Technology Solutions Corporation, uma empresa de terceirização sediada nos Estados Unidos, tem uma **cadeia de comando** incomum chamada de "dois em uma caixa". Originalmente, os gestores de projeto supervisionavam dos Estados Unidos, onde eles moravam e concentrava a maioria dos clientes, a equipe que atuava na Índia. Como era difícil abranger os diversos fusos horários, o CEO Francisco D'Souza implantou uma solução: atribuir dois gestores para cada projeto – um na Índia e outro no local do cliente. Cada um é igualmente responsável pelo sucesso do projeto. Mesmo que viole o princípio da **unidade de comando**, o modelo funciona porque melhora a capacidade de resposta ao cliente.

Autoridade, responsabilidade e delegação

A cadeia de comando ilustra a estrutura de autoridade da organização. **Autoridade** é o direito formal e legítimo de um gestor para tomar decisões, dar ordens e alocar recursos para alcançar os resultados organizacionais desejados. A autoridade distingue-se por três características:[11]

1. *A autoridade é investida nos cargos organizacionais, não nas pessoas.* Os gestores têm autoridade por causa dos cargos que ocupam, e outras pessoas nos mesmos cargos teriam a mesma autoridade.
2. *A autoridade flui para baixo pela hierarquia vertical.* Os cargos no topo da hierarquia estão investidos com a autoridade mais formal do que os cargos na parte inferior.
3. *A autoridade é aceita pelos subordinados.* Embora a autoridade flua de cima para baixo, os subordinados obedecem porque acreditam que os gestores têm o direito legítimo de emitir ordens. De acordo com a *teoria da aceitação da autoridade*, um gestor terá autoridade apenas se os subordinados optarem por aceitar os comandos dele. Se os subordinados se recusam a obedecer porque a ordem está fora da zona de aceitação, a autoridade do gestor desaparece.[12]

Responsabilidade é o outro lado da moeda da autoridade. A **responsabilidade** é a obrigação de executar a tarefa ou atividade atribuída. Em geral, os gestores recebem autoridade proporcional às suas responsabilidades. Quando eles são responsáveis pelos resultados das tarefas e têm pouca autoridade, o trabalho é possível, mas difícil. Nesse caso, contam com a persuasão e a sorte. Quando os gestores têm autoridade superior à responsabilidade, podem tornar-se tiranos e utilizar a autoridade para alcançar resultados frívolos.[13]

Prestação de contas é o mecanismo pelo qual a autoridade e a responsabilidade são alinhadas. **Prestação de contas** significa que as pessoas com autoridade e responsabilidade estão sujeitas a reportar e justificar os resultados das tarefas àqueles acima delas na cadeia de comando.[14] Para as organizações funcionarem bem,

Faça uma pausa

A estrutura de uma organização é fundamentada na autoridade. Para conhecer seus modelos de autoridade, faça o "Autoteste do novo gestor" apresentado a seguir.

TEMA RECENTE

todos precisam saber o que lhes foi atribuído e aceitar a responsabilidade e autoridade para realizá-lo. A British Broadcasting Corporation (BBC) está passando por mudanças estruturais para esclarecer a cadeia de comando e reforçar a prestação de contas da gestão, na sequência da crise que eclodiu após a empresa ter decidido não exibir a reportagem sobre o seu ex-apresentador Jimmy Savile, acusado de abuso sexual infantil generalizado. Para piorar a situação, a emissora começou a ter problemas novamente ao colocar no ar um relatório *falso* que acusava um político de delitos semelhantes. O escândalo resultante

NOVO GESTOR — Autoteste

Modelos de autoridade

Instruções: A abordagem que você adota para estudar pode ser um indicativo importante de como realizará um planejamento quando se tornar um gestor. Nos itens apresentados a seguir, assinale "Normalmente verdadeiro" ou "Normalmente falso", com base no seu comportamento como estudante.

	Normalmente verdadeiro	Normalmente falso
1. Para os meus pais, os filhos devem ter um espaço idêntico ao deles na família.		
2. Quando uma política familiar era estabelecida, meus pais me explicavam o raciocínio por trás dela.		
3. Meus pais acreditavam que era para o meu bem que eu concordasse com o que eles consideravam certo.		
4. Para os meus pais, os filhos devem fazer as próprias escolhas, independentemente de eles concordarem ou não.		
5. Meus pais orientavam minhas atividades por meio do raciocínio e da discussão.		
6. Meus pais foram claros sobre quem era o chefe da família.		
7. Meus pais permitiram que eu tomasse sozinho as minhas próprias decisões.		
8. Meus pais sempre consideraram as opiniões dos filhos nas decisões familiares.		
9. Sempre tive plena consciência de que haveria punição se não cumprisse as regras e expectativas dos meus pais.		

Pontuação e interpretação: Cada afirmação refere-se a uma das três subescalas de autoridade parental. Os itens 1, 4 e 7 refletem a autoridade parental permissiva, os itens 2, 5 e 8 indicam a autoridade flexível, e os itens 3, 6 e 9 tratam da autoridade parental autoritária. A subescala em que você marcou mais itens como "Normalmente verdadeiro" pode revelar expectativas pessoais de seus primeiros modelos que moldam a sua autoridade como um novo gestor. As expectativas autoritárias geralmente se encaixam em uma estrutura vertical tradicional com regras fixas e uma hierarquia clara de autoridade (características da organização mecanicista). As expectativas de autoridade flexível caberiam, em geral, na organização horizontal, como equipes de gerenciamento, projetos e reengenharia (características da organização orgânica). Como a maioria das organizações prospera na estrutura, as expectativas permissivas podem ser insuficientes para impor a responsabilização sob qualquer estrutura. De que modo os seus modelos de infância afetam suas expectativas de autoridade? Lembre-se de que esse teste é apenas um guia, porque suas expectativas atuais sobre a autoridade podem não refletir diretamente as experiências de infância.

Fonte: Adaptado de John R. Buri, "Parental authority questionnaire", *Journal of Personality and Social Assessment* 57 (1991): 110-119.

manchou a imagem da respeitada emissora e deixou os escritórios executivos da BBC em tumulto. O diretor-geral renunciou após apenas dois meses no cargo, e dois executivos seniores se desligaram sob pressão quando a organização percebeu o que estava errado. Tony Hall, o novo diretor-geral, enfatizou a necessidade de mudar a cultura na BBC, apelando para "mais responsabilidade pessoal" e estrutura de gestão mais clara e simples. Muitos problemas contribuíram para a crise, mas um deles era a cadeia de comando confusa, sem linhas claras de autoridade para a tomada de decisão. Após a crise de Savile, a liderança editorial estava sob extrema pressão, e houve uma confusão sobre quem tinha a responsabilidade pela decisão de ter transmitido a história do político, por exemplo.[15]

Outro conceito importante relacionado à autoridade é a delegação.[16] **Delegação** é o processo que os gestores usam para transferir a autoridade e a responsabilidade para os cargos abaixo deles na hierarquia. Atualmente, a maioria das empresas incentiva os gestores a delegar autoridade ao menor nível possível, proporcionando o máximo de flexibilidade para atender às necessidades dos clientes e se adaptar às mudanças no ambiente. Considere como a alta gestão da Meetup.com recuperou a empresa ao impulsionar a autoridade e responsabilidade para baixo até as linhas de frente.

Como ilustrado por esse exemplo, delegar a tomada de decisão aos gestores e funcionários de nível mais baixo pode ser altamente motivador e melhorar a velocidade, flexibilidade e criatividade. No entanto, muitos gestores consideram difícil delegar. Quando não podem delegar, os gestores minam o papel dos subordinados e impedem que as pessoas façam o trabalho de forma eficaz.

Autoridade de linha e de pessoal

Em muitas empresas, há uma distinção importante entre a autoridade de linha e a de pessoal, refletindo se os gestores trabalham em departamentos de linha ou de pessoal na estrutura da organização. Os departamentos de linha executam tarefas que refletem as principais metas e missão da organização. Em uma empresa de *software*, os departamentos de linha elaboram e

> "A transição mais difícil para alguém que era trabalhador operacional e virou gestor está relacionada ao ato de delegar. Do que você desistiria? Como convencer os subordinados a realizar aquilo que caberia a você?"
>
> — TACHI YAMADA, PRESIDENTE DO BILL & MELINDA GATES FOUNDATION'S GLOBAL HEALTH PROGRAM

Forma inovadora
Meetup.com

A Meetup.com é a empresa conhecida por organizar a campanha presidencial de Howard Dean em 2004. Como organização que ajuda outras pessoas a criar organizações, a Meetup tem sido fundamental na criação de grupos locais para tudo, de protestos a clubes de jardinagem. Quando a Meetup.com passou por um período de rápida expansão, os principais executivos implantaram uma estrutura de comando e controle como forma de regular e monitorar o desempenho. A empresa ainda tinha um "quadro de avaliação" que trabalhava com os gestores para supervisionar o que os funcionários podiam e não podiam fazer. Entretanto, segundo Greg Whalin, diretor de tecnologia, "a produtividade despencou". Um dia, o gestor sênior levou o CEO Scott Heiferman para a sala de conferências e mostrou-lhe a lista de queixas, incluindo: "Não somos uma empresa criativa" e "Odeio o organograma".

Heiferman decidiu seguir na direção oposta e delegou a autoridade e responsabilidade aos funcionários. Agora, os funcionários da Meetup têm liberdade quase total para selecionar os projetos em que trabalham e decidir como e quando realizá-los. Com a autoridade e responsabilidade para a definição de prioridades e tomada de decisões, a criatividade dos funcionários disparou. Além disso, muitas pessoas começaram a trabalhar mais duro do que nunca. "Temos feito mais em seis semanas do que fizemos em seis meses do ano passado", disse Heiferman.[17]

Poder Verde

Novo departamento

A **SAP** criou seu primeiro cargo de diretor de sustentabilidade em 2009, e Peter Graf, ex-cientista da computação, lidera a equipe global que supervisiona as iniciativas de sustentabilidade. Para mudar a SAP, Graf e equipe concentram-se prioritariamente no topo da hierarquia, com o propósito de orientar o conselho administrativo da empresa. *E-mails* e boletins regulares enviados aos membros do conselho definiram a terminologia e responderam a algumas questões (como "O que significa 'compensar' em termos de sustentabilidade?"). Além disso, Graf e equipe lembram aos membros do conselho os incidentes dentro da própria história corporativa da SAP, como a decisão de um grande cliente alemão em interromper as encomendas de *softwares* porque a empresa não tinha código de conduta de sustentabilidade.

Em uma reunião oficial do conselho da SAP, os membros decidiram adotar políticas de sustentabilidade. Consultaram um especialista e ajudaram o novo departamento a mudar o pensamento de sustentabilidade dos funcionários, fornecedores e clientes.

Fonte: Michael S. Hopkins, "How SAP made the business case for sustainability", *MIT Sloan Management Review* 52, n. 1 (Fall 2010): 69–72.

---

vendem o produto. Em uma empresa *on-line*, os departamentos de linha seriam os que desenvolvem e gerenciam as ofertas e vendas *on-line*. Os departamentos de pessoal incluem todos os que fornecem competências especializadas em apoio aos departamentos de linha. Os departamentos de pessoal têm relação consultiva com os departamentos de linha e, em geral, incluem *marketing*, relações de trabalho, pesquisa, contabilidade e RH.

A **Autoridade de linha** significa que as pessoas em posições administrativas têm a autoridade formal para dirigir e controlar os subordinados imediatos. A **autoridade de pessoal** é mais estreita e envolve o direito de aconselhar, recomendar e assessorar a área de atuação dos especialistas da equipe. A autoridade de pessoal é uma relação de comunicação; os especialistas da equipe aconselham os gestores em áreas técnicas. Por exemplo, o departamento financeiro de uma empresa de manufatura teria autoridade de pessoal para coordenar os departamentos de linha sobre quais formas de contabilidade usar para facilitar a compra de equipamentos e padronizar os serviços de folha de pagamento. A BP tem um novo departamento de segurança criado na sequência da explosão da plataforma petrolífera da BP-Transocean Deepwater Horizon no Golfo do México, que matou 11 membros da tripulação e desencadeou um desastre ambiental. O papel desse departamento é orientar os gestores dos departamentos de linha sobre a gestão de risco, os acordos com as empreiteiras e outras questões relacionadas à segurança. Ao contrário de muitos especialistas da equipe, a unidade de segurança da BP tem amplos poderes para contestar as decisões dos gerentes de linha quando as considera muito arriscadas.[18]

TEMA RECENTE

Para entender a importância da cadeia de comando e esclarecer as linhas de autoridade, responsabilidade e delegação, considere a explosão da plataforma petrolífera Deepwater Horizon. As atividades foram tão vagamente organizadas que ninguém parecia saber quem era o responsável ou qual era seu nível de autoridade e responsabilidade. Quando ocorreu a explosão, a confusão reinou. Andrea Fleytas, de 23 anos de idade, emitiu um *mayday* (pedido de socorro) no rádio quando percebeu que ninguém havia feito isso, mas ela foi punida por exceder sua autoridade. Um gerente disse que não pediu ajuda porque não sabia se tinha autorização para fazê-lo. Outro ainda afirmou que tentou ligar para a costa, mas obteve como resposta que o pedido precisava vir de outra pessoa. Os membros da tripulação sabiam que um desligamento de emergência precisava ser feito, mas houve uma confusão sobre quem tinha autoridade para dar o aval. Com a propagação do fogo, vários minutos se passaram antes que as pessoas tivessem instruções para evacuar. Mais uma vez, Fleytas, alarmada, ligou o sistema de endereços públicos e anunciou que a tripulação estava abandonando a plataforma. De acordo com o funcionário Carlos Ramos, "A cena era muito caótica. Não havia nenhuma cadeia de comando. Ninguém no comando". No resultado da explosão e do derramamento de óleo, diversas agências federais também estavam na berlinda por causa da supervisão frouxa e da confusão sobre a responsabilidade que levou a atrasos e desentendimentos que prolongaram o sofrimento das comunidades locais.[19]

AMPLITUDE ADMINISTRATIVA

A **amplitude administrativa** é o número de funcionários subordinados a um supervisor. Às vezes denominada como amplitude de controle, essa característica de estrutura determina quão perto um supervisor pode monitorar os subordinados. Visões tradicionais da concepção da organização recomendam uma amplitude administrativa de sete a dez subordinados por gestor. No entanto, muitas organizações enxutas de hoje têm amplitudes administrativas de 30, 40 e até mais. Na operação bicoitos Gamesa da PepsiCo, Inc. no México, por exemplo, os funcionários são treinados para manter a produção funcionando sem problemas e são recompensados pela qualidade, pelo trabalho em equipe e pela produtividade. As equipes são tão produtivas e eficientes que as fábricas Gamesa operam com uma média de 56 subordinados por gestor.[20] Uma pesquisa realizada ao longo dos últimos 40 anos ou mais mostra que a amplitude administrativa varia muito e que vários fatores a influenciam.[21] Em geral, quando os supervisores estão estreitamente associados aos subordinados, a amplitude deve ser pequena, e quando os supervisores precisam se envolver pouco com os subordinados, ela pode ser grande. A lista a seguir descreve os fatores associados a menos envolvimento do supervisor e, portanto, mais amplitudes administrativas:

+ O trabalho realizado pelos subordinados é estável e rotineiro.
+ Os subordinados executam tarefas de trabalho semelhantes.
+ Os subordinados estão concentrados em um único local.
+ Os subordinados são altamente treinados e precisam de pouca orientação na execução das tarefas.
+ Regras e procedimentos que definem as atividades da tarefa estão disponíveis.
+ Os sistemas de apoio e de pessoal estão disponíveis para o gestor.
+ Pouco tempo é necessário nas atividades que não sejam de supervisão, como a coordenação com outros departamentos ou o planejamento.
+ As preferências e os estilos pessoais dos gestores favorecem a grande amplitude.

A amplitude administrativa média adotada em uma organização determina se a estrutura é alta ou plana. Uma **estrutura alta** tem amplitude estreita geral e mais níveis hierárquicos. Uma **estrutura plana** tem vasta amplitude, é dispersa horizontalmente e tem menos níveis hierárquicos.

Ter muitos níveis hierárquicos e amplitudes administrativas estreitas é um problema estrutural comum para as organizações. Na pesquisa realizada pela Conference Board, 72% dos gestores entrevistados disseram que acreditavam que suas organizações tinham muitos níveis de gestão.[22] O resultado pode ser que as decisões de rotina sejam feitas por níveis muito altos da organização, o que afasta os executivos de nível mais alto das importantes questões estratégicas e de longo alcance, e limita a criatividade, inovação e prestação de contas dos gestores de nível mais baixo.[23] A tendência nos últimos anos tem sido no sentido de amplitudes administrativas mais extensas como forma de facilitar a delegação.[24]

> **Faça uma pausa**
>
> Leia atentamente o caso apresentado na seção "Aplique suas habilidades: dilema ético", no material complementar, sobre questões de autoridade, responsabilidade e delegação. O que você faria?

Um estudo recente descobriu que a amplitude administrativa para os CEOs dobrou nas últimas duas décadas, passando de aproximadamente cinco para cerca de dez gestores que se reportam diretamente à alta gerência. Nesse caso, a amplitude administrativa para esses gestores que se reportam ao topo também aumentou.[25] Ao mesmo tempo, os tipos de cargo na equipe executiva estão mudando: a função de diretor operacional (*chief operating officer* – COO) está em declínio e as de CIO ou de diretor de *marketing* têm sido incorporadas à equipe executiva.[26] Uma série de fatores pode influenciar a amplitude administrativa ideal de um alto executivo. Em geral, as pessoas que assumiram recentemente os cargos de gestão querem maior amplitude administrativa para que possam avaliar os executivos e aprender outros aspectos do negócio. A fim de disponibilizar mais tempo para a interação direta com clientes, parceiros ou reguladores, um CEO precisará de amplitude administrativa mais estreita. Para tanto, deverá alocar mais responsabilidades aos subordinados diretos e liberar mais tempo para as atividades externas. Por sua vez, um CEO envolvido em uma grande transformação interna pode precisar de uma amplitude administrativa mais extensa para ficar atento ao que está acontecendo em toda a organização.[27] A Figura 10.2 mostra como uma empresa de metais internacionais foi reorganizada. O conjunto de vários níveis de gestores apresentado no painel *a* foi substituído por dez gerentes operacionais e nove especialistas da equipe que se reportam diretamente ao CEO, como mostra o painel *b*. O CEO recebeu com prazer essa amplitude administrativa de 19 subordinados de gestão porque se adaptava ao seu estilo, a equipe de gestão tinha um alto nível e precisava de pouca supervisão, e todos eles estavam localizados no mesmo andar de um prédio comercial.

CENTRALIZAÇÃO E DESCENTRALIZAÇÃO

Centralização e descentralização referem-se ao nível hierárquico em que as decisões são tomadas. **Centralização** significa que a autoridade de decisão está localizada perto do topo da organização. Com a **descentralização**, a autoridade de decisão é empurrada para os níveis mais baixos da organização. As empresas podem ter a experiência para encontrar o nível hierárquico correto para tomar decisões. Por exemplo, os maiores sistemas escolares são altamente centralizados. No entanto, um estudo realizado por

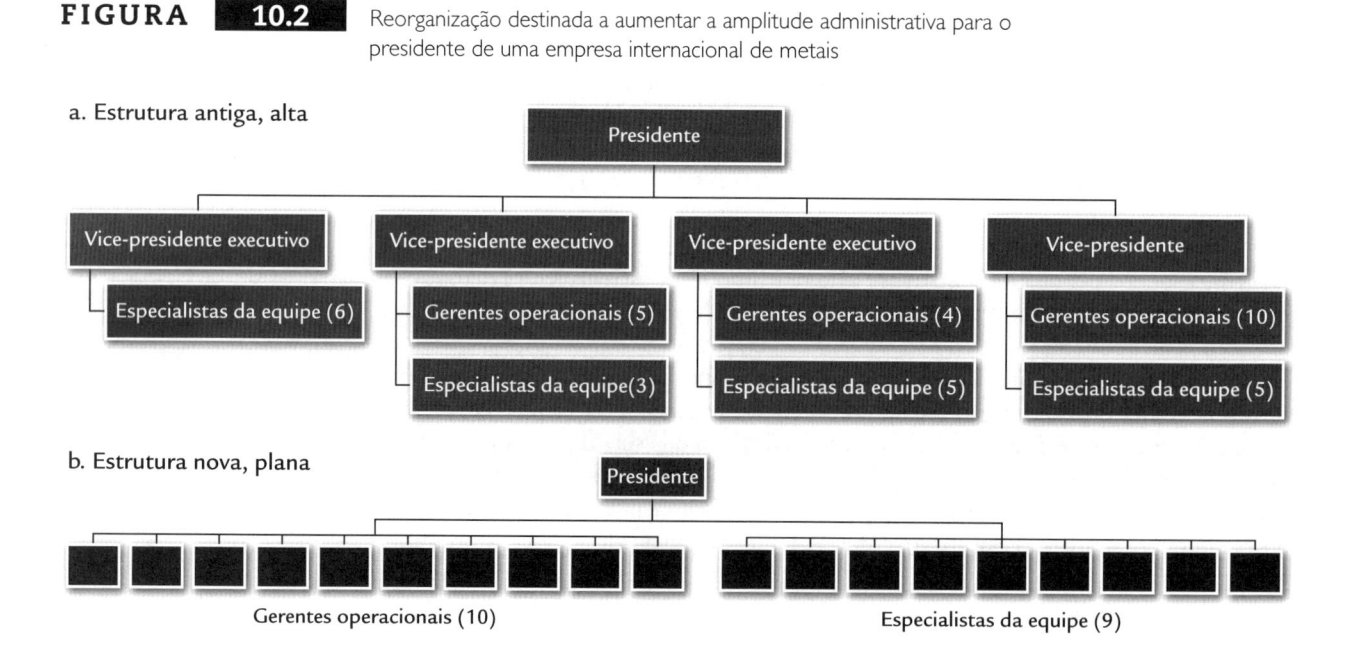

FIGURA 10.2 Reorganização destinada a aumentar a amplitude administrativa para o presidente de uma empresa internacional de metais

a. Estrutura antiga, alta

- Presidente
  - Vice-presidente executivo
    - Especialistas da equipe (6)
  - Vice-presidente executivo
    - Gerentes operacionais (5)
    - Especialistas da equipe (3)
  - Vice-presidente executivo
    - Gerentes operacionais (4)
    - Especialistas da equipe (5)
  - Vice-presidente
    - Gerentes operacionais (10)
    - Especialistas da equipe (5)

b. Estrutura nova, plana

- Presidente
  - Gerentes operacionais (10)
  - Especialistas da equipe (9)

William Ouchi constatou que três grandes sistemas escolares urbanos que mudaram para uma estrutura descentralizada (dando aos diretores e professores mais controle sobre recursos humanos, programação e métodos de ensino e materiais) tiveram um desempenho melhor e mais eficiente do que os sistemas centralizados de porte semelhante.[28] Na Grã-Bretanha, os líderes do governo esperam que a mesma coisa aconteça quando eles descentralizarem o Serviço Nacional de Saúde (National Health Service – NHS) do país. O sistema está passando pela reestruturação mais radical desde que foi fundado em 1948. O objetivo do plano é transferir o controle do orçamento anual de saúde para os médicos locais. Os líderes acreditam que a descentralização resultará em corte de custos, simplificação e racionalização dos procedimentos e redução da ineficiência ao "colocar o poder nas mãos de pacientes e médicos".[29]

Nos Estados Unidos e no Canadá, a tendência, ao longo dos últimos 30 anos, tem sido ampliar ainda mais a descentralização das organizações. Há a expectativa de que a descentralização seja capaz de aliviar a carga sobre a alta gestão, levar os funcionários a utilizar mais as competências e habilidades que possuem, assegurar que as decisões sejam tomadas rapidamente por pessoas bem informadas e permitir uma resposta mais rápida às mudanças externas. Stanley McChrystal, ex-comandante das forças da Organização do Tratado do Atlântico Norte (Otan) no Afeganistão, disse certa vez: "Aprendi [...] que qualquer tarefa complexa é mais bem abordada pelo achatamento das hierarquias. Faz todos se sentirem como se estivessem no círculo interno, de modo que desenvolvem um senso de propriedade".[30] Mesmo nas empresas japonesas, como a Toyota, que têm forte tradição de centralização, o poder da descentralização já promove o senso de propriedade.

Forma inovadora
Toyota

"Não tivemos que voltar ao Japão para pedir aprovação de tudo", afirmou Randy Stephens, engenheiro-chefe do Centro Técnico Toyota de Ann Arbor, em Michigan, onde a nova versão do Avalon foi projetada e construída. "Podemos voltar para revisar o *status* do projeto, mas há um sentimento de propriedade sobre este carro aqui."

A nova versão do Avalon, projetada e constituída em Michigan e construída em Kentucky, está sendo promovida como o veículo mais norte-americano da empresa. É o primeiro protótipo não desenvolvido no Japão e está indo tão bem nos testes que a Toyota pode descentralizar a tomada de decisões para as subsidiárias da empresa. Depois de quatro anos de crise, os gestores da Toyota têm reconstruído gradualmente uma empresa mais forte, o que inclui a delegação de responsabilidades de modo mais geral.

A empresa foi altamente criticada pela necessidade de coordenar todas as decisões a respeito das questões de segurança e *recalls* da sede. Os executivos, desde então, revisaram o processo de controle de qualidade e descentralizaram grande parte da tomada de decisão para os gerentes regionais responsáveis pela segurança na América do Norte, Europa e Ásia.[31]

Embora muitas decisões ainda sejam tomadas pelos executivos da sede, a Toyota tem percebido que algumas delas precisam ser tomadas perto da ação. Os gerentes regionais acreditam que os problemas da Toyota deram aos altos executivos a liberdade para assumir riscos que poderiam não ter assumido de outro modo.[32]

No entanto, nem toda organização deve descentralizar todas as decisões. Dentro de muitas empresas, geralmente há um "cabo de guerra entre centralização e descentralização", à medida que os altos executivos querem centralizar algumas operações para eliminar a duplicação, enquanto os gerentes de divisão de negócios querem manter o controle descentralizado.[33] Os gestores devem diagnosticar a situação organizacional e selecionar o nível da tomada de decisão que melhor atenda às necessidades da empresa.

Os fatores que geralmente influenciam a centralização *versus* a descentralização são os seguintes:

- *Mais mudança e incerteza no ambiente são, em geral, associadas à descentralização.* Um bom exemplo de como a descentralização pode ajudar a lidar com mudanças rápidas e a incerteza ocorreu após o furacão Katrina em 2005. A Mississippi Power restaurou a eletricidade em apenas 12 dias, em grande parte graças ao sistema de gestão descentralizada que empoderou as pessoas nas subestações elétricas para tomar decisões rápidas no local.[34]
- *A quantidade de centralização ou descentralização deve caber à estratégia da empresa.* O Google prosperou durante anos com a abordagem descentralizada que permitia às pessoas criativas seguir a própria direção e administrar suas áreas como quisessem. A descentralização se ajusta à estratégia de permitir às pessoas criativas inovar e responder rapidamente às necessidades dos consumidores. À medida que a empresa crescia, entretanto, começou a perder o foco com a abordagem independente. Larry Page trouxe centralização ao Google para se ajustar à estratégia de torná-lo mais consistente e competitivo na era pós-PC. Page eliminou dezenas de projetos não essenciais ou malsucedidos e reorganizou a empresa para se concentrar nas principais áreas de produtos e dar aos altos executivos mais responsabilidade e prestação de contas pelos resultados.[35]
- *Em tempos de crise ou de risco de falência da empresa, a autoridade pode ser centralizada no topo.* Lembre-se de nosso exemplo de como a BP centralizou as operações de exploração, desenvolvimento e produção, de modo que um único executivo ficou responsável pelas operações de *upstream*. Anteriormente, três executivos lidavam com a unidade de *upstream*, mas Robert Dudley, CEO da BP, acreditava que era necessária uma forte estrutura centralizada para gerenciar o risco.

Lembre-se disto

- A **cadeia de comando** é uma linha ininterrupta de autoridade que vincula todos os indivíduos na organização e especifica quem se reporta a quem.
- **Autoridade** refere-se ao direito formal e legítimo de um gestor para tomar decisões, dar ordens e alocar recursos para alcançar os resultados desejados pela organização.
- **Responsabilidade**, o outro lado da moeda da autoridade, é a obrigação de executar a tarefa ou atividade atribuída aos gestores.
- **Prestação de contas** significa que as pessoas com autoridade e responsabilidade estão sujeitas a reportar e justificar os resultados das tarefas àqueles acima delas na cadeia de comando.
- Quando os gestores transferem a autoridade e a responsabilidade para os cargos abaixo deles na hierarquia, trata-se de **delegação**.
- Os gestores podem ter **autoridade de linha**, que se refere ao poder formal para dirigir e controlar subordinados imediatos, ou **autoridade de pessoal**, que se refere ao direito de informar, aconselhar e recomendar a área de atuação dos especialistas de equipe.
- **Amplitude administrativa**, às vezes chamado de *amplitude de controle*, refere-se ao número de funcionários subordinados a um supervisor.
- Uma **estrutura alta** caracteriza-se pela amplitude administrativa estreita geral e pelo número relativamente grande de níveis hierárquicos.
- Uma **estrutura plana** é caracterizada pela amplitude administrativa ampla geral e por relativamente poucos níveis hierárquicos.
- A tendência segue em direção de amplitudes administrativas mais amplas e com mais descentralização.
- **Descentralização** significa que a autoridade de decisão é empurrada para os níveis mais baixos da organização.
- **Centralização** significa que a autoridade de decisão fica perto dos níveis mais altos da organização.

Departamentalização

Outra característica fundamental da estrutura organizacional é a **departamentalização**, que é a base para o agrupamento dos cargos em departamentos e destes em toda a empresa. Os gestores fazem escolhas sobre como usar a cadeia de comando para o grupo de pessoas que executarão o trabalho. Cinco abordagens referentes ao projeto estrutural refletem diferentes utilizações da cadeia de comando na departamentalização, como mostra a Figura 10.3. As abordagens funcional vertical, divisional e matricial são propostas tradicionais que dependem da cadeia de comando para definir os agrupamentos em departamentos e as relações de subordinação ao longo da hierarquia. Duas abordagens inovadoras são a criação de equipes e o uso de redes virtuais, que surgiram para atender às novas necessidades organizacionais em um ambiente global turbulento.

A diferença básica entre as estruturas (veja a Figura 10.3) é a maneira como os funcionários são departamentalizados e a quem eles se reportam.[36] Cada abordagem estrutural está descrita em detalhes nas próximas seções.

ABORDAGEM FUNCIONAL VERTICAL

Na **estrutura funcional**, também chamada de *forma em U* (*estrutura unitária*), as atividades são agrupadas por função comum de baixo para o topo da organização.[37] A estrutura funcional agrupa os cargos em departamentos com base em habilidades semelhantes, perícia, atividades de trabalho e utilização de recursos. Esse tipo de estrutura pode ser pensado como departamentalização pelos recursos organizacionais, porque cada tipo de atividade funcional – contabilidade, RH, engenharia e fabricação – representa os recursos específicos para a realização de tarefas da empresa. Pessoas, instalações e outros recursos que representam uma função comum são agrupados em um único departamento. Um exemplo é a Blue Bell Creameries, que conta com conhecimentos aprofundados nos vários departamentos funcionais para produzir sorvete de alta qualidade para um mercado regional limitado. O departamento de controle de qualidade, por exemplo, testa todos os ingredientes que entram e garante que apenas o melhor vá para o sorvete da Blue Bell. Os inspetores de qualidade também testam os produtos de saída e, em função de anos de experiência, podem detectar o menor desvio da qualidade esperada. A empresa também tem departamentos funcionais, como vendas, produção, manutenção, distribuição, pesquisa e desenvolvimento (P&D) e finanças.[38]

Como funciona

Veja a Figura 10.1, que apresenta um exemplo de estrutura funcional. Os principais departamentos sob responsabilidade do presidente são agrupamentos de competências e recursos semelhantes, como contabilidade, RH, produção e *marketing*. Cada um dos departamentos funcionais está preocupado com a organização como um todo. O departamento de *marketing* é responsável por todas as vendas e pelo *marketing*, por exemplo, e o departamento de contabilidade lida com questões financeiras para a empresa inteira.

A estrutura funcional é um projeto fortemente verticalizado. A informação flui para cima e para baixo na hierarquia vertical, e a cadeia de comando concentra-se no topo da organização. Na estrutura funcional, as pessoas de um departamento comunicam-se principalmente umas com as outras para coordenar o trabalho e realizar as tarefas ou implantar as decisões passadas para o nível mais baixo da hierarquia. Gestores e funcionários são compatíveis porque recebem treinamento e especialização semelhantes. Em geral, as regras e os procedimentos regem os deveres e as responsabilidades de cada funcionário, e os funcionários de níveis hierárquicos mais baixos aceitam o direito dos superiores na hierarquia de tomar decisões e emitir as ordens.

FIGURA 10.3 Cinco abordagens para o projeto estrutural

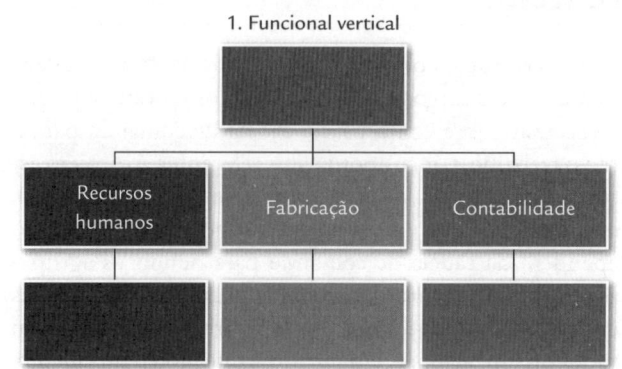

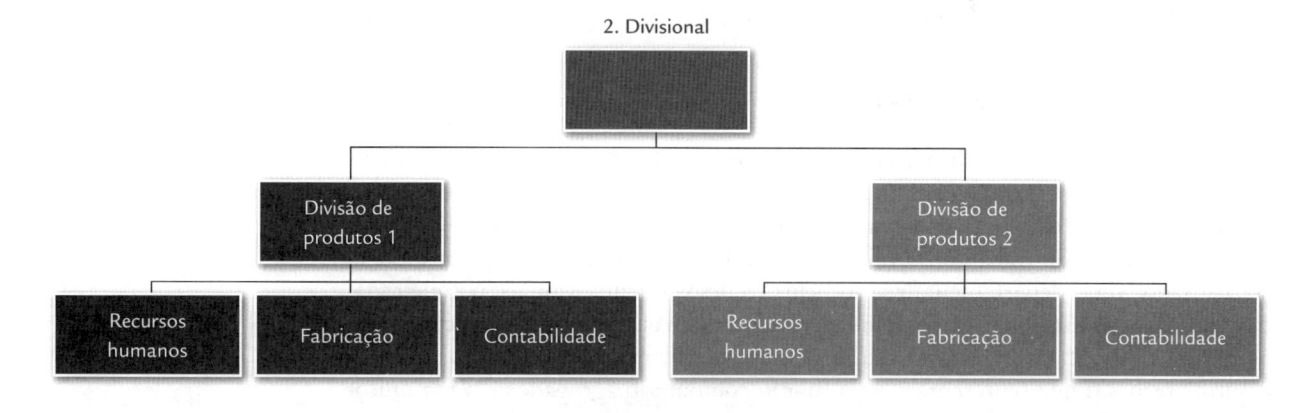

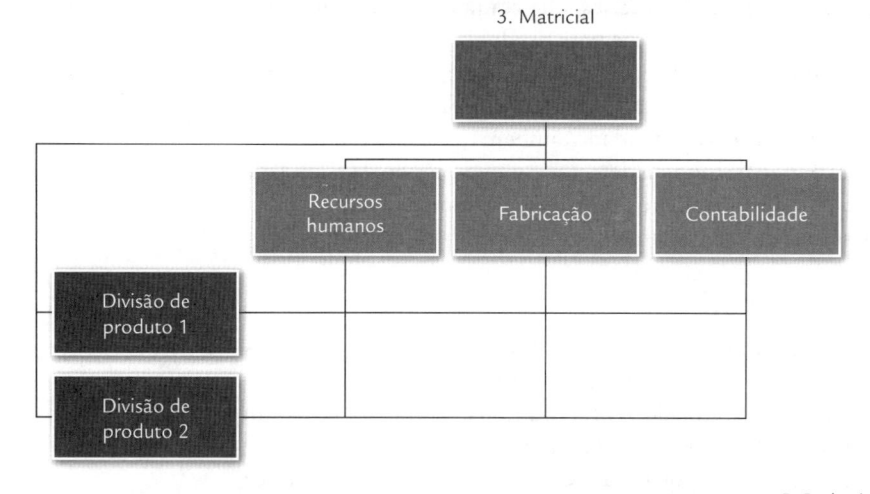

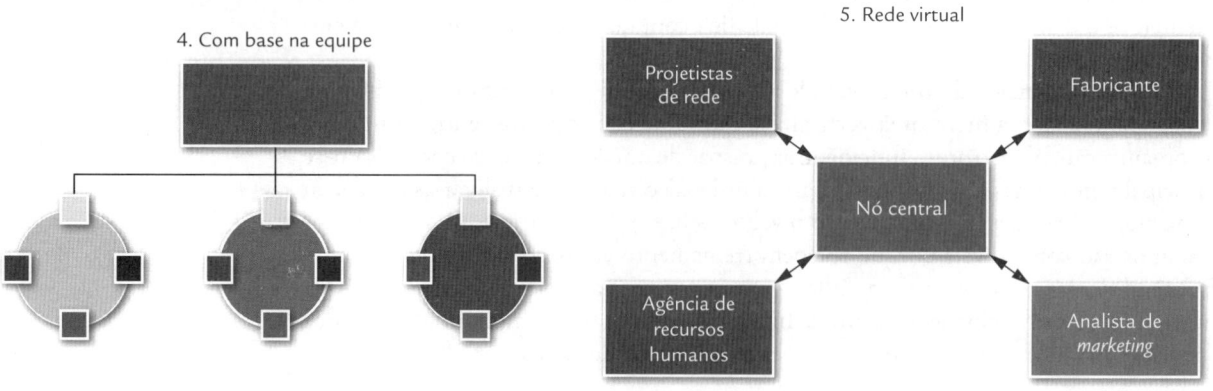

1. Funcional vertical

- Recursos humanos
- Fabricação
- Contabilidade

2. Divisional

- Divisão de produtos 1
  - Recursos humanos
  - Fabricação
  - Contabilidade
- Divisão de produtos 2
  - Recursos humanos
  - Fabricação
  - Contabilidade

3. Matricial

- Recursos humanos
- Fabricação
- Contabilidade
- Divisão de produto 1
- Divisão de produto 2

4. Com base na equipe

5. Rede virtual

- Projetistas de rede
- Fabricante
- Nó central
- Agência de recursos humanos
- Analista de *marketing*

Vantagens e desvantagens funcionais

O agrupamento de funcionários por tarefa comum permite economias de escala e uso eficiente dos recursos. Por exemplo, na US Airways, todos os funcionários da TI trabalham no mesmo grande departamento. Eles têm os conhecimentos e as habilidades para lidar com praticamente qualquer assunto relacionado à TI. Grandes departamentos com base funcional melhoram o desenvolvimento de habilidades aprofundadas porque as pessoas trabalham com uma variedade de problemas relacionados e estão associadas a outros especialistas do próprio departamento. Como a cadeia de comando concentra-se no topo, a estrutura funcional também oferece uma forma de centralizar a tomada de decisão e assegurar a direção unificada da alta gestão. As principais desvantagens se refletem nas barreiras que existem entre os departamentos. Como as pessoas são separadas em departamentos distintos, a comunicação e a coordenação entre as funções são, muitas vezes, ruins, o que provoca uma resposta lenta às mudanças ambientais. Inovação e mudança exigem o envolvimento de vários departamentos. Outro problema é que as decisões que envolvem mais de um departamento podem acumular-se no topo da organização e ser adiadas.

▶▶▶ **Conexão de conceito**

Fabricante de produtos utilizados para prevenção, diagnóstico e tratamento de doenças, a empresa de ciências da saúde **Nordion Inc.** recentemente foi dividida em duas novas unidades de negócios: Targeted Therapies e Specialty Isotopes. De acordo com Steve West, CEO da Nordion, a nova **estrutura divisional** foi estrategicamente projetada para "considerar os ciclos de vida dos produtos originais e as necessidades dos nossos clientes em cada uma das áreas". Com sede em Ottawa, em Ontário, no Canadá, a Nordion tem negócios em 60 países.

ABORDAGEM DIVISIONAL

Ao contrário da abordagem funcional, em que as pessoas são agrupadas por habilidades e recursos comuns, a **estrutura divisional** ocorre quando os departamentos são agrupados com base em resultados organizacionais semelhantes. Por meio da estrutura divisional, também chamada de *forma em M* (*multidivisional*) ou *descentralizada*, as divisões separadas podem ser organizadas com responsabilidade para produtos individuais, serviços, grupos de produtos, projetos ou programas, divisões, empresas ou centros de lucro.[39] A estrutura divisional também é chamada, às vezes, de *estrutura de produto*, *de programa* ou *de unidade autossuficiente*. Cada uma dessas denominações significa essencialmente a mesma coisa: os diversos departamentos são reunidos para produzir uma única saída organizacional, seja um produto, programa ou serviço para um único cliente.

A maioria das grandes corporações tem divisões separadas que executam tarefas distintas, utilizam tecnologias diferentes ou atendem clientes diferentes. Quando uma grande organização produz para mercados diferentes, a estrutura divisional funciona porque cada divisão é um negócio autônomo. Por exemplo, o Google tem sete divisões de produtos: YouTube, Chrome e os aplicativos, Android, Knowledge (pesquisa), produtos de anúncio, Geo e Commmerce, e Google+ (rede social).[40] O Walmart utiliza três divisões principais para as lojas: Walmart, Sam's Club (Estados Unidos) e lojas internacionais. Cada uma dessas três grandes divisões é subdividida em divisões geográficas menores para melhor atender os clientes em diferentes regiões.[41]

Como funciona

As estruturas funcional e divisional são ilustradas na Figura 10.4. Em uma estrutura divisional, as divisões são criadas como unidades autossuficientes, com os departamentos funcionais separados para cada divisão. Por exemplo, na Figura 10.4, cada recurso necessário para produzir o produto é atribuído a cada divisão do departamento funcional. Na estrutura funcional, todos os engenheiros de P&D são agrupados e trabalham em todos os produtos, e, na divisional, os departamentos separados de P&D são

FIGURA 10.4 — Estrutura funcional *versus* divisional

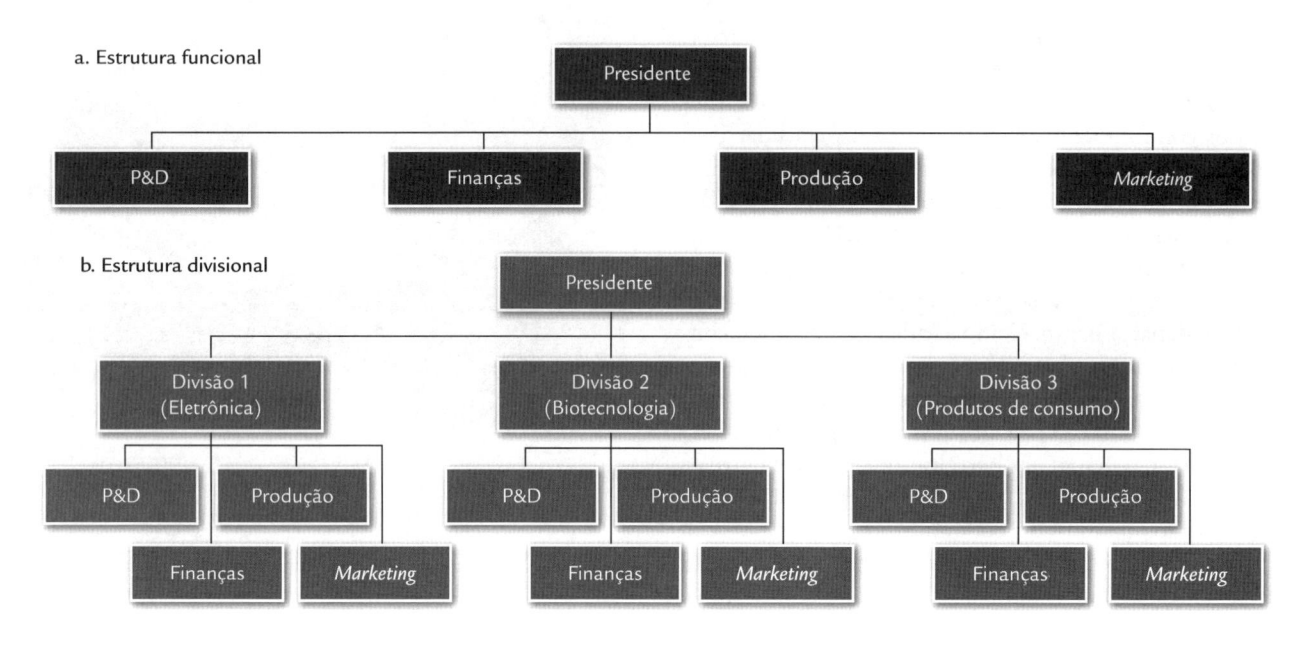

a. Estrutura funcional

- Presidente
  - P&D
  - Finanças
  - Produção
  - *Marketing*

b. Estrutura divisional

- Presidente
  - Divisão 1 (Eletrônica)
    - P&D
    - Produção
    - Finanças
    - *Marketing*
  - Divisão 2 (Biotecnologia)
    - P&D
    - Produção
    - Finanças
    - *Marketing*
  - Divisão 3 (Produtos de consumo)
    - P&D
    - Produção
    - Finanças
    - *Marketing*

---

criados dentro de cada divisão. Cada departamento é menor e concentra-se em uma única linha de produto ou segmento de clientes. Os departamentos são duplicados entre as linhas de produtos.

A principal diferença entre essas duas estruturas é que, na divisional, a cadeia de comando de cada função concentra-se no nível mais baixo da hierarquia. Na estrutura divisional, as diferenças de opinião entre P&D, *marketing*, produção e finanças são resolvidas no nível divisional e não pelo presidente. Dessa forma, esse tipo de estrutura encoraja a descentralização. A tomada de decisão é empurrada para baixo pelo menos um nível na hierarquia, liberando o presidente e os altos gestores para o planejamento estratégico. Se as divisões não estabelecem um consenso, não conseguem coordenar ou começam a tomar decisões que ferem a organização, as decisões são levadas novamente para o topo.

Divisões geográficas ou baseadas nos clientes

Uma alternativa para atribuir a responsabilidade divisional é agrupar as atividades da empresa por região geográfica ou grupo de clientes. Por exemplo, o Internal Revenue Service (IRS – a Receita Federal dos Estados Unidos) mudou para a estrutura focada em quatro grupos distintos de contribuintes (clientes): indivíduos, pequenas empresas, corporações e agências sem fins lucrativos ou governamentais.[42] A Figura 10.5 mostra uma estrutura geográfica global. Na estrutura com base geográfica, todas as funções de determinado país ou região se reportam ao mesmo gestor de divisão. A estrutura se concentra nas atividades da empresa sobre as condições do mercado local. A vantagem competitiva pode vir da produção ou da venda de um produto ou serviço adaptado para determinado país ou região. Bob Iger, CEO da Walt Disney Company, reorganizou o Disney Channel em divisões geográficas, porque o que atrai as pessoas em diferentes países varia. Os executivos do estúdio em Burbank, na Califórnia, ficaram irritados com a reorganização, mas valeu a pena. Um dado curioso sobre essa questão geográfica: Iger não conhecia o programa número 1 veiculado pelo Disney Channel Itália – *Il mondo di Patty*, um programa barato, no estilo de telenovela, sobre uma garota da Argentina. "É importante que os produtos da Disney sejam apresentados de formas culturalmente relevantes", afirmou Iger sobre a reorganização geográfica.[43] Grandes organizações sem fins lucrativos, como o National Council of YMCAs, Habitat for Humanity International e

FIGURA 10.5 Estrutura organizacional global com base geográfica

```
                        Diretor executivo
                              |
                       Staff corporativo
       _____|_____
      |              |              |              |
 Divisão oeste   Divisão leste   Divisão da    Divisão
 dos Estados    dos Estados    América Latina  da Ásia
    Unidos         Unidos
```

Girl Scouts of the USA, também costumam usar um tipo de estrutura geográfica, com sede central e as unidades locais semiautônomas.[44]

Vantagens e desvantagens divisionais

Ao distribuir os funcionários e os recursos ao longo das linhas de divisão, a organização obtém flexibilidade e agilidade para mudar, porque cada unidade é pequena e está em sintonia com o ambiente. Por ter funcionários trabalhando em uma única linha de produtos, a preocupação com as necessidades dos clientes é elevada. A coordenação entre os departamentos funcionais é melhor porque os funcionários são agrupados em um único local e estão comprometidos com uma linha de produtos. Apesar de haver uma grande coordenação dentro das divisões, a coordenação entre elas é, muitas vezes, ineficiente. Podem ocorrer problemas quando as divisões autônomas seguem em direções opostas. No Google, Larry Page realinhou a estrutura divisional para estabelecer a coordenação adequada entre as divisões. "Pela primeira vez, alguém está pensando nos produtos do Google", afirmou Sundar Pichai, líder da unidade Chrome.[45] Há, ainda, duas desvantagens significativas: duplicação de recursos e alto custo de funcionamento de divisões separadas. Em vez de um único departamento de pesquisa, em que todas as pessoas de pesquisa utilizam uma única instalação, cada divisão pode ter o próprio centro de pesquisa. A organização perde eficiência e economias de escala. Além disso, o tamanho pequeno dos departamentos dentro de cada divisão pode resultar na falta de especialização técnica, experiência e formação.

ABORDAGEM MATRICIAL

A **abordagem matricial** combina simultaneamente aspectos de ambas as estruturas, funcional e divisional, na mesma parte da organização. A estrutura matricial evoluiu como a forma de melhorar a coordenação horizontal e o compartilhamento de informações.[46] Uma característica única da matriz é que há duas linhas de autoridade. Na Figura 10.6, a hierarquia funcional da autoridade corre verticalmente, e a hierarquia da divisão de autoridade, horizontalmente. A estrutura vertical fornece controle tradicional dentro dos departamentos funcionais, e a horizontal, a coordenação entre eles. A operação norte-americana da Starbucks, por exemplo, usa divisões geográficas para o oeste/Pacífico, noroeste/montanhas, sudeste/planícies e nordeste/Atlântico. Os departamentos funcionais, como finanças, *marketing* etc., são centralizados e funcionam como as próprias unidades verticais, além de apoiarem as divisões horizontais.[47] A estrutura matricial, portanto, dá suporte à cadeia de comando formal para as relações funcionais (vertical) e divisionais (horizontal). Como resultado dessa estrutura dupla, alguns funcionários se reportam a dois supervisores simultaneamente.

FIGURA 10.6 Estrutura de autoridade dupla na organização matricial

Como funciona

As linhas duplas de autoridade tornam a matriz única. Para saber como a matriz funciona, considere a estrutura matricial global apresentada na Figura 10.7. As duas linhas de autoridade são geográfica e de produtos. O chefe geográfico na Alemanha coordena todas as subsidiárias no país, e o chefe dos produtos de plásticos coordena a fabricação e a venda de produtos de plásticos em todo o mundo. Na Alemanha, os gestores das empresas subsidiárias locais se reportam a dois superiores: o chefe nacional e o de produtos. A estrutura de autoridade dupla viola o conceito da unidade de comando descrita anteriormente neste capítulo, mas é necessária para dar igual ênfase às linhas de autoridade funcional e divisional. Ter duas linhas de autoridade pode ser confuso,

FIGURA 10.7 Estrutura matricial global

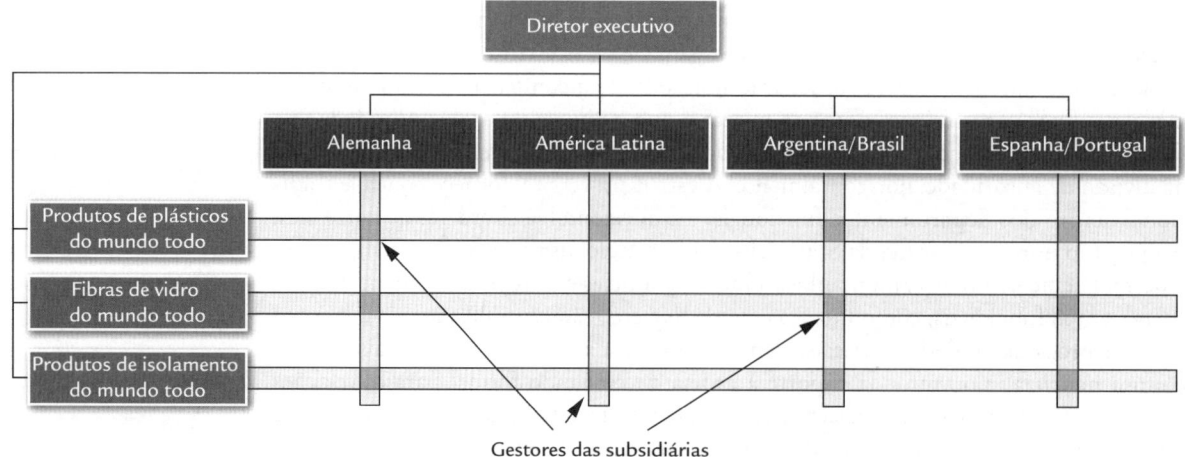

mas, depois que os gestores aprendem a usar essa estrutura, a matriz oferece simultaneamente excelente coordenação para cada região geográfica e cada linha de produto.

O sucesso da estrutura matricial depende das capacidades das pessoas nos principais cargos da matriz. Os **funcionários de dois chefes**, aqueles que se reportam a dois supervisores simultaneamente, devem resolver as demandas conflitantes dos chefes da matriz. Devem trabalhar com os gestores seniores para tomar decisões conjuntas. Precisam de excelentes habilidades em relações humanas com as quais irão confrontar os gestores e resolver conflitos. O **chefe matriz** é o chefe de produtos ou funcional, responsável por um dos lados da matriz. O **líder executivo** é responsável por toda a matriz. Este supervisiona o produto e as cadeias de comando funcionais. Sua responsabilidade é manter o equilíbrio de poder entre os dois lados da matriz.

Se houver discussões entre eles, o problema será de responsabilidade do líder executivo.

Vantagens e desvantagens da matriz

A matriz pode ser altamente eficaz em um ambiente complexo em rápida mutação, em que a organização precisa ser flexível, inovadora e adaptada.[48] O conflito e as reuniões frequentes gerados pela matriz permitem que novas questões sejam levantadas e resolvidas. A estrutura matricial torna o uso do RH eficiente, pois os especialistas podem ser transferidos de uma divisão para outra. Um grande problema com a matriz é a confusão e a frustração causadas pela cadeia dupla de comando.[49] Os chefes da matriz e os funcionários de dois chefes têm dificuldade com as relações de subordinação dupla. A estrutura matricial também pode gerar alto nível de conflitos por jogar as metas divisionais contra as metas funcionais em uma estrutura interna ou as metas da linha de produtos contra as metas nacionais em uma estrutura global. A rivalidade entre os dois lados da matriz pode ser extremamente difícil de ser administrada para os funcionários de dois chefes. Esse problema leva à terceira desvantagem: o tempo perdido em reuniões e discussões dedicadas à resolução de um conflito. Muitas vezes, a estrutura matricial leva a mais discussão do que ação, pois estão sendo abordados objetivos e pontos de vista diferentes. Os gestores podem gastar muito tempo coordenando reuniões e atribuições, o que tira o tempo das atividades centrais de trabalho.

Lembre-se disto

- **Departamentalização** é a base para o agrupamento de cargos individuais em departamentos e destes na organização total.
- As três abordagens tradicionais para a departamentalização são: funcional, divisional e matricial.
- A **estrutura funcional** agrupa os funcionários em departamentos, com base em habilidades, tarefas e utilização de recursos semelhantes.
- A **estrutura divisional** agrupa os funcionários e os departamentos com base nas saídas organizacionais semelhantes (produtos ou serviços), de modo que cada divisão tenha um misto de habilidades e tarefas funcionais.
- A abordagem alternativa à estrutura divisional é agrupar funcionários e os departamentos com base na região geográfica ou no grupo de clientes.
- O Disney Channel é estruturado em divisões geográficas para melhor atender aos interesses das crianças e dos adolescentes de diferentes partes do mundo.
- A **abordagem matricial** utiliza simultaneamente a cadeia funcional e a divisional de comando na mesma parte da organização.
- Na estrutura matricial, alguns funcionários, chamados de **funcionários de dois chefes**, reportam-se a dois supervisores simultaneamente.
- O **chefe de matriz** é um supervisor funcional ou de produtos responsável por um dos lados da matriz.
- Na estrutura matricial, o **líder executivo** supervisiona tanto o produto quanto as cadeias de comando funcionais e é responsável por toda a matriz.
- Cada abordagem da departamentalização tem vantagens e desvantagens distintas.

Abordagem de equipe

Nos últimos anos, a tendência mais generalizada na departamentalização tem sido a implantação de conceitos de equipe. A cadeia de comando vertical é um poderoso meio de controle, mas passar todas as decisões para o topo da hierarquia leva muito tempo e mantém a responsabilidade no topo. A abordagem de equipe fornece aos gestores uma maneira de delegar a autoridade, empurrar a responsabilidade para os níveis mais baixos e ser mais flexível e ágil em um ambiente global complexo e competitivo. O Capítulo 18 tratará desse tema de forma mais detalhada.

Como funciona

Muitas empresas adotam uma abordagem baseada em **equipes multifuncionais**: funcionários de vários departamentos funcionais distintos que prestam atendimento como uma equipe e resolvem problemas mútuos. Por exemplo, na Total Attorneys, empresa sediada em Chicago, que fornece *software* e serviços para pequenas empresas jurídicas, o CEO Ed Scanlan percebeu que a estrutura funcional, que quebrou projetos em etapas sequenciais que eram jogadas de um departamento para outro, estava deixando as coisas tão devagar que as necessidades dos clientes por vezes já haviam mudado no momento em que o produto era concluído. A fim de resolver esse problema, Scanlan criou equipes pequenas, multifuncionais, para aumentar a coordenação horizontal. Agora, *designers*, programadores e testadores de garantia da qualidade trabalham em conjunto em cada projeto.[50] As equipes multifuncionais podem fornecer a coordenação horizontal necessária para complementar a estrutura divisional ou funcional existente. Um uso frequente de equipes multifuncionais é para alterar projetos, como um novo produto ou a inovação de serviços. Os membros da equipe ainda costumam se reportar aos departamentos funcionais, mas também podem se reportar ao líder da equipe.

A segunda abordagem consiste em utilizar **equipes permanentes**, grupos de funcionários organizados de forma semelhante a um departamento formal. Cada equipe reúne colaboradores de todas as áreas funcionais com foco em uma tarefa ou projeto específico, como o fornecimento de peças e a logística para uma fábrica de automóveis. A ênfase é na comunicação horizontal e no compartilhamento de informações, porque os representantes de todas as funções estão coordenando seus trabalhos e habilidades para concluir uma tarefa organizacional específica. A autoridade é empurrada para os níveis mais baixos, e os funcionários da linha de frente sempre têm liberdade para tomar decisões e agir por conta própria. Os membros da equipe podem compartilhar ou alternar a liderança. Com a **estrutura com base na equipe**, toda a organização é composta por equipes horizontais que coordenam a própria atividade e trabalham diretamente com clientes para alcançar as metas da empresa. Na Whole Foods Market, a estrutura de equipe é considerada um dos principais contribuintes para o sucesso da empresa. Cada loja Whole Foods é composta por oito ou mais equipes autogerenciadas que supervisionam departamentos como produtos frescos, alimentos preparados, laticínios ou

Conexão de conceito

Hospitais e outros prestadores de cuidados de saúde enfrentam uma grande necessidade de **coordenação** porque os cuidados médicos precisam ser integrados. Por exemplo, os cuidados colaborativos, como os dessa **equipe multifuncional** composta por uma enfermeira, um médico e uma nutricionista, têm como objetivo dar assistência a pacientes com doenças crônicas de modo que estes possam reduzir as visitas ao departamento de emergência. Em Chicago, o Rush University Medical Center iniciou o projeto Virtual Integrated Practice (VIP) para dar aos médicos de clínicas particulares acesso a equipes de médicos, nutricionistas, farmacêuticos e assistentes sociais. O VIP replica a colaboração, que pode ocorrer em um ambiente hospitalar, permitindo que os membros compartilhem informações via *e-mail*, telefone e fax.

caixa. As equipes são responsáveis por todas as principais decisões operacionais, como seleção de produtos, precificação, pedidos, contratação e promoções nas lojas, e pelo próprio desempenho.[51] As equipes estão relacionadas à tendência *bossless*, que é descrita no boxe "Conversa com gestores" apresentado a seguir.

Vantagens e desvantagens da equipe

A abordagem de equipe quebra as barreiras entre departamentos e melhora a coordenação e a cooperação. Os membros da equipe procuram saber dos problemas e compromissos uns dos outros, em vez de buscarem cegamente os próprios objetivos. O conceito de equipe também permite que a organização possa se adaptar mais rapidamente às solicitações dos clientes e mudanças ambientais e acelera a tomada de decisão, porque as decisões não precisam ir para o topo da hierarquia para aprovação. Outra grande vantagem é o impulso moral. Em geral, os funcionários ficam entusiasmados com o envolvimento em projetos maiores, em vez de tarefas departamentais estreitas. Na Lockheed Martin's Missiles, da divisão de controle de incêndio da Pike County Operations de Troy, no Alabama, todos os funcionários trabalham em equipes autogerenciadas que estabelecem metas de desempenho e tomam decisões relacionadas à montagem e aos testes de sistemas de mísseis avançados. As equipes da Pike County Operations contribuíram até 100% na pontualidade da entrega com zero rejeição de clientes para a divisão.[52]

No entanto, a abordagem de equipe também tem desvantagens. Os funcionários podem ficar entusiasmados com a participação da equipe, mas também podem vivenciar conflitos e lealdades duplas. Uma equipe multifuncional pode fazer diferentes exigências de trabalho para os membros do que fazem para os seus gerentes de departamento, e os membros que participam de mais de uma equipe devem solucionar esses conflitos. Grande quantidade de tempo é dedicada às reuniões, aumentando assim o tempo de coordenação. A menos que a organização realmente precise de equipes para coordenar projetos complexos e se adaptar ao ambiente, ela vai perder a eficiência da produção com eles. Por fim, a abordagem de equipe pode causar grande descentralização. Os gestores seniores de departamento que tradicionalmente tomam decisões podem se sentir excluídos quando uma equipe segue em frente por conta própria. Os membros da equipe muitas vezes não percebem o aspecto geral da corporação e podem tomar decisões boas para o grupo, mas ruins para a organização como um todo.

ABORDAGEM DE REDE VIRTUAL

A abordagem mais recente sobre departamentalização estende a ideia de coordenação horizontal e colaboração além das fronteiras da organização. Em uma variedade de setores, as organizações hierárquicas verticalmente integradas estão perdendo espaço para grupos de empresas frouxamente interconectados com fronteiras permeáveis.[53] Terceirização, que significa cultivar certas atividades, como fabricação ou processamento de crédito, tornou-se uma tendência significativa. A varejista britânica J. Sainsbury, por exemplo, permite que a Accenture lide com todo o seu departamento de TI. A Ohio State University planeja terceirizar seu sistema de estacionamento. E a cidade de Maywood, na Califórnia, decidiu terceirizar tudo, desde a manutenção das ruas até o policiamento e a segurança pública. O orçamento para o departamento de polícia costumava ser de aproximadamente oito milhões de dólares. Agora, a cidade paga cerca de metade ao departamento de polícia de Los Angeles (Los Angeles County Sheriff), e, segundo os moradores, o serviço melhorou.[54] A empresa farmacêutica Pfizer está usando a abordagem inovadora, que permite que alguns funcionários passem certas partes dos trabalhos para uma empresa de terceirização na Índia, com o clique de um botão. Por meio da "terceirização pessoal", as empresas, em vez de transferirem todas as funções para as contratadas, cedem apenas algumas tarefas tediosas e demoradas, que passam a ser realizadas pelo parceiro terceirizado. Enquanto isso, os funcionários da empresa se concentram em um trabalho de valor mais elevado.[55]

Conversa com GESTORES

Estrutura *bossless* de cabeça para baixo

Algumas empresas estão descobrindo que as estruturas de comando e de controle do passado não funcionam com a força de trabalho de hoje. Os jovens são mais exigentes e estão muito envolvidos com as mídias sociais e a internet. Assim, a estrutura *bossless* está evoluindo de organogramas rígidos para equipes operacionais e de projeto fluido, de descrições de trabalho estreitas para projetos dinâmicos com múltiplos papéis de liderança, de atribuições de cima para baixo para iniciativas de baixo para cima por equipes auto-organizadas.

- **Como isso funciona na nova empresa?** Na Ciplex, empresa de criação da web, não há nenhuma estrutura. Não há departamentos. Não há cargos como vice-presidente, executivo ou gestor. O organograma está de cabeça para baixo, com os clientes no topo, os funcionários no centro e os superiores (chamados de "equipe de apoio") na parte inferior. Virar a estrutura promove uma cultura em que a satisfação do cliente é a prioridade. Os funcionários, em vez de permanecerem nos departamentos, fazem parte de equipes multifuncionais. Nesse contexto, eles – e não os chefes – solucionam os problemas para atender às necessidades dos clientes.

- **Como isso funciona em uma empresa já existente?** Um dos primeiros experimentos do tipo *bossless* foi realizado por Gerry Rich e sua equipe na fábrica de produtos químicos agrícolas Ciba-Geigy de Cambridge, em Ontário, no Canadá. A produtividade subiu de 20% a 30% depois que os chefes foram demitidos. A preservação sagrada dos chefes – definindo os horários, gerenciando os custos, escrevendo descrições de trabalho, entrevistando novas contratações e tomando importantes decisões – agora é responsabilidade dos funcionários. "Tiramos as camadas de burocracia que sufocavam o incentivo", afirmou Rich. O grande impacto da reorganização estava nos ex-administradores, que agora são chamados de "conselheiros". Eles tiveram que aprender novas funções para facilitar o trabalho em equipe, liderar programas de treinamento e ajudar a solucionar conflitos. Muitos preferiram sair a mudar. O sobressalto mais difícil foi quando um supervisor temporário era necessário e os ex-administradores tiveram que usar o próprio turno para lidar com os outros funcionários.

- **Como as pessoas progridem?** Na Valve, uma desenvolvedora de videogames, não há promoções porque não existe hierarquia. Não existe uma escada corporativa para alavancar a carreira de ninguém. Entretanto, os funcionários consideram fácil ascender na empresa. Como há sempre novos projetos, os funcionários crescem e aprendem. Com relação aos aumentos salariais, os funcionários classificam os colegas votando em quem cria mais valor. A estrutura plana funciona bem para as pessoas envolvidas em processos criativos e inovação, porque permite que a informação seja difundida por completo. Dessa forma, elas ficam expostas a mais ideias e ao pensamento diverso.

- **Concentre-se na proximidade física.** Na Valve, os advogados sentam-se com os engenheiros e outros membros da equipe em mesas vizinhas, de modo que possam compartilhar o conhecimento e compreender os desafios e as habilidades uns dos outros. De acordo com o *site* da Valve, a empresa adota o sistema *bossless* desde a fundação e não tem gestores nem projetos atribuídos de forma hierárquica. Os 300 funcionários recrutam colegas para trabalhar em projetos considerados importantes. As mesas dos funcionários são montadas sobre rodas, permitindo que mudem rapidamente para novas áreas de trabalho.

Fontes: Com base em Ilya Pozin, "Why you need to flip your org chart", Inc., June 6, 2012, disponível em: <http://www.inc.com/ilya-pozin/why-you-need-to-flip-your-org-chart.html>, acesso em: 19 nov. 2013; Rachel Emma Silverman, "Who's the boss? There isn't one", *The Wall Street Journal*, June 19, 2012, disponível em: <http://online.wsj.com/news/articles/SB10001424052702303379204577474953586383604>, acesso em: 20 jun. 2012; Will Freeman, "Valve's five point guide to 'bossless management'", July 10, 2012, DEVELOP Web site, disponível em: <http://www.develop-online.net/news/valve-s-five-point-guide-to-bossless-management/0112454>, acesso em: 11 jul. 2012; J. Southerst, *Canadian Business*, April 1992, 65 (4), 46–51.

Algumas empresas adotam essa abordagem de rede ao extremo para criar uma estrutura inovadora. Na **estrutura de rede virtual**, a empresa terceiriza a maioria das principais funções, que serão coordenadas a partir de uma pequena organização na sede.[56] Philip Rosedale, fundador da Linden Labs, criou a SendLove (anteriormente denominada LoveMachine) e a gerencia de sua casa e de cafés em São Francisco. A SendLove desenvolve *softwares* que permitem aos funcionários enviar mensagens como "Obrigado" ou "Bom trabalho!" pelo Twitter. Quando a mensagem é enviada, todos na empresa recebem uma cópia, o que eleva o moral. Deve-se destacar que o *software* básico é gratuito para as empresas. A empresa não tem funcionários em tempo integral para o desenvolvimento; em vez disso, funciona com uma rede de *freelancers* que oferecem trabalhos como a criação de novos recursos, reparo de falhas e assim por diante. Rosedale também contrata a folha de pagamento e outras tarefas administrativas.[57]

Como funciona

A organização pode ser vista como uma sede rodeada por uma rede de especialistas externos, às vezes espalhados por todo o mundo, como mostra a Figura 10.8. Em vez de ficarem alojados sob o mesmo teto, serviços como contabilidade, *design*, produção e distribuição são terceirizados para separar as organizações eletronicamente ligadas a um escritório central.[58] Os sistemas de rede de computadores, o *software* colaborativo e a internet permitem que as organizações troquem dados e informações de forma tão rápida e tranquila que uma rede vagamente conectada de fornecedores, fabricantes, montadores e distribuidores pode parecer uma empresa contínua.

▶▶▶ Conexão de conceito

William Wang, fundador da Vizio, Inc., produz visor de cristal líquido (*liquid crystal display* – LCD) e televisores de plasma com preços competitivos usando a **abordagem de rede virtual**. Para manter os custos baixos, Wang executa uma operação enxuta e terceiriza manufatura, P&D e suporte técnico. Segundo o fundador da Vizio, a abordagem de rede tem dado ótimos resultados. Após dez anos no negócio, a empresa tornou-se a principal marca de TV de tela plana nos Estados Unidos e recebeu a mais alta classificação na satisfação do cliente.

FIGURA 10.8 Abordagem de rede para a departamentalização

Por meio de um sistema de redes, uma empresa pode se concentrar no que faz melhor e contratar outras atividades de empresas com competência distinta naquelas áreas específicas. Dessa forma, a empresa contratante pode fazer mais com menos.[59] A empresa de alimentos "coração saudável" Smart Balance tem sido capaz de inovar e expandir rapidamente por meio da abordagem de rede virtual.

Com a estrutura de rede utilizada na Smart Balance, é difícil responder à pergunta "Onde fica a organização?" em termos tradicionais. As diferentes partes da empresa estão reunidas contratualmente e são coordenadas por via eletrônica, criando uma nova forma de organização. De forma semelhante aos blocos de apartamentos, as partes da rede podem ser acrescentadas ou retiradas para atender às necessidades em constante mudança.[60]

Forma inovadora
Smart Balance

A Smart Balance tem 67 funcionários, mas, aproximadamente, 400 pessoas trabalham para a empresa. Ela começou fazendo cobertura amanteigada e agora tem uma linha de coberturas, todas de manteiga de amendoim natural, leite reforçado por nutrientes, queijo, coalhada, pipoca e outros produtos. De acordo com os gestores, a abordagem de rede virtual ajudou a empresa a inovar e a expandir-se rapidamente.

A Smart Balance mantém o desenvolvimento de produtos e *marketing* interno, mas usa contratadas para fazer quase todo o resto, incluindo fabricação, distribuição, vendas, serviços de TI e pesquisas e testes. A maneira como a empresa entrou no negócio de leite mostra como a estrutura de rede aumenta a velocidade e a flexibilidade. Peter Dray, vice-presidente de desenvolvimento de produtos, pôde obter a ajuda de que precisava para aperfeiçoar o produto por meio de contratadas. Cientistas externos e consultores de P&D trabalharam na fórmula. A empresa contratou um processador de laticínios para fazer os testes de produção. Um laboratório externo avaliou as alegações nutricionais, e outra empresa realizou testes de paladar com os consumidores.

Todas as manhãs, os funcionários de período integral e os trabalhadores virtuais trocam uma enxurrada de mensagens via *e-mail* e telefonemas para que possam se atualizar sobre o que aconteceu no dia anterior e o que precisa acontecer hoje. Os executivos gastam boa parte do tempo gerenciando as relações. Duas vezes ao ano, eles realizam reuniões com todos da empresa, o que inclui a equipe permanente e as contratadas. As informações são compartilhadas amplamente, e os gestores reconhecem as contribuições das contratadas para o sucesso da empresa, o que ajuda a criar a sensação de unidade e compromisso.[61]

Vantagens e desvantagens da rede virtual

As maiores vantagens da abordagem de rede virtual são a flexibilidade e a competitividade em escala global. A flexibilidade extrema da abordagem de rede é ilustrada por protestos antigovernamentais recentes e pela derrubada de líderes na Tunísia e no Egito, por exemplo.[62] Há uma extensa relação de grupos que compartilham uma missão e objetivos semelhantes, mas que são livres para agir por conta própria, como os que se uniram para planejar as revoltas da "Primavera Árabe" e os grupos terroristas que planejaram os ataques contra os Estados Unidos e outros países. Conforme escreveu o jornalista Dexter Filkins, a respeito da rede terrorista, "Ataca-se qualquer parte dela, e o resto continua praticamente intocado. E eles não podem ser decapitados porque a insurgência, em sua maioria, não tem cabeça".[63]

Do mesmo modo, as empresas de hoje podem se beneficiar da abordagem de rede flexível que lhes permite transferir recursos e responder rapidamente. A organização de rede pode atrair recursos e experiência de todo o mundo para alcançar a melhor qualidade e preço e poder vender seus produtos e serviços mundialmente. A flexibilidade vem da capacidade de contratar quaisquer serviços necessários e mudar alguns meses mais tarde sem restrições às fábricas, aos equipamentos e às instalações que possuem. A organização pode redefinir-se continuamente para atender às novas oportunidades de produtos e de mercado. Essa estrutura talvez seja a mais enxuta de todas as formas de organização porque é necessária pouca supervisão. Não são necessários gestores e grandes equipes de especialistas. A organização de rede pode ter apenas dois ou três níveis de hierarquia, em comparação a dez ou mais das empresas tradicionais.[64]

Uma das principais desvantagens é a falta de controle prático.[65] Os gestores não têm todas as operações sob um teto e devem confiar em contratos, coordenação, negociação e vínculos eletrônicos para manter as coisas sob controle. Cada parceiro na rede age necessariamente em seu próprio interesse. As fronteiras fracas e ambíguas criam mais incerteza e exigências sobre os gestores para definir as metas comuns, gerenciar as relações, manter as pessoas concentradas e motivadas e coordenar as atividades de modo que tudo funcione como deveria. Por exemplo, a K'Nex Brands LP, empresa de brinquedos de propriedade familiar sediada perto da Filadélfia, retirou a maior parte da produção de seus brinquedos de plástico das subcontratadas na China e a levou de volta para a fábrica dos Estados Unidos para manter mais controle sobre a qualidade e os materiais. A segurança dos brinquedos feitos em fábricas no exterior tem sido uma preocupação crescente para os pais. Como os salários e os custos de transporte aumentaram na China, os gestores da K'Nex viram uma vantagem competitiva ao levarem a produção de volta para casa. Da mesma forma, o Walmart, que terceiriza a maior parte do seu envio e recebimento, teve recentemente problemas por causa de alegações de más condições de trabalho e salários retidos nos armazéns das subcontratadas agrupadas em torno de grandes centros de transporte em Illinois, Nova Jersey e Califórnia. Os gestores do Walmart afirmam que começarão a monitorar os armazéns das subcontratadas norte-americanas da mesma forma que monitoram as fábricas no exterior.[66] O atendimento ao cliente e a lealdade também poderão ser comprometidos se os parceiros terceirizados não conseguirem o desempenho esperado.[67] Por fim, nesse tipo de organização, a lealdade dos funcionários pode enfraquecer. Os funcionários podem sentir que serão substituídos por serviços contratuais. A cultura corporativa coesa é menos propensa a se desenvolver, e a rotatividade tende a ser maior porque o compromisso emocional entre a organização e o funcionário é frágil.

TEMA RECENTE

A Figura 10.9 resume as principais vantagens e desvantagens de cada tipo de estrutura abordado.

FIGURA 10.9 Vantagens e desvantagens estruturais

Abordagem estrutural	Vantagens	Desvantagens
Funcional	Utilização eficiente de recursos e economias de escala. Especialização aprofundada das habilidades e do desenvolvimento. Direção e controle realizados pela alta gestão.	Comunicação ruim entre os departamentos funcionais. Resposta lenta às mudanças externas e inovação atrasada. Decisões concentradas no topo da hierarquia, o que pode gerar atrasos.
Divisional	Resposta rápida e flexibilidade em ambiente instável. Alimenta a preocupação com as necessidades do cliente. Excelente coordenação entre os departamentos funcionais.	Duplicação de recursos em todas as divisões. Menos aprofundamento técnico e especialização. Coordenação ruim entre as divisões.
Matricial	Utilização mais eficiente dos recursos do que uma hierarquia única. Flexibilidade e adaptabilidade ao ambiente em mudança. Cooperação interdisciplinar e perícia disponível para todas as divisões.	Frustração e confusão causadas por uma cadeia dupla de comando. Alto conflito entre os dois lados da matriz. Muitas reuniões e mais discussão do que ação.
De equipe	Redução de barreiras entre os departamentos e aumento do compromisso. Tempo de resposta mais curto e decisões mais rápidas. Moral elevado e entusiasmo com o envolvimento dos funcionários.	Lealdade e conflito duplos. Tempo e recursos gastos em reuniões. Descentralização não planejada.
De rede virtual	Pode recorrer à perícia no mundo todo. Altamente flexível e responsiva. Redução das despesas gerais.	Falta de controle e barreiras fracas. Mais exigências sobre os gestores. Lealdade mais fraca do funcionário.

> **Lembre-se disto**
>
> - As abordagens contemporâneas populares sobre departamentalização incluem equipe e estruturas de rede virtual.
> - **Equipe multifuncional** é um grupo de funcionários de vários departamentos funcionais que atendem como uma equipe para solucionar problemas mútuos.
> - A Total Attorneys utiliza equipes multifuncionais para melhorar a coordenação em projetos de *software* e serviços para pequenas firmas de advocacia.
> - **Equipe permanente** é um grupo de funcionários de todas as áreas funcionais que são alocados de forma permanente para que possam se concentrar em uma tarefa ou atividade específica.
> - A **estrutura com base na equipe** é aquela em que toda a organização é composta por equipes horizontais que coordenam as atividades e trabalham diretamente com os clientes para atingir as metas organizacionais.
> - A Whole Foods Market usa a estrutura com base na equipe.
> - Na **estrutura de rede virtual**, a empresa terceiriza a maior parte de suas funções, que serão coordenadas a partir de uma pequena organização na sede.
> - Tanto a equipe quanto a abordagem de rede têm vantagens e desvantagens distintas.

Organização para a coordenação horizontal

Uma das razões para o crescente uso de equipes e redes é que muitos gestores reconhecem os limites das estruturas organizacionais verticais tradicionais em um ambiente em constante mudança. Em geral, a tendência é quebrar barreiras entre os departamentos, e muitas empresas estão se movendo em direção às estruturas horizontais com base nos processos de trabalho e não nas funções departamentais.[68] Entretanto, independentemente do tipo de estrutura, toda organização precisa de mecanismos de integração e coordenação horizontais. A estrutura de uma organização não é completa sem a concepção horizontal, assim como as dimensões verticais da estrutura.[69]

Necessidade de coordenação

Conforme as organizações crescem e evoluem, novos cargos e departamentos são adicionados para lidar com fatores no ambiente externo ou com novas necessidades estratégicas, como descrito anteriormente neste capítulo. À medida que as empresas adicionam cargos e departamentos para atender às novas necessidades, elas se tornam mais complexas, com centenas de cargos e departamentos realizando atividades incrivelmente diversas.

Além disso, os gestores seniores têm de encontrar uma maneira de unir todos esses departamentos. A cadeia de comando formal e a supervisão que esta fornece são eficazes, mas não suficientes. A organização precisa de sistemas para processar informações e possibilitar a comunicação entre as pessoas, em diferentes departamentos e níveis. **Coordenação** refere-se à tarefa de gestão de ajustar e sincronizar as diversas atividades entre os diferentes indivíduos e departamentos. **Colaboração** significa um esforço conjunto entre pessoas de dois ou mais departamentos para produzir resultados que atendam ao objetivo comum ou propósito compartilhado e que são tipicamente maiores do que qualquer um dos indivíduos ou departamentos poderia conseguir trabalhando sozinho.[70] Para entender o valor da colaboração, considere a missão dos Estados Unidos, em 2011, para invadir o complexo de Osama bin Laden no Paquistão. O ataque não teria dado certo sem a estreita colaboração entre a Agência Central de Inteligência (Central Intelligence Agency – CIA) e os militares norte-americanos.

TEMA RECENTE

Tradicionalmente tem havido pouca interação entre os agentes de inteligência do país e seus oficiais militares, mas a guerra contra o terrorismo mudou essa mentalidade. Durante o planejamento para a missão Osama bin Laden, os oficiais militares passaram meses trabalhando todos os dias em estreita colaboração com a equipe da CIA em uma instalação remota e segura no *campus* da agência. "Esse é o tipo de coisa que, no passado, as pessoas que assistiram aos filmes achavam que era possível, mas ninguém no governo pensou que era", afirmou um funcionário depois da missão colaborativa.[71]

No âmbito das organizações de negócios, a colaboração e a coordenação são muito importantes. Sem coordenação, a mão esquerda de uma empresa não vai agir em conjunto com a direita, o que pode provocar problemas e conflitos. A coordenação é necessária, independentemente de a organização ter estrutura funcional, divisional ou de equipe. Os funcionários se identificam com o departamento ou a equipe imediatos, assumindo seu melhor interesse, e podem não querer se comprometer e colaborar com outras unidades, mesmo para o bem da organização como um todo. A coordenação e a colaboração ruins entre as divisões são culpadas pela entrada tardia da Microsoft no mercado rentável de *smartphones* e *tablets*, por exemplo. A alta gestão está tentando mudar isso com uma enorme, porém complicada, reorganização.

Forma inovadora
Microsoft

A Microsoft está tendo dificuldade em manter o ritmo da Apple e do Google, sobretudo porque as divisões da empresa têm estado em guerra entre si há muito tempo. Steven A. Ballmer, CEO de longa data da Microsoft, afirmou recentemente: "Para executar, temos de passar de várias Microsofts para uma Microsoft".

Ballmer e outros altos executivos estão implantando uma grande reorganização que dissolve as oito divisões de produtos existentes em favor de quatro unidades com base em temas amplos. A expectativa da liderança é que esse processo encoraje a colaboração e o trabalho em equipe. O objetivo, segundo Ballmer, é organizar as coisas de modo "a levar uma equipe interempresa para o sucesso". Considerando que cada divisão já tinha os próprios departamentos financeiros e de *marketing*, essas funções foram centralizadas para forçar os grupos a trabalhar mais estreitamente em conjunto para criar produtos completos, em que todos os *hardwares*, *softwares* e serviços funcionem juntos. Em entrevista por telefone, Qi Lu, chefe do Bing e de outras iniciativas de internet da Microsoft, disse que a estrutura antiga era semelhante ao beisebol, porque dava aos jogadores individuais oportunidades a serem executadas. Um modelo melhor para a nova Microsoft, segundo Lu, é o futebol: "Você tem que se juntar antes de cada partida".[72]

É necessário verificar se as divisões da Microsoft, que há muito tempo são rivais, serão capazes de juntar-se e colocar o bem do todo acima das metas individuais. Os problemas da empresa tornaram-se tão preocupantes que, no início de outubro de 2013, três dos 20 maiores acionistas começaram a fazer *lobby* para o conselho pressionar Bill Gates a se demitir como presidente da empresa que ele cofundou 38 anos antes.[73] A Microsoft provavelmente usará diversos mecanismos estruturais, descritos nas próximas seções, para encorajar mais a colaboração entre quatro grandes unidades da organização e tentar reacender a centelha na empresa.

A Microsoft é uma grande organização, com mais de 100 mil funcionários, o que torna a coordenação ainda mais desafiadora. O problema da coordenação e colaboração também é amplificado no cenário internacional, porque as unidades organizacionais são diferenciadas não só por metas e atividades de trabalho, mas também por distância geográfica, diferenças de tempo, valores culturais e, talvez, idioma. Como os gestores podem assegurar que a coordenação e a colaboração necessárias terão lugar em sua empresa, tanto nacional como mundialmente? A coordenação é o resultado de informações e cooperação. Os gestores podem projetar sistemas e estruturas para promover a coordenação e a colaboração horizontais.

A Figura 10.10 ilustra a evolução das estruturas organizacionais, com ênfase crescente na coordenação horizontal. Embora a estrutura funcional vertical seja eficaz em ambientes estáveis, ela não fornece a coordenação horizontal que é necessária em tempos de mudanças rápidas. Inovações como equipes multifuncionais, forças-tarefa e gestores de projeto funcionam na estrutura vertical, mas fornecem um meio para aumentar a comunicação e a cooperação horizontais. A próxima etapa envolve a reengenharia para estruturar a organização em equipes que trabalham em processos horizontais. **Reengenharia** refere-se ao reprojeto radical dos processos empresariais para alcançar melhorias drásticas em custo, qualidade, serviço e velocidade. Como o foco da reengenharia está nos fluxos de trabalho horizontal e não na função, ela leva, em geral, à mudança da estrutura vertical forte para a coordenação horizontal enfaticamente mais forte. A hierarquia vertical é achatada, com, talvez, apenas alguns executivos seniores em funções de suporte tradicionais, como finanças e RH.

FIGURA 10.10
Evolução das estruturas organizacionais

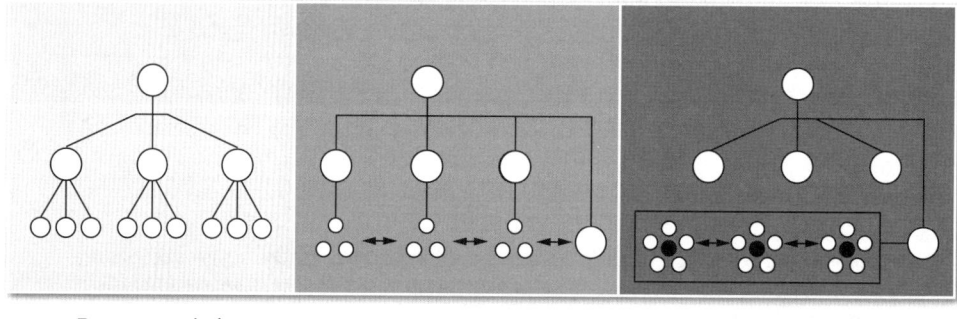

Estrutura vertical tradicional | Equipes multifuncionais e gestores de projeto | Reengenharia para equipes horizontais

Forças-tarefa, equipes e gestão de projetos

A **força-tarefa** é uma equipe temporária ou comissão destinada a solucionar um problema que envolve vários departamentos.[74] Os membros da força-tarefa representam seus departamentos e compartilham informações que possibilitam a coordenação. Por exemplo, na Irving Medical Center, uma unidade da Kaiser Permanente da Califórnia, enfermeiras da sala de operação, cirurgiões, técnicos, pessoal da limpeza e outros se uniram para agilizar o processo da artroplastia total do quadril e artroplastia total do joelho, as cirurgias mais dispendiosas e mais demoradas do hospital. A combinação resultante da coordenação aprimorada e dos recursos realocados significava que o número dessas cirurgias que poderiam ser realizadas aumentou de uma ou duas por dia para até quatro por dia. A melhor coordenação liberou 188 horas de tempo de sala de operação ao ano, o que reflete uma redução significativa de custos.[75] Além de criarem forças-tarefa, as empresas também montaram equipes multifuncionais, como descrito anteriormente. Uma equipe multifuncional promove a coordenação horizontal porque os participantes de vários departamentos encontram-se regularmente para solucionar problemas de interesse comum em andamento.[76] Essa equipe é semelhante a uma força-tarefa, exceto que ela funciona com problemas contínuos, e não com problemas temporários, e pode existir por vários anos. Os membros da equipe pensam em termos de trabalhos que podem realizar em parceria para o bem do todo e não apenas dos próprios departamentos.

Nas empresas, os gestores de projeto são responsáveis também pelo incremento da coordenação. O **gestor de projeto** é a pessoa responsável por coordenar as atividades de diversos departamentos para a conclusão de um projeto específico.[77] Há outras denominações para esse tipo de gestor: gestor de produto, integrador, gestor de programas e proprietário do processo. A característica distinta do cargo de gestor de projeto é que ele não pertence a nenhum departamento. Os gestores de projeto estão fora dos departamentos e têm a responsabilidade de coordenar diversos departamentos para alcançar os resultados desejados. Na General Mills, por exemplo, há um gestor para cada linha de produtos, como Cheerios, Bisquick e Hamburger Helper. Os gestores de produto definem metas orçamentárias e de *marketing* e estratégias. Além disso, obtêm a cooperação da publicidade, da produção e do pessoal de vendas, setores essenciais para a implantação da estratégia do produto.

Em algumas organizações, os gestores de projeto estão incluídos no organograma, conforme mostra a Figura 10.11. Esse tipo de gestor é desenhado do lado do gráfico para indicar a autoridade sobre o projeto, mas não sobre as pessoas que trabalham com ele. As *linhas tracejadas* para o gestor de projeto indicam a responsabilidade pela coordenação da equipe e comunicação com ela, mas os gestores de departamento mantêm a linha de autoridade sobre os funcionários funcionais.

▶▶▶ Conexão de conceito

Forças-tarefa são uma parte comum da vida organizacional e, em geral, atuam na indústria privada, em organizações sem fins lucrativos e nas operações do governo. Após o supertufão Haiyan atingir as Filipinas em novembro de 2013, deixando milhares de mortos e quase meio milhão de desabrigados, vários ramos das Forças Armadas dos Estados Unidos criaram uma força-tarefa para ajudar nos processos de resgate. Composta por membros dos Fuzileiros Navais dos Estados Unidos, da Marinha, do Departamento de Estado e de outras agências, a Força-Tarefa Conjunta 505 (Joint Task Force 505) levou alimento, água e outros suprimentos de emergência necessários para a região.

COORDENAÇÃO RELACIONAL

O maior nível de coordenação horizontal é a **coordenação relacional**, que se refere à "comunicação frequente, oportuna, de resolução de problemas realizada por meio de relações [entre funcionários] de objetivos comuns, conhecimentos compartilhados e respeito mútuo".[78] A coordenação relacional não é um dispositivo ou mecanismo estrutural como um gestor de projeto, mas faz parte da própria estrutura e cultura da organização. Em uma organização com elevado nível de coordenação relacional, as pessoas trocam informações livremente por meio das fronteiras departamentais e interagem continuamente para compartilhar conhecimentos e solucionar problemas. A coordenação é realizada por meio de uma teia de relações positivas em curso e não em decorrência dos cargos de coordenação ou mecanismos formais.[79] Os funcionários coordenam diretamente as unidades uns dos outros. A busca pela coordenação relacional se reflete no ambiente físico em mudança de muitos dos escritórios de hoje. Em vez de separarem

FIGURA 10.11 Exemplo das relações entre o gestor de projeto e outros departamentos

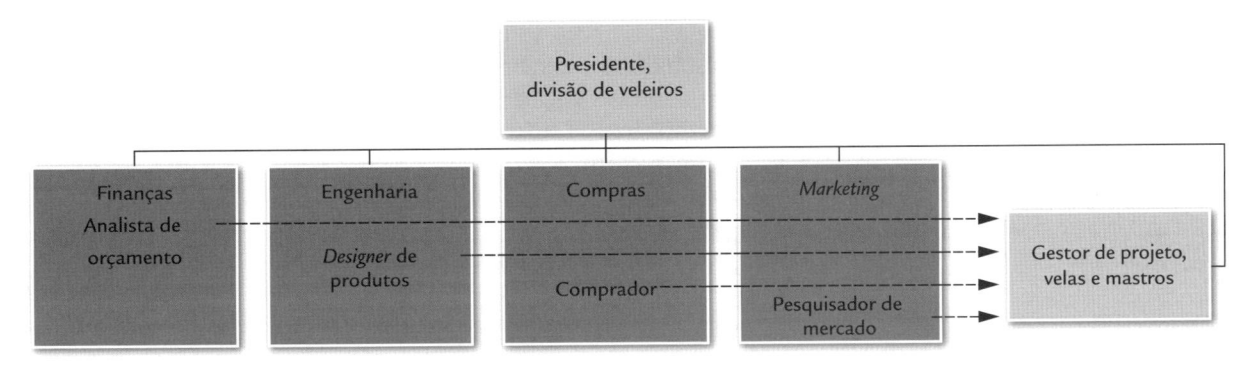

> "Comumente, os gestores de uma empresa partem da premissa de que, se você foi chamado para integrar uma equipe, você já é capaz de responder por ela. Entretanto, a colaboração exige liderança, comprometimento, recursos, treinamento e reforço constante."
>
> – MICHAEL BEYERLEIN, PROFESSOR DA PURDUE UNIVERSITY E COAUTOR DO LIVRO *BEYOND TEAMS: BUILDING THE COLLABORATIVE ORGANIZATION*

as pessoas em cubículos, as empresas estão usando escritórios abertos com espaços tranquilos projetados para conversas e solução de problemas de improviso. Empresas como a Campbell Soup e Microsoft contrataram consultores da fabricante de móveis de escritório Herman Miller para ajudar a projetar os espaços comuns, que incluem "salas fechadas" para reuniões de duas a quatro pessoas. Segundo Beth Jolly, porta-voz da Campbell, "As pessoas estão colaborando muito mais" porque não estão "delimitadas por paredes ou cubículos".[80]

Estudos têm demonstrado que fazer as pessoas trabalharem em estreita proximidade umas das outras aumenta a colaboração.[81] No entanto, alterar o ambiente físico não é suficiente. Para que possam implantar a coordenação relacional na estrutura da organização, os gestores investem na formação das pessoas, a fim de que elas tenham as habilidades necessárias para interagir entre si e resolver os conflitos existentes entre os vários departamentos, em vez de enfatizar apenas as metas dos setores em que atuam. As pessoas ficam livres das regras rigorosas de trabalho, de modo que tenham a flexibilidade de interagir e contribuir onde são necessárias, e as recompensas são fundamentadas nos esforços e nas realizações da equipe. Em geral, como os supervisores da linha de frente têm amplitudes administrativas menores, eles podem desenvolver estreitas relações de trabalho com os subordinados, treiná-los e orientá-los. A Southwest Airlines é um exemplo desse processo.

Forma inovadora
Southwest Airlines

As companhias aéreas enfrentam muitos desafios, mas um ocorre diariamente e centenas de vezes: carregar os aviões e fazê-los decolar com segurança e no horário. A partida do voo é um processo altamente complexo. Inúmeros funcionários de vários departamentos – como agentes de bilhetes, pilotos, comissários de bordo, carregadores de bagagem, agentes de portão, mecânicos, agentes de rampa, atendentes de combustível e assim por diante – realizam diversas tarefas em um período de tempo limitado, sob condições incertas e em constante mudança. Se todos esses grupos não estiverem altamente coordenados, muito provavelmente os voos não sairão no horário.

A Southwest Airlines tem o menor tempo de resposta no negócio, em parte porque os gestores promovem a coordenação relacional para alcançar desempenho superior no horário e um alto nível de satisfação do cliente. Em qualquer companhia aérea, pode haver sérias divergências entre os funcionários sobre quem é o culpado quando um voo está atrasado. Por isso, os gestores da Southwest criaram o que chamam de atraso de equipe. Em vez de procurar quem é o culpado quando algo dá errado, o atraso de equipe é usado para apontar problemas na coordenação entre os vários grupos. A ênfase na equipe concentra todos em suas metas comuns de partida no horário, manuseio preciso de bagagem e satisfação do cliente. Como o atraso se torna um problema da equipe, as pessoas são motivadas a trabalhar em conjunto e coordenar as atividades, em vez de olhar para si mesmas e tentar evitar ou transferir a culpa. Os supervisores trabalham em estreita colaboração com os funcionários, mas o papel deles é menos "ser o chefe", já que facilitam a aprendizagem e ajudam as pessoas a realizar os trabalhos. A Southwest utiliza uma pequena amplitude administrativa de supervisão – um supervisor para cada oito ou nove funcionários da linha de frente –, de modo que os supervisores têm tempo para treinar e ajudar os funcionários, que são vistos como clientes internos.[82]

Por meio de práticas que facilitam a coordenação relacional, os gestores da Southwest garantem que todos os departamentos envolvidos na partida do voo estejam estreitamente coordenados. Quando a coordenação relacional é alta, as pessoas compartilham informações e coordenam as próprias atividades sem precisar ter chefes ou mecanismos formais para dizer-lhes o que fazer.

Lembre-se disto

- Além da estrutura vertical, toda organização precisa de mecanismos para a integração e coordenação horizontais.
- **Coordenação** refere-se à tarefa gerencial de ajustar e sincronizar as diversas atividades entre os diferentes indivíduos e departamentos.
- **Colaboração** significa um esforço conjunto entre pessoas de dois ou mais departamentos para produzir resultados que atendam ao objetivo comum ou propósito compartilhado.
- A bem-sucedida missão dos Estados Unidos para invadir o complexo de Osama bin Laden no Paquistão foi resultado da colaboração entre os agentes de inteligência do país e os oficiais militares.
- À medida que as organizações crescem, elas adicionam novas posições, departamentos e níveis hierárquicos, o que leva a mais problemas de coordenação.
- Há várias formas de aumentar a coordenação horizontal, como grupos de trabalho, equipes, gestores de projeto e coordenação relacional.
- **Força-tarefa** é uma equipe ou comissão temporária formada para resolver um problema específico de curto prazo envolvendo vários departamentos.
- O **gestor de projeto** é a pessoa responsável por coordenar as atividades de diversos departamentos para a conclusão de um projeto específico.
- As empresas, muitas vezes, mudam para a abordagem mais horizontal depois de passar por **reengenharia**, que remete ao reprojeto radical dos processos empresariais para alcançar melhorias drásticas em custo, qualidade, serviço e velocidade.
- **Coordenação relacional** refere-se à coordenação e comunicação horizontais frequentes e realizadas por meio de relações contínuas de metas comuns, conhecimento compartilhado e respeito mútuo.
- A Southwest Airlines atinge o menor tempo de resposta no setor aéreo porque os gestores promovem a coordenação relacional entre as diversas pessoas e os departamentos envolvidos no processo de partida do voo.

Fatores que moldam a estrutura

As hierarquias verticais continuam a prosperar, pois fornecem importantes benefícios para as organizações. Muitas vezes é necessário algum grau de hierarquia vertical para organizar um grande número de pessoas de forma eficaz para realizar tarefas complexas dentro de uma estrutura coerente. Sem uma estrutura vertical, as pessoas de uma grande empresa global não saberiam o que fazer. No entanto, no ambiente atual, a estrutura vertical de uma organização, muitas vezes, precisa ser equilibrada com mecanismos horizontais fortes para atingir o desempenho máximo.[83]

Como os gestores sabem se devem criar uma estrutura que enfatize a hierarquia vertical formal ou outra com ênfase na comunicação e colaboração horizontais? A resposta está nas metas estratégicas da organização e na natureza da tecnologia. Como mostra a Figura 10.12, as forças que afetam a estrutura da organização vêm de dentro e de fora da organização. Necessidades estratégicas externas, como condições ambientais, direção estratégica e objetivos organizacionais, criam pressão de cima para baixo para projetar a organização de forma a se ajustar ao ambiente e realizar objetivos estratégicos. As decisões estruturais também levam em conta as pressões de baixo para cima – ou seja, dos processos de tecnologia e de trabalho executados para produzir produtos e serviços da organização.

FIGURA 10.12 Fatores que afetam a estrutura da organização

```
                    Necessidades
                    estratégicas
                (ambiente, estratégia,
                       metas)
                          ↓
        ┌─────────────┬──────────────┬─────────────┐
        │             │              │             │     Estrutura ideal
        │             │              │             │     da organização
        │             │              │             │
   ┌────┴────┐   ┌────┴────┐    ┌────┴────┐   ┌────┴────┐
                          ↑
                    Necessidades
                    operacionais
                  (processos de
                  tecnologia e de
                     trabalho)
```

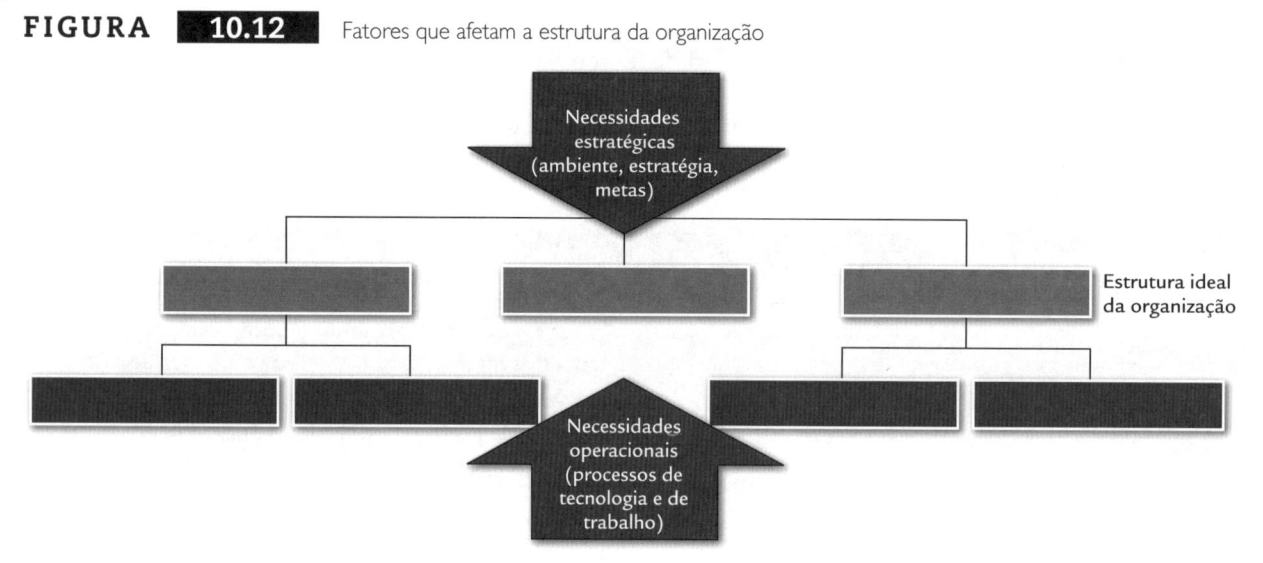

FONTE: Com base em David A. Nadler e Michael L. Tushman, com Mark B. Nadler, *Competing by design: the power of organizational architecture* (New York: Oxford University Press, 1997), p. 54.

A ESTRUTURA SEGUE A ESTRATÉGIA

Estudos demonstram que o desempenho comercial é altamente influenciado pela forma como a estrutura da empresa está alinhada com a intenção estratégica e as necessidades do ambiente, de modo que os gestores se esforçam para buscar estratégias e estruturas que sejam congruentes.[84] No Capítulo 8, abordamos diversas estratégias que as empresas de negócios podem adotar. Duas estratégias propostas por Michael E. Porter são a diferenciação e a liderança de custo.[85] Com a estratégia de diferenciação, a organização tenta desenvolver produtos inovadores exclusivos para o mercado. Com a estratégia de liderança de custo, a organização se concentra na eficiência interna.

Em geral, as metas estratégicas de eficiência de custo ocorrem em ambientes mais estáveis, enquanto as metas de inovação e flexibilidade ocorrem em ambientes mais incertos. Os termos *mecanicista* e *orgânico* podem ser usados para explicar respostas estruturais destinadas à estratégia e ao ambiente.[86] As metas de eficiência e o ambiente estável estão associados ao sistema mecanicista. Normalmente, esse tipo de organização tem estrutura rígida, vertical, centralizada, com a maioria das decisões tomadas no topo. A organização é altamente especializada e caracterizada por regras, procedimentos e hierarquia clara de autoridade. Com as metas de inovação e um ambiente em rápida mudança, no entanto, a organização tende a ser muito mais flexível, de fluxo livre e adaptativa, usando um sistema orgânico. A estrutura é mais horizontal, e a autoridade para tomar decisões é descentralizada. As pessoas em níveis hierárquicos inferiores têm mais responsabilidade e autoridade para solucionar os problemas, permitindo que a organização seja mais fluida e adaptável a mudanças.[87]

A Figura 10.13 mostra uma série simplificada de diferentes abordagens estruturais que estão associadas à estratégia e ao ambiente. A estrutura funcional pura é apropriada para atingir as metas de eficiência interna em um ambiente estável. A estrutura funcional vertical utiliza a especialização de tarefas e a cadeia de comando rígida para obter eficiência de recursos escassos, mas não permite que a organização seja flexível ou inovadora. Em contrapartida, as equipes horizontais são apropriadas quando o objetivo principal é a inovação e a organização precisa de flexibilidade para lidar com um ambiente incerto. Cada equipe é pequena, capaz de reagir, composta de pessoas e com recursos necessários para realizar a tarefa. A estrutura horizontal flexível permite que as organizações diferenciem-se e respondam rapidamente às exigências de um ambiente em mudança, mas à custa da utilização eficiente de recursos.

> **Faça uma pausa**
>
> Para entender como funcionam as estruturas orgânica e mecanicista, faça o teste proposto na seção "Aplique suas habilidades: exercício vivencial", no material complementar.

A Figura 10.13 também mostra como outras formas de estrutura representam etapas intermediárias no caminho da organização para a eficiência ou inovação. A estrutura funcional com equipes multifuncionais e gestores de projeto fornece mais coordenação e flexibilidade em relação à estrutura funcional pura. A estrutura divisional promove a diferenciação, porque cada divisão pode se concentrar em produtos e clientes específicos, embora as divisões tendam a ser maiores e menos flexíveis do que as pequenas equipes. A Figura 10.13 não inclui todas as estruturas possíveis, mas ilustra como as estruturas podem ser usadas para facilitar as metas estratégicas da organização.

Faça uma pausa

Na seção "Aplique suas habilidades: pequeno grupo em prática", no material complementar, você poderá praticar o processo de organização para atender às necessidades estratégicas. Mãos à obra!!!

FIGURA 10.13 Relação de abordagem estrutural para a estratégia e o ambiente

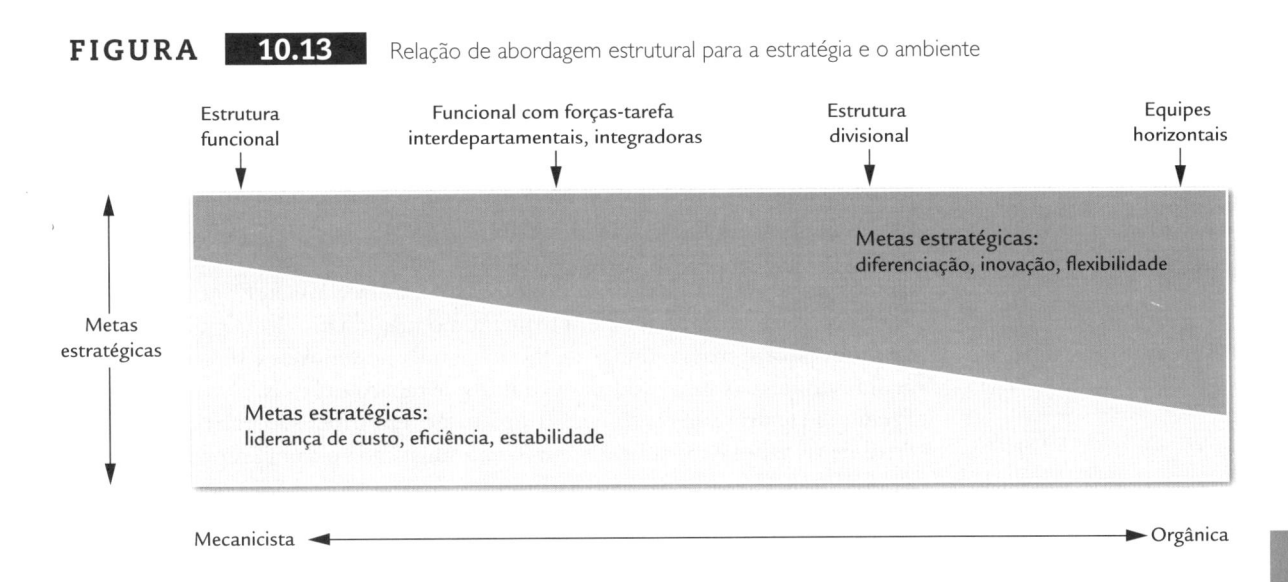

Lembre-se disto

- Os fatores de contingência de metas estratégicas, meio ambiente e tecnologia influenciam a abordagem estrutural correta.
- Uma estrutura mecanicista, vertical, é apropriada para uma estratégia de liderança de custo, que, em geral, ocorre em um ambiente estável.
- Uma abordagem orgânica, horizontal, é necessária para a estratégia de diferenciação e quando a organização precisa de flexibilidade para lidar com um ambiente incerto.

A ESTRUTURA SE ENCAIXA NA TECNOLOGIA

Tecnologia envolve conhecimento, ferramentas, técnicas e atividades usados para transformar entradas organizacionais em saídas.[88] Ela abrange, ainda, máquinas, habilidades dos funcionários e procedimentos de trabalho. Uma maneira útil de pensar sobre a tecnologia é como "atividades de produção". Estas podem servir para produzir conteúdo de *site*, fundição de aço, programas de televisão ou *software* de computador. As tecnologias variam entre as organizações industriais e de serviços.

Tecnologia de fabricação de Woodward

A pesquisa mais influente sobre a relação entre tecnologia de fabricação e estrutura da organização foi conduzida por Joan Woodward, socióloga industrial britânica.[89] Ela reuniu dados de 100 empresas britânicas para determinar se as características estruturais básicas, como sobrecarga administrativa, amplitude administrativa e centralização, eram diferentes entre as empresas. Woodward descobriu que as empresas de fabricação poderiam ser classificadas de acordo com três tipos básicos de tecnologia de produção:

- *Produção de pequenos lotes e por unidades.* As **empresas de produção de pequenos lotes** produzem bens em lotes de um ou alguns produtos destinados à especificação do cliente. Essa tecnologia também é usada para fazer grandes produtos exclusivos, como máquinas controladas por computador. A fabricação de pequenos lotes se assemelha ao trabalho de artesanato tradicional, porque os seres humanos são a grande parte do processo. Eis alguns exemplos de itens produzidos em pequenos lotes: roupa feita sob encomenda, ferramentas de máquinas de pedido especial, cápsulas espaciais, satélites e submarinos.
- *Produção de grandes lotes e em massa.* A **tecnologia da produção em massa** distingue-se por ciclos padronizados de produção. Um grande volume de produtos é fabricado, e todos os clientes recebem o mesmo produto. Os produtos padrão entram no estoque para a venda conforme a necessidade dos clientes. Essa tecnologia aumenta o uso de máquinas em comparação à produção de pequenos lotes. As máquinas são projetadas para fazer a maior parte do trabalho físico, e os funcionários complementam o maquinário. Eis alguns exemplos de produção em massa: linhas de montagem de automóveis e técnicas de lotes grandes utilizadas para produzir produtos de tabaco e têxteis.
- *Produção em processo contínuo.* Na **produção em processo contínuo**, todo o fluxo de trabalho é mecanizado em forma sofisticada e complexa de tecnologia de produção. Como o processo é executado continuamente, não tem início nem interrupção. Operadores humanos não são parte da produção real porque as máquinas fazem todo o trabalho. Os operadores humanos simplesmente leem os mostradores, consertam as máquinas que quebram e gerenciam o processo de produção. Eis alguns exemplos de tecnologias de processo contínuo: fábricas de produtos químicos, destilarias, refinarias de petróleo e usinas nucleares.

A diferença entre as três tecnologias de fabricação é chamada de **complexidade técnica**, que é o grau em que a máquina está envolvida na produção para a exclusão de pessoas. Com a tecnologia complexa, os funcionários quase não são necessários, exceto para monitorar as máquinas.

A Figura 10.14 apresenta as características estruturais associadas a cada tipo de tecnologia de fabricação. Observe que a centralização é alta para a produção em massa e baixa para os processos contínuos e de pequenos lotes. Ao contrário da produção de pequenos lotes e do processo contínuo, as máquinas padronizadas de produção em massa requerem tomada de decisão centralizada, regras e procedimentos bem definidos. A relação administrativa e a porcentagem de mão de obra indireta necessária também aumentam com a complexidade tecnológica. Uma vez que o processo de produção não é rotineiro, é necessário um controle mais rigoroso. A mão de obra mais indireta, sob a forma de pessoas da manutenção, é necessária por causa da complexidade das máquinas; dessa forma, a relação mão de obra indireta/direta é alta. A amplitude administrativa para os supervisores de primeira linha é maior para a produção em massa. Em uma linha de montagem, os trabalhos são tão rotineiros que um supervisor pode lidar com uma média de 48 funcionários. Nas produções de pequenos lotes e de processo contínuo, o número de funcionários por supervisor é menor porque é necessária uma supervisão mais rigorosa. No geral, as empresas de processos de pequenos lotes e de processo contínuo têm estruturas um tanto frouxas e flexíveis (orgânicas), e as empresas de produção em massa têm estruturas verticais firmes (mecanicistas).

Woodward descobriu que a relação entre estrutura e tecnologia estava diretamente relacionada ao desempenho da empresa. Empresas de baixo desempenho tendiam a desviar-se da forma estrutural preferida, muitas vezes adotando a estrutura adequada para outro tipo de tecnologia. Organizações de alto desempenho tinham características semelhantes às listadas na Figura 10.14.

FIGURA 10.14
Relação entre tecnologia de fabricação e estrutura organizacional

	Tecnologia de fabricação		
	Pequenos lotes	**Produção em massa**	**Processo contínuo**
Complexidade técnica da tecnologia de produção	Baixa	Média	Alta
Características estruturais:			
Centralização	Baixa	Alta	Baixa
Relação da alta gestão	Baixa	Média	Alta
Relação da mão de obra indireta/direta	1/9	1/4	1/1
Amplitude administrativa do supervisor	23	48	15
Comunicação:			
Escrita (vertical)	Baixa	Alta	Baixa
Verbal (horizontal)	Alta	Baixa	Alta
Estrutura geral	Orgânica	Mecanicista	Orgânica

FONTE: Com base em Joan Woodward, *Industrial organizations: theory and practice* (London: Oxford University Press, 1965).

Tecnologia de serviços

Exemplos de organizações de serviços incluem empresas de consultoria, firmas de advocacia, corretoras, companhias aéreas, hotéis, empresas de publicidade, parques de diversões e organizações educacionais. Além disso, a tecnologia de serviços caracteriza muitos departamentos em grandes corporações, até mesmo empresas de fabricação. Em uma empresa de fabricação, como a Ford Motor Company, os departamentos jurídico, RH, finanças e de pesquisa de mercado fornecem serviços. Assim, a estrutura e a concepção desses departamentos refletem a própria tecnologia de serviços, em vez da tecnologia da fábrica. A **tecnologia de serviços** pode ser definida da seguinte forma:

- *Saída intangível.* A saída de uma empresa de serviços é intangível. Os serviços são perecíveis e, ao contrário dos produtos físicos, não podem ser armazenados no estoque. O serviço deve ser consumido imediatamente ou será perdido para sempre. Os produtos manufaturados são produzidos em determinado tempo e podem ser armazenados até serem vendidos em outro momento.
- *Contato direto com os clientes.* Os funcionários e os clientes interagem diretamente para fornecer e adquirir o serviço. A produção e o consumo são simultâneos. Os funcionários da empresa de serviços têm contato direto com os clientes. Em uma empresa de fabricação, os funcionários técnicos são separados dos clientes, e, portanto, não há interações diretas.[90]

Uma característica distinta da tecnologia de serviços que influencia diretamente a estrutura é a necessidade de os funcionários estarem perto do cliente.[91] As características estruturais são semelhantes às da tecnologia de fabricação contínua, mostrada na

Figura 10.14. As empresas de serviços tendem a ser flexíveis, informais e descentralizadas. A comunicação horizontal é alta porque os funcionários devem compartilhar informações e recursos para atender os clientes e solucionar problemas. Como os serviços também são dispersos, cada unidade geralmente é pequena e fica localizada próximo dos clientes. Por exemplo, bancos, hotéis, franquias de *fast-food* e consultórios médicos dispersam as instalações em escritórios regionais e locais para prestar um serviço melhor e mais rápido para os clientes.

Alguns serviços podem ser divididos em etapas explícitas, para que os funcionários possam seguir as regras e os procedimentos estabelecidos. Um exemplo interessante vem da Índia, onde o Dr. Devi Shetty administra um hospital que realiza cirurgia cardíaca por cerca de 10% do custo cobrado pelos hospitais nos Estados Unidos, sem qualidade reduzida, mediante a aplicação de procedimentos operacionais padronizados e princípios da produção em massa. A abordagem de Shetty está alinhada com a tendência para serviços enxutos que observam como conceber o trabalho de serviços para melhorar a qualidade e eficiência. Segundo Shetty, "Na área da saúde, você não pode fazer uma coisa e reduzir o preço. Temos que fazer mil pequenas coisas".[92] Quando os serviços podem ser padronizados, uma estrutura centralizada firme pode ser eficaz, mas as empresas de serviços em geral tendem a ser mais orgânicas, flexíveis e descentralizadas.

Lembre-se disto

- Os tipos de tecnologia incluem a fabricação e o serviço.
- **Produção de pequenos lotes** é um tipo de tecnologia de fabricação que envolve a produção de bens em lotes de alguns produtos criados para as especificações do cliente.
- **Produção em massa** é caracterizada por longos ciclos de produção para fabricar um grande volume de produtos com as mesmas especificações.
- **Produção de processo contínuo** envolve a mecanização de todo o fluxo de trabalho e produção ininterrupta, como em fábricas de produtos químicos ou refinarias de petróleo.
- As tecnologias de pequenos lotes e do processo contínuo são associadas à estrutura horizontal mais flexível, ao passo que a estrutura vertical mais firme é apropriada para a produção em massa.
- As tecnologias de fabricação diferem em termos de **complexidade técnica**, que se refere ao grau em que máquinas complexas estão envolvidas no processo de produção para a exclusão de pessoas.
- **Tecnologia de serviços** é caracterizada por saídas intangíveis e contato direto entre funcionários e clientes.
- Exemplos de empresas de serviços incluem bancos, hotéis e escritórios de advocacia.
- As tecnologias de serviços tendem a ser estruturas horizontais mais flexíveis.

Cap. 10 Notas

1. Teste baseado em Richard M. Wielkiewicz, "The leadership attitudes and beliefs scale: an instrument for evaluating college students' thinking about leadership and organizations", *Journal of College Student Development* 41 (May–June 2000): 335-346.
2. "5 richest tech billionaires who dropped out of university", *WhatCulture*, September 30, 2013, disponível em: <http://www.valvesoftware.com/company/people.html>, acesso em: 30 set. 2013; "Our people", Valve Website, disponível em: <http://www.valvesoftware.com/company/people.html>, acesso em: 30 set. 2013; Claire Suddath, "Why there are no bosses at Valve", *Bloomberg Businessweek*, April 27, 2012, disponível em: <www.businessweek.com/articles/2012-04-27/why-there-are-no-bosses-at-valve>, acesso em: 10 ago. 2012; Rachel Emma Silverman, "Who's the boss? There isn't one", *The Wall Street Journal*, June 20, 2012, B1; Alex Hern, "Valve software: free marketeer's dream, or nightmare?", *New Statesman*, August 3,

2012, disponível em: <www.newstatesman.com/blogs/economics/2012/08/valve-software-free-marketeers-dream-or-nightmare>, acesso em: 10 ago. 2012.
3. Mark Wagner; Wayne Orvis, "Changing structures and behaviors at Walgreens", *Strategy + Business*, Autumn 2013. Disponível em: <http://www.strategy-business.com/article/00195?gko=242ae>. Acesso em: 2 out. 2013.
4. Julia Werdigier, "BP appoints new chief of production", *The New York Times*, November 24, 2012, B3.
5. Justin Scheck, "Dell reorganizes, creating new mobile device division", *The Wall Street Journal*, December 5, 2009, B6.
6. John Child, *Organization: a guide to problems and practice*, 2nd ed. (London: Harper & Row, 1984).
7. Adam Smith, *The wealth of nations* (New York: Modern Library, 1937).
8. David Kiron; Douglas Palmer; Robert Berkman, "The executive's role in social business", *MIT Sloan Management Review* (Summer 2013): 83–89; Javier C. Hernandez, "A digital matchmaker for the city and its public", *The New York Times*, July 31, 2011, MB1.
9. Brian Knowlton, "White house names first chief information officer", *The New York Times*, March 5, 2009. Disponível em: <http://thecaucus.blogs.nytimes.com/2009/03/05/white-house-names-first-chief-information-officer/>. Acesso em: 13 ago. 2012.
10. John Bussey, "Has time come for more cios to start reporting to the top?", *The Wall Street Journal*, May 17, 2011. Disponível em: <http://online.wsj.com/article/SB10001424052748704281504576327510720752684.html>. Acesso em: 14 ago. 2012.
11. Abordagem baseada em A. J. Grimes, "Authority, power, influence, and social control: a theoretical synthesis", *Academy of Management Review* 3 (1978): 724-735; W. Graham Astley; Paramjit S. Sachdeva, "Structural sources of intraorganizational power: a theoretical synthesis", *Academy of Management Review* 9 (1984): 104-113.
12. C. I. Barnard, *The functions of the executive* (Cambridge, MA: Harvard University Press, 1938).
13. Thomas A. Stewart, "CEOs see clout shifting", *Fortune* (November 6, 1989): 66.
14. Michael G. O'Loughlin, "What is bureaucratic accountability and how can we measure it?", *Administration & Society* 22, n. 3 (November 1990): 275-302; Brian Dive, "When is an organization too flat?", *Across the Board* (July-August 2003): 20-23.
15. Jena McGregor, "The BBC and crisis management: why the second mistake can be worse than the first", *The Washington Post*, November 13, 2012, disponível em: <http://articles.washingtonpost.com/2012-11-13/national/35503757_1_jimmy-savile-george-entwistle-crisis-management>, acesso em: 14 nov. 2012; Matt Chorley; Alasdair Glennie, "BBC Savile Scandal Cost YOU £5 Million: Shocking Report Reveals How Probes into Corporation's Bungled Handling of Crisis Left Taxpayers with Huge Bill", *DailyMail*, June 16, 2013, disponível em: <http://www.dailymail.co.uk/news/article-2365251/BBCs-navel-gazing-Jimmy-Savile-crisis-cost-5million.html#ixzz2gTZOeOHj>, acesso em: 30 set. 2013.
16. Carrie R. Leana, "Predictors and consequences of delegation", *Academy of Management Journal* 29 (1986): 754-774.
17. Chris Taylor, "Democracy works", *Fortune Small Business* (May 2009): 40; Heather Green, "How meetup tore up the rule book", *Business Week* (June 16, 2008): 88-89.
18. Clifford Kraus; Julia Werdigier, "BP's new chief, not formally in the role, is already realigning senior managers", *The New York Times*, September 30, 2010, B3; Guy Chazan, "BP's new chief puts emphasis on safety", *The Wall Street Journal*, September 29, 2010.
19. Ian Urbina, "In Gulf, it was unclear who was in charge of oil rig", *The New York Times*, June 5, 2010; Douglas A. Blackmon et al., "There was 'nobody in charge'", *The Wall Street Journal*, May 27, 2010.
20. George Anders, "Overseeing more employees – with fewer managers" (Theory & Practice column), *The Wall Street Journal*, March 24, 2008.
21. Barbara Davison, "Management span of control: how wide is too wide?", *Journal of Business Strategy* 24, n. 4 (2003): 22-29; Paul D. Collins; Frank Hull, "Technology and span of control: Woodward revisited", *Journal of Management Studies* 23 (March 1986): 143-164; David D. Van Fleet; Arthur G. Bedeian, "A History of the span of management", *Academy of Management Review* 2 (1977): 356-372; C. W. Barkdull, "Span of control – a method of evaluation", *Michigan Business Review* 15 (May 1963): 25-32.
22. Apud Brian Dive, "Hierarchies for flow and profit", *Strategy + Business*, August 26, 2008. Disponível em: <www.strategy-business.com/article/08315>. Acesso em: 25 maio 2010.
23. Dive, "Hierarchies for flow and profit"; Gary Neilson; Bruce A. Pasternack; Decio Mendes, "The four bases of organizational DNA", *Strategy + Business* 33 (December 10, 2003): 48-57.
24. Anders, "Overseeing more employees"; Barbara Davison, "Management span of control"; Brian Dive, "When is an organization too flat?"; Brian Dumaine,

"What the leaders of tomorrow see", *Fortune* (July 3, 1989): 48-62; Raghuram G. Rajan; Julie Wulf, "The flattening firm: evidence from panel data on the changing nature of corporate hierarchies", working paper, apud Caroline Ellis, "The flattening corporation", *MIT Sloan Management Review* (Summer 2003): 5.

25. Gary L. Neilson; Julie Wulf, "How many direct reports?", *Harvard Business Review* (April 2012): 112-119.

26. Bussey, "Has time come for more CIOs to start reporting to the top?".

27. Gary L. Neilson, "Diagnosing your top team's span of control", *Strategy + Business Online* (April 9, 2012). Disponível em: <http://www.strategy-business.com/article/00107?gko=ce37c>. Acesso em: 1º out. 2013.

28. William G. Ouchi, "Power to the principals: decentralization in three large school districts", *Organization Science* 17, n. 2 (March-April 2006): 298-307.

29. Sarah Lyall, "Britain plans to decentralize health care", *The New York Times*, July 24, 2010. Disponível em: <www.nytimes.com/2010/07/25/world/europe/25britain.html?pagewanted=all>. Acesso em: 14 ago. 2012.

30. Veja Robert D. Kaplan, "Man *versus* Afghanistan", *The Atlantic* (April 2010): 60-71.

31. Hiroko Tabuchi; Bill Vlasic, "Battered by expensive crises, Toyota declares a rebirth", *The New York Times*, January 3, 2013, B1.

32. Ibidem.

33. Andrew Campbell; Sven Kunisch; Günter MüllerStewens, "To centralize or not to centralize?", *McKinsey Quarterly*, June 2011. Disponível em: <www.mckinseyquarterly.com/To_centralize_or_not_to_centralize_2815>. Acesso em: 14 ago. 2012.

34. Dennis Cauchon, "The little company that could", *USA TODAY*, October 9, 2005. Disponível em: <www.usatoday.com/money/companies/management/2005-10-09-mississippi-power-usat_x.htm>.

35. Miguel Helft, "Larry Page looks ahead", *Fortune* (January 14, 2013): 50-57.

36. A discussão sobre estruturas alternativas está em Jay R. Galbraith, *Designing complex organizations* (Reading, MA: Addison-Wesley, 1973); Jay R. Galbraith, *Organization design* (Reading, MA: AddisonWesley, 1977); Jay R. Galbraith, *Designing dynamic organizations* (New York: Amacom, 2002); Robert Duncan, "What is the right organization structure?", *Organizational Dynamics* (Winter 1979): 59-80; N. Anand; Richard L. Daft, "What is the right organization design?", *Organizational Dynamics* 36, n. 4 (2007): 329-344; J. McCann; Jay R. Galbraith, "Interdepartmental relations", in P. Nystrom; W. Starbuck (Ed.), *Handbook of organizational design* (New York: Oxford University Press, 1981), p. 60-84.

37. Raymond E. Miles et al., "Designing organizations to meet 21st-century opportunities and challenges", *Organizational Dynamics* 39, n. 2 (2010): 93-103.

38. Com base na história da Blue Bell Creameries in Richard L. Daft, *Organization theory and design*, 9th ed. (Mason, OH: South-Western, 2007), p. 103.

39. R. E. Miles et al., "Designing organizations to meet 21st-century opportunities and challenges".

40. Helft, "Larry Page looks ahead".

41. Jaimelynn Hitt, "The organizational structure of Starbucks, Unilever, and Wal-Mart" (May 28, 2008), disponível em: <http://voices.yahoo.com/the-organizational-structure-starbucks-unilever-1495147.html>, acesso em: 15 ago. 2012; Mae Anderson, "Wal-Mart Reorganizes U.S. Operations to Help Spur Growth", *USA TODAY*, January 28, 2010, disponível em: <www.usatoday.com/money/industries/retail/2010-01-28-walmart-reorganization_N.htm>, acesso em: 15 ago. 2012; "Walmart", The Official Board Web site, disponível em: <www.theofficialboard.com/org-chart/wal-mart-stores>, acesso em: 15 ago. 2012.

42. Eliza Newlin Carney, "Calm in the storm", *Government Executive* (October 2003): 57-63; IRS Website, disponível em: <www.irs.gov>, acesso em: 20 abr. 2004.

43. Brooks Barnes, "Is Disney's Chief Having a Cinderella Moment?", *The New York Times*, April 11, 2010, BU1.

44. Maisie O'Flanagan; Lynn K. Taliento, "Nonprofits: ensuring that bigger is better", *McKinsey Quarterly*, n. 2 (2004): 112ff.

45. Helft, "Larry Page looks ahead".

46. Abordagem sobre estrutura matricial baseada em S. H. Appelbaum; D. Nadeau; M. Cyr, "Performance evaluation in a matrix organization: a case study", *Industrial and Commercial Training* 40, n. 5 (2008): 236–241; T. Sy; S. Cote, "Emotional intelligence: a key ability to succeed in the matrix organization", *Journal of Management Development* 23, n. 5 (2004): 439; L. R. Burns, "Matrix management in hospitals: testing theories of matrix structure and development", *Administrative Science Quarterly* 34 (1989): 349-368; Carol Hymowitz, "Managers suddenly have to answer to a crowd of bosses", *The Wall Street Journal*, August 12, 2003; Stanley M. Davis; Paul R. Lawrence, *Matrix* (Reading, MA: Addison-Wesley, 1977).

47. Howard Schultz, "Starbucks makes organizational changes to enhance customer experience", February

11, 2008. Disponível em: <http://news.starbucks.com/article_display.cfm?article_id=66>. Acesso em: 15 ago. 2012.
48. Robert C. Ford; W. Alan Randolph, "Cross-functional structures: a review and integration of matrix organization and project management", *Journal of Management* 18, n. 2 (1992): 267-294; Thomas Sy; Laura Sue D'Annunzio, "Challenges and strategies of matrix organizations: top-level and mid-level managers' perspectives", *Human Resources Planning* 28, n. 1 (2005): 39-48.
49. Essas desvantagens são basedas em Sy; D'Annunzio, "Challenges and strategies of matrix organizations"; Michael Goold; Andrew Campbell, "Making matrix structures work: creating clarity on unit roles and responsibilities", *European Management Journal* 21, n. 3 (June 2003): 351-363.
50. Darren Dahl, "Strategy: managing fast, flexible, and full of team spirit", *Inc.* (May 2009): 95-97.
51. Gary Hamel, "Break free", *Fortune* (October 1, 2007): 119-126, extraído de Gary Hamel, *The future of management* (Boston: Harvard Business School Press, 2007); Nick Paumgarten, "Food fighter: the whole foods CEO vs. his customers" (Profiles column), *The New Yorker* (January 4, 2010): 36.
52. Jill Jusko, "Engaged teams keep Lockheed Martin delivering on time, every time", *IndustryWeek* (January 2013): 26.
53. Melissa A. Schilling; H. Kevin Steensma, "The use of modular organizational forms: an industry-level analysis", *Academy of Management Journal* 44, n. 6 (December 2001): 1149-1169.
54. Bob Sechler, "Colleges shedding non-core operations", *The Wall Street Journal*, April 2, 2012, A6; David Streitfeld, "A city outsources everything. California's sky doesn't fall", *The New York Times*, July 20, 2010, A1.
55. Jena McGregor, "The chore goes offshore", *BusinessWeek* (March 23 & 30, 2009): 50-51.
56. Raymond E. Miles; Charles C. Snow, "The new network firm: a spherical structure built on a human investment philosophy", *Organizational Dynamics* (Spring 1995): 5-18; Raymond E. Miles et al., "Organizing in the knowledge age: anticipating the cellular form", *Academy of Management Executive* 11, n] 4 (1997): 7-24.
57. Darren Dahl, "Want a job? Let the bidding begin; a radical take on the virtual company", *Inc.* (March 2011), 93-96; Eric Markowitz, "3 Weird, game-changing ways to make employees happy", *Inc.* May 2012, disponível em: <http://www.inc.com/eric-markowitz/philip-rosedale-second-life-coffee-power-make-emloyees-happy.html>, acesso em: 2 out. 2013; SendLove Web site, disponível em: <http://www.sendlove.us/trial/faq.php>.
58. Raymond E. Miles; Charles C. Snow, "Organizations: new concepts for new forms", *California Management Review* 28 (Spring 1986): 62-73; John W. Wilson; Judith H. Dobrzynski, "And now, the postindustrial corporation", *BusinessWeek* (March 3,1986): 64-74.
59. N. Anand, "Modular, virtual, and hollow forms of organization design", working paper, London Business School (2000); Don Tapscott, "Rethinking strategy in a networked world", *Strategy + Business* 24 (Third Quarter 2001): 34-41.
60. Gregory G. Dess et al., "The new corporate architecture", *Academy of Management Executive* 9, n. 3 (1995): 7-20.
61. Joann S. Lublin, "Smart balance keeps tight focus on creativity" (Theory & Practice column), *The Wall Street Journal*, June 8, 2009; Rebecca Reisner, "A smart balance of staff and contractors", *BusinessWeek Online*, June 16, 2009, disponível em: <www.businessweek.com/managing/content/jun2009/ca20090616_217232.htm>, acesso em: 30 abr. 2010.
62. Charles Levinson; Margaret Coker, "The secret rally that sparked an uprising; Cairo Protest Organizers Describe Ruses Used to Gain Foothold Against Police", *The Wall Street Journal Online*, February 11, 2011. Disponível em: <http://online.wsj.com/article/SB10001424052748704132204576135882356532702.html>. Acesso em: 16 ago. 2012.
63. Dexter Filkins, "Profusion of rebel groups helps them survive in Iraq", *The New York Times*, December 2, 2005. Disponível em: <www.nytimes.com/2005/12/02/international/middleeast/02insurgency.html>. Acesso em: 30 ago. 2010.
64. Raymond E. Miles, "Adapting to technology and competition: a new industrial relations system for the twenty-first century", *California Management Review* (Winter 1989): 9-28; Miles; Snow, "The new network firm".
65. Essas desvantagens são baseadas em Cecily A. Raiborn; Janet B. Butler; Marc F. Massoud, "Outsourcing support functions: identifying and managing the good, the bad, and the ugly", *Business Horizons* 52 (2009): 347-356; Dess et al., "The new corporate architecture"; Anand; Daft, "What is the right organization design?"; Henry W. Chesbrough; David J. Teece, "Organizing for innovation: when is virtual virtuous?", *The Innovative Entrepreneur* (August 2002): 127-134; N. Anand, "Modular, virtual, and hollow forms of organization design"; M. Lynne Markus; Brook Manville; Carole E. Agres,

"What makes a virtual organization work?", *Sloan Management Review* (Fall 2000): 13-26.
66. James R. Hagerty, "A toy maker comes home to the U.S.A.", *The Wall Street Journal*, March 11, 2013, B1; Shelly Banjo, "Wal-Mart to Police U.S. Warehouses", *The Wall Street Journal*, December 28, 2012, B4.
67. Steven Pearlstein, "Lifeguard's Ordeal Is Parable about Outsourcing", *The Washington Post*, July 14, 2012. Disponível em: <www.washingtonpost.com/business/lifeguards-ordeal-is-parable-about-outsourcing/2012/07/13/gJQA N6TtkW_story.html>. Acesso em: 16 ago. 2012.
68. Laurie P. O'Leary, "Curing the Monday Blues: A U.S. Navy Guide for Structuring Cross-Functional Teams", *National Productivity Review* (Spring 1996): 43-51; Alan Hurwitz, "Organizational structures for the 'new world order'", *Business Horizons* (May–June 1996): 5-14.
69. Jay Galbraith; Diane Downey; Amy Kates, "Processes and lateral capability", *Designing Dynamic Organizations* (New York: Amacom, 2002), Chapter 4.
70. Thomas Kayser, "Six ingredients for collaborative partnerships", *Leader to Leader* (Summer 2011): 48-54.
71. Siobhan Gorman; Julian E. Barnes, "Spy, Military Ties Aided bin Laden Raid", *The Wall Street Journal*, May 23, 2011. Disponível em: <http://online.wsj.com/article/SB10001424052748704083904576334160172068344.html>. Acesso em: 23 maio 2011.
72. Nick Wingfield, "Seeking Spark, Microsoft Revamps Its Structure". Disponível em: <http://www.nytimes.com/2013/07/12/technology/microsoft-revamps-structure-and-management.html?pagewanted=all>. Acesso em: 11 jul. 2013.
73. Susanna Kim, "Major Microsoft investors want Gates out as chairman", *ABC News*, October 2, 2013. Disponível em: <http://abcnews.go.com/Business/microsoft-shareholders-call-bill-gates-step-chairman/story?id=20443636>. Acesso em: 2 out. 2013.
74. William J. Altier, "Task forces: an effective management tool", *Management Review* (February 1987): 52-57.
75. Exemplo de Paul Adler; Laurence Prusak, "Building a collaborative enterprise", *Harvard Business Review* (July-August 2011): 95-101.
76. Henry Mintzberg, *The structure of organizations* (Englewood Cliffs, NJ: Prentice Hall, 1979).
77. Paul R. Lawrence; Jay W. Lorsch, "New managerial job: the integrator", *Harvard Business Review* (November-December 1967): 142–151; Ronald N. Ashkenas; Suzanne C. Francis, "Integration managers: special leaders for special times", *Harvard Business Review* (November-December 2000): 108-116.
78. Jody Hoffer Gittell, *The Southwest Airlines Way: using the power of relationships to achieve high performance* (New York: McGraw-Hill, 2003).
79. Abordagem baseada em Jody Hoffer Gittell, "Coordinating mechanisms in care provider groups: relational coordination as a mediator and input uncertainty as a moderator of performance effects", *Management Science* 48, n. 11 (November 2002), 1408-1426; J. H. Gittell, "The power of relationships", *Sloan Management Review* (Winter 2004), 16-17; Gittell, *The Southwest Airlines Way*.
80. Ben Kesling; James R. Hagerty, "Say goodbye to the office cubicle", *The Wall Street Journal*, April 2, 2013, B1.
81. Estudo da Universidade de Michigan citado em Rachel Emma Silverman, "The science of serendipity in the workplace", *The Wall Street Journal*, May 1, 2013, B6.
82. Jody Hoffer Gittell, "Paradox of coordination and control", *California Management Review* 42, n. 3 (Spring 2000): 101-117.
83. Claudio Feser, "Long live bureaucracy", *Leader to Leader* (Summer 2012): 57-65; Harold J. Leavitt, "Why hierarchies thrive", *Harvard Business Review* (March 2003): 96-102, aborda os benefícios e problemas das hierarquias verticais. Ver Timothy Galpin; Rod Hilpirt; Bruce Evans, "The connected enterprise: beyond division of labor", *Journal of Business Strategy* 28, n. 2 (2007): 38-47, para uma discussão a respeito das vantagens das estruturas horizontais sobre as verticais.
84. Eric M. Olson; Stanley F. Slater; G. Tomas M. Hult, "The importance of structure and process to strategy implementation", *Business Horizons* 48 (2005): 47-54; Dale E. Zand, "Strategic renewal: how an organization realigned structure with strategy", *Strategy & Leadership* 37, n. 3 (2009): 23-28.
85. Michael E. Porter, *Competitive strategy* (New York: Free Press, 1980), p. 36-46.
86. Tom Burns; G. M. Stalker, *The management of innovation* (London: Tavistock, 1961).
87. John A. Coutright; Gail T. Fairhurst; L. Edna Rogers, "Interaction patterns in organic and mechanistic systems", *Academy of Management Journal* 32 (1989): 773-802.
88. Para obter mais informações sobre tecnologia e estrutura, ver Denise M. Rousseau; Robert A. Cooke, "Technology and structure: the concrete, abstract, and activity systems of organizations", *Journal of Management* 10 (1984): 345-361; Charles Perrow, "A framework for the comparative analysis of organizations", *American Sociological Review* 32 (1967): 194-208; Denise M. Rousseau, "Assessment of technology in organizations: closed *versus* open

systems approaches", *Academy of Management Review* 4 (1979): 531-542.
89. Joan Woodward, *Industrial organizations: theory and practice* (London: Oxford University Press, 1965); Joan Woodward, *Management and technology* (London: Her Majesty's Stationery Office, 1958).
90. Peter K. Mills; Thomas Kurk, "A preliminary investigation into the influence of customer-firm interface on information processing and task activity in service organizations", *Journal of Management* 12 (1986): 91-104; Peter K. Mills; Dennis J. Moberg, "Perspectives on the technology of service operations", *Academy of Management Review* 7 (1982): 467-478; Roger W. Schmenner, "How can service businesses survive and prosper?", *Sloan Management Review* 27 (Spring 1986): 21-32.
91. Richard B. Chase; David A. Tansik, "The customer contact model for organization design", *Management Science* 29 (1983): 1037-1050; Gregory B. Northcraft; Richard B. Chase, "Managing service demand at the point of delivery", *Academy of Management Review* 10 (1985): 66-75.
92. Geeta Anand, "The Henry Ford of heart surgery", *The Wall Street Journal*, November 25, 2009, A16.

PARTE 4

Capítulo 11

Gestão de mudança e inovação

Visão geral do capítulo

Você é realmente determinado?

Inovação e mudança no local de trabalho
Por que as pessoas resistem às mudanças?
Inovação disruptiva
Abordagem ambidestra

Mudança das coisas: novos produtos e tecnologias
Exploração

Novo gestor autoteste: avalie sua criatividade
Cooperação
Funções da inovação

Mudança de pessoas e cultura
Treinamento e desenvolvimento
Desenvolvimento organizacional (DO)

Implementação de mudanças
Criar senso de urgência
Aplicar a teoria de campo de Lewin
Usar táticas de implementação

Resultados de aprendizagem

Após a leitura deste capítulo, você será capaz de:

1. Definir o que é mudança organizacional e identificar algumas razões pelas quais as pessoas normalmente resistem à mudança.

2. Explicar a inovação disruptiva e a abordagem ambidestra como possíveis respostas às forças que hoje impulsionam a inovação e a mudança nas organizações.

3. Descrever as três estratégias de inovação que os gestores implementam para mudar produtos e tecnologias.

4. Explicar a importância dos seguintes fatores para a inovação: criatividade, abordagem *bottom-up*, competições internas, incubadoras de ideias, campeões de ideias e equipes de novos empreendimentos.

5. Descrever o modelo de coordenação horizontal e explicar como ele contribui para inovações bem-sucedidas de produtos e serviços.

6. Explicar a inovação aberta e como ela está sendo usada hoje pelas organizações.

7. Discutir por que as mudanças nas pessoas e na cultura são essenciais para qualquer processo de mudança.

8. Resumir os estágios de descongelamento, mudança e recongelamento do desenvolvimento organizacional (DO) e definir as grandes intervenções em grupos.

9. Descrever a teoria de campo de Lewin e táticas de implementação que os gestores podem usar para vencer a resistência.

Você é realmente determinado?[1]

INSTRUÇÕES: Pense em projetos ou *hobbies* a serem desenvolvidos por você em casa, na escola ou no trabalho. Leia atentamente os itens apresentados a seguir e assinale, da forma mais honesta possível, os que você considera "Normalmente verdadeiros" e "Normalmente falsos".

	Normalmente verdadeiro	Normalmente falso
1. Costumo definir uma meta, mas depois opto por perseguir outra.		
2. Estive obcecado com uma certa ideia ou projeto por curto período de tempo, mas depois perdi o interesse.		
3. Tenho dificuldade em manter o foco em projetos que levam mais do que alguns meses para serem concluídos.		
4. Novas ideias e projetos às vezes me desviam dos anteriores.		
5. Termino o que começo.		
6. Contratempos não me desencorajam.		
7. Sou diligente.		
8. Sou muito trabalhador.		
Pontuação total		

Para os itens 1 a 4, marque 1 ponto para cada "Normalmente falso" e 0 ponto para cada "Normalmente verdadeiro". Faça o inverso para os itens 5 a 8, com 1 ponto para cada "Normalmente verdadeiro" e 0 ponto para cada "Normalmente falso".

PONTUAÇÃO E INTERPRETAÇÃO: A pontuação sobre esses itens mede a sua **determinação**, que significa a sua perseverança e paixão por objetivos de longo prazo. Determinação é uma característica essencial para agentes de mudança que devem perseverar diante da resistência e dos contratempos para que possam implementar com sucesso uma inovação significativa. A pontuação em determinação previu o desempenho em situações desafiadoras entre os cadetes de West Point e os participantes da fase final do campeonato de soletração Scripps National Spelling Bee. Indivíduos com alta pontuação em determinação não se desviam das metas para a implementação de mudanças. A escala de determinação é composta de duas partes. Os itens 1 a 4 medem "a consistência de interesse", e os itens 5 a 8, a "perseverança do esforço". Compare sua pontuação nessas duas subescalas. A pontuação média para um grupo de estudantes de 25 a 34 anos foi de aproximadamente 5 para determinação, 2 para a consistência de interesse e 3 para a perseverança de esforço.

TEMA RECENTE

A onda de tiroteios ocorrida em setembro de 2013, no Washington Navy Yard, que deixou 12 mortos, é um dos eventos mais tristes da história recente da Marinha norte-americana. Como um ex-reservista da Marinha com histórico de problemas de saúde mental e uma série de detenções por incidentes envolvendo armas de fogo obtém acesso a uma instalação segura e abre fogo contra pessoas inocentes? Aaron Alexis estava trabalhando como fornecedor da Marinha e tinha certificado de segurança secreta que lhe deu acesso ao local por causa de falhas no processo de triagem de segurança. Logo após o incidente mortal, as famílias de todas as vítimas e também a de Alexis – o qual estava ouvindo vozes e tinha procurado tratamento psiquiátrico – exigiram mudanças. Uma semana depois do tiroteio, representantes do Departamento de Defesa admitiram que alguns sinais de perigo não haviam sido notados por causa de problemas com os procedimentos de triagem. Uma recomendação importante para mudança é que todos os documentos policiais disponíveis sejam incluídos nos relatórios utilizados para determinar a elegibilidade para autorizações de segurança, o que teria identificado os incidentes anteriores com Alexis envolvendo armas de fogo. A recomendação foi enviada ao secretário de Defesa Chuck Hagel para aprovação. Outras mudanças que estão sendo consideradas pelo secretário da Marinha, Ray Mabus, são exigir mais controle nas solicitações de segurança executiva e fazer que os membros de alto escalão lidem com a segurança de comando, em vez de oficiais subalternos. No entanto, para colocar qualquer uma dessas alterações em prática, será preciso grande esforço, treinamento e compromisso em todos os níveis para fazer a diferença.[2]

Embora esse seja um exemplo extremo, as Forças Armadas se assemelham a todas as organizações em sua necessidade de fazer mudanças regulares nas políticas, práticas e operações para lidar com falhas, responder a novos desafios, ou satisfazer as necessidades de mudança. Toda organização precisa mudar de tempos em tempos. Além disso, a inovação em produtos e serviços é o que mantém a prosperidade das empresas. Se as organizações não mudam nem inovam com sucesso, elas morrem. Considere que apenas um pequeno número de grandes empresas chegam aos 40 anos, de acordo com um estudo recente com mais de seis milhões de empresas. As que sobrevivem são implacáveis quanto à inovação e à mudança.[3] Toda organização enfrenta ocasionalmente a necessidade de realizar, de forma rápida e drástica, mudanças para lidar com um ambiente em transformação. Tomemos o caso da General Motors (GM). Depois de ir à falência e ter sido socorrida pelo governo dos Estados Unidos há apenas alguns anos, a GM recuperou surpreendentemente a posição de maior montadora do mundo em 2011, com a implementação de uma combinação de gestão, estrutura, estratégia e alterações de produtos (desde então, a Toyota assumiu o primeiro lugar mais uma vez).[4]

Neste capítulo, veremos como as organizações podem ser projetadas para responder ao ambiente por meio de mudança e desenvolvimento internos. Primeiro, definimos mudança organizacional, identificamos algumas das razões pelas quais as pessoas resistem à mudança e conceituamos inovação disruptiva e abordagem ambidestra à inovação. Em seguida, examinamos dois aspectos fundamentais da mudança nas organizações: a introdução de novos produtos e tecnologias e a mudança das pessoas e da cultura. Finalmente, exploramos algumas técnicas que os gestores adotam para implementar mudanças.

Inovação e mudança no local de trabalho

TEMA RECENTE

Mudança organizacional é a adoção de uma nova ideia ou comportamento por uma organização.[5] Às vezes, a mudança e a inovação são estimuladas por forças externas à organização, como quando um cliente poderoso exige cortes anuais de preços, quando um fornecedor importante deixa o negócio ou quando novos regulamentos do governo entram em vigor. A implementação de mudanças é normalmente um dos aspectos mais difíceis da gestão. Considere as mudanças que envolveram a implementação da Lei de Proteção ao Paciente e Saúde Acessível (Patient Protection and Affordable Care Act – PPACA), mais conhecida como Lei da Saúde Acessível (Affordable Care Act – ACA) ou "Obamacare". As inscrições para novas "bolsas" de planos de saúde subsidiadas pelo Obamacare começaram no primeiro dia de outubro de 2013, mas, até o final do mês, apenas algumas pessoas haviam se inscrito no *site* Healthcare.gov, e um número mais reduzido se inscreveu para obter o seguro. Falhas técnicas também não foram o único problema que Obama e outros líderes encontraram. Milhões de norte-americanos que esperavam manter os atuais planos de saúde individuais começaram a receber avisos de cancelamento porque os planos não atendiam aos requisitos da lei. Obama emitiu um pedido de desculpas, e líderes se reuniram com os executivos das seguradoras de saúde para tentar encontrar uma solução para o problema das apólices canceladas.[6]

Por que as pessoas resistem às mudanças?

Gestores e outros indivíduos envolvidos na promoção de novas ideias têm notado que muitas pessoas tendem a preferir o *status quo*, o que explica por que a mudança é tão difícil. Compreender por que as pessoas resistem à mudança é um bom começo para saber como ajudar a conduzir as mudanças de que a organização precisa.

Interesse em si mesmo

Em geral, as pessoas são resistentes às mudanças que sejam incompatíveis com seus próprios interesses. Uma proposta de mudança no projeto, na estrutura ou na tecnologia pode aumentar a carga horária dos funcionários, por exemplo, ou causar perda real ou percebida de poder, prestígio, pagamento ou benefícios. Lembre-se de nossa abordagem sobre a aversão à perda estudada no Capítulo 9. *Talvez o medo da perda pessoal seja o maior obstáculo para a mudança organizacional.*[7] Muitas pessoas farão o que puderem para evitar uma perda. Tomemos como exemplo o caso da Anheuser-Busch, que foi adquirida pela empresa belga InBev. Os gestores que estavam acostumados a voar na primeira classe ou nos aviões da empresa são agora obrigados a utilizar a classe econômica. Cerveja grátis é coisa do passado, e os bilhetes gratuitos para eventos esportivos são poucos e raros. Como já foram motivo de inveja de outros profissionais na indústria por causa dos benefícios generosos, os funcionários da Anheuser-Busch estão resistindo às amplas mudanças impostas aos novos gestores porque sentem que estão perdendo não só financeiramente, mas também em termos de *status*.[8] Da mesma forma, os gestores da produtora de energia com sede em Houston, Dynergy, resistiram à mudança para um piso aberto plano para os escritórios porque viam seus gabinetes particulares como símbolos de poder e prestígio na organização.[9] Além disso, viram a mudança como perda de controle sobre as próprias vidas e as circunstâncias em que viviam, o que provocou forte reação emocional.

Falta de entendimento e confiança

É comum que os funcionários desconfiem das intenções embutidas em processo de mudança ou que não entendam o objetivo que se pretende alcançar com isso. Se as relações anteriores de trabalho com gestores ou promotores de ideias foram negativas, pode haver resistência. Quando a CareFusion Corporation foi derivada como subsidiária da Cardinal Health, o CEO David L. Schlotterbeck e outros altos executivos queriam implementar novos valores de colaboração e trabalho em equipe, mas, no início, os gestores da base ficaram desconfiados das intenções. Só depois que viram que os principais líderes estavam completamente comprometidos com os valores e os honravam em seu próprio comportamento, os outros começaram a apoiar as mudanças.[10]

Incerteza

Incerteza é a falta de informações sobre eventos futuros. Ela representa o medo do desconhecido. É especialmente ameaçadora para funcionários que têm baixa tolerância à mudança e que temem qualquer coisa fora do comum. Eles não sabem como a mudança irá afetá-los e se preocupam se serão capazes de atender às demandas de um novo procedimento ou tecnologia.[11] Hospitais que têm investido milhões de dólares em históricos médicos eletrônicos estão enfrentando dificuldades para convencer alguns médicos a utilizá-los. Um dos motivos é a incerteza sobre como os históricos eletrônicos vão

> *"Mudança dói. Deixa as pessoas inseguras, confusas e irritadas. As pessoas querem que as coisas fiquem do jeito que sempre foram, porque isso torna a vida mais fácil. Mas, se você é líder, não pode permitir que sua equipe fique apegada ao passado."*
>
> – RICHARD MARCINKO, EX-OFICIAL DA MARINHA NORTE-AMERICANA, ESCRITOR E PRESIDENTE DA RED CELL INTERNATIONAL CORPORATION

> **Faça uma pausa**
>
> A seção "Aplique suas habilidades: pequeno grupo em prática", no material complementar, lhe dará uma ideia do quão difícil a mudança pode ser para as pessoas.

mudar a forma como os médicos fazem seu trabalho diariamente.[12] A maioria das pessoas tem pelo menos algum medo do desconhecido e se sente mais confortável quando lida com verdades comprovadas.[13] Considere que as concessionárias que instalam medidores inteligentes sem fio nos Estados do Maine à Califórnia têm enfrentado uma forte reação dos clientes que dizem que os medidores invadem sua privacidade, aumentam os custos e ameaçam sua saúde.[14]

Diferentes metas e percepções

Outra razão para a resistência é que as pessoas afetadas por uma mudança ou inovação podem avaliar a situação de forma diferente dos gestores ou promotores da nova ideia. Críticos frequentemente expressam discordâncias legítimas sobre os benefícios propostos pela mudança. Os gestores em cada departamento têm objetivos diferentes, e uma inovação pode prejudicar o desempenho e o alcance de metas para determinados departamentos. Na empresa farmacêutica Pfizer, altos executivos queriam implementar um sistema informatizado para a coleta e o processamento de dados de ensaios clínicos, o que poderia reduzir o custo do desenvolvimento de novos medicamentos em 40%. Os gestores da área de pesquisa e desenvolvimento (P&D) resistiram e apresentaram como argumento a preocupação de que a automação e a padronização de formulários de notificação de casos ameaçariam a flexibilidade e criatividade.[15]

TEMA RECENTE

Os executivos da Apple também estão enfrentando esse tipo de resistência. Desde agosto de 2010, a Apple tem sido a maior empresa dos Estados Unidos em termos de valor de mercado. Mas os executivos estavam sob pressão para mudar por causa das condições inadequadas de trabalho em fábricas de fornecedores no exterior. Constatou-se que mais da metade dos fornecedores auditados violaram algum aspecto do código de conduta da Apple, e alguns também têm descumprido as leis. No entanto, há um conflito dentro da empresa porque, apesar de os altos executivos estarem dispostos a melhorar as condições de trabalho, alguns gestores argumentam que uma reforma radical vai atrapalhar o relacionamento com fornecedores cruciais, além de retardar a inovação e a entrega de novos produtos.[16]

Essas causas da resistência são legítimas aos olhos dos trabalhadores afetados pela mudança. Os gestores não devem ignorar a resistência; ao contrário, devem diagnosticar as causas e desenvolver estratégias para ganhar a aceitação dos usuários.[17] Mais adiante no capítulo, trataremos de algumas técnicas que os gestores podem adotar para vencer a resistência e implementar a mudança sem problemas.

INOVAÇÃO DISRUPTIVA

Como vimos anteriormente, forças externas às vezes obrigam os gestores a buscar mudanças, como a criação de mais eficiência nas operações ou outras alterações necessárias para manter a organização rentável. Em outras ocasiões, os gestores identificam a necessidade de inovar um produto ou serviço.

A inovação disruptiva é uma meta cada vez mais comum para as empresas que querem se manter competitivas em escala global. **Inovação disruptiva** se refere a inovações em produtos ou serviços que, em geral, começam em pequena escala e acabam substituindo completamente uma tecnologia de produto ou serviço para produtores e consumidores. Empresas que iniciam a inovação disruptiva geralmente ganham muito; empresas afetadas pela tecnologia disruptiva podem falir. Os DVDs eliminaram a indústria de fitas de vídeo, por exemplo, e agora o *streaming* de vídeo os ameaça com o mesmo futuro. As câmeras digitais parecem estar eliminando a indústria de filmes fotográficos, e os *smartphones* estão ameaçando a câmera digital compacta, como vimos no Capítulo 3. As pessoas preferem usar os *smartphones* para cliques instantâneos porque é fácil compartilhar as fotos nas redes sociais. As vendas de câmeras do tipo *point-and-shoot* continuam a cair.[18] *Aulas on-line em massa e abertas (massive, open, online classes* – Moocs) poderiam ser uma inovação disruptiva da forma tradicional e cara de fornecer cursos de educação universitária nas salas de aula. A Coursera, uma empresa de Mountain View, na Califórnia, tem 3,5 milhões de usuários registrados nos 370 cursos universitários *on-line*, em sua maioria gratuitos.[19] Uma empresa chamada Square desenvolveu um leitor de cartão de crédito que se conecta a um *smartphone*. Essa é uma inovação disruptiva no sistema financeiro de um trilhão de dólares para pagamentos com cartão de crédito. A Square permitiu que milhões de pequenas empresas que não podiam pagar as taxas de transação cobradas pelas empresas financeiras começassem a aceitar cartões de crédito.[20] Muitas inovações disruptivas surgem em pequenas empresas empreendedoras, como a Square e a Coursera. Alguns observadores acreditam que as empresas em mercados emergentes, como a China e a Índia, produzirão grande parte dessas inovações nos próximos anos.[21] A Godrej & Boyce, por exemplo, criou uma geladeira portátil de baixo custo, alimentada por bateria, para o mercado da Índia, chamada de chotuKool, conforme descrito no Capítulo 4. A Lenovo introduziu o *LePhone* na China como alternativa barata para o *iPhone*.[22]

▶▶▶ **Conexão de conceito**

Os avanços tecnológicos em smartphones abriram caminho para os leitores móveis de cartões de crédito de provedores como Square, Intuit GoPayment e Merchant Anywhere. Essa **inovação disruptiva** tem sido um grande avanço para os proprietários de pequenas empresas, permitindo-lhes aceitar pagamentos com cartão de crédito em tempo real, com taxas mínimas de transação. Os leitores móveis são especialmente úteis para os comerciantes que vendem seus produtos em ambientes ao ar livre, como feiras de troca, feiras de artesanato e mercados de agricultores.

Essa estratégia está ligada à tendência chamada de **inovação reversa**. Em vez de inovar em países ricos e transferir produtos para mercados emergentes, empresas como a Lenovo, General Electric (GE), John Deere, Nestlé, Procter & Gamble (P&G) e Xerox estão criando produtos inovadores e de baixo custo para mercados emergentes e, em seguida, reembalando-os rapidamente para vendê-los nos países desenvolvidos. A equipe da GE Healthcare, na China, criou uma máquina de ultrassom portátil que foi vendida por menos de 15% do custo das máquinas de alto desempenho da empresa. A GE agora vende o produto para o mundo inteiro e o expandiu para uma linha de produto global de 278 milhões de dólares em seis anos. John Deere desenvolveu um trator de alta qualidade e baixo custo para agricultores na Índia, que está sendo cada vez mais procurado nos Estados Unidos entre os agricultores que estão se recuperando da recessão.[23]

Abordagem ambidestra

As mudanças – especialmente as maiores, tais como as inovações disruptivas, – não são fáceis, e muitas organizações lutam para mudar com sucesso. Em alguns casos, os funcionários não têm desejo nem motivação para chegar a novas ideias ou as suas ideias nunca são ouvidas pelos gestores que poderiam colocá-las em prática. Em outros casos, os gestores identificam boas ideias, mas têm dificuldade em obter a cooperação dos empregados para a implementação. Mudanças bem-sucedidas exigem que as organizações sejam capazes tanto de criar quanto de implementar ideias, o que significa que a empresa deve aprender a ser *ambidestra*.

Uma **abordagem ambidestra** incorpora estruturas e processos adequados para o impulso criativo e a implementação sistemática de inovações. Por exemplo, uma estrutura flexível, solta e com mais liberdade aos empregados é excelente para a criação e iniciação de ideias; no entanto, essas mesmas condições costumam dificultar a implementação de uma mudança porque os funcionários estão menos propensos a obedecer. Com uma abordagem ambidestra, os gestores incentivam a flexibilidade e a liberdade para inovar e propor novas ideias com departamentos criativos e outros mecanismos que abordaremos neste capítulo, mas eles usam uma abordagem mais rígida, centralizada e padronizada para a implementação de inovações.[24] Por exemplo, Mike Lawrie, CEO da empresa de *software* com sede em Londres, Misys, criou uma unidade independente para a Misys Open Source Solutions, um empreendimento que visa criar uma tecnologia potencialmente perturbadora para a indústria da saúde. Lawrie queria que as pessoas criativas tivessem o tempo e os recursos necessários para trabalhar em um novo *software* que prometia a troca contínua de dados entre hospitais, médicos, seguradoras e outros envolvidos no sistema de saúde. A implementação de novas ideias, em que rotina e precisão são importantes, ocorre dentro da organização simétrica.[25]

Lembre-se disto

- Toda organização precisa mudar e inovar para sobreviver.
- **Mudança organizacional** é a adoção de uma nova ideia ou comportamento por uma empresa.
- Muitas pessoas preferem o *status quo* e tendem a resistir à mudança. O maior obstáculo para a mudança organizacional é o medo da perda pessoal.
- Outras razões pelas quais as pessoas resistem à mudança são a falta de compreensão e de confiança, a incerteza e as diferentes percepções e metas.
- **Inovação disruptiva** se refere a inovações em produtos, serviços ou processos que mudam radicalmente a concorrência em uma indústria, como o surgimento do *streaming* de vídeo ou dos cursos universitários *on-line*.
- Uma **abordagem ambidestra** incorpora estruturas e processos adequados para o impulso criativo e a implementação sistemática de inovações.

Mudança das coisas: novos produtos e tecnologias

As organizações devem abraçar vários tipos de mudança. Uma área vital da inovação é a introdução de novos produtos, serviços e tecnologias. Uma **mudança de produto** é uma mudança na produção dos produtos ou serviços da organização. A inovação de produtos e serviços é a maneira mais comum de as organizações se adaptarem às mudanças que ocorrem nos mercados, nas tecnologias e na concorrência.[26] Um exemplo de inovação de serviço é o HBO Go, o primeiro serviço abrangente de televisão móvel. No Quênia, onde a assistência e o aconselhamento médico podem ser um luxo distante para muitos, a gigante de telecomunicações local Safaricom introduziu uma inovação de serviço denominada Daktari, que vai conectar os usuários a um médico "um a um" 24 horas por dia, sete dias por semana, por uma pequena taxa.[27] Exemplos de novos produtos incluem os tênis de corrida da Nike, Flyknit Racer, que pesam apenas 5,6 onças, o SodaStream, um equipamento que faz água gaseificada e refrigerante em casa, e o termostato Nest, que aprende os padrões de seu usuário e os ajusta para economizar energia.[28] Outro produto "novo" em um mercado velho é o bebedouro EZH2O de Elkay Manufacturing.

Outras empresas, incluindo a Haws Corporation e Oasis International, também introduziram novos tipos de bebedouros concebidos para encher garrafas de água. De acordo com a Elkay, seus novos bebedouros foram instalados em centenas de faculdades e universidades, e pelo menos em 15 aeroportos, incluindo O'Hare, em Chicago, e La Guardia, em Nova York.

Forma inovadora
Elkay Manufacturing

O bebedouro não mudou muito nas últimas décadas. Então, há alguns anos, os gestores da Elkay Manufacturing começaram a perceber o que eles chamaram de "a dança do aeroporto": as pessoas se movimentando à medida que tentavam inclinar suas garrafas no ângulo certo para enchê-las no bebedouro sem espirrar água em si mesmas.

Em vez disso, a Elkay começou a reconsiderar o bebedouro para criar uma estação para o enchimento de garrafas. Os norte-americanos reduziram o consumo de refrigerantes e também cortaram as compras de garrafas de água. Aproximadamente metade da água que as pessoas consomem hoje em dia vem de torneiras, incluindo bebedouros. Os gestores da Elkay queriam um bebedouro onde as pessoas poderiam encher as garrafas sem sequer tocar na fonte, para evitar a preocupação com os germes. Além disso, eles achavam que levaria menos de dez segundos para encher uma garrafa de meio litro. No início do projeto, um engenheiro disse que era impossível. Outro engenheiro que veio para a Elkay de uma empresa de autopeças encontrou uma maneira de acelerar o fluxo. O resultado foi uma máquina que enche uma garrafa de meio litro em quase cinco segundos, se a água estiver em temperatura ambiente, ou em alguns segundos a mais, se ela passar por tubos de refrigeração. Já o tradicional bebedouro precisava de pelo menos 20 segundos.

A Elkay não é a única empresa que criou uma estação para o enchimento de garrafas, mas a adição de um contador digital no primeiro modelo EZH2O da Elkay acabou ajudando a "fazer essa coisa ficar viral", disse um gestor que havia originalmente pensado que o contador digital era uma ideia idiota. Os estudantes universitários gostavam de monitorar quantas garrafas de plástico estavam sendo mantidas fora dos aterros. Alguns organizaram competições entre *campus* para ver quem poderia reutilizar o maior número de garrafas. Os calouros do Muhlenberg College, em Allentown, na Pensilvânia, que instalaram 49 das novas estações EZH2O, receberam de brinde uma garrafa de água de aço inoxidável. De acordo com a faculdade, as vendas de garrafas de água caíram 90%. Segundo os estudantes, isso significa pelo menos 1,4 milhão de garrafas de plástico que ficaram fora dos aterros.[29]

Como mostra esse exemplo, alterações de produtos e serviços estão relacionadas a mudanças na tecnologia da organização. Uma **mudança de tecnologia** é uma mudança no processo de produção – como a organização faz o seu trabalho. As mudanças tecnológicas são projetadas para tornar a produção de um produto ou serviço mais eficiente. A Hammond's Candies economiza centenas de milhares de dólares por ano com a implementação de mudanças tecnológicas sugeridas pelos funcionários. Um exemplo foi o aprimoramento de uma engrenagem de equipamento que reduziu o número de funcionários necessários na linha de montagem de cinco para quatro.[30] Outros exemplos de mudança de tecnologia incluem a introdução de *winglets*, que aumentam a eficiência dos aviões da Southwest Airlines, a adoção de máquinas automáticas de triagem de correio pelo Serviço Postal dos Estados Unidos e o uso de *software* de biossimulação para executar testes virtuais de novos fármacos no departamento de P&D da Johnson & Johnson.

Três estratégias críticas de inovação para a alteração de produtos e tecnologias são ilustradas na Figura 11.1.[31] A primeira estratégia, *exploração*, envolve estruturar a organização para estimular a criatividade e a instituição de novas ideias. A estratégia de *cooperação* se refere à criação de condições e sistemas para facilitar a coordenação interna e externa e a troca de conhecimentos. Finalmente, *as funções da inovação* indicam que os gestores colocam em prática processos e estruturas para garantir que novas ideias sejam levadas à aceitação e implementação.

Faça uma pausa

Para avaliar sua criatividade, faça o "Autoteste do novo gestor" apresentado mais adiante.

FIGURA 11.1
Três estratégias de inovação para novos produtos e tecnologias

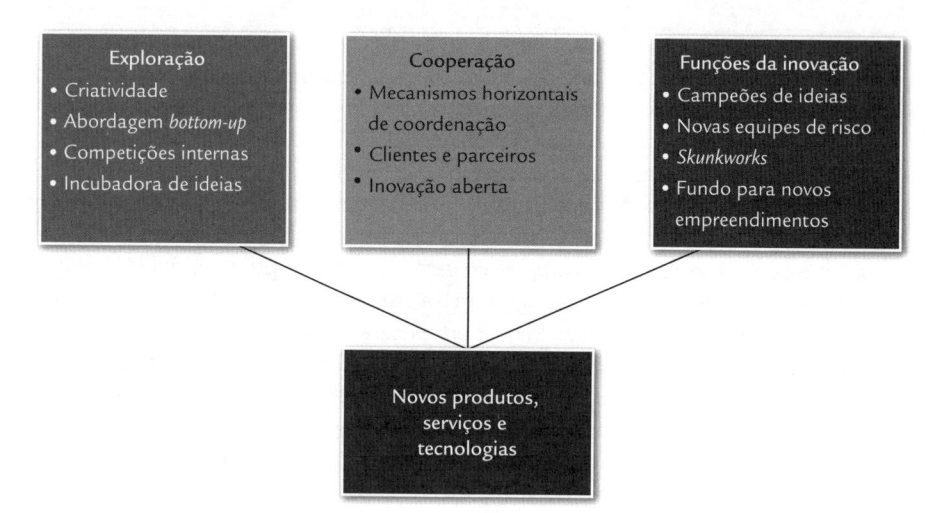

Exploração
- Criatividade
- Abordagem *bottom-up*
- Competições internas
- Incubadora de ideias

Cooperação
- Mecanismos horizontais de coordenação
- Clientes e parceiros
- Inovação aberta

Funções da inovação
- Campeões de ideias
- Novas equipes de risco
- *Skunkworks*
- Fundo para novos empreendimentos

→ Novos produtos, serviços e tecnologias

FONTE: Baseada em Patrick Reinmoeller e Nicole van Baardwijk, "The link between diversity and resilience", *MIT Sloan Management Review* (Summer 2005): 61-65.

Poder Verde

Como construir um *mouse* melhor...

Todos nós temos *laptops* ultrapassados entocados em armários e monitores, *hard drives* e impressoras amontoados em algum lugar da garagem. E quem poderia se esquecer dos *mouses* (cinco deles, na verdade, ainda presos a cabos) enfiados em uma gaveta? Em um mundo com foco na sustentabilidade, o desafio para os gestores da indústria eletrônica é como mudar e inovar quando os grandes invólucros exteriores para os nossos produtos não desaparecem. A **Fujitsu** superou essa barreira por meio do desenvolvimento de um teclado feito de materiais renováveis. Um ano mais tarde, com o uso de materiais orgânicos como substitutos para o plástico, a empresa revelou um revestimento para *mouse* que era 100% biodegradável. Agora, a corrida começou. As inovações da Fujitsu oferecem uma promessa visionária de que, um dia, todos os nossos dispositivos eletrônicos serão parte da revolução de sustentabilidade.

Fonte: Escritores da equipe, "Fujitsu unveils 'world's first' biodegradable mouse", *Business Green*, January 25, 2011. Disponível em: <wwwbusinessgreen.com/bg/news/1939343/fujitsu-unveils-worlds-biodegradable-mouse>. Acesso em: 25 jan. 2011.

EXPLORAÇÃO

Exploração é a fase em que nascem as ideias para novos produtos e tecnologias. Os gestores preparam a organização para a exploração por meio do estabelecimento de condições que estimulem a criatividade e permitam o surgimento de novas ideias. **Criatividade** se refere à geração de ideias inovadoras que possam atender às necessidades percebidas ou responder às oportunidades para a organização.[32] Eis alguns exemplos de pessoas conhecidas pela criatividade: Edwin Land, que inventou a câmera Polaroid, e o engenheiro suíço George de Mestral, que criou o Velcro depois de perceber as farpas minúsculas em algumas saliências nas suas meias de lã. Essas pessoas viram oportunidades únicas e criativas em situações cotidianas.

As características das pessoas altamente criativas são ilustradas na coluna da esquerda da Figura 11.2. Em geral, as pessoas criativas são conhecidas pela originalidade, mente aberta, curiosidade, abordagem focada na resolução de problemas, persistência, atitude descontraída e lúdica e receptividade para novas ideias.[33] A criatividade também pode ser planejada nas organizações. A maioria das empresas quer funcionários mais criativos e, em geral, procura contratar pessoas com esse perfil. No entanto, o indivíduo é apenas uma parte da equação, e cada um de nós tem algum potencial para a criatividade. Os gestores têm a responsabilidade de criar um ambiente de trabalho que faça a criatividade florescer.[34]

As características das organizações criativas são semelhantes àquelas dos indivíduos, como ilustra a coluna da direita da Figura 11.2. Organizações criativas são estruturadas de forma flexível. As pessoas estão em uma situação de ambiguidade, as atribuições são vagas, os territórios se sobrepõem, as tarefas são espontaneamente definidas, e grande parte do trabalho é feita por equipes. Em empresas criativas, os gestores abraçam o risco e a experimentação. Por isso, envolvem os funcionários em uma gama de projetos, de modo que as pessoas não estão presas ao ritmo dos trabalhos rotineiros e ainda afastam o medo de errar, o que pode inibir o pensamento criativo.[35] Pesquisas mostram que inovações bem-sucedidas são frequentemente acompanhadas de inúmeras falhas. A SurePayroll, uma empresa de serviços de folha de pagamento, oferece o prêmio anual "Melhor Erro Novo" em dinheiro para incentivar as pessoas a assumir

▶▶▶ **Conexão de conceito**

Empresas inovadoras, como a Intuit, querem que todos tenham continuamente novas ideias. Os gestores incentivam a **criatividade** durante a **fase de exploração** e abraçam o fracasso com a mesma facilidade que o sucesso. "Tive a minha cota de ideias realmente ruins", admite o fundador da Scott Cook, retratado aqui com o ex-CEO, Steve Bennett. No entanto, a falha pode ter possibilidades ocultas. Blocos autoadesivos de notas, como os exibidos aqui no quadro da Intuit, foram inventados pela 3M Corporation com base em um produto que falhou – um adesivo não muito aderente que resultou das tentativas de um químico de criar uma supercola. O produto resultante, o Post-it, tornou-se um dos materiais de escritório mais vendidos em todos os tempos.

FIGURA 11.2 Características de pessoas e organizações criativas

Indivíduo criativo
- Persistência
- Compromisso
- Abordagem focada
- Fluência conceitual
- Mente aberta
- Originalidade
- Menos autoridade
- Independência
- Autoconfiança
- Descontração
- Exploração indisciplinada
- Curiosidade

Organização criativa
- Recursos destinados ao pessoal e aos projetos criativos sem retorno imediato
- Sistema de recompensa incentiva a inovação
- Absolvição de responsabilidades periféricas
- Liberdade de escolher um problema e trabalhar nele
- Não burocratizada, cultura lúdica, pratica o impraticável
- Liberdade para discutir ideias; horizonte de longo prazo
- Canais abertos de comunicação
- Contato com fontes externas
- Territórios sobrepostos; polinização cruzada de ideias entre diferentes disciplinas
- Sistemas de sugestões, *brainstorming* e discussões não controladas
- Indicação de não especialistas para a resolução de problemas
- Excentricidade permitida
- Contratações fora da zona de conforto
- Descentralização, posições vagamente definidas, controle flexível
- Aceitação dos erros; gratificação para a tomada de riscos
- Pessoas encorajadas a desafiar os chefes

FONTES: Baseada em Gary A. Steiner, ed., *The creative organization* (Chicago: University of Chicago Press, 1965), p. 16-18; Rosabeth Moss Kanter "The middle manager as innovator", *Harvard Business Review* (July-August 1982): 104-105; James Brian Quinn, "Managing innovation: controlled chaos", *Harvard Business Review* (May-June 1985): 73-84; Robert I. Sutton, "The weird rules of creativity", *Harvard Business Review* (September 2001): 94-103; Bridget Finn, "Playbook: brainstorming for better brainstorming", *Business 2.0* (April 2005), 109-114.

riscos criativos. Da mesma forma, a Grey Advertising premia anualmente o "Fracasso Heroico" para recompensar as "derrotas gloriosas que podem fazer o próprio sucesso ficar tímido".[36] Organizações criativas são aquelas que têm cultura interna de diversão, liberdade, desafio e participação popular.[37] A Figura 11.3 mostra as dez empresas mais inovadoras do mundo na lista de 2013 da *Fast Company*.

NOVO GESTOR — Autoteste

Avalie sua criatividade

Instruções: Na lista de características apresentada a seguir, assinale aquelas que descrevem com precisão a sua personalidade. Seja muito honesto com você mesmo. Marque todas as palavras que se encaixam em sua personalidade.

1. influenciado _____
2. capaz _____
3. cauteloso _____
4. esperto _____
5. comum _____
6. confiante _____
7. conservador _____
8. convencional _____
9. egoísta _____
10. insatisfeito _____
11. honesto _____
12. bem-humorado _____
13. individualista _____
14. informal _____
15. perspicaz _____
16. inteligente _____
17. interesses limitados _____
18. interesses amplos _____
19. inventivo _____
20. gentil _____
21. original _____
22. pensativo _____
23. engenhoso _____
24. autoconfiante _____
25. sedutor _____
26. esnobe _____
27. sincero _____
28. submisso _____
29. desconfiado _____
30. não convencional _____

Pontuação e interpretação: Some 1 ponto ao marcar cada um dos seguintes itens: 2, 4, 6, 9, 12, 13, 14, 15, 16, 18, 19, 21, 22, 23, 24, 25, 26 e 30. Subtraia 1 ponto ao marcar cada um dos seguintes itens: 1, 3, 5, 7, 8, 10, 11, 17, 20, 27, 28 e 29. Pontuação = _____. A maior pontuação possível é 18; e a menor, −12.

A inovação começa com criatividade. A sua pontuação nesse teste reflete a sua criatividade para resolver problemas e encontrar novas soluções. A pontuação média para um grupo de 256 homens nessa escala de criatividade foi de 3,57 e de 4,4 para 126 mulheres. Um grupo de 45 cientistas do sexo masculino e um grupo de 530 estudantes de pós-graduação em Psicologia, também do sexo masculino, tiveram ambos pontuações médias de 6,0, e 124 arquitetos do sexo masculino obtiveram pontuação média de 5,3. Um grupo de 335 estudantes de psicologia do sexo feminino obtiveram uma pontuação média de 3,34. Se você obteve uma pontuação acima de 5, a sua personalidade pode ser considerada acima da média em criatividade. Até que ponto você acha que a sua pontuação reflete sua verdadeira criatividade? Compare sua pontuação com a dos outros de sua classe. Que itens foram mais importantes para a sua pontuação em comparação com os outros alunos?

Fonte: Harrison G. Clough, "A creative personality scale for the adjective check list", *Journal of Personality and Social Psychology* 37, n. 8 (1979): 1398-1405.

FIGURA 11.3
As empresas mais inovadoras do mundo, 2013

Classificação	Empresa	Motivo
1	Nike	Criou produtos revolucionários e a cultura de lealdade.
2	Amazon	Entregas mais rápidas e implementação de mudanças.
3	Square	Espalhou a revolução dos pagamentos móveis.
4	Splunk	Massificou o *big data*.
5	Fab	Evoluiu para o destino *on-line* certo para produtos originais.
6	Uber	Resumiu uma *startup* disruptiva *data-driven*.
7	Sproxil	Perseguiu as empresas que vendiam produtos fraudulentos.
8	Pinterest	Destravou nossa obsessão com a imagem.
9	Safaricom	Preencheu uma lacuna na saúde com a telecomunicação.
10	Target	Diminuiu o modelo *big box* de varejo.

FONTE: "The World's 50 Most Innovative Companies," *Fast Company* (March 2013): 86–156.

Empresas inovadoras utilizam uma **abordagem bottom-up***, o que significa incentivar o fluxo de ideias a partir dos níveis inferiores e certificar-se de que elas sejam ouvidas e postas em prática pelos executivos do topo.[38] A empresa de *software* de Chicago 37signals deu a todos os empregados um mês de folga de suas tarefas regulares para que pudessem trabalhar em novas ideias. Durante o mês de junho, todo o trabalho que não era essencial (o que significava tudo, exceto o atendimento ao cliente e a manutenção dos servidores) foi deixado de lado, e as pessoas foram autorizadas a trabalhar em qualquer coisa que quisessem. Algumas pessoas trabalharam sozinhas e outras formaram equipes. No final do mês, os principais líderes ouviram 29 apresentações de ideias, incluindo um novo conjunto de ferramentas para gerenciar contas de clientes e uma nova técnica de visualização de dados que ajudaria a empresa a entender como os clientes podem usar melhor seus produtos. De acordo com Jason Fried, cofundador da empresa, a 37signals vai continuar a usar o mês de folga para liberdade e exploração porque é uma ótima forma de levar as pessoas a ter novas ideias para o negócio.[39] O boxe "Conversa com gestores", apresentado na página seguinte, descreve uma técnica divertida que algumas empresas usam para incentivar as pessoas a ter ideias criativas para resolver problemas específicos.

Algumas empresas também usam *concursos de inovação* internos, que são ferramentas cada vez mais populares para inovações de produtos e serviços.[40] Mike Hall, CEO da Borrego Solar Systems, promove os concursos "desafio da inovação" na intranet da empresa para incentivar seus tímidos e introvertidos engenheiros a apresentar ideias para melhorar o negócio. Os funcionários votam nas ideias favoritas, e o vencedor leva para casa um prêmio em dinheiro. Uma ideia rapidamente implementada foi a utilização de um *software* que permite que as equipes de vendas e engenharia colaborem entre si.[41] Os gestores da empresa de contabilidade e consultoria PricewaterhouseCoopers (PwC) desafiaram o estereótipo de que os contadores são chatos e sem imaginação, patrocinando um concurso no estilo *American Idol* para estimular ideias criativas entre os funcionários.

---

* *Bottom-up*: significa "de baixo para cima" (N.R.T.).

Conversa com GESTORES

Use a técnica dos seis chapéus do pensamento para melhores ideias

Uma técnica que pode promover o pensamento mais amplo é chamada de *seis chapéus do pensamento*, desenvolvida por Edward de Bono. O modelo incentiva as pessoas em um grupo a combinar o pensamento negativo e crítico com o positivo e criativo. Os participantes literal ou figurativamente usam um chapéu para representar uma perspectiva diferente. O uso dos chapéus ajuda os indivíduos a sair da zona de conforto e gerar ideias criativas sem se preocupar com os riscos. A técnica dos seis chapéus do pensamento pode transformar uma típica reunião improdutiva em um esforço altamente criativo para a resolução de problemas.

Os seis chapéus

- **Chapéu branco:** esse chapéu do pensamento é neutro e preocupado apenas com fatos, números e informações objetivas referentes a um problema.

- **Chapéu vermelho:** permite uma resposta emocional à questão. É uma perspectiva baseada em sentimentos, intuições, instintos e palpites.

- **Chapéu verde:** gera novas ideias, possibilidades, alternativas e soluções originais para a melhor resolução de um problema.

- **Chapéu preto:** é negativo, pessimista e crítico e se concentra nos aspectos que podem levar uma sugestão a não dar certo. Quando as pessoas usam esse chapéu, elas apontam as falhas e falsas suposições de uma ideia.

- **Chapéu amarelo:** é o oposto do chapéu preto. É otimista e está centrado nos valores e benefícios de uma ideia. Concentra-se naquilo que dará certo.

- **Chapéu azul:** está preocupado com a facilitação de grupos. Em geral, o líder do grupo assume o papel do chapéu azul, embora qualquer membro possa usá-lo de vez em quando.

Como usar a técnica

Para aplicar a técnica dos seis chapéus do pensamento, reserve um horário específico durante uma reunião criativa para a solução de problemas, quando cada pessoa do grupo esteja usando a mesma cor de chapéu, isto é, tenha a mesma perspectiva. Um tempo é dado para que todos usem o chapéu do pensamento racional baseado em fatos (chapéu branco), do pensamento emocional (chapéu vermelho), do pensamento criativo (chapéu verde) e assim por diante. O resultado é que cada perspectiva (chapéu) é ouvida em sequência, e as visões ou os argumentos negativos não sobrecarregam a criatividade. Todos juntos têm tempo para pensar em boas ideias e encontrar os pontos fracos.

Fonte: Baseado em Edward de Bono, *Serious creativity: using the power of lateral thinking to create new ideas* (New York: HarperBusiness, 1992).

Faça uma pausa

A seção "Aplique suas habilidades: exercício vivencial", no material complementar, propõe um teste sobre a criatividade nas organizações. Mãos à obra!!!

Tão importante quanto a criação de ideias é transformá-las em ação. Infelizmente, pesquisas indicam que, em média, as ideias de um funcionário norte-americano são implementadas apenas uma vez a cada seis anos.[42] Segundo Larry Bennett, professor de empreendedorismo, "Não há nada pior para a autoestima dos funcionários do que eles sentirem que suas ideias não chegam a lugar algum".[43] Na PwC, todas as ideias finais foram repassadas para um "campeão" veterano, que ajudará as equipes a desenvolver e implementar as propostas. Outras ideias dos últimos 20 semifinalistas foram repassadas para um grupo incubador de ideias. Uma **incubadora de ideias** é um mecanismo que fornece um porto seguro em que as ideias dos funcionários de toda a empresa podem ser desenvolvidas sem a interferência da burocracia ou política da empresa.[44]

Forma inovadora
PricewaterhouseCoopers

"Nossos consultores têm em média 27 anos de idade, mas já conhecem profundamente sobre impostos e garantias", afirmou Bob Moritz, presidente da PricewaterhouseCoopers (PwC) nos Estados Unidos. "Então, como você faz este lugar parecer com um Google ou Facebook? Um lugar que pareça inovador?"

Assim como outras empresas, a PwC sentiu o aumento da concorrência e a economia global instável. Aproveitar a criatividade de todos os colaboradores na busca de ideias rentáveis parecia não só uma coisa boa a fazer, mas também uma necessidade do negócio. Mitra Best, "líder de inovação" da PwC e uma fã de American Idol, tirou ideias desse programa, além de ideias do mundo dos *videogames*, *chats* ao vivo e discussões *on-line*, para criar a PowerPitch, uma competição divertida e colaborativa que iria conectar e inspirar 30 mil funcionários da PwC. Os funcionários adoraram. A competição, estruturada em três fases durante um período de nove meses, estava aberta a qualquer funcionário dos Estados Unidos abaixo do nível de sócio. Cada competidor teve que recrutar uma equipe e lançar a criação de um novo serviço ou a reestruturação de um serviço existente que poderia valer 100 milhões de dólares em receitas. A equipe vencedora receberia um prêmio de 100 mil dólares, além da oportunidade de ajudar a implementar a nova ideia.

Cerca de 800 propostas foram lançadas na primeira rodada, e, já na grande final, cerca de 60% das pessoas da empresa tinham participado de uma forma ou de outra – participação direta, votação, comentários, sugestões e assim por diante. As cinco equipes finalistas foram levadas à sede da PwC em Nova York para apresentar suas propostas e responder às perguntas dos juízes em um auditório corporativo lotado. Escritórios de todo o país organizaram festas, assistindo à competição via Webcast ao vivo. A equipe vencedora, liderada pelo assessor de serviços financeiros de 25 anos de idade, Zachary Capozzi, propôs a criação de uma prática sofisticada de *data-mining* (exploração de dados) dentro da PwC, que faz uma análise semelhante à da Netflix para prever interesses de seus clientes. Para clientes que não têm essa capacidade em casa, o serviço pode ser inestimável, o que representa novos clientes e receita para a PwC.[45]

Lembre-se disto

- **Mudança de produto** é uma mudança nos produtos ou serviços da organização, como o tênis de corrida Flyknit Racer da Nike ou o termostato residencial Nest.
- **Mudança de tecnologia** se refere a uma mudança nos processos de produção – como a organização faz o seu trabalho.
- **Exploração** envolve o planejamento da organização para estimular a criatividade e o surgimento de novas ideias.
- **Criatividade** é a geração de ideias inovadoras que possam atender às necessidades percebidas ou responder às oportunidades para a organização.
- A empresa de *software* 37signals aplicou uma **abordagem bottom-up** dando a todos os funcionários um mês de folga de suas obrigações regulares para que pudessem ter ideias criativas para novos produtos e serviços.
- Uma **incubadora de ideias** é um programa organizacional que fornece um porto seguro em que os funcionários podem gerar e desenvolver ideias sem a interferência da burocracia ou política da empresa.

Cooperação

Em geral, ideias para inovações de produto e tecnologia se originam nos níveis mais baixos da hierarquia da organização e precisam fluir horizontalmente pelos departamentos. Além disso, as pessoas e organizações fora da empresa podem ser fontes valiosas de ideias inovadoras. A falta de inovação é amplamente reconhecida hoje como um dos maiores problemas das empresas. Considere que 72% dos altos executivos entrevistados pela revista *BusinessWeek* e do Boston Consulting Group informaram que a inovação é uma prioridade, mas quase metade deles afirmou que estão insatisfeitos com os resultados nessa área.[46] Assim, muitas empresas estão passando por uma transformação na forma como encontram e usam novas ideias, com foco na melhoria tanto da coordenação e cooperação internas quanto externas.

Coordenação interna

A inovação que dá certo exige conhecimento simultâneo de diversas áreas, e a falha nesse processo é muitas vezes o resultado de uma cooperação que não deu certo.[47] Estudos recentes do Instituto de Tecnologia de Massachusetts (MIT) sugerem que manter a pesquisa e a produção alinhados ajuda as empresas a ser mais inovadoras, por exemplo. A GE construiu sob medida uma fábrica na região norte do Estado de Nova York para ficar perto de seu *campus* de pesquisa, onde uma nova tecnologia secreta de baterias estava sendo inventada. A ideia era unir *design*, prototipagem, produção, teste e produção para diversos usos da nova tecnologia de bateria.[48]

A Sony, que já foi a personificação do sucesso da inovação japonesa, está literalmente lutando para se manter viva, já que não lança um produto de sucesso há anos. A empresa foi atingida por várias tecnologias disruptivas ou concorrentes inesperados, e os gestores foram incapazes de lutar por causa da falta de cooperação dentro da organização. A Sony tinha a tecnologia para criar um leitor de música como o *iPod* muito antes que a Apple o apresentasse (o cofundador Akio Morita, na verdade, imaginou tal dispositivo na década de 1980), mas divisões internas não conseguiram cooperar para levar a ideia adiante.[49] Segundo Drew Boyd, um homem de negócios que fala sobre inovação para outras empresas, "A inovação é um esporte de equipe".[50] A Sealy trouxe de volta sua linha de ponta de colchões Stearns & Foster, o que exigiu que engenheiros, *designers* de produtos e equipes de vendas e *marketing* trabalhassem juntos e também em parceria com os clientes e a empresa de *design* externa IDEO. Como resultado desse trabalho conjunto, as vendas da linha Stearns & Foster bateram recordes. Na época, Allen Platek, vice-presidente de desenvolvimento de novos produtos, afirmou o seguinte: "A reformulação do produto foi um dos momentos mais divertidos da minha carreira".[51]

As empresas que inovam com sucesso costumam ter as seguintes características:

+ As equipes de pesquisa e *marketing* trabalham ativamente com os clientes para entender as necessidades deles e desenvolver soluções.
+ Os especialistas técnicos estão cientes dos recentes desenvolvimentos e usam novas tecnologias de forma eficiente.
+ Um processo compartilhado de desenvolvimento de novos produtos é defendido e apoiado pela alta gerência ao longo de todas as funções e unidades organizacionais.
+ Os membros de departamentos essenciais – pesquisa, produção e *marketing* – cooperam para o desenvolvimento do novo produto ou serviço.
+ Cada projeto é guiado do começo ao fim por uma equipe multifuncional.[52]

Uma abordagem para o sucesso da inovação é chamada de **modelo de coordenação horizontal**, ilustrada no círculo central da Figura 11.4.[53] O modelo mostra que os departamentos de pesquisa, produção, vendas e *marketing* de uma organização contribuem simultaneamente para novos produtos e tecnologias. As pessoas desses

CAPÍTULO 11 Gestão de mudança e inovação

departamentos se reúnem com frequência em equipes e grupos de trabalho para compartilhar ideias e resolver problemas. A equipe de pesquisa informa a equipe de *marketing* sobre novos desenvolvimentos tecnológicos para descobrir se eles serão úteis para os clientes. O pessoal de *marketing* passa as reclamações dos clientes para a área de pesquisa, que deverá utilizá-las na concepção de novos produtos, e para a equipe de produção, à qual caberá o desenvolvimento de novas ideias que possam melhorar a velocidade e a qualidade da produção. A produção informa os outros departamentos se uma ideia de produto pode ser fabricada nos limites de custos. Ao longo do processo, as equipes de desenvolvimento se mantêm em contato próximo com os clientes. Um estudo da McKinsey constatou que 80% dos inovadores de sucesso periodicamente testam e validam as preferências dos clientes durante o desenvolvimento de novos produtos e serviços.[54] Infelizmente, "novos produtos podem assumir vida própria dentro da organização, tornando-se tão sensacionalistas que não há como voltar atrás", escreveram Joan Schneider e Julie Hall, coautores de *The new launch plan: 152 tips, tactics, and trends from the most memorable new products*.[55]

▶▶▶ **Conexão de conceito**

A inovação frequentemente exige **coordenação interna** porque precisa da experiência combinada de inúmeros jogadores diferentes, cada um com a própria área de especialização, para chegar a uma única solução criativa, mas realista. Uma abordagem bem-sucedida para a inovação é o **modelo de coordenação horizontal**, que mostra a importância combinada dos departamentos de pesquisa, produção, vendas e *marketing*, contribuindo simultaneamente para novos produtos e tecnologias.

O modelo de coordenação horizontal é cada vez mais importante em um ambiente de negócios de alta pressão que requer o desenvolvimento e a comercialização rápida de produtos e serviços. A velocidade é uma arma estratégica fundamental no mercado global contemporâneo.[56] Esse tipo de trabalho em equipe é semelhante a um jogo de *rugby*, em que os jogadores correm juntos, passando a bola para frente e para trás à medida que se movem pelo campo.[57] A Corning usou um modelo de coordenação horizontal para criar um novo produto para a indústria móvel.

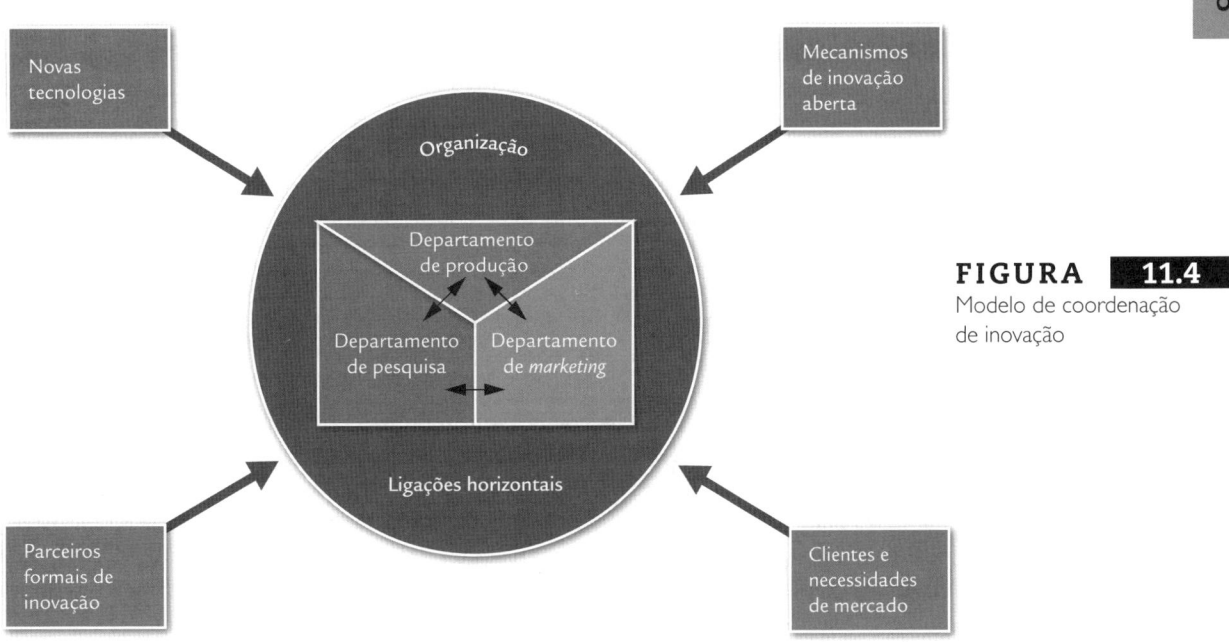

FIGURA 11.4
Modelo de coordenação de inovação

Forma inovadora
Corning, Inc.

O fato de as telas de plástico de telefones celulares e *tablets* serem facilmente arranhadas e quebradas levou a pequena equipe da divisão de materiais especiais da Corning à seguinte ideia: "Será que o vidro forte, mas flexível, destinado aos para-brisas de automóveis que a empresa havia tentado comercializar (sem sucesso) na década de 1960 não resolveria o problema das telas móveis?". Somente para produzir um lote experimental com o intuito de avaliar o interesse do cliente a empresa gastaria até 300 mil dólares, mas os gestores assumiram o risco porque o projeto tinha um forte campeão de ideias.

Depois que o teste foi concluído e que potenciais clientes mostraram entusiasmo com a ideia, os gestores tinham que agir rapidamente. A Corning transformou o conceito em sucesso comercial em um período de tempo surpreendentemente curto. Um dos motivos é que a empresa tinha a cultura e os sistemas certos. As divisões e departamentos da Corning sabem que a alta gestão espera, apoia e premia a colaboração em lançamentos promissores de novos produtos. A inovação na Corning é gerida não por inventores solitários ou pequenas equipes em armazéns, mas sim por grupos multidisciplinares em toda a organização. A empresa possui duas unidades – o Conselho de Tecnologia Corporativa e o Conselho de Estratégia e Crescimento –, que são encarregados de supervisionar o processo de inovação e assegurar que os departamentos cooperem efetivamente nos esforços de desenvolvimento de novos produtos aprovados pela gestão. Assim, os funcionários de P&D, produção e vendas concordaram rapidamente em servir à equipe que desenvolvia o novo produto de vidro.

Na primavera de 2013, o novo produto da Corning, denominado Gorilla Glass, já era usado em mais de um bilhão de *smartphones* e *tablets*, e se tornou um negócio de um bilhão de dólares por ano. O Gorilla Glass 2, lançado em 2012, é até 20% mais fino, o que permite que as empresas desenvolvam dispositivos mais finos. A versão 3 promete ser 40% mais resistente a riscos. À medida que mais monitores incorporam telas sensíveis ao toque, a empresa continua inovando. O Gorilla Glass colocou a Corning na 36ª posição na lista da revista *Fast Company* das empresas mais inovadoras de 2013.[58]

Usando um modelo de coordenação horizontal para desenvolver novos produtos, a Corning tem sido altamente eficaz em transformar rapidamente ideias de produtos em sucessos de mercado. Famosos fracassos em inovação, como o reprodutor de música da Microsoft, Zune, e a moeda de dólar de Susan B. Anthony, da Mint, dos Estados Unidos, talvez a moeda mais impopular da história norte-americana, violam, em geral, o modelo de coordenação horizontal.

Coordenação externa

A Figura 11.4 também mostra que as organizações olham para além de suas fronteiras para encontrar e desenvolver novas ideias. Engenheiros e pesquisadores ficam atentos a novos desenvolvimentos tecnológicos. O pessoal do *marketing* presta atenção à mudança nas condições do mercado e nas necessidades dos clientes. Algumas organizações constroem parcerias estratégicas formais, como alianças e *joint ventures*, para beneficiar o sucesso da inovação.

Em geral, as empresas de sucesso incluem clientes, parceiros estratégicos, fornecedores e outros colaboradores externos de forma direta no processo de desenvolvimento de produtos e serviços. Uma das tendências mais recentes é a *inovação aberta*.[59] No passado, a maioria das empresas gerava as próprias ideias em casa e depois as desenvolvia, produzia, comercializava e distribuía, o que representa uma abordagem fechada da inovação. Hoje, no entanto, empresas de olho no futuro estão experimentando um método diferente. **Inovação aberta** significa estender a pesquisa e a comercialização de novas ideias para além das fronteiras da organização e para além das fronteiras da indústria; é a partilha de conhecimentos e recursos com outras organizações e indivíduos fora da empresa. Por exemplo, o fabricante do jogo Rovio estendeu a comercialização da marca Angry Birds para livros, filmes e brinquedos, permitindo que colaboradores externos licenciassem o popular aplicativo de jogo.⁶⁰ Até mesmo a Apple, que ficou conhecida pela política "fechada" em muitos aspectos, encontrou uma maneira de explorar o poder da inovação aberta, permitindo que qualquer pessoa criasse e comercializasse aplicativos móveis para o *iPhone* em troca de uma parte das receitas geradas por eles.⁶¹

Em um estudo realizado pela Booz & Company, a 3M foi uma das líderes em inovação mais citadas, bem atrás da Apple e do Google. A 3M tem um histórico de desenvolvimento de novos produtos inovadores e de sucesso, e os gestores admitem que o resultado positivo depende da inovação aberta e da polinização cruzada de ideias. Recentemente, a divisão de abrasivos introduziu um novo tipo de lixa. A divisão usou sete tecnologias diferentes para criar o produto, duas das quais saíram da divisão. A 3M está continuamente trabalhando com funcionários de universidades e outras empresas, e também com os clientes. A empresa tem 30 centros de tecnologia do cliente, onde as equipes técnicas e de *marketing* interagem com os clientes para conhecer as necessidades e frustrações deles.⁶²

> "A inovação bem-sucedida requer a fértil polinização cruzada, tanto dentro como fora da organização."
>
> — BRUCE BROWN E SCOTT D. ANTHONY, EM "HOW P&G TRIPLED ITS INNOVATION SUCCESS RATE"

A internet tornou possível que as empresas explorem ideias de todo o mundo e deixem que centenas de milhares de pessoas contribuam para o processo de inovação, e é por isso que algumas abordagens para a inovação aberta são conhecidas como **crowdsourcing**. A Fiat apresentou o primeiro carro *crowdsourced*, o Mio, em 2010. A montadora lançou um *site* que pedia às pessoas que pensassem sobre como o carro do futuro deveria ser, e mais de 17 mil internautas de todo o mundo enviaram ideias.⁶³ A forma mais simples de contar com a ajuda de uma multidão é organizar um concurso.⁶⁴ Desde setembro de 2010, mais de 16 mil pessoas participaram de competições *on-line* realizadas pelo governo dos Estados Unidos no *site* Challenge.gov. Em outro exemplo, a Philips vende agora a lâmpada de diodo emissor de luz (LED), que ganhou um concurso de dez milhões de dólares do Departamento de Energia. Um desafio atual é incentivar as agendas eletrônicas dos hospitais e das clínicas do Departamento de Assuntos de Veteranos (Veterans Affairs – VA) a se comunicar entre si para que os veteranos possam ir até o *site* e marcar uma consulta sempre que precisarem. Depois de gastarem uma década e 127 milhões de dólares tentando resolver o problema, os oficiais do VA afirmam que aprenderam a lição: "Precisamos olhar para fora, e não focar apenas o ambiente interno".⁶⁵ O governo federal é relativamente novo no mundo do *crowdsourcing*, mas algumas empresas o têm usado há anos. A Tongal adotou o *crowdsourcing* para criar anúncios para a campanha "Handle it" do desodorante Speed Stick da Colgate-Palmolive. Um anúncio foi selecionado para exibição durante o Super Bowl e classificado pela revisão anual da publicidade durante o Super Bowl da Kellogg School of Management como o número 12 de 36, superando anúncios da Calvin Klein, Coca-Cola, Volkswagen, Toyota e Pepsi.⁶⁶

O *crowdsourcing* também está sendo usado para reunir ideias criativas para resolver problemas sociais. Depois que o supertufão Haiyan devastou as Filipinas, por exemplo, as agências de assistência tiveram dificuldade para levar os profissionais de saúde e os suprimentos para algumas das regiões mais devastadas. Um projeto chamado Open Street Map deu a centenas de pessoas a oportunidade de ajudar de forma remota, identificando onde as estradas e os edifícios estavam localizados e quais os melhores locais para entregar os suprimentos. Organizar inspeções físicas nesses locais poderia ter levado semanas ou meses. Da mesma forma, mapas criados por meio do *crowdsourced* foram usados para identificar a localização de clínicas após o terremoto de 2010 no Haiti, além de ajudarem os trabalhadores humanitários a definir prioridades para a distribuição de alimentos, abrigo e serviços de saneamento após o terremoto e *tsunami* recentes no Japão.⁶⁷

TEMA RECENTE

Nos últimos anos, outra abordagem para a inovação tem sido a compra de empresas de inicialização, com o objetivo de obter produtos e serviços inovadores, e, frequentemente, o talento por trás deles também. Essa estratégia de **inovação pela aquisição** reconhece que a vanguarda da inovação acontece muitas vezes com jovens e pequenas empresas empreendedoras, e não dentro das paredes de empresas já estabelecidas. O Google comprou o Android, e o Facebook comprou o Instagram, para citar apenas dois exemplos. O Hotmail não foi originalmente criado pela Microsoft; em vez disso, ele foi comprado pela empresa em 1997. O Yahoo tem passado por uma recente onda de aquisições, comprando uma série de *startups* para desenvolver uma nova tecnologia móvel.[68] Olhe para qualquer empresa grande, bem-sucedida hoje, especialmente as indústrias de rápida evolução, e encontrará exemplos de inovação por meio de aquisições.

Lembre-se disto

- Inovações positivas de produtos e serviços dependem da cooperação tanto dentro da organização e com os clientes quanto fora da empresa.
- Adotar um **modelo de coordenação horizontal** significa que vários departamentos, como *marketing*, pesquisa e produção, trabalham em conjunto para desenvolver novos produtos.
- A Corning criou o Gorilla Glass, usado na maioria das telas sensíveis ao toque, por meio da aplicação de um modelo de coordenação horizontal.
- Algumas empresas, como a 3M e Rovio, criadora do jogo Angry Birds, estenderam a pesquisa e a comercialização de ideias inovadoras para além dos limites da organização – um processo chamado de **inovação aberta**.
- O *crowdsourcing*, uma abordagem de inovação aberta usada pela Fiat, pela Colgate-Palmolive e até mesmo pelo governo norte-americano, explora ideias de todo o mundo e permite que milhares ou centenas de milhares de pessoas participem do processo de inovação, geralmente pela internet.
- **Inovação por meio de aquisições** significa a compra de empresas iniciantes para a obtenção de produtos e serviços inovadores, e, geralmente, do talento que os criou.

Funções da inovação

O terceiro aspecto da inovação de produtos e tecnologia é a criação de mecanismos estruturais para assegurar que as novas ideias sejam avançadas, aceitas e implementadas. Para que possam influenciar diretamente o empreendedorismo na organização, os gestores devem expressar apoio às atividades empreendedoras, dar aos funcionários um grau de autonomia e recompensar a aprendizagem e a tomada de riscos.[69] Um fator importante é a promoção de campeões de ideias. Formalmente, o **campeão de ideias** é o indivíduo que identifica e defende a necessidade de mudança produtiva dentro da organização.

Lembre-se: a mudança não ocorre sozinha. Energia e esforço pessoal são necessários para promover com sucesso uma nova ideia. Quando a Texas Instruments estudou 50 dos seus lançamentos de novos produtos, notou um fato surpreendente: sem exceção, o que faltou em todos aqueles que falharam foi um defensor entusiasmado. Em contraste, a maioria dos produtos novos que deram certo contava com um campeão de ideias. Os gestores, então, tomaram uma decisão imediata: nenhum produto novo seria aprovado a menos que alguém o defendesse. Da mesma forma, na SRI International, uma empresa de terceirização de P&D, os gestores costumam dizer "Sem campeão, sem produto, sem exceção".[70] Pesquisas confirmam que as novas ideias de sucesso são amparadas por alguém que acredita de verdade na ideia e está determinado a convencer os outros sobre o valor dela.[71] Lembre-se de como as propostas vencedoras no concurso de inovação da PwC, abordado anteriormente neste capítulo, foram todas atribuídas a um campeão veterano para que não se perdessem na confusão do dia a dia.

Às vezes, uma nova ideia é rejeitada pela alta gestão, mas os campeões continuam intensamente comprometidos com uma nova ideia ou produto, apesar da rejeição dos outros. Por exemplo, Robert Vincent foi demitido duas vezes por dois gestores de divisões diferentes em uma empresa de semicondutores. Nas duas vezes, ele convenceu o presidente e o presidente do conselho a reintegrá-lo para que continuasse trabalhando em sua ideia para um sensor de *airbag* que media a aceleração e a desaceleração. Como não conseguia obter aprovação para o financiamento da pesquisa, Vincent correu para terminar outro projeto na metade do tempo necessário e usou as economias para patrocinar o desenvolvimento do novo produto.[72]

Outra forma de facilitar um empreendimento é a **equipe de inovação**, que é uma unidade independente do resto da organização, responsável pelo desenvolvimento e pela introdução de grandes inovações.[73] As equipes de inovação abrem espaço para a criatividade dos membros, porque as instalações e a localização separadas libertam as pessoas das restrições impostas pelas regras e pelos procedimentos organizacionais. Em geral, essas equipes são pequenas, pouco estruturadas e flexíveis, o que reflete as características das organizações criativas descritas na Figura 11.2. Um bom exemplo é a equipe da Nestlé Nespresso, que desenvolveu uma linha de cafés de alta qualidade embalados em cápsulas individuais para uso em máquinas de café especialmente concebidas, semelhante ao sistema K-cup da Keurig. A equipe se viu inibida pelas inúmeras regras, estruturas e regulamentos da empresa. Além disso, o projeto enfrentou resistência por parte dos gestores, que temiam que a nova linha *premium* pudesse prejudicar a atual marca Nescafé. A alta gestão levou a ideia Nespresso para fora da estrutura existente para que pudesse prosperar com uma cultura empreendedora e promover ideias inovadoras.[74] A P&G estabeleceu vários grupos de criação de novos negócios que buscam e desenvolvem ideias inovadoras que passam por várias empresas e divisões. Essas equipes são parcialmente responsáveis pelo aumento significativo na taxa de sucesso em inovação da P&G.[75]

Uma variação da equipe de inovação é conhecida como **skunkworks***,[76] um grupo independente, pequeno, informal, altamente autônomo e geralmente secreto que se concentra nas ideias revolucionárias para um negócio. Os *skunkworks* originais, que ainda existem, foram criados pela Lockheed Martin há mais de 50 anos. A essência de um *skunkwork* é que as pessoas de grande talento recebem o tempo e a liberdade de que precisam para que a criatividade predomine.[77] Considere o clandestino laboratório Google X, que era tão secreto que levou o *The New York Times* a escrever sobre isso. Além disso, muitos dos funcionários do Google não sabiam da existência desse laboratório. O Google X é um laboratório ultrassecreto em local não revelado, onde os engenheiros estão trabalhando em ideias bem extravagantes, como carros sem motorista, elevadores espaciais que podem coletar informações ou transportar coisas pelo espaço e robôs que podem participar de uma conferência no seu lugar, enquanto você fica no escritório.[78] Da mesma forma, na GM, a localização de sua instalação *skunkworks*, conhecida como Studio X, é mantida em segredo até mesmo para os altos executivos da montadora.[79]

Uma ideia relacionada é o **fundo de inovação**, que fornece os recursos com os quais indivíduos e grupos podem desenvolver novas ideias, produtos ou empresas. Na Pitney Bowes, por exemplo, o programa Nova Oportunidade de Negócios (News Business Opportunity – NBO) prevê o financiamento de equipes para explorar ideias potencialmente lucrativas, mas não comprovadas. O programa NBO se destina a gerar uma máquina de novos negócios para a empresa de serviços de gerenciamento de correio e documentos. Da mesma forma, a Royal Dutch Shell coloca 10% do seu orçamento para P&D no programa GameChanger, que fornece capital inicial para

> **Faça uma pausa**
>
> Leia atentamente o caso apresentado na seção "Aplique suas habilidades: dilema ético", no material complementar, que trata de mudança estrutural. O que você faria?

---

* A palavra "*skunk*" significa gambá. *Skunkworks* é um grupo isolado e independente, com alto grau de autonomia e sem burocracias, designado para trabalhar em projetos de inovação, geralmente secretos. (N.R.T.)

projetos de inovação altamente ambiciosos, radicais ou de longo prazo, que poderiam se perder no sistema mais amplo do desenvolvimento de produtos.[80] Com esses programas, o apoio e a assistência de gestores experientes são muitas vezes tão importantes quanto o financiamento.[81]

> **Lembre-se disto**
>
> - Para aumentar a inovação, os gestores desenvolveram uma cultura, filosofia e estrutura internas que incentivam a atividade empreendedora.
> - Um mecanismo estrutural que promove o empreendedorismo é a **equipe de inovação**, que é uma unidade independente da organização dominante responsável por iniciar e desenvolver inovações.
> - Um tipo de equipe de inovação é o *skunkworks*, um grupo independente, informal, altamente autônomo e geralmente secreto que se concentra em ideias inovadoras.
> - O laboratório ultrassecreto Google X é um exemplo de *skunkworks*.
> - Um **fundo de inovação** fornece recursos financeiros com os quais os indivíduos ou as equipes podem desenhar para desenvolver novas ideias, produtos ou empresas.

Mudança de pessoas e cultura

Todas as alterações bem-sucedidas envolvem mudanças nas pessoas e também na cultura. Mudanças de pessoas e cultura se referem à forma como os funcionários pensam – mudanças de mentalidade. A **mudança de pessoas** está relacionada a apenas alguns funcionários, como a participação de um grupo de gestores médios em um curso de formação para que possam melhorar as habilidades de liderança. A **mudança de cultura** se refere à empresa como um todo, como o caso do Internal Revenue Service (IRS) que substituiu a mentalidade básica de uma organização focada na coleta de impostos e na conformidade por uma cultura dedicada a informar, educar e servir os clientes (ou seja, os contribuintes).[82] Uma mudança de cultura em grande escala não é fácil. Na verdade, os gestores frequentemente relatam que mudar as pessoas e a cultura é o trabalho mais difícil.[83] Considere a situação da GM.

Duas ferramentas específicas que os gestores da GM e de outras empresas podem usar para facilitar o processo de mudança de cultura são programas de treinamento e desenvolvimento e o desenvolvimento organizacional (DO).

TREINAMENTO E DESENVOLVIMENTO

Treinamento é uma das abordagens usadas com mais frequência para mudar a mentalidade das pessoas. Uma empresa pode oferecer programas de treinamento para grandes grupos de funcionários sobre temas como trabalho em equipe, diversidade, inteligência emocional (IE), círculos de qualidade, capacidade de comunicação ou gestão participativa.

Empresas de sucesso querem proporcionar oportunidades de treinamento e desenvolvimento para todos, mas podem enfatizar particularmente o treinamento e desenvolvimento de gestores, com base na ideia de que o comportamento e as atitudes destes poderão influenciar as pessoas em toda a organização e levar à mudança de cultura. Por exemplo, quando Stephen Helmsley assumiu a posição de CEO da UnitedHealth Group, a maior seguradora de saúde dos Estados Unidos e uma das empresas mais poderosas dessa indústria, o ambiente da empresa era tóxico. Segundo Helmsley, "Tínhamos muito QI, mas não IE o suficiente". Para encorajar um comportamento mais

Forma inovadora
GM

Os líderes da GM têm sido elogiados por tomarem decisões difíceis que levaram a resultados financeiros impressionantes, trazendo novos modelos que se comunicaram com os clientes e ajustando uma série de questões operacionais e sistêmicas. De acordo com o ex-CEO Dan Akerson, "Saímos de uma posição problemática e alcançamos o topo". No entanto, há uma área em que, segundo Akerson e outros líderes, os desafios significativos permanecem: a mudança da cultura burocrática, presa à tradição que paralisou a GM no passado.

Assim como os líderes de outras empresas, os executivos da GM estão descobrindo que a mudança de cultura é a parte mais difícil na condução de uma reviravolta. Um dos objetivos da Akerson era conseguir mais mulheres para cargos executivos, em parte porque acreditava que elas poderiam liderar a mudança de cultura radical de que a empresa precisava. Esse foi um bom começo. A indústria automobilística em geral é dominada por homens, e não há trabalho mais bem relacionado ao machismo do que a criação e engenharia de carros novos. Quem Akerson escolheu para ser chefe de desenvolvimento de produtos? Uma mulher e, além disso, a ex-diretora de RH! Mary Barra, que ocupou cargos em várias partes da empresa em seus 32 anos na GM, tornou-se a mulher de mais alta patente na indústria automobilística do mundo, e ela começou a ajudar na transformação da cultura disfuncional e cheia de regras de baixo para cima. Desde então, Barra foi promovida a CEO da empresa. Como chefe de RH, Barra reduziu significativamente a longa lista de regras para o vestuário de trabalho, o que resultou em: vista-se adequadamente. Com os recentes problemas de segurança da empresa, Barra enfrenta grandes desafios como nova CEO da GM, mas ela pode usar sua posição para aprovar grandes mudanças que reduzam a burocracia e acelerem a tomada de decisão.[84]

civilizado, emocionalmente inteligente e colaborativo, Helmsley mandou oito mil gestores para programas de treinamento em sensibilidade de três dias de duração para que conhecessem melhor os próprios preconceitos e o impacto que causam e ficassem mais sensíveis com relação a outras pessoas.[85]

Desenvolvimento organizacional (DO)

Desenvolvimento organizacional (DO) é um processo planejado e sistemático de mudança que utiliza conhecimentos e técnicas das ciências comportamentais para melhorar a saúde e a eficácia de uma organização por meio da capacidade de se adaptar ao ambiente, melhorar os relacionamentos internos e aumentar a capacidade de aprendizagem e resolução de problemas.[86] O DO está centrado nos aspectos humanos e sociais da organização, e é usado para mudar atitudes e relacionamentos entre os funcionários, de modo a fortalecer a capacidade de adaptação e renovação da empresa.[87]

O DO pode ajudar os gestores a resolver pelo menos três tipos atuais de problema:[88]

+ *Fusões/aquisições.* Os resultados financeiros negativos de muitas fusões e aquisições decorrem da falha dos executivos em determinar se o estilo administrativo e a cultura corporativa das duas empresas se encaixam. Os executivos são capazes de identificar possíveis sinergias em tecnologia, produtos, *marketing* e sistemas de controle, mas não conseguem reconhecer que duas empresas podem ter valores, crenças e práticas muito diferentes. Essas diferenças criam estresse e ansiedade entre os funcionários, e essas emoções negativas afetam o desempenho futuro. As diferenças culturais devem ser avaliadas durante o processo de aquisição, e os especialistas em DO podem ajudar a suavizar a integração das duas empresas.

- *Declínio organizacional/revitalização.* Organizações submetidas a um período de declínio e revitalização experimentam diversos problemas, como baixos níveis de confiança, falta de inovação, alta rotatividade e altos níveis de conflito e estresse. O período de transição requer o oposto, como o enfrentamento do estresse, a comunicação aberta e o estímulo à inovação criativa, para que ocorra com altos níveis de produtividade. Técnicas de DO podem contribuir de forma significativa para a revitalização cultural por meio da gestão de conflitos, da promoção do compromisso e da facilitação da comunicação.
- *Gestão de conflitos.* O conflito pode ocorrer sempre e em qualquer lugar de uma organização saudável. Por exemplo, uma equipe de produtos foi formada em uma empresa de computadores para trabalhar na introdução de um novo pacote de *software*. Formada por indivíduos de temperamento forte, a equipe fez pouco progresso porque os membros não conseguiam entrar em um acordo sobre os objetivos do projeto. Em uma empresa de manufatura, os vendedores prometeram para os clientes datas de entrega que estavam em conflito com as prioridades do supervisor de produção para a montagem dos pedidos. Em uma editora, dois gestores se detestavam. Eles discutiam em reuniões, pressionavam um ao outro politicamente e prejudicavam a produção de ambos os departamentos. Esforços de DO podem ajudar a resolver esses tipos de conflito, bem como aqueles relacionados com a crescente diversidade e a natureza global das organizações modernas.

Conexão de conceito ◀◀◀

É possível pensar na GE como uma empresa de liderança inovadora na vanguarda do **desenvolvimento organizacional (DO)**. À primeira vista, essa empresa multinacional pode parecer bem tradicional. Porém, a GE é conhecida também por valorizar a seleção, o desenvolvimento e a retenção de líderes energéticos em todos os níveis da organização. Em combinação com o extenso programa de treinamento e desenvolvimento da empresa, há diversas atividades em cada local de trabalho que oferecem oportunidades de *mentoring*, voluntariado, esportes e interação social.

Fabrice Dimier/Bloomberg/Getty Images

O DO pode ser usado para resolver os problemas descritos anteriormente e muitos outros. No entanto, para ser verdadeiramente valioso para empresas e funcionários, os profissionais de DO vão além das tentativas de resolver problemas específicos. Em vez disso, eles se envolvem em questões mais amplas que contribuem para melhorar a vida organizacional, como encorajar o senso de comunidade, incentivar um clima organizacional de abertura e confiança e certificar-se de que a empresa oferece aos funcionários oportunidades de crescimento e desenvolvimento pessoal.[89] Um estudo recente analisou os resultados de um projeto de DO sobre um grande departamento da polícia metropolitana que enfrentava sérios problemas internos, como rotatividade extremamente alta, moral baixo, liderança ineficaz e conflitos internos. Os consultores de DO implementaram uma série de atividades em um período de quatro anos com o objetivo de resolver a crise que ameaçava o departamento. Foi um processo longo e ocasionalmente difícil; no entanto, o estudo não só descobriu que as intervenções de DO obtiveram resultados altamente benéficos, mas também que o impacto positivo durou mais de 30 anos, até os dias de hoje.[90]

Atividades de DO

Os consultores de DO adotam diversas técnicas específicas que os ajudam a alcançar os objetivos. Três das mais populares e eficazes são as seguintes:

- *Atividades de consolidação de equipes (teambuilding).* A consolidação de equipes aumenta a coesão e o sucesso dos grupos e das equipes organizacionais. Por exemplo, uma série de exercícios de DO pode ser usada com membros de equipes de diferentes departamentos para ajudá-los a entender como agir e funcionar como uma equipe. Um especialista em DO pode trabalhar com os membros da equipe para aumentar as habilidades de comunicação, facilitar a capacidade de enfrentamento entre si e ajudá-los a aceitar metas comuns. Uma grande iniciativa de **team building** na UnitedHealth é o torneio anual de *broomball* realizado na sede da empresa em Minnesota. Inaugurado em 2010, o torneio é agora uma tradição valorizada que ocorre a cada inverno, com 90 equipes representando todas as áreas da empresa que participam do evento. Essa e outras atividades de DO têm contribuído para a queda na rotatividade de pessoal: de 20% em 2008 para 8% em 2012.[91]

- *Atividades de feedback de pesquisa.* O *feedback* **de pesquisa** começa com um questionário distribuído aos funcionários sobre valores, clima, participação, liderança e coesão dentro da organização. Após a conclusão do levantamento, o consultor de DO se reúne com grupos de funcionários para dar *feedback* sobre as respostas e os problemas identificados. Os funcionários se envolvem na resolução de problemas com base nos dados.
- *Intervenções em grandes grupos.* Nos últimos anos, a necessidade de promover a mudança organizacional em um mundo complexo e em rápida transformação exigiu o interesse crescente na aplicação de técnicas de DO em configurações de grupos grandes.[92] A abordagem da **intervenção em grandes grupos** reúne participantes de todas as partes da organização – incluindo com frequência *stakeholders* importantes externos à organização – para discutir problemas ou oportunidades e planejar mudanças. A intervenção em um grupo grande pode envolver de 50 a 500 pessoas e durar vários dias. A ideia é incluir todos os que têm alguma participação na mudança, reunir perspectivas de todas as partes do sistema e permitir que as pessoas criem um futuro coletivo por meio do diálogo dirigido e sustentado.

Intervenções em grandes grupos são uma das atividades de DO mais populares e crescentes e refletem a mudança significativa na abordagem da mudança organizacional por meio de conceitos e abordagens preliminares de DO.[93] A Figura 11.5 lista as principais diferenças entre o modelo tradicional de DO e o modelo de intervenção em grande escala da mudança organizacional.[94]

	Organização tradicional Modelo de desenvolvimento	Intervenção em grandes grupos Modelo
Foco na ação:	Problema ou grupo específico	Sistema inteiro
Informação		
Fonte:	Organização	Organização e ambiente
Distribuição:	Limitada	Amplamente compartilhada
Prazo:	Gradual	Rápida
Aprendizado:	Individual e grupo pequeno	Organização inteira
Processo de mudança:	Mudança incremental	Transformação rápida

FIGURA 11.5
Perspectivas do DO para a mudança de cultura

FONTE: Adaptada de Barbara Benedict Bunker e Billie T. Alban, "Conclusion: what makes large group interventions effective?", *Journal of Behavioral Applied Science* 28, n. 4 (December 1992): 579-591.

Na abordagem mais recente, o foco está em todo o sistema, que leva em conta a interação da organização com seu ambiente. As fontes de informação para discussão são expandidas para incluir clientes, fornecedores, membros da comunidade e até mesmo concorrentes, e essa informação é amplamente compartilhada para que todos tenham a mesma imagem da organização e de seu ambiente. A aceleração da mudança pode ser notável quando o sistema inteiro está envolvido. Além disso, o aprendizado ocorre, de forma simultânea, em todas as partes da organização, em vez de separadamente por indivíduos, pequenos grupos ou unidades de negócios. O resultado é que a abordagem de grandes grupos oferece mais possibilidades de transformação fundamental e radical de toda a cultura, ao passo que a abordagem tradicional cria uma mudança incremental, por vez, em alguns indivíduos ou pequenos grupos.

Lembre-se disto

- Quase sempre, o trabalho mais difícil do gestor é mudar as pessoas e a cultura.
- **Mudança de pessoas** se refere à mudança nas atitudes e nos comportamentos de alguns funcionários.
- **Mudança de cultura** é uma grande mudança nas normas, nos valores e na mentalidade de toda a organização.
- A UnitedHealth mandou oito mil gestores para sessões de treinamento de sensibilidade a fim de ajudá-los a ser emocionalmente mais inteligentes e criar um ambiente de trabalho menos tóxico.
- **Desenvolvimento organizacional (DO)** é um processo planejado e sistemático de mudança que utiliza conhecimentos e técnicas das ciências comportamentais para melhorar a saúde e a eficácia de uma organização por meio da capacidade de se adaptar ao ambiente, melhorar os relacionamentos internos e aumentar a capacidade de aprendizagem e resolução de problemas.
- O DO pode ajudar os gestores na tarefa de misturar culturas corporativas depois de fusões e aquisições, além de muitos outros problemas relativos a pessoas.
- *Team building* é uma intervenção de DO que aumenta a coesão, ajudando grupos de pessoas a aprender como trabalhar juntos como uma equipe.
- Com o *feedback de pesquisa*, os agentes de mudança em DO avaliam os funcionários para recolher a opinião deles sobre valores corporativos, liderança, participação, coesão e outros aspectos da organização, e, em seguida, reúnem-se com pequenos grupos para compartilhar os resultados e levantar soluções para os problemas identificados pela pesquisa.
- **Intervenção em grandes grupos** é uma abordagem de DO que reúne pessoas de diferentes partes da organização (frequentemente incluindo os agentes externos) para discutir problemas ou oportunidades e planejar mudanças.

Fases do DO

Especialistas em DO reconhecem que as mudanças na cultura corporativa e no comportamento humano são difíceis de alcançar e exigem grande esforço. A teoria que fundamenta o DO propõe três fases distintas para conseguir uma mudança comportamental e atitudinal: (1) descongelamento, (2) mudança e (3) recongelamento.[95]

A primeira fase, **descongelamento**, propõe-se a conscientizar as pessoas de toda a organização dos problemas e da necessidade de mudanças. Essa etapa cria a motivação para que as pessoas mudem as atitudes e os comportamentos. O descongelamento pode começar quando os gestores apresentam informações que mostram discrepâncias entre os comportamentos ou o desempenho desejados e a situação atual. Além disso, os gestores precisam estabelecer um senso de urgência para descongelar as pessoas e criar uma abertura e a vontade para mudar. A fase de descongelamento é frequentemente associada ao *diagnóstico*, que faz uso de um perito externo chamado de *agente de mudança*. O **agente de mudança** é um especialista em DO que realiza um diagnóstico sistemático da organização e identifica os problemas relativos ao trabalho. Ele reúne e analisa dados por meio de entrevistas pessoais, questionários e observações de reuniões.

O diagnóstico ajuda a determinar a extensão dos problemas organizacionais e descongelar gestores, tornando-os conscientes de problemas no comportamento deles.

A segunda fase, **mudança**, ocorre quando os indivíduos experimentam um novo comportamento e aprendem novas habilidades que podem ser usadas no ambiente de trabalho. Esse processo é conhecido como *intervenção*, durante o qual o agente de mudança implementa um plano específico para o treinamento de gestores e funcionários. A fase de mudança pode envolver uma série de medidas específicas.[96] Por exemplo, os gestores formam uma coalizão de pessoas com vontade e poder para orientar a mudança, criam uma visão de mudança em que todos podem acreditar e comunicam amplamente a visão e os planos para a mudança por toda a empresa. Além disso, a mudança bem-sucedida envolve o uso da emoção e da lógica para persuadir as pessoas e capacitar funcionários para agir de acordo com o plano e realizar as mudanças desejadas.

A terceira fase, **recongelamento**, ocorre quando os indivíduos adquirem novas atitudes ou valores e a organização os recompensa por eles. O impacto dos novos comportamentos é avaliado e reforçado. O agente de mudança fornece novos dados que mostram mudanças positivas no desempenho. Os gestores podem conceder dados atualizados para os funcionários que demonstram mudanças positivas no desempenho individual e organizacional. Altos executivos comemoram os sucessos e recompensam mudanças positivas de comportamento. Nessa fase, as alterações são institucionalizadas na cultura organizacional para que os funcionários comecem a ver as mudanças como parte normal e integrante da forma como a organização funciona. Os funcionários também podem participar de cursos de reciclagem para manter e reforçar os novos comportamentos.

O processo de descongelamento-mudança-recongelamento pode ser ilustrado por meio dos esforços dos gestores da ENSR para criar uma cultura de alto desempenho com foco no funcionário.

Forma inovadora
ENSR

Quando os principais executivos da ENSR começaram a ouvir que a alta rotatividade dos funcionários estava prejudicando as relações da empresa com os clientes, eles sabiam que algo precisava ser feito. A ENSR é uma empresa completa de serviços ambientais com cerca de três mil funcionários em 90 localidades do mundo todo. Os relacionamentos de longo prazo com os clientes são a chave para o sucesso da ENSR.

Para que pudessem resolver o problema da rotatividade, os gestores embarcaram em um processo de mudança de cultura. Para conscientizar as pessoas sobre a necessidade de mudança (descongelamento), o presidente e CEO da ENSR viajou com o vice-presidente sênior de RH até as maiores 50 ou mais localidades internacionais da ENSR. Eles promoveram reuniões abertas com funcionários e *workshops* de liderança com os gestores da ENSR. A fase de mudança incluiu treinamento. Pesquisas foram realizadas para descobrir o que os funcionários consideravam necessidades primárias. Por exemplo, os supervisores foram treinados sobre como ajudar os funcionários com atuação inferior a melhorar o desempenho e como proporcionar mais desafio e recompensas àqueles que mostravam grande potencial para liderança.

Em alguns anos, novos comportamentos se tornaram a norma. A rotatividade caiu de 22% para apenas 9%, uma das taxas mais baixas na indústria, e os funcionários foram reconhecidos e recompensados por cumprirem metas individuais e coletivas exigentes (recongelamento). A ENSR continua a atrair funcionários de alta qualidade para preencher as vagas de trabalho, o que ajuda a manter viva a cultura de alto desempenho.[97]

> ### Lembre-se disto
>
> - Praticantes do DO recomendam uma abordagem em três fases para mudar as atitudes e os comportamentos das pessoas.
> - **Descongelamento** é a fase em que as pessoas estão cientes dos problemas e da necessidade de mudança.
> - O descongelamento requer o diagnóstico de problemas, que faz uso do **agente de mudança**, um especialista em DO contratado pela organização para ajudar os gestores a facilitar a mudança.
> - **Mudança** é o estágio de "intervenção" do DO, quando agentes de mudança ensinam às pessoas novos comportamentos e habilidades e as orientam sobre como usá-los no local de trabalho.
> - Na fase de **recongelamento**, as pessoas já incorporaram novos valores, atitudes e comportamentos no trabalho diário, e as mudanças se institucionalizaram na cultura.

Implementação de mudanças

O passo final no processo de mudança é a *implementação*. Uma ideia nova e criativa não pode beneficiar a organização até que seja implementada e usada. No início deste capítulo, descrevemos algumas das razões pelas quais as pessoas resistem à mudança. Estratégias para superar a resistência e implementar mudanças envolvem três abordagens principais: conscientizar as pessoas sobre a necessidade de mudança criando um senso de urgência, analisar a resistência por meio da teoria de campo de Lewin e usar táticas de implementação seletivas.

Criar senso de urgência

Muitas pessoas não estão dispostas a mudar, a menos que percebam um problema ou uma crise. Uma crise ou clara necessidade de mudança diminui a resistência. Para que possam liderar as alterações de forma eficiente, os gestores ajudam as pessoas a *sentir* a necessidade de mudança, em vez de apresentarem apenas fatos e números. Considere as palavras de Peter Loscher, a primeira pessoa de fora da organização já contratada como CEO da Siemens: "Nunca perca as oportunidades que surgem com uma boa crise". Loscher entrou em cena em um momento muito difícil, em que a empresa enfrentava acusações de suborno, e ele precisava fazer grandes alterações na estrutura e na cultura da Siemens. Loscher passou seus primeiros 100 dias viajando pelo mundo para falar com os funcionários sobre como o escândalo de suborno havia manchado a história gloriosa da empresa.[98] Às vezes, porém, não há uma crise óbvia. Como muitos problemas organizacionais são sutis, os gestores precisam reconhecer e, em seguida, conscientizar os outros da necessidade de mudança.[99] A **necessidade de mudança** é uma disparidade entre os níveis de desempenho existentes e os desejados.

Aplicar a teoria de campo de Lewin

A **teoria de campo*** cresceu com base no trabalho de Kurt Lewin, que propôs que a mudança era o resultado da concorrência entre as forças *atrativas* e *repulsivas*.[100] Forças

---

* Lewis compara as forças atrativas e repulsivas de um campo magnético aos problemas e oportunidades da organização (N.R.T.).

atrativas são problemas ou oportunidades que fornecem motivação para a mudança dentro da organização. Forças repulsivas são os diversos obstáculos à mudança, como falta de recursos, resistência dos gestores de nível médio ou capacidades inadequadas dos funcionários. Quando uma mudança é introduzida, os gestores devem analisar tanto as forças que atraem a mudança (problemas e oportunidades) quanto as forças que resistem a ela (obstáculos à mudança). Quando se removem seletivamente as forças que restringem a mudança, as forças atrativas serão fortes o suficiente para permitir a implementação, como ilustra o movimento de A para B na Figura 11.6. Como os obstáculos são reduzidos ou removidos, o comportamento passa a incorporar as mudanças desejadas.

Sistemas de controle de estoque do tipo *just-in-time* (JIT) programam a chegada de materiais à empresa, à medida que são necessários na linha de produção. Em uma empresa de manufatura de Ohio, a análise da gestão mostrou que as forças atrativas (oportunidades) associadas à implementação do sistema JIT eram: (1) as grandes economias geradas pelos estoques reduzidos, (2) a redução do custo dos recursos humanos pela necessidade de menos funcionários para lidar com o estoque; (3) uma resposta mais rápida e competitiva da empresa ao mercado. As forças repulsivas (obstáculos) descobertas pelos gestores foram: (1) o sistema de transporte de mercadorias era muito lento para entregar o estoque a tempo; (2) a disposição das instalações enfatizava a manutenção de estoque e não novas entregas; (3) as competências dos trabalhadores eram inadequadas para lidar com a rápida distribuição de estoque; e (4) havia a resistência dos sindicatos por causa da perda de postos de trabalho. As forças atrativas não foram suficientes para superar as forças repulsivas.

Para que pudessem mudar o comportamento para o sistema JIT, os gestores atacaram os obstáculos. Uma análise do sistema de transporte de mercadorias mostrou que a entrega por caminhão permitia a flexibilidade e rapidez necessárias para programar a chegada do estoque para uma hora específica todos os dias. O problema com a disposição das instalações foi resolvido pela adição de quatro novas docas de carregamento. A qualificação inadequada dos funcionários foi melhorada com um programa de treinamento para instruir os trabalhadores sobre os métodos JIT e a montagem de produtos com peças não inspecionadas. A resistência dos sindicatos foi superada com um acordo para transferir os trabalhadores que já não eram necessários na manutenção de estoque para postos de trabalho em outra fábrica. Com as forças repulsivas reduzidas, as forças atrativas foram suficientes para permitir que o sistema JIT pudesse ser implementado.

FIGURA 11.6 Como utilizar a teoria de campo de Lewin para promover a substituição do sistema tradicional pelo sistema de estoque *just-in-time*

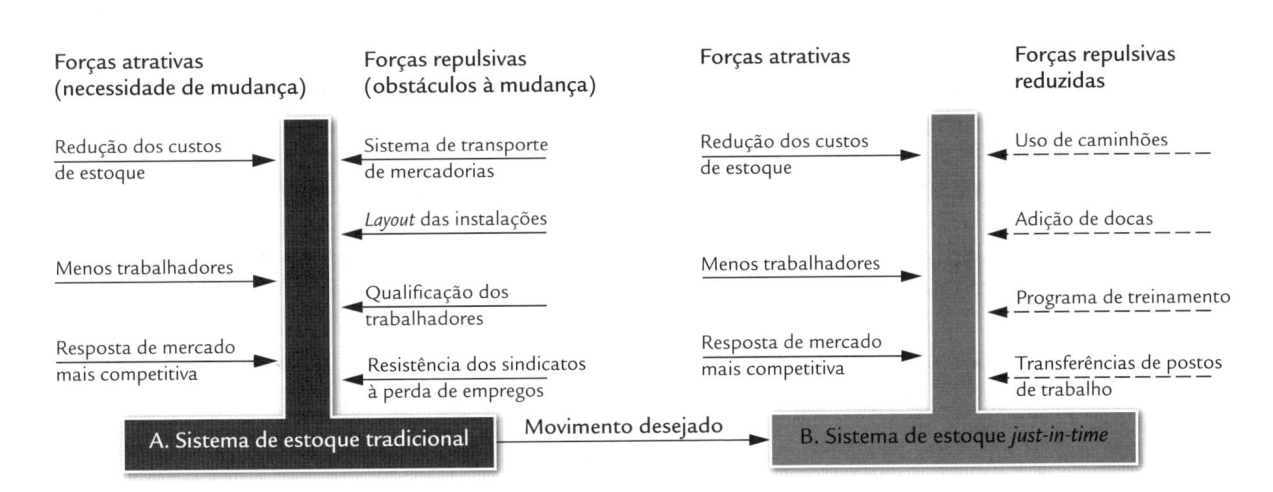

Forças atrativas (necessidade de mudança)	Forças repulsivas (obstáculos à mudança)	Forças atrativas	Forças repulsivas reduzidas
Redução dos custos de estoque	Sistema de transporte de mercadorias	Redução dos custos de estoque	Uso de caminhões
	Layout das instalações		Adição de docas
Menos trabalhadores	Qualificação dos trabalhadores	Menos trabalhadores	Programa de treinamento
Resposta de mercado mais competitiva	Resistência dos sindicatos à perda de empregos	Resposta de mercado mais competitiva	Transferências de postos de trabalho
A. Sistema de estoque tradicional	Movimento desejado		B. Sistema de estoque *just-in-time*

Usar táticas de implementação

Os gestores podem usar táticas específicas para superar a resistência e colocar as mudanças em prática de forma sutil. Os pesquisadores têm estudado vários métodos para lidar com a resistência à mudança. As cinco táticas seguintes, resumidas na Figura 11.7, provaram ser um sucesso.[101]

Apoio da alta gestão

Uma pesquisa constatou que 80% das empresas que são grandes inovadoras têm altos executivos que reforçam cotidianamente a importância da inovação, tanto de forma verbal quanto simbólica.[102] O apoio visível da alta gestão leva as pessoas a conscientizar-se da importância da mudança. Por exemplo, um dos principais correlatos do sucesso de novos empreendimentos é o forte apoio da alta gestão, o que traz legitimidade ao projeto.[103] O *apoio da alta gestão* é especialmente importante quando a mudança envolve vários departamentos ou quando os recursos estão sendo realocados entre os departamentos. Sem o apoio da alta gestão, as mudanças podem se perder nas disputas entre departamentos ou nas ordens contraditórias da gestão de nível inferior.

Comunicação e educação

Comunicação e educação são usadas quando informações sólidas sobre a mudança são necessárias aos usuários e a outros que possam resistir à implementação. Por quase um ano, Gina Raimondo, a tesoureira do Estado norte-americano de Rhode Island, viajou por todo o Estado para educar o público, os dirigentes sindicais e os legisladores sobre a necessidade de uma reforma radical do sistema de pensões: "Eu falava com assistentes sociais ou agências de serviços sociais que... perguntavam: 'Por que eu deveria me preocupar com pensões?'. E eu respondia: 'Porque se você não fizer isso, o seu abrigo, ou o que seja, perderá X mil dólares de financiamento'. Raimondo "conduziu uma campanha longa e implacável de educação pública", porque acreditava que a reforma era essencial para evitar que o Estado fosse à falência.[104] Dentro das organizações, a educação pode ser especialmente importante quando a mudança envolve novos conhecimentos técnicos ou quando os usuários não estão familiarizados com a ideia. Os gestores devem lembrar também que a implementação da mudança exige que se fale com o coração das pessoas (sentimentos), além de suas mentes (fatos). A emoção é um componente fundamental para persuadir e influenciar os outros. As pessoas são muito mais propensas a mudar de comportamento quando compreendem as razões racionais para a mudança e têm a visão da mudança que influencia seus sentimentos.[105]

FIGURA 11.7
Táticas para a implementação de mudanças

Abordagem	Quando usar
Apoio da alta gestão	• A mudança envolve vários departamentos ou a realocação de recursos. • Os usuários duvidam da legitimidade da mudança.
Comunicação e educação	• A mudança é técnica. • Os usuários necessitam de informações e análises precisas para compreender a mudança.
Participação	• Os usuários precisam se sentir envolvidos. • O projeto exige informações de outras pessoas. • Os usuários têm poder para resistir.
Negociação	• O grupo tem poder sobre a implementação. • O grupo vai perder com a mudança.
Coerção	• Existe uma crise. • Os iniciadores claramente têm poder. • Outras técnicas de implementação falharam.

FONTE: Baseada em J. P. Kotter e L. A. Schlesinger, "Choosing strategies for change", *Harvard Business Review* 57 (March-April de 1979): 106-114.

Participação

A *participação* envolve usuários e potenciais opositores no planejamento da mudança. Essa abordagem é lenta, mas os resultados compensam porque os usuários entendem e se comprometem com a mudança. Na Learning Point Associates, que precisava mudar drasticamente para enfrentar novos desafios, a equipe de mudança elaborou um roteiro abrangente para a transformação, mas tinha dificuldade em obter o apoio da maioria dos gestores. Estes argumentaram que não tinham sido consultados sobre os planos e não se sentiam compelidos a participar da implementação.[106] Estudos têm mostrado que envolver proativamente os funcionários da linha de frente no planejamento inicial e na tomada de decisões sobre as mudanças que afetarão seus trabalhos resulta em uma implementação muito mais tranquila.[107] A participação também ajuda os gestores a determinar potenciais problemas e entender as diferenças nas percepções dos funcionários sobre a mudança.

Negociação

A *negociação* é um meio mais formal de conseguir cooperação. A *negociação* usa a barganha formal para ganhar a aceitação e a aprovação da mudança desejada. Por exemplo, se o departamento de *marketing* teme perder o poder se uma nova estrutura de gestão for implementada, a alta gestão pode trabalhar com o pessoal do *marketing* para chegar a uma resolução. As empresas que têm sindicatos fortes precisam negociar formalmente a mudança com eles. A mudança pode se tornar parte do contrato do sindicato, o que reflete o acordo entre ambas as partes.

Coerção

A *coerção* significa que os gestores usam seu poder formal para forçar os funcionários a mudar. Aqueles que resistem são orientados a aceitar a mudança ou perderão recompensas (ou até mesmo os postos de trabalho). Na maioria dos casos, essa abordagem não deve ser usada porque os funcionários se sentem como vítimas, ficam irritados com os gestores da mudança e podem até mesmo sabotar as iniciativas de mudanças. No entanto, a coerção pode ser necessária em situações de crise quando uma resposta rápida é urgente. Por exemplo, no Chrysler Group, que passa por uma crise, alguns analistas dizem que o novo CEO Sergio Marchionne "injetou um elemento de medo nos *rankings* [da Chrysler]" para fazer as pessoas mudarem. Vários gestores do alto escalão foram realocados ou demitidos porque não aceitavam o método de planejamento de Marchionne para recuperar a lucratividade da Chrysler depois que a empresa se levantou da proteção contra falência.[108]

Os gestores podem suavizar a resistência e facilitar a mudança e a inovação por meio da utilização de técnicas inteligentes. Para que possam facilitar a implementação, os gestores devem demonstrar apoio à mudança, comunicar-se com os funcionários, oferecer-lhes treinamento e envolvê-los intensamente no processo de mudança.

Lembre-se disto

- Uma **necessidade de mudança** é uma disparidade entre o desempenho real e o desejado.
- Como muitas pessoas não estão dispostas a mudar, a menos que percebam a crise, os gestores precisam criar um senso de urgência que mostre que a mudança é realmente necessária.
- A **teoria de campo de Lewin** é uma técnica usada para determinar quais forças atraem determinada mudança e quais a repelem.
- Forças atrativas são problemas ou oportunidades que criam motivação para a mudança. Forças repulsivas são obstáculos à mudança, como falta de recursos ou capacidade inadequada dos funcionários.
- O apoio dos altos executivos é crucial para o sucesso da implementação de uma mudança. Além disso, os gestores usam diversas técnicas para suavizar o processo de implementação.

Cap. 11 Notas

1. Angela Lee Duckworth; Patrick D. Quinn, "Development and validation of the short grit scale (Grit-S)", *Journal of Personality Assessment* 91, n. 2 (2009): 166-174. Utilizado com consentimento.
2. Kristina Wong, "Navy Plans Security Changes in Wake of Navy Yard Rampage", *Washington Times*, September 23, 2013, disponível em: <http://www.washingtontimes.com/news/2013/sep/23/navy-plans-security-changes-wake-navy-yard-rampage/>, acesso em: 25 set. 2013; "Navy Wants Security Clearance Changes after Navy Yard Attack", *Crossroads Today.com*, September 23, 2013, disponível em: <http://www.crossroadstoday.com/content/news/story/Navy-wants-security-clearance-changes-after-Navy-Y/YmEw4-86wEizB7RthIx8iQ.cspx>, acesso em: 3 out. 2013); Jim Garamone, "Navy Recommends Security Changes in Wake of Navy Yard Tragedy", Press Release, *America's Navy News Service*, September 23, 2013, disponível em: <http://www.navy.mil/submit/display.asp?story_id=76757>, acesso em: 3 out. 2013; and Dion Nissenbaum; Devlin Barrett; Siobhan Hughes, "Shooting exposes screening lapses", *The Wall Street Journal*, September 17, 2013, A1.
3. Estudo de Charles I. Stubbart; Michael B. Knight, citado em Spencer E. Ante, "Avoiding innovation's terrible toll", *The Wall Street Journal*, January 7, 2012. Disponível em: <http://online.wsj.com/article/SB10001424052970204331304577144980247499346.html>. Acesso em: 21 ago. 2012.
4. Alex Taylor III, "The new GM: a report card", *Fortune* (September 5, 2011): 38-46.
5. Richard L. Daft, "Bureaucratic vs. nonbureaucratic structure in the process of innovation and change", in *Perspectives in organizational sociology: theory and research*, ed. Samuel B. Bacharach (Greenwich, CT: JAI Press, 1982), p. 129-166.
6. Michael D. Shear; Robert Pear, "Obama admits web site flaws on health law", *The New York Times*, October 21, 2013, disponível em: <http://www.nytimes.com/2013/10/22/us/politics/obama-pushes-health-law-but-concedes-web-site-problems.html?pagewanted=1&_r=0>, acesso em: 22 out. 2013); "After the big Obamacare apology: where things stand", *CNN*, November 8, 2013, disponível em: <http://www.cnn.com/2013/11/08/politics/obama-obamacare-apology/>. Acesso em: 8 nov. 2013.
7. J. P. Kotter; L. A. Schlesinger, "Choosing strategies for change", *Harvard Business Review* 57 (March-April 1979): 106-114.
8. David Kesmodel; Suzanne Vranica, "Unease brewing at anheuser as new owners slash costs", *The Wall Street Journal*, April 29, 2009.
9. Joann S. Lublin, "Can a new culture fix troubled companies?", *The Wall Street Journal*, March 13, 2013, B1.
10. Joann S. Lublin, "Theory & practice: firm offers blueprint for makeover in a spinoff", *The Wall Street Journal*, June 29, 2009.
11. G. Zaltman; Robert B. Duncan, *Strategies for planned change* (New York: Wiley Interscience, 1977).
12. Katherine Hobson, "Getting docs to use PCs", *The New York Times*, March 15, 2011.
13. Brian J. Hurn, "Management of change in a multinational company", *Industrial and Commercial Training* 44, n. 2 (2012): 41-46.
14. Mark Chediak, "Utilities Try to Tame the Backlash Against Smart Meters", *Bloomberg Business Week*, May 10, 2012. Disponível em: <http://www.businessweek.com/articles/2012-05-10/utilities-try-to-tame-the-backlash-against-smart-meters>. Acesso em: 13 jun. 2013.
15. Todd Datz, "No small change", *CIO* (February 15, 2004): 66-72.
16. E. S. Browning; Steven Russolillo; Jessica Vascellaro, "Apple Now Biggest-Ever U.S. Company", *The Wall Street Journal Europe*, August 22, 2012, 24; Charles Duhigg; David Barboza, "In China, Human Costs Are Built Into an iPad", *The New York Times*, August 25, 2012, disponível em: <www.nytimes.com/2012/01/26/business/ieconomy-apples-ipad-and-the-human-costs-for-workers-in-china.html?pagewanted=all>, acesso em: 26 ago. 2012.
17. Dorothy Leonard-Barton; Isabelle Deschamps, "Managerial influence in the implementation of new technology", *Management Science* 34 (1988): 1252-1265.
18. Daisuke Wakabayashi, "The point-and-shoot camera faces its existential moment", *The Wall Street Journal*, July 30, 2013. Disponível em: <http://online.wsj.com/article/SB100014241278873242515045785802637194322 52.html>. Acesso em: 26 ago. 2013.
19. Melissa A. Korn, "Coursera defends MOOCs as road to learning", *The Wall Street Journal*, May 15, 2013, B5.
20. "05: square, for making magic out of the mercantile", in "The world's 50 most innovative companies", *Fast Company* (March 2012): p. 83-85, 146.
21. David W. Norton; B. Joseph Pine II, "unique experiences: disruptive innovations offer customers

more 'time well spent'", *Strategy & Leadership* 37, nº 6 (2009): 4; "The power to disrupt", *The Economist* (April 17, 2010): 16; Constantinos C. Markides, "How disruptive will innovations from emerging markets be?", *MIT Sloan Management Review* (Fall 2012): 23-25.
22. Markides, "How disruptive will innovations from emerging markets be?".
23. Jeffrey R. Immelt; Vijay Govindarajan; Chris Trimble, "How GE is disrupting itself", *Harvard Business Review* (October 2009): 3-11; Navi Radjou, "Polycentric innovation: a new mandate for multinationals", *The Wall Street Journal Online*, November 9, 2009, disponível em: <http://online.wsj.com/article/SB125774328035737917.html>, acesso em: 13 nov. 2009.
24. Para obter mais informações sobre a abordagem ambidestra, veja R. Duncan, "The ambidextrous organization: designing dual structures for innovation", in R. H. Killman; L. R. Pondy; D. Sleven, eds., *The management of organization* (New York: North Holland, 1976), p. 167-188; S. Raisch et al., "Organizational ambidexterity: balancing exploitation and exploration for sustained performance", *Organization Science* 20, n. 4 (July-August 2009): 685-695; C. Brooke Dobni, "The innovation blueprint", *Business Horizons* (2006): 329-339; Sebastian Raisch; Julian Birkinshaw, "Organizational ambidexterity: antecedents, outcomes, and moderators", *Journal of Management* 34, n. 3 (June 2008): 375-409; Charles A. O'Reilly III; Michael L. Tushman, "The ambidextrous organização", *Harvard Business Review* (April 2004): 74-81; Duane Ireland; Justin W. Webb, "Crossing the great divide of strategic entrepreneurship: transitioning between exploration and exploitation", *Business Horizons* 52 (2009): 469-479; Sebastian Raisch, "Balanced structures: designing organizations for profitable growth", *Long Range Planning* 41 (2008): 483-508.
25. Michael L. Tushman; Wendy K. Smith; Andy Binns, "The ambidextrous CEO", *Harvard Business Review* (June 2011): 74-80.
26. Glenn Rifkin, "Competing through innovation: the case of Broderbund", *Strategy + Business* 11 (Second Quarter 1998): 48-58; Deborah Dougherty; Cynthia Hardy, "Sustained product innovation in large, mature organizations: overcoming innovation-to-organization problems", *Academy of Management Journal* 39, n. 5 (1996): 1120-1153.
27. Exemplo de "The world's 50 most innovative companies", *Fast Company* (March 2013): 86-156.
28. Ibidem.
29. James R. Hagerty, "With bottle-fillers in mind, the water fountain evolves", *The Wall Street Journal*, March 24, 2013, B1.
30. Exemplo de Teri Evans, "Entrepreneurs seek to elicit workers' ideas – contests with cash prizes and other rewards stimulate innovation in hard times", *The Wall Street Journal*, December 22, 2009.
31. Figura adaptada de Patrick Reinmoeller; Nicole van Baardwijk, "The link between diversity and resilience", *MIT Sloan Management Review* (Summer 2005): 61-65.
32. Teresa M. Amabile, "Motivating creativity in organizations: on doing what you love and loving what you do", *California Management Review* 40, n. 1 (Fall 1997): 39-58; Brian Leavy, "Creativity: the new imperative", *Journal of General Management* 28, n. 1 (Fall 2002): 70-85; Timothy A. Matherly; Ronald E. Goldsmith, "The two faces of creativity", *Business Horizons* (September-October 1985): 8.
33. Gordon Vessels, "The creative process: an open systems conceptualization", *Journal of Creative Behavior* 16 (1982): 185-196.
34. Robert J. Sternberg; Linda A. O'Hara; Todd I. Lubart, "Creativity as investment", *California Management Review* 40, n. 1 (Fall 1997): 8-21; Amabile, "Motivating creativity in organizations"; Leavy, "Creativity: the new imperative"; Ken Lizotte, "A creative state of mind", *Management Review* (May 1998): 15-17.
35. James Brian Quinn, "Managing innovation: controlled chaos", *Harvard Business Review* 63 (May-June 1985): 73-84; Howard H. Stevenson; David E. Gumpert, "The heart of entrepreneurship", *Harvard Business Review* 63 (March-April 1985): 85-94; Marsha Sinetar, "Entrepreneurs, chaos, and creativity – can creative people really survive large company structure?", *Sloan Management Review* 6 (Summer 1985): 57-62; Constantine Andriopoulos, "Six paradoxes in managing creativity: an embracing act", *Long Range Planning* 36 (2003): 375-388; Michael Laff, "Roots of innovation", *T&D* (July 2009): 35-39.
36. Estudos e exemplos citados em Sue Shellenbarger, "Better ideas through failure", *The Wall Street Journal*, September 27, 2011, D1; "Culture of creativity," Grey Advertising Web site, disppnível em: <http://grey.com/us/culture>, acesso em: 19 maio 2014.
37. Cynthia Browne, "Jest for success", *Moonbeams* (August 1989): 3-5; Rosabeth Moss Kanter, *The change masters* (New York: Simon and Schuster, 1983).
38. J. C. Spender; Bruce Strong, "Who has innovative ideas? Employees", *The Wall Street Journal* (August 23, 2011), R5; Roger L. Martin, "The innovation

catalysts", *Harvard Business Review* (June 2011): 82-87; Rachel Emma Silverman, "How to be like Apple", *The Wall Street Journal*, August 29, 2011, disponível em: <http://online.wsj.com/article/SB10001424053111190400930457653 2842667854706.html>, acesso em: 16 set. 2011.

39. Jason Fried, "How to spark creativity", *Inc.* (September 2012): 37.

40. Sabrina Adamczyk; Angelika C. Bullinger; Kathrin M. Moslein, "Innovation contests: a review, classification, and outlook", *Creativity and Innovation Management* 21, n. 4 (2012): 335-355.

41. Darren Dahl, "Technology: pipe up, people! rounding up staff ideas", *Inc.* (February 2010): 80-81.

42. Dahl, "Technology: pipe up, people!".

43. Sherry Eng, "Hatching schemes", *The Industry Standard* (November 27 Novembro-December 4, 2000): 174-175.

44. Alison Overholt, "American Idol: accounting edition", *Fortune* (October 17, 2011): 100-106.

45. Apud Rachel Emma Silverman, "For bright ideas, ask the staff", *The Wall Street Journal*, October 17, 2011, B7.

46. Jena McGregor et al., "The world's most innovative companies", *BusinessWeek* (April 24, 2006): 62ff.

47. James I. Cash, Jr.; Michael J. Earl; Robert Morison, "Teaming up to crack innovation and enterprise integration", *Harvard Business Review* (November 2008): 90-100; Barry Jaruzelski; Kevin Dehoff; Rakesh Bordia, "Money isn't everything", *Strategy + Business*, n. 41 (December 5, 2005): 54-67; William L. Shanklin; John K. Ryans, Jr., "Organizing for high-tech marketing", *Harvard Business Review* 62 (November-December 1984): 164-171; Arnold O. Putnam, "A redesign for engineering", *Harvard Business Review* 63 (May-June 1985): 139-144; Joan Schneider; Julie Hall, "Why most product launches fail", *Harvard Business Review* (April 2011): 21-23.

48. Annie Lowrey, "Ideas on an assembly line", *The New York Times*, December 14, 2012, B1.

49. Hiroko Tabuchi, "How the parade passed Sony by", *The New York Times*, April 15, 2012, BU1.

50. Apud Janet Rae-DuPree, "Teamwork, the true mother of invention", *The New York Times*, December 7, 2008.

51. Daniel Roberts, "Going to the Mattresses", *Fortune* (September 24, 2012): 28-29.

52. Com base em Gloria Barczak; Kenneth B. Kahn, "Identifying new product development best practice", *Business Horizons* 55 (2012): 293-305; Andrew H. Van de Ven, "Central problems in the management of innovation", *Management Science* 32 (1986): 590-607; Richard L. Daft, *Organization theory and design* (Mason, OH: Southwestern 2010), p. 424-425; Science Policy Research Unit, University of Sussex, *Success and failure in industrial innovation* (London: Centre for the Study of Industrial Innovation, 1972).

53. Com base em Daft, *Organization theory and design*; Lee Norris Miller, "Debugging dysfunctional development", *Industrial Management* (November-December 2011): 10-15.

54. Mike Gordon et al., "The path to successful new products", *McKinsey Quarterly*, August 2010. Disponível em: <www.mckinseyquarterly.com/the_path_to_successful_new_products_2489>. Acesso em: 10 fev. 2012.

55. Apud Schneider and Hall, "Why most product launches fail".

56. Erik Brynjolfsson; Michael Schrage, "The new, faster face of innovation", *The Wall Street Journal Online*, August 17, 2009. Disponível em: <http://online.wsj.com/article/SB1000142405297020483030457 41308201 84260340.html>. Acesso em: 21 ago. 2009.

57. Brian Dumaine, "How managers can succeed through speed", *Fortune* (February 13, 1989): 54-59; George Stalk, Jr., "Time – the next source of competitive advantage", *Harvard Business Review* (July-August 1988): 41-51.

58. William J. Holstein, "Five gates to innovation", *Strategy + Business* (March 1, 2010), disponível em: <www.strategy-business.com/article/00021?gko=0bd39>, acesso em: 16 set. 2011; "Corning: For Becoming the 800-Pound Gorilla of the Touch Screen Business", segmento de "The world's 50 most innovative companies", *Fast Company* (March 2013): 86-156.

59. Abordagem sobre inovação aberta baseada em Henry Chesbrough, "The era of open innovation", *MIT Sloan Management Review* (Spring 2003): 35-41; Ulrich Lichtenthaler, "Open innovation: past research, current debates, and future directions", *Academy of Management Perspectives* (February 2011): 75-92; Julian Birkinshaw; Susan A. Hill, "Corporate venturing units: vehicles for strategic success in the New Europe", *Organizational Dynamics* 34, n. 3 (2005): 247-257; Amy Muller; Liisa Välikangas, "Extending the boundary of corporate innovation", *Strategy & Leadership* 30, n. 3 (2002): 4-9; Navi Radjou, "Networked innovation drives profits", *Industrial Management* (August-February 2005): 14-21; Henry Chesbrough, "The logic of open innovation: managing intellectual property", *California Management Review* 45, n. 3 (Spring 2003): 33-58.

60. Amy Muller; Nate Hutchins; Miguel Cardoso Pinto, "Applying open innovation where your

company needs it most", *Strategy & Leadership* 40, n. 2 (2012): 35-42.
61. Farhad Manjoo, "Apple Nation", *Fortune* (July-August 2010): 68-112; Jorge Rufat-Latre; Amy Muller; Dave Jones, "Delivering on the promise of open innovation", *Strategy & Leadership* 38, n. 6 (2010): 23-28.
62. Barry Jaruzelski; Richard Holman; Edward Baker, "3M's open innovation", *Strategy + Business*, May 30, 2011. Disponível em: <http://www.strategy-business.com/article/00078?gko=121c3>. Acesso em: 7 out. 2013.
63. Apud Muller; Hutchins; Cardoso Pinto, "Applying open innovation".
64. Kevin J. Boudreau; Karim R. Lakhani, "Using the crowd as an innovation partner", *Harvard Business Review* (April 2013): 61-67.
65. Karen Weise, "Solve a Washington Problem, Win a Prize", *Bloomberg BusinessWeek* (June 10, 2013): 34-35.
66. Boudreau; Lakhani, "Using the crowd as an innovation partner".
67. "Crowdsource mapping helps recovery efforts in Philippines", *Here & Now*, WBUR, November 15, 2013, disponível em: <http://hereandnow.wbur.org/2013/11/15/mapping-effort-philippines>, acesso em: 18 nov. 2013; Declan Butler, "Crowdsourcing goes mainstream in Typhoon Haiyan response", *Scientific American*, November 20, 2013, disponível em: <http://www.scientificamerican.com/article.cfm?id=crowdsourcing-goes-mainstream-in-typhoon-haiyan-response>, acesso em: 12 nov. 2013; Steve Lohr, "Online mapping shows potential to transform relief efforts", *The New York Times*, March 28, 2011, disponível em: <www.nytimes.com/2011/03/28/business/28map.html?_r=1>, acesso em: 22 ago. 2012; Tina Rosenberg, "Crowdsourcing a better world", *The New York Times*, March 28, 2011, disponível em: <http://opinionator.blogs.nytimes.com/2011/03/28/crowdsourcing-a-better-world/>, acesso em: 29 mar. 2011.
68. "Innovation through acquisition", *The Wall Street Journal*, August 21, 2013, disponível em: <http://online.wsj.com/article/SB10001424127887323468604578245620735086626.html>, acesso em: 7 out. 2013; "Innovation by acquisition", Royal Pingdom Web site, March 10, 2010, disponível em: <http://royal.pingdom.com/2010/03/10/innovation-by-acquisition/>, acesso em: 7 out. 2013.
69. Daniel T. Holt; Matthew W. Rutherford; Gretchen R. Clohessy, "Corporate entrepreneurship: an empirical look at individual characteristics, context, and process", *Journal of Leadership and Organizational Studies* 13, n. 4 (2007): 40-54.
70. Curtis R. Carlson; William W. Wilmot, *Innovation: the five disciplines for creating what customers want* (New York: Crown Business, 2006).
71. Robert I. Sutton, "The Weird Rules of Creativity", *Harvard Business Review* (September 2001): 94-103; Julian Birkinshaw; Michael Mol, "How management innovation happens", *MIT Sloan Management Review* (Summer 2006): 81-88.
72. Jane M. Howell, "The Right stuff: identifying and developing effective champions of innovation", *Academy of Management Executive* 19, n. 2 (2005): 108-119.
73. C. K. Bart, "New venture units: use them wisely to manage innovation", *Sloan Management Review* (Summer 1988): 35-43; Michael Tushman; David Nadler, "Organizing for innovation", *California Management Review* 28 (Spring 1986): 74-92; Peter F. Drucker, *Innovation and entrepreneurship* (New York: Harper & Row, 1985); Henry W. Chesbrough, "Making sense of corporate venture capital", *Harvard Business Review* 80, n. 3 (March 2002): 90-99.
74. Raisch, "Balanced structures".
75. Bruce B. Brown; Scott D. Anthony, "How P&G tripled its innovation success rate", *Harvard Business Review* (June 2011): 64-72.
76. Christopher Hoenig, "Skunk Works Secrets", *CIO* (July 1, 2000): 74-76; Tom Peters; Nancy Austin, *A passion for excellence: the leadership difference* (New York: Random House, 1985).
77. Hoenig, "Skunk Works Secrets".
78. Claire Cain Miller; Nick Bilton, "Google's Lab of wildest dreams", *The New York Times*, November 13, 2011. Disponível em: <www.nytimes.com/2011/11/14/technology/at-google-x-a-top-secret-lab-dreaming-up-the-future.html?pagewanted=all>. Acesso em: 14 nov. 2011.
79. Taylor, "The new GM".
80. David Dobson, "Integrated innovation at Pitney Bowes", *Strategy + Business Online*, October 26, 2009, disponível em: <www.strategy-business.com/article/09404b?gko=f9661>, acesso em: 30 dez. 2009; and Cash et al., "Teaming up to crack innovation and enterprise integration".
81. Robert C. Wolcott; Michael J. Lippitz, "The four models of corporate entrepreneurship", *MIT Sloan Management Review* (Fall 2007): 75-82.
82. E. H. Schein, "Organizational culture", *American Psychologist* 45 (February de 1990): 109-119; Eliza Newlin Carney, "Calm in the Storm", *Government Executive* (October 2003): 57-63.

83. Rosabeth Moss Kanter, "Execution: the un-idea", boxe lateral em Art Kleiner, "Our 10 most enduring ideas", *Strategy + Business*, n. 41 (December 12, 2005): 36-41.
84. Alex Taylor III, "The new GM: a report card", *Fortune* (September 5, 2011), p. 38-46; Alan Murray, "Women in a man's world: Dan Akerson of General Motors on changing a male-dominated culture", *The Wall Street Journal* (May 7, 2012), p. B11; Alex Taylor III, "Most powerful women: big wheel at GM", *Fortune* (December 24, 2012), p. 22; Jeff Bennett, "CEO Akerson Sets Goals for a Revitalized GM" (Boss Talk), *The Wall Street Journal*, August 8, 2013, disponível em: <http://online.wsj.com/article/SB10001424127887323482504578229852571958928.html>, acesso em: 5 jun. 201).
85. Shawn Tully, "Can UnitedHealth really fix the system?", *Fortune* (May 29, 2013): 187-194.
86. M. Sashkin; W. W. Burke, "Organization development in the 1980s", *General Management* 13 (1987): 393-417; Richard Beckhard, "What is organization development?" in *Organization development and transformation: managing effective change*, ed. Wendell L. French; Cecil H. Bell, Jr.; Robert A. Zawacki (Burr Ridge, IL: Irwin McGraw-Hill, 2000), p. 16-19.
87. Wendell L. French; Cecil H. Bell, Jr., "A history of organization development", in French; Bell; Zawacki, *Organization development and transformation*, p. 20-42; Christopher G. Worley; Ann E. Feyerherm, "Reflections on the future of organization development", *The Journal of Applied Behavioral Science* 39, n. 1 (March 2003): 97-115.
88. Paul F. Buller, "For successful strategic change: blend od practices with strategic management", *Organizational Dynamics* (Summer 1988): 42-55; Robert M. Fulmer; Roderick Gilkey, "Blending corporate families: management and organization development in a postmerger environment", *The Academy of Management Executive* 2 (1988): 275-283; Worley; Feyerherm, "Reflections on the future of organization development".
89. W. Warner Burke, "The new agenda for organization development", *Organizational Dynamics* (Summer 1997): 7-19.
90. R. Wayne Bass et al., "Sustainable change in the public sector: the longitudinal benefits of organization development", *The Journal of Applied Behavioral Science* 46, n. 4 (2010): 436-472.
91. Tully, "Can UnitedHealth really fix the system?".
92. Abordagem baseada em Kathleen D. Dannemiller; Robert W. Jacobs, "Changing the way organizations change: a revolution of common sense", *The Journal of Applied Behavioral Science* 28, n. 4 (December 1992): 480-498; Barbara Benedict Bunker; Billie T. Alban, "Conclusion: what makes large group interventions effective?", *Journal of Applied Behavioral Science* 28, n. 4 (December 1992): 570-591.
93. Para uma literatura recente sobre intervenções em grupos grandes, ver Christopher G. Worley; Susan A. Mohrman; Jennifer A. Nevitt, "Large group interventions: an empirical study of their composition, process, and outcomes", *The Journal of Applied Behavioral Science* 47, n. 4 (2011): 404-431.
94. Bunker; Alban, "Conclusion: what makes large group interventions effective?".
95. Kurt Lewin, "Frontiers in group dynamics: concepts, method, and reality in social science", *Human Relations* 1 (1947): 5-41; E. F. Huse; T. G. Cummings, *Organization development and change*, 3th ed. (St. Paul, MN: West, 1985).
96. Baseado no modelo de oito passos para a mudança planejada de John Kottler, descrito em John P. Kotter, *Leading change* (Boston: Harvard Business School Press, 1996), p. 20-25, John Kotter, "Leading change: why transformation efforts fail", *Harvard Business Review* (March-April 1995): 59-67.
97. Com base em Bob Kelleher, "Employee engagement carries ENSR through organizational challenges and economic turmoil", *Global Business and Organizational Excellence* 28, n. 3 (March-April 2009): 6-19.
98. Peter Loscher, "How I did it... The CEO of Siemens on using a scandal to drive change", *Harvard Business Review* (November 2012), p. 39-42.
99. Kotter, *Leading change*, p. 20-25; "Leading change: why transformation efforts fail".
100. Kurt Lewin, *Field theory in social science: selected theoretical papers* (New York: Harper & Brothers, 1951).
101. Paul C. Nutt, "Tactics of implementation", *Academy of Management Journal* 29 (1986): 230-261; Kotter; Schlesinger, "Choosing strategies for change"; R. L. Daft; S. Becker, *Innovation in organizations: innovation adoption in school organizations* (New York: Elsevier, 1978); R. Beckhard, *Organization development: strategies and models* (Reading, MA: Addison-Wesley, 1969).
102. Resultados da pesquisa feita pela Strategos mencionados em Pierre Loewe; Jennifer Dominiquini, "Overcoming the barriers to effective innovation", *Strategy & Leadership* 34, n. 1 (2006): 24-31.
103. Donald F. Kuratko; Jeffrey G. Covin; Robert P. Garrett, "Corporate venturing: insights from actual performance", *Business Horizons* 52 (2009): 459-467.

104. Allysia Finley, "The democrat who took on the unions", *The Wall Street Journal*, March 24, 2012, A13.
105. Gerard H. Seijts; Grace O'Farrell, "Engage the heart: appealing to the emotions facilitates change", *Ivey Business Journal* (August-February 2003): 1-5; John P. Kotter; Dan S. Cohen, *The heart of change: real-life stories of how people change their organizations* (Boston: Harvard Business School Press, 2002); Shaul Fox; Yair Amichai-Hamburger, "The power of emotional appeals in promoting organizational change programs", *Academy of Management Executive* 15, n. 4 (2001): 84-95.
106. Gina Burkhardt; Diane Gerard, "People: the lever for changing the business model at learning point associates", *Journal of Organizational Excellence* (Autumn 2006): 31-43.
107. Henry Hornstein, "Using a change management approach to implement IT programs", *Ivey Business Journal* (August-February 2008); Philip H. Mirvis; Amy L. Sales; Edward J. Hackett, "The implementation and adoption of new technology in organizations: the impact on work, people, and culture", *Human Resource Management* 30 (Spring 1991): 113-139; Arthur E. Wallach, "System changes begin in the training department", *Personnel Journal* 58 (1979): 846-848, 872; Paul R. Lawrence, "How to deal with resistance to change", *Harvard Business Review* 47 (August-February 1969): 4-12, 166-176.
108. Kate Linebaugh; Jeff Bennett, "Marçoionne Upends Chrysler's Ways: CEO Decries Detroit's 'Fanatical' Focus on Market Share", *The Wall Street Journal*, August 12, 2010.

PARTE 4

Capítulo 12
Gestão de recursos humanos

© Jenny Lilly/Shutterstock.com

Visão geral do capítulo

Como escolher as pessoas certas

O papel estratégico da Gestão de Recursos Humanos (GRH) é impulsionar o desempenho organizacional
  Abordagem estratégica
  Formação de capital humano para impulsionar o desempenho

Impacto da legislação federal na GRH

Natureza mutável das carreiras
  Mudança do contrato social

Novo gestor autoteste: qual é o seu foco?
  Inovações na GRH

Como encontrar as pessoas certas
  Planejamento de recursos humanos
  Recrutamento
  Seleção

Desenvolvimento de talentos
  Treinamento e desenvolvimento
  Avaliação de desempenho

Manutenção da força de trabalho eficaz
  Compensação
  Benefícios
  Tamanho ideal da organização
  Demissão

Resultados de aprendizagem

Após a leitura deste capítulo, você será capaz de:

1. Explicar o papel estratégico da gestão de recursos humanos.
2. Descrever a legislação federal e as tendências sociais que influenciam a gestão de recursos humanos.
3. Explicar o que a mudança de contrato social entre as organizações e os funcionários significa para os trabalhadores e os gestores de recursos humanos.
4. Mostrar como as organizações determinam as necessidades futuras de pessoal por meio do planejamento de recursos humanos.
5. Descrever as ferramentas que os gestores usam para recrutar e selecionar funcionários.
6. Descrever como as organizações desenvolvem a força de trabalho eficaz por meio do treinamento e da avaliação do desempenho.
7. Explicar como as organizações mantêm a força de trabalho por meio da gestão de salários, benefícios e demissões.

Como escolher as pessoas certas[1]

INSTRUÇÕES: Como novo gestor, que procedimentos você adotará para encontrar as pessoas certas que farão parte de sua equipe? Que aspectos você enfatizará nesse processo? Para obter as respostas a essas questões, faça o teste apresentado a seguir com base em suas expectativas e crenças para lidar com as pessoas que fazem parte de seu trabalho de gestão. Em cada item, assinale "Normalmente verdadeiro" ou "Normalmente falso".

	Normalmente verdadeiro	Normalmente falso
1. Demitirei imediatamente alguém que não esteja trabalhando para os interesses da organização.	_____	_____
2. Selecionar as pessoas certas para a equipe de negócios vencedora é tão importante para mim como é para um time vencedor.	_____	_____
3. Espero gastar de 40% a 60% do meu tempo de gestão em questões como recrutamento, desenvolvimento e posicionamento das pessoas.	_____	_____
4. Para eliminar as pessoas erradas para o trabalho, farei um retrato realista dos aspectos negativos do cargo.	_____	_____
5. Eis as minhas prioridades como gestor: contratar as pessoas certas, colocá-las nos cargos certos e decidir a estratégia e a visão.	_____	_____
6. Com as pessoas certas na minha equipe, não haverá problemas de motivação e supervisão.	_____	_____
7. A minha expectativa é que a contratação das pessoas certas será um processo longo e árduo.	_____	_____
8. Considero a demissão como uma forma de ajudar as pessoas a buscar uma empresa ou um cargo em que possam se sentir satisfeitas e realizadas.	_____	_____

PONTUAÇÃO E INTERPRETAÇÃO: A maioria dos novos gestores fica chocada com a grande quantidade de tempo, esforço e habilidade necessários para recrutar, posicionar e manter as pessoas certas. Nos últimos anos, a importância de "colocar as pessoas certas no ônibus" tem sido descrita em livros de negócios *best-sellers*, como *Good to great: empresas feitas para vencer*, de Jim Collins*, e *Execução: a disciplina para atingir resultados*, de Larry Bossidy e Ram Charan**. O recrutamento das pessoas certas é fundamental para o crescimento de uma organização. Entretanto, contratações equivocadas podem resultar em catástrofe.

Atribua 1 ponto a cada item assinalado como "Normalmente verdadeiro". Se pontuou 4 ou menos, é bem provável que você ainda esteja pouco confortável no papel de novo gestor. Os problemas com as pessoas ocuparão a maior parte do seu tempo, e, se você não souber lidar com elas corretamente, haverá um comprometimento de sua eficácia. Você deve saber como escolher as pessoas certas e eliminar aquelas que não têm perfil para "seguir viagem". Quanto mais rápido você aprender essas lições, melhor será o seu desempenho como gestor. Uma pontuação de 5 ou mais sugere que você tem a compreensão e as expectativas certas para se tornar gestor e lidar com pessoas.

TEMA RECENTE

Além dos Estados Unidos, a Alemanha é um dos maiores mercados da Amazon. Essa empresa tem grande responsabilidade de recursos humanos (RH) nesse país, com oito mil funcionários em oito centros de distribuição, além de mais de dez mil trabalhadores temporários para empregos sazonais. Porém, a gigante varejista *on-line* tornou-se o mais recente símbolo de ressentimento de muitos alemães no que

---

* HSM Editora, 2013. (N. E.)
** Elsevier Editora, 2004. (N. E.)

concerne à Gestão de Recursos Humanos (GRH) norte-americana. A série de protestos do *ver.di*, um dos maiores sindicatos trabalhistas da Alemanha, teve como propósito impedir que a Amazon se tornasse mais uma empresa a entrar em conflito com as leis trabalhistas alemãs, que são muito mais duras do que as dos Estados Unidos. O Walmart abandonou a Alemanha em 2006 após uma série de contratempos, incluindo uma luta com o *ver.di*. O evento desencadeador para a Amazon foi um documentário sobre empreiteiras terceirizadas contratadas para gerenciar milhares de trabalhadores imigrantes temporários, conforme descrito no Capítulo 4. No documentário, os trabalhadores afirmavam que eram intimidados pelos seguranças. Alguns trabalhadores chegaram a sugerir que a Amazon usava criminosos neonazistas para mantê-los na linha. A Amazon imediatamente parou de fazer negócios com a empresa de segurança. A Amazon já paga salários acima dos do sindicato, mas o *ver.di* tem outras queixas. As autoridades do sindicato afirmam que prevalece na empresa a atmosfera de "Big Brother". De acordo com Heiner Reimann, porta-voz do *ver.di*, "Tudo é medido, tudo é calculado, tudo é voltado para a eficiência. As pessoas querem ser tratadas com respeito".[2]

Como esse exemplo mostra, os gestores têm que se preocupar não só em encontrar e desenvolver as pessoas certas, mas também em atender às exigências legais e gerenciar as relações públicas nos diversos países em que operam. À medida que o negócio torna-se cada vez mais internacional, aumenta-se a complexidade do trabalho do gestor de RH.

Este capítulo explora o tema da gestão de recursos humanos em detalhes. A expressão **Gestão de Recursos Humanos (GRH)** refere-se à concepção e aplicação de sistemas formais de uma organização para assegurar a utilização eficaz e eficiente do talento para atingir metas.[3] Isso inclui atividades realizadas para atrair, desenvolver e manter uma força de trabalho eficaz. Os gestores devem encontrar as pessoas certas, colocá-las em cargos em que elas possam ser mais eficazes e desenvolvê-las para que contribuam para o sucesso da empresa.

A GRH tem perdido a velha imagem "pessoal" e ganhado reconhecimento como jogadora fundamental na estratégia corporativa.[4] Segundo Fran Luisi da Charleston Partners, uma empresa de pesquisa especializada em gestores de RH, "Muitas organizações querem que seu líder de RH seja capaz de compreender detalhadamente a empresa e seus desafios".[5] A crescente influência da função de RH se reflete no fato de que os gestores de RH atuais e antigos estão sendo cada vez mais procurados para preencher assentos no conselho como diretores externos de outras empresas. Questões delicadas como remuneração de executivos, mudanças nos regulamentos governamentais e frequência de fusões e aquisições fazem da GHR uma habilidade crítica tanto para as empresas quanto para as organizações sem fins lucrativos.[6] Todos os gestores precisam ser qualificados nos fundamentos da GRH.

O papel estratégico da Gestão de Recursos Humanos (GRH) é impulsionar o desempenho organizacional

Em uma pesquisa com mais de 1.700 CEOs de todo o mundo, o *capital humano* foi citado como o principal fator para manter o sucesso competitivo, o que reflete o papel crítico da gestão de talentos. Gestores inteligentes sabem que os funcionários *são* a empresa – se estes não tiverem bom desempenho, a empresa não terá chance de sucesso. **Capital humano** refere-se ao valor econômico da combinação de conhecimentos, experiências, habilidades e capacidades.[7] A Figura 12.1 mostra os três principais fatores citados pelos CEOs na pesquisa. O capital humano tem uma classificação bem mais alta que ativos como tecnologia, recursos físicos e acesso à matéria-prima.[8]

Fatores considerados importantes pelos CEOs para o sucesso competitivo – em porcentagem:

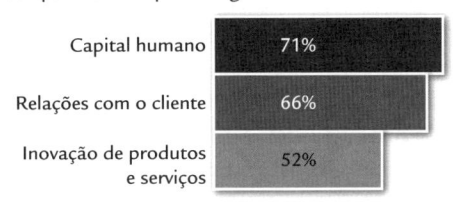

- Capital humano: 71%
- Relações com o cliente: 66%
- Inovação de produtos e serviços: 52%

FIGURA 12.1
Três fatores principais para manter o sucesso competitivo

FONTE: "Leading through connections: the IBM 2012 chief executive officer study", citado em Eric Lesser; Carl Hoffman, "Workforce analytics: making the most of a critical asset", *Ivey Business Journal*, July-August 2012. Disponível em: <www.iveybusinessjournal.com/topics/strategy/workforce-analytics-making-the-most-of-a-critical-asset>. Acesso em: 27 ago. 2012.

ABORDAGEM ESTRATÉGICA

Os melhores departamentos de RH não só apoiam as metas estratégicas, mas também buscam um plano contínuo e integrado para promover o desempenho da organização.[9] Uma pesquisa descobriu que a GRH eficaz e o alinhamento das estratégias de RH com a direção estratégica da organização têm impacto positivo no desempenho, incluindo mais produtividade dos funcionários e resultados financeiros mais fortes.[10]

Quando a Anglo American PLC adotou uma estratégia para começar a escavação de minério de ferro em área remota do Brasil, o departamento de RH se empenhou para criar um grupo de trabalhadores locais bem treinados para atuar nas minas nos próximos anos.

> **Faça uma pausa**
>
> A seção "Aplique suas habilidades: exercício vivencial", no material complementar, propõe um teste para avaliar o seu potencial para a GRH estratégica. Mãos à obra!

Forma inovadora — Anglo American PLC

De acordo com Pedro Borrego, diretor de RH da operação Anglo American no Brasil, "Havia muitas pessoas nesta área que não conseguiam emprego". Borrego referia-se à mina de minério de ferro da empresa em Minas Gerais, localizada em uma cidade onde o número de vacas era quase o dobro de habitantes.

A Anglo American (Anglo) é uma das maiores mineradoras diversificadas do mundo, com diamante de cobre, minério de ferro e outras minas em todo o mundo. A empresa foi atraída a Minas Gerais em 2007 pelas ricas reservas de minério de ferro da região, que é um dos principais ingredientes para a fabricação de aço. O problema era encontrar pessoas para trabalhar nas minas. Os gestores sabiam que contratar no local era a chave para conseguir uma força de trabalho leal e estável. Em algumas áreas, as empresas podem fazer parceria com faculdades locais para financiar um programa de treinamento, mas essa não era uma opção aqui. Então, a Anglo renovou uma escola primária em desintegração e montou as próprias aulas para ensinar tudo às pessoas locais, desde a soldagem de peças e a troca de lâmpadas até o conserto de motores *diesel* e a operação de correias transportadoras. Mais de 20% dos trabalhadores em formação são mulheres, em comparação com menos de 10% nas empresas mundiais de mineração, graças, em parte, aos incentivos que a Anglo está oferecendo às mães.

A primeira turma de 151 *trainees* formou-se em janeiro de 2013, com alguns contratados pela Anglo e outros por empreiteiros. A empresa planeja treinar mais 500 pessoas locais ao longo dos próximos três anos. Segundo Vanessa Carvalho Reis, 22 anos, "Meus pais são agricultores, e eu queria ser professora". Agora ela está treinando para ser operadora na fábrica onde a Anglo American irá bombear minério de ferro por meio de uma série de misturadoras e trituradoras para enriquecer o metal.[11]

ORGANIZAÇÃO 4

Contratar e manter funcionários de alta qualidade com o conjunto certo de habilidades é uma das preocupações mais urgentes das organizações de hoje.[12] Ao treinar os jovens que de outra forma teriam poucas opções para o emprego, a Anglo está garantindo que haja uma força de trabalho bem treinada e estável para os próximos anos.

> "Se contratarmos pessoas menores do que nós, seremos uma empresa de anões. Mas, se contratarmos pessoas maiores, seremos uma empresa de gigantes."
>
> – DAVID OGILVY (1911–1999), FUNDADOR DA AGÊNCIA DE PUBLICIDADE OGILVY & MATHER

A abordagem estratégica para a GRH reconhece três elementos-chave. Em primeiro lugar, todos os gestores estão envolvidos na gestão de RH. Em segundo lugar, os funcionários são vistos como ativos. Nenhuma estratégia pode ser implantada de forma eficaz sem as pessoas certas para colocá-la em ação. Os funcionários, e não os prédios e as máquinas, que dão vantagem competitiva à empresa. Em terceiro lugar, a GRH é um processo de correspondência, integrando a estratégia e os objetivos da organização com a abordagem correta para a gestão de capital humano.[13] A seguir, apresentam-se algumas questões estratégicas atuais de particular preocupação para os gestores:

- Contratar as pessoas certas para que a empresa possa se tornar mais competitiva em uma base global.
- Contratar as pessoas certas com o propósito de melhorar a qualidade, a inovação e o atendimento ao cliente.
- Conhecer as pessoas certas que serão mantidas após fusões, aquisições ou redução do quadro de funcionários.
- Contratar as pessoas certas para aplicar a nova tecnologia da informação (TI) para o *e-business*.

Todas essas decisões estratégicas determinam a necessidade de uma empresa por competências e funcionários.

Este capítulo examina os três principais objetivos da GRH, como ilustrado na Figura 12.2. As atividades e metas da GRH não ocorrem dentro de um vácuo, mas no contexto de questões e fatores que afetam toda a organização, como globalização, mudança de tecnologia, necessidade de rápida inovação, mudanças rápidas nos mercados e do ambiente externo, tendências sociais, regulamentos governamentais e mudanças na cultura, estrutura, estratégia e metas da organização.

FIGURA 12.2
Gestão estratégica de recursos humanos

Estratégia da empresa

- **Encontrar as pessoas certas**
  - Planejamento de GRH
  - Análise do cargo
  - Previsão
  - Recrutamento
  - Seleção

- **Manter a força de trabalho eficaz**
  - Salários e remuneração
  - Benefícios
  - Relações trabalhistas
  - Demissões

- **Gerenciamento de talentos**
  - Treinamento
  - Desenvolvimento
  - Avaliação

Capítulo 12 Gestão de recursos humanos

Os objetivos das três atividades da GRH descritas na Figura 12.2 sãs as seguintes: encontrar as pessoas certas, gerenciar os talentos para que as pessoas alcancem seu potencial e manter a força de trabalho no longo prazo.[14]

Formação de capital humano para impulsionar o desempenho

Em muitas empresas, sobretudo nas que confiam mais nas informações, na criatividade, no conhecimento e no serviço de funcionários, e não apenas nas máquinas de produção, o sucesso depende da capacidade de gestão de capital humano, como descrito anteriormente.[15] Para formar capital humano, a GRH desenvolve estratégias para recrutar as melhores pessoas, melhorar as habilidades e os conhecimentos delas com programas de treinamento e oportunidades de desenvolvimento pessoal e profissional e oferecer remuneração e benefícios que apoiem o compartilhamento de conhecimento e as recompensem de forma adequada pelas contribuições para a organização.[16]

A importância do capital humano para os resultados da empresa está ilustrada na Figura 12.3, que mostra parte da estrutura desenvolvida pela Accenture e utilizada pela SAP, uma empresa de *software* e serviços. A SAP precisava de um sistema que fosse capaz de avaliar e rever os processos de capital humano, pois ela pretendia adotar uma nova estratégia mais concentrada no cliente e na responsabilização de cada funcionário. A ideia é mostrar como os investimentos em capital humano contribuem para a obtenção de mais desempenho organizacional e melhores resultados financeiros. A estrutura começa embaixo (nível 3) quando se avaliam os processos internos, como planejamento da força de trabalho,

▶▶▶ Conexão de conceito

Os 260 mil funcionários da Lowe, nas 1.830 lojas, empenham-se ao máximo em oferecer aos clientes as melhores soluções para remodelamento, construção e jardinagem. Eles cortam madeira, persianas, tubulação, correntes, tubos de rosca e itens de montagem; fornecem a concepção computadorizada de todo tipo de projeto, inclusive de paisagismo; combinam cores de tinta; dão aulas de como fazer; e oferecem muitos outros serviços. Como os gestores sabem que o fornecimento de atendimento superior ao cliente depende do **capital humano**, eles investem no recrutamento das melhores pessoas e as ajudam a desenvolver e aplicar conhecimentos, habilidades, experiência e talento.

Poder Verde

O "você" na sustentabilidade

"Você é nossa vantagem de sustentabilidade!" é o novo *slogan* para conscientizar os funcionários da importância da sustentabilidade. O **HSBC** levou o envolvimento dos funcionários a um novo nível ao promover projetos e planos de ações individuais por meio do programa Climate Champions. O HSBC abriu o caminho por meio de parcerias com organizações ambientais poderosas, como Smithsonian Institution, Earthwatch e Climate Group. Os participantes devem passar pelo processo de candidatura a um programa residencial de 12 meses. Ao trabalharem ao lado de cientistas do Earthwatch, os funcionários do HSBC concluem projetos empresariais relacionados ao clima, ganham habilidades e desenvolvem métodos que podem ser transferidos para o local de trabalho. O programa HSBC Climate Champions despertou nos funcionários a curiosidade e emoção. O programa diz aos participantes: "Você tem voz na sustentabilidade. Este projeto é seu. Você é nossa vantagem de sustentabilidade".

Fonte: Matthew Gitsham, "Experiential learning for leadership and sustainability at IBM and HSBC", *Journal of Management Development* 31, n. 3 (2012): 298-307.

FIGURA 12.3 O papel e o valor de investimentos em capital humano

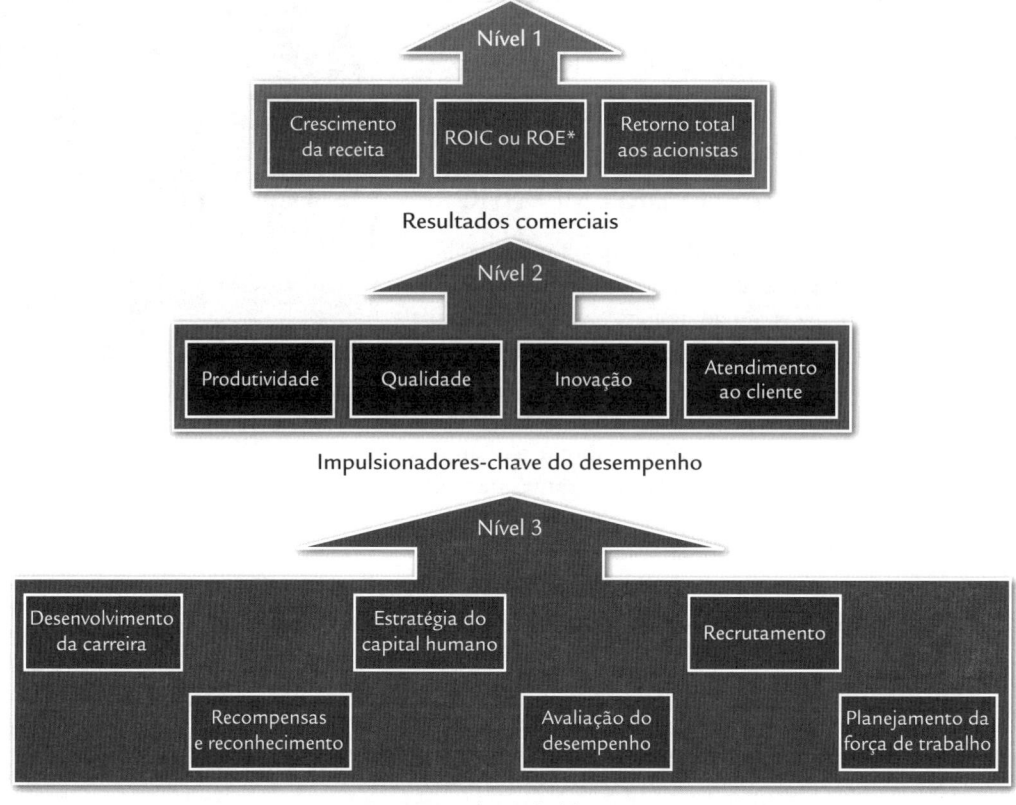

Nível 1
- Crescimento da receita
- ROIC ou ROE*
- Retorno total aos acionistas

Resultados comerciais

Nível 2
- Produtividade
- Qualidade
- Inovação
- Atendimento ao cliente

Impulsionadores-chave do desempenho

Nível 3
- Desenvolvimento da carreira
- Estratégia do capital humano
- Recrutamento
- Recompensas e reconhecimento
- Avaliação do desempenho
- Planejamento da força de trabalho

Processos do capital humano

FONTE: Adaptada de Susan Cantrell et al., "Measuring the value of human capital investments: the SAP case", *Strategy & Leadership* 34, n. 2 (2006): 43-52. Copyright 2006 by Emerald Group Publishing Limited. Reproduzida com permissão.

desenvolvimento da carreira, avaliação do desempenho e assim por diante. Os gestores usam essas atividades para aumentar a capacidade do capital humano que impulsiona mais desempenho em áreas-chave, como inovação ou atendimento ao cliente (nível 2). As melhorias nas áreas-chave do desempenho, por sua vez, levam a melhores resultados comerciais (nível 1).[17]

Lembre-se disto

- **Gestão de recursos humanos (GRH)** refere-se à concepção e aplicação de sistemas formais de uma organização para assegurar a utilização eficaz e eficiente do talento humano para atingir as metas organizacionais.
- A GRH inclui atividades destinadas a atrair, desenvolver e manter a força de trabalho eficaz.
- Os gestores de RH são jogadores vitais na estratégia corporativa, porque nenhuma estratégia pode ser eficaz sem as pessoas certas para colocá-la em ação.
- **Capital humano** refere-se ao valor econômico da combinação de conhecimento, experiência, habilidades e capacidade dos funcionários.
- A Anglo American PLC criou o próprio centro de treinamento para desenvolver um conjunto de trabalhadores qualificados e dedicados à mina de minério de ferro localizada em Minas Gerais, no Brasil.

---

* ROIC significa Return On Invested Capital, e ROE, Return On Investment. ROIC e ROE são medidas de rentabilidade. O ROIC é medido sobre o capital inicial investido, e o ROE, sobre o patrimônio líquido. (N. R. T.)

Impacto da legislação federal na GRH

A gestão eficaz do RH é um desafio complexo para os gestores. O ambiente jurídico e regulatório está mudando constantemente, e os gestores de RH têm que ficar atentos às questões que podem ter consequências jurídicas. É extremamente importante que os gestores conheçam e apliquem diversas leis federais aprovadas para assegurar oportunidades iguais de emprego (Equal Employment Opportunity – EEO, que, em português, significa Comissão de Oportunidades de Trabalho Igualitárias nos Estados Unidos). Algumas das ordens legislativas e executivas mais significativas estão resumidas na Figura 12.4. Os objetivos das leis são os seguintes: acabar com as práticas discriminatórias abusivas em relação a grupos específicos e definir as agências de aplicação das leis. A legislação das EEO tenta equilibrar a remuneração de homens e mulheres; proporcionar oportunidades de emprego sem considerar raça, religião, nacionalidade e sexo; assegurar tratamento justo para os trabalhadores de todas as idades; e evitar a discriminação contra as pessoas com deficiência.

A Comissão de Oportunidades Iguais de Trabalho (Equal Employment Opportunity Commission – EEOC), criada pela Lei dos Direitos Civis de 1964, inicia investigações em resposta a queixas relativas à discriminação. A **discriminação** ocorre quando a contratação e as decisões de promoção são tomadas com base em critérios que não são relevantes ao trabalho; por exemplo, recusar-se a contratar um candidato negro para um emprego que ele está qualificado para executar e pagar a uma mulher um salário mais baixo do que o de um homem pelo mesmo trabalho são atos discriminatórios. Quando há discriminação, as soluções incluem pagar salários atrasados e tomar ação afirmativa. A **ação afirmativa** exige que o empregador tome medidas positivas para garantir a igualdade de oportunidades de emprego para as pessoas dos grupos protegidos.

O não cumprimento da legislação das EEO pode resultar em multas e penalidades substanciais para os empregadores. Os processos para as práticas discriminatórias podem cobrir uma ampla gama de reclamações de funcionários. Uma questão de crescente preocupação é o *assédio sexual*, que também é uma violação do Título VII da Lei dos Direitos Civis. As diretrizes da EEOC especificam que comportamentos como insinuações indesejadas, pedidos de favores sexuais ou qualquer conduta verbal e física de natureza sexual se tornam assédio sexual quando a submissão à conduta está ligada à continuação no emprego ou à promoção, criando um ambiente de trabalho intimidante, hostil ou ofensivo.[18] As alterações no local de trabalho provocaram mudanças nos tipos de queixa. As queixas de assédio sexual por homens contra os chefes dos sexos masculino e feminino, por exemplo, aumentaram cerca de 5% entre 1997 e 2010. Além disso, há menos queixas relacionadas ao assédio flagrante e mais relacionadas a chefes que fazem comentários com teor sexual e enviam mensagens inadequadas de *e-mail* ou de texto.[19] O assédio sexual será abordado em mais detalhes no Capítulo 13.

A Figura 12.4 também lista as principais leis federais relacionadas a compensação e benefícios e às questões de saúde e segurança. Trata-se apenas de uma amostra das leis federais que os gestores de RH devem conhecer e compreender. Além disso, muitos Estados e municípios norte-americanos têm as próprias leis que dizem respeito às questões de RH. A Califórnia, por exemplo, exige que as empresas com 50 ou mais funcionários forneçam treinamento sobre assédio sexual a todos os funcionários a cada dois anos.[20] O âmbito da legislação do RH está aumentando nos níveis federal, estadual e municipal. Ademais, mudanças sociais e tecnológicas trazem novos desafios legais. O Conselho Nacional de Relações Trabalhistas (National Labor Relations Board – NLRB) abriu um processo recentemente em nome de Dawnmarie Souza, que foi demitida em função de um comentário que ela fez no Facebook – o primeiro caso do NLRB (mas provavelmente não o

Faça uma pausa

Você está preparado para trabalhar como gestor de RH, o profissional que normalmente tem de adotar procedimentos de rotina e manter registros detalhados sobre as leis e os regulamentos federais? Para ter uma ideia de sua orientação natural para a manutenção de registros sistemáticos, faça o "Autoteste do novo gestor" apresentado mais adiante.

FIGURA 12.4 — Principais leis federais norte-americanas* relacionadas à GRH

Lei federal	Ano	Provisões
Leis de oportunidades iguais/contra discriminação		
Lei dos Direitos Civis	1991	Prevê a possibilidade de compensação e danos punitivos, além do pagamento retroativo tradicional, para os casos de discriminação intencional apresentados sob o Título VII da Lei dos Direitos Civis de 1964. Transfere o ônus da evidência para o empregador.
Lei dos Norte-americanos com Deficiência	1990	Proíbe a discriminação contra pessoas qualificadas pelos empregadores com base na deficiência e exige que "acomodações razoáveis" sejam fornecidas para que as pessoas com deficiência possam executar suas tarefas.
Lei da Reabilitação Profissional	1973	Proíbe a discriminação com base na deficiência física ou mental e exige que os funcionários sejam informados sobre os planos de ação afirmativa.
Lei contra a Discriminação Etária no Emprego (Age Discrimination in Employmnet Act – Adea)	1967 (alterada em 1978 e 1986)	Proíbe a discriminação etária e restringe a aposentadoria obrigatória.
Lei dos Diretos Civis, Título VII	1964	Proíbe a discriminação no emprego com base em raça, religião, cor, gênero ou nacionalidade.
Leis de compensação/benefícios		
Lei de Portabilidade e Responsabilidade de Seguros de Saúde (Health Insurance Portability Accountability – Hipaa)	1996	Permite que os funcionários troquem de plano de saúde quando mudarem de emprego e obtenham a nova cobertura independentemente das condições de saúde preexistentes; proíbe que os planos do grupo excluam um funcionário doente.
Lei das Licenças Médica e Familiar	1993	Exige que os empregadores forneçam até 12 semanas de licença não remunerada para parto, adoção ou emergências familiares.
Lei de Igualdade de Remuneração	1963	Proíbe diferenciação de gênero na remuneração para o trabalho substancialmente igual.
Leis de saúde/segurança		
Lei de Proteção ao Paciente e Serviços de Saúde Acessíveis (Patient Protection and Affordable Care Act – Ppaca)	2010	Impõe uma taxa sobre as empresas com 50 funcionários ou mais se o governo subsidiar a cobertura do plano de saúde de seus funcionários; impede que as seguradoras neguem cobertura com base em condições preexistentes ou cobrem mais de mulheres do que de homens.
Lei Geral de Reconciliação Orçamentária (Consolidated Omnibus Budget Reconciliation Act – Cobra)	1985	Exige cobertura contínua do plano de saúde (pago pelo funcionário) após a rescisão.
Lei de Segurança e Saúde Ocupacional (Occupational Safety and Health Act – Osha)	1970	Estabelece as normas obrigatórias de segurança e saúde nas organizações.

último) envolvendo uma demissão relacionada à mídia social.[21] Como ilustrado pelo exemplo sobre a Amazon no início do capítulo, as empresas que operam internacionalmente também têm de estar cientes das leis relacionadas à GRH nos diversos países em que atuam.

---

* No Brasil, há a CLT ou Consolidação das Leis do Trabalho. É uma norma legislativa sobre o Direito do Trabalho e o Direito Processual do Trabalho. A CLT foi aprovada e sancionada por Getúlio Vargas e, desde a sua criação, sofreu várias alterações para proteger e defender o trabalhador e seus direitos. (N. R. T.)

> **Lembre-se disto**
>
> - Os gestores de RH devem compreender e aplicar diversas leis federais que proíbem a discriminação, estabelecem normas de segurança ou exigem que as organizações forneçam certos benefícios.
> - **Discriminação** significa tomar decisões de contratação e promoção com base em critérios que não são relativos ao trabalho.
> - **Ação afirmativa** exige que o empregador tome medidas positivas para garantir a igualdade de oportunidades de emprego para pessoas que fazem parte dos grupos protegidos.
> - O Conselho Nacional de Relações Trabalhistas (NLRB) abriu um processo recentemente em nome de uma funcionária demitida em função de um comentário que ela fez em um *site* de rede social.

Natureza mutável das carreiras

Outra questão atual refere-se à natureza mutável das carreiras e à mudança na relação entre empregadores e empregados.

Mudança do contrato social

No antigo contrato social entre empresa e funcionário, este poderia contribuir com capacidade, educação, lealdade e comprometimento e esperar em troca que a empresa fornecesse salários e benefícios, promoção e treinamento ao longo de sua vida de trabalho. Então surgiram a globalização, a terceirização, a hipercompetição e outras mudanças voláteis no ambiente. Considere a seguinte lista encontrada no mural de uma empresa que passava por grande reestruturação:

- Não podemos prometer quanto tempo estaremos no negócio.
- Não podemos prometer que não seremos comprados.
- Não podemos prometer que haverá espaço para promoções.
- Não podemos prometer que o seu trabalho existirá quando você atingir a idade de aposentadoria.
- Não podemos prometer que o dinheiro estará disponível para a sua pensão.
- Não podemos esperar sua lealdade eterna nem temos certeza do que queremos.[22]

A recente recessão econômica acelerou a erosão do antigo contrato social. Os benefícios de aposentadoria subsidiada pelo empregador estão em grave queda, por exemplo, com apenas cerca de 20% dos empregados abrangidos por planos de previdência tradicionais hoje em dia. Durante a recente recessão, muitas empresas suspenderam as contribuições para planos de aposentadoria 401(k). Além disso, muitas organizações que cortam benefícios afirmam que não têm a intenção de restaurá-los.[23]

Essas mudanças e os itens da lista refletem uma visão essencialmente negativa da nova relação empregador-empregado, mas também há aspectos positivos. De certa forma, as empresas e os trabalhadores tornam-se aliados e ficam mais fortes. Os funcionários ajudam a empresa a se tornar mais adaptável, enquanto esta ajuda aqueles a se tornar mais empregáveis.[24] Muitos jovens não querem ficar em uma empresa por toda a carreira. Eles gostam das expectativas de responsabilidade, aprendizado, crescimento e mobilidade em um novo contrato social. O CEO Reed Hastings da Netflix fala sobre sua empresa: "Somos uma equipe, não uma família".[25] Segundo a especialista em local de trabalho Lynda Gratton, a construção de confiança é mais importante do que a lealdade nos dias de hoje, quando "a monogâmica carreira de série" é a ordem para muitos funcionários jovens, que estão continuamente avaliando se o trabalho é significativo e desafiador e se encaixa na vida deles.[26]

NOVO GESTOR — Autoteste

Qual é o seu foco?

Instruções: Pense sobre suas motivações ao realizar tarefas na escola ou no trabalho. Nos itens indicados a seguir, assinale "Normalmente verdadeiro" ou "Normalmente falso". Como não há itens certos ou errados, assinale de forma bem honesta para que possa receber um *feedback* preciso.

	Normalmente verdadeiro	Normalmente falso
1. Sinto uma sensação de alívio quando me saio bem em um projeto ou prova.	_____	_____
2. Concentro-me em obter os detalhes do meu trabalho feito corretamente.	_____	_____
3. Sinto que é muito importante cumprir as obrigações impostas a mim.	_____	_____
4. Sempre tento fazer o meu trabalho o mais preciso e livre de erros possível.	_____	_____
5. Para mim, é importante não fazer as coisas erradas.	_____	_____
6. Penso e me concentro principalmente em obter resultados positivos na minha vida.	_____	_____
7. Gosto de terminar uma grande quantidade de trabalho em um curto espaço de tempo.	_____	_____
8. Frequentemente imagino como vou alcançar minhas expectativas e aspirações.	_____	_____
9. Fico muito feliz quando me saio bem em um projeto ou prova.	_____	_____
10. Em geral, sou orientado para realizar coisas principalmente para o meu crescimento e satisfação.	_____	_____

Pontuação e interpretação: Essas afirmações representam dois tipos de foco regulatório mental durante seu trabalho e sua vida escolar: promoção e prevenção. Atribua 1 ponto a cada item assinalado com "Normalmente verdadeiro":

Foco de prevenção: Some os pontos dos itens de 1 a 5: _____

Foco de promoção: Some os pontos dos itens de 6 a 10: _____

Pontuação do foco regulatório (subtraia a pontuação do foco de promoção da pontuação do foco de prevenção) = _____

O foco regulatório diferencia promoção de prevenção. Promoção tem a ver com conquistar os resultados e sucesso desejados, enquanto prevenção refere-se a evitar dificuldades e fracasso. Se a sua pontuação de foco regulatório for negativa, é provável que você seja uma pessoa orientada para a promoção. Nesse caso, você é estimulado pelos resultados positivos e pela vitória, além de buscar as metas para satisfazer as suas esperanças e seus desejos. Se sua pontuação for positiva, é provável que você seja uma pessoa orientada para a prevenção, ou seja, mais focada na prevenção de perder, em vez de vencer, e, por isso, procura evitar falhas e erros, e atender às obrigações e aos compromissos. Uma pontuação positiva (prevenção) pode estar associada ao sucesso em um departamento de RH, que envolve procedimentos de rotina e manutenção de registros jurídicos. A pontuação negativa (promoção) está mais associada ao trabalho em departamentos de vendas e *marketing*.

Fontes: Com base em J. Craig Wallace; Paul D. Johnson; M. Lance Frazier, "An examination of the factorial, construct, and predictive validity and utility of the regulatory focus at work scale", *Journal of Organizational Behavior* 30 (2009): 805-831; Bernhard Fellner; Marianne Holler; Erich Kirchler, "Regulatory focus scale (RFS): development of a scale to record dispositional regulatory focus", *Swiss Journal of Psychology* 66, n. 2 (2007): 109-116; Penelope Lockwood, "Motivation by positive or negative role models: regulatory focus determines who will best inspire us", *Journal of Personal and Social Psychology* 83, n. 4 (2002): 854-864.

FIGURA 12.5 Mudança do contrato social

	Contrato novo	**Contrato antigo**
Empregado	• Empregabilidade; responsabilidade pessoal • Parceiro na melhoria dos negócios • Aprendizagem; desenvolvimento de habilidades	• Segurança no trabalho • Uma roda dentada na máquina • Conhecimento
Empregador	• Oportunidades criativas de desenvolvimento • Movimentos laterais da carreira; compensação de incentivo • Tarefas desafiadoras • Informações e recursos; autoridade da tomada de decisão	• Programas de treinamento padrão • Pacote de compensação tradicional • Trabalhos de rotina • Informações e autoridade limitadas

FONTES: Com base em Louisa Wah, "The new workplace paradox", Management Review (January 1998): 7; Douglas T. Hall; Jonathan E. Moss, "The new protean career contract: helping organizations and employees adapt", *Organizational Dynamics* (Winter 1998): 22-37.

A Figura 12.5 lista alguns elementos do novo contrato social, que é fundamentado no conceito de empregabilidade, em vez de emprego vitalício. Os indivíduos são responsáveis por desenvolver as próprias competências e habilidades e demonstrar valor para a organização. O empregador, por sua vez, investe em oportunidades criativas de treinamento e desenvolvimento para que as pessoas sejam mais empregáveis quando a empresa não precisar mais dos serviços delas. Isso significa oferecer atribuições desafiadoras de trabalho, oportunidades de participar da tomada de decisão e acesso à informação e a recursos. Além disso, um desafio importante para a GRH é analisar a avaliação do desempenho, a remuneração e outras práticas para que possam ser compatíveis com o novo contrato social. Por exemplo, com a economia resistente nos últimos anos, as empresas tiveram que demitir milhares de funcionários experientes. Muitas organizações, como KPMG International, IBM, Microsoft e Lockheed Martin, criaram "redes sociais de *alumni**" para que as pessoas dispensadas possam manter contato com os colegas e o setor.[27] A McKinsey & Company tem operado uma rede de *alumni* desde os anos 1960.[28]

Inovações na GRH

O campo da GRH está em constante mutação. Algumas questões importantes atuais de GRH estão marcando a empresa como um empregador de escolha, adquirindo empresas para obter talentos e abordando as necessidades dos trabalhadores temporários e de meio período.

Reforçar a imagem da empresa como boa empregadora

Você pode pensar que, com a atual elevada taxa de desemprego, as empresas não estariam preocupadas em recrutar pessoas boas. Mas os gestores estão descobrindo que os funcionários mais qualificados e experientes são escassos e muito necessários.[29] Tanto as pequenas quanto as grandes empresas de diversos setores estão utilizando a marca de emprego para atrair candidatos desejáveis. A **Marca de Emprego (*employer brand*)** é semelhante a uma marca de produto, exceto que, em vez de promover um produto específico, o objetivo é fazer com que a organização pareça ser um lugar altamente desejável para trabalhar. Campanhas de marca de emprego são como campanhas de *marketing* para "vender" a empresa e atrair os melhores candidatos. Na Risk Management Solutions (RMS), a executiva de RH Amelia Merrill usou a marca de emprego após ter descoberto que poucas pessoas no Vale do Silício, onde a empresa

---
* *Alumni* é uma associação de alunos graduados ou da mesma organização. (N. R. T.)

está sediada, tinham ideia do que a RMS era. Para atrair o tipo de profissionais de tecnologia de alta qualidade de que a RMS precisava, a equipe de Merrill começou a vender a empresa da mesma forma que seus vendedores vendiam os serviços. Uma etapa foi alugar o popular *food truck* "Bacon Bacon" de São Francisco por um dia e montar uma exposição local de computação em nuvem. De acordo com Merrill, o reforço da imagem da empresa está tendo um efeito lento porém certeiro nos esforços de recrutamento, à medida que as pessoas do setor de TI se tornam mais familiarizadas com o nome da empresa.[30] No entanto, muitas grandes empresas bem conhecidas, como PepsiCo, General Electric (GE), Nokia, AT&T e Credit Suisse Group, também estão usando a marca de emprego como as empresas que lutam por talentos.[31]

Utilizar funcionários temporários e de meio período

Os trabalhadores contingentes estão se tornando uma grande parte da força de trabalho tanto nos Estados Unidos quanto na Europa. **Trabalhadores contingentes** são pessoas que trabalham para uma organização, mas não em uma base permanente ou em tempo integral. Os dados do U. S. Bureau of Labor Statistics sugerem que um terço, e talvez até 40%, dos norte-americanos empregados trabalham em regime de meio período ou atuam em outros tipos de cargos diferentes do padrão. Segundo Katherine Stone, professora de direito da Universidade da Califórnia, em Los Angeles, e especialista em trabalho, "Tem havido uma mudança realmente fundamental na natureza do emprego [nos últimos 20 anos] – trata-se de uma mudança radical".[32] Embora muitos desses indivíduos sejam trabalhadores temporários ou de meio período "involuntários" que perderam o emprego durante a recessão, outros gostam da opção de trabalhar para diferentes empresas por curtos períodos de tempo. Para as organizações, o objetivo principal é acessar habilidades especializadas para projetos específicos, permitindo que a empresa mantenha a flexibilidade e os custos baixos.[33]

No passado, a maioria dos trabalhadores temporários estava em cargos de escritório e de produção, mas, nos últimos anos, a demanda tem crescido para profissionais contingentes, como contadores e analistas financeiros, gestores interinos, especialistas em TI, gestores de produtos, advogados e até mesmo CEOs. Às vezes chamadas de *supertemps*, trata-se de pessoas altamente qualificadas que optam pela carreira independente. Os *supertemps*, muitas vezes, fazem o trabalho essencial para a missão. Ed Trevasani, que ama a liberdade e a flexibilidade do trabalho contingente, atuou como CEO interino de uma empresa internacional, desenvolveu uma estratégia de fusões e aquisições para um fabricante global, e liderou o processo de seleção de TI de uma grande empresa de seguros.[34]

Adquirir *start-ups* para obter talentos

Andrea Vaccari criou o Glancee como um aplicativo móvel para ajudar pessoas a encontrar outras pessoas com interesses semelhantes. Mas, assim que a empresa estava decolando, ela e seus cofundadores enfrentaram uma decisão difícil – aceitar uma oferta de aquisição do Facebook ou ir à falência? O problema era que Vaccari já estava quase quebrada, morando em um *closet* no apartamento de uma amiga. Os cofundadores decidiram aceitar a oferta do Facebook, mesmo sabendo que ela foi feita principalmente para recrutá-los para trabalhar na empresa maior.[35] A então chamada **acqui-hiring** (junção das palavras *acquire*, adquirir, e *hire*, contratar) tornou-se comum no mundo da tecnologia. Empresas estabelecidas, como Facebook, Google, Yahoo, LinkedIn e Salesforce.com, compram *start-ups* em estágio inicial, muitas vezes fechando-as, simplesmente para adquirir seu talento de engenharia. Esses negócios, que variam aproximadamente de três a seis milhões de dólares, aumentaram em meio à crescente demanda por engenheiros de *software* talentosos. A estratégia faz sentido para as empresas maiores porque elas recebem equipes de engenheiros acostumados a trabalhar juntos. Para os empresários, isso é um dilema. Segundo Aydin Ghajar, cofundador da Thinkfuse Inc., ser adquirido pela Salesforce.com foi um bom resultado para a sua equipe. Na época, Ghajar e seus quatro engenheiros ganhavam salários abaixo do mercado e trabalhavam em uma incubadora comercial com cerca de 30 outras *start-ups*. Agora trabalham em um edifício alto com academia. Os engenheiros da Glancee que trabalham para o Facebook também estão muito bem, mas Vaccari afirma que foi angustiante ter que decidir se a empresa poderia ser "a próxima grande coisa" se continuasse sozinha: "Você nunca vai saber se era melhor ter continuado".

Lembre-se disto

- O novo contrato social entre empregadores e empregados é fundamentado na noção de empregabilidade e responsabilidade pessoal, em vez de emprego vitalício em uma organização.
- O *employer brand* é semelhante a uma marca de produto, exceto que ele promove a organização como um ótimo lugar para trabalhar, em vez de promover um produto ou serviço específico.
- **Trabalhadores contingentes** são pessoas que trabalham para uma organização, mas não em uma base permanente ou de tempo integral, incluindo estágios temporários, contratados independentes, autônomos e trabalhadores de meio período.
- Estima-se que até 40% dos norte-americanos empregados trabalham meio período ou atuam em outros tipos de trabalho fora do padrão.
- *Acqui-hiring* significa a compra de uma *start-up* em estágio inicial (e, geralmente, seu fechamento), a fim de obter o talento criativo.

Como encontrar as pessoas certas

Agora vamos voltar para os três objetivos gerais de GRH: encontrar, desenvolver e manter a força de trabalho eficaz. A primeira etapa para encontrar as pessoas certas é o planejamento de RH, em que os gestores ou profissionais de GRH preveem a necessidade de novos funcionários com base nos tipos de vaga que existem, como mostra a Figura 12.6. A segunda etapa é a utilização de procedimentos de recrutamento para se comunicar com os possíveis candidatos. A terceira etapa é selecionar dentre os candidatos aqueles que podem, de fato, contribuir para o crescimento da organização. Por fim, os novos funcionários são recebidos na organização.

Subjacente ao esforço da organização para atrair funcionários está um modelo de correspondência. Com o **modelo de correspondência**, a empresa e o indivíduo tentam corresponder às suas necessidades, interesses e valores.[36] Por exemplo, um pequeno desenvolvedor de *software* pode exigir longas horas de funcionários criativos e tecnicamente qualificados. Em troca, ele pode oferecer a liberdade da burocracia, tolerância de idiossincrasias e, possivelmente, alta remuneração. Um grande fabricante pode oferecer segurança e estabilidade no emprego, mas pode impor mais regras e regulamentos e exigir mais capacidade de "obter a aprovação de seus superiores". O indivíduo que prosperaria trabalhando para o desenvolvedor de *software* pode se sentir frustrado e infeliz trabalhando para um grande fabricante. Tanto a empresa quanto o funcionário estão interessados em ter um bom relacionamento.

Planejamento de recursos humanos

O **planejamento de recursos humanos** é a previsão das necessidades do RH e a correspondência projetada de indivíduos com vagas previstas. O planejamento de recursos humanos começa com várias perguntas do cenário geral:

- Que novas tecnologias estão surgindo e como elas afetarão o sistema de trabalho?
- Qual será o provável volume de negócios nos próximos cinco a dez anos?
- Qual é a taxa de rotatividade e quanto, se houver, é evitável?

As respostas a essas questões são usadas para formular perguntas específicas referentes às atividades de RH, como as seguintes:

- De que tipos de engenheiro precisamos e quantos?
- Quantos membros da equipe gestora serão necessários para dar suporte aos engenheiros adicionais?
- Podemos usar trabalhadores temporários, de meio período ou virtuais para lidar com algumas tarefas?[37]

Ao antecipar as necessidades futuras do RH, a empresa pode se preparar para enfrentar os desafios competitivos de forma mais eficaz do que as organizações que reagem a problemas apenas quando eles surgem.

RECRUTAMENTO

Recrutamento é definido como "atividades ou práticas que definem as características dos candidatos a quem são aplicados os procedimentos de seleção".[38] Hoje, o recrutamento é, por vezes, chamado de *aquisição de talentos* para refletir a importância do fator humano no sucesso da organização.[39]

Embora frequentemente pensemos em recrutamento em universidades como uma atividade de recrutamento comum, muitas organizações usam o *recrutamento interno*, ou políticas de *promoção interna*, para preencher as posições de alto nível.[40] O recrutamento interno tem duas vantagens principais: é menos dispendioso do que a pesquisa externa e gera mais comprometimento, desenvolvimento e satisfação dos funcionários

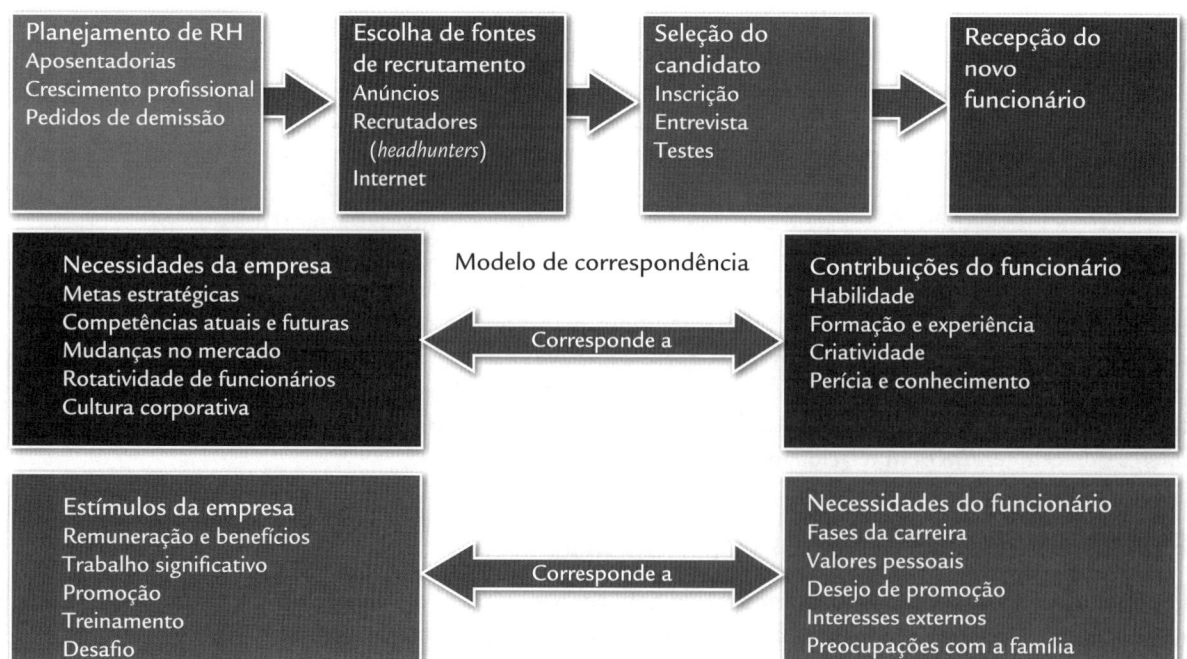

FIGURA 12.6 Como atrair a força de trabalho eficaz

Planejamento de RH
- Aposentadorias
- Crescimento profissional
- Pedidos de demissão

→ **Escolha de fontes de recrutamento**
- Anúncios
- Recrutadores (*headhunters*)
- Internet

→ **Seleção do candidato**
- Inscrição
- Entrevista
- Testes

→ **Recepção do novo funcionário**

Modelo de correspondência

Necessidades da empresa
- Metas estratégicas
- Competências atuais e futuras
- Mudanças no mercado
- Rotatividade de funcionários
- Cultura corporativa

↔ Corresponde a ↔

Contribuições do funcionário
- Habilidade
- Formação e experiência
- Criatividade
- Perícia e conhecimento

Estímulos da empresa
- Remuneração e benefícios
- Trabalho significativo
- Promoção
- Treinamento
- Desafio

↔ Corresponde a ↔

Necessidades do funcionário
- Fases da carreira
- Valores pessoais
- Desejo de promoção
- Interesses externos
- Preocupações com a família

porque oferece oportunidades de avanço na carreira para os funcionários e não para pessoas de fora. Frequentemente, todavia, o *recrutamento externo* – recrutamento de recém-chegados de fora da organização – é vantajoso. Os candidatos recebem diversas fontes externas, como publicidade, serviços de emprego no Estado, serviços de recrutamento *on-line*, agências de emprego privadas (*headhunters*), feiras de emprego e referências de funcionários.

Como avaliar os empregos

Os blocos básicos de construção da GRH incluem análise do trabalho, suas descrições e especificações. **Análise do trabalho** é o processo sistemático de coleta e interpretação de informações sobre os deveres, as tarefas e responsabilidades essenciais de um trabalho, assim como sobre o contexto em que ele é realizado.[41] Para executar a análise do trabalho, gestores ou especialistas perguntam sobre atividades de trabalho e o fluxo de trabalho, o grau de supervisão dado e recebido no trabalho, o conhecimento e as habilidades necessárias, os padrões de desempenho, as condições de trabalho e assim por diante. Em seguida, o gestor prepara a **descrição do trabalho** por escrito, que é o resumo claro e conciso das tarefas específicas, dos deveres e das responsabilidades, e a **especificação do trabalho**, que destaca os conhecimentos, as habilidades, a formação acadêmica, as habilidades físicas e outras características necessárias para realizar o trabalho de forma adequada.

A análise do trabalho ajuda as organizações a recrutar as pessoas certas e correspondê-las a empregos adequados. Por exemplo, para aumentar o recrutamento interno, a Sara Lee Corporation identificou seis áreas funcionais e 24 habilidades significativas que a empresa deseja que os seus executivos de finanças desenvolvam, como mostra a Figura 12.7. Os gestores são acompanhados no desenvolvimento e movidos para outros cargos para ajudá-los a adquirir habilidades.[42]

Prévias realistas do trabalho

A análise do trabalho também aumenta a eficácia do recrutamento possibilitando a criação de **prévias realistas do trabalho (*realistic job previews* – RJPs)**, que dão aos candidatos todas as informações – positivas e negativas – pertinentes e realistas sobre o trabalho e a organização.[43] Essas prévias contribuem para mais satisfação do funcionário e menos rotatividade, porque facilitam a correspondência entre indivíduos, empregos e organizações. Os indivíduos têm uma melhor base para determinar a aptidão para a organização e "escolhem sozinhos" se ficam ou não no cargo com base em informações completas.

Mídia social

Atualmente, os gestores inteligentes fazem boa parte do recrutamento por meio da internet, incluindo *sites* de mídia social como LinkedIn, Facebook e Twitter. Curiosamente, uma pesquisa realizada pela Spherion, empresa de serviços de pessoal, constatou

▶▶▶ Conexão de conceito

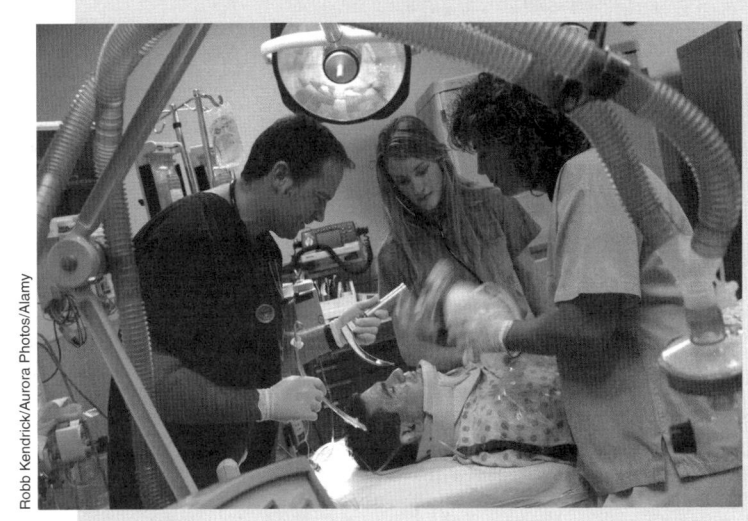

Para as pessoas que acabaram de entrar no campo da medicina, trabalhar no pronto-socorro de um hospital onde é possível salvar vidas todos os dias pode parecer emocionante e significativo, mas nem todo mundo consegue lidar com o ritmo agitado desse ambiente. Com base nisso, esse hospital recruta pessoas que possam trabalhar um turno ou dois como parte da **prévia realista do trabalho**. O período de experiência permite que o candidato e a equipe do hospital determinem se o candidato se adapta a esse ambiente de trabalho desafiador.

FIGURA 12.7
Habilidades exigidas por Sara Lee para os executivos de finanças

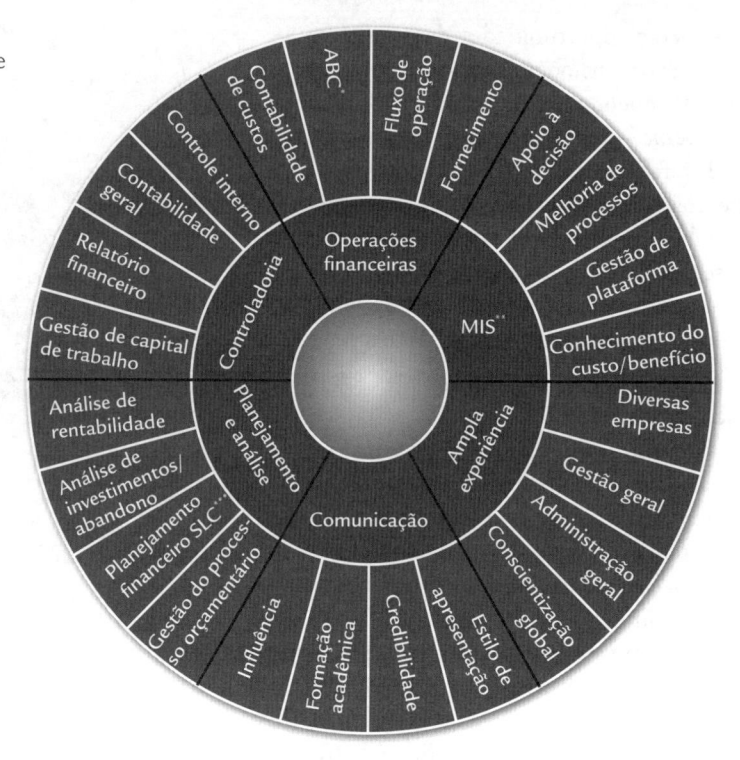

FONTE: Reproduzida com permissão da CFO, 1º de outubro de 1998. Visite nosso site em www.cfo.com. © CFO Publishing LLC. Todos os direitos reservados. Foster Printing Service: 866-879-9144, www.marketingreprints.com. Licença # 13921.

que, para os jovens profissionais de alto nível, a mídia social de uma empresa é tão importante quanto a oferta de trabalho ao considerarem em qual empresa eles querem trabalhar.[44] O Exército britânico lançou uma campanha de mídia social em 2013 para recrutar dez mil novos soldados. Na China, a empresas se tornaram particularmente adeptas a essa abordagem, porque os quadros de recrutamento *on-line* tradicionais do país atraíam muitos candidatos não qualificados para torná-los valiosos. Portanto, os gestores se voltam para as mídias sociais como Weibo, um serviço de mensagens como o Twitter, para construir a comunidade de possíveis candidatos.[45] Os relatórios do Grupo Lenovo da China encontraram 70 bons candidatos durante um recrutamento de três meses por meio de mídias sociais, como LinkedIn, Weibo e Tianji, um *site* de rede social profissional chinês.[46]

O *Relatório de Tendências de Recrutamento Global* de 2013 do LinkedIn pesquisou 3.300 gestores de aquisição de talentos em todo o mundo e descobriu que os recrutadores de RH estão se tornando mais conectados nas mídias sociais e orientados por dados. Os recrutadores, historicamente, tinham poucas informações sobre os candidatos externos, porém a mídia social profissional pode fornecer a eles uma imensa quantidade de dados, como experiência de trabalho, habilidades, certificações, realizações, conexões e formação acadêmica. Para as empresas que pagam pelo sistema de busca

---

* Custeio baseado em atividades (*Activity Based Costing*): é um método de custeio baseado nas atividades que a empresa efetua no processo de fabricação de seus produtos. É um método contábil para tratar os custos indiretos. (N. R. T.)

** *Management Information System*: sistema baseado em computadores com as ferramentas de tecnologia da informação, para organizar, avaliar e administrar os departamentos de uma organização. (N. R. T.)

*** *Student Loans Company*: organização governamental sem fins lucrativos para financiamento estudantil na Inglaterra. (N. R. T.)

de perfis, por exemplo, o LinkedIn adicionou um serviço chamado "Pessoas que Você Pode Querer Contratar". O LinkedIn criou algoritmos que buscam nas suas grandes quantidades de dados e identificam os candidatos com a exata combinação de habilidades, histórico profissional, experiência e paixões que uma empresa pode estar procurando. O relatório do LinkedIn indica que 39% dos recrutadores listam redes sociais e profissionais como a principal tendência de recrutamento de longa duração. O número que nomeou a análise de megadados como uma tendência de longa duração aumentou 8 pontos percentuais desde 2012.[47]

Estágios

Outro uso popular de mídia social é encontrar pessoas para trabalhar como estagiários remunerados ou não na organização. Um **estágio** é um esquema em que um estagiário (geralmente um aluno do ensino médio ou universitário) troca trabalho gratuito ou de baixo custo pela oportunidade de explorar se determinada carreira é atraente ou para ganhar valiosa experiência de trabalho em determinada área.[48] As empresas têm considerado cada vez mais os estágios como uma ferramenta de recrutamento valiosa, porque fornecem uma maneira de "testar" um possível funcionário e permitem que o estagiário avalie se o trabalho e a empresa são uma boa opção. A antiga imagem do estagiário como o "garoto de recados" que faz café e tira fotocópias deu lugar ao profissional iniciante que executa tarefas significativas e aprende habilidades valiosas. Os estagiários nem sempre recebem uma oferta de emprego na empresa, mas um especialista em desenvolvimento de carreira afirma que os estágios estão mais do que nunca estreitamente ligados à contratação permanente de hoje em dia.[49] A empresa *on-line* de mídia e entretenimento IGN tem uma abordagem inovadora para o recrutamento por meio de estágios.

Forma inovadora

Code Foo da IGN

"Fritar hambúrgueres para conseguir juntar dinheiro suficiente para comprar um *Portal 2*? Surpreenda-nos enquanto estiver aqui que iremos contratá-lo." Esse foi o anúncio de recrutamento para o primeiro desafio Code Foo da IGN – um programa que não exige currículos, criado para encontrar "*hackers*" excepcionais, termo que o diretor de engenharia da IGN prefere quando se refere a programadores e codificadores. De acordo com Tony Ford, "Para os engenheiros sérios que realmente se preocupam com a sua arte, ser um *hacker* é uma coisa boa".

Os candidatos ao desafio Code Foo preenchem um formulário *on-line* em que apresentam uma declaração de paixão pela IGN e respondem a questões que testam a capacidade deles de codificação. Para o desafio de 2011, 75 mil pessoas visualizaram o formulário, 104 se inscreveram e 30 foram selecionadas para participar. Apenas metade das pessoas tinha diploma universitário em área técnica, e algumas não tinham nenhuma formação universitária. O desafio de 2012 selecionou 18 participantes. Uma vez que eles foram aceitos, os Code Fooers passaram seis semanas trabalhando na IGN, recebendo uma pequena quantia enquanto aprendiam linguagens de codificação e trabalhavam em projetos reais de engenharia. Segundo Roy Bahat, presidente da IGN, as seis semanas serviram para "ensinar-lhes algo para ver se poderíamos levá-los a um nível em que realmente possamos querer contratá-los". Adam Passey, por exemplo, passou o verão codificando características únicas para um *hub* de jogos móveis. Os engenheiros da IGN ficaram impressionados, e Passey recebeu uma oferta de emprego. Ele já estava envolvido na liderança do desafio Code Foo.

Embora Bahat tivesse a expectativa de que o experimento Code Foo resultaria em uma ou duas boas contratações, a empresa realmente estendeu as ofertas de emprego para oito pessoas pela primeira vez. O sucesso foi tanto que a empresa realizou o desafio novamente em 2013. Como o mercado para programadores e codificadores está ficando cada vez mais competitivo, essa é uma "estratégia de recrutamento de guerrilha" que está valendo a pena.[50]

Lembre-se disto

- Encontrar as pessoas certas começa com **planejamento de recursos humanos**, que se refere à previsão de necessidades de RH e à correspondência projetada de indivíduos com as vagas previstas.
- O **modelo de correspondência** é uma abordagem de RH em que a organização e o indivíduo tentam corresponder às necessidades, aos interesses e aos valores de cada um.
- **Recrutamento** refere-se a atividades ou práticas que definem as características desejadas dos candidatos para trabalhos específicos.
- Atualmente, muitas empresas, no processo de recrutamento, usam as mídias sociais, como Twitter, Weibo, LinkedIn, Tianji e Facebook.
- **Análise de trabalho** é o processo sistemático de coleta e interpretação de informações sobre os deveres, as tarefas e as responsabilidades essenciais de um emprego.
- Os gestores preparam a **descrição do trabalho** para cada cargo disponível, que é um resumo conciso das tarefas e responsabilidades específicas desse trabalho.
- A **especificação do trabalho** descreve os conhecimentos, as habilidades, a formação acadêmica, as habilidades físicas e outras características necessárias para realizar um trabalho específico de forma adequada.
- No recrutamento, os gestores utilizam as **prévias realistas do trabalho (RJPs)** para fornecer aos candidatos todas as informações – negativas e positivas – pertinentes e realistas sobre um trabalho e a organização.
- Os estágios são uma abordagem cada vez mais popular para o recrutamento, porque fornecem uma maneira de "testar" um possível funcionário.
- **Estágio** é um esquema em que um estagiário (geralmente um aluno do ensino médio ou universitário) troca seus serviços pela oportunidade de ganhar experiência de trabalho e ver se determinada carreira é atraente.

Faça uma pausa

Consulte o teste no início do capítulo para verificar a sua preparação como gestor de recrutamento e seleção. Você atende a todos os requisitos?

SELEÇÃO

No processo de **seleção**, os empregadores avaliam as características dos candidatos na tentativa de determinar o "ajuste" entre o trabalho e suas características. Os dispositivos de seleção mais utilizados são o formulário de candidatura, a entrevista e o teste de emprego. Em geral, quanto maiores forem as exigências de qualificações e exigências do trabalho de um cargo disponível, maiores serão o número e a variedade de ferramentas de seleção utilizadas pela empresa.[51]

Formulário de candidatura

O **formulário de candidatura** é usado para coletar informações sobre a formação acadêmica do candidato, a experiência de trabalho anterior e outras características do histórico profissional. De acordo com Paul W. Thayer, os históricos biográficos podem prever o sucesso de uma colocação de trabalho.[52]

Uma armadilha a ser evitada é a inclusão de perguntas não relevantes para o sucesso do trabalho. Alinhado com as diretrizes das EEO, o formulário de candidatura não deve fazer perguntas que criem impacto adverso sobre os grupos protegidos, a menos que as perguntas estejam claramente relacionadas ao trabalho.[53] Por exemplo, os empregadores não devem perguntar se os candidatos moram em casa própria ou alugada, porque (1) a resposta de um candidato pode afetar negativamente suas chances no trabalho, (2) as minorias e as mulheres podem ser menos propensas a possuir uma casa e (3) a aquisição de casa provavelmente não está relacionada ao desempenho no trabalho. Em contrapartida, a aprovação no exame CPA* é relevante para o desempenho do

---

* *Certified Public Accountant Examination*: exame norte-americano para se tornar um contador certificado e licenciado. (N.R.T.)

FIGURA 12.8 — Processo seletivo e entrevistas: o que perguntar?

Categoria	Pode-se perguntar	Não se deve perguntar porque é impróprio ou ilegal
Nacionalidade	• O nome do candidato. • Se o candidato já trabalhou com um nome diferente.	• A origem do nome do candidato. • A ascendência/etnia dele.
Raça	• Nada.	• Raça ou cor da pele.
Deficiências físicas	• Se o candidato tem alguma deficiência que possa inibir o desempenho no trabalho.	• Se o candidato tem algum defeito físico ou mental. • Se o candidato já emitiu alguma reivindicação da compensação dos trabalhadores.
Idade	• Se o candidato tem mais de 18 anos de idade.	• Idade específica do candidato. • Quando o candidato completou o ensino médio.
Religião	• Nada.	• Afiliação religiosa do candidato. • Que feriados religiosos o candidato respeita.
Registro criminal	• Se o candidato já foi condenado por um crime.	• Se o candidato já foi preso.
Estado civil	• Nada.	• Estado civil e número de filhos ou filhos planejados. • Arranjos para a creche.
Formação e experiência	• Se o candidato frequentou a escola. • Sobre experiência de trabalho anterior.	• Quando o candidato se formou. • Sobre *hobbies*.
Cidadania	• Se o candidato tem o direito legal para trabalhar nos Estados Unidos.	• Se o candidato é cidadão de outro país.

FONTES: Com base em "Appropriate and inappropriate interview questions", in George Bohlander; Scott Snell; Arthur Sherman, *Managing human resources*, 12th ed. (Cincinnati, OH: South-Western, 2001), p. 207; "Guidelines to lawful and unlawful preemployment inquiries", Apêndice E, in Robert L. Mathis; John H. Jackson, *Human resource management*, 2nd ed. (Cincinnati, OH: South-Western, 2002), p. 189-190.

trabalho em um escritório de contabilidade; dessa forma, é oportuno perguntar se o candidato para o emprego passou no exame, mesmo que apenas metade dos candidatos do sexo feminino ou das minorias tenha o CPA, em relação a nove décimos dos candidatos brancos do sexo masculino.

Entrevista

É usado algum tipo de *entrevista* como técnica de seleção em quase todas as categorias de emprego, em quase todas as organizações. Essa é outra área em que a organização pode ter problemas legais se o entrevistador fizer perguntas que violem as diretrizes da EEO. A Figura 12.8 lista alguns exemplos de perguntas apropriadas e inapropriadas da entrevista.

Há alguma evidência de que a típica entrevista não costuma ser um bom indicador do desempenho no trabalho. Muitas empresas estão trazendo treinadores ou utilizando programas de treinamento para impulsionar habilidades de entrevista dos gestores, porque as más contratações são caras. Segundo os pesquisadores da Harvard Business School, entrevistadores com inseguranças ou preconceitos, mesmo que subconscientes, podem piorar as decisões de contratação em relação ao candidato simplesmente escolhido ao acaso![54] Os gestores poderão melhorar as habilidades de entrevista, e os candidatos poderão melhorar as próprias chances de ter uma entrevista bem-sucedida se entenderem alguns prós e contras relacionados a esse recurso seletivo, como mostra o boxe "Conversa com gestores" apresentado a seguir.

Conversa com GESTORES

Arrase na entrevista

Muitos de nós já participamos de entrevistas de emprego em que tudo parece estar indo bem, mas, de repente, as coisas tomam um rumo drástico para o pior. A seguir, apresentamos alguns pensamentos que podem ajudar você a arrasar na sua próxima entrevista – e melhorar suas habilidades de entrevista como gestor.

As três grandes perguntas

Independentemente de quais perguntas são feitas em uma entrevista, você pode ser mais eficaz ao se lembrar de que há apenas três coisas essenciais que o gestor de contratação e a empresa querem saber:

- **Você pode fazer o trabalho?** A empresa quer conhecer seus pontos fortes, não apenas em termos de capacidade técnica, mas também seu estilo de liderança, sua forma de trabalhar em equipe e suas habilidades interpessoais. Você consegue não apenas lidar com as tarefas e atividades do trabalho excepcionalmente bem, mas também interagir de maneira eficiente com os colegas e contribuir para um clima organizacional positivo?

- **Você vai adorar o trabalho?** As empresas querem pessoas que levem entusiasmo e energia positiva para o local de trabalho todos os dias. O gestor de contratação quer ser convencido de que você está animado com o cargo para o qual está sendo entrevistado, assim como o setor em geral, e que você vai prosperar ao abraçar os desafios associados ao trabalho.

- **Conseguiremos trabalhar com você?** Acreditar que você se ajustará bem à cultura da empresa é uma parte significativa da equação quando a maioria dos gestores estiver decidindo entre os candidatos. Na LivingSocial, todo candidato é entrevistado por um membro da "polícia da cultura", uma equipe de pessoas com talento especial para detectar o que funciona e o que não funciona com a cultura da empresa. Ninguém é contratado a menos que a polícia da cultura aprove.

Estratégias certeiras de entrevista

- **Faça sua pesquisa.** Para responder às três grandes perguntas, você tem que entender sobre o trabalho para o qual está se candidatando, saber algo sobre o setor em que a empresa opera e ter alguma percepção sobre a cultura organizacional. Aprenda tudo o que puder. Acesse o *site* da empresa e descubra como ela está estruturada e é administrada. Aproveite suas conexões nas redes sociais, veja se há vídeos no YouTube, leia histórias nos *blogs* e assim por diante.

- **Transforme as perguntas em conversas.** Se você já fez sua pesquisa, será capaz de conversar com o entrevistador de colega para colega. Se lhe perguntarem, por exemplo, como reestruturaria a divisão, você pode educadamente dizer algo como: "Você se importa se primeiramente eu fizer algumas perguntas? Sei que há uma fábrica na Grécia. O negócio foi afetado pelos problemas econômicos do país?". Além disso, pense em algumas histórias e exemplos que ilustram suas habilidades e seus pontos fortes, mostre o seu empenho e sua motivação e demonstre como vai se encaixar na organização. Use criteriosamente esses elementos quando tiver chance.

- **Pense como eles.** Novamente, se tiver feito sua pesquisa, você deve ter alguma ideia das questões e problemas que a empresa enfrenta e os tipos de pergunta que podem ser feitas. Uma empresa como a Zappos.com vai entrevistar de forma diferente de uma empresa como a GE. Imagine-se como gestor da empresa e pense em dez perguntas ou mais que você gostaria de fazer a um candidato.

Fontes: George Brandt, "Top executive recruiters agree there are only three true job interview questions", *Forbes*, April 27, 2011, disponível em: <www.forbes.com/sites/georgebradt/2011/04/27/top-executive-recruiters-agree-there-are-only-three-key-job-interview-questions/>, acesso em: 29 ago. 2012; Jennifer Alsever "How to get a job: show, don't tell", *Fortune* (March 19, 2012): 29-31; sobre LivingSocial, exemplo de Darren Dahl, "Hiring: you get a job, and you, and you ... how to staff up in a hurry", *Inc.* (November 2010): 128-129.

Os gestores adotam diversas abordagens de entrevista para obter a imagem mais confiável do candidato. No caso de **entrevistas estruturadas**, utiliza-se um conjunto de perguntas padronizadas que serão destinadas a todos os candidatos, de modo a facilitar as comparações. Há vários tipos de entrevista estruturada: *entrevistas biográficas*, cujo objetivo é questionar sobre as experiências de vida da pessoa e de trabalhos anteriores; *entrevistas comportamentais*, em que as pessoas devem descrever como têm realizado determinada tarefa ou lidado com determinado problema; e *entrevistas situacionais*, em que os candidatos têm que mostrar habilidades para lidar com uma situação hipotética. Em uma **entrevista não diretiva**, o entrevistador faz perguntas amplas, abertas, e permite que o candidato fale livremente, com o mínimo de interrupção. Entrevistas não diretivas podem trazer à luz informações, atitudes e características comportamentais não percebidas nas questões estruturadas.

Algumas organizações submetem os candidatos a uma série de entrevistas, realizadas por uma pessoa diferente e cada uma sondando um aspecto específico do candidato. Outras usam **entrevistas do painel**, em que o candidato se reúne com diversos entrevistadores que se revezam fazendo perguntas.[55] Além disso, algumas empresas têm utilizado abordagens pouco frequentes, às vezes chamadas de *entrevista extrema*, para testar a capacidade dos candidatos em lidar com problemas e mudanças, reagir rapidamente e trabalhar bem com os outros. Danielle Bemoras participava de uma entrevista com um candidato rival quando ela se candidatou a uma vaga na *SceneTap*, um guia digital da vida noturna. Em vez de tentar ofuscar o concorrente, Bemoras foi respeitosa e atenciosa, abordagem que lhe valeu um estágio, seguido por uma oferta de emprego em tempo integral.[56]

> **▶▶▶ Conexão de conceito**
>
> Nos **testes de emprego**, há testes de perfis de personalidade e testes de habilidades específicas. Para o cargo de operador do 911, o candidato passa por testes de velocidade dos dados, verificação de endereços, leitura de mapas e precisão na orientação, memorização, avaliação do atendimento ao cliente e um perfil de características pessoais. Na imagem, Rick Bias, diretor de comunicações do 911 para o condado de Morgan, no Missouri, supervisiona as operações no Public Service Answer Point Area.

Testes de emprego

Os **testes de emprego** podem incluir testes de capacidade cognitiva, testes de aptidão física, inventários de personalidade e outras avaliações. Os *testes de capacidade cognitiva* medem o pensamento, o raciocínio verbal e as habilidades matemáticas do candidato. Descobriu-se que os testes de QI, por exemplo, são o indicador mais consistente do bom desempenho em vários cargos de trabalho, porque um QI alto mostra a capacidade do candidato para aprender.[57] Os *testes de aptidão física*, que medem qualidades como força, energia e resistência, podem ser usados para trabalhos como motoristas de entrega, que devem levantar pacotes pesados, trabalhadores da rede elétrica, que devem subir escadas e transportar equipamentos, e outros cargos que envolvam tarefas físicas. É essencial que esses testes avaliem apenas habilidades cognitivas e físicas relacionadas ao trabalho para evitar violar leis contra a discriminação.

Muitas empresas também usam vários tipos de *teste de personalidade* para avaliar características como receptividade para o aprendizado, afabilidade, conscientização, criatividade e estabilidade emocional. Além disso, as empresas procuram características de personalidade que correspondam às necessidades do trabalho em particular para que haja um bom ajuste. Uma empresa descobriu que as pessoas que pontuam bem em traços como assertividade e extroversão são, em geral, bons vendedores. Por isso, as empresas costumam ficar atentas a essas características em candidatos a novos cargos.[58] Curiosamente, inúmeros estudos mostram que os testes de personalidade são melhores preditores do sucesso futuro da carreira do que entrevistas de emprego, cartas de recomendação e credenciais educacionais.[59] Muitas empresas, como a Xerox, também estão se voltando para a análise de megadados, em que usam computadores e *softwares* para selecionar os candidatos certos com base em suas respostas aos testes de personalidade e em outros critérios. Após um teste de seis meses em que um *software* de megadados (*big data*) selecionou trabalhadores para o *call center*, a Xerox reduziu em um quinto todos os tipos de desgaste provocados por uma seleção ineficaz de candidatos.[60] Outro tipo incomum de teste, chamado de *quebra-cabeças*, está sendo usado por empresas que valorizam a inovação e resolução de problemas. Nesse teste, a forma como o candidato resolve determinado problema é mais importante do que suas respostas. Teste sua habilidade nos quebra-cabeças apresentados na Figura 12.9.

Verificações on-line

A internet fornece aos recrutadores e gestores de contratação uma nova maneira de pesquisar pelo registro criminal de um candidato, pelo histórico de crédito e por outras indicações de honestidade, integridade e estabilidade. Ademais, muitas empresas querem ver o que o candidato tem a dizer sobre ele em *blogs* e *sites* de redes sociais para avaliar se a pessoa será uma boa contratação para a organização. Um levantamento feito pela Microsoft em 2011 descobriu que 75% dos recrutadores e profissionais de RH dos Estados Unidos disseram que seus chefes exigiam que eles pesquisassem *on-line* em busca de candidatos, e outro levantamento constatou que 37% investigavam especificamente os perfis de redes sociais dos candidatos.[61] Em um levantamento feito pela Adecco Staffing, o conteúdo inapropriado em seus *sites* de mídia social era o segundo motivo que os gestores de contratação usavam para desqualificar candidatos entre 18

FIGURA 12.9 Teste sua habilidade em alguns desafios de lógica utilizados em entrevistas de emprego

Em uma entrevista de emprego, como você responderia às seguintes questões?

1. Como você encaixaria uma pilha de moedas da altura do Empire State Building em uma sala?
2. Por que as tampas de bueiro são redondas?
3. Quanto você cobraria para limpar todas as janelas de Seattle?
4. Você encolheu e está preso em um liquidificador que será ligado em 60 segundos. O que você faz?
5. Um homem empurrou seu carro até um hotel e perdeu sua fortuna. O que aconteceu?

Respostas: Pode haver muitas soluções para essas questões. Aqui estão aquelas que os entrevistadores consideram boas respostas:

1. O Empire State Building tem cerca de 110 andares. Para encaixar a pilha em uma sala, divida-a em cem pilhas mais curtas que vão do chão até o teto.
2. Uma tampa quadrada pode cair nesse buraco. Se você segurar uma tampa de bueiro quadrada verticalmente e girá-la um pouco, ela cairá facilmente no buraco. No entanto, uma tampa redonda com uma ligeira reentrância no centro nunca cairá, não importa como ela seja segurada.
3. Supondo que haja dez mil quarteirões na cidade, com 600 janelas por quarteirão, gastando cinco minutos para limpar uma janela e cobrando 20 dólares por hora, o total será de aproximadamente dez milhões de dólares.
4. Use as marcas de medida na lateral do recipiente para incliná-lo.
5. Essa é uma pergunta mais esquisita do que um desafio de lógica, mas uma boa resposta seria: "O homem estava jogando Banco Imobiliário".

FONTES: Perguntas semelhantes são usadas em empresas como Microsoft, Google e eBay. William Poundstone, "The Google Cheat Sheet", *Bloomberg BusinessWeek* (January 9-January 15, 2012): 79; Michael Kaplan, "Job interview brainteasers", *Business 2.0* (September 2007): 35-37; William Poundstone, "Impossible questions", *Across the Board* (September-October 2003): 44-48.

e 32 anos de idade (o uso de trajes inapropriados nas entrevistas de emprego era o motivo principal).[62] Miranda Shaw, gestora líder de uma empresa de consultoria, rejeitou um candidato por quem havia ficado inicialmente impressionada após descobrir fotografias dele bebendo e "fumando baseados" com colegas da faculdade na página do Facebook de um de seus "amigos" que não havia habilitado as configurações de privacidade.[63] Outros recém-formados em busca de emprego encontraram as portas fechadas por conta de fotos picantes ou provocantes ou comentários vívidos sobre bebidas, uso de drogas ou explorações sexuais.

As verificações *on-line* têm se tornado uma área cada vez mais obscura para as empresas. De acordo com o advogado Kevin McCormick, "As verificações do histórico na mídia social são um item moderno, mas não gosto". Os Estados norte-americanos de Maryland, Illinois e Califórnia aprovaram ou estão considerando leis para tornar ilegal que os empregadores peçam as senhas das redes sociais dos candidatos, e dez outros Estados estão considerando uma legislação semelhante.[64] Usar a rede social como verificação de histórico sem revelar a investigação para o candidato também pode resultar em processos para as organizações. Além do mais, como uma busca *on-line* muitas vezes revela informações como raça, gênero, orientação sexual e assim por diante, os gestores de RH devem ter certeza de que essas informações não serão usadas de forma discriminatória. Em decorrência do aumento dos regulamentos e da investigação mais minuciosa feita pelos tribunais, 69% das empresas pesquisadas pela Sociedade Norte-americana de Gestão de Recursos Humanos em 2013 afirmaram não usar as mídias sociais como triagem. Segundo os especialistas, embora os departamentos de RH não adotem mais esse procedimento, os gestores de contratação certamente não abrem mão dele.[65]

Lembre-se disto

- **Seleção** é o processo de avaliar as habilidades, as capacidades e outros atributos dos candidatos na tentativa de determinar o ajuste entre o cargo e as características de cada candidato.
- O **formulário de candidatura** é um instrumento de seleção que coleta informações sobre a formação acadêmica, experiência de trabalho anterior e outras características do histórico do candidato.
- A **entrevista estruturada** utiliza um conjunto de perguntas personalizadas feitas para cada candidato, a fim de que as comparações possam ser feitas facilmente.
- Na **entrevista não diretiva**, o entrevistador faz perguntas amplas e abertas que estimulam o candidato a falar livremente com o mínimo de interrupção, na tentativa de esclarecer as informações, atitudes e características comportamentais que podem ficar veladas nas respostas às questões estruturadas.
- **Entrevista de painel** é uma entrevista em que o candidato se reúne com diversos entrevistadores que se alternam para fazer as perguntas.
- Algumas empresas têm usado abordagens pouco frequentes, chamadas de *entrevista extrema*, para testar a habilidade dos candidatos ao emprego em lidar com problemas e mudanças, e trabalhar em equipe.
- Os **testes de emprego** avaliam os candidatos em diversos fatores considerados importantes para o trabalho a ser realizado; eles incluem testes de habilidade cognitiva, de habilidade física e de personalidade.
- Uma estratégia utilizada por gestores de RH para avaliar a adequação de um candidato é verificar o que ele posta em *sites* de mídia social.
- Maryland foi o primeiro Estado norte-americano a aprovar uma lei que torna ilegal solicitar aos candidatos as senhas das redes sociais, e outros Estados têm seguido esse exemplo.

Desenvolvimento de talentos

Após a seleção, a próxima meta da GRH é desenvolver os funcionários na força de trabalho. As principais atividades de desenvolvimento incluem treinamento e avaliação do desempenho.

> **Faça uma pausa**
>
> Faça o exercício da seção "Aplique suas habilidades: pequeno grupo em prática", no material complementar, que se refere às competências desejadas de um gestor na IBM.

TREINAMENTO E DESENVOLVIMENTO

Os programas de *treinamento e desenvolvimento* representam um esforço planejado pela empresa para facilitar o aprendizado dos funcionários sobre habilidades e comportamentos.[66] De acordo com a revista *Training*, as organizações gastaram, em 2012, mais de 55,8 bilhões de dólares em programas formais de treinamento, reduzindo as despesas com produtos e serviços externos.[67] A Figura 12.10 mostra alguns tipos e métodos de treinamento frequentemente utilizados. O treinamento realizado por um instrutor "presencial" em sala de aula continua sendo o método mais popular. Curiosamente, esse método, que representa 45,2% das horas de treinamento reportadas, aumentou em 41,2% em relação a 2011. Os métodos de treinamento *on-line* aumentaram só um pouco, e a oferta de treinamento via mídia social e dispositivos móveis caiu ligeiramente.

TEMA RECENTE

Para entender a importância do treinamento, considere o seguinte exemplo extremo. Quando o Taj Mahal Palace em Mumbai foi atacado por terroristas, os funcionários arriscaram a própria vida para proteger os hóspedes.

Forma inovadora
Taj Mahal Palace, Mumbai

Imagine desfrutar de um jantar corporativo para acolher o novo CEO quando terroristas invadem o hotel. Foi o que aconteceu no hotel Taj Mahal Palace, em Mumbai (Taj Mumbai), no fim de um jantar oferecido por Hindustan Lever. A equipe de banquete do Taj Mumbai, liderada por Mallika Jagad, 24 anos, rapidamente reconheceu que algo estava errado e entrou em ação, trancando as portas e desligando as luzes. Como o grupo estava reunido na sala de banquete durante a noite, a equipe ficava constantemente por perto oferecendo água e acalmando os hóspedes. Na manhã seguinte, um incêndio começou, forçando o grupo a sair pelas janelas. Novamente, a equipe evacuou calmamente todos os hóspedes em primeiro lugar. "Era minha responsabilidade", disse Jagad. "Talvez eu fosse a pessoa mais jovem na sala, mas eu ainda estava fazendo o meu trabalho." Em outras partes do hotel, atos semelhantes de heroísmo estavam acontecendo. Pelo menos 11 funcionários do Taj Mumbai morreram enquanto ajudavam os hóspedes a escapar.

A equipe do Taj Mumbai deu à expressão "atendimento ao cliente" um significado totalmente novo naquela noite. Não havia manuais ou procedimentos que especificassem como os funcionários deviam se comportar diante de tal situação de crise política. As ações da equipe foram resultado de sistemas únicos de contratação, treinamento e incentivo que criam uma cultura em que os funcionários sempre colocam os clientes em primeiro lugar, mesmo que isso signifique arriscar as próprias vidas.

No Taj Mumbai, todos os funcionários passam por 18 meses de treinamento, que inclui sala de aula e treinamento na prática. As aulas são ministradas pelos gestores titulares, e não pelos consultores. O treinamento é criado para transmitir três tipos de habilidade: habilidades técnicas, de modo que as pessoas possam fazer seus trabalhos específicos; aparência, personalidade e competências linguísticas; e habilidades de atendimento ao cliente, para que os funcionários aprendam a ouvir, a sentir empatia e a improvisar. As pessoas são ensinadas a pensar e ser criativas, em vez de depender de regras e procedimentos rigorosos, e aprendem a ser embaixadores de clientes que colocam os interesses dos hóspedes acima dos interesses da empresa.[68]

CAPÍTULO 12 GESTÃO DE RECURSOS HUMANOS

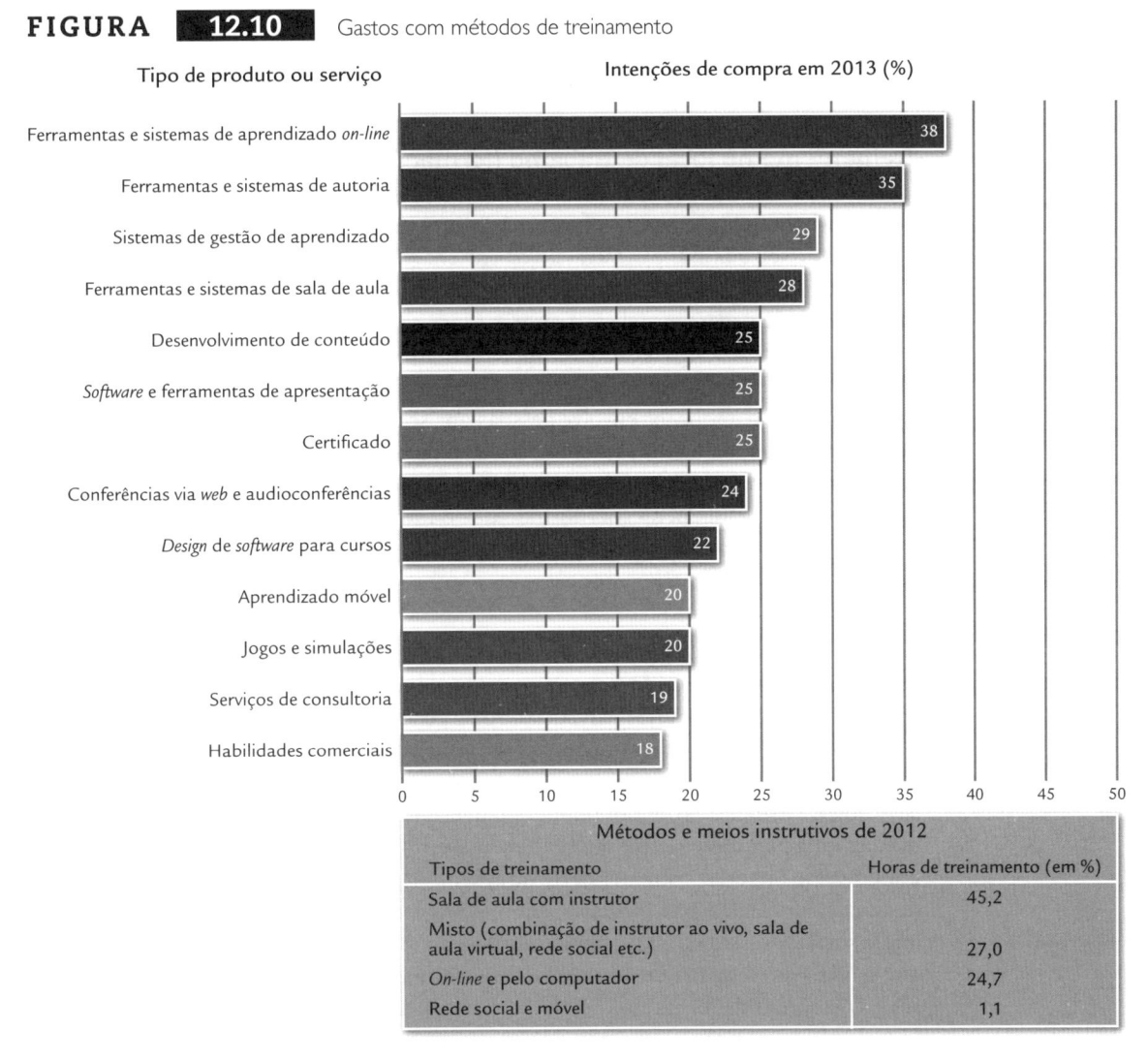

FIGURA 12.10 Gastos com métodos de treinamento

Intenções de compra em 2013 (%)

Tipo de produto ou serviço	%
Ferramentas e sistemas de aprendizado *on-line*	38
Ferramentas e sistemas de autoria	35
Sistemas de gestão de aprendizado	29
Ferramentas e sistemas de sala de aula	28
Desenvolvimento de conteúdo	25
Software e ferramentas de apresentação	25
Certificado	25
Conferências via *web* e audioconferências	24
Design de *software* para cursos	22
Aprendizado móvel	20
Jogos e simulações	20
Serviços de consultoria	19
Habilidades comerciais	18

Métodos e meios instrutivos de 2012	
Tipos de treinamento	Horas de treinamento (em %)
Sala de aula com instrutor	45,2
Misto (combinação de instrutor ao vivo, sala de aula virtual, rede social etc.)	27,0
On-line e pelo computador	24,7
Rede social e móvel	1,1

FONTE: "2012 Training Industry Report", *Training* (November-December 2012): 20-33.

A expectativa do Taj Group é que os gestores liderem com base no exemplo. Por isso, cada gestor passa 18 meses em um treinamento semelhante àquele destinado aos funcionários de nível inferior. Além disso, como os gestores devem desenvolver três conjuntos de competências de liderança, a empresa contrata um treinador externo para apoiar o desenvolvimento desses líderes.

Desenvolvimento é, por vezes, distinto de treinamento. O termo geral *treinamento* é com frequência usado para se referir ao processo de ensinar as pessoas a realizar tarefas relacionadas aos empregos atuais, enquanto *desenvolvimento* significa ensinar às pessoas habilidades mais amplas que não são úteis apenas em seus trabalhos atuais, mas também prepará-los para mais responsabilidades em trabalhos futuros. Na fabricante de equipamentos agrícolas Deere, os gestores recebem treinamento de conselheiros influentes, por exemplo, para desenvolver suas habilidades de liderança.[69] Por causa das mudanças no ambiente competitivo global, a GE adotou uma nova abordagem para o desenvolvimento de gestores. Em vez de mover os executivos por divisões diferentes de tempos em tempos para que obtenham uma compreensão ampla da empresa e desenvolvam habilidades gerais, a GE os tem mantido em suas posições para que possam obter uma compreensão mais profunda dos produtos e clientes de uma unidade específica. De acordo com Susan Peters, líder de desenvolvimento executivo na GE, "Precisamos de pessoas capazes de lidar de forma eficiente com a complexidade do mundo atual".[70]

Treinamento no local de trabalho (formação on-the-job)

O tipo mais comum de treinamento é o **treinamento no local de trabalho ou formação on-the-job**, em que um funcionário experiente é convidado a colocar um novo funcionário "sob sua asa" e mostrar ao recém-chegado como executar as funções do trabalho. Há muitas vantagens, tais como redução de custos em instalações de treinamento, materiais ou pagamento de instrutores e fácil transferência da aprendizagem teórica no trabalho prático. Quando bem implementado, esse treinamento é considerado o meio mais rápido e mais eficaz para facilitar a aprendizagem no local de trabalho.[71] Um tipo de formação on-the-job envolve pessoas que se deslocam para vários tipos de departamentos dentro da organização, onde trabalham com funcionários experientes para aprender diferentes tarefas. Esse *treinamento cruzado* pode colocar um funcionário em um novo cargo rapidamente, permitindo que o indivíduo desenvolva novas habilidades e dê mais flexibilidade à organização.

Aprendizagem social

Como mostrado na Figura 12.10, muitas empresas relataram planos para comprar produtos e serviços para a aprendizagem *on-line* e móvel em 2013. Isso reflete a consciência da importância da aprendizagem social, em especial para os trabalhadores mais jovens. **Aprendizagem social** basicamente significa aprender, de forma informal, com os outros usando ferramentas de mídia social, como tecnologias móveis, redes sociais, *wikis* e *blogs*, jogos virtuais e assim por diante.[72] Um exemplo simples pode ser um funcionário que faz uma pergunta no *blog* ou Twitter, buscando o aconselhamento de colegas sobre um processo ou tarefa. A maior parte da aprendizagem organizacional ocorre por meio de canais informais e não formais, para que os gestores apoiem o uso da tecnologia de mídia social para a aprendizagem no trabalho do dia a dia. Essas ferramentas permitem que as pessoas compartilhem informações, acessem o conhecimento, encontrem recursos e colaborem de forma natural. Uma pesquisa da IBM descobriu que as organizações de alto desempenho são 57% mais propensas do que outras empresas a fornecer aos funcionários ferramentas de mídia colaborativas e sociais.[73]

Universidades corporativas

Outra abordagem popular para o treinamento e desenvolvimento é a **universidade corporativa**, um centro interno de treinamento e formação que oferece oportunidades de aprendizagem ampla aos funcionários – e com frequência também a clientes, fornecedores e parceiros estratégicos – ao longo da vida profissional.[74] Uma universidade corporativa bem conhecida é a Universidade do Hambúrguer, centro de treinamento mundial do McDonald's. Essa instituição é tão respeitada que o seu currículo é reconhecido pelo Conselho Americano de Educação, para que os funcionários possam realmente ganhar créditos da faculdade. Considerando todo o treinamento de gestão utilizado a ser realizado nos Estados Unidos, já existem sete locais da Universidade do Hambúrguer em todo o mundo, incluindo São Paulo, Xangai, Munique e Mumbai.[75] Inúmeras outras empresas, como FedEx, GE, Intel, Harley-Davidson, Procter & Gamble (P&G) e Capital One, utilizam universidades corporativas para formar o capital humano.

A companhia de energia nuclear Westinghouse Electric investiu recentemente "dezenas de milhões" de dólares em universidade corporativa, segundo o diretor de gestão de talentos Jim Ice, para treinar os funcionários atuais e novos. Como não tem havido muita construção de usinas nucleares nos Estados Unidos desde o desastre da Three Mile Island em 1979, a empresa teve que contratar pessoas com pouca ou nenhuma experiência no setor nuclear e reconheceu a necessidade de um melhor treinamento.[76]

Promoção interna

Outra forma de promover um maior desenvolvimento dos funcionários é por meio da promoção interna, que ajuda as empresas a reter e desenvolver pessoas valiosas. As promoções fornecem atribuições mais desafiadoras, prescrevem novas responsabilidades e ajudam os funcionários a crescer, expandindo e desenvolvendo as habilidades deles. O Peebles Hydro, um hotel localizado na Escócia, empenha-se em promover internamente como forma de manter as pessoas mais qualificadas e dar-lhes oportunidades de crescimento. Uma camareira foi promovida a camareira-chefe; uma garçonete de vinhos, a gerente do restaurante; e um trabalhador estudante, a gerente geral. O hotel também oferece treinamento contínuo em todas as áreas. Essas técnicas, aliadas ao compromisso com a flexibilidade do trabalho, ajudaram o hotel a manter os trabalhadores de alta qualidade em um momento em que os setores de turismo e hotelaria estavam sofrendo com a escassez de mão de obra qualificada. Membros da equipe com 10, 15 ou mesmo 20 anos de serviço não são incomuns no Hydro.[77]

AVALIAÇÃO DE DESEMPENHO

Avaliação de desempenho refere-se a observar e avaliar o desempenho dos funcionários, registrar a avaliação e fornecer *feedback*. Durante a avaliação do desempenho, os gestores habilidosos dão *feedback* e fazem elogios sobre os elementos aceitáveis de desempenho do funcionário. Eles também descrevem as áreas de desempenho que precisam ser melhoradas. Um dos maiores erros da gestão de talentos da empresa, de acordo com Ram Charan, especialista em administração, é a incapacidade de fornecer avaliações sinceras do desempenho que se concentram nas necessidades de desenvolvimento.[78] Quando os funcionários obtêm *feedback*, eles podem usá-lo para melhorar o desempenho. Infelizmente, apenas três em cada dez trabalhadores pesquisados acreditam que o sistema de avaliação do desempenho de suas empresas realmente ajuda a melhorar o desempenho, o que indica a necessidade de melhoria dos métodos de avaliação e *feedback*.[79]

O processo de avaliação do desempenho é amplamente utilizado nas organizações, porém boas avaliações de desempenho são parte importante do sistema geral de gestão de desempenho que ajuda a reter empregados valiosos, desenvolver suas habilidades, obter recompensas e ser promovidos na organização.[80] Em geral, os profissionais de RH se concentram em dois aspectos para fazer da avaliação de desempenho uma força positiva em suas organizações: (1) a avaliação precisa do desempenho por meio do desenvolvimento e da aplicação de sistemas de avaliação, como escalas de avaliação, e (2) o treinamento dos gestores para usar a entrevista de avaliação do desempenho de forma eficaz para que possam fornecer o *feedback* que reforçará o bom desempenho e motivará o desenvolvimento do funcionário. O pensamento atual é que a avaliação do desempenho deve ser contínua, algo que não seja feito apenas uma vez por ano, como parte de uma consideração de aumentos.

Como avaliar de forma precisa o desempenho

Os trabalhos são multidimensionais, e, portanto, o desempenho também pode ser multidimensional. Na avaliação do desempenho, a tendência mais recente é chamada de ***feedback* de 360 graus**, um processo que utiliza diversos avaliadores, incluindo a autoavaliação, como uma maneira de aumentar a consciência dos pontos fortes e fracos e orientar o desenvolvimento do funcionário. Os membros do grupo de avaliação podem incluir supervisores, colegas e clientes, assim como o indivíduo, de modo a proporcionar uma visão holística do desempenho do funcionário.[81] Algumas empresas utilizam sistemas de estilo de redes sociais para fazer do *feedback* de desempenho de 360 graus um processo contínuo. Um programa de *software* da Rypple, por exemplo, permite que as pessoas postem perguntas curtas, no estilo do Twitter, sobre o seu desempenho de uma tarefa específica e obtenham *feedback* de gestores, colegas ou qualquer outra pessoa que o usuário selecionar. Outro sistema da Accenture tem funcionários postando fotos, atualizações de *status* e duas ou três metas semanais que podem ser vistas, seguidas e avaliadas pelos colegas.[82]

Outro método alternativo é o *sistema de classificação da avaliação do desempenho*.[83] Esse método é cada vez mais controverso porque, essencialmente, avalia os funcionários colocando-os uns contra os outros. Esses sistemas classificam os funcionários de acordo com o desempenho relativo: 20% são colocados no topo do grupo de desempenho, 70% devem ser classificados no meio e 10% são classificados na parte inferior. A camada inferior recebe determinado período de tempo para melhorar o desempenho. Se não houver melhora, a demissão é o resultado mais efetivo. A ideia por trás da classificação forçada de funcionários é que todos serão motivados a melhorar o desempenho.

As vantagens do sistema de classificação de desempenho são as seguintes: (1) ele obriga os gestores relutantes a tomar decisões difíceis e identificar os melhores e os piores desempenhos; e (2) cria e mantém uma cultura de alto desempenho em que as pessoas melhoram continuamente. As desvantagens são: o sistema (1) pode aumentar a concorrência acirrada entre os funcionários; (2) desencoraja a colaboração e o trabalho em equipe; e (3) possivelmente prejudica o moral dos funcionários. Muitas empresas eliminaram o sistema de classificação ou o modificaram em relação às avaliações para os funcionários com o pior desempenho.[84]

Erros da avaliação do desempenho

Gostaríamos muito de acreditar que cada gestor avalia o desempenho dos funcionários de forma cuidadosa e sem preconceito. Entretanto, os pesquisadores identificaram vários problemas de classificação.[85] Um dos mais perigosos são os **estereótipos**, que ocorrem quando um avaliador coloca um funcionário em uma classe ou categoria com base em um ou alguns traços e características – por exemplo, estereotipar um trabalhador mais velho como mais lento e mais difícil de treinar. Outro erro de classificação é o **efeito halo**, em que um gestor dá ao empregado a mesma classificação em todas as dimensões, mesmo que seu desempenho seja bom em algumas dimensões e ruim em outras.

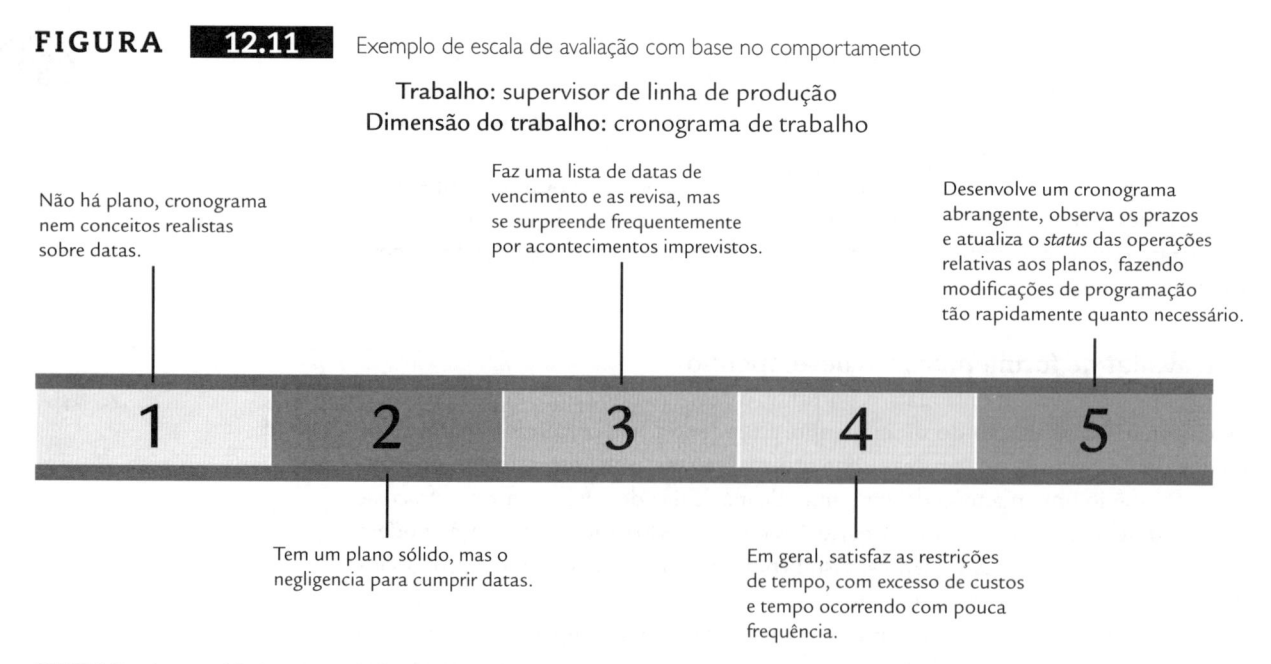

FIGURA 12.11 Exemplo de escala de avaliação com base no comportamento

Trabalho: supervisor de linha de produção
Dimensão do trabalho: cronograma de trabalho

1 — Não há plano, cronograma nem conceitos realistas sobre datas.

2 — Tem um plano sólido, mas o negligencia para cumprir datas.

3 — Faz uma lista de datas de vencimento e as revisa, mas se surpreende frequentemente por acontecimentos imprevistos.

4 — Em geral, satisfaz as restrições de tempo, com excesso de custos e tempo ocorrendo com pouca frequência.

5 — Desenvolve um cronograma abrangente, observa os prazos e atualiza o *status* das operações relativas aos planos, fazendo modificações de programação tão rapidamente quanto necessário.

FONTES: Com base em J. P. Campbell et al.,"The development and evaluation of behaviorally based rating scales", *Journal of Applied Psychology* 57 (1973): 15-22; Francine Alexander "Performance appraisals", *Small Business Reports* (March 1989): 20-29.

CAPÍTULO 12 Gestão de recursos humanos

Uma abordagem para superar os erros de avaliação do desempenho é a utilização da técnica de classificação com base no comportamento, como a **escala de avaliação com base no comportamento (BARS)**, desenvolvida por meio de incidentes críticos relacionados ao desempenho de trabalho. Cada escala de desempenho no trabalho está ancorada nas declarações específicas do comportamento que descrevem diferentes graus de desempenho. Ao relacionarem o desempenho do funcionário a incidentes específicos, os avaliadores podem avaliar com mais precisão o desempenho dele.[86]

A Figura 12.11 ilustra o método da escala de avaliação com base no comportamento para avaliar um supervisor de linha de produção. O trabalho do supervisor de produção pode ser dividido em várias dimensões, como manutenção de equipamentos, treinamento de funcionários e agendamento de trabalho. A escala de avaliação com base no comportamento deve ser desenvolvida para cada dimensão. Na Figura 12.11, a dimensão é um trabalho de agendamento. O bom desempenho é representado por 4 ou 5 na escala, e o desempenho inaceitável, por 1 ou 2. Se o trabalho de um supervisor de produção tiver oito dimensões, a avaliação total do desempenho será a soma das pontuações para cada uma dos oito escalas.

Lembre-se disto

- Em geral, treinamento refere-se ao ensino das habilidades necessárias para o trabalho atual, enquanto desenvolvimento refere-se ao ensino das habilidades profissionais mais amplas.
- O método mais comum de treinamento é o **treinamento no local de trabalho (formação *on-the-job* – OJT)**, em que um funcionário experiente é convidado a ensinar um novo funcionário a executar as funções de trabalho.
- **Aprendizagem social** refere-se a utilizar as ferramentas de mídia social para a rede e aprender informalmente.
- Uma **universidade corporativa** é um centro interno de treinamento e desenvolvimento que oferece amplas oportunidades de aprendizagem aos funcionários.
- A Universidade do Hambúrguer do McDonald's tem sete centros de treinamento em gestão em todo o mundo, incluindo uma em Xangai e outra em São Paulo.
- **Avaliação do desempenho** é o processo de observar e avaliar o desempenho de um funcionário, registrar a avaliação e fornecer o *feedback*.
- Uma tendência recente é o ***feedback* de 360 graus**, que usa diversos avaliadores, incluindo a autoavaliação, para avaliar o desempenho dos funcionários e orientar o desenvolvimento.
- Os sistemas de classificação de análise do desempenho são cada vez mais criticados porque tendem a colocar os funcionários uns contra os outros, em vez de promover a cooperação e o trabalho em equipe.
- **Estereotipar** é um erro de avaliação do desempenho que ocorre quando um gestor coloca um funcionário em uma classe ou categoria com base em um ou alguns traços ou características.
- O **efeito halo** ocorre quando um gestor dá ao funcionário a mesma classificação em todas as dimensões do trabalho, mesmo que o desempenho possa ser bom em algumas dimensões e ruim em outras.
- Uma maneira de superar os erros de avaliação é usar a **escala de avaliação com base no comportamento**, que é uma técnica de avaliação do desempenho que relaciona o desempenho do funcionário a incidentes relacionados a um trabalho específico.

Manutenção da força de trabalho eficaz

Como os gestores e profissionais de RH podem manter a força de trabalho que foi recrutada e treinada? A manutenção da força de trabalho atual envolve compensação, sistemas salariais, benefícios e (ocasionalmente) demissão.

Compensação

O termo **compensação** refere-se a: (1) todos os pagamentos monetários e (2) todos os bens ou mercadorias utilizados, em vez de dinheiro para recompensar os funcionários.[87] A estrutura de compensação de uma organização inclui remunerações e benefícios como plano de saúde, férias remuneradas ou centros de *fitness* para funcionários. O desenvolvimento do sistema de compensação eficaz é parte importante da GRH, porque ajuda a atrair e reter trabalhadores talentosos. Além disso, o sistema de compensação de uma empresa tem impacto sobre o desempenho estratégico.[88] Os gestores de RH projetam os sistemas de remuneração e benefícios para adequar a estratégia da empresa e para disponibilizar equidade de compensação.

Sistemas salariais

O ideal seria que a estratégia de gestão para a empresa fosse um fator determinante para as características e operações do sistema de remuneração.[89] Por exemplo, os gestores podem ter o objetivo de manter ou melhorar a rentabilidade ou a cota de mercado, estimulando o desempenho do funcionário. Assim, eles devem conceber e utilizar um sistema de remuneração por mérito, em vez de um sistema com base em outros critérios como superioridade em idade. Na varejista Macy's, por exemplo, o conselho aumentou o componente de vendas de bônus para os executivos seniores para incentivar o crescimento de vendas. Além disso, se as vendas da Macy's ficarem acima do plano da empresa, os altos executivos poderão ganhar bônus mais elevados.[90]

A abordagem mais comum para a remuneração de funcionários é a *remuneração com base no trabalho*, que significa vincular a compensação às tarefas específicas que um funcionário executa. No entanto, esses sistemas apresentam vários problemas. A remuneração com base no trabalho pode falhar em recompensar o tipo de comportamento de aprendizagem necessário para a organização se adaptar e sobreviver em um ambiente turbulento. Além disso, esses sistemas reforçam a ênfase na hierarquia organizacional e tomada de decisão e controle centralizados, que são incompatíveis com a crescente ênfase na participação e maior responsabilidade do funcionário.[91]

Os *sistemas de remuneração com base em habilidades* são cada vez mais populares nas grandes e pequenas empresas. Os funcionários com níveis mais altos recebem salários mais elevados do que aqueles com níveis de qualificação inferiores.[92] Também chamados de *remuneração com base em competências*, os sistemas de remuneração com base em habilidades incentivam as pessoas a desenvolver suas habilidades e competências, tornando-as mais valiosas para a organização, assim como mais empregáveis quando deixarem os empregos atuais.

Tal como acontece com outros aspectos da gestão, programas de análise de megadados estão sendo utilizados agora para a tomada de decisões de compensação. A empresa que quer saber como eliminar o atrito pode reunir dados sobre rotatividade, promoções, mudanças de emprego, benefícios, equilíbrio trabalho-vida e outros fatores para centenas de milhares de trabalhadores e usar a análise preditiva para ver o que realmente faz a diferença. O aumento de salários evita que as pessoas saiam ou outros fatores desempenham um papel maior? Um grande banco regional, por exemplo, descobriu que o aumento salarial era responsável por apenas meio ponto da taxa de rotatividade para os representantes de atendimento ao cliente. As pessoas sentiam-se insatisfeitas, não mal pagas.[93]

Equidade de compensação

Independentemente de a organização utilizar remuneração com base no trabalho ou remuneração com base em habilidade, os bons gestores se esforçam para manter o senso de justiça e equidade dentro da estrutura de remuneração e, assim, fortalecer o moral dos funcionários. **Avaliação do trabalho** refere-se ao processo de determinação do valor dos cargos de trabalho dentro de uma organização por meio de um exame do conteúdo do trabalho. As técnicas de avaliação do trabalho permitem que os gestores comparem trabalhos semelhantes e diferentes e determinem as taxas internas equitativas de remuneração – ou seja, taxas de remuneração que os funcionários acreditam ser justas em comparação com as de outros cargos na organização.

As organizações também querem ter certeza de que as taxas de remuneração são justas em comparação com as de outras empresas. Os gestores de RH podem obter **pesquisas salariais** que mostram o que as outras organizações pagam aos beneficiados dos cargos que correspondem à amostra dos "principais" trabalhos selecionados pela organização. Essas pesquisas estão disponíveis em inúmeras fontes, incluindo o U. S. Bureau of Labor Statistics National Compensation Survey.

Pagamento pelo desempenho

Muitas das organizações de hoje desenvolvem planos de remuneração com base no *padrão de pagamento pelo desempenho* para aumentar a produtividade e reduzir os custos do trabalho em um ambiente global competitivo. **Pagamento pelo desempenho**, também chamado de *pagamento de incentivos*, significa vincular pelo menos parte da remuneração ao esforço e desempenho do funcionário, seja por meio de pagamento por mérito, bônus, incentivos da equipe, seja por vários planos de participação nos lucros. Com o pagamento pelo desempenho, os incentivos estão alinhados aos comportamentos necessários para ajudar a organização a alcançar suas metas estratégicas. Os funcionários têm um incentivo para tornar a empresa mais eficiente e rentável, porque, se as metas não forem cumpridas, nenhum bônus será pago.

Os últimos anos têm mostrado os possíveis perigos dos planos mal direcionados do pagamento pelo desempenho. Alan Blinder, professor de economia e assuntos públicos em Princeton, aponta que a causa fundamental da crise financeira de 2008-2009 nos Estados Unidos foi os "perversos incentivos para os falidos" que recompensavam as pessoas por assumir riscos excessivos com o dinheiro dos outros.[94] Durante a crise financeira, tornou-se claro que as pessoas em todos os níveis do sistema financeiro foram sendo recompensadas pelo desempenho de curto prazo – se as coisas davam errado, o problema era de outra pessoa. Então tudo veio abaixo. Os gestores podem ser cuidadosos ao criar planos de pagamento pelo desempenho que se alinhem aos interesses de longo prazo da organização, dos acionistas e da sociedade em geral.

TEMA RECENTE

BENEFÍCIOS

Um pacote de compensação eficaz requer mais do que dinheiro. Embora o salário seja um componente importante, os benefícios são igualmente importantes.

As organizações são obrigadas por lei a fornecer alguns benefícios, como a Previdência Social, seguro-desemprego e compensação dos trabalhadores. Outros tipos de benefício, como férias, creche no local ou reembolsos educacionais, não são obrigados por lei, mas são fornecidos por organizações para atrair e manter uma força de trabalho eficaz. Os pacotes de benefícios fornecidos por grandes empresas tentam atender às necessidades de todos os funcionários. Algumas empresas, especialmente a indústria de tecnologia que tem dificuldade para encontrar mão de obra qualificada, oferecem pacotes de benefícios extremamente generosos. O SAS Institute, por exemplo, fornece (entre outros benefícios) 90% de cobertura dos prêmios do plano de saúde, atendimentos médicos gratuitos em uma clínica no local, um centro de *fitness* no local, licença médica ilimitada, férias anuais de três semanas para funcionários novos, creche no local e um de centro de convivência que oferece serviços que vão desde cursos de educação parental até assistência aos mais velhos. Outras empresas de tecnologia, como Google, Yahoo e Facebook, também estão usando benefícios inovadores para recrutar e reter os melhores talentos.[95]

TEMA RECENTE

Durante a recente recessão, muitos empregadores cortaram benefícios não exigidos por lei, e a maioria afirma que não pretende restaurá-los para os níveis pré-recessão.[96] Uma empresa, no entanto, segue a direção oposta. O Cumberland Gulf Group, com sede em Framingham, em Massachusetts, proprietário das lojas de conveniência Cumberland Farms e da marca Gulf Oil, reclassificou um adicional de 1.500 trabalhadores para o período integral para que eles possam ser elegíveis ao plano de saúde patrocinado pela empresa antes do prazo da Lei de Proteção e Cuidado ao Paciente. "A empresa decidiu fazer da satisfação e retenção do funcionário uma prioridade da empresa", disse o presidente e COO Ari Haseotes. Segundo Haseotes, a mudança vai custar à empresa "vários milhões de dólares", mas os gestores acreditam que esse valor será compensado pelo maior nível de lealdade do funcionário e satisfação do cliente.[97]

Conexão de conceito ◀◀◀

Analisar cuidadosamente as necessidades do mercado, as novas tecnologias e as metas futuras ajuda os líderes a planejar estrategicamente e avaliar de forma proativa o *rightsizing* de uma organização. A atividade de *rightsizing* deve ser parte permanente da gestão de qualquer empresa. A Nucor Corporation adotou uma abordagem bem estratégica para o setor de produção desde a grande recessão de 2008, que resultou em 4% de crescimento ao longo dos últimos cinco anos.

TAMANHO IDEAL DA ORGANIZAÇÃO

Em alguns casos, como as organizações têm mais pessoas do que precisam, elas dispensam alguns funcionários. *Rightsizing* ou **redimensionamento da organização** refere-se à redução intencional da força de trabalho da empresa para o ponto em que o número de funcionários seja considerado adequado para a situação atual da empresa. Também chamadas de *downsizing*, as reduções previstas no tamanho da força de trabalho são uma realidade para muitas das empresas de hoje. Embora muitas empresas tenham começado a contratar trabalhadores novamente depois de grandes demissões em 2009 e 2010, a taxa de desemprego nos Estados Unidos ainda estava pairando em torno de 7,3% em agosto de 2013.[98]

Como o termo *rightsizing* indica, o objetivo é tornar a empresa mais forte e mais competitiva, alinhando o tamanho da força de trabalho com as necessidades atuais da empresa. No entanto, alguns pesquisadores descobriram que os cortes maciços muitas vezes não conseguem alcançar os benefícios pretendidos e, em alguns casos, prejudicam significativamente a organização.[99] A menos que os departamentos de RH administrem o processo de ajuste do quadro de funcionários de forma eficaz e humana, as demissões podem levar à queda do moral e do desempenho. Os gestores podem suavizar o processo comunicando-se regularmente com os funcionários e proporcionando-lhes o máximo de informações possível, prestar assistência aos trabalhadores que perderão os empregos, utilizar o treinamento e o desenvolvimento para ajudar a abordar as necessidades emocionais dos demais funcionários e capacitá-los para lidar com novas ou outras responsabilidades.[100]

Faça uma pausa

Leia atentamente o caso apresentado na seção "Aplique suas habilidades: dilema ético", no material complementar, que trata da demissão de funcionários por mau desempenho. O que você faria?

DEMISSÃO

Apesar dos melhores esforços dos gestores de linha e dos profissionais de RH, a organização perderá funcionários. Alguns vão se aposentar, outros sairão voluntariamente para outros cargos, e outros ainda serão forçados a sair por causa de fusões e cortes ou por mau desempenho.

O valor da rescisão para a manutenção de uma força de trabalho eficaz é duplo. Em primeiro lugar, os funcionários que têm desempenho ruim podem ser dispensados. Os funcionários produtivos muitas vezes se ressentem com os funcionários problemáticos, de baixo desempenho, que ficam na empresa e recebem salários e benefícios comparáveis aos deles. Em segundo lugar, os gestores podem usar as entrevistas de saída como ferramenta valiosa de RH, independentemente de o funcionário sair de forma voluntária ou ser forçado a sair. A **entrevista de saída** é uma entrevista realizada com funcionários que estão de saída para determinar por que eles estão deixando a empresa. O valor da entrevista de saída é fornecer uma maneira econômica para aprender sobre problemas de insatisfação dentro da organização e, portanto, encontrar maneiras de reduzir a futura rotatividade.[101] Segundo John Donahoe, presidente e CEO do eBay: "quando as pessoas estão saindo, muitas vezes estão em um estado muito reflexivo e... também são surpreendentemente diretas, porque é como se elas não tivessem nada a perder". Uma coisa que Donahoe aprendeu com a realização de entrevistas de saída no eBay foi que os executivos de nível médio não tinham sua responsabilidade e autoridade esclarecidas, então ele reorganizou para esclarecer as linhas de responsabilidade e autoridade da tomada de decisão.[102] A gigante de serviços petrolíferos Schlumberger adota a entrevista de saída como parte da investigação em grande escala de cada saída, com os resultados publicados *on-line* para que os gestores de toda a empresa possam conhecer os problemas e buscar soluções.[103]

Contudo, em alguns casos, os funcionários que saem voluntariamente ficam relutantes em expor as queixas desconfortáveis ou discutir as verdadeiras razões para sair. Empresas como a T-Mobile, Campbell Soup e Conair descobriram que fazer as pessoas preencher um questionário de saída *on-line* rende informações mais abertas e honestas. Quando as pessoas têm coisas negativas a dizer sobre os gestores ou a empresa, o formato *on-line* é uma oportunidade para falar sinceramente sem ter que fazê-lo em uma reunião presencial.[104]

> "Tenho dificuldade em me olhar no espelho quando mantenho alguém que não pode fazer o trabalho. Não é justo com os outros funcionários, e certamente não é justo com meus clientes."
>
> – JAY GOLTZ, EMPRESÁRIO E PALESTRANTE COMERCIAL

Lembre-se disto

- **Compensação** refere-se a todos os pagamentos monetários e não monetários de bens ou benefícios utilizados para recompensar os funcionários.
- Os gestores se esforçam para manter a justiça e equidade no sistema de remuneração.
- **Avaliação do emprego** é o processo de determinação do valor de cargos dentro de uma organização por meio de um exame de conteúdo do trabalho.
- **Pesquisas salariais** mostram o que outras organizações pagam aos beneficiados dos cargos que correspondem a uma amostra dos principais trabalhos selecionados pela organização.
- **Pagamento pelo desempenho**, também chamado de *pagamento de incentivos*, significa vincular pelo menos uma parte da compensação ao esforço e desempenho do funcionário.
- Os benefícios compõem uma grande parcela dos custos do trabalho nos Estados Unidos.
- Durante a recessão, muitas organizações cortam benefícios que não são exigidos por lei.
- *Rightsizing*, também chamado *downsizing*, refere-se à redução intencional da força de trabalho da empresa para o ponto em que o número de funcionários é considerado adequado para a situação atual da empresa.
- Se não for administrado de forma eficaz e humana, o *rightsizing* pode levar à queda do moral e do desempenho.
- A **entrevista de saída** é uma entrevista realizada com funcionários que se desligam da empresa para determinar as razões e aprender sobre possíveis problemas na organização.
- Na Campbell Soup Company e em algumas outras empresas, as pessoas preenchem um questionário de saída *on-line* para que possam expressar suas queixas ou ideias livremente, sem a presença do gestor.

Cap. 12 Notas

1. Com base em Jim Collins, *Good to great: why some companies make the leap ... and others don't* (New York: Harper Business, 2001).
2. Jack Ewing, "Germans Scrutinize Amazon's Labor Practices", *The New York Times*, March 4, 2013, B2; Vanessa Fuhrmans, "Amazon acts on German controversy; online retailer cuts ties with security firm after a television documentary on working conditions", *The Wall Street Journal*, February 19, 2013, B3.
3. Robert L. Mathis; John H. Jackson, *Human resource management: essential perspectives*, 2nd ed. (Cincinnati, OH: South-Western Publishing, 2002), p. 1.
4. Ver James C. Wimbush, "Spotlight on human resource management", *Business Horizons* 48 (2005): 463-467; Jonathan Tompkins, "Strategic human resources management in government: unresolved issues", *Public Personnel Management* (Spring 2002): 95-110; Noel M. Tichy; Charles J. Fombrun; Mary Anne Devanna, "Strategic human resource management", *Sloan Management Review* 23 (Winter 1982): 47-61; Cynthia A. Lengnick-Hall; Mark L. Lengnick-Hall, "Strategic human resources management: a review of the literature and a proposed typology", *Academy of Management Review* 13 (July 1988): 454-470; Eugene B. McGregor, *Strategic management of human knowledge, skills, and abilities* (San Francisco: Jossey-Bass, 1991).
5. Erin White, "HR Departments Get New Star Power at Some Firms; Business Executives Now Tapped to Lead as Job Is Rethought" (Theory & Practice column), *The Wall Street Journal*, June 23, 2008.
6. Joann S. Lublin, "HR executives suddenly get hot" (Theory & Practice column), *The Wall Street Journal*, December 14, 2009.
7. Definição baseada em George Bohlander; Scott Snell; Arthur Sherman, *Managing human resources*, 12th ed. (Cincinnati, OH: South-Western, 2001), p. 13-15.
8. "Leading through connections: The IBM 2012 chief executive officer study", citado em Eric Lesser; Carl Hoffman, "Workforce analytics: making the most of a critical asset", *Ivey Business Journal*, July-August 2012. Disponível em: <www.iveybusinessjournal.com/topics/strategy/workforce-analytics-making-the-most-of-a-critical-asset>. Acesso em: 27 ago. 2012.
9. P. Wright; G. McMahan; A. McWilliams, "Human resources and sustained competitive advantage: a resource-based perspective", *International Journal of Human Resource Management* 5 (1994): 301-326; Tompkins, "Strategic human resource management in government".
10. Liza Castro Christiansen; Malcolm Higgs, "How the alignment of business strategy and HR strategy can impact performance", *Journal of General Management* 33, n. 4 (Summer 2008): 13-33; Seema Sanghi, "Building competencies", *Industrial Management* (May-June 2009): 14-17; B. Becker; M. Huselid, "High performance work systems and firm performance: a synthesis of research and managerial implications", *Research in Personnel and Human Resources Management* 16 (1998): 53-101; S. Ramlall, "Measuring human resource management's effectiveness in improving performance", *Human Resource Planning* 26 (2003): 51; Mark A. Huselid; Susan E. Jackson; Randall S. Schuler, "Technical and strategic human resource management effectiveness as determinants of firm performance", *Academy of Management Journal* 40, n. 1 (1997): 171-188; John T. Delaney; Mark A. Huselid, "The impact of human resource management practices on perceptions of organizational performance", *Academy of Management Journal* 39, n. 4 (1996): 949-969.
11. John W. Miller, "Wanted: miners in Brazil for Anglo American", *The Wall Street Journal*, May 19, 2013. Disponível em: <http://online.wsj.com/news/articles/SB10001424127887324582004578461171873348926>. Acesso em: 9 out. 2013.
12. Pesquisa da McKinsey Consulting, citados em Leigh Branham, "Planning to become an employer of choice", *Journal of Organizational Excellence* (Summer 2005): 57-68.
13. James N. Baron; David M. Kreps, "Consistent human resource practices", *California Management Review* 41, n. 3 (Spring 1999): 29-53.
14. Cynthia D. Fisher, "Current and recurrent challenges in HRM", *Journal of Management* 15 (1989): 157-180.
15. Floyd Kemske, "HR 2008: a forecast based on our exclusive study", *Workforce* (January 1998): 46-60.
16. Discussão baseada em Bohlander; Snell; Sherman, *Managing human resources*, p. 13-15; Harry Scarbrough, "Recipe for success", *People Management* (January 23, 2003): 22-25.
17. Susan Cantrell et al., "Measuring the value of human capital investments: the SAP case", *Strategy & Leadership* 34, n. 2 (2006): 43-52.

18. Seçao 1604.1 do EEOC Guidelines baseado em Civil Rights Act of 1964, Title VII.
19. Jeff Green, "The silencing of sexual harassment", *Bloomberg BusinessWeek* (November 21-27, 2011): 27-28.
20. Ibidem.
21. Melanie Trottman, "For angry employees, legal cover for rants", *The Wall Street Journal*, December 2, 2011. Disponível em: <http://online.wsj.com/article/SB10001424052970203710704577049822809710332.html>. Acesso em: 27 ago. 2012.
22. D. T. Hall; P. H. Mirvis, "The new protean career: psychological success and the path with a heart", in D. T. Hall & Associates, *The career is dead – long live the career: a relational approach to careers* (San Francisco: Jossey-Bass, 1995), p. 15-45.
23. Phred Dvorak; Scott Thurm, "Slump prods firms to seek new compact with workers", *The Wall Street Journal*, October 20, 2009.
24. Reid Hoffman; Ben Casnocha; Chris Yeh, "Tours of duty: the new employer-employee compact", *Harvard Business Review* (June 2013): 49-58.
25. Ibidem.
26. Lynda Gratton citada em Phyllis Korkki, "The shifting definition of worker loyalty", *The New York Times*, April 23, 2011. Disponível em: <www.nytimes.com/2011/04/24/jobs/24search.html>. Acesso em: 27 ago. 2012.
27. Stephen Baker, "You're fired – but stay in touch", *BusinessWeek* (May 4, 2009): 54-55.
28. Hoffman; Casnocha; Yeh, "Tours of duty: the new employer-employee compact".
29. Discussão baseada em Joe Light, "In hiring, firms shine images", *The Wall Street Journal*, May 16, 2011, B9; Lauren Weber, "On the hunt for tech hires", *The Wall Street Journal*, April 11, 2012, B6.
30. Weber, "On the hunt for tech hires".
31. Weber, "On the hunt for tech hires"; Light, "In hiring, firms shine images".
32. Estatísticas e citação de Charles Wilbanks, "Temp work raises long-term questions for economy", *CBS News Money Watch*, March 7, 2013. Disponível em: <http://www.cbsnews.com/8301-505143_162-57573141/temp-work-raises-long-term-questions-for-economy/>. Acesso em: 10 out. 2013.
33. Motoko Rich, "Weighing costs, companies favor temporary help", *The New York Times*, December 19, 2010. Disponível em: <www.nytimes.com/2010/12/20/business/economy/20temp.html?pagewanted=all>. Acesso em: 20 Dez. 2010.
34. Jody Greenstone Miller; Matt Miller, "The best executive and professional jobs may no longer be full-time gigs", *Harvard Business Review* (May 2012): 51-62.
35. Exemplo e discussão baseados em Sarah E. Needleman, "Start-ups get snapped up for their talent", *The Wall Street Journal*, September 13, 2012, B6.
36. James G. March; Herbert A. Simon, *Organizations* (New York: Wiley, 1958).
37. Dennis J. Kravetz, *The human resources revolution* (San Francisco: Jossey-Bass, 1989).
38. J. W. Boudreau; S. L. Rynes, "Role of recruitment in staffing utility analysis", *Journal of Applied Psychology* 70 (1985): 354-366.
39. Megan Santosus, "The human capital factor", *CFO-IT* (Fall 2005): 26-27.
40. Brian Dumaine, "The new art of hiring smart", *Fortune* (August 17, 1987): 78-81.
41. Discussão baseada em Mathis; Jackson, *Human resource management*, Chapter 4, p. 49-60.
42. Victoria Griffith, "When only internal expertise will do", *CFO* (October 1998): 95-96, 102.
43. J. P. Wanous, *Organizational entry* (Reading, MA: Addison-Wesley, 1980).
44. Paul Shread, "Your social media reputation can attract employees", *Time*, March 1, 2013. Disponível em: <http://business.time.com/2013/03/01/your-social-media-reputation-can-attract-employees/>. Acesso em: 10 out. 2013.
45. Kate Burrows, "British Army launches social media recruitment campaign", *Chartered Management Institute*, May 22, 2013, disponível em: <http://www.managers.org.uk/news/british-army-launches-social-media-recruitment-campaign>, acesso em: 10 out. 2013; Juro Osawa; Paul Mozur, "In China, recruiting gets social", *The Wall Street Journal*, August 1, 2012, B4.
46. Osawa; Mozur, "In China, recruiting gets social".
47. Kristin Burnham, "4 recruiting trends for job hunters, via LinkedIn", *Information Week*, July 17, 2013, disponível em: <http://www.informationweek.com/global-cio/recruiting/4-recruiting-trends-for-job-hunters-via/240158373>, acesso em: 10 out. 2013; George Anders, "Who should you hire? LinkedIn says: try our algorithm", *Forbes*, April 10, 2013, disponível em: <http://www.forbes.com/sites/georgeanders/2013/04/10/who-should-you-hire-linkedin-says-try-our-algorithm/>, acesso em: 10 out. 2013.
48. Com base em "United Nations New York Headquarters Internship Programme", disponível em: <www.un.org/depts/OHRM/sds/internsh/index.htm>, acesso em: 29 ago. 2012; Phyllis Korkki, "The Internship as Inside Track", *The New*

York Times, March 25, 2011, disponível em: <www.nytimes.com/2011/03/27/jobs/27searches.html>, acesso em: 27 mar. 2011.

49. Trudy Steinfeld citado em Korrki, "The Internship as Inside Track".
50. "Silicon Valleys New Hiring Strategy", *Fast Company*, October 20, 2011, disponível em: <www.fastcompany.com/1784737/silicon-valleys-new-hiring-strategy>, acesso em: 29 ago. 2012; Andrea Siedsma, "Alternative recruiting strategies employed by companies vying for top tech talent", *Workforce Management*, May 18, 2012, disponível em: <www.workforce.com/article/20120518/NEWS02/120519953/alternative-recruiting-strategies-employed-by-companies-vying-for-top>, acesso em: 27 ago. 2012; Adam Passey, "Code Foo 2013", *IGN Web site*, April 24, 2013, disponível em: <http://www.ign.com/blogs/adampassey-ign/2013/04/24/code-foo-2013>, acesso em: 10 out. 2013.
51. Wimbush, "Spotlight on human resource management".
52. Paul W. Thayer, "Somethings old, somethings new", *Personnel Psychology* 30, n. 4 (Winter 1977): 513-524.
53. J. Ledvinka, *Federal regulation of personnel and human resource management* (Boston: Kent, 1982); *Civil Rights Act*, Title VII, Section 2000e et seq., *U.S. Code* 42 (1964).
54. Pesquisa citada em Lauren Weber, "Tips on acing job interviews – for managers", *The Wall Street Journal*, December 5, 2012, B8.
55. Bohlander; Snell; Sherman, *Managing human resources*, p. 202.
56. Tiffany Hsu, "Job interviewing, to the extreme", *Los Angeles Times*, February 19, 2012. Disponível em: <http://articles.latimes.com/2012/feb/19/business/la-fi-extreme-interviewing-20120219>. Acesso em: 19 fev. 2012.
57. Tomas Chamorro-Premuzic; Christopher Steinmetz, "The perfect hire", *Scientific American Mind* (July-August 2013): 43-47.
58. Susan Greco, "Sales & marketing: he can close, but how is his interpersonal sensitivity? Testing sales recruits", *Inc.* (March 2009): 96-98.
59. Chamorro-Premuzic; Steinmetz, "The perfect hire".
60. Joseph Walker, "Meet the new boss: big data", *The Wall Street Journal*, September 20, 2012. Disponível em: <http://online.wsj.com/news/articles/SB10008723963904438903045780062520196 16768>. Acesso em: 10 out. 2013.
61. Ver "Should you check Facebook before hiring?", *Washington Post*, January 22, 2011, disponível em: <www.washingtonpost.com/wp-dyn/content/article/2011/01/22/AR2011012203193.html>, acesso em: 23 jan. 2011; resultados de pesquisa da CareerBuilder citados em "Survey: 37% use social media to check candidates", *Workforce Management*, April 18, 2012, disponível em: <www.workforce.com/article/20120418/NEWS01/120419964>, acesso em: 19 jun. 2012.
62. Pesquisa da Adecco citada em Jenna Goudreau, "Top 5 interview mistakes millennials make", *Forbes*, September 26, 2012. Disponível em: <http://www.forbes.com/sites/jennagoudreau/2012/09/26/top-5-interview-mistakes-millennials-make/>. Acesso em: 10 out. 2013.
63. Ver "Should you check Facebook before hiring?".
64. Citação e informação em Stephen Bruce, "Social media background checks? 'I'm not a fan'", *HR Policies and Procedures*, March 11, 2013. Disponível em: <http://hrdailyadvisor.blr.com/2013/03/11/social-media-background-checks-i-m-not-a-fan/#>. Acesso em: 10 out. 2013.
65. China Gorman, "Recruiting and social networking: SHRM research shows a few surprises", *TLNT.com*, May 1, 2013. Disponível em: <http://www.tlnt.com/2013/05/01/recruiting-and-social-networking-shrm-research-shows-a-few-surprises/>. Acesso em: 10 out. 2013.
66. Bernard Keys; Joseph Wolfe, "Management education and development: current issues and emerging trends", *Journal of Management* 14 (1988): 205-229.
67. "2012 Training Industry Report", *Training* (November-December 2012): 20-33.
68. Rohit Deshpande; Anjali Raina, "The ordinary heroes of the Taj", *Harvard Business Review* (December 2011): 119-123; "Building an Institution Through Human Values", *Shanmugams Blog*, January 22, 2012. Disponível em: <http://cgshanmugam.wordpress.com/2012/01/22/building-an-institution-through-human-values/>. Acesso em: 10 out. 2013.
69. "How do great companies groom talent?", *Fortune* (November 21, 2011): 166.
70. Kate Linebaugh, "The new GE way: go deep, not wide", *The Wall Street Journal*, March 7, 2012, B1.
71. William J. Rothwell; H. C. Kazanas, *Improving on-the-job training: how to establish and operate a comprehensive OJT program* (San Francisco: Jossey-Bass, 1994).
72. Matt Allen; Jennifer Naughton, "SociallLearning: a call to action for learning professionals", *T + D* (August 2011): 50-55.
73. Margaret Schweer et al., "Building a well-networked organization", *MIT Sloan Management Review* (Winter 2012): 35-42.

74. Jeanne C. Meister, "The brave new world of corporate education", *The Chronicle of Higher Education* (February 9, 2001): B10; Meryl Davids Landau, "Corporate universities crack open their doors", *The Journal of Business Strategy* (May-June 2000): 18-23.
75. Janet Wiscombe, "McDonald's Corp.", *Workforce Management* (November 2010): 38-40.
76. Lauren Weber, "Managing & careers: fine-tuning the perfect employee", *The Wall Street Journal*, December 5, 2011, B9.
77. Jim Dow, "Spa Attraction", *People Management* (May 29, 2003): 34-35.
78. "Talent tutor: Ram Charan's list of biggest corporate talent-management mistakes", na coluna de Joann S. Lublin, "Managing & careers – boss talk; Ram Charan: message to CEOs: do more to keep your key employees", *The Wall Street Journal*, December 27, 2010, B5.
79. Pesquisa da HR consulting para a empresa Watson Wyatt, reportado em Kelley Holland, "Performance Reviews: Many Need Improvement," *The New York Times*, September 10, 2006.
80. Jesse W. Brogan, "Problem appraisal systems", *Industrial Management* (September-Ocober 2012): 24-27; Herman Aquinis; Ryan K. Gottfredson; Harry Joo, "Using performance management to win the talent war", *Business Horizons* 55 (2012): 609-616.
81. Kyle Couch, "Talent management: build on four key components", *Leadership Excellence* (February 2012): 18; Walter W. Tornow, "Editors note: introduction to special issue on 360-degree feedback", *Human Resource Management* 32, n. 2-3 (Summer-Fall 1993): 211-219; Brian O'Reilly, "360 feedback can change your life", *Fortune* (17 October, 1994): 93-100.
82. Jena McGregor, "Job review in 140 keystrokes", *Business Week* (March 23 & 30, 2009): 58.
83. Discussão baseada em Dick Grote, "Forced ranking: behind the scenes", *Across the Board* (November-December 2002): 40-45; Matthew Boyle, "Performance reviews: perilous curves ahead", *Fortune* (May 28, 2001): 187-188; Carol Hymowitz, "Ranking systems gain popularity but have many staffers riled", *The Wall Street Journal*, May 15, 2001; Kris Frieswick, "Truth and consequences", *CFO* (June 2001): 56-63.
84. "Forced ranking (forced distribution)", *HR Management Web site*, disponível em: <www.humanresources.hrvinet.com/forced-ranking-forced-distribution/>, acesso em: 21 jan. 2012; Leslie Kwoh, "'Rank and Yank' Retains Vocal Fans", *The Wall Street Journal*, January 31, 2012.
85. V. R. Buzzotta, "Improve your performance appraisals", *Management Review* (August 1988): 40-43; H. J. Bernardin; R. W. Beatty, *Performance appraisal: assessing human behavior at work* (Boston: Kent, 1984).
86. Bernardin; Beatty, *Performance appraisal*.
87. Richard I. Henderson, *Compensation management: rewarding performance*, 4th ed. (Reston, VA: Reston, 1985).
88. L. R. Gomez-Mejia, "Structure and process diversification, compensation strategy, and firm performance", *Strategic Management Journal* 13 (1992): 381-397; E. Montemayor, "Congruence between pay policy and competitive strategy in high-performing firms", *Journal of Management* 22, n. 6 (1996): 889-908.
89. Renée F. Broderick; George T. Milkovich, "Pay planning, organization strategy, structure and 'fit': a prescriptive model of pay", artigo apresentado no 45th Annual Meeting of the Academy of Management, San Diego (August 1985).
90. Rachel Dodes; Dana Mattioli, "Theory & practice: retailers try on new sales tactics", *The Wall Street Journal*, April 19, 2010, B9.
91. E. F. Lawler, III, *Strategic pay: aligning organizational strategies and pay systems* (San Francisco: Jossey-Bass, 1990); R. J. Greene, "Person-focused pay: should it replace job-based pay?", *Compensation and Benefits Management* 9, n. 4 (1993): 46-55.
92. L. Wiener, "No new skills? No raise", *U. S. News and World Report* (October 26, 1992): 78.
93. Rachel Emma Silverman, "Big data upends the way workers are paid", *The Wall Street Journal*, September 19, 2012. Disponível em: <http://online.wsj.com/news/articles/SB10000872396390444433504577 65174190 0453730>. Acesso em: 20 set. 2012.
94. Alan S. Blinder, "Crazy compensation and the crisis", *The Wall Street Journal*, May 28, 2009.
95. Janet Wiscombe, "SAS", *Workforce Management* (October 2010): 36-38; Martha Mendoza, "Tech firms bumping up perks to recruit, retain", *USA TODAY*, April 7, 2013.
96. Joe Walker, "Even with a recovery, job perks may not return", *The Wall Street Journal Online*, April 5, 2010. Disponível em: <http://online.wsj.com/article/SB10001424052702304017404575165854181296256.html>. Acesso em: 10 abr. 2010.
97. Lauren Weber, "What makes employees stick around? One company has an answer", *The Wall Street Journal*, June 10, 2013. Disponível em: <http://blogs.wsj.com/atwork/2013/06/10/what-makes-employees-stick-around-one-company-has-an-answer/>. Acesso em: 11 out. 2013.

98. U.S. Department of Labor, Bureau of Labor Statistics, press release, September 6, 2013. Disponível em: <http://www.bls.gov/news.release/pdf/empsit.pdf>. Acesso em: 11 out. 2013.
99. James R. Morris; Wayne F. Cascio; Clifford Young, "Downsizing after all these years: questions and answers about who did it, how many did it, and who benefited from it", *Organizational Dynamics* (Winter 1999): 78-86; William McKinley; Carol M. Sanchez; Allen G. Schick, "Organizational downsizing: constraining, cloning, learning", *Academy of Management Executive* 9, n. 3 (1995): 32-42; Brett C. Luthans; Steven M. Sommer, "The impact of downsizing on workplace attitudes", *Group and Organization Management* 2, n. 1 (1999): 46-70.
100. Técnicas de downsizing eficientes são discutidas em detalhes por Bob Nelson, "The care of the un-downsized", *Training and Development* (April 1997): 40-43; Shari Caudron, "Teaching downsizing survivors how to thrive", *Personnel Journal* (January 1996): 38; Joel Brockner, "Managing the effects of layoffs on survivors", *California Management Review* (Winter 1992): 9-28; Kim S. Cameron, "Strategies for successful organizational downsizing", *Human Resource Management* 33, n. 2 (Summer 1994): 189-211.
101. Scott Westcott, "Goodbye and good luck", *Inc.* (April 2006): 40-42.
102. Adam Bryant, "There's no need to Bat .900" (Corner Office column, entrevista com John Donahoe), *The New York Times*, April 5, 2009.
103. Nanette Byrnes, "Star search", *Business Week* (October 10, 2005): 68-78.
104. Mike Brewster, "No exit", *Fast Company* (April 2005): 93.

PARTE 4

Capítulo 13

Gestão da diversidade

Visão geral do capítulo

Você tem algum viés comportamental em relação a gênero e autoridade?

Diversidade no local de trabalho
Diversidade na América corporativa
Diversidade em escala global

Gestão da diversidade
Diversidade e inclusão
Diversidade de perspectiva
Benefícios da diversidade no local de trabalho

Fatores que moldam o viés comportamental
Preconceito, discriminação e estereótipos no local de trabalho

Novo gestor autoteste: valorização da diversidade no local de trabalho
Etnocentrismo

Fatores que afetam a carreira das mulheres
Teto de vidro
Tendência de optar por não participar
Vantagem feminina

Iniciativas e programas de diversidade
Reforço das estruturas e políticas
Expansão dos esforços de recrutamento
Estabelecimento das relações de orientação
Aumento da consciência sobre o assédio sexual
Encorajamento dos grupos de afinidade dos funcionários

Resultados de aprendizagem

Após a leitura deste capítulo, você será capaz de:

1. Descrever as mudanças demográficas invasivas que ocorrem nas forças de trabalho domésticas e globais, e mostrar como as corporações estão respondendo a isso.

2. Explicar como a definição da diversidade cresceu para reconhecer um amplo espectro de diferenças entre os funcionários, a importância de promover um sentido de inclusão e os benefícios da força de trabalho diversificada.

3. Identificar as atitudes complexas, as opiniões e os problemas que as pessoas levam para o local de trabalho, como preconceito, discriminação, estereótipos e etnocentrismo.

4. Resumir os fatores que afetam as oportunidades das mulheres, como o teto de vidro, a tendência de optar por não participar e a vantagem feminina.

5. Descrever como as iniciativas de diversidade, as relações de orientação e os programas de treinamento ajudam a criar um clima que valoriza a diversidade.

6. Explicar como grupos de afinidade dos funcionários ajudam as organizações a responder a um local de trabalho complexo e em rápida mudança.

© Jenny Lilly/Shutterstock.com

Você tem algum viés comportamental em relação a gênero e autoridade?[1]

INSTRUÇÕES: Assinale "Normalmente verdadeira" ou "Normalmente falsa" em cada uma das afirmações apresentadas a seguir.

	Normalmente verdadeiro	Normalmente falso
1. Sinto-me mais confortável quando o avião em que viajo é pilotado por um homem.		
2. Em geral, gosto de trabalhar para um homem e não para uma mulher.		
3. Se eu tivesse que ser sentenciado em tribunal, gostaria que o juiz fosse uma mulher.		
4. Em geral, quando preciso tomar uma decisão ou resolver um problema, consulto as mulheres.		
5. O presidente dos Estados Unidos deve ser sempre um homem.		
6. Quando se trata de política, tendo a votar em mulheres.		
7. Quando se trata da maioria dos cursos da faculdade, prefiro um professor a uma professora.		
8. Em geral, considero que as mulheres são melhores líderes do que os homens.		
9. Na maioria das áreas, tendo a seguir o conselho de um homem.		
10. Em geral, sinto-me mais confortável quando um homem está no comando.		

PONTUAÇÃO E INTERPRETAÇÃO: Para os itens 1, 2, 5, 7, 9 e 10, atribua 1 ponto a cada afirmação assinalada como "Normalmente verdadeira". Para os itens 3, 4, 6 e 8, atribua 1 ponto a cada afirmação assinalada como "Normalmente falsa". De acordo com pesquisas, as mulheres têm, muitas vezes, melhores habilidades de liderança do que os homens, ainda que as atitudes implícitas possam vincular os homens a papéis de maior autoridade e as mulheres a papéis de baixa autoridade. A pontuação obtida indica sua atitude em relação aos homens e às mulheres no quesito autoridade. Uma atitude perfeitamente equilibrada em relação a gênero e autoridade seria a pontuação de 5, mas a pontuação média é de aproximadamente 7, os homens pontuando cerca de meio ponto a mais do que as mulheres. Quanto mais próxima a sua pontuação chegar de 10, isso significa uma maior preferência por homens em papéis de autoridade. Quanto mais próxima a sua pontuação chegar de 0, isso significa uma preferência mais forte pelas mulheres. Como você explica a sua pontuação? Que experiências levaram você a preferir homens ou mulheres em papéis de autoridade? Como sua atitude se encaixa na carreira escolhida?

Quando Jürgen Fitschen assumiu a chefia do Deutsche Bank AG em 2012, ele prometeu nomear uma mulher para o comitê executivo do banco alemão durante seu mandato. Mas, apesar de Fitschen e seu co-CEO nomearem uma dúzia de membros para o comitê expandido, que ocupava um degrau abaixo do conselho de gestão de nível superior, todos eram homens. De acordo com Fitschen: "Isso tem que mudar. Queremos mudar isso. Estamos fazendo um grande esforço para criar a igualdade de condições para as mulheres para levá-las ao topo. Mas, até agora, não alcançamos o sucesso desejado". A falta de mulheres em altos cargos estende-se por todo o setor financeiro industrial, mas o alemão Deutsche Bank tornou-se alvo particular de críticas. A Alemanha, em geral, tem um dos piores registros na Europa em termos de mulheres em altos cargos. "Não é que não haja número suficiente de mulheres, mas sim que os conselhos de gestão não estão observando atentamente", afirmou Angela Hornberg, que dirige a Advance Human Capital, uma empresa de recrutamento de Frankfurt. "Se eles realmente fizessem a lição de casa, constatariam que há mulheres muito talentosas."[2]

Outras empresas nos Estados Unidos, assim como em outros países, também lutam com questões de diversidade. A varejista nacional Wet Seal, que atende um grupo central de clientes entre 13 e 23 anos de idade, foi acusada de demitir afro-americanos e negar-lhes promoções porque eles não se encaixavam na imagem da marca da empresa. Em um processo de discriminação, uma das pleiteantes afirmou que, após ter sido demitida, ouviu uma vice-presidente sênior dizer ao gestor distrital que preferia alguém com o cabelo loiro e olhos azuis.[3] A Wet Seal está sendo acusada de ser uma empresa em que a discriminação "não apenas é tolerada, como também exigida". Se for verdade, é quase surpreendente que esse tipo de discriminação descarada ainda ocorra.

Os líderes da maioria das empresas se esforçam para evitar políticas e práticas discriminatórias que levem a ações judiciais. Além disso, muitas empresas aprenderam que compensa valorizar e apoiar funcionários diversos. Valorizar e apoiar a diversidade não é apenas a coisa certa a fazer tanto ética quanto culturalmente, mas também cria novas oportunidades de negócios. Para aproveitar essas oportunidades, as organizações reconhecem que os locais de trabalho devem refletir a diversidade no mercado. Segundo Shelley Willingham-Hinton, presidente da Organização Nacional para a Diversidade em Vendas e *Marketing*, "A base de consumidores do nosso país é muito variada. Não consigo pensar em como uma empresa pode ter sucesso sem ter esse tipo de diversidade com os funcionários".[4] Os gestores com visão de futuro concordam e tomam medidas para atrair e reter uma força de trabalho que reflita a diversidade cultural da população. Eles levam a sério o fato de que há uma ligação entre a diversidade da força de trabalho e o sucesso financeiro no mercado. A Figura 13.1 lista algumas empresas consideradas líderes na diversidade. Elas fazem da diversidade uma prioridade e buscam ativamente uma cultura corporativa que valorize a igualdade e reflita a base multicultural dos consumidores de hoje.

Este capítulo descreve como a força de trabalho doméstica e global está se tornando cada vez mais diversificada e como as empresas estão respondendo aos desafios e às oportunidades decorrentes desse processo. Analisamos as inumeráveis questões complexas que gestores e funcionários enfrentam em um ambiente de trabalho diversificado, como preconceito, estereótipos, discriminação e etnocentrismo. Os fatores que afetam especificamente as mulheres – o teto de vidro, a tendência de optar por não participar e a vantagem feminina – também são considerados. Por fim, o capítulo apresenta uma visão geral das iniciativas tomadas pelas empresas para criar um ambiente que acolha e valorize um amplo espectro de diversidade entre os funcionários.

> "Se não refletirmos a natureza global da nossa empresa em nossos funcionários, como poderemos compreender os nossos clientes?"
>
> — MARK PALMER-EDGECUMBE, LÍDER DE DIVERSIDADE E INCLUSÃO DO GOOGLE

Diversidade no local de trabalho

Quando Brenda Thompson, diretora de diversidade e educação de liderança no MGM Resorts International, entra em um dos *lobbies* dos hotéis da empresa, ela fecha os olhos e escuta: "Permaneço parada nos *lobbies* de qualquer um dos nossos hotéis e consigo ouvir os mais variados idiomas. Isso é incrível. Os nossos clientes vêm de todo o mundo, e isso realmente nos faz perceber a importância da reflexão da diversidade em nosso local de trabalho".[5] A diversidade que Thompson percebe nos *lobbies* dos hotéis MGM Mirage é um pequeno reflexo da diversidade cultural nos locais de trabalho nacionais e globais.

FIGURA 13.1
Exemplos de líderes na diversidade corporativa

Empresa	Funcionários dos Estados Unidos	% de funcionários minoritários
Baptist Health South Florida	13.302	72
Methodist Hospital System	12.152	66
Intercontinental Hotels Group	14.508	65
Four Seasons Hotels & Resorts	12.439	62
Marriott International	108.939	62
Kimpton Hotels & Restaurants	6.996	62
Scripps Health	12.006	53
Qualcomm	13.353	53
Men's Wearhouse	14.784	52
Cisco	34.847	49
Camden Property Trust	1.678	48
Capital One	27.912	45
Navy Federal Credit Union	7.745	45
Genentech	11.592	45
Children's Healthcare of Atlanta	6.618	44
Whole Foods Market	60.213	43
USAA	23.211	43
Darden Restaurants	169.516	42
Nordstrom	52.431	42
Atlantic Health	7.255	41
Intel	44.209	41

FONTE: "100 best companies to work for 2012; top companies: most diverse". Disponível em: <http://archive.fortune.com/magazines/fortune/best-companies/2012/minorities/>. Acesso em: 14 out. 2013.

DIVERSIDADE NA AMÉRICA CORPORATIVA

Confrontados com menos recursos, uma economia lenta e o aumento da concorrência doméstica e global, os gestores estão à procura de formas de configurar suas organizações para além da concorrência e de criar inovações revolucionárias. Os gestores que cultivam a força de trabalho diversificada têm mostrado que é possível melhorar as chances de sucesso da organização. Diversas equipes com desempenho eficiente agregam valor ao combinarem os pontos fortes dos indivíduos, tornando o todo maior que a soma das partes.[6]

No passado, quando os gestores pensavam em diversidade, eles se concentravam nos "problemas" associados à diversidade, como discriminação, preconceito, ação afirmativa e tokenismo.[7] Agora, reconhecem que as diferenças que as pessoas levam para o local de trabalho são valiosas.[8] Em vez de esperarem que todos os funcionários adotem atitudes e valores semelhantes, os gestores estão aprendendo que essas diferenças permitem que suas empresas possam competir globalmente e desfrutar de fontes ricas de novos talentos. Embora a diversidade na América do Norte tenha sido realidade há algum tempo, os esforços genuínos para aceitar e *administrar* diversas pessoas começaram apenas nos últimos anos. A Figura 13.2 lista alguns marcos interessantes na história da diversidade corporativa.

FIGURA 13.2
Marcos na história da diversidade corporativa

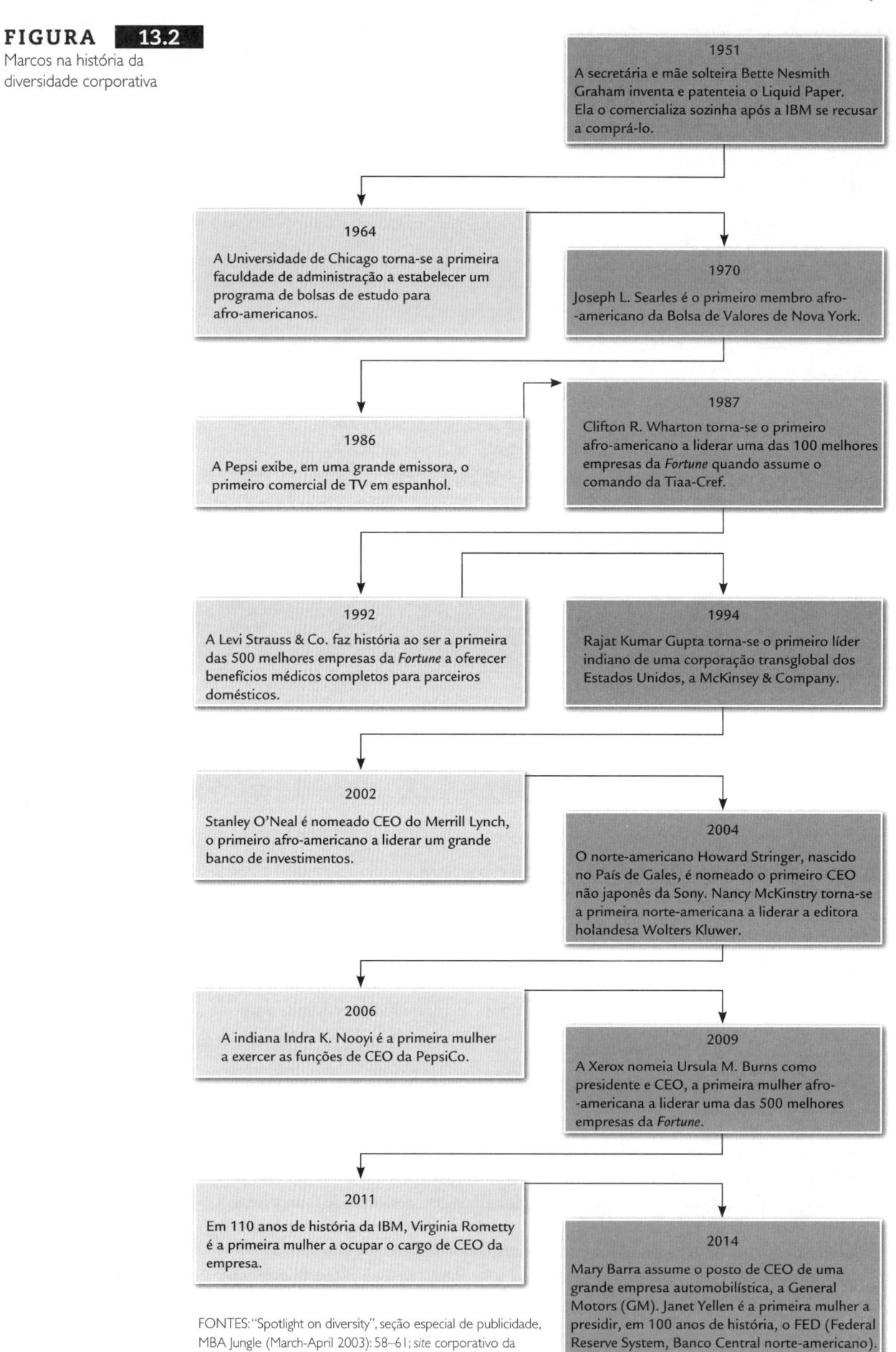

1951 — A secretária e mãe solteira Bette Nesmith Graham inventa e patenteia o Liquid Paper. Ela o comercializa sozinha após a IBM se recusar a comprá-lo.

1964 — A Universidade de Chicago torna-se a primeira faculdade de administração a estabelecer um programa de bolsas de estudo para afro-americanos.

1970 — Joseph L. Searles é o primeiro membro afro-americano da Bolsa de Valores de Nova York.

1986 — A Pepsi exibe, em uma grande emissora, o primeiro comercial de TV em espanhol.

1987 — Clifton R. Wharton torna-se o primeiro afro-americano a liderar uma das 100 melhores empresas da *Fortune* quando assume o comando da Tiaa-Cref.

1992 — A Levi Strauss & Co. faz história ao ser a primeira das 500 melhores empresas da *Fortune* a oferecer benefícios médicos completos para parceiros domésticos.

1994 — Rajat Kumar Gupta torna-se o primeiro líder indiano de uma corporação transglobal dos Estados Unidos, a McKinsey & Company.

2002 — Stanley O'Neal é nomeado CEO do Merrill Lynch, o primeiro afro-americano a liderar um grande banco de investimentos.

2004 — O norte-americano Howard Stringer, nascido no País de Gales, é nomeado o primeiro CEO não japonês da Sony. Nancy McKinstry torna-se a primeira norte-americana a liderar a editora holandesa Wolters Kluwer.

2006 — A indiana Indra K. Nooyi é a primeira mulher a exercer as funções de CEO da PepsiCo.

2009 — A Xerox nomeia Ursula M. Burns como presidente e CEO, a primeira mulher afro-americana a liderar uma das 500 melhores empresas da *Fortune*.

2011 — Em 110 anos de história da IBM, Virginia Rometty é a primeira mulher a ocupar o cargo de CEO da empresa.

2014 — Mary Barra assume o posto de CEO de uma grande empresa automobilística, a General Motors (GM). Janet Yellen é a primeira mulher a presidir, em 100 anos de história, o FED (Federal Reserve System, Banco Central norte-americano).

FONTES: "Spotlight on diversity", seção especial de publicidade, MBA Jungle (March-April 2003): 58–61; *site* corporativo da Xerox, disponível em: <www.news.xerox.com>.

A diversidade na América corporativa tornou-se um dos principais tópicos, em parte, por causa das grandes mudanças que ocorrem no local de trabalho de hoje. As estatísticas apresentadas a seguir ilustram como o local de trabalho está mudando e desafiando os gestores de linha de frente que estão tentando formar equipes coesas:

- *Diversidade geracional sem precedentes.* A mão de obra de hoje está em estado de fluxo, uma vez que a mistura de quatro gerações apresenta novos desafios de gestão, com pessoas mantendo-se saudáveis e trabalhando mais, não só nos Estados Unidos, mas na China, no Brasil, na Rússia e em outros lugares.[9] Embora a maioria das pessoas da geração da Segunda Guerra Mundial tenha se aposentado, ainda existem alguns membros com 80 e até 90 anos de idade no local de trabalho. De acordo com o Bureau of Labor Statistics, por exemplo, essa geração representou cerca de 5% da mão de obra nos Estados Unidos e quase 7% no Canadá, em 2011. Esses funcionários e os *baby boomers* que estavam crescendo rapidamente compartilham uma "memória corporativa", que é de valor inestimável para as organizações, mas, como eles permanecem como mão de obra há mais tempo, existe pouco espaço para os gestores da geração X que querem subir na hierarquia. Quando chegam à meia-idade, os trabalhadores da geração X têm que se empenhar muito para garantir a estabilidade financeira e a segurança no trabalho. Enquanto isso, os trabalhadores da geração Y, às vezes chamada de geração do milênio, são caracterizados como ambiciosos, sem lealdade à organização e ansiosos pelo sucesso rápido. Ao contrário das gerações diversas que trabalharam juntas no passado, existem atualmente fortes diferenças de valores entre os funcionários de diferentes épocas.[10]

- *Trabalhadores mais velhos.* Os *baby boomers* continuam a afetar o local de trabalho à medida que esse grupo maciço de trabalhadores progride através dos estágios de vida. Os *baby boomers* estão continuamente esbarrando na média de idade da mão de obra. Enquanto se espera que o número de trabalhadores entre 25 e 45 anos de

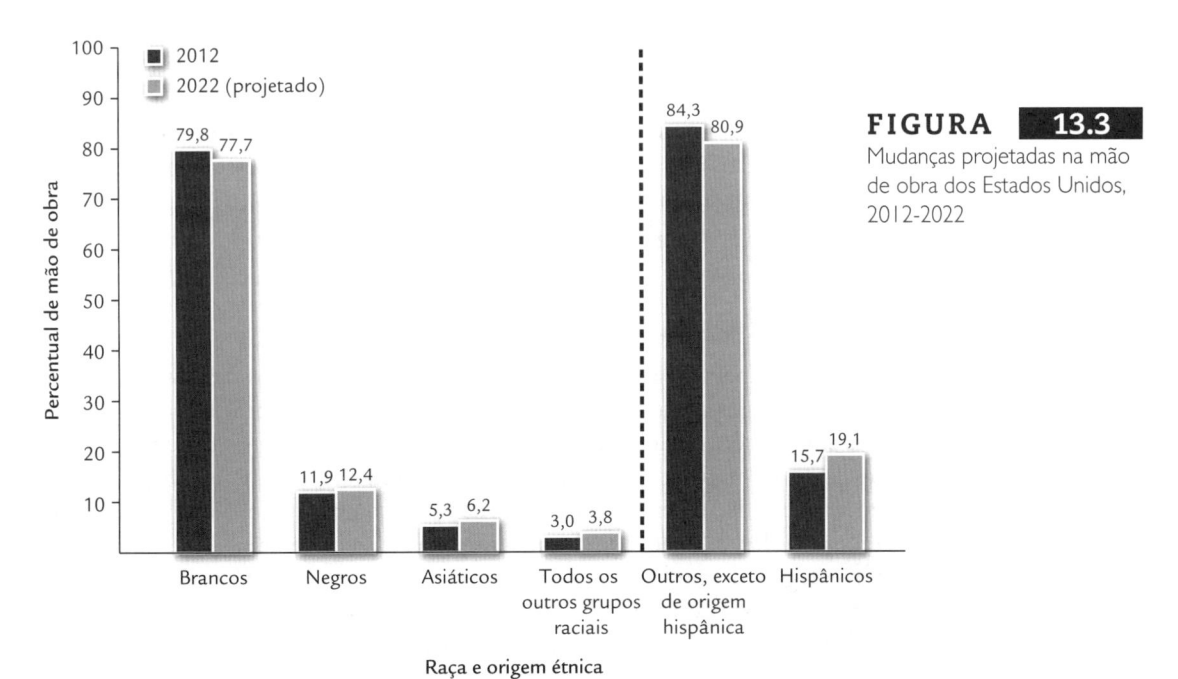

FIGURA 13.3
Mudanças projetadas na mão de obra dos Estados Unidos, 2012-2022

Gráfico de barras — Percentual de mão de obra por Raça e origem étnica (2012 e 2022 projetado):
- Brancos: 79,8 / 77,7
- Negros: 11,9 / 12,4
- Asiáticos: 5,3 / 6,2
- Todos os outros grupos raciais: 3,0 / 3,8
- Outros, exceto de origem hispânica: 84,3 / 80,9
- Hispânicos: 15,7 / 19,1

Observação: Os quatro grupos raciais somam até 100% da mão de obra. Os hispânicos podem ser de qualquer raça.

FONTE: *Employment projections: civilian labor force by age, sex, race, and ethnicity*, Bureau of Labor Statistics, U. S. Department of Labor, Table 3.1, Civilian Labor Force by Age, Sex, Race, and Ethnicity, 1992, 2002, 2012 e projeções para 2022. Disponível em: <http://www.bls.gov/emp/ep_table_301.htm>. Acesso em: 22 maio 2014.

idade caia de 66,9% para 63,7% até 2020, o número de trabalhadores com 55 anos ou mais saltará de 19,5% para 25,2% no mesmo período.[11]

- *Aumento da diversidade.* O local de trabalho de hoje fica cada vez mais diversificado à medida que aumenta o número de trabalhadores estrangeiros. Os trabalhadores estrangeiros compõem 16% da mão de obra dos Estados Unidos e são mais possivelmente empregados nos setores de serviços, como preparo de alimentos, limpeza e manutenção. Do número total de trabalhadores estrangeiros, quase metade é composta de hispânicos e 23% são asiáticos.[12] A perspectiva é de que o número de trabalhadores hispânicos crescerá mais, algo em torno de 18,6% até 2020.[13] A Figura 13.3 mostra as mudanças projetadas no emprego entre os diferentes grupos étnicos e raciais nos Estados Unidos.
- *Mais mulheres trabalhadoras.* Atualmente, as mulheres superam os homens no local de trabalho, e esses números são projetados para crescer um pouco mais rápido, em 7,4% em comparação a 6,3% para os homens. A boa notícia é que quase 73% das 500 melhores empresas da *Fortune* agora têm pelo menos uma executiva, porém as mulheres constituem apenas 14% dos cargos de diretoria, de acordo com o Catalyst, um grupo de defesa líder para as mulheres.[14] Para acelerar o próprio progresso, muitas empresas deram início a programas de treinamento e de formação que preparam mulheres para cargos seniores.

Essas tendências sublinham a natureza complexa da mão de obra de hoje e das possíveis armadilhas que os gestores enfrentam enquanto lideram equipes diversificadas em direção a objetivos comuns. Enquanto muitos gestores reconhecem o valor da diversidade multicultural, alguns simplesmente não mantiveram o ritmo dessas tendências demográficas. Na verdade, à medida que a diversidade aumentou, houve também um aumento do número de queixas de discriminação na Comissão de Oportunidades Igualitárias de Emprego (Equal Employment Opportunity Commission – Eeoc), que investiga reivindicações dos trabalhadores e, às vezes, abre ações judiciais em nome deles. Uma queixa recente foi contra a Bass Pro Shops, acusada de recusar repetidamente a contratação de trabalhadores não brancos como vendedores, caixas ou gestores e usar linguagem discriminatória para justificar esse procedimento. Entre outras acusações no processo, está a alegação de que um trabalhador sênior de Indiana foi visto descartando formulários de candidatos a vagas de emprego. Questionado sobre o motivo que o levou a agir assim, ele explicou que, com base nos nomes dos candidatos, era capaz de adivinhar quais eram negros. Ainda de acordo com o processo, um gerente-geral de uma loja de Houston regularmente chamava os funcionários de origem hispânica de "Pedro" ou "mexicano".[15]

Diversidade em escala global

Em todo o mundo, os gestores enfrentam muitos dos desafios de diversidade vivenciados pelos gestores norte-americanos, sobretudo no que concerne à progressão das mulheres em posições de alta gestão. Por exemplo, na Itália, apenas 6% dos membros dos conselhos corporativos são mulheres; na Grã-Bretanha, esse índice chega a 14%; e, na Alemanha e Índia, o percentual é de apenas 2%. Como mencionado anteriormente, nos Estados Unidos, 14% de todos os membros do conselho são mulheres.[16] Para aumentar a porcentagem de mulheres nos conselhos corporativos dos países europeus, a Comissão Europeia está estudando a possibilidade de introduzir cotas em todo o continente, semelhante a uma lei recente da Itália que exige que as empresas listadas em bolsa de valores e estatais garantam que, até 2015, um terço de seus membros do conselho sejam mulheres. Segundo Alessia Mosca, membro do Parlamento pelo Partido Democrata de centro-esquerda, coautora da nova lei "cota rosa" da Itália, "Precisávamos de um choque no sistema. A esperança é que isso desencadeie uma mudança cultural".[17]

As empresas japonesas têm uma luta ainda maior para preencher a lacuna de gêneros nos conselhos corporativos, onde as mulheres representam apenas 1,2% dos altos executivos.[18] Na verdade, apenas 65% das mulheres japonesas com formação superior estão empregadas, muitas delas em trabalhos temporários de baixa remuneração, em comparação a 80% das mulheres nos Estados Unidos. As razões para a escassez de mulheres na mão de obra japonesa são complexas. Parte disso diz respeito ao morno crescimento econômico. Mais de dois terços das mulheres japonesas abandonam o trabalho depois do nascimento do primeiro filho, em comparação a apenas um terço das mulheres norte-americanas, muitas vezes em decorrência da falta de creches e das expectativas da sociedade.[19]

Normas culturais, como as que restringem a progressão das mulheres no Japão, são intangíveis, generalizadas e difíceis de compreender. No entanto, é imperativo que os gestores aprendam a compreender as culturas locais e lidar com elas de forma eficaz.[20]

Lembre-se disto

- A mão de obra que exibe características do mercado diversificado de hoje é uma importante ferramenta para os gestores que estão se esforçando para obter sucesso em um ambiente de negócios altamente competitivo.
- A mão de obra dos Estados Unidos está sendo transformada pela mão de obra de quatro gerações, pelos *baby boomers* envelhecidos, pelo aumento de trabalhadores hispânicos e asiáticos e pelo número crescente de mulheres empregadas.
- A progressão das mulheres em cargos executivos continua a ser lenta nas corporações norte-americanas e globais, mas as empresas inovadoras estão iniciando programas para impulsionar o avanço das mulheres em níveis mais elevados de responsabilidade.
- Para que possam obter sucesso no mercado global, os gestores precisam compreender outras culturas e lidar com elas de forma eficaz.

Poder Verde

Diversidade e biodiversidade

Quando éramos crianças e nos deparávamos com opiniões divergentes, nossas avós nos lembravam: "O mundo precisa de todas as espécies". E isso se reflete também na preservação de diversas formas de vida animal e vegetal. Para promover a preservação da biodiversidade, os gestores da fabricante de bebidas Bean and Body utilizam o produto da venda de seus cafés saudáveis para patrocinar a Iniciativa dos Terrenos Protegidos da Bean and Body, que trabalha em colaboração com a World Land Trust para comprar, proteger e preservar as áreas mais ameaçadas de florestas, pântanos e zonas costeiras do mundo. O esforço premiado atende às metas corporativas para promover um estilo de vida saudável, enquanto dá passos intencionais para promover a preservação ecológica, econômica e social. A iniciativa da Bean and Body trabalha para resolver os problemas da biodiversidade, ajudando agricultores cujos cultivos de grãos de café afetam o meio ambiente por meio de escoamento de águas subterrâneas e incursões em florestas tropicais.

Fontes: Andrew J. Hoffman, "Climate change as a cultural and behavioral issue: addressing barriers and implementing solutions", *Organizational Dynamics* 39 (2010): 295-305; Erin Legg, "Coffee re-imagined: Bean and Body emerge as global leaders", *Healthy New Age*, July 2010, disponível em: <www.healthynewage.com/blog/bean-and-body-wins-award/>. Acesso em: 1º ago. 2012.

Gestão da diversidade

Os gestores que querem aumentar o desempenho e estimular a inovação concordam que equipes diversificadas produzem os melhores resultados. Em uma pesquisa com 32 líderes de departamento e executivos, 84% afirmaram que preferem equipes heterogêneas porque levam a múltiplos pontos de vista e ideias mais prolíficas.[21] As próximas seções descrevem as características da mão de obra diversificada e os benefícios de cultivá-la.

Diversidade e inclusão

Diversidade é definida como todas as formas em que as pessoas se distinguem.[22] Diversidade nem sempre teve essa definição ampla. Décadas atrás, muitas empresas definiam diversidade em termos de raça, gênero, idade, estilo de vida e incapacidades. Esse foco ajudou a criar consciência, mudar mentalidades e gerar novas oportunidades para muitos. Hoje, as empresas têm adotado um conceito mais abrangente sobre diversidade que reconhece um espectro de diferenças que influenciam a forma como os funcionários abordam o trabalho, interagem, obtêm satisfação no trabalho e definem quem são as pessoas no local de trabalho.[23]

A Figura 13.4 ilustra a diferença entre o modelo tradicional e o modelo inclusivo de diversidade. As dimensões da diversidade mostradas no modelo tradicional incluem diferenças inatas imediatamente observáveis, além de raça, gênero, idade e capacidades físicas. No entanto, o modelo inclusivo de diversidade inclui *todas* as formas em que os funcionários se distinguem e os aspectos da diversidade que podem ser adquiridos ou alterados ao longo da vida. Essas dimensões podem ter menos impacto do que aquelas incluídas apenas no modelo tradicional,

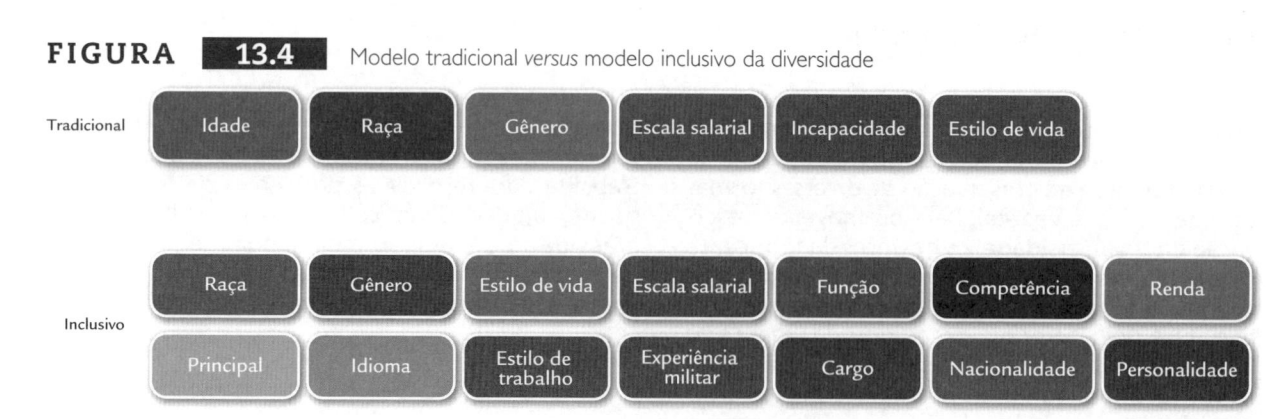

Conexão de conceito ◀◀◀

As organizações bem-sucedidas buscam uma **mão de obra diversificada** e inclusiva. Indra Nooyi foi nomeada CEO da PepsiCo em 2006, após 12 anos com a gigante de alimentos e bebidas, passando a maior parte desses anos liderando sua estratégia global. As revistas *Fortune* e *Forbes* apontaram a executiva indiana como uma das mulheres mais poderosas dos Estados Unidos. "Não sou 'mais uma' CEO. Sou tudo aquilo que a empresa assumiu diante da diversidade e inclusão, e estes fatores têm tudo a ver comigo", afirmou Nooyi.

FIGURA 13.4 Modelo tradicional *versus* modelo inclusivo da diversidade

Tradicional						
Idade	Raça	Gênero	Escala salarial	Incapacidade	Estilo de vida	

Inclusivo						
Raça	Gênero	Estilo de vida	Escala salarial	Função	Competência	Renda
Principal	Idioma	Estilo de trabalho	Experiência militar	Cargo	Nacionalidade	Personalidade

FONTE: Baseada em Anthony Oshiotse; Richard O'Leary, "Corning creates an inclusive culture to drive technology innovation and performance", *Global Business and Organizational Excellence* 26, n. 3 (March/April 2007): 7-21.

porém não deixam de afetar a autodefinição de uma pessoa e visão de mundo e a forma como a pessoa é vista pelos outros. Muitos líderes organizacionais adotam essa definição mais abrangente da diversidade. De acordo com Wally Parker, ex-CEO da KeySpan Energia (agora National Grid), "A diversidade deve ser observada no seu sentido mais amplo. Para mim, trata-se de reconhecer, respeitar e apoiar os indivíduos, independentemente do que compõe determinada individualidade. Diversidade não está relacionada apenas a raça, gênero e orientação sexual, mas também a fatores como introversão e extroversão, históricos étnicos, formação cultural e muito mais".[24]

Um dos desafios para administrar a mão de obra diversificada é criar um ambiente onde todos os funcionários se sintam aceitos como membros da equipe e os talentos sejam apreciados. Quando os gestores criam a sensação de inclusão, os funcionários demonstram mais lealdade, cooperação e confiança. **Inclusão** é o grau em que um funcionário se sente como membro estimado de um grupo em que sua singularidade é muito apreciada. A inclusão cria forte sensação de pertencimento, em que todas as pessoas podem ter as vozes ouvidas e apreciadas.[25] Considere como um gestor de uma loja de varejo adotou a perspectiva única de um funcionário com resultados positivos. Hal, o gestor, supervisionava uma funcionária, Olívia, que, apesar de introvertida, parecia ter ideias inovadoras. Um dia, enquanto discutia as estratégias de *marketing* para a loja com Olívia, Hal se surpreendeu, de forma positiva, com as inovações apresentadas por ela. Ao longo do tempo, Hal percebeu que esta funcionária aparentemente tranquila era uma das marqueteiras mais criativas que ele já conhecera, e juntos criaram uma linha muito bem-sucedida de vestuário infantil. Hal tornou-se um forte entusiasta da inclusão e defensor dos indivíduos que operam de forma diferente da norma.[26]

Na criação de uma cultura de inclusão, os gestores podem experimentar momentos de tensão e discórdia, uma vez que pessoas com diferentes formações apresentam opiniões e ideias distintas. Conflitos, ansiedade e mal-entendidos podem aumentar. Adotar essas diferenças e usá-las para melhorar o desempenho da empresa pode ser um desafio. Gestão da diversidade, uma grande habilidade na economia global de hoje, significa criar um clima em que as possíveis vantagens da diversidade para o desempenho organizacional ou em grupo são maximizadas, enquanto se minimizam as possíveis desvantagens.[27]

> **Faça uma pausa**
>
> De que maneira você se sente diferente das pessoas com quem trabalha ou estuda? Será que essas diferenças percebidas afetam suas relações interpessoais?
> Faça o que se pede na seção "Aplique suas habilidades: pequeno grupo em prática", no material complementar, para avaliar a sua diversidade pessoal e verificar que fatores diferenciam você de outras pessoas.

DIVERSIDADE DE PERSPECTIVA

Você já deve ter ouvido a seguinte expressão: "Grandes mentes pensam da mesma forma". Entretanto, quando se trata de alcançar níveis inéditos de inovação e desempenho, as melhores mentes são as que *não* pensam da mesma forma. Ao longo de uma década, por exemplo, as 50 melhores empresas da DiversityInc. superaram, em determinado ano, a média industrial do Dow Jones em 22% e da Nasdaq em 28%, de acordo com o Catalyst. Outros estudos feitos pela McKinsey & Company sobre a diversidade do conselho executivo nos Estados Unidos, na França, na Alemanha e no Reino Unido mostram que as empresas que se classificam no quartil superior para a diversidade tiveram retornos sobre o patrimônio 53% mais elevados, em média, do que as empresas menos diversificadas.[28]

Equipes e organizações heterogêneas, constituídas de indivíduos com diferentes origens e conjuntos de habilidades, aumentam as chances de conseguir a **diversidade de perspectiva**, que fornece uma base mais ampla e profunda de ideias, opiniões e experiências para resolução de problemas, criatividade e inovação. Os gestores que cultivam a diversidade de perspectiva aumentam significativamente a chance de criar vantagens competitivas difíceis de replicar. Ao se aproveitarem dos pontos fortes da diversidade, as equipes são mais propensas a experimentar mais eficiência, melhor

Conexão de conceito ◀◀◀

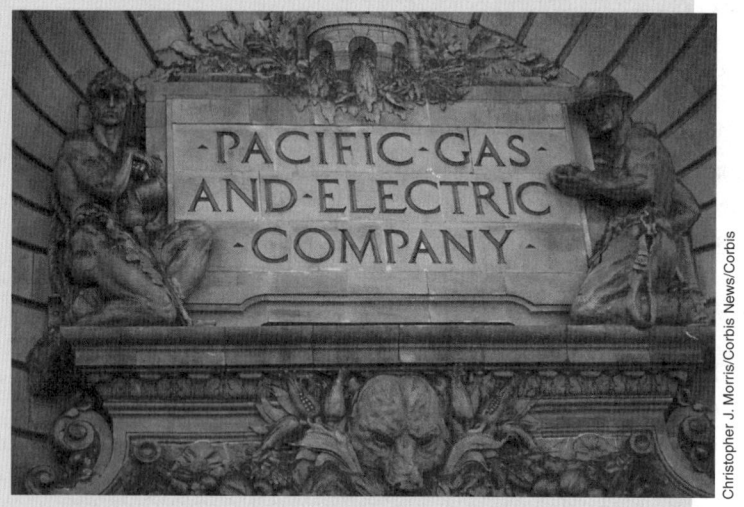

Como parte de um programa que visa premiar fornecedores de diversidade, a Pacific Gas & Electric (PG&E), sediada na cidade norte-americana de São Francisco, gastou 2,1 bilhões de dólares em 2012, ou seja, 38,8% dos recursos totais de aquisição, em produtos e serviços de empresas de propriedade de minorias, mulheres e veteranos incapacitados em serviço. Como muitos desses fornecedores também são clientes PG&E, os gestores da empresa não precisam olhar muito longe para encontrar a **diversidade de benefícios** que a PG&E colhe com base nesse programa.

qualidade, menos duplicação de esforços entre membros da equipe e aumento da inovação e criatividade.[29]

De acordo com os resultados de um estudo, as empresas que classificam a alta taxa na criatividade e inovação têm maior porcentagem de mulheres e trabalhadores do sexo masculino não brancos do que as empresas menos inovadoras. Outro estudo recente mostrou que a inteligência coletiva de uma equipe aumenta quando há mais mulheres na equipe.[30] Além disso, as empresas com equipes de liderança de topo mais diversificadas superam as concorrentes financeiramente. Pesquisadores analisaram o retorno sobre o patrimônio (*return on equity* – ROE) e as margens de lucros antes dos juros e impostos (*earnings before interest and taxes* – Ebit) de 180 empresas nos Estados Unidos, na França, na Alemanha e no Reino Unido e descobriram que aquelas com porcentagem mais elevada de mulheres e estrangeiros tiveram um desempenho significativamente melhor do que os concorrentes com equipes de topo menos diversificadas.[31]

Na Reckitt Benckiser, uma produtora britânica de produtos para casa, saúde e cuidados pessoais, nenhuma nacionalidade domina a equipe de liderança de topo. Dois executivos são holandeses, um é alemão, dois são britânicos, um é sul-africano, dois são italianos e um é indiano. Os líderes acreditam que a diversidade da mão de obra da empresa é uma das razões para a renda ter aumentado 17% ao ano, em média, de 1999 a 2010. Recentemente, o CEO aposentado Bart Becht afirmou: "Não importa se tenho uma pessoa paquistanesa, chinesa, britânica ou turca, homem ou mulher, sentada na mesma sala, ou se tenho pessoas de vendas ou qualquer outra coisa. O importante é que sejam pessoas com diferentes experiências – porque a chance de novas ideias serem geradas é muito maior quando você tem pessoas de diferentes origens".[32]

Benefícios da diversidade no local de trabalho

Os gestores que constroem diversas organizações fortes colhem inúmeros benefícios, como descrito aqui e mostrado na Figura 13.5.[33] A seguir, apresentam-se os benefícios da diversidade:

- *Melhor uso do talento do funcionário.* As empresas com os melhores talentos são as únicas com a melhor vantagem competitiva. Atrair mão de obra diversificada não é suficiente; as empresas também devem fornecer oportunidades de carreira e avanço para as minorias e mulheres para mantê-las.

- *Aumento da compreensão do mercado.* A mão de obra diversificada é mais capaz de antecipar as mudanças nas necessidades dos consumidores e responder a elas. A Ford Motor Company percebeu que poderia alcançar seus objetivos comerciais somente se criasse uma mão de obra que refletisse a face multicultural do país. Por isso, reuniu uma mão de obra composta por 25% de minorias (18,4% são afro-americanos) para fomentar a cultura de inclusão, o que resultou em uma classificação no *ranking* das "40 Melhores Empresas para a Diversidade" da revista *Black Enterprise*.[34]

FIGURA 13.5
Benefícios da diversidade no local de trabalho

- Melhor uso do talento do funcionário
- Aumento da compreensão do mercado
- Amplitude melhorada da compreensão dos cargos de liderança
- Aumento da qualidade da resolução de problemas da equipe
- Redução de custos associados a alta rotatividade, absentismo e processos judiciais

FONTE: Gail Robinson; Kathleen Dechant, "Building a business case for diversity", *Academy of Management Executive* 11, n. 3 (1997): 21-31.

- *Amplitude melhorada da compreensão dos cargos de liderança.* Equipes homogêneas de alta gestão tendem a ser míopes nas perspectivas. De acordo com Niall FitzGerald, da Unilever: "Para qualquer empresa que opera em um ambiente cada vez mais complexo e em rápida mudança, é importante preparar variedade de talentos. Isso oferece uma amplitude de compreensão do mundo e do ambiente, além de uma fusão dos melhores valores e das perspectivas diferentes que compõem esse mundo".[35]

- *Aumento da qualidade da resolução de problemas da equipe.* Equipes com origens distintas trazem diferentes perspectivas para uma discussão que resultará em mais ideias e soluções criativas.[36] Embora um grande percentual da liderança sênior da Ernst & Young ainda seja masculina, a empresa está tomando medidas para criar uma equipe de liderança mais diversificada porque é melhor para os negócios. Segundo Billie Williamson, diretor de flexibilidade e estratégia de equidade de gênero da Ernst & Young, "Sabemos que é possível obter soluções melhores quando se coloca uma equipe diversificada na mesa. As pessoas vêm de diferentes origens e têm diferentes estruturas de referência. Quando você coloca essas pessoas juntas, obtém a melhor solução para nossos clientes".[37]

- *Redução de custos associados a alta rotatividade, absenteísmo e processos judiciais.* As empresas que promovem a mão de obra diversificada reduzem a rotatividade, o absenteísmo e o risco de processos judiciais. Como as responsabilidades familiares contribuem para a rotatividade e o absenteísmo, muitas empresas já oferecem creches e assistência a idosos, acordos flexíveis de trabalho, telecomutação e emprego em meio período para acomodar as responsabilidades dos funcionários em casa. Os processos de discriminação também têm o efeito colateral dispendioso de um ambiente de trabalho discriminatório. O processo de assédio racial contra a Lockheed Martin Corporation custou à empresa 2,5 milhões de dólares, o maior pagamento individual para discriminação racial obtido pela Eeoc.[38]

As organizações mais bem-sucedidas têm consciência da importância da diversidade e sabem que seu maior ativo são os funcionários. De acordo com a Agência Central de Inteligência (CIA), as empresas com mão de obra diversificada estão mais bem preparadas para antecipar surpresas estratégicas.

Surpresas sempre nos pegam desprevenidos. Quando elas acontecem, perguntamo-nos: "Quem poderia prever?". Nos Estados Unidos, os ataques feitos por terroristas islâmicos em 11 de setembro de 2001 deixou a nação atordoada, especialmente os agentes da CIA que ficaram responsáveis por recolher informações sobre as atividades terroristas e alertar possíveis ameaças. Por que a CIA, uma das instituições mais influentes dos últimos 60 anos, não previu esses ataques? Por que eles tiveram tanto trabalho para penetrar nas mentes dos terroristas islâmicos que elaboraram um ataque devastador em solo norte-americano?

Forma inovadora

Agência Central de Inteligência (CIA)

Quando uma organização como a CIA vivencia uma "surpresa estratégica" – um evento inesperado que muda tudo e interfere no rumo das coisas –, os resultados podem ser devastadores. Para antecipar as surpresas estratégicas com mais eficácia, as organizações precisam de uma mão de obra diversificada que reflita as diferenças das comunidades a que servem. A mão de obra da CIA tem sido bastante homogênea em termos de raça, gênero, etnia, classe e cultura. Em geral, os agentes e analistas são homens norte-americanos brancos, protestantes e educados em artes liberais. Poucos viajaram para o exterior ou aprenderam a falar um idioma estrangeiro. Os resultados dessa homogeneidade são falhas na inteligência. Considere a crise dos mísseis cubanos do início dos anos 1960, em que os analistas da CIA dispensaram informações-chave sobre o acúmulo dos mísseis em Cuba por causa de atitudes racistas contra informantes daquele país. Mesmo depois do episódio de 11 de setembro de 2001, Robert Gates, ex-diretor da CIA e secretário de Defesa dos Estados Unidos, afirmou que a agência estava cada vez menos disposta a empregar "pessoas um pouco diferentes, excêntricas, que não ficam bem de terno e gravata, e que não conseguem conviver com os colegas de trabalho".[39]

A CIA de hoje, no entanto, parece estar reconhecendo o valor da mão de obra heterogênea. De acordo com o general aposentado David H. Petraeus, que renunciou ao cargo de diretor da CIA em 2012: "Nosso principal desafio agora é garantir que a mão de obra extraordinariamente talentosa e dedicada da CIA contribua para o seu pleno potencial. Isso significa que devemos, em todos os níveis, ser tão inclusivos quanto possível em nossa composição e na forma como tomamos decisões. Como todo o trabalho da inteligência é realizado em equipe, temos o dever de reforçar diariamente os valores de diversidade, justiça, respeito e inclusão".[40]

Lembre-se disto

- **Diversidade** é definida como todas as formas em que as pessoas se distinguem.
- **Inclusão** é o grau em que um funcionário se sente como membro estimado de um grupo em que sua singularidade é muito apreciada.
- A **diversidade de perspectiva** é alcançada quando um gestor cria uma equipe heterogênea composta por indivíduos com origens e habilidades diversificadas.
- **Gestão da diversidade**, que significa criar um clima em que as possíveis vantagens da diversidade para o desempenho organizacional sejam maximizadas e as possíveis desvantagens sejam minimizadas, é uma importante habilidade de gestão nos dias de hoje.
- As empresas que recrutam e retêm mão de obra diversificada colhem inúmeros benefícios, como melhoria da resolução de problemas da equipe e mais compreensão do mercado.
- Reckitt Benckiser atribui o aumento nas vendas e receitas à diversidade da sua equipe de gestão de topo e força de trabalho.

Fatores que moldam o viés comportamental

Para colher os benefícios da diversidade, as organizações estão buscando gestores que servirão como catalisadores no local de trabalho para reduzir as barreiras e eliminar os obstáculos para as mulheres e minorias. Para que possam gerenciar com sucesso um grupo de trabalho diversificado e criar um ambiente positivo e produtivo para todos os funcionários, os gestores precisam primeiramente entender as atitudes, opiniões e questões complexas já existentes no local de trabalho ou que os funcionários carregam consigo. Nesse processo de compreensão, os gestores devem considerar os diversos fatores que moldam as predisposições pessoais, como preconceito, discriminação, estereótipos e etnocentrismo.

Preconceito, discriminação e estereótipos no local de trabalho

Preconceito é a tendência em ver as pessoas diferentes como deficientes. Se alguém age com atitudes preconceituosas em relação às pessoas que são alvos de preconceito, a **discriminação** ocorreu.[41] Pagar a uma mulher menos do que a um homem pelo mesmo trabalho é discriminação de gênero. Maltratar as pessoas porque elas têm etnia diferente é discriminação étnica. Embora a discriminação flagrante não seja tão generalizada como no passado, o viés comportamental no local de trabalho muitas vezes mostra-se de forma sutil. De acordo com Christine Dale, "Numa reunião, posso até apresentar a minha opinião, mas sinto que sou invisível, como se eu não tivesse pronunciado uma única palavra. Agora, quando um homem manifesta uma opinião semelhante, a reação é invariavelmente: 'Oh, isso é brilhante'".[42] Uma pesquisa realizada pela Korn Ferry International revelou que 59% dos gestores minoritários inquiridos haviam observado um padrão duplo de motivação racial na delegação de atribuições.[43] Um estudo interessante recente descobriu que, enquanto os homens falantes tendem a ser vistos como poderosos e competentes, as mulheres falantes tendem a ser percebidas como menos competentes e agressivas.[44]

Um componente importante do preconceito refere-se aos **estereótipos** rígidos, exagerados e irracionais associados a determinado grupo de pessoas.[45] Para que possam ser bem-sucedidos na gestão da diversidade, os gestores precisam se desvencilhar de qualquer tipo de estereótipo e viés comportamental que possam afetar negativamente o ambiente de trabalho. Por exemplo, os velhos estereótipos frequentemente aumentam e bloqueiam a ascensão das mulheres a cargos superiores. Essas crenças silenciosas, porém potentes, incluem a percepção de que as mulheres representam um risco maior em cargos de chefia ou que mães que trabalham são incapazes de manter cargos que exijam longas viagens e estresse. Os estereótipos também podem bloquear o *feedback* honesto de que as mulheres precisam para melhorar o desempenho. Se um homem faz uma apresentação ruim, seus superiores do sexo masculino podem dar um tapinha nas costas e dizer: "Amigo, o que aconteceu? Você fez besteira, cara!". Se uma mulher fizer uma apresentação ruim, provavelmente jamais ouvirá um *feedback* sincero. Em vez disso, podem falar pelas suas costas: "Uau! Ela fez mesmo besteira".[46]

Os gestores podem aprender a *valorizar as diferenças*, o que significa que eles reconhecem diferenças individuais e as veem com uma atitude apreciativa. Para facilitar essa atitude, os gestores podem aprender padrões culturais e crenças de grupos típicas para ajudá-los a entender por que as pessoas agem de determinada maneira. Isso ajuda a entender a diferença entre dois modos de pensamento – sobretudo que os estereótipos são uma barreira para a diversidade, porém valorizar as diferenças culturais facilita a diversidade. Essas duas formas diferentes de pensamento estão listadas na Figura 13.6 e são descritas aqui.[47]

Faça uma pausa

Quais crenças ou atitudes de julgamento influenciam seus sentimentos sobre a diversidade no local de trabalho? Para verificar se você está preparado para colocar os estereótipos de lado, para ser um gestor eficaz, faça o "Autoteste do novo gestor" apresentado na próxima página.

▶▶▶ Conexão de conceito

No atual cenário econômico, a **discriminação de idade** é um desafio a ser enfrentado pelos trabalhadores mais velhos que estão à procura de emprego. Em maio de 2013, por exemplo, o tempo médio de desemprego para pessoas com mais de 55 anos, como Larry Visakowitz (na foto, em uma feira de empregos para veteranos), girava em torno de 54 semanas – mais de um ano inteiro –, ou seja, 17 semanas a mais do que a média nacional. Há muitos **estereótipos** atribuídos aos candidatos mais velhos: eles são mais caros, difíceis de treinar, propensos a sair e menos produtivos, adaptáveis e tecnologicamente aptos.

NOVO GESTOR — Autoteste

Valorização da diversidade no local de trabalho

Instruções: Das palavras apresentadas a seguir, circule aquelas que estão associadas à sua ideia de diversidade no local de trabalho.

Anormal	Corrupto	Unido	Sensato
Acomodado	Crítico	Justo	Recuo
Agravante	Averso	Atencioso	Correto
Apreciativo	Controverso	Necessário	Apropriado
Auxiliar	Insatisfatório	Nobre	Simpático
Infundado	Pavoroso	Obstinado	Incômodo
Depreciativo	Ansioso	Oposto	Improcedente
Benéfico	Gratificante	Otimista	Irrelevante
Tendencioso	Hostil	Participativo	Acolhedor
Comprometido	Complicado	Perplexo	
Abrangente	Irritante	Agradável	

Pontuação total A ____. Adicione 1 ponto para cada uma das seguintes palavras circuladas: benéfico, justo, necessário, nobre, sensato, correto e apropriado. Subtraia 1 ponto de cada uma das seguintes palavras circuladas: anormal, infundado, tendencioso, corrupto, complicado, improcedente e irrelevante.

Pontuação total B ____. Adicione 1 ponto para cada uma das seguintes palavras circuladas: apreciativo, comprometido, ansioso, gratificante, otimista, agradável e simpático. Subtraia 1 ponto de cada uma das seguintes palavras circuladas: agravante, averso, insatisfatório, pavoroso, irritante, perplexo e incômodo.

Pontuação total C ____. Adicione 1 ponto para cada uma das seguintes palavras circuladas: acomodado, auxiliar, abrangente, unido, atencioso, participativo e acolhedor. Subtraia 1 ponto de cada uma das seguintes palavras circuladas: depreciativo, crítico, controverso, hostil, obstinado, oposto e recuo.

Pontuação e interpretação: A pontuação obtida diz respeito às suas atitudes em relação à diversidade no local de trabalho que se refletem em seus valores de diversidade pessoal. A pontuação na parte A refere-se aos seus julgamentos intelectuais em relação à diversidade no local de trabalho. A parte B refere-se à sua reação afetiva (emocional), e a parte C, à sua resposta comportamental à diversidade. Se a sua pontuação estiver perto de zero, então suas atitudes e seus valores em relação à diversidade no local de trabalho são neutros. As pontuações positivas mais elevadas significam que você detém valores positivos em relação à diversidade e provavelmente saberá lidar com o viés comportamental no local de trabalho. As pontuações negativas mais elevadas significam que você detém valores negativos em relação à diversidade e pode estar despreparado para lidar com questões de diversidade que surgirem durante a sua função de gestor. Quais experiências têm liderado seus valores de diversidade? De que forma os seus valores contribuirão para a sua carreira como gestor?

Fontes: Com base em Kenneth P. De Meuse; Todd J. Hostager, "Developing an instrument for measuring attitudes toward and perceptions of workplace diversity: an initial report", *Human Resource Development Quarterly* (Spring 2001): 33-51; Alfred B. Heilbrun, "Measurement of masculine and feminine sex role identities as independent dimensions", *Journal of Consulting and Clinical Psychology* 44 (1976): 183-190.

FIGURA 13.6
Diferença entre estereótipo e valorização das diferenças culturais

Estereótipo	Valorização das diferenças culturais
É fundamentado em suposições falsas, evidências anedóticas ou impressões sem qualquer experiência direta com um grupo.	É fundamentada em diferenças culturais verificadas por métodos de investigação científica.
Atribui traços negativos aos membros de um grupo.	Considera as diferenças culturais como positivas ou neutras.
Supõe que todos os membros de um grupo tenham as mesmas características.	Não supõe que todos os indivíduos de um grupo tenham as mesmas características.
Exemplo: Como Suzuko Akoi é asiática, ela não é agressiva, de acordo com os padrões ocidentais.	*Exemplo: Como grupo, os asiáticos tendem a ser menos agressivos do que os homens norte-americanos brancos.*

FONTE: Adaptada de Taylor Cox, Jr.; Ruby L. Beale, *Developing competency to manage diversity: readings, cases and activities* (San Francisco: Berrett-Koehler Publishers, Inc., 1997).

+ *Os estereótipos muitas vezes são fundamentados em folclore, retratos da mídia e outras fontes não confiáveis de informação.* Por exemplo, estudos mostraram que o estereótipo tradicional de um "bom" gestor é masculino, adotando características como assertividade e competitividade. Curiosamente, no entanto, para as pessoas que trabalharam em organizações com elevada porcentagem de gestores do sexo feminino, esse estereótipo não existe mais. Esses funcionários muitas vezes mostram mais preferência pelas características femininas, como carinho e compaixão.[48] As diferenças culturais legítimas são apoiadas pela pesquisa sistemática de diferenças reais, não por folclore e suposição.

+ *Os estereótipos contêm conotações negativas.* Os gestores que valorizam a diversidade consideram as diferenças como potencialmente positivas ou neutras. Por exemplo, a observação de que os homens asiáticos são tipicamente menos agressivos não implica que sejam inferiores ou superiores aos homens brancos – simplesmente significa que há uma diferença.

+ *Os estereótipos supõem que todos os membros de um grupo têm as mesmas características.* Os gestores que valorizam a diversidade reconhecem que os indivíduos de um grupo podem ou não compartilhar as mesmas características.[49]

Os gestores não só devem se livrar do pensamento estereotipado como também devem reconhecer a ameaça do estereótipo que pode comprometer o desempenho dos funcionários em situação de risco. A **ameaça do estereótipo** descreve a experiência psicológica de uma pessoa que, quando envolvida em uma tarefa, tem conhecimento de um estereótipo sobre o seu grupo de identidade, sugerindo que ela não terá bom desempenho nessa tarefa.[50] Suponha que você seja membro de um grupo minoritário que apresentará os resultados complicados de uma pesquisa de mercado para a equipe de gestão. Considere ainda que todos os integrantes do grupo estejam muitos ansiosos, pois pretendem causar uma boa impressão. Suponha também que algumas pessoas do seu público tenham um estereótipo negativo sobre o seu grupo de identidade. Ao ponderar isso, sua ansiedade e confiança ficam abaladas. Compreensivelmente, a sua apresentação sofre porque você está distraído com preocupações e dúvidas enquanto investe energia para superar o estereótipo. As sensações que você está enfrentando são chamadas de *ameaça do estereótipo*.

As pessoas mais afetadas pela ameaça do estereótipo são as que consideramos desfavorecidas no mercado de trabalho por causa de estereótipos negativos – minorias raciais e étnicas, membros das classes socioeconômicas mais baixas, mulheres, idosos, *gays* e lésbicas e pessoas com deficiência. Embora a ansiedade sobre a execução de uma tarefa possa ser normal, as pessoas com ameaça do estereótipo sentem um escrutínio extra e se preocupam com o fato de que o fracasso refletirá não apenas em si mesmas, mas também sobre o grupo maior a que pertencem. Como afirmou certa vez Beyonce Knowles: "É como se você tivesse que provar algo. E você não quer estragar tudo e ser um reflexo negativo para as mulheres negras".[51]

ETNOCENTRISMO

Etnocentrismo é um obstáculo para os gestores que tentam reconhecer, acolher e incentivar as diferenças entre as pessoas, para que possam desenvolver os talentos únicos e ser membros eficazes da organização. **Etnocentrismo** é a crença de que o próprio grupo e cultura são inerentemente superiores a outros grupos e culturas. O etnocentrismo dificulta a valorização da diversidade. Considerar a própria cultura como a melhor é uma tendência natural entre a maioria das pessoas. Além disso, o mundo dos negócios ainda tende a refletir os valores, os comportamentos e as suposições com base nas experiências da mão de obra homogênea, branca, de classe média e masculina. Na verdade, a maioria das teorias sobre gestão presume que os trabalhadores compartilhem valores, crenças, motivações e atitudes semelhantes acerca do trabalho e da vida em geral. De acordo com essas teorias, um conjunto mais aprimorado de comportamentos ajuda a organização a ser produtiva e eficaz, e, portanto, deve ser adotado por todos os funcionários.[52]

Pontos de vista etnocêntricos e um conjunto padrão de práticas culturais produzem a **monocultura**, uma cultura que aceita apenas uma maneira de fazer as coisas e um conjunto de valores e crenças, o que pode causar problemas para os funcionários minoritários. As pessoas de cor, as mulheres, os homossexuais, os deficientes, os idosos e outros diversos funcionários podem se sentir sob pressão indevida para se conformar, ser vítimas de atitudes estereotipadas e considerados como deficientes porque são diferentes. Os homens brancos e heterossexuais, muitos dos quais não se encaixam na noção de funcionário "ideal", também podem se sentir desconfortáveis com a monocultura e se ressentir com os estereótipos que rotulam os homens brancos como racistas e sexistas. Valorização da

Faça uma pausa

Você é tolerante com pessoas diferentes? Para avaliar o seu nível de tolerância, faça o teste proposto na seção "Aplique suas habilidades: exercício vivencial", no material complementar.

Forma inovadora
Google

Os funcionários da sede corporativa do Google vêm de todos os cantos do mundo, mas eles se sentem um pouco mais perto de casa quando veem alimentos familiares da terra natal no menu da lanchonete. Com o objetivo de satisfazer um paladar diversificado e etnicamente variado, o primeiro guru da alimentação e *chef* Charlie Ayers, do Google, criou menus que refletem os gostos ecléticos, mas também atendeu às necessidades da mão de obra cada vez mais diversificada. Ele criou seus próprios pratos, procurou todos os tipos de restaurantes para novas receitas e, muitas vezes, teve algumas de suas melhores ideias com funcionários estrangeiros. Por exemplo, um contador filipino ofereceu a receita de frango adobo, um prato popular de seu país de origem. Espalhadas pela Googleplex estão lanchonetes especializadas em pratos sulistas, italianos, californiano-mediterrâneos e vegetarianos. E como cada vez mais os googlers originalmente vêm da Ásia, os funcionários podem encontrar sushis no Pacific Café com temática japonesa e o prato tailandês de carne ao *curry* vermelho no East Meets West Café.

O Google acredita que os alimentos podem ser uma ferramenta para apoiar o ambiente de trabalho inclusivo. A variedade de opções de menu dá às pessoas a oportunidade de experimentar coisas novas e aprender mais sobre seus colegas de trabalho. E a empresa sabe que, quando as pessoas precisam de um pouco de conforto e familiaridade, nada alivia tanto trabalhar em um país estrangeiro como fazer uma refeição que lembre a sua casa.[53]

diversidade significa garantir que *todas* as pessoas recebam oportunidades iguais no local de trabalho.[54]

A meta para organizações que buscam a diversidade cultural é o pluralismo, em vez da monocultura, e o etnorrelativismo, em vez do etnocentrismo. **Etnorrelativismo** é a crença de que grupos e subculturas são inerentemente iguais. **Pluralismo** significa que uma organização acomoda diversas subculturas. O movimento em direção ao pluralismo procura integrar-se plenamente na organização dos funcionários que de outra forma se sentiriam isolados e ignorados. Para promover o pluralismo na sua sede em Mountain View, os *chefs* da lanchonete corporativa do Google garantem que o menu acomode os diferentes sabores de sua mão de obra etnicamente diversificada.

Lembre-se disto

- A tendência para ver as pessoas diferentes como deficientes é chamada de **preconceito**.
- A **discriminação** ocorre quando alguém tem atitudes negativas com pessoas que são os alvos de seus preconceitos.
- Uma crença rígida, exagerada e irracional, associada a determinado grupo de pessoas, é chamada de **estereótipo**.
- Um estereótipo é que as mulheres falantes são menos capazes e insistentes, enquanto os homens falantes são vistos como competentes e poderosos.
- A **ameaça do estereótipo** descreve a experiência psicológica de uma pessoa que, quando envolvida em uma tarefa, tem conhecimento de um estereótipo sobre o seu grupo de identidade, sugerindo que ela não terá um bom desempenho nessa tarefa.
- **Etnocentrismo** é a crença de que o próprio grupo é inerentemente superior aos outros grupos.
- A cultura que aceita apenas uma maneira de fazer as coisas e um conjunto de valores e crenças é denominada **monocultura**.
- **Etnorrelativismo** é a crença de que grupos e subculturas são inerentemente iguais.
- **Pluralismo** descreve um ambiente no qual a organização acomoda várias subculturas, incluindo os funcionários que, de outra forma, se sentiriam isolados e ignorados.

Fatores que afetam a carreira das mulheres

Segundo pesquisas, as empresas com várias mulheres seniores superam aquelas que não possuem mulheres seniores, tanto em questão financeira quanto organizacional. Uma pesquisa com 58 mil funcionários em mais de 100 empresas globais revelou que as empresas com três ou mais mulheres na alta gestão são percebidas como mais capazes, têm liderança mais forte e inspiram mais motivação dos funcionários, entre outras características organizacionais importantes.[55] No entanto, há evidências de que as mulheres estão perdendo fôlego no nível da gestão intermédia. As mulheres detêm 53% dos cargos de nível de entrada, mas ocupam apenas 37% dos cargos de gestão média, 28% dos cargos de vice-presidente e gestores seniores e 14% dos cargos executivos.[56] Além disso, os homens como grupo ainda têm o benefício de maiores salários e promoções mais rápidas.

Tanto o teto de vidro quanto a decisão de "optar por não participar" de uma carreira de alta pressão têm impacto nas oportunidades de progresso e na remuneração das mulheres. Todavia, as mulheres são muitas vezes favorecidas em cargos de liderança por demonstrarem comportamentos e atitudes que as ajudam a ter sucesso no local de trabalho, um fator chamado de "a vantagem feminina".

Conexão de conceito ◀◀◀

Inúmeros estudos realizados em todo o mundo nos últimos anos confirmam que a discriminação com relação ao peso contribui com o efeito do **teto de vidro** para as mulheres. Enquanto os homens com sobrepeso são desproporcionalmente representados entre os CEOs, as mulheres com sobrepeso e obesidade estão sub-representadas. Vários anos atrás, a ABC News enviou uma mulher para fazer entrevistas duas vezes – uma vez parecendo ser um indivíduo de peso normal e na segunda vez com roupa acolchoada para parecer acima do peso. Ela recebeu mais ofertas de trabalho como uma pessoa magra, apesar de ter entregado aos possíveis empregadores um currículo mais poderoso em sua encarnação com sobrepeso.

Janet Kimber/The Image Bank/Getty Images

Teto de vidro

Pela primeira vez na história dos Estados Unidos, as mulheres ocupam a maioria dos cargos do país.[57] À medida que ascendem na carreira, o número de homens e mulheres é comparável, com as mulheres ocupando 51% de todos os cargos de gestão e profissionais de nível baixo ou médio.[58] Mas pouquíssimas mulheres rompem o teto de vidro para atingir cargos de topo. Na verdade, apenas 3,6% das 500 melhores empresas da *Fortune* têm CEO mulher.[59] O **teto de vidro** é uma barreira invisível que existe para as mulheres e as minorias e limita a mobilidade ascendente nas organizações. Elas podem olhar para cima e através do teto e ver a gestão de topo, mas atitudes predominantes e estereótipos são obstáculos invisíveis para o próprio avanço. Conforme descrito no boxe "Conversa com gestores", além das barreiras sociais e institucionais, algumas mulheres acreditam que os erros cometidos por elas nos padrões de relações de comunicação e de poder as impossibilitam de alcançar posições superiores.

O teto de vidro também impede o progresso na carreira das minorias. Em particular, os gestores asiáticos esbarram no *teto de bambu*, uma combinação de barreiras culturais e organizacionais que impedem o progresso da carreira deles. Hoje, enquanto os asiáticos são os mais educados e compõem boa parte da mão de obra de nível de entrada em determinados setores, eles representam apenas 1,5% dos membros dos conselhos administrativos nos Estados Unidos.[60]

Para romper o teto de vidro em cargos da gestão sênior, os altos executivos sugerem que os gestores do sexo feminino e das minorias sigam estes conselhos:

+ *Seja agressivo e peça o que deseja.* Muitos gestores asiáticos são estereotipados como "não somos material para a gerência de topo", porque são muito tranquilos e passivos. As mulheres em geral também ficam desconfortáveis ao pedirem o que desejam, por medo de serem percebidas como muito agressivas ou muito egoístas. Segundo Sheryl Sandberg, COO do Facebook, 57% dos homens negociam os próprios salários, mas apenas 7% das mulheres fazem o mesmo.[61] Além disso, as mulheres e as minorias precisam desenvolver habilidades com base no que seus empregadores consideram mais importante – sobretudo o impacto nos resultados.[62]

+ *Destaque suas realizações.* As mulheres tendem a subestimar as próprias realizações e ideias para evitar qualquer tipo de julgamento que as aponte como não femininas. Maggie Wilderotter, CEO da Frontier Communications, lembra-se do seguinte fato: após tecer algumas considerações em uma reunião, ela constatou que o grupo passou a anotar ativamente tudo o que

> "*O fator mais importante para determinar se você terá sucesso não é o seu gênero, é você. Esteja aberto a oportunidades e assuma riscos. Na realidade, assuma a pior, a mais confusa e a mais desafiadora tarefa que você puder encontrar, e, então, assuma o controle.*"
>
> – ANGELA BRALY, EX-CEO DA WELLPOINT

um homem dizia. Curiosamente, as ideias desse homem eram as mesmas apresentadas por Wilderotter minutos antes: "Quando isso aconteceu, parei a conversa e disse: 'Vocês perceberam o que eu disse há 10 minutos?'".[63] Além disso, as mulheres modestas e

CONVERSA COM GESTORES

Como as mulheres se reprimem

Sheryl Sandberg, COO do Facebook, escreveu o recente livro *Faça acontecer: mulheres, trabalho e a vontade de liderar* para reconhecer que as mulheres enfrentam barreiras enormes no local de trabalho e também para argumentar que elas precisam quebrar as barreiras dentro de si. Sandberg aborda aspectos relacionados ao local de trabalho e apresenta uma pesquisa que comprova a existência do preconceito e mostra como as mulheres se reprimem. Os estereótipos de gênero, segundo a autora, estão tão poderosamente enraizados nas mulheres que elas continuam a perpetuá-los de forma inconsciente. Sandberg não está sozinha na crença de que as mulheres são, em parte, culpadas pelo fato de "os homens continuarem a dominar o mundo". A seguir, apresentam-se alguns dos pecados de carreira que, conforme alguns especialistas, as mulheres cometem:

- **As mulheres não assumem a responsabilidade pelo próprio sucesso.** As normas sociais e os estereótipos de como as mulheres "devem" agir no local de trabalho existem há décadas, mas só mudarão se elas assumirem a responsabilidade por redefinir as expectativas. Muitas mulheres, afirma Sandberg, possuem a "síndrome da coroa", pois esperam ser recompensadas pelo bom trabalho, em vez de aproveitarem as oportunidades e exigirem o que merecem. As mulheres têm que ativamente "sentar à mesa", em vez de agirem como espectadoras de suas próprias carreiras.

- **Não apresentam credibilidade e confiança na linguagem corporal.** De acordo com a consultora Carol Kinsey Goman, as mulheres tendem a condensar-se fisicamente, enquanto os homens de *status* elevado expandem e ocupam mais espaço, reivindicando seu território. Goman também desaconselha outras mensagens não verbais que reduzem a autoridade das mulheres: (1) inclinar a cabeça ao ouvir; (2) esperar a sua vez; (3) excesso de sorrisos; (4) assentir demasiadamente; (5) apertos de mão delicados; e (6) flertar.

- **Procuram mentores.** Ter um mentor pode ser um poderoso benefício para a carreira de alguém, mas as pessoas devem procurar mentores quando fazem um grande trabalho e atraem a atenção dos executivos mais elevados que desejam ajudá-las. "Buscar por um mentor tornou-se o equivalente profissional de esperar pelo príncipe encantado", conclui Sandberg. Em vez de viverem a expectativa de que encontrarão um mentor para que possam, enfim, se destacar, as mulheres devem usar a seguinte lógica: "Destaque-se e terá um mentor".

- **Antecipam sua saída sem ter alcançado sua meta.** As mulheres tendem a tomar decisões adicionais com base em planos futuros que reduzem suas opções de carreira. "Uma colega advogada pode decidir não prejudicar sua parceira, porque um dia ela espera ter uma família", escreve Sandberg. "Uma representante de vendas pode aceitar um território menor ou não se candidatar a um cargo administrativo. Muitas vezes, mesmo sem perceber, a mulher para de tentar novas oportunidades" por causa do impacto futuro em longo prazo. Sandberg presta homenagem às mulheres que colocam de lado as carreiras pelos filhos, mas enfatiza: "A hora de desacelerar é quando uma pausa é necessária ou um filho chega – não antes, e certamente não com anos de antecedência".

As coisas melhorarão para as mulheres quando houver mais mulheres em cargos de alto nível que podem mudar culturas organizacionais de dentro. Para que isso aconteça, as mulheres devem superar as barreiras internas que as seguram.

Fontes: Sheryl Sandberg, Lean in: *Women, work, and the will to lead* (New York: Alfred A. Knopf, 2013); Carol Kinsey Goman, "Body language", *Leadership Excellence* (August 2010): 9.

as minorias de culturas orientadas para o grupo muitas vezes não pedem recompensas para si mesmas, mas podem pedi-las para os outros. Os homens brancos, por sua vez, normalmente fazem autopromoção dos sucessos obtidos. Para alcançar reconhecimento e crédito para seus sucessos, os gestores do sexo feminino e das minorias devem destacar suas realizações e promover as próprias conquistas.[64]

Tendência de optar por não participar

Algumas mulheres nunca atingiram o teto de vidro porque escolheram sair do caminho mais rápido, muito antes de o teto ficar à vista. Nos últimos anos, uma discussão contínua diz respeito a algo chamado de *tendência de optar por não participar*. Em uma pesquisa realizada com 2.500 mulheres e 653 homens, 37% das mulheres altamente qualificadas relataram que voluntariamente saíram do trabalho em algum momento de suas carreiras, em comparação a apenas 24% dos homens igualmente qualificados.[65]

TEMA RECENTE

Há um fervoroso debate sobre as razões que levam muitas mulheres a abandonar carreiras regulares. Segundo especialistas, as mulheres que optam por não participar fazem isso porque o sucesso corporativo invariavelmente resulta em redução do tempo pessoal e com a família, maior estresse e efeitos negativos sobre a saúde.[66] Anne-Marie Slaughter, professora de Princeton e ex-assessora executiva de Hillary Clinton, deixou uma posição de prestígio para passar mais tempo em casa com um adolescente rebelde. Incapaz de equilibrar trabalho e família com o sucesso, Slaughter desafiou o conceito de que as mulheres podem "ter tudo" em um controverso artigo na *The Atlantic*. No artigo, Slaughter afirma que o local de trabalho de hoje precisa se adaptar, e as mulheres que optam por não participar não precisam pedir desculpas: "As mulheres da minha geração se apegaram ao credo feminista com o qual fomos criadas [...] porque estamos determinadas a não abaixar a bandeira para a próxima geração. Mas, quando muitos membros da geração mais jovem param de ouvir, com base em que se repetir levianamente que 'você pode ter tudo' é simplesmente aerografar a realidade, é hora de uma conversa".[67]

De acordo com uma escola de pensamento, as mulheres não querem o poder do *status* corporativo da mesma forma que os homens, e chegar até o topo da escada corporativa a todo custo se tornou menos atraente. No entanto, os críticos argumentam que essa visão é apenas outra maneira de culpar as mulheres pela escassez de gestoras em níveis mais elevados.[68] Vanessa Castagna, por exemplo, afirma que deixou a JC Penney após décadas não porque desejava ter mais tempo pessoal ou com a família, mas porque continuou sendo preterida para cargos de topo.[69] Embora algumas mulheres estejam deixando voluntariamente o caminho mais rápido, muitas outras realmente querem subir a escada corporativa, mas encontram o caminho bloqueado. Em uma pesquisa realizada pelo Catalyst com mulheres executivas, 5% afirmaram que aspiram a níveis de liderança sênior.[70] Além disso, uma pesquisa com 103 mulheres que deixam voluntariamente cargos executivos nas mil melhores empresas da *Fortune* descobriu que a cultura corporativa foi citada como o principal motivo para sair.[71] As maiores desvantagens de mulheres líderes se apoiam nas atitudes preconceituosas e em uma cultura empresarial fortemente masculina.[72]

Outra questão problemática que pode contribuir para a tendência de optar por não participar é a **síndrome da abelha-rainha**, uma expressão que se refere a uma chefe que não só não tem interesse em promover as carreiras de outras mulheres, mas pode até prejudicá-las ativamente. Em uma pesquisa de 2011 da American Management Association, 95% das mil mulheres que trabalhavam disseram que acreditavam que tinham sido prejudicadas por outra mulher em algum momento de suas carreiras. Um estudo realizado pelo Workplace Bullying Institute informou que as intimidadoras direcionam suas hostilidades para outras mulheres em 80% dos casos. Entretanto, as abelhas-rainhas podem ser criaturas de circunstâncias e culturas corporativas arraigadas. Espera-se que as mulheres sejam delicadas e gentis, contudo as qualidades rígidas e mais agressivas as fazem ser recompensadas e promovidas (e talvez rotuladas como abelhas-rainhas pela falta de simpatia).[73]

Vantagem feminina

Algumas pessoas pensam que as mulheres podem realmente ser melhores gestoras, em parte por causa da abordagem mais colaborativa, menos hierárquica e orientada para o relacionamento que está em sintonia com o meio ambiente global e multicultural de hoje.[74] Como as atitudes e os valores mudam com a mudança de gerações, as qualidades que as mulheres parecem possuir naturalmente podem levar à inversão gradual de papéis nas organizações. Por exemplo, uma impressionante reversão de gênero está ocorrendo na educação nos Estados Unidos, onde as garotas obtêm quase todos os papéis de liderança do jardim de infância à pós-graduação. Além disso, as mulheres de todas as raças e grupos étnicos estão superando os homens em obter bacharelados e mestrados. Nas instituições de ensino superior dos Estados Unidos, as mulheres constituem 58% dos alunos matriculados.[75] Dentre pessoas de 25 a 29 anos, 32% são mulheres universitárias, em comparação a 27% dos homens. As mulheres estão concluindo rapidamente a lacuna de mestres e doutores e representam cerca de metade de todos os estudantes de direito dos Estados Unidos, metade de todos os formandos em administração e cerca de 30% dos candidatos de MBA. No geral, a participação das mulheres, tanto na força de trabalho quanto nos assuntos cívicos, tem aumentado desde meados da década de 1950, ao passo que a participação dos homens tem caído lenta e firmemente.[76]

De acordo com James Gabarino, escritor e professor de Desenvolvimento Humano na Cornell University, as mulheres são "mais capazes de oferecer em termos daquilo que a sociedade moderna exige das pessoas – prestam atenção, respeitam as regras, são verbalmente competentes e lidam com as relações interpessoais nos escritórios".[77] Essa observação é corroborada pelo fato de que as gestoras geralmente são mais bem classificadas por subordinados em relação às habilidades interpessoais, assim como a fatores como comportamentos necessários, comunicação, capacidade de motivar os outros e cumprimento da meta.[78] Uma pesquisa recente encontrou uma correlação entre a composição equilibrada de gêneros nas empresas (isto é, uma representação ligeiramente igual entre homens e mulheres) e maior desempenho organizacional. Além disso, um estudo do Catalyst indica que as organizações com o maior percentual de mulheres na gestão de topo têm melhor desempenho financeiro, algo em torno de 35%, em relação àquelas com o menor percentual de mulheres em cargos superiores.[79]

Faça uma pausa

Você é culpado de preconceito de gênero quando se trata de suas atitudes em relação à autoridade? Reveja os resultados obtidos no teste apresentado no início deste capítulo e verifique se seus preconceitos estão criando obstáculo em sua capacidade de adotar a diversidade.

Lembre-se disto

- As empresas que promovem mulheres para cargos seniores superam aquelas sem mulheres nessas posições, tanto no aspecto financeiro quanto no organizacional.
- O **teto de vidro** é uma barreira invisível que separa mulheres e minorias dos cargos de gestão sênior.
- Segundo especialistas, as mulheres que optam por não participar fazem isso porque o sucesso corporativo invariavelmente resulta em redução do tempo pessoal e com a família, maior estresse e efeitos negativos sobre a saúde.
- De acordo com aqueles que criticam essa decisão, trata-se apenas de uma maneira de culpar as mulheres pela escassez de gestoras no topo das empresas, o que significa que as organizações devem mudar.
- A **síndrome de abelha-rainha** refere-se à chefe que não só não tem interesse em promover as carreiras de outras mulheres como pode até prejudicá-las ativamente.
- As mulheres tendem a ser mais colaborativas, menos hierárquicas e mais orientadas para o relacionamento do que os homens, qualidades que as preparam para obter sucesso no ambiente de trabalho multicultural de hoje.

Iniciativas e programas de diversidade

Ao responderem a uma pesquisa realizada pela Society for Human Resource Management, 91% das empresas disseram que acreditam que as iniciativas e os programas de diversidade ajudam a manter uma vantagem competitiva. Alguns dos benefícios específicos citados incluem melhora do moral dos funcionários, diminuição dos conflitos interpessoais, facilitação do progresso em novos mercados e aumento da criatividade da organização.[80]

> **Faça uma pausa**
>
> Leia atentamente o caso apresentado na seção "Aplique suas habilidades: dilema ético", no material complementar, que diz respeito a acomodar as práticas religiosas dos funcionários. Pense em como você lidaria com essa situação desafiadora.

REFORÇO DAS ESTRUTURAS E POLÍTICAS

Nas empresas, muitas políticas foram originalmente projetadas para se ajustar ao funcionário do sexo masculino estereotipado. Agora as empresas líderes estão mudando as estruturas e políticas para facilitar e apoiar a diversidade. A maioria das grandes organizações tem políticas formais contra a discriminação racial e de gênero, assim como procedimentos de ofensas estruturadas e processos de revisão de queixas. As empresas também estão desenvolvendo políticas de apoio ao recrutamento e à progressão na carreira de funcionários diversificados. Muitas têm acrescentado um novo cargo de gestão denominado *diretor de diversidade*, cujo papel é criar ambientes de trabalho em que as mulheres e as minorias possam florescer. Aproximadamente 60% das 500 melhores empresas da *Fortune* têm diretores de diversidade. Entre elas, 65% são mulheres e 37% são afro-americanos.[81] Cada vez mais organizações, como a Proctor & Gamble (P&G), Ernst & Young e Allstate Insurance, estão usando os bônus e as promoções dos gestores para mostrar quão bem eles diversificam a mão de obra. A Figura 13.7 ilustra algumas das iniciativas de diversidade mais comuns.

A MetLife implantou um programa para apoiar especificamente a diversidade de gênero.

Forma inovadora
MetLife

A MetLife considera as mulheres parte integrante da visão global e estratégica da empresa, mas os gestores percebem que elas estão sub-representadas no topo da organização. Eles criaram um programa de desenvolvimento chamado Círculos de Liderança especificamente para promover e apoiar as mulheres com alto potencial.

O programa ensina as mulheres a aplicar os conceitos de liderança, como a criação de uma visão inspiradora, o estabelecimento de metas, o alinhamento dos planos de ação e o desenvolvimento de uma equipe para o próprio aperfeiçoamento pessoal. Os participantes pertencem a uma série de "círculos", que são grupos de 10 a 15 membros que apoiam sua aprendizagem e crescimento de várias maneiras. Cada grupo tem um treinador dedicado, que também trabalha com cada membro individualmente. A MetLife sabe que a orientação individual é essencial para mudar as pessoas do desenvolvimento de liderança passiva para ativa.

Ao ganharem clareza sobre o que querem e como planejam alcançá-lo, as participantes melhoram o desempenho nos trabalhos atuais e adquirem habilidades para mudar para cargos de gestão sênior no futuro. Uma consultora financeira aumentou a produção em 45% como resultado do programa e tornou-se membro da Conferência dos Líderes da MetLife, que é reservado para conselheiros de alto desempenho. Uma gestora de operações melhorou a eficiência em uma área-chave de 48% para 74%, e uma gestora de *marketing* aumentou o retorno sobre o investimento para o dinheiro que ela administrava, resultando em um adicional de 829 mil dólares em receita para a empresa. Além do mais, várias das participantes do programa passaram a assumir funções mais amplas dentro da empresa e servir como mentoras para as novas participantes do programa. O objetivo é ter um modelo autossustentável de mulheres ajudando mulheres a progredir e ter sucesso em cargos de gestão sênior.[82]

Em parte por causa do programa Círculos de Liderança, a revista *Working Mother* nomeou a MetLife como uma das 100 melhores empresas para as mulheres trabalharem. "As empresas precisam apoiar essas mulheres ou elas podem ir para outro lugar", afirmou uma participante do programa.[83]

Expansão dos esforços de recrutamento

Para muitas organizações, uma nova abordagem para o recrutamento significa fazer melhor uso de estratégias formais de recrutamento, oferecendo programas de estágio para dar às pessoas oportunidades e desenvolver formas criativas para atrair os mercados de trabalho não utilizados anteriormente. O programa de bolsas da Nationwide traz estudantes universitários hispânicos e afro-americanos para um programa de três anos que inclui estágios de verão e tutoria de um ano.[84] A Marathon Petroleum criou uma estratégia de recrutamento de seis pontos para aumentar a diversidade, incluindo (1) recrutamento entre as empresas e os cargos, (2) construção de relações com as escolas de primeiro e segundo níveis para recrutar estudantes de minorias, (3) oferta de estágios para minorias raciais e étnicas, (4) oferta de bolsas para minorias, (5) estabelecimento de programas de tutoria informal e (6) formação de afiliações com organizações de minorias.[85]

▶▶▶ Conexão de conceito

Um conselheiro do Camba, um grupo de serviços sociais de Nova York, dirige a sessão de interpretação de papéis durante o curso para ajudar os imigrantes a se candidatar a empregos no Whole Foods Market. A loja ajudou o Camba a desenvolver o curso para apoiar a sua **meta de recrutamento de diversidade**. As aulas incluem instrução sobre alimentos orgânicos, atendimento ao cliente e passeios pelas Whole Foods Markets.

Estabelecimento das relações de orientação

O avanço bem-sucedido de diversos funcionários significa que as organizações precisam encontrar maneiras de eliminar o teto de vidro. Uma das estruturas mais bem-sucedidas

FIGURA 13.7
Iniciativas de diversidade mais comuns: porcentagem dos mil participantes da *Fortune*

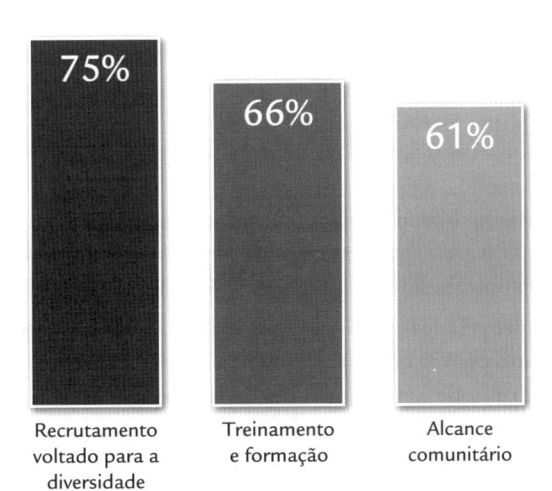

- Recrutamento voltado para a diversidade: 75%
- Treinamento e formação: 66%
- Alcance comunitário: 61%

FONTE: Adaptado de "Impact of diversity initiatives on the bottom line: a SHRM survey of the *Fortune* 1000", p. 512-514, na seção especial de publicidade da *Fortune* "Keeping your edge: managing a diverse corporate culture", em associação com a Society for Human Resource Management. Disponível em: <www.fortune.com/sections>.

para alcançar esse objetivo é a relação de orientação. **Mentor** é um membro hierarquicamente superior da organização que está empenhado em fornecer mobilidade ascendente e apoio à carreira profissional de um protegido.[86] A orientação fornece às minorias e mulheres formação direta e informação privilegiada sobre as normas e expectativas da organização. O mentor também atua como amigo ou conselheiro, permitindo que o funcionário se sinta mais confiante e capaz.

Um pesquisador estudou a evolução da carreira das minorias de alto potencial e descobriu que aqueles que avançavam mais que todos compartilhavam uma característica – um mentor forte ou uma rede de mentores que alimentou seu desenvolvimento profissional.[87] No entanto, a pesquisa também indica que as minorias, assim como as mulheres, são muito menos propensas do que os homens brancos a desenvolver relações de orientação.[88] As mulheres e as minorias podem não procurar os mentores, porque sentem que a competência do trabalho deve ser o suficiente para ter sucesso, ou elas podem se sentir desconfortáveis em procurar um mentor quando a maioria dos altos executivos são homens brancos. As mulheres podem temer que o início da relação de orientação possa ser mal interpretada como uma insinuação romântica, enquanto mentores masculinos podem pensar nas mulheres como mães, esposas ou irmãs, e não como possíveis executivas. As relações de orientação entre raças às vezes deixam ambas as partes desconfortáveis, mas a orientação de funcionários das minorias deve ser geralmente entre raças em decorrência do baixo número de minorias em cargos superiores. As poucas minorias e mulheres que atingiram os escalões superiores muitas vezes são sobrecarregadas com pedidos de orientação de pessoas como elas e podem se sentir desconfortáveis em relações de orientação entre minorias ou entre mulheres altamente visíveis, que as isolam do *status quo* do homem branco.

Para que possam solucionar esse problema, as organizações devem superar algumas das barreiras nas relações de orientação entre homens brancos e minorias. Se as organizações valorizarem institucionalmente os homens brancos que protegem e valorizam as minorias e as mulheres, estes alcançarão cargos importantes para o avanço da organização como um todo. Programas de orientação também são baseados na Lei dos Direitos Civis de 1991, que requer a diversificação da gestão de níveis intermediário e superior.

Aumento da consciência sobre o assédio sexual

Embora a proximidade psicológica entre homens e mulheres no local de trabalho possa ser uma experiência positiva, o assédio sexual não é. É ilegal. Como forma de discriminação sexual, o assédio sexual no local de trabalho é uma violação do título VII da Lei dos Direitos Civis de 1964. O assédio sexual na sala de aula é uma violação do título VIII da Emenda Educacional de 1972. Muitas empresas oferecem programas de conscientização sobre o assédio sexual que definem o assédio sexual e as ramificações legais de sua violação. A lista apresentada a seguir categoriza diversas formas de assédio sexual como definidas por uma universidade:

- *Generalizado.* Essa forma envolve observações e ações sexuais que não se destinam a levar à atividade sexual, mas que são direcionadas para um colega de trabalho com base unicamente no gênero e refletem no grupo todo.
- *Inapropriado/ofensivo.* Apesar de não ser sexualmente ameaçador, o comportamento provoca desconforto em um colega de trabalho, cuja reação em evitar o assediador pode limitar sua liberdade e capacidade de funcionar no local de trabalho.
- *Solicitação com promessa de recompensa.* Essa ação trilha uma linha tênue como tentativa de "comprar" sexo, com potencial para processo criminal.
- *Coação com ameaça de punição.* O assediador coage um colega de trabalho para a atividade sexual usando a ameaça de poder (por meio de recomendações, categorias, promoções e assim por diante), para pôr em risco a carreira da vítima.

- **Crimes sexuais e contravenções.** O maior nível de assédio sexual está relacionado a esses atos, que, se relatados à polícia, são considerados crimes ou contravenções.[89]

TEMA RECENTE

Um exemplo recente ocorreu na cidade norte-americana de San Diego, onde mais de uma dúzia de mulheres acusaram o ex-prefeito Bob Filner de assediá-las sexualmente. De acordo com os depoimentos, Filner costumava tocar nas mulheres, beijá-las e fazer comentários obscenos. Uma das vítimas afirmou que Filner pediu-lhe que trabalhasse sem suas roupas íntimas. A mulher ainda acrescentou que o ex-prefeito afirmara que gostaria de vê-la nua e a paralisou com o braço enquanto sussurrava alguma obscenidade em seu ouvido. Filner continuou a proclamar sua inocência e se recusou, durante meses, a deixar o cargo. Filner foi destituído da função de prefeito somente após a cidade ter concordado em recolher alguns de seus custos legais, a fim de evitar o tempo e as despesas de uma revogação. O escândalo deixou a cidade tumultuada.[90]

Encorajamento dos grupos de afinidade dos funcionários

Os **grupos de afinidade dos funcionários** são fundamentados na identidade social, como gênero ou raça, e organizados para que possam se concentrar nas preocupações dos funcionários do grupo.[91] Os grupos de afinidade buscam uma variedade de atividades, como reuniões para educar os altos gestores, programas de orientação, eventos de *networking*, sessões de treinamentos e seminários de habilidades, programas de estágio de minorias e atividades voluntárias da comunidade. Por meio dessas atividades, as pessoas podem se conhecer, interagir e desenvolver laços sociais e profissionais com outros integrantes da organização, inclusive os principais tomadores de decisão. Os grupos de afinidade são uma maneira poderosa de reduzir o isolamento social das mulheres e minorias, ajudar esses funcionários a ser mais eficazes e permitir que os membros consigam mais progressão na carreira. Segundo um estudo recente, grupos de afinidade podem ser ferramentas importantes para ajudar as empresas a reter funcionários pertencentes a grupos minoritários que ocupam cargos de gestores.[92] Por exemplo, quando era vice-presidente sênior da Best Buy, Julie Gilbert lançou um fórum de liderança, conhecido como WOLF (lobo), para envolver mais as mulheres na resolução dos principais problemas comerciais e puxar os funcionários da linha de frente para os altos escalões. Como resultado dessas "matilhas", o recrutamento de gestoras de vendas regionais aumentou 100% em relação ao ano anterior, e a rotatividade entre elas caiu quase 10 pontos percentuais.[93]

Os grupos de afinidade para as minorias que enfrentaram barreiras no avanço nas organizações, incluindo afro-americanos, hispânicos, nativos americanos, ásio-americanos, mulheres, *gays* e lésbicas, e funcionários com deficiência, estão

▶▶▶ **Conexão de conceito**

O compromisso da Caterpillar com a diversidade e o desenvolvimento de líderes de diversas origens é apoiado pelo número de grupos de afinidade da empresa. Os funcionários são convidados a participar de **redes de apoio e grupos de afinidade** para afro-americanos, chineses, indianos asiáticos, coreanos e latinos, assim como profissionais jovens, mulheres, veteranos das Forças Armadas, profissionais experientes, *gays*, lésbicas, bissexuais e transgêneros.

crescendo. Mesmo os gestores que já pensaram nesses grupos como "grupos de controle" agora os veem como essenciais para o sucesso organizacional porque eles ajudam a reter os funcionários pertencentes a grupos minoritários, intensificam os esforços de diversidade e estimulam novas ideias que podem beneficiar a organização.[94] Quando as pessoas sentem que estão fazendo contribuições genuínas e têm a chance de avançar nas carreiras por causa disso, o envolvimento aumenta. Segundo Shakrat Alli, presidente do grupo de afinidade Britain's Crown Prosecution Service para afro-americanos (a National Black Crown Prosecution Association), "Em alguns dos nossos eventos, o zumbido na sala é magnífico. As pessoas voltam ao local de trabalho com a sensação de que tudo é possível".[95] Em geral, as mulheres e os funcionários pertencentes a grupos minoritários que participam de um grupo de afinidade se sentem mais orgulhosos com seu trabalho e ficam mais otimistas sobre suas carreiras do que os que não têm o apoio de um grupo.[96]

Lembre-se disto

- Muitas empresas têm acrescentado uma nova posição de gestão chamada de *diretor de diversidade*, cujo papel é liderar os esforços de diversidade e cultivar ambientes de trabalho que ajudem as mulheres e as minorias a florescer.
- Um **mentor** é um membro sênior superior da empresa empenhado em fornecer mobilidade ascendente e apoio à carreira profissional de um protegido.
- Para eliminar o assédio sexual, as empresas podem oferecer programas de conscientização que definem o assédio e as implicações legais envolvidas.
- Os **grupos de afinidade do funcionário** são fundamentados na identidade social, como gênero ou raça, e organizados para que possam se concentrar nas preocupações dos funcionários do grupo.
- A National Black Crown Prosecution Association é um grupo de afinidade de funcionários para afro-americanos no Britain's Crown Prosecution Service.

Cap. 13 Notas

1. Laurie A. Rudman; Stephan E. Killanski, "Implicit and explicit attitudes toward female authority", *Personality and Social Psychology Bulletin* 26 (November 2000): 1315-1328.
2. Laura Stevens, "Deutsche Bank lags on its gender pledge", *The Wall Street Journal*, April 29, 2013, C1.
3. Steven Greenhouse, "Lawsuit claims race bias at wet seal retail chain", *The New York Times*, July 12, 2012. Disponível em: <http://www.nytimes.com/2012/07/13/business/wet-seal-accused-of-racial-bias-by-3-ex-managers.html?_r=0>. Acesso em: 8 maio 2013.
4. Apud Susan Caminiti, "The diversity factor", *Fortune* (October 19, 2007): 95-105.
5. Caminiti, "The diversity factor".
6. Yair Holtzman; Johan Anderberg, "Diversify your teams and collaborate: because great minds don't think alike", *Journal of Management Development* 30, n. 1 (2011): 75-92.
7. Lynn M. Shore et al., "Inclusion and diversity in work groups: a review and model for future research", *Journal of Management* 37, n. 4 (July 2011): 1262-1289.
8. Taylor H. Cox, "Managing cultural diversity: implications for organizational competitiveness", *Academy of Management Executive* 5, n. 3 (1991): 45-56; Faye Rice, "How to make diversity pay", *Fortune* (August 8, 1994): 78-86.
9. Rawn Shah, "Working with five generations in the workplace", *Forbes.com*, April 20, 2011, disponível em: <www.forbes.com/sites/rawnshah/2011/04/20/working-with-five-generations-in-the-workplace/>, acesso em: 9 ago. 2012; Jeanne Meister; Karie Willyerd, *The 2020 workplace* (New York: HarperCollins, 2010).
10. "Generations in the workplace in the United States and Canada", Catalyst.org, May 2012, disponível em: <www.catalyst.org/publication/434/generations-in-the-workplace-in-the-united-

states-canada>, acesso em: 9 ago. 2012; Lisa Beyer et al., "Workforce 90th anniversary: workforce management looks back at workplace history", *Workforce.com*, July 2, 2012, disponível em: <www.workforce.com/article /20120702/W0RKF0RCE90/120629967/1066/newsletter01>, acessos em: 9 ago. 2012; and Shah, "Working with five generations in the workplace".

11. *Occupational outlook handbook*, Bureau of Labor Statistics. Disponível em: <www.bls.gov/ooh/about/projections-overview.htm#laborforce>. Acesso em: 29 jun. 2012.

12. "Foreign-born workers and labor force characteristics: 2011", *United States Labor Department Bureau of Labor Statistics*. Disponível em: <www.bls.gov/news.release/pdf/forbrn.pdf>. Acesso em: 29 jun. 2012.

13. *Occupational outlook handbook*, Bureau of Labor Statistics.

14. Joann S. Lublin; Kelly Eggers, "More women are primed to land CEO roles", *The Wall Street Journal Online*, April 30, 2012. Disponível em: <http://online.wsj.com/article /SB10001424052702303990604577368344256435440.html>. Acesso em: 29 jun. 2012.

15. Ann Zimmerman, "U.S. charges bass pro shops with racial bias", *The Wall Street Journal*, September 22, 2011, B1-B2.

16. Giada Zampano, "Italy to push pink quotas", *The Wall Street Journal Online*, June 5, 2012, disponível em: <https://www.google.com/search?sourceid=navclient&aq=0&oq=italy+to +push&ie=U-TF-8&rlz=1T4ADRA_enUS426US427&q=italy+to+push+'pink+quotes'&gs_upl=01010144061111111111110&aqi=4&pbx=1>, acesso em: 2 jul. 2012; Katrin Bennhold, "Women nudged out of German workforce", *The New York Times Online*, June 28, 2011, disponível em: <www.nytimes.com/2011/06/29/world/europe/29iht-FFgermany29.html?pagewanted=all>.

17. Zampano, "Italy to push pink quotas".

18. Mariko Sanchanta, "Japans women reach job milestones", *The Wall Street Journal*, July 14, 2010, A15.

19. Hiroka Tabuchi, "Leading in 3-D TV, Breaking Japans Glass Ceiling", *The New York Times Online*, January 17, 2011. Disponível em: <www.nytimes.com/2011/01/18/business/global/18screen.html?pagewanted=all>. Acesso em: 3 jul. 2012.

20. Richard L. Daft, *The leadership experience* (Cincinnati, OH: Cengage Learning, 2008), p. 340.

21. Holtzman; Anderberg, "Diversify your teams and collaborate".

22. Michael L. Wheeler, "Diversity: business rationale and strategies", The Conference Board, Report n. 1130-95-RR, 1995, p. 25.

23. Anthony Oshiotse; Richard O'Leary, "Corning creates an inclusive culture to drive technology innovation and performance", Wiley InterScience, *Global Business and Organizational Excellence* 26, n. 3 (March/April 2007): 7-21.

24. "When CEOs drive diversity, everybody wins", *Chief Executive*, July 2005. Disponível em: <www.chiefexecutive.net/ME2/dirmod.asp?sid=&nm=&type=Publishing&mod= Publications%3A%3A-Article&mid=8F3A70274218 41978F18BE895F-87F791&tier=4&id=201D3B11B9D4419893E-78DDA4B7ACDC8>. Acesso em: 21 set. 2010.

25. Shore et al., "Inclusion and diversity in work groups".

26. Martin N. Davidson, "The end of diversity: how leaders make differences really matter", *Leader to Leader* (Spring 2012): 51-55.

27. Taylor Cox, Jr.; Ruby L. Beale, *Developing competency to manage diversity* (San Francisco: Berrett-Koehler Publishers, Inc., 1997), p. 2.

28. Marjorie Derven, "The competitive advantage of diverse perspectives", *T+D* (August 2013): 45-48.

29. Holtzman; Anderberg, "Diversify your teams and collaborate". Thomas E. Poulin, "The other diversity", *PA Times*, American Society for Public Administration (March 2009): 8; Clayton H. Osborne; Vincent M. Cramer, "Fueling high performance through diversity", *Chief Learning Officer* (November 2005): 22.

30. Anita Woolley; Thomas Malone, "What makes a team smarter? More women", *Harvard Business Review* (June 2011): 32-33; Peter Gwynne, "Group intelligence, teamwork, and productivity", *Research-Technology Management* 55, n. 2 (March-April 2012): 7-8

31. Thomas Barta; Markus Kleiner; Tilo Neumann, "Is there a payoff from top-team diversity?", *McKinsey Quarterly*, Issue 2 (April 2012): 13-15.

32. Herminia Ibarra; Morten T. Hansen, "Are you a collaborative leader?", *Harvard Business Review* (July-August 2011): 69-74.

33. Gail Robinson; Kathleen Dechant, "Building a business case for diversity", *Academy of Management Executive* 11, n. 3 (1997): 21-31.

34. Sonie Alleyne; Nicole Marie Richardson, "The 40 best companies for diversity", *Black Enterprise* 36, n. 12 (July 2006): 15.

35. Robinson; Dechant, "Building a business case for diversity".

36. Ibidem.

37. Apud Carol Hymowitz, "Coaching men on mentoring women is Ernst & Young Partner's

mission", *The Wall Street Journal Online*, June 14, 2007. Disponível em: <http://online.wsj.com/article/SB118167178575132768search.html>. Acesso em: 9 jul. 2007.

38. Kris Maher, "Lockheed Settles Racial-Discrimination Suit", *The Wall Street Journal*, January 3, 2008.
39. Frederick E. Allen, "Lack of diversity paralyzed the CIA. It Can cripple your organization too", *Forbes*, April 26, 2012. Disponível em: <www.forbes.com/sites/frederickallen/2012/04/26/lack-of-diversity--paralyzed-the-cia-it-can-cripple-your-organization--too/>. Acesso em: 19 jul. 2012.
40. CIA Web site. Disponível em: <https://www.cia.gov/careers/diversity/directors-diversity-commitment.html>. Acesso em: 19 jul. 2012.
41. Norma Carr-Ruffino, *Managing diversity: people skills for a multicultural workplace* (Tucson, AZ: Thomson Executive Press, 1996), p. 92.
42. Apud Colleen McCain Nelson, "Poll: most women see bias in the workplace", *The Wall Street Journal*, April 12, 2013, p. A4.
43. Roy Harris, "The illusion of inclusion", *CFO* (May 2001): 42-50.
44. Estudos de Victoria Brescoll mencionados em Leslie Kwoh, "News & trends: talkative women lose at work, study says", *The Wall Street Journal*, May 16, 2012, B8; Selena Rezvani, "What's wrong with research about female bosses", *Washington Post*, June 4, 2013, disponível em: <http://www.washingtonpost.com/blogs/on-leadership/wp/2013/06/04/whats-wrong-with-research-about-female-bosses/>. Acesso em: 15 out. 2013.
45. Carr-Ruffino, *Managing diversity*, p. 98-99.
46. Baseado em uma entrevista com o *chairman* da PepsiCo e a CEO Indra Nooyi em Rebecca Blumenstein, "View from the top", *The Wall Street Journal*, April 11, 2011, R9.
47. Cox; Beale, "Developing competency to manage diversity", p. 79.
48. Ibidem, p. 80-81.
49. Ibidem, p. 80-81.
50. Loriann Roberson; Carol T. Kulik, "Stereotype threat at work", *Academy of Management Perspectives* 21, n. 2 (May 2007): 25-27.
51. Ibidem, 26.
52. Robert Doktor; Rosalie Tung; Mary Ann von Glinow, "Future directions for management theory development", *Academy of Management Review* 16 (1991): 362-365; Mary Munter, "Cross-cultural communication for managers", *Business Horizons* (May-June 1993): 69-78.
53. Jim Carlton, "Dig in", *The Wall Street Journal*, November 14, 2005; Tony DiRomualdo, "Is Google's Cafeteria a Competitive Weapon?", *Wisconsin Technology Network*, August 30, 2005, disponível em: <http://wistechnology.com/article.php?id=2190>, acesso em: 31 ago. 2005; Marc Ramirez, "Tray Chic: at work, cool cafeterias, imaginative menus", *The Seattle Times*, November 21, 2005, disponível em: <http://seattletimes.nwsource.com/html/living/2002634266_cafes21.html?pageid=display-in-thenews.module&pageregion=itnbody>, acesso em: 22 nov. 2005.
54. Renee Blank; Sandra Slipp, "The white male: an endangered species?", *Management Review* (September 1994): 27-32; Michael S. Kimmel, "What do men want?", *Harvard Business Review* (November-December 1993): 50-63; Sharon Nelton, "Nurturing diversity", *Nation's Business* (June 1995): 25-27.
55. Georges Desvaux; Sandrine Devillard-Hoellinger; Mary C. Meaney, "A business case for women", *The McKinsey Quarterly: The Online Journal of McKinsey & Co.*, September 2008. Disponível em: <www.mckinseyquarterly.com/A_business_case_for_women_2192>. Acesso em: 17 jun. 2010.
56. Joanna Barsh; Lareina Yee, "Changing companies' minds about women", *McKinsey Quarterly Online*, September 2011. Disponível em: < www.mckinsey.com/careers/women/~/media/Reports/Women/Changing_companies_minds_about_women.ashx>. Acesso em: 29 jun. 2012.
57. Hanna Rosin, "The end of men", *The Atlantic*, July/August 2010. Disponível em: <www.theatlantic.com/magazine/print/2010/07/the-end-of--men/8135/>. Acesso em: 9 jul. 2012.
58. Jenny M. Hoobler; Grace Lemmon; Sandy J. Wayne, "Women's underrepresentation in upper management: new insights on a persistent problem", *Organizational Dynamics* 40 (2011): 151-156.
59. John Bussey, "How women can get ahead: advice from female CEOs", *The Wall Street Journal Online*, May 18, 2012. Disponível em: <http://online.wsj.com/article/SB10001424052702303879604577410520511235252.html>. Acesso em: 8 jul. 2012.
60. Jane Hyun, "Leadership principles for capitalizing on culturally diverse teams: the bamboo ceiling revisited", *Leader to Leader* (Spring 2012): 14-19.
61. Ken Auletta, "A womans place", *The New Yorker* (July 11 and 18, 2011): 55-63.
62. Peggy Klaus, "Don't Fret. Just ask for what you need", *The New York Times*, July 9, 2011. Disponível em: <www.nytimes.com/2011/07/10/jobs/10pre.html>. Acesso em: 8 jul. 2012.
63. Apud Bussey, "how women can get ahead: advice from female CEOs".

64. Marie-Helene Budworth; Sara L. Mann, "Becoming a leader: the challenge of modesty for women", *Journal of Management Development* 29, n. 2 (2010): 177-186.
65. Sylvia Ann Hewlett; Carolyn Buck Luce, "Off-ramps and on-ramps: keeping talented women on the road to success", *Harvard Business Review* (March 2005): 43-54.
66. Lisa Belkin, "The opt-out revolution", *The New York Times Magazine* (October 26, 2002): 43-47, 58.
67. Jodi Kantor, "Elite women put a new spin on an old debate", *The New York Times*, June 21, 2012, disponível em: <www.nytimes.com/2012/06/22/us/elite-women-put-a-new-spin-on-work-life-debate.html>, acesso em: 9 jul. 2012; Anne-Marie Slaughter, "Why women still can't have it all", *The Atlantic*, July-August 2012, disponível em: <www.theatlantic.com/magazine/archive/2012/07/why-women-still-cant-have-it-all/309020/>, acesso em: 15 out. 2012.
68. C. J. Prince, "Media myths: the truth about the opt-out hype", *NAFE Magazine* (Second Quarter 2004): 14-18; Patricia Sellers, "Power: do women really want it?", *Fortune* (October 13, 2003): 80-100.
69. Jia Lynn Yang, "Goodbye to all that", *Fortune* (November 14, 2005): 169-170.
70. Sheila Wellington; Marcia Brumit Kropf; Paulette R. Gerkovich, "What's holding women back?", *Harvard Business Review* (June 2003): 18-19.
71. Pesquisa sobre mulheres executivas de 2002, em "Why women leave", *Executive Female* (Summer 2003): 4.
72. Barbara Reinhold, "Smashing glass ceilings: why women still find it tough to advance to the executive suite", *Journal of Organizational Excellence* (Summer 2005): 43-55; Jory Des Jardins, "I am woman (I think)", *Fast Company* (May 2005): 25-26; Alice H. Eagly; Linda L. Carli, "The female leadership advantage: an evaluation of the evidence", *The Leadership Quarterly* 14 (2003): 807-834.
73. Estudos em Peggy Drexler, "The tyranny of the queen bee", *The Wall Street Journal*, March 2, 2013, C1.
74. Eagly; Carli, "The female leadership advantage"; Reinhold, "Smashing glass ceilings"; Sally Helgesen, *The female advantage: women's ways of leadership* (New York: Doubleday Currency, 1990); Rochelle Sharpe, "As leaders, women rule: new studies find that female managers outshine their male counterparts in almost every measure", *Business Week* (November 20, 2000): 5ff; Del Jones, "2003: year of the woman among the *Fortune* 500?", *USA TODAY*, December 30, 2003.
75. Tamar Lewin, "At colleges, women are leaving men in the dust", *The New York Times Online*, July 9, 2006. Disponível em: <www.nytimes.com/2006/07/09/education/09college.html?_r=1&scp=1&sq=at%20colleges,%20women%20are%20leaving%20men%20in%20the%20dust&st=cse&oref=slogin>. Acesso em: 13 mar. 2008.
76. Michelle Conlin, "The new gender gap", *BusinessWeek* (May 26, 2003): 74-82.
77. Apud Conlin, "The new gender gap".
78. Kathryn M. Bartol; David C. Martin; Julie A. Kromkowski, "Leadership and the glass ceiling: gender and ethnic group influences on leader behaviors at middle and executive managerial levels", *Journal of Leadership and Organizational Studies* 9, n. 3 (2003): 8-19; Bernard M. Bass; Bruce J. Avolio, "Shatter the glass ceiling: women may make better managers", *Human Resource Management* 33, n. 4 (Winter 1994): 549-560; Sharpe, "As leaders, women rule".
79. Dwight D. Frink et al., "Gender demography and organization performance: a two-study investigation with convergence", *Group & Organization Management* 28, n. 1 (March 2003): 127-147; projeto de pesquisa da empresa Catalyst citado em Reinhold, "Smashing glass ceilings".
80. "Impact of diversity initiatives on the bottom line: a SHRM survey of the *Fortune* 1000", in "Keeping your edge: managing a diverse corporate culture", seção especial de propaganda em associação com a Society for Human Resource Management, *Fortune* (June 3, 2001): S12-S14.
81. Leslie Kwoh, "Firms hail new chiefs (of diversity)", *The Wall Street Journal Online*, January 5, 2012. Disponível em: <http://online.wsj.com/article/SB10001424052970203899504577129261732884578.html>. Acesso em: 9 jul. 2012.
82. Joelle K. Jay; Amber Barnes, "Rising above the glass ceiling", *T+D* (January 2013): 52-55.
83. Ibidem.
84. Annie Finnigan, "Different strokes", *Working Woman* (April 2001): 42-48.
85. "Diversity in an affiliated company" citado em Vanessa J. Weaver, "Winning with diversity", *BusinessWeek* (September 10, 2001).
86. Terry Morehead Dworkin; Virginia Maurer; Cindy A. Schipani, "Career mentoring for women: new horizons/expanded methods", *Business Horizons* 55 (2012): 363-372; Melanie Trottman, "A helping hand", *The Wall Street Journal*, November 14, 2005; B. Ragins, "Barriers to mentoring: the female manager's dilemma", *Human Relations* 42, n. 1 (1989): 1-22; Belle Rose Ragins; Bickley Townsend; Mary Mattis, "Gender gap in the executive suite: CEOs and female executives report on breaking the glass ceiling", *Academy of Management Executive* 12, n. 1 (1998): 28-42.

87. David A. Thomas, "The truth about mentoring minorities – race matters", *Harvard Business Review* (April 2001): 99-107.
88. Mary Zey, "A mentor for all", *Personnel Journal* (January 1988): 46-51.
89. "Sexual Harassment: Vanderbilt University Policy" (Nashville: Vanderbilt University, 1993).
90. Julie Watson; Elliot Spagat, "Bob Filner resigns: San Diego Mayor Agrees to Step Down Amid Sexual Harassment Scandal", *Associated Press*, August 23, 2013, disponível em: <http://www.huffingtonpost.com/2013/08/23/san-diego-mayor--bob-filner-resigns-sexual-harass_n_3807073.html>, acesso em: 17 out. 2013; Tamara Audi, "San Diego Mayor Bob Filner to Resign amid Sexual-Harassment Scandal", *The Wall Street Journal*, August 23, 2013, disponível em: <http://online.wsj.com/news/articles/SB10001424127887323665504579031423952522220>. Acesso em: 17 out. 2013.
91. Definição e abordagem baseadas em Raymond A. Friedman, "Employee network groups: self-help strategy for women and minorities", *Performance Improvement Quarterly* 12, n. 1 (1999): 148-163.
92. Raymond A. Friedman; Brooks Holtom, "The effects of network groups on minority employee turnover intentions", *Human Resource Management* 41, n. 4 (Winter 2002): 405-421.
93. Diane Brady; Jena McGregor, "What works in womens networks", *BusinessWeek* (June 18, 2007): 58.
94. Elizabeth Wasserman, "A race for profits", *MBA Jungle* (March-April 2003): 40-41.
95. Hashi Syedain, "Premium Bonds", *People Management* (September 2012): 23-26.
96. Raymond A. Friedman; Melinda Kane; Daniel B. Cornfield, "Social support and career optimism: examining the effectiveness of network groups among black managers", *Human Relations* 51, n. 9 (1998): 1155-1177.

PARTE 5

Capítulo 14
Compreensão do comportamento individual

Visão geral do capítulo

Você é autoconfiante?

Como entender a si e os outros
O valor e a dificuldade de se autoconhecer
Aprimoramento da autoconsciência

Satisfação e confiança no trabalho
Satisfação profissional
Confiança

Percepção e atribuições
Percepção e distorções perceptivas
Atribuições: um caso especial de percepção

Personalidade e comportamento
Teoria dos traços de personalidade
Atitudes e comportamentos influenciados pela personalidade
Estilos de resolução de problemas e o Indicador de Tipo de Myers-Briggs

Emoções
Emoções positivas e negativas
Inteligência emocional

Novo gestor autoteste: expressão de Emoções

Autogestão
Princípios básicos para a autogestão
Um guia para você administrar o tempo

Gestão do estresse
Desafio e ameaça do estresse
Comportamento dos tipos A e B
Causas de estresse no trabalho
Respostas inovadoras para o estresse

Resultados de aprendizagem

Após a leitura deste capítulo, você será capaz de:

1. Explicar por que entender a si mesmo é essencial para ser um bom gestor e descrever dois métodos para aumentar a autoconsciência.

2. Abordar aspectos relacionados à importância da satisfação e confiança no trabalho para o desempenho eficaz do funcionário.

3. Descrever o processo de percepção e explicar atribuições internas e externas.

4. Definir os principais traços de personalidade e descrever como ela pode influenciar os comportamentos no local de trabalho.

5. Identificar as emoções positivas e negativas e descrever como elas afetam o comportamento.

6. Definir os quatro componentes da inteligência emocional e explicar por que eles são importantes para os gestores de hoje.

7. Delinear um sistema passo a passo para administrar a si mesmo e seu tempo.

8. Explicar a diferença entre o estresse do desafio e o da ameaça.

9. Identificar os recursos que os indivíduos e as organizações podem utilizar para administrar o estresse com o propósito de melhorar a saúde, a satisfação e a produtividade dos funcionários.

Você é autoconfiante?

INSTRUÇÕES: A autoconfiança é a base para muitos comportamentos importantes de um novo gestor. Para saber algo sobre o seu nível de autoconfiança, faça o teste proposto a seguir. Em cada item, assinale "Normalmente verdadeiro" ou "Normalmente falso".

	Normalmente verdadeiro	Normalmente falso
1. Tenho muita confiança nas minhas decisões.		
2. Gostaria de mudar algumas coisas em mim.		
3. Estou satisfeito com a minha aparência e personalidade.		
4. Fico nervoso quando tenho que conhecer pessoas importantes.		
5. Confesso que sou uma pessoa positiva.		
6. Às vezes penso em mim como um fracasso.		
7. Sou capaz de fazer as coisas tão bem quanto a maioria das pessoas.		
8. Acho difícil acreditar que alguém diz coisas boas sobre mim.		

PONTUAÇÃO E INTERPRETAÇÃO: Muitas coisas boas vêm da autoconfiança. Você é autoconfiante? Atribua 1 ponto a cada item ímpar assinalado como "Normalmente verdadeiro" e 1 ponto a cada item par assinalado como "Normalmente falso". Se você marcou 3 ou menos, sua autoconfiança pode não ser muito alta. Talvez você queira praticar um novo comportamento em áreas problemáticas para desenvolver maior confiança. Uma pontuação de 6 ou mais sugere um alto nível de autoconfiança e uma base sólida sobre a qual você pode começar sua carreira como um novo gestor.

Um novo gestor que não tem autoconfiança está mais propenso a evitar decisões difíceis e confrontos e tende a controlar demasiadamente os subordinados. Esse tipo de comportamento é denominado microgestão. A falta de autoconfiança também leva a um menor compartilhamento de informações e menos tempo de contratação e desenvolvimento de pessoas capazes. Por sua vez, os gestores autoconfiantes podem delegar responsabilidades mais facilmente, assumir riscos, dar crédito aos outros, enfrentar problemas e afirmar-se para o bem de sua equipe.

Virginia M. Rometty, a primeira CEO da IBM, aprendeu uma lição importante no início da carreira. Rometty recebeu a oferta de um grande trabalho, mas sentiu que não tinha experiência suficiente. Então, disse ao recrutador que precisava de tempo para pensar sobre o assunto. Mais tarde, o marido de Rometty perguntou-lhe: "Você acha que um homem teria pedido um tempo para pensar?". De acordo com Rometty, a lição aprendida foi a seguinte: "Você precisa ser muito confiante, mesmo que, no fundo, seja muito autocrítico sobre o que pode ou não pode saber". Os gestores podem obter resultados significativos – e progredir na carreira – apenas quando se sentem autoconfiantes para assumir riscos e ir além de suas zonas de conforto. Rometty passou 30 anos na IBM, subindo na hierarquia até ser nomeada CEO em 2011.[1]

Naturalmente, quando as pessoas assumem riscos, às vezes elas falham, mas aquelas que obtiveram resultados de sucesso costumam creditá-los aos fracassos anteriores. Considere o caso da escritora bilionária J. K. Rowling, cujo primeiro livro de *Harry Potter* foi rejeitado por 12 editoras antes de a Bloomsbury comprá-lo pelo equivalente a quatro mil dólares. Em discurso no início de 2008 para a turma de graduação da Universidade de Harvard, Rowling contou como os contratempos e a rejeição não a desencorajaram, mas simplesmente a deixaram mais forte.² Ao contrário de J. K. Rowling e Virginia Rometty, há muitas pessoas talentosas que vivenciaram uma derrota ou um desencorajamento e nunca tentaram novamente.³

O que faz a diferença? Os psicólogos sugerem que isso se resume a uma característica denominada *autoeficácia*. É uma das muitas maneiras pelas quais os indivíduos diferem entre si, juntamente com os seus traços de personalidade, nas atitudes, nas emoções e nos valores. **Autoeficácia** é a forte crença de um indivíduo de que ele pode realizar uma tarefa ou resultado específico com sucesso.⁴ A autoeficácia é uma dimensão da **autoconfiança** que se refere à garantia geral das ideias, do julgamento e das capacidades de uma pessoa. Traços de personalidade, emoções e características, como autoconfiança e autoeficácia, influenciam o comportamento das pessoas e o modo de elas lidarem com situações de trabalho e se relacionarem com os outros.

Como entender a si e os outros

Ter uma visão sobre os motivos que levam as pessoas a se comportar de determinada forma é uma parte da boa gestão. As pessoas levam as diferenças individuais para o trabalho todos os dias, e essas diferenças influenciam a forma como elas interpretam as tarefas, aceitam as ordens (se gostam ou não de recebê-las), lidam com os desafios e interagem com os outros. Ao ampliarem a compreensão acerca das diferenças individuais, tema deste capítulo, os gestores aprenderão a tirar o melhor proveito de cada funcionário e liderar as pessoas de maneira mais eficaz com base nos desafios que se instalam cotidianamente no local de trabalho. No entanto, o primeiro requisito para ser um bom gestor é compreender a si. As características e o comportamento dos gestores podem influenciar profundamente o ambiente de trabalho, bem como a motivação, o moral e o desempenho do funcionário.

O VALOR E A DIFICULDADE DE SE AUTOCONHECER

Uma pesquisa realizada com 75 membros do Conselho Consultivo da Stanford Graduate School of Business constatou que a capacidade mais importante que os líderes devem desenvolver é a autoconsciência.⁵ **Autoconsciência** significa que o líder deve estar consciente dos aspectos internos de sua natureza, como traços de personalidade, crenças, emoções e percepções, e entender como esses padrões afetam outras pessoas. A maioria dos especialistas em administração concorda que uma importante característica dos líderes eficazes é saber quem são e o que representam.⁶ Quando os gestores se autoconhecem profundamente, eles permanecem firmes e constantes. As pessoas sabem o que esperar deles. Eis a declaração de um funcionário: "é como se eles estivessem presos por um bastão que está fincado no chão".⁷

No entanto, é mais fácil ter autoconsciência na teoria do que na prática. Considere o caso de Charlotte Beers, ex-presidente e CEO da Ogilvy & Mather Worldwide, que agora realiza seminários para mulheres líderes. Quando Beers tornou-se uma supervisora administrativa, ela se considerava uma líder simpática, acessível e descontraída. Ficou chocada quando um amigo lhe disse que um de seus colegas descreveu o estilo de administração dela como "ameaçador". Esse comentário foi devastador para Beers porque era exatamente o oposto de como ela pensava sobre si mesma.⁸ Como aconteceu com Beers, às vezes nos surpreendemos quando descobrimos o que os outros pensam honestamente de nós. A maioria de nós não reserva um tempo para pensar sobre quem realmente somos ou o efeito que nossos padrões de pensamento e comportamento têm sobre os outros. Para ser um bom gestor, essa autorreflexão é essencial.

APRIMORAMENTO DA AUTOCONSCIÊNCIA

Há muitas formas de as pessoas ampliarem a compreensão que têm de si mesmas. A Figura 14.1 apresenta duas abordagens importantes para aumentar a autoconsciência: solicitar *feedback* e usar autoavaliações.

Solicitar *feedback*

Assim como usamos um espelho todas as manhãs para fazer a barba ou pentear o cabelo, podemos usar outras pessoas como um espelho para nos vermos mais claramente.[9] Um gestor pode considerar-se paciente e compreensivo, mas os funcionários podem vê-lo como facilmente irritado e antipático.

Um *coach* que cuidava da carreira de Francisco D'Souza, CEO da Cognizant Technology Solutions Corporation, procurou algumas pessoas que haviam trabalhado com e para o CEO, a fim de saber o que pensavam sobre ele. Quando recebeu as informações, D'Souza declarou: "Foi um *feedback* difícil, mas muito esclarecedor. Isso me ajudou a identificar alguns dos meus pontos cegos". Muitas pessoas têm **pontos cegos** – atributos sobre si mesmas dos quais elas não estão cientes ou não reconhecem como problemas – que limitam a eficácia e dificultam o sucesso na carreira.[10] D'Souza aprendeu que as pessoas tinham confiança na capacidade dele, mas consideravam-no muito duro com relação às críticas. "Isso me fez entender que o peso das minhas palavras era muito maior do que eu havia imaginado, e passei a ser muito mais cuidadoso e ponderado sobre como dava *feedbacks*", comentou D'Souza.[11] Quando passamos pela vida sem *feedback*, somos como um homem que, por causa dos raros fios de cabelo, acha que ninguém nota sua calvície. Buscar *feedback* para aumentar a autoconsciência pode melhorar o desempenho e a satisfação no trabalho, tanto para os gestores quanto para os funcionários.[12] Como todos nós temos ilusões sobre nós mesmos, precisamos da ajuda de outras pessoas para obter uma imagem clara de quem somos.

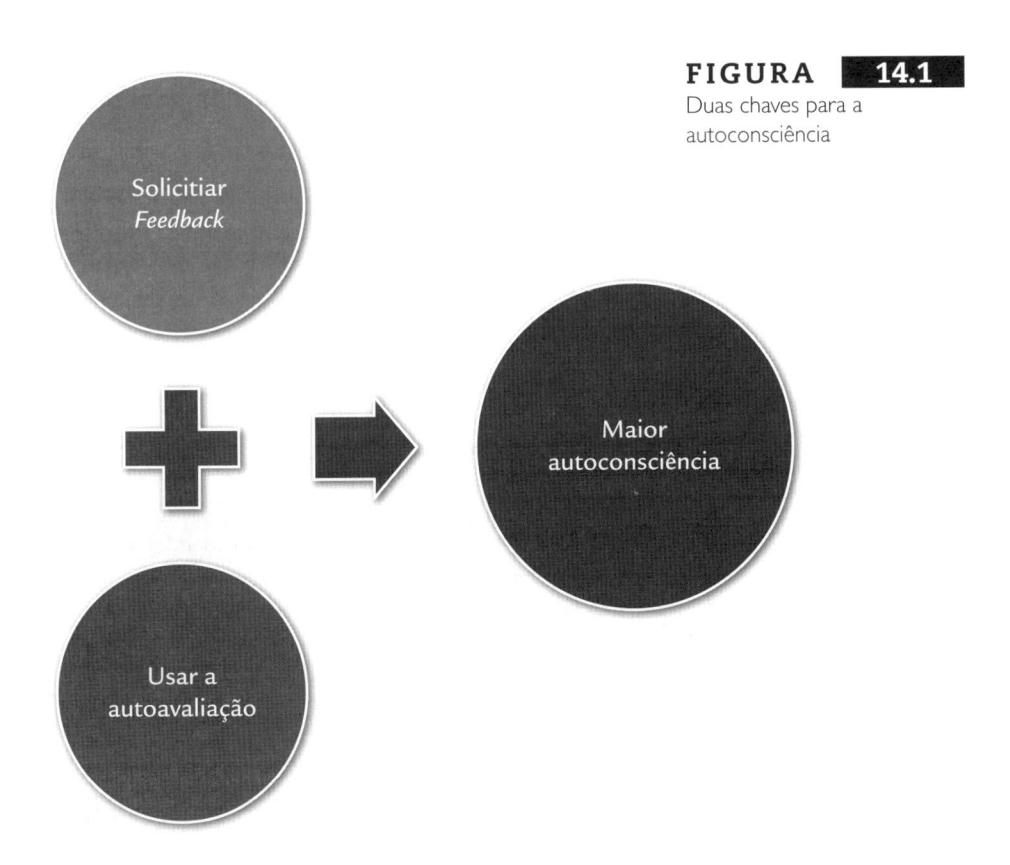

FIGURA 14.1
Duas chaves para a autoconsciência

Autoavaliação

Outra forma muito valiosa para aumentar a autoconsciência é a *autoavaliação*. Nesse processo, o indivíduo utiliza a autoinvestigação e reflexão para obter ideias sobre si mesmo com base nos resultados de testes de autoavaliação, como alguns deste livro. Ao concluir essas avaliações da forma mais honesta possível, você pode analisar a sua pontuação e aumentar a sua compreensão sobre vários aspectos de si mesmo. Alguns gestores, como Stuart McClure, que deixou um emprego como diretor de tecnologia na McAfee para abrir uma empresa de segurança da informação, a Cylance, passam por exercícios de avaliação administrados pela Development Dimensions International (DDI) e outras empresas de consultoria para aprender sobre seus aspectos próprios. McClure soube que tinha grandes vantagens para fazer acontecer, mas que ele tendia a ser muito controlador e impaciente quando interrompido por pessoas ou ideias fora do seu interesse imediato. Segundo McClure, "Tenho que me acalmar".[13]

Autoavaliação também significa refletir regularmente sobre nossos pensamentos e sentimentos. A introspecção – refletir sobre nossas experiências, examinar os efeitos de nossas ações e comportamento, identificar as consequências para nós e os outros e perguntar: "O que posso aprender?" – é um uso valioso de tempo que muitos gestores ignoram. Algumas pessoas mantêm um diário, meditam ou apenas sentam-se calmamente e pensam no próprio dia.[14] O astro da Major League Soccer (MLS) Landon Donovan usou tanto o *feedback* quanto a introspecção para aumentar a compreensão sobre si mesmo e melhorar a vida e os relacionamentos, como descrito no exemplo a seguir.

Forma inovadora

Landon Donovan, jogador norte-americano de futebol

No auge de sua carreira, Landon Donovan se afastou do esporte que tanto amava. Donovan detém o recorde de todos os tempos para gols marcados e assistidos, e está a apenas dois do recorde de pontuação da carreira na MLS. Quando seu contrato com o Los Angeles Galaxy expirou no final da temporada de 2013, o jogador disse que precisava de uma pausa: "Não tenho uma explicação específica sobre o fato de eu ter precisado me afastar. Mas tinha um pressentimento que dizia: 'Você precisa de tempo'. Eu estava muito consciente de que quando saí poderia ter sido o fim da minha carreira. Mas, no final das contas, foi muito importante para mim ter feito isso".

Curiosamente, após voltar três meses depois, Donovan começou a jogar o melhor futebol de sua vida. Sair de cena pode não ser a melhor maneira de melhorar a carreira, mas "uma coisa sobre Landon é que ele sabe do que precisa", afirmou o presidente do Galaxy Chris Klein, que também é um ex-membro do time. "Ele está em um lugar que, pessoalmente, nunca vi antes." Donovan chegou lá porque olhou para dentro de si. Enquanto os outros estudavam a competição, Donovan estudava a si mesmo. "Jogo melhor quando estou feliz por dentro. E isso vem de mim trabalhando comigo mesmo", disse Donovan. Apesar do trabalho que fez, o jogador foi cortado do time nacional dos Estados Unidos para a Copa do Mundo de 2014 no Brasil, e mais tarde fez comentários que muitos interpretaram como amargura e desgosto sobre a perda da equipe. Outros achavam que era apenas um reflexo da tendência natural de Donovan para falar o que pensa.

Passar algum tempo na meditação e na terapia não é novidade para o jogador norte-americano. Donovan revelou que, por muitos anos, frequentou sessões de terapia e passava longas horas em conversas introspectivas com os familiares e amigos, sobretudo depois de seu mau desempenho na Copa do Mundo de 2006. Ao referir-se a si mesmo no momento da competição de 2006, Donovan declarou: "[Eu era] alguém completamente desconhecido. A maioria das pessoas não quer passar o tempo analisando-se profundamente e descobrir como realmente são.[15]

Nem todo mundo quer se envolver em terapia, como Landon Donovan, mas as formas de introspecção e *feedback* podem ajudar cada um de nós a se beneficiar aprendendo mais sobre nós mesmos. Quando um gestor se conhece profundamente, ele é mais capaz de compreender os outros e interagir de maneira eficaz.

Lembre-se disto

- Traços de personalidade, emoções e características, como autoconfiança e autoeficácia, influenciam o modo como as pessoas se relacionam e se comportam no trabalho.
- **Autoeficácia** é a forte crença de um indivíduo de que ele pode realizar uma tarefa ou resultado específico com sucesso.
- A escritora britânica J. K. Rowling demonstrou autoeficácia ao acreditar que poderia publicar seu primeiro livro sobre Harry Potter apesar das constantes rejeições.
- A autoeficácia é uma dimensão da **autoconfiança** que se refere a estar convencido sobre as próprias ideias, julgamentos e capacidades.
- Compreender a si mesmo é essencial para que você se torne um bom gestor, mas alcançar a autoconsciência não é uma tarefa fácil. **Autoconsciência** significa que o indivíduo deve estar consciente dos aspectos internos de sua natureza, como traços de personalidade, crenças, emoções e percepções, e entender como esses padrões afetam outras pessoas.
- Duas maneiras valiosas de melhorar a autoconsciência são: solicitar *feedback*, a autoavaliação e a introspecção.
- O jogador de futebol Landon Donovan passou muitas horas em meditação, terapia e conversas introspectivas com familiares e amigos para aumentar a compreensão de si mesmo.

Satisfação e confiança no trabalho

A maioria dos gestores se esforça para desenvolver e reforçar atitudes positivas entre todos os funcionários, porque as pessoas são mais saudáveis e mais eficientes quando têm sentimentos positivos sobre os próprios empregos, os colegas de trabalho, a empresa e o ambiente em que atuam.[16] Dois elementos importantes da felicidade e da produtividade dos funcionários são: a satisfação e a confiança no trabalho.

SATISFAÇÃO PROFISSIONAL

A **satisfação profissional** reflete o grau em que uma pessoa encontra satisfação no trabalho. Em geral, as pessoas experimentam a satisfação profissional quando o trabalho corresponde às necessidades e aos interesses delas, quando as condições de trabalho e recompensas (como o pagamento) são satisfatórias, quando gostam dos colegas de trabalho e quando têm relações positivas com os supervisores. Faça o teste proposto na Figura 14.2 para entender melhor alguns dos fatores que contribuem para a satisfação profissional.

Muitos gestores acreditam que a satisfação no trabalho é importante porque funcionários satisfeitos têm um desempenho melhor. Na verdade, pesquisas mostram que a relação entre

▶▶▶ **Conexão de conceito**

Como a recessão afetou a **satisfação profissional**? Pesquisas realizadas nos Estados Unidos, como a do Gallup-Healthways Well-Being Index, mostraram variações pequenas sobre a satisfação com o trabalho, algo entre 85% e 90%. De acordo com alguns analistas econômicos, muitos trabalhadores norte-americanos, como a da imagem em uma fábrica de montagem de automóveis, estão relutantes em reclamar de seus empregos, dado que a taxa de desemprego atingiu um pico de 10% em 2010 e manteve-se relativamente elevada até o momento.

FIGURA 14.2 — Avalie sua satisfação profissional

Instruções: Pense em um trabalho – seja atual ou anterior – que foi importante para você e, depois, responda às seguintes questões, que se referem a quão satisfeito você estava com esse emprego. Atribua a cada questão um número (de 1 a 5) que reflete a extensão de sua satisfação.
1 = Muito insatisfeito   3 = Neutro   5 = Muito satisfeito
2 = Insatisfeito   4 = Satisfeito

1. Em geral, quanto você está satisfeito com seu trabalho? 1 2 3 4 5
2. Você está satisfeito com as oportunidades de aprender coisas novas? 1 2 3 4 5
3. Você está satisfeito com o seu chefe? 1 2 3 4 5
4. Você está satisfeito com as pessoas que fazem parte de seu grupo de trabalho? 1 2 3 4 5
5. Você está satisfeito com o salário que recebe? 1 2 3 4 5
6. Você está satisfeito com a sua ascensão na empresa? 1 2 3 4 5

Pontuação e interpretação: Some os números referentes às respostas dadas para obter sua pontuação total: _____. As perguntas representam vários aspectos da satisfação que um funcionário pode vivenciar em um trabalho. Se a sua pontuação foi 24 ou mais, você provavelmente se sente satisfeito com o trabalho. Se a sua pontuação foi 12 ou menos, você provavelmente não se sente satisfeito. Qual é o seu nível de desempenho no trabalho exercido? Esse desempenho está relacionado ao seu nível de satisfação?

FONTES: Questões adaptadas de Daniel R. Denison, *Corporate culture and organizational effectiveness* (New York: John Wiley, 1990); John D. Cook et al., *The experience of work: a compendium and review of 249 measures and their use* (San Diego, CA: Academic Press, 1981).

satisfação e desempenho geralmente é pequena e influenciada por outros fatores.[17] Por exemplo, a importância da satisfação varia de acordo com a quantidade de controle que o trabalhador tem; um funcionário que realiza tarefas de rotina pode produzir praticamente o mesmo resultado, não importa como ele se sente sobre o trabalho. Os gestores dos trabalhadores de hoje, no entanto, muitas vezes dependem da satisfação profissional para manter a motivação e o entusiasmo elevados. Eles não podem se dar ao luxo de perder funcionários talentosos e altamente qualificados. Lamentavelmente, uma pesquisa recente realizada pela Conference Board descobriu que apenas 45% dos

Poder Verde

Torne significativo

O sucesso de um programa de sustentabilidade geralmente depende da capacidade dos gestores em envolver os funcionários. A equipe administrativa da LoyaltyOne do Canadá acredita que o segredo para a satisfação dos funcionários está em fazer pequenas coisas que transformem o pensamento e o comportamento deles ao longo do tempo. Os esforços de sustentabilidade da LoyaltyOne, como reuniões regulares da Câmara Municipal, feiras ambientais anuais, concursos e entrega de brindes, criam uma cultura participativa de diversão à medida que a organização passa a cumprir as suas metas de sustentabilidade. Os funcionários são encorajados a ter iniciativas com base em suas próprias preocupações. A LoyaltyOne forneceu às pessoas termômetros para que elas pudessem medir o uso pessoal de energia. Esse procedimento teve maior impacto sobre a responsabilidade social individual do que qualquer palestra ou carta de posicionamento. Reconhecida em 2014 pela empresa de consultoria global Aon Hewitt como um dos melhores empregadores no Canadá, a LoyaltyOne obteve êxito ao injetar desafio, empoderamento, criatividade, diversão e o conceito de "fazer a diferença" na experiência da sustentabilidade no local de trabalho para cada funcionário.

Fontes: "Environmental sustainability and top talents", *Cool Choices*, August 4, 2011, disponível em: <www.coolchoicesnetwork.org/2011/08/04/environmental-sustainability-and-top-talents/>, acesso em: 1º ago. 2012; Derek Wong, "Top talents attracted to socially responsible companies", *Environmental Leaders: Environmental and Energy Management News*, July 11, 2011, disponível em: <http://www.environmentalleader.com/2011/07/11/top-talents-attracted-to-socially-responsible-companies>. Acesso em: 1º ago. 2012.

trabalhadores norte-americanos estão satisfeitos no trabalho, o menor nível de satisfação na história da pesquisa.[18]

O ambiente criado pelos gestores determinará se os funcionários terão sentimentos positivos ou negativos em relação às atividades exercidas.[19]

CONFIANÇA

Considerando a importância da confiança em qualquer relacionamento, é surpreendente a pouca atenção que muitos gestores dedicam para criar e manter a confiança no trabalho. A confiança pode fazer toda a diferença entre um funcionário que está emocionalmente comprometido com a organização e aquele que não está. O **comprometimento organizacional** refere-se à lealdade e ao envolvimento de um funcionário com a organização. Um funcionário com um alto grau de comprometimento organizacional está propenso a dizer *nós* quando fala sobre a empresa. Ele gosta de ser parte da organização e tenta contribuir para o sucesso dela. Infelizmente, o mais recente levantamento sobre mão de obra da Gallup constatou que o índice de funcionários *desinteressados* nos Estados Unidos é de 70%.[20] Outra pesquisa recente sugere que o compromisso e os níveis de envolvimento em todo o mundo também sejam relativamente baixos.[21]

Esses resultados refletem um baixo nível de confiança na gestão, que é um componente essencial para o sucesso no ambiente caótico de hoje. As empresas não podem evitar grandes catástrofes ou crises, mas, por meio da criação de organizações fundamentadas na confiança, elas estarão "prontas para a batalha" quando crises e catástrofes ocorrerem. Quando Irene Rosenfeld, CEO da Mondelez International, falou sobre a reestruturação da Kraft (antecessora da Mondelez) no Fórum Mundial de Negócios, enfatizou o esforço que os gestores tinham feito para que pudessem ser "simples, abertos e honestos", mesmo em meio a fechamentos de fábricas e cortes de empregos. A confiança que isso promoveu, segundo Rosenfeld, foi "uma parte fundamental" da capacidade da empresa para seguir em frente.[22]

Várias pesquisas realizadas nos últimos anos constataram que a maioria das pessoas não confia no que a alta gestão diz a elas. Em geral, elas consideram que os gestores tentam esconder coisas ou enganá-las.[23] Apenas 20% das pessoas entrevistadas pela Leadership IQ, uma organização de treinamento de liderança, afirmaram que confiam muito na alta gestão; 36% relataram um nível de confiança moderado, e 44% apontaram que desconfiam ou desconfiam fortemente de seus patrões.[24] Além disso, a pesquisa confirmou que a confiança se relaciona ao compromisso organizacional. De acordo com o estudo, quase 32% do desejo de um funcionário em ficar ou sair de uma empresa depende da confiança na gestão. A maioria de nós não precisa de uma pesquisa para nos dizer que o nível de confiança nos líderes empresariais e governamentais é sombrio. Desde o colapso da Enron no início do século, para muitos gestores e comerciantes recompensados por comportamento antiético com grandes bônus durante a mais recente crise financeira de Wall Street, há inúmeras razões pelas quais as pessoas desconfiam da liderança organizacional.

Uma vez que a confiança é prejudicada, tudo tende a se desfazer. Os gestores promovem a confiança sendo abertos e honestos nos negócios, informando os funcionários, dando-lhes a palavra nas decisões, proporcionando-lhes o treinamento necessário, tratando-lhes de forma justa e recompensando o que eles valorizam. Segundo Doug Harward, presidente da Industry Training, Inc., "As pessoas em posições de liderança não têm feito um bom trabalho para ganhar a confiança. Os funcionários têm o direito de esperar que seus gestores sejam confiáveis e que criarão organizações estáveis. Muitos de nossos líderes têm violado essa confiança".[25]

> "As organizações não se baseiam mais na força. Elas estão cada vez mais fundamentadas na confiança."
>
> – PETER DRUCKER, ESTUDIOSO EM ADMINISTRAÇÃO E AUTOR DE *DESAFIOS GERENCIAIS PARA O SÉCULO XXI*

TEMA RECENTE

Lembre-se disto

- Um sentimento positivo sobre o emprego é chamado de **satisfação profissional**.
- Pesquisas sugerem que os níveis de satisfação profissional estão na maior baixa de todos os tempos.
- **Compromisso organizacional** refere-se à lealdade e ao envolvimento do funcionário com a empresa.
- A confiança é um componente importante do comprometimento organizacional.
- Uma pesquisa constatou que 32% do desejo de um funcionário em ficar em uma empresa ou sair dela depende da confiança na gestão.

Percepção e atribuições

Outros aspectos críticos do comportamento da compreensão são percepção e atribuições, que se referem a um tipo especial de percepção.

PERCEPÇÃO E DISTORÇÕES PERCEPTIVAS

Percepção é o processo cognitivo para selecionar, organizar e interpretar informações do ambiente. Por causa das diferenças individuais de personalidade, valores, interesses e assim por diante, as pessoas muitas vezes "veem" a mesma coisa de formas diferentes. Uma aula que é chata para um aluno pode ser fascinante para outro. Um aluno pode achar uma atribuição desafiadora e estimulante, enquanto outro pode vê-la como um desperdício de tempo.

Podemos pensar na percepção como um processo passo a passo (ver Figura 14.3). Em primeiro lugar, observamos as informações (dados sensoriais) do ambiente através de nossos sentidos: paladar, olfato, audição, visão e tato. Em segundo lugar, nossa mente filtra os dados e seleciona apenas os itens que serão processados. Em terceiro lugar, organizamos os dados selecionados em padrões significativos para a interpretação e resposta. A maioria das diferenças de percepção entre as pessoas no trabalho está relacionada à forma como elas selecionam e organizam os dados sensoriais. Você pode experimentar diferenças na organização perceptual ao observar atentamente as imagens da Figura 14.4. O que você vê na imagem *a* da Figura 14.4? A maioria das pessoas vê um cão, mas outras veem apenas borrões de tinta não relacionados. Na imagem *b*, algumas pessoas verão uma bela jovem, enquanto outros entenderão que se trata de uma mulher velha. Agora observe a imagem *c*. Quantos blocos você vê: seis ou sete? Algumas pessoas têm que virar a figura de cabeça para baixo antes que possam ver os sete blocos. Esses recursos visuais ilustram quão complexa a percepção é.

De particular preocupação no ambiente de trabalho são as **distorções perceptivas**, erros de julgamento que surgem de imprecisões em qualquer parte do processo de

FIGURA 14.3
Processo da percepção

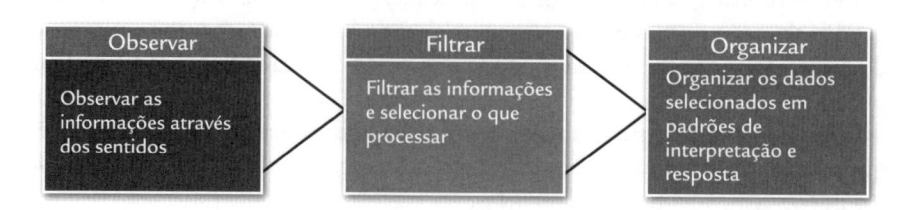

Observar	Filtrar	Organizar
Observar as informações através dos sentidos	Filtrar as informações e selecionar o que processar	Organizar os dados selecionados em padrões de interpretação e resposta

CAPÍTULO 14 COMPREENSÃO DO COMPORTAMENTO INDIVIDUAL

FIGURA 14.4 Percepção – O que você vê?

a. Você vê o cão?   b. Trata-se de uma mulher jovem ou velha?   c. Quantos blocos consegue identificar?

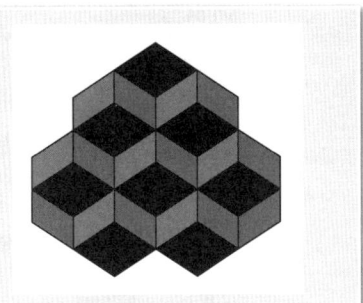

FIGURA 14.5 Quão precisa é sua percepção?

Instruções: Pense em um trabalho realizado, em um projeto ao qual você tem se dedicado em sala de aula ou em um trabalho voluntário que tenha prestado. Classifique cada item apresentado a seguir como "Normalmente verdadeiro" ou "Normalmente falso".

	Normalmente verdadeiro	Normalmente falso
1. Procuro por inconsistências e explicações.		
2. Gero várias explicações para as informações disponíveis.		
3. Verifico se há omissões, distorções ou exageros nas informações disponíveis.		
4. Procuro distinguir fatos de opiniões.		
5. Conheço meu estilo de abordar os problemas e estou ciente de como isso pode afetar o meu modo de processar as informações.		
6. Estou bem ciente dos preconceitos e valores que influenciam a forma como vejo as pessoas.		

Pontuação e interpretação: A pontuação refere-se ao total de itens assinalados em "Normalmente verdadeiro". Se marcou 5 ou 6 pontos, você está consciente e faz tentativas de remover as distorções de sua percepção. Se marcou 3 ou 4 pontos, você faz um esforço sólido. No caso de 1 ou 2 pontos, você subestima a percepção. Reveja todos os itens em que você assinalou "Normalmente falso" para ter uma ideia dos aspectos que podem ser considerados como deficiências perceptivas. O que você pode fazer para melhorar a sua percepção?

FONTE: Teste adaptado de Patricia M. Fandt, *Management skills: practice and experience* (Minneapolis: West Publishing, 1994), p. 210-211.

percepção. Um erro comum perceptual é a **estereotipagem**, a tendência de classificar uma pessoa como pertencente a determinado grupo ou categoria (por exemplo, mulheres, negros, idosos; ou homens, brancos, deficientes) com base em generalizações preestabelecidas. No Capítulo 13, tratamos do estereótipo impreciso e apresentamos como exemplo a ideia preconcebida de que todas as gestoras falantes são incompetentes. Tomemos agora outro exemplo: uma pessoa conhece um colega de trabalho e, ao vê-lo em uma cadeira de rodas, já o categoriza como "deficiente físico". Essa pessoa, com base em generalizações preestabelecidas, acredita que as pessoas com deficiência são menos capazes, logo o colega cadeirante que acabou de conhecer é menos capaz do que outros colegas de trabalho. No entanto, a incapacidade da pessoa de andar não deve ser vista como indicativos de habilidades menores em outras áreas. Os estereótipos nos impedem de conhecer verdadeiramente as pessoas que classificamos dessa forma. Além disso, os estereótipos negativos impedem que pessoas talentosas progridam e contribuam para o sucesso da empresa.

O **efeito halo** ocorre quando o observador desenvolve uma impressão geral de uma pessoa ou situação com base em uma característica favorável ou desfavorável. Em outras palavras, um halo impede que o observador reconheça outras características que devem ser utilizadas na geração de uma avaliação mais completa. O efeito halo pode desempenhar um papel significativo na avaliação de desempenho, como vimos no Capítulo 12. Por exemplo, uma pessoa com um excelente recorde de audiência ou público pode ser avaliada como responsável, trabalhadora e altamente produtiva; já outra com uma audiência abaixo da média pode ser avaliada como tendo um desempenho ruim.

Qualquer avaliação pode ser verdadeira, mas o trabalho do gestor é garantir que ela seja fundamentada em informações completas sobre todas as características relacionadas ao trabalho, e não apenas à preferência do funcionário pelo bom atendimento. Quão precisa é a sua percepção? O teste proposto na Figura 14.5 permitirá que você perceba se as distorções perceptivas obscurecem o seu julgamento.

Atribuições: um caso especial de percepção

Entre as avaliações que as pessoas fazem como parte do processo de percepção, estão as atribuições.[26] **Atribuições** são julgamentos sobre o que causou o comportamento de alguma pessoa – algo sobre a pessoa ou a situação. As pessoas fazem atribuições como uma tentativa de entender por que os outros se comportam de determinada maneira. Uma *atribuição interna* diz que as características da pessoa levam ao comportamento. ("Susan perdeu o prazo porque ela é negligente e preguiçosa.") Uma *atribuição externa* diz que algo sobre a situação causou o comportamento da pessoa. ("Susan perdeu o prazo porque ela não obteve as informações de que precisava no momento oportuno.") Compreender as atribuições é importante porque elas influenciam a forma como um gestor lidará com a situação. No caso do prazo não cumprido, um gestor que culpa a personalidade do funcionário verá Susan como o problema e poderá dar-lhe avaliações de desempenho desfavoráveis e menos atenção e apoio. Em contrapartida, um gestor que acusa a situação poderia melhorar os mecanismos de comunicação horizontal para que as pessoas obtenham as informações de que precisam de uma maneira oportuna.

Muitas vezes, as pessoas demonstram algum tipo de preconceito quando fazem atribuições. Ao avaliarmos os outros, tendemos a subestimar a influência de fatores externos e superestimar a influência de fatores internos. Essa tendência é chamada de **erro fundamental de atribuição**. Considere o caso de alguém que está sendo promovido a CEO. Funcionários, pessoas que não pertencem à empresa e os meios de comunicação geralmente se concentram nas características que levaram esse indivíduo

Lembre-se disto

- **Percepção** é o processo cognitivo que as pessoas usam quando selecionam, organizam e interpretam informações do ambiente.
- As pessoas muitas vezes veem a mesma coisa de maneiras diferentes.
- **Distorções perceptivas** são erros do julgamento perceptual que resultam de imprecisões em qualquer parte do processo de percepção.
- **Estereotipagem** é a tendência de classificar uma pessoa como pertencente a um grupo ou categoria ampla com base em generalizações preestabelecidas.
- O **efeito halo** ocorre quando o observador desenvolve uma impressão geral de uma pessoa ou situação com base em uma característica favorável ou desfavorável.

- **Atribuições** são julgamentos sobre o que causou o comportamento de uma pessoa – sejam características de uma pessoa ou da situação.
- Uma atribuição interna diz que características do indivíduo fizeram a pessoa se comportar de determinada maneira, enquanto uma atribuição externa coloca a causa nos aspectos da situação.
- O **erro fundamental de atribuição** é uma tendência de subestimar a influência de fatores externos sobre o comportamento de outra pessoa e superestimar a influência de fatores internos.
- O **viés do autosserviço** é a tendência de superestimar a contribuição de fatores internos nos próprios sucessos e a contribuição de fatores externos nas próprias falhas.

à promoção. Na realidade, porém, a seleção dessa pessoa poderia ter sido altamente influenciada por fatores externos, como condições de negócios, criando uma necessidade de alguém com um forte histórico de finanças ou *marketing* naquele momento em particular.

Outro viés que distorce as atribuições envolve as atribuições que fazemos sobre nosso próprio comportamento. As pessoas tendem a superestimar a contribuição de fatores internos de seus sucessos e a contribuição de fatores externos às suas falhas. Essa tendência, denominada **viés do autosserviço**, significa que as pessoas se dão muito crédito por aquilo que fazem bem e costumam culpar as forças externas quando falham. Assim, se o seu gestor diz que você não se comunica bem o suficiente e você acha que ele não escuta bem o suficiente, a verdade pode estar em algum lugar entre esses pontos.

▶▶▶ Conexão de conceito

O Marriott analisa cuidadosamente os candidatos para cargos fundamentais de atendimento ao cliente, como é o caso dessa camareira do Marriott Residence Inn em Cleveland, no Estado norte-americano de Ohio. Uma forma de determinar se as pessoas têm "o que é preciso" é por meio de **testes de personalidade**. Durante o processo de seleção, os candidatos respondem a um questionário sobre suas crenças, atitudes e hábitos de trabalho. Além disso, participam de dinâmicas cujo objetivo é avaliar a desenvoltura deles para lidar com as mais variadas situações. Dessa forma, o Marriott pode identifcar as pessoas com interesses e motivações que sejam compatíveis com os valores da empresa. À medida que os gestores reavaliam a missão e os objetivos do Marriott, o teste evolui. Alguns temem que os testes de personalidade tenham muita influência, determinando não apenas quem será contratado, mas também quem será o primeiro entrevistado.

Personalidade e comportamento

Nos últimos anos, muitos empregadores têm demonstrado maior interesse em combinar a personalidade das pessoas às necessidades do trabalho e da organização. A **personalidade** de um indivíduo é o conjunto de características que fundamentam um padrão relativamente estável de comportamento em resposta às ideias, aos objetos ou às pessoas no ambiente. Curiosamente, embora 71% dos profissionais de recursos humanos (HR) entrevistados afirmem que os testes de personalidade podem ser úteis para prever o comportamento relacionado ao trabalho e à adequação organizacional, o uso desses testes tem realmente diminuído nos últimos anos. Apenas 18% relataram que as empresas adotam testes de personalidade em decisões de contratação e promoção. Parte do motivo é que mais empresas estão confiando nas mídias sociais para avaliar os candidatos com base no que eles têm a dizer e mostrar sobre si mesmos.[27]

TEORIA DOS TRAÇOS DE PERSONALIDADE

Em geral, as pessoas pensam na personalidade em termos de traços, ou seja, as características mais consistentes que uma pessoa exibe. Os pesquisadores investigaram se quaisquer traços resistem a uma análise científica. Embora os pesquisadores tenham examinado milhares de traços ao longo dos anos, os achados se encaixam em cinco dimensões gerais que descrevem a personalidade. Essas dimensões, muitas vezes denominadas de "cinco grandes" (Big Five) fatores de personalidade, são mostradas na Figura 14.6.[28] Cada elemento pode conter uma vasta gama de traços específicos. Os **cinco grandes fatores de personalidade** descrevem extroversão, socialização, realização, estabilidade emocional e abertura à experiência de um indivíduo:

1. *Extroversão.* O grau em que uma pessoa é extrovertida, sociável, assertiva e confortável com as relações interpessoais.
2. *Socialização.* O grau em que uma pessoa é capaz de conviver com outras pessoas por ser de boa índole, amável, cooperativa, indulgente, compreensiva e crédula.

3. **Realização.** O grau em que uma pessoa está focada em alguns objetivos, comportando-se, assim, de maneira responsável, confiável, persistente e orientada para a conquista.
4. **Estabilidade emocional.** O grau em que uma pessoa é calma, entusiasta e autoconfiante, em vez de tensa, deprimida, mal-humorada ou insegura.
5. **Abertura à experiência.** O grau em que uma pessoa tem um amplo leque de interesses e é construtiva, criativa, artisticamente sensível e disposta a considerar novas ideias.

Como mostra a Figura 14.6, esses fatores representam uma sequência, ou seja, uma pessoa pode ter um grau baixo, moderado ou alto de cada qualidade. Faça o teste proposto na figura para ver em que ponto você está na escala dos cinco grandes fatores de personalidade. Ter um grau de moderado a alto em cada um dos cinco grandes fatores de personalidade é considerado desejável para uma ampla gama de funcionários, mas isso nem sempre é uma chave para o sucesso. Por exemplo, ter uma personalidade extrovertida e sociável (extroversão) é considerado desejável para os gestores, entretanto muitos líderes de sucesso, como Bill Gates, Hillary Clinton, Charles Schwab e Steven Spielberg, são introvertidos, pessoas que podem ficar esgotadas em encontros sociais e precisam de um tempo sozinhas para refletir e recarregar as baterias. Um estudo descobriu que quatro em cada dez altos executivos se mostram introvertidos nos testes.[29] Dois outros introvertidos que tiveram sucesso em cargos de alto perfil são Marissa Mayer e Richard Branson.

Nos últimos anos, tem havido uma crescente consciência de que as pessoas introvertidas têm algumas qualidades que realmente pode torná-las melhores líderes.[30] Na Universidade de Stanford, por exemplo, Marissa Mayer se destacou por causa de sua profunda compreensão das pessoas e sua capacidade de realmente ouvi-las.[31] O boxe "Conversa com gestores" descreve alguns benefícios da personalidade introvertida para os gestores e oferece algumas dicas para os introvertidos sobre como brilhar, apesar da falta de sociabilidade

FIGURA 14.6 Os cinco grandes fatores de personalidade

Instruções: Os traços de personalidade de cada indivíduo são diferentes entre si; é o que nos torna únicos. Mas, embora cada conjunto de traços varie, todos nós compartilhamos muitas características comuns. As frases apresentadas a seguir descrevem vários traços e comportamentos. Classifique com que precisão cada afirmação o descreve em uma escala de 1 a 5, sendo 1 muito impreciso e 5 muito preciso. Descreva-se como você é agora, não como deseja ser. Não há respostas certas ou erradas.

1 2 3 4 5
Muito impreciso   Muito preciso

Extroversão
Normalmente sou a diversão da festa.	1	2	3	4	5
Sinto-me confortável quando estou cercado de pessoas.	1	2	3	4	5
Sou falador.	1	2	3	4	5

Neuroticismo (estabilidade emocional baixa)
Muitas vezes critico a mim mesmo.	1	2	3	4	5
Muitas vezes invejo os outros.	1	2	3	4	5
Sou temperamental.	1	2	3	4	5

Socialização
Sou gentil e simpático.	1	2	3	4	5
Falo bem de todo mundo.	1	2	3	4	5
Nunca insulto as pessoas.	1	2	3	4	5

Aberto a novas experiências
Sou criativo.	1	2	3	4	5
Prefiro votar em candidatos políticos liberais.	1	2	3	4	5
Gosto muito de arte.	1	2	3	4	5

Realização
Sou sistemático e eficiente.	1	2	3	4	5
Presto atenção aos detalhes.	1	2	3	4	5
Estou sempre preparado para estudar.	1	2	3	4	5

Quais são seus traços mais proeminentes? Para divertimento e discussão, compare as suas respostas com as dos colegas.

Forma inovadora

Marissa Mayer, do Yahoo, e Richard Branson, do Virgin Group

Se você já assistiu, no YouTube, ao vídeo de Marissa Mayer entrevistando Lady Gaga ou viu a matéria da *Vogue* sobre o casamento de Mayer com Zack Bogue em 2009, provavelmente não pensaria nela como uma pessoa introvertida. No entanto, Marissa Mayer descreve-se como uma pessoa muito tímida por natureza. Na escola, ela era a aluna que sabia todas as respostas, mas esperava para ser chamada. Como muitos introvertidos, Mayer pôde superar as tendências naturais para fazer as coisas que são importantes para ela.

Outro líder que entende isso é Richard Branson, que usa trajes bobos para divulgar o Virgin Group. Branson afirma que sua persona pública extravagante tem pouca semelhança com a sua personalidade inata. "Eu era uma pessoa tímida e retraída que não podia fazer discursos e obter resultados", Branson comenta sobre si mesmo antes de fundar o Virgin. "Tive que treinar para me tornar mais extrovertido" a fim de promover a nova empresa.

Nancy Ancowitz escreveu o livro *Self-promotion for introverts* porque sabia, por experiência própria, que é fácil para as pessoas introvertidas passarem despercebidas no mundo corporativo. Ancowitz trabalhou durante anos em Wall Street, mas descobriu que os dias cheios de reuniões, as disputas constantes por atenção e a falta de tempo de silêncio para refletir e recarregar as baterias eram tão cansativos que ela finalmente saiu. No entanto, aprendeu algumas lições valiosas antes de fazer isso, como a importância de falar mais nas reuniões, certificar-se de que suas conquistas foram observadas e formar uma forte rede profissional. Ancowitz afirma que poderia ter prosperado em Wall Street, até mesmo como uma introvertida, se ela quisesse muito aquilo, mas hoje ela trabalha como consultora ajudando outros introvertidos a aprender a aumentar a própria visibilidade para ter sucesso no mundo dos negócios.[32]

natural. Introversão ou extroversão é simplesmente um aspecto da personalidade de um indivíduo, e cada estilo tem pontos fortes e fracos.

Embora a qualidade da extroversão não seja tão importante como muitas vezes se presume, os traços de socialização parecem ser particularmente importantes nas organizações colaborativas de hoje. Estudos mostram que pessoas com alta pontuação em socialização são mais propensas a conseguir emprego e mantê-los do que as pessoas menos sociáveis.[33] Embora haja também algumas evidências de que as pessoas que são *excessivamente* sociáveis tendem a ser promovidas com menos frequência, há uma reviravolta quando um gestor linha-dura pode passar por cima dos outros para ganhar uma promoção. O escritório de pesquisa executiva Korn Ferry International examinou dados de milhões de perfis de gestores e descobriu que os executivos mais bem-sucedidos hoje são líderes orientados para a equipe que reúnem informações e trabalham em colaboração com muitas pessoas diferentes.[34] Uma pesquisa recente também sugere que traços de realização são mais importantes do que os de extroversão para uma liderança eficaz. Um estudo da Stanford Graduate School of Business descobriu uma ligação entre a forma como as pessoas se sentem culpadas quando cometem erros graves e seu excelente desempenho como líderes. A culpa pode ser uma emoção positiva para um líder, porque está associada a um elevado sentido de responsabilidade para com os outros, algo que certamente poderia ter beneficiado líderes envolvidos na recente crise financeira e das hipotecas![35]

ATITUDES E COMPORTAMENTOS INFLUENCIADOS PELA PERSONALIDADE

A personalidade de um indivíduo influencia as atitudes e os comportamentos relacionados ao trabalho. Como um novo gestor, você terá que administrar as pessoas com uma grande variedade de características de personalidade. Quatro áreas relacionadas à personalidade são de particular interesse para os gestores: lócus de controle, autoritarismo, maquiavelismo e estilos de resolução de problemas.

Conversa com GESTORES

A ascensão do gestor introvertido

Em um mundo de escritórios abertos e arranjos de trabalho colaborativo, ser um gestor introvertido é um desafio, sobretudo nos Estados Unidos e em outras culturas, que recompensam as pessoas por serem extrovertidas e sociáveis. Entretanto, os especialistas estão começando a valorizar as virtudes do gestor introvertido e oferecer dicas sobre como pessoas com essa característica podem se certificar de que não se perderão em meio aos líderes gregários em torno delas.

A vantagem de ser um introvertido
Eis alguns benefícios de uma personalidade introvertida:

- **Cautela e deliberação.** Os introvertidos tendem a tomar decisões mais ponderadas. Podem ficar animados com as oportunidades e possíveis recompensas, mas parecem ter uma consciência mais viva dos riscos do que os extrovertidos, o que pode ajudar a prevenir desastres, como os que derrubaram o Bear Stearns e o Lehman Brothers.

- **Maior capacidade de ouvir e aceitar sugestões.** Todos nós somos cativados por pessoas carismáticas e faladoras que estão "trabalhando na sala", enquanto os introvertidos ficam amontoados em um canto. No entanto, uma nova pesquisa confirma uma antiga suspeita: os extrovertidos tendem a ser maus ouvintes! De acordo com Adam M. Grant, especialista no assunto, os gestores introvertidos podem ser melhores chefes em ambientes dinâmicos e imprevisíveis por causa de sua capacidade de ouvir, sentir empatia com os funcionários e capacitá-los a pensar por si mesmos.

- **Criatividade.** As pessoas mais impressionantemente inovadoras em muitas áreas são introvertidas. Por quê? Porque a criatividade prospera na solidão. Segundo Picasso, "Sem grande solidão, nenhum trabalho sério é possível". Steve Jobs era o extrovertido atrás da Apple, mas a empresa nunca teria chegado a existir sem o trabalho duro feito pelo cofundador introvertido Steve Wozniak, que passou longas horas trabalhando sozinho para criar o primeiro computador da empresa. "A maioria dos inventores e engenheiros que conheci são como eu... eles vivem em suas próprias cabeças", afirmou Wozniak.

Como um gestor introvertido pode ser bem-sucedido

Os gestores introvertidos podem passar despercebidos, especialmente em grandes organizações. Além disso, os introvertidos são, muitas vezes, embora nem sempre, tímidos, sendo difícil para eles assumir o papel de um gestor. A seguir, algumas dicas que podem ajudar os introvertidos a ter sucesso como gestores:

- **Estenda sua personalidade.** Se você quer muito alguma coisa, você pode estender os limites de uma personalidade naturalmente introvertida. Como Richard Branson, que teve que treinar para ser mais extrovertido para promover o Virgin, os gestores podem ir além de sua introversão para conquistar uma meta importante.

- **Deixe as pessoas saberem quem você é.** Introvertidos como Branson podem ser capazes de agir de forma mais extrovertida quando precisam, mas sempre precisarão de um momento de silêncio para refletir, processar e recarregar as energias. Essa tendência de precisar de um tempo sozinho pode ser mal interpretada. Douglas Conant, que dirigiu a Campbell Soup Company durante anos como um líder tímido e introvertido, diz que conversava rapidamente com os novos funcionários e colegas logo de cara para que não achassem que ele estava distante e desinteressado: "Quanto mais transparente me tornava, mais envolvidas as pessoas mais engajadas ficavam".

- **Misture-se com as pessoas, fale e chegue lá.** Se você quiser ser um gestor e, principalmente, avançar para níveis mais elevados, terá que se esforçar para chegar lá e se conectar com as pessoas, tanto dentro como fora da organização. Terá que falar em reuniões, fazer apresentações e ser mais sociável e extrovertido em conferências e outros eventos profissionais. Você pode ser mais extrovertido quando precisar. Apenas lembre-se de ter um momento sozinho para recarregar as baterias.

Fontes: Com base em Adam M. Grant; Francesca Gino; David A. Hoffmann, "The hidden advantages of quiet bosses", *Harvard Business Review* (December 2010): 28; Susan Cain, "The rise of the new groupthink", *The New York Times*, January 15, 2012, SR-1; Bryan Walsh, "The upside of being an introvert (and why extroverts are overrated)", *Time* (February 6, 2012): 40-45; "How introverts can be leaders – the expert: Doug Conant", *Fortune* (May 21, 2012): 56; Joann S. Lublin, "Introverted execs find ways to shine", *The Wall Street Journal Asia*, April 18, 2011, 31; Jack and Suzy Welch, "The Welchway: release your inner extrovert", *BusinessWeek* (December 8, 2008): 92; exemplo de Richard Branson extraído de Ginka Toegel; Jean-Louis Barsoux, "How to become a better leader", *MIT Sloan Management Review* (Spring 2012): 51-60.

Lócus de controle

Os indivíduos diferem em termos do que eles tendem a acreditar como a causa do sucesso ou fracasso. **Lócus de controle** refere-se a como as pessoas percebem a causa dos eventos da vida – se elas colocam a responsabilidade primária em si mesmas ou em forças externas.[36] Algumas pessoas acreditam que suas próprias ações influenciam muito o que acontece com elas. Elas se sentem no controle do próprio destino. Esses indivíduos têm um alto lócus de controle *interno*. Outras pessoas acreditam que os fatos que ocorrem na vida são resultados do acaso, da sorte ou de pessoas e eventos externos. Elas se sentem mais como peões do próprio destino. Esses indivíduos têm um alto lócus de controle *externo*.

As pesquisas sobre o lócus de controle mostram diferenças reais no comportamento por meio de uma ampla gama de configurações. Pessoas com um lócus de controle interno são mais fáceis de motivar, porque acreditam que as recompensas são o resultado de seu comportamento. Elas são mais capazes de lidar com informações e resolução de problemas complexos, são mais orientadas pela conquista, mas também são mais independentes e, portanto, mais difíceis de administrar. Por sua vez, as pessoas com um lócus de controle externo são mais difíceis de motivar, menos envolvidas em seus trabalhos e mais propensas a culpar os outros quando confrontadas com uma avaliação de desempenho ruim, mas também são mais complacentes e, portanto, mais fáceis de administrar.[37]

Você acredita que a sorte desempenha um papel importante na sua vida ou acha que controla seu próprio destino? Para saber mais sobre o seu lócus de controle, leia as instruções da Figura 14.7 e faça o teste.

▶▶▶ Conexão de conceito

A Teach for America envia recém-formados para lecionar por dois anos em escolas norte-americanas de baixa renda. O que a Teach for America procura ao rever aproximadamente 45 mil formulários de candidatos a apenas cinco mil cargos? De acordo com a fundadora e CEO, Wendy Kopp, um alto **lócus de controle interno** está no topo de sua lista. Trata-se de candidatos que, quando confrontados com um desafio, respondem com otimismo e determinação. Segundo Kopp: "Eles têm o instinto de descobrir o que podem controlar e se responsabilizam, em vez de culparem todos os outros no sistema".

Autoritarismo

Autoritarismo é a crença de que as diferenças de poder e *status* devem existir dentro de uma organização.[38] Indivíduos imbuídos de autoritarismo tendem a se preocupar com o poder e a resistência, obedecer à autoridade reconhecida acima deles para manter os valores convencionais, julgar criticamente os outros e opor-se ao uso de sentimentos subjetivos. O grau de autoritarismo dos gestores influenciará a forma como eles exercem e compartilham o poder. O grau de autoritarismo dos funcionários influenciará a forma como eles reagem aos gestores. Se o grau de autoritarismo diferir entre os funcionários e o gestor, este poderá ter dificuldade em liderar de maneira eficaz. A tendência para o empoderamento e as mudanças nas expectativas entre os trabalhadores mais jovens para relacionamentos mais equitativos contribuem para um declínio no autoritarismo rigoroso em muitas organizações.

Maquiavelismo

Outra dimensão da personalidade que é útil no entendimento do comportamento de trabalho é o **maquiavelismo**, que se caracteriza pela aquisição de poder e pela manipulação de outras pessoas para ganho puramente pessoal. O maquiavelismo é uma homenagem a Nicolau Maquiavel, um filósofo político italiano do século XVI que escreveu *O príncipe*, um livro para nobres da época sobre como adquirir e usar o poder, em 1513.[39] Os psicólogos desenvolveram instrumentos para medir a orientação maquiavélica (Mach) de uma pessoa.[40] O teste da Figura 14.8 lhe dará uma ideia de

FIGURA 14.7 Medindo o lócus de controle

Seu lócus de controle

Instruções: Em cada uma das dez afirmações apresentadas, indique o nível de concordância ou discordância com base na seguinte escala:

1 = Discordo totalmente   4 = Não discordo nem concordo   7 = Concordo totalmente
2 = Discordo   5 = Concordo parcialmente
3 = Discordo parcialmente   6 = Concordo

1. Quando consigo o que quero, geralmente é porque trabalhei duro para isso.   1 2 3 4 5 6 7
2. Quando faço planos, estou quase certo de que vou fazê-los funcionar.   1 2 3 4 5 6 7
3. Prefiro jogos que envolvem alguma sorte àqueles que exijam habilidade pura.   1 2 3 4 5 6 7
4. Posso aprender quase tudo se me concentrar nisso.   1 2 3 4 5 6 7
5. Minhas principais realizações são inteiramente resultado do meu trabalho duro e da minha capacidade.   1 2 3 4 5 6 7
6. Geralmente não defino metas porque tenho dificuldade para dar prosseguimento a elas.   1 2 3 4 5 6 7
7. A concorrência desencoraja a excelência.   1 2 3 4 5 6 7
8. Muitas vezes as pessoas se destacam apenas por terem sorte.   1 2 3 4 5 6 7
9. Em qualquer tipo de prova ou competição, gosto de saber como me saí em relação a todos os outros.   1 2 3 4 5 6 7
10. É inútil continuar a trabalhar em algo que é muito difícil para mim.   1 2 3 4 5 6 7

Pontuação e interpretação: Para determinar a sua pontuação, inverta os valores que você selecionou para as questões 3, 6, 7, 8 e 10 (1 = 7, 2 = 6, 3 = 5, 4 = 4, 5 = 3, 6 = 2, 7 = 1). Por exemplo, se discordou totalmente da afirmação 3, você atribuiu a ela 1 ponto. Altere esse valor para 7. Inverta a pontuação de forma semelhante para as questões 6, 7, 8 e 10. Agora adicione os valores dos pontos para todas as dez questões em conjunto.
Sua pontuação: _____.

Os pesquisadores que usaram esse teste em uma pesquisa de estudantes universitários descobriram uma média de 51,8 pontos para homens e 52,2 para mulheres, com um desvio padrão de 6 para cada um. Quanto maior for a sua pontuação no teste, mais tenderá a acreditar que geralmente é responsável pelo que acontece com você; em outras palavras, as pontuações mais elevadas estão associadas ao lócus de controle interno. As pontuações baixas estão associadas ao lócus de controle externo. Obter uma pontuação baixa indica que você tende a acreditar que forças além de seu controle, como pessoas poderosas, destino ou acaso, são responsáveis pelo que acontece com você.

FONTES: Adaptada de J. M. Burger, *Personality: theory and research* (Belmont, CA: Wadsworth, 1986), p. 400-401, apud D. Hellriegel; J. W. Slocum, Jr.; R. W. Woodman, *Organizational behavior*, 6th ed. (St. Paul, MN: West, 1992), p. 97-100. Fonte original: D. L. Paulhus, "Sphere-specific measures of perceived control", *Journal of Personality and Social Psychology*, 44, n. 6 (1983): 1253-1265.

FIGURA 14.8 Qual é o seu Mach?

Instruções: Os gestores diferem na forma de ver a natureza humana e nas táticas que usam para fazer as coisas por meio dos outros. Faça o teste proposto a seguir com base em como você visualiza os outros. Pense cuidadosamente sobre cada afirmação e seja honesto sobre o que você sente por dentro. Em cada item, assinale "Normalmente verdadeiro" ou "Normalmente falso".

	Normalmente verdadeiro	Normalmente falso
1. Em geral, é melhor ser humilde e honesto do que ser bem-sucedido e desonesto.		
2. Se você confia em alguém completamente, você está pedindo para ter problemas.		
3. Um líder deve tomar uma medida somente quando ela for moralmente correta.		
4. Uma boa maneira de lidar com as pessoas é dizer o que elas gostam de ouvir.		
5. Não há desculpas para contar uma mentirinha para alguém.		
6. Faz sentido lisonjear pessoas importantes.		
7. A maioria das pessoas que vencem como líderes viveram de maneira muito correta.		
8. É melhor não dizer às pessoas a verdadeira razão por você ter feito algo a menos que você se beneficie ao fazê-lo.		
9. A grande maioria das pessoas é corajosa, boa e gentil.		
10. É difícil chegar ao topo sem, às vezes, pegar alguns atalhos.		

Pontuação e interpretação: Para calcular a sua pontuação de Mach, atribua, nas afirmações 1, 3, 5, 7 e 9, um ponto a cada item assinalado com "Normalmente falso". Nas afirmações 2, 4, 6, 8 e 10, atribua um ponto a cada item assinalado com "Normalmente verdadeiro". Esses itens foram retirados dos livros de Maquiavel. Acredita-se que, na época de Maquiavel, a intriga na gestão bem-sucedida exigia comportamentos que hoje seriam considerados egocêntricos e manipuladores, quase o oposto de uma gestão mais esclarecida. Um total de 8 a 10 pontos sugere que você tem uma pontuação de alto Mach, de 4 a 7 pontos indica uma pontuação moderada e de 0 a 3 pontos indica uma pontuação de baixo Mach. Ter uma pontuação de alto Mach não significa que se trata de uma pessoa sinistra ou perversa, mas pode indicar que ela tem um distanciamento frio, vê a vida como um jogo e não está pessoalmente envolvida com outras pessoas. Discuta seus resultados com os outros estudantes e especule se os políticos e os altos executivos teriam uma pontuação de alto ou baixo Mach.

FONTE: Adaptada de R. Christie; F. L. Geis, *Studies in Machiavellianism* (New York: Academic Press, 1970).

como você seria avaliado nas tendências maquiavélicas. As pesquisas mostram que os altos Machs tendem a ser mais pragmáticos, mentem para atingir metas pessoais, são mais passíveis de vencer em situações de ganho e perda e estão mais propensos a persuadir.[41]

Diferentes situações podem exigir pessoas que demonstram um ou outro tipo de comportamento. Em situações vagamente estruturadas, os altos Machs ativamente tomam o controle, enquanto os baixos Machs aceitam a direção dada por outros. Os baixos Machs prosperam em situações altamente estruturadas, enquanto os altos Machs funcionam de forma individual, desinteressada. Os altos Machs são particularmente bons em trabalhos que exigem habilidades de negociação ou que envolvem recompensas substanciais pela vitória.[42]

Lembre-se disto

- **Personalidade** é o conjunto de características que fundamentam um padrão relativamente estável de comportamento em resposta às ideias, aos objetos ou às pessoas no ambiente.
- Os **cinco grandes fatores de personalidade** são dimensões que descrevem a extroversão, socialização, realização, estabilidade emocional e abertura à experiência de um indivíduo.
- Marissa Mayer é um exemplo de líder com uma personalidade introvertida que obteve êxito em uma posição de alto perfil.
- **Lócus de controle** define se um indivíduo atribui a responsabilidade primária de seus sucessos e fracassos a si mesmo ou a forças externas.
- **Autoritarismo** é a crença de que as diferenças de poder e *status* devem existir dentro de uma organização.
- Uma pessoa rica em autoritarismo normalmente está preocupada com poder e *status*, obedece à autoridade estabelecida e adere aos valores convencionais.
- **Maquiavelismo** refere-se a uma tendência para dirigir um comportamento para a aquisição de poder e manipulação de outras pessoas para obter ganhos pessoais.

Estilos de resolução de problemas e o Indicador de Tipo de Myers-Briggs

Os gestores também precisam perceber que as pessoas solucionam problemas e tomam decisões de formas diferentes. Uma abordagem para compreender os estilos de resolução de problemas surgiu do trabalho do psicólogo Carl Jung, que acreditava que as diferenças resultavam de nossas preferências em como reunimos e avaliamos informações.[43] De acordo com Jung, a reunião e a avaliação de informações são atividades separadas. As pessoas reúnem informações por *sensação* ou *intuição*, mas não por ambas simultaneamente. As pessoas do tipo sensação preferem trabalhar com os fatos conhecidos e dados concretos e preferem rotina e ordem na coleta de informações. As pessoas do tipo intuitivo preferem olhar para as possibilidades a trabalhar com fatos e gostam de resolver novos problemas e utilizar conceitos abstratos.

Avaliar informações envolve fazer julgamentos sobre as informações que uma pessoa tenha reunido. Nesse caso, as pessoas avaliam a informação por meio da *razão* ou do *sentimento*, que representam extremos. Os indivíduos que privilegiam a razão fundamentam as decisões na análise impessoal, usando a razão e a lógica, em vez de valores pessoais ou aspectos emocionais da situação. Os indivíduos que privilegiam o sentimento fundamentam as decisões mais em fatores pessoais, como harmonia, e tendem a tomar decisões que resultem na aprovação dos outros.

De acordo com Jung, apenas uma das quatro funções – sensação, intuição, pensamento ou sentimento – é dominante em um indivíduo. No entanto, a função dominante geralmente é apoiada por uma das funções do outro conjunto de pares de opostos.

> "Cada um de nós está destinado a ter um caráter próprio, para ser o que nenhum outro pode ser exatamente, e fazer o que nenhum outro pode fazer exatamente."
>
> – WILLIAM ELLERY CHANNING (1780-1842), ESCRITOR E CLÉRIGO NORTE-AMERICANO

A Figura 14.9 mostra os quatro estilos de resolução de problemas que resultam dessas combinações, assim como as ocupações que as pessoas com cada estilo tendem a preferir.

Dois conjuntos adicionais de pares de opostos não diretamente relacionados à resolução de problemas são *introversão-extroversão* e *julgamento-percepção*. Os introvertidos ganham energia ao se concentrarem em pensamentos e sentimentos pessoais, enquanto os extrovertidos ganham energia de estar com outros e na interação com eles. Na dimensão julgamento *versus* percepção, as pessoas com uma preferência pelo julgamento favorecem a certeza e o encerramento e tendem a tomar decisões rapidamente com base nos dados disponíveis. As pessoas perceptivas, por sua vez, aproveitam a ambiguidade, não gostam de prazos e podem mudar as suas mentes várias vezes à medida que reúnem grandes quantidades de dados e informações para tomar decisões.

Um teste muito usado que mede o quanto as pessoas diferem em todos os quatro conjuntos de pares de opostos de Jung é a avaliação **Indicador de Tipo de Myers-Briggs (Myers-Briggs Type Indicator – MBTI)**. A avaliação MBTI™ mede as preferências de uma pessoa para a introversão *versus* extroversão, sensação *versus* intuição, pensamento *versus* sentimento e julgamento *versus* percepção. As várias combinações dessas quatro preferências resultam em 16 tipos de personalidade única.

Cada um desses tipos pode ter consequências positivas e negativas para o comportamento. Com base na pesquisa limitada que tem sido feita, as duas preferências que parecem estar mais associadas a uma gestão eficaz em uma variedade de organizações e indústrias são pensamento e julgamento.[44] No entanto, indivíduos com outras preferências também podem ser bons gestores. Uma vantagem de compreender suas preferências naturais é maximizar seus pontos fortes e suas habilidades inatas e minimizar suas fraquezas.

FIGURA 14.9 Quatro estilos de resolução de problemas

Estilo pessoal	Tendências de ação	Ocupações prováveis
Sensação-razão	• Enfatiza detalhes, fatos e certezas. • É um pensador decisivo e aplicado. • Concentra-se em metas de curto prazo e realistas. • Desenvolve normas e regulamentos para julgar o desempenho.	• Contabilidade • Produção • Engenharia de *software* • Pesquisa de mercado • Engenharia
Intuitivo-racional	• Prefere lidar com os problemas teóricos ou técnicos. • É um pensador criativo, progressivo e perceptivo. • Concentra-se nas possibilidades usando a análise impessoal. • É capaz de considerar uma série de opções e problemas simultaneamente.	• Projeto de sistemas • Segurança da internet • Advocacia • Média/alta gestão • Docência, administração e economia
Sensação-sentimento	• Mostra preocupação com os problemas humanos atuais da vida real. • É pragmático, analítico, metódico e consciente. • Enfatiza fatos detalhados sobre as pessoas, não tarefas. • Concentra-se em organizações estruturantes para o benefício das pessoas.	• Supervisão • Aconselhamento • Negociação • Vendas • Entrevistas
Intuitivo-sentimento	• Evita especificidades. • É carismático, participativo, orientado para as pessoas e útil. • Concentra-se nos pontos de vista em geral, em temas amplos e sentimentos. • Descentraliza a tomada de decisões e desenvolve algumas regras e regulamentos.	• Relações públicas • Propaganda • Recursos humanos • Política • Atendimento ao cliente

Aproximadamente 200 agências do governo norte-americano, como a Agência de Proteção Ambiental (EPA), a Agência Central de Inteligência (CIA) e o Departamento de Assuntos de Veteranos (VA), relataram usar o instrumento MBTI™ como parte de seus programas de treinamento. Brian Twillman, da EPA, afirma que pelo menos um quarto dos 17 mil funcionários federais da agência fez o teste e que sem ele "não haveria uma variedade de pontos cegos dentro da agência".[45] Muitas empresas, como a Hallmark Cards, também usam o MBTI™ para ajudar as pessoas a entender melhor a si mesmas e melhorar suas interações.

> **Faça uma pausa**
>
> A seção "Aplique suas habilidades: exercício vivencial", no material complementar, propõe uma avaliação sobre o seu tipo de personalidade. Mãos à obra!!!

Forma inovadora
Hallmark Cards

O valor das pessoas em entender e ver o melhor no outro é uma parte essencial da missão da Hallmark. Isso é parte do que ajuda a empresa a produzir cartões comemorativos que esplêndida e sucintamente tocam nas emoções humanas positivas. A missão e a filosofia central mantiveram-se constantes, mas o mercado, a mão de obra e o ambiente de negócios mudaram significativamente nos últimos anos, tornando-se mais globais, diversificados e móveis.

Para enfrentar os desafios dessa nova realidade, os executivos da Hallmark queriam desenvolver líderes que pudessem ver as coisas de perspectivas diferentes, trabalhar em conjunto para o sucesso de todos e envolver e inspirar totalmente os funcionários e clientes. Uma abordagem para criar essa nova cultura era usar o MBTI™ para dar aos gestores maior autoconsciência e discernimento sobre como seus padrões de pensamento e comportamento afetam os outros. Segundo Mary Beth Ebmeyer, gestora de RH para o desenvolvimento empresarial, "Tendemos a colocar as pessoas em 'arquivos' de acordo com as nossas percepções delas, que muitas vezes são distorcidas".

O MBTI™ tem ajudado os líderes a entender quão facilmente mal-entendidos podem ocorrer entre pessoas com preferências diferentes. Por exemplo, um líder pode receber uma mensagem de *e-mail* que ele considera ser uma afronta, enquanto a pessoa que enviou pode simplesmente estar expressando uma preocupação bem-intencionada de uma forma típica de seu tipo de personalidade. Compreender diferentes tipos de MBTI™ permitiu que os líderes testassem suas percepções contra a realidade, assim como os ajudou a se comunicar melhor com os diferentes tipos. Além disso, as decisões estão sendo feitas com mais rapidez porque há menos mal-entendidos entre os gestores.[46]

Ao compreenderem os diferentes tipos de MBTI™, os líderes da Hallmark puderam flexionar seu estilo de comunicação conforme necessário e se conectar de maneira mais significativa com os funcionários. Além disso, estar ciente de seu próprio tipo de MBTI™ permite que os líderes maximizem seus pontos fortes e minimizem seus pontos fracos. Os líderes devem lembrar que cada tipo pode ter consequências positivas e negativas para o comportamento.

Algumas organizações também utilizam a avaliação de MBTI™ para ajudar a colocar as pessoas nos lugares certos, onde serão mais felizes e poderão fazer a sua melhor contribuição para a organização. Em uma pesquisa, 89 das 100 melhores empresas da *Fortune* relataram que têm usado o teste em decisões de contratação e promoção.[47]

Lembre-se disto

- Os quatro estilos de resolução de problemas são sensação-razão, intuitivo-racional, sensação-sentimento e intuitivo-sentimento.
- A avaliação **Indicador de Tipos de Myers-Briggs (MBTI™)** mede as preferências de uma pessoa para introversão *versus* extroversão, sensação *versus* intuição, pensamento *versus* sentimento e julgamento *versus* percepção.
- A Hallmark Cards utiliza a avaliação MBTI™ para aumentar a autoconsciência dos gestores e capacitá-los para entender como seus padrões de comportamento afetam os outros.

Emoções

Os gestores podem gostar de pensar que as pessoas vão trabalhar e realizar suas tarefas de forma lógica e racional, deixando suas emoções em casa ou guardando-as com segurança no carro até a hora de ir para casa. Contudo, as pessoas não podem ficar separadas de suas emoções, e as organizações sofrem quando os gestores não conseguem prestar atenção em como as emoções dos funcionários afetam a produtividade e o ambiente de trabalho.[48] Os gestores podem aumentar sua eficácia por meio da compreensão das emoções positivas e negativas e do desenvolvimento de inteligência emocional.

Emoções positivas e negativas

Embora o termo seja um pouco difícil de definir de forma precisa, uma **emoção** pode ser pensada como um estado mental que surge espontaneamente dentro de uma pessoa com base na interação com o ambiente, em vez de por meio de um esforço consciente e muitas vezes acompanhado de mudanças fisiológicas ou sensações. As pessoas podem vivenciar uma grande variedade de emoções no trabalho, como felicidade, raiva, medo ou alívio, as quais afetam suas atitudes e seus comportamentos no local de trabalho. Os pesquisadores vêm tentando entender as emoções há milhares de anos, e o debate científico sobre como categorizar as emoções continua.[49] Um modelo que é útil para os gestores, mostrado na Figura 14.10, distingue as principais emoções positivas e negativas. As emoções negativas são desencadeadas quando uma pessoa fica frustrada na tentativa de alcançar seus objetivos, enquanto as emoções positivas são acionadas quando as pessoas estão no caminho certo para atingir as metas.

Desse modo, as emoções podem ser compreendidas à medida que as necessidades e metas são atingidas. Um funcionário que não consegue obter um aumento de salário ou é repreendido por um supervisor provavelmente vivencia emoções negativas como tristeza, raiva ou ansiedade, enquanto uma pessoa que recebe uma promoção expe-

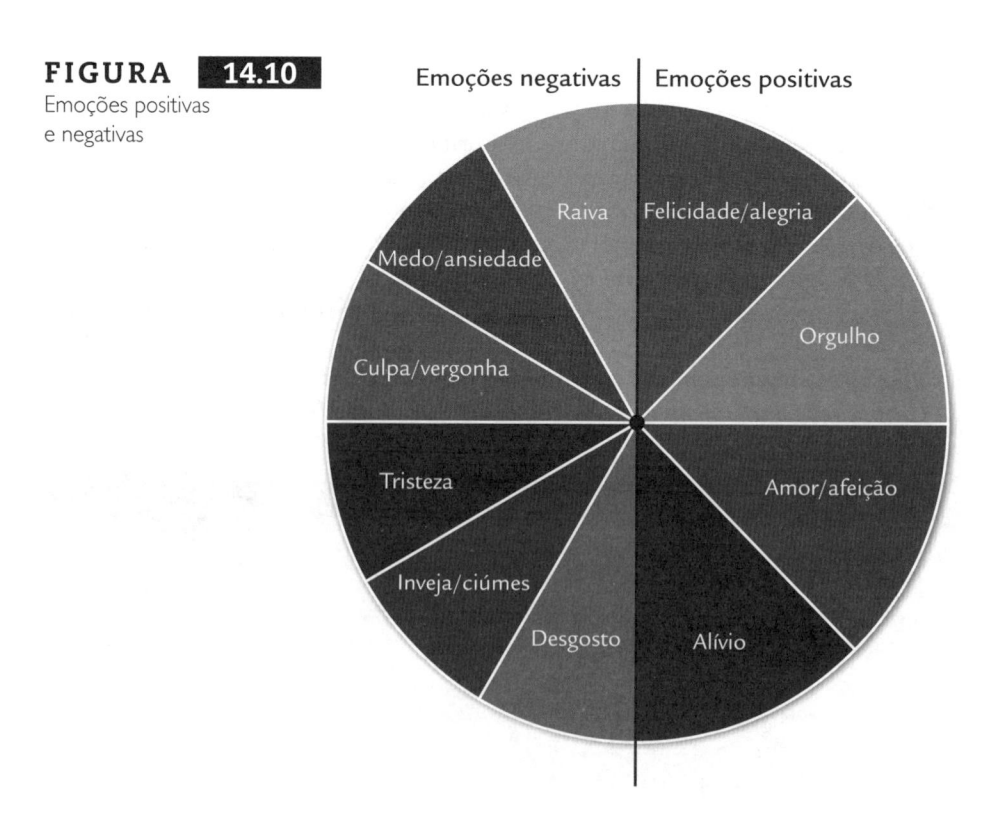

FIGURA 14.10
Emoções positivas e negativas

rimenta os sentimentos de orgulho e felicidade. Os gestores podem influenciar se as pessoas vivenciam emoções positivas ou negativas, principalmente no trabalho. Por um lado, o estado emocional do gestor influencia toda a equipe ou departamento. A maioria de nós percebe que pode "pegar" as emoções dos outros. Se estamos perto de alguém que está feliz e entusiasmado, as emoções positivas passam para nós. Por outro lado, alguém que está triste e com raiva pode nos colocar para baixo. Esse *contágio emocional*[50] significa que os gestores que expressam emoções positivas como alegria, entusiasmo e apreciação desencadeiam emoções positivas nos funcionários. Uma pesquisa sugere que quase todos os seres humanos estão sujeitos ao contágio emocional e que automática e inconscientemente começarão a sentir e exibir as mesmas emoções que os rodeiam.[51] O nível de energia de toda a organização aumenta quando os líderes são otimistas e esperançosos, em vez de bravos ou deprimidos. Uma nova pesquisa interessante feita por cientistas de comportamento da organização sugere que as emoções negativas podem se espalhar com mais facilidade que as positivas. Os psicólogos também descobriram que as pessoas e os eventos negativos têm um efeito desproporcionalmente grande sobre nossas emoções e humores.[52]

Os bons gestores prestam atenção às emoções das pessoas, porque as emoções positivas normalmente estão ligadas a uma maior produtividade e maior eficácia. Uma pesquisa do *Gallup Management Journal* descobriu que os gestores, sobretudo supervisores da linha de frente, têm muito a ver com o fato de os funcionários terem emoções positivas ou negativas relacionadas ao trabalho.[53]

INTELIGÊNCIA EMOCIONAL

Nos últimos anos, pesquisas realizadas na área da inteligência emocional têm mostrado que os gestores que estão em contato com seus próprios sentimentos e os sentimentos dos outros podem melhorar o desempenho organizacional e dos funcionários. Na inteligência emocional, há quatro componentes básicos:[54]

- *Autoconsciência*. Ter ciência do que você está sentindo; a base para todos os outros componentes. As pessoas que estão em contato com os próprios sentimentos são mais capazes de orientar a própria vida e as ações. Um alto grau de autoconsciência significa que você pode avaliar com precisão as suas próprias forças e limitações e ter um saudável senso de autoconfiança.
- *Autogestão*. A capacidade de controlar emoções destrutivas ou prejudiciais e equilibrar seus humores de modo que preocupação, ansiedade, medo e raiva não obscureçam o pensamento nem fiquem no caminho do que precisa ser feito. As pessoas que são hábeis em autogestão continuam otimistas e esperançosas apesar dos contratempos e obstáculos. Essa capacidade é fundamental para a busca de metas de longo prazo. A MetLife descobriu que os candidatos que falharam no teste de aptidão regular de vendas, porém tiveram alta pontuação no otimismo, fizeram 21% mais vendas em seu primeiro ano e 57% mais em seu segundo ano do que aqueles que passaram no teste de vendas, mas tiveram pontuação alta no pessimismo.[55]
- *Consciência social*. A capacidade de compreender os outros e praticar a empatia, o que significa ser capaz de se colocar no lugar do outro, reconhecer o que os outros estão sentindo sem que eles precisem dizer. As pessoas com consciência social são capazes de compreender os pontos de vista divergentes e interagir de maneira eficaz com muitos tipos diferentes de pessoas.
- *Gestão de relacionamento*. A capacidade de se conectar aos outros, criar relacionamentos positivos, responder às emoções dos outros e influenciá-los. As pessoas com habilidades de gestão de relacionamento sabem ouvir e se comunicar com clareza e tratam os outros com compaixão e respeito.

Faça uma pausa

Para avaliar o seu nível de expressão emocional positiva, faça o "Autoteste do novo gestor". Você também pode querer consultar o teste relacionado à autoconfiança proposto no início deste capítulo. A autoconfiança influencia muito a inteligência emocional de um gestor.

TEMA RECENTE

Estudos mostram uma relação positiva entre o desempenho no trabalho e um alto quociente de inteligência emocional (IE) em uma variedade de cargos. Inúmeras organizações, incluindo a Força Aérea dos Estados Unidos e a Canada Life, usam testes de IE para medir aspectos como autoconsciência, capacidade de empatia e habilidade de criar relações positivas.[56] A alta IE parece ser particularmente importante para funções, como vendas, que exigem um alto grau de interação social. Também é fundamental para os gestores, que são responsáveis por influenciar os outros e criar atitudes positivas e relacionamentos na organização.

Gestores com baixos índices de IE podem minar o moral dos funcionários e prejudicar a organização. Tim Armstrong, presidente da AOL, publicou um raro pedido de desculpas depois que demitiu Abel Lenz durante uma teleconferência com mais de mil funcionários da Patch, o serviço de notícias local que a AOL administra em centenas de cidades. Armstrong havia feito uma reunião para enfatizar a franqueza das circunstâncias da empresa e se preparar para uma reviravolta, mas a maneira brutal como lidou com a demissão deixou as pessoas muito abaladas. Um escritor sobre negócios considerou a "petulância" de Armstrong como uma das "consequências mais bizarras da história da AOL".[57]

Além disso, considere que 44% das pessoas entrevistadas pela Employment Law Alliance afirmaram que trabalhavam para um gestor que consideram um opressor abusivo.[58] "Geralmente é o gestor ou o executivo sênior, que é apenas um completo idiota fora de controle", disse Margaret Fiester, gestora de operações da Sociedade de Gestão de Recursos Humanos, onde ela muitas vezes questiona sobre o crescente problema do assédio moral no trabalho. Em Massachusetts, o National Association of Government Executives Local 282 tornou-se um dos primeiros sindicatos no país a incluir em acordos coletivos de trabalho uma cláusula *antibullying* pedindo "respeito mútuo". Uma pesquisa recente constatou que 56% das empresas têm algum tipo de política *antibullying*, geralmente como parte de um manual ou código de conduta do trabalhador.[59] Preocupações crescentes com o assédio moral no trabalho levaram empresas esclarecidos a tomar medidas que ajudam os gestores a desenvolver uma maior inteligência emocional, como aperfeiçoar a autoconsciência e empatia, e melhorar as habilidades de autogestão.

Lembre-se disto

- **Emoção** é um estado mental que surge espontaneamente, e não por meio de um esforço consciente, e é muitas vezes acompanhada por mudanças fisiológicas.
- As pessoas vivenciam emoções positivas, como felicidade, orgulho, amor e alívio, e negativas, como raiva, ansiedade, tristeza, inveja e desgosto.
- O conceito de *contágio emocional* sugere que as pessoas podem "pegar" as emoções daqueles que estão ao redor delas; portanto, os bons gestores tentam expressar emoções positivas no trabalho.
- Uma pesquisa recente sugere que as emoções negativas podem se espalhar mais rapidamente do que as positivas.
- Na inteligência emocional, há os componentes de autoconsciência, autogestão, consciência social e gestão de relacionamento.
- O National Association of Government Executives Local 282 tornou-se um dos primeiros sindicatos nos Estados Unidos a incluir uma cláusula *antibullying* em acordos coletivos de trabalho.

NOVO GESTOR — Autoteste

Expressão de emoções

Instruções: Pense nos sentimentos que você expressa durante suas interações com as pessoas em uma semana típica de atividades escolares ou de trabalho. Avalie cada emoção apresentada a seguir e indique como você costuma expressá-las durante uma semana normal: frequentemente, às vezes ou raramente. Como não há respostas certas ou erradas, assinale cada item honestamente para receber um *feedback* preciso.

	Frequentemente	Às vezes	Raramente
1. Entusiasmado	___	___	___
2. Interessado	___	___	___
3. Inspirado	___	___	___
4. Energético	___	___	___
5. Orgulhoso	___	___	___
6. Atencioso	___	___	___
7. Grato	___	___	___
8. Divertido	___	___	___
9. Esperançoso	___	___	___
10. Carinhoso	___	___	___

Pontuação e interpretação: Some os itens 1-10 e atribua 3 pontos a cada "frequentemente", 2 a cada "às vezes" e 1 a cada "raramente". Total = _____. No cumprimento das funções, os gestores muitas vezes precisam demonstrar as emoções positivas nas relações com os funcionários e clientes. Às vezes, um gestor pode exibir uma emoção sem realmente senti-la, o que é chamado de atuação profunda, que é quando os gestores geram a emoção real que precisa ser exibida como parte do trabalho. Se teve uma pontuação elevada, isso provavelmente significa que você exibe emoção positiva autêntica. Se tiver uma pontuação mais baixa, você pode exibir as emoções positivas quando necessário, fingindo sentir a emoção ou gerando a emoção apropriada de dentro? A atuação superficial frequente está relacionada ao estresse, e a atuação profunda frequente está relacionada à qualidade percebida da expressão de emoção e à satisfação profissional. Compare sua pontuação com a dos colegas de classe. Você pode expressar emoções sob demanda? A expressão emocional está relacionada ao aspecto da inteligência emocional da autogestão?

Fontes: Com base em David Watson; Lee Anna Clark; Auke Tellegen, "Development and validation of brief measures of positive and negative affect: the PANAS Scales", *Journal of Personality and Social Psychology* 54, n. 6 (1988): 1063-1070; Celeste M. Brotheridge; Raymond T. Lee, "Development and validation of the emotional labour scale", *Journal of Occupational and Organizational Psychology* 76 (2003): 365-379; Alicia A. Grandey, "When 'the show must go on': surface acting and deep acting as determinants of emotional exhaustion and peer-rated service delivery", *Academy of Management Journal* 46, n. 1 (2003): 86-96.

Autogestão

Retomemos agora outro tópico que todo gestor precisa conhecer – gestão de tempo. Introduzimos esse tema no Capítulo 1, especificamente no boxe "Conversa com gestores", em que se delinearam algumas dicas específicas acerca da gestão de tempo. Neste capítulo, tratamos de um sistema mais amplo de autogestão que as pessoas podem aplicar para ganhar controle sobre as agendas lotadas. **Autogestão** é a capacidade de envolver-se em pensamentos de autorregulação e comportamentais para realizar todas as suas tarefas e lidar com situações difíceis ou desafiadoras. No entanto, todas as pessoas têm padrões predefinidos de hábitos e comportamentos que podem impedi-las de seguir rumo a um comportamento mais eficiente. Mesmo os melhores gestores podem, por vezes, sentir-se sobrecarregados. Muitas pessoas ficam presas e não podem agir quando estão expostas a muitas demandas conflitantes. Quando você tem muito o que fazer e não consegue terminar nada é aplicar uma estratégia de baixo para cima, ou seja, primeiramente, analisam-se os detalhes do que você está realmente fazendo, e, em seguida, cria-se um sistema para gerenciar todas as suas atividades.

PRINCÍPIOS BÁSICOS PARA A AUTOGESTÃO

Três princípios básicos definem a forma de administrar os seus muitos compromissos, grandes e pequenos, de forma eficaz para que você possa cumpri-los:[60]

1. *Clareza da mente*. O primeiro princípio consiste no seguinte: se você está muito sobrecarregado, sua mente não consegue ficar clara. Se a sua mente não está clara, você não consegue se concentrar. Se você não consegue se concentrar, não pode fazer nada. Assim, qualquer coisa que você considera inacabado precisa ser colocada em algum tipo de sistema confiável fora de sua cabeça.
2. *Clareza dos objetivos*. Em seguida, você tem que ser claro sobre o que exatamente precisa fazer e decidir as etapas para realizá-lo.
3. *Um sistema organizado*. Finalmente, uma vez que você tenha decidido as ações que precisa tomar, é necessário manter lembretes em um sistema bem organizado.

Ao elaborar uma abordagem de autogestão com base nos três princípios – clareza da mente, clareza dos objetivos e um sistema organizado de lembretes –, você poderá se desprender e fazer progressos mensuráveis para a realização de todas as coisas que precisa fazer.

UM GUIA PARA VOCÊ ADMINISTRAR O TEMPO

Muitas pessoas não percebem que perdem pelo menos uma hora de um dia de trabalho normal simplesmente porque elas são desorganizadas.[61] Você pode obter um melhor controle de sua vida e das muitas coisas que tem que fazer ao dominar algumas etapas simples, porém poderosas.[62] A Figura 14.11 resume as cinco etapas apresentadas a seguir.

1. *Esvazie a cabeça*. Para limpar a mente, você primeiro tem que ver todas as coisas que pesam sobre ela. A primeira etapa, portanto, é anotar em pedaços separados de papel todas as atividades, funções, tarefas ou compromissos que estão exigindo parte de sua atenção. A ideia é tirar tudo de sua cabeça e colocar no papel.

    Para organizar todo esse "material", combine itens semelhantes em vários "baldes". Existem inúmeras ferramentas que podem servir como seus baldes, como computadores e dispositivos sem fio para anotações eletrônicas; caixas físicas para guardar correspondências, memorandos e capas de celular; cadernos ou blocos de anotação para anotar coisas para fazer; ou gravadores digitais para registrar as coisas que precisa lembrar. Mantenha um bloco de notas ou dispositivo portátil com você para que possa adicionar novos projetos ou compromissos a qualquer momento e tirá-los de sua cabeça. Lembre-se de manter o número de baldes ao mínimo; caso contrário, você ainda vai se sentir disperso e sufocado.
2. *Decida a próxima ação*. Para cada item em seus baldes, decida a ação real, específica, física que você precisa tomar em seguida. Se você tiver uma reunião com a equipe na sexta-feira para discutir um projeto de classe, a sua próxima ação pode ser elaborar pensamentos e ideias que deseja compartilhar com a equipe. Então, você tem três opções:

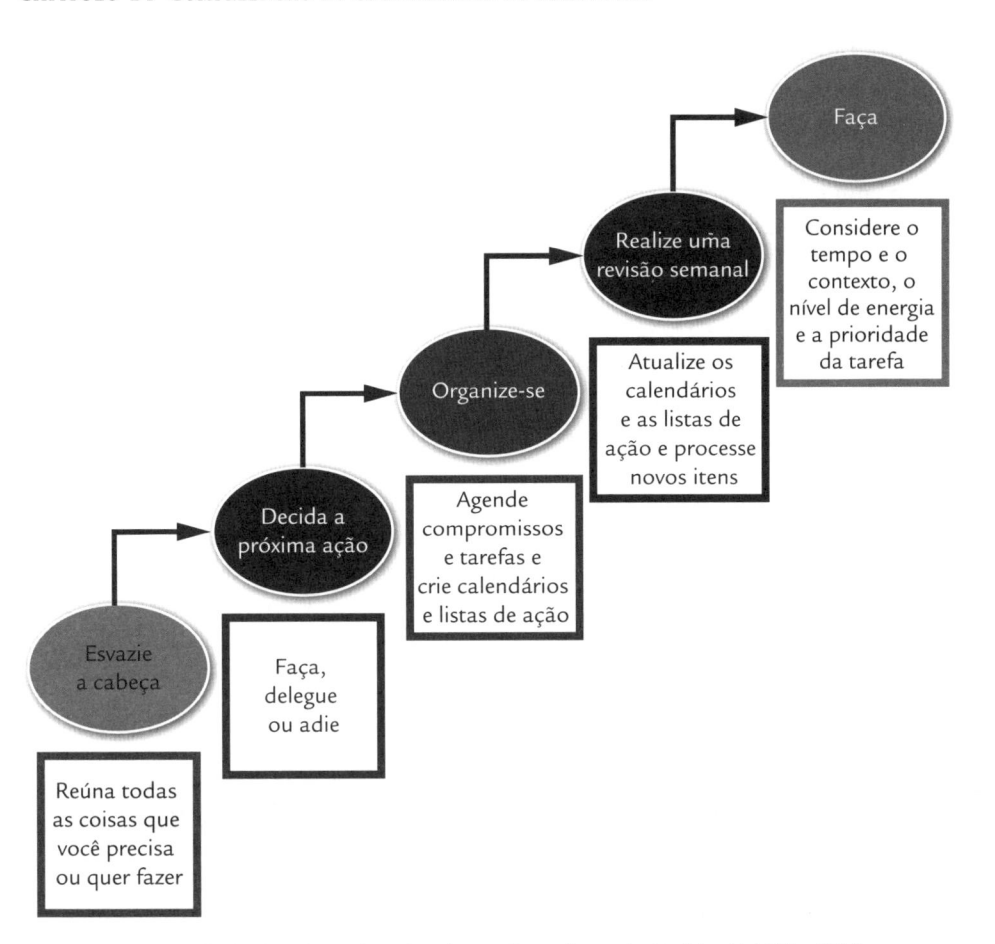

FIGURA 14.11

Siga estas etapas para se organizar

FONTE: Com base em David Allen, *Getting things done: the art of stress-free productivity* (New York: Viking, 2001).

- **Faça.** Siga a regra dos dois minutos: se algo pode ser feito em menos de dois minutos, faça-o agora. Em alguns casos, você vai encontrar itens no seu balde que não requerem ação e não têm importância. Eles devem ser destruídos imediatamente. Para os itens que são de uso potencial no futuro, arquive em um sistema para referência de materiais.
- **Delegue.** Pergunte a si mesmo se é a pessoa certa para lidar com uma tarefa. Se algo pode ser feito também por outra pessoa, delegue.
- **Adie.** Se algo vai demorar mais do que dois minutos, mas não pode ser delegado, adie. Decisões desse tipo devem ser inseridas em um arquivo de incubação ou lembrete, como uma lista organizada de coisas para fazer, que você vai rever regularmente e talvez agendar um horário específico para a conclusão.

3. **Organize-se.** A terceira etapa é organizar todos os itens adiados. Nessa fase, agende todos os compromissos que você identificou como "próximas ações" e registre-os em qualquer calendário que seja verificado diariamente. Registre também, em seu calendário, qualquer item que deva ser feito em um dia ou momento específico. Você pode atribuir uma data definida no futuro para executar determinadas tarefas que estão no seu arquivo de incubação ou lembrete.

Para todos os outros itens, mantenha sempre consigo uma lista de "próximas ações" em um papel ou dispositivo móvel que esteja sempre com você para agir quando e onde tiver tempo Essas ações podem ser organizadas em uma lista única ou por categorias.

4. **Realize uma revisão semanal.** Uma vez por semana, reveja sua lista completa de "próximas ações" e o calendário para a próxima semana. Digitalize toda a lista de projetos

pendentes e ações necessárias para que você possa fazer escolhas eficientes sobre o uso de seu tempo. Essa avaliação semanal é fundamental porque evita que sua mente se encarregue novamente do trabalho de lembrar-se de tudo. A revisão semanal também é o momento de "colocar a casa em ordem" por meio de reunião, processamento e organização de novos itens. Dessa forma, durante a revisão semanal, você terá quatro ações: (1) reunir e processar todo o material novo; (2) avaliar todo o sistema; (3) revisar suas listas; e (4) esclarecer, atualizar e completar tudo o que precisa ser feito em seguida.

5. *Agora faça.* Depois de ter recolhido, processado, organizado e revisado seus compromissos atuais, você terá uma melhor noção do que precisa ser feito, permitindo-lhe fazer melhores escolhas sobre como usar o seu tempo. A sua intuição e sua compreensão de si mesmo podem ajudá-lo a decidir o que fazer e quando.

Essa abordagem para a autogestão pode ajudá-lo a ter controle sobre todas as várias coisas que você tem que fazer e abordá-las de uma forma sistemática com uma mente clara. Se segui-la, você ficará mais realizado com menos estresse – e com menos coisas pendentes. Consulte as dicas de gestão de tempo no boxe "Conversa com gestores" do Capítulo 1. Você pode escolher as técnicas que funcionam para você e combiná-las com essa abordagem geral de autogestão.

Lembre-se disto

- **Autogestão** é a capacidade de envolver-se em pensamentos de autorregulação e comportamentais para realizar todas as suas tarefas e lidar com situações difíceis ou desafiadoras.
- Os três princípios básicos para a autogestão são: clareza da mente, clareza dos objetivos e um sistema organizado.
- Um sistema de autogestão é fundamentado em cinco etapas: esvazie a cabeça; decida a próxima ação; organize-se; realize uma revisão semanal; e, em seguida, faça o que precisa ser feito.

Gestão do estresse

Não importa o quão organizado você seja, certamente, como gestor, vivenciará o estresse – o seu e o dos outros – em algum momento da sua carreira. Formalmente definido, o **estresse** é a resposta fisiológica e emocional de um indivíduo aos estímulos externos que colocam demandas físicas ou psicológicas sobre ele e criam incerteza e falta de controle pessoal quando resultados importantes estão em jogo.[63] Esses estímulos, denominados *estressores*, produzem uma combinação de frustração (a incapacidade de alcançar um objetivo, como não conseguir cumprir um prazo em função de recursos inadequados) e ansiedade (como o medo de ser punido pelo não cumprimento de prazos).

TEMA RECENTE

Nos últimos anos, os níveis de estresse têm subido em muitas organizações, sobretudo porque os gestores têm que lidar com funcionários assustados, nervosos e inseguros com relação ao futuro.[64] O número de funcionários irritáveis, insultantes ou rudes tem crescido, à medida que as pessoas estão lidando com o estresse da incerteza no trabalho, a dívida esmagadora, o acesso mais apertado ao crédito e o aumento da carga de trabalho devido à redução de funcionários. Em uma pesquisa recente, quase metade dos trabalhadores norte-americanos relataram enfrentar gritos e abusos verbais no trabalho, e outro estudo constatou que 2% a 3% das pessoas admitem empurrar, bater ou atingir alguém no trabalho.[65] De acordo com Gary Namie, psicólogo social que cofundou o Workplace Bullying Institute, "As pessoas estão presas; elas não têm os mesmos cargos alternativos para onde ascender. Estão ficando mais tempo nesses ambientes de trabalho pressionados, tóxicos, cheios de estresse".[66]

DESAFIO E AMEAÇA DO ESTRESSE

O estresse nem sempre é negativo. Sem uma certa quantidade de estresse, seríamos complacentes e realizaríamos pouco. Os psicólogos têm observado essa "dupla face do estresse" e fazem uma distinção entre o *estresse do desafio* e o *da ameaça*. O estresse do desafio empolga o indivíduo, ao passo que o estresse da ameaça o corrói.[67] Como originalmente proposto por dois pesquisadores de Harvard, Robert Yerkes e John Dodson, e ilustrado na Figura 14.12, um certo nível de estresse desafia você e aumenta sua concentração, agilidade, eficiência e produtividade.[68] Após esse ponto, no entanto, as coisas degringolam rapidamente, e o estresse compromete o seu desempenho no trabalho, seus relacionamentos e até mesmo sua saúde. Outro dado interessante é que estresse em demasia inibe o aprendizado e a flexibilidade.[69]

O ponto em que as coisas desmoronam passando do estresse do desafio (bom) ao da ameaça (ruim) pode variar de acordo com cada indivíduo. A maioria de nós pode facilmente dizer quando chega ao topo da curva do estresse. Paramos de nos sentir produtivos; vivenciamos emoções de ansiedade, medo, depressão, raiva, ou uma combinação destas; ficamos facilmente irritáveis; e podemos ter dificuldade em tomar decisões. Muitas pessoas também têm sintomas físicos, como dores de cabeça, insônia ou problemas de estômago. Nos Estados Unidos, há uma estimativa de que diariamente um milhão de pessoas não vão trabalhar por causa do estresse.[70] Da mesma forma, uma pesquisa realizada no Reino Unido constatou que 68% dos trabalhadores não manuais e 42% dos trabalhadores manuais faltam ao trabalho por causa de doenças relacionadas ao estresse.[71] Assim como o absentismo é um grande problema para as organizações, também é o presenteísmo, que se refere a pessoas que vão trabalhar, mas estão muito estressadas e distraídas para que possam ser produtivas.[72]

FIGURA 14.12
A curva de estresse de Yerkes-Dodson

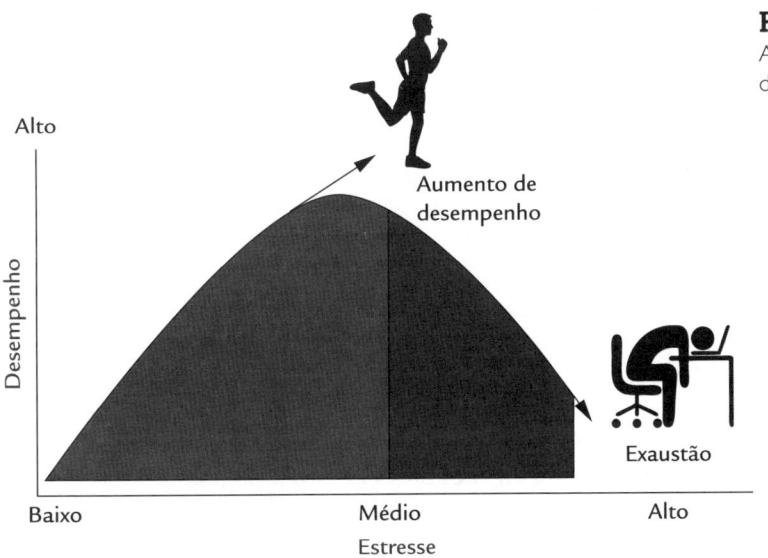

FONTE: Com base em um anexo de Emeran A. Mayer, M. D., Ucla Center for Neurobiology of Stress.

Comportamento dos tipos A e B

Os pesquisadores observaram que algumas pessoas parecem ser mais vulneráveis do que outras aos efeitos nocivos do estresse. Com base em estudos de doenças cardíacas relacionadas ao estresse, eles categorizam as pessoas de acordo com padrões de comportamento denominados de tipos A e B.[73] O padrão do **comportamento do tipo A** inclui extrema competitividade, impaciência, agressividade e dedicação ao trabalho. David Sacks, fundador e CEO da Yammer, por exemplo, afirma que está "em um estado perpétuo de frustração sobre o produto. Quero que ele seja perfeito e não é". Ele acrescenta: "Penso tanto em trabalho que gostaria de ter um botão de liga/desliga".[74] Em contrapartida, as pessoas com um padrão de **comportamento do tipo B** exibem menos desses comportamentos. Elas consequentemente têm menos conflitos com outras pessoas e um estilo de vida relaxado e mais equilibrado. As pessoas do tipo A tendem a ter mais doenças relacionadas ao estresse do que as pessoas do tipo B.

Em geral, as pessoas do tipo A, como David Sacks, têm tanta energia que costumam buscar cargos de poder e responsabilidade. Ao equilibrarem seu ritmo e aprenderem o controle e o uso inteligente de suas tendências energéticas naturais, os indivíduos do tipo A podem ser forças poderosas para a inovação e liderança dentro das organizações. No entanto, muitas personalidades do tipo A causam problemas relacionados ao estresse para si mesmas e, às vezes, para aqueles que estão ao redor. Na Yammer, Sacks conscientemente mudou alguns de seus comportamentos para que sua impaciência não cause estresse para os outros. Os indivíduos do tipo B geralmente vivem com menos estresse, exceto quando estão em situações de alto estresse. Uma série de fatores pode causar estresse no local de trabalho, mesmo para pessoas que não são naturalmente propensas ao alto estresse.

Causas de estresse no trabalho

O estresse no trabalho tem disparado em todo o mundo há alguns anos. Nos Estados Unidos, o número de pessoas que relataram que o trabalho é uma fonte significativa de estresse subiu para 69% em 2009, e 41% delas afirmaram que normalmente se sentem estressadas ou tensas durante a jornada de trabalho.[75] Pesquisas realizadas no Canadá citaram consistentemente o trabalho como a principal fonte de estresse para as pessoas que vivem no país. Na Índia, um número crescente de jovens profissionais de *software* e trabalhadores de *call-center* estão sendo vítimas de depressão, ansiedade e outras doenças mentais em decorrência do aumento do estresse no local de trabalho.[76] Os altos índices de suicídio por estresse entre os trabalhadores de fábrica contratados na China levaram os gestores de empresas de tecnologia, como Apple, IBM, Hewlett-Packard e Toshiba, a fazer sérios levantamentos sobre condições psicológicas.[77] Para o psicólogo Rodney L. Lowman, "As condições de trabalho podem causar doença mental. Se colocarmos pessoas saudáveis e bem ajustadas numa trincheira com armas disparando contra elas, a probabilidade de elas sofrerem de depressão e ansiedade será muito alta".[78]

Os gestores podem lidar melhor com o seu próprio estresse e estabelecer formas para a organização ajudar os funcionários a lidar com isso se eles conhecem as condições que tendem a produzir o estresse no trabalho. Ambientes antiéticos e condições de trabalho inseguras, como aquelas em algumas fabricantes sob contrato, certamente são os principais fatores estressantes. Em termos de fatores de estresse mais comuns do cotidiano de trabalho, uma abordagem é pensar sobre o estresse causado pelas demandas das tarefas de trabalho e o estresse causado por pressões e conflitos interpessoais:

- *Demandas da tarefa* são fatores de estresse decorrentes das tarefas exigidas de uma pessoa em um determinado emprego. Algumas decisões são inerentemente

---

Faça uma pausa

Leia atentamente o caso apresentado na seção "Aplique suas habilidades: dilema ético", no material complementar, que diz respeito às fontes de estresse organizacional. O que você faria?

estressantes, como aquelas pressionadas pelo tempo, que têm consequências graves e que devem ser tomadas com informações incompletas. Por exemplo, os médicos do pronto-socorro estão sob enorme estresse como resultado das demandas do trabalho que realizam. Eles regularmente precisam tomar decisões rápidas com base em informações limitadas que podem determinar se um paciente vive ou morre. Os empregos em que as pessoas precisam lidar com clientes irados também podem ser altamente estressantes. A rotatividade entre os funcionários de atendimento ao cliente pode chegar até 300% ao ano em alguns setores.[79] Quase todos os cargos de trabalho, sobretudo aqueles de gestores, têm algum nível de estresse associado às demandas da tarefa. Essas demandas também podem, às vezes, provocar estresse por causa do papel da **ambiguidade**, ou seja, as pessoas não têm total clareza de quais comportamentos são esperados em suas tarefas. Em uma pesquisa de 2012 feita pela American Psychological Association (APA), 35% dos entrevistados citaram expectativas de trabalho pouco claras como causa do estresse no local de trabalho.[80]

▶▶▶ **Conexão de conceito**

Muitas empresas ajudam os funcionários a **administrar o estresse** por meio da oferta de descontos em academias locais, embora uma tendência bastante recente do local de trabalho permita que os funcionários malhem enquanto trabalham. As mesas de esteira têm prateleiras onde os funcionários podem colocar seus *notebooks* e plugar celulares para que eles possam analisar documentos, fazer pesquisas *on-line* e realizar reuniões enquanto aumentam a distância percorrida. Os funcionários que têm feito uso dessas oportunidades multitarefas relatam que têm mais energia, sentem-se menos estressados e perderam peso graças a essas mesas de esteira.

- *Demandas interpessoais* são fatores de estresse associados às relações na organização. Embora os relacionamentos interpessoais possam aliviar o estresse, eles também podem ser, em alguns casos, uma fonte de estresse quando o grupo exerce pressão sobre um indivíduo ou quando surgem conflitos entre os indivíduos. Para resolver muitos conflitos, os gestores podem utilizar as técnicas que serão abordadas no Capítulo 18. O **conflito de papéis** ocorre quando um indivíduo percebe demandas incompatíveis de outros. Os gestores muitas vezes sentem o conflito de papéis porque as demandas de seus superiores conflitam com as dos funcionários em seu departamento. Em geral, há a expectativa de que os gestores sejam capazes de apoiar os funcionários e proporcionar-lhes oportunidades para que possam ser criativos. Ao mesmo tempo, os altos executivos têm exigido um nível consistente de resultados que deixa pouco tempo para a criatividade e a experimentação.

Respostas inovadoras para o estresse

As organizações que desejam desafiar seus funcionários e manter-se competitivas nunca ficarão livres do estresse, porém os locais de trabalho saudáveis promovem o bem-estar físico e emocional de seus funcionários. Até mesmo coisas simples podem mudar a forma como as pessoas se sentem sobre o trabalho. John Weaver, um psicólogo da Psychology for Business, uma empresa de consultoria de gestão, aconselhou os gestores de uma instalação de cuidados de longo prazo em Wisconsin que havia sido inundada. Em decorrência dos danos da água, os moradores e funcionários tiveram que se mudar para uma instalação já ocupada, e todo mundo estava se sentindo apertado e irritado. A mesquinhez estava ficando fora de controle. Weaver e os gestores começaram a fazer uma simples pergunta para cada funcionário: *Por que você faz este trabalho?* "À medida que eles pensavam sobre a pergunta", disse Weaver, "você podia perceber a mudança de atitude. Eles podiam ver as razões pelas quais precisavam trabalhar juntos para pôr de lado as dificuldades e o compromisso, e os moradores foram mais bem tratados".[81]

O que você pode fazer para combater o estresse

De acordo com o cientista e pesquisador de estresse Hans Selye: "Não é o estresse que nos mata, mas a nossa reação a ele". A Figura 14.13 lista dez maneiras de você eliminar o estresse de seu dia. Uma variedade de técnicas pode ajudar os indivíduos a evitar ou controlar os efeitos prejudiciais do estresse.

- *Procure e destrua as principais fontes de estresse.* Um estudo recente descobriu que a competência de gestão de estresse mais benéfica é a prevenção.[82] Nenhum de nós pode eliminar todas as possíveis fontes de estresse de nossa vida, mas podemos evitar algumas delas e administrar as outras. Reserve um tempo todos os dias para identificar os fatores de estresse em sua vida e encontre maneiras de eliminá-los ou reduzi-los. Ser bem organizado, planejar o futuro e usar as diversas técnicas de gestão de tempo que abordamos neste capítulo, como esvaziar a cabeça de todas as pressões que pesam sobre você, são maneiras altamente eficazes de administrar e prevenir o estresse.
- *Encontre significado e apoio.* Você estará muito mais propenso a experimentar os efeitos nocivos do estresse se estiver trabalhando em um emprego que não tenha nenhum significado para você e se tiver a sensação de que está sozinho na vida. A hipótese do apoio social como "amortecedor" (*buffering hypotesis*) diz que um alto grau percebido de apoio social da família e dos amigos protege contra os efeitos potencialmente negativos de eventos estressantes.[83] Ou seja, se você sentir que tem bastante apoio, você estará menos suscetível aos efeitos negativos do estresse ruim.
- *Medite e gerencie sua energia.* A meditação é uma maneira de prevenir e aliviar as respostas prejudiciais do estresse. Algumas pessoas meditam todas as manhãs ou

FIGURA 14.13 Dez maneiras de eliminar o estresse de seu dia

A maioria das pessoas pode encontrar muitas maneiras no trabalho para ficar estressada. Aqui estão dez passos que podem ajudar você a despressurizar:
1. Reformule uma experiência negativa. Se você deixou seu *notebook* para uma reunião no carro, por exemplo, interprete isso como uma oportunidade para compor seus pensamentos durante a caminhada para recuperá-lo.
2. Participe de uma reunião em outro departamento, apenas por interesse, para ver o que as pessoas estão fazendo.
3. Observe pelo menos uma coisa boa sobre alguém de que você não gosta muito.
4. Encontre um lugar calmo onde você possa se sentar calmamente e ficar sozinho, mesmo que seja apenas por alguns minutos.
5. Faça algo de bom para alguém – estudos revelam que isso pode deixar você mais feliz e mais calmo.
6. Se encontrar um problema em seu trabalho ou na vida pessoal, pense nisso como um desafio e uma oportunidade para aprender.
7. Observe pelo menos uma coisa boa que você vivencia todos os dias.
8. Faça uma lista de metas alcançáveis para a semana e tenha como objetivo excluir uma da sua lista todos os dias.
9. Diariamente, ao acordar, expresse gratidão pelo novo dia e por uma nova chance de fazer a diferença no mundo.
10. Durma o suficiente todas as noites. Se não o fizer, tire uma soneca!

FONTES: Com base em "8 steps to stress-proof your day", coluna de Thea Singer, "The perfect amount of stress", *Psychology Today* (March-April 2012): 78-85; "A new kind of 'to do' list", coluna de Betty Shotton, "Awe: A Doorway to Breakthroughs, Insight, and Innovation", *Leader to Leader* (Spring 2013): 7-12; Ruth Mantell, "How to lower your workplace stress", *The Wall Street Journal*, January 15, 2012, disponível em: <http://online.wsj.com/news/ar ticles/SB10001424052970204257504577152502470874464>, acesso em: 18 out. 2013.

à noite como uma prática de rotina. Outras acham que pausas curtas para meditar por alguns minutos várias vezes ao dia são eficazes também.[84] Qualquer momento durante o dia, quando está se sentindo sobrecarregado, você pode fechar os olhos, concentrar-se em uma imagem ou uma frase que o acalme e respirar profundamente. A meditação pode ser uma parte importante de um estilo de vida saudável, como comer bem, descansar o suficiente e praticar exercícios regularmente, que o ajude a lidar melhor com o estresse.

- *Encontre o equilíbrio entre a vida profissional e a pessoal*. A falta de equilíbrio entre a vida profissional e a pessoal foi o principal preditor de altos níveis de estresse insalubres, de acordo com um relatório de 2012 do Kenexa High Performance Institute.[85] As organizações inovadoras oferecem opções para ajudar as pessoas a levar uma vida mais equilibrada. Mas você, como um indivíduo, também é responsável por encontrar o equilíbrio entre a vida profissional e a pessoal. Segundo um estudo realizado pela Sociedade para Gestão de Recursos Humanos, 70% das pessoas trabalham além do tempo programado e nos finais de semana, porém, mais da metade delas admitiu que é por causa da pressão autoimposta. As pessoas que vivem uma vida equilibrada normalmente realizam mais do que aquelas que se esforçam demais. Por exemplo, quando a 37signals passa a trabalhar 32 horas semanais de maio a outubro, os gestores dizem que o melhor trabalho muitas vezes é feito em quatro dias e não em cinco.[86]

O que os gestores e as organizações podem fazer

Ajudar os funcionários a administrar o estresse pode ser tão simples como incentivar as pessoas a tirar folgas regulares e férias. Considere que mais de um terço dos funcionários norte-americanos entrevistados pelo Families and Work Institute não desfruta o período total de férias.[87] A seguir, apresentamos algumas abordagens proativas que os gestores podem usar para combater o nível de estresse crescente no local de trabalho dos dias de hoje:

- *Criar um ambiente de trabalho psicologicamente saudável*. O caminho número um para diminuir o estresse do funcionário é criar uma cultura corporativa saudável, em que as pessoas possam se sentir valorizadas.[88] Isso inclui assegurar que as pessoas não tenham sobrecargas de trabalho, proporcionar oportunidades de crescimento e progresso e oferecer salários e benefícios adequados. Significa também dar um exemplo para os funcionários viverem uma vida equilibrada. Segundo Paul English, cofundador e diretor de tecnologia da ferramenta de pesquisa de viagens Kayak, a filosofia da empresa é "trabalhar muito duro durante 40 a 45 horas por semana, mas acreditamos em pessoas que têm vida pessoal vigorosa".[89] English, às vezes, leva os filhos em viagens de negócios, para que possam ter novas experiências juntos. À noite, ele lê romances policiais ou livros sobre saúde global, e não sobre negócios ou tecnologia.
- *Certifique-se de que as pessoas tenham algum divertimento no trabalho*. Particularmente para os empregos que têm um alto grau de estresse relacionado à tarefa, permitir que pessoas relaxem ao se divertirem pode fazer toda a diferença no nível de estresse. No *help desk* de uma empresa de *software* localizada na cidade norte-americana de Tampa, Zane Bond é o "cara que atende os clientes com raiva", mas o estresse não o atinge. Uma razão é que ele ama resolver problemas. A outra é que se diverte com os membros de sua equipe, brincando com dardos de espuma e entrando em batalha com a trilha sonora de *Top Gun* tocando de fundo.[90]

Os gestores devem sempre lembrar que os funcionários são recursos humanos, com necessidades humanas. Quando se reconhecem os aspectos pessoais da vida dos funcionários, essas diversas iniciativas comunicam que os gestores e a organização se preocupam com os funcionários. Além disso, as atitudes dos gestores fazem uma enorme diferença quando os funcionários estão estressados e infelizes ou relaxados, cheios de energia e produtivos.

Lembre-se disto

- **Estresse** é a resposta fisiológica e emocional de um indivíduo aos estímulos externos que colocam demandas físicas ou psicológicas sobre ele e criam incerteza e falta de controle pessoal quando resultados importantes estão em jogo.
- O estresse às vezes pode ser uma força positiva, mas estresse em demasia é prejudicial aos indivíduos e às organizações onde trabalham.
- O padrão de comportamento conhecido como **comportamento do tipo A** é caracterizado por extrema competitividade, impaciência, agressividade e dedicação ao trabalho.
- O **comportamento do tipo B** é um padrão de comportamento que reflete algumas das características do tipo A e inclui uma abordagem mais equilibrada e relaxada para a vida.
- Os gestores do tipo A podem ser forças poderosas para a inovação e mudança, mas também podem criar grande estresse para si mesmos e para os outros.
- O estresse no trabalho pode ser causado tanto por demandas das tarefas quanto por demandas interpessoais.
- **Ambiguidade de papéis** refere-se à incerteza sobre quais comportamentos são esperados de uma pessoa em um determinado papel.
- **Conflito de papéis** representa as exigências incompatíveis de papéis diferentes, como as demandas dos superiores que podem gerar conflito entre o gestor e os subordinados.
- Os indivíduos podem aplicar uma variedade de técnicas para aliviar os efeitos nocivos do estresse, e os gestores podem implantar iniciativas para ajudar a resolver o problema da disparada do estresse no trabalho.

Cap. 14 Notas

1. Claire Cain Miller, "For incoming I.B.M. chief, self-confidence is rewarded", *The New York Times*, October 27, 2011. Disponível em: <www.nytimes.com/2011/10/28/business/for-incoming-ibm-chief-self-confidence-rewarded.html>. Acesso em: 28 out. 2011.
2. "There's life (and a living) after rejection", *The Independent on Sunday*, January 6, 2008; Amy Ellis Nutt, "Harry Potter's disappearing act", *Newhouse News Service* (April 23, 2007): 1; Tom Muha, "Achieving happiness: setbacks can make us stronger", *The Capital*, May 31, 2009.
3. Muha, "Achieving happiness"; Melinda Beck, "If at first you don't succeed, you're in excellent company", *The Wall Street Journal*, April 29, 2008.
4. M. E. Gist, "Self-efficacy: implications for organizational behavior and human resource management", *Academy of Management Review* (July 1987): 47; Arthur Bandura, "Self-efficacy", in V. S. Ramachaudran, ed., *Encyclopedia of human behavior*, v. 4 (New York: Academic Press, 1994): p. 71–81.
5. Em William W. George et al., "Discovering your authentic leadership", *Harvard Business Review* (February 2007): 129-138.
6. Bill George, "Leadership skills: it starts with self-awareness", *Leadership Excellence* (June 2011): 13; Tricia Bisoux, "What makes leaders great" (entrevistas com especialistas em liderança), *BizEd* (September-October 2005): 40-45; Warren Bennis, *Why leaders can't lead* (San Francisco: Jossey-Bass, 1989); Daniel Goleman, "What makes a leader?", *Harvard Business Review* (November-December 1998): 93ff; Richard E. Boyatzis, *The competent manager: a model for effective performance* (New York: Wiley, 1982).
7. Funcionários citados em Stratford Sherman, "How tomorrow's best leaders are learning their stuff", *Fortune* (November 27, 1995): 90-102.
8. Charlotte Beers, entrevistada por Adam Bryant, "the best scorecard is the one you keep for yourself", *The New York Times*, March 31, 2012. Disponível em: <www.nytimes.com/2012/04/01/business/charlotte-beers-on-the-importance-of-self-assessment.html?pagewanted=all>. Acesso em: 1º abr. 2012.

9. Agradecemos a Scott Williams pela figura. Cf. "Self-awareness and personal development", *LeaderLetter*. Disponível em: <www.wright.edu/~scott.williams/LeaderLetter/selfawareness.htm>. Acesso em: 21 ago. 2007.
10. Steven Snyder, "Leadership struggle: it's an art to be mastered", *Leadership Excellence* (January 2013): 11; Ira Chaleff, "Avoid fatal crashes: leaders and their blind spots", *Leadership Excellence* (May 2012): 13.
11. Adam Bryant, "Francisco D'Souza of Cognizant, on Finding Company Heroes" (Corner Office column), *The New York Times*, September 1, 2013, BU2.
12. C. Fletcher; C. Baldry, "A study of individual differences and self-awareness in the context of multi-source feedback", *Journal of Occupational and Organizational Behavior* 73, n. 3 (2000): 303-319.
13. Ellen McGirt, "Do you pass the leadership test?", *Fast Company* (December 2012-January 2013): 63-67.
14. George, "Leadership skills"; Beers, "The best scorecard is the one you keep for yourself".
15. Kevin Baxter, "Landon Donovan rediscovered his love of soccer when he left it", *The Los Angeles Times*, September 5, 2013, disponível em: <http://articles.latimes.com/2013/sep/05/sports/la-sp-landon-donovan-20130906>, acesso em: 16 out. 2013; Paul Chant, "Is this guy mutts nuts ... or a dog of awe? Answer June 12, D-Day for Donovan", *The People* (May 30, 2010): 7; Jere Longman, "Donovan pushes ahead, looking inside", *The New York Times*, May 19, 2010; Nancy Armour, "Top U.S. soccer star finds peace", *Journal-Gazette*, June 25, 2010; Ives Galarcep, "World Cup 2014: Bitter Landon Donovan Criticizes U.S. Coach Klinsmann", *Sporting News*, July 3, 2014, disponível em: <http://www.sportingnews.com/soccer/story/2014-07-03/world-cup-2014-landon-donovan-jurgen-klinsmann-la-galaxy-mls>, acesso em: 6 ago. 2014.
16. Jerry Krueger; Emily Killham, "At work, feeling good matters", *Gallup Management Journal*, December 8, 2005. Disponível em: <http://gmj.gallup.com/content/20311/work-feeling-good-matters.aspx>. Acesso em: 17 set. 2010.
17. M. T. Iaffaldano; P. M. Muchinsky, "Job satisfaction and job performance: a meta-analysis", *Psychological Bulletin* (March 1985): 251-273; C. Ostroff, "The relationship between satisfaction, attitudes, and performance: an organizational-level analysis", *Journal of Applied Psychology* (December 1992): 963-974; M. M. Petty; G. W. McGee; J. W. Cavender, "A meta-analysis of the relationship between individual job satisfaction and individual performance", *Academy of Management Review* (October 1984): 712-721.
18. Pesquisa sobre Conselho de Administração em "Job satisfaction in U.S. hits all-time low", *News for You* (February 17, 2010): 4.
19. Tony Schwartz, "The greatest sources of satisfaction in the workplace are internal and emotional", *Fast Company* (November 2000): 398-402.
20. Emr Victor Lipman, "The foundational importance of trust in management", *Forbes*, October 7, 2013. Disponível em: <http://www.forbes.com/sites/victorlipman/2013/10/07/the-foundational-importance-of-trust-in-management/>. Acesso em: 17 out. 2013.
21. "Closing the engagement gap: a road map for driving superior business performance", *Towers Perrin Global Workforce Study 2007–2008*. Disponível em: <www.towersperrin.com/tp/getwebcachedoc?webc=HRS/USA/2008/200803/GWS_Global_Report20072008_31208.pdf>. Acesso em: 20 set. 2010.
22. Exemplo em Rick Wartzman, "Trust: effective managers make it a priority", *Bloomberg Business Week*, October 16, 2009. Disponível em: <http://www.businessweek.com/managing/content/oct2009/ca20091019_333718.htm>. Acesso em: 17 out. 2013.
23. Lipman, "The foundational importance of trust in management"; Wartzman, "Trust: effective managers make it a priority".
24. Pesquisa sobre QI de Liderança, em "Many employees don't trust their boss", *Machine Design* (September 2007): 2.
25. Em Paul Harris, "Leadership: role models earn trust and profits", *T&D* (March 2010): 47.
26. Esta é uma introdução sobre os atributos e seus papéis na organização. Para uma pesquisa recente sobre a teoria dos atributos, veja Marie Dasborough; Paul Harvey; Mark J. Martinko, "An introduction to attributional influences in organizations", *Group & Organization Management* 36, n. 4 (2011): 419-426.
27. "Poll: most organizations don't use personality tests", *HR Magazine* 57, n. 2 (February 2012): 88; Stephen T. Watson, "Job hunting in the virtual age: recruiters can be overwhelmed by the flood of resumes", *Buffalo News*, August 19, 2012, D1.
28. Ver J. M. Digman, "Personality structure: emergence of the five-factor model", *Annual Review of Psychology* 41 (1990): 417-440; M. R. Barrick; M. K. Mount, "Autonomy as a moderator of the relationships between the big five personality dimensions and job performance", *Journal of Applied Psychology* (February 1993): 111-118; J. S. Wiggins; A. L. Pincus, "Personality: structure and

28. assessment", *Annual Review of Psychology* 43 (1992): 473-504.
29. Del Jones, "Not all successful CEOs are extroverts", *USA TODAY*, June 6, 2006. Disponível em: <www.usatoday.com/money/companies/management/2006-06-06-shy-ceo-usat_x.htm>. Acesso em: 20 set. 2010.
30. Susan Cain, "Hire introverts", *The Atlantic* (July-August 2012), p. 68; Adam M. Grant; Francesca Gino; David A. Hofmann, "The hidden advantages of quiet bosses", *Harvard Business Review* (December 2010), p. 28; Susan Cain, "Must great leaders be gregarious?", *The New York Times*, September 16, 2012, SR-8; Bryan Walsh, "The upside of being an introvert (and why extroverts are overrated)", *Time* (February 6, 2012): 40-45
31. Sellers, "Marissa Mayer: ready to rumble at Yahoo".
32. Patricia Sellers, "Marissa Mayer: ready to rumble at Yahoo", *Fortune* (October 29, 2012): 118-128; Ginka Toegel; Jean-Louis Barsoux, "How to become a better leader", *MIT Sloan Management Review* (Spring 2012): 51-60; Nancy Ancowitz, "Success isn't only for the extroverts", *The New York Times*, November 1, 2009, BU8.
33. Em Daisy Grewal, "When Nice Guys Finish First", *Scientific American Mind* (July-August 2012): 62-65.
34. Em Christopher Palmeri, "Putting managers to the test", *BusinessWeek* (November 20, 2006): 82.
35. Pesquisa mencionada em J. J. McCorvey, "Research corner: feeling guilty? Good. Why guilt makes you a better leader", *Inc.* (July-August 2012): 26; Rachel Emma Silverman, "Plagued by guilt? You may be management material", *The Wall Street Journal*, May 29, 2012, disponível em: <http://blogs.wsj.com/atwork/2012/05/29/plagued-by-guilt-you-may-be-management-material/>, acesso em: 3 jun. 2012.
36. Julian B. Rotter, "Generalized expectancies for internal *versus* external control of reinforcement", *Psychological Monographs* 80, n. 609 (1966); J. B. Rotter, "Internal *versus* external control of reinforcement: a case history", *American Psychologist* 45, n. 4 (April 1990): 489-493.
37. Ver P. E. Spector, "Behavior in organizations as a function of employees' locus of control", *Psychological Bulletin* (May 1982): 482-497.
38. T. W. Adorno et al., *The authoritarian personality* (New York: Harper & Row, 1950).
39. Niccolò Machiavelli, *The prince*, trans. George Bull (Middlesex: Penguin, 1961).
40. Richard Christie; Florence Geis, *Studies in Machiavellianism* (New York: Academic Press, 1970).
41. R. G. Vleeming, "Machiavellianism: a preliminary review", *Psychological Reports* (February 1979): 295-310.
42. Christie, Geis, *Studies in Machiavellianism*.
43. Carl Jung, *Psychological types* (London: Routledge and Kegan Paul, 1923).
44. Mary H. McCaulley, "Research on the MBTI and leadership: taking the critical first step", no discurso The Myers-Briggs Type Indicator and Leadership: An International Research Conference (January 12-14, 1994).
45. Em Lillian Cunningham, "Does it pay to know your type?", *Washington Post*, December 14, 2012. Disponível em: <http://articles.washingtonpost.com/2012-12-14/national/35847528_1_personality-types-myers-briggs-type-indicator-financial-success>. Acesso em: 20 mar. 2013.
46. Jennifer Overbo, "Using Myers-Briggs Personality Type to create a culture adapted to the new century", *T+D* (Febraury 2010): 70-72.
47. Lisa Takeuchi Cullen, "SATs for J-O-B-S", *Time* (April 3, 2006): 89.
48. Michael Kinsman, "Businesses can suffer if workers' emotions not dealt with" (entrevista com Mel Fugate), *San Diego Union-Tribune*, December 17, 2006; and Mel Fugate; Angelo J. Kinicki; Gregory E. Prussia, "Employee coping with organizational change: an examination of alternative theoretical perspectives and models", *Personnel Psychology* 61, n. 1 (Spring 2008): 1-36.
49. "Emotion", *The free dictionary*, disponível em: <www.thefreedictionary.com/Emotions>, acesso em: 15 jun. 2010; "Motivation and emotion", *Psychology* 101 (AllPsych Online), disponível em: <http://allpsych.com/psychology101/emotion.html>, acesso em: 15 jun. 2010.
50. E. Hatfield; J. T. Cacioppo; R. L. Rapson, *Emotional contagion* (New York: Cambridge University Press, 1994).
51. Ver Robert I. Sutton, "Are you being a jerk? Again?", *Business Week* (August 25, 2008): 52.
52. Pesquisa de Noah Eisenkraft; Hillary Anger Elfenbein, apud Nicole Branan, "The 'me' effect", *Scientific American Mind* (November-December 2010): 14-15; Noah Eisenkraft; Hillary Anger Elfenbein, "The way you make me feel", *Psychological Science* 21 (April 2010): 505-510; Robert I. Sutton, "How bad apples infect the tree", *The New York Times*, November 28, 2010, BU.8; Roy Baumeister et al., "Bad is stronger than good", *Review of General Psychology* 5, n. 4 (2001): 323-370.
53. Krueger; Killham, "At work, feeling good matters".
54. Daniel Goleman, "Leadership that gets results", *Harvard Business Review* (March-April 2000): 79-90; Daniel Goleman, "Emotional mastery: seek to excel in four dimensions", *Leadership Excellence* (June 2011): 12-13; Daniel Goleman, *Emotional*

intelligence: why it can matter more than IQ (New York: Bantam Books, 1995).
55. Alan Farnham, "Are you smart enough to keep your job?", Fortune (January 15, 1996): 34-47.
56. Hendrie Weisinger, Emotional intelligence at work (San Francisco: Jossey-Bass, 2000); D. C. McClelland, "Identifying competencies with behavioral-event interviews", Psychological Science (Spring 1999): 331-339; Goleman, "Leadership that gets results"; D. Goleman, Working with emotional intelligence (New York: Bantam Books, 1999); Lorie Parch, "Testing . . . 1,2,3", Working Woman (October 1997): 74-78.
57. Michael Wolff, "Tim Armstrong's Tantrum Reveals the Anomaly That Is AOL", The Guardian, August 19, 2013, disponível em: <http://www.theguardian.com/commentisfree/2013/aug/19/tim-armstrong-tantrum-patch-aol>. Acesso em: 18 out. 2013; Leslie Kaufman, "AOL chief apologized over firing of worker", The New York Times, August 14, 2013, B3.
58. Ver Cari Tuna, "Lawyers and employers take the fight to 'workplace bullies'" (Theory & Practice column), The Wall Street Journal, August 4, 2008.
59. Estatísticas de Sam Hananel, "Workplace bullying gets higher profile as movement grows to limit worker abuse", Associated Press, at Yahoo News, March 1, 2013. Disponível em: <http://news.yahoo.com/growing-push-halt-workplace-bullying-091201526.html>. Acesso em: 18 out. 2013.
60. Seção sobre autogestão baseada em David Allen, Getting things done: the art of stress-free productivity (New York: Viking Penguin, 2001).
61. Em "One of these days", The Wall Street Journal, March 11, 1997, A1.
62. Com base em Allen, Getting things done; Francis Heylighen; Clément Vidal, "Getting things done: the science behind stress-free productivity", Long Range Planning 41 (2008): 585-605.
63. T. A. Beehr; R. S. Bhagat, Human stress and cognition in organizations: an integrated perspective (New York: Wiley, 1985); Bruce Cryer; Rollin McCraty; Doc Childre, "Pull the plug on stress", Harvard Business Review (July 2003): 102-107.
64. Anita Bruzzese, "Wall Street woes, election add to workplace stress", Gannett News Service (September 29, 2008).
65. "Desk rage rising", Office Solutions (January 2009): 9; Carol Hymowitz, "Bosses have to learn how to confront troubled employees", The Wall Street Journal, April 23, 2007.
66. Sam Hananel, "Workplace bullying gets higher profile".
67. Em Alice Park, "The two faces of anxiety", Time (December 5, 2011): 54-65; Melinda Beck, "Anxiety can bring out the best", The Wall Street Journal, June 18, 2012, disponível em: <http://online.wsj.com/article/SB10001424052702303836404577474451463041994.html>. Acesso em: 20 jun. 2012.
68. "Are you working too hard? A conversation with mind-body researcher Herbert Benson", Harvard Business Review (November 2005): 53-58; R. M. Yerkes; J. D. Dodson, "The relation of strength of stimulus to rapidity of habit formation", Journal of Comparative Neurology and Psychology 18 (1908): 459-482.
69. Mathias V. Schmidt; Lars Schwabe, "Splintered by stress", Scientific American Mind (September-October 2011): 22-29.
70. Em Brian Nadel, "The price of pressure", publi-reportagem em Fortune (December 11,2006): 143-146.
71. Pesquisa sobre saúde e autoridades de segurança, em Joe Humphreys, "Stress will be main cause of workplace illness by 2020", Irish Times, July 27, 2005.
72. Don Mills, "Running on high octane or burning out big time? Stress Flunkies", National Post, April 8, 2006.
73. M. Friedman; R. Rosenman, Type A behavior and your heart (New York: Knopf, 1974).
74. David Sacks, "The way I work: yammer", Inc. (November 2011): 123-124.
75. American Psychological Association, Stress in America 2009, APA.org, 2009. Disponível em: <www.apa.org/news/press/releases/stress-exec-summary.pdf>. Acesso em: 5 set. 2012.
76. Mills, "Running on high octane or burning out big time?"; Vani Doraisamy, "Young techies swell the ranks of the depressed", The Hindu, October 11, 2005.
77. Charles Duhigg; David Barboza, "In China, human costs are built into an iPad", The New York Times, January 25, 2012, disponível em: <www.nytimes.com/2012/01/26/business/ieconomy-apples-ipad-and-the-human-costs-for-workers-in-china.html?pagewanted=all>, acesso em: 26 jan. 2012; Nick Wingfield; Charles Duhigg, "Apple asks outside groups to inspect factories", The New York Times, February 13, 2012, disponível em: <http://bits.blogs.nytimes.com/2012/02/13/apple-announces-independent-factory-inspections/>, acesso em: 13 fev. 2012.
78. Em Elizabeth Bernstein, "When a co-worker is stressed out", The Wall Street Journal, August 26, 2008.
79. Em Sue Shellenbarger, "Health & fitness: how to keep your cool in angry times", The Wall Street Journal Asia, September 27, 2010, 11.

80. "APA survey finds feeling valued at work linked to well-being and performance", American Psychological Association, March 12, 2012. Disponível em: <www.apa.org/news/press/releases/2012/03/well-being.aspx>. Acesso em: 5 set. 2012.
81. Em Ruth Mantell, "How to lower your workplace stress", *The Wall Street Journal*, January 15, 2012. Disponível em: <http://online.wsj.com/news/articles/SB10001424052970204257504577152502470874464>. Acesso em: 18 out. 2013.
82. Robert Epstein, "Fight the frazzled mind", *Scientific American Mind* (September-October 2011): 30-35.
83. Sheldon Cohen; Thomas Ashby Wills, "Stress, social support, and the buffering hypothesis", *Psychological Bulletin* 85, n. 2 (1985): 310-357.
84. Eilene Zimmerman, "When stress flirts with Burnout", *The New York Times*, January 17, 2010; Joanna Barsh; J. Mogelof; C. Webb, "How centered leaders achieve extraordinary results", *McKinsey Quarterly*, October 2010, disponível em: <www.mckinseyquarterly.com/How_centered_leaders_achieve_extraordinary_results_2678>, acesso em: 16 jan. 2011.
85. Ann Pace, "Stressed out?", *T + D* (October 2012): 14.
86. Jason Fried, "Be more productive. Take time off", *The New York Times*, August 18, 2012. Disponível: <http://www.nytimes.com/2012/08/19/opinion/sunday/be-more-productive-shorten-the-workweek.html?_r=0>. Acesso em: 18 out. 2013.
87. Rosabeth Moss Kanter, "Balancing work and life", *Knight-Ridder Tribune News Service*, April 8, 2005.
88. "APA survey finds feeling valued at work linked to well-being and performance".
89. "The way I work: Paul English, Kayak", *Inc.* (February 2010): 98-101.
90. Shellenbarger, "Health & fitness: how to keep your cool in angry times".

PARTE 5 Capítulo 15

Liderança

Visão geral do capítulo

Orientação para as pessoas *versus* orientação para as tarefas
A natureza da liderança
Liderança contemporânea
  Nível 5 de liderança
  Liderança servidora
  Liderança autêntica
  Diferenças de gênero
Da gestão à liderança
Características da liderança
Abordagens comportamentais
  Tarefas *versus* pessoas
  Grid de liderança
Abordagens de contingência
  O modelo situacional de liderança
  Teoria da contingência de Fiedler
  Substitutos situacionais para a liderança
Liderança carismática e transformacional
  Liderança carismática
  Liderança transformacional *versus* liderança transacional
Subordinação
Novo gestor autoteste: qual é o seu estilo de subordinação?
Poder e influência
  Poder rígido de posição
  Poder pessoal brando
  Outras fontes de poder
  Táticas de influência interpessoal

Resultados de aprendizagem

Após a leitura deste capítulo, você será capaz de:

1. Definir o que é liderança e explicar a importância dela para as organizações.

2. Descrever as tendências de liderança nas atuais organizações, como liderança de nível 5, servidora e autêntica.

3. Demonstrar como o estilo de liderança das mulheres é, em geral, diferente daquele adotado pelos homens.

4. Identificar as características pessoais associadas aos líderes eficientes.

5. Definir comportamento orientado para as tarefas e comportamento orientado para as pessoas e explicar como essas categorias são usadas para avaliar e adaptar o estilo de liderança.

6. Descrever o modelo situacional da liderança e a aplicação dele na participação subordinada.

7. Explicar como a liderança se encaixa na situação organizacional e como as características organizacionais podem substituir comportamentos de liderança.

8. Descrever a liderança transformacional e quando deve ser usada.

9. Explicar como a subordinação está relacionada à liderança eficaz.

10. Identificar as fontes de poder dos líderes e as táticas que eles usam para influenciar as pessoas.

Orientação para as pessoas *versus* orientação para as tarefas

INSTRUÇÕES: O teste apresentado a seguir visa diagnosticar as estratégias que você adota para lidar com as outras pessoas quando está em uma posição de liderança. Se você já foi um líder no trabalho, lembre-se dessa experiência. Se preferir, pense em como geralmente se comporta um líder formal ou informal de um grupo para concluir uma tarefa. Ao realizar o teste, considere, de forma bem honesta, a frequência com que exibe cada comportamento.

	Normalmente verdadeiro	Normalmente falso
1. Tento tornar o trabalho das pessoas mais agradável.	_____	_____
2. Concentro-me mais em executar do que em ser agradável com as pessoas.	_____	_____
3. Paro por um instante o que estou fazendo para ajudar os outros.	_____	_____
4. Responsabilizo as pessoas pelo desempenho individual.	_____	_____
5. Trabalho duro para manter uma atmosfera amigável na equipe.	_____	_____
6. Digo claramente às pessoas o que espero delas.	_____	_____
7. Penso muito sobre o bem-estar das pessoas.	_____	_____
8. Interesso-me em saber como as pessoas da minha equipe estão se saindo.	_____	_____
9. Estou mais preocupado com os relacionamentos do que com os resultados.	_____	_____
10. Distribuo as pessoas em funções e tarefas específicas.	_____	_____
11. Concentro-me mais em ser agradável do que em executar tarefas.	_____	_____
12. Estou mais preocupado com os resultados do que com os sentimentos das pessoas.	_____	_____

PONTUAÇÃO E INTERPRETAÇÃO: Atribua 2 pontos a cada item assinalado em "Normalmente verdadeiro" e 1 ponto a cada item assinalado em "Normalmente falso".
Orientação para as pessoas: some os pontos dos itens ímpares: _____.
Orientação para as tarefas: some os pontos dos itens pares: _____.
Nos pontos sobre Orientação para Pessoas, 10 ou mais sugerem sua inclinação para os relacionamentos. Nos pontos sobre Orientação para Tarefas, 10 ou mais sugerem sua orientação para resultados.
Qual é sua principal orientação para a liderança? Qual das seguintes opções melhor representa o seu estilo de liderança (assinale uma)? Para saber em qual quadrante você se encaixa, consulte a Figura 15.7.
_____ Baixo em tarefas, baixo em pessoas = estilo delegante
_____ Baixo em tarefas, alto em pessoas = estilo participativo
_____ Alto em tarefas, baixo em pessoas = estilo diretivo
_____ Alto em tarefas, alto em pessoas = estilo negociante
Com base na sua experiência, o quadrante em que você se encaixa parece correto? Compare suas pontuações com as de seus colegas.

Uma coisa interessante aconteceu quando Daniel Snyder, proprietário do Washington Redskins, parou de se meter nas decisões de seus treinadores de futebol – o time começou a ganhar. Durante os 14 anos em que foi proprietário da equipe, Snyder manteve a fama de chefe intrometido e arrogante que impedia às pessoas que fizessem o trabalho delas. O problema era que Snyder queria estar

Conexão de conceito ◀◀◀

Chris Zane, fundador e proprietário do Zane's Cycles de Branford, em Connecticut, é um especialista em transformar clientes de primeira viagem em clientes para a vida toda. Com base nessa experiência, escreveu o livro *Reinventing the wheel*, que explica a meta duradoura adotada por Zane: proporcionar a experiência de compra definitiva, de modo que os clientes passem a adorar os produtos e serviços que ele oferece. Zane abriu o negócio quando tinha 16 anos de idade, com um empréstimo de 23 mil dólares oferecido pelo avô. Sob a sua **liderança**, o Zane's Cycles agora relata vendas anuais de aproximadamente 21 milhões de dólares.

envolvido em todos os detalhes da equipe, até mesmo tomando decisões importantes sobre a própria aquisição de jogadores. Snyder tinha um estilo "diretivo" natural que não caía bem com técnicos bem treinados e altamente qualificados e jogadores que queriam continuar fazendo o trabalho deles. Mas Snyder provou que os líderes podem mudar. Segundo uma fonte, "Ele deu um passo atrás em seu estilo. E está se divertindo mais por causa disso". Em 2012, os Redskins ganharam o primeiro título da divisão NFC East desde 1999, primeira temporada de Snyder como proprietário. "Acho que ele merece muito crédito", afirmou o ex-gestor geral Charley Casserly, que foi demitido por Snyder em 1999. "Ele deixou as pessoas fazerem o trabalho delas. A equipe transformou a franquia e tornou-a uma campeã outra vez".[1]

No capítulo anterior, exploramos as diferenças de personalidade, percepção e emoções que afetam o comportamento. Algumas das diferenças de personalidade mais importantes para o sucesso de uma organização ocorrem entre os líderes, pois os comportamentos de liderança têm um papel fundamental no desenvolvimento do desempenho do funcionário. Alguns líderes têm uma abordagem fortemente orientada para a realização de tarefas, como Daniel Snyder fazia no Washington Redskins, enquanto outros adotam um estilo orientado mais às pessoas. No entanto, como o exemplo de introdução mostra, muitos líderes também podem mudar de estilo. Neste capítulo, definimos o que é liderança e exploramos a forma como os gestores desenvolvem qualidades de liderança. Avaliamos algumas abordagens importantes para a liderança nas organizações contemporâneas e examinamos as teorias dos traços comportamental e contingencial sobre a eficácia da liderança. Além disso, abordamos aspectos relacionados às lideranças carismática e transformacional, exploramos o papel da subordinação e mostramos como os líderes usam o poder e a influência para alcançar objetivos. Nos capítulos 16 a 18, analisaremos algumas funções da liderança com mais detalhes, incluindo a motivação e a comunicação dos funcionários e o incentivo ao trabalho em equipe.

A natureza da liderança

Na maioria dos casos, uma equipe, uma unidade militar, um departamento ou um grupo de voluntários refletirá sempre a eficácia do líder. No entanto, existem tantas variações entre os líderes como existem entre as outras pessoas e muitos estilos diferentes de liderança podem ser eficazes.

O que significa ser um líder? Entre todas as ideias e escritos sobre liderança, três aspectos se destacam – pessoas, influência e objetivos. Liderança ocorre entre pessoas, envolve o uso de influência e é usada para atingir objetivos.[2] *Influência* significa que a relação entre as pessoas não é passiva. Além disso, a influência é projetada para alguma finalidade ou objetivo. Assim, a **liderança**, tal como definida aqui, é a capacidade de influenciar as pessoas para a conquista dos objetivos. Essa definição capta a ideia de que os líderes estão envolvidos com outras pessoas na realização de objetivos. Liderança é recíproca, pois ocorre *entre* pessoas.[3] A liderança é uma atividade de "pessoas", distinta da papelada administrativa ou das atividades de resolução de problemas. Ao longo deste livro, vimos várias organizações que estão experimentando o ambiente *boss*. Mas as equipes e as organizações precisam de liderança. Conforme descrito na seção "Conversa com gestores" ser "líder" pode ser mais poderoso que ser "chefe".

Lembre-se disto

- As atitudes e os comportamentos dos líderes moldam as condições que determinam o quão bem os funcionários podem fazer o trabalho; assim, os líderes desempenham um papel muito importante no sucesso da organização.
- **Liderança** é a capacidade de influenciar as pessoas para a realização dos objetivos organizacionais.
- Muitos estilos diferentes de liderança podem ser eficazes.

Liderança contemporânea

O conceito de liderança evolui à medida que as necessidades das organizações mudam. Ou seja, o contexto ambiental em que a liderança é praticada revela as abordagens que possam ser mais eficazes, bem como os tipos de líder que sejam mais admirados pela sociedade. A tecnologia, as condições econômicas e de trabalho e os costumes sociais e culturais do momento desempenham todos um papel. Uma influência significativa sobre os estilos de liderança tem sido a turbulência e a incerteza do ambiente. Dificuldades éticas e econômicas, preocupações de governança corporativa, globalização, mudanças tecnológicas, novas formas de trabalho, novas expectativas dos funcionários e transições sociais significativas contribuíram para uma mudança na forma como pensamos e praticamos a liderança. Quatro abordagens que estão em sintonia com a liderança para os tempos turbulentos de hoje são as lideranças de nível 5, servidora, autêntica e interativa, que têm sido associadas ao estilo de liderança das mulheres.

NÍVEL 5 DE LIDERANÇA

Um estudo conduzido por Jim Collins e seus colegas de pesquisa identificou a importância crítica do que Collins chama de *liderança de nível 5* na transformação de empresas de meramente boas para organizações verdadeiramente notáveis.[4] Conforme descrito em seu livro *Empresas feitas para vencer: por que algumas empresas alcançam a excelência... e outras não**, a liderança de nível 5 se refere ao nível mais alto em uma hierarquia de capacidades do gestor, como ilustra a Figura 15.1.

Como mostra a figura, uma característica-chave dos líderes de nível 5 é a quase total falta de ego (humildade), acoplada a uma determinação feroz para fazer o que é melhor para a organização (vontade). **Humildade** significa ser simples e modesto, em vez de arrogante e orgulhoso. Em contraste com a visão dos grandes líderes como personalidades maiores que eles mesmos, com egos fortes e grandes ambições, líderes de nível 5 geralmente parecem tímidos e retraídos. Embora eles aceitem a plena responsabilidade por erros, resultados ruins ou falhas, dão crédito aos sucessos de outras pessoas. Os líderes de nível 5 constroem organizações com base em valores sólidos que vão muito além de apenas ganhar dinheiro, com uma determinação inabalável de fazer o que for necessário para que a empresa prospere em longo prazo.[5]

* Editora HSM, 2015. (N. E.)

Conversa com GESTORES

Bossless não significa sem líder

De acordo com a gestão, uma empresa deve ser altamente ordenada, com papéis, regras e regulamentos bem definidos, e liderada por um chefe forte. Esse sempre foi o padrão no Exército norte-americano. Mas o que ocorrerá se o ambiente *bossless* e a organização autônoma derem origem a uma ordem eficaz muito mais poderosa do que a gestão tradicional pode ser?

A história do capitão Michael Abrashoff e de seu comando do USS *Benfold* é lendária dentro e fora da Marinha. Em poucos meses, ele transformou uma tripulação de marinheiros desmoralizados em solucionadores de problemas confiantes, inspirados e ansiosos para tomar a iniciativa. Para fazer isso, o capitão Abrashoff teve que substituir o estilo de gestão tradicional por um estilo mais *bossless* de liderança. A seguir, apresentamos alguns métodos usados pelo capitão Abrashoff para agir menos como um chefe e mais como um líder:

- **Liderar pelo exemplo.** A verdadeira liderança é feita pelo exemplo. Quando não conseguia obter os resultados pretendidos, o capitão Abrashoff fazia três perguntas a si mesmo: "Será que articulei claramente os objetivos?", "Dei às pessoas tempo e recursos suficientes para que pudessem realizar a tarefa?" e "Treinei-as o suficiente?". Muitas vezes, Abrashoff constatou que ele também era uma parte do problema.

- **Comunicar o propósito e significado.** Essa estratégia consiste em oferecer aos funcionários uma visão cativante do trabalho e um bom motivo para acreditar que ele é importante. Diga pessoalmente às pessoas o que elas irão ganhar com isso. Abrashoff descobriu que quanto mais as pessoas sabem quais são os objetivos, mais adesão ele conseguia – e melhores resultados alcançavam juntos.

- **Criar um clima de confiança.** Para que um navio – ou qualquer organização – possa aperfeiçoar significativamente o desempenho, deve-se atribuir às tropas toda a responsabilidade com que possam lidar e depois observar de longe.

- **Buscar resultados, não saudações.** Na empresa, você precisa ter pessoas que podem bater no seu ombro e dizer: "Seria esta a melhor maneira?", "Mais devagar" ou "Pense nisso". Quando os gestores anunciam decisões após pouca ou nenhuma consulta e deixam claro que elas não devem ser questionadas, o resultado é um só: total desastre.

- **Assumir riscos calculados.** Uma organização que quer se manter viva e forte deve louvar e promover aqueles que assumem riscos, mesmo quando falham de vez em quando. Mostre-me alguém que nunca cometeu um erro e lhe mostrarei alguém que não está fazendo nada para melhorar a empresa. Se tudo o que você dá são ordens, então tudo o que receberá serão recebedores de ordens.

- **Gerar unidade.** De acordo com Abrashoff, as organizações podem contratar pessoas inteligentes sempre, mas ele descobriu que o que funciona melhor são os funcionários que trabalham juntos e se apoiam. Tratar as pessoas com dignidade e respeito não é só moralmente correto, mas também muito prático e produtivo.

Fontes: D. Michael Abrashoff, "Retention through redemption", *Harvard Business Review* (February 2001): 136-141; D. Michael Abrashoff, *It's your ship: management techniques from the best damn ship in the Navy* (New York: Business Plus, 2002); Mike Abrashoff, "The bossless, not leaderless office", Leadership Blog, *GLS Worldwide*, June 25, 2013, disponível em: <http://www.glsworld.com/thought-leadership/leadership-blog/2013/06/the-bossless-not-leaderless-office/>, acesso em: 23 nov. 2013.

Um exemplo de líder que demonstra qualidades de liderança de nível 5 é *Sir* Terry Leahy, que se aposentou recentemente após mais de uma década liderando a rede britânica de supermercados Tesco. Esse foi um longo e bem-sucedido mandato para um líder sobre o qual a maioria das pessoas sabe pouco. Leahy não gostava de publicidade pessoal, para grande desgosto dos jornalistas, e concentrou suas energias na promoção da Tesco e de seus funcionários, e não em si mesmo.[6] Ou considere Qi Lu, da Microsoft, que cresceu em uma vila rural na China sem eletricidade ou água corrente. Hoje, ele é vice-presidente executivo do grupo Microsoft Applications and Services. Como chegou lá? Não foi pela ambição pessoal, afirmam os antigos colegas que trabalhavam com Lu no Yahoo. "Ele evitava os holofotes", disse Tim Cadogan, agora CEO da OpenX, "mas era considerado uma das estrelas". Qi Lu subiu na hierarquia do Yahoo e conseguiu o emprego na Microsoft com base não na agressividade e na busca por promoção pessoal, mas sim por sua absoluta capacidade intelectual e seu compromisso para ir acima e além das obrigações de cumprir as metas organizacionais. Lu tem um forte senso de dever e lealdade, colocando o coração e a alma em sua missão, em vez de gastar as energias para promover a si mesmo.[7]

Líderes de nível 5, como *Sir* Terry Leahy e Qi Lu, são extremamente ambiciosos para suas empresas, em vez de para si mesmos. Essa atitude se torna evidente na área de planejamento de sucessão. Líderes de nível 5 desenvolvem um corpo sólido de líderes em toda a organização para que, quando saiam, a empresa possa continuar prosperando e crescendo ainda mais forte. Líderes egocêntricos, pelo contrário, muitas vezes definem seus sucessores para o fracasso, porque será um testemunho de grandeza se a empresa não funcionar bem sem eles. Em vez de construírem uma organização em torno de "um gênio com mil ajudantes", os líderes de nível 5 querem que todos desenvolvam o próprio potencial.

LIDERANÇA SERVIDORA

Quando Jack Welch, CEO de longa data da General Electric (GE), fala a estudantes de MBA, ele costuma fazer o seguinte alerta: "Lembrem-se de que, a qualquer momento, vocês, como gestores, terão que lidar com pessoas. Portanto, o trabalho não está concentrado em vocês, mas na equipe que lideram. O trabalho começa com você como . . . um indivíduo em uma empresa. Entretanto, quando aceita um cargo de liderança, o trabalho passa rapidamente a ser sobre os membros da equipe".[8] Alguns líderes atuam com base no pressuposto de que o trabalho existe para o desenvolvimento do

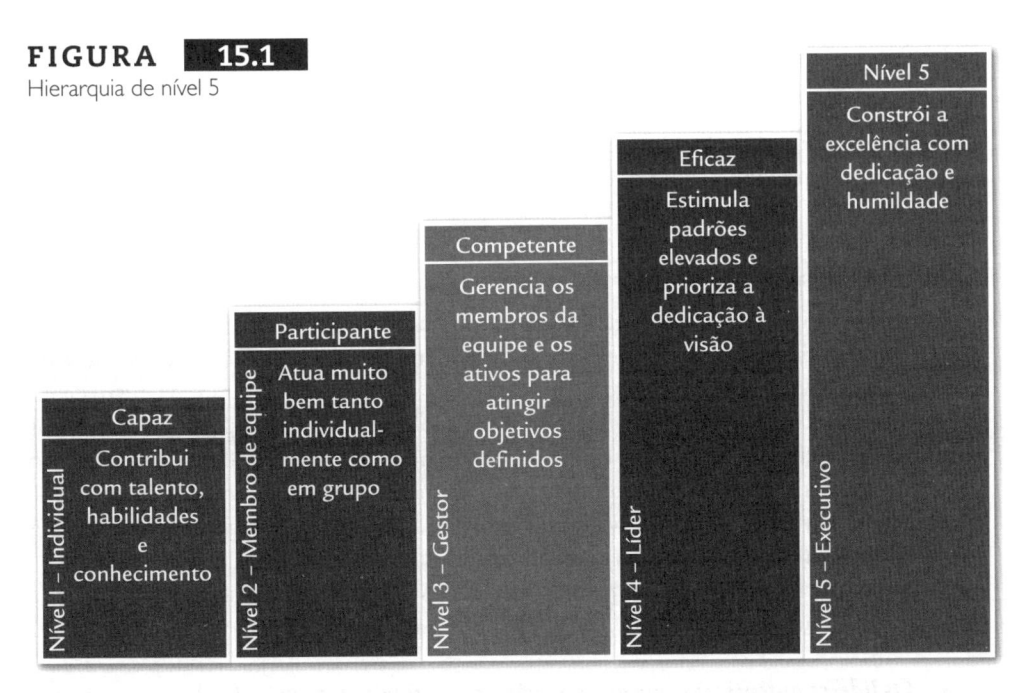

FIGURA 15.1
Hierarquia de nível 5

- Nível 1 – Individual – **Capaz**: Contribui com talento, habilidades e conhecimento
- Nível 2 – Membro de equipe – **Participante**: Atua muito bem tanto individualmente como em grupo
- Nível 3 – Gestor – **Competente**: Gerencia os membros da equipe e os ativos para atingir objetivos definidos
- Nível 4 – Líder – **Eficaz**: Estimula padrões elevados e prioriza a dedicação à visão
- Nível 5 – Executivo – **Nível 5**: Constrói a excelência com dedicação e humildade

FONTE: Com base em Jim Collins, *Good to great: why some companies make the leap... and others don't* (New York: HarperCollins, 2001), p. 20.

trabalhador tanto quanto o trabalhador existe para fazer o trabalho.[9] O conceito de liderança servidora, descrito pela primeira vez por Robert Greenleaf em 1970, ganhou um renovado interesse nos últimos anos, à medida que as empresas se recuperam dos escândalos éticos e competem para atrair e reter os melhores talentos humanos.[10]

TEMA RECENTE

Um **líder servidor** transcende o próprio interesse para servir os outros, a organização e a sociedade.[11] De acordo com Marilyn Carlson Nelson, ex-presidente e CEO da Carlson Company (Radisson Hotels, TGI Fridays, Regent Seven Seas Cruises), ser um verdadeiro líder significa que você "tem que subordinar suas próprias emoções, seus próprios desejos, até mesmo tomar decisões em nome do todo que podem estar em conflito com o que você faria como indivíduo".[12] Um exemplo impressionante disso ocorreu na primavera de 2009, quando um navio de carga de bandeira americana, o Maersk Alabama, foi apreendido e invadido por piratas somalis. O capitão Richard Phillips ordenou aos membros da tripulação do navio desarmado que não lutassem e se entregou como refém para libertar o navio e a tripulação. A história do dilema e resgate do capitão é contada em um filme de 2013, *Capitão Phillips*, estrelado por Tom Hanks. Compare seu comportamento com o do capitão Francesco Schettino, que supostamente abandonou o navio quando os passageiros ainda estavam a bordo após o cruzeiro de luxo *Costa Concordia* atingir uma rocha e afundar na costa da Itália em 2012, matando pelo menos 30 pessoas. Schettino foi acusado de homicídio culposo, naufrágio e abandono do navio.[13]

Nas organizações, os líderes servidores operam em dois níveis: o cumprimento dos objetivos e das necessidades de seus subordinados, e a realização do propósito maior ou missão da organização que representam. Os líderes servidores oferecem poder, ideias, informação, reconhecimento, crédito pelas realizações e até mesmo dinheiro. Em geral, trabalham em ambientes sem fins lucrativos, pois tendem, de forma natural, a destinar seu impulso de liderança e suas habilidades para servir os outros. No entanto, esse tipo de líder também obtém sucesso nos negócios. Em 2013, pelo segundo ano consecutivo, Yang Yuanqing, CEO da Lenovo, compartilhou 3,25 milhões de dólares de seu bônus de 4,23 milhões de dólares com os trabalhadores da linha de produção para reconhecer o papel deles no sucesso da empresa.[14] Fred Keller construiu uma empresa de produção de plásticos de 250 milhões de dólares, a Cascade Engineering, fazendo continuamente esta pergunta: "O que podemos fazer de bom?". Keller começou o negócio há 40 anos, com seis funcionários. Hoje, tem mil funcionários em 15 divisões de negócios. Keller fez da responsabilidade social uma pedra angular do negócio. A empresa oferece empregos para beneficiários da previdência social. Keller também doou grandes quantias a várias causas filantrópicas, tanto como indivíduo como por meio da Cascade.[15]

Faça uma pausa

Leia atentamente o caso apresentado na seção: "Aplique suas habilidades: dilema ético", no material complementar, que trata da liderança em tempos turbulentos. O que você faria?

LIDERANÇA AUTÊNTICA

Outro conceito popular hoje na liderança é a ideia de **liderança autêntica**, que se refere a indivíduos que se conhecem e se entendem, que defendem os valores éticos de ordem superior e agem de acordo com eles e que capacitam e inspiram os outros com sua transparência e autenticidade.[16] Ser autêntico significa ser *real*, permanecer fiel aos valores e às crenças de alguém e agir com base no verdadeiro eu, em vez de imitar o que os outros fazem. Os líderes autênticos inspiram confiança e compromisso porque respeitam diversos pontos de vista, incentivam a colaboração e ajudam os outros a aprender, a crescer e desenvolver-se como líderes.

A Figura 15.2 apresenta as principais características dos líderes autênticos, e cada uma é abordada a seguir.[17]

- *Os líderes autênticos perseguem o próprio objetivo com paixão.* Os líderes que conduzem sem um objetivo podem ser vítimas de ganância e dos desejos do ego. Quando

FIGURA 15.2 Componentes da liderança autêntica

- Persegue um objetivo com paixão
- Pratica valores sólidos
- Lidera com o coração e a razão
- Líder autêntico
- Conecta-se com os outros
- Demonstra autodisciplina

FONTE: Baseada em Bill George, *Authentic leadership: rediscovering the secrets to lasting value* (San Francisco: Jossey-Bass, 2003).

os líderes demonstram um alto nível de paixão e compromisso com um objetivo, eles inspiram o compromisso dos subordinados.

- *Os líderes autênticos praticam valores sólidos.* Líderes autênticos têm valores que são moldados por suas crenças pessoais e permanecem fiéis a eles, mesmo sob pressão. As pessoas reconhecem um líder quando ele é capaz de inspirar confiança.
- *Os líderes autênticos lideram com o coração e a razão.* Ocasionalmente, todos os líderes têm que fazer escolhas difíceis, mas os líderes autênticos mantêm uma compaixão pelos outros, bem como a coragem de tomar decisões difíceis.
- *Os líderes autênticos estabelecem relações conectadas.* Os líderes autênticos constroem relações positivas e duradouras, o que incentiva os subordinados a desempenhar melhor as tarefas que lhes cabem. Além disso, os líderes autênticos se cercam de pessoas boas e trabalham para ajudar os outros a crescer e a se desenvolver.
- *Os líderes autênticos demonstram autodisciplina.* Um alto grau de autocontrole e autodisciplina previne os líderes de assumir riscos excessivos ou antiéticos que poderiam prejudicar outras pessoas e a organização. Quando os líderes autênticos cometem erros, eles admitem abertamente.

Um líder que demonstra muitas características de liderança autêntica é Vernon Clark, que atuou como chefe de operações navais (*Chief of Naval Operations* – CNO) dos Estados Unidos de 2000 até a aposentadoria, em 2005.

> "A verdadeira liderança é um incêndio na mente. [...] É uma força de propósito e crença em uma causa que se estende para os outros, toca o coração deles e os deixa ansiosos para seguir."
>
> – ROBERT GATES, EX-SECRETÁRIO DE DEFESA

Forma inovadora

Almirante Vernon E. Clark, chefe de operações navais dos Estados Unidos, 2000-2005

O almirante Vernon E. Clark, que se aposentou em julho de 2005 depois de uma carreira de 37 anos na Marinha norte-americana, foi o segundo mais antigo Chefe de Operações Navais (CNO) dos Estados Unidos. O trabalho do CNO é assessorar o presidente na condução da guerra.

Quando Clark foi nomeado CNO em julho de 2000, a Marinha estava perdendo muitos bons marinheiros que não queriam se realistar. Para Clark, recrutar e manter bons marinheiros que poderiam proteger a segurança nacional era uma prioridade, e todas as suas decisões foram baseadas em estabelecer uma conexão e valorizar as pessoas na linha de frente. Quando os oficiais da Marinha propuseram cortes orçamentários em treinamento e desenvolvimento, Clark se rebelou. Em vez de aumentar o orçamento para treinamento, apoiou fortemente um aumento de salário para os marinheiros e estabeleceu o Comando Naval de Educação e Formação, para aprimorar a capacitação. Também reviu o sistema de avaliação de desempenho para fornecer *feedback* construtivo às pessoas de todos os níveis. Clark fez disso uma prioridade para diminuir a distância entre marinheiros e oficiais alistados e revisou o processo de atribuição de trabalho para que as pessoas não fossem forçadas a ir para posições e locais que não queriam. Sempre mais preocupado em fazer certo as coisas do que estar certo, Clark encorajou todos a desafiar os pressupostos, a fazer perguntas e a expressar pontos de vista conflitantes.

Graças à ênfase do almirante Clark em tratar bem os marinheiros, o realistamento de primeiro escalão subiu de 38% para 56,7% nos primeiros 18 meses como CNO. Além disso, como a Marinha reteve mais marinheiros, sua capacidade de responder de forma mais rápida para proteger a nação aumentou.[18]

Um autêntico líder como Vernon Clark valoriza as relações pessoais, apoia os subordinados, é corajoso e defende aquilo em que acredita. Assim, esse tipo de líder é muito mais propenso a tomar decisões que podem ser eventualmente impopulares, mas que ele acredita que estão certas. Clark também envolveu as pessoas, enfatizando o papel de cada indivíduo: "O que fazemos importa. Fazemos isso porque é importante e somos pessoas que servem. Estamos empenhados em algo maior que nós mesmos: a proteção dos interesses dos Estados Unidos no mundo e da democracia".[19]

DIFERENÇAS DE GÊNERO

Algumas das características gerais associadas aos líderes de nível 5 e autênticos são também características de liderança interativa, que está associada às líderes do sexo feminino. **Liderança interativa** significa que o líder favorece um processo consensual e colaborativo, e a influência deriva dos relacionamentos, e não do poder de posição e da autoridade formal.[20]

Embora homens e mulheres possam praticar a liderança interativa, pesquisas indicam que o estilo de liderança das mulheres é, em geral, diferente da maioria dos homens e é particularmente adequado para as organizações de hoje.[21] Quando a empresa de desenvolvimento de liderança Zenger Folkman pesquisou mais de 7.200 empresários, em 2011, sobre os líderes em suas organizações, as mulheres foram classificadas, de forma geral, como as melhores.[22] Usando dados reais das avaliações de desempenho, um estudo descobriu que, quando avaliadas por pares, subordinados e chefes, as gestoras obtiveram uma pontuação significativamente mais alta do que os homens em habilidades como motivar os outros, promover a comunicação e ouvir.[23] Em outro estudo com líderes e seus subordinados de empresas, universidades e agências governamentais, as mulheres foram mais bem classificadas em habilidades sociais e emocionais, que são fundamentais para a liderança interativa.[24] Na verdade, uma revisão de mais de sete mil avaliações de desempenho de 360 graus constatou que as mulheres ofuscam os homens em quase todas as dimensões medidas de liderança, até mesmo algumas consideradas qualidades tipicamente masculinas, como a orientação para os resultados. A exceção foi que as mulheres eram, em geral, classificadas inferiormente no desenvolvimento de uma perspectiva estratégica, o que alguns pesquisadores acreditam que seja impedimento à progressão na carreira de gestores do sexo feminino, apesar de suas classificações excepcionais em outras dimensões de liderança.[25] A Figura 15.3 mostra os resultados de 6 das 16 dimensões medidas pelo estudo.

Um bom exemplo de uma líder interativa é Cindy Szadokierski, que começou como agente de reservas da United Airlines e hoje é vice-presidente encarregada de operações na maior unidade da United no aeroporto internacional de O'Hare, em Chicago. Como ela supervisiona quatro mil funcionários e 600 voos por dia, seus momentos favoritos são os passeios semanais à tarde na rampa do O'Hare e os passeios semanais pela manhã por todo o terminal, onde ela pode se conectar com funcionários e clientes. Segundo Pete McDonald, diretor de operações da UAL Corporation, parceira da United, houve problemas operacionais graves em O'Hare, por isso colocaram "a pessoa mais comunicativa" no cargo. A abordagem de Szadokierski para a liderança tem mais a ver com colaboração do que com comando e controle.[26]

▶▶▶ Conexão de conceito

O colapso financeiro de 2008 colocou à prova as habilidades de liderança de Debra Cafaro. A CEO da Ventas Inc. viu a crise imobiliária se aproximando e insistiu para que o fundo de investimentos em imóveis hospitalares, com sede em Louisville, fizesse uma reserva financeira. Embora quisesse projetar calma e segurança durante a crise econômica, Cafaro foi categórica: "Para ser autêntica, tive que reconhecer que também estava com medo". Durante toda a crise, Cafaro trabalhou como uma **líder interativa**, aquela que, em suas palavras, garante que "estamos trabalhando juntos, colaborando – marchando na mesma direção". Ela conseguiu. A Ventas não só sobreviveu à recessão, mas também está crescendo.

FIGURA 15.3
Diferenças de gênero nos comportamentos de liderança

Capacidade de liderança	Quem faz melhor?
Preocupam-se com o desenvolvimento das outras pessoas.	(As mulheres são mais hábeis nesta tarefa)
Agem com foco nos resultados.	(As mulheres são mais hábeis nesta tarefa)
Inspiram e motivam os outros.	(As mulheres são mais hábeis nesta tarefa)
Inovam.	(As mulheres e os homens são hábeis nesta tarefa)
Criam relacionamentos.	(As mulheres são mais hábeis nesta tarefa)
Têm perícia técnica ou profissional.	(Ambos são hábeis nesta tarefa)

FONTE: Dados da Zenger Folkman, Inc., citados em Jack Zenger e Joseph Folkman, "Are women better leaders than men?", HBR Blog Network, *Harvard Business Review*, March 15, 2012. Disponível em: <http://blogs.hbr.org/cs/2012/03/a_study_in_leadership_women_do.html>. Acesso em: 12 set. 2012.

Os homens podem ser líderes interativos também, como ilustra o exemplo de Pat McGovern, fundador e presidente da IDG, uma editora de tecnologia e pesquisa que publica revistas como *CIO*, *PC World* e *Computerworld*. McGovern acredita que manter um contato pessoal com os funcionários e comunicar a eles que são apreciados é uma responsabilidade primordial dos líderes.[27] As características associadas à liderança interativa estão surgindo como qualidades valiosas para os líderes de ambos os gêneros nos locais de trabalho de hoje. John Gerzema, autor de *The Athena Doctrine* e presidente executivo da BAV Consulting, uma divisão da Young & Rubicam, pediu a 32 mil pessoas que classificassem 125 traços como masculino, feminino ou neutro, e a outras 125 que avaliassem a importância dos traços de uma liderança eficaz. Os resultados mostraram que as características consideradas femininas e muitas vezes associadas com a liderança interativa, como empatia, humildade pessoal, inclusão, vulnerabilidade, generosidade, paciência e flexibilidade, ficaram no topo da lista das qualidades mais desejáveis para os líderes.[28]

Lembre-se disto

- A turbulência e a incerteza do ambiente têm influenciado significativamente os estilos de liderança.
- No ambiente de hoje, uma abordagem eficaz é a liderança de nível 5, caracterizada por ausência quase total de ego (humildade), combinada a uma determinação feroz para fazer o que é melhor para a organização (vontade).
- **Humildade** tem a ver com despretensão e modéstia, e não com arrogância e orgulho.
- Um **líder servidor** serve os outros e trabalha para atender às necessidades e aos objetivos dos subordinados e alcançar a missão maior da organização.
- **Liderança autêntica** se refere à liderança de indivíduos que conhecem e entendem a si mesmos, que defendem valores éticos superiores e agem de forma consistente com eles e que capacitam e inspiram os outros com sua transparência e autenticidade.
- Em geral, as mulheres líderes obtêm uma pontuação significativamente maior do que os homens em habilidades como motivar as pessoas, criar relacionamentos e promover o desenvolvimento dos subordinados – habilidades baseadas em humildade e autenticidade, que são especialmente adequadas para as organizações modernas.
- **Liderança interativa** é um estilo de liderança caracterizado por valores como inclusão, colaboração, criação de relacionamentos e carinho.
- Embora a liderança interativa esteja associada a um estilo feminino de liderança, tanto homens quanto mulheres podem ser líderes interativos eficientes.

Da gestão à liderança

Centenas de livros e artigos foram escritos recentemente sobre as diferenças entre gestão e liderança. Uma boa gestão é essencial para as organizações, mas os gestores também devem ser líderes, porque qualidades específicas estão associadas à gestão e liderança, que promovem diferentes potenciais para a organização. Uma boa maneira de pensar a distinção entre gestão e liderança é aquela que organiza a produção e o fornecimento de peixe para as pessoas, ao passo que esta ensina e motiva as pessoas a pescar. As organizações precisam dos dois tipos de habilidade.[29]

Como mostra a Figura 15.4, gestão e liderança refletem dois conjuntos diferentes de qualidades e habilidades que muitas vezes coexistem em um único indivíduo. Uma pessoa pode ter mais de um conjunto de qualidades que outra, mas, idealmente, um gestor cria um equilíbrio entre as qualidades de gestor e líder.[30] A principal distinção entre gestão e liderança é que a gestão promove a estabilidade e a ordem dentro da estrutura e dos sistemas organizacionais existentes. Isso garante que os fornecedores sejam pagos, os clientes faturados, os produtos e serviços produzidos a tempo, e assim por diante. A liderança, por sua vez, promove a visão e a mudança. Liderança significa questionar o *status quo* e estar disposto a assumir riscos razoáveis, permitindo que as normas desatualizadas, improdutivas ou socialmente irresponsáveis sejam substituídas para encarar os novos desafios.

Por exemplo, quando os fundadores do Google precisaram de uma gestão mais estruturada na empresa em expansão, contrataram Eric Schmidt como CEO, em 2001, para usufruir de sua perícia operacional e supervisão. Schmidt não era um gestor do tipo que "assumia o controle", o que agradava aos fundadores, mas, vindo de um fundo empresarial, ele sabia planejar, organizar e manter o foco da empresa. Mais importante, ficou claro que Schmidt também tinha qualidades de liderança para a necessidade do Google de inovar e mudar para manter a prosperidade da empresa. Seus princípios de liderança podem ser resumidos nos cinco preceitos a seguir:

1. Conheça seus funcionários.
2. Crie novas formas de recompensar e promover o bom desempenho.
3. Permita que os funcionários assumam os problemas que você quer que eles resolvam.
4. Permita que as pessoas trabalhem fora da hierarquia.
5. Faça a avaliação de desempenho dos funcionários com a ajuda de alguém que eles respeitam por sua objetividade.[31]

Quando era CEO, Schmidt costumava fazer uma lista de seus melhores funcionários para que pudesse interagir com eles pessoalmente e incentivá-los a implementar as suas ideias inovadoras e para protegê-los de interferências indesejadas de outros gestores. Ele fez dos funcionários os donos do trabalho, permitindo-lhes um alto grau de liberdade na forma como alcançavam os objetivos. Ele acreditava na estrutura, mas também permitia que as pessoas trabalhassem fora da hierarquia da empresa sempre que fosse necessário para resolver problemas e ser criativas.[32] Schmidt usou uma combinação de gestão hábil e boa liderança para levar o Google para a próxima fase de crescimento.

FIGURA 15.4
Qualidades de gestor e líder

Qualidades de gestor
- Foco na organização
- É racional
- Mantém a estabilidade
- Atribui tarefas
- Organiza
- Analisa
- Tem poder de posição

Qualidades de líder
- Foco nas pessoas
- É visionário
- Promove mudanças
- Define um propósito
- Protege
- Inova
- Tem poder pessoal

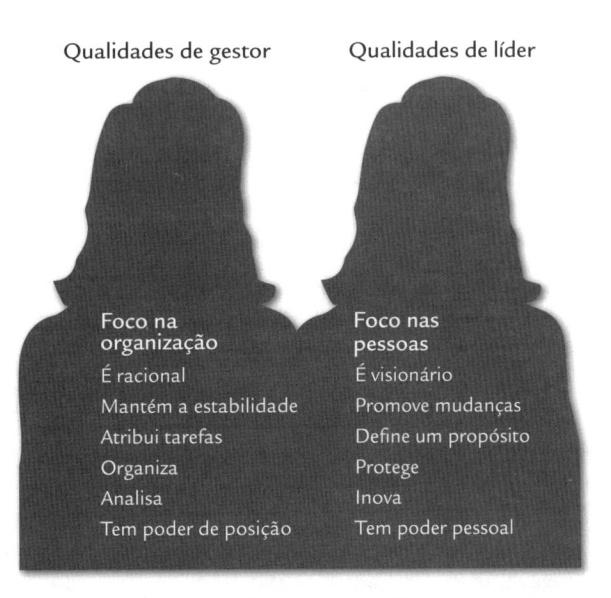

FONTES: Com base em "What is the difference between management and leadership?", *The Wall Street Journal Online*, disponível em: <http://guides.wsj.com/management/developing-a-leadership-style/what-is-the-difference-between-management-and-leadership>, acesso em: 28 jun. 2009; Genevieve Capowski, "Anatomy of a leader: where are the leaders of tomorrow?", *Management Review* (March 1994): 12.

A liderança não pode substituir a gestão; aquela deve se somar a esta. Uma boa gestão é necessária para ajudar a organização a cumprir seus compromissos, enquanto uma boa liderança é necessária para mover a organização para o futuro. O poder da liderança é construído sobre a fundação de uma organização bem administrada.

Lembre-se disto

- Liderança e gestão refletem dois conjuntos distintos de qualidades e habilidades que trazem benefícios diferentes para a organização.
- A gestão promove a estabilidade e a organização eficiente para atender aos atuais compromissos, enquanto a liderança muitas vezes inspira o engajamento e a mudança organizacional para atender às novas condições.
- Tanto a liderança quanto a gestão são importantes para as organizações, e é possível aprender sobre elas. Quando foi contratado como CEO do Google, Eric Schmidt usou tanto a gestão qualificada quanto a boa liderança para levar a então *startup* para a próxima fase de crescimento.

> *"A boa notícia: esses traços de [liderança] não são genéticos. Não é que você tem que ser alto ou canhoto. Essas qualidades são desenvolvidas por meio de atitudes, hábitos e disciplina – fatores que você pode controlar."*
>
> – ADAM BRYANT, EDITOR SÊNIOR DE REPORTAGEM DO *THE NEW YORK TIMES*, NA COLUNA "CORNER OFFICE"

Características da liderança

Os primeiros esforços para entender o sucesso da liderança se concentraram nas características do líder. **Características** são traços pessoais que distinguem um líder, como inteligência, honestidade, autoconfiança e até mesmo aparência. Uma pesquisa avaliou os líderes que haviam atingido um certo nível de grandeza e, portanto, foi chamada de abordagem "Grande Homem". A ideia era relativamente simples: descubra o que fez essas pessoas excelentes e selecione futuros líderes que já apresentem as mesmas características ou que possam aprender a desenvolvê-las. Geralmente, as primeiras pesquisas encontraram apenas uma fraca relação entre as características pessoais e o sucesso dos líderes.[33]

Recentemente, o interesse em examinar as características da liderança voltou. Além dos traços de personalidade, o físico e as características ligadas às habilidades sociais e profissionais dos líderes têm sido estudados.[34] A Figura 15.5 resume as características físicas, sociais e pessoais da liderança que têm recebido mais atenção dos pesquisadores. No entanto, essas características não estão sozinhas. A adequação de um traço ou conjunto de traços depende da situação de liderança.

TEMA RECENTE

Os líderes eficazes podem exibir traços variados, e nenhum líder tem um conjunto completo de características que é adequado para resolver qualquer problema, desafio ou oportunidade que encontre. Além disso, as características que são tipicamente consideradas positivas podem ter às vezes consequências negativas, e traços ocasionalmente considerados negativos podem ter consequências positivas. Por exemplo, o otimismo é uma característica extremamente desejável para um líder. Estudos têm demonstrado que o otimismo é a única característica mais comum entre altos executivos.[35] Os líderes precisam ser capazes de ver oportunidades onde os outros veem problemas e incutir nas pessoas um sentimento de expectativa por um futuro melhor. No entanto, o otimismo também pode levar os líderes à preguiça e ao excesso de confiança, fazendo com que percam os sinais de perigo e subestimem os riscos. Os líderes foram parcialmente culpados pela crise de 2007-2008 na indústria de serviços financeiros, pois estavam tão autoconfiantes que desviaram suas organizações do caminho certo. O otimismo deve vir acompanhado do "teste de realidade" e conscienciosidade, outro traço comum dos líderes de sucesso, como mostra a Figura 15.5.[36]

Portanto, em vez de apenas compreenderem os próprios traços, os melhores líderes reconhecem e aperfeiçoam seus *pontos fortes*.[37] **Pontos fortes** são talentos e habilidades naturais que têm sido sustentados e reforçados com conhecimento e habilidades adquiridos e proporcionam a cada indivíduo suas melhores ferramentas para a realização e satisfação.[38] Cada gestor tem uma capacidade limitada, e aqueles que se tornam bons líderes sabem explorar os pontos fortes que podem fazer a diferença. Não se trata de ter os traços "certos", mas sim de encontrar os pontos fortes que alguém pode exemplificar e aplicar como um líder.

FIGURA 15.5 Características pessoais de líderes

Características físicas	Personalidade	Características profissionais
Energia	Autoconfiança	Impulso de realização e desejo de exceder as expectativas
Resistência física	Honestidade e integridade	Conscienciosidade na busca de objetivos
	Otimismo	Persistência contra os obstáculos e tenacidade
	Desejo de liderar	
	Independência	
Inteligência e habilidade	**Características sociais**	***Background* social**
Inteligência e capacidade cognitiva	Sociabilidade e habilidades interpessoais	Educação
Conhecimento	Cooperatividade	Mobilidade
Julgamento e decisão	Capacidade de obter cooperação	
	Tato e diplomacia	

FONTES: Com base em Bernard M. Bass, *Bass & Stogdill's Handbook of leadership: theory, research, and managerial applications*, 3rd ed. (New York: Free Press, 1990), p. 80-81; S. A. Kirkpatrick; E. A. Locke, "Leadership: do traits matter?", *Academy of Management Executive* 5, n. 2 (1991): 48-60.

Lembre-se disto

- **Traços** são características pessoais, como inteligência, autoconfiança, energia e independência.
- **Pontos fortes** são talentos e habilidades naturais sustentados e reforçados com conhecimento e habilidades adquiridos.

Abordagens comportamentais

A incapacidade de definir uma liderança eficaz baseada exclusivamente nos traços pessoais levou a um interesse pelo comportamento dos líderes e como este afeta a liderança. Dois comportamentos básicos de liderança identificados como importantes para a liderança eficaz são: a atenção às tarefas e a atenção às pessoas.

Tarefas *versus* pessoas

Dois tipos de comportamento têm sido identificados como aplicáveis à liderança eficaz em uma variedade de situações e períodos de tempo: *o comportamento orientado para*

Faça uma pausa

Como um novo gestor, saiba que tanto o comportamento orientado para as tarefas quanto o comportamento orientado para as pessoas são importantes, embora algumas situações exijam um grau maior de um ou de outro. Reveja os itens assinalados no teste de introdução para medir o seu grau de orientação para as tarefas e para as pessoas.

as tarefas e o *comportamento orientado para as pessoas*.[39] Embora eles não sejam os únicos comportamentos importantes para a liderança, a preocupação com as tarefas e a preocupação com as pessoas devem ser exibidas em algum nível razoável. Assim, muitas abordagens para a compreensão da liderança utilizam essas *metacategorias*, ou categorias de comportamento amplamente definidas, como base para estudo e comparação.

Importantes programas de pesquisa sobre liderança foram desenvolvidos na Ohio State University e na Michigan University.[40] Pesquisadores da Ohio State University identificaram dois comportamentos principais que eles chamaram de consideração e estrutura de iniciativa. **Consideração** faz parte da categoria de comportamento orientado para as pessoas e leva em conta como o líder trata os subordinados, respeita ideias e sentimentos e estabelece a confiança mútua. **Estrutura de iniciativa** é o grau de comportamento orientado para as tarefas, ou seja, considera como o líder é orientado por tarefas e dirige as atividades de trabalho dos subordinados em direção à realização de um objetivo. Estudos sugerem que os líderes eficazes podem mostrar elevada consideração e pouca estruturação ou pouca consideração e elevada estruturação, o que dependerá da situação.[41]

No mesmo período, uma pesquisa da Michigan University também considerou os comportamentos orientados para as tarefas e para as pessoas, comparando o comportamento dos supervisores eficientes e ineficientes.[42] Os supervisores mais eficientes foram aqueles que estabeleceram metas de alto desempenho e exibiram um comportamento solidário com os subordinados. Eles foram chamados de *líderes centrados no empregado*. Os líderes menos eficientes foram chamados de *líderes centrados no emprego*, que tendem a estar menos preocupados com a realização do objetivo e as necessidades humanas em favor dos horários das reuniões, da manutenção dos baixos custos e da eficiência da produção.

Conexão de conceito ◄◄◄

"Our passion is to be the best in casual dining, now and for generations."

Como o estilo de liderança de Clarence Otis Jr. mudou desde que se tornou CEO da Darden Restaurants? Sua experiência levou-o a descobrir a importância da **gestão de equipe**. Otis descobriu que "se trata cada vez menos de fazer o trabalho e mais de construir a equipe". Sua equipe inclui 180 mil funcionários que trabalham na maior operação de restaurantes *full-service* nos Estados Unidos. A nova sede da Darden foi projetada para facilitar o trabalho em equipe entre suas marcas — especialmente Olive Garden, Red Lobster e Longhorn Steakhouse — o que permitiu que cerca de 1.500 executivos e pessoal de apoio, anteriormente dispersos em edifícios distintos, trabalhassem sob o mesmo teto pela primeira vez.

GRID DE LIDERANÇA

Com base no trabalho dos estudos da Universidade do Estado de Ohio e da Universidade de Michigan, Robert R. Blake e Jane S. Mouton, da Universidade do Texas, propuseram uma teoria bidimensional denominada *grid de gestão*, que mais tarde foi convencionada por Robert R. Blake e Anne Adams McCanse como **grid de liderança**®.[43] O modelo e cinco de seus principais estilos de gestão são descritos na Figura 15.6. Cada eixo no *grid* é uma escala de nove pontos: 1 significa pouca preocupação, e 9, grande preocupação.

A *gestão de equipe* (9, 9) é frequentemente considerada o estilo mais eficaz e recomendada para líderes porque incentiva os membros da organização a trabalhar juntos nas tarefas. A *gestão "country club"* (1, 9) ocorre quando a ênfase principal é dada às pessoas, e não à produção. A *gestão de conformidade* (9, 1) ocorre quando a eficiência das operações é a orientação predominante. A *gestão equilibrada* (5, 5) reflete uma quantidade moderada

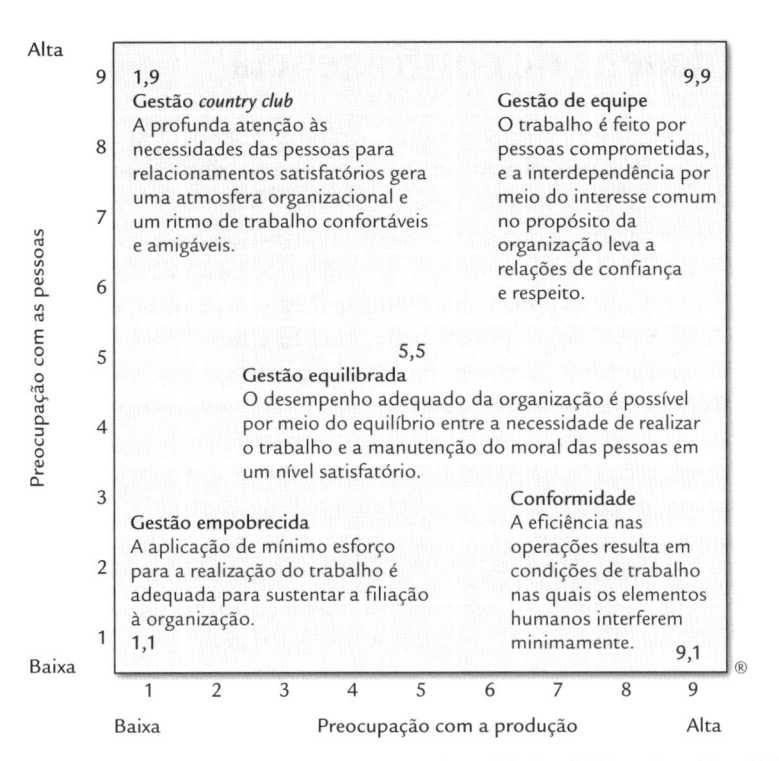

FIGURA 15.6
Grid de liderança

1,9 Gestão *country club*
A profunda atenção às necessidades das pessoas para relacionamentos satisfatórios gera uma atmosfera organizacional e um ritmo de trabalho confortáveis e amigáveis.

9,9 Gestão de equipe
O trabalho é feito por pessoas comprometidas, e a interdependência por meio do interesse comum no propósito da organização leva a relações de confiança e respeito.

5,5 Gestão equilibrada
O desempenho adequado da organização é possível por meio do equilíbrio entre a necessidade de realizar o trabalho e a manutenção do moral das pessoas em um nível satisfatório.

Gestão empobrecida
A aplicação de mínimo esforço para a realização do trabalho é adequada para sustentar a filiação à organização. 1,1

Conformidade
A eficiência nas operações resulta em condições de trabalho nas quais os elementos humanos interferem minimamente. 9,1

Eixo vertical: Preocupação com as pessoas (Baixa 1 – Alta 9)
Eixo horizontal: Preocupação com a produção (Baixa 1 – Alta 9)

FONTE: As figuras do *grid* de liderança, do paternalismo e do oportunismo de Robert R. Blake e Anne Adams McCanse, *Leadership dilemmas – grid solutions* (formerly *The Managerial Grid* por Robert R. Blake e Jane S. Mouton), (Houston: Gulf Publishing Company, 1991), figura do *grid*, p. 29; figura do paternalismo, p. 30; figura do oportunismo, p. 31. Copyright © 1991 por Blake e Mouton, e Scientific Methods, Inc. Reproduzida com permissão dos proprietários.

de preocupação com as pessoas e com a produção. *Gestão empobrecida* (1, 1) significa a ausência de uma filosofia de gestão; nesse caso, os gestores se empenham muito pouco nas relações interpessoais ou na realização de tarefas.

Lembre-se disto

- Dois comportamentos básicos de liderança identificados como importantes para a liderança eficaz são: a atenção às tarefas e a atenção às pessoas.
- **Consideração** é o termo usado por pesquisadores da Universidade do Estado de Ohio para descrever como um líder é sensível aos subordinados, respeita as ideias e os sentimentos deles e estabelece a confiança mútua.
- **Estrutura de iniciativa** é o grau de comportamento orientado para as tarefas, ou seja, considera a forma como o líder lida com as tarefas e dirige as atividades de trabalho dos subordinados em direção à realização de um objetivo.
- Pesquisadores da Universidade de Michigan usaram as expressões *líderes centrados no empregado* e *líderes centrados no emprego* para descrever os mesmos comportamentos básicos de liderança.
- O ***grid* de liderança**® é um modelo de liderança bidimensional que mede a preocupação do líder com as pessoas e a preocupação com a produção para categorizar o líder em um dos cinco estilos diferentes de liderança.

Abordagens de contingência

Denise Morrison, diretora executiva da Campbell Soup Company, é uma forte defensora da capacitação e do envolvimento dos funcionários. Ela tem sido chamada de "dura com os problemas, mas doce com as pessoas". Morrison é conhecida por ser paciente e incentivadora, mesmo que tenha que tomar decisões operacionais difíceis. Por sua vez, Pamela Forbes Lieberman, ex-presidente e CEO da TruServ Corporation (agora conhecida como True Value Company), já foi chamada, em um trabalho anterior, de "a senhora dragão" pelos funcionários. Lieberman abraçou o nome e chegou a pendurar uma aquarela com um dragão cuspindo fogo na parede do seu escritório para que as pessoas soubessem que ela não se importava em ser conhecida como uma gestora durona. Não existe uma abordagem descontraída para Lieberman.[44]

Como podem duas pessoas com estilos amplamente diferentes ser líderes eficazes? A resposta está na compreensão das **abordagens de contingência** para a liderança, que exploram a forma como a situação organizacional influencia a eficácia do líder. Abordagens de contingência incluem o modelo situacional baseado na obra de Paul Hersey e Kenneth Blanchard, o modelo de liderança desenvolvido por Fred Fiedler e seus associados e o conceito de substitutos para liderança.

O MODELO SITUACIONAL DE LIDERANÇA

O modelo situacional de liderança, que se originou com Hersey e Blanchard, é uma extensão interessante das teorias comportamentais resumidas no *grid* de liderança (ver Figura 15.6). Essa abordagem foca principalmente as características dos subordinados na determinação do comportamento adequado de liderança. A suposição do modelo situacional é que os subordinados variam em prontidão, que é determinada pelo grau de vontade e capacidade que um funcionário demonstra durante a execução de uma tarefa específica. *Disposição* se refere a uma combinação de confiança, comprometimento e motivação, e um subordinado pode mostrar diferentes graus em qualquer uma das três variáveis. *Habilidade* refere-se à quantidade comprovada de conhecimento, experiência e habilidade que um subordinado leva para a tarefa. Os líderes eficazes adaptam o próprio estilo de acordo com o nível de prontidão das pessoas em uma equipe. Pessoas com baixa prontidão – pouco hábeis, sem treinamento ou inseguras – precisam de um estilo de liderança diferente daquele destinado aos indivíduos que são hábeis, confiantes, capazes, prontos para trabalhar.[45]

De acordo com o modelo situacional, um líder pode adotar um dos quatro estilos de liderança, como mostra a Figura 15.7. O *estilo diretivo* (S1) é altamente doutrinador e envolve dar instruções explícitas sobre como as tarefas devem ser realizadas. No caso do *estilo negociante* (S2), o líder explica as decisões e dá aos subordinados a oportunidade de eles fazerem perguntas e obterem clareza e compreensão sobre o trabalho. No *estilo participativo* (S3), o líder compartilha ideias com os subordinados, oferece a eles a oportunidade de participar e facilita a tomada de decisão. O *estilo delegante* (S4) fornece pouca direção e pouco apoio porque o líder transfere aos subordinados a responsabilidade pelas decisões e pela implementação.

A Figura 15.7 resume a relação entre o estilo do líder situacional e a prontidão do subordinado. O estilo diretivo S1 tem a maior probabilidade de influenciar com sucesso os subordinados com baixa prontidão que são incapazes ou desinteressados – por causa da falta de capacidade e habilidades, da inexperiência ou da insegurança para assumir a responsabilidade por seu próprio comportamento diante da tarefa. O líder é específico: diz às pessoas exatamente o que fazer, como fazer e quando. Os estilos negociante S2 e participativo S3 funcionam para os subordinados nos níveis moderado e alto de prontidão. Por exemplo, os subordinados podem não ter muita educação formal e experiência para o trabalho, mas mostram muita confiança, interesse e vontade

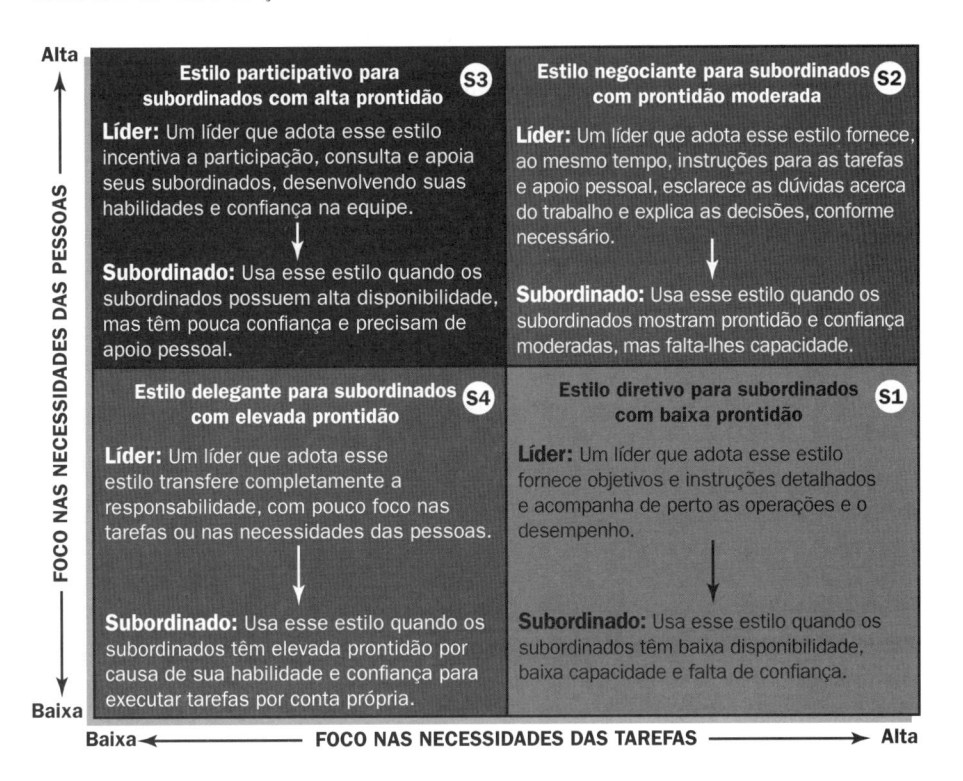

FIGURA 15.7
Modelo situacional de liderança de Hersey e Blanchard

Estilo participativo para subordinados com alta prontidão (S3)

Líder: Um líder que adota esse estilo incentiva a participação, consulta e apoia seus subordinados, desenvolvendo suas habilidades e confiança na equipe.

Subordinado: Usa esse estilo quando os subordinados possuem alta disponibilidade, mas têm pouca confiança e precisam de apoio pessoal.

Estilo negociante para subordinados com prontidão moderada (S2)

Líder: Um líder que adota esse estilo fornece, ao mesmo tempo, instruções para as tarefas e apoio pessoal, esclarece as dúvidas acerca do trabalho e explica as decisões, conforme necessário.

Subordinado: Usa esse estilo quando os subordinados mostram prontidão e confiança moderadas, mas falta-lhes capacidade.

Estilo delegante para subordinados com elevada prontidão (S4)

Líder: Um líder que adota esse estilo transfere completamente a responsabilidade, com pouco foco nas tarefas ou nas necessidades das pessoas.

Subordinado: Usa esse estilo quando os subordinados têm elevada prontidão por causa de sua habilidade e confiança para executar tarefas por conta própria.

Estilo diretivo para subordinados com baixa prontidão (S1)

Líder: Um líder que adota esse estilo fornece objetivos e instruções detalhados e acompanha de perto as operações e o desempenho.

Subordinado: Usa esse estilo quando os subordinados têm baixa disponibilidade, baixa capacidade e falta de confiança.

Eixo vertical: FOCO NAS NECESSIDADES DAS PESSOAS (Baixa → Alta)
Eixo horizontal: FOCO NAS NECESSIDADES DAS TAREFAS (Baixa → Alta)

FONTE: Baseada em Gary Yukl; Angela Gordon; Tom Taber, "A hierarchical taxonomy of leadership behavior: integrating a half century of behavior research", *Journal of Leadership and Organizational Studies* 9, n. 1 (2002): 15-32; Paul Hersey; Kenneth Blanchard; Dewey Johnson, *Management of organizational behavior: utilizing human resources*, 7th ed. (Upper Saddle River, NJ: Prentice Hall, 1996).

de aprender. Como mostra a figura, o estilo vendedor S2 é eficaz nessa situação porque envolve oferecer direção, mas também inclui a abertura para as opiniões dos outros e o esclarecimento das tarefas, em vez de simplesmente exigir que sejam executadas. Quando os subordinados têm as habilidades e experiência necessárias, mas são um pouco inseguros em suas habilidades ou mostram falta de vontade, o estilo participativo S3 permite que o líder oriente o desenvolvimento dos subordinados e aja como um recurso para aconselhamento e assistência. Quando os subordinados demonstram elevada prontidão (ou seja, têm altos níveis de educação, experiência e disponibilidade para aceitar a responsabilidade para seu próprio comportamento diante das tarefas), o estilo delegante S4 pode ser usado com eficiência. Devido ao alto nível de prontidão dos subordinados, o líder pode delegar a responsabilidade das decisões e a implementação aos subordinados que têm as competências, habilidades e atitudes positivas para cumprir a tarefa. O líder fornece um objetivo geral e autoridade suficiente para fazer a tarefa como os subordinados acharem melhor.

Para aplicar o modelo situacional, o líder diagnostica o nível de prontidão dos subordinados e adota o estilo adequado – diretivo, vendedor, participativo ou delegante. Por exemplo, Jo Newton, um gestor de liderança para promover a importação no escritório da Mars Incorporated em Slough, próximo de Londres, usa principalmente um estilo participativo. Como a maioria dos membros da equipe de Newton exibe níveis moderados a elevados de prontidão, ele fornece as orientações necessárias sobre os resultados que a empresa espera e depois recua, oferecendo orientação e apoio quando necessário. Segundo Newton: "Prefiro que as pessoas descubram sua própria forma de fazer as coisas. Gosto de apoiá-las, em vez de direcioná-las para fazer o que deve ser feito".[46] Um líder que assume uma nova equipe de membros inexperientes ou inseguros provavelmente teria que fornecer mais orientação, com um estilo diretivo ou negociante. Já Warren Buffett adota um estilo predominantemente delegante.

O CEO de 80 anos de idade da Berkshire Hathaway é considerado um dos melhores gestores do mundo, mas ele não está intimamente envolvido na gestão diária de todos os negócios da empresa. Ele confia nos gestores das diversas unidades, que são profissionais altamente qualificados, capazes e dispostos a assumir a responsabilidade por seu próprio comportamento diante das tarefas.[47] Um estilo delegante de liderança nem sempre é indicado, mas todos os gestores precisam ser capazes de delegar algumas tarefas e decisões para que a organização funcione sem problemas.

TEORIA DA CONTINGÊNCIA DE FIEDLER

Enquanto o modelo situacional se concentra nas características dos subordinados, Fiedler e seus associados avaliaram alguns outros elementos da situação organizacional para descobrir quando um estilo de liderança é mais eficaz que outro.[48] O ponto de partida para a teoria de Fiedler é a medida em que o estilo do líder é orientado para as tarefas ou para os relacionamentos (pessoas). Fiedler considerava o estilo de liderança de uma pessoa como relativamente fixo e difícil de mudar; portanto, a ideia básica é combinar o estilo do líder com a situação mais favorável para sua eficácia. Ao diagnosticar o estilo de liderança e a situação organizacional, o ajuste correto pode ser feito.

Situação: favorável ou desfavorável?

A adequação do estilo de liderança de uma pessoa depende de a situação ser favorável ou desfavorável para o líder. A favorabilidade de uma situação de liderança pode ser analisada com base em três elementos: a qualidade das relações entre o líder e os subordinados, o grau de estrutura da tarefa e a extensão da autoridade formal do líder sobre os subordinados.[49]

Como ilustra a parte inferior da Figura 15.8, uma situação seria considerada *altamente favorável* ao líder quando as relações líder-membros são positivas, as tarefas são altamente estruturadas e o líder tem autoridade formal sobre os subordinados. Nessa situação, os subordinados acreditam no líder, respeitam-no e têm confiança nele. As tarefas do grupo estão claramente definidas, envolvem procedimentos específicos e têm objetivos claros e explícitos. Além disso, o líder tem autoridade formal para

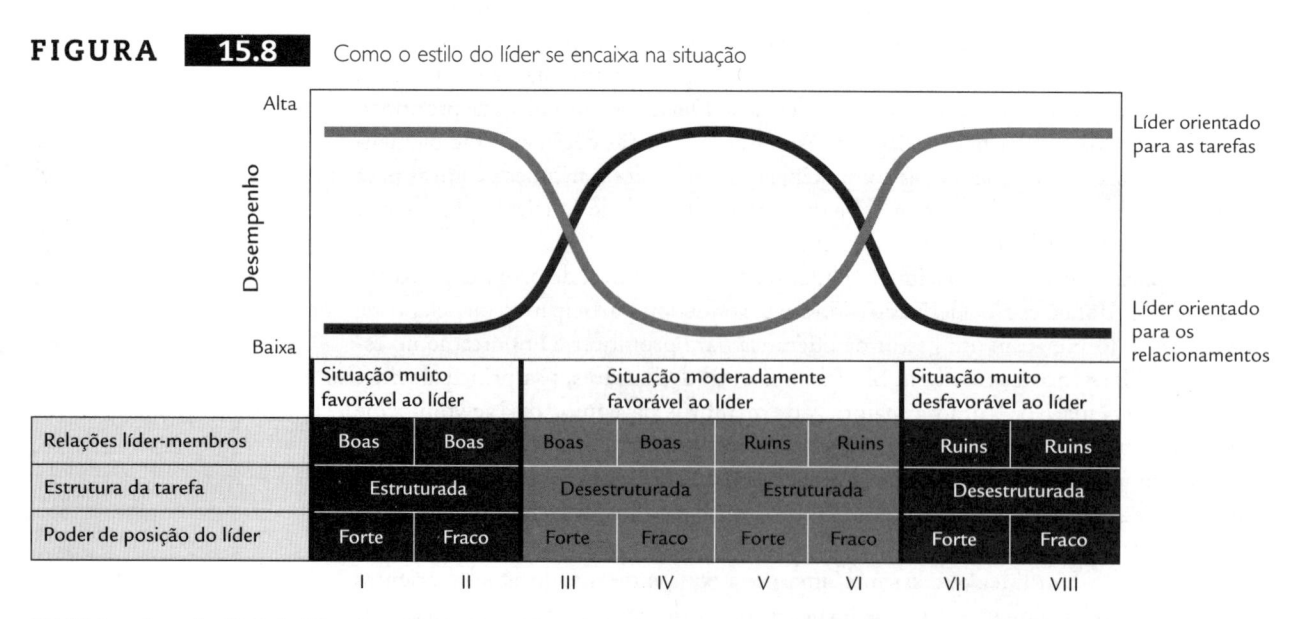

FIGURA 15.8 Como o estilo do líder se encaixa na situação

	I	II	III	IV	V	VI	VII	VIII
	Situação muito favorável ao líder		Situação moderadamente favorável ao líder				Situação muito desfavorável ao líder	
Relações líder-membros	Boas	Boas	Boas	Boas	Ruins	Ruins	Ruins	Ruins
Estrutura da tarefa	Estruturada		Desestruturada		Estruturada		Desestruturada	
Poder de posição do líder	Forte	Fraco	Forte	Fraco	Forte	Fraco	Forte	Fraco

FONTE: Baseada em Fred E. Fiedler, "The effects of leadership training and experience: a contingency model interpretation", *Administrative Science Quarterly* 17 (1972): 455.

direcionar e avaliar os subordinados, além de poder para recompensar ou punir. Em uma situação altamente desfavorável, os subordinados têm pouco respeito pelo líder ou pouca confiança nele. Tarefas são vagas e mal definidas, e faltam procedimentos e orientações claros. O líder tem pouca autoridade formal para direcionar subordinados e não tem poder para recompensar ou punir.

Adequação do estilo do líder à situação

Quando Fiedler examinou as relações entre estilo de liderança e a favorabilidade situacional, ele encontrou o padrão mostrado na parte superior da Figura 15.8. Os líderes orientados para as tarefas são mais eficazes quando a situação é tanto altamente favorável quanto altamente desfavorável. Os líderes orientados para os relacionamentos são mais eficazes em situações de favorabilidade moderada.

O líder orientado para as tarefas se sai bem em situações favoráveis porque as pessoas se dão bem, a tarefa é clara e o líder tem poder; tudo o que é preciso é alguém para assumir o comando e mostrar a direção certa. Da mesma forma, se a situação é altamente desfavorável para o líder, uma grande quantidade de estrutura e direção de tarefa é necessária. Um líder forte define a estrutura da tarefa e estabelece uma forte autoridade. Uma vez que as relações líder-membros são ruins de qualquer forma, uma forte orientação para as tarefas não irá afetar a popularidade do líder. Sergio Marchionne tem usado uma forte liderança orientada para as tarefas em uma situação desfavorável na Chrysler.

TEMA RECENTE

Forma inovadora

Sergio Marchionne, Chrysler Group LLC

O destino da menor das três maiores montadoras dos Estados Unidos está nas mãos do italiano Sergio Marchionne, que, há alguns anos, resgatou a Fiat de um colapso. Marchionne, sempre muito atento aos detalhes, é um líder forte, orientado para as tarefas. Em vez de acomodar-se na sala executiva do último andar na sede da Chrysler, em Auburn Hills, em Michigan, ele escolheu um escritório no centro de engenharia, no quarto andar. Carrega seis *smartphones* e mantém o controle sobre os mínimos detalhes, desde uma maçaneta de porta com defeito até o novo Dodge Charger. Segundo Marchionne, "Se você quer realmente gerir o negócio, precisará se envolver nesse nível".

Marchionne entrou na Chrysler quando a situação era altamente desfavorável. Como a General Motors (GM), a Chyrsler teve que ser resgatada com ajuda financeira federal há muitos anos, e Marchionne assumiu logo depois que a empresa saiu da concordata e a Fiat assumiu parte da empresa. As vendas foram caindo, a imagem da Chrysler foi manchada, o moral e a motivação estavam baixas, os custos eram altos, e problemas operacionais atormentavam a empresa. Marchionne, que ficou conhecido na Fiat por trabalhar longas horas, sete dias por semana, solicitou aos principais executivos da Chrysler que adotassem o mesmo ritmo de trabalho por um bom tempo. Ele se reúne com os gestores regularmente e dá ordens específicas sobre o que ele quer que seja feito. Os gestores que estavam inflexíveis e queriam continuar fazendo as coisas do jeito antigo foram demitidos.

A liderança orientada para as tarefas de Marchionne teve um efeito positivo. As vendas de automóveis da Chrysler estão aumentando, e os problemas operacionais foram controlados. Além disso, a abordagem contundente de Marchionne trouxe uma energia refrescante à organização, dando aos funcionários um senso mais forte de esperança e motivação.[50]

A abordagem dura de Marchionne, orientada para as tarefas, é adequada para a situação difícil da Chrysler. No entanto, o republicano de Ohio John Boehner não se saiu tão bem como presidente da Câmara durante várias disputas políticas recentes, incluindo a paralisação parcial do governo norte-americano sobre o programa Obamacare. Parte da explicação, dizem alguns, é que Boehner não é "intimidador" o suficiente.

TEMA RECENTE

Os republicanos estão mais divididos do que nunca, e um observador afirmou que o futuro sucesso de Boehner dependeria da capacidade dele de "liderar mais e ouvir menos". Em geral, Boehner adota um estilo relativamente descontraído, orientado para as pessoas. "Não consigo me lembrar de nenhum momento em que ele tenha sido deselegante comigo", afirmou o deputado Charlie Dent, da Pensilvânia. Muitos dentro e fora do Partido Republicano acreditam que um líder forte, orientado para as tarefas, é necessário para evitar que a indisciplinada Câmara se transforme em um "lodo ingovernável".[51]

Pesquisadores da Universidade de Chicago que acompanharam alguns CEOs em situações de *turnaround* (reviravolta) – em que as empresas geralmente têm dívidas muito altas e uma necessidade de melhorar rapidamente os resultados – descobriram que as características que envolvem teimosia e foco nas tarefas, como habilidades analíticas, foco na eficiência e busca por padrões de excelência, eram qualidades mais valiosas para os líderes que as habilidades de relacionamento, como boa comunicação, escuta e trabalho em equipe.[52]

O líder orientado para o relacionamento tem melhor desempenho em situações de favorabilidade moderada porque as habilidades para relações humanas são importantes para que um bom desempenho de equipe seja alcançado. Nessas situações, o líder pode ser moderadamente benquisto, ter algum poder e supervisionar os trabalhos que envolvam alguma dúvida. Um líder com boas habilidades interpessoais pode criar uma atmosfera positiva no grupo que melhore as relações, esclareça a estrutura da tarefa e estabeleça o poder de posição.

Para que possa adotar a teoria da contingência de Fiedler, um líder deve estar ciente de dois aspectos importantes. Em primeiro lugar, deve identificar se o estilo que adota está orientado para as tarefas. Em segundo lugar, o líder deve diagnosticar a situação e determinar se as relações líder-membros, a estrutura da tarefa e o poder de posição são favoráveis.

Fiedler acredita que a adequação do estilo de líder à situação pode render grandes dividendos em lucros e produtividade.[53] Todavia, o modelo também tem sido criticado.[54] Um dos motivos é que alguns pesquisadores têm desafiado a ideia de que os líderes não podem ajustar seus estilos à medida que as características situacionais mudam. Apesar das críticas, o modelo de Fiedler continua a influenciar os estudos sobre liderança. A pesquisa de Fiedler chamou a atenção para a importância de encontrar o ajuste certo entre o estilo de liderança e a situação.

Substitutos situacionais para a liderança

As abordagens da liderança de contingência discutidas até aqui se concentram no estilo do líder, na natureza dos subordinados e nas características da situação. A última abordagem de contingência sugere que variáveis situacionais podem ser tão poderosas que elas, na verdade, substituem ou neutralizam a necessidade de liderança.[55] Essa abordagem descreve aquelas configurações organizacionais nas quais um estilo de liderança é irrelevante ou desnecessário.

A Figura 15.9 mostra as variáveis situacionais que tendem a substituir ou neutralizar as características da liderança. Um **substituto para a liderança** torna o estilo de liderança desnecessário ou redundante. Por exemplo, subordinados altamente profissionais, que sabem como fazer suas tarefas, não precisam de um líder que inicie a estrutura para eles e diga-lhes o que fazer. Um **neutralizador** contraria o estilo de liderança e impede o líder de exibir certos comportamentos. Por exemplo, se um líder não tem absolutamente nenhum poder de posição ou é fisicamente removido pelos subordinados, a capacidade dele para dar instruções aos subordinados é significativamente reduzida.

As variáveis situacionais da Figura 15.9 incluem características do grupo, tarefa e a própria organização. Quando os subordinados são altamente profissionais e experientes, ambos os estilos de liderança são pouco importantes. As pessoas não precisam de

FIGURA 15.9 Substitutos e neutralizadores da liderança

	Variável	Liderança orientada para a liderança	Liderança orientada para as pessoas
Variáveis organizacionais	Coesão do grupo	Substitutos para	Substitutos para
	Formalização	Substitutos para	Sem consequência para
	Inflexibilidade	Neutraliza	Sem consequência para
	Baixo poder de posição	Neutraliza	Neutraliza
	Separação física	Neutraliza	Neutraliza
Características da tarefa	Tarefa altamente estruturada	Substitutos para	Sem consequência para
	Feedback automático	Substitutos para	Sem consequência para
	Satisfação instrínseca	Sem consequência para	Substitutos para
Características do grupo	Profissionalismo	Substitutos para	Substitutos para
	Formação/experiência	Substitutos para	Sem consequência para

muita direção ou consideração. No que diz respeito às características da tarefa, atividades altamente estruturadas substituem o estilo orientado para as tarefas, e uma tarefa satisfatória substitui o estilo orientado para as pessoas. Quanto à própria organização, a coesão do grupo substitui os dois estilos de liderança. Regras e procedimentos formalizados substituem a orientação dos líderes para as tarefas. A separação física dos líderes e subordinados neutraliza ambos os estilos de liderança.

O valor das situações descritas na Figura 15.9 é que elas ajudam os líderes a evitar uma liderança exagerada. Os líderes devem adotar um estilo com o qual possam complementar a situação organizacional. Considere a situação do trabalho dos caixas de banco. Um caixa de banco executa tarefas altamente estruturadas, segue regras e procedimentos claramente definidos e tem pouca flexibilidade em termos de como fazer o trabalho. O supervisor dos caixas não deve adotar um estilo orientado para as tarefas porque a organização já fornece estrutura e direção. O supervisor deve se concentrar em um estilo orientado para as pessoas para proporcionar um ambiente de trabalho mais agradável. Em outras organizações, se a coesão do grupo ou a satisfação intrínseca atendem às necessidades sociais dos funcionários, o líder pode se concentrar em comportamentos orientados para as tarefas. O líder pode adotar um estilo complementar à situação organizacional para garantir que tanto as necessidades relacionadas às tarefas quanto as necessidades das pessoas no grupo de trabalho sejam cumpridas.

Lembre-se disto

- Uma **abordagem de contingência** é um modelo de liderança que descreve o relacionamento entre estilos de liderança e situações específicas.
- Uma abordagem de contingência é o **modelo situacional** que associa o estilo de comportamento do líder ao nível de prontidão dos subordinados.
- Em geral, um estilo de liderança orientado para as tarefas se adapta bem a subordinados com pouca disponibilidade, e um estilo de líder mais atento aos relacionamentos se adapta a subordinados com alto nível de prontidão.
- Na teoria da contingência de Fiedler, a adequação do estilo de um líder depende do fato de a situação ser considerada favorável para o líder.
- Os líderes orientados para as tarefas mostram um melhor desempenho em situações altamente favoráveis ou altamente desfavoráveis.
- Os líderes orientados para os relacionamentos desempenham melhor em situações de favorabilidade moderada.
- Um **substituto de liderança** é uma variável situacional que torna um estilo de liderança redundante ou desnecessário.
- Um **neutralizador** é uma variável situacional que neutraliza um estilo de liderança e impede o líder de exibir certos comportamentos.

Liderança carismática e transformacional

Uma pesquisa também buscou entender como a liderança pode inspirar as pessoas e motivá-las a exceder seus níveis normais de desempenho. Algumas abordagens de liderança são mais eficazes que outras na promoção de altos níveis de comprometimento e entusiasmo. Dois tipos de liderança com um impacto significativo são a liderança carismática e a transformacional.

LIDERANÇA CARISMÁTICA

De acordo com Katherine J. Klein e Robert J. House, carisma é "uma chama que alimenta a energia e o comprometimento dos subordinados, produzindo resultados acima e além do ordinário".[56] O **líder carismático** conseguem inspirar as pessoas e motivá-las a fazer mais do que fariam normalmente, apesar dos obstáculos e do sacrifício pessoal. Os subordinados estão dispostos a deixar de lado seus próprios interesses para o bem da equipe, do departamento ou da organização. O impacto dos líderes carismáticos normalmente vem (1) da declaração de uma visão grandiosa sobre um futuro imaginado, com a qual os funcionários se identificam, (2) da habilidade explícita de entender os subordinados e criar empatia com eles e (3) do empoderamento e da confiança nos subordinados para que alcancem os resultados.[57] Os líderes carismáticos tendem a ser menos previsíveis, porque criam uma atmosfera de mudança, e podem ser obcecados por ideias visionárias que incitam, estimulam e orientam outras pessoas a trabalhar duro.

Um dos recentes líderes carismáticos mais conhecidos no mundo dos negócios foi Steve Jobs, cofundador tardio e CEO da Apple. Jobs comandava uma legião que se comparava aos seguidores de uma estrela do *rock*. A história de como ele saiu da faculdade, cofundou a Apple, foi demitido de sua própria empresa, voltou anos mais tarde para salvá-la e, em seguida, transformou-a por meio da criação de um negócio totalmente novo com o *iPod* e *iPhone* é coisa de lenda. No entanto, Jobs podia ser imaturo, impaciente e francamente cruel, às vezes. Sua liderança exigente conseguia prejudicar o desempenho, bem como inspirá-lo. Apesar disso, muitas pessoas – mesmo aquelas que ele maltratou – admiravam e respeitavam (alguns até disseram *reverenciavam*) Steve Jobs. Elas contavam suas histórias "Steve Jobs gritou na minha cara" com orgulho. A energia de Jobs e a recusa em "vender-se" levaram as pessoas a desejar estar perto dele e a ser como ele.[58]

Como o exemplo de Steve Jobs ilustra, o carisma pode ter aspectos positivos e negativos. Outros líderes carismáticos incluem Madre Teresa, David Koresh, Sam Walton, Alexandre, o Grande, Oprah Winfrey, Martin Luther King Jr. e Osama bin Laden. O carisma pode ser usado para obter resultados positivos que beneficiam o grupo, mas também pode ser utilizado para a obtenção de vantagens que podem levar ao engano, à manipulação e à exploração (e até mesmo ao óbito) dos outros. Quando os líderes carismáticos respondem aos problemas da organização em termos das necessidades de todo o grupo, em vez de suas próprias necessidades emocionais, eles têm uma influência poderosa e positiva sobre o desempenho organizacional.[59] Tal como ocorre com as abordagens de liderança autêntica e de nível 5, que discutimos anteriormente neste capítulo, a *humildade* desempenha um papel importante para distinguir se um líder carismático vai trabalhar principalmente para o benefício da organização ou usar seus dons para alimentar o próprio ego e obter ganho pessoal.[60]

Os líderes carismáticos são hábeis na arte da *liderança visionária*. Uma **visão** é um futuro atraente e ideal, que é verossímil apesar de não estar prontamente disponível. A visão é um componente importante tanto da liderança carismática quanto da transformacional. Líderes visionários falam direto aos corações dos funcionários, permitindo-lhes fazer parte de algo maior que eles mesmos. Onde os outros veem obstáculos ou falhas, os visionários veem possibilidades e esperança.

Poder Verde

Nas mãos de um toureiro

Era, sob todos os ângulos, um movimento ousado. Ao tomar as rédeas da liderança em 2004 como CEO e presidente da Acciona, uma das empresas imobiliárias e de construção mais rentáveis da Europa sediada na Espanha, José Manuel Entrecanales imaginou um futuro em que as empresas conseguissem equilibrar o ganho econômico com as normas ambientais. Entrecanales convenceu o conselho a enfrentar a mudança climática e promover o desenvolvimento de energias renováveis. A empresa não perdeu tempo em anunciar publicamente seus planos de sustentabilidade de longo prazo e a realização de novas estratégias lideradas por um comitê de sustentabilidade. Ao longo dos seis anos seguintes, os gestores da Acciona investiram em sustentabilidade, incluindo geradores eólicos. Até 2009, a empresa havia chegado à posição de terceira produtora de energia eólica do mundo. Em menos de uma década, estabeleceu uma reputação verde, e foi a liderança de Entrecanales, com o *timing* preciso e os movimentos calculados de um grande toureiro, que visualizou as novas esferas de ação.

Fontes: Daniel Arenas; Jeremie Fosse; Matthew Murphy, "Acciona: a process of transformation towards sustainability", *Journal of Management Development* 30, n. 10 (2011): 1027-1048; Patricia McCormick, "A brave matador explains the bullfight", *Sports Illustrated*, March 11, 1963, disponível em: <http://sportsillustrated.cnn.com/vault/article/magazine/MAG1074594/2/index.htm>, acesso em: 4 ago. 2012.

Em geral, os líderes carismáticos têm uma visão para o futuro, quase uma obsessão, e conseguem motivar os outros para que os ajudem a alcançá-la.[61] Esses líderes têm um impacto emocional sobre os subordinados, porque eles acreditam intensamente na visão e podem comunicá-la aos outros de uma forma que a faz parecer real, pessoal e significativa.

LIDERANÇA TRANSFORMACIONAL *VERSUS* LIDERANÇA TRANSACIONAL

Os **líderes transformacionais** se assemelham aos líderes carismáticos, mas diferenciam-se por sua habilidade especial de promover inovação e mudança, reconhecer as necessidades e preocupações dos subordinados, proporcionar significado, desafiar as pessoas a olhar para velhos problemas sob novas perspectivas e atuar como modelos para novos valores e comportamentos. Os líderes transformacionais estimulam os subordinados não apenas a acreditar pessoalmente no líder, mas também no próprio potencial para imaginar e criar um futuro melhor para a organização. Os líderes transformacionais criam uma mudança significativa tanto nos subordinados quanto na organização.[62]

A liderança transformacional pode ser mais bem compreendida quando a comparamos com a *liderança transacional*.[63] Os **líderes transacionais** esclarecem o papel e os requisitos das tarefas dos subordinados, iniciam a estrutura, oferecem recompensas apropriadas e tentam ser atenciosos e satisfazer as necessidades sociais dos subordinados. A capacidade do líder transacional de satisfazer os subordinados pode melhorar a produtividade. Os líderes transacionais se destacam em cargos de gestão. São esforçados, tolerantes e imparciais. Orgulham-se de fazer as coisas funcionarem sem problemas e de forma eficiente. Frequentemente salientam os aspectos impessoais do desempenho, como planos, cronogramas e orçamentos. Têm um senso de compromisso com a empresa e agem conforme as normas e os valores organizacionais. A liderança transacional é importante para todas as organizações, mas liderar a mudança requer uma abordagem diferente.

Os líderes transformacionais têm capacidade para liderar mudanças na missão, estratégia, estrutura e cultura da organização, além de promoverem a inovação em produtos e tecnologias. Os líderes transformacionais não confiam apenas em regras e incentivos concretos para controlar operações específicas com os subordinados. Eles se concentram em qualidades intangíveis, como visão, valores compartilhados e ideias, para construir relacionamentos, dar um sentido mais amplo a diferentes atividades e encontrar interesses comuns para engajar os subordinados no processo de mudança.[64] Por exemplo, Michelle Rhee, ex-chanceler da rede de ensino público do Distrito de Colúmbia, agiu como uma líder transformacional para renovar um dos mais caros, e mais fracos, sistemas escolares no país.

Forma inovadora
Michelle Rhee, StudentsFirst

Michelle Rhee, ex-chanceler da rede de ensino público de Washington e fundadora da StudentsFirst, é uma das figuras mais controversas na educação norte-americana — mas, independentemente de as pessoas a amarem ou odiarem-na, não se pode dizer que ela tem medo de mudanças. Filha de imigrantes coreanos, Rhee queria sair na metade de seu primeiro ano na Teach for America, uma organização que coloca novos universitários nas escolas mais difíceis dos Estados Unidos, mas o pai a fez voltar e terminar o programa. Foi a primeira vez que ela embarcou em uma missão pessoal para mudar o sistema de educação para os estudantes mais pobres do país. Rhee notou que os estudantes respondiam aos professores que os motivavam e os mantinham interessados.

Duas décadas mais tarde, Rhee teve a chance de colocar algumas de suas ideias em prática em grande escala, quando tentou renovar um dos mais caros, e fracos em desempenho, sistemas escolares do país. Como chanceler das escolas públicas em Washington, Rhee atacou a cultura disfuncional que recompensava professores por antiguidade, e não por desempenho, revisou sistemas e estruturas para reduzir a burocracia, responsabilizou diretores de escolas pela melhoria do desempenho dos alunos e concentrou as pessoas na missão de colocar os principais interesses dos estudantes em primeiro lugar.

Sua visão de tornar as escolas de Washington "o distrito escolar urbano com melhor desempenho do país" trouxe uma nova energia e movimento a um sistema que estava estagnado. Segundo Rhee, "Temos um sistema que falha com as crianças negras e pobres. Se queremos viver de acordo com a nossa promessa de um país... isso tem que parar". Rhee fica irritada quando as pessoas dizem que "os professores não podem compensar aquilo que os pais e os alunos não vão fazer", enfatizando que cada professor pode fazer a diferença. Ela não hesitou em cortar posições administrativas que não estavam contribuindo, demitir professores e diretores que não atendiam aos padrões de desempenho, e fechar as escolas com desempenho ruim. Instituiu novos procedimentos para recompensar generosamente os professores com alto desempenho e dar aos diretores mais controle sobre a contratação, promoção e demissão. Novos procedimentos de avaliação deixaram as pessoas atentas quanto ao baixo desempenho, e a complacência não seria tolerada.[65]

Rhee continuou a agir como uma líder transformacional depois de deixar Washington. Sua organização atual, StudentsFirst, tem a missão de "garantir grandes professores, acesso a grandes escolas e usar com eficiência o dinheiro público" por todo o país. "Algumas pessoas a veem como uma líder transformadora, e outras a consideram uma figura controversa, mas todos concordam que ela faz as pessoas falarem", disse o organizador de uma recente conferência em Michigan.[66]

Estudos mostram que a liderança transformacional tem um impacto positivo no desenvolvimento e desempenho do subordinado.[67] Além disso, as habilidades de liderança transformacional podem ser aprendidas e não são características de personalidade enraizadas. No entanto, alguns traços de personalidade podem tornar mais fácil para um líder exibir comportamentos de liderança transformacional. Por exemplo, estudos de liderança transformacional descobriram que o traço de afabilidade, abordado no capítulo anterior, é frequentemente associado aos líderes transformacionais.[68] Além disso, esses líderes são, em geral, estáveis emocionalmente e se envolvem de forma positiva com o mundo ao redor deles, além de terem grande habilidade para reconhecer e compreender as emoções dos outros.[69] Essas características não surpreendem, considerando que esses líderes promovem a mudança por meio da construção de redes de relacionamentos positivos.

Lembre-se disto

- Um **líder carismático** tem a capacidade de inspirar as pessoas e motivá-las a transcender o desempenho esperado, mesmo que isso exija sacrifício pessoal.
- Tanto os líderes carismáticos quanto os transformacionais transmitem aos subordinados uma **visão** inspiradora, um futuro atraente, ideal, que é verossímil, mesmo que não esteja prontamente disponível.
- Um **líder transformacional** se distingue por uma habilidade especial de produzir inovação e mudança, criar uma visão inspiradora, formar valores, construir relacionamentos e proporcionar um significado aos subordinados.
- Um **líder transacional** esclarece os papéis dos subordinados e os requisitos de tarefas, inicia a estrutura, oferece recompensas e mostra consideração para com os subordinados.

Subordinação

Nenhuma conversa sobre liderança é completa sem considerar os subordinados. Na verdade, apesar do foco na liderança, todos em uma organização são subordinados e líderes.[70] Liderança é uma questão importante, entretanto, sem subordinados eficientes, nenhuma organização pode sobreviver. As pessoas têm diferentes expectativas sobre o que constitui um bom subordinado em contraste a um bom líder, como ilustram os resultados de estudos que pediram que as pessoas classificassem as características desejadas para líderes e subordinados. As cinco qualidades mais desejadas para cada um são as seguintes:[71]

Líder	Subordinado
Honesto	Honesto
Competente	Competente
Foco no futuro	Confiável
Inspirador	Cooperativo
Inteligente	Leal

Diferenças podem ocorrer, mas, em geral, muitas das qualidades que definem um bom subordinado são as mesmas que um bom líder possui. Os líderes podem desenvolver um conhecimento de seus subordinados e criar as condições que os ajudarão a ser mais eficazes.[72]

Um modelo de subordinação é ilustrado na Figura 15.10. Robert E. Kelley realizou extensas entrevistas com os gestores e seus subordinados e descobriu cinco *estilos de subordinação*, que são categorizados com base em duas dimensões, como mostra a figura.[73]

A primeira dimensão é a qualidade de **pensamento crítico** e independente *versus* **pensamento acrítico** e dependente. Pensadores críticos independentes estão conscientes dos efeitos de seu próprio comportamento e de outras pesssoas na realização das metas organizacionais. Eles conseguem pesar o impacto das decisões de seu chefe e das suas próprias decisões e oferecem críticas construtivas, criatividade e inovação. Por sua vez, um pensador acrítico e dependente não considera as possibilidades além daquilo que lhe é solicitado, não contribui para o crescimento da organização e aceita as ideias do supervisor sem pensar.

A segunda dimensão do estilo de subordinação é o comportamento ativo *versus* o comportamento passivo. Um subordinado ativo participa plenamente da organização, engaja-se em um comportamento que ultrapassa os limites do trabalho, demonstra um senso de propriedade e mostra iniciativa para a resolução de problemas e a tomada de decisão. Um subordinado passivo, ao contrário, caracteriza-se por uma necessidade constante de supervisão e estímulo por parte dos superiores. A passividade é frequentemente comparada à preguiça; uma pessoa passiva não faz nada que não seja necessário e evita muitas responsabilidades.

O nível de atividade e passividade de um subordinado, ou seja, se ele é um pensador crítico independente, determinará se será um subordinado alienado, passivo, conformista, sobrevivente pragmático ou eficaz, como ilustra a Figura 15.10:

- O **subordinado alienado** é um pensador crítico passivo, mas independente. Funcionários alienados costumam ser subordinados eficazes que experimentaram reveses e obstáculos – talvez promessas não cumpridas por seus superiores. Assim, eles são capazes, mas se concentram exclusivamente nas deficiências de seus patrões. Frequentemente cínicos, os subordinados alienados são capazes de pensar de forma independente, mas não participam do desenvolvimento de soluções para os problemas ou deficiências que observam. Essas pessoas perdem um tempo valioso reclamando do chefe, sem oferecer um *feedback* construtivo.

- O **conformista** participa ativamente do relacionamento com o chefe, mas não usa habilidades de pensamento crítico. Em outras palavras, um conformista participa de boa vontade, mas sem considerar as consequências do que deverá fazer – mesmo se houver risco de contribuir para um resultado prejudicial. No livro *The foreclosure of America*, Adam Michaelson, ex-executivo da Countrywide, trata do pensamento de grupo e da conformidade cega que acabaram com a resistência e levaram as pessoas a concordar com as ações da empresa, apesar de considerarem-nas equivocadas.[74] Um conformista está preocupado apenas em evitar conflitos. Esse estilo de subordinação pode refletir uma atitude de forte dependência de autoridade, ainda que também possa resultar de regras rígidas e ambientes autoritários que criam uma cultura de conformidade.

- O **sobrevivente pragmático** tem qualidades de todos os quatro extremos – dependendo de qual estilo se encaixa na situação prevalente. Esse tipo de pessoa usa qualquer estilo que beneficie sua própria posição e minimize o risco da melhor forma possível. Sobreviventes pragmáticos costumam surgir quando uma organização está passando por momentos de desespero, e os indivíduos se encontram fazendo o que consideram necessário para passar pela dificuldade. Dentro de qualquer empresa, de 25% a 35% das pessoas tendem a ser sobreviventes pragmáticos, evitando riscos e promovendo o *status quo*.[75]

- O **subordinado passivo** não critica, não manifesta pensamento independente nem participa ativamente da vida da empresa. Por serem passivas e acríticas, essas pessoas não mostram nem iniciativa nem senso de responsabilidade. A atividade delas é limitada ao que lhes mandam fazer, e só conseguem concluir as coisas sob intensa supervisão. Subordinados passivos deixam o ato de pensar para o chefe. Frequentemente, esse estilo é o resultado de um chefe com estilo de microgestão,

FIGURA 15.10
Estilo de subordinação

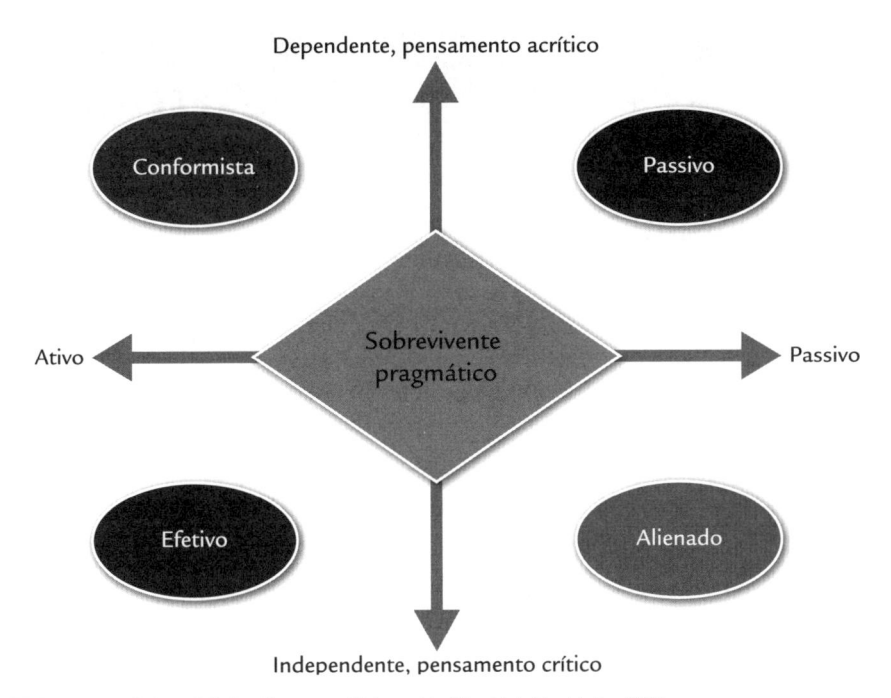

Dependente, pensamento acrítico

- Conformista
- Passivo
- Sobrevivente pragmático
- Ativo ← → Passivo
- Efetivo
- Alienado

Independente, pensamento crítico

FONTE: Baseada em Robert E. Kelley, *The power of followership* (New York: Doubleday, 1992).

que incentiva o comportamento passivo. As pessoas aprendem que os esforços para mostrar iniciativa, aceitar responsabilidades ou pensar criativamente não são recompensados e que poderão até mesmo ser punidas pelo chefe se contrariarem esse pressuposto. Consequentemente, tornam-se cada vez mais passivas.

- O **subordinado eficaz** é um pensador independente e crítico, e, ao mesmo tempo, ativo na organização. Subordinados eficazes se comportam da mesma forma com todos, independentemente da posição que ocupam na empresa. Desenvolvem uma relação justa com os líderes e não tentam evitar riscos ou conflitos. Essas pessoas são capazes de praticar a autogestão, diferenciam pontos fortes e fracos em si mesmas e nos chefes, estão comprometidas com algo maior do que elas e trabalham em direção à competência, às soluções e ao impacto positivo.

Faça uma pausa

Você é um subordinado eficaz ou tende a ser alienado, passivo, conformista ou um sobrevivente pragmático? Para descobrir, faça o "Autoteste do novo gestor".

Um exemplo de subordinada eficaz é Laurie Stein, conselheira geral da Clorox. De acordo com um especialista, quando uma empresa contrata um CEO externo, há sempre a expectativa de que 30% a 40% dos gestores internos serão demitidos. Mas não os subordinados eficazes, como Laurie Stein. Antes mesmo de Donald Knaus assumir o cargo de CEO, Stein fez uma extensa pesquisa sobre ele a fim de descobrir como poderiam trabalhar da forma mais eficaz. Ela começou a pensar em como poderia servir melhor a Knauss e à organização, à medida que a empresa tomava um novo rumo. Mesmo que ela não concordasse com as alterações estratégicas que ele queria implantar, Stein acreditava que era seu trabalho apoiá-las. Uma vez que já havia trabalhado na China, ela se ofereceu para aconselhar informalmente os colegas sobre como reformular a estratégia da empresa naquele país. Knauss gostou da abordagem proativa de Stein. De acordo com Knauss, "Ela ajuda qualquer pessoa que a procura". Poucos meses depois de assumir o cargo de CEO, Knauss havia ampliado as responsabilidades e o poder de Stein.[76]

Os subordinados eficazes reconhecem que têm poder nas relações com os superiores, assim, eles têm coragem de gerir de baixo para cima, iniciar a mudança e até mesmo colocar-se em risco ou conflito com o chefe, em prol da equipe ou da organização.

NOVO GESTOR — Autoteste

Qual é o seu estilo de subordinação?

Instruções: Para cada uma das seguintes afirmações, pense na relação que teve com um chefe em uma empresa em que você trabalhou. Em cada item, assinale "Normalmente verdadeiro" ou "Normalmente falso".

	Normalmente verdadeiro	Normalmente falso
1. Comentava frequentemente com meu gestor a ampla relevância de dados ou eventos.		
2. Pensava com cuidado e depois expressava minha opinião sobre questões críticas.		
3. Sugeria melhorias para a forma como eu e os outros trabalhavam.		
4. Desafiava meu gestor a pensar sobre um antigo problema de uma forma diferente.		
5. Em vez de esperar que me dissessem o que fazer, gostava de descobrir as atividades essenciais para a realização das metas da minha unidade.		
6. Pensava de forma independente e defendia novas ideias perante o meu chefe.		
7. Tentava resolver os problemas difíceis, em vez de esperar que meu gestor o fizesse.		
8. Fazia o papel de advogado do diabo, se necessário, para demonstrar as vantagens e desvantagens das iniciativas.		
9. Para mim, o meu trabalho cumpria um objetivo pessoal superior.		
10. Ficava entusiasmado com meu trabalho.		
11. Entendia os objetivos do meu gestor e trabalhava duro para realizá-los.		
12. O trabalho que eu fazia era significativo para mim.		
13. Sentia-me emocionalmente envolvido durante um dia comum.		
14. Tinha oportunidades diárias de fazer o que faço melhor.		
15. Compreendia como meu papel contribuía para o sucesso da empresa.		
16. Estava disposto a me sacrificar para exceder as expectativas.		

Pontuação e interpretação: Nas afirmações de 1 a 8, atribua 1 ponto a cada item assinalado como "Normalmente verdadeiro" para obter sua pontuação em pensamento crítico: ____. Nas afirmações de 9 a 16, atribua 1 ponto a cada item assinalado como "Normalmente falso" para obter a sua pontuação em engajamento ativo: ____. Com base na pontuação obtida – alta (6-8), média (4-5) ou baixa (0-3) –, identifique abaixo o seu estilo de subordinação.

Estilo de subordinação	Pontuação para pensamento crítico	Pontuação para engajamento ativo
Eficaz	Alta	Alta
Alienado	Alta	Baixa
Conformista	Baixa	Alta
Pragmático	Média	Média
Passivo	Baixa	Baixa

Leia as descrições dos estilos de subordinação apresentadas no capítulo. Como você se sente sobre o seu estilo de subordinação? O que pode fazer para ser um subordinado mais eficaz?

Fontes: Baseado em Douglas R. May; Richard L. Gilson; Lynn M. Harter, "The psychological conditions of meaningfulness, safety, and availability and the engagement of the human spirit at work", *Journal of Occupational and Organizational Psychology* 77 (March 2004): 11-38; Robert E. Kelley, *The power of followership: how to create leaders people want to follow and followers who lead themselves* (New York: Doubleday, 1992); Towers Perrin HR Services, "Working today: understanding what drives employee engagement: the 2003 Towers Perrin Talent Report", disponível em: <http://www.towersperrin.com/tp/getwebcachedoc?webc=hrs/usa/2003/200309/talent_2003.pdf>, acesso em: 20 fev. 2012.

> ### Lembre-se disto
>
> + Os líderes não conseguem fazer nada sem subordinados eficazes.
> + **Pensamento crítico** é o ato de pensar de forma independente e estar consciente do efeito de seu comportamento na realização das metas.
> + **Pensamento acrítico** significa desconsiderar as possibilidades que existem além do que foi solicitado e aceitar as ideias dos outros, sem questionar.
> + Um **subordinado eficaz** é um pensador crítico e independente que participa ativamente da organização.
> + Um **subordinado alienado** é um pensador crítico e independente, mas passivo na organização.
> + Um subordinado **conformista** participa ativamente da organização, mas não usa o pensamento crítico.
> + Um **subordinado passivo** não exibe crítica, pensamento independente nem participação ativa.
> + Um subordinado que tem qualidades dos quatro estilos de subordinação, dependendo de quais se encaixam melhor na situação em que se encontre, é chamado **sobrevivente pragmático**.

Poder e influência

Tanto os subordinados quanto os líderes usam o poder e a influência para cumprir metas nas organizações. Às vezes, os termos *poder* e *influência* são usados como sinônimos, mas há distinções entre os dois. **Poder** é a capacidade potencial de influenciar o comportamento de outras pessoas.[77] **Influência** é o efeito que as ações de uma pessoa têm sobre as atitudes, os valores, as crenças ou o comportamento dos outros. Enquanto poder é a capacidade de provocar uma mudança em uma pessoa, influência pode ser vista como o nível de alteração real.

A maioria das abordagens sobre o tema inclui cinco tipos de poder disponíveis para os líderes[78] que podem ser categorizados como *rígido* ou *brando*. Rígido refere-se ao poder que deriva, em grande parte, da posição de autoridade de uma pessoa e inclui o poder legítimo, coercitivo e de recompensa. Brando refere-se aos poderes de especialista e de referência, que são baseados em características pessoais e nas relações interpessoais, mais do que em uma posição de autoridade.

PODER RÍGIDO DE POSIÇÃO

O poder do gestor tradicional deriva da organização (poder duro). A posição do gestor dá a ele autoridade para premiar ou punir os subordinados para influenciar o seu comportamento. Os poderes legítimo, de recompensa e coercitivo são formas de poder de posição usadas por gestores para mudar o comportamento dos funcionários.

Poder legítimo
Poder que deriva de uma posição formal de gestão em uma organização, e a autoridade que lhe foi concedida é chamada de **poder legítimo**. Quando uma pessoa é selecionada para uma posição de supervisão, a maioria dos funcionários entende que estão obrigados a seguir sua orientação com relação às atividades de trabalho. Como os subordinados aceitam como legítima essa fonte de poder, adaptam-se.

Poder da recompensa
Outro tipo de poder, o **poder de recompensa**, decorre da autoridade de conceder recompensas a outras pessoas. Nesse caso, os gestores podem ter acesso a recompensas

Conexão de conceito ◀◀◀

No Google, Inc., os gestores incentivam os funcionários a tirar proveito das inúmeras **recompensas** que a empresa oferece, incluindo serviços de lavanderia, corte de cabelo e massagem terapêutica no local. Essas recompensas podem soar como excessivamente generosas, mas são, na verdade, uma forma de gestão inteligente. Quanto menos tempo os funcionários passarem cuidando de tarefas pessoais corriqueiras, mais tempo e energia terão para manter essa gigante da tecnologia no topo.

formais, como aumentos salariais ou promoções. Eles também podem usar recompensas como elogios, atenção e reconhecimento. Os gestores costumam usar as recompensas para influenciar o comportamento dos subordinados.

Poder coercitivo

O oposto do poder de recompensa é o poder coercitivo, que se refere à autoridade para punir ou recomendar uma punição. Os gestores exercem o poder coercitivo quando têm o direito de demitir ou rebaixar funcionários, criticá-los ou reter aumentos salariais. Se um funcionário não trabalha da forma esperada, o gestor tem o poder coercitivo para repreendê-lo, incluir uma observação negativa em sua ficha, negar-lhe um aumento e prejudicar suas chances de promoção.

PODER PESSOAL BRANDO

Os líderes eficazes não confiam apenas no poder duro de sua posição formal para influenciar os outros. Jeffrey Immelt, CEO da GE, se considerará um fracasso se tiver que exercer sua autoridade formal mais de sete ou oito vezes por ano. No restante do tempo, ele usa meios mais brandos para persuadir e influenciar os outros, e resolver os conflitos de ideias e opiniões.[79] Em contraste com as fontes externas de poder de posição, o poder pessoal, na maioria das vezes, deriva de fontes internas, como o conhecimento específico que possui um indivíduo ou suas características pessoais. O poder pessoal é a principal ferramenta do líder, e sua importância tem crescido à medida que mais empresas são dirigidas por equipes de profissionais que são menos tolerantes com gestões autoritárias.[80] Segundo Michelle Davis, que trabalha como gestora intermediária na Fair Isaac Corporation (Fico), confiar no poder brando pode ser frustrante, embora seja uma parte crucial do trabalho.[81] Há dois tipos de poder pessoal: o de especialista e o de referência.

Poder de especialista

O poder resultante do conhecimento ou de habilidade específica de uma pessoa sobre as tarefas a serem realizadas é conhecido como **poder de especialista**. Quando alguém é um verdadeiro especialista, os outros acatam suas recomendações por causa de seu conhecimento superior. Tanto os subordinados quanto os líderes podem exercer o poder de especialista. Por exemplo, alguns gestores lideram equipes cujos membros têm conhecimentos que o líder não tem. Alguns líderes em níveis altos de gestão podem não ter poder de especialista porque os subordinados sabem mais sobre os detalhes técnicos do que eles.

Poder de referência

Poder de referência decorre das características pessoais de um indivíduo, causando identificação, respeito e admiração nas outras pessoas, de modo que elas desejam imitá-lo. O poder de referência não depende de um título ou posição formal. Quando os funcionários admiram um supervisor por causa da maneira como ele os trata, a influência é baseada no poder de referência, que é mais visível na liderança carismática. Em movimentos sociais e religiosos, vemos com frequência líderes carismáticos surgirem e ganharem muitos seguidores com base, exclusivamente, no poder pessoal.

Outras fontes de poder

Existem outras fontes de poder que não estão ligadas a uma pessoa ou posição específica, mas ao papel que um indivíduo desempenha no funcionamento global da organização. Essas fontes importantes são esforço pessoal, relacionamentos com outras pessoas e informação.

Esforço pessoal

As pessoas com iniciativa trabalham além do que é esperado, assumem projetos indesejáveis mas importantes, mostram interesse em aprender tudo sobre a organização e a indústria, e, muitas vezes, ganham poder como resultado. Stephen Holmes diz que começou sua jornada em direção à sala de CEO da Wyndham Worldwide em decorrência de seu esforço pessoal. Como um jovem auditor interno em uma firma de *private equity* no início de 1980, Holmes passava suas noites tentando aprender um novo programa de planilhas. O famoso investidor Henry Silverman observou o rapaz noite após noite e, intrigado com os esforços do jovem auditor, foi ver o que ele estava fazendo. Silverman pediu a Holmes para se mudar com ele para outras empresas, incluindo Blackstone, HMS e, eventualmente, Wyndham. "Eu era uma criança", Holmes disse, "[mas ele] me colocou em situações que ninguém da minha idade estava enfrentando".[82]

Rede de relacionamentos

As pessoas que estão envolvidas em uma rede de relacionamentos têm mais poder. Um líder ou funcionário com muitos relacionamentos sabe o que está acontecendo na organização e na indústria, ao passo que aquele que tem poucas conexões interpessoais fica muitas vezes alheio às atividades ou mudanças importantes. As redes de relacionamentos são cruciais na arena política, por exemplo. Abraham Lincoln é considerado pelos historiadores como um dos maiores presidentes dos Estados Unidos, em parte porque ele construiu relacionamentos e ouviu atentamente uma ampla gama de pessoas dentro e fora de seu círculo imediato, quando a nação estava amargamente dividida sobre a Guerra Civil. Ele incluía as pessoas que não concordavam com ele e criticavam seus planos e objetivos.[83] Assim como para Barack Obama, ainda não há um consenso sobre como sua presidência será avaliada. No entanto, Obama tem sido criticado por não desenvolver relacionamentos até mesmo com seus maiores doadores e deixar a criação de relacionamentos para os democratas no Capitólio e o vice-presidente Joe Biden. Obama é amplamente visto como um solitário que prefere a política para as pessoas e consulta predominantemente um círculo íntimo de conselheiros.[84]

Informação

A informação é um recurso primordial nos negócios. As pessoas que têm acesso às informações e controlam como e para quem elas devem ser distribuídas são geralmente poderosas. Em certa medida, o acesso à informação é definido pela posição de uma pessoa na organização. Em geral, a alta gestão tem acesso a mais informações do que a gestão intermediária, que, por sua vez, tem acesso a mais informações do que os supervisores em níveis inferiores ou funcionários na linha de frente.

Tanto os líderes quanto os subordinados podem explorar essas fontes adicionais de poder. Os líderes são eficientes quando dedicam parte de seu tempo a formar relacionamentos tanto dentro como fora da organização e conversar informalmente sobre projetos e prioridades importantes. Jack Griffin foi forçado a deixar o cargo de CEO da Time Inc. após menos de seis meses na posição, em grande parte porque ele não conseguiu desenvolver relacionamentos positivos. Griffin tentou usar o poder duro de sua posição para fazer as mudanças necessárias na Time, sem estabelecer as conexões de poder brando necessárias para implementar as alterações. Os membros do conselho começaram a perceber que Griffin era considerado tão desagradável pelos outros que a empresa corria o risco de perder funcionários valiosos, se ele permanecesse como CEO.[85]

TÁTICAS DE INFLUÊNCIA INTERPESSOAL

Comumente os líderes adotam uma combinação de estratégias de influência, e as pessoas que são percebidas como mais poderosas e influentes são tipicamente aquelas que usam uma ampla variedade de táticas. Uma pesquisa com algumas centenas de líderes identificou mais de quatro mil técnicas diferentes que essas pessoas usaram para influenciar os outros.[86]

No entanto, essas táticas se encaixam em categorias básicas que dependem de compreensão dos princípios que levam as pessoas a mudar de comportamento e atitudes. A Figura 15.11 lista seis princípios para impor influência. Observe que a maioria desses princípios envolve o uso de poder pessoal, em vez de depender exclusivamente do poder de posição ou do uso de recompensas e punições.[87]

1. *Use a persuasão racional.* A estratégia de influência mais comumente usada é a aplicação de fatos, dados e argumentos lógicos para convencer os outros de que uma ideia, pedido ou decisão proposta é adequada. O uso da persuasão racional é muitas vezes altamente eficaz porque a maioria das pessoas confia em fatos e análises.[88] A persuasão racional promove ainda melhores resultados quando um líder tem conhecimento técnico e experiência relacionados ao assunto em questão (o poder de especialista), apesar de o poder de referência também ser usado. Ou seja, além de fatos e números, as pessoas têm de confiar na credibilidade do líder.

2. *Ajude as pessoas a gostar de você.* As pessoas preferem dizer sim para alguém de que gostam. Líderes eficazes se esforçam para causar impressões favoráveis e afeição. Quando um líder mostra consideração e respeito, trata os colegas de forma justa e demonstra confiança neles, as pessoas são mais propensas a ajudá-lo e apoiá-lo, e fazer o que ele pede. Além disso, como a maioria das pessoas gosta de um líder que as faz se sentir bem consigo mesmas, os líderes nunca devem subestimar o poder do elogio.

3. *Confie na regra da reciprocidade.* Os líderes podem influenciar os outros por meio da troca de benefícios e favores. Líderes compartilham o que têm – tempo, recursos, serviços ou apoio emocional. O sentimento entre as pessoas é quase sempre que os outros devem ser pagos pelo que fazem, de uma forma ou de outra. Essa "regra de reciprocidade" implícita significa que os líderes que fazem favores para as outras pessoas também receberão favores como resposta.[89]

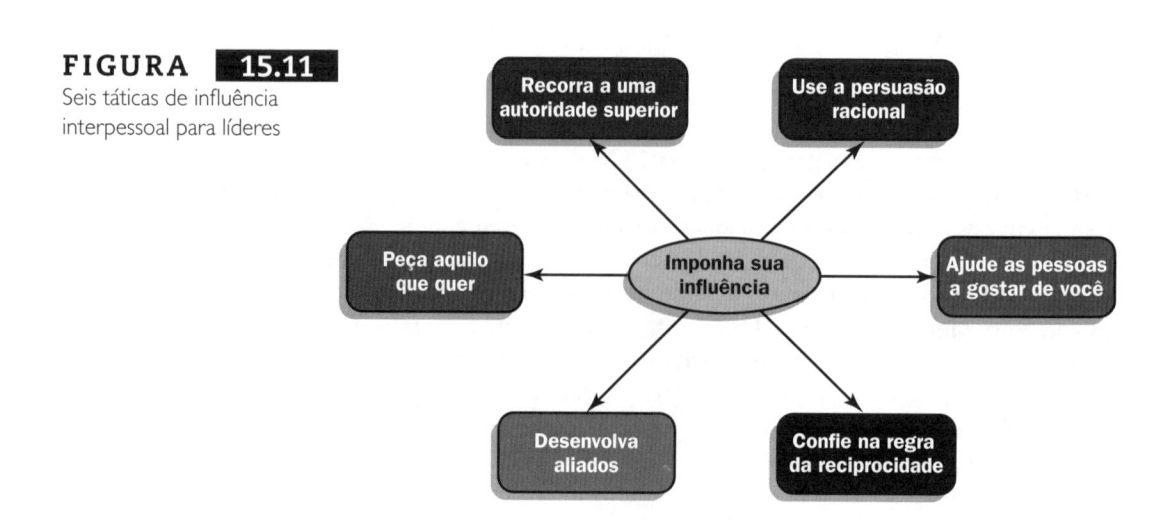

FIGURA 15.11
Seis táticas de influência interpessoal para líderes

- Recorra a uma autoridade superior
- Use a persuasão racional
- Peça aquilo que quer
- Imponha sua influência
- Ajude as pessoas a gostar de você
- Desenvolva aliados
- Confie na regra da reciprocidade

4. ***Desenvolva aliados.*** Os líderes eficazes desenvolvem redes de aliados, que são pessoas que podem ajudá-los a realizar os objetivos. Independentemente das reuniões formais, os líderes costumam conversar com os subordinados e outras pessoas para entender as necessidades e preocupações deles. Além disso, aproveitam os momentos de informalidade para explicar os problemas e descrever o ponto de vista deles. Todos se esforçam para chegar a um consenso sobre a melhor abordagem para um problema ou uma decisão.[90]

5. ***Peça aquilo que quer.*** Outra maneira de influenciar as pessoas é fazer um pedido direto e pessoal. Os líderes precisam ser explícitos sobre o que querem ou não obterão sucesso. Em geral, uma proposta explícita é aceita simplesmente porque os outros não têm nenhuma alternativa melhor. Além disso, uma proposta ou alternativa clara recebe apoio quando outras opções não foram tão bem definidas.

6. ***Recorra a uma autoridade superior.*** Às vezes, para alcançar os objetivos, os líderes precisam usar sua autoridade formal, bem como ganhar o apoio de pessoas em posições mais elevadas para legitimá-los. No entanto, uma pesquisa constatou que a chave para o uso eficiente da autoridade formal é ser experiente, convincente e confiável, isto é, demonstrar poder de especialista e referência, bem como poder legítimo. Os gestores experientes, honestos, diretos com os outros e confiáveis podem exercer mais influência do que aqueles que simplesmente dão ordens.[91]

Segundo os especialistas, as pessoas classificam os líderes como "mais eficazes" quando eles parecem usar uma variedade de táticas de influência. Mas nem todos os gestores usam a influência da mesma forma. Estudos descobriram que os líderes na área de RH, por exemplo, tendem a adotar abordagens mais suaves e mais sutis, como criar empatia, usar favores e desenvolver aliados, enquanto aqueles que atuam no setor de finanças são inclinados a usar táticas mais diretas e difíceis, como autoridade formal e assertividade.[92]

Lembre-se disto

- **Poder** é a capacidade potencial de influenciar o comportamento de outras pessoas.
- Todos os líderes usam o poder para influenciar as pessoas e alcançar objetivos organizacionais.
- **Influência** refere-se ao efeito que as ações de uma pessoa têm sobre as atitudes, os valores, as crenças ou o comportamento de outros indivíduos.
- O **poder legítimo** decorre da posição formal de um gestor em uma organização e da autoridade concedida por essa posição.
- O **poder de recompensa** resulta da autoridade de conceder recompensas.
- O **poder coercitivo** decorre da autoridade para punir ou recomendar punições.
- O **poder de especialista** resulta de conhecimento ou habilidade específica de um líder com relação às tarefas realizadas pelos subordinados.
- O **poder de referência** refere-se às características que resultam na identificação, no respeito e na admiração dos subordinados e no desejo de ser como o líder.
- Tanto os líderes quanto os subordinados podem explorar outras fontes de poder, como esforço pessoal, redes de relacionamentos, acesso às informações ou controle delas.
- As pessoas que adotam uma ampla variedade de táticas de influência interpessoal são geralmente percebidas como mais poderosas, e os líderes eficazes estão inseridos nesse contexto.

Cap. 15 Notas

1. Mark Maske, "Daniel Snyder, Washington Redskins Owner, Adopts Hands-Off Role – and Team Wins", *The Washington Post*, January 4, 2013. Disponível em: <http://articles.washingtonpost.com/2013-01-04/sports/36209112_1_daniel-snyder-washington-redskins-redskins-park>. Acesso em: 15 mar. 2013.
2. Gary Yukl, "Managerial leadership: a review of theory and research", *Journal of Management* 15 (1989): 251-289.
3. James M. Kouzes; Barry Z. Posner, "The credibility factor: what followers expect from their leaders", *Management Review* (January 1990): 29-33.
4. Jim Collins, "Level 5 leadership: the triumph of humility and fierce resolve", *Harvard Business Review* (January 2001): 67-76; Jim Collins, "Good to great", *Fast Company* (October 2001): 90-104; A. J. Vogl, "Onward and upward" (uma entrevista com Jim Collins), *Across the Board* (September-October 2001): 29-34; Jerry Useem, "Conquering vertical limits", *Fortune* (February 19, 2001): 84-96.
5. Jim Collins, "Enduring greatness", *Leadership Excellence* (January 2011): 8.
6. Em Stefan Stern, "A new leadership blueprint", *Management Today* (October 1, 2010): 38.
7. Miguel Helft, "A hired gun for Microsoft, in Dogged Pursuit of Google", *The New York Times*, August 31, 2009, disponível em: <www.nytimes.com/2009/08/31/technology/internet/31search.html>, acesso em: 31 ago. 2009; Brian R. Fitzgerald, "Who will be the next Microsoft CEO?", *The Wall Street Journal*, August 23, 2013, disponível em: <http://blogs.wsj.com/digits/2013/08/23/who-will-be-the-next-microsoft-ceo/>, acesso em: 21 out. 2013.
8. Ver William J. Holstein, "The view's still great from the corner office", *The New York Times*, May 8, 2005.
9. Richard L. Daft; Robert H. Lengel, *Fusion leadership: unlocking the subtle forces that change people and organizations* (San Francisco: Berrett-Koehler, 1998).
10. Leigh Buchanan, "In praise of selflessness: why the best leaders are servants", *Inc.* (May 2007): 33-35.
11. Robert K. Greenleaf, *Servant leadership: a journey into the nature of legitimate power and greatness* (Mahwah, NJ: Paulist Press, 1977)
12. "Not her father's chief executive" (entrevista com Marilyn Carlson Nelson), *U.S. News & World Report* (October 30, 2006): 64-65.
13. "*Maersk Alabama* Crew Recalls Pirate Attack", *USA TODAY*, April 16, 2009, disponível em: <www.usatoday.com/news/nation/2009-04-16-pirates_N.htm>, acesso em: 30 abr. 2009; Stacy Meichtry; Arian Campo-Flores; Leslie Scism, "Cruise Company Blames Captain", *The Wall Street Journal*, January 17, 2012, disponível em: <http://online.wsj.com/article/SB10001424052970203735304577165290656739300.html>, acesso em: 20 jan. 2012; "Death Toll of Italy's Costa Concordia Wreck Rises to 30", *Philippine Star*, March 23, 2012, disponível em: <www.philstar.com/article.aspx?articleid=790169&publicationsubcategoryid=200>, acesso em: 14 set. 2012.
14. Jena McGregor, "Lenovo CEO hands over his bonus to hourly workers – again", *Washington Post*, September 5, 2013. Disponível em: <http://www.washingtonpost.com/blogs/on-leadership/wp/2013/09/05/lenovo-ceo-hands-over-his-bonus-to-hourly-workers-again/>. Acesso em: 21 out. 2013.
15. Adam Bluestein, "Start a company. Change the world", *Inc.* (May 2011): 71-80.
16. Bill George et al., "Discovering your authentic leadership", *Harvard Business Review* (February 2007): 129-138; Bill George, *Authentic leadership: rediscovering the secrets to lasting value* (San Francisco: Jossey-Bass, 2003). Para uma revisão recente da literatura sobre liderança autêntica, ver William L. Gardner et al., "Authentic leadership: a review of the literature and research agenda", *The Leadership Quarterly* 22 (2011): 1120-1145.
17. Bill George, *Authentic leadership: rediscovering the secrets to lasting value* (San Francisco: Jossey-Bass, 2003); Bill George, "Truly authentic leadership", Reportagem especial: os melhores líderes da América, *U.S. News & World Report*, October 22, 2006, disponível em: <www.usnews.com/usnews/news/articles/061022/30authentic.htm>, acesso em: 5 out. 2010.
18. Exemplo de Michael Lee Stallard, "Great leaders connect: using their vision, values, and voice", *Leadership Excellence* (August 2012): 19.
19. Vernon Clark citado em Michael Lee Stallard; Jason Pankau, "To boost performance, connect with the core", *Leader to Leader* (Summer 2010): 51-57.
20. Judy B. Rosener, *America's competitive secret: utilizing women as a management strategy* (New York: Oxford University Press, 1995), p. 129-135.

21. Alice H. Eagly; Linda L. Carli, "The female leadership advantage: an evaluation of the evidence", *Leadership Quarterly* 14 (2003): 807-834; Rosener, *America's competitive secret*; Judy B. Rosener, "Ways women lead", *Harvard Business Review* (November-December 1990): 119-125; Sally Helgesen, *The female advantage: women's ways of leadership* (New York: Currency/Doubleday, 1990); Bernard M. Bass; Bruce J. Avolio, "Shatter the glass ceiling: women may make better managers", *Human Resource Management* 33, n. 4 (Winter 1994): 549-560; Carol Kinsey Goman, "What men can learn from women about leadership in the 21st century", *Washington Post*, August 10, 2011, disponível em: <www.washingtonpost.com/national/on-leadership/what-men-can-learn-from-women-about--leadeship/2011/08/10/gIQA4J9n6I_story.html>, acesso em: 12 set. 2012.
22. Ver Leigh Buchanan, "Between Venus and Mars", *Inc.* (June 2013): 64-74, 130.
23. Rochelle Sharpe, "As leaders, women rule" *Business Week* (November 20, 2000): 75-84.
24. Kevin S. Groves, "Gender differences in social and emotional skills and charismatic leadership", *Journal of Leadership and Organizational Studies* 11, n. 3 (2005): 30ff.
25. Jack Zenger; Joseph Folkman, "Are women better leaders than men?" HBR Blog Network, *Harvard Business Review*, March 15, 2012, disponível em: <http://blogs.hbr.org/cs/2012/03/a_study_in_leadership_women_do.html>, acesso em: 12 set. 2012; Herminia Ibarra; Otilia Obodaru, "Women and the vision thing", *Harvard Business Review* (January 2009): 62-70.
26. Susan Carey, "More women take flight in Airline operations", *The Wall Street Journal*, August 14, 2007, B1; Ann Therese Palmer, "Teacher learns all about Airline; United VP Began as Reservations Clerk, Rose Through Ranks", *Chicago Tribune*, December 24, 2006, 3.
27. Leigh Buchanan, "Pat McGovern... for knowing the power of respect", segmento em "25 entrepreneurs we love", *Inc.* (April 2004): 110-147.
28. Ver Buchanan, "Between Venus and Mars."
29. Esta analogia está em Gordon P. Rabey, "Leadership is response: a paper for discussion", *Industrial and Commercial Training* 42, n. 2 (2010): 87-92.
30. Abordagem baseada em Philip A. Dover; Udo Dierk, "The ambidextrous organization: integrating managers, entrepreneurs, and leaders", *Journal of Business Strategy* 31, n. 5 (2010): 49-58; Gary Yukl; Richard Lepsinger, "Why integrating the leading and managing roles is essential for organizational effectiveness", *Organizational Dynamics* 34, n. 4 (2005): 361-375; Henry Mintzberg, *Managing* (San Francisco: Berrett-Kohler Publishers, 2009).
31. Mathew J. Manimala; Kishinchand Poornima Wasdani, "Distributed leadership at Google: lessons from the billion-dollar brand", *Ivey Business Journal*, May-June 2013. Disponível em: <http://iveybusinessjournal.com/topics/leadership/distributed-leadership-at-google-lessons-from-the-billion-dollar-brand#.UmalkSbD91s>. Acesso em: 22 out. 2013.
32. Como descrito em Manimala; Wasdani, "Distributed leadership at Google".
33. G. A. Yukl, *Leadership in organizations* (Englewood Cliffs, NJ: Prentice Hall, 1981); S. C. Kohs; K. W. Irle, "Prophesying army promotion", *Journal of Applied Psychology* 4 (1920): 73-87.
34. R. Albanese; D. D. Van Fleet, *Organizational behavior: a managerial viewpoint* (Hinsdale, IL: The Dryden Press, 1983); S. A. Kirkpatrick; E. A. Locke, "Leadership: do traits matter?", *Academy of Management Executive* 5, n. 2 (1991): 48-60.
35. Estudos em Del Jones, "Optimism Puts Rose-Colored Tint in Glasses of Top Execs", *USA TODAY*, December 15, 2005.
36. Annie Murphy Paul, "The uses and abuses of optimism (and pessimism)", *Psychology Today* (November-December 2011): 56-63.
37. Tom Rath; Barry Conchie, *Strengths based leadership* (Gallup Press, 2009); Marcus Buckingham; Donald O. Clifton, *Now, discover your strengths* (New York: Free Press, 2001), p. 12.
38. Buckingham; Clifton, *Now, discover your strengths*.
39. Gary Yukl; Angela Gordon; Tom Taber, "A hierarchical taxonomy of leadership behavior: integrating a half-century of behavior research", *Journal of Leadership and Organizational Studies* 9, n. 1 (2002): 13-32.
40. C. A. Schriesheim; B. J. Bird, "Contributions of the Ohio State Studies to the Field of Leadership", *Journal of Management* 5 (1979): 135-145; C. L. Shartle, "Early Years of the Ohio State University Leadership Studies", *Journal of Management* 5 (1979): 126-134; R. Likert, "From production-and employee-centeredness to systems 1-4", *Journal of Management* 5 (1979): 147-156.
41. P. C. Nystrom, "Managers and the high-high leader myth", *Academy of Management Journal* 21 (1978): 325-331; L. L. Larson; J. G. Hunt; Richard N. Osborn, "The great high-high leader behavior myth: a lesson from Occam's Razor", *Academy of Management Journal* 19 (1976): 628-641.
42. Likert, "From productionand employee-centeredness to systems 1-4".

43. Robert R. Blake; Jane S. Mouton, *The managerial grid III* (Houston: Gulf, 1985).
44. Diane Brady and Matthew Boyle, "Campbell's Recipe for a CEO Yields Denise Morrison" *Bloomberg Business Week*, June 23, 2011, disponível em: <http://www.businessweek.com/magazine/content/11_27/b4235060614059.htm>, acesso em: 12 mar. 2013); Jo Napolitano, "Private sector; no, she doesn't breathe fire", *The New York Times*, September 1, 2002, disponível em: <http://www.nytimes.com/2002/09/01/business/private-sector-no-she-doesn-t-breathe-fire.html>, acesso em: 23 out. 2013.
45. Essa abordagem é baseada em Paul Hersey; Ken Blanchard, "Revisiting the life-cycle theory of leadership" in "Great ideas revisited", *Training & Development* (January 1996): 42-47; Kenneth H. Blanchard; Paul Hersey, "Life-cycle theory of leadership", in "Great ideas revisited", *Training & Development* (January 1996): 42-47; Paul Hersey, "Situational leaders: use the model in your work", *Leadership Excellence* (February 2009): 12; Paul Hersey; Kenneth H. Blanchard, *Management of organizational behavior: utilizing human resources*, 4th ed. (Englewood Cliffs, NJ: Prentice Hall, 1982). O conceito de prontidão, em Hersey, "Situational leaders".
46. Jennifer Robison, "Many paths to engagement: how very different management styles get the same great results at Mars Incorporated", *Gallup Management Journal*, January 10, 2008. Disponível em: <http://gmj.gallup.com/content/103513/Many-Paths-Engagement.aspx>. Acesso em: 31 jul. 2010.
47. Andrew Ross Sorkin, "Warren Buffett, delegator in chief", *The New York Times*, April 23, 2011. Disponível em: <www.nytimes.com/2011/04/24/weekinreview/24buffett.html>. Acesso em: 14 set. 2012.
48. Fred E. Fiedler, "Assumed similarity measures as predictors of team effectiveness", *Journal of Abnormal and Social Psychology* 49 (1954): 381-388; F. E. Fiedler, *Leader attitudes and group effectiveness* (Urbana, IL: University of Illinois Press, 1958); F. E. Fiedler, *A theory of leadership effectiveness* (New York: McGraw-Hill, 1967).
49. Fred E. Fiedler; M. M. Chemers, *Leadership and effective management* (Glenview, IL: Scott, Foresman, 1974).
50. Neal E. Boudette, "Fiat CEO sets new tone at Chrysler", *The Wall Street Journal*, June 21, 2009, disponível em: <http://online.wsj.com/article/SB124537403628329989.html>, acesso em: 14 set. 2012; Jeff Bennett; Neal E. Boudette, "Boss sweats details of Chrysler revival", *The Wall Street Journal*, January 31, 2011, A1; Kate Linebaugh; Jeff Bennett, "Marchionne upends Chrysler's ways", *The Wall Street Journal*, January 12, 2010, disponível em: <http://online.wsj.com/article/SB10001424052748703652104574652364158366106.html>, acesso em: 14 set. 2012.
51. Mark Silva, "Boehner's struggle within own party wounds house leader", *Bloomberg*, October 17, 2013, disponível em: <http://www.bloomberg.com/news/2013-10-16/boehner-s-struggle-within-own-party-wounds-house-leader.html>, acesso em: 23 out. 2013; Paul Kane; David A. Fahrenthold, "Boehner's Laid-Back Approach Is Considered Boon, Bane for House Republicans", *Washington Post*, June 29, 2013, disponível em: <http://articles.washingtonpost.com/2013-06-29/politics/40269981_1_house-republicans-immigration-legislation-house-speaker>, acesso em: 30 jun. 2013.
52. Ver George Anders, "Theory & practice: tough CEOs often most successful, a study finds", *The Wall Street Journal*, November 19, 2007.
53. Fred E. Fiedler, "Engineer the job to fit the manager", *Harvard Business Review* 43 (1965): 115-122; F. E. Fiedler; M. M. Chemers; L. Mahar, *Improving leadership effectiveness*: the leader match concept (New York: Wiley, 1976).
54. R. Singh, "Leadership style and reward allocation: does least preferred coworker scale measure tasks and relation orientation?", *Organizational Behavior and Human Performance* 27 (1983): 178-197; D. Hosking, "A critical evaluation of Fiedler's contingency hypotheses", *Progress in Applied Psychology* 1 (1981): 103-154.
55. S. Kerr; J. M. Jermier, "Substitutes for leadership: their meaning and measurement", *Organizational Behavior and Human Performance* 22 (1978): 375–403; Jon P. Howell; Peter W. Dorfman, "Leadership and substitutes for leadership among professional and nonprofessional workers", *Journal of Applied Behavioral Science* 22 (1986): 29-46.
56. Katherine J. Klein; Robert J. House, "On fire: charismatic leadership and levels of analysis", *Leadership Quarterly* 6, n. 2 (1995): 183-198.
57. Jay A. Conger; Rabindra N. Kanungo, "Toward a behavioral theory of charismatic leadership in organizational settings", *Academy of Management Review* 12 (1987): 637-647; Jaepil Choi, "A motivational theory of charismatic leadership: envisioning, empathy, and empowerment", *Journal of Leadership and Organizational Studies* 13, n. 1 (2006): 24ff; William L. Gardner; Bruce J. Avolio, "The charismatic relationship: a dramaturgical

perspective", *Academy of Management Review* 23, n. 1 (1998): 32-58.

58. Jon Katzenbach, "The Steve Jobs way", *Strategy + Business* (Summer 2012), disponível em: <www.strategy-business.com/article/00109?gko=d331b>, acesso em: 11 jun. 2012; Steve Moore, "Not bad for a hippie dropout", *Management Today* (Març h 2009): 27; Leslie Kwoh; Emma Silverman, "Bio as Bible: managers imitate Steve Jobs", *The Wall Street Journal* (March 31, 2012), B1; Miguel Helft; Claire Cain Miller, "A Deep Bench of Leadership at Apple", *The New York Times*, January 17, 2011, disponível em: <www.nytimes.com/2011/01/18/technology/18cook.html?_r=0>, acesso em: 18 jan. 2011.

59. Robert J. House; Jane M. Howell, "Personality and charismatic leadership", *Leadership Quarterly* 3, n. 2 (1992): 81-108; Jennifer O'Connor et al., "Charismatic leaders and destructiveness: a historiometric study", *Leadership Quarterly* 6, n. 4 (1995): 529-555.

60. Rob Nielsen; Jennifer A. Marrone; Holly S. Slay, "A new look at humility: exploring the humility concept and its role in socialized charismatic leadership", *Journal of Leadership and Organizational Studies* 17, n. 1 (February 2010): 33-44.

61. Robert J. House, "Research contrasting the behavior and effects of reputed charismatic vs. reputed non-charismatic leaders", pesquisa apresentada no congresso, "Charismatic leadership: theory and evidence", Academy of Management, San Diego, 1985.

62. Bernard M. Bass, "Theory of transformational leadership Redux", *Leadership Quarterly* 6, n. 4 (1995): 463-478; Noel M. Tichy; Mary Anne Devanna, *The transformational leader* (New York: John Wiley & Sons, 1986); James C. Sarros; Brian K. Cooper; Joseph C. Santora, "Building a climate for innovation through transformational leadership and organizational culture", *Journal of Leadership and Organizational Studies* 15, n. 2 (November 2008): 145-158; P. D. Harms; Marcus Crede, "Emotional intelligence and transformational and transactional leadership: a meta-analysis", *Journal of Leadership and Organizational Studies* 17, n. 1 (February 2010): 5-17.

63. Os termos *transacional* e *transformacional* vêm de James M. Burns, *Leadership* (New York: Harper & Row, 1978); Bernard M. Bass, "Leadership: good, better, best", *Organizational Dynamics* 13 (Winter 1985): 26-40.

64. Daft; Lengel, *Fusion leadership*.

65. Naomi Schaefer Riley, "Seeing Through the School Daze; Michelle Rhee Fired 241 Teachers, 36 Principals, and 22 Assistant Principals After Taking over the District's Schools", *The Wall Street Journal*, February 19, 2013, A13; Michelle Rhee; Adrian Fenty, "Review – The Education Manifesto – Michelle Rhee and Adrian Fenty on what they learned while pushing to reform D.C.'s failing public schools", *The Wall Street Journal*, October 30, 2010, C1; Jeff Chu, "The iron chancellor", *Fast Company* (September 2008): 112-143; Amanda Ripley, "Can she save our schools?", *Time* (December 8, 2008): 36-44; William McGurn, "Giving Lousy Teachers the Boot; Michelle Rhee Does the Once Unthinkable in Washington", *The Wall Street Journal*, July 27, 2010.

66. Jonathan Oosting, "StudentsFirst's Michelle Rhee Returns to Michigan as Education Reform Group Makes Mark", *MLive*, May 26, 2013. Disponível em: <http://www.mlive.com/politics/index.ssf/2013/05/studentsfirst_spotlight_michel.html>. Acesso em: 11 jun. 2013.

67. Gang Wang et al., "Transformational leadership and performance across criteria and levels: a meta--analytic review of 25 years of research", *Group & Organization Management* 36, n. 2 (2011): 223-270; Taly Dvir et al., "Impact of transformational leadership on follower development and performance: a field experiment", *Academy of Management Journal* 45, n. 4 (2002): 735-744.

68. Robert S. Rubin; David C. Munz; William H. Bommer, "Leading from within: the effects of emotion recognition and personality on transformational leadership behavior", *Academy of Management Journal* 48, n. 5 (2005): 845-858; Timothy A. Judge; Joyce E. Bono, "Five-factor model of personality and transformational leadership", *Journal of Applied Psychology* 85, n. 5 (October 2000): 751ff.

69. Rubin; Munz; Bommer, "Leading from Within".

70. A discussão sobre *followership* é baseada em John S. McCallum, "Followership: the other side of leadership", *Ivey Business Journal*, September-October 2013, disponível em: <http://iveybusinessjournal.com/topics/leadership/followership-the-other-side-of-leadership#.UmfUoybD91s>, acesso em: 23 out. 2013; Warren Bennis, "Art of followership: followers engage in an interdependent dance", *Leadership Excellence* (January 2010): 3-4; Robert E. Kelley, "In praise of followers", *Harvard Business Review* (November-December 1988): 142-148.

71. Augustine O. Agho, "Perspectives of senior-level executives on effective followership and leadership", *Journal of Leadership and Organizational Studies* 16, n. 2 (November 2009): 159-166; James M. Kouzes; Barry Z. Posner, *The leadership challenge: how to get*

extraordinary things done in organizations (San Francisco: Jossey-Bass, 1990).

72. Barbara Kellerman, "What every leader needs to know about followers", *Harvard Business Review* (December 2007): 84-91.
73. Robert E. Kelley, *The power of followership* (New York: Doubleday, 1992).
74. Michael G. Winston, "Say *no* to *yes* men", *Leadership Excellence* (November 2010): 15.
75. Kelley, *The power of followership*, p. 117-118.
76. Joann S. Lublin, "How to prove you're a keeper to a new CEO", *The Wall Street Journal*, March 8, 2013, B8.
77. Henry Mintzberg, *Power in and around organizations* (Englewood Cliffs, NJ: Prentice Hall, 1983); Jeffrey Pfeffer, *Power in organizations* (Marshfield, MA: Pitman, 1981).
78. John R. P. French, Jr.; Bertram Raven, "The bases of social power", in D. Cartwright; A. F. Zander, eds., *Group dynamics* (Evanston, IL: Row Peterson, 1960), p. 607-623.
79. Vadim Liberman, "Mario Moussa wants you to win your next argument" (Questioning Authority column), *Conference Board Review* (November-December 2007): 25-26.
80. Jay A. Conger, "The necessary art of persuasion", *Harvard Business Review* (May-June 1998): 84-95.
81. Melissa Korn, "What it's like being a middle manager today", *The Wall Street Journal*, August 6, 2013, B1.
82. Roger Yu, "Co-Workers Praise Wyndham CEO's Welcoming Demeanor,", *USA Today*, November 22, 2010. Disponível em: <www.usatoday.com/money/companies/management/profile/2010-11-22-wyndhamceo22_ST_N.htm>. Acesso em: 14 set. 2012.
83. Nancy F. Koehn, "Lincoln's School of Management", *The New York Times*, January 26, 2013; Hitendra Wadhwa, "Lessons in leadership: how Lincoln became America's Greatest President", *Inc.com*, February 12, 2012, disponível em: <http://www.inc.com/hitendra-wadhwa/lessons-in-leadership-how-abraham-lincoln-became-americas-greatest-president.html>, acesso em: 4 mar. 2013; Gil Troy; Karl Moore, "Leading from the centre: what CEOs can learn from U.S. Presidents", *Ivey Business Journal*, September-October 2010, disponível em: <http://www.iveybusinessjournal.com/topics/leadership/leading-from-the-centre-what-ceos-can-learn-from-u-s-presidents>, acesso em: 21 maio 2013.
84. Scott Wilson, "Obama, the loner president", *Washington Post*, October 7, 2011, disponível em: <http://articles.washingtonpost.com/2011-10-07/opinions/35280751_1_president-obama-politics-obama-administration>, acesso em: 8 out. 2011; Peter Nicholas, "Obama's insular white house worries his allies", *Los Angeles Times*, December 24, 2010, disponível em: <http://articles.latimes.com/2010/dec/24/nation/la-na-obama-insular-presidency-20101225>, acesso em: 25 dez. 2010.
85. Jeremy W. Peters, " Time Inc. chief executive Jack Griffin out", *The New York Times*, February 17, 2011. Disponível em: <http://mediadecoder.blogs.nytimes.com/2011/02/17/time-inc-chief-executive-jack-griffin-out/>. Acesso em: 18 fev. 2011.
86. D. Kipnis et al., "Patterns of managerial influence: shotgun managers, tacticians, and politicians", *Organizational Dynamics* (Winter 1984): 58-67.
87. Essas táticas são baseadas em "The uses (and abuses) of influence (Spotlight: entrevista com Robert Cialdini)", *Harvard Business Review* (July-August 2013): 76-81; Kipnis et al., "Patterns of managerial influence"; Robert B. Cialdini, "Harnessing the science of persuasion", *Harvard Business Review* (October 2001): 72-79.
88. Ibidem; Jeffrey Pfeffer, *Managing with power: politics and influence in organizations* (Boston: Harvard Business School Press, 1992), Chapter 13.
89. Cialdini, "Harnessing the science of persuasion".
90. V. Dallas Merrell, *Huddling: The informal way to management success* (New York: AMACOM, 1979).
91. Robert B. Cialdini, *Influence: science and practice*, 4th ed. (Boston: Pearson Allyn & Bacon, 2000).
92. Harvey G. Enns; Dean B. McFarlin, "When executives influence peers, does function matter?" *Human Resource Management* 4, n. 2 (Summer 2003): 125-142.

PARTE 5

Capítulo 16
Motivação dos funcionários

Visão geral do capítulo

O que motiva você?
Necessidades individuais e motivação
Recompensas intrínsecas e extrínsecas
Perspectivas de conteúdo no estudo da motivação
  Hierarquia das necessidades
  Teoria ERG
  Abordagem de dois fatores para a motivação
  Necessidades adquiridas
Novo gestor autoteste: necessidade de realização, afiliação e poder
Perspectivas de processo no estudo da motivação
  Estabelecimento de metas
  Teoria da equidade
  Teoria da expectativa
Perspectiva do reforço no estudo da motivação
  Reforço direto
  Teoria da aprendizagem social
Planejamento de cargos para a motivação
  Enriquecimento do cargo
  Modelo das características do cargo
Ideias inovadoras para a motivação
  Empoderar as pessoas para atender às necessidades mais relevantes
  Dar sentido ao trabalho por meio do engajamento
  Princípio do progresso

Resultados de aprendizagem

Após a leitura deste capítulo, você será capaz de:

1. Definir o que é motivação e explicar a diferença entre recompensas intrínsecas e extrínsecas.
2. Identificar e descrever as teorias de conteúdo sobre a motivação com base nas necessidades dos funcionários.
3. Identificar e explicar as teorias de processo da motivação.
4. Descrever a perspectiva de reforço e a teoria da aprendizagem social e como elas podem ser usadas para motivar os funcionários.
5. Discutir as principais abordagens para o desenho de cargos e como elas influenciam a motivação.
6. Explicar como o empoderamento aumenta a motivação dos funcionários.
7. Identificar três elementos do engajamento dos funcionários e descrever algumas formas pelas quais os gestores podem criar um ambiente de trabalho que promova o engajamento.
8. Descrever como os gestores dão às pessoas a sensação de progresso em direção a objetivos significativos para construir uma força de trabalho próspera e criar uma organização de alto desempenho.

O que motiva você?

INSTRUÇÕES: Pense em um trabalho recente ou uma tarefa de estudo específica em que você atuou sozinho. Qual foi a importância de cada um dos itens apresentados a seguir como motivo para realizar essa atividade?

	Normalmente verdadeiro	Normalmente falso
1. Recebi uma recompensa para fazê-lo.	_____	_____
2. Eu deveria realizar a tarefa.	_____	_____
3. Senti que tinha que fazer o trabalho.	_____	_____
4. Evitei as consequências negativas que ocorreriam se eu não fizesse a tarefa.	_____	_____
5. Achei a tarefa interessante.	_____	_____
6. Gostei de fazer a tarefa.	_____	_____
7. Adquiri um novo conhecimento ou habilidade.	_____	_____
8. Fiquei totalmente absorvido pela tarefa.	_____	_____

PONTUAÇÃO E INTERPRETAÇÃO: Nas afirmações de 1 a 4, atribua 1 ponto a cada item assinalado como "Normalmente verdadeiro" e anote a sua pontuação aqui: E = _____. No caso das afirmações de 5 a 8, atribua 1 ponto a cada item assinalado como "Normalmente verdadeiro" e anote a sua pontuação aqui: I = _____. As pontuações "E" e "I" representam, respectivamente, a sua motivação *extrínseca* e a *intrínseca* para essa tarefa. Cada tipo de motivação será descrita neste capítulo. Gestores e organizações costumam utilizar técnicas de motivação extrínseca, mas a intrínseca é mais satisfatória para a maioria das pessoas. Em que tipo de motivação você obteve maior pontuação? Na sua carreira, que tipo de recompensa lhe interessa: intrínseca ou extrínseca?

Quando as pessoas conseguem um emprego na Mars Incorporated, a terceira maior empresa privada dos Estados Unidos, elas raramente o deixam. A entrevista na revista *Fortune*, depois que a empresa foi incluída na lista das "100 Melhores Empresas para Trabalhar" pela primeira vez, em 2013, revelou alguns detalhes interessantes que podem explicar o porquê disso. A remuneração na Mars, fabricante de doces como M&Ms e Snickers, além de rações para animais domésticos como Pedigree e Whiskas, é muito boa, quando comparada às empresas similares. Quando as equipes mostram bom desempenho, os funcionários recebem bônus de 10% a 100% dos salários. Máquinas de venda automática oferecem doces de graça o dia inteiro, e os funcionários da divisão de rações para animais podem levar os próprios cães para o trabalho. Os funcionários precisam bater o cartão, e o pagamento fica retido se eles se atrasam – mas a política se aplica tanto aos altos executivos quanto aos trabalhadores de nível mais baixo. Vários funcionários na Mars têm um mentor para que possam aprender uma nova habilidade. Os executivos, muitas vezes, recebem orientações de funcionários mais jovens sobre como utilizar as mídias sociais. E o desenvolvimento vai além dos portões das fábricas. Todos podem tirar folgas remuneradas para prestar serviços voluntários em atividades comunitárias, como limpeza de parques, plantio de jardins ou suporte em clínicas médicas. Um programa altamente competitivo seleciona anualmente 80 ou mais pessoas que passarão até seis semanas trabalhando com parceiros ligados à Mars (como produtores de cacau) em áreas remotas de outros países.[1]

Os gestores de outras empresas estão descobrindo que criar um ambiente em que as pessoas se sentem valorizadas e percebem que têm oportunidades de crescimento e desenvolvimento é uma das chaves para a alta motivação do funcionário, que é um ingrediente essencial do sucesso organizacional. A maioria das pessoas começa um novo trabalho com energia e entusiasmo, mas os funcionários poderão perder o impulso se os gestores falharem no papel de motivadores. No entanto, a motivação é um desafio para muitos gestores porque ela surge de dentro para fora e pode ser diferente para cada pessoa. Algumas são motivadas principalmente por dinheiro. Entretanto, há aquelas que querem ser reconhecidas por seus superiores. Outras ainda encontram a principal motivação no desafio de resolver problemas complexos ou contribuir para a sociedade. Com tantas motivações diferentes entre os indivíduos, como os gestores encontram o jeito certo de motivar as pessoas em direção a objetivos organizacionais comuns?

Este capítulo analisa várias abordagens sobre a motivação dos funcionários. Primeiro, definiremos a motivação e os tipos de recompensa que os gestores usam. Em seguida, examinaremos vários modelos que descrevem as necessidades de funcionários e os processos associados à motivação. Também observaremos o uso de reforço para a motivação, explicaremos a teoria da aprendizagem social e pesquisaremos como o desenho de cargos – alterar a estrutura do próprio trabalho – pode afetar a satisfação e a produtividade do funcionário. Veremos como os gestores criam um ambiente de trabalho próspero, de modo a promover um sentido de progresso em direção às metas significativas e ajudar as pessoas a se sentir envolvidas e valorizadas no trabalho.

Necessidades individuais e motivação

A maioria de nós levanta-se de manhã, vai para a escola ou trabalho e comporta-se da forma previsível o dia todo. Todos esses comportamentos são motivados por alguma coisa, mas, em geral, não entendemos por que agimos assim ou nem pensamos nisso. **Motivação** refere-se às forças internas ou externas a uma pessoa que despertam entusiasmo e persistência para buscar determinado curso de ação. A motivação dos funcionários afeta a produtividade, e parte do trabalho do gestor é canalizar a motivação para a realização dos objetivos organizacionais.[2] Estudos constataram que a alta motivação do funcionário anda de mãos dadas com altos lucros e excelente desempenho organizacional.[3] É responsabilidade dos gestores encontrar a combinação certa de técnicas motivacionais e recompensas para satisfazer as necessidades dos trabalhadores e, ao mesmo tempo, incentivar o bom desempenho no trabalho. Um modelo simples da motivação humana é ilustrado na Figura 16.1. Pessoas têm *necessidades* – como reconhecimento, realização ou ganho monetário – que se traduzem em uma tensão interna que motiva comportamentos específicos com os quais satisfazemos várias necessidades. Quando o comportamento é bem-sucedido, a pessoa é recompensada porque a necessidade é satisfeita. A recompensa também indica que o comportamento da pessoa é apropriado e pode ser usado novamente no futuro.

Recompensas intrínsecas e extrínsecas

Os gestores que compreendem o que leva as pessoas a iniciar, alterar ou manter um comportamento desejado são motivadores muito eficientes. A Figura 16.2 apresenta quatro categorias de motivação com base em dois critérios. A dimensão vertical contrasta as recompensas intrínseca e extrínseca. A dimensão horizontal analisa os comportamentos movidos por medo ou dor com os impulsionados por crescimento ou lazer.

Recompensas intrínsecas representam a satisfação que uma pessoa sente no processo de realização de determinada ação. A conclusão de uma tarefa complexa pode conferir uma agradável sensação de realização; ou resolver um problema que beneficia os outros pode cumprir uma missão pessoal. Por exemplo, os funcionários da Salesforce.com, que presta serviços de computação em nuvem para organizações como Bank of America, Cisco, Google e o governo japonês, são motivados por estarem na "vanguarda" do processo de reinventar a forma como as empresas lidam com tarefas comuns,

FIGURA 16.1 — Modelo simples de motivação

NECESSIDADE Cria o desejo de satisfazer as necessidades (dinheiro, amizade, reconhecimento, realização) → **COMPORTAMENTO** Resulta em ações para satisfazer as necessidades → **RECOMPENSAS** Satisfazem as necessidades; recompensas intrínsecas ou extrínsecas

FEEDBACK Recompensa que informa a pessoa se o comportamento foi apropriado e se deve ser usado novamente

▶▶▶ **Conexão de conceito**

mas críticas, como vendas, relacionamento com o cliente e comunicações internas.[4] **Recompensas extrínsecas** são oferecidas por outra pessoa, geralmente um gestor, e podem incluir promoções, elogios e aumentos salariais. Elas se originam externamente, como a consequência de ter agradado aos outros. Na fábrica de Alta Gracia, na República Dominicana, de propriedade de Knights Apparel, os funcionários são motivados pela recompensa extrínseca de pagamento elevado, porque eles precisam de dinheiro para sustentar as famílias e não conseguem ganhar tão bem em nenhum outro lugar.[5]

Gestores eficazes querem que as pessoas recebam recompensas extrínsecas e intrínsecas para que possam satisfazer as próprias necessidades. O Google, por exemplo, que se baseia na filosofia de criar o "local de trabalho mais feliz e mais produtivo do mundo", fornece algumas das recompensas extrínsecas mais surpreendentes do mundo corporativo norte-americano – café da manhã, almoço e jantar de graça, massagens subsidiadas, aulas gratuitas de ioga e Pilates, centros de ginástica, e de lanches, bebidas e doces gratuitos o dia todo. A sede tem ainda áreas de lazer, lanchonetes, cafés, bares e espaços de conversação aconchegantes, bem como salas de conferência e escritórios, muitos deles com mesas projetadas pelos próprios engenheiros que as utilizarão. No entanto, a motivação mais forte do funcionário parece vir do senso de comunidade e apoio que esses benefícios generosos criam, em vez de partir das próprias regalias. O Google analisa dados sobre tudo para ver como as pessoas estão interagindo. De acordo com Ben Waber, autor de *People analytics*, a criatividade requer "interação para descobertas. Para que isso aconteça, você precisa formar uma comunidade. Trata-se da antítese do antigo modelo de fábrica, onde as pessoas eram apenas peças de uma máquina".[6] As vantagens ajudam a manter as pessoas felizes, mas o sentido de propósito e compromisso que elas têm com o trabalho as mantêm motivadas dia após dia.

Os quadrantes representam abordagens diferentes para motivar as pessoas.[7] Os quadrantes 1 e 2 são abordagens negativas para a motivação. O quadrante 1 utiliza métodos extrínsecos negativos, como ameaças ou punições, para levar as pessoas ao desempenho desejado. Por exemplo, algumas empresas descobriram que penalizar funcionários por fumar ou estar acima do peso com a cobrança extra pelo seguro de saúde é uma forma eficaz de mudar comportamentos e reduzir os custos com o seguro oferecido

O lema da The Container Store é o seguinte: uma pessoa excelente equivale a três pessoas boas. Na imagem, uma *designer* de sistemas de armazenagem trabalha com um casal para conceber o Elfa, um organizador personalizado. A competição é acirrada para ser contratado nesta empresa varejista, que têm estado, todos os anos desde 2000, na lista da revista *Fortune* das 100 Melhores Empresas para Trabalhar na América. Os funcionários recebem **recompensas intrínsecas** por saber que foram selecionados. Em sintonia com o lema da empresa, a The Container Store também fornece **recompensas extrínsecas**: salários maiores que a média do setor e outros benefícios.

FIGURA 16.2 Quatro categorias de motivação que os gestores podem usar

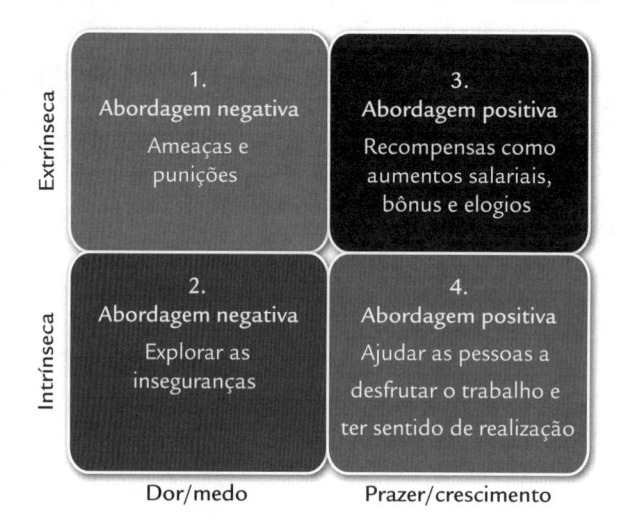

	Dor/medo	Prazer/crescimento
Extrínseca	1. Abordagem negativa — Ameaças e punições	3. Abordagem positiva — Recompensas como aumentos salariais, bônus e elogios
Intrínseca	2. Abordagem negativa — Explorar as inseguranças	4. Abordagem positiva — Ajudar as pessoas a desfrutar o trabalho e ter sentido de realização

FONTE: Baseada em Bruce H. Jackson, "Influence behavior; become a master motivator", *Leadership Excellence* (April 2010): 14.

pela empresa. A prática está crescendo, e os líderes citam pesquisas de ciência comportamental que mostram que as pessoas, em geral, respondem com mais intensidade à perda em potencial (como a penalização financeira por não perder peso), conhecida como *aversão à perda*, do que ao ganho desejado (como a recompensa financeira por perder peso). No Michelin North America, os funcionários que estão acima do peso passaram a pagar mil dólares a mais pela cobertura do plano de saúde a partir de 2014. A participação no programa de avaliação de risco à saúde humana na Mohawk Industries aumentou 97% depois que os líderes começaram a penalizar os funcionários em cem dólares se não aderissem. No passado, a empresa ofereceu recompensas pela participação, mas as taxas de participação continuavam baixas, o que provocou a mudança para as penalidades.[8] Os métodos do quadrante 2 tentam motivar as pessoas explorando as inseguranças ou ansiedades delas. Por exemplo, um gestor pode motivar as pessoas a trabalhar duro ao enfatizar a crise econômica e a alta taxa de desemprego. Os métodos dos quadrantes 1 e 2 podem ser realmente eficazes, já que o medo é um motivador poderoso.[9] No entanto, usar o medo para motivar as pessoas nas organizações quase sempre traz consequências negativas para o desenvolvimento dos funcionários e o desempenho em longo prazo.

Os quadrantes 3 e 4 representam abordagens motivacionais positivas. Os métodos do quadrante 3 tentam influenciar o comportamento por meio de recompensas extrínsecas que geram satisfação. Na Hilcorp Energy, por exemplo, os gestores ofereceram aos funcionários a oportunidade de ganhar, cada um, um bônus de 50 mil dólares se ajudassem a organização a cumprir a meta de crescimento.[10] Muitos gestores têm constatado que pequenas recompensas inesperadas, como cartões de presente, garrafas de água ou vale-pizzas, são motivadores extrínsecos altamente eficazes. Quando as pessoas não esperam uma recompensa, esta pode ter um impacto psicológico desproporcional.[11] Essa abordagem motivacional positiva é útil, mas limitada. Recompensas externas são importantes, mas podem perder o poder como ferramentas motivacionais com o passar do tempo. Os gestores mais eficazes também enfatizam as técnicas do quadrante 4, que exploram a energia e o compromisso pessoais profundos dos funcionários para ajudá-los a obter recompensas intrínsecas pelo trabalho. Por exemplo, em um local de trabalho *bossless*, onde ninguém está dizendo às pessoas o que fazer nem mantendo o controle sobre o que fazem, os gestores precisam de pessoas que possam agir com base na própria motivação. O boxe "Conversa com gestores" descreve técnicas de motivação que os gestores adotam em um ambiente de trabalho *bossless*.

Na Morrison Management Specialists, que fornece alimentos, nutrição e serviço de refeições para a indústria da saúde e do bem-estar de idosos, os gestores oferecem cursos de formação denominados "Nossa Grande Parceria" e se esforçam para ajudar as pessoas a entender como os seus postos de trabalho fazem a diferença na vida das pessoas idosas ou doentes. Um programa de reconhecimento conhecido como "People First" dá aos funcionários a chance de reconhecerem uns aos outros por um excelente serviço.[12]

Lembre-se disto

- **Motivação** é o despertar do entusiasmo e da persistência para buscar determinado curso de ação.
- Todos os comportamentos são motivados por algo, como o desejo de satisfazer as necessidades de dinheiro, o reconhecimento, a amizade ou o sentimento de realização.
- **Recompensas intrínsecas** referem-se à satisfação que uma pessoa sente no processo de realização de determinada ação.
- **Recompensas extrínsecas** são oferecidas por outra pessoa, como um gestor, e incluem aumentos salariais, promoções e elogios.
- As pessoas podem ser levadas a agir por medo, mas bons gestores evitam essa tática para motivar as pessoas porque ela prejudica o comprometimento dos funcionários e o desempenho em longo prazo.
- Além de oferecerem recompensas extrínsecas adequadas, os gestores eficazes tentam ajudar as pessoas a obter recompensas intrínsecas com o trabalho.

Perspectivas de conteúdo no estudo da motivação

Teorias de conteúdo enfatizam as necessidades que motivam as pessoas. A qualquer momento, as pessoas têm diversas necessidades, as quais se traduzem no impulso interno que motiva comportamentos específicos na tentativa de satisfazê-las. Em outras palavras, nossas necessidades são como um catálogo oculto das coisas que queremos e para as quais vamos trabalhar para conseguir. À medida que os gestores entendem as necessidades de sua equipe, eles podem planejar sistemas de recompensas e direcionar as prioridades dos funcionários para a conquista dos objetivos organizacionais.

Hierarquia das necessidades

A teoria de conteúdo mais famosa foi desenvolvida por Abraham Maslow.[13] A **teoria da hierarquia das necessidades** de Maslow propõe que as pessoas são motivadas por várias necessidades, as quais existem em ordem hierárquica, conforme mostra a Figura 16.3.

Maslow identificou cinco tipos gerais de necessidade motivadora, os quais são listados a seguir em ordem de ascensão:

1. *Necessidades fisiológicas.* Essas necessidades físicas humanas mais básicas incluem alimentação, água e oxigênio. No ambiente organizacional, elas se refletem nas necessidades de temperatura, ar e salários-base adequados para garantir a sobrevivência.

2. **Necessidades de segurança.** Referem-se a um ambiente físico e emocional seguro e livre de ameaças, isto é, um ambiente livre de violência e uma sociedade ordenada. No local de trabalho, as necessidades de segurança refletem aspectos relacionados

Conversa com GESTORES

Como motivar em um ambiente *bossless*

Como as empresas achatam as hierarquias e eliminam gestores, os colaboradores motivados são especialmente importantes. Em uma organização verdadeiramente *bossless*, ninguém está avaliando a participação nem monitorando o trabalho. Pessoas e equipes agem por conta própria. Uma organização que quer se tornar um ambiente *bossless* deve considerar os seguintes métodos de motivação:

- **Não esconda informações.** Na Menlo Innovations, informações sobre os fatores motivacionais são tão abertas que um funcionário novo pode se sentir exposto. Um quadro exibe os nomes, cargos e níveis de remuneração de todos os funcionários. Em resposta à pergunta sobre qual a sensação de ter o seu salário visível aos colegas, um funcionário respondeu: "É libertador".

- **Confie nas recompensas intrínsecas.** As pessoas que trabalham na empresa de *Web design* DreamHost entendem que a forma de motivar os funcionários está mudando. De acordo com o CEO Simon Anderson, "Há vinte anos, eram salários mais elevados. Agora, é mais sobre achar o seu trabalho significativo e interessante". Chris Rufer, fundador da processadora de tomates Morning Star, descreve a sua empresa como profundamente humana, uma cultura que alimenta os espíritos dos trabalhadores porque as relações entre os membros são profundas e substanciais.

- **Permita que as pessoas se apropriem do objetivo.** Na Morning Star, os objetivos, não os supervisores, são usados para motivar. Um separador de tomates se compromete a separar uma quantidade predeterminada de tomates por dia, por exemplo. A pessoa responsável por ajudar a evaporar a água da polpa do tomate assina um acordo para evaporar um número específico de litros de água toda semana. Com um objetivo claro, as pessoas fazem os trabalhos sozinhas.

- **Recompense a equipe.** Em um ambiente *bossless*, a realização está, em geral, ligada à equipe. Por isso, o trabalho individual não significa nada até que ele se encaixe em um projeto maior que exija o apoio dos colegas. Recompensas individuais são substituídas por conquistas compartilhadas. Ser amigável e prestativo é mais importante que a escalada pessoal e a busca por recompensas. Na Menlo Innovations e outras empresas *bossless*, as equipes tomam decisões sobre contratações, além de decidirem sobre promoções, exonerações e demissões.

- **Contrate atitude em vez de aptidão.** A contratação de trabalhadores que têm iniciativa própria e sabem trabalhar em equipe pode ser essencial para manter um sistema de trabalho *bossless*. Técnicos excepcionais que são pessoas ruins envenenam a cultura. Segundo Cissy Pau, da Clear HR Consulting, os funcionários "precisam saber o que fazer, como e quando".

- **Reinvente a gestão.** Para Thomas Davenport, coautor de *Manager redefined*, os gestores têm que aprender a motivar de uma forma diferente: "Ninguém vem para o trabalho no mundo do século XXI e diz: 'Por favor, gerencie-me'. As pessoas dizem, 'Crie um ambiente onde eu possa ter sucesso'". Os gestores devem aprender a se ver como um trabalhador entre iguais, em vez de alguém que está acima dos outros. Seu trabalho agora é apoiar as pessoas ao seu redor, remover os obstáculos e incentivar um trabalho melhor, que se assemelhe à "liderança servidora", descrita no Capítulo 15.

Fontes: Matthew Shaer, "The boss stops here", *New York Magazine* (June 24–July 1, 2013): 25-34; Knowledge@Wharton, "Going boss-free: Utopia or 'Lord of the Flies?'", August 1, 2012, disponível em: <http://www.theglobeandmail.com/report-on-business/small-business/sb-managing/human-resources/the-bossless-office-motivational-experience-or-invitation-to-anarchy/article4601671/>; Shelley White, "The bossless office: motivational experience or invitation to anarchy?", October 11, 2012, disponível em: <http://www.theglobeandmail.com/report-on-business/small-business/sb-managing/human-resources/the-bossless-office-motivational-experience-or-invitation-to-anarchy/article4601671/>; Ilya Pozin, "Want happier employees? Get rid of the bosses", *Inc.*, June 18, 2012, disponível em: <http://www.inc.com/ilya-pozin/want-happier-employees-get-rid-of-the-bosses.html>.

a empregos seguros, benefícios e segurança no trabalho. Em consequência da economia fraca e da alta taxa de desemprego nos últimos anos, as necessidades de segurança se tornaram prioridade para muitas pessoas. Uma pesquisa recente sobre satisfação no trabalho indicou que a estabilidade foi o quesito mais importante, seguido por bons benefícios.[14] Quando os gestores da Burgerville, uma cadeia regional de restaurantes com sede em Vancouver, em Washington, começaram a pagar pelo menos 90% das mensalidades dos planos de saúde para os funcionários que trabalhavam pelo menos 20 horas por semana, a rotatividade despencou, os funcionários começaram a trabalhar mais para conseguir mais horas (delegadas com base no desempenho), o serviço melhorou, e as vendas aumentaram.[15]

TEMA RECENTE

3. *Necessidades afetivas.* Refletem o desejo de um indivíduo ser aceito pelos pares, ter amizades, fazer parte de um grupo e ser amado. Na organização, essas necessidades influenciam o desejo de manter boas relações com os colegas de trabalho, participar de um grupo de trabalho e ter relação positiva com os supervisores. Em algumas fábricas chinesas, os líderes têm ido além de incentivos financeiros para tentar atender às necessidades afetivas dos funcionários com concursos de canto no trabalho no estilo *American Idol*, salas de *karaoke*, jantares com os gestores e outras formas de transmitir o propósito maior da contribuição dos funcionários.[16]

4. *Necessidades de reconhecimento.* Relacionam-se ao desejo de autoimagem positiva e atenção, reconhecimento e apreciação dos outros. Dentro das organizações, as necessidades de reconhecimento refletem a motivação para a apreciação, o aumento de responsabilidade, o *status* elevado e o crédito pelas contribuições para a empresa. Um exemplo vem da Intuit, onde Jennifer Lepird passou semanas trabalhando horas extenuantes em um grande negócio de aquisição. Depois do negócio fechado, Lepird ficou encantada quando obteve uma nota de agradecimento de seu gestor, além de um pequeno certificado de presente, porque ele satisfez sua necessidade de se sentir apreciada. De acoro com Lepird, "O fato de que alguém gastou seu tempo para reconhecer meu esforço fez as longas horas desaparecerem".[17]

5. *Necessidades de autorrealização.* A necessidade de autorrealização é a categoria mais elevada, referindo-se ao desenvolvimento do pleno potencial do indivíduo, de modo a aumentar suas competências, tornando-o uma pessoa melhor. Esse tipo de necessidade poderá ser atendida se as pessoas tiverem a oportunidade de crescer, ser criativas e adquirir treinamento e capacitação para tarefas desafiadoras.

FIGURA 16.3 Hierarquia das necessidades de Maslow

Necessidades superiores ↑

Hierarquia das necessidades

- Necessidades de autorrealização
- Necessidades de reconhecimento
- Necessidades afetivas
- Necessidades de segurança
- Necessidades fisiológicas

Satisfação no trabalho

- Oportunidades para avanço, autonomia, crescimento e criatividade
- Reconhecimento, aprovação, *status* elevado e mais responsabilidades
- Grupos de trabalho, clientes, colegas de trabalho e supervisores
- Trabalho seguro, benefícios especiais e segurança no trabalho
- Temperatura, ar e salário-base adequados

↓ Necessidades inferiores

Faça uma pausa

Como novo gestor, reconheça que algumas pessoas precisam satisfazer principalmente as necessidades de nível inferior, como as fisiológicas e de segurança, enquanto outras estão mais voltadas às necessidades superiores. Para descobrir que necessidades inferiores e superiores motivam você, faça o teste proposto na seção "Aplique suas habilidades: exercício vivencial", no material complementar.

Segundo a teoria de Maslow, as necessidades inferiores são prioridade e devem ser satisfeitas antes que as de ordem superior sejam ativadas. As necessidades são satisfeitas em sequência: as fisiológicas vêm antes das necessidades de segurança, as de segurança antes das afetivas e assim por diante. Uma pessoa que anseia por segurança física se esforçará para garantir um ambiente mais seguro e não estará preocupada com necessidades de reconhecimento e autorrealização. Depois que uma necessidade é satisfeita, ela diminui em importância, e a próxima mais importante é ativada.

Um estudo com os funcionários do departamento de manufatura de uma grande empresa de saúde no Reino Unido sustenta, de alguma forma, a teoria de Maslow. A maioria dos trabalhadores da linha de produção afirmou que trabalhava na empresa principalmente por causa da boa remuneração, dos benefícios e da segurança do ambiente. Assim, as necessidades fisiológicas e de segurança dos funcionários estavam sendo atendidas. Quando questionados sobre o que os motivava, os funcionários indicaram a importância das relações sociais positivas tanto com os colegas quanto com os supervisores (necessidades afetivas) e o desejo de mais respeito e reconhecimento por parte da gestão (necessidades de reconhecimento).[18]

Teoria ERG

Clayton Alderfer propôs uma modificação na teoria de Maslow com o objetivo de simplificá-la e responder às críticas sobre a falta de verificação empírica.[19] A **teoria ERG** (*existence, relatedness, growth*) de Alderfer – conhecida em português como teoria ERC – identificou três categorias de necessidades:

Conexão de conceito ◂◂◂

1. *Necessidades de existência.* Referentes às necessidades de bem-estar físico.
2. *Necessidades de relacionamento.* Referentes às necessidades de relacionamentos satisfatórias com as outras pessoas.
3. *Necessidades de crescimento.* Incidem sobre o desenvolvimento do potencial humano e o desejo de crescimento pessoal e competência elevada.

O modelo ERG e a hierarquia das necessidades de Maslow são semelhantes, pois ambos usam uma forma hierárquica e presumem que os indivíduos se movem, passo a passo, em direção ascendente na hierarquia. No entanto, Alderfer reduziu o número de categorias para três e propôs que o movimento ascendente na hierarquia seja mais complexo, o que reflete o **princípio de frustração-regressão**: ou seja, a incapacidade de atender a uma necessidade superior pode provocar a regressão em uma necessidade inferior já atendida. Assim, um trabalhador que não satisfaz uma necessidade de crescimento pessoal pode regredir e assumir uma necessidade de ordem inferior, redirecionando seus esforços para ganhar dinheiro. Portanto, o modelo ERG é menos rígido do que a hierarquia das necessidades de Maslow, sugerindo que os indivíduos podem se mover para baixo e para cima na hierarquia, o que dependerá da capacidade deles de satisfazer necessidades. As

Os profissionais da geração Y, que, de acordo com seus gestores, se apresentam para o trabalho com autoestima de sobra, muitas vezes passam diretamente das **necessidades de existência** para as **de crescimento**. Uma vez satisfeitos com o fato de estarem recebendo remuneração justa, o que os funcionários jovens mais querem é treinamento. De fato, estudos recentes constataram que os entrevistados escolheram o treinamento em uma lista de benefícios com três vezes mais frequência que um bônus em dinheiro. Há uma razão prática para esse interesse por crescimento pessoal: a geração Y sabe que precisa adquirir habilidades que irão torná-los candidatos atraentes a uma vaga. Ao contrário de muitos veteranos, os indivíduos da geração Y não pretendem trabalhar a vida toda para um único empregador.

teorias sobre a hierarquia das necessidades explicam por que as organizações encontram formas de reconhecer os funcionários, incentivar a participação na tomada de decisões e oferecer a eles oportunidades de fazer contribuições significativas para a empresa e a sociedade.

Muitas empresas têm constatado que a criação de um ambiente de trabalho humano que permite às pessoas alcançar o equilíbrio entre o trabalho e a vida pessoal também é um grande motivador superior.

Forma inovadora
Johnson Storage & Moving

Os empregados com baixos salários por hora não ganham as regalias do mundo corporativo, mas alguns gestores estão testando uma abordagem nova e improvável – permitir que os horistas realizem alguns trabalhos em casa, definam os próprios horários ou tenham mais controle sobre seus horários.

Na Johnson Storage & Moving, com sede em Centennial, no Colorado, e operações em cinco Estados, os funcionários administrativos, o pessoal de *call center* e os despachantes maiores de 16 anos têm sido capazes de trabalhar de forma remota ou em horários escolhidos por eles. Entre os trabalhadores que desfrutaram dessa política flexível, não houve quase nenhuma rotatividade nesse período. É claro que os funcionários de empresas de mudança e armazenamento não podem trabalhar de casa, mas Jin Johnson, presidente da Johnson Storage & Moving, lhes dá o máximo de controle possível sobre os horários de entrada e saída, o que reduziu significativamente as faltas, os atrasos e a rotatividade.

Os gestores de outras empresas também estão dando aos trabalhadores manuais mais flexibilidade. A Turck Inc., fabricante de equipamentos de automação de Plymouth, em Minnesota, está avaliando um projeto para deixar as pessoas fazerem alguns trabalhos em casa. De acordo com a supervisora de produção Dee Comeau, "Temos muitos produtos, em que, literalmente, você só precisa sentar lá e colocar um rótulo. Honestamente, isso pode ser feito em qualquer lugar".[20]

Algumas empresas vão além da flexibilidade do trabalho. Na J. A. Coulter & Associates, uma empresa de seguros e consultoria de investimentos de New Richmond, em Wisconsin, os funcionários podem ir e vir quando quiserem, e não precisam dizer a ninguém aonde estão indo ou por que, desde que façam os trabalhos que lhes caibam. Segundo Shannon Mehls, que trabalha como assistente de um dos consultores de investimento seniores da Coulter, os funcionários se sentem agora como "miniempreendedores", pois administram os próprios horários e focam os resultados, em vez de apenas trabalharem 40 horas e receberem o salário.[21] Embora nem todos os gestores se sintam confortáveis trabalhando em um ambiente em que os funcionários vêm e vão como quiserem, há evidências de que as pessoas com mais controle sobre o próprio horário de trabalho são significativamente menos propensas a se sentir frustradas e desmotivadas, além de mostrarem mais comprometimento com os empregadores.[22]

Durante a recente crise econômica, algumas empresas descobriram que a flexibilidade é uma ótima forma de reduzir os custos da folha de pagamento, enquanto retém e motiva funcionários que se sentem valorizados. A empresa de contabilidade KPMG tentou um programa chamado Futuros Flexíveis, que ofereceu aos funcionários das operações britânicas várias opções: (1) ter uma semana de trabalho de quatro dias e sofrer um corte de pagamento de 20%; (2) optar por um miniano sabático com 30% do salário-base; (3) selecionar a combinação destes; ou (4) permanecer com o programa de emprego atual. Mais de 80% dos funcionários escolheram uma das opções flexíveis. Outras empresas têm implementado programas similares com grande sucesso.[23]

ABORDAGEM DE DOIS FATORES PARA A MOTIVAÇÃO

Frederick Herzberg desenvolveu outra teoria conhecida sobre a motivação: *teoria dos dois fatores*.[24] Herzberg entrevistou centenas de trabalhadores sobre momentos em que eles estavam altamente motivados para trabalhar e momentos em que estavam insatisfeitos e desmotivados. As descobertas sugerem que as características de trabalho associadas à insatisfação foram bastante diferentes das relacionadas com a satisfação, o que levou à noção de que dois fatores influenciam a motivação no trabalho.

A teoria dos dois fatores é ilustrada na Figura 16.4. O centro da escala é neutro, o que significa que os trabalhadores não estão nem satisfeitos nem insatisfeitos. Herzberg acreditava que duas dimensões completamente diferentes contribuíam para o comportamento de um funcionário no emprego. A primeira, denominada **fatores de higiene**, envolve a presença ou ausência de insatisfações com o trabalho, como condições de trabalho, salários, políticas da empresa e relações interpessoais. Quando os fatores de higiene são ruins, o trabalho é insatisfatório. No entanto, bons fatores de higiene apenas removem a insatisfação; estes, por si sós, não permitem que as pessoas se sintam altamente satisfeitas e motivadas.

O segundo conjunto de fatores é capaz de influenciar a satisfação no trabalho. Os **motivadores** focam as necessidades superiores e incorporam realização, reconhecimento, responsabilidade e oportunidade de crescimento. Segundo Herzberg, quando não há motivadores, os trabalhadores são neutros em relação ao trabalho, mas, quando alguém assume esse papel, eles se sentem altamente motivados e satisfeitos. Assim, fatores de higiene e a presença de motivadores representam dois elementos distintos que influenciam o grau de motivação. Fatores de higiene atuam apenas na área da insatisfação. Condições de trabalho inseguras ou um ambiente de trabalho barulhento deixarão as pessoas insatisfeitas, mas a correção desses aspectos não levará a um alto nível de motivação e satisfação. Motivadores como desafio, responsabilidade e reconhecimento devem estar presentes antes que os funcionários sejam altamente incentivados a prosperar no trabalho.

Entre os gestores, há uma crescente preocupação com a importância do reconhecimento dos funcionários, pois as duras condições econômicas dificultaram o hábito de recompensar as pessoas com grandes aumentos salariais. O mais recente relatório do

FIGURA 16.4
Teoria dos dois fatores de Herzberg

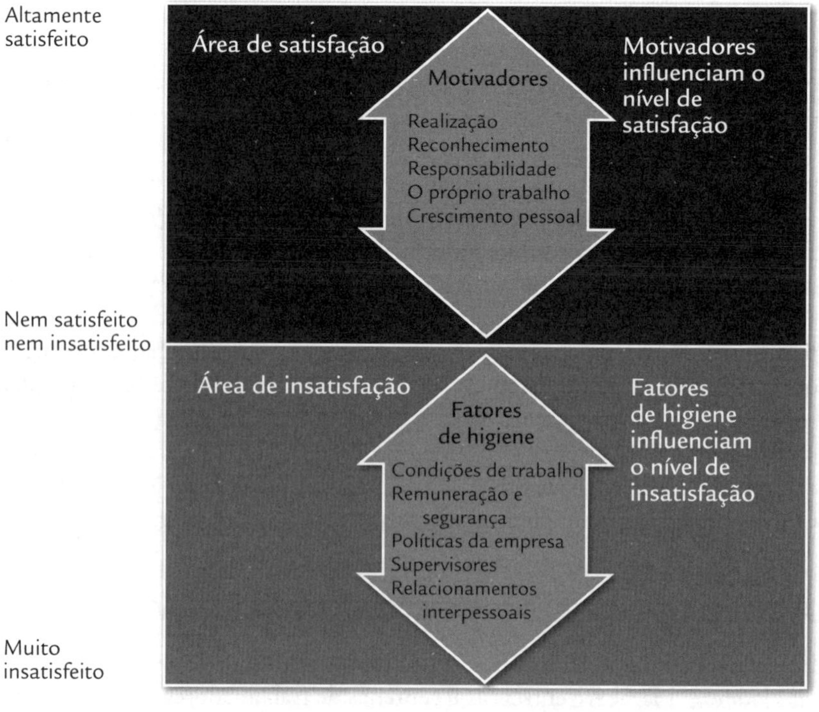

Altamente satisfeito

Área de satisfação

Motivadores
Realização
Reconhecimento
Responsabilidade
O próprio trabalho
Crescimento pessoal

Motivadores influenciam o nível de satisfação

Nem satisfeito nem insatisfeito

Área de insatisfação

Fatores de higiene
Condições de trabalho
Remuneração e segurança
Políticas da empresa
Supervisores
Relacionamentos interpessoais

Fatores de higiene influenciam o nível de insatisfação

Muito insatisfeito

instituto de pesquisa Globoforce Mood Tracker indicou que o reconhecimento por esforços aumenta a motivação, de acordo com 82% dos funcionários entrevistados. "Isso me fazia trabalhar mais, querer vir para o trabalho todos os dias, e eu estava orgulhoso de trabalhar para o meu chefe", contou um entrevistado. A falta de reconhecimento foi a segunda razão mais citada para a saída de um emprego entre os trabalhadores em busca de nova oportunidade de trabalho.[25]

Para os gestores, a implicação da teoria dos dois fatores é clara. Por um lado, fornecer os fatores de higiene elimina o descontentamento dos funcionários, mas não os levará a níveis elevados de realização. Por outro lado, o reconhecimento, os desafios e as oportunidades de crescimento pessoal são motivadores poderosos capazes de promover satisfação e alto desempenho. O papel do gestor é eliminar insatisfações – ou seja, fornecer suficientes fatores de higiene para satisfazer as necessidades básicas – e, em seguida, usar motivadores para atender às necessidades superiores e impulsionar os funcionários para a realização e a satisfação.

NECESSIDADES ADQUIRIDAS

A *teoria das necessidades adquiridas*, desenvolvida por David McClelland, propõe que certos tipos de necessidade são adquiridos durante a vida do indivíduo. Em outras palavras, as pessoas não nascem com essas necessidades, mas podem aprendê-las com as experiências de vida.[26] As três necessidades estudadas com mais frequência são as seguintes:

- *Necessidade de realização.* O desejo de fazer algo difícil, atingir um alto padrão de sucesso, dominar tarefas complexas e superar os outros.
- *Necessidade de afiliação.* O desejo de formar relacionamentos pessoais próximos, evitar conflitos e estabelecer amizades calorosas.
- *Necessidade de poder.* O desejo de influenciar ou controlar os outros, ser responsável por eles e ter autoridade sobre eles.

> **Faça uma pausa**
>
> Você tem mais necessidade de realização, afiliação, ou poder? Para saber mais sobre quais necessidades motivam você, faça o "Autoteste do novo gestor" apresentado a seguir.

Em geral, as primeiras experiências de vida determinam se as pessoas adquirirão essas necessidades. Se as crianças são incentivadas a fazer as coisas por si mesmas, elas poderão adquirir a necessidade de realização. Se são incentivadas a formar relações humanas calorosas, poderão desenvolver a necessidade de afiliação. Se obtêm satisfação em controlar as outras pessoas, adquirirão a necessidade de poder.

Por mais de 20 anos, McClelland estudou as necessidades humanas e as implicações para a gestão. As pessoas com necessidade elevada de *realização* são geralmente empreendedoras. Os indivíduos com necessidade elevada de *afiliação* são integradores de sucesso, cujo propósito é coordenar o trabalho de vários departamentos na organização. Integradores incluem gestores de marcas e de projetos que devem ter excelentes habilidades interpessoais. A necessidade acentuada de poder está frequentemente associada ao sucesso na conquista de objetivos nos níveis superiores da hierarquia organizacional.[27] Por exemplo, McClelland estudou os gestores da AT&T por 16 anos e descobriu que aqueles com grande necessidade de poder eram mais propensos a seguir a trajetória de progresso contínuo ao longo do tempo. Mais da metade dos funcionários de níveis superiores tinha necessidade elevada de poder. Em contrapartida, os gestores com elevada necessidade de realização, mas baixa necessidade de poder, tendiam a atingir o pico profissional no início das carreiras e em níveis inferiores de gestão. A explicação para isso é que as necessidades de realização podem ser satisfeitas pela tarefa em si, mas as de poder só podem ser alcançadas por meio da ascensão a um nível hierárquico que permita que se tenha poder sobre os outros.

Em suma, as teorias de conteúdo se concentram nas necessidades subjacentes das pessoas e classificam as necessidades específicas que motivam o comportamento. As teorias da hierarquia das necessidades, ERG, dos dois fatores e das necessidades adquiridas podem ajudar os gestores a entender o que motiva as pessoas. Dessa forma, eles podem planejar o trabalho para satisfazer as necessidades e, consequentemente, provocar comportamentos de trabalho adequados e satisfatórios.

NOVO GESTOR — Autoteste

Necessidade de realização, afiliação e poder

Instruções: Neste teste, indique as situações com as quais mais se identifique. Em cada grupo de afirmações a seguir, atribua o número "3" ao item que mais tenha a ver com você, "2" ao item que não se identifique totalmente e "1" ao item que mais se distancie de sua personalidade.

1. _____ a. Gosto de dar o melhor de mim em tudo o que faço.
   _____ b. Gosto de formar novas amizades.
   _____ c. Gosto de dizer às outras pessoas como devem fazer o trabalho delas.

2. _____ a. Gosto de dizer que executei muito bem um trabalho difícil.
   _____ b. Gosto de manter laços fortes com meus amigos.
   _____ c. Gosto de assumir responsabilidades e obrigações.

3. _____ a. Gosto de realizar tarefas que exigem habilidade e esforço.
   _____ b. Gosto de compartilhar as coisas com meus amigos.
   _____ c. Gosto de ser chamado para resolver disputas e litígios entre as outras pessoas.

4. _____ a. Gosto de ser bem-sucedido nas coisas que faço.
   _____ b. Gosto de fazer coisas para os meus amigos.
   _____ c. Gosto de ser capaz de persuadir os outros a fazer o que quero.

5. _____ a. Gosto de buscar satisfação ao realizar uma tarefa difícil.
   _____ b. Gosto de conhecer pessoas novas.
   _____ c. Gosto de ser considerado um líder pelos outros.

6. _____ a. Gostaria de ser uma autoridade reconhecida na minha área de atuação.
   _____ b. Gosto de participar de grupos em que os membros têm sentimentos calorosos e simpáticos uns pelos outros.
   _____ c. Quando faço parte de um grupo, gosto de tomar as decisões sobre o que vamos fazer.

7. _____ a. Gosto de enfrentar os desafios difíceis do trabalho.
   _____ b. Gosto de fazer o maior número de amigos que puder.
   _____ c. Gostaria de ser um poderoso executivo ou político.

Pontuação e interpretação: Calcule sua pontuação da seguinte forma:

Necessidade de realização = 1a + 2a + 3a + 4a + 5a + 6a + 7a = _____

Necessidade de afiliação = 1b + 2b + 3b + 4b + 5b + 6b + 7b = _____

Necessidade de poder = 1c + 2c + 3c + 4c + 5c + 6c + 7c = _____

A pesquisa de David McClelland constatou que algumas necessidades humanas são aprendidas durante as primeiras experiências de vida, e as três que ele estudou são necessidades pessoais de realização, afiliação e poder. Realização significa a necessidade de prosperar; afiliação, a necessidade de relações harmoniosas; e poder, a necessidade de dirigir e influenciar os outros. Uma das três necessidades é, em geral, mais forte que as outras para a maioria das pessoas. Quanto maior for a sua pontuação em uma necessidade, mais forte ela será e mais intensamente guiará o seu comportamento. O que as forças relativas das três necessidades significam para você? Se você souber alinhar a sua carreira à utilização e satisfação de suas necessidades mais fortes, terá mais chances de sucesso.

Fontes: Baseado em Joel B. Bennett, "Power and influence as distinct personality traits: development and validation of a psychometric measure", *Journal of Research in Personality* 22 (1988): 361-394; Yongmei Liu; Jun Liu; Longzeng Wu, "Are you willing and able? Roles of motivation, power, and politics in career growth", *Journal of Management* 36, n. 6 (2010): 1432-1460.

Lembre-se disto

- **Teorias de conteúdo** enfatizam as necessidades que motivam as pessoas.
- A teoria de conteúdo mais conhecida é a **teoria da hierarquia das necessidades** de Maslow, segundo a qual as pessoas são motivadas por cinco categorias de necessidades – fisiológicas, de segurança, afetivas, de reconhecimento e autorrealização – que existem em uma ordem hierárquica.
- A **teoria ERG** é uma modificação da hierarquia das necessidades e propõe três categorias de necessidades: existência, relacionamento e crescimento.
- O **princípio da frustração-regressão** representa a ideia de que o não cumprimento de uma necessidade de ordem superior pode causar a regressão para uma necessidade de ordem inferior já satisfeita; assim, as pessoas podem se mover tanto para cima quanto para baixo na hierarquia das necessidades.
- Permitir que as pessoas possam controlar o próprio horário de trabalho e oferecer-lhes oportunidades de contribuir com suas ideias são duas estratégias que os gestores adotam para atender às necessidades superiores dos funcionários.
- A Johnson Storage & Moving permite que a equipe administrativa trabalhe de forma remota ou escolha os horários em que querem trabalhar. Além disso, os motoristas e o pessoal do depósito são responsáveis pelo próprio horário de entrada e saída.
- Os **fatores de higiene,** um dos elementos da teoria dos dois fatores de Herzberg, concentram-se nas necessidades inferiores e envolvem a presença ou a ausência de causas de insatisfação no emprego, incluindo as condições de trabalho, a remuneração e as políticas da empresa.
- Os **motivadores,** outro fator da teoria de Herzberg, influenciam a satisfação no trabalho com base no atendimento das necessidades superiores, tais como realização, reconhecimento, responsabilidade e oportunidades de crescimento pessoal.
- A *teoria da necessidade adquirida* propõe que certos tipos de necessidade, como as necessidades de realização, afiliação e poder, são adquiridas durante as experiências de um indivíduo ao longo da vida.

Perspectivas de processo no estudo da motivação

As **teorias de processo** explicam como as pessoas selecionam ações comportamentais para atender às necessidades e determinam se as escolhas delas foram corretas. Perspectivas importantes nessa área incluem o estabelecimento de metas, a teoria da equidade e a teoria da expectativa.

Estabelecimento de metas

Lembre-se da abordagem feita no Capítulo 7 sobre a importância e os objetivos das metas. Inúmeros estudos têm mostrado que objetivos específicos e desafiadores melhoram significativamente os níveis de motivação e desempenho das pessoas.[28] Você certamente fica mais motivado quando tem um objetivo específico, como receber nota A no exame final, perder cinco quilos antes das férias ou ganhar dinheiro suficiente durante o verão para comprar um carro usado.

De acordo com a **teoria da definição de metas**, descrita por Edwin Locke e Gary Latham, para que possam aumentar a motivação e o desempenho, os gestores devem definir objetivos

> *"O ambiente de trabalho moderno é um dos lugares mais escassos de feedback na civilização norte-americana."*
>
> – DANIEL PINK, JORNALISTA E AUTOR DE
> *DRIVE: THE SURPRISING TRUTH ABOUT WHAT MOTIVATES US*

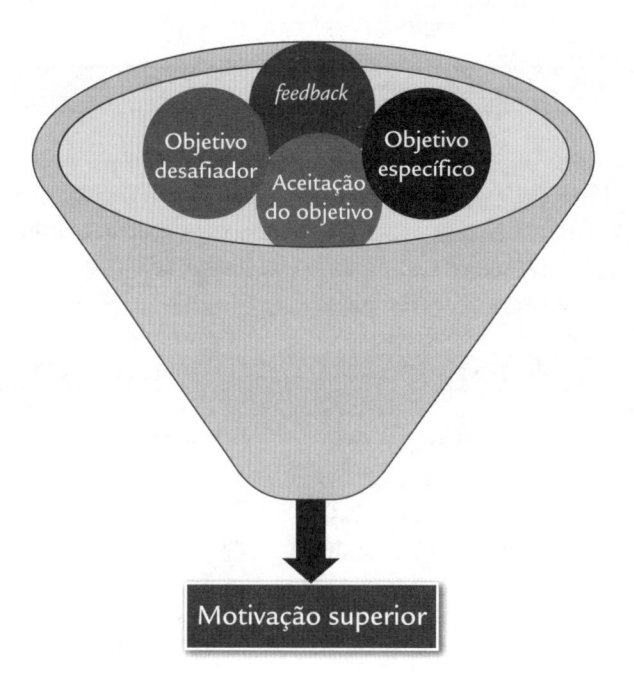

FIGURA 16.5
Critérios para metas motivacionais

[Diagrama: funil contendo os elementos "Objetivo desafiador", "feedback", "Objetivo específico" e "Aceitação do objetivo", resultando em "Motivação superior"]

específicos e desafiadores, ajudar as pessoas a monitorar o próprio progresso e fornecer *feedback* no momento certo. A Figura 16.5 apresenta os principais componentes da teoria da definição de metas.[29]

- *Especificidade da meta* se refere a quão concretas e claras são as metas. Objetivos específicos, como "visitar um novo cliente todos os dias" ou "vender mil dólares em mercadoria por semana", são mais motivadores do que objetivos vagos, como "manter contato com novos clientes" ou "aumentar as vendas de mercadorias". A falta de metas claras e específicas é citada como uma das principais causas do fracasso de planos de incentivo de remuneração por desempenho em muitas organizações.[30] Objetivos vagos podem ser frustrantes para os funcionários.
- Em termos de *dificuldade da meta*, objetivos rígidos são mais motivadores que os fáceis. Metas fáceis oferecem pouco desafio para os funcionários e não os obrigam a aumentar a produção. Metas altamente ambiciosas, mas realizáveis, exigem que as pessoas aprimorem as próprias habilidades e proporcionam uma base para sentimentos mais intensos de realização e eficiência pessoal. Um estudo realizado na Alemanha descobriu que, ao longo de um período de três anos, apenas os funcionários que percebiam seus objetivos como difíceis relataram aumentos das emoções e dos sentimentos positivos de satisfação no trabalho e sucesso.[31]
- *Aceitação da meta* significa que os funcionários precisam "comprar" as metas e se comprometer com elas. Incentivar as pessoas a participar da definição das metas é uma boa forma de aumentar a aceitação e o comprometimento.
- Finalmente, o componente *feedback* significa que as pessoas obtêm informações sobre o quão bem elas estão se saindo no progresso em direção à realização de um objetivo. É importante que os gestores forneçam *feedback* sobre o desempenho de forma contínua e regular. No entanto, constatou-se que o *feedback* interno, em que as pessoas são capazes de monitorar o próprio progresso em direção a um objetivo, é um motivador ainda mais forte do que o externo.[32]

Por que a definição de metas aumenta a motivação? Por um lado, permite que as pessoas concentrem suas energias na direção certa. Quando as pessoas sabem para que trabalham, podem direcionar seus esforços a fim de alcançar objetivos. Por outro lado, as metas energizam o comportamento porque as pessoas se sentem compelidas a desenvolver planos e estratégias. Metas específicas e difíceis proporcionam um desafio e incentivam as pessoas a aplicar altos níveis de esforço. Além disso, quando as metas são alcançadas, o orgulho e a satisfação aumentam, contribuindo para mais motivação e moral.[33] O exemplo apresentado a seguir ilustra o poder motivacional da definição de metas.

Forma inovadora
Advanced Circuits

Quando a Advanced Circuits de Aurora, no Colorado, estava tendo problemas com frequentes paradas e retomadas na linha de produção, que custava à empresa cerca de 50 mil dólares por mês, o ex-CEO Ron Huston pensou em um plano: comprou um carro do ferro-velho, colocou-o no estacionamento e disse aos funcionários que eles poderiam dar um golpe de marreta no carro todos os dias em que a linha de produção não precisasse ser retomada. Os funcionários definiram a meta de achatar o carro em 90 dias.

Todos se divertiram e cumpriram a meta de 90 dias para resolver os problemas da linha de produção, que foi a razão por trás de todo o exercício de Huston. O então CEO percebeu quão motivador poderia ser para as pessoas ter uma meta clara e específica, especialmente se for divertido alcançá-la. Ele começou a estabelecer metas para outros aspectos do negócio e recompensar as pessoas quando as metas eram alcançadas. Além disso, orientou o desempenho em direção às metas e manteve as pessoas energizadas, dando a todos *feedback* numérico contínuo sobre o progresso. As pessoas começaram a verificar os dados ao longo do dia para ver o quão bem elas estavam se saindo. "Quanto mais metas recebemos, melhor é para nós", disse o funcionário Barb Frevert.[34]

TEORIA DA EQUIDADE

A **teoria da equidade** se concentra na percepção que os indivíduos têm da forma como estão sendo tratados em comparação aos outros. Desenvolvida por J. Stacy Adams, a teoria da equidade propõe que as pessoas são motivadas pela busca da igualdade social nas recompensas que recebem pelo desempenho que apresentam.[35]

De acordo com essa teoria, se as pessoas percebem a remuneração como igual àquela que os outros recebem por contribuições semelhantes, elas acreditam que o tratamento recebido é justo e equitativo. As pessoas avaliam a equidade com base na relação entre contribuições e ganhos. Contribuições para um trabalho incluem educação, experiência, esforço e habilidade. Os ganhos de um trabalho incluem remuneração, reconhecimento, benefícios e promoções. A relação contribuição e ganho pode ser comparada à de outra pessoa no grupo de trabalho ou à média observada para o grupo. Um estado de **equidade** existe sempre que a relação entre os ganhos de uma pessoa e suas contribuições é a mesma que a dos outros.

A desigualdade ocorre quando as relações entre contribuição e ganho estão fora de equilíbrio, como quando um novo funcionário inexperiente recebe o mesmo salário de uma pessoa com nível avançado de educação ou experiência. Curiosamente, a percepção de desigualdade pode ocorrer no sentido contrário. Assim, se um funcionário descobre que está ganhando um salário maior que outras pessoas que fazem as mesmas contribuições para a empresa, ele pode sentir a necessidade de corrigir a desigualdade trabalhando mais ou obtendo mais educação. Estudos científicos indicam que o cérebro humano parece programado para não gostar da desigualdade, mesmo quando se beneficia dela. Além disso, as pessoas sentem menos satisfação com o dinheiro que recebem sem ter que trabalhar para ganhá-lo do que sentem com o dinheiro que trabalham para receber.[36] A desigualdade percebida cria tensões entre os indivíduos que os motivam a equilibrar a desigualdade.[37]

Os métodos mais comuns para reduzir uma desigualdade percebida são estes:

- *Alterar o esforço de trabalho.* Uma pessoa pode optar por aumentar ou diminuir as contribuições para a organização. Indivíduos que acreditam que estão sendo mal pagos podem reduzir o nível de esforço ou aumentar o absentismo. Pessoas com pagamentos excessivos podem aumentar o seu esforço no trabalho.
- *Modificar os ganhos.* Uma pessoa pode mudar os próprios ganhos. Uma pessoa mal paga pode solicitar um aumento de salário ou um escritório maior. Um sindicato pode tentar melhorar os salários e as condições de trabalho para ser consistente com um sindicato semelhante cujos membros ganham melhor.
- *Mudar percepções.* Pesquisas sugerem que as pessoas poderão mudar a percepção da equidade se forem incapazes de mudar as contribuições ou os ganhos. Elas podem aumentar artificialmente o *status* ligado a seus postos de trabalho ou distorcer as recompensas percebidas que os outros recebem para trazer a equidade ao equilíbrio.
- *Deixar o trabalho.* Pessoas que acham que são tratadas de forma injusta podem optar por deixar seus postos de trabalho, em vez de sofrerem a injustiça de serem mal pagas ou pagas em excesso. Nas novas funções, elas esperam encontrar um equilíbrio mais favorável das recompensas. Por exemplo, Brian Bader deixou seu trabalho no suporte técnico da Apple quando soube que tinha o dobro da produtividade de outros membros mais rasos da equipe, mas ganhava apenas 20% a mais.[38]

Conexão de conceito

Hoje, muitas das maiores empresas do mundo estão usando *software* e aplicativos de vendas para melhorar significativamente o desempenho de suas equipes. Produtos como o Salesforce e o NetSuite permitem que os gestores de vendas e vendedores possam trabalhar juntos na definição de **metas** específicas e mensuráveis. Como essas ferramentas permitem que os vendedores monitorem o próprio progresso *on-line*, eles recebem *feedback* instantâneo, o que é extremamente motivador.

A implicação da teoria da equidade para os gestores é que os funcionários realmente avaliam a equidade percebida de suas recompensas em comparação com as dos outros. Muitos escritórios grandes de advocacia estão reduzindo a remuneração de 10% a 30% de seus sócios todos os anos para liberar dinheiro para contratar e recompensar "astros do desempenho", rejeitando a prática tradicional de pagar aos sócios valores relativamente iguais. A mudança se encaixa na estratégia de recompensar as pessoas que geram mais negócios, mas teve efeito negativo sobre o moral e a motivação de outros sócios, que perceberam o novo regime de compensação como injusto.[39] A remuneração desigual coloca pressão sobre os trabalhadores que às vezes é grande demais para ser suportada. Eles tentam mudar seus hábitos profissionais, tentam mudar o sistema ou deixam o trabalho.[40]

Mudanças interessantes estão ocorrendo em alguns locais de trabalho, como consequência da mudança de atitude dos funcionários mais jovens, como descreve o exemplo a seguir.

Funcionários e gestores que apoiam a transparência argumentam que ela garante que todos sejam pagos de forma justa, além de reduzir as discriminações. Outros afirmam que a desigualdade percebida será sempre um problema nas organizações e que manter algumas coisas em segredo é melhor para todos os interessados.

Forma inovadora
SumAll

"Há uma cultura de transparência na minha geração", afirma Dustin Zick, de 25 anos. Quando Zick estava pronto para deixar o seu emprego como especialista em mídia social na BuySeasons Inc., questionou alguns colegas de trabalho sobre seus salários para que pudesse ter alguma ideia de como negociar o salário no próximo trabalho. O tabu com relação à comparação de salários está desaparecendo entre os profissionais jovens acostumados a documentar suas vidas privadas na mídia social. Alguns não entendem por que as empresas apenas não dizem a todos de uma vez o que todo mundo está ganhando.

Dane Atkinson, da SumAll, concorda. Atkinson e seus cofundadores começaram a companhia de análise de dados como uma empresa aberta. Decisões sobre contratações e promoções, dados de avaliação de desempenho, escalas de pagamento e taxas individuais de pagamento dos funcionários são compartilhadas com todos na empresa. De acordo com os proprietários, essa prática cria confiança e impede que as pessoas se preocupem com a desigualdade. A Peer Insight, empresa de consultoria em inovação baseada em Washington, também compartilha salários, bônus e avaliações de desempenho entre os 12 ou mais funcionários da empresa. Outros, porém, afirmam que abertura demais pode criar mais problemas. Slava Akhmechet, CEO e cofundador da empresa de banco de dados RethinkDB, experimentou a política de salário aberto, mas deparou com problemas quando precisou contratar novos funcionários técnicos em um mercado de trabalho escasso. Akhmechet descobriu que precisava oferecer aos recém-chegados salários mais elevados do que os dos atuais funcionários. Os funcionários antigos começaram a exigir melhores salários, e, em alguns casos, a motivação, o desempenho e o compromisso diminuíam significativamente quando as exigências não eram atendidas, pois as pessoas se sentiram injustiçadas. Akhmechet finalmente aposentou o modelo de salário aberto.[41]

TEORIA DA EXPECTATIVA

A **teoria da expectativa** sugere que a motivação depende das expectativas dos indivíduos sobre a própria capacidade de realizar tarefas e receber as recompensas desejadas. Essa teoria está associada ao trabalho de Victor Vroom, embora inúmeros estudiosos tenham feito contribuições nessa área.[42]

A teoria da expectativa não está preocupada com a identificação dos tipos de necessidade, mas com o processo racional que as pessoas utilizam para conseguir recompensas. Por exemplo, um estudo interessante baseado nessa teoria avaliou as detenções por posse de drogas feitas pela polícia no oeste dos Estados Unidos. A pesquisa constatou que os oficiais que produziram o maior número de prisões por drogas estavam mais propensos a perceber essas prisões como prioridade de gestão e eram recompensados pela organização, recebiam formação especializada para aprimorar suas habilidades relativas à interdição de drogas e percebiam que tinham tempo e recursos suficientes para investigar corretamente as suspeitas de atividades ilícitas envolvendo drogas.[43] Com base na teoria da expectativa, o Walmart tem vinculado os salários de alguns executivos seniores à renovação de seu programa de *compliance* (conformidade dos executivos com as leis antissuborno e outras políticas para o comportamento internacional). Ao associar corretamente as recompensas ao alcance de metas específicas de conformidade, os principais líderes demonstram que a revisão da conformidade é uma prioridade.[44]

A teoria da expectativa se baseia na relação entre *esforço (Effort)*, *desempenho (Performance)* e os *resultados (Outcomes)* associados ao alto desempenho. Esses elementos e as relações entre eles são ilustrados na Figura 16.6. As chaves para a teoria da expectativa são as expectativas para as relações entre esforço, desempenho e valor dos resultados para o indivíduo.

Conexão de conceito ◀◀◀

De acordo com a **teoria da expectativa**, a recompensa que motiva efetivamente um indivíduo pode não funcionar para outro. Então, como os empregadores podem criar recompensas atraentes que motivem todos os funcionários, especialmente quando as condições econômicas exigem cortes nos salários e no orçamento de benefícios? Muitos gestores estão se voltando para os cartões de presente. Uma vantagem é que estes podem ser emitidos em praticamente qualquer denominação. Ainda mais importante, porém, é que muitos cartões de presente permitem que o destinatário planeje a recompensa de acordo com sua preferência individual. Uma pessoa pode optar por aproveitar um pequeno luxo ou usar o cartão para necessidades essenciais, como mantimentos.

A **expectativa E → P** envolve o ato de determinar se um esforço em uma tarefa específica levará ao alto desempenho. Para que essa expectativa seja elevada, o indivíduo deve ter capacidade, experiência anterior, equipamentos e ferramentas necessários e oportunidade de realizar. Consideremos um exemplo simples de vendas. Se Paloma, vendedora da Diamond Gift Shop, acredita que o aumento do esforço de vendas levará a vendas pessoais mais elevadas, podemos dizer que ela tem alta expectativa E → P. No entanto, se Paloma acredita que não tem capacidade nem oportunidade de alcançar um alto desempenho, a expectativa será baixa, e assim será sua motivação.

A **expectativa P → O** envolve o ato de determinar se o desempenho bem-sucedido conduzirá ao resultado ou à recompensa desejados. Se a expectativa P → O for elevada, o indivíduo será altamente motivado. Se a expectativa é que o alto desempenho não produzirá o resultado desejado, a motivação será menor. Se Paloma acredita que mais vendas pessoais levarão ao aumento salarial, podemos dizer que ela tem elevada expectativa P → O. Ela pode estar ciente de que os aumentos estão passando por avaliação e conversar com o supervisor ou outros funcionários para ver se o aumento das vendas irá ajudá-la a conseguir um aumento melhor. Se não, Paloma estará menos motivada a trabalhar com dedicação.

Valência é o valor dos ganhos para o indivíduo ou a atração por eles. Se os resultados obtidos em decorrência do grande esforço e do bom desempenho não forem valorizados pelos funcionários, a motivação será baixa. Do mesmo modo, se os ganhos tiverem valor elevado, a motivação será maior. Se Paloma colocar um alto valor no aumento de salário, a *valência* será alta, e ela terá força motivacional alta. Entretanto, se o dinheiro tiver baixa *valência* para Paloma, a força motivadora geral será baixa. Para que um funcionário seja altamente motivado, todos os três fatores no modelo expectativa devem ser elevados.[45]

FIGURA 16.6 Principais elementos da teoria da expectativa

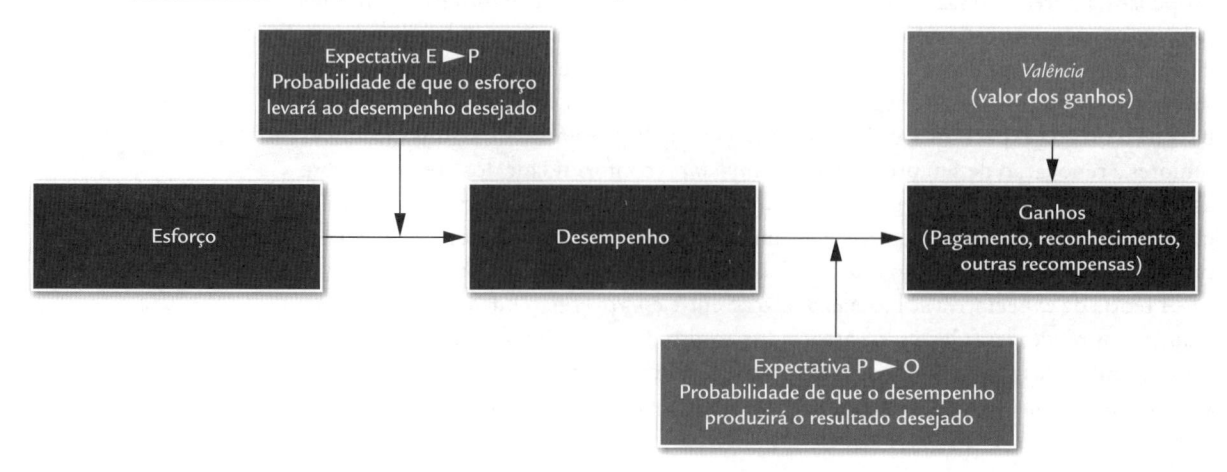

```
                    Expectativa E ► P
                    Probabilidade de que o esforço
                    levará ao desempenho desejado
                              │
                              ▼
    ┌─────────┐         ┌──────────────┐         ┌────────────────────┐
    │ Esforço │────────▶│  Desempenho  │────────▶│      Ganhos        │
    └─────────┘         └──────────────┘         │ (Pagamento,        │
                              ▲                   │ reconhecimento,    │
                              │                   │ outras recompensas)│
                    Expectativa P ► O             └────────────────────┘
                    Probabilidade de que o desempenho       ▲
                    produzirá o resultado desejado          │
                                                      Valência
                                                   (valor dos ganhos)
```

A teoria da expectativa tenta não definir tipos específicos de necessidade ou recompensa, mas apenas estabelecer que eles existem e que podem ser diferentes para cada indivíduo. Um funcionário pode querer ser promovido para uma posição de mais responsabilidade, e outro pode ter uma *valência* elevada de boas relações com seus pares. Consequentemente, a primeira pessoa será motivada a trabalhar duro por uma promoção e a segunda pela oportunidade de uma posição de equipe que a manterá associada a um grupo. Estudos sustentam a ideia de que as recompensas precisam ser individualizadas para que possam ser motivadoras. Uma descoberta recente do Departamento de Emprego dos Estados Unidos mostra que a principal razão pela qual as pessoas deixam o emprego é que elas "não se sentem apreciadas". No entanto, uma análise promovida pelo Gallup com dez mil grupos de trabalho em 30 indústrias constatou que levar as pessoas a se sentir apreciadas depende da descoberta do tipo certo de recompensa para cada indivíduo. Algumas pessoas preferem recompensas tangíveis, como bônus, presentes ou viagens de luxo, enquanto outras dão mais valor a palavras de apreciação e reconhecimento. Além disso, alguns querem o reconhecimento público, enquanto outros preferem ser discretamente elogiados por alguém que admiram e respeitam.[46]

Lembre-se disto

- As **teorias de processo**, como as teorias da definição de metas, da equidade e da expectativa, explicam como as pessoas escolhem comportamentos com os quais irão satisfazer suas necessidades e como determinam se suas escolhas foram corretas.
- A **teoria da definição de metas** propõe que objetivos específicos e desafiadores aumentam a motivação e o desempenho quando eles são aceitos pelos subordinados e estes recebem *feedback* para indicar o progresso em direção à realização do objetivo.
- A **teoria da equidade** se concentra na percepção dos indivíduos quanto à forma como estão sendo tratados, em comparação aos outros.
- Os gestores da SumAll adotam um modelo de salários abertos para que as pessoas saibam quanto todo mundo ganha. De acordo com os gestores, isso reduz o estresse sobre uma potencial desigualdade.
- Uma situação de **equidade** existe quando a relação entre os ganhos de uma pessoa e as contribuições dela é igual às de outras pessoas.
- A **teoria da expectativa** propõe que a motivação depende das expectativas que os indivíduos têm sobre sua capacidade de desempenhar tarefas e receber as recompensas desejadas.
- A **expectativa** $E \rightarrow P$ envolve o ato de determinar se um esforço em uma tarefa específica levará ao alto desempenho.
- A **expectativa** $P \rightarrow O$ envolve o ato de determinar se o desempenho bem-sucedido conduzirá ao resultado desejado.
- **Valência** é o valor que os resultados (recompensas) têm para o indivíduo.

Perspectiva do reforço no estudo da motivação

A abordagem do reforço para a motivação contorna as questões ligadas às necessidades dos funcionários e os processos de pensamento descritos nas teorias de conteúdo e processo. A **teoria do reforço** simplesmente avalia a relação entre o comportamento e as consequências dele. O foco é alterar ou modificar o comportamento dos funcionários no emprego pelo uso adequado de recompensas e punições imediatas.

Reforço direto

Modificação de comportamento é a denominação dada ao conjunto de técnicas por meio das quais a teoria do reforço é usada para modificar o comportamento humano.[47] O pressuposto básico da modificação de comportamento é a **lei do efeito**, segundo a qual o comportamento reforçado positivamente tende a ser repetido, e o comportamento que não é reforçado tende a não se repetir. O **reforço** é definido como algo que leva um dado comportamento a se repetir ou ser inibido. Por exemplo, a rede de supermercados Whole Foods dá aos funcionários um desconto de 30% em compras quando cumprem determinados critérios de vida saudável, como manter o colesterol e a pressão arterial baixos ou parar de fumar. Com os custos dos planos de saúde em alta, muitas empresas estão buscando formas de reforçar comportamentos que resultam em funcionários mais saudáveis.[48] As quatro ferramentas de reforço são reforço positivo, reforço negativo, punição e extinção, resumidas na Figura 16.7 e descritas a seguir:

- **Reforço positivo** é a administração de uma consequência agradável e compensadora após um comportamento desejado. Pesquisas apontam que o reforço positivo ajuda de fato a motivar os comportamentos desejados. Além disso, os reforços não financeiros, como *feedback* positivo, reconhecimento social e atenção, são tão eficazes quanto os incentivos financeiros.[49] Estudos com crianças indicam que aquelas que são elogiadas por tentarem e assumirem riscos tendem a gostar de desafios e ter mais sucesso em longo prazo. Um estudo recente realizado com os funcionários de um restaurante fino descobriu que, quando os líderes fornecem orientações claras sobre o trabalho e *feedback* consistente sobre como as pessoas estão realizando as tarefas, a motivação e o desempenho melhoram. A limpeza e higienização de mesas, cadeiras, pisos e banheiros aumentou 63%, e o reabastecimento dos itens de serviço aumentou 48%.[50] Atenção do supervisor e *feedback* dão impulso psicológico à motivação que não tem nada a ver com recompensas financeiras.

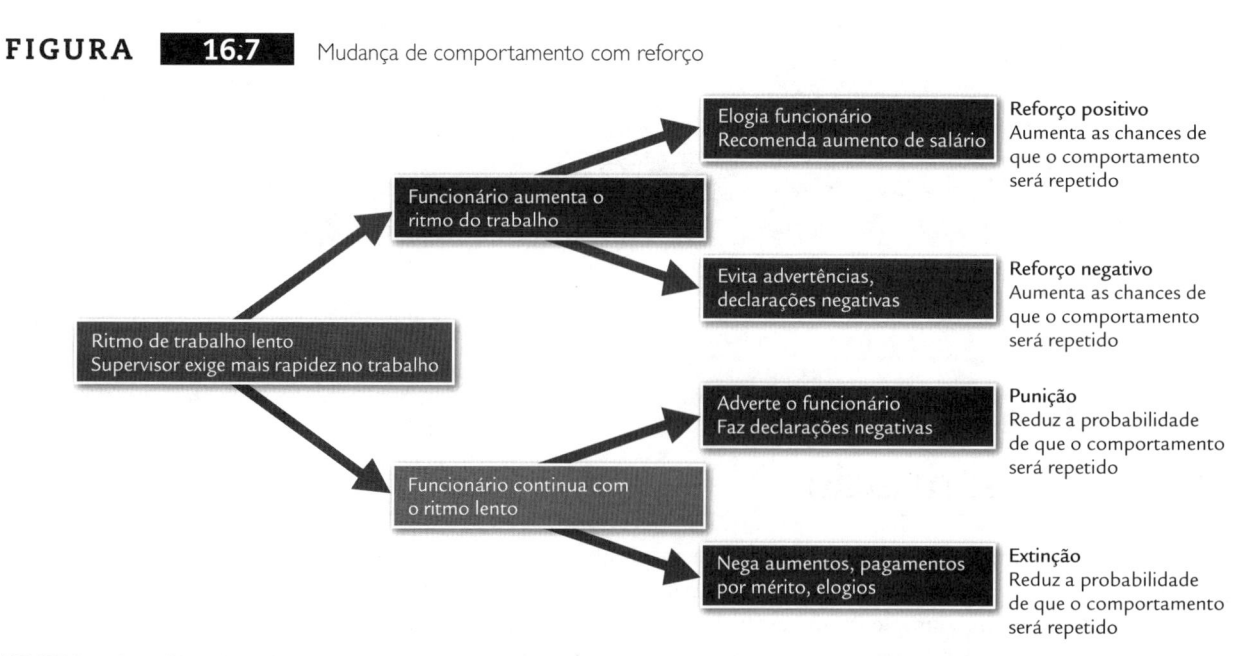

FIGURA 16.7 Mudança de comportamento com reforço

Ritmo de trabalho lento / Supervisor exige mais rapidez no trabalho

- Funcionário aumenta o ritmo do trabalho
  - Elogia funcionário / Recomenda aumento de salário — **Reforço positivo**: Aumenta as chances de que o comportamento será repetido
  - Evita advertências, declarações negativas — **Reforço negativo**: Aumenta as chances de que o comportamento será repetido
- Funcionário continua com o ritmo lento
  - Adverte o funcionário / Faz declarações negativas — **Punição**: Reduz a probabilidade de que o comportamento será repetido
  - Nega aumentos, pagamentos por mérito, elogios — **Extinção**: Reduz a probabilidade de que o comportamento será repetido

FONTE: Baseada em Richard L. Daft; Richard M. Steers, *Organizations: a micro/macro approach* (Glenview, IL: Scott, Foresman, 1986), p. 109.

- **Reforço negativo** é a remoção de uma consequência desagradável depois que o comportamento é melhorado, encorajando e fortalecendo assim o comportamento desejado. O reforço negativo pode ser ocasionalmente chamado de *avoidance learning*. O objetivo é que as pessoas mudem um comportamento específico para evitar o resultado indesejável que o comportamento provoca. Por exemplo um supervisor que constantemente adverte um funcionário quando este interrompe o trabalho para conversar com os colegas. Entretanto, o mesmo supervisor nada faz quando o funcionário para de conversar e retoma o trabalho. Nesse caso, trata-se de um reforço negativo.
- **Punição** é a imposição de resultados desagradáveis a um funcionário. Em geral, a punição ocorre após um comportamento indesejável. Um exemplo de punição foi quando o conselho da JC Penney cortou o pagamento do ex-CEO Ron Johnson em quase 97% (para 1,9 milhão de dólares) depois que a empresa varejista perdeu mais de quatro bilhões de dólares em vendas. Infelizmente, a punição não ajudou Johnson a mudar as coisas, e ele foi destituído depois de apenas 17 meses no cargo.[51] O uso de punições nas organizações é controverso e muitas vezes criticado porque falha ao indicar o comportamento correto. No entanto, quase todos os gestores relatam que consideram necessário impor ocasionalmente alguma forma de punição, desde advertências verbais até suspensões de funcionários ou demissões.[52]
- **Extinção** é a retenção de uma recompensa positiva. Enquanto na punição o supervisor impõe um resultado desagradável, como uma advertência, a extinção envolve a negação do reconhecimento ou de outros resultados positivos. Na extinção, o comportamento indesejável é essencialmente ignorado. A ideia é que um comportamento que recebe reforço positivo gradualmente desaparecerá. Uma repórter do *New York Times* escreveu um artigo bem-humorado sobre como ela aprendeu a parar de reclamar e, em vez disso, usar a teoria do reforço para moldar o comportamento do marido depois de estudar como os profissionais treinam animais.[53] Quando o marido fazia algo de que ela gostava, como jogar a camisa suja no cesto, a repórter usava o *reforço positivo*, agradecendo-lhe ou dando-lhe um abraço e um beijo. Os comportamentos indesejáveis, como jogar a roupa suja no chão, foram simplesmente ignorados, ou seja, aplicou-se o princípio da *extinção*.

Teoria da aprendizagem social

A **teoria da aprendizagem social** está relacionada à perspectiva do reforço, mas propõe que a motivação de um indivíduo pode ser o resultado não apenas da experiência direta com recompensas e punições, mas também das observações da própria pessoa sobre o comportamento dos outros.[54]

A **aprendizagem vicária** ou *observacional* ocorre quando um indivíduo vê outras pessoas executando certos comportamentos e sendo recompensadas por eles. As crianças pequenas costumam aprender a se comportar bem na escola porque veem que as crianças bem comportadas ganham mais atenção positiva do professor, por exemplo. Os gestores podem aumentar a motivação de um indivíduo para mostrar comportamentos desejados, garantindo que ele (1) tenha chance de observar os comportamentos desejáveis, (2) perceba com precisão os comportamentos, (3) lembre-se dos comportamentos, (4) tenha as habilidades necessárias para executar os comportamentos e (5) veja que os comportamentos são recompensados pela organização.[55] Lembre-se da discussão do Capítulo 12 sobre a formação *on-the-job*. Em geral, os gestores enturmam um novo funcionário com alguém que seja um modelo do tipo de comportamento que a organização espera. Os gestores também promovem a aprendizagem social, destacando os pontos fortes dos funcionários de melhor desempenho e tornando-os exemplos para os outros.[56] A chave para a motivação indireta, porém, é a certeza de que o aprendiz sabe que os comportamentos desejados são recompensados.

Lembre-se disto

- A **teoria do reforço** se baseia na relação entre determinado comportamento e as consequências dele.
- **Modificação do comportamento** se refere ao conjunto de técnicas por meio das quais a teoria do reforço é usada para modificar o comportamento humano.
- Segundo a **lei do efeito**, o comportamento positivamente reforçado tende a ser repetido, e o comportamento não reforçado ou reforçado negativamente tende a ser inibido.
- **Reforço** é qualquer coisa que leve determinado comportamento a se repetir ou ser inibido.
- **Reforço positivo** é a administração da consequência agradável e compensadora após o comportamento desejado.
- Os gestores aplicam o **reforço negativo**, denominado *avoidance learning*, quando removem uma consequência desagradável depois que o comportamento é melhorado.
- **Punição** se refere à imposição de um resultado desagradável após um comportamento indesejável.
- **Extinção** se refere à retenção de recompensas positivas e, essencialmente, ignora o comportamento indesejável.
- A **teoria da aprendizagem social** propõe que a motivação de um indivíduo pode ser o resultado não só da experiência direta com recompensas e punições, mas também de pensamentos, crenças e observações sobre o comportamento de outras pessoas.
- A **aprendizagem vicária** ocorre quando um indivíduo vê outros executarem certos comportamentos e serem recompensados por isso.

Planejamento de cargos para a motivação

Em uma organização, um *cargo* é uma unidade de trabalho que apenas um funcionário é responsável por executar. Um cargo poderia incluir escrever multas para os infratores das normas de estacionamento em Nova York, realizar exames de ressonância magnética (*magnetic resonance imaging* – MRI) no Salt Lake Regional Medical Center ou fazer o planejamento estratégico da Netflix. Os cargos são um elemento importante para a motivação, porque o desempenho dos componentes pode oferecer recompensas que atendam às necessidades dos funcionários. Os gestores precisam saber quais aspectos de um trabalho proporcionam motivação, bem como a forma de compensar as tarefas de rotina que trazem pouca satisfação. **Planejamento de cargos** é a aplicação de teorias motivacionais para a estrutura do trabalho com o objetivo de melhorar a produtividade e a satisfação.

ENRIQUECIMENTO DO CARGO

Lembre-se dos princípios da gestão científica abordados no Capítulo 2, em que as tarefas são projetadas para serem simples, repetitivas e padronizadas. Isso contribui para a eficiência, mas cargos simplificados não costumam ser eficazes como técnica de motivação, porque podem ser monótonos e repetitivos. Dessa maneira, os gestores de muitas empresas estão redesenhando cargos simplificados para cargos que oferecem mais variedade e satisfação. Uma técnica, denominada *rotação de cargos*, move os funcionários sistematicamente de um cargo para outro para promover diversidade e estímulo. Outra abordagem consiste em combinar uma série de pequenas tarefas em um cargo novo, mais amplo, de modo que as pessoas realizem uma variedade de atividades, o que é chamado de *ampliação de cargo*.

Em geral, a tendência é em direção ao **enriquecimento do cargo**, o que significa incorporar motivadores de alto nível ao trabalho, como responsabilidade, reconhecimento, oportunidades de crescimento, aprendizado e realização. Em um cargo enriquecido, os funcionários têm controle sobre os recursos necessários para a execução das tarefas, tomam decisões sobre como fazer o trabalho, experimentam o crescimento pessoal e definem o próprio ritmo de trabalho. De acordo com Riordan, Vandenberg e Richardson, quando os cargos são projetados para serem controlados mais pelos funcionários que pelos gestores, as pessoas sentem, em geral, mais envolvimento, comprometimento e motivação, o que, por sua vez, contribui para o moral mais elevado, menos rotatividade e melhor desempenho organizacional.[57]

▶▶▶ Conexão de conceito

No passado, um funcionário podia receber a incumbência de completar apenas um passo na montagem geral de um veículo novo, carro após carro. Um segundo funcionário faria o passo seguinte, e assim por diante. No entanto, em fábricas onde o **enriquecimento do cargo** é praticado, um funcionário pode ser solicitado para completar uma série de passos no processo de montagem. A variedade não só faz o trabalho parecer mais interessante e envolvente, mas também ajuda o funcionário a se sentir mais responsável e dedicado ao trabalho.

Modelo das características do cargo

Uma abordagem significativa para a concepção do trabalho é o modelo das características do cargo desenvolvido por Richard Hackman e Oldham Greg.[58] A pesquisa de Hackman e Oldham abordou o **redesenho de cargos**, que implica alterar os cargos para aumentar a qualidade da experiência profissional dos funcionários e a produtividade. A pesquisa de Hackman e Oldham sobre o desenho de centenas de cargos resultou no **modelo das características do cargo**, ilustrado na Figura 16.8. O modelo consiste em três partes principais: dimensões fundamentais do cargo, estados psicológicos críticos e a força da necessidade de crescimento do funcionário.

Dimensões fundamentais do cargo

Hackman e Oldham identificaram cinco dimensões que medem o potencial motivador de um cargo:

- *Diversidade ou variedade de habilidades.* Refere-se ao número de atividades diferentes que compõem um cargo e ao número de habilidades necessárias para realizá-las. Um cargo repetitivo na linha de montagem tem pouca diversidade, enquanto uma posição de pesquisa aplicada que envolve diariamente a resolução de problemas novos é rica em diversidade.
- *Identidade da tarefa.* Esse é o grau em que um funcionário realiza um trabalho por completo, com início e fim, que pode ser identificado. Um *chef* que prepara uma refeição inteira tem mais identidade de tarefa do que um funcionário em uma fila de refeitório que serve o purê de batatas.
- *Relevância ou significado da tarefa.* Esse é o grau em que o trabalho é percebido como importante e capaz de influenciar a empresa ou os consumidores. Pessoas que distribuem penicilina e outros materiais médicos durante situações de emergência, por exemplo, sentem que têm empregos significativos.
- *Autonomia.* Esse é o grau em que o trabalhador tem liberdade, discernimento e autodeterminação para planejar e realizar tarefas. Um pintor de casas pode determinar como pintar uma residência, mas um pulverizador de tinta na linha de montagem tem pouca autonomia.

- **Feedback.** Essa é a medida na qual a realização do trabalho fornece *feedback* para o funcionário sobre o seu desempenho. Os cargos variam quanto à capacidade de permitir que os trabalhadores vejam os resultados de seus esforços. Um treinador de futebol sabe se o time ganhou ou perdeu, mas um cientista pode esperar anos para saber se o seu projeto de pesquisa teve sucesso.

De acordo com o modelo das características do cargo, quanto mais essas cinco características-chave forem projetadas para o cargo, mais motivados os funcionários se sentirão e melhores serão o desempenho, a qualidade do trabalho e a satisfação.

Estados psicológicos críticos

O modelo pressupõe que as dimensões fundamentais do cargo são mais gratificantes quando os indivíduos experimentam três estados psicológicos como consequência do desenho do cargo. Na Figura 16.8, a diversidade de habilidades, a identidade de tarefas e a relevância da tarefa tendem a influenciar o estado psicológico de *significância do trabalho vivenciada* pelo funcionário. O trabalho em si é gratificante e oferece recompensas intrínsecas ao trabalhador. A autonomia como característica de cargo influencia a *responsabilidade vivenciada* pelo trabalhador. O *feedback* é uma característica de cargo que proporciona ao trabalhador *conhecimento dos resultados reais*. Assim, o funcionário sabe como está se saindo e pode alterar o desempenho no trabalho para aumentar os resultados desejados.

Resultados pessoais e profissionais

O impacto das cinco características do cargo sobre os estados psicológicos de significância vivenciada, responsabilidade vivenciada e conhecimento dos resultados reais leva aos resultados pessoais e profissionais de alta motivação no trabalho, alto desempenho, alto grau de satisfação e baixos níveis de absenteísmo e rotatividade.

Força da necessidade de crescimento

O último componente do modelo de características do cargo é chamado de *força da necessidade de crescimento do funcionário*, o que significa que as pessoas têm diferentes

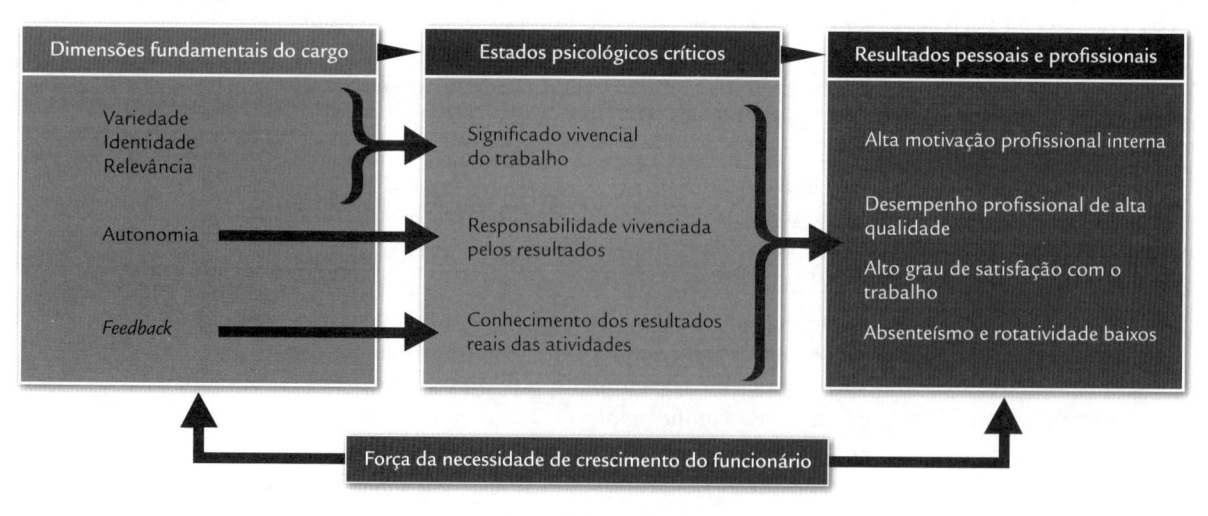

FIGURA 16.8 Modelo das características do cargo

Dimensões fundamentais do cargo	Estados psicológicos críticos	Resultados pessoais e profissionais
Variedade / Identidade / Relevância	Significado vivencial do trabalho	Alta motivação profissional interna
Autonomia	Responsabilidade vivenciada pelos resultados	Desempenho profissional de alta qualidade
Feedback	Conhecimento dos resultados reais das atividades	Alto grau de satisfação com o trabalho
		Absenteísmo e rotatividade baixos

Força da necessidade de crescimento do funcionário

FONTE: Adaptada de J. Richard Hackman; G. R. Oldham, "Motivation through the design of work: test of a theory", *Organizational Behavior and Human Performance* 16 (1976): 256.

necessidades de crescimento e desenvolvimento. Se uma pessoa quer satisfazer necessidades inferiores, como segurança e afetividade, o modelo das características do cargo tem menos efeito. Quando uma pessoa tem grande necessidade de crescimento e desenvolvimento, como desejo de desafio pessoal, realização e trabalho desafiador, o modelo é especialmente eficaz. Pessoas com grande necessidade de crescer e expandir suas habilidades respondem de forma favorável à aplicação do modelo e às melhorias nas dimensões fundamentais do cargo.

Uma descoberta interessante diz respeito às diferenças culturais no impacto das características do cargo. Fatores intrínsecos como autonomia, desafio, realização e reconhecimento podem ser altamente motivadores em países como os Estados Unidos. No entanto, podem contribuir pouco para a motivação e a satisfação em um país como a Nigéria, e podem levar inclusive à desmotivação. Um estudo recente indica que a relação entre as características intrínsecas e a motivação e satisfação no trabalho é mais fraca em países economicamente desfavorecidos, com sistemas governamentais fracos de segurança social, bem como nos países que valorizam a grande distância do poder, tal como define o Capítulo 4.[59] Assim, há a expectativa de que o modelo das características do cargo seja menos eficaz nesses países.

Lembre-se disto

- Os cargos são elementos importantes para a motivação, porque o desempenho de seus componentes pode oferecer recompensas intrínsecas que atendem às necessidades dos funcionários.
- **Desenho de cargos** se refere à aplicação de teorias motivacionais para a estrutura de cargos com o objetivo de melhorar a motivação, produtividade e satisfação.
- A maioria das empresas está se afastando de cargos simplificados e usando a rotação, o alargamento e o enriquecimento de cargos para proporcionar aos funcionários mais diversidade, estímulo e satisfação.
- **Enriquecimento do cargo** se refere à incorporação de motivadores de alto nível, como realização, reconhecimento e oportunidades de crescimento no trabalho.
- **Redesenho do trabalho** significa alterar cargos para aumentar a qualidade da experiência profissional dos funcionários e a produtividade.
- O **modelo das características do cargo** é um modelo de desenho de cargos que considera as dimensões fundamentais do cargo, os estados psicológicos críticos dos indivíduos e a força da necessidade de crescimento do funcionário.

Ideias inovadoras para a motivação

As organizações estão usando com cada vez mais frequência vários tipos de compensação de incentivo como forma de motivar os funcionários a alcançar níveis mais elevados de desempenho. Por exemplo, quando Elise Lelon, proprietária da empresa de consultoria em liderança The You Business, não podia dar aumentos salariais por causa das pressões orçamentais, ela criou um programa de bônus generoso ligado à quantidade de receita que os funcionários geravam para a empresa. De acordo com Lelon, "Isso os inspira e ajuda a empresa a crescer".[60] A Figura 16.9 resume vários métodos conhecidos de pagamentos de incentivos.

Remuneração variável e formas de pagamento "de risco", como planos de bônus, são ferramentas motivacionais fundamentais que estão se tornando mais comuns do que

TEMA RECENTE

os salários fixos em muitas empresas. No entanto, a menos que sejam cuidadosamente projetados, os planos de incentivo podem ser um erro, como foi o caso dos problemas pelos quais passaram as indústrias de hipotecas e finanças, em que algumas pessoas recorreram a comportamentos excessivamente agressivos, e até mesmo antiéticos, para ganhar vultosos bônus. Inúmeras empresas, incluindo empresas financeiras como Morgan Stanley, Credit Suisse e Goldman Sachs, e outras organizações, como Home Depot, Verizon e Aflac, estão revendo seus planos de compensação para se certificar de que os incentivos estão recompensando comportamentos desejados.[61] Infelizmente, muitos gestores ainda têm incentivado o tipo errado de comportamento ao recompensarem pessoas que se comportam de forma antiética para fechar mais negócios, o que sinaliza aos funcionários que os lucros são mais importantes que a integridade. A mais recente Pesquisa sobre Ética Empresarial Nacional do Centro de Recursos em Ética indica que 45% das pessoas têm testemunhado conduta antiética no trabalho, e 13% afirmam que se sentiram pressionados para quebrar as regras ou mesmo infringir a lei para ganhar recompensas – um *aumento* de cinco pontos percentuais em relação ao levantamento anterior, em 2010.[62]

Programas de incentivo poderão ser eficazes se forem utilizados de forma adequada e combinados com ideias motivacionais que também forneçam recompensas intrínsecas às pessoas e atendam às suas necessidades superiores. Em geral, os programas motivacionais mais eficazes envolvem muito mais do que dinheiro ou outras recompensas externas para criar um ambiente onde as pessoas possam prosperar. Três abordagens importantes são: empoderamento, engajamento e progresso, como descrevem as próximas seções.

Faça uma pausa

Leia atentamente o caso apresentado na seção "Aplique suas habilidades: dilema ético", no material complementar, que trata do uso de incentivos como ferramenta motivacional.
O que você faria?

FIGURA 16.9

Novos programas de compensação motivacional

Programa	Finalidade
Remuneração por desempenho	Premia os funcionários individuais de forma proporcional às suas contribuições de desempenho. Também chamado *remuneração por mérito*.
Participação nos lucros	Recompensa todos os funcionários e gestores de uma unidade de negócios quando as metas de desempenho predeterminadas são cumpridas. Incentiva o trabalho em equipe.
Plano de participação acionária do funcionário (*employee stock ownership plan* – Esop)	Dá aos funcionários a posse de parte da organização, permitindo-lhes compartilhar de um melhor desempenho financeiro.
Bônus de montante fixo	Premia os funcionários com um pagamento único em dinheiro com base no desempenho deles.
Remuneração por conhecimento	Relaciona o salário do funcionário ao número de habilidades de tarefa adquiridas. Os trabalhadores são motivados a aprender as habilidades de muitos cargos, aumentando, assim, a flexibilidade e a eficiência da empresa.
Horários e arranjos de trabalho flexíveis	Horário flexível permite que os trabalhadores definam os próprios horários. Compartilhamento de cargo permite que dois ou mais funcionários de meio período façam um trabalho em conjunto. Teletrabalho, às vezes chamado de *flex-place**, permite que os funcionários trabalhem em casa ou em um local alternativo.
Remuneração baseada na equipe	Recompensa os funcionários por comportamentos e atividades que beneficiam a equipe, como cooperação, capacidade de escuta e empoderamento dos outros.
Prêmios por estilo de vida	Premia os funcionários por cumprirem metas ambiciosas com itens de luxo, como ingressos para eventos esportivos de grande escala ou viagens exóticas.

* No Brasil, utiliza-se o termo *flex-office*. (N.R.T.)

EMPODERAR AS PESSOAS PARA ATENDER ÀS NECESSIDADES MAIS RELEVANTES

Uma forma significativa pela qual os gestores podem atender às necessidades motivacionais superiores é transferir o poder de cima para baixo da organização e compartilhá-lo com os funcionários para que eles possam cumprir metas. **Empoderamento (*empowerment*)** é a partilha de poder, a delegação de poder e autoridade aos subordinados em uma organização.[63] O aumento do poder dos funcionários eleva a motivação para a realização de tarefas porque eles melhoram a própria eficácia, escolhem como executar a tarefa e usam a criatividade.[64] Nos hotéis Ritz-Carlton, os funcionários têm até mil dólares para usar como quiserem para criar uma grande experiência para o cliente. Quando as casas nos arredores do Ritz em Laguna Niguel, na Califórnia, foram evacuadas por causa do risco de incêndios, o hotel abriu uma exceção na regra de "proibido animais de estimação". Um funcionário previu a necessidade de rações para animais e dirigiu até o supermercado mais próximo para comidas de animais, facilitando um pouco mais a vida dos clientes atormentados por estarem temporariamente desabrigados.[65] O empoderamento dos funcionários envolve a garantia de quatro elementos que lhes permitem agir com mais liberdade para fazer seus trabalhos: informação, conhecimento, poder e recompensas.[66]

> "Sempre penso que o dinheiro não é o principal motivador, mas a paixão pelo trabalho e a satisfação profissional e pessoal que obtenho ao fazer aquilo que me motiva."
>
> – MARTIN YAN, *CHEF* CHINÊS, ESCRITOR E APRESENTADOR DE PROGRAMAS DE CULINÁRIA, COMO *YAN CAN COOK* E *MARTIN YAN'S CHINA*

1. *Os funcionários recebem informações sobre o desempenho da empresa.* Em empresas onde os funcionários estão completamente empoderados, todos eles têm acesso a todas as informações financeiras e operacionais.
2. *Os funcionários têm conhecimentos e habilidades para contribuir para os objetivos da empresa.* As empresas utilizam programas de treinamento e outras ferramentas para ajudar as pessoas a adquirir conhecimentos.
3. *Os funcionários têm o poder de tomar decisões relevantes.* Funcionários empoderados têm autoridade para influenciar os procedimentos de trabalho e o desempenho organizacional de forma direta, como por meio de círculos de qualidade ou equipes de trabalho autodirigidas.
4. *Os funcionários são recompensados com base no desempenho da empresa.* Em geral, as organizações que empoderam os trabalhadores os recompensam com base nos resultados apresentados na receita líquida obtida pela empresa. As organizações também podem utilizar outros programas de compensação motivacional, descritos na Figura 16.9, para relacionar os esforços dos funcionários ao desempenho da empresa.

O exemplo apresentado a seguir, da Hilcorp Energy, ilustra os quatro elementos do empoderamento.

Forma inovadora

Hilcorp Energy

A Hilcorp Energy, com sede em Houston, no Texas, é a quarta maior produtora privada de petróleo *onshore* e gás natural dos Estados Unidos. Mas a Hilcorp é diferente da maioria das empresas de energia. Ela assume buracos abandonados pelas grandes empresas de energia – e com eles produz cerca de 25 milhões de barris de petróleo e gás por ano.

A Hilcorp também é diferente da maioria das outras empresas de energia na sua abordagem quanto à gestão de pessoas. Os gestores atribuem o sucesso da empresa às pessoas que atuam na linha de frente. Todos os associados têm acesso a todas as informações financeiras e operacionais. Como os gestores colocam o poder de decisão nas mãos das pessoas da linha de frente, elas precisam ter todas as informações necessárias para que possam fazer as escolhas certas. "Você quer saber como estamos nos saindo? Como está sendo realizada a sua fatia do bolo? Compartilhamos as boas e as más notícias", disse um analista financeiro sênior. "Devemos isso a todo funcionário cujo trabalho gera os números que relatamos."

Na Hilcorp, os colaboradores estão sempre interessados em como a empresa está se saindo, pois são recompensados com base no desempenho da empresa. Os funcionários podem ganhar bônus de até 60% de seus salários anuais, com base no cumprimento de metas de desempenho. Na Hilcorp, os funcionários realmente se sentem como se fossem proprietários. Segundo o fundador Jeff Hildebrand, "Desde que nos unimos, sem competir uns contra os outros, e assumimos riscos juntos, é incrível o que podemos fazer".[67]

Em empresas como a Hilcorp Energy, empoderamento significa dar aos funcionários liberdade e poder quase completos para tomar decisões e exercitar a iniciativa e a imaginação. No entanto, as organizações capacitam os trabalhadores em vários graus diferentes, desde uma situação em que os gestores incentivam as ideias dos funcionários, mas mantêm a autoridade final nas decisões, até uma condição de total empoderamento como a da Hilcorp. Pesquisas mostram que o empoderamento é capaz de aumentar a satisfação, motivação e produtividade do funcionário.[68]

DAR SENTIDO AO TRABALHO POR MEIO DO ENGAJAMENTO

O **engajamento** do funcionário significa que as pessoas gostam do trabalho que fazem e estão satisfeitas com as condições de trabalho, contribuem com entusiasmo para cumprir as metas da organização e da equipe, e têm sentimento de pertencimento e compromisso com a empresa. Surpreendentemente, pesquisas recentes mostram que, nos Estados Unidos, apenas 30% dos trabalhadores estão engajados e inspirados no trabalho, e 18% estão ativamente *desengajados*.[69] Funcionários completamente engajados se preocupam profundamente com a organização e buscam ativamente formas de servir à missão da empresa.[70] Desengajamento ativo significa que as pessoas estão ativamente prejudicando o sucesso da organização.

Como os gestores podem engajar os funcionários? A Figura 16.10 apresenta os três elementos que criam o engajamento dos funcionários: sensação de significância, sensação

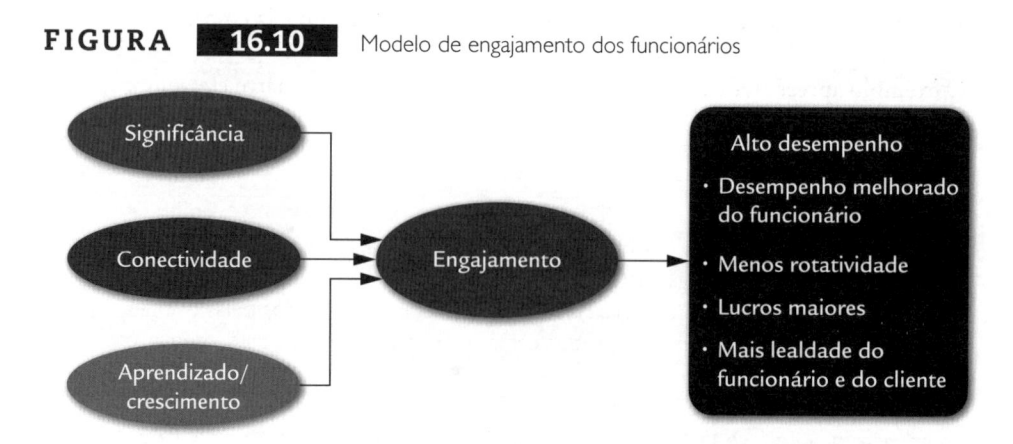

FIGURA 16.10 Modelo de engajamento dos funcionários

FONTE: Baseada na Figura 1 "Integrative model of employee engagement", in J. Lee Whittington; Timothy J. Galpin, "The engagement factor: building a high-commitment organization in a low-commitment world", *Journal of Business Strategy* 32, n. 5 (2010): 14-24.

de conexão e sensação de crescimento.⁷¹ Quando os gestores organizam o local de trabalho para criar esses sentimentos, o engajamento dos funcionários cresce, levando estes à motivação elevada e ao desempenho organizacional superior.

- *As pessoas sentem que estão trabalhando para realizar algo importante.* Quando os funcionários têm a oportunidade de realizar algo com valor real, desenvolvem a sensação de *significância*. Gestores eficazes ajudam as pessoas a entender o propósito do trabalho, o que contribui para os sentimentos de orgulho e dignidade. A Kenexa, empresa líder em serviços de RH nos Estados Unidos (recentemente comprada pela IBM), usa psicólogos e outros cientistas para investigar o que motiva os funcionários. Uma conclusão é que a rotatividade é significativamente menor entre as pessoas que sentem orgulho da empresa e de sua missão, em comparação com aqueles que não demonstram esses sentimentos.⁷²
- *As pessoas se sentem ligadas à empresa, aos outros colaboradores e aos gestores.* Em uma pesquisa que perguntou às pessoas que fatores contribuem para o engajamento delas, 79% afirmaram que "o bom relacionamento com os colegas de trabalho" levou o engajamento a um nível alto ou muito alto. Um número maior de participantes (91%) apontou para um bom relacionamento com o supervisor imediato como extremamente importante.⁷³ O comportamento dos gestores faz grande diferença no engajamento ou desengajamento das pessoas no trabalho.⁷⁴ Os gestores promovem o engajamento quando escutam o que os funcionários têm a dizer, importam-se de fato com suas preocupações e os ajudam a desenvolver relações positivas com os colegas.
- *As pessoas têm oportunidade de aprender, crescer e avançar.* Para que possam ser totalmente engajadas, as pessoas precisam não apenas sentir que são competentes para fazer o que lhes é pedido, mas também que têm a oportunidade de aprender e expandir o próprio potencial. Bons gestores ajudam os funcionários a compreender o próprio conjunto específico de talentos, habilidades, interesses, atitudes e necessidades; colocam as pessoas em funções em que elas possam oferecer a melhor contribuição e receber recompensas intrínsecas todos os dias; e certificam-se de que as pessoas têm o que precisam para o desempenho satisfatório. Além disso, eles dão às pessoas a oportunidade de trabalhar em projetos desafiadores, oferecem programas de formação e aprendizagem de alta qualidade e fornecem oportunidades de avanço dentro da organização.

Estudos identificaram uma correlação entre o engajamento dos funcionários e o desempenho da empresa, incluindo ainda menos rotatividade, mais rentabilidade e forte lealdade do funcionário e do cliente, como mostra a Figura 16.10.⁷⁵

Os gestores podem usar estratégias específicas para facilitar o engajamento e melhorar o desempenho. Considere o seguinte exemplo da empresa Prudential, que oferece seguros de vida e pensões para cerca de sete milhões de clientes na Europa.

Forma inovadora
Prudential na Europa

Como outras empresas na indústria de serviços financeiros, a Prudential na Europa opera em um ambiente altamente turbulento, que tem sido abalado pela crise econômica global e pelos escândalos na indústria financeira.

Cathy Lewis, diretora de RH da Prudential, o CEO, Rob Devey, e outros altos executivos decidiram concentrar esforços em melhorar o engajamento dos funcionários. O primeiro passo foi a condução de uma pesquisa para coletar dados dos funcionários sobre o que eles achavam que faria a diferença no desempenho da empresa. Uma das conclusões foi que os gestores de linha não estavam agindo de acordo com o ideal de empoderamento. Os altos executivos redefiniram funções para os gestores de linha e tiveram que realocar alguns deles, que não foram capazes de efetivar a mudança. "Foi muito doloroso", disse Tracy Harris, diretora de atendimento ao cliente, mas a ação permitiu que a diretoria deixasse os gestores comandarem os próprios departamentos como se fossem suas pequenas empresas. Os gestores executivos começaram a escrever *blogs* semanais, incluindo notas sobre pessoas que fizeram contribuições significativas ou receberam prêmios. Segundo Lewis, "É uma coisa simples, mas o nosso pessoal adora". Um dos motivos é que a iniciativa encoraja e possibilita ligações estreitas entre os funcionários. "Essas ações", de acordo com Devey, "são para mostrar que você se importa e dá permissão para que as pessoas assumam a liderança por meio das próprias iniciativas".

Quando outra pesquisa sobre engajamento foi realizada um ano depois, o resultado mostrou que tanto o engajamento (se as pessoas se sentiam parte da organização o suficiente para "superar as expectativas") quanto a capacitação (se elas sentiam que tinham os recursos e a autonomia para fazer bem os trabalhos) haviam aumentado significativamente.[76]

Embora os resultados da pesquisa de *follow-up* na Prudential tenham sido extremamente positivos e "motivo de orgulho", os líderes sabem que isso não significa que o trabalho deles acabou. Segundo Lewis, "Continue perguntando, continue conversando. "As pessoas da organização sabem o que realmente fará a diferença".[77]

Princípio do progresso

Com frequência, o que faz a maior diferença é uma coisa relativamente "pequena". Pesquisas recentes apontam a importância de *fazer progressos em direção às metas* como uma chave para a alta motivação. O **princípio do progresso** é a ideia de que o fator mais importante para aumentar a motivação e as emoções e percepções positivas durante um dia de trabalho é fazer progressos em direção a metas importantes.[78] As pessoas se sentem mais motivadas quando têm a oportunidade de experimentar a sensação de realização. Dar *feedback* sobre o quão bem as pessoas estão progredindo e proporcionar a elas uma maneira de monitorar seu progresso em direção aos objetivos promove uma energia renovável que abastece a motivação. Saber que estão fazendo progressos diários, mesmo que em pequenos passos, pode fazer toda a diferença na forma como as pessoas se sentem motivadas para continuar seguindo determinado objetivo.

Lembre-se disto

- A remuneração variável e a "de risco" tornaram-se importantes ferramentas motivacionais, embora essas práticas tenham sido criticadas nos últimos anos por recompensarem os tipos errados de comportamento.
- O empoderamento e o engajamento dos funcionários são tendências motivacionais recentes que focam menos as recompensas extrínsecas e mais a criação de um ambiente de trabalho que permita às pessoas adquirir recompensas intrínsecas e satisfazer as necessidades superiores.
- **Empoderamento** é a delegação de poder e autoridade aos subordinados em uma organização.
- Empoderar os funcionários envolve fornecer informação, conhecimento, poder e recompensas.
- **Engajamento** é um estado emocional e mental que existe quando os funcionários gostam do trabalho, contribuem com entusiasmo para alcançar os objetivos e têm um sentimento de pertencimento e compromisso com a organização.
- Os gestores criam um ambiente que promove engajamento ao proporcionarem aos funcionários um sentido de propósito e de conexão e a sensação de competência e crescimento.
- O comportamento dos gestores é o fator mais importante para que as pessoas se sintam motivadas e engajadas no trabalho.
- O **princípio do progresso** é a ideia de que o fator mais importante para aumentar a motivação, além das emoções e percepções positivas durante um dia de trabalho, é fazer progressos em direção a metas importantes.

Cap. 16 Notas

1. David A. Kaplan, "Inside Mars", *Fortune* (February 4, 2013): 72-82.
2. Richard M. Steers; Lyman W. Porter, eds., *Motivation and work behavior*, 3rd ed. (New York: McGrawHill, 1983); Don Hellriegel; John W. Slocum, Jr.; Richard W. Woodman, *Organizational behavior*, 7th ed. (St. Paul, MN: West, 1995), p. 170; Jerry L. Gray; Frederick A. Starke, *Organizational behavior: concepts and applications*, 4th ed. (New York: Macmillan, 1988), p. 104-105.
3. Ver Linda Grant, "Happy workers, high returns", *Fortune* (January 12, 1998): 81; Elizabeth J. Hawk; Garrett J. Sheridan, "The right stuff", *Management Review* (June 1999): 43-48; Michael West; Malcolm Patterson, "Profitable personnel", *People Management* (January 8, 1998): 28-31; Anne Fisher, "Why passion pays", *FSB* (September 2002): 58; Curt Coffman; Gabriel Gonzalez-Molina, *Follow this path: how the world's great organizations drive growth by unleashing human potential* (New York: Warner Books, 2002).
4. David A. Kaplan, "Salesforce's happy workforce", *Fortune* (February 6, 2012): 100-112.
5. Steven Greenhouse, "A factory defies stereotypes, but can it thrive?", *The New York Times*, July 18, 2010, BU1.
6. James B. Stewart, "Looking for a lesson in Google's lavish perks", *The New York Times*, March 15, 2013. Disponível em: <http://www.nytimes.com/2013/03/16/business/at-google-a-place-to-work-and-play.html?_r=0>. Acesso em: 29 out. 2013.
7. Com base em Bruce H. Jackson, "Influence behavior; become a master motivator", *Leadership Excellence* (April 2010): 14.
8. Leslie Kwoh, "Shape up or pay up: firms put in new health penalties", *The Wall Street Journal*, April 6, 2013, A1.
9. Ashley Halsey III, "Fines lower drivers' use of cellphones", *Washington Post*, July 10, 2011. Disponível em: <www.washingtonpost.com/local/fines-lower-drivers-use-of-cellphones/2011/07/08/gIQAMvX67H_story.html>. Acesso em: 11 jul. 2011.
10. Jack Stack, "Hilcorp Energy shares the wealth", *The New York Times*, July 6, 2010. Disponível em: <http://boss.blogs.nytimes.com/2010/07/06/hilcorp-energy-shares-the-wealth/>. Acesso em: 7 jul. 2010.
11. Susie Cranston; Scott Keller, "Increasing the 'meaning quotient' of work", *McKinsey Quarterly*, January 2013. Disponível em: <http://www.mckinseyquarterly.com/Increasing_the_meaning_quotient_of_work_3055>. Acesso em: 17 abr. 2013.
12. Esse exemplo é de Maureen Soyars; Justin Brusino, "Essentials of engagement: contributions, connections, growth", *T+ D* (March 2009): 62-65.
13. Abraham F. Maslow, "A theory of human motivation", *Psychological Review* 50 (1943): 370-396.
14. Barbara Bowes, "More than money: make your employees feel secure, satisfied in job", *Winnipeg Free Press*, July 24, 2010, I.1.
15. Sarah E. Needleman, "Burger Chain's Health-Care Recipe", *The Wall Street Journal*, August 31, 2009.
16. Kathy Chu, "China factories try karaoke, speed dating, to keep workers", *The Wall Street Journal*, May 2, 2013. Disponível em: <http://online.wsj.com/article/SB10001424127887323798104578452634075519230.html?KEYWORDS=kathy+Chu>. Acesso em: 13 maio 2013.
17. Telis Demos, "The way we work: motivate without spending millions", *Fortune* (April 12, 2010): 37-38.
18. Sarah Pass, "On the line", *People Management* (September 15, 2005): 38.
19. Clayton Alderfer, *Existence, relatedness, and growth* (New York: Free Press, 1972).
20. Rachel Emma Silverman, "For manual jobs, white-collar perks", *The Wall Street Journal*, October 13, 2011, B8.
21. Scott Westcott, "Beyond flextime; trashing the work week", *Inc.* (August 2008): 30-31.
22. Pesquisas de Karol Rose, "Work-life effectiveness", seção especial de propaganda, *Fortune* (September 29, 2003): S1-S17.
23. Sylvia Ann Hewlett, "Making flex time a win-win" *The New York Times*, December 19, 2009.
24. Frederick Herzberg, "One more time: how do you motivate employees?", *Harvard Business Review* (January 2003): 87-96.
25. "Workforce MoodTracker Summer 2013 Report: Empowering Employees to Improve Employee Performance", (Southborough, MA: Globoforce, 2013), disponível em: <http://go.globoforce.com/rs/globoforce/images/Summer2013Moodtracker.pdf>, acesso em: out. 2013; "Workforce Mood-Tracker Fall 2012 Report: Revealing Key Practices for Effective Recognition", (Southborough, MA: Globoforce, 2012), disponível em: <http://www.globoforce.com/resources/research-reports/mood-tracker-fall-2012-revealing-key-practices-for-effective-recognition/>, acesso em: 28 out. 2013).

26. David C. McClelland, *Human motivation* (Glenview, IL: Scott, Foresman, 1985).
27. David C. McClelland, "The two faces of power", in *Organizational psychology*, ed. D. A. Colb; I. M. Rubin; J. M. McIntyre (Englewood Cliffs, NJ: Prentice Hall, 1971), p. 73-86.
28. Ver Gary P. Latham; Edwin A. Locke, "Enhancing the benefits and overcoming the pitfalls of goal setting", *Organizational Dynamics* 35, n. 4 (2006): 332-338; Edwin A. Locke; Gary P. Latham, "Building a practically useful theory of goal setting and task motivation: a 35-year odyssey", *American Psychologist* 57, n. 9 (September 2002): 705ff; Gary P. Latham; Edwin A. Locke, "Self-regulation through goal setting", *Organizational Behavior and Human Decision Processes* 50, n. 2 (December 1991): 212-247; G. P. Latham; G. H. Seijts, "The effects of proximal and distal goals on performance of a moderately complex task", *Journal of Organizational Behavior* 20, n. 4 (1999): 421-428; P. C. Earley; T. Connolly; G. Ekegren, "Goals, strategy development, and task performance: some limits on the efficacy of goal setting", *Journal of Applied Psychology* 74 (1989): 24-33; E. A. Locke, "Toward a theory of task motivation and incentives", *Organizational Behavior and Human Performance* 3 (1968): 157-189; Gerard H. Seijts; Ree M. Meertens; Gerjo Kok, "The effects of task importance and publicness on the relation between goal difficulty and performance", *Canadian Journal of Behavioural Science* 29, n. 1 (1997): 54ff. Para uma discussão sobre a importância de objetivos de aprendizado *versus* performance em ambientes turbulentos, ver Gerard H. Seijts; Gary P. Latham, "Knowing when to set learning *versus* performance goals", *Organizational Dynamics* 41 (2012): 1-6.
29. Locke; Latham, "Building a practically useful theory of goal setting and task motivation".
30. Edwin A. Locke, "Linking goals to monetary incentives", *Academy of Management Executive* 18, n. 4 (2005): 130-133.
31. Latham; Locke, "Enhancing the benefits and overcoming the pitfalls of goal setting".
32. J. M. Ivanecevich; J. T. McMahon, "The effects of goal setting, external feedback, and self-generated feedback on outcome variables: a field experiment", *Academy of Management Journal* 25, n. 2 (June 1982): 359-372; G. P. Latham; E. A. Locke, "Self-regulation through goal setting", *Organizational Behavior and Human Decision Processes* 50, n. 2 (1991): 212-247.
33. Gary P. Latham, "The motivational benefits of goal-setting", *Academy of Management Executive* 18, n. 4 (2004): 126-129.
34. Julie Sloane, "The number cruncher", in Ellyn Spragins, "The best bosses", *Fortune Small Business* (October 2004): 39-57; and Maggie Rauch, "Great expectations", *Incentive* (December 2004): 18-19.
35. J. Stacy Adams, "Injustice in social exchange", in *Advances in experimental social psychology*, 2nd ed., ed. L. Berkowitz (New York: Academic Press, 1965); J. Stacy Adams, "Toward an understanding of inequity", *Journal of Abnormal and Social Psychology* (November 1963): 422-436.
36. Elizabeth Weise, "Our brains dislike inequality, even when it's in our favor", *USA TODAY*, February 25, 2010, disponível em: <http://content.usatoday.com/communities/sciencefair/post/2010/02/our-brains-dont-like-inequality-even-when-its-in-our-favor/1>, acesso em: 21 mar. 2011; Daniel Yee, "Brain prefers working over money for nothing", *Cincinnati Post*, May 14, 2004.
37. Ray V. Montagno, "The effects of comparison to others and primary experience on responses to task design", *Academy of Management Journal* 28 (1985): 491-498; Robert P. Vecchio, "Predicting worker performance in inequitable settings", *Academy of Management Review* 7 (1982): 103-110.
38. Lauren Weber; Rachel Emma Silverman, "Workers share their salary secrets", *The Wall Street Journal*, April 27, 2013, B1.
39. Nathan Koppel; Vanessa O'Connell, "Pay gap widens at big law firms as partners chase star attorneys", *The Wall Street Journal*, February 8, 2011. Disponível em: <http://online.wsj.com/article/SB10001424052748704570104576124232780067002.html>. Acesso em: 8 fev. 2011.
40. James E. Martin; Melanie M. Peterson, "Two-tier wage structures: implications for equity theory", *Academy of Management Journal* 30 (1987): 297-315.
41. Weber; Silverman, "Workers share their salary secrets"; Rachel Emma Silverman, "Psst... This is what your co-worker is paid", *The Wall Street Journal*, January 30, 2013, B6.
42. Victor H. Vroom, *Work and motivation* (New York: Wiley, 1964); B. S. Gorgopoulos; G. M. Mahoney; N. Jones, "A path-goal approach to productivity", *Journal of Applied Psychology* 41 (1957): 345-353; E. E. Lawler III, *Pay and organizational effectiveness: a psychological view* (New York: McGraw-Hill, 1981).
43. Richard R. Johnson, "Explaining patrol officer drug arrest activity through expectancy theory", *Policing* 32, n. 1 (2009): 6ff.
44. Shelly Banjo, "Wal-Mart will tie executive pay to compliance overhaul", *The Wall Street Journal*, April 22, 2013, B8.

45. Richard L. Daft; Richard M. Steers, *Organizations: a micro/macro approach* (Glenview, IL: Scott, Foresman, 1986).
46. Estudos citados em Tom Rath, "The best way to recognize employees", *Gallup Management Journal* (December 9, 2004): 1-5; and Erin White, "Theory & practice: praise from peers goes a long way – recognition programs help companies retain workers as pay raises get smaller", *The Wall Street Journal*, December 19, 2005.
47. Alexander D. Stajkovic; Fred Luthans, "A meta-analysis of the effects of organizational behavior modification on task performance, 1975-95", *Academy of Management Journal* (October 1997): 1122-1149; H. Richlin, *Modern behaviorism* (San Francisco: Freeman, 1970); B. F. Skinner, *Science and human behavior* (New York: Macmillan, 1953).
48. "100 best companies to work for: whole foods market", *Fortune* (May 23, 2011): 30; "Employees earn cash for exercising more", *The Wall Street Journal*, June 2, 2010, D3.
49. Stajkovic; Luthans, "A meta-analysis of the effects of organizational behavior modification on task performance"; Fred Luthans; Alexander D. Stajkovic, "Reinforce for performance: the need to go beyond pay and even rewards", *Academy of Management Executive* 13, n. 2 (1999): 49-57.
50. Michael Alison Chandler, "In schools, self-esteem boosting is losing favor to rigor, finer-tuned praise", *The Washington Post*, January 15, 2012, disponível em: <www.washingtonpost.com/local/education/in-schools-self-esteem-boosting-is-losing-favor-to--rigor-finer-tuned-praise/2012/01/11/gIQAXFn-F1P_story.html, acesso em: 16 jan. 2012; Anthony DeRiso; Timothy D. Ludwig, "An investigation of response generalization across cleaning and restocking behaviors in the context of performance feedback", *Journal of Organizational Behavior Management* 32 (2012): 141-151.
51. Stephanie Clifford, "J. C. Penney Slashes Pay of Its Chief", *The New York Times*, April 2, 2013, disponível em: <http://www.nytimes.com/2013/04/03/business/jc-penney-slashes-pay--for-chief.html?_r=0>, acesso em: 28 out. 2013; Stephanie Clifford, "J. C. Penney Ousts Chief of 17 Months", *The New York Times*, April 9, 2013, B1.
52. Kenneth D. Butterfield; Linda Klebe Treviño, "Punishment from the manager's perspective: a grounded investigation and inductive model", *Academy of Management Journal* 39, n. 6 (December 1996): 1479-1512; Andrea Casey, "Voices from the firing line: managers discuss punishment in the workplace", *Academy of Management Executive* 11, n. 3 (1997): 93-94.
53. Amy Sutherland, "What Shamu taught me about a happy marriage", *The New York Times*, June 25, 2006. Disponível em: <www.nytimes.com/2006/06/25/fashion/25love.html?ex=1175659200&en=4c3d-257c4d16e70d&ei=5070>. Acesso em: 2 abr. 2007.
54. Arthur Bandura, *Social learning theory* (Englewood Cliffs, NJ: Prentice Hall, 1977); T. R. V. Davis; F. Luthans, "A social learning approach to organizational behavior", *Academy of Management Review* 5 (1980): 281-290.
55. Bandura, *Social learning theory*; Davis; Luthans, "A social learning approach to organizational behavior".
56. Ilya Pozin, "The takeaway: three things that motivate employees more than money", *Inc.* (February 2012): 6.
57. Christine M. Riordan; Robert J. Vandenberg; Hettie A. Richardson, "Employee involvement climate and organizational effectiveness", *Human Resource Management* 44, n. 4 (Winter 2005): 471-488.
58. J. Richard Hackman; Greg R. Oldham, *Work redesign* (Reading, MA: Addison-Wesley, 1980); J. Richard Hackman; Greg Oldham, "Motivation through the design of work: test of a theory", *Organizational Behavior and Human Performance* 16 (1976): 250-279.
59. Xu Huang; Evert Van de Vliert, "Where intrinsic job satisfaction fails to work: national moderators of intrinsic motivation", *Journal of Organizational Behavior* 24 (2003): 157-179.
60. Sarah E. Needleman, "Business owners try to motivate employees; as recession lingers, managers hold meetings and change hiring practices to alleviate workers' stress", *The Wall Street Journal*, January 14, 2010.
61. Aaron Lucchetti, "Morgan Stanley to overhaul pay plan", *The Wall Street Journal*, December 29, 2009; Graham Bowley, "Credit Suisse overhauls compensation", *The New York Times*, October 21, 2009; Liam Pleven; Susanne Craig, "Deal fees under fire amid mortgage crisis; guaranteed rewards of bankers, middlemen are in the spotlight", *The Wall Street Journal*, January 17, 2008; Phred Dvorak, "Companies seek shareholder input on pay practices", *The Wall Street Journal*, April 6, 2009; Carol Hymowitz, "Pay gap fuels worker woes", *The Wall Street Journal*, April 28, 2008.
62. Sarah Fister Gale, "Keeping your nose clean: a look at ethics in the workplace", *Workforce.com*, September 6, 2012. Disponível em: <www.workforce.com/article/20120906/NEWS02/120909987/keeping--your-nose-clean-a-look-at-ethics-in-the-workplace>. Acesso em: 29 out. 2013.
63. Edwin P. Hollander; Lynn R. Offermann, "Power and leadership in organizations", *American Psychologist* 45 (Feruary 1990): 179-189.

64. Jay A. Conger; Rabindra N. Kanungo, "The empowerment process: integrating theory and practice", *Academy of Management Review* 13 (1988): 471-482.
65. John Izzo, "Step-up initiative: create a culture of initiators", *Leadership Excellence* (June 2012): 13.
66. David E. Bowen; Edward E. Lawler III, "The empowerment of service workers: what, why, how, and when", *Sloan Management Review* (Spring 1992): 31-39; Ray W. Coye; James A. Belohav, "An exploratory analysis of employee participation", *Group and Organization Management* 20, n. 1 (March 1995): 4-17.
67. Stack, "Hilcorp Energy shares the wealth".
68. Golnaz Sadri, "Empowerment for the bottom line", *Industrial Management* (May-June 2011): 8-13; Robert C. Ford; Myron D. Fottler, "Empowerment: a matter of degree", *Academy of Management Executive* 9, n. 3 (1995): 21-31.
69. Dados da imprensa Gallup citados em Kelli B. Grant, "Americans hate their jobs, even with the perks", *USA TODAY*, June 30, 2013. Disponível em: <http://www.usatoday.com/story/money/business/2013/06/30/americans-hate-jobs-office--perks/2457089/>. Acesso em: 29 out. 2013.
70. Definição baseada em Modelo de Engajamento da consultoria de RH Mercer descrito por Paul Sanchez; Dan McCauley, "Measuring and managing engagement in a cross-cultural workforce: new insights for global companies", *Global Business and Organizational Excellence* (November-December 2006): 41-50.
71. Soyars; Brusino, "Essentials of engagement"; Kenneth W. Thomas, "The four intrinsic rewards that drive employee engagement", *Ivey Business Journal*, November-December 2009, disponível em: <www.iveybusinessjournal.com/article.asp?intArticle_id=867>, acesso em: 24 nov. 2009; Cristina de Mello e Souza Wildermuth; Patrick David Pauken, "A perfect match: decoding employee engagement – part ii: engaging jobs and individuals," *Industrial and Commercial Training* 40, n. 4 (2008): 206-210.
72. Kate Rockwood, "The employee whisperer", *Fast Company* (November 2008): 72-73.
73. Soyars; Brusino, "Essentials of engagement".
74. Theresa M. Welbourne, "Employee engagement: beyond the fad and into the executive suite", *Leader to Leader* (Spring 2007): 45-51.
75. Ver J. K. Harter; F. L. Schmidt; T. L. Hayes, "Business-unit-level relationship between employee satisfaction, employee engagement, and business outcomes: a meta-analysis", *Journal of Applied Psychology* 87, n. 2 (2002): 268-279; Coffman; Gonzalez, *Follow this path*; M. Buckingham; C. Coffman, *First, break all the rules: what the World's greatest managers do differently* (New York: Simon & Schuster, 1999); A. M. Saks, "Antecedents and consequences of employee engagement", *Journal of Managerial Psychology* 21, n. 7 (2006): 600-619; Nikki Blacksmith; Jim Harter, "Majority of American workers not engaged in their jobs", *Gallup.com*, October 28, 2011, disponível em: <www.gallup.com/poll/150383/majority-american-workers-not-engaged-jobs.aspx>, acesso em: 24 set. 2012.
76. Anna Scott, "Dear prudence", *People Management* (January 2012): 36-39.
77. Ibidem.
78. Definição e discussão baseadas em Teresa M. Amabile; Steven J. Kramer, "The power of small wins", *Harvard Business Review* (May 2011): 71-80; Teresa M. Amabile; Steven J. Kramer, "What really motivates workers: understanding the power of progress", *Harvard Business Review* (January-February 2010): 44-45.

PARTE 5

Capítulo 17
Gestão da comunicação

© Mehmet Cetin/Shutterstock.com

Visão geral do capítulo

Você presta atenção no que os outros dizem?

Comunicação é responsabilidade do gestor
O que é comunicação?
Modelo de comunicação

Comunicação entre pessoas
Clima de comunicação aberta
Canais de comunicação
Comunicar para persuadir e influenciar os outros
Comunicar com franqueza
Fazer perguntas
Capacidade de ouvir
Comunicação não verbal

Comunicação no local de trabalho
Mídia social
Canais pessoais de comunicação

Novo gestor autoteste: você está criando uma rede pessoal?
Canais formais de comunicação
Comunicação em momentos de crise

Resultados de aprendizagem

Após a leitura deste capítulo, você será capaz de:

1. Explicar por que a comunicação é fundamental para uma gestão eficaz.
2. Descrever o modelo de comunicação.
3. Explicar como o clima de comunicação aberta e a escolha de um canal de comunicação influenciam a qualidade da comunicação.
4. Esclarecer como a comunicação com franqueza, as perguntas, a capacidade de ouvir e a comunicação não verbal afetam a comunicação entre o gestor e o funcionário.
5. Descrever o papel do gestor no uso da mídia social para melhorar a comunicação organizacional.
6. Explicar o papel dos canais pessoais de comunicação, incluindo as redes e os boatos, na eficácia da comunicação organizacional.
7. Comparar e distinguir as comunicações organizacionais formais e informais.
8. Resumir as estratégias para a gestão da comunicação durante uma crise.

Você presta atenção no que os outros dizem?[1]

INSTRUÇÕES: Pense em como você se comunica com outras pessoas durante um dia típico no trabalho ou na escola. Com base nas suas experiências, assinale, nos itens apresentados a seguir, "Normalmente verdadeiro" ou "Normalmente falso". Como não há posicionamentos certos ou errados, faça o teste de forma honesta.

	Normalmente verdadeiro	Normalmente falso
1. Fico extremamente atento ao que os outros dizem.		
2. Mostro às pessoas, intencionalmente, que estou ouvindo.		
3. Realmente gosto de ouvir as pessoas com muita atenção.		
4. Minha mente não vagueia quando alguém está falando.		
5. Frequentemente repito o que a pessoa disse e certifico-me se entendi bem.		
6. Costumo pensar em uma resposta enquanto a outra pessoa ainda está falando.		
7. Costumo pedir às pessoas que expliquem o que elas querem dizer.		
8. Faço perguntas em toda conversa.		
9. Tenho uma curiosidade legítima nas conversas sobre o que as outras pessoas pensam.		
10. Durante uma conversa, frequentemente exploro o assunto para obter informações mais detalhadas.		
11. Pergunto a opinião dos outros sobre as coisas.		

PONTUAÇÃO E INTERPRETAÇÃO: Concentrar-se no que os outros dizem é um ato composto por dois aspectos: a capacidade de ouvir e a capacidade de perguntar. Para obter sua pontuação para a capacidade de ouvir, nas afirmações 1 a 5, atribua 1 ponto a cada item assinalado como "Normalmente verdadeiro"; no caso da afirmação 6, considere mais 1 se você marcou "Normalmente falso". Pontuação para a capacidade de ouvir = _____. Para obter sua pontuação para a capacidade de perguntar, nas afirmações 7 a 11, atribua 1 ponto a cada item assinalado como "Normalmente verdadeiro". Pontuação para a capacidade de perguntar = _____. Os gestores enfrentam muitas distrações, o que torna mais difícil prestar atenção quando alguém está falando. Ouvir com atenção evita muitos erros de comunicação. Além disso, os gestores eficazes adquirem o hábito de investigação, que significa fazer perguntas para saber mais sobre alguma coisa ou confirmar a compreensão. Uma pontuação de 4 ou mais em qualquer escala sugere que você é muito bom naquele aspecto da comunicação. Uma pontuação combinada de 8 ou mais nas duas escalas sugere que você tem excelente foco no que os outros estão dizendo.

Em seus 20 anos na Metro Guide Publishing, em Halifax, na Nova Escócia, Patty Baxter nunca havia visto os telefones tão quietos. Uma editora líder em revistas no setor de turismo, artes e cultura, entretenimento, negócios, estilo de vida, e várias outras categorias, os escritórios da Metro costumavam vibrar o dia todo com chamadas de vendas. As vendas de espaço publicitário iam mal, mas, felizmente, Baxter descobriu o motivo antes que elas despencassem. Ela notou que os membros jovens da equipe de vendas estavam mandando *e-mails* para clientes e potenciais clientes com os discursos de vendas, em vez de telefonarem. Para esses jovens, que cresceram com mensagens de texto e bate-papos *on-line*, ligar para alguém sem antes enviar um *e-mail* era estranho, se não grosseiro, sugerindo, como também pensavam os jovens, que eles estavam priorizando suas necessidades sobre as do cliente. Estava na hora de uma aula de comunicação de vendas, decidiu Baxter. *E-mails*, mensagens de texto e bate-papos *on-line* são úteis para algumas finalidades, ela apontou, mas não funcionam para atividades como vendas, em que o relacionamento pessoal é essencial. Estabelecer a relação pessoal é parte fundamental de uma venda, e isso exige o calor da voz, se não um aperto de mão. Baxter também contratou Mary Jane Copps, uma consultora de vendas, por telefone, que a princípio não acreditava que ela poderia realmente ganhar a vida fazendo isso. Agora, Copps está sendo requisitada com frequência porque muitos funcionários jovens têm "aversão ao telefone". Na Metro Guide, o treinamento inclui exercícios que simulam chamadas de vendas com o objetivo de criar a confiança que permite aos representantes de vendas sentir-se capazes de "dizer as palavras certas, na ordem certa, no período certo de tempo", e capazes de ouvir com empatia e fazer as perguntas certas. Agora, os funcionários mantêm registros de como entram em contato com clientes e como fazem o *follow-up* das chamadas para garantir que estão construindo conexões pessoais capazes de aumentar as vendas de espaço publicitário.[2]

Saber se comunicar com eficiência é parte vital do trabalho de todo gestor. Bons gestores sabem que canais de comunicação devem usar para diferentes tipos de mensagem, bem como por que aspectos da comunicação como a capacidade de ouvir, fazer perguntas e o *feedback* sincero são tão importantes para o sucesso organizacional. As organizações mais prósperas são aquelas cujos gestores mantêm as linhas de comunicação abertas. Eles têm coragem de falar sobre o que os funcionários querem ouvir e explicar as decisões difíceis, especialmente durante períodos econômicos turbulentos. De fato, um estudo mostrou que as empresas com comunicação altamente eficaz garantiram retornos 47% mais elevados aos acionistas entre 2004 e 2009 que os das empresas com práticas de comunicação menos eficazes.[3]

A comunicação eficaz não leva apenas a melhores resultados gerais, mas grande parte do tempo de um gestor também é gasto com a comunicação. Os gestores passam pelo menos 80% de cada dia de trabalho se comunicando diretamente com os outros. Em outras palavras, 48 minutos de cada hora são gastos em reuniões, ao telefone, em comunicação *on-line* ou em conversas informais durante as caminhadas pela empresa. Os outros 20% do tempo de um gestor típico são gastos com o trabalho burocrático, a maior parte do qual também representa uma forma de comunicação por meio de leitura e escrita.[4]

Este capítulo explica por que os gestores devem fazer da comunicação eficaz uma prioridade. Primeiro, examinaremos a comunicação como a parte crucial do trabalho do gestor e descreveremos um modelo do processo de comunicação. Em seguida, verificaremos como os aspectos interpessoais da comunicação, como climas de comunicação aberta, canais de comunicação, persuasão, comunicação sincera, perguntas e a capacidade de ouvir, afetam a capacidade dos gestores de se comunicar. Examinaremos ainda o local de trabalho como um todo e consideraremos o papel das mídias sociais, redes de comunicação pessoal e comunicações formais, além da importância da comunicação em momentos de crise.

Comunicação é responsabilidade do gestor

A Figura 17.1 ilustra o papel fundamental dos gestores como campeões de comunicação. Os gestores reúnem informações importantes, tanto dentro como fora da organização, e, em seguida, distribuem a informação adequada para as pessoas que dela necessitem. A comunicação dos gestores é *dirigida a um propósito*, na medida em que direciona a atenção de todos para a visão, os valores e os objetivos desejados pela equipe ou organização, e influencia as pessoas a agir em direção à realização dos objetivos. Para que possam facilitar *conversas estratégicas*, os gestores devem usar a comunicação aberta, ouvir ativamente os outros, fazer perguntas e usar o *feedback* para o aprendizado e a mudança. **Conversas estratégicas** referem-se às conversas das pessoas entre diferentes níveis hierárquicos e fronteiras organizacionais sobre a visão da equipe ou organização, temas estratégicos relevantes e os valores que ajudam a alcançar objetivos importantes.[5] Na Procter & Gamble (P&G), por exemplo, o CEO A. G. Lafley criou um processo que abriu uma conversa estratégica entre a alta gestão e os líderes nas unidades de negócios para discutir cinco temas: "Qual é sua visão?", "Onde você vai jogar?", "Como você vai ganhar?", "Quais recursos devem estar disponíveis?" e "Que sistemas de gestão são necessários?". Em vez de apresentações formais de líderes executivos, as reuniões sobre estratégia tornaram-se diálogos informais entre pequenas equipes de vários níveis hierárquicos diferentes. O objetivo era criar pensadores estratégicos em toda a organização.[6]

Os gestores usam diferentes *métodos* para se comunicar, dependendo da finalidade da comunicação e do público-alvo. Após resultados de vendas decepcionantes, Virginia Rometty, CEO da IBM, publicou um vídeo no *website* interno da empresa para informar a centenas de milhares de funcionários em 170 países que a empresa deveria se mover mais rápido e melhorar a forma como os clientes ficam sabendo sobre o valor que a IBM pode representar para eles. O discurso "Pense rápido, mexa-se mais rápido ainda" era uma mistura de repreenda e estímulo. De acordo com Rometty, "Nossa base é forte e o futuro está em nossas próprias mãos. Sei que vamos enfrentar isso de forma honesta e com urgência, e é, em momentos como esses, que o time IBM mostra que sabe enfrentar desafios".[7]

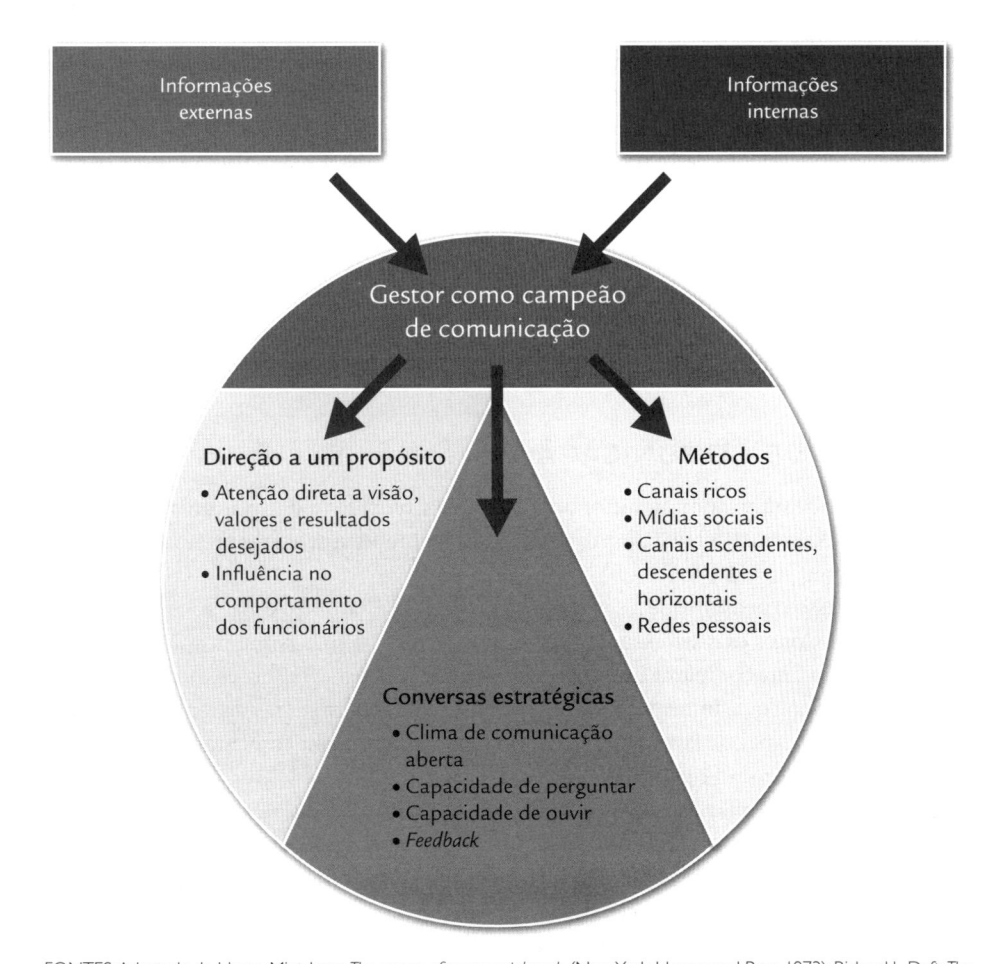

FIGURA 17.1
Gestor como campeão de comunicação

Informações externas → Gestor como campeão de comunicação ← Informações internas

Direção a um propósito
- Atenção direta a visão, valores e resultados desejados
- Influência no comportamento dos funcionários

Métodos
- Canais ricos
- Mídias sociais
- Canais ascendentes, descendentes e horizontais
- Redes pessoais

Conversas estratégicas
- Clima de comunicação aberta
- Capacidade de perguntar
- Capacidade de ouvir
- *Feedback*

FONTES: Adaptada de Henry Mintzberg, *The nature of managerial work* (New York: Harper and Row, 1973); Richard L. Daft, *The leadership experience*, 3rd ed. (Mason, OH: South-Western, 2005), p. 346.

Conexão de conceito ◀◀◀

Michael Newcombe subiu com sucesso os degraus corporativos da prestigiada cadeia Four Seasons Hotel por causa da sua capacidade de gestão excepcional, incluindo as **habilidades de comunicação**. Newcombe acredita firmemente na importância de conversar diariamente com todos os funcionários em todos os níveis para compreender as necessidades deles em constante transformação e evitar problemas antes que ocorram. Seu interesse pessoal por cada funcionário também fez as pessoas se sentirem valorizadas e envolvidas com a organização.

A comunicação *on-line*, incluindo os meios de comunicação social que serão discutidos neste capítulo, está crescendo em popularidade. De fato, em uma pesquisa realizada, 65% dos gestores entrevistados afirmaram que esperam usar as mídias sociais com mais frequência no próximo ano para que possam se comunicar com os funcionários.[8]

O QUE É COMUNICAÇÃO?

A maioria de nós pensa em linguagem falada ou escrita quando se trata de comunicação, mas as palavras são apenas uma pequena parte da comunicação humana. Como os gestores são cuidadosamente observados pelos funcionários, é importante lembrar que tudo o que um gestor faz *e* diz irá comunicar alguma coisa. Além disso, a comunicação é uma via de mão dupla que inclui fazer perguntas, buscar *feedback*, prestar atenção à comunicação não verbal dos outros e ouvir ativamente. A **comunicação** é o processo pelo qual a informação é trocada e compreendida por duas ou mais pessoas, geralmente com a intenção de influenciar ou motivar o comportamento.

As opiniões dos gestores mostram que eles consideram a comunicação como sua habilidade mais importante e uma de suas principais responsabilidades.[9] A maioria dos gestores percebe, porém, que precisam melhorar a eficácia em comunicação. Menos da metade dos gestores entrevistados se preocupa em adequar as mensagens para os funcionários, clientes ou fornecedores. Menos gestores ainda buscam *feedback* dos funcionários ou dos clientes porque temem receber más notícias. Sem *feedback*, no entanto, os gestores podem não responder adequadamente aos problemas ou às oportunidades, e os seus planos e as decisões podem estar desalinhados com as percepções e os interesses dos funcionários.[10] Em outra pesquisa recente realizada pela AMA Enterprise, cerca de 40% dos trabalhadores disseram que se sentem excluídos e não sabem o que está acontecendo nas empresas. Apenas 9% relataram saber o que está acontecendo na maioria das vezes.[11]

MODELO DE COMUNICAÇÃO

Ser um bom comunicador significa apreciar a complexidade da comunicação e compreender os elementos-chave do processo desta, como ilustra a Figura 17.2 e descreve o texto a seguir.

Muitas pessoas pensam que a comunicação é simples e natural. Afinal de contas, comunicamo-nos todos os dias sem sequer pensar a respeito. Porém, a comunicação humana é, na verdade, bastante complexa e repleta de oportunidades para confusões. A comunicação não é apenas o envio de informações, mas o compartilhamento destas de forma planejada. Um gestor que é capaz de fazer discursos estimulantes ou escrever comentários brilhantes, mas que não sabe como ouvir, não é um comunicador eficaz. Honrar a distinção entre *compartilhar* e *proclamar* é crucial para uma gestão bem-sucedida.

Saber no que resulta a comunicação nos ajuda a apreciar sua complexidade. Como mostra a Figura 17.2, um gestor que quer se comunicar com um funcionário **codifica** um pensamento ou ideia, selecionando símbolos (tais como palavras) com os quais pode compor uma mensagem. A **mensagem** é a formulação concreta do pensamento ou da ideia enviados para o funcionário, e o **canal** é a forma pela qual a mensagem é enviada. O canal pode ser um telefonema, uma mensagem de *e-mail*, um relatório formal ou uma conversa presencial. O funcionário **decodifica** os símbolos para interpretar o significado da mensagem. **Feedback** ocorre quando o funcionário responde à comunicação de um gestor com uma mensagem de retorno. Como ilustrado na Figura, a natureza da comunicação eficaz é cíclica, em que o emissor e o receptor podem trocar mensagens várias vezes para a compreensão mútua.

Eventualmente, codificação e decodificação podem causar erros de comunicação. Você já ouviu alguém dizer "Mas não foi isso o que quis dizer!" ou perdeu tempo e energia com instruções mal compreendidas? As diferenças, os conhecimentos, os valores, as atitudes e a origem individuais agem como filtros e podem criar "ruídos" na tradução dos símbolos para significados. Todos nós provavelmente já experimentamos falhas de comunicação, já que as pessoas podem facilmente interpretar mal uma mensagem. O *feedback* permite que o gestor possa determinar se o funcionário interpretou a mensagem da forma correta. O potencial para erros de comunicação é o motivo pelo qual o *feedback* é tão importante. Sem *feedback*, o ciclo de comunicação fica incompleto. Uma comunicação eficaz envolve tanto a transferência quanto o entendimento mútuo de informações.[12]

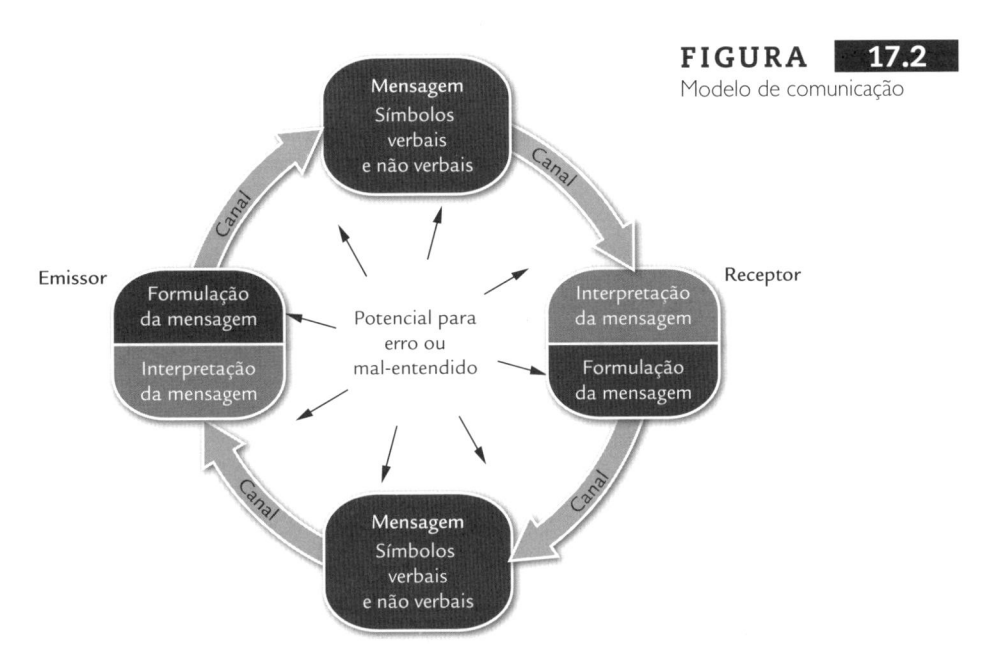

FIGURA 17.2
Modelo de comunicação

Lembre-se disto

- O papel do gestor como campeão de comunicação é envolver-se em conversas estratégicas com propósitos definidos por meio de múltiplos canais.
- As mídias sociais são um método de comunicação que está crescendo em popularidade como uma maneira eficaz de comunicar informações dentro de uma organização.
- **Conversa estratégica** refere-se ao diálogo entre pessoas de diferentes níveis hierárquicos e fronteiras organizacionais sobre a visão da equipe ou organização, os temas estratégicos relevantes e os valores que contribuem para a realização de objetivos importantes.
- **Comunicação** é o processo pelo qual a informação é trocada e compreendida por duas ou mais pessoas.
- O emissor **codifica** a ideia por meio da seleção de símbolos com os quais compõe a mensagem e de um canal de comunicação; o receptor **decodifica** os símbolos para interpretar o significado da mensagem.
- A **mensagem** é a formulação tangível de uma ideia que será transmitida ao funcionário.
- O termo **canal** refere-se ao meio pelo qual uma mensagem é enviada, como um telefonema, *blog* ou mensagem de texto.
- **Feedback** ocorre quando o receptor responde à comunicação do remetente com uma mensagem de retorno.

Comunicação entre pessoas

Bill Emerson, CEO da Quicken Loans, faz reuniões de almoço de duas horas com grupos de 15 funcionários por vez, para informá-los sobre o que está acontecendo na empresa e na indústria de hipotecas, perguntar sobre os problemas e as preocupações, e pedir ideias e opiniões sobre a forma como a empresa opera. Emerson dependia fortemente da média e baixa gestão para manter um clima sólido de comunicação, enquanto lutava contra os problemas comerciais durante o pior período da recente crise financeira, mas ele sabe que o seu compromisso visível é essencial para que as conversas organizacionais sejam eficazes.[13] Mesmo em 1928, quando Paul Galvin fundou a Motorola, ele reconhecia a importância de ser campeão de comunicação. O filho de Galvin, Bob, disse que o pai realizou grande parte de seu importante trabalho no refeitório da empresa: "Ele sempre se esforçava para almoçar com os funcionários. Fazia muitas perguntas sobre operações, clientes e como melhorar a qualidade".[14]

Para que possam atuar como campeões de comunicação e alcançar os melhores resultados possíveis, os gestores devem entender como alguns fatores, como clima de comunicação aberta, canais de comunicação, capacidade de persuadir, comunicar-se com sinceridade, fazer perguntas, capacidade de ouvir e comportamento não verbal, agem para melhorar ou prejudicar a comunicação. Os gestores também devem considerar como o gênero afeta a comunicação. O boxe "Conversa com gestores" explora como as diferenças de gênero influenciam a eficácia da comunicação entre homens e mulheres.

CLIMA DE COMUNICAÇÃO ABERTA

Segundo pesquisa realizada com profissionais norte-americanos, as pessoas realmente esperam uma comunicação aberta e honesta de seus gestores, incluindo as más e boas notícias.[15] Isso criou um dilema para Tom Szaky, CEO da TerraCycle, uma empresa de reciclagem de lixo, porque ele hesitava em compartilhar as notícias ruins com os funcionários. Szaky não queria que os funcionários se preocupassem com algo que não afetaria diretamente o emprego deles, pois isso poderia resultar em distração e comprometer a produtividade. Para Szaky, "O problema em ocultar informações era que, quando os desafios surgiam, sentia-me sozinho, e a equipe ficava tentando adivinhar o que estava acontecendo. Previsivelmente, a falta de informações alimentou rumores e afetou o moral". Hoje, o CEO incentiva a transparência e promove a comunicação aberta e honesta. Funcionários veem tudo em grande detalhe, até mesmo as más notícias. Esse novo clima tem promovido um sentimento de participação e confiança, além de trazer à tona questões de forma mais rápida.[16]

Comunicação aberta significa o compartilhamento de todos os tipos de informação em toda a organização e por meio das fronteiras funcionais e hierárquicas. Em toda a organização, as pessoas precisam ver o contexto geral, compreender as decisões que os gestores tomam e saber como o trabalho delas contribui para o sucesso da empresa. Especialmente em tempos de mudança, se as pessoas não ficam sabendo diretamente dos gestores o que está acontecendo, elas passam a confiar em rumores e muitas vezes supõem o

Conexão de conceito ◀◀◀

Uma pesquisa demonstrou que a cultura de **comunicação aberta** promove muitos benefícios para a organização e os funcionários, incluindo produtividade elevada, melhor tomada de decisões e taxas de rotatividade mais baixas. De acordo com os especialistas, mesmo nas maiores organizações, a comunicação presencial ainda é a melhor forma por ser aberta e honesta. Reuniões de equipe ou grandes reuniões coletivas como a da imagem enfatizam a importância do compartilhamento de informações, mais do que qualquer forma de comunicação escrita, como *e-mails*.

Conversa com GESTORES

As diferenças de gênero na comunicação

Para melhorar a eficácia da comunicação no local de trabalho, os gestores devem estar cientes dos vários fatores que influenciam a forma como as pessoas se comunicam. Por exemplo, de acordo com Marianne Legato, fundadora da Partnership for Gender-Specific Medicine da Universidade de Colúmbia, em Nova York, há evidências de que os cérebros de homens e mulheres processam a linguagem de forma diferente, o que leva a diferenças reais na comunicação. Além disso, comportamentos aprendidos associados ao gênero influenciam os padrões de comunicação. Deborah Tannen, autora de *Você simplesmente não me entende: o difícil diálogo entre homens e mulheres**, passou três décadas estudando as diferenças de gênero na comunicação. Compreender os seguintes estilos diferentes de comunicação de homens e mulheres pode ajudar os gestores a maximizar os talentos de todos os funcionários e encorajar homens e mulheres a contribuir mais para a organização.

- **Objetivos das conversas.** As conversas masculinas tendem a se concentrar em hierarquia – competição por poder relativo. Para os homens, a conversa é principalmente um meio para preservar a independência, negociar e manter o *status* na hierarquia. Os homens tendem a usar a linguagem verbal para expor conhecimentos e habilidades, como contar histórias, brincar ou transmitir informações. Para a maioria das mulheres, embora certamente não para todas, a conversa é principalmente uma linguagem de afinidade, uma maneira de estabelecer conexões e negociar relacionamentos. As mulheres usam o estilo de conversação original para mostrar envolvimento, conexão e participação, a fim de buscar, por exemplo, semelhanças e comparar experiências com os outros.

- **Estilos de tomada de decisão.** Quando as mulheres tomam decisões, tendem a processar as opções e pensar nelas em voz alta. Os homens processam internamente até chegarem a uma solução. Às vezes, os homens podem interpretar mal o *brainstorming* verbal das mulheres e assumir que uma mulher esteja buscando a aprovação, em vez de apenas estar pensando em voz alta.

- **Sucesso em ambientes colaborativos.** Um relatório da McKinsey & Company, "Liderança durante a crise e depois", observa que os tipos de comportamento que os executivos dizem que pode ajudar as empresas durante a crise econômica são mais frequentemente praticados por gestores do sexo feminino. Em geral, as mulheres obtêm uma pontuação mais elevada do que os homens em habilidades como motivar os outros, promover a comunicação e a capacidade de ouvir, talentos que são mais importantes do que nunca quando as organizações passam por momentos difíceis.

- **Interpretação de mensagens não verbais.** Cerca de 70% da comunicação ocorre de forma não verbal, mas homens e mulheres interpretam esse tipo de comunicação de forma diferente. As mulheres acreditam que a boa capacidade de ouvir envolve estabelecer contato visual e demonstrar compreensão, acenando com a cabeça. Para os homens, a escuta pode ocorrer com mínimo contato visual e quase nenhum *feedback* não verbal. Além disso, quando um homem balança a cabeça, isso significa que ele concorda. Quando uma mulher acena com a cabeça, isso significa que ela está ouvindo. As mulheres tendem a interpretar melhor a comunicação não verbal. Elas são capazes de avaliar coalizões e alianças apenas observando quem está fazendo contato visual durante os momentos críticos em uma reunião.

Curiosamente, alguns gestores do sexo masculino parecem estar mudando para um estilo de comunicação mais feminino no desafiador ambiente econômico de hoje, porque a abordagem das mulheres à liderança e à comunicação pode ser mais adequada para inspirar os funcionários e ajudar as pessoas a se unir em direção aos objetivos em tempos difíceis.

Fontes: Baseado em Deborah Tannen, "He said, she said", *Scientific American Mind* (May-June 2010): 55-59; Carol Kinsey Goman, "Men and women and workplace communication", *Business Analyst Times*, May 26, 2009, disponível em: <www.batimes.com/articles/men-and-women-and-workplace-communication.html>, acesso em: 20 set. 2012; Elizabeth Bernstein, "She talks a lot, he listens a little", *The Wall Street Journal*, September 16, 2010, disponível em: <http://online.wsj.com/news/articles/SB10001424052748704658204575610921238173714>, acesso em: 30 out. 2013.

---

* Editora Best Seller, s.d. (N.E.)

pior.[17] Em um ambiente de comunicação aberta, as pessoas sabem onde estão pisando e a que regras precisam obedecer para jogar. A comunicação aberta ajuda as pessoas a aceitar os objetivos, compreendê-los e se comprometer com eles. As pessoas são capazes de ver como as ações delas interagem com as dos outros indivíduos da organização e afetam-nos. Quando as pessoas têm acesso a informações completas, elas são mais propensas a chegar a soluções criativas para os problemas e tomar decisões positivas para a empresa.

Infelizmente, quando os funcionários, na pesquisa mencionada anteriormente, foram requisitados a avaliar quão eficazes seus gestores eram em proporcionar uma comunicação aberta e honesta, a pontuação média, em uma escala de zero a 100, foi de 69.[18] Para que possam criar um clima de comunicação aberta, os gestores devem quebrar as fronteiras e divisões hierárquicas convencionais que podem representar barreiras para a comunicação. Podem ter o cuidado de se comunicar honestamente com os subordinados, manter as pessoas informadas quando as coisas mudam para uma direção positiva ou negativa e ajudar os funcionários a perceber o impacto financeiro de suas decisões e ações.[19]

Para alcançar as vantagens da comunicação aberta, os gestores devem utilizar o tipo de rede de comunicação que maximize o desempenho do funcionário e a satisfação no trabalho. Uma pesquisa sobre a comunicação do funcionário tem se concentrado em duas características da comunicação eficaz: o grau de centralização das comunicações e a natureza da tarefa.[20] A relação entre essas características é ilustrada na Figura 17.3. Em uma **rede centralizada**, os membros da equipe devem se comunicar por intermédio de um indivíduo para que possam resolver problemas ou tomar decisões. A comunicação centralizada pode ser eficaz para grandes equipes porque limita o número de pessoas envolvidas na tomada de decisões. O resultado é uma decisão mais rápida que envolve menos pessoas.[21] Em uma **rede descentralizada**, os indivíduos podem se comunicar livremente com outros membros da equipe. Os membros processam igualmente a informação entre si até que todos concordem com uma decisão.[22] A comunicação descentralizada é melhor para ambientes de trabalho complexos, difíceis, em que as equipes precisam de um fluxo livre de comunicação em todas as direções.[23]

Canais de comunicação

Os gestores têm a opção de muitos canais para se comunicar. Um gestor pode discutir presencialmente um problema, fazer uma chamada telefônica, usar mensagens de texto, enviar *e-mail*, escrever um memorando ou carta ou utilizar a mídia social, dependendo da natureza da mensagem. As pesquisas têm tentado explicar como os gestores selecionam os canais de comunicação para aumentar a eficácia da comunicação.[24] Uma abordagem para a seleção de um canal de comunicação eficaz é interpretar as emoções da pessoa que receberá a mensagem e, em seguida, selecionar o canal que levará ao melhor resultado. De acordo com os cientistas, para que os gestores possam entender como uma pessoa está se sentindo, eles devem considerar algumas pistas importantes: expressões faciais, gestos, postura corporal e tom de voz. O sorriso, a testa franzida ou a flacidez na postura corporal são fortes indicadores das emoções de uma pessoa.[25]

Outro fator que molda a seleção de um canal de comunicação adotado pelos gestores refere-se ao tipo e à quantidade de informações transmitidas. As pesquisas têm demonstrado que os canais diferem na capacidade de transmitir dados. Assim como as características físicas de um gasoduto limitam o tipo e a quantidade de líquido que pode ser bombeado através dele, as características físicas de um canal de comunicação limitam o tipo e a quantidade de informação que pode ser transmitida por meio dele. Os canais disponíveis para os gestores podem ser classificados dentro de uma hierarquia baseada na riqueza da informação.

FIGURA 17.3
Redes de comunicação

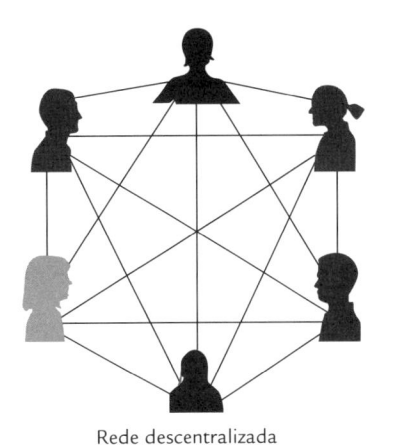

Rede centralizada

Rede descentralizada

FONTE: Joel Spolsky, "A little less conversation", *Inc.* (February 2010): 28-29. De Mansueto Ventures LLC, 2010.

Hierarquia da riqueza do canal

Riqueza do canal é a quantidade de informações que pode ser transmitida durante um episódio de comunicação. A Figura 17.4 ilustra a hierarquia da riqueza do canal. A capacidade de um canal de informação é influenciada por três características: (1) a capacidade de lidar com vários sinais ao mesmo tempo; (2) a capacidade de facilitar o *feedback* rápido e recíproco; e (3) a habilidade de estabelecer um foco para a comunicação pessoal. A discussão presencial é a forma mais rica porque permite uma experiência direta, além de várias pistas de informação, *feedback* imediato e foco pessoal. Em razão da sua riqueza, é o melhor canal para se comunicar com pessoas que estão exibindo fortes emoções, como ansiedade, medo ou defensividade. As discussões presenciais facilitam a assimilação de pistas amplas e a compreensão profunda e emocional da situação. As conversas telefônicas vêm logo a seguir na hierarquia de riqueza. Embora o contato visual, a postura e outros sinais da linguagem corporal estejam faltando, a voz humana ainda pode conter uma quantidade enorme de informação emocional.

A comunicação eletrônica, como *e-mails* e mensagens instantâneas e de texto, está sendo cada vez mais usada para mensagens que antes eram tratadas de forma presencial ou por telefone. No entanto, em um estudo realizado por pesquisadores da Universidade do Estado de Ohio, a maioria dos entrevistados disse que preferia o telefone ou a conversa presencial para comunicar notícias difíceis, dar conselhos ou expressar

FIGURA 17.4 Hierarquia da riqueza do canal

Vantagens
Pessoal
Recíproca
Feedback rápido

Vantagens
Registro permanente
Premeditada
Fácil de divulgar

Comunicação presencial — Canal de alta riqueza

Telefone

Mensagens eletrônicas (*e-mail*, Twitter, mensagens instantâneas, *blogs*)

Cartas e memorandos

Relatórios/comunicados — Canal de baixa riqueza

Desvantagens
Sem registro permanente
Espontânea
Difícil de disseminar

Desvantagens
Impessoal
Unilateral
Feedback lento

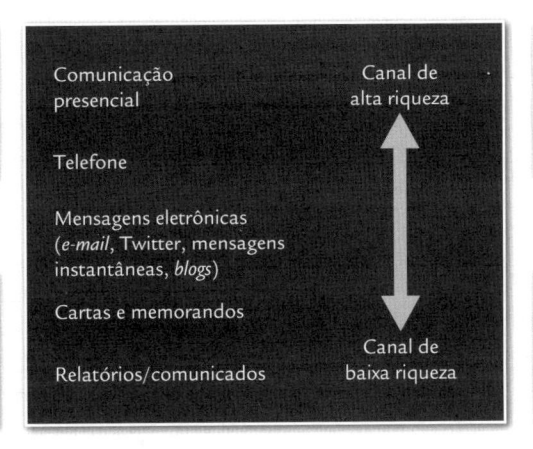

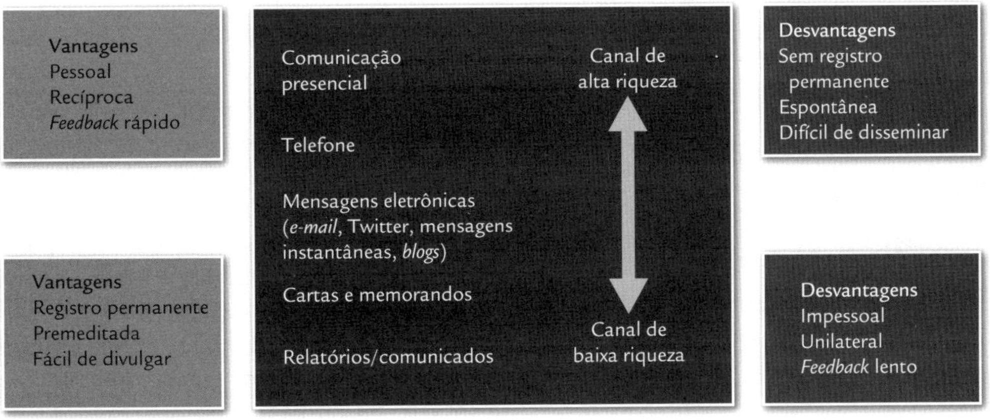

afeição.²⁶ Como as mensagens de correio eletrônico não revelam pistas visuais nem verbais e não permitem a interação e o *feedback*, elas podem ser mal interpretadas. Usar o *e-mail* para discutir diferenças, por exemplo, pode levar à intensificação do conflito, em vez da resolução.²⁷ Muitas vezes, os gestores usam *e-mails* ou mensagens de texto para evitar o desconforto emocional da conversa pessoal, escondendo-se atrás de seus computadores para dar advertências ou fazer críticas que nunca fariam pessoalmente. Segundo Margie Warrell, consultora de negócios, "Como não podemos ver o sofrimento do outro, não nos importamos tanto". Ela aconselha os gestores a nunca usar o *e-mail* nas seguintes situações:

- *Quando você está com raiva.* À medida que nossa raiva aumenta, o mesmo ocorre com a nossa incapacidade de nos comunicarmos de forma eficaz. Espere pelo menos duas horas para se acalmar antes de enviar uma mensagem de *e-mail*. Então, terá melhores condições de escolher a forma mais construtiva para transmitir que você está chateado.
- *Quando sua mensagem pode ser mal interpretada.* Encontre-se pessoalmente com alguém que pode estar defensivo sobre determinadas questões. Uma conversa presencial garante que a outra pessoa está ouvindo a sua mensagem da forma mais positiva possível.
- *Quando você está cancelando algo ou se desculpando.* Para cancelar um compromisso, em vez de usar o *e-mail*, pegue o telefone e ligue para demonstrar que você se preocupa com o relacionamento. Quando um pedido de desculpas for necessário, encontre-se pessoalmente para que você possa pedir e receber o perdão, que é um passo significativo para restaurar um relacionamento danificado.
- *Quando você está advertindo ou criticando.* Embora não seja fácil dar *feedback* negativo, é melhor comunicar advertências ou críticas pessoalmente, para que você possa ler as pistas visuais e resolver quaisquer problemas que a outra pessoa possa levantar.²⁸

Ainda mais abaixo na hierarquia da riqueza do canal, estão as cartas e os memorandos escritos. A comunicação escrita pode ser pessoal, mas transmite unicamente os sinais escritos no papel e é mais lenta no *feedback*. Mídias escritas impessoais, incluindo folhetos, boletins e relatórios digitais padronizados, são os mais baixos na hierarquia de riqueza. Esses canais não focam um único receptor, usam pistas de informação limitadas e não permitem o *feedback*.

> "A comunicação elétrica nunca será um substituto para o rosto de alguém que, com sua alma, encoraja a outra pessoa a ser corajosa e verdadeira."
> — CHARLES DICKENS (1812–1870), NOVELISTA INGLÊS

Selecionar o canal adequado

É importante que os gestores compreendam que cada canal de comunicação tem vantagens e desvantagens, e que cada um pode ser um meio eficaz de comunicação nas circunstâncias adequadas.²⁹ A seleção do canal depende do fato de a mensagem ser rotineira ou não rotineira. Em geral, *mensagens não rotineiras* são ambíguas, envolvem novos eventos e têm grande potencial para mal-entendidos. Elas são frequentemente caracterizadas pela pressão de tempo e pela surpresa. Os gestores podem comunicar mensagens não rotineiras de forma eficaz por meio da seleção de canais ricos. Mensagens de *rotina* são simples e diretas. Elas transmitem dados ou estatísticas, ou simplesmente traduzem em palavras o que os gestores já aceitam e compreendem. Mensagens de rotina podem ser comunicadas com eficiência por meio de um canal inferior em riqueza, como memorando, *e-mail*, mensagem de texto ou Twitter. Comunicações escritas devem ser usadas quando a comunicação é oficial e é necessário um registro permanente.³⁰

A chave é selecionar um canal adequado para a mensagem. Durante uma grande aquisição, uma empresa decidiu enviar altos executivos de todos os principais locais de trabalho à empresa adquirida, onde a maioria dos trabalhadores conheceu os gestores pessoalmente, ouviu os planos para a empresa e teve a chance de fazer perguntas. Os resultados compensaram o tempo investido, as despesas com pessoal e as reuniões presenciais, porque a mão de obra adquirida viu os novos gestores como compreensivos, abertos e dispostos a ouvir.[31] Comunicar pessoalmente a mensagem não rotineira sobre a aquisição impediu rumores prejudiciais e mal-entendidos. A escolha de um canal de comunicação também pode passar um significado simbólico para o receptor; em certo sentido, o meio torna-se a mensagem. A decisão da empresa de se comunicar de forma presencial com os funcionários incorporados sinalizou a eles que os gestores se preocupavam com eles como indivíduos.

COMUNICAR PARA PERSUADIR E INFLUENCIAR OS OUTROS

A comunicação não serve apenas para transmitir informações, mas também para persuadir e influenciar pessoas. Embora as habilidades de comunicação sempre tenham sido importantes para os gestores, hoje a capacidade de persuadir e influenciar outros é ainda mais crítica. A mentalidade comando-e-controle dos gestores ao dizerem aos funcionários o que fazer e como fazê-lo está com os dias contados. Eis alguns pontos fundamentais para praticar a arte da persuasão:[32]

- *Estabelecer a credibilidade.* A credibilidade de um gestor se baseia em conhecimento, experiência e habilidades interpessoais. Ao demonstrarem uma capacidade consistente para tomar decisões bem informadas e prudentes, os gestores inspiram nos funcionários confiança em sua capacidade de liderança.
- *Construir objetivos em consenso.* Para que possam ser persuasivos, os gestores devem descrever os benefícios que os funcionários experimentarão se adotarem uma nova política ou executarem um pedido. Um exemplo é o gestor que queria convencer os franqueados de uma rede de *fast-food* a apoiar os novos descontos de preços almejados pela sede. O gestor não apenas explicou que a sede queria que as políticas fossem implementadas, como citou uma pesquisa mostrando que o novo preço aumentaria os lucros dos franqueados.[33] Quando os franqueados viram como eles se beneficiariam pessoalmente, ficaram ansiosos para adotar as novas políticas. Se um gestor não consegue encontrar vantagens comuns, isso é tipicamente um sinal de que os objetivos e os planos precisam ser ajustados.
- *Conectar-se emocionalmente.* As pessoas mais persuasivas são ótimas ouvintes que estabelecem uma conexão emocional com os outros e equilibram sua competência e credibilidade com carinho e compreensão.[34] Elas aprendem a compreender as emoções e as necessidades dos outros e ajustam sua abordagem à capacidade do público de receber a sua mensagem. Além disso, ao analisar como as pessoas têm interpretado e respondido a eventos passados, um gestor pode entender melhor como elas poderão reagir a novas ideias e propostas que ele quer que elas adotem.
- *Usar vários meios de comunicação para enviar mensagens importantes.* Quando uma mensagem é muito importante, os líderes costumam usar *comunicações redundantes*, ou seja, enviar a mesma mensagem por canais diferentes. Por exemplo, um líder explicou pessoalmente um pedido a um funcionário, então imediatamente compôs um *e-mail* de *follow-up* para o mesmo funcionário que resumia o pedido por escrito. Para alterações em toda a empresa, os líderes podem realizar sessões de pequenos grupos para conversar com os funcionários sobre uma nova política, publicar um artigo no boletim informativo e usar as mídias sociais

> **Faça uma pausa**
>
> Tornar-se um comunicador eficaz pode exigir que você supere seus medos e sua ansiedade ao se comunicar. Para avaliar o seu receio de comunicação em vários contextos, faça o teste proposto na seção "Aplique suas habilidades: exercício vivencial", no material complementar.

para se certificar de que todos receberam a informação. Ao dizerem a mesma coisa mais de uma vez utilizando múltiplos canais, os líderes dão mais peso para a mensagem e mantêm a questão viva na mente dos funcionários.[35]

Para persuadir e influenciar, os gestores precisam se comunicar com os outros com frequência e facilidade. No entanto, algumas pessoas consideram as experiências de comunicação interpessoal como insatisfatórias ou difíceis e, portanto, tendem a evitar situações em que a comunicação seja necessária. A expressão **receio de comunicação** descreve esse comportamento de fuga, definido como "nível de medo ou ansiedade de um indivíduo, associado a qualquer comunicação real ou antecipada". Com treinamento e prática, os gestores podem superar o receio de comunicação e se tornar comunicadores mais eficazes.

Comunicar com franqueza

Para influenciar e persuadir, os gestores também devem ser francos e diretos sobre o que querem e precisam dos outros. Comunicar-se com franqueza significa ser direto, honesto e claro sobre o que os funcionários precisam fazer para cumprir objetivos e, ao mesmo tempo, expressar o respeito pelos outros e não fazer as pessoas se sentirem desprezadas, controladas ou exploradas. Infelizmente, a comunicação com franqueza é um problema para muitos gestores. Jack Welch, palestrante, escritor e ex-CEO da General Electric (GE), diz que, quando pergunta a grupos de gestores quantos deles receberam avaliações de desempenho sinceras, apenas cerca de 10% levantam as mãos. Quando ele pergunta quantos fizeram avaliações francas de seus funcionários, o resultado não é muito diferente.[36]

A comunicação com franqueza é uma abordagem confiante e positiva que deixa o outro saber exatamente em que você acredita e o que está solicitando dele. O uso adequado da comunicação franca reconhece a perspectiva e a opinião da outra pessoa, sendo ainda muito específica sobre o que o gestor quer e por quê. A seguir, apresentam-se algumas técnicas valiosas para a comunicação com franqueza:[37]

- *Usar declarações do tipo "eu".* Para se comunicar com franqueza, mantenha o foco na percepção específica que possui, como ela faz você se sentir e o efeito que tem sobre você, em vez de acusar ou culpar a outra pessoa. Suponha que você compartilhe um espaço de escritório com um colega desleixado. Em vez de dizer "Você me enlouquece quando deixa embalagens de comida espalhadas por todo lugar", diga: "Estou achando muito difícil fazer nosso trabalho com toda essa confusão sobre a mesa".
- *Atenha-se a fatos e não a julgamentos.* Não diga ao seu colega que ele é desleixado; apenas deixe-o saber que a desordem sobre a mesa está interferindo na sua capacidade de fazer o seu trabalho.
- *Seja claro, específico e direto nas solicitações.* Diga "Eu gostaria que você mantivesse a mesa de trabalho limpa, porque nós dois temos que usá-la para fazer o trabalho", em vez de "Por que você não limpa a bagunça que faz aqui?".

Comunicar-se com franqueza é parte importante da criação do clima de comunicação aberta. Quando os gestores se comunicam com franqueza, incentivam outras pessoas a fazer o mesmo. Sheryl Sandberg, COO do Facebook e autora do livro controverso *Faça acontecer: mulheres, trabalho e a vontade de liderar**, é conhecida como interlocutora direta que acredita amplamente na solicitação de *feedback* sincero. Há

---
* Editora Companhia das Letras, 2013. (N. E.)

vários anos, depois de uma entrevista com Tom Brokaw, Sandberg sentiu que tinha tropeçado em algumas das respostas. Após a entrevista, perguntou a Brokaw como ela poderia ter se saído melhor. Brokaw pareceu surpreso com a pergunta e disse que, em toda a sua carreira, ela foi a segunda pessoa que lhe pediu um *feedback*.[38] Em uma organização em que a comunicação franca é a regra, tudo funciona mais rápido e melhor. Quando todos se sentem livres para se abrir e falar francamente, mais pessoas se envolvem nas conversas organizacionais, o que leva a mais ideias e ao aprendizado mais rápido. Além disso, franqueza significa que as ideias são debatidas, adaptadas e postas em prática de forma mais rápida. A comunicação franca leva a contínuas conversas genuínas e limita problemas comuns, como reuniões sem sentido, incivilidade no local de trabalho ou silêncio rancoroso.

Na Taunton Press, uma editora de setores específicos, a falta de franqueza levou a reuniões intermináveis e à diminuição da produtividade. Em uma empresa pequena e unida como a Taunton, as pessoas naturalmente não querem ofender umas às outras. No entanto, com o passar do tempo, a cultura da "amabilidade terminal" que surgiu passou a sabotar o trabalho em equipe. Executivos contrataram consultores da Fierce Inc. para ajudar os líderes e os funcionários da Taunton a ver que os relacionamentos saudáveis incluem, ao mesmo tempo, confronto e apreço. Ao longo do tempo, a Taunton se transformou em uma cultura de franqueza, colaboração e prestação de contas.[39]

FAZER PERGUNTAS

Uma abordagem hierárquica de comando e controle tradicional para a comunicação organizacional não é mais viável no local de trabalho global, tecnologicamente sofisticado, de hoje. Esse modelo tradicional está dando lugar a uma forma mais dinâmica de comunicação que se caracteriza pelas *conversas organizacionais*, que envolvem a troca mútua de informações.[40] Para que possam ter conversas organizacionais satisfatórias, os gestores precisam aprender a fazer perguntas. A maioria dos gestores ocupa 80% do tempo afirmando e 20% perguntando, quando deveria ser o contrário. Para Glenn Kelman, CEO do *website* imobiliário Redfin, "a coisa mais importante que você pode fazer como executivo está relacionada a uma pergunta básica: 'O que a Redfin deveria fazer melhor?'". Segundo Kelman, as pessoas vão responder automaticamente que tudo está ótimo, mas, se você continuar perguntando e mostrar que é sincero, elas vão, eventualmente, surgir com pensamentos e ideias sobre como fazer melhor as coisas.[41] Fazer perguntas pode beneficiar gestores e colaboradores de várias formas:[42]

- *Fazer perguntas cria confiança e abertura entre gestores e colaboradores.* Os gestores que fazem perguntas incentivam os funcionários a compartilhar ideias e oferecer *feedback*. James E. Rogers, presidente e CEO da Duke Energy, realiza sessões de escuta com grupos de 90-100 funcionários, nas quais faz perguntas e dá respostas. Ao se envolver com os funcionários em um formato que se assemelha à conversa normal entre duas pessoas, Rogers está desenvolvendo uma cultura baseada na confiança e autenticidade.[43]
- *Fazer perguntas desenvolve habilidades de pensamento crítico.* Em uma pesquisa, 99% da alta gestão disse que as habilidades de pensamento crítico em todos os níveis são essenciais para o sucesso de suas organizações.[44] Fazer perguntas estimula o pensamento crítico independente, incentiva as pessoas a usar a criatividade e conduz ao aprendizado mais profundo, mais duradouro.
- *Perguntas estimulam a mente e dão às pessoas a chance de fazer a diferença.* Quando um gestor faz uma pergunta a alguém, ele coloca o indivíduo em estado de alerta, da forma que uma declaração não pode fazer. Se um supervisor de fábrica diz "Temos que aumentar a produção para cumprir esse pedido", os trabalhadores podem atendê-lo e tentar acelerar as coisas ou continuar trabalhando

da mesma forma. Se, em vez disso, o supervisor pergunta aos funcionários "O que podemos fazer para ter certeza de que vamos atender a esse pedido a tempo?", eles não podem ignorá-lo e precisam começar a procurar soluções. Assim, fazer perguntas leva as pessoas a aceitar a responsabilidade pela resolução dos próprios problemas.

Fazer perguntas é uma dimensão importante da conversa organizacional. Tão importante quanto ouvir as respostas.

Capacidade de ouvir

De todas as competências críticas para a comunicação organizacional bem-sucedida, ouvir está no topo da lista. No entanto, a capacidade de ouvir parece ser uma habilidade rara entre os gestores, e a incapacidade de ouvir é uma das causas principais da falha destes. Na verdade, um nível surpreendente de 67% dos novos gestores falham num prazo de 18 meses, pois eles não ouvem.[45]

Ouvir envolve a habilidade de compreender os fatos e sentimentos para interpretar o verdadeiro significado da mensagem. Só então o gestor pode dar a resposta adequada. Ouvir requer atenção, energia e habilidade. Embora aproximadamente 75% da comunicação eficaz seja a escuta, a maioria das pessoas gasta apenas de 30% a 40% do tempo com ela, o que leva a muitos erros de comunicação.[46] Um dos segredos de vendedores de maior sucesso é que eles gastam de 60% a 70% de uma chamada de vendas deixando o cliente falar.[47] No entanto, ouvir envolve muito mais do que apenas não falar. Muitas pessoas não sabem ouvir com atenção. As pessoas se concentram em formular o que vão dizer a seguir e não naquilo que está sendo dito a elas. A *Harvard Business Review on Effective Communication* cita uma pesquisa que indica que, em 48 horas, a maioria das pessoas retém apenas 25% do que ouvem.[48]

A maioria dos gestores reconhece agora que as informações importantes fluem de baixo para cima, não de cima para baixo, e é melhor que eles estejam sintonizados.[49] Algumas organizações adotam técnicas inovadoras para descobrir o que passa na cabeça dos funcionários e clientes. Se feito da forma correta, a escuta é um elo vital no processo de comunicação, como mostra o modelo de comunicação da Figura 17.2. Kevin Sharer, CEO recentemente aposentado da Amgen, chama isso de "escuta estratégica".

Forma inovadora

Amgen Inc.

Kevin Sharer admite que foi um ouvinte terrível durante boa parte de sua carreira. Ele não queria ser assim, só queria progredir na vida e acreditava que, para fazer isso, tinha que convencer os outros do seu ponto de vista. Um dia, então, Sharer ouviu Sam Palmisano – que levou a IBM a um crescimento e lucros recordes antes de passar a posição de CEO para Virginia Rometty, em 2012 – contar por que o seu trabalho no Japão foi tão importante para o desenvolvimento de sua liderança: "Porque aprendi a ouvir. Aprendi a ouvir por ter apenas um objetivo: compreensão. [...] Não estava ouvindo para criticar, contrariar ou convencer".

Foi uma epifania para Sharer, pois ele percebeu que a liderança eficaz depende menos de convencer os outros do seu ponto de vista e mais de respeitar e desenvolver o potencial das pessoas – e isso exige que você as ouça de verdade. Segundo Sharer, um líder opera em um ecossistema complexo e precisa utilizar a escuta estratégica para obter todos os sinais que formarão a visão completa do que está acontecendo: "Você deve procurar ativamente esses sinais e usar todos os meios possíveis para recebê-los". Sharer começou, de forma regular, a visitar os funcionários em toda a empresa e a realmente ouvi-los. Ele admite que não foi fácil: "Você tem que mudar e tem que querer mudar. [...] Tem que haver certa humildade para ouvir bem".[50]

FIGURA 17.5 Dez chaves para a escuta eficaz

Chave	Mau ouvinte	Bom ouvinte
1. Ouve ativamente.	Minimamente envolvido; desfocado.	Mostra interesse; acena; faz perguntas; parafraseia o que é dito.
2. Mantém a mente aberta.	Presta atenção apenas às ideias que estão de acordo com as próprias opiniões.	Procura oportunidades e novos conhecimentos.
3. Resiste às distrações.	Distrai-se facilmente.	Luta contra as distrações; tolera maus hábitos; sabe como se concentrar.
4. Explora o fato de que o pensamento é mais rápido que a fala.	Tende a sonhar com interlocutores lentos.	Desafia as suposições, antecipa; resume; percebe sinais no tom de voz.
5. Busca o entendimento.	Finge acordo para terminar a conversa.	Busca o consenso e novo entendimento.
6. Julga o conteúdo, não a entrega.	Perde a atenção se a entrega é fraca.	Julga o conteúdo; ignora os erros na entrega.
7. Contém as críticas.	Lança soluções antes de entender o problema ou a pergunta.	Não julga ou responde até que a compreensão seja completa.
8. Ouve em busca de ideias.	Ouve em busca de fatos.	Ouve os temas centrais.
9. Esforça-se para melhorar a escuta.	Sem produção de energia; passivo e descontraído.	Trabalha duro; exibe postura ativa, contato visual.
10. Mostra respeito.	Interrompe; fala cortando a outra pessoa quando tenta mostrar um ponto de vista.	Aprende a ficar quieto e deixa a outra pessoa falar mais.

FONTES: Baseada em "A field guide to identifying bad listeners", *McKinsey Quarterly*, Issue 2 (2012): 112; Bernard T. Ferrari, "The executive's guide to better listening", *McKinsey Quarterly*, Issue 2 (2012): 50-60; John Keyser, "Active listening leads to business success", *T+D* (July 2013): 26-28; Diann Daniel, "Seven deadly sins of (not) listening", *CIO*, September 7, 2004, disponível em: <www.cio.com/article/134801/Seven_Deadly_Sins_of_Not_Listening_>, acesso em: 7 dez. 2012; Philip Morgan; Kent Baker, "Building a professional image: improving listening behavior", *Supervisory Management* (November 1985): 34-38; Sherman K. Okun, "How to be a better listener", *Nation's Business* (August 1975): 62.

Ouvir, acredita Sharer, é o melhor sinal de respeito que você pode mostrar a alguém: "Eventualmente, os executivos que não sabem ouvir perdem o apoio de suas equipes e colegas. E, uma vez que você perde esse apoio, é quase impossível obtê-lo de volta".[51]

Em muitas empresas, os gestores também estão explorando a natureza interativa de *blogs* e mídias sociais para ficar em contato com funcionários e clientes. Os *Blogs* e a administração de *web logs* permitem às pessoas postar opiniões, ideias e informações proporcionando um *link* em tempo real, com custo baixo, entre as organizações, os clientes, os funcionários, a mídia e os investidores.[52] Estima-se que 28% das 500 empresas da lista da revista *Fortune* tenham um *blog* público para manter contato com as partes interessadas.[53] *Blogs* dão aos gestores uma outra forma de obter *feedback* valioso.

O que constitui a boa escuta? A Figura 17.5 apresenta dez chaves para a escuta eficaz e ilustra várias maneiras de distinguir o mau ouvinte do bom. O bom ouvinte encontra áreas de interesse, é flexível, esforça-se para ouvir e usa a velocidade do pensamento para resumir mentalmente, pesar e antecipar o que o interlocutor dirá. Ouvir bem significa mudar o pensamento focado em si para uma atitude de empatia com a outra pessoa, o que exige alto grau de inteligência emocional, como descreveu o Capítulo 14.

COMUNICAÇÃO NÃO VERBAL

Os gestores devem estar cientes de que a linguagem corporal – expressões faciais, gestos, toque e uso do espaço – pode comunicar uma série de mensagens, desde entusiasmo, cordialidade e confiança até arrogância, indiferença, desagrado e condescendência.[54] Por exemplo, um gestor que oferece, de forma sistemática, mensagens verbais com expressão carrancuda ou olhar sarcástico provavelmente não desenvolverá relacionamentos interpessoais positivos, não importa o quão positivas as mensagens verbais sejam.[55] **Comunicação não verbal** refere-se às mensagens enviadas por ações e comportamentos humanos, e não por palavras.[56] Os gestores devem ter o cuidado de alinhar suas expressões faciais e linguagem corporal para sustentar a mensagem pretendida. Quando os sinais não verbais contradizem as palavras do gestor, as pessoas ficam confusas e podem desconsiderar o que está sendo dito, e acreditar apenas na linguagem corporal. Os gestores são vigiados, e o comportamento, a aparência, as ações e as atitudes deles simbolizam o que valorizam e esperam dos outros.

A maioria de nós já ouviu o ditado "Ações falam mais alto que palavras". Na verdade, comunicamo-nos sem palavras o tempo todo, quer estejamos cientes ou não disso. Intrigantes novas pesquisas mostram que a postura e a posição do corpo têm enorme impacto sobre a forma como as pessoas são percebidas, bem como sobre seu real desempenho.[57] Katy Keim, diretora de *marketing* da Lithium, costumava recuar de ouvintes durante as apresentações ou conversas, descansando seu peso no pé de trás com as mãos apertadas na frente dela. Keim sempre ficava surpresa quando as pessoas perguntavam se ela estava nervosa. Depois de trabalhar com um treinador e observar-se em vídeo, percebeu que sua postura "ficava um pouco retraída" e não projetava a força que ela queria mostrar aos clientes.[58] Pesquisas da Harvard Business School e da Columbia Business School mostram que apenas segurar o próprio corpo em uma "pose de poder" por alguns minutos, sozinho – como se alongar e empurrar os ombros para trás, alargando a postura, ou inclinar-se para a frente sobre uma mesa com mãos firmemente plantadas na superfície – leva a níveis mais elevados de testosterona e níveis mais baixos de estresse. Ou seja, essas posturas poderosas do corpo parecem aumentar, e também projetar, a confiança e assertividade. A maioria das pessoas está totalmente inconsciente dos sinais que enviam por meio da linguagem corporal, e mudar velhos hábitos que projetam defensividade, nervosismo ou falta de confiança, como se afundar na cadeira, cruzar os braços sobre o peito e agitar as mãos ao falar, exige esforço e prática concentrados.

Em geral, os gestores ficam surpresos ao saberem que as próprias palavras muitas vezes têm pouco significado. Uma parcela significativa da compreensão compartilhada a partir da comunicação vem das mensagens não verbais provenientes de expressão facial, voz, maneirismos, postura e vestuário. Um pesquisador encontrou três fontes de sinais de comunicação durante a comunicação presencial: as *verbais*, que são as verdadeiras palavras ditas; as *vocais*, que incluem a frequência, o tom e o timbre da voz de uma pessoa; e as *expressões faciais*. Segundo esse estudo, os pesos relativos desses três fatores na interpretação de mensagens são os seguintes: impacto verbal, 7%; impacto vocal, 38%; e impacto facial, 55%.[59] Até certo ponto, somos todos *leitores de face* naturais, mas, ao mesmo tempo, as expressões faciais podem ser mal interpretadas, o que sugere que os gestores precisam fazer perguntas para se certificarem de que estão recebendo a mensagem certa. Os gestores podem aprimorar as habilidades na leitura

---

Conexão de conceito ◄◄◄

As mensagens são transmitidas não só pelo que é dito, mas também pela forma como é dito, pelas expressões faciais e pela linguagem corporal das pessoas envolvidas. A comunicação presencial é o **canal de comunicação** mais rico porque facilita esses **sinais não verbais** e permite *feedback* imediato. Questões importantes devem ser discutidas de forma presencial.

de expressões faciais e melhorar a capacidade de estabelecer conexões e influenciar os subordinados. Estudos indicam que os gestores sensíveis às emoções tácitas dos funcionários são mais eficientes e bem-sucedidos no trabalho.[60]

Lembre-se disto

- **Comunicação aberta** é o compartilhamento de todos os tipos de informação em toda a organização e por meio das fronteiras funcionais e hierárquicas.
- **Rede centralizada** é uma estrutura de comunicação em que os membros da equipe se comunicam por intermédio de um único indivíduo para que possam resolver problemas ou tomar decisões.
- **Rede descentralizada** é uma estrutura de comunicação em que os membros da equipe se comunicam livremente uns com os outros e chegam a decisões juntos.
- **Riqueza do canal** é a quantidade de informações que pode ser transmitida durante um episódio de comunicação.
- Embora as habilidades de comunicação sempre tenham sido importantes para os gestores, hoje a capacidade de persuadir e influenciar outros é ainda mais crítica.
- **Receio de comunicação** é o nível de medo ou ansiedade de um indivíduo associado à comunicação interpessoal.
- Comunicar-se com franqueza significa ser direto, honesto e claro sobre o que os funcionários precisam fazer para cumprir objetivos e, ao mesmo tempo, expressar o respeito pelos outros e não fazer as pessoas se sentirem desprezadas, controladas ou exploradas.
- Para que possam incentivar a troca recíproca de informações com os funcionários, os gestores precisam aprender a fazer perguntas.
- **Ouvir** envolve a habilidade de compreender fatos e sentimentos para interpretar o verdadeiro significado da mensagem.
- A **comunicação não verbal** é realizada por meio de ações, gestos, expressões faciais e comportamento, sem o uso de palavras.
- A prática da expressão corporal pode projetar confiança e assertividade.

Comunicação no local de trabalho

Outro aspecto da comunicação diz respeito à gestão da organização como um todo. Há quatro elementos da comunicação no local de trabalho que os gestores devem dominar: (1) usar a mídia social para melhorar a comunicação interna e externa; (2) utilizar canais informais de comunicação pessoal; (3) estabelecer canais formais de comunicação; e (4) desenvolver estratégias para a comunicação em momentos de crise.

Mídia social

Mídia social é um grupo de aplicativos *on-line* que permite a criação e troca de conteúdo gerado pelo usuário. A expressão mídia social abrange uma ampla gama de aplicativos, como *wikis*, *blogs*, *microblogs* (por exemplo, o Twitter e o Weibo da chinesa Sina), comunidades de conteúdo (por exemplo, YouTube), *websites* de redes sociais (por exemplo, Facebook) e mundos sociais virtuais (por exemplo, Second Life).[61] Várias modalidades de mídia social estão reinventando a forma como as pessoas em organizações se comunicam entre si e com os clientes, e outras partes interessadas. Com sede em Dallas, a 7-Eleven Inc. tem cerca de dois mil consultores de campo que usam o Yammer para compartilhar conhecimentos e aprender as melhores práticas para ajudar os proprietários das franquias a aperfeiçoar seus negócios.[62] A Starbucks pede aos clientes que deem ideias na seção de mídia social do *website* da loja e, em seguida, permite que as pessoas votem nelas, transformando o criticismo em produtos melhores. Os gestores da Aquasana, empresa de filtragem de água, investigam as interações nas

Conexão de conceito ◀◀◀

A Pottery Barn, varejista do ramo da decoração, tem sido reconhecida como líder no uso da **mídia social** para ouvir os clientes e se comunicar com eles. A Pottery Barn tem representantes que se dedicam a monitorar a página do Facebook da empresa, por exemplo, para que as perguntas e reclamações dos clientes sejam tratadas de imediato, muitas vezes após poucos minutos da postagem inicial. A empresa também segue a etiqueta atual nas mídias sociais, mantendo o foco no compartilhamento de informações, em vez de aproveitar a oportunidade para travar uma guerra com os concorrentes a fim de vender seus produtos.

mídias sociais dos concorrentes para descobrir do que as pessoas gostam e não gostam, e criam campanhas de *marketing* que gerem negócios.[63]

As empresas estão adotando a mídia social de forma grandiosa. De acordo com a agência Forrester Research, as vendas de *softwares* para a gestão de redes sociais corporativas devem crescer 61% ao ano e se tornar um negócio de 6,4 bilhões de dólares em 2016.[64] Até agora, a mídia social não tem impulsionado significativamente a produtividade nos Estados Unidos, mas economistas como Erik Brynjolfsson, do Massachusetts Institute of Technology (MIT), afirmam que são necessários cerca de cinco anos para que o impacto de uma nova tecnologia seja percebido pelas empresas que a utilizam. A mídia social tem sido usada por apenas dois ou três anos na maioria das empresas, em grande parte para a comunicação com clientes e para melhorar a colaboração dos funcionários.[65]

Ouvir os clientes

Os gestores de pequenos empreendimentos, instituições sem fins lucrativos e grandes corporações estão usando a mídia social para ouvir os clientes. A Dr. Pepper, por exemplo, usa a mídia social para ouvir os clientes por meio da criação de uma forte base de fãs de 8,5 milhões no Facebook. Esses seguidores leais que "curtem" o refrigerante ajudam a marca a afiar a mensagem de *marketing*. A empresa envia duas mensagens diárias em sua *fan page* no Facebook e, em seguida, monitora as reações dos fãs. Por meio das ferramentas do Facebook, a Dr. Pepper mede quantas vezes uma mensagem é exibida, quantas vezes ela é compartilhada com outros usuários do Facebook e quais as respostas que recebe. Esses dados ajudam os gestores a ajustar as mensagens da marca. Segundo Robert Stone, diretor de serviços de mídia interativa para a Dr. Pepper Snapple Group Inc., "Exploramos os dados para entender o que é apreciado e o que não é. Eles nos ajudam a formar o que somos".[66] A Kaiser Permanente, uma grande prestadora de serviços de saúde, tem usado as ferramentas da mídia social de forma tão eficaz para ouvir os clientes e melhorar o serviço que menções positivas sobre a organização na mídia aumentaram quase 500% nos últimos cinco anos.[67]

Comunicação com os clientes

Os gestores também utilizam a mídia social para comunicar notícias corporativas com rapidez aos clientes. A Domino's contou com a popularidade das comunidades *on-line* para acalmar clientes nervosos depois que um vídeo difamador do tipo "pegadinha", que mostrava dois funcionários alterando pizzas e sanduíches, foi veiculado pelo YouTube. Os gestores da Domino's optaram por responder com um vídeo próprio. O presidente da empresa pediu desculpas e agradeceu à comunidade *on-line* a informação sobre o vídeo. Ele anunciou que os infratores seriam processados e delineou os passos que a Domino's estava tomando para garantir que o episódio não aconteceria novamente. Ao envolver-se em uma conversa *on-line* sobre a crise, a Domino's demonstrou preocupação com seus clientes e rebateu outros rumores e receios.[68]

Envolvendo os Funcionários

A mídia social permite que as pessoas se conectem umas com as outras de forma fácil, através das fronteiras organizacionais e geográficas, com base em relações profissionais, interesses comuns, problemas ou outros critérios. O ato de interagir por *websites* públicos e redes corporativas dá aos funcionários a oportunidade de participarem de uma comunidade *on-line*, compartilhando informações e fotos pessoais e profissionais, produzindo e dividindo todos os tipos de ideia e opinião. Em 2013, a mídia social tornou-se não apenas um meio para a conexão e colaboração, mas também uma ferramenta eficaz de engajamento dos funcionários para empresas como a GE.[69] A GE introduziu uma rede social interna chamada GE Colab em janeiro de 2012, que tem sido um sucesso surpreendente, em parte graças aos esforços de Ron Utterbeck, CIO da GE Corporate, que primeiro a introduziu para "usuários avançados" da GE com o objetivo de incentivar níveis elevados de atividade. De acordo com Linda Boff, diretora-executiva de *marketing* digital global da GE, "Nossas métricas de mídia social se concentram em grande parte no envolvimento [de funcionários e clientes], porque é aí que nos conectamos com as pessoas e construímos o vínculo do capital emocional".[70] Outra empresa que usa efetivamente as mídias sociais para o engajamento é o braço da Tupperware no norte europeu, a Tupperware Nordic.

> "Não pense em mídia social apenas como mais um item na lista de coisas para fazer. [...] Não se trata apenas de divulgar as informações para quem quiser, mas também de ouvir e se engajar na conversa."
>
> — LASANDRA BRILL, GESTORA SÊNIOR DE MÍDIA SOCIAL GLOBAL DA CISCO

Forma inovadora
Tupperware Nordic

A Tupperware pode parecer *old school*, mas é vanguarda quando se trata de usar a mídia social para envolver as pessoas e criar uma comunidade. Steve Ove Fenne, ex-diretor administrativo da Tupperware Nordic, usou a mídia social para criar um alto nível de engajamento dos funcionários por meio da criação de uma comunidade unida com base em autenticidade, orgulho, apego e diversão.

Para apoiar a autenticidade, Fenne começou a criar conexões positivas com distribuidores e consultores no mundo real e, em seguida, garantiu que as mensagens entregues pelas mídias sociais eram consistentes com as ações no mundo real. Anteriormente, indivíduos que operavam os armazéns de distribuição e os consultores de vendas quase nunca eram convidados para ir à sede. Fenne não apenas os convidou, mas literalmente estendeu um longo tapete vermelho como um gesto simbólico. Ele começou a visitar regularmente todos os principais centros de atividade para estabelecer relações pessoais. Deu continuidade à ação com *blogs*, e-mails, *podcasts* e outras mensagens nas mídias sociais. Também leu pessoalmente cada mensagem enviada a ele pelos consultores, em vez de atribuir o trabalho aos outros, e respondia com afirmativas curtas, de uma linha, como "UAU! Estamos tão orgulhosos de você" (adicionando o primeiro nome da pessoa). Quando não tinha tempo, postava mensagens em sua página de mídia social explicando a situação e reafirmando seu apoio a todos e a cada consultor, além de demonstrar seu orgulho por eles.

Ao usar as mídias sociais para criar uma comunidade, Fenne ajudou pessoas que estavam frequentemente trabalhando de forma isolada a se sentir mais conectadas umas com as outras e com a sociedade.[71]

CANAIS PESSOAIS DE COMUNICAÇÃO

Canais pessoais de comunicação coexistem com canais formais dentro de uma organização, mas podem ignorar os níveis hierárquicos, desafiando cadeias verticais de comando para conectar praticamente qualquer pessoa na empresa. Na maioria das organizações, esses canais informais são a principal forma pela qual a informação é compartilhada e o trabalho é realizado. Os três importantes tipos de canal pessoal de comunicação são as *redes pessoais*, os *rumores* e a *comunicação escrita*.

Desenvolvimento de redes pessoais de comunicação

Networking pessoal refere-se à aquisição e ao cultivo de relações pessoais que atravessam as fronteiras departamentais, hierárquicas e, até mesmo, organizacionais.[72] Gestores de sucesso conscientemente desenvolvem redes pessoais de comunicação e incentivam outros a fazer o mesmo. Considere o caso de Nick Chen que adorava o trabalho como engenheiro de *software* que consistia em projetar programas para telefones móveis. O trabalho era gratificante; o salário, bom; e as condições de trabalho, excelentes. Segundo Chen, "A melhor parte em ser engenheiro de *software* é trabalhar com uma equipe de profissionais que está animada para encontrar a próxima grande novidade na tecnologia móvel". A equipe de Chen havia recentemente projetado um *chipset* que iria revolucionar a forma como as pessoas se comunicam com os telefones móveis. Como os gestores de Nick Chen reconheceram a contribuição com um bônus de fim de ano, ele estava confiante sobre o seu futuro na empresa. No entanto, Chen queria ter mais responsabilidade e começou, então, a procurar uma posição de gestão. Durante seu trajeto de uma hora até o trabalho todas as manhãs, ele usava o LinkedIn para fortalecer sua rede profissional e explorar oportunidades de emprego na indústria da tecnologia móvel. Seus esforços foram recompensados. Uma manhã, ao atualizar seu perfil, ele recebeu uma mensagem de uma ex-colega que havia assumido recentemente uma posição na Qualcomm, em San Diego. Ela recomendou que Chen se candidatasse a um novo cargo como gestor de produto para o *smartphone* Android. Ansioso para saber mais, ele tornou-se um dos seguidores da empresa no LinkedIn e descobriu que a Qualcomm havia conquistado uma forte reputação como um ótimo lugar para se trabalhar e que havia sido nomeada para a lista da revista *Fortune* das "100 Melhores Empresas para Trabalhar" por 14 anos seguidos. Nick Chen rapidamente atualizou seu currículo e se candidatou à posição.[73]

O *networking* pessoal, reforçado por *websites* de redes sociais e profissionais como o LinkedIn, é uma habilidade importante para os gestores, pois lhes permite fazer as coisas de forma mais rápida e suave do que se as fizessem sozinhos. As pessoas com mais contatos têm mais influência na organização e executam mais. A Figura 17.6 ilustra a rede de comunicação dentro de uma organização. Algumas pessoas são fundamentais para a rede, enquanto outras desempenham apenas um papel periférico. A chave é que as relações são criadas fora dos limites funcionais e hierárquicos. Por exemplo, na Figura 17.6, Sharon tem uma rede de comunicação pessoal bem desenvolvida e compartilha informações e suporte com muitas pessoas pelos departamentos de *marketing*, produção e engenharia. Contraste os contatos de Sharon com os de Mike ou Jasmine, que estão na periferia da rede. Para você, quem tem mais chances de obter mais acesso aos recursos e mais influência na organização? A seguir, apresentam-se algumas dicas de um especialista em *networking* para a criação de uma rede pessoal de comunicação:[74]

Conexão de conceito ◀◀◀

Existem muitas oportunidades para o **networking pessoal**, tanto no mundo real quanto no universo *on-line*. As associações profissionais e comerciais, por exemplo, costumam realizar eventos depois do expediente, nos quais os profissionais do mesmo ramo podem se encontrar e se conhecer. A câmara de comércio de uma cidade também pode patrocinar eventos de *networking* que abrangem diferentes tipos de indústria e negócio. E, claro, *websites* como o LinkedIn proporcionam excelentes oportunidades de *networking on-line*. Um empresário experiente vai adotar muitas dessas opções simultaneamente, de forma contínua.

FIGURA 17.6 Uma rede de comunicação organizacional

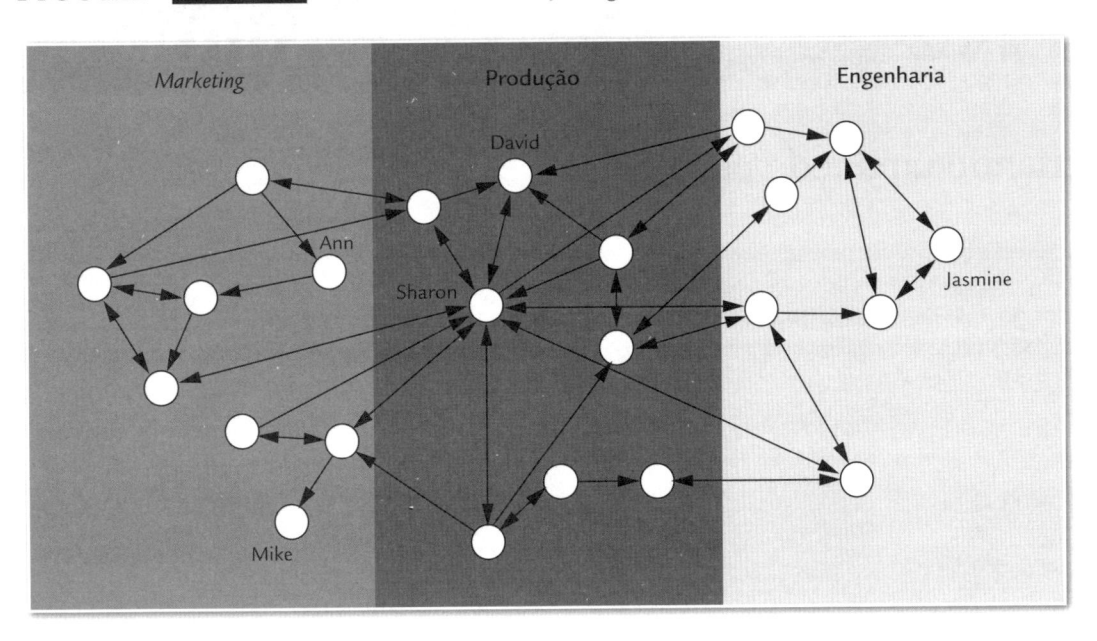

- **Crie uma rede de relacionamento antes de precisar dela.** Gestores inteligentes não esperam até que precisem de algo para começar a criar uma rede de relacionamentos pessoais – até lá, pode ser tarde demais. Em vez disso, eles mostram um interesse genuíno pelos outros e desenvolvem conexões verdadeiras.
- **Nunca almoce sozinho.** Pessoas que são mestres em *networking* se esforçam para estabelecer conexão com o maior número possível de pessoas e continuam o seu desenvolvimento social, assim como o calendário de eventos e conferências de negócios lotadas. Tim Gutwald criou um serviço chamado Network Shuffle, que atribui aleatoriamente aos membros uma nova conexão uma vez por mês para garantir que as redes das pessoas estejam em constante expansão.[75]
- **Empenhe-se para que todos os lados ganhem.** O sucesso da rede não depende apenas da obtenção do que *você* quer, mas também da garantia de que as outras pessoas na rede consigam o que *elas* querem.
- **Concentre-se na diversidade.** Quanto mais ampla for a sua base de contatos, mais ampla será a sua gama de influência. Estabeleça conexões com pessoas de muitas áreas diferentes de interesse (tanto dentro quanto fora da organização).

A maioria de nós sabe por experiência própria que "quem você conhece" pode contar mais do que o que você sabe. Há mais de 200 anos, Joseph Priestly, um jovem cientista amador e pastor protestante, realizava experimentos isolado em um laboratório improvisado no interior da Inglaterra. Priestly era muito inteligente, mas foi isolado de outros cientistas até que viajou para Londres para participar de uma reunião do Clube de Honest Whigs, onde uma ampla gama de pensadores se reuniu para falar sobre ciência, teologia, política e outros temas. Ideia de Benjamin Franklin, o clube foi precursor do *networking*, que deu a Priestly a oportunidade de construir uma rede de relacionamentos e colaborações. Ele passou a ter uma carreira científica e literária ilustre, notadamente descobrindo a existência do oxigênio.[76] Como Priestly, ao cultivarem uma ampla rede de contatos, os gestores podem estender a sua influência de forma significativa e alcançar melhores resultados.

> **Faça uma pausa**
>
> Como novo gestor, é essencial alimentar uma rede pessoal de comunicação. Para saber se você tem as habilidades necessárias para um *networking* eficaz, faça o "Autoteste do novo gestor" apresentado a seguir.

NOVO GESTOR — Autoteste

Você está criando uma rede pessoal?

Instruções: Quanto esforço você faz para desenvolver conexões com outras pessoas? As redes pessoais podem ajudar um novo gestor no local de trabalho. Para aprender algo sobre suas habilidades de *networking*, assinale, nos itens apresentados a seguir, "Normalmente verdadeiro" ou "Normalmente falso".

	Normalmente verdadeiro	Normalmente falso
1. Identifico rapidamente as mudanças na organização e passo a considerar como elas podem me afetar.	____	____
2. Faço *networking* tanto para ajudar as outras pessoas a resolver problemas quanto para me ajudar.	____	____
3. Sou fascinado por outras pessoas e pelo que elas fazem.	____	____
4. Frequentemente uso os almoços para conhecer pessoas novas e interagir com elas.	____	____
5. Participo regularmente de causas beneficentes.	____	____
6. Mantenho uma lista de amigos e colegas a quem envio cartões nas festividades.	____	____
7. Mantenho contato com pessoas de organizações e grupos escolares de que participei anteriormente.	____	____
8. Forneço informações aos subordinados, aos colegas e ao meu chefe de forma ativa.	____	____

Pontuação e interpretação: Atribua 1 ponto a cada item assinalado como "Normalmente verdadeiro". Uma pontuação de 6 ou mais sugere que você está ativamente envolvido em *networking* e tem uma base sólida com a qual pode começar a sua carreira como novo gestor. Quando você cria uma rede pessoal, torna-se bem conectado, o que possibilita fazer as coisas por meio de diversos relacionamentos. Ter fontes de informação e apoio ajuda o novo gestor a impulsionar a carreira. Se você marcou 3 ou menos pontos, talvez queira se concentrar mais na construção de relacionamentos, se quiser mesmo a carreira de gestor. Pessoas com redes ativas tendem a ser gestores mais eficazes e ter um impacto mais amplo na organização.

Rumores

Já que 90% dos funcionários se envolvem em fofocas, cada gestor, eventualmente, terá que lidar com os seus efeitos no ambiente de trabalho.[77] Embora a palavra *fofoca* tenha conotação negativa, ela pode ser realmente boa para uma empresa, especialmente durante tempos de significativa mudança organizacional, como demissões ou redução de efetivos. Na verdade, a fofoca pode ser uma ferramenta valiosa para os gestores. A fofoca promove um canal eficiente para a comunicação de informações, porque ela vai se mover mais rapidamente do que um canal formal. Outra vantagem é que os gestores que entram na rede de fofocas podem pensar que é um "sistema de alerta precoce" útil, que os ajuda a lidar com situações ou eventos internos que podem precisar de atenção. Além disso, a fofoca é uma maneira de os funcionários aliviarem sentimentos de tensão e ansiedade, especialmente durante períodos de mudança. Outra vantagem é que a fofoca pode dar aos trabalhadores marginalizados a oportunidade de ganhar voz dentro da organização.[78]

Em geral, a fofoca viaja pelos **rumores**, uma rede informal de comunicação que não é oficialmente sancionada pela organização.[79] Esta comunicação informal conecta os funcionários em todas as direções: CEO, média gestão, pessoal de apoio e funcionários na linha. Os rumores sempre existirão na organização, mas podem se tornar uma força dominante quando os canais formais estão fechados. Em tais casos, o boca a boca é realmente um serviço porque as informações que ele fornece ajudam a esclarecer uma situação pouco clara ou incerta. Os funcionários utilizam os rumores para preencher lacunas de informação e esclarecer as decisões da gestão. Uma estimativa é que cerca de 70% de toda a comunicação em uma empresa é feita por meio de rumores.[80] O rumor tende a ser mais ativo durante os períodos de mudança, excitação, ansiedade e condições econômicas decadentes. Os gestores costumam manter o silêncio durante tempos de mudança, porque não querem enganar os funcionários dando a informação incompleta.[81] No entanto, quando as pessoas não ouvem dos gestores o que está acontecendo, o boca a boca pode ser exagerado. Uma pesquisa feita pela empresa de colocação profissional Randstad revelou que aproximadamente metade de todos os funcionários só ficou sabendo de importantes mudanças na empresa por rumores.[82]

Aspectos surpreendentes dos rumores são precisão e relevância para a organização. Cerca de 80% das comunicações boca a boca tratam de temas ligados à empresa, em vez de fofoca pessoal. Além disso, entre 70% e 90% dos detalhes transmitidos pelos rumores são precisos.[83] Os gestores devem estar cientes de que quase cinco em cada seis mensagens importantes são comunicadas, em certa medida, informalmente, e não pelos canais oficiais. Em uma pesquisa com 22 mil trabalhadores de turno em diversas indústrias, 55% afirmaram que costumam obter a maior parte das informações pelo boca a boca.[84] Gestores inteligentes entendem os rumores da empresa. De acordo com Mitch Kusy, consultor organizacional, psicólogo e professor da Antioch University, "Se um líder está sempre atento, a fofoca pode ser um caminho para obter uma noção do que os funcionários estão pensando ou sentindo".[85] Em todos os casos, mas especialmente em tempos de crise, os executivos precisam gerir as comunicações de forma eficaz para que o rumor não seja a única fonte de informações.[86]

Comunicação escrita

Segundo Joseph M. Tucci, presidente e CEO da EMC Corporation, "Com o ritmo acelerado das atuais comunicações eletrônicas, pode-se pensar que o valor das habilidades de escrita fundamentais tem diminuído no local de trabalho. Na verdade, a necessidade de escrever de forma clara e rápida nunca foi tão importante quanto na economia altamente competitiva, global e orientada à tecnologia de hoje".[87]

Os gestores que não conseguem se comunicar por escrito podem limitar suas oportunidades de avanço. Para Bob Kerrey, presidente da The New School de Nova York e presidente da Comissão Nacional de Escrita, "A escrita é um 'marcador' do trabalho profissional de alta habilidade e de altos salários, e um controle de acesso com implicações patrimoniais claras". Os gestores podem melhorar as habilidades de escrita seguindo estas diretrizes:[88]

- *Respeite o leitor.* Como o tempo do leitor é valioso, não o desperdice com um memorando extenso e confuso ou um *e-mail* que tem que ser lido várias vezes para fazer sentido. Preste atenção à gramática e ortografia. A escrita desleixada indica que você acha que seu tempo é mais importante do que o dos seus leitores. Você vai perder o interesse deles – e o respeito.
- *Conheça seu ponto de vista e chegue até ele.* Qual é a peça-chave de informação que você quer que o leitor se lembre? Muitas pessoas simplesmente sentam e escrevem, sem esclarecer na própria mente o que estão tentando transmitir. Para escrever de forma eficaz, saiba qual é seu ponto central e escreva para sustentá-lo.
- *Escreva de forma clara, em vez de tentar impressionar.* Não use linguagem pretensiosa ou inflada e evite jargões. O objetivo da boa escrita para os negócios

é ser compreendida na primeira leitura. Exponha a mensagem de maneira simples e clara.
- *Busque uma segunda opinião.* Quando a comunicação é muito importante, como um memorando formal para o departamento ou organização, peça a alguém que você considera um bom escritor para que o leia antes de enviá-lo. Não seja orgulhoso demais para acatar os conselhos. Em todos os casos, leia e revise o memorando ou *e-mail* uma segunda e uma terceira vez antes de clicar no botão Enviar.

Um ex-gestor de serviços de comunicação da empresa de consultoria Arthur D. Little Inc. estimou que cerca de 30% de todos os memorandos e *e-mails* de negócios são escritos somente para pedir esclarecimentos sobre uma comunicação anterior que não foi compreendida pelo leitor.[89] Ao seguir essas orientações, você será capaz de comunicar sua mensagem na primeira tentativa.

Lembre-se disto

- Os quatro elementos da comunicação no local de trabalho são o uso da mídia social, a utilização de canais pessoais de comunicação, o estabelecimento de canais formais de comunicação e o desenvolvimento de estratégias para a comunicação em momentos de crise.
- A expressão **mídia social** se refere a um grupo de aplicativos baseado na *internet* que permite a criação e o compartilhamento de conteúdo gerado pelo usuário.
- As empresas têm usado a mídia social para permitir que os funcionários se comuniquem entre si, com os gestores, com clientes e com outras pessoas, de modo a estimular o envolvimento.
- Além dos canais formalmente autorizados no local de trabalho, existem os **canais pessoais de comunicação**, como redes pessoais, boca a boca e comunicação escrita.
- *Networking* **pessoal** significa a aquisição e o cultivo de relações pessoais que atravessem as fronteiras departamentais, hierárquicas e até mesmo organizacionais.
- Benjamin Franklin criou o Club of Honest Whigs em Londres há mais de 200 anos, como um grupo de *networking*, em que uma ampla gama de pensadores de diversas áreas do conhecimento poderia estabelecer relações com os outros e desenvolver seus interesses pessoais e profissionais.
- O **rumor** carrega a fofoca no local de trabalho e é uma força dominante na comunicação dos funcionários quando os canais oficiais não funcionam de forma eficaz.

CANAIS FORMAIS DE COMUNICAÇÃO

Canais formais de comunicação são os que fluem dentro da cadeia de responsabilidades de gestão e produção definida pela organização. Os três canais formais e os tipos de informação transportada em cada um são ilustrados na Figura 17.7.[90] Comunicações descendentes e ascendentes são as principais formas de comunicação usadas na maioria das empresas tradicionais, organizadas verticalmente. No entanto, muitas organizações estão enfatizando a comunicação horizontal, com o compartilhamento contínuo de informações entre departamentos e níveis distintos. Métodos eletrônicos de comunicação, como *e-mail* e mídias sociais, como descrito anteriormente, facilitaram muito o fluxo de informações em todas as direções.

O fluxo mais familiar e óbvio da comunicação formal, a **comunicação descendente**, consiste nas mensagens e informações enviadas da alta gestão para os subordinados, em sentido descendente. Os gestores podem se comunicar de forma descendente com os funcionários de várias maneiras. Algumas das mais comuns são discursos, vídeos,

FIGURA 17.7
Tipos de comunicações nas empresas: descendente, ascendente e horizontal

Comunicação ascendente
- Problemas e exceções
- Sugestões de melhoria
- Relatórios de desempenho
- Queixas e disputas
- Informações financeiras e contábeis

Comunicação descendente
- Implementação de metas e estratégias
- Instruções e fundamentos do trabalho
- Procedimentos e práticas
- *Feedback* de desempenho
- Doutrinação

Comunicação horizontal
- Resolução intradepartamental de problemas
- Coordenação interdepartamental
- Iniciativas de mudança e melhorias

Coordenação — Intérprete — Influência

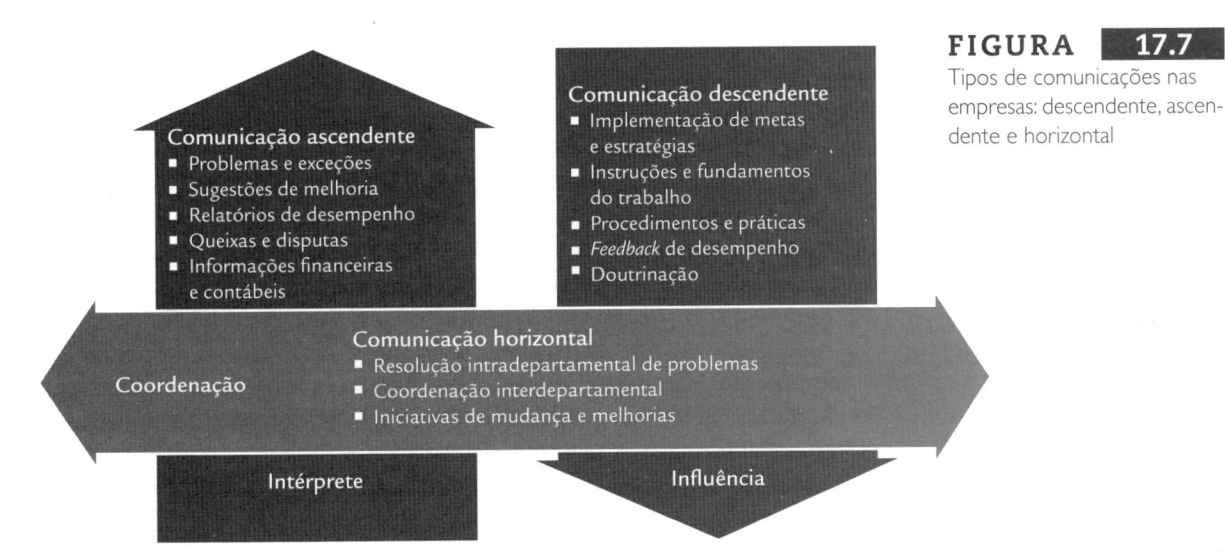

blogs, mídias sociais e programas de *intranet* da empresa. Quando a Red Robin Gourmet Burgers apresentou sua nova linha de Tavern Burgers, os altos executivos decidiram usar a rede social interna para comunicar a receita e os métodos de preparação para os gestores da empresa. Em vez de distribuir livros encadernados em espirais, a Red Robin usou com sucesso a mídia social como um método para treinar os gestores e incentivar discussões abertas e *feedback*.[91]

Como é impossível que os gestores comuniquem tudo o que acontece na organização aos funcionários, precisam fazer escolhas sobre as informações importantes que transmitirão.[92] Temas típicos abordados pela comunicação descendente incluem objetivos e estratégias, instruções e fundamentos do trabalho, procedimentos, políticas e práticas, avaliação de desempenho, além de motivação e doutrinação. Por exemplo, alguns gestores usam o Twitter como canal preferencial de comunicação descendente para dar instruções de trabalho. Com um limite de 140 caracteres, ler um tuíte e responder a ele é muito mais rápido do que usar outras formas de comunicação.[93]

Muitos gestores norte-americanos poderiam se sair melhor na comunicação descendente eficaz. Como já mencionado neste capítulo, os resultados de uma pesquisa mostram que os funcionários desejam uma comunicação aberta e honesta sobre os aspectos positivos e negativos do desempenho da organização. Entretanto, quando eles passaram a avaliar a eficácia da comunicação de sua empresa, em uma escala de 0 a 100, a pontuação média dos entrevistados foi de 69. Além disso, um estudo com 1.500 gestores, principalmente no primeiro e segundo

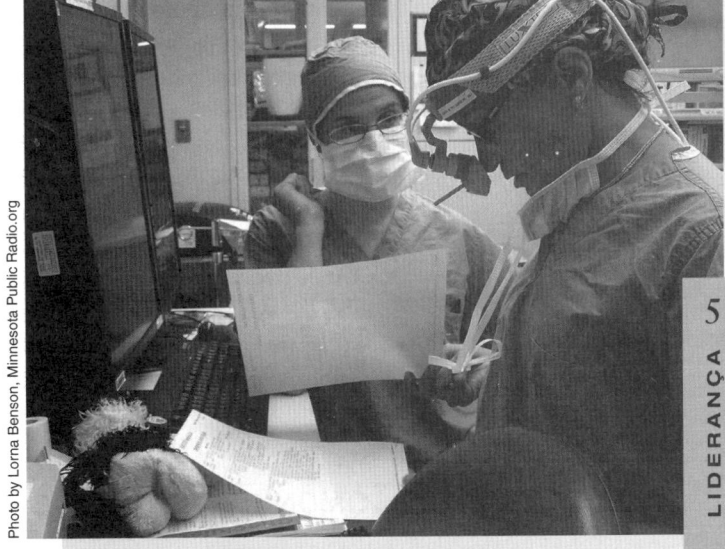

▶▶▶ Conexão de conceito

Quando, em 2007, a Clínica Mayo formulou um plano estratégico para seu centro médico mundialmente famoso, o departamento de comunicação experimentou uma nova forma de facilitar as **comunicações ascendentes e descendentes.** Criou-se o "Vamos Conversar", um *blog* interno que permitiu aos gestores utilizar vídeos e *posts* para explicar o plano. Funcionários da clínica acharam o *blog* tão útil que ele continua a ser usado anos depois como canal de comunicação aberto e permanente. A Clínica Mayo, desde então, acrescentou também inúmeros *blogs* externos para melhor facilitar a **comunicação horizontal** com os clientes e outras partes interessadas.

níveis de gestão, constatou que 84% desses líderes percebem a comunicação como uma das tarefas mais importantes, mas apenas 38% acreditam que têm as habilidades de comunicação adequadas.[94]

A **comunicação ascendente** formal inclui mensagens que fluem dos níveis mais baixos aos níveis mais altos na hierarquia da organização. A maioria das organizações se esforça para criar canais saudáveis para a comunicação ascendente. Os funcionários precisam expor as queixas, relatar o progresso e dar *feedback* sobre as iniciativas de gestão. A combinação de um fluxo saudável de comunicação ascendente e descendente garante que o circuito de comunicação entre gestores e colaboradores seja completo.[95] Gestores inteligentes se esforçam seriamente para facilitar a comunicação ascendente. Por exemplo, Mike Hall, CEO da Borrego Solar Systems, encontrou uma forma eficaz de incentivar seus engenheiros introvertidos a falar e apresentar ideias para melhorar a empresa. A fim de incentivar a sua equipe a oferecer *feedback* e sugestões, Hall organizou um concurso interno que ele chamou de Desafio da Inovação. Todos os funcionários foram incentivados a apresentar ideias sobre como melhorar o negócio usando a *intranet* da empresa. Depois de todas as ideias terem sido submetidas, os trabalhadores votaram na favorita, e o vencedor ganhou 500 dólares em dinheiro. Quase todos os funcionários da Borrego participaram do concurso. De acordo com Hall, "Temos conseguido gerar muitas grandes ideias cutucando os cérebros de todo mundo".[96] Os temas típicos das informações comunicadas de baixo para cima incluem problemas e exceções que precisam de atenção da gerência, ideias e sugestões para melhorias, relatórios de desempenho, queixas e conflitos, e informações financeiras e contábeis.

A **comunicação horizontal** é a troca lateral ou diagonal de mensagens entre os parceiros ou colegas de trabalho. Ela pode ocorrer dentro de um departamento ou entre departamentos. O objetivo da comunicação horizontal não é só informar, mas também solicitar apoio e coordenar atividades.

Como mencionado no Capítulo 10, com o propósito de incentivar a coordenação, muitas organizações desenvolvem a comunicação horizontal na forma de grupos de trabalho, comissões, estrutura matricial ou horizontal. No Northwestern Memorial Hospital de Chicago, dois médicos criaram uma força-tarefa horizontal para reduzir a incidência de infecções de origem hospitalar. A epidemia de infecções que mata cerca de 100 mil pessoas por ano em todo o mundo tem se intensificado, mas o Northwestern inverteu a tendência quebrando as barreiras de comunicação. Os especialistas em doenças infecciosas Lance Peterson e Gary Noskin lançaram uma reunião regular às segundas-feiras de manhã que envolve médicos e enfermeiros, técnicos de laboratório, farmacêuticos, técnicos de informática, representantes de admissão e até mesmo o pessoal da manutenção. A melhoria na comunicação valeu a pena. Durante um período de três anos, a taxa de infecções do Northwestern caiu 22%, muito menor que a média nacional.[97]

COMUNICAÇÃO EM MOMENTOS DE CRISE

A habilidade do gestor de se comunicar torna-se ainda mais relevante durante os períodos de mudança, incerteza ou crise. Ao longo dos últimos anos, o número e o contexto das crises têm feito da comunicação uma habilidade cada vez mais importante para os gestores. Infelizmente, muitos gestores têm mostrado que não estão à altura do desafio. Na Long Island Power Authority (Lipa), por exemplo, o Furacão Sandy revelou a falta de atenção à comunicação em momentos de crise. A tempestade mortal de 2012 foi enorme, e concessionárias de todo o Nordeste do país sofreram críticas por atrasos na restauração da energia, mas a recuperação parecia ser mais lenta em Long Island. Depois da tempestade, os telefones ficaram sem resposta nas agências responsáveis, e, mesmo se alguém respondesse, teria pouca informação para dar aos clientes

---

Faça uma pausa

Para aperfeiçoar profissionalmente sua habilidade de ouvir, siga as etapas propostas na seção "Aplique suas habilidades: pequeno grupo em prática", no material complementar.

TEMA RECENTE

aflitos. Não parecia haver nenhum plano de comunicação em vigor para os momentos de crise. "A alta gestão não podia se comunicar com a média gestão", contou Frank Petrone, diretor executivo da cidade de Huntington e ex-funcionário da Agência Federal de Gestão de Emergências (Federal Emergency Management Agency – Fema). "A média gestão não podia se comunicar com as equipes."[98]

Como gestor, a capacidade de se comunicar de forma eficaz durante uma crise determinará quão bem a organização sobreviverá ao problema. Considere os erros cometidos pelo capitão do Costa Concordia, que encalhou o navio em janeiro de 2012, causando um desastre que custou 32 vidas. O navio naufragou ao longo da costa da ilha toscana de Giglio depois que o capitão Francesco Schettino supostamente o desviou do curso como parte de uma acrobacia, fazendo que o navio acidentalmente encalhasse. Schettino é acusado de homicídio culposo e de abandonar o navio antes que todos os passageiros tivessem sido retirados. Dizem que Schettino contribuiu para a crise ao não responder por 45 minutos depois que a tripulação lhe disse que o navio estava inundando, e os motores, mortos. Ele emitiu a ordem de "abandonar o navio" quase uma hora depois que o navio encalhou – tarde demais para salvar muitas vidas. Nos dias seguintes ao desastre, Schettino também não se apresentou, não assumiu a responsabilidade, nem explicou o que havia acontecido.[99]

Quatro habilidades primárias que os gestores devem seguir ao se comunicarem durante uma crise são descritas a seguir. Ao lê-las, considere quão (in)eficaz o capitão Schettino foi na comunicação durante e após a crise no navio de cruzeiro.[100]

TEMA RECENTE

- *Mantenha-se calmo, ouça com atenção.* Bons comunicadores de crises não se permitem dominar pela situação. A calma e a escuta são mais importantes do que nunca. Os gestores também aprendem a adaptar suas comunicações para refletir esperança e otimismo, enquanto reconhecem as atuais dificuldades.
- *Fique visível.* Muitos gestores subestimam a importância de sua presença durante uma crise.[101] A obrigação de um gestor é aparecer imediatamente, tanto para tranquilizar os funcionários quanto para responder às preocupações do público. A comunicação presencial com os funcionários é essencial para mostrar que os gestores se importam com eles e com a situação por que estão passando.
- *Conte a pior verdade.*[102] Gestores eficazes reúnem o máximo de informação possível, dão o melhor de si para descobrir os fatos e dizem a verdade aos funcionários e ao público o mais rápido que podem. Divulgar a verdade rapidamente previne os rumores e mal-entendidos nocivos.
- *Comunique uma visão de futuro.* As pessoas precisam sentir que têm algo por que trabalhar e a que aspirar. Momentos de crise oferecem aos gestores oportunidades de comunicar a visão de um futuro melhor e unir as pessoas em direção a objetivos comuns.

Lembre-se disto

- Um canal de comunicação que flui dentro da cadeia de comando é chamado de **canal formal de comunicação**.
- **Comunicação descendente** refere-se a mensagens transmitidas da alta gestão para os subordinados; **comunicação ascendente** inclui mensagens que fluem dos níveis mais baixos aos níveis mais altos da hierarquia da organização.
- **Comunicação horizontal** é a troca lateral ou diagonal de mensagens entre parceiros ou colegas de trabalho e inclui a comunicação de equipe.
- Durante uma crise de comunicação, o gestor deve manter a calma e ouvir atentamente, tranquilizar os funcionários e o público, dizer a verdade e comunicar uma visão para o futuro.

Cap. 17 Notas

1. Teste baseado em William B. Snavely; John D. McNeill, "Communicator style and social style: testing a theoretical interface", *Journal of Leadership and Organizational Studies* 14, n. 1 (February 2008): 219-232.
2. Anita Hofschneider, "That thing with the buttons and receiver? Pick it up", *The Wall Street Journal*, August 28, D1.
3. "Capitalizing on effective communication: how courage, innovation, and discipline drive business results in challenging times", Estudos ROI de Comunicação por by Watson, Wyatt, Worldwide, 2009/2010. Disponível em: <www.towerswatson.com/assets/pdf/670/Capitalizing%20on%20Effective%20Communication.pdf>. Acesso em: 5 set. 2012.
4. Henry Mintzberg, *The nature of managerial work* (New York: Harper & Row, 1973).
5. Phillip G. Clampitt; Laurey Berk; M. Lee Williams, "Leaders as strategic communicators", *Ivey Business Journal* (May-June 2002): 51-55.
6. A. G. Lafley; Roger Martin, "Instituting a company-wide strategic conversation at Procter & Gamble", *Strategy &Leadership* 41, n. 4 (2013): 4-9.
7. Spencer E. Ante, "IBM's chief to employees: think fast, move faster", *The Wall Street Journal*, April 25, 2013, B1.
8. Communication ROI Study Report.
9. Eric Berkman, "Skills", *CIO* (March 1,2002): 78-82; Louise van der Does; Stephen J. Caldeira, "Effective leaders champion communication skills", *Nation's Restaurant News* (March 27, 2006): 20; Byron Reimus, "Ready, aim, communicate", *Management Review* (July 1996).
10. Reimus, "Ready, aim, communicate"; Dennis Tourish, "Critical upward communication: ten commandments for improving strategy and decision making", *Long Range Planning* 38 (2005): 485-503.
11. Empresa AMA, uma divisão da American Management Association, em "Employees are clueless about what's going on at work", *T+D* (June 2012): 23.
12. Bernard M. Bass, *Bass & Stogdill's handbook of leadership*, 3rd ed. (New York: Free Press, 1990).
13. Dana Mattioli, "As crisis eases, CEOs give staff some TLC", *The Wall Street Journal*, April 5, 2010. Disponível em: <http://online.wsj.com/article/SB10001424052702303450704575159850647117086.html>. Acesso em: 21 set. 2012.
14. Andrew Sobel, "Leading with questions: ask, don't tell", *Leader to Leader* (Winter 2013): 24-29.
15. Ver Van der Does; Caldeira, "Effective leaders champion communication skills".
16. Tom Szaky, "How much information do you share with employees?", *The New York Times*, September 8, 2011. Disponível em: <http://boss.blogs.nytimes.com/author/tom-szaky/page/2/>. Acesso em: 5 set. 2012.
17. Quint Studer, "Case for transparency", *Leadership Excellence* (April 2010): 19.
18. Van der Does; Caldeira, "Effective leaders champion communication skills".
19. Studer, "Case for transparency".
20. E. M. Rogers; R. A. Rogers, *Communicationin organizations* (New York: Free Press, 1976); A. Bavelas; D. Barrett, "An experimental approach to organization communication", *Personnel* 27 (1951): 366-371.
21. Joel Spolsky, "A little less conversation", *Inc.* (February 2010): 28-29.
22. Discussão baseada em Richard L. Daft; Richard M. Steers, *Organizations: a micro/macro approach* (New York: Harper Collins, 1986).
23. Richard L. Daft; Norman B. Macintosh, "A tentative exploration into the amount and equivocality of information processing in organizational work units", *Administrative Science Quarterly* 26 (1981): 207-224.
24. Robert H. Lengel; Richard L. Daft, "The selection of communication media as an executive skill", *Academy of Management Executive* 2 (August 1988): 225-232; Richard L. Daft; Robert H. Lengel, "Organizational information requirements, media richness, and structural design", *Managerial Science* 32 (May 1986): 554-572; Jane Webster; Linda Klebe Treviño, "Rational and social theories as complementary explanations of communication media choices: two policy-capturing studies", *Academy of Management Journal* 38, n. 6 (1995): 1544-1572.
25. Janina Seubert; Christina Regenbogen, "I know how you feel", *Scientific American Mind* (March-April de 2012): 54-58.
26. Pesquisa citada em "E-mail can't mimic phone calls", *Johnson City Press*, September 17, 2000.
27. Raymond A.; Steven C. Currall, "E-mail escalation: dispute exacerbating elements of electronic communication", disponível em: <http://papers.ssrn.com/sol3/papers.cfm?abstract_id=459429>, acesso em: 21 set. 2010; Lauren Keller Johnson, "Does e-mail escalate conflict?", *MIT Sloan Management Review* (Fall 2002): 14-15; Alison

Stein Wellner, "Lost in translation", *Inc. Magazine* (September 2005): 37-38.

28. Margie Warrell, "Hiding behind e-mail? Four times you should never use e-mail", *Forbes*. Disponível em: <www.forbes.com/sites/margiewarrell/2012/08/27/do-you-hide-behind-email/>. Acesso em: 10 set. 2012.

29. Ronald E. Rice, "Task analyzability, use of new media, and effectiveness: a multi-site exploration of media richness", *Organizational Science* 3, n. 4 (November 1992): 475-500; M. Lynne Markus, "Electronic mail as the medium of managerial choice", *Organizational Science* 5, n. 4 (November 1994): 502-527.

30. Richard L. Daft; Robert H. Lengel; Linda Klebe Treviño, "Message equivocality, media selection and manager performance: implication for information systems", *MIS Quarterly* 11 (1987): 355-368.

31. Mary Young; James E. Post, "Managing to communicate, communicating to manage: how leading companies communicate with employees", *Organizational Dynamics* (Summer 1993): 31-43.

32. Seção baseada em Jay A. Conger, "The necessary art of persuasion", *Harvard Business Review* (May-June 1998): 84-95.

33. Conger, "The necessary art of persuasion".

34. Amy J. C. Cuddy; Matthew Kohut; John Neffinger, "Connect, then lead", *Harvard Business Review* (July-August 2013): 3-9; Kevin Daum, "7 things *really* persuasive people do", *Inc.com*, August 2, 2013, disponível em: <http://www.inc.com/kevin-daum/7-things-really-persuasive-people-do.html>. Acesso em: 31 out. 2013.

35. Paul M. Leonardi; Tsedal B. Neeley; Elizabeth M. Gerber, "How managers use multiple media: discrepant events, power, and timing in redundant communication", *Organization Science* 23, n. 1 (January-February 2012): 98-117.

36. Jack Welch; Suzy Welch, *Winning* (New York: HarperBusiness, 2005), cap. 2.

37. Com base em E. Raudsepp, "Are you properly assertive?", *Supervision* (June 1992); M. J. Smith, *When I say no, I feel guilty* (New York: Bantam Books, 1975).

38. Sheryl Sandberg, *Lean in: women, work, and the will to lead* (New York: Alfred A. Knopf, 2013), p. 81.

39. Halley Bock, "Fierce communication", *T+D* (November 2012): 80.

40. Boris Groysberg; Michael Slind, "Leadership is a conversation", *Harvard Business Review* (June 2012): 75-84.

41. Adam Bryant, "Be yourself, even if you're a little goofy" (coluna Corner Office, uma entrevista com Redfin's Glenn Kelman), *The New York Times*, August 25, 2013, BU2.

42. Muitos destes benefícios estão em "The power of questions", *Leader to Leader* (Spring 2005): 59-60; Quinn Spitzer; Ron Evans, "The new business leader: Socrates with a Baton", *Strategy & Leadership* (September-October 1997): 32-38; Gary B. Cohen, "Just ask leadership: why great managers always ask the right questions", *Ivey Business Journal*, July-August 2010, disponível em: <www.iveybusinessjournal.com/topics/leadership/just-ask-leadership-why-great-managers-always-ask-the-right-questions>. Acesso em: 7 mar. 2011.

43. Groysberg; Slind, "Leadership is a conversation".

44. Spitzer; Evans, "The new business leader: Socrates with a Baton".

45. Kevin Cashman, "Powerful pause: listening is leadership", *Leadership Excellence* (January 2012): 5.

46. M. P. Nichols, *The lost art of listening* (New York: Guilford Publishing, 1995).

47. "Benchmarking the sales function", baseado no estudo de 100 vendedores, realizado pelo Grupo Ron Volper, White Plains, New York, em "Nine habits of highly effective salespeople", *Inc.com*, June 1, 1997, disponível em: <www.inc.com/articles/1997/06/12054.html>, acesso em: 23 set. 2010.

48. Ver John Keyser, "Active listening leads to business success", *T+D* (July 2013): 26-28.

49. C. Glenn Pearce, "Doing something about your listening ability", *Supervisory Management* (March 1989): 29-34; Tom Peters, "Learning to listen", *Hyatt Magazine* (Spring 1988): 16-21.

50. "Why I'm a listener: Amgen CEO Kevin Sharer", *The McKinsey Quarterly*, Issue 2 (April 2012): 61-65.

51. Ibidem.

52. Debbie Weil, *The corporate blogging book* (New York: Penguin Group, 2006), p. 3.

53. Arik Hanson, "5 inspiring corporate blogs to emulate", *Ragan.com*, April 9, 2013. Disponível em: <http://www.ragan.com/Main/Articles/5_inspiring_corporate_blogs_to_emulate_46503.aspx>. Acesso em: 31 out. 2013.

54. Discussão baseada em Carol Kinsey Goman, "Body language: mastering the silent language of leadership" (The Leadership Playlist column), *Washington Post Online*, July 17, 2009. Disponível em: <http://views.washingtonpost.com/leadership/leadership_playlist/2009/07/body-language-mastering-the-silent-language-of-leadership.html>. Acesso em: 17 jul. 2009.

55. "Management tip of the day: leaders, stop these behaviors now", *Harvard Business Review*, August

56. Goman, "Body language"; I. Thomas Sheppard, "Silent signals", *Supervisory Management* (March 1986): 31-33.
57. Pesquisa citada em Carol Kinsey Goman, "10 simple and powerful body language tips for 2013", *Forbes*, January 7, 2013, disponível em: <http://www.forbes.com/sites/carolkinseygoman/2013/01/07/10-simple-and-powerful-body-language-tips-for-2013/>, acesso em: 4 nov. 2013; Sue Shellenbarger, "How 'power poses' can help your career", *The Wall Street Journal*, August 20, 2013. Disponível em: <http://online.wsj.com/news/articles/SB10001424127887323608504579022942032641408>. Acesso em: 4 nov. 2013.
58. Shellenbarger, "How 'power poses' can help your career".
59. Albert Mehrabian, *Silent messages* (Belmont, CA: Wadsworth, 1971); Albert Mehrabian, "Communicating without words", *Psychology Today* (September 1968): 53-55.
60. Meridith Levinson, "How to be a mind reader", *CIO* (December 1, 2004): 72-76; Mac Fulfer, "Non-verbal communication: how to read what's plain as the nose...", *Journal of Organizational Excellence* (Spring 2001): 19-27; Paul Ekman, *Emotions revealed: recognizing faces and feelings to improve communication and emotional life* (New York: Time Books, 2003).
61. Andreas M. Kaplan; Michael Haenlein, "Social media: back to the roots and back to the future", *Journal of Systems and Information Technology* 14, n. 2 (2012): 101-104.
62. Shayndi Raice, "Social networking heads to the office", *The Wall Street Journal*, April 2, 2012. Disponível em: <http://online.wsj.com/article/SB10001424052702304459804577285354046601614.html>. Acesso em: 18 set. 2012.
63. Scott Martin, "Small-business customer service tools: social media, surveys", *USA TODAY*, August 26, 2012. Disponível em: <http://usatoday30.usatoday.com/money/smallbusiness/story/2012-08-26/efficient-small-business-online-ecommerce/57291490/1>. Acesso em: 1º nov. 2013.
64. Tim Mullaney, "Social media is reinventing how business is done", *USA TODAY*, August 31, 2012. Disponível em: <www.usatoday.com/money/economy/story/2012-05-14/social-media-economy-companies/55029088/1>. Acesso em: 5 set. 2012.
65. Ibidem.
66. Geoffrey A. Fowler, "Are you talking to me?", *The Wall Street Journal*, April 25, 2011. Disponível em: <http://online.wsj.com/article/SB10001424052748704116404576263083970961862.html>. Acesso em: 18 set. 2012.
67. Vince Golla, entrevistado por David Kiron, "Social business at kaiser permanente: using social tools to improve customer service, research, and internal collaboration", *MIT Sloan Management Review*, March 6, 2012. Disponível em: <http://sloanreview.mit.edu/article/kaiser-permanente-using-social-tools-to-improve-customer-service-research-and-internal-collaboration/>. Acesso em: 1º nov. 2013.
68. Richard S. Levick, "Domino's discovers social media", *Business Week*, April 21, 2009. Disponível em: <www.businessweek.com/print/managing/content/apr2009/ca20090421_555468.htm>. Acesso em: 21 abr. 2009.
69. Ron Utterbeck, entrevistado por Robert Berkman, "GE's colab brings good things to the company", *MIT Sloan Management Review*, November 2012, disponível em: <http:// sloanreview.mit.edu/article/ges-colab-brings-good-things-to-the-company/>, acesso em: 1º nov. 2013; Meenu Bhatnagar, "General Electric: engaging employees through social media", Case Study 413-103-1, Amity Research Centers, Bangalore, India, Distributed by The Case Centre, 2013; Giselle Abramovich, "Inside General Electric's digital strategy" (uma entrevista com Linda Boff) *Digiday*, May 21, 2012, disponível em: <http://digiday.com/brands/inside-general-electrics-digital-strategy/>, acesso em: 1º nov. 2013.
70. Abramovich, "Inside General Electric's digital strategy". O relacionamento entre media social interna e capital emocional está em Quy Huy; Andrew Shipilov, "The key to social media success within organizations", *MIT Sloan Management Review* (Fall 2012). Disponível em: <http://sloanreview.mit.edu/article/the-key-to-social-media-success-within-organizations/>. Acesso em: 1º nov. 2013.
71. O exemplo da Tupperware está em Huy; Shipilov, "The key to social media success within organizations".
72. A discussão sobre redes informais é baseada em Rob Cross; Nitin Nohria; Andrew Parker, "Six myths about informal networks", *MIT Sloan Management Review* (Spring 2002): 67-75; Rob Cross; Laurence Prusak, "the people who make organizations go – or stop", *Harvard Business Review* (June 2002): 105-112.

73. Careercast.com Web site, disponível em: <www.careercast.com/jobs-rated/10-best-jobs-2012>, acesso em: 21 set. 2012; George Anders, "LinkedIn's edge: the 7 habits of a well-run social network", *Forbes*, August 3, 2012, disponível em: <www.forbes.com/sites/georgeanders/2012/08/03/linkedins-edge-the-7-habits-of-a-well-run-social-network/>, acesso em: 3 set. 2012; CNNmoney.com Web site, disponível em: <http://money.cnn.com/magazines/fortune/best-companies/2012/full_list/>.
74. Tahl Raz, "The 10 secrets of a master networker", *Inc.* (January 2003).
75. Laura Vanderkam, "What successful people do during lunch", *Fast Company*, June 29, 2013. Disponível em: <http://www.fastcompany.com/3014909/how-to-be-a-success-at-everything/what-successful-people-do-during-lunch>. Acesso em: 1º nov. 2013.
76. Reid Hoffman; Ben Casnocha, "The start-up of you", *Leader to Leader* (Spring 2013): 41-45. Adaptado do livro *The start-up of you: adapt to the future, invest in yourself, and transform your career* (New York: Crown Business, 2012).
77. Travis J. Grosser et al., "Hearing it through the grapevine: positive and negative workplace gossip", *Organizational Dynamics* 41 (2012): 52-61.
78. Grant Michelson; Ad van Iterson; Kathryn Waddington, "Gossip in organizations: contexts, consequences, and controversies", *Group & Organizational Management* 35, n. 4 (2010): 371-390.
79. Keith Davis; John W. Newstrom, *Human behavior at work: organizational behavior*, 7th ed. (New York: McGraw-Hill, 1985).
80. Suzanne M. Crampton; John W. Hodge; Jitendra M. Mishra, "The informal communication network: factors influencing grapevine activity", *Public Personnel Management* 27, n. 4 (Winter 1998): 569-584.
81. N. DiFonzo; P. Bordia, "A tale of two corporations: managing uncertainty during organizational change", *Human Resource Management* 37, 3-4 (1998): 295-303.
82. Resultados de perquisa mencionados em Jared Sandberg, "Ruthless rumors and the managers who enable them", *The Wall Street Journal*, October 29, 2003.
83. Donald B. Simmons, "The nature of the organizational grapevine", *Supervisory Management* (November 1985): 39-42; Davis; Newstrom, *Human behavior at work*.
84. Barbara Ettorre, "Hellooo. Anybody listening?", *Management Review* (November 1997): 9.
85. Eilene Zimmerman, "Gossip is information by another name", *The New York Times*, February 3, 2008. Disponível em: <www.nytimes.com/2008/02/03/jobs/03career.html?scp=1&sq=Gossip%20Is%20Information%20by%20Another%20Name&st=cse>. Acesso em: 3 fev. 2008.
86. Lisa A. Burke; Jessica Morris Wise, "The effective care, handling, and pruning of the office grapevine", *Business Horizons* (May-June 2003): 71-74; "They hear it through the grapevine", citado em Michael Warshaw, "The good guy's guide to office politics", *Fast Company* (April-May 1998): 157-178; Carol Hildebrand, "Mapping the invisible workplace", *CIO Enterprise*, section 2 (July 15, 1998): 18-20.
87. National Commission on Writing, "Writing skills necessary for employment, says big business", September 14, 2004. Disponível em: <www.writingcommission.org/pr/writing_for_employ.html>. Acesso em: 8 abr. 2008.
88. Com base em Michael Fitzgerald, "How to write a memorable memo", *CIO* (October 15, 2005): 85-87; Jonathan Hershberg, "It's not just what you say", *Training* (May 2005): 50.
89. Mary Anne Donovan, "E-mail exposes the literacy gap", *Workforce* (November 2002): 15.
90. Daft; Steers, *Organizations*; Daniel Katz; Robert Kahn, *The social psychology of organizations*, 2nd ed. (New York: Wiley, 1978).
91. Mullaney, "Social media is reinventing how business is done".
92. Phillip G. Clampitt; Robert J. DeKoch; Thomas Cashman, "A strategy for communicating about uncertainty", *Academy of Management Executive* 14, 4 (2000): 41-57.
93. Alexandra Samuel, "Better leadership through social media", *The Wall Street Journal*, April 2, 2012. Disponível em: <http://online.wsj.com/article/SB10001424052970203753704577255531558650636.html>. Acesso em: 12 set. 2012.
94. Van der Does; Caldeira, "Effective leaders champion communication skills".
95. Michael J. Glauser, "Upward information flow in organizations: review and conceptual analysis", *Human Relations* 37 (1984): 613-643; "Upward/downward communication: critical information channels", *Small Business Report* (October 1985): 85-88.
96. Darren Dahl, "Pipe up, people! rounding up staff", *Inc.* (February 2010): 80-81.
97. Thomas Petzinger, "A hospital applies teamwork to thwart an insidious enemy", *The Wall Street Journal*, May 8, 1998.
98. Danny Hakim; Patrick McGeehan; Michael Moss, "Suffering on L. I. as power agency shows

its flaws", *The New York Times*, November 14, 2012, A1.

99. Stacy Meichtry; Arian Camp-Flores; Leslie Scism, "Cruise Company Blames Captain", *The Wall Street Journal*, January 17, 2012. Disponível em: <http://online.wsj.com/article/SB10001424052970203735304577165290656739300.html>. Acesso em: 19 set. 2012.

100. Seção baseada em Leslie Wayne; Leslie Kaufman, "Leadership, put to a new test", *The New York Times*, September 16, 2001; Ian I. Mitroff, "Crisis leadership", *Executive Excellence* (August 2001): 19; Jerry Useem, "What it takes", *Fortune* (November 12, 2001): 126-132; Andy Bowen, "Crisis procedures that stand the test of time", *Public Relations Tactics* (August 2001): 16; Matthew Boyle, "Nothing really matters", *Fortune* (October 15, 2001): 261-264.

101. Stephen Bernhut, "Leadership, with Michael Useem" (interview), *Ivey Business Journal* (January-February 2002): 42-43.

102. Mitroff, "Crisis leadership".

PARTE 5

Capítulo 18
Como liderar equipes

Visão geral do capítulo

Como você gostaria de trabalhar?
O valor das equipes
 O que é uma equipe?
 Contribuições das equipes
 Tipos de equipe
Dilema pessoal do trabalho em equipe
Modelo de eficácia da equipe
Equipes virtuais
Características da equipe
 Tamanho
 Diversidade
 Funções dos membros
Novo gestor autoteste: que papel você desempenha na equipe?
Processos de equipe
 Fases do desenvolvimento da equipe
 Criação de equipe coesa
 Estabelecimento de normas da equipe
Gestão do conflito em equipe
 Tipos de conflito
 Equilíbrio entre conflito e cooperação
 Causas do conflito
 Estilos para lidar com o conflito
 Negociação

Resultados de aprendizagem

Após a leitura deste capítulo, você será capaz de:

1. Expor as contribuições feitas pelas equipes e como os gestores podem torná-las mais eficazes.
2. Identificar os tipos de equipe nas organizações.
3. Resumir alguns dos problemas e desafios do trabalho em equipe.
4. Identificar como o tamanho da equipe e a diversidade da participação afetam o desempenho do grupo de trabalho.
5. Identificar os papéis exercidos nas equipes e o tipo de papel que você pode desempenhar para ajudar a sua equipe a ser eficaz.
6. Explicar as etapas gerais de desenvolvimento da equipe.
7. Explicar os conceitos de coesão e as normas da equipe, e sua relação com o desempenho dela.
8. Identificar as causas de conflito nas equipes e entre elas, e propor mecanismos para reduzir os conflitos.
9. Descrever as diferentes características e consequências do conflito de tarefas *versus* o conflito de relacionamentos.

Como você gostaria de trabalhar?[1]

INSTRUÇÕES: Seu comportamento pode indicar se você trabalhará bem em uma equipe. O teste proposto aqui se refere às suas preferências de trabalho. Assinale, nos itens apresentados a seguir, "Normalmente verdadeiro" ou "Normalmente falso".

	Normalmente verdadeiro	Normalmente falso
1. Prefiro trabalhar em uma equipe a fazer tarefas individuais.		
2. Dada uma escolha, tento trabalhar sozinho, em vez de enfrentar as dificuldades de trabalho em grupo.		
3. Gosto da interação pessoal quando trabalho em grupo.		
4. Prefiro fazer meu próprio trabalho e deixar que os outros façam o deles.		
5. Fico mais satisfeito com a vitória em grupo do que com a vitória individual.		
6. O trabalho em equipe não vale a pena quando as pessoas não fazem a parte delas.		
7. Sinto-me bem quando trabalho em grupo, mesmo quando há discordâncias.		
8. Na realização de uma tarefa, prefiro confiar em mim mesmo.		

PONTUAÇÃO E INTERPRETAÇÃO: Atribua 1 ponto a cada item ímpar assinalado como "Normalmente verdadeiro" e 1 ponto a cada item par assinalado como "Normalmente falso". Como novo gestor, você quer tanto fazer parte de uma equipe quanto trabalhar sozinho. Esses itens medem a sua preferência para o trabalho em grupo, o qual pode ser frustrante e motivador. Se você obteve 2 ou menos pontos, definitivamente prefere o trabalho individual. Uma pontuação de 7 ou mais sugere que você prefere trabalhar em equipe. Uma pontuação de 3 a 6 indica o conforto de trabalhar sozinho e em equipe. Um novo gestor precisa saber atuar em ambas as situações.

O que deu errado a bordo do voo 214 da Asiana? O Boeing 777 caiu no Aeroporto Internacional de São Francisco em 6 de julho de 2013, matando três passageiros e ferindo muitos mais. De acordo com os pilotos e a companhia aérea, pode ter havido um mau funcionamento em um importante dispositivo que controlava a velocidade da aeronave. Outros sugerem que pode ter sido erro do piloto. Os investigadores da National Transportation Safety Board (NTSB) ainda estão tentando descobrir o que aconteceu. No entanto, continua a ser verdade que os acidentes de avião diminuíram muito e são bem menos fatais hoje do que eram há décadas. Segundo Patrick Smith, piloto comercial, responsável pelo *blog* chamado "Pergunte ao piloto" e autor do livro *Cockpit confidential: everything you need to know about air travel: questions, answers, and reflections*, em parte, esse progresso deve-se à melhor engenharia, mas também ao melhor trabalho em equipe: "Não existe mais aquela cultura hierárquica rígida no *cockpit*, em que o capitão era o rei e todos seguiam cegamente as ordens dele". Na maioria das companhias aéreas, o treinamento que a tripulação recebe hoje é orientado para a equipe, com todos trabalhando juntos para garantir a segurança. Os pilotos não confiam apenas nos próprios instintos e habilidades; pelo contrário, extraem o conhecimento da tripulação de cabine, das pessoas no chão, dos expedidores, dos meteorologistas e de outras pessoas envolvidas.[2] Talvez o exemplo mais inspirador do trabalho em equipe impecável no setor aéreo tenha sido o pouso do voo 1549 da U. S. Airways no Rio Hudson, em janeiro de 2009. O capitão Chesley "Sully" Sullenberger já sabia, com 5 anos de idade, que queria ser piloto e passou o resto da vida na busca da excelência na área escolhida. Após 40 anos em busca da excelência, não poderia haver ninguém mais bem preparado para estar no controle. No entanto, a paixão de Sullenberger pelo aprendizado também significava que ele era um defensor do treinamento contínuo para todos os membros da tripulação de voo, e ele incutiu nos membros de sua tripulação um compromisso de trabalho em equipe e de segurança. Sullenberger creditou a cada membro da equipe o pouso seguro do voo 1549.[3]

Muitas pessoas obtêm a primeira experiência de gestão em um ambiente de equipe, e você provavelmente terá que trabalhar em grupo, às vezes, como novo gestor. Muitas empresas descobriram que as equipes têm vantagens reais, mas pode ser difícil trabalhar em uma. Você já pode ter vivenciado os desafios do trabalho em equipe como estudante, em que teve que abrir mão de sua independência e confiar no grupo a fim de ganhar uma boa nota.

As boas equipes podem produzir resultados surpreendentes, mas nem sempre elas são bem-sucedidas. Em uma pesquisa realizada em organizações de manufatura, cerca de 80% dos entrevistados relataram o uso de algum tipo de equipe, mas apenas 14% das empresas avaliaram os seus esforços de treinamento de equipes como altamente eficazes. Pouco mais da metade dos entrevistados disseram que os esforços foram apenas "pouco eficazes", e 15% consideraram-nos "nem um pouco eficazes".[4]

Este capítulo concentra-se em equipes e nas aplicações delas dentro das empresas. Definimos o que é uma equipe, relacionamos as contribuições que elas podem oferecer e apontamos os diversos tipos existentes. Em seguida, discutimos o dilema de trabalho em equipe e apresentamos um modelo de eficácia da equipe de trabalho, exploramos as fases de desenvolvimento da equipe e examinamos como tamanho, coesão, diversidade e normas influenciam a eficácia dela. O capítulo também analisa o papel que os indivíduos desempenham nas equipes, discute técnicas de gestão de conflitos e descreve como a negociação pode facilitar a cooperação e o trabalho em grupo. As equipes são um aspecto central da vida organizacional, e a capacidade de gerenciá-las é um componente vital do gestor e da empresa de sucesso.

O valor das equipes

Por que as organizações não são apenas coleções de indivíduos seguindo seu caminho e fazendo as próprias coisas? Claramente, o trabalho em equipe proporciona benefícios ou as empresas não continuariam a utilizar esse mecanismo estrutural. Uma ilustração do valor do trabalho em equipe vem do Exército, em que as equipes cirúrgicas compostas por cirurgiões, enfermeiros, anestesistas e técnicos enviados da Marinha norte-americana operaram pela primeira vez em combate durante a Operação Liberdade do Iraque. Essas equipes foram espalhadas pelo Iraque e podiam se mover para novos locais e ficar prontas em uma hora. Com o objetivo de salvar as vidas de 15% a 20% dos soldados e civis que poderiam morrer, a menos que tivessem recebido cuidados críticos dentro de 24 horas, os membros dessas equipes coordenaram muito bem suas atividades para cumprir uma missão compartilhada vital.[5]

Embora a missão das empresas não envolva necessariamente vida ou morte, todas elas são compostas por vários indivíduos e grupos que têm de trabalhar em conjunto e coordenar as próprias atividades para alcançar os objetivos. Nas empresas, boa parte do trabalho é *interdependente*, o que significa que as pessoas e os departamentos dependem de outras pessoas e de outros departamentos para que possam obter informações ou recursos para realizar o trabalho. Quando as tarefas são altamente interdependentes, uma equipe pode ser a melhor abordagem para garantir o nível de coordenação,

Poder Verde

A importância da equipe

Os gestores da **Subaru Indiana Automotive (SIA)** alinham o desejo da empresa de reduzir, reutilizar e reciclar resíduos aos seus anúncios de televisão que alegam "zero aterro sanitário". Para a SIA, não há margem para emissões, e realmente "zero significa zero". Os gestores depositaram confiança em todos os membros de cada equipe, de cada processo de fabricação, para acertar o alvo. E as equipes mostraram-se à altura do desafio. Por exemplo, na unidade de estampagem, as iniciativas do chão de fábrica levaram a acordos de parceria com os fornecedores para chapas de aço mais precisas que reduziram 100 libras de aço por veículo. As equipes iniciaram esforços para usar o fluxo de água da fábrica para conduzir os minigeradores elétricos hidráulicos, e o programa sustentável Green Payback Curve da empresa reciclou diversos produtos residuais. As luzes da linha de montagem eram desligadas durante os intervalos, e havia mudanças de turno para diminuir a pegada de carbono da empresa. O respeito às equipes e a confiança nelas permitiu que SIA fosse reconhecida como líder de sustentabilidade na fabricação.

Fontes: Brad Kenney, "The zero effect: how to green your facility", *Industry Week* (July 2008): 36-41; Dean M. Schroeder; Alan G. Robinson, "Green is free: creating sustainable competitive advantage through green excellence", *Organizational Dynamics* 39, n. 4 (2010): 345-352.

---

compartilhamento de informações e troca de materiais necessários para a realização da tarefa com êxito.

O QUE É UMA EQUIPE?

Equipe é uma unidade de duas ou mais pessoas que interagem e coordenam o trabalho para atingir uma meta na qual estão empenhadas e mantêm-se mutuamente responsáveis.[6] A definição de equipe tem três componentes. Primeiro, são necessárias duas ou mais pessoas. Segundo, as pessoas na equipe interagem regularmente. As pessoas que não interagem (por exemplo, as pessoas na fila da lanchonete ou que estão no elevador) não compõem uma equipe. Terceiro, as pessoas em uma equipe compartilham uma meta de desempenho, seja para projetar um novo *tablet*, construir um motor ou concluir um projeto escolar.

Juntar uma *equipe* e criar o *trabalho em equipe* não é a mesma coisa, como o treinador do time de basquete Miami Heat aprendeu. Na primavera de 2010, LeBron James, Dwyane Wade e Chris Bosh foram os melhores marcadores em seus respectivos times de basquete. No ano seguinte, eles estavam jogando para o Miami Heat. Com esse tipo de talento, deveria ter sido difícil para qualquer um ter superado a equipe, mas o Heat estreou com uma derrota humilhante e tropeçou pelas primeiras semanas da temporada. Os craques habituados a estar no comando em tempo de crise estavam trabalhando de forma contraditória. Discutindo a perda do Heat para o New York Knicks, o ex-jogador do Chicago Bulls Steve Kerr disse: "Foi um colapso total. Era: 'Sou tão talentoso. Vou assumir'. Eles estavam péssimos".[7]

Astros individuais não necessariamente fazem uma grande equipe, seja nos esportes ou nos negócios. O Heat virou as coisas ao incorporar os elementos do trabalho em

> "*Compromisso individual para o esforço em grupo – é isso que faz uma equipe funcionar, uma empresa funcionar, a sociedade funcionar, a civilização funcionar.*"
>
> – VINCE LOMBARDI (1913-1970), TREINADOR DE FUTEBOL NORTE-AMERICANO DA NATIONAL FOOTBALL LEAGUE (NFL)

equipe eficaz, como mostrado na Figura 18.1. O trabalho em equipe requer a reunião do conjunto certo de personalidades, especialidades e competências; a definição clara dos papéis e das responsabilidades; a concentração de todos em uma missão bem definida; a definição clara dos canais de comunicação e do compartilhamento de informações para que os membros da equipe comuniquem os objetivos e necessidades em todas as direções; e a sublimação dos egos individuais para que todos sigam juntos na mesma direção. A confiança é um aspecto crucial do trabalho em equipe. As pessoas têm que estar dispostas a colaborar e, por vezes, sacrificar os objetivos individuais em prol de um propósito maior. Para tanto, elas precisam acreditar que os outros integrantes do grupo estão também dispostos a atingir as mesmas metas.

David Novak, CEO da Yum Brands (incluindo KFC, Pizza Hut e Taco Bell), construiu a maior empresa de restaurantes do mundo com base no trabalho em equipe. Desde que a Yum foi desmembrada da PepsiCo em 1997, as ações da empresa voltaram para 16,5% do composto anual em relação aos 3,9% da S&P 500 durante o mesmo período. Quando Novak tornou-se responsável pela gestão da rede KFC, a divisão norte-americana não cumpria a meta de lucro há tempos. A matriz culpava as franquias, e vice-versa. Novak embarcou em uma cruzada de formação de equipes que ocorre ainda hoje. A rede KFC voltou a crescer, e os lucros quase dobraram em três anos. Segundo Novak, "O que realmente fez a diferença foi a ideia de que, se confiássemos uns nos outros, poderíamos trabalhar juntos para fazer algo acontecer que era maior do que as nossas capacidades individuais".[8]

Contribuições das equipes

Equipes eficazes podem proporcionar muitas vantagens, como mostra a Figura 18.2. Essas contribuições levam à mais forte vantagem competitiva e ao desempenho organizacional geral superior.

- *Criatividade e inovação:* Como nas equipes há pessoas com diferentes habilidades, pontos fortes, experiências e perspectivas, elas contribuem para um maior nível de criatividade e inovação na organização.[9] Um fator que tem sido

FIGURA 18.1
Requisitos para o trabalho em equipe

- Concentrar-se na missão compartilhada
- Seguir na mesma direção
- Confiar uns nos outros
- Comunicar objetivos e necessidades
- Estar disposto a fazer sacrifícios pela equipe

(Membros da equipe)

FONTES: Com base em Rick Wartzman, "Microsoft's new mission: to create real teamwork, not just teams", *Time*, July 17, 2013, disponível em: <http://business.time.com/2013/07/17/microsofts-new-mission-to-create-real-teamwork-not-just-teams/>, acesso em: 19 jul. 2013; Chuck Salter, "What LeBron James and the Miami Heat teach us about teamwork", *Fast Company*, April 2011, disponível em: <http://www.fastcompany.com/magazine/155/the-worlds-greatest-chemistry-experiment.html>, acesso em: 25 abr. 2011.

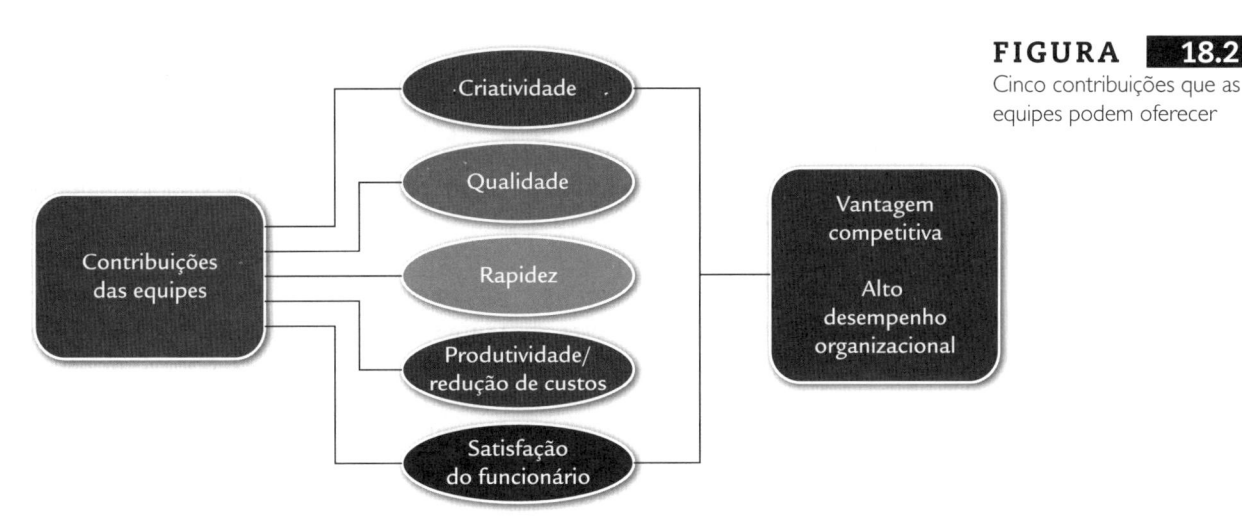

FIGURA 18.2
Cinco contribuições que as equipes podem oferecer

negligenciado no sucesso da Apple, por exemplo, é que Steve Jobs criou uma equipe de alta gestão de técnicos excelentes, comerciantes, *designers* e outros que mantiveram a essência inovadora da empresa fluindo. A maior parte da equipe de alta gestão de Jobs trabalhou com ele por uma década ou mais.[10]

- *Melhoria da qualidade:* Um dos critérios de eficácia organizacional é se os produtos e serviços atendem às necessidades dos clientes quanto à qualidade. Talvez em nenhum lugar isso seja mais essencial do que na área da saúde. Os dias em que um único médico era capaz de dominar todas as habilidades, centralizar todas as informações e gerenciar todos os aspectos necessários para o tratamento de um paciente já se passaram. As organizações que fornecem a mais alta qualidade de atendimento ao paciente são aquelas em que equipes de profissionais estreitamente coordenadas fornecem um sistema integrado de cuidados.[11]

- *Velocidade de resposta:* Equipes firmemente integradas podem estabelecer manobras de forma incrivelmente rápida. Eis mais um exemplo da Apple. A equipe unida da Apple mudou os preços apenas 48 horas antes do lançamento de um novo produto, o que seria inconcebível na maioria das empresas.[12] Além disso, as equipes podem acelerar o desenvolvimento de produtos (como discutimos no Capítulo 10), responder mais rapidamente às necessidades dos clientes e resolver os problemas interdepartamentais com mais rapidez.

- *Mais produtividade e redução de custos:* As equipes eficazes podem desencadear uma enorme energia dos funcionários. **Facilitação social** refere-se à tendência em que a presença de outros melhora o desempenho de um. Simplesmente estar perto de outras pessoas produz um efeito energético.[13] Além disso, a mistura de perspectivas permite que ideias criativas se infiltrem. Na Boeing, as equipes de inovação composta por engenheiros, mecânicos e outros trabalhadores tiveram ideias de economia de tempo que impulsionaram a produção do jato 737 para 42 unidades por mês em 2014.[14]

- *Motivação e satisfação melhoradas:* Conforme descrito no Capítulo 16, as pessoas têm necessidades de pertencimento e filiação. Trabalhar em equipes pode atender a essas necessidades e criar mais camaradagem em toda a organização. As equipes também reduzem o tédio, aumentam os sentimentos de dignidade e autoestima das pessoas, e dão a estas a oportunidade de desenvolver novas habilidades. Os indivíduos que trabalham em uma equipe eficaz lidam melhor com o estresse, aproveitam mais os próprios trabalhos e têm maior nível de motivação e compromisso com a organização.

Tipos de equipe

As organizações usam muitos tipos de equipe para alcançar as vantagens discutidas na seção anterior. Há dois tipos comuns de equipe: a funcional e a multifuncional (veja a Figura 18.3). As organizações também usam equipes autogeridas para aumentar a participação dos trabalhadores.

Equipes funcionais

Uma **equipe funcional** é composta por um gestor e seus subordinados na cadeia de comando formal. Às vezes, chamada de *equipe de comando*, a equipe funcional em alguns casos pode incluir três ou quatro níveis de hierarquia em um departamento funcional. Em geral, a equipe inclui um único departamento em uma organização. Um departamento de análise financeira, um departamento de controle de qualidade, um departamento de engenharia e um departamento de recursos humanos, todos são equipes funcionais. Cada uma é criada pela organização para atingir as metas específicas por meio de atividades e interações conjuntas dos membros.

Equipes multifuncionais

Uma **equipe multifuncional** é composta por funcionários do mesmo nível hierárquico, mas de áreas de conhecimento diferentes. Um tipo de equipe multifuncional é uma *força-tarefa*, que é um grupo de funcionários de diferentes departamentos formado para lidar com uma atividade específica e apenas existente até que a tarefa esteja concluída. Por exemplo, uma empresa aeroespacial criou uma força-tarefa para resolver o problema de uma perda inesperada de peças importantes necessárias para manter a montagem das aeronaves em andamento.

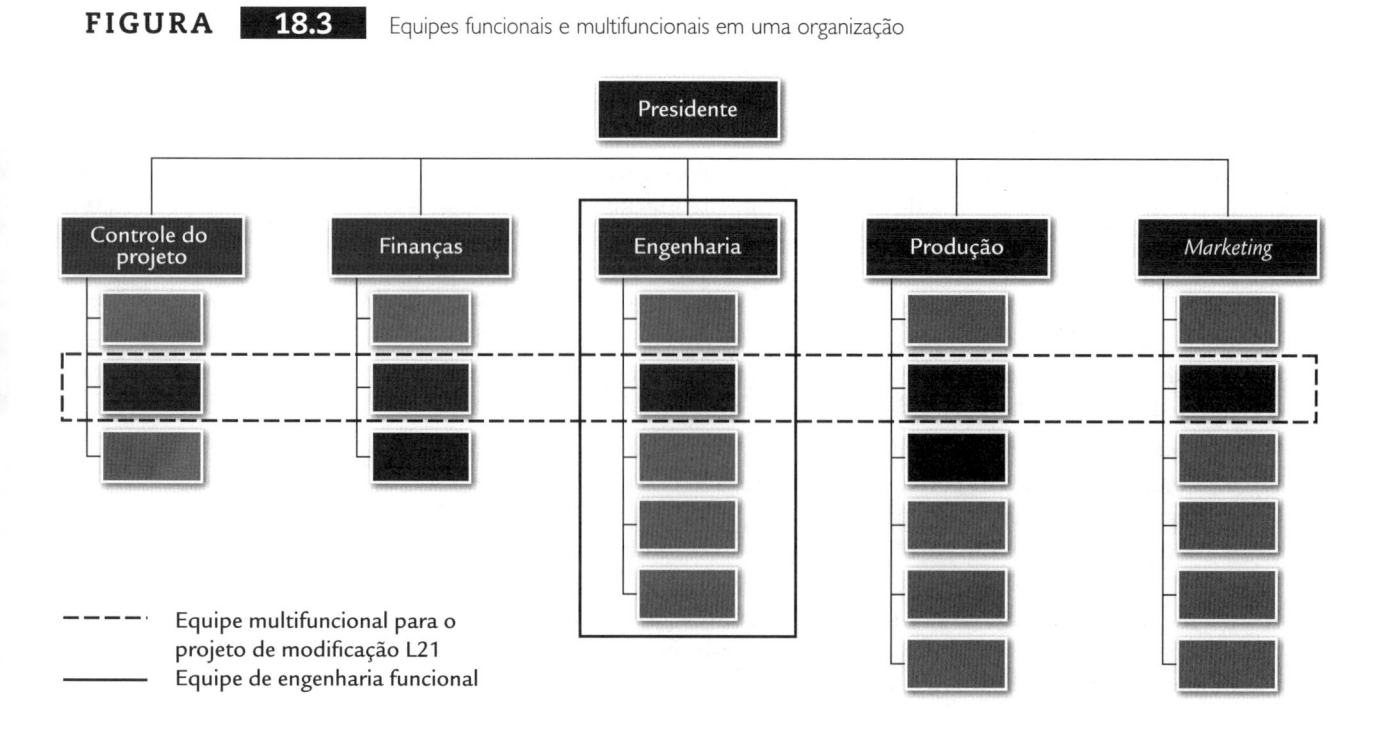

FIGURA 18.3 Equipes funcionais e multifuncionais em uma organização

- - - - Equipe multifuncional para o projeto de modificação L21
───── Equipe de engenharia funcional

Forma inovadora
Southwestern Aerospace Inc.

A Southwestern Aerospace Inc. (não é o nome real da empresa) teve uma das piores notícias que um fabricante poderia obter – um dos fornecedores de tratamento térmico de alumínio havia perdido o contrato e logo encerraria as atividades. A perda dessa capacidade de tratamento térmico especializado foi devastadora porque não havia equivalente na região. O resultado foi que a Southwestern logo seria confrontada com o esgotamento das peças de que necessitava para continuar a fabricação de aeronaves.

A resposta da Southwestern foi formar uma força-tarefa multifuncional chamada Critical Path Part Team, composta por 12 especialistas no assunto de toda a empresa e seus fornecedores. A equipe identificou 18 peças que seriam afetadas pelo fechamento do fornecedor de tratamento térmico de alumínio e determinou que 14 delas poderiam ser adquiridas de outro fornecedor local. O desafio da equipe foi encontrar a capacidade de fabricação para as restantes quatro peças – revestimentos da fuselagem – que eram cruciais para a montagem das aeronaves.

Durante as sessões de *brainstorming* criativo, os membros da equipe deram ideias espontâneas e, eventualmente, chegaram a seis opções para resolver o problema, a serem avaliadas com base em custo, tempo e viabilidade. A ação rápida era essencial, como era manter a confiança dos clientes, que iam sendo informados sobre o progresso ao longo do trabalho da equipe. O projeto foi um desafio técnico, e os membros da equipe foram separados geograficamente em três Estados. A equipe superou o obstáculo geográfico ao estabelecer um plano de comunicação abrangente. Em seguida, a gestão aprovou um plano para testar a viabilidade da opção 6 (reprojetar o processo existente), que era tecnologicamente mais desafiadora, porém mais econômica. No final, graças ao trabalho excelente da equipe de trabalho multifuncional, a Southwestern implantou um programa que garantiu que a produção fosse mantida, e todos os objetivos financeiros e de qualidade foram cumpridos. A equipe responsável por responder a esse desafio enorme foi homenageada com um prêmio de nível prata de Excelência em Equipe Internacional da American Society for Quality em 2011.[15]

TEMA RECENTE

A Critical Path Part Team da Southwestern Aerospace ilustra muitas das vantagens das equipes abordadas anteriormente – sobretudo inovação e rapidez. Outro tipo de equipe multifuncional, a **equipe de finalidade específica**, é criada fora da estrutura formal da organização para realizar um projeto de especial importância ou criatividade.[16] Às vezes chamada de *equipe de projeto*, uma equipe de finalidade específica ainda é parte da estrutura organizacional formal, porém os membros percebem a si mesmos como uma entidade separada. As equipes de finalidade específica são muitas vezes criadas para o desenvolvimento de um novo produto ou serviço. Em 2008, a Ford Motor Company criou uma equipe de finalidade específica para resolver um problema que poderia determinar se a empresa sobreviveria ou não à turbulência na indústria automotiva. Os gestores sabiam que sem peças nada que eles pudessem fazer para salvar a empresa teria importância. Com muitos dos fornecedores da indústria à beira da falência, Tony Brown, vice-presidente de compras globais da Ford, sugeriu a criação de uma equipe de finalidade específica para monitorar os fabricantes de peças, prevenir interrupções na cadeia de fornecimento e acelerar o plano da Ford para reduzir a base de fornecedores. O CEO Alan Mulally concordou rapidamente, e o Projeto Quark (nome dado em homenagem ao cão da família do filme *Querida, encolhi as crianças*) passou a existir. A equipe incluiu pessoas de todas as divisões e departamentos funcionais da Ford – fabricação, recursos humanos (RH), engenharia, finanças, tecnologia da informação (TI), jurídico e outros. A equipe criou um perfil de risco para cada fornecedor e reduziu a lista para 850 fornecedores importantes que a Ford queria manter. Certificar-se de que essas empresas sobreviveriam foi prioridade do Projeto Quark.[17] Essa equipe de finalidade específica desempenhou papel fundamental para ajudar a Ford a evitar um colapso de fornecimento – em última análise, ajudar Alan Mulally e outros gestores a recuperar a empresa.

Conexão de conceito ◀◀◀

Nos últimos anos, centenas de hospitais têm formado **equipes** de cuidados paliativos para atender às necessidades exclusivas de pacientes com doenças terminais. Essas equipes são compostas por médicos, enfermeiros, assistentes sociais e vários tipos de conselheiro espiritual, que trabalham em conjunto para tratar cada paciente de forma holística – física, mental, emocional e espiritualmente. A Dra. Diane Meier, líder na tendência de cuidados paliativos, observa: "Cada médico cuida de apenas uma parte do corpo do paciente ou de um problema específico, não do paciente como um todo". Os hospitais estão adotando essas equipes porque melhoram a qualidade dos cuidados prestados aos pacientes exatamente quando eles mais precisam.

Equipes autogeridas

O terceiro tipo comum de equipe adotado nas organizações é criado para aumentar a participação dos funcionários na tomada de decisões e na realização do trabalho deles, com o objetivo de melhorar o desempenho. As **equipes autogeridas** são compostas, em geral, de 5 a 20 trabalhadores polivalentes que se intercalam entre os cargos de trabalho para produzir um produto ou serviço completo ou, pelo menos, um aspecto completo ou uma porção de um produto ou serviço (por exemplo, montagem de motores ou processamento de reivindicação de seguro). Na 37signals, empresa de *software* com sede em Chicago, por exemplo, o atendimento ao cliente é gerido por uma equipe de autogestão que lida com todos os aspectos relacionados ao fornecimento de serviços e suporte. O atendimento ao cliente, o suporte fornecido e a satisfação dos consumidores melhoraram desde que a empresa começou a usar uma equipe autogerida. De acordo com Jason Fried, cofundador da empresa, "Medimos a diferença e sabemos que funciona". Hoje, a 37signals é administrada quase que inteiramente por equipes autogeridas.[18]

Equipes autogeridas estão relacionadas à tendência para a organização *bossless*. A ideia central é que as equipes, e não os gestores ou supervisores, assumam a responsabilidade pelo trabalho, tomem decisões, monitorem o próprio desempenho e alterem o comportamento de trabalho conforme necessário para resolver problemas, cumprir metas e se adaptar às novas condições.[19] Na Ciplex, uma empresa de *web design* e *marketing*, o fundador Ilya Pozin eliminou todos os chefes e reorganizou toda a empresa em equipes autogeridas que têm total liberdade para realizar seus objetivos. De acordo com Pozin, os funcionários estão mais felizes e mais produtivos desde que ele quebrou a hierarquia.[20]

Uma equipe autogerida é permanente e, em geral, possui as seguintes características:

+ Nesse tipo de equipe, há funcionários com diversas competências e funções, cujas habilidades combinadas são suficientes para que eles possam executar uma tarefa organizacional maior. Por exemplo, em uma fábrica, uma equipe pode ser composta por funcionários de fundição, usinagem, moagem, fabricação e departamentos de vendas, além de pessoas com treinamento multifuncional que podem se alternar para realizar tarefas uns dos outros. A equipe elimina as barreiras entre os departamentos, permitindo uma excelente coordenação para produzir um bem ou serviço.
+ Essa equipe tem acesso aos recursos, como informações, equipamentos, máquinas e suprimentos, necessários para executar a tarefa completa.
+ A equipe é habilitada com poder de decisão, o que significa que os membros têm a liberdade de escolher novos membros, resolver problemas, gastar dinheiro, monitorar resultados e fazer planos para o futuro. Por meio das equipes autogeridas, os funcionários se sentem desafiados, passam a considerar o trabalho que executam como significativo e desenvolvem um forte senso de identidade com a organização.

Lembre-se disto

- **Equipe** é uma unidade de duas ou mais pessoas que interagem e coordenam o próprio trabalho para que possam atingir uma meta na qual estão empenhadas e pela qual se mantêm mutuamente responsáveis.
- Organizações tão diversas como a Ford Motor Company, Apple e Marinha dos Estados Unidos usam equipes para executar tarefas altamente interdependentes e que exijam um elevado nível de coordenação.
- As equipes fornecem vantagens distintas nas áreas de inovação, qualidade, rapidez, produtividade e satisfação do funcionário.
- **Facilitação social** é a tendência na qual a presença de outras pessoas influencia a motivação e o desempenho de um indivíduo.
- Uma **equipe funcional** é composta por um gestor e seus subordinados na cadeia de comando formal.
- Uma **equipe multifuncional** é composta por funcionários que pertencem, de forma aproximada, ao mesmo nível hierárquico, mas oriundos de áreas de conhecimento diferentes.
- As equipes multifuncionais incluem grupos de trabalho e equipes de finalidade específica.
- Uma força-tarefa é um grupo de funcionários de diferentes departamentos que lidam com uma atividade específica e existem como uma equipe até que a tarefa seja concluída.
- Uma **equipe de finalidade específica** é criada fora da estrutura formal para realizar um projeto de especial importância, como o desenvolvimento de um novo produto.
- Uma **equipe autogerida** é composta por funcionários polivalentes que alternam cargos de trabalho para produzir um bem ou serviço inteiro, muitas vezes liderada por um membro eleito pela equipe.
- As equipes autogeridas estão relacionadas à tendência de *bosslessness* porque os membros da equipe assumem a responsabilidade pelo próprio trabalho, tomam decisões, monitoram o próprio desempenho e alteram o comportamento de trabalho conforme necessário para resolver problemas e atingir as metas.

Dilema pessoal do trabalho em equipe

Quando David Ferrucci tentava recrutar cientistas para participar de uma equipe da IBM com o propósito de construir um computador inteligente o suficiente para derrotar os grandes campeões no jogo de *Jeopardy!*, ele aprendeu, em primeira mão, que o trabalho em equipe apresenta um dilema para muitas pessoas. Para ter certeza, a criação de "Watson" foi um projeto incomum, e os resultados seriam postos à prova em uma competição televisionada de "homem *versus* máquina". Se falhasse, seria um fiasco público que prejudicaria a credibilidade de todos os envolvidos. E, se tivesse êxito, o herói seria a equipe, e não qualquer membro da equipe individual. Muitos dos cientistas que Ferrucci abordou prefeririam trabalhar em seus projetos individuais, em que o sucesso seria só deles. Eventualmente, no entanto, ele reuniu uma equipe central de pessoas dispostas a assumir o risco. De acordo com Ferrucci, "Foi um momento de orgulho, honestamente, só de ter a coragem como uma equipe para seguir em frente".[21] Em organizações do mundo todo, algumas pessoas adoram a ideia do trabalho em equipe, outras odeiam, e muitas têm emoções positivas e negativas sobre fazer parte de uma equipe. Para muitas pessoas, três motivos justificam o surgimento de possíveis dilemas:

- *Temos que abrir mão da nossa independência.* Quando as pessoas passam a fazer parte de uma equipe, o sucesso delas depende do sucesso da equipe; portanto, elas devem depender do bom desempenho das outras pessoas, não apenas de sua própria iniciativa e de ações individuais. A maioria das pessoas se sente confortável com a ideia de fazer sacrifícios para alcançar o próprio sucesso individual, porém o trabalho em equipe exige que elas façam sacrifícios para o sucesso do *grupo*.[22] A ideia é que cada pessoa deve colocar a equipe em primeiro lugar, mesmo que isso afete, às vezes, o indivíduo. Um estudo recente sugere que, desde a década de 1960,

> **Faça uma pausa**
>
> Para que você possa avaliar e abordar os vários comportamentos dos membros da equipe, siga as etapas propostas na seção "Aplique suas habilidades: pequeno grupo em prática", no material complementar.

os norte-americanos têm se tornado cada vez mais centrados no indivíduo, em detrimento do grupo, o que reflete "uma mudança radical na cultura dos Estados Unidos em direção ao individualismo".[23] Algumas culturas, como o Japão, têm tido maior sucesso com as equipes porque a cultura tradicional japonesa valoriza o grupo e não o indivíduo.

- *Temos que tolerar os parasitas.* As equipes são, por vezes, constituídas por pessoas que têm diferentes éticas de trabalho. O termo **parasita** refere-se a um membro que alcança benefícios da participação na equipe, mas não atua ativamente nem contribui para o trabalho do grupo. Você já deve ter vivenciado essa frustração em uma equipe de projeto escolar, em que um membro se esforça muito pouco para a concretização do trabalho, porém beneficia-se da participação de outras pessoas quando as notas são entregues. O parasitismo às vezes é chamado de *folga social* porque alguns membros não se empenham como os outros.[24]

- *As equipes são, às vezes, disfuncionais.* Algumas empresas têm tido grande sucesso com as equipes, mas também há inúmeros exemplos de como estas falham de maneira espetacular.[25] Para o psicólogo organizacional Robert Sutton, "Os melhores grupos serão melhores do que os seus membros individuais, e os piores grupos serão piores do que o pior indivíduo".[26] Ao longo das últimas décadas, várias pesquisas e a experiência de muitas empresas produziram ideias significativas sobre o que leva as equipes a obter sucesso ou falhar. A evidência mostra que a forma como as equipes são geridas desempenha o papel mais crítico para determinar o quão bem elas funcionam.[27] A Figura 18.4 lista as cinco disfunções mais comuns das equipes e descreve as características que os líderes eficazes devem desenvolver.

FIGURA 18.4 Cinco disfunções comuns das equipes

Disfunção	Características da equipe eficaz
Falta de confiança – As pessoas não se sentem seguras para revelar erros, compartilhar preocupações ou expressar ideias.	**Confiança** – As pessoas confiam umas nas outras em um nível emocional profundo e sentem-se confortáveis em relação ao grupo quando se mostram vulneráveis.
Medo de conflito – As pessoas seguem as outras pelo bem da harmonia e não expressam opiniões conflitantes.	**Conflito saudável** – As pessoas se sentem confortáveis quando, com o propósito de encontrar a melhor solução, têm que discordar dos colegas e desafiá-los.
Falta de compromisso – Se as pessoas têm medo de expressar as verdadeiras opiniões, é difícil adquirir o verdadeiro compromisso delas com as decisões.	**Compromisso** – Como todas as ideias são colocadas sobre a mesa, as pessoas podem realmente apoiar metas e decisões importantes.
Não aceitação da responsabilidade – As pessoas não aceitam a responsabilidade pelos resultados e apontam o dedo quando as coisas dão errado.	**Prestação de contas** – Os membros responsabilizam-se entre si, em vez de dependerem de gestores como a fonte de prestação de contas.
Desatenção para os resultados – Os membros da equipe colocam a ambição pessoal ou as necessidades dos próprios departamentos individuais à frente dos resultados coletivos.	**Orientação dos resultados** – Os membros individuais deixam as agendas pessoais de lado e concentram-se no que é melhor para a equipe. Os resultados coletivos definem o sucesso.

FONTES: Com base em Patrick Lencioni, *The five dysfunctions of a team* (New York: John Wiley & Sons, 2002); P. Lencioni, "Dissolve dysfunction: begin building your dream team", *Leadership Excellence* (October 2009): 20.

Lembre-se disto

- Para a maioria das pessoas, as equipes podem representar um dilema, porque o sucesso individual depende do bom desempenho de outros, existem disfunções comuns que afligem as equipes e há potencial para parasitas.
- **Parasita** é uma pessoa que se beneficia da participação na equipe, mas não faz uma contribuição proporcional para o trabalho do grupo.
- As cinco disfunções comuns de equipes são: falta de confiança, medo de conflito, falta de compromisso, rejeição da responsabilidade e desatenção para os resultados.

Modelo de eficácia da equipe

Equipes que operam tranquilamente não acontecem por acaso. Elizabeth Cohen, socióloga de Stanford, estudou o trabalho de grupo entre alunos em idade escolar e descobriu que apenas quando os professores reservavam um tempo para definir os papéis, estabelecer as normas e definir as metas é que os grupos funcionavam de maneira efetiva como equipe.[28] Nas organizações, as equipes eficazes são criadas pelos gestores que tomam medidas específicas para ajudar as pessoas a se reunir e ter um bom desempenho como grupo.

Alguns dos fatores associados à eficácia da equipe são ilustrados na Figura 18.5. A eficácia da equipe de trabalho é fundamentada em três resultados – resultado produtivo, satisfação pessoal e capacidade de se adaptar e aprender.[29] *Resultado produtivo* diz respeito ao desempenho e à qualidade e quantidade de resultados das tarefas, conforme definido pelas metas da equipe. *Satisfação* refere-se à capacidade da equipe em atender às necessidades pessoais de seus membros e, portanto, manter sua participação e compromisso. *Capacidade de se adaptar e aprender* refere-se à capacidade das equipes de levar mais conhecimento e habilidades para as tarefas de trabalho e melhorar o potencial da organização para responder às novas ameaças ou oportunidades no ambiente.

O modelo de eficácia da equipe apresentado na Figura 18.5 fornece uma estrutura para este capítulo. Os fatores que influenciam a eficácia da equipe começam com o contexto organizacional.[30] O contexto organizacional em que a equipe intervém é descrito ao longo deste livro e inclui assuntos como liderança global, estratégia, ambiente, cultura e sistemas de controle e recompensa de funcionários. Nesse contexto,

Faça uma pausa

A seção "Aplique suas habilidades: exercício vivencial", no material complementar, aborda questões referentes às melhores e piores experiências em equipe.

FIGURA 18.5 Modelo de eficácia da equipe de trabalho

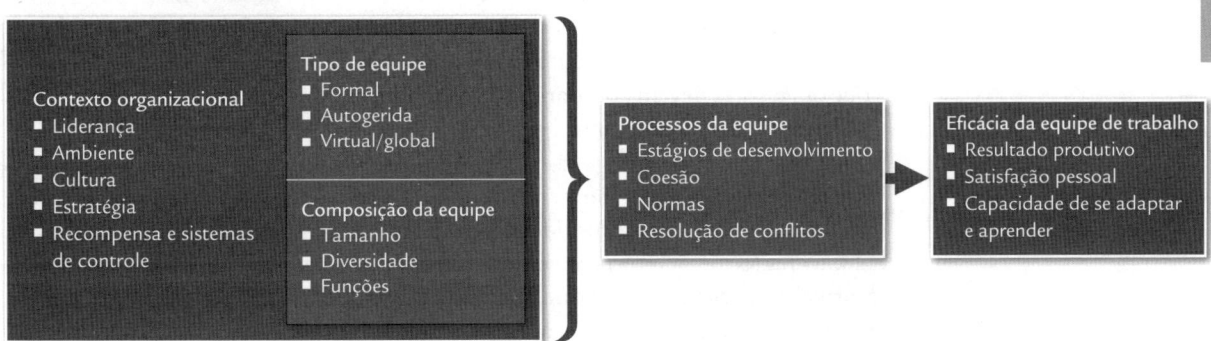

Contexto organizacional
- Liderança
- Ambiente
- Cultura
- Estratégia
- Recompensa e sistemas de controle

Tipo de equipe
- Formal
- Autogerida
- Virtual/global

Composição da equipe
- Tamanho
- Diversidade
- Funções

Processos da equipe
- Estágios de desenvolvimento
- Coesão
- Normas
- Resolução de conflitos

Eficácia da equipe de trabalho
- Resultado produtivo
- Satisfação pessoal
- Capacidade de se adaptar e aprender

os gestores definem as equipes. As características importantes da equipe são o tipo e a composição. Os gestores devem decidir quando criar equipes autogeridas permanentes e quando usar um grupo de trabalho temporário ou a equipe de finalidade específica. A diversidade da equipe em termos de conhecimentos e competências relacionados à tarefa pode ter um tremendo impacto sobre os processos e a eficácia do grupo. Além disso, a diversidade em termos de sexo e raça afeta o desempenho de uma equipe.[31] O tamanho e as funções da equipe também são importantes.

Essas características influenciam os processos internos para a equipe, que, por sua vez, afetam o resultado, a satisfação e a contribuição da equipe para a adaptabilidade organizacional. Para que possam criar uma equipe eficaz, os líderes devem entender e gerir as fases do desenvolvimento da equipe, sua coesão, normas e conflitos. Esses processos são influenciados por equipe e características organizacionais e pela capacidade dos membros e líderes para direcionar esses processos de maneira positiva. Outro requisito do líder da equipe é saber como realizar uma boa reunião. O boxe "Conversa com gestores" apresenta algumas dicas para a execução de uma reunião dinâmica e produtiva.

Equipes virtuais

Uma nova abordagem atrativa para o trabalho em equipe é resultado de avanços na área de TI, de modo a promover mudanças nas expectativas dos funcionários e na globalização dos negócios. Uma **equipe virtual** é um grupo formado por membros, geográfica ou organizacionalmente, dispersos que estão ligados sobretudo pelas tecnologias da informação e de telecomunicações avançadas.[32] Uma equipe virtual pode ser local, nacional ou global, com membros vindos de uma empresa ou de muitas.

Uma pesquisa realizada com funcionários de empresas multinacionais constatou que 80% dos inquiridos pertencem a equipes virtuais.[33] Em uma equipe virtual, os membros usam *groupware*, *e-mail*, mensagens instantâneas, mensagens de telefone e texto, *wikis* e *blogs*, videoconferência e outras ferramentas de tecnologia para realizar o trabalho, embora também possam se encontrar presencialmente, às vezes. Embora algumas equipes virtuais sejam compostas apenas pelos membros da organização, elas, muitas vezes, incluem trabalhadores contingentes, membros de organizações parceiras, clientes, fornecedores, consultores ou outras pessoas externas à empresa. Muitas equipes virtuais também são equipes globais. Uma **equipe global** é transfronteiriça, composta por membros de diferentes nacionalidades, cujas atividades abrangem vários países.[34]

Uma das principais vantagens das equipes virtuais é a capacidade de montar o grupo mais talentoso de pessoas para concluir um projeto complexo, resolver um problema particular ou explorar uma oportunidade estratégica específica. O *mix* diversificado de pessoas pode alimentar a criatividade e inovação. Em uma abordagem prática, as organizações podem economizar tempo para os funcionários e cortar despesas de viagem quando as pessoas se encontram no espaço virtual e não no físico. Recentemente, a IBM conseguiu salvar mais de 50 milhões de dólares em despesas relacionadas a viagens utilizando equipes virtuais.[35]

No entanto, as equipes virtuais também apresentam desafios únicos, sobretudo em termos de criação de relacionamento e confiança. A Figura 18.6 lista algumas áreas críticas que os gestores devem abordar quando lideram equipes virtuais. Cada uma dessas áreas é discutida detalhadamente a seguir:[36]

+ *Usar a tecnologia virtual para criar confiança e relações para uma equipe de trabalho eficaz.* Primeiramente, os líderes selecionam as pessoas que têm o *mix* ideal de habilidades técnicas, interpessoais e de comunicação para trabalhar em um ambiente virtual e, em seguida, verificam se elas têm condições de interagir entre si e estabelecer relações de confiança. Encorajar as redes sociais *on-line*, em que os indivíduos podem compartilhar fotos e biografias pessoais, é um dos segredos para o sucesso da equipe virtual. Um estudo sugere que níveis mais elevados de comunicação *on-line* aumentam a coesão e a confiança da equipe.[37] Os líderes também criam a confiança ao esclarecerem as funções, as responsabilidades e a autoridade de todos desde o início, por meio da formulação de normas de divulgação total e interação respeitosa, e ao fornecerem uma maneira para que todos possam manter-se atualizados. Em um estudo sobre quais tecnologias tornam as equipes virtuais bem-sucedidas, os pesquisadores descobriram que os espaços virtuais de trabalho 24 × 7, em que os membros da equipe podem acessar as últimas versões de arquivos, manter o controle de prazos e cronogramas, monitorar o progresso de todo o sistema e dar sequência a discussões entre reuniões formais, obtiveram o melhor desempenho.[38]

- *Moldar a cultura por meio da tecnologia virtual para reforçar normas produtivas.* Isso envolve a criação de um ambiente virtual no qual as pessoas se sentem seguras para expressar preocupações, admitir erros, compartilhar ideias, reconhecer medos ou pedir ajuda. Os líderes reforçam a norma de compartilhamento de todas as formas de conhecimento e encorajam as pessoas a expressar ideias "extravagantes" e pedir ajuda quando necessário. Os líderes de equipe dão o exemplo pelo próprio comportamento. Os líderes também se certificam de levantar questões de diversidade e educar os membros desde o início em relação a possíveis diferenças culturais que possam causar problemas de comunicação ou mal-entendidos no ambiente virtual. Os líderes resolvem os conflitos imediatamente porque os conflitos virtuais podem aumentar rapidamente.

▶▶▶ **Conexão de conceito**

Para atualizar o Lotus Symphony, um pacote de aplicações de *software* para PC, a IBM atribuiu o projeto a equipes que atuam em Pequim (China), Austin (Texas), Raleigh (Carolina do Norte) e Böblingen (Alemanha). Liderando o projeto, o grupo de Pequim – mostrado aqui com Michael Karasick (centro), que dirige o laboratório, e o desenvolvedor líder Yue Ma (à direita) – navegou a **equipe global** pelos desafios de programação. Para ajudar a diminuir a lacuna da distância, a IBM utiliza o Beehive, uma rede social corporativa similar ao Facebook, em que os funcionários criam perfis, listam seus interesses e postam fotos.

FIGURA 18.6 O que fazem os líderes eficazes de equipes virtuais

Prática	Como é feito
Usar a tecnologia virtual para criar relações	• Chamar a atenção e apreciar as diversas habilidades e opiniões. • Usar a tecnologia para melhorar a comunicação e a confiança. • Garantir respostas *on-line* oportunas. • Administrar a socialização *on-line*.
Moldar a cultura por meio da tecnologia virtual	• Criar uma cultura virtual psicologicamente segura. • Compartilhar a experiência especial e os pontos fortes dos membros. • Envolver os membros de culturas que possam desencorajar as pessoas de compartilhar suas ideias.
Monitorar o progresso e as recompensas	• Examinar os padrões de comunicações eletrônicas. • Postar metas e *scorecards* no espaço de trabalho virtual. • Recompensar as pessoas por meio de cerimônias *on-line* e reconhecimento.

FONTES: Com base em Arvind Malhotra; Ann Majchrzak; Benson Rosen, "Leading virtual teams", *Academy of Management Perspectives* 21, n. 1 (fevereiro de 2007): 60-69 (Table 1 – "Practices of effective virtual team leaders"); Benson Rosen; Stacie Furst; Richard Blackburn, "Overcoming barriers to knowledge sharing in virtual teams", *Organizational Dynamics* 36, n. 3 (2007): 259-273 (Table 2 – "'Best practices' solutions for overcoming barriers to knowledge sharing in virtual teams").

Conversa com GESTORES

Como realizar uma grande reunião

Uma pesquisa realizada nos Estados Unidos e na Grã-Bretanha descobriu que as pessoas gastam em média 5,6 horas em reuniões semanais, mas 69% dos inquiridos consideram perdida a maior parte desse tempo. As reuniões podem ser excelentes caminhos para solucionar problemas, compartilhar informações e alcançar objetivos comuns, mas boas reuniões não acontecem por acaso. A seguir, apresentamos algumas dicas sobre como tornar as reuniões interessantes e produtivas.

Prepare-se com antecedência

A preparação prévia é a ferramenta mais importante para a realização de uma reunião eficiente e produtiva:

- **Defina o objetivo.** O objetivo da reunião é compartilhar informações, recorrer aos conhecimentos e às habilidades dos participantes, incentivar o compromisso deles com um projeto ou coordenar os esforços necessários para realizar uma tarefa específica? O líder precisa ser claro sobre qual é o objetivo. Se a reunião não for essencial, não a realize.

- **Convide as pessoas certas.** As reuniões falham quando há muitas ou poucas pessoas ou quando delas participam as pessoas erradas. Não deixe que a reunião fique muito grande, mas certifique-se de que todos com uma contribuição a fazer ou uma participação no tópico sejam representados.

- **Prepare um cronograma e identifique o resultado esperado.** Distribuir uma lista simples de tópicos a serem discutidos permite que as pessoas saibam o que esperar. Se a reunião for apenas para exploração, informe. A falta de tomada de decisão poderá ser frustrante se os participantes esperarem que a medida seja tomada.

Desperte o melhor durante a reunião

Durante a reunião, certas técnicas irão despertar o melhor das pessoas e assegurar uma sessão produtiva:

- **Comece no horário, indique a finalidade e reveja o cronograma.** Começar no horário tem valor simbólico: diga às pessoas que o tema é importante e que você valoriza o tempo delas. Inicialmente, explicite o propósito da reunião e esclareça o que se pretende obter.

- **Estabeleça regras básicas.** Proibir o uso de telefones celulares, *tablets* e *notebooks* nas reuniões pode garantir que as pessoas não se distrairão. Outras regras são concernentes a como as pessoas devem interagir e como enfatizar a igualdade de participação e a escuta respeitosa.

- **Crie envolvimento.** Bons líderes prolongam o silêncio e controlam os falantes para que a reunião não seja dominada por uma ou duas pessoas assertivas. Além disso, eles encorajam o fluxo livre de ideias, suscitam o debate com perguntas abertas e certificam-se de que todos se sintam ouvidos.

- **Mantenha o ritmo.** Para reuniões virtuais, pode ser uma boa ideia começar com o "aquecimento" de uma conversa informal, não relacionada ao trabalho. Caso contrário, permitir que as pessoas percam tempo entrando em discussões de questões que não estão no cronograma é a principal razão de elas odiarem reuniões. Conduza a reunião pelo tempo necessário para atender às restrições de tempo.

Participe tanto do final quanto do início

A análise e o acompanhamento são importantes para resumir e implantar os pontos acordados:

- **Finalize com uma chamada à ação.** Resuma a discussão, revise todas as decisões e certifique-se de que cada pessoa compreendeu a sua tarefa.

- **Encerre rapidamente.** Envie um *e-mail* curto ou um memorando para resumir as principais realizações da reunião, esboçar as atividades acordadas e sugerir prazos para a implantação.

Fontes: Com base em Antony Jay, *How to run a meeting* (Boston: Harvard Business Review Classics, 2009); Beth Bratkovic, "Running an effective meeting", *Government Finance Review* (April 2007): 58-60; Phred Dvorak, "Corporate meetings go through a makeover", *The Wall Street Journal*, March 6, 2006; Richard Axelrod et al., "Creating dynamic, energy-producing meetings", *Leader to Leader* (Spring 2005): 53-58; Howard M. Guttman, "Leading meetings 101: transform them from dull to dynamic", *Leadership Excellence* (July 2009): 18; Darleen DeRosa, "Hello, is anybody out there? Six steps to high-impact V-meetings", *T+D* (August 2011): 28-29.

• ***Monitorar o progresso e recompensar os membros para manter a equipe progredindo em direção aos objetivos.*** Os líderes ficam no topo do desenvolvimento do projeto e certificam-se de que todos saibam como a equipe está progredindo em direção à realização das metas. A publicação de metas, medidas e marcos na área de trabalho virtual pode produzir um progresso explícito. Os líderes também fornecem *feedback* regular e recompensam as realizações individuais e as de equipe por caminhos como cerimônias de premiação virtual e reconhecimento em reuniões virtuais. Eles são liberais com elogios e congratulações, porém críticas ou reprimendas são tratadas individualmente, em vez de na "presença" virtual da equipe.

À medida que o uso de equipes virtuais cresce, amplia-se a compreensão do que as torna bem-sucedidas. Na Spring Company, uma grande empresa de bens de consumo com uma equipe virtual de engenheiros que trabalham nos Estados Unidos e na Índia, os líderes tiveram o cuidado de ajudar a equipe a desenvolver relacionamento no início do projeto.

Forma inovadora
Spring Company

Quando os altos executivos da Spring Company decidiram mudar alguns aspectos do desenvolvimento do processo de cadeia de suprimentos para uma das instalações indianas da empresa, uma das principais preocupações foi certificar-se de que os engenheiros dos Estados Unidos e os da Índia se reunissem rapidamente para uma missão compartilhada e foco nos principais objetivos de desempenho, colocando o sucesso da equipe à frente dos interesses individuais.

Os gestores, líderes de equipe e consultores das empresas realizaram uma série de atividades de criação de equipes durante as quais os membros da equipe juntos criaram uma visão compartilhada, desenvolveram normas e acordos específicos da equipe, criaram relações virtuais, esclareceram funções e responsabilidades, e estabeleceram expectativas para o trabalho da equipe. A educação cultural e os exercícios na comunicação virtual também foram uma parte do processo. Até o final das atividades de criação de equipe, os membros estavam rindo juntos e ansiosos para continuar com o trabalho. O acompanhamento por Webinar e telefone constatou que a equipe estava no caminho certo para atingir os objetivos; além do mais, todos ainda estavam se divertindo ao trabalharem juntos.[39]

O tempo gasto para criar harmonia e confiança valeu a pena nas interações tranquilas da equipe virtual da Spring Company. Muitos especialistas sugerem que os líderes reúnam as pessoas presencialmente no início de um projeto para que elas possam começar a criar relações de confiança. Outros também sugerem que os gestores solicitem voluntários rapidamente para as equipes virtuais, e as entrevistas com membros e líderes da equipe virtual apoiam a ideia de que os membros que realmente querem trabalhar como uma equipe virtual são mais eficazes.[40] Em um estudo realizado com 52 equipes virtuais em 15 empresas multinacionais líderes, os pesquisadores da London Business School descobriram que as equipes da Nokia estavam entre as mais eficazes, apesar de serem constituídas por pessoas que trabalham em países distintos e em diferentes fusos horários e culturas. O que torna as equipes da Nokia tão bem-sucedidas? Um dos segredos é que as equipes virtuais da Nokia são compostas por pessoas que se voluntariaram para a tarefa. A empresa também tenta certificar-se de que alguns membros de uma equipe tenham trabalhado juntos antes, fornecendo uma base para as relações de confiança.[41]

As equipes globais, como as da Nokia e da Spring Company, apresentam desafios ainda maiores para os líderes de equipe, que precisam diminuir as lacunas de tempo, distância e cultura. As diferentes atitudes culturais podem afetar o ritmo de trabalho, as comunicações da equipe, a tomada de decisão, a percepção dos prazos e outras questões, e proporcionam um solo rico para mal-entendidos e conflitos. Quando o conselho executivo da revista *CIO* pediu aos CIOs globais que classificassem seus maiores desafios, administrar equipes virtuais globais foi a questão mais urgente.[42]

Lembre-se disto

- Uma **equipe virtual** é composta por membros que, dispersos em termos geográficos ou organizacionais, raramente se encontram de forma presencial e interagem para realizar o trabalho utilizando sobretudo tecnologias da informação e de telecomunicações avançadas.
- Uma **equipe global** é composta por funcionários de diferentes nacionalidades, cujas atividades abrangem vários países.
- As equipes virtuais oferecem muitas vantagens, mas também apresentam novos desafios para os líderes, que devem aprender a criar relações de confiança no ambiente virtual.

Características da equipe

Depois de definido o tipo de equipe, a próxima preocupação dos gestores é projetar a equipe para maior eficácia. As características da equipe de particular preocupação são tamanho, diversidade e funções dos membros.

TAMANHO

Há mais de 30 anos, o psicólogo Ivan Steiner analisou o que acontecia todas as vezes que o tamanho de uma equipe aumentava e propôs que o desempenho e a produtividade de uma equipe atingissem o pico quando ela tivesse cerca de cinco membros – um número muito pequeno. Steiner constatou que aumentar o número de membros para mais de cinco causava queda na motivação, aumento dos problemas de coordenação e declínio geral no desempenho.[43] Desde então, vários estudos descobriram que as equipes menores têm melhor desempenho, embora a maioria dos pesquisadores afirme que é impossível especificar o tamanho ideal. Uma investigação sobre o tamanho da equipe com base em dados de 58 equipes de desenvolvimento de *software* constatou que as equipes com melhor desempenho possuem de três a seis integrantes.[44]

As equipes precisam ser grandes o suficiente para incorporar as diversas habilidades necessárias para completar a tarefa, permitir que os membros expressem sentimentos bons e ruins, e resolvam problemas de forma agressiva. No entanto, elas também devem ser pequenas o suficiente para permitir que os membros se sintam parte íntima da equipe e se comuniquem de forma eficaz e eficiente. A capacidade das pessoas em se identificar com a equipe é um importante determinante do alto desempenho.[45] Na Amazon.com, o CEO, Jeff Bezos, estabeleceu a "regra das duas *pizzas*". Se uma equipe aumentar de tamanho de modo que os membros não possam ser alimentados por duas *pizzas*, ela deve ser dividida em equipes menores.[46] Em geral, quando uma equipe aumenta de tamanho, fica mais difícil para cada membro interagir com os outros e influenciá-los. Subgrupos muitas vezes são formados em equipes maiores, e os conflitos entre eles podem ocorrer. A rotatividade e o absenteísmo são mais elevados porque os membros se sentem cada vez menos parte importante da equipe.[47] Embora a *internet* e as tecnologias avançadas permitam que grupos maiores de pessoas trabalhem de forma mais eficaz em equipes virtuais, os estudos mostram que os membros de equipes virtuais menores participam mais ativamente, estão mais comprometidos com a equipe, concentram-se mais nos objetivos da equipe e têm níveis mais elevados de relacionamento que as equipes virtuais maiores.[48]

DIVERSIDADE

Como as equipes necessitam de diversas habilidades, conhecimentos e experiências, parece provável que as heterogêneas sejam mais eficazes. Em geral, as pesquisas apoiam essa ideia, mostrando que as equipes diversificadas produzem soluções mais inovadoras para os problemas.[49] A diversidade em termos de área funcional e habilidades, estilos de pensamento e características pessoais é muitas vezes uma fonte de criatividade. Além disso, a diversidade pode contribuir para um nível saudável de discordância que leva à melhor tomada de decisão.

Os estudos têm confirmado que tanto a diversidade funcional quanto a demográfica podem ter impacto positivo no desempenho da equipe de trabalho.[50] Por exemplo, pesquisas recentes sugerem que a diversidade de gênero, particularmente com mais mulheres do que homens em uma equipe, leva ao melhor desempenho.[51] As diversidades étnicas, nacionais e raciais podem, às vezes, dificultar a interação da equipe e o desempenho em curto prazo, mas, com uma liderança eficaz, os problemas desaparecem com o tempo.[52]

▶▶▶ **Conexão de conceito**

Com 2,05 metros de altura, o jogador de hóquei profissional Zdeno Chara é presença dominante, mas como capitão dos Boston Bruins seu empenho é fazer que os membros da equipe se sintam como iguais e que todos contribuam para o sucesso do grupo. Como **líder socioemocional**, Chara estabeleceu certos limites que ajudam a **harmonizar** o time. Por exemplo, os membros da equipe não podem se referir aos novos jogadores como "novatos", nem são autorizados a exercer qualquer tipo de comportamento de bullying que pode ser comum em equipes esportivas. E com essa equipe **diversa**, cheia de jogadores de vários países, Chara insiste que todas as reuniões e conversas de equipe sejam realizadas em inglês. Sob a sua liderança de apoio, os Bruins avançaram para as finais da Copa Stanley várias vezes nas últimas temporadas.

FUNÇÕES DOS MEMBROS

Para uma equipe ser bem-sucedida em longo prazo, ela deve ser estruturada de forma que mantenha o bem-estar social dos membros e possa realizar a tarefa que lhe cabe. Para entender a importância dos membros que cumprem várias funções em uma equipe, considere os 33 mineiros que ficaram presos no subsolo após uma mina de cobre desabar em San José, no Chile, em agosto de 2010. Com pouca comida, água escassa, condições de poeira e nervos em frangalhos, a situação poderia ter levado ao caos. No entanto, os mineiros organizaram-se em várias equipes que se encarregaram de atividades críticas como comunicação com as equipes de resgate, transporte de suprimentos acima do solo, racionamento e distribuição de alimentos e gestão de problemas de saúde. Dessa forma, eles conseguiram evitar novos desmoronamentos. Alguns membros da equipe estavam claramente focados em ajudar os mineiros presos a atender às suas necessidades para a sobrevivência física; alguns se concentraram em ajudar as pessoas a coordenar as suas atividades; e outros ainda estavam voltados para as necessidades psicológicas e sociais do grupo, ajudando as pessoas a manter a esperança e o senso de solidariedade, já que a provação durou angustiantes 69 dias. Os especialistas concordam que o trabalho em equipe e a liderança foram essenciais para a sobrevivência dos mineiros.[53]

Com equipes bem-sucedidas, os requisitos para o desempenho da tarefa e a satisfação social são atendidos pelo surgimento de dois tipos de função: especialista em tarefas e socioemocional.[54]

As pessoas que desempenham um **papel de especialista em tarefas** gastam tempo e energia ajudando a equipe a alcançar uma meta. Elas costumam apresentar os seguintes comportamentos:

- *Apresentam ideias.* Propõem novas soluções para os problemas da equipe.
- *Opinam.* Emitem julgamentos sobre soluções de tarefas e fornecem *feedback* sincero para as sugestões das outras pessoas.
- *Buscam informações.* Solicitam fatos relevantes para a tarefa.
- *Resumem.* Relacionam várias ideias para o problema em questão e reúnem as ideias em uma breve visão geral.
- *Energizam.* Estimulam a equipe em ação quando o interesse diminui.[55]

As pessoas que adotam uma função socioemocional apoiam as necessidades emocionais dos membros da equipe e ajudam a fortalecer a entidade social. Elas costumam apresentar os seguintes comportamentos:

- *Incentivam.* São calorosas e receptivas às ideias dos outros, e elogiam e incentivam outras pessoas a fazer contribuições.
- *Harmonizam.* Reconciliam os conflitos do grupo e ajudam as partes discordantes a chegar a um acordo.
- *Reduzem a tensão.* Contam piadas ou difundem as emoções de outras maneiras quando a atmosfera do grupo é tensa.
- *Acompanham.* Seguem a equipe e concordam com as ideias dos outros membros da equipe.
- *Comprometem-se.* Mudam as próprias opiniões para manter a harmonia da equipe.[56]

Faça uma pausa

Para saber qual é a sua contribuição como membro de uma equipe, faça o "Autoteste do novo gestor" apresentado a seguir.

As equipes com mais funções socioemocionais podem ser gratificantes, mas também podem ser improdutivas. No outro extremo, uma equipe composta principalmente por especialistas em tarefas tende a ter um foco singular na realização da tarefa. Essa equipe será eficaz por um curto período de tempo, mas não será satisfatória para os membros em longo prazo. As equipes eficazes têm pessoas nas funções de especialista em tarefas e socioemocional. Uma equipe bem equilibrada dará o melhor de si em longo prazo, porque será pessoalmente gratificante para os membros, assim como permitirá a realização das tarefas do grupo.

Lembre-se disto

- As questões de particular preocupação para os gestores em relação à eficácia da equipe são selecionar o tipo certo de equipe para a tarefa, equilibrar o tamanho e a diversidade da equipe, e garantir, assim, que tanto a tarefa quanto as necessidades sociais sejam atendidas.
- Em geral, as equipes pequenas são mais produtivas e mais satisfatórias aos seus membros do que as grandes.
- Jeff Bezos estabeleceu a "regra das duas *pizzas*" na Amazon.com: se uma equipe crescesse tanto que os membros não pudessem ser alimentados com duas *pizzas*, ela era dividida em equipes menores.
- A **função de especialista em tarefas** é uma função de equipe em que um indivíduo dedica tempo e energia pessoal para ajudar o grupo a realizar as atividades e alcançar a meta.
- A **função socioemocional** é uma função de equipe em que um indivíduo fornece suporte para as necessidades emocionais dos membros do grupo e ajuda a fortalecer a unidade social.

NOVO GESTOR — Autoteste

Que papel você desempenha na equipe?

Instruções: Pense em como você se comunica em equipe na escola ou no trabalho e nas possíveis contribuições para a realização da tarefa. Indique se os itens apresentados a seguir são "Normalmente verdadeiros" ou "Normalmente falsos" para o seu comportamento em uma equipe. Não há posicionamentos certos ou errados, mas responda honestamente.

	Normalmente verdadeiro	Normalmente falso
1. Costumo defender o interesse de obter a melhor solução.		
2. Em geral, tento ajudar os membros discordantes a chegar a um acordo.		
3. Em geral, forço a equipe a fazer as coisas.		
4. Faço comentários que às vezes são lúdicos ou humorísticos.		
5. Tendo a levantar fatos relevantes para uma solução ou pedir para as outras pessoas fazerem o mesmo.		
6. Sou especialmente receptivo e aberto às ideias dos outros.		
7. Às vezes, posso perturbar as pessoas forçando uma solução racional.		
8. Elogio e incentivo os outros pelo trabalho na equipe.		
9. Faço sugestões lógicas e racionais.		
10. Dou aos membros da equipe meu apreço e apoio para um trabalho bem-feito.		

Pontuação e interpretação: Em uma equipe, seu comportamento pode refletir tanto a função de especialista em tarefas como a função socioemocional. Para sua pontuação como especialista em tarefas, atribua, nas afirmações ímpares, 1 ponto a cada item assinalado como "Normalmente verdadeiro". Pontuação referente a especialista em tarefas = _____. Para sua pontuação por desempenhar a função socioemocional, atribua, nas afirmações pares, 1 ponto a cada item assinalado como "Normalmente verdadeiro". Pontuação referente à função socioemocional = _____. As funções de especialista em tarefas e socioemocional são necessárias para o sucesso da equipe. Você tende a concentrar-se naturalmente mais em alcançar a tarefa da equipe ou em atender às necessidades sociais dos membros? Uma pontuação de 4 ou mais em qualquer escala sugere que você é muito forte na função de membro da equipe. Se uma pontuação for 3 pontos maior que a outra, você provavelmente se especializa na função de maior pontuação durante as sessões da equipe.

Processos de equipe

Agora voltamos nossa atenção aos processos internos da equipe. Os processos da equipe dizem respeito às dinâmicas que mudam com o tempo e podem ser influenciadas pelos líderes de equipe. Nesta seção, discutiremos as fases de desenvolvimento, coesão e normas. O quarto tipo de processo da equipe, conflito, será abordado na próxima seção.

FASES DO DESENVOLVIMENTO DA EQUIPE

Após uma equipe ter sido criada, ela se desenvolve, passando por fases distintas. As novas equipes são diferentes das mais antigas. Lembre-se de uma época em que você era membro de uma nova equipe, como uma fraternidade, um comitê ou uma pequena equipe formada para fazer uma tarefa de classe. Ao longo do tempo, a equipe mudou. No início, os membros da equipe tiveram que se conhecer, estabelecer funções e normas, dividir o trabalho e esclarecer a tarefa. Dessa forma, cada membro tornou-se parte de uma equipe que funcionava tranquilamente. O desafio para os líderes é compreender as fases de desenvolvimento e tomar medidas que levam ao funcionamento eficiente.

Segundo pesquisas realizadas, o desenvolvimento da equipe não é aleatório, mas evolui ao longo de fases definidas. Um modelo útil para descrever essas fases é mostrado na Figura 18.7. Cada fase confronta os líderes e os membros de equipe com problemas e desafios únicos.[57]

Formação

A fase de **formação** é um período de orientação e familiarização. Os membros quebram o gelo e testam uns aos outros quanto às possibilidades de amizade e orientação para a tarefa. A incerteza é alta durante essa fase, e os membros geralmente aceitam qualquer poder – ou autoridade – oferecido tanto por líderes formais como informais. Durante essa fase inicial, os membros estão preocupados com coisas do tipo: "O que é esperado de mim?", "Qual comportamento é aceitável?" e "Será que me encaixo?". Durante a fase de formação, o líder da equipe deve dar tempo para que os membros se familiarizem entre si e incentivá-los a participar de debates sociais informais.

Turbulência

Durante a fase de **turbulência**, as personalidades individuais surgem. As pessoas tornam-se mais assertivas no esclarecimento das funções e sobre o que se espera delas. Essa fase é marcada por conflitos e desentendimentos. As pessoas podem discordar nas

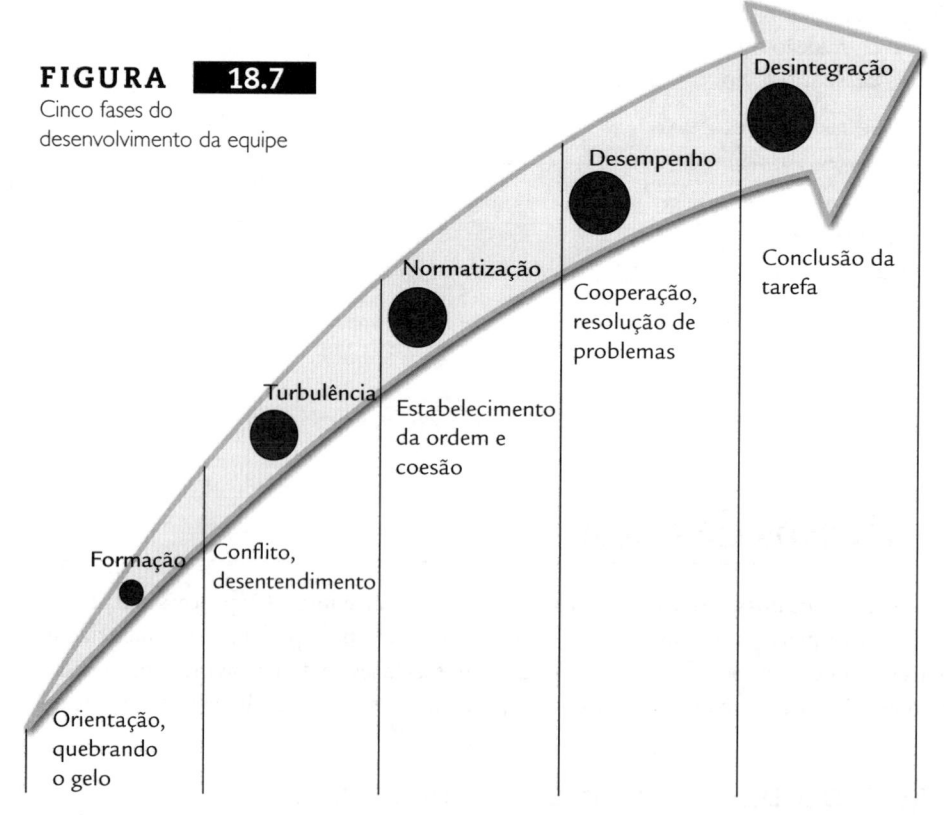

FIGURA 18.7
Cinco fases do desenvolvimento da equipe

FONTES: Com base nas fases de desenvolvimento de pequenos grupos, de acordo com Bruce W. Tuckman, "Developmental sequence in small groups", *Psychological Bulletin* 63 (1965): 384-399; B. W. Tuckman; M. A. Jensen, "Stages of small group development revisited", *Group and Organizational Studies* 2 (1977): 419-427.

percepções de metas da equipe ou em como alcançá-las. Os membros podem trapacear para obter um cargo, e é bem possível que haja a formação de coalizões ou subgrupos com base em interesses comuns. A menos que as equipes passem dessa fase com sucesso, elas podem ficar atoladas e nunca alcançar um alto desempenho. Uma experiência recente com grupos de alunos confirma a ideia de que as equipes que ficam presas na fase de turbulência têm o desempenho significativamente menos satisfatório do que aquelas que evoluem para fases futuras de desenvolvimento.[58] Durante a fase de turbulência, o líder deve incentivar a participação de cada integrante. Os membros devem propor ideias, discordar entre si e trabalhar com as incertezas e percepções conflitantes sobre as tarefas e metas da equipe. A expressão das emoções, ainda que negativas, ajuda a construir camaradagem e a compreensão compartilhada de metas e tarefas.[59]

Normatização

Durante a fase de **normatização**, o conflito é resolvido, e surgem a harmonia da equipe e a unidade. O consenso desenvolve em quem tem o poder, quem são os líderes e quais são as funções dos diversos membros. Os membros passam a aceitar e entender um ao outro. As diferenças são resolvidas, e os membros desenvolvem o senso de coesão da equipe. Durante a fase de normatização, o líder deve enfatizar a unidade dentro da equipe e ajudar a esclarecer as normas e os valores dela.

Desempenho

Durante a fase de **desempenho**, a principal ênfase está na resolução de problemas e na realização da tarefa atribuída. Os membros estão comprometidos com a missão da equipe. Eles estão coordenados entre si e lidam com os desentendimentos de forma madura. Confrontam e solucionam problemas no interesse da realização da tarefa. Interagem com frequência e orientam os debates e as influências no sentido de alcançar as metas da equipe. Durante essa fase, o líder deve se concentrar na gestão do alto desempenho da tarefa. As funções socioemocional e de especialista em tarefas contribuem para o funcionamento da equipe.

Desintegração

A fase de **desintegração** ocorre em comitês e equipes que têm uma tarefa limitada para realizar e que serão dissolvidos posteriormente. Durante essa fase, a ênfase está em concluir a tarefa e se preparar para um novo desafio. O desempenho da tarefa não é mais prioridade. Os membros podem sentir emoções elevadas, forte coesão, depressão ou pesar pela dissolução da equipe. Nesse ponto, o líder pode querer expressar a dissolução da equipe com um ritual ou cerimônia, talvez dando placas e prêmios para os membros para representar o encerramento e a completude.

Em geral, essas cinco fases ocorrem na sequência, mas, no caso de equipes que estão sob a pressão de tempo, podem acontecer muito rapidamente. As fases também podem ser aceleradas para as equipes virtuais. Por exemplo, na McDevitt Street Bovis, uma grande empresa de gestão de construção, reunir as pessoas por alguns dias para a criação da equipe as ajuda a passar rapidamente pelas fases de formação e turbulência.

CRIAÇÃO DE EQUIPE COESA

Outro aspecto importante do processo é a **coesão da equipe**, definida como o grau em que os membros são atraídos para a equipe e motivados a permanecer nela.[60] Os membros de equipes altamente coesivas estão empenhados nas atividades da equipe, participam de reuniões e ficam felizes quando a equipe obtém êxito. Os membros de equipes menos coesas estão menos preocupados com o bem-estar da equipe. Em geral, a alta coesão é considerada uma característica atraente das equipes.

Forma inovadora
McDevitt Street Bovis

Em vez de um típico projeto de construção caracterizado por conflitos, programação frenética e péssima comunicação, a McDevitt Street Bovis quer que seu grupo de empreiteiros, *designers*, fornecedores e outros parceiros funcione como uma verdadeira equipe, colocando o sucesso do projeto à frente dos próprios interesses individuais.

Na Bovis, o processo de criação de equipes é projetado para levá-las à fase de desempenho o mais rápido possível, dando a todos a oportunidade de conhecer uns aos outros, explorar as regras básicas e esclarecer as funções, responsabilidades e expectativas. Primeiro, a equipe é dividida em grupos separados que podem ter objetivos concorrentes – como clientes em um grupo, fornecedores em outro, engenheiros e arquitetos em um terceiro, e assim por diante –, e deve apresentar uma lista das metas para o projeto. Embora, às vezes, os interesses variem amplamente em termos puramente contábeis, os temas comuns quase sempre surgem. Ao falarem sobre as metas e os interesses conflitantes, assim como sobre o que os grupos compartilham, os facilitadores ajudam a equipe gradualmente a se unir em torno de um propósito comum e começar a desenvolver valores compartilhados que irão orientar o projeto. Depois de escrever em conjunto uma declaração de missão para a equipe, cada parte diz o que espera dos outros, de modo que as funções e as responsabilidades possam ser esclarecidas. A sessão intensiva de construção da equipe ajuda os membros a passar rapidamente para as fases de desenvolvimento de formação e turbulência. "Evitamos que conflitos aconteçam", afirma a facilitadora Monica Bennett. Os líderes da McDevitt Street Bovis acreditam que criar melhores equipes resulta na construção de melhores edifícios.[61]

Determinantes da coesão da equipe

Diversas características da estrutura da equipe e do contexto influenciam a coesão. A primeira é a *interação da equipe*. Quando os membros da equipe têm contato frequente, eles se conhecem, consideram-se uma unidade e tornam-se mais comprometidos.[62] A segunda característica refere-se ao conceito de *metas comuns*. Se os membros da equipe concordam com o propósito e a direção, eles são mais coesos. A terceira característica é a *atração pessoal para a equipe*, que significa que os membros têm atitudes e valores semelhantes e gostam de estar juntos.

No contexto da equipe, dois fatores também influenciam a coesão. O primeiro é a *presença da concorrência*. Quando uma equipe está em concorrência moderada com outras equipes, a coesão aumenta à medida que ela se esforça para ganhar. Por fim, o *sucesso da equipe* e sua avaliação favorável por outras pessoas aumentam a coesão do grupo. Quando uma equipe obtém sucesso na tarefa e é reconhecida por outros na organização, os membros sentem-se bem, e o compromisso com a equipe torna-se maior.

Consequências da coesão da equipe

O resultado da coesão da equipe pode cair em duas categorias – o moral e a produtividade. Como regra geral, o moral é maior em equipes coesas por causa do aumento da comunicação entre os membros, de um clima de equipe amigável, da manutenção da participação em decorrência do compromisso com a equipe, da lealdade e participação dos membros nas decisões, e das atividades do grupo. A alta coesão tem quase uniformemente bons efeitos sobre a satisfação e o moral dos membros da equipe.[63]

Com relação à produtividade da equipe como um todo, os resultados da pesquisa sugerem que as equipes em que os membros compartilham fortes sentimentos de conexão e interações positivas geralmente tendem a ter melhor desempenho.[64] Dessa forma, um ambiente amigável e positivo da equipe contribui para a produtividade, assim como para a satisfação dos membros. Entre as equipes de *call center* do Bank of America, por exemplo, a produtividade aumentou 10% quando os líderes programaram mais tempo de interação presencial fora das reuniões formais. Simplesmente interagir com os outros de forma positiva tem efeito energético. Alex "Sandy" Pentland, professor do Massachusetts Institute of Technology (MIT), e seus colegas do Human Dynamics Laboratory do MIT estudaram equipes em diversos setores para identificar o que dá a alguns grupos energia, criatividade e compromisso comum que levam à alta produtividade. Eles descobriram que os padrões positivos de comunicação eram o indicador mais importante do sucesso de uma equipe – tão significativo quanto a inteligência individual, a personalidade, a habilidade e o teor das discussões.[65]

Outras pesquisas indicam que o grau de produtividade em equipes coesas pode depender da relação entre a gestão e a equipe de trabalho. Um estudo entrevistou mais de 200 equipes de trabalho e correlacionou o desempenho no trabalho com sua coesão.[66] Equipes altamente coesas foram mais produtivas quando os membros sentiram o apoio da gestão e menos produtivas quando sentiram a hostilidade e o negativismo da gestão.

Estabelecimento de normas da equipe

Norma da equipe é um padrão de conduta informal compartilhado por membros da equipe e que orienta o comportamento.[67] As normas são importantes porque fornecem um quadro de referência para o que é esperado e aceitável.

As normas começam a se desenvolver nas primeiras interações entre os membros da nova equipe. A Figura 18.8 ilustra quatro maneiras comuns em que as normas se desenvolvem.[68] Às vezes, os primeiros comportamentos que ocorrem na equipe estabeleceram o precedente. Por exemplo, em uma empresa, um líder iniciou a primeira reunião levantando um problema e, em seguida, "liderou" os membros da equipe até que obteve a solução que queria. O padrão tornou-se enraizado tão rapidamente em uma norma de uma equipe improdutiva que os membros apelidaram as reuniões de o jogo do "Adivinhe o que estou pensando".[69] Outras influências sobre essas normas incluem eventos críticos na história da equipe, assim como os comportamentos, as atitudes e as normas que os membros trazem com eles de fora do grupo.

Os líderes desempenham um papel importante na formação de normas que ajudarão a equipe a ser eficaz. Por exemplo, uma pesquisa mostra que, quando os líderes têm grandes expectativas para a resolução de problemas colaborativa, as equipes desenvolvem fortes normas de colaboração.[70] Fazer declarações explícitas sobre os comportamentos

FIGURA 18.8 Quatro maneiras em que as normas da equipe se desenvolvem

- Eventos críticos na história da equipe
- Primazia: precedentes do primeiro comportamento
- Declarações explícitas do líder ou dos membros
- Transição a partir de outras experiências

(Normas da equipe)

desejados da equipe é uma maneira poderosa para os líderes influenciarem as normas. Quando foi CEO da Ameritech, Bill Weiss estabeleceu uma norma de cooperação e apoio mútuo entre sua equipe de alta liderança dizendo-lhes sem rodeios que, se ele pegasse alguém tentando prejudicar os outros, o culpado seria demitido.[71]

Lembre-se disto

- A fase de **formação** é um período de orientação e familiarização.
- **Turbulência** é a fase de desenvolvimento de equipe em que personalidades e funções individuais surgem, juntamente com os conflitos resultantes.
- **Normatização** refere-se à fase de desenvolvimento em que os conflitos são resolvidos e a harmonia e a unidade da equipe surgem.
- Na fase de **desempenho**, os membros se concentram na resolução de problemas e realizam a tarefa atribuída à equipe.
- **Desintegração** é a fase em que membros de equipes temporárias preparam-se para a dissolução da equipe.
- **Coesão da equipe** refere-se ao grau em que os seus membros são atraídos e motivados a continuar a fazer parte dela.
- O moral é quase sempre maior em equipes coesas, e a coesão também pode contribuir para aumentar a produtividade.
- **Norma da equipe** é um padrão de conduta informal compartilhado por membros da equipe e que orienta o comportamento.

> "Em grandes equipes, o conflito torna-se produtivo. O fluxo livre de ideias e sentimentos é fundamental para o pensamento criativo. Nenhum indivíduo é capaz de descobrir novas soluções por conta própria."
>
> – PETER SENGE, AUTOR DE *A QUINTA DISCIPLINA: A ARTE E A PRÁTICA DA ORGANIZAÇÃO QUE APRENDE.**

Gestão do conflito em equipe

A característica final do processo da equipe é o conflito, que pode surgir entre membros de uma equipe ou entre uma equipe e outra. **Conflito** refere-se à interação antagônica em que uma das partes tenta bloquear as intenções ou os objetivos da outra.[72] Sempre que as pessoas trabalham em equipes, algum conflito é inevitável. Escancarar os conflitos e efetivamente resolvê-los é um dos trabalhos mais desafiadores, ainda que mais importantes, do líder da equipe. A gestão eficaz de conflitos tem impacto positivo na coesão e no desempenho da equipe.[73]

TIPOS DE CONFLITO

Dois tipos básicos de conflito que ocorrem em equipes são de tarefas e de relacionamento.[74] O **conflito de tarefas** refere-se às divergências entre as pessoas sobre as metas a serem atingidas ou sobre o conteúdo das tarefas a serem realizadas. Dois líderes de loja podem discordar sobre a possibilidade de substituir uma válvula ou deixá-la como está, apesar do ruído incomum que ela faz. Em contrapartida, dois membros de uma equipe de alta gestão podem discordar sobre a possibilidade de adquirir uma empresa ou entrar em uma *joint venture* como uma maneira de expandir mundialmente. O **conflito de relacionamento** refere-se à incompatibilidade interpessoal que cria tensão e animosidade entre as pessoas. Por exemplo, na equipe da empresa que fabrica e vende móveis de luxo para crianças, os

---
* Best Seller, 2016, 31. ed. (N. E.)

membros da equipe descobrem que as perspectivas diferem e os estilos de trabalho são uma importante fonte de conflito em momentos decisivos. Os membros que necessitavam de paz e sossego se irritaram com os que queriam a reprodução de música de fundo. Membros compulsivamente organizados achavam quase impossível trabalhar com aqueles que gostavam de trabalhar entre pilhas de desordem.[75]

Em geral, as pesquisas sugerem que o conflito de tarefas pode ser benéfico, pois leva à melhor tomada de decisão e resolução de problemas. Entretanto, o conflito de relacionamento é tipicamente associado a consequências negativas para a eficácia da equipe.[76] Um estudo feito com equipes de alta gestão descobriu que o conflito de tarefas está associado à maior qualidade de decisão, compromisso e aceitação das decisões, enquanto a presença de conflito de relacionamento reduziu significativamente os mesmos resultados.[77]

Equilíbrio entre conflito e cooperação

Há evidências de que o conflito moderado pode ser benéfico para as equipes.[78] O nível saudável de conflito ajuda a prevenir o *pensamento em grupo* (como discutido no Capítulo 9), em que as pessoas estão tão comprometidas com a equipe coesa que são relutantes em expressar opiniões contrárias. Em equipes de trabalho, quando as pessoas concordam sobre tudo simplesmente para manter a harmonia, os problemas aparecem. Assim, um grau de conflito leva à melhor tomada de decisão, pois são expressos múltiplos pontos de vista.

No entanto, o conflito muito forte, focado em questões pessoais e não no trabalho, ou que não é gerido de forma adequada, pode ser prejudicial para o moral e a produtividade da equipe. Muito conflito pode ser destrutivo, desfazer relacionamentos e interferir na troca saudável de ideias e informações.[79] Os líderes da equipe devem encontrar o equilíbrio perfeito entre o conflito e a cooperação, como mostra a Figura 18.9. O conflito quase inexistente pode diminuir o desempenho da equipe, pois não há um *mix* de opiniões e ideias – que possam levar a melhores soluções ou impedi-la de cometer erros. No outro extremo do espectro, muito conflito supera os esforços de

Faça uma pausa

A seção "Aplique suas habilidades: dilema ético", no material complementar, trata da coesão e do conflito da equipe. O que você faria se fosse Melinda Asbel?

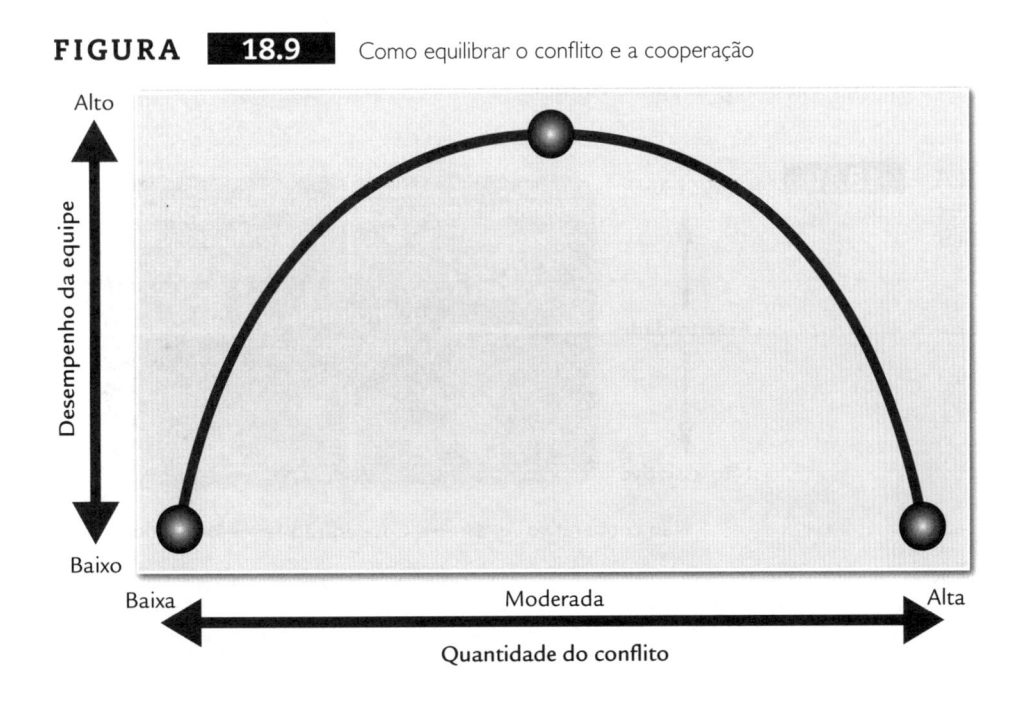

FIGURA 18.9 Como equilibrar o conflito e a cooperação

cooperação da equipe e leva à diminuição da satisfação e do compromisso do funcionário, prejudicando o desempenho da equipe. O conflito moderado, quando é gerido de forma adequada, resulta, em geral, em níveis mais altos de desempenho da equipe.

Causas do conflito

Diversos fatores podem levar ao conflito.[80] Uma das principais causas é a competição por recursos, como dinheiro, informações ou suprimentos. Quando os indivíduos ou as equipes têm que competir por recursos escassos ou em declínio, o conflito é quase inevitável. Além disso, o conflito em geral ocorre simplesmente porque as pessoas estão buscando metas diferentes. As diferenças das metas são naturais nas organizações. As metas dos vendedores individuais podem colocá-los em conflito uns com os outros ou com o gestor de vendas. Além disso, as metas do departamento de vendas podem colidir com as da produção e assim por diante.

O conflito também pode surgir de falhas na comunicação. A má comunicação pode ocorrer em qualquer equipe, mas as equipes virtuais e globais são particularmente propensas a falhas na comunicação. Em uma equipe virtual envolvida no desenvolvimento de um polímero feito sob encomenda para um fabricante japonês, o membro da equipe de *marketing* nos Estados Unidos estava frustrado com o fracasso de um membro da equipe japonesa ao fornecer a estratégia de *marketing* do fabricante a ela. O membro da equipe japonesa, por sua vez, pensou que sua companheira de equipe foi arrogante e não prestativa. Ela sabia que o fabricante ainda não havia desenvolvido uma estratégia de *marketing* clara e que pressionar por mais informações poderia prejudicar o relacionamento, fazendo com que o cliente "fosse humilhado".[81] Problemas de confiança poderão ser uma importante fonte de conflito em equipes virtuais se os membros sentirem que estão sendo deixados de fora das interações de comunicação importantes.[82] Além disso, a falta de sinais não verbais nas interações virtuais leva a mais mal-entendidos.

Estilos para lidar com o conflito

Tanto as equipes quanto os indivíduos desenvolvem estilos específicos para lidar com o conflito, sempre baseados no desejo de satisfazer a própria preocupação ante a preocupação da outra parte. Um modelo que descreve cinco estilos de lidar com o conflito está demonstrado na Figura 18.10. As duas principais dimensões são o grau em que um indivíduo é assertivo em relação a não assertivo e cooperativo em relação a não cooperativo na abordagem para o conflito:[83]

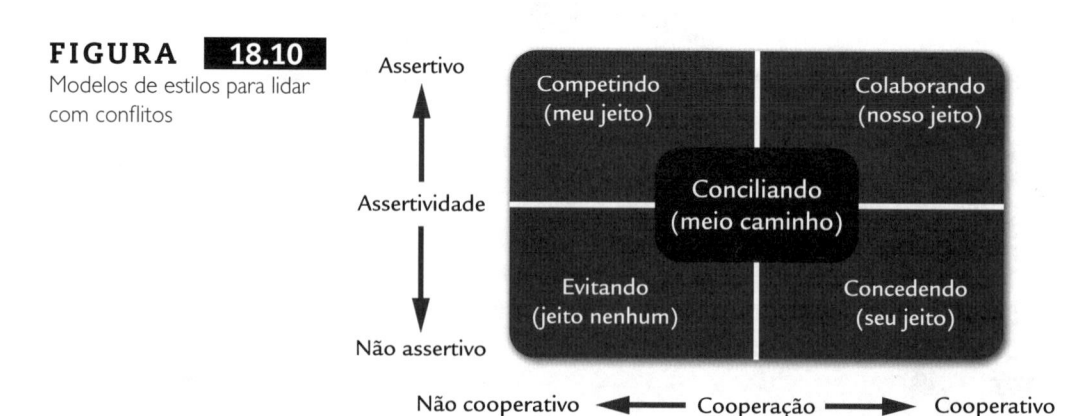

FIGURA 18.10
Modelos de estilos para lidar com conflitos

- Competindo (meu jeito)
- Colaborando (nosso jeito)
- Conciliando (meio caminho)
- Evitando (jeito nenhum)
- Concedendo (seu jeito)

Eixo vertical: Assertividade (Assertivo / Não assertivo)
Eixo horizontal: Cooperação (Não cooperativo / Cooperativo)

FONTES: Adaptada de Kenneth Thomas, "Conflict and conflict management", in *Handbook of industrial and organizational behavior*, ed. M. D. Dunnette (New York: John Wiley, 1976), p. 900; Nan Peck, "Conflict 101: styles of fighting", North Virginia Community College Web site, September 20, 2005, disponível em: <www.nvcc.edu/home/npeck/conflicthome/conflict/Conflict101/conflictstyles.htm>, acesso em: 13 abr. 2011.

- O *competindo* (meu jeito) reflete a assertividade para obter o próprio caminho e deve ser usado quando uma ação rápida e decisiva é vital sobre questões importantes ou ações impopulares, como em situações de emergência ou exigências de redução de custos urgentes.
- O *conciliando* (meio caminho) reflete uma quantidade moderada de assertividade e cooperação. É conveniente quando os objetivos de ambos os lados são igualmente importantes, quando os adversários têm igual poder e ambos os lados querem dividir a diferença, ou quando as pessoas precisam chegar a soluções temporárias ou expedientes sob pressão de tempo.
- O *concedendo* (seu jeito) reflete um alto grau de cooperatividade, o que funciona melhor quando as pessoas percebem que estão erradas, quando uma questão é mais importante para os outros do que para si mesmo, quando se constroem créditos sociais para uso em discussões posteriores e quando manter a harmonia é especialmente importante.
- O *colaborando* (nosso jeito) reflete um alto grau de assertividade e cooperação. Esse estilo permite que ambas as partes ganhem, embora possa exigir barganhas e negociações substanciais. É fundamental também quando os dois conjuntos de preocupações são muito importantes para serem comprometidos, quando ideias de pessoas diferentes precisam ser mescladas em uma solução global e quando o compromisso de ambos os lados é necessário para o consenso.
- O *evitando* (jeito nenhum) não reflete nem assertividade nem cooperação. É conveniente quando o problema é trivial, quando não há nenhuma chance de ganhar, quando um atraso para reunir mais informações é necessário ou quando uma interrupção seria dispendiosa.

Um exemplo do estilo colaborativo pôde ser visto durante os Jogos Olímpicos de Verão de 2008, em Pequim. Ao construírem o Centro Aquático Nacional de Pequim (em geral, chamado de "Cubo d'Água"), duas firmas de arquitetura – uma chinesa e outra australiana – desenvolveram projetos totalmente diferentes. Embora isso tenha gerado alguma tensão, em vez de lutarem pelas próprias ideias, os dois lados criaram um conceito totalmente novo que animou todos os envolvidos. O edifício premiado resultante é espetacular.[84] Cada um dos cinco estilos é apropriado em certos casos, e os membros da equipe e líderes eficazes variam os estilos para que possam se ajustar a uma situação específica.

Negociação

Um tipo distinto de gestão de conflitos é a **negociação**, em que as pessoas se envolvem em discussões de concessões mútuas e consideram diversas alternativas para chegar a uma decisão conjunta que seja aceitável para ambas as partes. A negociação é usada quando um conflito é formalizado, como entre um sindicato e a gestão.

▶▶▶ Conexão de conceito

Quem está no projeto internacional do Grande Colisor de Hándrons (LHC), um acelerador de prótons de 6 bilhões de dólares, que simula a origem do universo? A resposta: todos. Construído na Organização Europeia de Pesquisas Nucleares (CERN), perto de Genebra, esse projeto envolve 10.000 cientistas e engenheiros em centenas de instituições. Uma vez que todos reconheceram a importância da cooperação para o sucesso, adotaram um **estilo de colaboração para administrar conflitos**. Cada grupo de pesquisa é democrático, apontando membros para negociar com outros grupos. O diretor geral, Rolf-Dieter Heuer, o "cara do topo" segundo a CERN, pode apenas convencer "outros caras a fazer o que ele quer".

Tipos de negociação

As partes em conflito podem embarcar em uma negociação a partir de diferentes perspectivas e com distintas intenções, refletindo tanto a abordagem *integrativa* quanto a *distributiva*.

A **negociação integrativa** é fundamentada na suposição de vitória para ambos os lados, em que todas as partes querem contribuir com uma solução criativa que pode beneficiar todos os envolvidos. Em vez de considerarem o conflito como uma situação em que um ganha e o outro perde, as pessoas observam as questões de vários ângulos, levam em conta as compensações e tentam "aumentar o bolo" em vez de dividi-lo. Com a negociação integrativa, os conflitos são geridos por meio da cooperação e do compromisso, o que promove a confiança e os relacionamentos positivos de longo prazo. A **negociação distributiva**, por sua vez, supõe que o tamanho do "bolo" é fixo, e cada parte tenta obter tanto dele quanto possível. Como um lado quer ganhar, o outro deve perder. Com essa abordagem ganha-perde, a negociação distributiva é competitiva e contraditória, em vez de colaborativa, e, em geral, não leva a relacionamentos positivos de longo prazo.[85]

A maioria dos especialistas enfatiza o valor da negociação integrativa para o ambiente atual de negócios colaborativos. Ou seja, a chave para a eficácia é considerar a negociação não como um jogo de soma zero, mas como um processo para chegar a uma solução criativa que beneficie todas as pessoas envolvidas.[86]

Regras para chegar à solução de vitória para ambos os lados

Alcançar uma solução de vitória para ambos os lados por meio da negociação integrativa tem como base quatro estratégias principais:[87]

- *Separar as pessoas do problema.* Para a negociação integrativa bem-sucedida, as pessoas mantêm o foco no problema e na fonte de conflito, e não atacam o outro nem tentam desacreditá-lo.

- *Concentrar-se em interesses subjacentes, não em demandas atuais.* As demandas são o que cada pessoa quer da negociação, ao passo que os interesses subjacentes representam o "porquê" por trás das demandas. Considere duas irmãs que discutem sobre a última laranja na fruteira. Cada uma insiste que deve pegar a laranja e se recusa a desistir (demandas). Se uma irmã perguntasse à outra *por que* queria a laranja, elas teriam descoberto que uma queria comê-la e a outra queria usar a casca para um projeto (interesses). Se se concentrassem em interesses, as irmãs teriam sido capazes de chegar a uma solução em que cada uma teria o que desejava.[88] As demandas criam obstáculos do tipo "sim ou não" para a negociação eficaz, considerando que os interesses apresentam problemas que podem ser resolvidos de forma criativa.

- *Ouça e faça perguntas.* Uma boa estratégia para negociações é ouvir e fazer perguntas. Para conhecer melhor a posição, as limitações e as necessidades de seu oponente, uma boa estratégia é simplesmente escutar ou fazer perguntas. Os negociadores inteligentes se empenham em conhecer as restrições do outro lado para que possam ajudar a superá-las. Não descarte a limitação do oponente nem pense "Isso é problema dele". A fim de aproximar-se de um possível acordo, você pode tomar o problema para si e chegar a uma solução que supere seu adversário.

- *Insista para que os resultados sejam fundamentados em padrões objetivos.* Em uma negociação, cada uma das partes tem os próprios interesses e, naturalmente, gostaria de maximizar os resultados. A negociação bem-sucedida requer a concentração em critérios objetivos e a manutenção de padrões de justiça, em vez de usar julgamentos subjetivos sobre a melhor solução.

Lembre-se disto

- **Conflito** refere-se à interação antagonista em que uma das partes tenta bloquear as intenções ou metas da outra.
- Alguns conflitos, sobretudo o conflito de tarefas, podem ser benéficos para as equipes.
- O **conflito de tarefas** resulta de divergências sobre as metas a serem alcançadas ou o conteúdo das tarefas a serem realizadas.
- O **conflito de relacionamento** resulta da incompatibilidade interpessoal que cria tensão e animosidade entre as pessoas.
- As causas do conflito incluem competição por recursos, diferenças de metas e falhas de comunicação.
- Para que possam lidar com o conflito, as equipes e os indivíduos adotam uma variedade de estilos: competindo, colaborando, concedendo, conciliando e evitando. Cada estilo pode ser eficaz em determinadas circunstâncias.
- **Negociação** é uma estratégia de gestão de conflitos em que as pessoas se envolvem em discussões de concessões mútuas e consideram diversas alternativas para chegar a uma decisão conjunta aceitável para todas as partes.
- **Negociação integrativa** é uma abordagem colaborativa que se baseia na suposição de vitória para ambos os lados, em que as partes querem chegar a uma solução criativa que beneficia todos os envolvidos no conflito.
- **Negociação distributiva** é uma abordagem competitiva e contraditória em que cada parte se esforça para obter tanto quanto pode, geralmente à custa da outra parte.

Cap. 18 Notas

1. Com base em Eric M. Stark; Jason D. Shaw; Michelle K. Duffy, "Preference for group work, winning orientation, and social loafing behavior in groups", *Group & Organization Management* 32, n. 6 (December 2007): 699-723.
2. Emily Brennan, "A pilot's views on flight safety" (uma entrevista com Patrick Smith), *The New York Times*, July 17, 2013, disponível em: <http://www.nytimes.com/2013/07/21/travel/a-pilots-views-on-flight-safety.html>, acesso em: 21 jul. 2013; Patrick Smith, *Cockpit confidential: everything you need to know about air travel: questions, answers, and reflections* (Naperville, IL: Sourcebooks, Inc., 2013).
3. Betsy Myers, *Take the lead: motivate, inspire, and bring out the best in yourself and everyone around you* (New York: Atria, 2011).
4. Industry Week/Manufacturing Performance Institute's Census of Manufacturers for 2004, citado em Traci Purdum, "Teaming, take 2", *Industry Week* (May 2005): 41-43.
5. "'Golden hour' crucial time for surgeons on front line", *Johnson City Press*, April 1, 2003.
6. Carl E. Larson; Frank M. J. LaFasto, *Team work* (Newbury Park, CA: Sage, 1989); J. R. Katzenbach; D. K. Smith, *The wisdom of teams* (Boston: Harvard Business School Press, 1993); Dawn R. Utley; Stephanie E. Brown, "Establishing characteristic differences between team and working group behaviors", *Institute of Industrial Engineers Annual Conference Proceedings* (2010): 1-6.
7. Chuck Salter, "What LeBron James and the Miami Heat teach us about teamwork", *Fast Company*, April 2011. Disponível em: <http://www.fastcompany.com/magazine/155/the-worlds-greatest-chemistry-experiment.html>. Acesso em: 25 abr. 2011.
8. Geoff Colvin, "Great job! Or how Yum Brands uses recognition to build teams and get results", *Fortune* (August 12, 2013): 62-66.
9. Algumas das vantagens são discutidas em "The rewards of teaming" na coluna de Amy C. Edmondson, "Teamwork on the fly", *Harvard Business Review* (April 2012): 72-80.
10. Geoff Colvin, "First: Team Players Trump All-Stars", *Fortune* (May 21, 2012): 46-47.
11. Atul Gawande, "Cowboys and Pit Crews", 2011 Harvard Medical School, *The New Yorker* (May 26, 2011). Disponível em: <www.newyorker.com/online/blogs/newsdesk/2011/05/atul-gawande-harvard-medical-school-commencement-address.html>. Acesso em: 26 set. 2012.
12. Colvin, "First: Team Players Trump All-Stars".
13. R. B. Zajonc, "Social facilitation", *Science* 145 (1969): 269-274.
14. David Kesmodel, "Boeing teams speed up 737 output", *The Wall Street Journal Online*, February 7, 2012. Diponível em: <http://online.wsj.com/article/SB10001424052970203436904577155204034907744.html>. Acesso em: 25 set. 2012.
15. Baseado em uma história real de uma empresa anônima em Ronald A. Gill, "Quality-oriented

teamwork resolves aerospace manufacturer's critical path tooling crisis", *Global Business and Organizational Excellence* (September-October 2012): 34-41.
16. Susanne G. Scott; Walter O. Einstein, "Strategic performance appraisal in team-based organizations: one size does not fit all", *Academy of Management Executive* 15, n. 2 (2001): 107-116.
17. Bryce G. Hoffman, "Inside Ford's fight to avoid disaster", *The Wall Street Journal*, March 9, 2012, B1.
18. Jason Fried, "Get real: when the only way up is out", *Inc.* (April 2011): 35-36.
19. A discussão sobre grupos autogeridos está em Ruth Wageman, "Critical success factors for creating superb self-managing teams", *Organizational Dynamics* (Summer 1997): 49-61; James H. Shonk, *Team-based organizations* (Homewood, IL: Business One Irwin, 1992); Thomas Owens, "The self-managing work team", *Small Business Report* (February 1991): 53-65.
20. Lindsay Blakely, "The right man for the job (sometimes)", *Inc.*, July 2, 2012, disponível em: <http://www.inc.com/30under30/lindsay-blakely/ilya-pozin-founder-of-ciplex.html>, acesso em: 5 nov. 2013; Ilya Pozin, "Want happier employees? Get rid of the bosses", *Inc.*, June 18, 2012, disponível em: <http://www.inc.com/ilya-pozin/want-happier-employees-get-rid-of-the-bosses.html/1>, acesso em: 2 out. 2013.
21. David A. Ferrucci, "Building the team that built Watson", *The New York Times*, January 7, 2012. Disponível em: <www.nytimes.com/2012/01/08/jobs/building-the-watson-team-of-scientists.html?_r=0>. Acesso em: 1º out. 2012.
22. Estudo de G. Clotaire Rapaille citado em Karen Bernowski, "What makes American teams tick?" *Quality Progress* 28, n. 1 (January 1995): 39-42.
23. Estudo de Jean Twenge et al. citado em Sharon Jayson, "What's on Americans' minds? Increasingly, 'me'", *USA TODAY*, July 10, 2012. Disponível em: <http://usatoday30.usatoday.com/LIFE/usaedition/2012-07-11-Individualism--Twenge----_ST_U.htm>. Acesso em: 2 out. 2012.
24. Avan Jassawalla; Hemant Sashittal; Avinash Malshe, "Students' perceptions of social loafing: its antecedents and consequences in undergraduate business classroom teams", *Academy of Management Learning and Education* 8, n. 1 (2009): 42-54; Robert Albanese; David D. Van Fleet, "Rational behavior in groups: the free-riding tendency", *Academy of Management Review* 10 (1985): 244-255.
25. Ver David H. Freedman, "The idiocy of crowds" ("What's Next" column), *Inc.* (September 2006): 61-62.
26. Jason Zweig, "The intelligent investor: how group decisions end up wrong-footed", *The Wall Street Journal*, April 25, 2009.
27. "Why some teams succeed (and so many don't)", *Harvard Management Update* (October 2006): 3-4; Frederick P. Morgeson; D. Scott DeRue; Elizabeth P. Karam, "Leadership in teams: a functional approach to understanding leadership structure and processes", *Journal of Management* 36, n. 1 (January 2010): 5-39; Patrick Lencioni, "Dissolve dysfunction: begin building your dream team", *Leadership Excellence* (October 2009): 20.
28. Jerry Useem, "What's that spell? Teamwork!", *Fortune* (June 12, 2006): 65-66.
29. Eric Sundstrom; Kenneth P. DeMeuse; David Futtrell, "Work teams", *American Psychologist* 45 (February 1990): 120-133; María Isabel Delgado Piña; Ana María Romero Martínez; Luis Gómez Martínez, "Teams in organizations: a review on team effectiveness", *Team Performance Management* 14, n. 1-2 (2008): 7–21; Morgeson; DeRue; Karam, "Leadership in teams".
30. Deborah L. Gladstein, "Groups in context: a model of task group effectiveness", *Administrative Science Quarterly* 29 (1984): 499-517. Para uma visão geral sobre eficácia do grupo, ver John Mathieu et al., "Team effectiveness 1997-2007: a review of recent advancements and a glimpse into the future", *Journal of Management* 34, n. 3 (June 2008): 410-476.
31. Sujin K. Horwitz; Irwin B. Horwitz, "The effects of team diversity on team outcomes: a meta-analytic review of team demography", *Journal of Management* 33, n. 6 (December 2007): 987-1015; Dora C. Lau; J. Keith Murnighan, "Demographic diversity and faultlines: the compositional dynamics of organizational groups", *Academy of Management Review* 23, n. 2 (1998): 325-340.
32. Discussão sobre times virtuais em Andrea Lekushoff, "Lifestyle-driven virtual teams: a new paradigm for professional services firms", *Ivey Business Journal* (September-October 2012): 24-27; Phillip L. Hunsaker; Johanna S. Hunsaker, "Virtual teams: a leader's guide", *Team Performance Management* 14, n. 1-2 (2008): 86ff; Chris Kimble, "Building effective virtual teams: how to overcome the problems of trust and identity in virtual teams", *Global Business and Organizational Excellence* (January-February 2011): 6-15; Wayne F. Cascio; Stan Shurygailo, "E-leadership and virtual teams", *Organizational Dynamics* 31, n. 4 (2002): 362-376; Anthony M. Townsend; Samuel M. DeMarie; Anthony R. Hendrickson, "Virtual teams: technology and the workplace of the future", *Academy of Management Executive* 12, n. 3 (August

1998): 17-29; Deborah L. Duarte; Nancy Tennant Snyder, *Mastering virtual teams* (San Francisco: Jossey-Bass, 1999).
33. Pesquisa de RW3CultureWizard citada em Golnaz Sadri; John Condia, "Managing the virtual world", *Industrial Management* (January-February 2012): 21-25.
34. Vijay Govindarajan; Anil K. Gupta, "Building an effective global business team", *MIT Sloan Management Review* 42, n. 4 (Summer 2001): 63-71.
35. Jessica Lipnack; Jeffrey Stamps, "Virtual Teams: the new way to work", *Strategy & Leadership* (January-February 1999): 14-19; Sadri; Condia, "Managing the virtual world".
36. Discussão baseada em Lekushoff, "Lifestyle-driven virtual teams"; Arvind Malhotra; Ann Majchrzak; Benson Rosen, "Leading virtual teams", *Academy of Management Perspectives* 21, n. 1 (February 2007): 60-69; Benson Rosen; Stacie Furst; Richard Blackburn, "Overcoming barriers to knowledge sharing in virtual teams", *Organizational Dynamics* 36, n. 3 (2007): 259-273; Marshall Goldsmith, "Crossing the cultural chasm", *Business Week Online*, May 31, 2007, disponível em: <www.businessweek.com/careers/content/may2007/ca20070530_521679.htm>, acesso em: 24 ago. 2007; and Bradley L. Kirkman et al., "Five challenges to virtual team success: lessons from Sabre, Inc.", *Academy of Management Executive* 16, n. 3 (2002): 67-79.
37. Darl G. Kolb; Greg Prussia; Joline Francoeur, "Connectivity and leadership: the influence of online activity on closeness and effectiveness", *Journal of Leadership and Organizational Studies* 15, n. 4 (May 2009): 342-352.
38. Ann Majchrzak et al., "Can absence make a team grow stronger?", *Harvard Business Review* 82, n. 5 (May 2004): 131.
39. História verídica de uma empresa anônima em Vicki Fuller Hudson, "From divided to ignited to united", *Industrial Management* (May-June 2010): 17-20.
40. Lynda Gratton, "Working together... when apart", *The Wall Street Journal*, June 18, 2007; Kirkman et al., "Five challenges to virtual team success".
41. Pete Engardio, "A guide for multinationals: one of the greatest challenges for a multinational is learning how to build a productive global team", *Business Week* (August 20, 2007): 48-51; and Gratton, "Working together ... when apart".
42. Richard Pastore, "Global team management: it's a small world after all," *CIO*, January 23, 2008. Disponível em: <www.cio.com/article/174750/Global_Team_Management_It_s_a_Small_World_After_All>. Acesso em: 20 maio 2008.
43. Jia Lynn Yang, "The power of number 4.6", parte de uma série especial, "Secrets of greatness: teamwork", *Fortune* (June 12, 2006): 122.
44. Martin Hoegl, "Smaller teams – better teamwork: how to keep project teams small", *Business Horizons* 48 (2005): 209-214.
45. Stephanie T. Solansky, "Team identification: a determining factor of performance", *Journal of Managerial Psychology* 26, n. 3 (2011): 247-258.
46. Yang, "The power of number 4.6".
47. Os resultados de pesquisas sobre tamanhos de grupos estão em Erin Bradner; Gloria Mark; Tammie D. Hertel, " Team size and technology fit: participation, awareness, and rapport in distributed teams", *IEEE Transactions on Professional Communication* 48, n. 1 (March 2005): 68-77; M. E. Shaw, *Group dynamics*, 3rd ed. (New York: McGraw-Hill, 1981); G. Manners, "Another look at group size, group problem-solving, and member consensus", *Academy of Management Journal* 18 (1975): 715-724; Martin Hoegl, "Smaller teams– better teamwork".
48. Bradner; Mark; Hertel, "Team size and technology fit: participation, awareness, and rapport in distributed teams"; Sadri; Condia, "Managing the virtual world".
49. Warren E. Watson; Kamalesh Kumar; Larry K. Michaelsen, "Cultural diversity's impact on interaction process and performance: comparing homogeneous and diverse task groups", *Academy of Management Journal* 36 (1993): 590-602; Gail Robinson; Kathleen Dechant, "Building a business case for diversity", *Academy of Management Executive* 11, n. 3 (1997): 21-31; David A. Thomas; Robin J. Ely, "Making differences matter: a new paradigm for managing diversity", *Harvard Business Review* (September-October 1996): 79-90.
50. D. van Knippenberg; M. C. Schippers, "Work group diversity", *Annual Review of Psychology* 58 (2007): 515-541; J. N. Cummings, "Work groups: structural diversity and knowledge sharing in a global organization", *Management Science* 50, n. 3 (2004): 352-364; J. Stuart Bunderson; Kathleen M. Sutcliffe, "Comparing alternative conceptualizations of functional diversity in management teams: process and performance effects", *Academy of Management Journal* 45, n. 5 (2002): 875-893; Marc Orlitzky; John D. Benjamin, "The effects of sex composition on small group performance in a business school case competition", *Academy of Management Learning and Education* 2, n. 2 (2003): 128-138.
51. Anita Woolley; Thomas Malone, "Defend your research: what makes a team smarter? More women", *Harvard Business Review* (June 2011).

Disponível em: <http://hbr.org/2011/06/defend-your-research-what-makes-a-team-smarter-more-women/ar/1>. Acesso em: 1º out. 2012.

52. Watson et al. "Cultural diversity's impact on interaction process and performance"; D. C. Hambrick et al., "When groups consist of multiple nationalities: towards a new understanding of the implications", *Organization Studies* 19, n. 2 (1998): 181-205.

53. Matt Moffett, "Trapped miners kept focus, shared tuna – foiled escape, bid to organize marked first two weeks underground in Chile", *The Wall Street Journal*, August 25, 2010; "Lessons on leadership and teamwork – from 700 meters below the Earth's surface", Universia Knowledge @ Wharton, September 22, 2010, disponível em: <www.wharton.universia.net/index.cfm?fa=viewArticle&id=1943&language=english>, acesso em: 29 set. 2010.

54. R. M. Belbin, *Team roles at work* (Oxford, UK: Butterworth Heinemann, 1983); Tony Manning; R. Parker; G. Pogson, "A revised model of team roles and some research findings", *Industrial and Commercial Training* 38, n. 6 (2006): 287-296; George Prince, "Recognizing genuine teamwork", *Supervisory Management* (April 1989): 25-36; K. D. Benne; P. Sheats, "Functional roles of group members", *Journal of Social Issues* 4 (1948): 41-49; R. F. Bales, *SYMOLOG Case Study Kit* (New York: Free Press, 1980).

55. Robert A. Baron, *Behavior in organizations*, 2nd ed. (Boston: Allyn & Bacon, 1986).

56. Ibidem.

57. Bruce W. Tuckman; Mary Ann C. Jensen, "Stages of small-group development revisited", *Group and Organizational Studies* 2 (1977): 419-427; Bruce W. Tuckman, "Developmental sequences in small groups", *Psychological Bulletin* 63 (1965): 384-399. Ver também Linda N. Jewell; H. Joseph Reitz, *Group effectiveness in organizations* (Glenview, IL: Scott Foresman, 1981).

58. Oluremi B. Ayoko; Alison M. Konrad; Maree V. Boyle, "Online work: managing conflict and emotions for performance in virtual teams", *European Management Journal* 30 (2012): 156-174.

59. Ibidem.

60. Shaw, *Group dynamics*.

61. Thomas Petzinger Jr., "Bovis team helps builders construct a solid foundation", *The Wall Street Journal*, March 21, 1997.

62. Daniel C. Feldman; Hugh J. Arnold, *Managing individual and group behavior in organizations* (New York: McGraw-Hill, 1983).

63. Amanuel G. Tekleab; Narda R. Quigley; Paul E. Tesluk, "A longitudinal study of team conflict, conflict management, cohesion, and team effectiveness", *Group & Organization Management* 34, n. 2 (April 2009): 170-205; Dorwin Cartwright; Alvin Zander, *Group dynamics: research and theory*, 3rd ed. (New York: Harper & Row, 1968); Elliot Aronson, *The social animal* (San Francisco: W. H. Freeman, 1976).

64. Vishal K. Gupta; Rui Huang; Suman Niranjan, "A longitudinal examination of the relationship between team leadership and performance", *Journal of Leadership and Organizational Studies* 17, n. 4 (2010): 335-350; Marcial Losada; Emily Heaphy, "The role of positivity and connectivity in the performance of business teams", *American Behavioral Scientist* 47, n. 6 (February 2004): 740-765.

65. O exemplo do Bank of America foi extraído de Rachel Emma Silverman, "Tracking sensors invade the workplace; devices on workers, furniture offer clues for boosting productivity", *The Wall Street Journal*, March 7, 2013, disponível em: <http://online.wsj.com/article/SB10001424127887324034804578344303429080678.html>. Acesso em: 3 maio 2013; Alex "Sandy" Pentland, "The new science of building great teams", *Harvard Business Review* (April 2012): 61-70.

66. Stanley E. Seashore, *Group cohesiveness in the industrial work group* (Ann Arbor, MI: Institute for Social Research, 1954).

67. J. Richard Hackman, "Group influences on individuals", in *Handbook of industrial and organizational psychology*, ed. M. Dunnette (Chicago: Rand McNally, 1976).

68. Ver Daniel C. Feldman, "The development and enforcement of group norms", *Academy of Management Review* 9 (1984): 47-53.

69. Jeanne M. Wilson et al., *Leadership trapeze: strategies for leadership in team-based organizations* (San Francisco: Jossey-Bass, 1994), p. 12.

70. Simon Taggar; Robert Ellis, "The role of leaders in shaping formal team norms", *The Leadership Quarterly* 18 (2007): 105-120.

71. Geoffrey Colvin, "Why dream teams fail", *Fortune* (June 12, 2006): 87-92.

72. Stephen P. Robbins, *Managing organizational conflict: a nontraditional approach* (Englewood Cliffs, NJ: Prentice Hall, 1974).

73. Tekleab; Quigley; Tesluk, "A longitudinal study of team conflict, conflict management, cohesion, and team effectiveness".

74. Com base em K. A. Jehn, "A multimethod examination of the benefits and determinants

75. of intragroup conflict", *Administrative Science Quarterly* 40 (1995): 256-282; K. A. Jehn, "A qualitative analysis of conflict types and dimensions in organizational groups", *Administrative Science Quarterly* 42 (1997): 530-557.
75. Linda A. Hill, "A note for analyzing work groups", *Harvard Business School Cases*, August 28, 1995; revisado em 3 de abril de 1998, Product # 9-496-026, disponível em: <http://hbr.org/search/linda+a+hill/4294934969/>.
76. A. Amason, "Distinguishing the effects of functional and dysfunctional conflict on strategic decision making: resolving a paradox for top management teams", *Academy of Management Journal* 39, n. 1 (1996): 123-148; Jehn, "A multimethod examination of the benefits and determinants of intragroup conflict"; K. A. Jehn; E. A. Mannix, "The dynamic nature of conflict: a longitudinal study of intragroup conflict and group performance", *Academy of Management Journal* 44 (2001): 238-251.
77. Amason, "Distinguishing the effects of functional and dysfunctional conflict on strategic decision making".
78. Dean Tjosvold et al., "Conflict values and team relationships: conflict's contribution to team effectiveness and citizenship in China", *Journal of Organizational Behavior* 24 (2003): 69-88; C. De Dreu; E. Van de Vliert, *Using conflict in organizations* (Beverly Hills, CA: Sage, 1997); Kathleen M. Eisenhardt; Jean L. Kahwajy; L. J. Bourgeois III, "Conflict and strategic choice: how top management teams disagree", *California Management Review* 39, n. 2 (Winter 1997): 42-62.
79. Kenneth G. Koehler, "Effective team management", *Small Business Report* (July 19, 1989): 14-16; Dean Tjosvold, "Making conflict productive", *Personnel Administrator* 29 (June 1984): 121.
80. Discussão baseada em Richard L. Daft, *Organization theory and design* (St. Paul, MN: West, 1992), Chapter 13; Paul M. Terry, "Conflict management", *Journal of Leadership Studies* 3, n. 2 (1996): 3-21.
81. Edmondson, "Teamwork on the fly".
82. Yuhyung Shin, "Conflict resolution in virtual teams", *Organizational Dynamics* 34, n. 4 (2005): 331-345.
83. Discussão baseada em K. W. Thomas, "Towards multidimensional values in teaching: the example of conflict behaviors", *Academy of Management Review* 2 (1977): 487.
84. Edmondson, "Teamwork on the fly".
85. "Negotiation types", The Negotiation Experts, June 9, 2010. Disponível em: <www.negotiations.com/articles/negotiation-types/>. Acesso em: 28 set. 2010.
86. Rob Walker, "Take it or leave it: the only guide to negotiating you will ever need", *Inc.* (August 2003): 75-82.
87. Com base em Roger Fisher; William Ury, *Getting to yes: negotiating agreement without giving in* (New York: Penguin, 1983); Walker, "Take it or leave it"; Robb Mandelbaum, "How to negotiate effectively", *Inc.*, November 1, 2010, disponível em: <www.inc.com/magazine/20101101/how-to-negotiate-effectively.html>, acesso em: 12 abr. 2011); Deepak Malhotra; Max H. Bazerman, "Investigative negotiation", *Harvard Business Review* (September 2007): 72-78.
88. História relatada em muitas publicações, incluindo "The six best questions to ask your customers", Marketing and Distribution Company Limited. Disponível em: <www.madisco.bz/articles/The%20Six%20Best%20Questions%20to%20Ask%20Your%20Customers.pdf>. Acesso em: 28 set. 2010.

PARTE 6

Capítulo 19
Gestão de qualidade e desempenho

Visão geral do capítulo

Atitude de melhoria
Significado de controle
Modelo de controle de *feedback*
   Quatro passos para o controle de *feedback*
   Balanced scorecard
Mudança na filosofia de controle
   Abordagem hierárquica *versus* descentralizada
   Gestão transparente
Novo gestor autoteste: qual é a sua atitude em relação à regulação e ao controle organizacionais?
Gestão da qualidade total (GQT)
   Técnicas de GQT
   Fatores de sucesso da GQT
Controle orçamentário
   Orçamento de despesas
   Orçamento de receitas
   Orçamento de caixa
   Orçamento de capital
   Orçamento de base zero
Controle financeiro
   Demonstrações financeiras
   Análise financeira: como interpretar os números
Tendências no controle de qualidade e finanças
   Padrões internacionais de qualidade
   Governança corporativa

Resultados de aprendizagem

Após a leitura deste capítulo, você será capaz de:

1. Definir controle organizacional e explicar por que ele é uma função fundamental da gestão.
2. Explicar os quatro passos no processo de controle.
3. Descrever os benefícios do uso de um *balanced scorecard* para acompanhar o desempenho e o controle da organização.
4. Comparar os métodos hierárquicos e descentralizados de controle.
5. Explicar os benefícios da gestão transparente.
6. Descrever o conceito de gestão da qualidade total (GQT) e as principais técnicas dela, como círculos de qualidade, *benchmarking*, princípios do Seis Sigma, parceria de qualidade e melhoria contínua.
7. Discutir a utilização de demonstrações financeiras, análises financeira e orçamentária como controles de gestão.
8. Identificar as tendências atuais em termos de qualidade e controle financeiro, incluindo ISO 9.000 e governança corporativa, e seu impacto sobre as organizações.

Atitude de melhoria

INSTRUÇÕES: Com base em como você age para executar um trabalho na escola ou no emprego, assinale, nos itens apresentados a seguir, "Normalmente verdadeiro" ou "Normalmente falso". Como não há posicionamentos certos ou errados, seja honesto.

	Normalmente verdadeiro	Normalmente falso
1. Esforço-me para desenvolver novas formas de abordar problemas antigos.		
2. Enquanto as coisas estão sendo feitas corretamente e com eficiência, prefiro não me incomodar em alterá-las.		
3. Acredito que o esforço para melhorar alguma coisa deve ser recompensado, mesmo que o resultado final seja decepcionante.		
4. A única mudança que melhora as coisas em 30% é muito melhor do que 30 melhorias de 1% cada.		
5. Frequentemente elogio outras pessoas sobre as mudanças que elas promoveram.		
6. Informo às pessoas, de muitas formas diferentes, que preciso estar sozinho para fazer o meu trabalho de modo eficiente.		
7. Normalmente, estou envolvido em vários projetos de melhoria ao mesmo tempo.		
8. Tento ser um bom ouvinte e paciente com o que as pessoas dizem, exceto quando se trata de uma ideia estúpida.		
9. Estou frequentemente propondo técnicas e ideias não convencionais para melhorar as coisas.		
10. Geralmente não corro o risco de propor uma ideia que possa falhar.		

PONTUAÇÃO E INTERPRETAÇÃO: Nas afirmações ímpares, atribua 1 ponto a cada item assinalado como "Normalmente verdadeiro"; nas afirmações pares, atribua 1 ponto a cada item assinalado como "Normalmente falso". Pontuação total ____

Frequentemente, a melhoria contínua da qualidade nas organizações compete com os objetivos de gestão para a eficiência da produção. A eficiência pode ser maximizada pela eliminação de mudanças e por melhorias de qualidade. A melhoria contínua, no entanto, é a percepção de que a produtividade pode sempre melhorar, e cada funcionário pode assumir a responsabilidade de melhorá-la. Essa atitude é adequada aos gestores conscientes da qualidade. Apresentar pequenas mudanças frequentes que possam reduzir temporariamente a eficiência é o caminho mais eficiente para a melhoria contínua. Uma pontuação de 7 ou mais indica que você pode assumir a responsabilidade pessoal de melhorar as suas atividades. Uma pontuação de 3 ou menos indica que você pode preferir o trabalho estável e eficiente. Uma pontuação de 4 a 6 sugere que você mostra equilíbrio entre eficiência e melhoria contínua.

TEMA RECENTE

Imagine levar um ente querido a um hospital ou clínica para receber uma injeção de medicação para a dor, somente para que a pessoa contraia meningite fúngica, uma doença rara, mas possivelmente mortal. Foi exatamente isso que aconteceu com muitas famílias durante o outono de 2012, quando injeções de esteroides para a medula espinhal contaminadas no Centro de Manipulação New England causaram um dos piores desastres na saúde pública nos Estados Unidos desde a década de 1930. Quase 14 mil pacientes de 19 Estados foram expostos à meningite fúngica, com 438 adoecendo e pelo menos 32 vindo a falecer. A inspeção federal encontrou fungos e bactérias que cresciam em superfícies, resíduos amarelo-esverdeados em equipamentos de esterilização e equipamentos de ar-condicionado desligados durante a noite, apesar da importância do controle de temperatura e umidade. Embora os inspetores da Food and Drug Administration (FDA) encontrassem inúmeros casos de violações das normas federais, eles também notaram que as superfícies das salas limpas foram contaminadas com níveis de bactérias ou de mofo superiores, para os quais os próprios procedimentos da empresa impunham medidas corretivas, mas ainda não existia nenhuma evidência de que a empresa havia adotado tais medidas. Os gestores da empresa, o Conselho de Farmácia de Massachusetts, e os funcionários da FDA foram todos investigados depois dessa crise no controle de qualidade.[1]

Esse fato ilustra, de forma trágica, a necessidade da qualidade e do controle de comportamento. Controle é uma responsabilidade muito importante para todos os gestores. Pode não ser sempre uma questão de vida ou morte, mas, como gestor, você usará inúmeras medidas para monitorar o comportamento dos funcionários e manter o controle do desempenho e das finanças da organização. Muitas dessas medidas envolverão questões de controle, como controle de processos de trabalho, regulamentação do comportamento dos funcionários, manutenção dos padrões de qualidade, criação de sistemas básicos de alocação de recursos financeiros, desenvolvimento dos recursos humanos, análise de desempenho financeiro e avaliação da rentabilidade global.

Este capítulo introduz mecanismos básicos para o controle de uma organização. Começamos com a definição de controle organizacional e o resumo das quatro etapas no processo de controle. Em seguida, tratamos do uso do *balanced scorecard* para medir o desempenho e analisar as mudanças na filosofia de controle. Discutimos a abordagem adotada hoje para a gestão da qualidade total (GQT) e consideramos os métodos para controlar o desempenho financeiro, incluindo o uso de orçamentos e demonstrações financeiras. As seções finais analisam as tendências de certificação e governança corporativa, como a International Organization for Standardization (ISO).

Conexão de conceito ◀◀◀

O Estado da Califórnia tem sérias preocupações sobre solventes de tinta, massas de concreto e outros poluentes que invadem o abastecimento de água por meio do trabalho realizado em obras de construção. Assim, o governo do Estado oferece agora programas de treinamento para os empreiteiros e outros profissionais da indústria da construção para que aprendam como melhorar o **controle organizacional**. Além de usarem filtros que mantêm limpo o abastecimento de água, os meios de controle eficaz asseguram que os construtores cumpram as novas regulamentações estaduais.

Significado de controle

Antes de os edifícios da cidade de Nova York serem demolidos ou renovados, inspetores licenciados são obrigados a inspecioná-los quanto à presença de chumbo ou amianto. Ambas as substâncias podem causar problemas de saúde graves e de longo prazo, como câncer. Se alguma delas for detectada, deverá ser removida ou contida por meio de um processo caro e demorado. Considerando os graves riscos para a saúde associados a essas duas substâncias, você poderia supor que o processo de inspeção é cuidadosamente regulado e controlado. No entanto, muitos agentes oficiais e especialistas da indústria dizem que o sistema de inspeção de Nova York é altamente corrupto. Como prova, Saverio F. Todaro, inspetor de segurança autorizado, recentemente fez uma confissão impressionante no tribunal federal. Todaro revelou que, apesar de ter apresentado resultados considerados bons quanto à presença de amianto e chumbo para mais de 200 edifícios e apartamentos, não havia realizado um único teste sequer. Embora chocantes, o Departamento de Proteção Ambiental (*Department of Environmental Protection* – DEP) afirma que esses crimes ocorrem com frequência e facilidade por causa da falta de controles. O DEP inspeciona apenas uma pequena fração dos cerca de 28.400 projetos que inspetores como Todaro certificam todos os anos se são seguros. De acordo com um porta-voz do prefeito de Nova York, "Sempre podemos buscar novas maneiras de melhorar nosso processo. O DEP vai começar a aumentar as auditorias, para garantir que as inspeções sejam realizadas corretamente".[2]

Controle organizacional refere-se ao processo sistemático de regulação das atividades organizacionais para torná-las consistentes com as expectativas estabelecidas em planos, metas e padrões de desempenho. Em um artigo clássico sobre a função do controle, Douglas S. Sherwin resume o conceito da seguinte forma: "A essência do controle é a ação que ajusta as operações aos padrões predeterminados, e a base é informação nas mãos dos gestores".[3] Assim, o controle efetivo de uma organização requer informações sobre os padrões de desempenho e o desempenho real, bem como medidas tomadas para corrigir os eventuais desvios dos padrões.

Os gestores devem decidir qual informação é essencial, como eles a obterão e como podem e devem responder a ela. Ter acesso aos dados corretos é essencial. Os gestores decidem quais normas, medições e métricas são necessárias para monitorar e controlar a organização de forma eficaz, e criar sistemas para obter essas informações. Se um hospital, por exemplo, monitora e controla cuidadosamente os seus serviços de saúde, os pacientes devem receber um cuidado seguro e de alta qualidade. Um sistema de remuneração por desempenho incorporado ao programa de inspeção dos pagamentos de Medicare aos hospitais, criado pelo presidente Barack Obama, levou alguns hospitais a adotar iniciativas mais amplas, que ligam a remuneração dos médicos aos resultados do paciente e às medidas de qualidade. A Health and Hospitals Corporation de Nova York, que administra 11 hospitais públicos da cidade, por exemplo, monitorará 13 indicadores de desempenho, que, acredita-se, estão relacionados com um melhor controle de qualidade, incluindo a rapidez com que os pacientes da sala de emergência passam da triagem para as camas, se os médicos chegam à sala de cirurgia no horário certo, como os pacientes dizem que seus médicos se comunicam com eles e assim por diante. Se o plano for aprovado, os aumentos salariais dos médicos estarão vinculados ao quão bom é o desempenho deles com relação aos *benchmarks*. Um médico alertou que, quando um sistema semelhante foi implementado na Inglaterra, a qualidade melhorou em todos os *benchmarks*, mas muitas das atividades que não foram medidas pareciam declinar em qualidade.[4] O boxe "Conversa com gestores" apresentado a seguir descreve a autoanálise, um sistema de informação inovador para indivíduos que pode fornecer informações capazes de ajudar as pessoas a controlar o próprio crescimento pessoal e profissional.

> **Faça uma pausa**
>
> Na seção "Aplique suas habilidades: pequeno grupo em prática", no material complementar, você poderá praticar o desenvolvimento de um sistema de controle que inclui regras para orientar o comportamento e as estatísticas para medir o desempenho. Mãos à obra!!!

Lembre-se disto

- **Controle organizacional** é o processo sistemático por meio do qual os gestores regulam as atividades organizacionais para que possam atender às metas e aos padrões de desempenho planejados.
- A maioria das empresas mede e controla o desempenho por meio de medidas financeiras quantitativas.

Modelo de controle de *feedback*

Pesquisadores entrevistaram gestores de milhares de organizações com o objetivo de determinar o quão bem eles estavam implementando várias práticas de controle de gestão, tais como o estabelecimento de normas e metas e a medição de dados de desempenho,

Conversa com GESTORES

Quantificar a si mesmo

Imagine-se ficar mais eficiente no trabalho e mais satisfeito com sua vida por meio do rastreamento de informações que revelam exatamente como você passa o seu dia. Durante 22 anos, o empresário e cientista Stephen Wolfram fez exatamente isso. A fim de analisar como gastava o tempo, ele mapeou os dados sobre a permanência em reuniões, a utilização de *e-mail* e o número de registros de Keylogger*. Wolfram conseguiu identificar hábitos de trabalho que silenciavam sua criatividade e frustravam sua produtividade. Então, começou a planejar mudanças que iriam ajudá-lo a se tornar mais produtivo e feliz.

Novos dispositivos, como *software* de computador e aplicativos para *smartphones*, ajudam as pessoas a se reunir e analisar dados sobre o que fazem no trabalho para que possam usar a informação para melhorar o desempenho. Esse interesse pela autoconsciência é parte de uma disciplina em ascensão chamada autoanálise, que é o ato de coletar e analisar dados sobre si mesmo com o objetivo de melhorar. Ela consiste em:

- **Controle do tempo de tela.** Embora pareça inquietante ter nossos gestores observando o que há em nossas telas de computador, isso é muito mais aceitável se nós mesmos o fizermos. Uma nova tecnologia denominada *knowledge workload tracking* monitora como você usa o computador, medindo, por exemplo, quanto tempo mantém uma janela aberta, quantas vezes alterna janelas e quanto tempo fica ocioso. O *software* transforma todas as medições em gráficos, permitindo que você veja como está gastando o seu tempo e o que pode fazer para melhorar sua produtividade. Um programador de computador pensou que os bate-papos *on-line* estavam devorando o seu tempo de programação. Por isso, analisou a quantidade de tempo que passava conversando durante períodos específicos e observou a quantidade de códigos que ele escrevia durante esses períodos. Surpreendentemente, descobriu que as conversas *on-line* com os colegas, na verdade, melhoravam a produtividade dele.

- **Medição de tarefas cognitivas.** Outro conjunto de ferramentas de rastreamento pode ajudar você a coletar dados enquanto realiza tarefas cognitivas, como pesquisas com clientes em seu *smartphone* ou análise estatística no Microsoft Excel. Embora seja extremamente difícil medir o trabalho intelectual, uma ferramenta como o MeetGrinder pode medir o tempo e o dinheiro gasto para fazer qualquer atividade. Bob Evans, engenheiro do Google, usou-a para explorar a relação entre sua atenção e produtividade: "Como engenheiros, enchemos a cabeça com todas essas variáveis, as peças intelectuais dos sistemas que estamos construindo. Se nos distraímos, perdemos essa linha na cabeça". O MeetGrinder revelou que Evans precisava de aproximadamente quatro horas contínuas para fazer algo desafiador. Com base nessa informação, ele decidiu abordar os projetos quando tem esse tempo disponível, e não nos dias que são interrompidos por reuniões e telefonemas.

- **Saúde melhor.** Já está mais do que provado que falta de exercício, tempo insuficiente de sono e níveis de estresse dos trabalhadores podem afetar a produtividade, a criatividade e o desempenho no trabalho. Os funcionários podem escolher entre vários aplicativos móveis e sensores portáteis que coletam dados valiosos sobre a saúde física. Como Sacha Chua queria entender melhor como as suas horas de sono afetavam as prioridades profissionais, monitorou os horários de sono, os horários em que acordava e a quantidade de sono durante várias semanas usando um rastreador chamado Sleep On It. Ela mudou sua rotina e começou a acordar às 5h40, em vez de 8h30. Chua desistiu de atividades de fim de noite, como navegar na *web*, e começou a ir para a cama mais cedo. Com esses ajustes, descobriu que a produtividade no trabalho aumentou. Os dados do Sleep On It deram a ela informações mensuráveis que lhe permitiram dar prioridade ao que realmente importava.

As ferramentas usadas para autoanálise vão continuar se sofisticando. Os dados que elas revelam fornecerão as provas concretas de que às vezes precisamos para ajustar a forma como usamos nosso tempo e para cuidar de nossa mente e corpo a fim de que tenhamos mais sucesso no trabalho e na vida.

Fontes: Baseado em H. James Wilson, "Employees, measure yourselves", *The Wall Street Journal*, April 2, 2012, disponível em: <http://online.wsj.com/article/SB10001424052970204520204577249691204802060.html#articleTabs%3Darticle>, acesso em: 28 set. 2012; H. James Wilson, "You, by the numbers", *Harvard Business Review* (September 2012): 2-5.

---

* O Keylogger permite ao usuário monitorar as ações de outros funcionários ao utilizar um computador. (N. R. T.)

e descobriram que o melhor controle está fortemente ligado à melhor produtividade e ao desempenho organizacionais.[5] Um modelo de controle de *feedback* pode ajudar os gestores a alcançar os objetivos estratégicos, monitorar e regulamentar as atividades da organização, e usar o *feedback* para determinar se o desempenho satisfaz os padrões estabelecidos.

Quatro passos para o controle de *feedback*

Os gestores implementam sistemas de controle que consistem em quatro etapas principais, ilustradas na Figura 19.1: estabelecer padrões, medir o desempenho, comparar o desempenho com os padrões e fazer as correções necessárias.

Estabelecer padrões de desempenho

No plano estratégico global da empresa, os gestores definem metas para os departamentos organizacionais em termos específicos e operacionais que incluem um *padrão de desempenho* com base no qual as atividades são comparadas. Nas lojas H&M, por exemplo, os funcionários da área de vendas são guiados pelo padrão de que as roupas devem ser sempre "fáceis de encontrar, fáceis de comprar". Calças, blusas e camisas são empilhadas de forma ordenada, com dobras perfeitas; etiquetas de tamanho são posicionadas com precisão; e cabides são uniformemente alinhados. Toda essa precisão se transforma em caos assim que as portas da loja se abrem, é claro, mas os funcionários são treinados para restaurar a ordem sempre que eles têm tempo de fazê-lo. De acordo com Edwin Mercedes, gestor visual de loja, responsável pela aparência de várias lojas no leste dos Estados Unidos, "Uma coisa que devemos ter sempre em mente são os padrões. Queremos dobras perfeitas". Peças de vestuário são repostas nas prateleiras ou estantes, logo que se esgotam, e elas nunca devem, nunca estão autorizadas, a ficar no chão. Normas básicas de atendimento ao cliente também são seguidas com precisão.[6]

Acompanhar tais medidas de atendimento ao cliente, qualidade de produto, ou precisão nos pedidos é um complemento importante para a medição tradicional de desempenho financeiro e operacional, mas muitas empresas têm dificuldade em identificar e definir as medições não financeiras. Para avaliar e recompensar os funcionários de forma eficaz quanto ao cumprimento dos padrões, os gestores precisam de normas claras que reflitam atividades que contribuam para a estratégia global da organização de forma significativa. As normas devem ser definidas de forma clara e precisa para que os funcionários saibam o que precisam fazer e possam determinar se as atividades deles estão no caminho certo.[7]

FIGURA 19.1 Modelo de controle de *feedback*

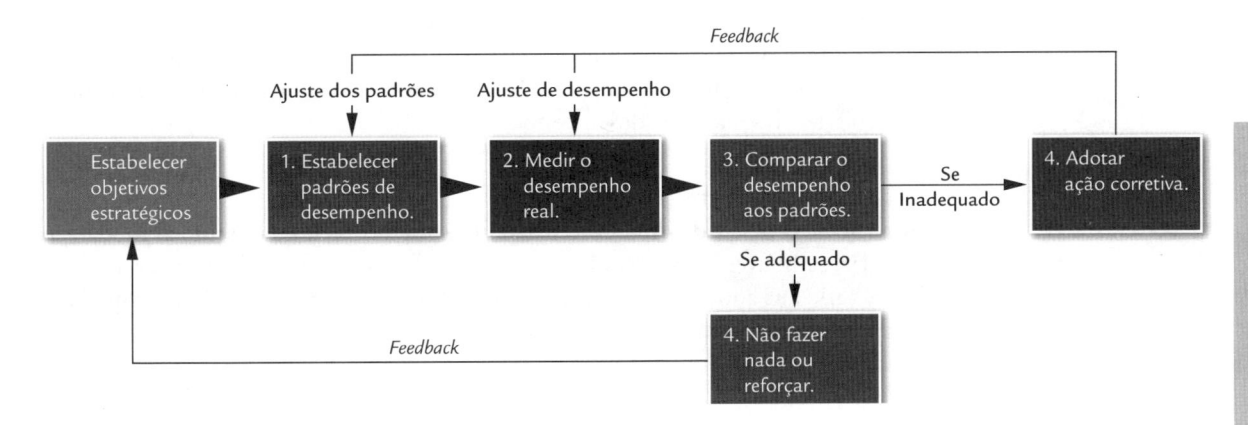

Conexão de conceito ◂◂◂

Quando se trata de drogas farmacêuticas, precisão é fundamental – vidas humanas estão em jogo. Os pesquisadores seguem procedimentos rigorosos para garantir que os resultados dos testes sejam objetivos e precisos, e que os processos de teste atendam aos objetivos da pesquisa. As empresas farmacêuticas estabelecem **padrões de desempenho** para medir as atividades de pesquisa e seus resultados. Por exemplo, muitas empresas estabelecem quantos compostos químicos devem ser considerados em cada fase do processo de desenvolvimento de medicamentos.

Medição do desempenho real

A maioria das organizações prepara relatórios quantitativos formais de medição de desempenho que os gestores revisam a cada dia, semana ou mês. Os gestores devem tomar cuidado, no entanto, para que não fiquem gerando relatórios apenas porque eles têm os dados.[8] Essas medidas devem estar relacionadas com as normas estabelecidas na primeira etapa do processo de controle, e os relatórios devem ser projetados para ajudar os gestores a avaliar como a organização está atendendo aos padrões estabelecidos. Por exemplo, se o crescimento das vendas é uma meta, a empresa deve ter um meio de coletar e relatar os dados sobre as vendas. Uma vez que ela identificou as medidas adequadas, a revisão periódica desses relatórios ajuda os gestores a identificar se a empresa está ou não fazendo o que deveria. O Grady Memorial Hospital, em Atlanta, mede a satisfação do paciente com base, em parte, nos resultados de uma pesquisa exigida pelo governo, que tem sido administrada desde 2006. Hospitais que recebem pagamentos do programa Medicare devem administrar pelo menos 100 pesquisas com pacientes durante o período de um ano, e os gestores do Grady usam os resultados, combinados com outras métricas, para avaliar o atendimento geral fornecido ao paciente.[9]

Comparar o desempenho aos padrões

No processo de controle, o terceiro passo é comparar as atividades reais aos padrões de desempenho. Quando os gestores leem relatórios de computador ou caminham pela fábrica, eles identificam se o desempenho real cumpre as normas, excede-as ou fica aquém. Em geral, os relatórios de desempenho simplificam essas comparações, colocando os padrões de desempenho para o período de referência juntamente com o desempenho real para o mesmo período e computando a variação, isto é, a diferença entre cada valor real e o padrão associado a ele. Para corrigir os problemas que precisam de mais atenção, os gestores se concentram nos desvios.

Quando o desempenho se desvia da norma, os gestores devem interpretar o desvio. Espera-se que eles vejam além e encontrem a causa do problema. Suponha que o dono de um supermercado tenha estabelecido como objetivo aumentar as vendas de frutos do mar em 10% durante o mês de julho. Entretanto, as vendas aumentaram apenas 8%. Os gestores devem investigar as razões por trás do déficit. Eles podem descobrir que os recentes aumentos do preço de camarão e três embarques atrasados de salmão do Canadá geraram vendas mais fracas no mês de julho, por exemplo. Os gestores devem adotar uma abordagem investigativa para os desvios a fim de que possam obter uma ampla compreensão dos fatores que influenciam o desempenho. Um controle de gestão eficaz envolve um julgamento subjetivo e discussões com os funcionários, bem como a análise objetiva dos dados de desempenho.

Adotar a ação corretiva

No modelo de controle de *feedback*, o passo final é determinar quais serão as mudanças necessárias, se houver. Um exemplo vem da FreshDirect, sofisticada mercearia *on-line* de Nova York, que adotou um modelo de controle de *feedback* para melhorar a qualidade dos produtos e o atendimento ao cliente.

Capítulo 19 Gestão de qualidade e desempenho

Forma inovadora
FreshDirect

Com mais de 45 mil entregas por semana, a FreshDirect é conhecida pela produção agrícola orgânica, por carnes com cortes customizados, frutos do mar e pães e doces frescos. Parece surpreendente que essa organização de sucesso tenha tropeçado em uma série de erros no início de sua história. Embora a FreshDirect tenha tido muito sucesso ao atrair os primeiros clientes com cupons e incentivos, a maioria deles deixou o serviço depois de fazer um ou dois pedidos por causa do mau atendimento ao cliente. Segundo Richard S. Braddock, que era o CEO em 2008, "Quebramos muitos ovos. Aparecemos com sorvete derretido. Esmagamos produtos. Entregamos com atraso. Perdemos caixas".

Os gestores decidiram criar um sistema de *feedback* contínuo, um banco de dados em tempo real que seguiria cada passo – e tropeço – de cada dia útil, para que os pequenos problemas pudessem ser corrigidos antes de explodirem em grandes problemas. A FreshDirect desenvolveu padrões de desempenho destinados a reforçar o atendimento ao cliente e construir clientes fiéis. Por exemplo, os gestores introduziram um sistema de classificação para medir a qualidade dos produtos agrícolas e frutos do mar. Toda manhã, gestores e compradores classificam os produtos com uma estrela (abaixo da média) a cinco estrelas (nunca melhor) e compartilham essas informações com os clientes para que eles possam simular a experiência de compra na loja e decidir o que comprar. Outros padrões de desempenho incluem o rastreamento de entregas dentro do prazo e o número de erros por pedido. A FreshDirect possui um depósito em Long Island, onde os trabalhadores são responsáveis pelo abate, pelo cozimento e pela preparação de alimentos. Os gestores de depósitos analisam diversos relatórios que acompanham as operações da fábrica, incluindo níveis de estoque, garantia de qualidade e frescor. Os gestores também monitoram dados em tempo real que mostram a popularidade de determinados produtos em zonas de entrega e intervalos de tempo específicos.

Analisar os dados de desempenho também mostrou outros problemas: a FreshDirect estava ficando aquém de suas metas de receita, e os clientes estavam reclamando sobre itens esgotados, opções limitadas de entrega e erros nos pedidos. O CEO tomou medidas corretivas, reformulando a empresa com um foco mais intenso no atendimento ao cliente. Ele atualizou o *site* da empresa para fornecer uma experiência *on-line* personalizada. Agora, o *site* pode analisar os padrões sobre pedidos, lembrar os clientes de seus produtos favoritos e sugerir outros itens de que poderiam gostar.[10]

BALANCED SCORECARD

A abordagem atual para o controle organizacional é adotar uma perspectiva equilibrada sobre o desempenho da empresa, integrando várias dimensões de controle que se concentram em mercados, clientes, funcionários e finanças.[11] Os gestores reconhecem que confiar exclusivamente em medidas financeiras pode resultar em um comportamento disfuncional no curto prazo. Medidas não financeiras fornecem um complemento saudável para as medidas financeiras tradicionais, e, como resultado, as empresas estão investindo quantias significativas no desenvolvimento de sistemas de medição mais equilibrados.[12] O **balanced scorecard** é um sistema de controle de gestão abrangente que equilibra as medidas financeiras tradicionais com medidas operacionais relacionadas aos fatores críticos para o sucesso de uma empresa.[13]

Um *balanced scorecard* contém quatro grandes perspectivas, como ilustra a Figura 19.2: desempenho financeiro, atendimento ao cliente, processos comerciais internos e capacidade da organização de aprender e crescer.[14] Nessas quatro áreas, os gestores identificam métricas essenciais de desempenho que a organização deve acompanhar:

> "Nem tudo que conta pode ser contado, e nem tudo que pode ser contado conta."
>
> – ALBERT EINSTEIN, FÍSICO TEÓRICO

TEMA RECENTE

- *Desempenho financeiro.* A perspectiva do *desempenho financeiro* reflete a preocupação de que as atividades da organização contribuam para melhorar o desempenho financeiro de curto e longo prazos. Ela inclui medidas tradicionais, como lucro líquido e retorno sobre o investimento.
- *Atendimento ao cliente.* Utiliza indicadores que medem o grau de retenção e satisfação dos clientes e como eles enxergam a organização. Esses dados podem ser recolhidos de muitas formas, como depoimentos de clientes que descrevem um atendimento excelente ou pesquisas com eles.[15] O Internal Revenue Service (IRS) se envolveu em uma polêmica que mostra a falta de atenção com o atendimento ao cliente. Como parte do governo que muitas pessoas já detestam, a Receita Federal se expôs a um ataque feroz ao selecionar certos grupos que declaram isenção fiscal para investigações detalhadas. A impressão inicial era de que o IRS estava mirando apenas as organizações conservadoras do *tea party*, mas a investigação posterior revelou que eles estavam analisando tanto os grupos de esquerda quanto os de direita. O escândalo particularmente manchou a imagem de unidade de isenção de impostos do IRS, o que tem sido descrito como "confusão burocrática, com alguns funcionários ainda ignorantes sobre as leis fiscais, resistentes às ordens dos supervisores e cegos quanto ao surgimento de impropriedades".[16]

FIGURA 19.2 *Balanced scorecard*

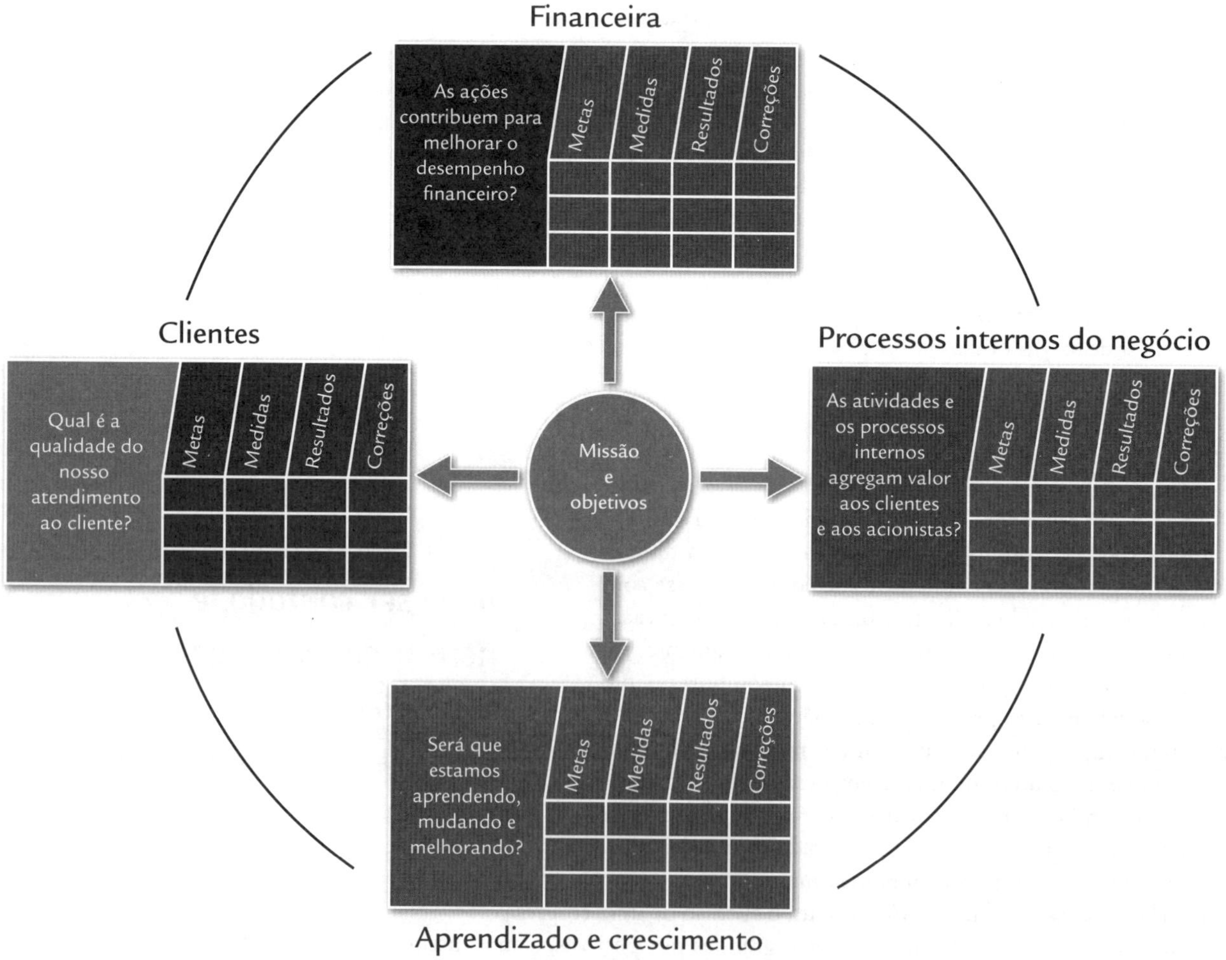

FONTES: Baseadas em Robert S. Kaplan; David P. Norton, "Using the balanced scorecard as a strategic management system", *Harvard Business Review* (January-February 1996): 75-85; Chee W. Chow; Kamal M. Haddad; James E. Williamson, "Applying the balanced scorecard to small companies", *Management Accounting* 79, n. 2 (August 1997): 21-27.

- **Processos internos dos negócios.** Os indicadores do *processo de negócio* se concentram nas estatísticas de produção e operação. Para uma companhia aérea, os indicadores do processo de negócios podem incluir chegadas a tempo e adesão às diretrizes de segurança. Um evento no Aeroporto Nacional Reagan, em Washington, refletiu a fraca adesão às normas de segurança, por exemplo. Quando um solitário controlador de tráfego aéreo nesse aeroporto caiu enquanto dormia em serviço e não conseguiu responder às repetidas transmissões de rádio, dois pilotos à espera para aterrissar aviões transportando um total de 160 pessoas decidiram pousar sem autorização, violando os regulamentos de segurança da Administração Federal de Aviação (*Federal Aviation Administration* – FAA) e prejudicando a reputação de ambas as companhias envolvidas, bem como do aeroporto.[17]

> **TEMA RECENTE**

- **Potencial de aprendizado e crescimento.** O componente final do *balanced scorecard* analisa o *potencial de aprendizado e crescimento* da organização, concentrando-se em quão bem os recursos e o capital humano estão sendo geridos para o futuro da empresa. As métricas podem incluir itens como a retenção de funcionários e a introdução de novos produtos. Os componentes do diagnóstico são concebidos de forma integrada, tal como ilustra a Figura 19.2.

Os gestores registram, analisam e discutem essas diversas métricas para determinar se a organização está alcançando os objetivos estratégicos ou não. O *balanced scorecard* será uma ferramenta eficaz para gerir e melhorar o desempenho, mas somente se estiver claramente ligado a objetivos e estratégia organizacionais bem definidos.[18] Na melhor das hipóteses, use as cascatas do *scorecard* dos níveis mais altos para os mais baixos da organização, para que todos se envolvam no desenvolvimento e na discussão da estratégia. O *scorecard* tornou-se o principal sistema de controle de gestão para muitas organizações conhecidas, como Bell Emergis (divisão da Bell Canadá), a Exxon Mobil Corporation, CIGNA (seguro), Hilton Hotels e até mesmo algumas agências do governo federal dos Estados Unidos.[19] Tal como acontece com todos os sistemas de gestão, o *balanced scorecard* não funciona para todas as organizações em todas as situações. A simplicidade do sistema tem levado alguns gestores a subestimar o tempo e o empenho necessários para que a abordagem se torne um sistema de controle de gestão verdadeiramente útil. Se os gestores implementarem o *balanced scorecard* com foco apenas na *mensuração de desempenho*, em vez de aplicarem a *gestão de desempenho*, que associa metas e medições à estratégia corporativa, ele poderá realmente dificultar ou até mesmo diminuir o desempenho organizacional.[20]

Lembre-se disto

- O modelo de controle de *feedback* envolve o uso de *feedback* para determinar se o desempenho satisfaz os padrões estabelecidos.
- Sistemas de controle bem concebidos incluem quatro passos principais: estabelecer padrões, medir o desempenho, comparar o desempenho com os padrões e fazer as correções necessárias.
- O *balanced scorecard* é um sistema de controle de gestão abrangente que equilibra as medidas financeiras tradicionais com medidas de atendimento ao cliente, processos internos de negócio e capacidade da organização de aprender e crescer.

Mudança na filosofia de controle

A abordagem atual dos gestores para o controle está mudando em muitas organizações. Influenciadas pelas tendências de participação e capacitação dos funcionários, muitas empresas estão adotando um processo de controle *descentralizado*, em vez de *hierárquico*. Os controles hierárquico e descentralizado representam diferentes filosofias de cultura corporativa, já discutidas no Capítulo 3. A maioria das organizações exibe alguns aspectos tanto de controle hierárquico quanto descentralizado, mas os gestores costumam enfatizar um ou outro, dependendo da cultura organizacional e das próprias crenças sobre controle.

Abordagem hierárquica *versus* descentralizada

O **controle hierárquico** envolve a ação de monitorar e influenciar o comportamento dos funcionários por meio do uso de regras, políticas, hierarquia de autoridade, documentação escrita, sistemas de recompensa e outros mecanismos formais.[21] Entretanto, o controle descentralizado depende de valores culturais, tradições, crenças compartilhadas e confiança para promover a conformidade com os objetivos organizacionais. Os gestores operam com base na suposição de que os funcionários sejam confiáveis e estejam dispostos a desempenhar com eficácia, mesmo sem regras detalhadas e supervisão intensa.

A Figura 19.3 compara o uso dos métodos hierárquicos e descentralizados de controle. Métodos hierárquicos definem regras, políticas e procedimentos explícitos para o comportamento dos funcionários. O controle depende de autoridade centralizada, hierarquia formal e supervisão pessoal intensa. A responsabilidade pelo controle de qualidade cabe aos inspetores de controle de qualidade e aos supervisores, e não aos funcionários. As descrições de trabalho são geralmente específicas e associadas às tarefas, e os gestores definem padrões mínimos para o desempenho aceitável dos funcionários. Em troca pelo cumprimento das normas, os funcionários recebem recompensas individuais extrínsecas, como salários, benefícios e possíveis promoções para níveis superiores da hierarquia. Os funcionários raramente participam do processo de controle, e qualquer eventual participação é formalizada por mecanismos, como os procedimentos de reclamação. Com controle hierárquico, a cultura organizacional é um pouco rígida, e os gestores não consideram a cultura uma ferramenta útil para controlar os funcionários e a organização. A tecnologia é frequentemente usada para controlar o fluxo e o ritmo de trabalho ou monitorar os funcionários, medindo o número de minutos que os funcionários gastam em chamadas telefônicas ou quantos registros de teclado eles fazem no computador.

> **Faça uma pausa**
>
> Como novo gestor, você vai adotar uma abordagem hierárquica ou uma abordagem descentralizada ao controle? Para ter uma ideia de qual seria a sua atitude em relação ao controle organizacional, faça o "Autoteste do novo gestor" apresentado a seguir.

TEMA RECENTE

A abordagem hierárquica para o controle é evidente em muitas empresas japonesas. A cultura japonesa reflete uma obsessão com as regras e a propensão para a burocracia que é capaz de transformar caos em ordem. Por exemplo, após o terremoto e *tsunami* devastadores de 2011, os japoneses organizaram com eficiência centros de evacuação para as famílias que perderam suas casas durante o desastre. Os comitês autônomos administravam esses abrigos temporários e definiam, nos mínimos detalhes, as responsabilidades diárias dos moradores. As pessoas recebiam tarefas específicas, como separar o lixo, lavar os banheiros e limpar os tanques de água doce. Segundo Shintara Goto, sobrevivente do *tsunami*, "O povo japonês é do tipo que se sente mais seguro quanto mais regras estiverem em vigor". Esse método hierárquico de gestão dos centros de evacuação temporários ajudou os sobreviventes a retomar a rotina e encontrar responsabilidades, o que pode desempenhar um papel importante na redução do extenso sofrimento físico e psicológico causado por esse desastre natural.[22]

O **controle descentralizado** se baseia em valores e suposições quase opostos aos do controle hierárquico. As regras e os procedimentos são usados somente quando necessário. Em vez disso, os gestores confiam em objetivos e valores compartilhados para controlar o comportamento dos funcionários. A organização coloca grande ênfase na seleção e socialização de funcionários para garantir que os trabalhadores acreditem nos valores adequados necessários para influenciar o comportamento na direção do cumprimento das metas da empresa. Nenhuma organização pode controlar os funcionários 100% do tempo, e a autodisciplina e o autocontrole são os fatores que levam os funcionários a fazer os trabalhos de acordo com o padrão. Empoderamento dos

FIGURA 19.3 Métodos hierárquicos e descentralizados de controle

	Controle hierárquico	Controle descentralizado
Suposições básicas	• As pessoas são incapazes de autodisciplina e não podem ser confiáveis. Elas precisam ser monitoradas e controladas de perto.	• As pessoas trabalham melhor quando estão totalmente comprometidas com a organização.
Ações	• Usa regras e procedimentos detalhados, e sistemas de controle formais. • Usa autoridade de cima para baixo, hierarquia formal, poder da posição e inspetores de controle de qualidade. • Baseia-se em descrições de funções relacionadas à tarefa. • Enfatiza recompensas extrínsecas (pagamento, benefícios, *status*). • Mostra uma cultura organizacional rígida e desconfia das normas culturais como meio de controle.	• Mostra uso limitado de regras e baseia-se em valores, autocontrole e controle pelo grupo, seleção e socialização. • Baseia-se em autoridade flexível, estrutura plana e poder de especialista; todos monitoram a qualidade. • Baseia-se em descrições de trabalho fundamentadas em resultados e enfatiza metas a serem alcançadas. • Enfatiza recompensas extrínsecas e intrínsecas (trabalho significativo, oportunidades de crescimento). • Exibe cultura adaptativa que é reconhecida como um meio para unir os objetivos individuais, coletivos e organizacionais para o controle geral.
Consequências	• Os funcionários seguem as instruções e fazem apenas o que é dito. • Os funcionários mostram sentimento de indiferença com relação ao trabalho. • O absenteísmo dos funcionários e a rotatividade são altos.	• Os funcionários tomam iniciativa e procuram responsabilidade. • Os funcionários estão ativamente engajados e comprometidos com o trabalho. • A rotatividade de funcionários é baixa.

FONTES: Baseadas em Naresh Khatri et al., "Medical errors and quality of care: from control to commitment", *Management Review California* 48, n. 3 (Spring 2006): 118; Richard E. Walton, "From control to commitment in the workplace", *Harvard Business Review* (March-April 1985): 76-84; Don Hellriegel; Susan E. Jackson; John W. Slocum Jr., *Management*, 8th ed. (Cincinnati, Ohio: South-Western, 1999), p. 663.

funcionários, socialização eficaz e treinamento contribuem para normas internas que incentivam o autocontrole. Nick Sarillo, que possui duas lojas Nick's Pizza & Pub em Illinois, afirma que seu estilo de gestão é "confiar e seguir", o que significa dar às pessoas as ferramentas e informações necessárias, dizer a elas qual resultado precisam alcançar e, em seguida, deixá-las chegar lá da sua própria maneira. Ao mesmo tempo, Sarillo se mantém informado dos resultados para que a empresa continue firme e forte. Ele usa a gestão transparente, que será descrita na próxima seção, para que todos na empresa tenham informações sobre como a empresa está indo.[23]

Com controle descentralizado, o poder é mais disperso e se baseia tanto no conhecimento e na experiência quanto na posição. A estrutura organizacional é plana e horizontal, como vimos no Capítulo 10, com autoridade flexível e equipes de trabalhadores resolvendo problemas e promovendo melhorias. Todos estão continuamente envolvidos no controle de qualidade. As descrições de trabalho são geralmente baseadas nos resultados, com mais ênfase nos objetivos a serem alcançados do que nas funções específicas que serão executadas. Os gestores não só usam recompensas extrínsecas, como remuneração, mas também recompensas intrínsecas de um trabalho significativo e oportunidades de aprender e crescer. A tecnologia é usada para capacitar os funcionários, dando a eles as informações necessárias para tomar decisões eficazes, trabalhar juntos e resolver problemas. As pessoas são recompensadas pelo sucesso da equipe e da organização, e também pelo desempenho individual; a ênfase está na igualdade entre os funcionários. Os funcionários participam de uma ampla gama de atividades, como definição de objetivos, estabelecimento de padrões de desempenho, gestão da qualidade e desenvolvimento de sistemas de controle.

NOVO GESTOR — Autoteste

Qual é a sua atitude em relação à regulação e ao controle organizacionais?

Instruções: Os gestores precisam controlar as pessoas para que as organizações sobrevivam, mas esse controle deve ter a medida e as características certas. Muitas vezes, as empresas são menos democráticas que a sociedade da qual fazem parte. Considere honestamente suas crenças sobre a regulação de outras pessoas e indique se cada item a seguir é "Normalmente verdadeiro" ou "Normalmente falso" para você.

	Normalmente verdadeiro	Normalmente falso
1. Acredito que as pessoas devem ser guiadas mais por sentimentos e menos por regras.	___	___
2. Penso que os funcionários devem chegar na hora certa para o trabalho e as reuniões.	___	___
3. Acredito que eficiência e velocidade não são tão importantes quanto a oportunidade de todos manifestarem a opinião na tomada de decisões.	___	___
4. Para mim, os funcionários devem obedecer às políticas da empresa.	___	___
5. Deixo meu ente querido tomar a decisão e fazer do seu jeito na maioria das vezes.	___	___
6. Gosto de dizer às outras pessoas o que elas devem fazer.	___	___
7. Sou mais paciente com as pessoas menos capazes.	___	___
8. Gosto de ter as coisas funcionando "perfeitamente".	___	___

Pontuação e interpretação: Nas afirmações ímpares, atribua 1 ponto a cada item assinalado como "Normalmente verdadeiro"; nas afirmações pares, atribua 1 ponto a cada item assinalado como "Normalmente falso". Uma pontuação de 6 ou mais sugere que você prefere o controle descentralizado para as pessoas em uma organização. Uma pontuação de 3 ou menos sugere a preferência por mais controle e burocracia na empresa. Novos gestores entusiasmados podem exercer seu novo controle em excesso e provocar uma reação negativa. No entanto, muito pouco controle pode significar menos responsabilidade e produtividade. O desafio dos novos gestores é encontrar o equilíbrio certo para o trabalho e as pessoas envolvidas.

Fonte: Adaptado de J. J. Ray, "Do authoritarians hold authoritarian attitudes?", *Human Relations* 29 (1976): 307-325.

Quando o controle é descentralizado, a cultura é adaptativa e os gestores reconhecem a importância da cultura organizacional para unir as metas individuais, da equipe e organizacionais, para um controle global mais amplo. Idealmente, com o controle descentralizado, os funcionários vão combinar suas áreas de especialização para chegar a procedimentos melhores do que os que os gestores poderiam desenvolver sozinhos. A Campbell Soup está usando o controle descentralizado, contando com a ajuda de seus trabalhadores para aumentar a eficiência das fábricas.

GESTÃO TRANSPARENTE

Em muitas organizações, um aspecto importante do controle descentralizado é a gestão transparente. Uma organização que promove a partilha de informações e o trabalho em equipe inclui os funcionários no *loop* de controle financeiro e responsabilidade para

Forma inovadora
Campbell Soup Company

A Campbell Soup Company, que controla 60% do mercado norte-americano de sopas, está acumulando lucros com a implementação de ideias sugeridas por seus funcionários para a redução de custos. Na fábrica de Maxton, na Carolina do Norte, os trabalhadores da fábrica se reúnem todas as manhãs com os gestores para encontrar formas de economizar o dinheiro da empresa. Esses trabalhadores são parte de uma cultura descentralizada, em que os gestores e funcionários compartilham os objetivos da empresa e colaboram com formas de melhorar a eficiência. De acordo com "Big John" Filmore, veterano da fábrica, o objetivo das reuniões diárias entre trabalhadores e gestores é "manter todos envolvidos. Em vez de nos dizerem o que fazer, temos que contar às pessoas sobre os nossos problemas".

Quando desafiados a promover mais eficiência na nova linha de caldos Swanson, que processa 260 milhões de libras de matérias-primas por ano, operadores e mecânicos conceberam um sistema de numeração para cada junta de máquina para acelerar os reparos do equipamento de processamento. Eles cortaram janelas nos revestimentos de metal das correias transportadoras para que pudessem identificar sinais de desgaste. Codificaram as alças das válvulas com cores diferentes para evitar confusão nas configurações. Com mudanças como essas, impulsionadas pelos funcionários, a Campbell afirma que a eficiência operacional na fábrica de Maxton subiu para 85% do que os gestores diziam ser o máximo possível, 75% acima de três anos atrás. Esses resultados compensam, já que um ganho de 1% na eficiência da fábrica agrega três milhões de dólares aos lucros operacionais.

O mais recente desafio da Campbell é reinventar a forma como a empresa faz sopa. No passado, cada sopa tinha uma receita própria. Agora muitas sopas vão compartilhar uma base comum, como caldo de galinha, e serão adaptadas pela adição de diferentes tipos de carne e vegetal. Funcionários de todos os níveis da organização vão ajudar a planejar e implementar os novos processos. Segundo Dave Biegger, vice-presidente da Campbell para a cadeia de abastecimento da América do Norte, "Temos de colaborar nos níveis mais altos da organização até o chão da fábrica".[24]

incentivar a participação ativa e o compromisso com as metas. A **gestão transparente** permite que os funcionários vejam por eles mesmos – por meio de gráficos, impressões de computador, reuniões e assim por diante – a condição financeira da empresa. Esse tipo de gestão mostra a cada funcionário como o trabalho dele se encaixa no contexto geral e afeta o futuro financeiro da organização. Enfim, a gestão transparente associa as recompensas do funcionário com o sucesso global da empresa. Com treinamento na interpretação de dados financeiros, os funcionários podem ver a interdependência e a importância de cada função. Se eles são recompensados de acordo com o desempenho, ficam motivados para assumir a responsabilidade pela equipe ou pela função, em vez de unicamente pelos trabalhos individuais.[25]

O objetivo da gestão transparente é levar cada funcionário a pensar e a agir como empresário. Para tanto, a gestão dá aos funcionários a mesma informação que os proprietários têm: quanto dinheiro está entrando e para onde está indo. A gestão transparente ajuda os funcionários a compreender por que a eficiência é importante para o sucesso da organização e deles. Laura Ortmann, proprietária do Ginger Bay Salon and Spa de St. Louis, no Estado norte-americano de Missouri, descobriu que os cabeleireiros e massagistas ficaram mais motivados para alcançar as próprias metas de desempenho depois que ela os treinou para entender os objetivos financeiros da empresa. Metas individuais e organizacionais foram registradas com destaque em um painel de avaliação, disposto na sala de descanso, que listava os resultados diários das vendas de cada funcionário e se as metas haviam sido alcançadas. De acordo com Ortmann, "O comportamento mudou do dia para a noite. Ninguém quer ver o próprio nome ao lado de um número baixo". Ao ajudar os funcionários a ver como os esforços afetavam o sucesso financeiro da empresa, Ortmann aumentou a motivação deles. Segundo a manicure Terri Kavanaugh, "Amo os números e saber como está meu desempenho".[26]

Em alguns países, os gestores têm mais problemas para administrar uma empresa transparente porque as atitudes predominantes e os padrões incentivam a confidencialidade (até mesmo o sigilo) sobre os resultados financeiros. Muitos empresários de países como a China, a Rússia e a Índia não estão acostumados a divulgar detalhes financeiros publicamente, o que pode trazer problemas para as empresas multinacionais que operam nesses lugares.[27] A Figura 19.4 lista uma parte de um recente índice de opacidade, que oferece a indicação da transparência de alguns países com relação às questões econômicas. Quanto maior a classificação, mais opaca, ou oculta, é a economia do país. No índice parcial para 2009 da Figura 19.4, a Nigéria tem a classificação mais alta de opacidade com 55, e a Finlândia, a menor, com 9. Os Estados Unidos têm uma classificação de opacidade de 22. Em países com classificação elevada, os dados financeiros são, em geral, muito bem guardados, e os gestores podem ser desencorajados a compartilhar informações com os funcionários e o público. A globalização está começando a ter impacto sobre a opacidade econômica de vários países, incentivando a convergência para as normas de contabilidade internacionais que defendem a cobrança com precisão e o registro e a divulgação de informações financeiras. Assim, a maioria dos países tem melhorado as classificações ao longo dos últimos anos.

FIGURA 19.4 Índice de opacidade internacional: quais são os países com as economias mais secretas?

País	Classificação de opacidade em 2009
Nigéria	55
Venezuela	48
Arábia Saudita	45
China	42
Índia	41
Indonésia	40
Rússia	40
México	37
Taiwan	32
Coreia do Sul	29
África do Sul	24
Japão	25
Estados Unidos	22
Canadá	20
Alemanha	17
Irlanda	15
Cingapura	14
Hong Kong	12
Finlândia	9

Quanto maior a pontuação de opacidade, mais secreta é a economia nacional, o que significa que prevalecem atitudes e padrões que desencorajam a transparência com relação aos resultados financeiros e a outros dados.

FONTE: Joel Kurtzman; Glenn Yago, "Opacity index, 2009: measuring global risks", publicado pelo Milken Institute em abril de 2009. Disponível em: <www.kurtzmangroup.com/pdf/InstituteOpacityIndex_Apr8.pdf>. Acesso em: 4 out. 2012.

Lembre-se disto

- A filosofia de controle mudou para refletir as mudanças nos métodos de liderança.
- O **controle hierárquico** envolve monitorar e influenciar o comportamento dos funcionários por meio do uso de regras, políticas, hierarquia de autoridade, documentação escrita, sistemas de recompensa e outros mecanismos formais.
- Com o **controle descentralizado**, a empresa incentiva a conformidade com as metas por meio do uso da cultura organizacional, de normas coletivas e foco nos objetivos, em vez de regras e procedimentos.
- A Campbell Soup usa o controle descentralizado na fábrica de Maxton, na Carolina do Norte, para incentivar os funcionários a cortar custos e aumentar a eficiência.
- A **gestão transparente** permite que os funcionários vejam por si mesmos a condição financeira da organização e os incentiva a pensar e a agir como donos da empresa.

Gestão da qualidade total (GQT)

Outra abordagem popular baseada na filosofia de controle descentralizada é a **gestão da qualidade total (GQT)**, um esforço de toda a organização para impor qualidade em todas as atividades por meio da melhoria contínua. A gestão da qualidade é uma preocupação de todas as organizações. Considere os problemas que a Boeing teve com o novo 787 Dreamliner. A nova aeronave tem sido aclamada como um dos aviões mais inovadores dos últimos anos, pois foi feita de materiais compósitos (o primeiro da indústria), é 20% mais econômica em combustível e provoca 20% menos de emissões. No entanto, o Dreamliner tem sido atormentado com problemas de qualidade desde o início. Em janeiro de 2013, a bateria pegou fogo a bordo do voo da All Nippon Airways. Isso, combinado a outras questões, como vazamentos de combustível, janela de *cockpit* rachada, problemas de fiação e baterias superaquecidas, levou a FAA a suspender a utilização de toda a frota de 787 por quatro meses. Logo depois que o Dreamliner foi autorizado a voar novamente, um incêndio atacou um 787 estacionado no aeroporto de Heathrow, em Londres. Então, em meados de outubro, o painel de fuselagem caiu de um 787 que era operado pela Air India, em pleno voo, de Deli a Bangalore. Embora o incidente não tenha representado nenhum risco de insegurança para os passageiros, significou mais uma mancha na reputação do moderno *jet* da Boeing, que tem sofrido mais problemas de qualidade em dois anos que a maioria dos aviões experimenta a vida toda.[28]

TEMA RECENTE

A GQT se tornou atraente para os gestores norte-americanos na década de 1980 porque havia sido implementada com sucesso por empresas japonesas como Toyota, Canon e Honda, as quais foram ganhando participação de mercado e reputação internacional de alta qualidade. O sistema japonês foi baseado no trabalho de investigadores e consultores dos Estados Unidos, como W. Edwards Deming, Joseph Juran e Armand Feigenbaum, cujas ideias atraíram executivos norte-americanos depois que os métodos foram testados no exterior.[29] A filosofia da GQT se concentra no trabalho em equipe, de modo a aumentar a satisfação do cliente e reduzir os custos. Na implementação da GQT, as empresas incentivam os gestores e os funcionários a colaborar em diferentes funções e departamentos, além de setores destinados a clientes e fornecedores, para que possam identificar áreas de melhoria, mesmo que pequenas. Cada melhoria de qualidade é um passo rumo à perfeição e à meta de zero defeito. O controle de qualidade torna-se parte do dia a dia de cada funcionário, em vez de ser atribuído aos departamentos especializados.

Técnicas de GQT

A implementação da GQT envolve o uso de muitas técnicas, como círculos de qualidade, *benchmarking*, princípios do Seis Sigma, parceria de qualidade e melhoria contínua.

Círculos de qualidade

Círculo de qualidade é um grupo de 6 a 12 funcionários voluntários que se reúnem regularmente para discutir e resolver problemas que afetam a qualidade do trabalho.[30] Em um horário definido durante a semana, os membros do círculo de qualidade se encontram, identificam problemas e tentam encontrar soluções. Integrantes do círculo são livres para coletar dados e participar de pesquisas. Muitas empresas treinam as pessoas em criação de equipes, resolução de problemas e controle estatístico de qualidade. O objetivo dos círculos de qualidade é levar a tomada de decisão ao nível organizacional em que recomendações podem ser feitas pelas pessoas que fazem o trabalho e o conhecem melhor do que ninguém. Na Carrier Collierville, fabricante de condicionadores de ar residenciais e bombas de calor, um círculo de qualidade abordou o problema de vazamento nas juntas de brasagem de um componente da bomba de calor. As alterações feitas na área de trabalho resultaram na redução de 50% nos vazamentos e nos custos de reparo associados.[31]

Benchmarking

Introduzido pela Xerox em 1979, o *benchmarking* é agora um componente importante da GQT. O **benchmarking** é definido como "o processo contínuo de medir produtos, serviços e práticas contra os concorrentes mais difíceis ou as empresas reconhecidas como líderes da indústria para identificar áreas de melhoria".[32] As organizações também podem usar o *benchmarking* para gerar novas ideias de negócio, avaliar a demanda do mercado ou identificar as melhores práticas dentro da indústria. Um processo de avaliação comparativa de cinco passos é exibido na Figura 19.5.[33]

O primeiro passo envolve o planejamento do estudo de *benchmarking*, que inclui a identificação dos objetivos do estudo e as características de um produto ou serviço que influenciam significativamente a satisfação do cliente. O segundo passo envolve a identificação da fonte da informação a ser coletada. Por exemplo, as fontes de dados

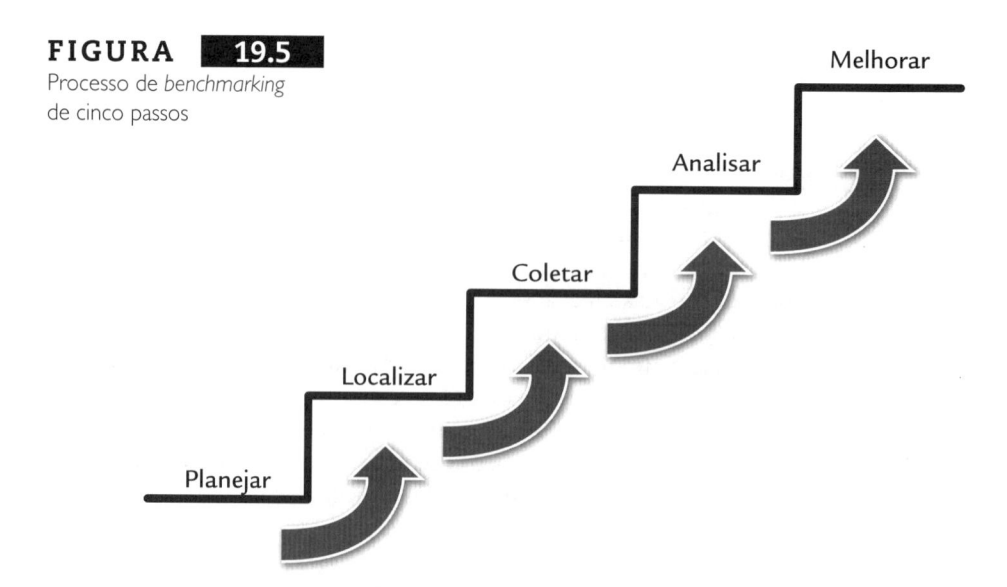

FIGURA 19.5
Processo de *benchmarking* de cinco passos

Planejar → Localizar → Coletar → Analisar → Melhorar

FONTE: Baseada em Deven Shah; Brian H. Kleiner, "Benchmarking for quality", *Industrial Management* (March-April 2011): 22-25.

para um estudo de *benchmarking* da Sherwin-Williams podem incluir estudos nacionais de laboratórios independentes ou publicados na revista *Consumer Reports*. Uma vez que a fonte de informação é identificada, os dados são então recolhidos. A Xerox coletou informações sobre as técnicas de atendimento de pedidos de L. L. Bean de Freeport, no Estado norte-americano de Maine, uma empresa de venda por catálogo, e aprendeu formas de reduzir os custos de armazenagem em 10%. O quarto passo inclui a análise dos dados recolhidos de *benchmarking* e a recomendação de áreas para melhoria. O quinto passo inclui a aplicação das recomendações e, em seguida, o monitoramento delas por meio do *benchmarking* contínuo.

Seis Sigma

Os princípios de qualidade do Seis Sigma foram introduzidos primeiro pela Motorola em 1980 e posteriormente popularizados pela General Electric (GE), onde o ex-CEO Jack Welch exaltava o Seis Sigma pela qualidade e pelos ganhos de eficiência que pouparam bilhões de dólares para a empresa. Com base na letra grega *sigma*, que os estatísticos usam para medir o quanto algo se desvia da perfeição, o **Seis Sigma** é um padrão de qualidade muito ambicioso, que especifica a meta de não ultrapassar 3,4 defeitos por milhão de peças. Isso significa estar essencialmente livre de defeitos 99,9997% do tempo.[34] No entanto, o Seis Sigma se desviou da definição precisa para se tornar um termo genérico para a abordagem de controle de qualidade que não toma nada como garantido e enfatiza a busca disciplinada e implacável por mais qualidade e custos mais baixos. Assim como outros aspectos da GQT, o Seis Sigma não serve apenas para organizações de produção. Empresas de serviços obtiveram benefícios significativos com o Seis Sigma e outras técnicas de GQT. A Cardinal Health, distribuidora de produtos de saúde, é um elo crítico na cadeia de suprimentos de saúde e lida com um quarto de todos os medicamentos prescritos todos os dias. A Cardinal embarcou na iniciativa Lean do Seis Sigma, que levou à queda de 30% na taxa de erros no período de três anos. A empresa agora ampliou o escopo dos esforços com o Seis Sigma para os parceiros da cadeia de suprimentos, com a meta de atingir zero erro, zero desperdício e zero receita perdida.[35]

O Seis Sigma se baseia na metodologia de cinco passos, conhecida como *DMAIC* – sigla para definir (*define*), medir (*measure*), analisar (*analyze*), melhorar (*improve*) e controlar (*control*) –, que proporciona uma forma estruturada com a qual as organizações abordam e resolvem problemas.[36] Implementar efetivamente o Seis Sigma requer um grande compromisso da alta gestão, porque os seus princípios envolvem mudanças generalizadas em toda a organização. Na Honeywell, por exemplo, todos os funcionários devem compreender os fundamentos do Seis Sigma. O Seis Sigma promove a linguagem comum entre os funcionários, complementa os esforços para cortar custos desnecessários na organização e apoia as iniciativas de "acertar na primeira". A Honeywell explica com estes exemplos a dedicação ao Seis Sigma e o que significa alcançar alto nível de desempenho:

- Se o seu aquecedor de água operasse no Four Sigma (e não Seis), você ficaria sem água quente por mais de 54 horas por ano. No Seis Sigma, você ficaria sem água quente por menos de dois minutos por ano.
- Se o seu *smartphone* operasse no Four Sigma, você ficaria sem o serviço por mais de quatro horas por mês. No Seis Sigma, seriam mais ou menos nove segundos por mês.
- Em geral, o processo Four Sigma resultará em um pacote defeituoso de produtos para cada três caminhões enviados. No processo Seis Sigma, será um pacote com defeito para cada 5.350 caminhões.[37]

> *"Qualidade é o resultado do ambiente cultural cuidadosamente construído. Ela deve ser o tecido da organização, e não parte dele."*
>
> – PHILIP CROSBY (1926-2001), EMPRESÁRIO NORTE-AMERICANO E GURU DE QUALIDADE

Poder Verde

Estilo abelha

A abelha é conhecida pelo trabalho duro e uso racional dos recursos naturais, além de viver em uma comunidade cooperativa e interligada. Da mesma forma, a **BMW**, com sede em Munique, reconhece que a verdadeira sustentabilidade envolve a proteção e o uso sábio não só do meio ambiente, mas de todos os recursos usados para fornecer veículos de qualidade aos consumidores. Em vigor desde os anos 1970, a abordagem da BMW para o crescimento sustentável pode ser vista em todo o seu processo bem controlado de produção. Equipes autogeridas supervisionam a medição rigorosa de controle de qualidade em sustentabilidade, assegurando para a BMW a classificação internacional de sustentabilidade A+. Um total de 23 práticas interligadas das "abelhas" aborda tudo, desde comportamento ético e responsabilidade social até qualidade e inovação. Os resultados incluem a reciclagem de resíduos de produção e a reutilização da sucata das novas carrocerias de fibra de carbono da BMW.

Fonte: Gayle C. Avery; Harald Bergsteiner, "How BMW successfully practices sustainable leadership principles", *Strategy & Leadership* 39, n. 6 (2011): 11-18.

Faça uma pausa

Como novo gestor, você apoiaria a GQT assumindo a responsabilidade de melhorar suas tarefas e atividades? Consulte os resultados do teste proposto no início do capítulo para obter um *feedback* sobre a sua atitude quanto à melhoria contínua.

A Figura 19.6 lista outras estatísticas que mostram por que o Seis Sigma é importante tanto para organizações industriais quanto de serviços.

Parceria de qualidade

Uma das desvantagens do programa tradicional de controle de qualidade é que as pessoas desse departamento são geralmente vistas como *outsiders* pelos grupos empresariais para os quais trabalham. Como elas nem sempre têm um forte conhecimento dos processos que estão estudando, seu trabalho pode ser visto com desconfiança ou como uma interrupção da rotina normal de trabalho. O risco aqui é que o controle de qualidade seja visto como algo desligado da rotina de trabalho. Outra desvantagem do modelo tradicional é que o controle de qualidade é, em geral, feito depois que o produto já foi concluído ou o serviço entregue – momento em que é mais caro fazer correções.

Uma nova abordagem denominada **parceria de qualidade** envolve a atribuição de responsabilidades a funcionários dedicados dentro de uma área funcional específica

---

FIGURA 19.6 A importância dos programas de melhoria da qualidade

99% equivalem a:	Seis Sigma equivale a:
117 mil peças perdidas por hora no serviço expresso do correio	uma peça perdida a cada duas horas no correio expresso
800 mil cheques pessoais extraviados por dia	três cheques pessoais extraviados por dia
23.087 computadores entregues com defeito todo mês	oito computadores entregues com defeito todo mês
7,2 horas por mês sem eletricidade	nove segundos por mês sem eletricidade

FONTE: Baseada em dados de *Statistical Abstract of the United States*, Serviço Postal dos Estados Unidos, conforme relatado em Tracy Mayor, "Seis Sigma comes to IT: targeting perfection", *CIO* (December 1, 2003): 62-70.

da empresa. Nessa abordagem, o pessoal de controle de qualidade trabalha ao lado de outros funcionários dentro de uma área funcional, identificando oportunidades para melhorias de qualidade durante todo o processo de trabalho. Essa abordagem integrada, de parceria sobre a qualidade, possibilita a detecção e correção de defeitos no início do ciclo de vida do produto, quando ele pode ser corrigido com mais facilidade. Outra vantagem dessa abordagem é que os parceiros de qualidade são vistos como *insiders* e colegas, sendo facilmente aceitos no grupo de trabalho.[38]

FIGURA 19.7 Fatores de sucesso do programa de qualidade

Fatores positivos	Fatores negativos
• As tarefas exigem habilidades importantes dos trabalhadores. • A GQT serve para enriquecer as funções e motivar os funcionários. • Todos os funcionários têm suas habilidades de resolução de problemas melhoradas. • Participação e trabalho em equipe são usados para resolver problemas significativos. • A melhoria contínua é um estilo de vida.	• As expectativas de gestão são irrealisticamente altas. • Os gestores de nível médio estão insatisfeitos com a perda de autoridade. • Os trabalhadores estão insatisfeitos com outros aspectos da vida organizacional. • Os líderes do sindicato são deixados de fora das discussões sobre controle de qualidade. • Os gestores esperam grandes e significativas inovações.

Forma inovadora
La-Z-Boy do Tennessee

De acordo com David Robinson, gestor de melhoria contínua da La-Z-Boy, "Se estivéssemos fazendo negócios da mesma forma que fazíamos em 2005, outra pessoa estaria aqui, porque já teríamos fechado. Estamos 50 milhões de dólares por ano melhores agora do que éramos".

Nos Estados Unidos, a indústria de mobiliário tem sido dizimada pela concorrência estrangeira, mas a dedicação à eficiência de custos e a melhoria contínua permitiram que a La-Z-Boy florescesse. Robinson observa que 23 dos gestores e engenheiros da instalação foram treinados nos princípios do Seis Sigma, e equipes multifuncionais completaram 24 eventos *kaizen* focados em segurança, qualidade e produtividade. Uma melhoria de processo significativa na instalação de Dayton é o Programa Flawless, que destina um engenheiro de produção para garantir que a qualidade e a capacidade de fabricação sejam planejadas para todos os produtos novos. "Antes que o produto chegue à fase de fabricação, ela já acompanhou todo o projeto", afirma Robinson sobre a atual engenheira de produção. Dessa forma, a empresa sabe quais serão as ferramentas e os equipamentos necessários para produzir o produto repetidamente, com baixo custo e, relativamente, sem erros. Como exemplo, ele aponta para a primeira tentativa da fábrica de construir uma cadeira reclinável elétrica. Ela tinha uma taxa de erro de cerca de 40% dentro da indústria. Depois de reintroduzi-la usando o processo Flawless, Robinson relata: "Agora temos uma fração de erro de 1% na indústria".[39]

Melhoria contínua
Na América do Norte, os programas e os projetos intensivos têm sido, tradicionalmente, o método preferido de inovação. Os gestores medem os benefícios esperados da mudança específica e favorecem as ideias com os melhores resultados. Em contrapartida, as empresas japonesas conseguiram sucesso extraordinário promovendo uma série de pequenas melhorias. Essa abordagem, chamada de **melhoria contínua** ou *kaizen*, é a implementação de grande número de pequenas melhorias graduais em todas as áreas

da organização de forma contínua. No programa de GQT bem-sucedido, todos os funcionários aprendem que devem contribuir, dando início a mudanças nas próprias atividades de trabalho. De acordo com a filosofia básica, melhorar as coisas pouco a pouco, o tempo todo, tem mais probabilidade de sucesso. As inovações podem começar de forma simples, e os funcionários podem explorar e ampliar seu sucesso nesse processo interminável. O compromisso com a melhoria contínua tem permitido que a La-Z-Boy de Dayton, no Tennessee, prospere mesmo durante a recente recessão.

Fatores de sucesso da GQT

Apesar da promessa, a GQT nem sempre funciona. Algumas empresas tiveram resultados decepcionantes. Em particular, os princípios do Seis Sigma podem não ser adequados a todos os problemas organizacionais, e algumas empresas têm gastado muita energia e recursos para pouco retorno.[40] Muitos fatores de contingência (listados na Figura 19.7) podem influenciar o sucesso do programa de GQT. Por exemplo, círculos de qualidade são mais benéficos quando os funcionários têm trabalhos desafiadores; a participação no círculo de qualidade pode contribuir para a produtividade, pois permite que os funcionários reúnam conhecimentos e resolvam problemas interessantes. A GQT também tende a ter mais sucesso quando ela enriquece as funções de trabalho e aumenta a motivação dos funcionários. Além disso, participar no programa de GQT melhora as habilidades de resolução de problemas dos profissionais, e a produtividade deve aumentar. Finalmente, o programa de GQT tem mais chances de dar certo na cultura corporativa que valoriza a qualidade e enfatiza a melhoria contínua.

Lembre-se disto

- **Gestão da qualidade total (GQT)** é um grande esforço da organização para infundir qualidade em todas as atividades dentro de uma empresa por meio da melhoria contínua.
- A filosofia por trás da GQT se concentra no trabalho em equipe, no aumento da satisfação do cliente e na redução de custos.
- Os **círculos de qualidade** oferecem a técnica para a implementação da GQT e incluem grupos de 6 a 12 funcionários, voluntários, que se reúnem regularmente para discutir e resolver problemas que afetam a qualidade do trabalho.
- Outra opção para a qualidade do monitoramento é o *benchmarking*, um processo contínuo de medição de produtos, serviços e práticas, e de comparação com os principais concorrentes ou líderes da indústria.
- **Seis Sigma** é a abordagem de controle de qualidade que enfatiza a busca incessante por mais qualidade e custos mais baixos.
- **Parceria de qualidade** envolve a designação de pessoal dedicado dentro de uma área funcional específica do negócio para identificar oportunidades para melhorias de qualidade em todo o processo de trabalho.
- **Melhoria contínua** ou *kaizen* é a implementação de grande número de pequenas melhorias graduais em todas as áreas da organização, de forma contínua.

Controle orçamentário

Debbie Dusenberry estava correndo atrás de seu sonho de ser empresária bem-sucedida. Ela abriu uma loja perfeitamente projetada chamada Curious Sofa e encheu o vasto *showroom* com antiguidades, mobiliário exótico, acessórios e presentes. Dusenberry tinha uma equipe dedicada e vendas que chegavam a 800 mil dólares por ano. Havia pedido muito dinheiro emprestado e estava planejando ampliar o estoque. O negócio estava crescendo rapidamente. Entretanto, Dusenberry agia como uma típica pequena empresária, cheia de paixão e entusiasmo, e pouca experiência financeira. Arrebatada pela emoção do crescimento das vendas, não percebeu que os custos excessivos com pessoal, estoque e frete foram afetando a rentabilidade. Ela estava operando sem orçamento e sem controle sobre todas as despesas. Quando as vendas caíram durante a recessão econômica, as insuficiências gritantes em seu sistema financeiro foram expostas. Assustada e exasperada, Dusenberry começou a pensar sobre como poderia salvar o negócio e percebeu que precisava de um novo sistema para ajudá-la a monitorar e gerenciar os custos. O primeiro passo foi criar um orçamento.[41]

> **Faça uma pausa**
>
> A seção "Aplique suas habilidades: exercício vivencial", no material complementar, propõe um teste sobre controle orçamentário. Mãos à obra!!!

Controle orçamentário, um dos métodos mais utilizados de controle gerencial, é o processo de definir metas para as despesas de uma organização, monitorar os resultados, compará-los ao orçamento e fazer as alterações necessárias. Como um dispositivo de controle, os orçamentos são relatórios que listam as despesas previstas e reais com dinheiro, bens, matérias-primas, salários e outros recursos. Além disso, relatórios orçamentários costumam listar a variação entre os valores orçados e reais para cada item.

Um orçamento é criado para cada divisão ou departamento dentro de uma organização, não importa o quão pequeno, contanto que desempenhe um projeto, programa ou função distinta. A unidade fundamental de análise para um sistema de controle orçamentário é chamada de **centro de responsabilidade**, definido como qualquer departamento ou unidade organizacional e supervisionado por uma única pessoa que é responsável pela atividade.[42] Um escritório de vendas de eletrodomésticos de três pessoas de Watertown, em Nova York, é um centro de responsabilidade, como é um departamento de controle de qualidade, um departamento de *marketing* e uma fábrica de refrigeradores inteira. O gestor de cada unidade tem uma responsabilidade orçamentária. A alta gestão utiliza orçamentos para a empresa como um todo, e a média gestão se concentra, em geral, no desempenho do orçamento em seu departamento ou divisão. Os orçamentos geralmente usados por gestores referem-se a despesas, receitas, caixa e capital.

ORÇAMENTO DE DESPESAS

Um **orçamento de despesas** inclui gastos previstos e reais para cada centro de responsabilidade e para toda a organização. Um orçamento de despesas pode mostrar todos os tipos de despesa ou se concentrar em uma categoria específica, como materiais ou despesas com pesquisa e desenvolvimento. Quando as despesas reais excederem as quantias orçamentadas, a diferença sinaliza a necessidade de os gestores identificarem possíveis problemas e tomarem ações corretivas, se necessário. A diferença pode surgir a partir da ineficiência ou a despesa pode ser maior porque as vendas da organização estão crescendo mais rapidamente do que o previsto. Por sua vez, despesas abaixo do orçamento podem sinalizar a eficiência excepcional ou, possivelmente, o fracasso em conhecer outros padrões, como o nível desejado de vendas ou a qualidade do serviço. De qualquer forma, os orçamentos de despesas ajudam a identificar a necessidade de investigação mais aprofundada, mas não a substituem.

ORÇAMENTO DE RECEITAS

Um **orçamento de receitas** lista as receitas previstas e reais da organização. Em geral, receitas abaixo do valor orçado sinalizam a necessidade de investigar o problema para saber se a organização pode melhorá-las. Em contrapartida, receitas acima do orçamento exigem que se determine se a organização pode obter os recursos necessários para atender à demanda inesperada por seus produtos ou serviços. Os gestores, então, formulam planos de ação para corrigir a variação do orçamento.

Orçamento de caixa

O **orçamento de caixa** estima as receitas e as despesas de dinheiro em uma base diária ou semanal para garantir que a organização tenha caixa suficiente para cumprir as suas obrigações. O orçamento de caixa mostra o nível de fundos que estão fluindo pela organização e a natureza dos desembolsos de caixa. Se o orçamento de caixa mostra que há mais dinheiro que o necessário para atender às necessidades de curto prazo, a empresa pode começar a investir o excesso para lucrar com o rendimento de juros. Em contrapartida, se o orçamento de caixa mostra uma despesa na folha de pagamento de 20 mil dólares para o final da semana, mas há apenas 10 mil dólares no banco, a organização deve fazer um empréstimo para cumprir a folha de pagamento.

Orçamento de capital

O **orçamento de capital** lista investimentos previstos em ativos importantes, como edifícios, maquinaria pesada ou sistemas complexos de TI, muitas vezes envolvendo gastos por mais de um ano. As despesas de capital não só têm grande impacto sobre as despesas futuras, mas também são investimentos planejados para aumentar os lucros. Portanto, um orçamento de capital é necessário para planejar o impacto desses gastos sobre o fluxo de caixa e a rentabilidade. Controlar envolve não só o monitoramento das despesas de capital, mas também a avaliação das suposições feitas com relação ao retorno sobre os investimentos para verificar sua precisão. Os gestores podem avaliar se é aconselhável manter o investimento em projetos específicos ou se os procedimentos para a tomada de decisões sobre investimentos de capital são adequados. Algumas empresas, como a Boeing, Merck, Shell, United Technologies e Whirlpool, avaliam os diversos estágios de projetos de capital para determinar se eles ainda estão alinhados com a estratégia organizacional.[43]

Orçamento de base zero

Orçamento de base zero é uma abordagem para o planejamento e a tomada de decisões que requer uma justificativa completa para cada item de um orçamento, em vez de executar um orçamento anterior e aplicar a variação percentual. O orçamento de base zero começa com um ponto de partida de zero dólar, e cada dólar adicionado ao orçamento é justificado por uma necessidade real e documentada.[44] A Shell, gigante da indústria de petróleo e gás, executou um orçamento de base zero para conduzir melhorias significativas no desempenho financeiro. Enfrentando a demanda imprevisível por óleo e gás e uma economia global inconstante, o CFO, Gerard Paulides acreditava que uma estratégia de redução de custos era tão importante para os negócios da Shell quanto a produção de petróleo e gás e a maturação de hidrocarbonetos: "Mergulhamos fundo, descamando todas as áreas do negócio até o zero, e, em seguida, fizemos o caminho de volta por meio do exercício de construí-las de novo". Paulides e outros executivos avaliaram os mínimos recursos necessários para executar cada parte do negócio, o que o CFO chamou de *indispensáveis*: "Todas as outras atividades são essencialmente voluntárias ou opcionais, ou, na abordagem de base zero, *bom que existam*".[45] Essa abordagem de orçamentação ajudou a Shell a eliminar custos excessivos e desnecessários das despesas anuais.

O orçamento é uma parte importante do planejamento e controle organizacional. Muitas empresas tradicionais usam o **orçamento *top-down***, que significa que os montantes orçamentados para o próximo ano são literalmente impostos à média e baixa gestões.[46] Esses gestores definem os objetivos orçamentários dos departamentos de acordo com o faturamento geral da empresa e as despesas especificadas pelos altos executivos. Embora o processo *top-down* ofereça algumas vantagens, o movimento em direção ao empoderamento dos funcionários, à participação e à aprendizagem significa que muitas organizações estão adotando o **orçamento *bottom-up***, um processo em que a baixa gestão antecipa as necessidades de recursos dos seus departamentos e os repassa para a alta gestão para aprovação.[47] Empresas de todos os tipos estão envolvendo os gestores de linha cada vez mais no processo orçamentário. No jardim zoológico de San Diego, os cientistas, cuidadores de animais e outros gestores de linha usam *software* e modelos para planejar as necessidades orçamentárias de seu departamento, porque, segundo a CFO, Paula Brock, "Ninguém conhece aquele lado do negócio melhor do que eles".[48] Cada um dos 145 departamentos do zoológico também faz um orçamento e novas previsões mensais para que os recursos possam ser redirecionados conforme necessário a fim de que as metas sejam cumpridas dentro das restrições orçamentárias. Graças ao processo *bottom-up*, por exemplo, o zoológico foi capaz de redirecionar rapidamente os recursos para proteger sua valiosa coleção de pássaros exóticos do surto de uma doença altamente infecciosa, sem danificar significativamente o resto do orçamento da organização.[49]

Lembre-se disto

- Controle orçamentário, um dos métodos mais usados de controle de gestão, é o processo de definir metas para as despesas de uma organização, monitorar os resultados, compará-los ao orçamento e fazer as alterações necessárias.
- Um **centro de responsabilidade** é qualquer departamento ou unidade organizacional, supervisionado por uma única pessoa, que é responsável por sua atividade.
- Um **orçamento de despesas** delimita as despesas antecipadas e reais de um centro de responsabilidade.
- Um **orçamento de receitas** lista as receitas previstas e reais da organização.
- O **orçamento de caixa** estima os recebimentos e as despesas de dinheiro em uma base diária ou semanal para garantir que a organização tenha caixa suficiente para cumprir suas obrigações.
- Um orçamento que planeja e reporta investimentos em grandes ativos que serão depreciados ao longo de vários anos é chamado de **orçamento de capital**.
- **Orçamento de base zero** é a abordagem para o planejamento e a tomada de decisões que requer uma justificativa completa para cada item do orçamento, em vez de executar o orçamento anterior e aplicar a variação percentual.
- Muitas empresas tradicionais usam o **orçamento *top-down***, que significa que os montantes orçamentados para o próximo ano são literalmente impostos à média e baixa gestões.
- Por sua vez, o **orçamento *bottom-up*** permite que a baixa gestão faça previsões sobre as necessidades de orçamento de seu departamento e as repasse à alta gestão para aprovação.

Controle financeiro

"Números comandam empresas", afirma Norm Brodsky, empresário e colaborador da revista *Inc*.[50] Os gestores precisam verificar, com base nos números, se a organização está indo bem financeiramente. Por exemplo, como Nick Sarillo cresceu na indústria da *pizza* – o pai era dono de uma pizzaria em Carpentersville, em Illinois –, ele já sabia muito sobre a operação do negócio quando abriu o primeiro Nick's Pizza & Pub em Crystal Lake, no mesmo Estado, em 1995. O sucesso foi tanto que Sarillo abriu a segunda loja em 2005. Em 2007, as receitas anuais tinham crescido para sete milhões de dólares. Mas, como muitos proprietários de pequenas empresas, Sarillo era ingênuo sobre o lado financeiro do negócio. Quando pediu ajuda a um conselheiro, ficou sabendo que havia emprestado muito dinheiro durante os tempos de prosperidade; à medida que a economia mudou, ele quase perdeu o negócio porque não havia prestado atenção à razão da dívida. Foi preciso um apelo *on-line* apaixonado a seus clientes, o que permitiu a Sarillo atrair mais negócios e ficar em dia com todos os fornecedores, e a disposição do banco em adiar os principais pagamentos da hipoteca por um ano, para salvar a empresa. De acordo com Sarillo, ainda há problemas, mas agora está prestando muita atenção às demonstrações financeiras. Como já mencionamos, ele instituiu a gestão transparente e ensinou todos os funcionários a ler as demonstrações financeiras para que eles também soubessem como está o desempenho da empresa.[51] Os números não só revelam se a organização está indo bem financeiramente, mas também podem ser indicadores úteis de outros tipos de problemas de desempenho. Por exemplo, a queda nas vendas pode sinalizar problemas com os produtos, o atendimento ao cliente ou a eficácia da força de vendas.

Demonstrações financeiras

As demonstrações financeiras fornecem as informações básicas usadas para o controle financeiro de uma organização. Duas grandes demonstrações financeiras – o balanço patrimonial e a demonstração de resultados – são os pontos de partida para o controle financeiro.

Pense no balanço patrimonial como um termômetro que proporciona a leitura sobre a saúde da empresa no momento em que você mede a temperatura.[52] O **balanço patrimonial** mostra a posição financeira da empresa com relação a ativos e passivos em um ponto específico no tempo. Um exemplo de um balanço patrimonial é apresentado na Figura 19.8. O balanço fornece três tipos de informação: ativos, passivos e patrimônio líquido. *Ativos* referem-se àquilo que a empresa possui e incluem *ativos circulantes* (que podem ser convertidos em dinheiro em curto período de tempo) e *ativos fixos* (como edifícios e equipamentos duradouros por natureza). *Passivos* são dívidas da empresa, incluindo tanto a *dívida atual* (obrigações que serão pagas pela empresa no futuro próximo) como a *dívida de longo prazo* (obrigações a pagar durante um longo período de tempo). *Capital próprio* é a diferença entre ativos e passivos, e representa o valor líquido da empresa em estoque e reservas.

FIGURA 19.8 Balanço patrimonial

Balanço patrimonial consolidado da New Creations Landscaping em 31 de dezembro de 2015				
Ativos			**Passivos e patrimônio líquido dos proprietários**	
Ativos			Passivos	
Dinheiro	$ 25.000		Contas a pagar	$ 200.000
Contas a receber	75.000		Despesas provisionadas	20.000
Estoque	500.000		Imposto de renda a pagar	30.000
Total de ativos circulantes		$ 600.000	Total de passivos circulantes	$ 250.000
Ativos fixos (imobilizado)			Passivos de longo prazo	
Terrenos	250.000		Hipotecas a pagar	350.000
Edifícios e equipamentos	1.000.000		Títulos a pagar	250.000
			Total das dívidas de longo prazo	$ 600.000
Menos depreciação	200.000		Capital próprio:	
Ativos fixos totais		$ 1.050.000	Ação ordinária	540.000
			Lucros retidos[1]	260.000
			Capital próprio total	$ 800.000
Total de ativos		$ 1.650.000	Total de passivos e patrimônio líquido	$ 1.650.000

FIGURA 19.9 Demonstração de resultado

Demonstração de resultado da New Creations Landscaping, do exercício concluído em 31 de dezembro de 2015		
Vendas brutas	$ 3.100.000	
Menos devoluções de vendas	200.000	
Vendas líquidas		$ 2.900.000
Menos despesas e custos com produtos vendidos:		
Custo das mercadorias vendidas	2.110.000	
Depreciação	60.000	
Despesas de vendas	200.000	
Despesas administrativas	90.000	2.460.000
Lucro operacional		$ 440.000
Outras receitas		20.000
Receita bruta		460.000
Menos despesas de juros	80.000	
Receita bruta		380.000
Menos impostos	165.000	
Receita líquida		$ 215.000

A **demonstração de resultado do exercício (DRE)** resume o desempenho financeiro da empresa durante certo intervalo de tempo, geralmente um ano. Uma amostra de demonstração de resultado pode ser vista na Figura 19.9. Algumas organizações calculam a demonstração de resultados em intervalos de três meses durante o ano para que possam saber se estão cumprindo as metas de vendas e lucros. A demonstração de resultado mostra as receitas que entram na organização de todas as fontes e subtrai todas as despesas, incluindo custo dos produtos vendidos, despesas financeiras, impostos e depreciação. A última linha indica a receita líquida – lucro ou perda – para determinado período de tempo.

Durante a recessão econômica, as empresas reduzem os gastos discricionários, como despesas de viagem, para melhorar a receita, e os gestores estão se esforçando para evitar que as despesas voltem a subir. Se os gestores mantêm os custos baixos onde é possível, eles podem gastar recursos escassos em áreas prioritárias, como aumentos salariais para a equipe ou P&D. Para evitar o aumento gradual das despesas com viagens, Deloitte lembra os funcionários da política de viagens da empresa quando os gestores percebem que os custos estão subindo. Funcionários são desencorajados a viajar para reuniões que podem durar menos de oito horas e usam vídeo e webconferência sempre que possível como alternativa à viagem.[53]

O exemplo na página seguinte descreve como o proprietário de uma franquia de sucesso usa o sistema de controle financeiro para gerenciar uma das mais rentáveis lojas 7-Eleven de Manhattan.

ANÁLISE FINANCEIRA: COMO INTERPRETAR OS NÚMEROS

Um gestor deve ser capaz de avaliar os relatórios financeiros que comparam o desempenho da organização com os dados anteriores ou as normas da indústria. Essas comparações permitem que o gestor veja se a organização está melhorando e se é competitiva com outras empresas do setor. A análise financeira mais comum se concentra em índices,

Forma inovadora

7-Eleven

Norman Jemal, proprietário entusiasta e simpático de uma franquia 7-Eleven em Manhattan, adora analisar os números com o consultor de campo Kunta Natapraya. Juntos, eles estudam os dados de vendas e as margens de lucro para os milhares de salgadinhos que Jemal vende nas três lojas lucrativas. Alguns afirmam que o sucesso de Jemal se deve ao fato de suas lojas estarem localizadas nas ruas agitadas de Manhattan. O alto tráfego de veículos e pedestres produz milhares de potenciais clientes. Mas o sucesso de Jemal também vem da habilidade em analisar dados financeiros para detectar os produtos mais rentáveis no estoque e maximizar os lucros por meio de pedidos eficazes.

Quando confrontado com decisões sobre refazer pedidos, Jemal usa o Sistema de Informação do Varejo (Retail Information System – RIS) do 7-Eleven, que o ajuda a analisar os dados sobre a rentabilidade das vendas e para cada produto no estoque. Por exemplo, quando o 7-Eleven corporativo anunciou que estava lançando o Slurpee Lite sem açúcar e uma empanada, Jemal precisava abrir espaço para ambos, eliminando algum produto já existente. Usando o RIS, ele estudou a rentabilidade de cada produto e descobriu que a empada de carne picante ficou atrás em vendas e rentabilidade, de modo que a removeu do estoque das lojas para abrir espaço para os novos produtos.

O 7-Eleven se concentra na competência central de descobrir o que e como vender para clientes apressados. De acordo com Jemal, "Outras franquias levantam os próprios nomes. O 7-Eleven, que tem um grande nome, levantou o seu sistema [RIS]". Esse sistema é parte de um modelo de controle financeiro cuidadosamente projetado que também inclui auditorias regulares. Um bom desempenho de auditoria pode ajudar o 7-Eleven a decidir se Jemal pode abrir outras lojas. Ele afirma que gostaria de abrir mais 20.[54]

estatísticas que expressam as relações entre indicadores de desempenho, como lucros e ativos, vendas e estoque. Os índices são definidos como uma fração ou proporção; a Figura 19.10 resume alguns índices financeiros, que são medidas da liquidez, atividade, rentabilidade e alavancagem de uma organização. Esses índices estão entre os mais comuns, mas muitas medidas são usadas. Os gestores decidem quais índices revelam as relações mais importantes para a empresa.

FIGURA 19.10 Índices financeiros comuns

Índices de liquidez	
Índice corrente	Ativos correntes/passivos correntes
Índice de liquidez reduzida	Caixa + contas a receber/passivos correntes
Índices de atividade	
Rotatividade do estoque	Total de vendas/Estoque médio
Índice de conversão	Pedidos de compra/cotações dos clientes
Índices de rentabilidade	
Lucro líquido	Lucro líquido/vendas*
Lucro bruto	Lucro bruto/vendas
Retorno sobre ativos (ROA)	Lucro líquido/ativos totais
Índices de alavancagem	
Índice de dívida total	Dívida total/ativos totais

* Lucros Retidos ou Acumulados: com a Lei n. 11.638/2007, para as sociedades por ações, e para os balanços do exercício social terminado em 31 de dezembro de 2008, o saldo final desta conta não poderá mais ser credor. Para as demais sociedades (como as limitadas, exceto aquelas consideradas de grande porte e sujeitas à Lei n. 6.404/76), a conta lucros acumulados poderá continuar apresentando saldo. (N. R. T.)

Índices de liquidez

O **índice de liquidez** indica a capacidade da organização de cumprir suas obrigações quanto às dívidas atuais. Por exemplo, o *índice de liquidez corrente* (ativos correntes divididos pelos passivos correntes) informa se a empresa tem ativos suficientes para converter em dinheiro para pagar as dívidas, se necessário. Se uma empresa fictícia, Oceanographics Inc., tem o ativo corrente de 600 mil dólares e passivos correntes de 250 mil dólares, a proporção atual é de 2,4, o que significa que ela tem fundos suficientes para pagar as dívidas imediatas 2,4 vezes. Em geral, esse nível de índice corrente é visto como uma margem de segurança satisfatória. Outro índice de liquidez é o *índice de liquidez reduzida*, que geralmente é expresso em dinheiro, mais as contas a receber, dividido pelo passivo circulante. O índice de liquidez é uma métrica popular que deve ser emparelhada ao índice corrente para aferir a liquidez. De acordo com Brad Schaefer, analista da Sageworks Inc., uma empresa de informações financeiras, "Se a empresa não tem boa liquidez, então uma despesa inesperada pode feri-la gravemente".[55]

▶▶▶ Conexão de conceito

Você consegue imaginar um mundo sem leite? Se o **índice de rentabilidade** do leite não se recuperar em breve, os produtores de leite poderão optar por não produzi-lo mais. De acordo com os analistas, o leite é rentável apenas quando a relação é de 3,0 ou mais, mas este índice tem oscilado em torno de 2,0 nos últimos anos. Isso é decorrente do alto custo da alimentação das vacas leiteiras, que é principalmente à base de milho, e, uma vez que a seca de 2012 matou uma enorme porcentagem da safra de milho, há a expectativa de que o preço continue elevado.

Índices de atividade

O **índice de atividade**, ou giro, mede o desempenho interno no que diz respeito às atividades fundamentais definidas pela gestão. Por exemplo, a *rotatividade do estoque* é calculada por meio da divisão das vendas totais pelo estoque médio. Esse índice indica quantas vezes o estoque é usado para atender ao número total de vendas. Se o estoque fica muito tempo parado, o dinheiro é desperdiçado. Para obter uma vantagem estratégica, a Dell Inc. minimizou os custos de estoque. Quando se dividem as vendas anuais da Dell pelo pequeno estoque, o resultado é uma taxa de rotatividade de estoque de 35,7.[56]

Outro tipo de índice de atividade, o *índice de conversão*, é o resultado da divisão dos pedidos de compra pelos pedidos de cotação dos clientes. Esse índice indica a eficácia de uma empresa na conversão de cotações em vendas. Por exemplo, se a Cisco Systems passa de um índice de conversão de 26,5 para 28,2, isso significa que mais de suas cotações estão sendo transformadas em vendas, sinalizando melhor atividade nessa área.

Índices de rentabilidade

Os gestores analisam os lucros da empresa por meio do estudo dos **índices de rentabilidade**, que expõem os lucros relativos à fonte de lucros, como vendas ou ativos. Quando se tornou o CEO da Ford Motor Company em 2008, Alan Mulally ressaltou enfaticamente a importância da rentabilidade. Naquela época, a Ford era uma empresa doente que perdia 83 milhões de dólares por dia, e o preço das ações havia despencado para 1,01 dólar. Mulally deu início a uma notável reviravolta na Ford por meio da promoção de uma nova cultura de responsabilidade que enfatizou o uso de métricas consistentes para medir o desempenho. Mulally espera que cada chefe de departamento saiba e informe como vai o desempenho do setor. Sua ênfase na gestão baseada em dados mudou para sempre a cultura da Ford. Em 2010, a Ford registrou um lucro de 6,6 bilhões de dólares, o maior rendimento da empresa em mais de uma década.[57]

Um índice de rentabilidade importante é a *margem de lucro líquido*, que é calculada como o lucro líquido dividido pelas vendas. Da mesma forma, a *margem bruta* é o lucro bruto (antes dos impostos) dividido pelo total de vendas. Outra medida de rentabilidade é o *retorno sobre ativos (return on assests – ROA)*, uma porcentagem que representa o que a empresa lucrou com os ativos, calculada como o lucro líquido dividido pelo total de ativos. O ROA é uma medição valiosa para comparar a capacidade da empresa de gerar lucros com outras oportunidades de investimento. Em termos básicos, a empresa deve ser capaz de ganhar mais usando os ativos para operar o negócio do que iria ganhar se aplicasse o mesmo investimento no banco.

Índices de alavancagem

Alavancagem refere-se ao financiamento de atividades com dinheiro emprestado. Uma empresa pode usar a alavancagem para fazer seus ativos produzirem mais do que poderiam por conta própria. No entanto, muitos empréstimos podem colocar a organização em risco de ser incapaz de manter o reembolso da dívida. Os gestores, portanto, monitoram o *índice da dívida* ou dívida total dividida pelo total de ativos, para se certificarem de que ela não exceda o nível considerado aceitável. Credores podem considerar uma empresa com índice de dívida acima de 1,0 como um risco de crédito ruim.

Lembre-se disto

- As demonstrações financeiras fornecem as informações básicas usadas para o controle financeiro de uma organização.
- O **balanço patrimonial** mostra a posição financeira da empresa com relação aos ativos e passivos em um momento específico.
- A **demonstração de resultados** resume o desempenho financeiro da empresa para determinado intervalo de tempo.
- A análise financeira mais comum se concentra em índices – estatísticas que expressam as relações entre indicadores de desempenho, como lucros e ativos, vendas e estoque.
- O **índice de liquidez** indica a capacidade da organização de cumprir as obrigações relacionadas às dívidas atuais.
- O **índice de atividade** mede o desempenho interno no que diz respeito às atividades fundamentais definidas pela gestão.
- O **índice de rentabilidade** descreve os lucros da empresa relativos às fontes de lucros, como vendas ou ativos.

Tendências no controle de qualidade e finanças

Muitas empresas têm respondido às novas realidades econômicas e à competição global por meio da reavaliação da gestão e dos processos organizacionais – incluindo mecanismos de controle. Duas tendências relevantes são os padrões internacionais de qualidade e o aumento da governança corporativa.

Padrões internacionais de qualidade

Nos Estados Unidos, um impulso para a GQT é a crescente importância da economia global. Muitos países adotaram uma referência universal para as práticas de gestão da qualidade, as **normas ISO 9.000**, que representam um consenso internacional sobre o que constitui gestão eficaz de qualidade, conforme definido pela ISO, em Genebra, na Suíça.[58] Centenas de milhares de organizações em 157 países, incluindo os Estados Unidos, foram certificadas de acordo com as normas ISO 9.000 para demonstrar o compromisso com a qualidade. A Europa continua a liderar o número total de certificações, mas o maior número de novas certificações nos últimos anos tem ocorrido nos Estados Unidos. Uma das organizações mais interessantes a serem certificadas pela ISO foi a Agência de Registros e Informações do departamento de polícia de Phoenix, no Arizona. No ambiente de hoje, em que a credibilidade das instituições policiais tem sido questionada, a agência queria fazer uma clara demonstração do compromisso com a alta qualidade e a precisão das informações fornecidas às equipes de polícia e ao público.[59] A certificação ISO tornou-se o padrão reconhecido para avaliar e comparar as empresas de uma forma global, e mais empresas norte-americanas estão sentindo a pressão de participar para que possam se manter competitivas no mercado internacional. Além disso, muitos países e empresas exigem a certificação ISO antes de fecharem negócios com uma organização.

▶▶▶ **Conexão de conceito**

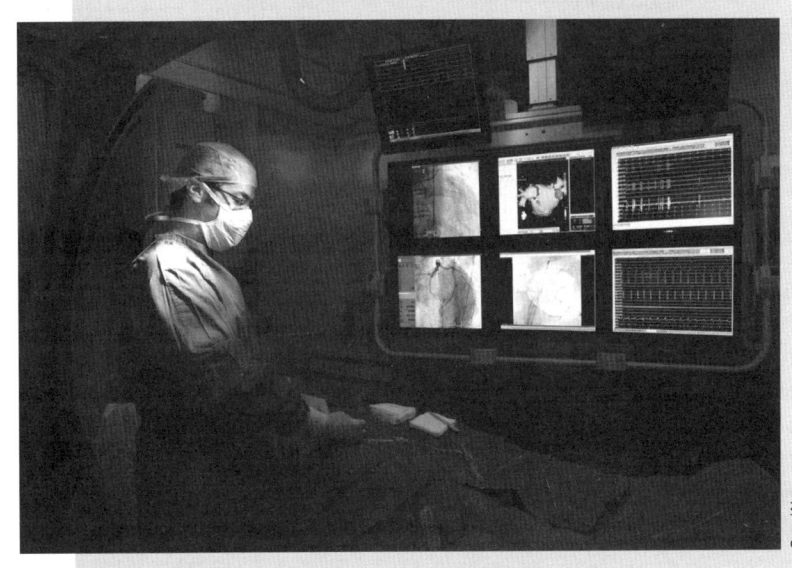

Para que possam receber a **certificação ISO 9.000**, as organizações têm que trabalhar com um profissional independente que auditará as práticas e os procedimentos da empresa de acordo com as diretrizes de certificação. Com sede nos Estados Unidos, a Heartlab Inc., por exemplo, trabalhou com a ISO para ganhar sua certificação. A Heartlab faz sistemas de gestão de informação médica que armazenam dados sobre pacientes cardíacos.

GOVERNANÇA CORPORATIVA

Muitas organizações têm se movido em direção ao maior controle do topo em termos de governança corporativa. Tradicionalmente definida como a forma pela qual uma organização protege os interesses dos acionistas, a expressão **governança corporativa** foi ampliada para se referir à estrutura dos sistemas, das normas e das práticas por meio dos quais uma organização garante a prestação de contas, equidade e transparência nas relações com todas as partes interessadas, incluindo investidores, funcionários, clientes e o público em geral.[60]

As preocupações sobre governança corporativa vieram à tona há alguns anos, depois do fracasso de altos executivos e diretores corporativos em desempenhar a supervisão e o controle adequados em empresas falidas como a Enron, HealthSouth, Adelphia Communications e WorldCom. Em alguns casos, os sistemas de relatórios financeiros foram manipulados para produzir falsos resultados e esconder falhas internas. Em resposta, o governo dos Estados Unidos aprovou a Lei Sarbanes-Oxley de 2002, muitas vezes chamada de SOX, que exige vários tipos de reforma, como a melhoria no controle interno para reduzir o risco de fraude, a certificação dos relatórios financeiros por parte da alta liderança, o reforço das medidas de auditoria externa e a intensificação da divulgação financeira pública. O custo inicial de implementação das reformas da SOX pode ser de cinco milhões a dez milhões de dólares para uma empresa pequena, uma vez que tenha aberto o capital. (As empresas privadas não precisam cumprir as mesmas normas contábeis e de conformidade impostas pela SOX.) Para aliviar a carga significativa sobre as pequenas empresas com crescimento emergente, a Lei JOBS (acrônimo para Jumpstart Our Business Startups) permite que alguns pequenos empreendimentos evitem os requisitos de controle interno da SOX e os custos associados por até cinco anos. O estatuto define uma empresa elegível como uma organização com menos de um bilhão de dólares em receita bruta anual. A Lei JOBS é uma dádiva para as pequenas empresas, porque reduz os custos associados aos requisitos de uma auditoria externa para os controles internos.[61]

TEMA RECENTE

Com o fracasso de grandes empresas como Lehman Brothers e Bear Stearns, em 2008, a governança corporativa tornou-se novamente um tema em destaque. A supervisão

Faça uma pausa

Como novo gestor, encontre, de um lado, o equilíbrio entre a supervisão e o controle, e, de outro, entre a confiança e o respeito mútuos. A seção "Aplique suas habilidades: dilema ético", no material complementar, apresenta um caso sobre as novas questões de controle no local de trabalho. O que você faria?

desleixada provavelmente contribuiu tanto para o fracasso dessas empresas quanto para a crise econômica mundial. Segundo Phil Angelides, presidente da Comissão de Investigação da Crise Financeira, nomeado pelo Congresso norte-americano, "Não há dúvida de que uma falha significativa de governança corporativa foi a questão central da crise". Reguladores globais de 27 países recentemente impuseram novas regras e restrições sobre as instituições financeiras, destinadas a limitar os riscos e aumentar a fiscalização.[62] Além disso, a Securities and Exchange Commission (SEC) exige agora que as empresas justifiquem a estrutura de conselho de administração em procurações para garantir que os conselhos sejam concebidos para proporcionar a supervisão necessária das ações de gestão.[63]

Lembre-se disto

- À medida que os negócios globais se expandem, muitas empresas têm adotado uma referência universal para as práticas de gestão da qualidade, como as **normas ISO 9.000**, que representam um consenso internacional sobre o que constitui a gestão eficaz da qualidade, conforme definido pela International Organization for Standardization (ISO).

- Muitas organizações estão se movendo em direção ao maior controle do topo em termos de **governança corporativa**, que se refere ao quadro de sistemas, normas e práticas pelos quais uma empresa garante a prestação de contas, equidade e transparência no relacionamento com as partes interessadas.

Cap. 19 Notas

1. Sabrina Tavernise; Andrew Pollack, "F. D. A. Details Contamination at Pharmacy", *The New York Times*, October 26, 2012, disponível em: <http://www.nytimes.com/2012/10/27/health/fda-finds-unsanitary-conditions-at-new-england-compounding-center.html?_r=0>, acesso em: 26 out. 2012; "Meningitis outbreak toll: 438 cases, 32 deaths", *ABC News*, disponível em: <http://abcnews.go.com/Health/meningitis-outbreak-toll-438-cases-32-deaths/comments?type=story&id=17682688>, acesso em: 9 nov. 2012; Timothy W. Martin; Thomas M. Burton; Jennifer Corbett Dooren, "Outbreak spurs calls for new controls", *The Wall Street Journal*, October 9, 2012, A1.

2. Willaim K. Rashbau, "Inspector says he faked data in New York building tests", *The New York Times*, April 26, 2010. Disponível em: <www.nytimes.com/2010/04/27/nyregion/27inspect.html?pagewanted=all&_r=0>. Acesso em: 2 out. 2012.

3. Douglas S. Sherwin, "The meaning of control", *Dunn's Business Review* (January 1956).

4. Anemona Hartocollis, "New York ties doctors' pay to care issues", *The New York Times*, January 12, 2013, A1.

5. Nicholas Bloom; Raffaella Sadun; Jon Van Reenen, "Does management really work?", *Harvard Business Review* (November 2012): 76-81.

6. Eric Wilson, "Nº 279 puts on its game face", *The New York Times*, November 22, 2012, E1.

7. Richard E. Crandall, "Keys to better performance measurement", *Industrial Management* (January-February 2002): 19-24; Christopher D. Ittner; David F. Larcker, "Coming up short on nonfinancial performance measurement", *Harvard Business Review* (November 2003): 88-95.

8. Jamie Flinchbaugh, "Don't waste your metrics", *Industry Week* (June 2012): 10.

9. Janet Adamy, "U. S. ties hospital payments to making patients happy", *The Wall Street Journal*, October 15, 2012, A1.

10. Jessica Bruder, "Can FreshDirect survive a crisis and reinvent itself?", *The New York Times*, August 11, 2010. Disponível em: <www.nytimes.com/2010/08/12/business/smallbusiness/12sbiz.

html?pagewanted=all&_r=0>. Acesso em: 28 set. 2012.
11. Revisão do *balanced scorecard* feita por Richard L. Daft, *Organization theory and design*, 7th ed. (Cincinnati, OH: South-Western, 2001), p. 300-301.
12. Andy Neely; Mohammed Al Najjar, "Management learning, not management control: the true role of performance measurement", *California Management Review* 48, n. 3 (Spring 2006): 101-114.
13. Robert Kaplan; David Norton, "The balanced scorecard: measures that drive performance", *Harvard Business Review* (January-February 1992): 71-79; Chee W. Chow; Kamal M. Haddad; James E. Williamson, "Applying the balanced scorecard to small companies", *Management Accounting* 79, n. 2 (August 1997): 21-27; Meena Chavan, "The balanced scorecard: a new challenge", *Journal of Management Development* 28, n. 5 (2009): 393-406.
14. Com base em Kaplan; Norton, "The balanced scorecard"; Chow; Haddad; Williamson, "Applying the balanced scorecard"; Cathy Lazere, "All together now", *CFO* (February 1998): 28-36.
15. Karen S. Cravens; Elizabeth Goad Oliver; Jeanine S. Stewart, "Can a positive approach to performance evaluation help accomplish your goals?", *Business Horizons* 53 (2010): 269-279.
16. Juliet Eilperin; Zachary A. Goldfarb, "IG Report: 'Inappropriate Criteria' Stalled IRS Approvals of Conservative Groups", *Washington Post*, May 14, 2013. Disponível em: <http://articles.washingtonpost.com/2013-05-14/politics/39248137_1_watchdog-report-tea-party-conservative-groups>. Acesso em: 15 maio 2013.
17. Andy Pasztor, "Decisions by pilots to land criticized", *The Wall Street Journal*, March 28, 2011. Disponível em: <http://online.wsj.com/article/SB10001424052748703576204576227111819017454.html>. Acesso em: 11 out. 2012.
18. Geert J. M. Braam; Edwin J. Nijssen, "Performance effects of using the balanced scorecard: a note on the Dutch experience", *Long Range Planning* 37 (2004): 335-349; Kaplan; Norton, "The balanced scorecard"; Cam Scholey, "Strategy Maps: A step-by-step guide to measuring, managing, and communicating the plan", *Journal of Business Strategy* 26, n. 3 (2005): 12-19.
19. Nils-Göran Olve et al., " Twelve years later: understanding and realizing the value of balanced scorecards", *Ivey Business Journal Online*, May-June 2004, disponível em: <www.iveybusinessjournal.com/article.asp?intArticle_ID=487>, acesso em: 4 out. 2010; Eric M. Olson; Stanley F. Slater, "The balanced scorecard, competitive strategy, and performance", *Business Horizons* (May-June 2002): 11-16; Eric Berkman, "How to use the balanced scorecard", *CIO* (May 15, 2002): 93-100; Brigitte W. Schay et al., "Using standardized outcome measures in the federal government", *Human Resource Management* 41, n. 3 (Fall 2002): 355-368.
20. Braam; Nijssen, "Performance effects of using the balanced scorecard".
21. William G. Ouchi, "Markets, bureaucracies, and clans", *Administrative Science Quarterly* 25 (1980): 129-141; B. R. Baligia; Alfred M. Jaeger, "Multinational corporations: control systems and delegation issues", *Journal of International Business Studies* (Fall 1984): 25-40.
22. Daisuke Wakabayashi; Toko Sekiguchi, "Disaster in Japan: evacuees set rules to create sense of normalcy", *The Wall Street Journal*, March 26, 2011. Disponível em: <http://online.wsj.com/article/SB10001424052748703784004576220382991112672.html>. Acesso em: 3 out. 2012.
23. Ian Mount, "A pizzeria owner learns the value of watching the books", *The New York Times*, October 25, 2012, B8.
24. Craig Torres; Anthony Feld, "Campbell's quest for productivity", *Bloomberg Business Week* (November 29-December 5, 2010): 15-16.
25. Perry Pascarella, "Open the books to unleash your people", *Management Review* (May 1998): 58-60.
26. Leigh Buchanan, "Learning from the best", *Inc.* (June 2010): 85-86.
27. Mel Mandell, "Accounting challenges overseas", *World Trade* (December 1, 2001): 48-50.
28. Nancy Trejos, "Boeing faces more Dreamliner problems", *USA TODAY*, September 26, 2013, disponível em: <http://www.usatoday.com/story/todayinthesky/2013/09/26/norwegian-air-polish-lot-boeing-dreamliner/2878019/>, acesso em: 13 nov. 2013; "Boeing 787 Dreamliner: a timeline of problems", *The Telegraph*, July 28, 2013, disponível em: <http://www.telegraph.co.uk/travel/travelnews/10207415/>, acesso em: 13 nov. 2013; Alwyn Scott, "Fuselage panel falls from Boeing 787 Dreamliner in flight", *Reuters*, October 15, 2013, disponível em: <http://www.reuters.com/article/2013/10/16/us-boeing-dreamliner-idUSBRE99F02X20131016>, acesso em: 13 nov. 2013.
29. A. V. Feigenbaum, *Total quality control: engineering and management* (New York: McGraw-Hill, 1961); John Lorinc, "Dr. Deming's traveling quality show", *Canadian Business* (September 1990): 38-42; Mary Walton, *The Deming management method* (New York: Dodd-Meade & Co., 1986); J. M. Juran; Frank M. Gryna, eds., *Juran's quality control handbook*, 4th ed. (New York: McGraw-Hill, 1988).
30. Edward E. Lawler III; Susan A. Mohrman, "Quality circles after the fad," *Harvard Business*

Review (January-February 1985): 65-71; Philip C. Thompson, *Quality circles: how to make them work in America* (New York: AMACOM, 1982).
31. Jill Jusko, "Meeting the efficiency challenge", *Industry Week* (January 2012): 28.
32. D. J. Ford, "Benchmarking HRD", *Training & Development* (July 1993): 37-41.
33. Deven Shah; Brian H. Kleiner, "Benchmarking for quality", *Industrial Management* (March-April 2011): 22-25.
34. Tracy Mayor, "Six Sigma comes to IT: targeting perfection", *CIO* (December 1, 2003): 62-70; Hal Plotkin, "Six Sigma: what it is and how to use it", *Harvard Management Update* (June 1999): 3-4; Tom Rancour; Mike McCracken, "Applying Six Sigma methods for breakthrough safety performance", *Professional Safety* 45, n. 10 (October 2000): 29-32; G. Hasek, "Merger marries quality efforts", *Industry Week* (August 21, 2000): 89-92; Lee Clifford, "Why you can safely ignore Six Sigma", *Fortune* (January 22, 2001): 140.
35. Dave Blanchard, "Lean Six Sigma keeps cardinal's supply chain healthy", *Industry Week* (October 2012): 54.
36. Dick Smith; Jerry Blakeslee, "The new strategic Seis Sigma", *Training & Development* (September 2002): 45-52; Michael Hammer; Jeff Goding, "Putting Six Sigma in perspective", *Quality* (October 2001): 58-62; Mayor, "Six Sigma comes to IT".
37. Jack Bouck, "Creating a customer-focused culture: the Honeywell experience", *Industrial Management* (November-December 2007): 11.
38. Discussão baseada em Eileen Newman Rubin, "A partnered approach to QA increases efficiency through early problem detection", *Global Business and Organizational Excellence* (May-June 2012): 28-37.
39. Steve Minter, "La-Z-Boy never rests on continuous improvement", *Industry Week* (January 2013): 25.
40. Clifford, "Why you can safely ignore Six Sigma"; Hammer; Goding, "Putting Six Sigma in perspective".
41. Jay Goltz, "The Dusenberry diary: when passion meets math", *The New York Times*, June 23, 2009. Disponível em: <http://boss.blogs.nytimes.com/2009/06/23/the-dusenberry-diary-when-passion-meets-math/>. Acesso em: 2 out. 2012.
42. Sumantra Ghoshal, *Strategic control* (St. Paul, MN: West, 1986), Chapter 4; Robert N. Anthony; John Dearden; Norton M. Bedford, *Management control systems*, 5th ed. (Homewood, IL: Irwin, 1984).
43. John A. Boquist; Todd T. Milbourn; Anjan V. Thakor, "How do you win the capital allocation game?", *Sloan Management Review* (Winter 1998): 59-71.
44. Jason Gillikin, "What is zero-based budgeting and how is it used by an organization?", *Houston Chronicle*. Disponível em: <http://smallbusiness.chron.com/zerobased-budgeting-used-organization-22586.html>. Acesso em: 3 out. 2012.
45. Gerard Paulides, "Resetting the cost structure at Shell", *Strategy + Business* 65 (Winter2011): 1-4.
46. Anthony; Dearden; Bedford, *Management control systems*.
47. A elaboração do orçamento é descrita por Neil C. Churchill, "Budget choice: planning versus control", *Harvard Business Review* (July-August 1984): 150-164; Peter Brownell, "Leadership style, budgetary participation, and managerial behavior", *Accounting Organizations and Society* 8 (1983): 307-321; Paul J. Carruth; Thurrell O. McClandon, "How supervisors react to 'meeting the budget' pressure", *Management Accounting* 66 (November 1984): 50-54.
48. Tim Reason, "Budgeting in the real world", *CFO* (July 2005): 43-48.
49. Ibidem.
50. Norm Brodsky, "Balance-sheet blues", *Inc.* (October 2011): 34.
51. Mount, "A pizzeria owner learns the value of watching the books".
52. A analogia é de Brodsky, "Balance-sheet blues".
53. Dana Mattioli, "CEOs fight to prevent discretionary spending from creeping back up", *The Wall Street Journal*, January 1, 1998. Disponível em: <http://online.wsj.com/article/SB10001424052748703609004575354901545566456.html>. Acesso em: 11 dez. 2012.
54. Willy Staley, "How 7-Eleven plans to put the Bodega out of business", *New York* (May 14, 2012): 38-41, 87-88.
55. Mary Ellen Biery, "Five metrics you should know", *Washington Post*, May 25, 2012. Disponível em: <www.washingtonpost.com/blogs/on-small-business/post/5-financial-metrics-you-should-know/2012/05/25/gJQAuDSjpU_blog.html>. Acesso em: 9 out. 2012.
56. Lawrence M. Fisher, "Inside Dell Computer Corporation: managing working capital" *Strategy + Business* 10, (First Quarter 1998): 68-75; Randy Myers, "Cash crop: the 2000 working capital survey", *CFO* (August 2000): 59-69.
57. Nancy F. Koehn, "The driver in Ford's amazing race" *The New York Times*, March 31, 2012. Disponível em: <www.nytimes.com/2012/04/01/business/american-icon-examines-fords-rebound-review.html?pagewanted=all&_r=0>. Acesso em: 28 set. 2012.
58. Syed Hasan Jaffrey, "ISO 9001 made easy" *Quality Progress* 37, n. 5 (May 2004): 104; Frank C. Barnes,

"ISO 9000 myth and reality: a reasonable approach to ISO 9000", *SAM Advanced Management Journal* (Spring 1998): 23-30; Thomas H. Stevenson; Frank C. Barnes, "Fourteen years of ISO 9000: impact, criticisms, costs, and benefits", *Business Horizons* (May-June 2001): 45-51.

59. David Amari; Don James; Cathy Marley, "ISO 9001 takes on a new role – crime fighter", *Quality Progress* 37, n. 5 (May 2004): 57ff.

60. "Corporate governance", *Business Dictionary Web site*, disponível em: <www.businessdictionary.com/definition/corporate-governance.html>, acesso em: 16 set. 2010; "Words to understand: corporate governance models", *Gruppo Hera Italy Web site*, disponível em: <http://eng.gruppohera.it/group/hera_ondemand/words_understand/page23.html>, acesso em: 16 set. 2010; "Corporate governance issues in 2009", *The Corporate Eye*, March 10, 2009, disponível em: <www.corporate-eye.com/blog/2009/03/corporate-governance-issues-2009>, acesso em: 16 set. 2010.

61. Peter J. Henning, "At large and small companies, internal controls matter", *The New York Times*, April 5, 2012. Disponível em: <http://dealbook.nytimes.com/2012/04/05/at-large-and-small-companies-internal-controls-matter/>. Acesso em: 8 out. 2012.

62. Damian Paletta; David Enrich, "Banks get new restraints", *The Wall Street Journal*, September 13, 2010.

63. Joann S. Lublin, "Lead directors gain clout to counterbalance strong CEOs", *The Wall Street Journal*, September 13, 2010.

ÍNDICE REMISSIVO

A
Abertura a experiência, 470
Abordagem ambidestra a mudança, 355
Abordagem ascendente, 361, 363
Abordagem das ciências comportamentais, 54
Abordagem das organizações burocráticas, 46-48, 50
Abordagem de dois fatores para a motivação, 545-547
Abordagem do direitos morais, na tomada de decisão ética, 152-154
    direito a livre expressão, 152
    direito a privacidade, 152
    direito de liberdade de consentimento, 152
Abordagem dos princípios administrativos, 48-50
Abordagem funcional vertical para estrutura, 321
Abordagem "Grande Homem" para os estudos da liderança, 508
Abordagem individualista, na tomada de decisão ética, 152, 154
Abordagem justa, na tomada de decisão ética, 153-154
Abordagem prática, na tomada de decisão ética, 152-154
Abordagem utilitária, na tomada de decisão ética, 152, 154
Abordagens comportamentais de liderança, 509-512
    Estudos de Michigan, 510
    Estudos do Estado de Ohio, 510
    Rede de Liderança, 510-512
    tarefas vs. pessoas, 509-511
Abordagens contingenciais para liderança, 512-515
    combinando o estilo do líder a situação, 514-516
    modelo situacional, 512-514
    substitutos para liderança, 515-516
    Teoria Contingencial de Fiedler, 514-516
Abrangência da gestão, 316-318, 320
Abrangência do controle, 317, 320
Ação afirmativa, 393-394
Ação profunda, 481
Acordo de Livre Comércio da América do Norte (NAFTA), 137-138
Acordo Geral de Tarifas e Comércio (GATT), 136
Adaptação ao ambiente, 85-89
Adiantamento do estágio, desenvolvimento de equipe, 626, 630

Administração de Segurança e Saúde Ocupacional (OSHA), 82, 163, 394
Administração Industrial e Geral (Fayol), 50
Advogado do diabo, 300, 302
Afiliação, necessidade de, 547-548, 611
África, 62, 118, 126, 158, 163, 166
Afro-americanos, 15, 81, 134, 195, 283, 428, 430, 436, 448-449, 451
Agente de mudanças, no DO, 375-376
Agentes morais, 151
Agradabilidade, 470
Alemanha, 117, 387-388, 427
Aliados, 528
Aliança, definição, 285, 288
Aliança Global de Fabricação de Motores, 87
Alianças comerciais internacionais, 136-138
    Acordo de Livre Comércio da América do Norte (NAFTA), 137-138
    Acordo Geral de Tarifas e Comércio (GATT), 136
    União Europeia (UE), 137
Alinhamento, 267
Alta energia, dos empreendedores, 185
Alternativas da tomada de decisão
    avaliação/*feedback*, 292-293
    implementação das, 292, 295
    no desenvolvimento, 290
    seleção das, 290-293
Ambiente de gestão, 74-100
    ambiente da tarefa, 74-78
    ambiente de negócio internacional, 124-125
    ambiente econômico, 81, 125-129
    ambiente externo, 74-84, 86
    ambiente geral, 74, 78-84
    ambiente internacional, 80
    ambiente interno, 75, 78, 88-93
    ambiente organizacional, 74, 77
    ambiente político legal, 81-82, 129-130
    ambiente sociocultural, 80-82, 130-137
    ambiente tecnológico, 80
    dimensão natural, 82
    relação organização-ambiente, 84-87
Ambiente econômico, 81, 125-129
Ambiente geral, 74, 77-84
Ambiente global, 80, 106-138
    alianças de comércio internacional, 136-138
    ambiente de negócio internacional, 124-125
    ambiente econômico, 125-129
    ambiente político legal, 129-130
    ambiente sociocultural, 130-137

corporações multinacionais, 116-120
    diferenças de comunicação, 134-136
    empreendedorismo no, 181
    iniciando internacionalmente, 120-125
    mudando a paisagem internacional, 112-116
    mundo sem fronteira, 108-112
    parte inferior do conceito de pirâmide (BOP), 118, 120, 216
Ambiente internacional de negócios, 124-125
Ambiente interno, 75, 78, 88-93
Ambiente natural, 82-84
Ambiente organizacional, 74, 77
Ambiente político legal, 81-82, 129-130
Ambiente sociocultural, 80-82, 130-137
Ambiente turbulento, planejamento para, 228-232
Ambiguidade, 131, 278, 280-281, 487
Ameaça do estereótipo, 441-442
América Latina, 62
Americanos com a Lei Deficiências, 393
Analisar o progresso, 223
Análise de dados, grande, 61-63, 85-88, 282, 407, 553
Análise depois da ação, 302
Análise do campo de força, 377-379
Análise dos problemas, 289-290
Análise do trabalho, 401, 405
Análise financeira, 666-668
Análise FOFA (forças, oportunidades, fraquezas e ameaças), 251-254
Análise grande de dados, 61-63, 85-88, 282, 407, 553
Apoio da alta gerência, e mudança, 378-379
Apps, celular, novas empresas de, 199-202
Aprendizagem e crescimento, 648
Aprendizagem por anulação, 557-558
Aprendizagem por observação, 557-558
Aprendizagem social, 412, 415
Aprendizagem vicária, 557-558
Aquisição de talento, 398
Aquisição direta, 123
Aquisições, 371
    de *start-ups*, 398
    inovação por, 368
Assédio sexual, 393, 450-451
Assertividade, 132, 444-445
Atitudes, 471-475
Ativos, 666
Ativos correntes, 666
Ativos fixos, 666
Atribuições externas, 468
Atuação superficial, 481

Autoanálise, 644
Autoavaliação, 461-462
Autoconfiança, 459-460, 463
    de empreendedores, 185, 187
Autoconsciência, 460-462, 479
Autoeficácia, 460, 463
Autogerenciamento, 64-66, 479, 482-485
Autonomia, 184, 559
Autoridade, 314-317, 320
    apelar para superior, 528
    linha e equipe, 316, 320
    papéis modelos, 314
    preconceito, 428
    teoria da aceitação da, 50
Autoridade da equipe, 316-317, 320
Autoritarismo, 473, 475
Avaliação
    avaliação de desempenho, 413-416
    da responsabilidade corporativa social, 162-165
    na tomada de decisão, 292-293
    trabalho, 417, 419
Avaliação do trabalho, 417, 419
Aversão à perda, 540

B

Baby boomers, 431
Balanced scorecard, 647-649
Balanço, 664-666, 668
Bangladesh, 63, 281
Benchmarking, 656, 660, 668
Benefícios, 417-418
Benevolência, 528
Biodiversidade, 433
Blogs, 587
Brainstorming, 299-300, 302
Brainstorming eletrônico, 299, 302
Brasil, 108, 115, 389
BRIC (Brasil, Rússia, Índia e China), 108, 265
Bullying, local de trabalho, 446-447, 480
Burocracia, características weberianas, 46-48
Burocracia weberiana, 46-48

C

Cadeia de comando, 312-317, 320
Cadeia de fornecimento, 63, 76
Cadeia escalar, 49
Camboja, 63
Campeões
    comunicação, 575
    ideia, 368-369
Campeões de ideias, 368-369
Canais de comunicação, 576-583
    hierarquia da riqueza do canal, 581-582, 588
    múltiplo, uso dos, 577, 584
    pessoal, 592-596
Canais de comunicação formal, 596-599
Canais pessoais de comunicação, 592-596
Cão, na matriz BCG, 255-258
Capital do proprietário, 665
Capital humano, 388, 391-392
Capital, para iniciantes, 193-197

Capitão Phillips (filme), 502
Características pessoais dos líderes, 508-509
Caronas, 615, 617
Carreiras, mudando a natureza da, 395-398
Carros/transporte verde, 66, 202, 302, 452
Causalidade, círculos de, 58-59
Centralização, 319-320
Centros de responsabilidade, 661, 663
Cerimônias, 93
Certeza, na tomada de decisão, 278-279
Chefe matriz, 326-327
Cheques on-line, seleção de funcionário, 408
China, 107-108, 355
    Amway na, 129
    cultura de alto contexto, 134
    Google na, 113
    Mercado chinês, 113-114, 116
Cibercrime, 108
Ciência empresarial, 54-57
Cinco Grandes fatores da personalidade, 469-470, 475
Círculo de causalidade, 58-59
Círculos de qualidade, 655-656, 660
Clientes, 75, 77
    comunicar e ouvir, 589-590
    direcionamento, 245-246
COBRA (Lei de Ônibus de Verbas Consolidadas), 393
Codificação, na comunicação, 576
Código de Conduta, da Google, 167
Código de ética, 166-168
Colaboração, 334, 338
Coletivismo, 131, 133
Comando, cadeia de, 312-317, 320
Comércio equitativo, 82, 155
Comissão de Oportunidades Iguais de Emprego (COIE), 393, 432
Compartilhamento, na comunicação, 576
Compensação, 416-417, 419
    equidade, 416, 552
    equipe com base, 562
    executivo, 149
    funcionário, 416-417
    incentivo e motivacional, 419, 444, 561-562
    leis, 394, 417
    variável, 561, 566
Competências
    avançadas, 3-6
    essenciais, 245, 249
Competências essenciais, 245, 249
Competências importantes, 3-6
Complexidade técnica, 343
Comportamento, 458-490
    ativo vs. passivo, 522
    autoconsciência, 460-462
    autogerenciamento, 482-485
    categorias de, 146
    comportamento tipo A, 486, 490
    comportamento tipo B, 486, 490
    emoções e, 477-481
    estresse e, 485-490
    orientada por pessoas, 497-498, 509-511, 515-516
    orientada por tarefa, 497-498, 509-512, 514-515
    percepções e atribuições, 466-469

    personalidade e, 469-477
    reforço e, 555-558
Comportamento antiético, 164
Comportamento orientado pela tarefa, 497-498, 509-512, 514-515
Comportamento orientado por pessoas, 497-498, 509-511, 515-516
Comportamento tipo A, 486, 490
Comportamento tipo B, 486, 490
Compreensão, falta de, 353
Compromisso, intensificação, 300-302
Compromisso organizacional, 465-466
Compromisso progressivo, 300-302
Comunicação, 572-599
    aberta, 578-580, 587
    acima, 597, 599
    apreensão, 584, 587
    campeã, gerente como, 575
    canais, 576-583
        formal, 596-599
        hierarquia da riqueza do canal, 581-582, 588
        pessoal, 592-596
        selecionar apropriada, 582-583
    como trabalho do gerente, 574-579
    conversação estratégica, 574, 577
    conversações organizacionais, 585
    crise na comunicação, 598-599
    definição, 575-576
    descendente, 596-599
    diferenças de gênero na, 577-579
    diferenças, no contexto global, 134-136
    dirigida para um propósito, 574
    eletrônica, 581
    emoções e, 583
    entre pessoas, 576-587
    escrita, 595
    escuta, 585-591
    fazer perguntas, 585
    fofoca, 594-596
    horizontal, 328, 343, 597-599
    local de trabalho, 589-599
    más línguas, 593-596
    mensagens de rotina vs. não rotina, 582-583
    mídia social, 576, 589-591, 596
    modelo de, 576-577
    na execução de estratégia, 268
    não verbal, 588
    para influência, 583-585
    persuadir outros, 583-584
    redes/rede, 580-581, 589
    sinceridade na, 268, 584-587
    sobre mudanças, 378
    supercomunicação, 99
Comunicação aberta, 578-580, 587
Comunicação ascendente, 597, 599
Comunicação descendente, 596-599
Comunicação dirigida a um propósito, 574
Comunicação eletrônica, 581
Comunicação escrita, 595
Comunicação horizontal, 328, 343, 597-599
Comunicação não verbal, 578, 588
    pistas, 587
Comunicação presencial, 588
Comunicações redundantes, 583
Conceito da Corporação (Drucker), 57

Concorrência
  ambiente competitivo, 245
  equipes e, 592
  Forças e estratégias competitivas de Porter, 260-263
  Relatório de Competitividade Global, 126
Confiança, no local de trabalho, 353, 464-466
Conflito
  causas do, 632
  definição, 630, 634
  estilos a lidar, 632
  função, 486
  nas equipes, 630-635
  tomada de decisão e, 281
Conflito de relação, 630-631, 634
Conflito de tarefa, 630-631, 634
Conformidade, 301
Conformistas, 522, 524
Congelamento, etapa no DO, 374
Conhecimento dos resultados atuais, 560
Consciência, 470
Consciência social, 479
Consideração, como comportamento de liderança, 509, 512
Construção de cenários, 228-229, 232
Contabilidade, 267-269, 313, 321
Contratando funcionários. Ver Gestão de recursos humanos (GRH)
Contratempos, 228, 479, 522
Contrato social, 41, 395-397
Controlando, como função de gestão, 9
Controle
  decentralizado vs. hierárquico, 650-651, 655
  financeiro, 663-670
  local de, 189, 473, 475
  modelo de controle de feedback, 643-650
  monetário, 650-652
  mudando filosofia de, 649-655
  organizacional, 642-643, 651
  padrões/medidas, 645-647
  permissão vs., 5
  significado de, 642
Controle de qualidade, 55, 642-643
  modelo de controle de feedback, 643-650
  padrões internacionais de qualidade, 668-670
  programas de melhoria da qualidade, 658
  tendências no, 649-655
Controle descentralizado, 650-655
Controle financeiro, 663-670
  análise financeira, 666-668
  coeficiente de liquidez, 666-668
  demonstrações financeiras, 664-666
  índices de alavancagem, 668
  relações de atividade, 667-668
  relações de rentabilidade, 667-668
Controle hierárquico, 650-651
Controle hierárquico vs. descentralizado, 650-653
Controle monetário, 650-652
  capital orçamentário, 661, 663
  elaboração do orçamento descendente, 663
  orçamento ascendente, 663
  orçamento base zero, 662-663
  orçamento de caixa, 661, 663
  orçamento de despesa, 650-651, 663
  orçamento de receita, 661, 663
Controle organizacional, 642-643, 651
Conversação, estratégica, 574, 577
Conversa estratégica, 574, 577
Cooperação, 357, 364-368, 631
Coordenação, 328
  definição, 334, 338
  externa, 366
  horizontal, 334-339
  interna, 364-367
  necessidade por, 334-337
  relacional, 337-339
Coordenação externa, 366-368
Coordenação horizontal, 334-339
  coordenação relacional, 337-338
  forças tarefas e equipes, 336-338
  gestão de projeto, 336-337
  necessidade de coordenação, 334-337
  reengenharia, 336, 339
Coordenação interna, 364-366
Coordenação relacional, 337-339
Corporação, estrutura legal, 191, 197
Corporações apátridas, 116
Corporações de benefícios, 188
Corporações multinacionais (CM), 116-120
Corporações transnacionais, 116
Costa Concordia (navio), 502, 599
Credibilidade, 583
Credos corporativos, 167, 213
Crescimento, potencial de aprendizagem e, 649
Criação do cargo, 181
Criatividade, 358-360, 363
  equipes e, 610
Crise, 229-232
  BP Deepwater Horizon, 29, 82, 310, 316
  controle de qualidade, 641-642
  crise "Baleia de Londres", 268, 297
  decisão iníquas, 280-281
  em cruzeiros de navio, 230, 249, 502, 599
  e necessidade por mudança, 376
  e serviços ao cliente, 410
  Piratas somalis, 502
  trabalho em equipe em, 623
Crise "Baleia de Londres", 268, 297
Crise BP Deepwater Horizon, 29, 82, 310, 316
Crise financeira, 57
  Crise financeira asiática, 1997-1998, 128
  em, 2008, 670
  global, 126-128
  Índice de Miséria, 128
Crise financeira asiática, 1997-1998, 128
Crise na comunicação, 598-599
Crowdsourcing, 251, 367-368
Cruzeiros de navio, 230, 249-250, 502, 599
Cuidado de saúde/seguro, 82, 352, 394, 417, 515

Cultura
  contexto alto vs. contexto baixo, 134-136
  definição, 88
  mudança de cultura, 370, 373
Cultura corporativa, 75, 88-100
  cultura de adaptabilidade, 94-95
  cultura de alto desempenho, 98-100
  cultura de consistência, 95
  cultura de envolvimento, 95
  cultura de realização, 94-95
  liderança e, 100
  níveis de, 89
  psicologicamente saudável, 489
  resposta inovativa, 97-100
  tipos de cultura, 94-96
Cultura Corporativa e Desempenho (Kotter e Heskett), 99
Cultura de adaptabilidade, 94-95
Cultura de alto contexto, 134-136
Cultura de baixo contexto, 134-136
Cultura de consistência, 95
Cultura de realização, 94-95
Cultura do envolvimento, 95
Cultura organizacional, 88-100
  definição, 88
Culturas do alto desempenho, 98-100
Cursos on-line abertos e massivos (MOOCs), 355
Curva de estresse de Yerkes-Dodson, 485
Custos, redução, 611

D

Debate, rigoroso, 300
Decisão, definição, 276, 281
Decisões não programadas, 281
Decisões programadas, 276-278, 281
Declaração de visão, 62
Declarações baseadas nos princípios nos códigos de ética, 166
Declarações com base na política nos códigos de ética, 166
Declarações de rendimentos, 665, 667
Declínio/revitalização organizacional, 372
Decodificação, na comunicação, 577
de equipes, 617-619, 625
Delegação, 315-316, 320, 513
Deliberadamente estruturada, organizações como, 10-12
Demandas interpessoais, como estressores, 486
Demonstração de P&L (lucros e perdas), 665
Demonstração de resultados (P&L), 665
Demonstrações financeiras, 664-666
Denúncia, 168-169
Departamentalização, 321-334
  abordagem de equipe, 328-330
  abordagem de rede virtual, 323, 330-333
  abordagem divisional, 323-325
  abordagem funcional vertical, 321-323
  abordagem matriz, 325-327
  definição, 320, 327
  divisões baseadas na geografia ou nos clientes, 324
  vantagens e desvantagens de cada estrutura, 333

Departamentos de pessoal, 315
Desastres
    Furacão Katrina, 320
    Furacão Sandy/Super tempestade Sandy, 229, 598
    Super Tufão Haiyan, 337, 367
    terremoto e tsunami no Japão (2011), 76, 85, 164, 210, 230, 296, 367, 650
    Tsunami asiático, 2004, 164
    Usina nuclear de Fukushima, 76, 210, 296
Descentralização, 61, 319-320
Descomprometimento, funcionário, 563
Descongelar, etapa na DO, 375
Descrições do cargo, 401, 406
Desempenho
    avaliação, 223, 413-416
    definição, 10
    erros de avaliação, 413-415
    esforço e resultado, relação de, 551-553
    financeiro, 647
    gestão de desempenho, 650
    indicadores chave de desempenho (KPIs), 221, 226
    medidas, 645, 648
    organizacional, 10-13, 226
    orientação de desempenho, 132
    padrões, 645-647
    painéis, 234
    sistema de revisão de classificação de desempenho, 414
Desempenho financeiro, 647
Desempenho organizacional, 10-13, 226
Desengajamento ativo, 564
Desenvolvimento de alianças, 285
Desenvolvimento econômico, 125-126, 129
Desenvolvimento moral, pessoal, 155-156
Desenvolvimento moral pessoal, níveis de, 155-156
Desenvolvimento organizacional (DO), 55, 370-373
    agente de mudança, 375-376
    atividades, 372-373
    declínio/revitalização organizacional, 372
    etapa de congelamento, 374
    etapa de mudança, 373, 376
    fase de descongelamento, 375-376
    fase de recongelamento, 375-376
    fusões/aquisições, 371
    gestão de conflito, 372
    intervenção, 372-376
    passos para, 376
Desmotivação, 233, 561
Diagnóstico
    etapas no desenvolvimento organizacional, 373
    na tomada de decisão, 289-290, 293
Diferenças culturais
    e impacto nas características do trabalho, 561
    valorização, 441-442
Diferenças horizontais, gestão, 19
Diferenças verticais, gestão, 17-19
Dimensão tecnológica do ambiente, 80
Dimensões de valores de Hofstede, 130-132

Dimensões do valor do projeto GLOBE, 132-134
Direito à liberdade de consentimento, 152
Direito à privacidade, 152
Direito de livre expressão, 152
Diretor de diversidade, 448, 452
Diretor de ética, 168
Diretor de ética e conformidade, 168
Diretor de informação (CIO), 312
Diretor de operação (COO), 318
Diretor de segurança da informação (CISO), 312
Diretor de sustentabilidade, 202, 316
Diretor digital (CDO), 312
Diretor executivo (CEO)
    compensação, 150
    período de gestão, 317
    seguidores e, 522
    tomada de decisão, 275
Discriminação, 393-394, 428, 437-443
    idade, 395, 439
    Lei dos Direitos Civis de, 393, 450, 1964
    Lei dos Direitos Civis de 1991, 393, 494,
    peso, 444
    políticas contra, 448
Discriminação de peso, 444
Discriminação etária, 439
Discriminação Etária na Lei do Emprego, 394
Discurso livre, direito de, 152
Disponibilidade, 513
Distorções perceptivas, 466-468
Diversão, no local de trabalho, 489-490
Diversidade, 426-452
    biodiversidade e, 433
    carreira das mulheres, fatores que afetam, 443-447
    definição, 434, 438
    de perspectiva, 435
    desafio do estereótipo, 441-442
    diferenças culturais e características do trabalho, 561
    diretor de diversidade, 448, 452
    discriminação, 393-394, 428, 437-443, 448
    dividendos da, no local de trabalho, 436-438
    empresas de propriedade das minorias, 182-183
    estereótipos, 414, 438-442, 467, 469
    gestão, 434-438
    global, 432
    grupos de afinidade de funcionários, 451-452
    grupos minoritários, 81, 431-432, 451-452
    iniciativas e programas, 448-452
    líderes na empresa, 428
    marcos na história corporativa, 430
    modelo inclusivo de, 434
    modelo tradicional de, 434
    mulheres, vantagens como gerentes, 447
    na América corporativa, 429-433
    nas equipes, 434-437, 622-624
    nas redes pessoais, 593

    no local de trabalho, 428-433
    orientação e, 449-451
    preconceito, 438-443
    preconceito pessoal e, 438-443
    recrutamento e, 449
    tendência opt-out, 446
    teto de bambu, 444
    teto de vidro, 444-447
    valorização das diferenças culturais, 440-442
Diversidade geracional, 431
Diversificação, 257-258
Diversificação não relacionada, 257
Diversificação relacionada, 257-258
Dívida atual, 666
Dívida de longo prazo, 666
Divisão de trabalho, 50
Divisão de trabalho, 312
Divisões baseadas na geografia, 324
Divisões baseadas nos clientes, 324
DMAMC (Define, Mede, Analisa, Melhora e Controla), 657
Doadores, 156-157
Doutrina de Atena, A (Gerzema), 506

E

Economias de escala, 137, 259, 323, 325
Ecossistema organizacional, 74
Efeito custos não recuperáveis, 296
Efeito de Hawthorne, 50
Efeito halo, 414, 467-468
Eficácia, 11
Eficiência, 11
E-mail, 573, 581-583
Embutido, 266, 269
Emenda Educacional de, 1972, 450
e missão organizacional, 210-211, 213-215, 219
    como socialmente construídas, 213
    compartilhadas, nas equipes, 628
    especificidades, 550
    estender, 233-235
    estratégicas, 211, 216, 219, 340-341
    propósitos, 210
    táticas, 211, 217
    visão geral, 215-217
Emoções, 371, 477-481
    comunicação e, 583
    contágio emocional, 479, 481
    expressada, 481
    influência na tomada de decisão, 297-298
    positiva e negativa, 477-479
Emoções negativas, 440-441
Emoções positivas, 440-441
Empatia, 479
Empoderamento, 50, 562-564, 566
Empreendedores
    definição, 178-179
    mulheres como, 184
Empreendedor iniciante
    empresas de app on-line ou móvel, 200-201
    escrevendo plano de negócio, 191
    estrutura legal, tipos de, 191
    falha, motivos para, 189

financiamento, 191-197
ideais para, 188-191
lançamento, 190-202
táticas, 197-200
Empreendedorismo, 178-179
atividade global por gênero, 181
empresas de propriedade da minoria, 182-183
empresas empreendedoras, impacto das, 179-181
internacional, 180
nos Estados Unidos, 181
social, 188-189
Empreendedorismo social, 188-189
Empreendimentos conjuntos, 85, 87-88, 123-124, 249, 368
Empresa individual, 178, 191, 197
Empresa on-line iniciante, 200-202
Empresários autônomos, 200
Empresas de aplicativos para celular, 200-202
Empresas de capital de risco, 195, 197
Empresas geocêntricas, 117, 120
Empresas globais, 115
Empresas incubadoras, 199, 202
Empresas policêntricas, 117, 120
Empréstimo Administração de Pequenas Empresas (SBA), 194-195
Energia limpa, 66, 452
Engajamento, como ferramenta motivacional, 65-66, 563-566
Enriquecimento do trabalho, 558-559, 561
Entidade social, organizações como, 10
Entrevista difícil, 405
Entrevistas
saída, 419
seleção de funcionários, 405, 408
Entrevistas biográficas, 405
Entrevistas comportamentais, 405
Entrevistas de saída, 419
Entrevistas do painel, seleção de funcionários, 405, 409
Entrevistas estruturadas, 406, 409
Entrevistas não diretiva, 405, 409
Entrevistas situacionais, 405
Equidade, 551, 555
Capital do proprietário, 665
compensação, 417, 552
Equilíbrio profissional, 418, 489, 545
Equipe de comando, 611
Equipe para novo empreendimento, 369-370
Equipes, 328-330, 606-635
atração pessoal para, 628
balanceamento de conflito e cooperação, 631
capacidade de adaptação e aprendizagem, 617
características, 622-623
coesividade, 626-630
concorrência nas, 628
conflito, 630-635
consolidação da equipe, 372
contribuições de, 610-611
definição, 609-610, 615
dilema das, 615-617
disfuncional, 616
diversidade, 622-624
eficácia, 617-618, 624
equipe de comando, 611
equipes autogeridas, 614-615
equipes com propósito especial, 613, 615
equipes de inteligência, 212, 235
equipes de projeto, 613
equipes de resolução de problemas, 437
equipes funcionais, 611-613, 615
equipes globais, 618, 621
equipes multifuncionais, 328-329, 334, 336, 611-615
equipes permanentes, 328, 615
equipes virtuais, 618-622
estágios do desenvolvimento, 626-628
estilos para lidar com conflitos, 632
etapa de desempenho, 626, 630
etapa de formação, 626, 630
etapa de formulação de normas, 626, 630
etapa de sublevação, 626, 630
etapa interrompida, 626, 630
forças-tarefa, 336, 611-613, 615
funções dos membros, 623-625
grupos vs., 608
horizontal, 328, 334, 336, 340
inovação e, 610
interação, 628
liderança, 619-621
moral, 628, 630-631
normas da equipe, 629-630
objetivos comuns, 628
processos, 627-630
produtividade das, 611, 622, 628
resultado produtivo, 617
satisfação, 617
sucesso das, 628
tamanho, 622
tipos de, 612-614
trabalho em equipe, 609
valor das, 608-615
Equipes autogeridas, 614-615
Equipes com propósito especial, 613, 615
Equipes de inteligência, 235
Equipes de pesquisa operacional, 55
Equipes de projeto, 613
Equipes de solução de problemas, 437
Equipes funcionais, 611-613, 615
Equipes globais, 618, 621
Equipes horizontais, 328, 334, 336, 340
Equipes multifuncionais, 328-329, 334, 336, 611-615
Equipes permanentes, 328, 334
Equipes virtuais, 618-622
Erro fundamental de atribuição, 468-469
Escalas ancoradas em comportamento (BARS), 415-416
Escutar, 585-588
os clientes, 589-591
Esforço, 551, 553
Esforço pessoal, como fonte de poder, 527
Especialização de trabalho, 311-312
Especialização, trabalho, 311-312
Especificação do cargo, 401, 406
Estabelecendo meta, 209-235
em organizações, 213-221
gerente vs. coalizão, 214
GPO, 222
teoria, 549-552, 555
visão geral, 210-214
Estabilidade emocional, 470
Estados psicológicos, crítico, 559-561
Estágios, 403
Estereótipos e estereotipando, 414, 438-442, 467, 469
vs. valorizar diferenças culturais, 441-442
Estilo analítico da tomada de decisão, 294
Estilo complacente, e conflito, 632
Estilo comportamental da tomada de decisão, 294
Estilo conceitual de tomada de decisão, 294
Estilo de anulação, e conflito, 632
Estilo de colaboração, e conflito, 633
Estilo de comprometimento, e conflito, 632-633
Estilo de conformidade da autoridade de gestão, 510-512
Estilo de dominação, e conflito, 632
Estilo de gestão da equipe, 510-512
Estilo de gestão de clube de campo, 510-512
Estilo de gestão em cima do muro, 510-512
Estilo de gestão empobrecida, 511-512
Estilo direto de tomada de decisão, 294
Estilos de solução de problemas, 475-477
Estrada de Gás Natural na América, 66, 302
Estratégia
competência central, 245, 249
crowdsourcing, 251
definição, 245, 249
diferenciação, 260-261, 263
diversificação, 257-258
estrutura e, 340-341
foco, 262-263
formulação, 246, 255
liderança de custo, 261-263
matriz BCG, 255-258
portfólio, 254
propósito da, 245
segmentação de clientes, 245-246
sinergia, 245-247, 249
valor, entrega de, 246
vantagem competitiva, 245, 249
Estratégia de diferenciação, 260-261, 263
Estratégia de exportação, 121, 263-264
Estratégia de foco, 262-263
Estratégia de globalização, 265-266
Estratégia de liderança no custo, 261-263
Estratégia de portfólio, 256-257
Estratégia global, 263-266
estratégia de exportação, 121, 263-264
estratégia de globalização, 265-266
estratégia multidoméstica, 265-266
estratégia transnacional, 266
iniciando internacionalmente, 120-125
Estratégia multidoméstica, 265-266
Estratégia no nível corporativo, 247, 249
formulação, 255-258
Estratégia no nível empresarial, 247, 249

formulação, 258-263
Estratégia no nível funcional, 247, 249, 263
Estratégia regulamentar, 398
Estratégias de entrada no mercado, 120, 123
Estratégia transnacional, 266
Estrelas, na matriz BCG, 255-257
Estresse desafiante, 485
Estresse e gerenciamento do estresse, 485-490
  ameaça do estresse, 485
  definição, 485, 489
  equilíbrio profissional, 489
  estresse desafiante, 485
  gerente e ações da organização para, 489-490
  gerentes como causas do estresse, 466
  hipótese de amortecimento, 488
  local de trabalho, causas do, 486
  prevenção, 488
  respostas inovadoras para, 487-490
Estressores, 484
Estrutura, 309-344
  abordagem funcional vertical, 321-323
  baseada em equipe, 328-330, 334
  departamentalização, 321-334
  diversidade e, 447-449
  divisionário, 323-327
  divisões baseadas na geografia, 324
  divisões baseadas no cliente, 323-324
  dupla autoridade, 325-328
  estratégia e, 340-341
  estrutura da organização, definição, 310-311
  funcional, 321-325, 327
  geográficas globais, 324
  matriz, 325-327
  mecanicista, 340-343
  modelagem de fatores, 339-344
  orgânica, 340-343
  produtos, 323
  programa, 323
  rede virtual, 330-334
  sem chefe, 330
  tecnologia e, 341-344
  vertical, 310-321, 339
Estrutura alta, 317, 320
Estrutura baseada em equipe, 328-330, 334
Estrutura de dupla autoridade, 325-328
Estrutura de rede virtual, 330-334
Estrutura de unidade autossuficiente, 323
Estrutura divisional, 323-327
Estrutura do produto, 323
Estrutura do programa, 323
Estrutura funcional, 321-325, 327
Estrutura inicial, como comportamento de liderança, 509, 512
Estrutura legal para negócios, 191
Estrutura matriz, 325-327
Estrutura mecanicista, 340-343
Estrutura orgânica, 340-343
Estrutura organizacional global, baseada na geografia, 324
Estrutura plana, 317, 320
Estrutura unitária, 321
Estrutura vertical, 310-321, 339
  cadeia de comando, 312-317, 321
  centralização e descentralização, 319-320
  especialização de trabalho, 311-312
  período de gestão, 316-318
Estudantes e Estudiosos Contra o Mau Comportamento Empresarial, 128-129
Estudo, abordagens para, 218, 243
Estudo de Kepner e Tregoe, tomada de decisão, 289-290
Estudo de tempo e movimento, 45
Estudos Hawthorne, 50-51, 54
Etapa da formulação de normas, desenvolvimento de equipe, 626, 630
Etapa de atuação, desenvolvimento de equipe, 626, 630
Etapa de formação, desenvolvimento de equipe, 626, 630
Etapa de sublevação, desenvolvimento da equipe, 626, 630
Ética, 144-169
  administrativo, 146-150, 165-169
  caso de negócio para, 149
  código de, 166-168
  comitês éticos, 168
  definição, 146-149
  dilemas éticos, 151
  diretor de ética, 168
  diretor de ética e conformidade, 168
  escolhas gerenciais individuais, 154-157
  estruturas, 168
  irregularidades, 168-169
  liderança ética, 165
  linhas diretas éticas, 168
  responsabilidade ética, 163
  treinamento, 168
Ética gerencial, 146-150
Etnocentrismo, 130, 133, 442-443
  empresas etnocêntricas, 117, 120
Etnorelativismo, 442
Euro (moeda), 137-138
Europa, Oriente Médio e África (EMEA), 62
Excesso de confiança, 296-297
Execução da estratégia, 250-251, 256, 266-269
  alinhamento na, 267
  comunicação, sincera, 268
  funções e prestação de contas, 268
  integração, 266, 269
  liderança visível, 267
  práticas de recursos humanos, 268-269
Expansão do cargo, 558
Expectativa E → P, 554-555
Expectativa P → O, 555
Experimento Sala de Montagem e Testes de Relés (RATR), 51
Exploração, 357-363
Exportador, 121, 123
Expressões faciais, na comunicação, 588
Extinção, abordagem de reforço, 557-558
Extroversão, 470, 475

F

Faça Acontecer (Sandberg, S.), 445, 584
Facilitação social, 611, 615
Facilitador, gerente como, 5
favorável ou desfavorável, 514-515

Feedback, 550-552, 560
  360 graus, 413, 415
  na comunicação, 576
  na tomada de decisão, 292-293
  para autoconsciência, 460-462
  pesquisas, 373
Feedback da pesquisa, 373
Feminilidade, 131-134
Ferramentas de monitoramento, 644
Filiais estrangeiras totalmente controladas, 123-124
Filosofia FPCS ("Funcionários em primeiro, clientes em segundo"), 6
Financiamento anjo, 195-197
Financiamento coletivo, 195-197
Financiamento da dívida, 194-195, 197
Financiamento de capital, 194-197
Financiamento de empréstimo, 194-195
Financiamento, empreendedor, 191-197
Financiamentos ninja, 169
Foco, regulamentar, 396
Fofoca, 594-596
Força de trabalho
  alterações projetadas na, 431
  diversidade na, 428-433
  manutenção da, 415-418
  próspera, 538
Forças, 252, 509
Forças, 40-41, 43
  condução e restrição, 376-379
Forças de retenção, 376-379
Forças dirigentes, 376-379
Forças econômicas, 41, 43
Forças e estratégias competitivas de Porter, 260-263
Forças políticas, 40-41, 43
Forças sociais, 40, 43
Forças-tarefa, 336-337, 611-613, 615
Forma descentralizada (estrutura divisional), 323
Forma multidivisional, 323
Formas unitárias (estrutura unitária), 321
Formulários de inscrição, seleção de funcionário, 405, 408
Fornecedores, 76-77
Fórum Econômico Mundial, 126-127
Franquia, 122, 124, 199, 201
Fraturamento hidráulico, 545-547, 549
Função da articulação, 27-30
Função disseminadora, 27
Função do especialista da tarefa, nas equipes, 623, 625
Função do líder, 27-30
Função do monitor, 27
Função do porta-voz, 27
Funcionários
  desengajamento, 564
  empoderamento, 562-564, 566
  engajamento e envolvimento, 54, 65, 564-566
  força de crescimento de necessidade, 560
  funcionários com dois chefes, 326
  grupos de afinidade, 451-452
  mídia social para engajamento, 591
  nível de prontidão, 512-513
  saindo dos empregos, 553

seleção de, 405-409
temporário ou meio-período, 398
Funcionários com dois chefes, 326
"Funcionários em primeiro, clientes em segundo" (FPCS)
filosofia, 6
Funcionários mais velhos, 431
Funcionários meio-período, 398, 437
Funcionários temporários, 398
Funções, 27-31, 268
alargamento das fronteiras, 85-88
ambiguidade, 487, 490
conflito nas, 486, 490
decisórias, 29-31
definição das, 26
em pequenas empresas e sem fins lucrativos, 31-32
especialista na tarefa, 623, 625
informacional, 27, 29
inovação, 357, 368
interpessoal, 27-29
Funções decisórias, 29-31
Funções do alargamento de fronteira, 85-88
Funções do gerenciamento, 7-10, 49
Funções interpessoais, 27-30
Fundo para novo empreendimento, 369-370
Fu pan (revisão da técnica), 302
Furacão Katrina, 320
Furacão Sandy/Supertempestade Sandy, 229, 598
Fusões/aquisições, 87-88, 371
Futuro, 5, 8, 60

G

Gás de xisto, 66, 202, 635
Gás natural
Estrada de Gás Natural na América, 66, 302
gás natural liquefeito (GNL), 66, 202, 302, 452
recursos, desenvolvimento de, 66, 202, 302, 635
Xisto de Marcellus, 66, 202, 635
Gás natural liquefeito (GNL), 66, 202, 302, 452
GATT (Acordo Geral de Tarifas e Comércio), 136
Geração Conectada, 80
Geração Pluralista, 66
Geração X, 431
Geração Y, 65, 431, 544
Geração Z, 80
Gerenciamento da qualidade total (GQT), 655-660
avaliação comparativa, 656, 662, 668
círculos de qualidade, 655-656, 660
definição, 657, 659
fatores de sucesso, 659
melhoria contínua, 658-660
parceria de qualidade, 658, 660
Seis Sigma, 658-660
técnicas, 656-660
Gerenciamento de conflito, 372
Gerenciamento de mudança
análise do campo de força, 377-379
cooperação, 364-368
coordenação externa, 366-368
coordenação interna, 364-366
cultura, 370-375
desenvolvimento organizacional (DO), 370-373
exploração, 358-363
funções de inovação, 368
implementação de táticas, 378-379
apoio do alto escalão, 378
coerção, 379
comunicação e educação, 378
negociação, 378
participação, 378
inovação e mudança no local de trabalho, 352-356
mudando coisas: novos produtos e tecnologias, 356-371
pessoas, 370-375
treinamento e desenvolvimento, 370
Gerenciamento de operações, 55
Gerenciamento de tempo, 22-26
definição, 26
guia passo a passo, 482-485
Gerente estilo antigo, 39
Gerente financeiro, 30, 56
Gerentes de equipe, 19
Gerentes de linha, 19
Gerentes de primeira linha, 18-20
Gerentes de projeto, 19-20, 336-337, 339
Gerentes funcionais, 19-20
Gerentes gerais, 20
Gerentes intermediários, 18-20
Gestão
ambientes de, 74-100
científica, 44-46, 50, 63
coalizão, 214
competências do, 4-6
competências principais, 3-6
definição de, 7
desempenho organizacional, 10-13, 226
diferenças horizontais na, 19
diferenças verticais na, 17-19
diversidade e, 434-438
estilos de, 510-515
extensão da, 316-318, 320
ferramentas, contemporânea, 61-63
funções da, 7-10, 49
gestão de relacionamento com o cliente (GRC), 61
habilidades, 13-16
inovação, 2-32, 60-66
internacional, 124
liderança vs., 506-509
livro aberto, 652-655
perspectiva clássica na, 44-49
perspectiva humanísticas na, 49-55
perspectivas ao longo do tempo, 41
princípios da, 48-49
prioridades da, 3
Rede de Liderança, 510-512
tipos, 17-20
visão de contingência do, 59-60
visão universalista, 59
Gestão científica, 44-46, 50, 61

Gestão como livro aberto, 652-655
Gestão da cadeia de fornecimento, 63, 66
Gestão de aliança, 214
Gestão de Recurso da Tripulação (GRT), 300
Gestão de recursos humanos (GRH), 386-419
abordagem estratégica, 389-393
análise de emprego, 401, 405
aprendizado social, 412, 415
avaliação de desempenho, 413-416
benefícios, 417-418
carreiras, mudando a natureza da, 395-398
combinando modelo, 400, 403
compensação, 416-417
contrato social, 395-397
definição, 388, 393
descrições de empregos, 401, 405
desempenho organizacional e, 388-392
desenvolvimento de talento, 410-416
entrevistas de saída, 419
equilíbrio da vida profissional, 418
especificação de emprego, 401, 405
estágios, 403
execução estratégica, função na, 268-269
inovações na, 397
legislação federal, impacto na, 393-395
planejamento de recursos humanos, 400, 405
previsões realistas de trabalho (PRT), 401, 405
promoção de dentro, 400, 412
recrutando funcionários, 401, 403
redimensionamento, 418
redução, 418-419
rescisão de funcionários, 418-419
selecionando funcionários, 403-411
treinamento e desenvolvimento, 410-412
treinamento multidisciplinar, 412
universidades corporativas, 412, 415
Gestão de relacionamento, 479
Gestão de relacionamento com o cliente (GRC), 61
Gestão do inventário, sistemas de inventário just-in-time (JIT), 76
Gestão estratégica, 242-269
Análise FOFA (forças, oportunidades, fraquezas e ameaças), 251-254
definição, 245, 249
estratégia a nível empresarial, 247, 258-263
estratégia a nível funcional, 247, 263
estratégia global, 263-266
execução da estratégia, 266-269
níveis de estratégia, 247
processo, 249-254
Gestão estratégica de recursos humanos, 391
Gestão internacional, 124
Gestão por meios (GPM), 223
Gestão por objetivos (GPO), 60, 222-226
Gestores de topo, 17-18, 20, 211, 217, 235, 320, 368

Globalização, 108-110, 112, 654
  reação sobre, 118
Good to Great (Collins), 501
Governança corporativa, 669-670
Gráfico de Gantt, 44
Gráficos organizacionais, 311-312
Grande Colisor de Hádrons (LHC), 633
Grande Corrida pelo Gás de Xisto, 66
Grupos de afinidade, 451-452
Grupos, equipes vs., 608
Grupos minoritários, 81, 431-432, 451-452
  empresas de propriedade das minorias, 182-183
Grupos raciais e étnicos na força de trabalho, 431

H
Habilidade, 513
Habilidades
  sistema de remuneração baseado na habilidade, 416-417
Habilidades conceituais, 14, 17
Habilidades de apresentação, 195
Habilidades humanas, 13, 17
Habilidades técnicas, 13, 17
Haiyan, Super Tufão, 337, 367
Heróis, 92-93, 182
Hierarquia da riqueza de canais, 581-582, 588
Hierarquia da teoria da necessidade, de Maslow, 53, 541-545, 549
Hierarquia, organizacional, 40, 91
Hipótese do buffering, 488
Histórias, 90, 92
Humildade, 499, 506, 518

I
Ideação (método), 300
Idealistas, 178
Identidade pessoal, 21
Igualdade social, 82
Implementação
  das decisões, 292
  mudanças organizacional, 376-379
Impostor, 178
Incerteza, 353
  ambiental, 84-86
  evitar incerteza, 131, 133
  tomada de decisão e, 278-281
Incerteza ambiental, 84-86
Inclusão, 434, 438
Incubadora virtual, 199
Incubadores de ideias, 363
Independência econômica, 126-129
Índia, 63, 108, 116, 129, 313, 344, 355
  ataques em Mumbai, 410
  como gigante de serviço, 115
  empreendedorismo social, 188
  vendas de mini geladeiras, 119
Indicador de Tipo de Myers-Briggs (MBTI), 475-477
Indicadores chave de desempenho (KPIs), 221, 226
Indicadores de processos de negócio, 648
Índice de Bem-Estar Global da Gallup-Healthways, 463
Índice de Desempenho Ambiental, 83
Índice de Globalização, 110
Índice de Miséria, 127
Índice de Opacidade, 654
Índice de Opacidade Internacional, 654
Índices de alavancagem, 668
Índices de rentabilidade, 667-668
Individualismo, 131, 133
Indonésia, 63
Indústrias de hipoteca e finanças, 56
Influência, 86, 498, 525-529
  comunicação, uso para, 583-584
  definição, 524
  poder vs., 526
  táticas de influência interpessoal, 527-529
Informação, como fonte de poder, 527
Infraestrutura, 126, 129
Iniciantes
  aquisição de, 398
Iniciativa do Comércio Ético (ICE), 159
Iniquidade, 551-553
Injeção Direta de Alta Pressão (HPDI), 452
Inovação, 350-379
  abordagem ambidestra, 355
  abordagem ascendente, 361, 363
  abrir, 366-367
  concursos, 361
  cultura corporativa, 96-100
  disruptiva, 354-356
  empresarial, 182
  empresas mais inovadoras do mundo, 360
  equipes e, 610
  funções, 357, 368
  importância da, 2-4
  mudando produtos e tecnologias, 356-371
  na gestão, 2-32, 44, 60-66
  na gestão de recursos humanos, 397-399
  na motivação, 561-566
  na tomada de decisão, 297-302
  no planejamento, 231-235
  por aquisição, 368
  resistência a, 354
  reversa, 355
Inovação aberta, 366-367
Inovação do produto, 356-370
Inovação reversa, 355
Inovação revolucionária, 354-356
Instabilidade política, 129-130
Instalações *coworking*, 199
Integração vertical, 257
Inteligência competitiva (IC), 86, 150, 252
Inteligência cultural (IC), 135-136
Inteligência de negócios, 85-87
Inteligência emocional (IE), 370, 480-481
Interesse pessoal, 353
Internet
  blogs, 587
  E-mail, 573, 581-583
  MOOCs (Cursos On-line Abertos e Massivos), 355
  negócios on-line iniciantes, 200-202
  wikis, 43, 251, 412, 589, 618
Intervenção, no DO, 372-376
Intervenções de grandes grupos, 372-373
Introspecção, 462
Introversão, 472, 476
Intuição
  e coleta de informações, 475-476
  na tomada de decisão, 283-284, 287
Inventário
  volume de negócios, 668
Investimento direto, 122-123
Investimentos *greenfield*, 123-124

J
Japão
  controle hierárquico no, 650
  cultura de alto contexto, 134
  disparidade de gênero, 433
  equipes, 616, 632
  kaizen (melhoria contínua), 659-660
  movimento da qualidade e, 655
  terremoto e tsunami (2011), 76, 85, 164, 210, 230, 296, 367, 650
  Usina nuclear de Fukushima, 76, 210, 296
Justiça compensatória, 153-154
Justiça distributiva, 152, 154
Justiça processual, 153-154

K
Kaizen (melhoramento contínuo), 659-660

L
Legislação federal e GRH, 393-394
Legislação, impacto na GRH, 393-394
Lei da Licença Médica e Familiar de, 1993, 394
Lei de Equiparação Salarial de, 1963, 393
Lei de Ônibus de Verbas Consolidadas (COBRA), 393
Lei de Portabilidade e Responsabilidade de Seguros de Saúde (HIPAA), 394
Lei de Proteção da Privacidade On-line Infantil, 164
Lei de Proteção e Cuidado ao Paciente (PPACA), 82, 352, 394, 418, 515
Lei de Reabilitação Profissional, 394
Lei do efeito, 556, 558
Lei do Mercado Justo (MFA), 86
Lei dos Direitos Civis de 1964, 393, 450
Lei dos Direitos Civis de 1991, 393, 450
Lei JOBS (*Jumpstart Our Business Startups*), 195, 669
Lei Jumpstart Our Business Startups (JOBS), 195, 669
Lei Sarbanes-Oxley de 2002 (SOX), 32, 122, 669
Leitor eletrônico Kindle, 233, 235
Leitores faciais, 588
Liberdade de consentimento, direito de, 152
Licenciamento, 122-123
Liderança autêntica, 503-504, 506
Liderança, como função do gerente, 9
Liderança contemporânea, 500-506
Liderança cultural, 100

Liderança de serviço, 157, 501, 506
Liderança interativa, 504-506
Liderança nível, 5, 499-502, 506
Liderança visionária, 518
Líderes carismáticos, 515-518, 520
Líderes centrados no cargo, 510, 512
Líderes centrados no funcionário, 510, 512
Líderes egocêntricos, 501
Líderes e liderança, 9, 309-310, 496-529
    abordagens comportamentais, 509-512
    abordagens de contingência, 512-518
    autênticas, 503-504
    características pessoas, 508-509
    carismático, 518, 521
    centrados no funcionário, 510
    centrados no trabalho, 510
    combinando o estilo a situação, 514-516
    contemporâneo, 499-506
    cultural, 100
    de equipes, 619-621
    definição de, 498
    diferenças de gênero nos, 504-506
    egocêntricos, 501
    empregado, 156-157, 501, 506
    estilos, 510-515
    éticos, 165
    favorável ou desfavorável, 514-515
    gestão vs., 506-508
    influência e, 529
    interativa, 504-506
    liderança Nível 5, 499-502, 506
    metacategorias de comportamentos, 509
    modelo situacional, 512-514, 516
    natureza da, 498
    neutralizador, 516
    orientada por tarefa, 497-498, 509-512, 514-515
    orientados pela relação, 515
    orientados por pessoas, 497-498, 509-511, 515
    seguimento e, 520-524
    substitutos para, 516
    superior, 326-327
    traços, 508-509
    transacional, 519-520
    transformacional, 518-520
    vantagens da, 509
    visionário, 518
    visível, 268
Líderes orientados pelo relacionamento, 515
Líderes principais, 327
Líderes transacionais, 518-520
Líderes transformacionais, 515-520
Linguagem corporal, na comunicação, 445, 588
Linha de autoridade, 315-316, 320
Linha dos departamentos, 315
Local de controle, 187, 473, 475
Local de controle interno, 187, 473
Local de trabalho
    bullying no, 446, 479
    condições nos países de baixos salários, 63, 74, 128-129, 158, 281
    diversão no, 488-490
    estresse, causas do, 486
    inovação e, 352-356
    instalações de coworking, 199
    pessoa conduzida, 64-66
    sem chefe, 65, 91, 109, 330, 500, 542, 613
    vantagem feminina, 447
Local de trabalho sem chefe, 65, 91, 109, 330, 500, 542, 613
Local externo de controle, 473

M

Maersk Alabama (navio), 502
Manager Redefined (Davenport), 542
Managing the Future (Millett), 228
Mapas estratégicos, 217-220
Mapeamento das partes interessadas, 158, 163
Maquiavelismo, 473-475
Marca, 398
Marca do empregador, 397-398
Margem bruta, 667
Margem de lucro sobre as vendas, 667
Masculinidade, 131, 133
Más línguas, 593-596
McKinsey Quarterly, 244
Meditação, 488
Melhoria contínua, 658-660
Melhoria de atitude, 641
Mensagem eletrônica, 574
Mensagem instantânea, 581, 618
Mensagens
    definição, 576-577
    mensagem eletrônica, 574
    mensagem instantânea, 581, 618
    mensagens de rotina, 582-583
    mensagens não rotineiras, 582-583
    texto, 573
Mensagens de rotina, 582-583
Mensagens de texto, 573
Mensagens não rotineiras, 582-583
Mentalidade de serviço, 166
Mentalidade global, 111-112
Mentores, 450, 452
Mercado de trabalho, 76-79
Mercados emergentes, 108, 118, 123, 125, 265, 355
Metas
    aceitação, 550
    alinhamento, com mapas de estratégia, 217-220
    base comum para, 584
    critério, para efetiva, 221
    definição, 210, 213
    dificuldades, 550
    fazendo progresso em direção as, 566
    limitações das, 226
    motivacionais, 538, 550-551
    mudança e, 354
    níveis das, 211-212
    objetivo grande, desafiante e ousado (BHAG), 233
    operacionais, 221-226
Metas de crescimento, 233-235
Metas operacionais, 217, 221
Método dos #k5 porquês, 290
Meu Malvado Favorito (filme), 12
Microcrédito, 188
Mídia social
    como método de comunicação, 577, 589-591, 596
    gestão de recursos humanos e, 402-405, 409
    programas, 42-43
    proprietários de pequenas empresas, uso de, 202
Missão
    declarações da missão, 220
    organizacional, 210-211, 213-215, 219
Missão organizacional, 210-211, 213-215, 219
Modelo administrativo de tomada de decisão, 282-284, 287
Modelo clássico de tomada de decisão, 281-283, 287
Modelo de articulação horizontal, 364, 368
Modelo de características do trabalho, 559-561
Modelo de controle de feedback, 643-650
Modelo de correspondência, 400, 404
Modelo ideal/racional de tomada de decisão, 281-283
Modelo político de tomada de decisão, 284-288
Modelos descritivos de tomada de decisão, 283, 288
Modelos de tomadas de decisão, 281-288
    descritivo, 283, 288
    modelo administrativo, 282-284, 287
    modelo clássico (ideal/racional), 282-283, 287
    modelo político, 285-288
    normativo, 282, 287
Modelo situacional de liderança, 512-515
Modelos normativos de tomada de decisão, 282, 287
Modificação comportamental, 556, 558
Monoculturas, 442
MOOCs (Cursos On-line Abertos e Massivos), 355
Motivação, 536-566
    abordagem dois fatores, 545-547
    aprendizagem por prevenção, 557-558
    aprendizagem vicária, 557-558
    categorias de motivos, 538-541
    compensação de incentivo, 561-562
    definição, 538, 540
    desmotivação, 233, 561
    empoderamento e, 562-564, 566
    engajamento dos funcionários, 564-566
    equipes como fonte de, 611
    extinção, 557-558
    força de trabalho próspera, 538
    gerentes como motivadores, 538, 540, 549, 556, 561
    ideias inovativas para, 561-566
    modelo simples de, 538
    necessidades individuais e, 538
    no ambiente sem chefe, 542
    princípio do fazer progresso, 566
    projeto de trabalho para, 558-562
    punição, 557-558
    reforço negativo, 557-558
    reforço positivo, 556-558
    teoria da aprendizagem social, 557-558
    teoria da equidade, 551-552, 555

teoria da expectativa, 553-555
teoria da hierarquia das necessidades, 541-545, 549
teoria da necessidade adquirida, 547-549
teoria do estabelecimento de metas, 549-552, 555
Teoria dos dois fatores de Herzberg, 545-547, 549
Teoria PRE, 544-545, 549
teorias de conteúdo, 541-549
teorias de reforço, 555-558
teorias do processo, 549-555
Motivadores, na teoria dos dois fatores, 545-547, 549
Movimento das relações humanas, 49-51, 54
Movimento verde, 11, 81, 114, 160-162, 189, 221, 255, 277, 316, 391, 433, 464, 519
Mudança, 350-379
  abordagem ambidestra, 355
  implementação, 376-379
  na natureza das carreiras, 395-398
  na tecnologia, 356-357, 363
  necessidade por, 376, 379
  no contrato social, 395-397
  resistência a, razões para, 352-354
    diferentes avaliações e objetivos, 354
    falta de conhecimento e confiança, 353
    incerteza, 353
    interesse pessoal, 353
Mudança de pessoas, definição, 370, 373
Mudança de produto, 356, 363
Mudança de tecnologia, definição, 356-357, 363
Mudança organizacional, 352, 356
Mudanças, estágio no DO, 373, 376
Mulheres
  assédio sexual, 393, 450-451
  comunicação e, 576-579
  líderes, 503-506
  na força de trabalho, fatores que afetam, 431, 443-447
  propriedade das mulheres de negócios, 183
  síndrome da abelha rainha, 446-447
  tendência *opt-out*, 446
  teto de vidro, 444-447
  vantagens, como gerentes, 446-447
Multitarefa, 22-26
Mundo sem fronteiras, 108-112

N

NAFTA (Acordo de Livre Comércio da América do Norte), 137-138
Necessidade de mudança, 376, 379
Necessidades
  e motivação, 538
  entre os empresários, 187
  hierarquia de Maslow das, 541-545
  na teoria das necessidades adquiridas, 547-549
  na teoria PRE, 544-545, 550
  para realização, 547-548
  por filiação, 547-548
  por poder, 547-548

Necessidades de autorrealização, 543-544
Necessidades de crescimento, 543, 560
Necessidades de estima, 541-544
  abordagem dos direitos morais, 152-154
  abordagem individualista, 152, 154
  abordagem justa, 153-154
  abordagem prática, 152-154
  abordagem utilitária, 152, 154
  Tomada de decisão ética, 151-154
Necessidades de existência, 544
Necessidades de pertencimento, 541-544, 611
Necessidades de segurança, 543-544
Necessidades psicológicas, 541-544
Necessidades relacionadas, 543
Negociação, 259, 378, 633-635
Negociação distributiva, 633-635
Negociação integrativa, 633-635
Negócio eletrônico, 63
Negócio social, 42-43
Neutralizador, liderança, 515-516
Nicho de mercado, on-line, 201
Nível convencional de desenvolvimento pessoal moral, 155-156
Nível de princípios, de desenvolvimento moral pessoal, 155-156
Nível pós-convencional de desenvolvimento pessoal e moral, 155-156
Nível pré-convencional de desenvolvimento moral pessoal, 155-156
Nomes de domínios, seleção de, 201
Novo estilo de gerente, 39
Novo local de trabalho, 6

O

Objetivo direcionado, definição de, 10
Objetivo grande, desafiante e ousado (BHAG), 233
Objetivos estratégicos, 211, 216-217, 221
Objetivos oficiais, 216
Objetivos táticos, 211, 217, 221
Offshoring, 120-121, 123
O Homem que Mudou o Jogo (filme), 85
Olimpíadas
  2008 Jogos Olímpicos em Beijing, 633
  2016 Jogos Olímpicos no Rio de Janeiro, 115
O Lorax (filme), 11
Oportunidades, 252-254
  como requisitos de decisão, 287-289, 292
Oportunidades iguais de emprego (OIE), 393, 405
O Príncipe (Maquiavel), 473
Orçamento ascendente, 663
Orçamento de base zero, 662-663
Orçamento de caixa, 661, 663
Orçamento de capital, 661, 663
Orçamento de despesas, 650-651, 663
Orçamento de receitas, 661, 663
Orçamento descendente, 663
Organização, 485
  como função de gestão, 8
  definição, 10, 311, 315
Organização informal, 49

Organização Mundial do Comércio (OMC), 136, 138
Organização virtual, 61
Organizações, 308-343
  burocráticas, 46-48
  características das estratégias competitivas de Porter, 260-263
  criativas, 358-360, 369
  definição, 10
  equipes globais e, 618, 621
  equipes horizontais, 328, 334, 336, 340
  estrutura da organização, definição, 312
  estruturas e políticas, diversidade e, 447-449
  informal, 49
  próspera, 242, 352, 538
  serviço, 343
Organizações de serviço, 343
Organizações sem fins lucrativos, 31-32, 166, 243, 324
  gestão de, 31-32
Orientação a longo prazo, 132, 134
Orientação de curto prazo, 132, 134
Orientação futura, 132, 134
Orientação humana, 132
Otimismo, 509
Otimizadores, 178

P

Pacotes de valor, 246
Padrão de desempenho, 644-647
padrões, 668-670
Padrões de Qualidade Internacional, 668-670
Pagamento baseado no cargo, 416
Pagamento "em risco", 561, 566
Pagar pelo desempenho, 417, 419, 562
Painéis de desempenho empresarial, 234
Painéis, desempenho, 234
Países desenvolvidos, 125-126
Países menos desenvolvidos (PMD), 125-126
Papéis informacionais, 27, 29
Papel da pessoa representativa, 27
Papel do alocador de recursos, 29
Papel do empreendedor, 31
Papel do manipulador de problemas, 29
Papel socioemocional, em equipes, 623-625
Paquistão, 63
Paradoxo de Abilene, 301
Parceria de qualidade, 658
Parceria Nacional Frota Limpa, 66, 202
Parcerias
  estratégico, 302-308
  estrutura legal, 191, 197
  interorganizacional, 86, 88
Parcerias estratégicas, 302-308
Parcerias interorganizacional, 86, 88
Parte inferior do conceito de pirâmide (BOP), 118, 120, 216
Partes interessadas
  definição, 158, 163
  organizacional, 158-162
Partes interessadas organizacionais, 158-161
Participação em mudança, 378
Passivos, 666
Pedidos, 528
Pensamento

avaliação de informações por, 475-477
crítico e não crítico, 521, 524
estratégico, 242-244
Pensamento acrítico, 522, 524
Pensamento crítico, 522, 524, 585
Pensamento de grupo, 300-301, 631
Pensamento dirigido para os resultados, 302
Pensamento estratégico, 242-244
Pensamento gerencial, evolução do, 38-66
ciência empresarial, 54-57
pensamento da gestão inovativa, 60-66
perspectiva clássica, 44-49
perspectiva humanística, 49-55
perspectiva quantitativa, 55-57
recentes tendências históricas, 57-60
Pensamento Lateral (método), 300
Pensamento sistêmico, 57-59
Pensilvânia, 635
People Analytics (Waber), 541
Pequenos negócios
empresarial, 182
falha, 189
gestão de, 31-32
por gênero, 184
Percepções, 466-468, 552
Perguntas, perguntando, 585
Perigo do estresse, 485
Perigos, 252-254
perigo do estereótipo, 441-442
Personalidade, 469-477
atitudes e comportamentos influenciados pela, 471-475
Cinco Grandes fatores da personalidade, 469-470, 475
definição, 469, 475
emoções e, 477-481
inteligência emocional, 370, 479, 481
testes, 407, 469
traços, 469-471
Personalidade empreendedora, 183-187
autoconfiança, 185, 187
autonomia, 185
energia alta, 185
local interno de controle, 187
necessidade de atingir, 187
poder e influência, 185
sacrifício empresarial, 185-186
Perspectiva clássica, em gestão, 44-49
definição, 43
gestão científica, 44-46, 50
organizações burocráticas, 46-48
princípios administrativos, 48-50
Perspectiva, diversidade de, 435, 438
Perspectiva dos recursos humanos, 53-54
Perspectiva humanística, no gerenciamento, 49-55
abordagem da ciência comportamental, 54
definição, 50
movimento das relações humanas, 49-51
perspectiva dos recursos humanos, 53-54
Perspectiva quantitativa, 55-57, 63
Persuasão
na comunicação, 583-585
racional, 528
Persuasão racional, 528
Pesquisa de operações, 55
Pesquisa Nacional de Compensação (Secretaria de Estatísticas Trabalhistas), 417
Pesquisas salariais, 417, 419
Pessoas, Planeta e Lucro (PPL), 163
Piratas somalis, 502
Pistas verbais, na comunicação presencial, 588
Pistas visuais, na comunicação, 587-588
Pistas vocais, na comunicação, 588
Pivô, 201
Planejamento, 209-235
abordagens inovativas para, 232-235
benefícios do, 226
como função da gestão, 8
construção de cenários, 228-229, 232
contingência, 228-229, 232
crise, 229-232
definição, 10, 210, 213
descentralizado, 232, 235
limitações das, 226
operacional, 217, 221-226
organizacional, 212
para ambiente turbulento, 228-232
recurso humano, 400, 405
visão geral de, 210-214
Planejamento da crise, 229-232
Planejamento descentralizado, 232, 235
Planejamento operacional, 217, 221-226
critério para metas efetivas, 221
GPO, 222-226
planos de uso único e permanentes, 225-226
Plano de gestão da crise (PGC), 231
Plano estratégico, 62
Planos
definição, 213
estratégico, 211, 219
níveis de, 211-212
operacional, 211
permanente, 226
plano de gestão de crise (PGC), 231
tático, 211, 217, 220
uso único, 225-226
visão geral, 215-217
Planos de ação, 223
Planos de contingência, 228-229
Planos de negócios, 190, 197
Planos de uso único, 225-226
Planos estratégicos, 216, 221
Planos permanentes, 225
Planos táticos, 217, 221
Pluralismo, 443
Poder, 526-529
definição, 524, 529
desejo por, 185
distância do poder, 131, 133
duro *vs.* suave, 524-526
necessidade por, 547-548
outras fontes de, 526-527, 529
esforço pessoal, 527
informação, 527
rede de relacionamentos, 527
pessoal, 526
poder de especialista, 526, 529
poder de referência, 526, 529
posição como fonte de, 526
poder coercitivo, 526, 529
poder de recompensa, 526, 529
poder legítimo, 526, 529
táticas de influência interpessoal, 527-529
Poder coercivo, 526
Poder da posição difícil, 526
Poder de referência, 526
Poder do especialista, 526
Poder legítimo, 526, 529
Poder suave pessoal, 524, 526
Ponto de interrogação, na matriz BCG, 255-257
Ponto e contraponto, 301
Pontos cegos (autoconsciência), 461
Pós-geração Y, 80
Potencial de aprendizado e crescimento, 649
Preconceito, 438-443
de gênero, 427
diferenças na comunicação, 577-579
diferenças na liderança, 504-506
diferenciação, 132
feminilidade, 131-134
masculinidade, 131, 133
na tomada de decisão, 298
preconceito de autoridade, 427
preconceito de diversidade e pessoal, 438-443
preconceito de gênero, 427
preconceito egoísta, 468
Preguiça social, 615
Preparação para a crise, 231
Presenteísmo, 485
Pressão autoimposta, 489
Pressentimento, avaliando informação por, 475-477
Pressionar, 86
Prevenção
como foco mental, 396
na gestão do estresse, 488
Prevenção da crise, 231-232
Previsão realista do trabalho (PRT), 401, 405
Primavera Árabe, 129-130, 332
Princípio de regressão da frustração, 544, 549
Princípio do fazer progresso, 566
Princípio escalar, 313
Priorização, 26
Privacidade, direito de, 152
Problemas ambientais, 81-84, 160-163, 202, 635
Problemas, como requisito para decisões, 287-289, 292
Problemas de decisão ruim, 280-281
Processo de planejamento organizacional, 212
Processos de negócios internos, 648
Proclamar, na comunicação, 576
Produção
coisas *vs.* humanidade de, 41-43

ÍNDICE REMISSIVO

estrutura tecnológica e organizacional, 341-344
Produção da unidade, 341-343
Produção de processo contínuo, 343
Produção em pequenos lotes, 342-343
Produtividade, 44, 50, 611
   de equipes, 611, 622, 628
   quantificação, 644
Produto interno bruto (PIB), 116
Profit Beyond Measures (Johnson), 224
Programação flexível, 437, 562
Programa Ecomagination, 160
Programa Oportunidade de Novo Negócio (ONN), 368
Programas de incentivo, 561
Programas de serviço global, 166
Progresso, fazer, principal, 566
Projeto do cargo, teorias motivacionais e, 558-561
Projeto Evergreen, 263
Projeto Liderança Global e Efetividade do Comportamento Organizacional (GLOBE), 132-134
Promoção, como foco mental, 396
Promover internamente, 401, 413
Propensão ao risco, 291, 293
Proprietário de empresa, tornando-se um, 197-199
   compra de franquia, 199
   empresa existente, compra de, 199
   empresas incubadoras, 199
   início de nova empresa, 197-199
PRT (prévia realista do trabalho), 401
Psicologia industrial, 45, 49
Punição, 557-558

Q

Quadro de decisão pessoal, 293-296
Qualidade, equipes e, 611
Quantos, 56
Quasiracionalidade, 284, 287
Quebra-cabeças, testes de emprego, 408
Questões estratégicas, 85-88, 249-250
Quota de mercado, na matriz BCG, 255-257

R

Racionalidade limitada, 283-284, 288
Rastreamento do conhecimento da carga de trabalho, 644
Realização, necessidade de, 187, 547-548
Recebedor, 156-158
Reciprocidade, 528
Recompensas
   extrínsecas, 538-541
   intrínsecas, 538-541
   metas ligadas as, 552
   para desempenho, 524, 527
Recompensas extrínsecas, 538-541
Recompensas intrínsecas, 538-541
Recongelar, etapa na DO, 374, 376
Recrutador, 401
Recrutamento de funcionários, 401
   diversidade e, 449
Recrutamento externo, 401
Recrutamento interno, 401

Rede de Liderança, 510-512
Rede Gerencial, 20-31
   atividades dos, 22-27
   como campeão de comunicação, 575
   como motivadores, 538, 540, 549, 556, 561
   como tomadores de decisões, 292-297
   comunicação como trabalho dos, 574-577
   escolhas éticas, individual, 154-157
   estilos de, 39
   estresse, combatendo do funcionário, 489-490
   estresse criado pelo, 465
   falhas de habilidades e, 15-17
   funções do, 27-31
   gerentes de primeira linha, 18, 20
   gerentes de projeto, 20
   gerentes de topo, 17-18, 20, 211, 217, 235, 319, 371
   gerentes financeiros, 30, 56
   gerentes funcionais, 20
   gerentes gerais, 20
   gerentes intermediários, 18-20
   gestão ética, 145-150, 165-169
   identidade pessoal, 21
   introvertido, 472
   novo estilo vs. estilo antigo, 39
   novo gerente, tornando-se, 20-22
   pontos fortes de estratégia, 243
   problemas de tempo e gestão de tempo, 22-27
   sem fins lucrativos, 31-32
Rede pessoal, 592-593, 596
Redes
   comunicação, 580-581, 588
   pessoal, 527, 592-593, 596
Redes centralizadas, comunicação na, 580-581, 588
Redes de apoio, 450-451
Redes de relacionamento, como fonte de poder, 527
Redes descentralizadas, comunicação na, 580-581, 588
Redesenho do trabalho, 559, 561
Redimensionamento, 418
Redução, 418-419
Reengenharia, 61, 336, 339
Reforço, 555-558
   definição, 555
   direto, 556-557
   negativo, 557
   positivo, 556-558
   teorias, e motivação, 555-558
Reforço direto, 556-557
Reforço negativo, 557-558
Reforço positivo, 556-558
Regeneração (Re-Gens), 65, 80
Região Ásia-Pacífico, 62
Regra das duas pizzas, 622, 624
Relação atual, 666-667
Relação de liquidez reduzida, 667
Relação entre as partes, 58
Relação organização-ambiente, 84-87
Relações humanas, 50
Relatório de Competitividade Global, 126

Remuneração/pagamento de incentivo, 417, 419, 561-562
Remuneração baseada em equipe, 562
Remuneração de executivos, 149
Remuneração variável, 561, 566
Renda per capita, 125-126
Responsabilidade, 314-317, 320
   experienciada, 560
Responsabilidade discricionária, 163-165
Responsabilidade econômica, 162
Responsabilidade experienciada, 560
Responsabilidade legal, 163-164
Responsabilidade social corporativa (CSR), 157-163
   avaliação da, 162-164
   definição, 157
   estudo de caso para, 149
   gestão para, 165-170
   parte inferior do conceito de pirâmide (BOP), 118, 120, 216
   partes organizacionais interessadas, 158-161
Resultado, 32, 98-100, 208, 665
Resultados, 553-554
   pessoal e trabalho, 560
Retorno sobre ativos (RSA), 667
Reuniões, 620
Revisão
   fu pan (técnica de avaliação), 302
   Poder de recompensa, 526
   pós-ação, 302
   semanalmente, 485
Risco, na tomada de decisão, 279-281, 290-292
Risco político, 129-130
Rotação do trabalho, 558
Rússia, 108

S

Satisfação, 611, 617
Satisfação no trabalho, 463-465
Satisfatória, 284, 287
Sedes, binacional, 116
Seguidores alienados, 522, 524
Seguidores efetivos, 523, 526
Seguidores passivos, 522, 524
Seguimento, 520-524
Segunda Guerra Mundial, 55, 277-278
Seis Sigma (padrão de qualidade), 657-660
Seleção de funcionários, 405-409
   cheques on-line, 408
   entrevistas, 405-406, 408
   formulário de aplicação, 403
   testes de emprego, 407-408
Self-Promotion for Introverts (Ancowitz), 471
Sensação, coleta de informações por, 475-477
Serviço ao cliente, 410, 647
Serviços otimizados, 343
Sigma, 657
Significado de trabalho experienciado, 559
Significância do trabalho, 560, 565
Símbolos, 90, 93
Sindicatos, 152, 388, 480
Síndrome da abelha rainha, 446-447
Sinergia, 57, 60, 245-247, 249
Síria, 129

Sistema, definição de, 57, 59
Sistema de remuneração baseado na competência, 416-417
Sistemas de inventários just-in-time (JIT), 76, 377-378
Sistemas Nacionais de Valores, 130-132
Sistemas salariais, 416-417, 419
Skunkworks, 369-370
Slogans, 92
Sobreviventes pragmáticos, 522, 524
Soluções ganha-ganha, 633
Status quo, função na tomada de decisões, 296
Subsistemas, 57, 60
Substitutos, para liderança, 515-516
Substitutos situacionais para a liderança, 515-516
Suíça, 117
Supercomunicação, 99
Supertemps, 398
Sustentabilidade, 81, 114, 149, 161, 202, 217, 221, 255, 277, 316, 391, 464, 519
 controle de qualidade e, 658
 diretor de sustentabilidade, 202, 316
 ética da, 163
 na indústria de eletrônicos, 358
 trabalho em equipe e, 609
Sustentadores, 178

T

Talento
 aquisições, 402
 desenvolvimento, 410-416
Tarefa
 ambiente, 74-79
 demandas, 486
 identidade, 559
 significância, 560
 vs. pessoas, abordagem de liderança, 497
Táticas de influência interpessoal, 527-529
Taxa de atividade, 667-668
Taxa de conversão, 667
Taxa de crescimento do negócio, na matriz BCG, 255-257
Taxa de endividamento, 667
Taxa de liquidez, 666-668
Técnica de Grupo Nominal (método), 300
Técnica seis chapéus do pensamento, 300, 362
Técnicas quantitativas, 55
Tecnologia
 fabricação e estrutura da organização, 341-344
 gestão e, 61
 mudança, estratégias inovadoras para, 357-371
 serviço, 343
 virtual, 618-622
Tecnologia da informação (TI), 6, 56, 61-63
Tecnologia de fabricação de Woodward, 341-343
Tecnologia de manufatura de Woodward, 341-343
 e estrutura da organização, 341-344
Tecnologia de produção em massa, 342-343

Tecnologia de serviços, 343
Tecnologia virtual, 618-622
Teletrabalho, 199, 436
Tendência *opt-out*, 446
Tendências globais, 62, 252
Teoria contingencial de Fiedler, 514-516
Teoria da aprendizagem social, 557-558
Teoria da equidade, 551-552, 555
Teoria da expectativa, 553-555
Teoria da hierarquia das necessidades de Maslow, 53, 541-545, 549
Teoria da necessidade de aquisição, 64, 547-548
Teoria dos dois fatores de Herzberg, 545-547, 549
Teoria PRE, 544-545, 549
Teorias
 aceitação da teoria da autoridade, 50
 escala X, 39, 53
 escala Y, 39, 53-55
 Hierarquia de necessidades de Maslow, 53, 541-545, 549
 Teoria contingencial de Fiedler, 514-516
 teoria da aprendizagem social, 557-558
 teoria da equidade, 551-552, 555
 teoria da expectativa, 553-555
 teoria da necessidade adquirida, 547-549
 teoria do estabelecimento de metas, 549-552, 555
 Teoria dos dois fatores de Herzberg, 545-547, 549
 Teoria PRE, 544-545, 549
 teorias de conteúdo sobre motivação, 542-549
 teorias de processo sobre motivação, 549-555
 teorias de reforço, 555-558
Teorias de aprendizagem, 557-558
Teorias de conteúdo sobre motivação, 542-549
Teorias de processo sobre motivação, 549-555
Teoria X, 39, 53
Teoria Y, 39, 53-54
Terceirização, 120-123, 329-331
Terceirização global, 120-123
Terminação, 417-419
Testes de capacidade cognitiva, 407
Testes de capacidade física, 407
Testes de emprego, 407-408
Teto de bambu, 444
Teto de vidro, 444-447
The Banner Saga (vídeo game), 197
The Fifth Discipline (Senge), 58-59, 630
The Foreclosure of America (Michaelson), 522
The Founder's Dilemmas (Wasserman), 185
The New Launch Plan (Schneider e Hall), 365
The Practice of Management (Drucker), 57, 222
The Quants (Patterson), 56
Tomada de decisão, 275-302
 alternativas, desenvolvimento de, 290-293
 avaliação e *feedback*, 292-293

 baseado na evidência, 300
 brainstorming, 299-300
 debate, rigoroso, 300
 decisões não programadas, 277-278, 281
 decisões programadas, 276-278, 281
 decisões ruins, razões para, 295-297
 definição, 276, 283
 diagnóstico e análise das causas, 289-290
 enquadramento da decisão pessoal, 293-296
 escalada de compromisso nos, 301-302
 estilos, 293-295, 579
 Estudo de Kepner e Tregoe, 289-290
 etapas em, 288-293
 ética, 151-154
 inovativo, 297-302
 Método dos #k5 porquês, 290
 pensamento dirigido para resultado, 302
 problemas da decisão iníquas, 280-281
 requisitos da decisão, reconhecimento da, 288-289
 risco em, 279-281
 tendências no, 296
 tipos de decisões e problemas, 276-281
Tomada de decisão baseada em evidências, 300-301
Trabalhadores contingentes, 398
Trabalhadores esforçados, 178
Trabalhos
 definição de, 558
 prévia realista do trabalho (PRT), 401, 405
 saída, 552
Trabalho, significado experienciado de, 560
Traços, liderança, 508-509
Treinadores de decisão, 300
Treinamento e desenvolvimento, 370, 410-413
 aconselhamento, 449-451
 aprendizado social, 412, 415
 promoção interna, 413
 treinamento em serviço (TNS), 410-413, 415
 universidades corporativas, 412, 415
Treinamento em serviço (TES), 410-413, 415
Treinamento multidisciplinar, 412
Tripé da sustentabilidade (Pessoas, Planeta e Lucro), 162, 163
triplo, 163
Tsunami asiático, 2004, 164

U

União Europeia (UE), 137-138
Unidade de comando, 49, 313
Unidade de direção, 49
Unidades estratégicas de negócios (UEN), 254, 258
Universidades corporativas, 412, 415
Urgência, como motivação para mudança, 376

V

Vacas leiteiras, na matriz BCG, 255-257
Valência, 555
Valor, entregando aos clientes, 246
Valores, 88-89
Valores sociais, 130-134
Valorizando diferenças culturais, 441-442
Vantagem competitiva, 245, 249
Vantagem feminina, 447
Velocidade, 365, 611
Viés da autoconveniência, 469
Vietnã, 63
Virtuosidade organizacional, 164-166
Visão, definição, 518, 520
Visão de gestão de fazenda de laticínios, 53
Visão universalista, na gestão, 59
Vista de contingência, 59
Visualização de maximização dos lucros, 162, 164

W

Websites, 61, 129, 163
    profissionalmente projetado, 189, 200-202
Wikis, 43, 251, 412, 589, 618

X

Xisto de Marcellus, 66, 202, 635

Y

You Just Don't Understand (Tannen), 579

Impressão e acabamento:

Orgrafic
tel.: 25226368